HISTOIRE

DE CHARTRES.

VUE DE LA PORTE GUILLAUME

HISTOIRE DE CHARTRES

PAR E. DE LÉPINOIS.

> La vile esteit mult bone, de grant antiquité,
> Borjeiz i aveit riches, e d'aveir grant planté;
> Iglise i aveit bele, de grant auctorité;
> De la sainte virge Marie mere de Dé
> I esteit la Kemise tenue en grant chierté.
> . . . .
> Flamens crie *Asvas* et Angevin *ralie*,
> E li cuens Thiebaut *Chartres et passavant* crie!
> (Robert Wace, *Roman du Rou*.)

TOME II.

CHARTRES.
GARNIER, IMPRIMEUR-LIBRAIRE, ÉDITEUR,
Place des Halles, 16 et 17.

1858.

HISTOIRE
DE CHARTRES.

CHAPITRE XIV.

DE PHILIPPE DE VALOIS AU TRAITÉ DE BRETIGNY.

Anglais et Navarrais.

(1328-1360.)

Notre premier volume a été consacré à l'histoire de la *patrie chartraine* [1] dans les temps anciens ; nous avons raconté la lutte héroïque des Carnutes contre la domination romaine ; la seule autorité des faits nous a permis de démontrer que Chartres, illustre entre les villes de la France féodale par la puissance de ses comtes et la splendeur de sa basilique, le fut aussi par la prospérité de son commerce. Il nous reste à dévoiler le triste tableau de sa décadence.

Comme toutes les villes de province, Chartres périt lentement avec la féodalité qui en avait fait une capitale. Les orages politiques qui devaient pousser la France vers la centralisation du pouvoir par l'abdication forcée des libertés et de l'individualité provinciales, retentirent violemment à Chartres. Assise aux portes de Paris, notre cité ne pouvait échapper à

---

[1] *Patria carnotensis*, touchante expression fréquemment employée dans les chartes et les registres capitulaires.

aucune des catastrophes de ces époques de remaniement social; elle fut prise et reprise au XV° siècle par les Armagnacs et les Bourguignons, les Français et les Anglais, assiégée deux fois au XVI° siècle par les huguenots du prince de Condé et de Henri IV, tiraillée en sens divers au XVII° siècle par les petites passions de la Fronde. Cette seconde période de l'histoire chartraine présente donc encore des parties incidentées et son étude nous paraît digne du plus grand intérêt.

Le chapitre de Notre-Dame, rendu au repos par la mort de Robert de Joigny (1326), passa quelques années sans avoir de contestations avec les seigneuries épiscopales et séculières. Il est vrai que Pierre de Chappes, successeur de Robert, éloigné de son diocèse par des missions diplomatiques et administratives, puis nommé cardinal, ne paraît pas avoir pris possession. D'un autre côté, Philippe de Valois avait de la dévotion à la Vierge-aux-Miracles, gloire de son domaine patrimonial, et de la bienveillance pour les serviteurs de Marie. Ces dispositions, de part et d'autre pacifiques et amicales, tournèrent bientôt à l'avantage des chanoines. Le monarque vint à Chartres au mois d'octobre 1328, deux mois après la victoire de Cassel, offrit à Notre-Dame son coursier de bataille et son armure de guerre, et en fixa le rachat à 1,000 livres tournois payables au trésor de l'église [1]. Comme, à cette occasion, Philippe avait pris gîte à l'abbaye de Josaphat, le Chapitre, par courtoisie, donna à M° Jean Pate, Pasté ou du Plessis-Pasté, évêque nommé *mais non reçu*, l'autorisation de célé-

---

[1] On acheta des rentes avec une partie de cet argent et on fonda avec le surplus un anniversaire solennel qui était célébré le lendemain de l'Assomption. Chaque chanoine assistant ce jour-là aux premières vêpres, aux matines et à la grand'messe, recevait, pour droit de présence, 60 sous 9 deniers tournois; ce qui fait que personne n'y manquait, *lucri gracia*. (Livre de *G. Bouvart*, rituel composé par le chanoine Lefaivre, en 1538. — Arch. dép.)

En commémoration de la victoire de Cassel et de l'hommage fait à Notre-Dame par Philippe de Valois, on exposait le jour de l'anniversaire, à l'un des piliers de la grande nef, un tableau en bois sculpté représentant le monarque armé en guerre et monté sur un cheval bardé. Le Chapitre donnait 5 sous au serviteur chargé, chaque année, de l'exhibition de ce tableau.

brer l'office divin à ce couvent, en présence du Roi, *sans tirer à conséquence* [1].

Ces bons rapports se manifestèrent encore en 1329 : au mois de janvier [2], Simon Jure, nouveau prévôt royal, assisté du bailli Robert Bretel, prêta, en séance capitulaire, le serment prescrit par la convention de 1306, et, le 2 mars suivant, le Roi, à la sollicitation du Sous-Doyen, délégué par ses confrères, octroya aux chanoines des lettres-patentes portant confirmation de cette fameuse convention [3]. Philippe visita deux fois Chartres en 1329; au commencement de l'année, il assista dans l'église Notre-Dame au mariage de Jean de Montfort et de Marguerite de Flandre, futurs compétiteurs du duché de Bretagne; il revint au mois de mars, avec le duc de Bourgogne et les comtes de Blois et d'Eu, pour être témoin des noces de Jean III, duc de Bretagne, et de Jeanne, fille du comte de Savoie [4]. Il est probable que ces solennités auxquelles toute la Cour prit part, ne nuisirent pas aux intérêts du Chapitre.

Mais si la personne royale continuait à demeurer en bons termes avec les chanoines, il ne pouvait en être toujours de

---

[1] *Reg. capitul.;* Séance du vendredi après la Saint-Rémi 1328. D'après les privilèges du Chapitre, l'Évêque ne pouvait dire la messe à Chartres et banlieue, avant d'avoir prêté serment et d'avoir été introduit à l'église avec le cérémonial ordinaire.

[2] D'après la coutume qui fixait alors le commencement de l'année au jour de Pâques, les registres capitulaires donnent à cette séance la date du mois de janvier (fin de l'année) 1328. J'ai respecté jusqu'à présent cet usage, qui ne fut aboli que par l'édit de 1564; mais en touchant de plus près à l'histoire moderne, je crois devoir agir comme l'ont fait la plupart des écrivains, c'est-à-dire rectifier le texte et commencer l'année au mois de janvier.

[3] Le Sous-Doyen reçut du Chapitre une somme de 29 livres tournois, comme indemnité des dépenses qu'il avait faites à Paris, dans l'intérêt de la compagnie, pour obtenir ces lettres-patentes. *(Reg. capitul.;* Séance du mardi après Oculi 1329.) Il fut énoncé dans la confirmation que la juridiction du Chapitre s'étendait sur les chanoines, les prêtres, les clercs de chœur, les familiers des chanoines, tant clercs que laïcs, les marguilliers clercs et laïcs couchant dans l'église, les notaires et tabellions du Chapitre, le maire du Chapitre, le maître de l'œuvre de Notre-Dame, les portiers et les gardiens du cloître, les geôliers de Loëns, le maître maçon, deux charpentiers, deux verriers, deux plombiers, les hommes de corps et les hôtes du Chapitre. (Pièces mss. de Pintard; coll. Lejeune.)

[4] Voir les histoires de d'Argentré, dom Lobineau et dom Morice. — Du Tillet, *Inventaire de Bretagne*, reg. 72, p. 86. — *Maison de France*, t. 1er, l. 35, p. 82.

même des représentants locaux de la royauté, qui en contact direct avec les officiers de Loëns, se trouvaient exposés, pour la moindre infraction, aux foudres de l'Eglise. C'est ce qui arriva, en novembre 1329, au bailli Robert Bretel, à propos de quelques abus de pouvoir commis par des sergents royaux sur les hôtes du Four-Boël; il fut excommunié et n'obtint l'absolution que vers la fin du carême 1330, par la médiation du bourgeois Simon Druet, ancien prévôt, son procureur fondé [1].

Au surplus, il est bon de remarquer, au point de vue de l'état des personnes, avec quelle persévérance et quelle habileté le Chapitre sut amener les seigneurs de son voisinage à respecter le domaine et la justice temporelle de Notre-Dame. Ainsi, la convention de 1306 avait complètement séparé les droits du Chapitre de ceux du Comte, tout en les rendant égaux et mitoyens, si l'on peut s'exprimer ainsi; par la ratification de 1329, Philippe de Valois consentit à substituer purement et simplement le Roi au Comte dans la jouissance de cette co-propriété; mais il fallait encore amener sur le terrain du renoncement d'autres voisins moins puissants et par cela même plus rapaces et moins disposés à céder aux gens d'église. L'un d'eux était Philippe d'Evreux, roi de Navarre, qui se tenait souvent à son château de Nogent-le-Roi et dont les officiers ne se faisaient pas faute de justicier les hommes de corps du Chapitre ou de lever taille sur les terres ecclésiastiques. Après plusieurs pourparlers, le Doyen alla trouver ce Prince à Nogent-le-Roi au mois d'avril 1330, et sut obtenir non-seulement le redressement des empiétements de justice passés, mais encore des assurances pour l'avenir. Ce premier succès

---

[1] *Reg. capitul.*; Séances du vendredi après la Saint-André 1329, du mardi après *Oculi mei* et du samedi après *Lætare* 1330. — Robert Fournigaut, vice-bailli, c'est-à-dire lieutenant-général du bailliage, obtint par grâce insigne que la restitution solennelle des droits fiscaux indûment perçus et des biens saisis mal à propos sur les hôtes du four Boël, se ferait, non à l'endroit même du délit, comme l'usage le voulait, mais, *sans bruit*, dans l'hôtel du Doyen.

obtenu, les chanoines se tournèrent vers Gui de Châtillon, comte de Blois; les démarches ne furent pas épargnées et il en résulta une convention datée du jeudi après la Saint-Martin d'été 1330, dont voici l'analyse : Les hommes de corps du Chapitre *estagiers* (domiciliés) dans la terre du Comte seront soumis à la justice du Comte pour les causes civiles et pécuniaires, ainsi que ceux de ces hommes qui n'étant pas estagiers dans ladite terre déclareront se soumettre à la juridiction du Comte pour lesdites causes. Le Comte accorde au Chapitre le même droit sur ceux de ses hommes de corps estagiers ou non-estagiers dans la terre de l'Eglise. Quant aux causes criminelles, le Comte déclare que le Chapitre en aura la connaissance sur ses hommes de corps estagiers dans la terre de l'Eglise; à l'égard des cas criminels commis par les hommes de corps de l'Eglise sur la terre du Comte, les prévenus seront arrêtés par les soins des officiers du Comte *et remis au Chapitre qui en fera justice.* Cette composition, nouveau monument de la prépondérance du Chapitre, fut proclamée solennellement en séance capitulaire du samedi après le synode 1330, en présence des députés du Comte, de l'évêque Jean Pasté, du Doyen et de tous les chanoines [1].

Robert Bretel ne semble pas avoir tenu grand compte des mesures de rigueur des chanoines, car une mention des capitulaires, en date du lendemain de la Purification 1332, fait connaître que les vexations des gens du Roi étant continuelles, on procédera contre eux par voie d'excommunication et d'interdit sur la ville et banlieue. Cette lutte finit, comme

---

[1] La condition des hommes de corps ecclésiastiques, comparée à celle des hommes de corps des Seigneurs, était certainement beaucoup meilleure quant à la perception de la taille, à la jouissance du sol, à la protection effective des biens, à l'administration de la justice. Mais le Chapitre était fort sévère pour tout ce qui ressemblait à un empiétement sur ses droits de seigneurie ou constituait un acte d'indépendance. Ainsi, le mardi après *les Brandons* 1330, André des Ormes paya une amende pour avoir marié sa fille, nonobstant la défense du Chapitre, et, le vendredi après le synode de la même année, on imposa une autre amende à la nommée Alice, dite Hesteste, pour avoir contesté sa condition servile. *(Reg. capit.;* mss. de la Biblioth.)

d'ordinaire, par la chute du bailli; Robert Bretel fut remplacé par Nicolas Trouillart ou Troillart, et Philippe de Valois ordonna, le 30 août 1333, à ce nouveau magistrat de prêter au Chapitre le serment voulu par la convention. A cette époque, le bailli, qui était encore un légiste, avait la coutume de se transporter périodiquement dans chaque prévôté et mairie royales du comté et d'y tenir des assises où se jugeaient les causes d'appel et les cas criminels d'une certaine importance. Il advint qu'aux assises tenues à Bonneval en 1334, Nicolas Trouillart, prétendant que la convention de 1306 ne s'appliquait pas aux domaines ruraux, enjoignit au prévôt et aux sergents royaux de cette ville de citer et de justicier dorénavant les hôtes du Chapitre, de même que les hommes du Roi. Les chanoines résistèrent de toutes leurs forces à cette entreprise; ils firent homologuer leurs privilèges en Parlement et les signifièrent au prévôt de Bonneval dans le but d'atténuer l'effet des paroles du bailli, puis ils suivirent la contestation devant les gens des requêtes du Palais. Le procès fut vidé dans l'année au profit de l'église.

L'évêque Jean Pasté, dont toute la carrière s'était passée en missions diplomatiques, mourut au mois de mars 1331 et fut remplacé par un prélat d'*au-delà les monts*, appelé Aimery de Château-Luisant. Ce personnage, conseiller intime du pape Jean XXII, ne prit possession de son siège chartrain qu'à la Toussaint 1334[1]. Le droit de régale fut exercé par le Roi jusqu'à la prise de possession du nouvel évêque; on voit, en effet, que par lettres datées de Pontoise, le 23 mars 1333, Philippe de Valois nomma Mᵉ Gilles de Ruilly, son conseiller-clerc, au bénéfice vacant en l'église de Chartres par le décès de Mᵉ Pierre Leblanc, chapelain du Pape[2]. Le moment était

---

[1] Un des premiers actes d'Aimery de Château-Luisant fut d'acheter du Chapitre un hôtel situé à Paris, dans la rue Sainte-Geneviève, qui avait appartenu à son prédécesseur. (*Reg. capit.*; Séance du jour de la lune après *Cantate* 1334.)

[2] *Reg. capit.*; Séance du jeudi après la Résurrection 1334.

bien choisi pour exploiter la régale aussi largement que possible, et le clergé n'avait garde de s'en plaindre, car un projet de croisade était entré dans l'esprit chevaleresque du Roi, et, pour l'exécuter, il fallait remplir les coffres de l'État. Cette croisade, qui ne devait pas aboutir, avait été approuvée par le Pape dès l'année 1331 ; le Roi prit la croix le 1er octobre 1333 et la France se couvrit de préparatifs. Le Saint-Père prescrivit des prières publiques ; à Chartres, ville épiscopale de son principal conseiller, il fut décidé, en Chapitre du mercredi après la Quasimodo 1334, que l'on célébrerait chaque vendredi à Notre-Dame, et en alternant, une messe de la Sainte Vierge, de la Croix et de la Trinité, à l'intention des croisés.

Philippe de Valois faisait de fréquents voyages à Chartres ou dans les environs. Il était à Epernon le 2 novembre 1334, et il vint à Chartres le 1er octobre 1335, peu de temps avant son départ pour Avignon. Pendant ce dernier séjour, il transporta, par ordonnance, de Verneuil à Janville le siège d'appel de la justice épiscopale [1] et il régla, par lettres-patentes, le gouvernement municipal de la ville de Soissons [2]. On sait que les affaires de Flandre et d'Angleterre rappelèrent le Roi à Paris et firent échouer les projets d'outre-mer. Des troubles locaux furent les avant-coureurs de l'orage qui allait éclater ; on vit des bandes d'aventuriers ravager les campagnes, non sans jeter l'effroi dans les villes. Les chanoines de Notre-Dame crurent devoir prendre quelques mesures de précaution pour leur propre sûreté ; dans la séance du samedi avant la Purification 1337, ils enjoignirent aux gardiens du cloître de tenir les portes bien fermées pendant la nuit et de veiller sur toutes les issues à l'heure des matines. Parmi les hommes d'armes qui figurèrent dans l'*ost* royal en 1337, se trouvait Pierre d'Aubigny, dit *de Muret*, écuyer chartrain ;

---

[1] Voir volume 1er, p. 555.
[2] *Ordonnances des Rois de France*, vol. XII, p. 28.

ce personnage avait alors une querelle avec le Chapitre, on ignore pour quelle cause; Philippe qui l'aimait fit défense aux chanoines, par lettres datées de Maubuisson-lez-Pontoise le 19 octobre, de continuer les poursuites et de porter la main sur les biens de son homme d'armes avant son retour de la mission de guerre qui lui avait été confiée. Le Roi vint faire ses dévotions à Chartres le jour de la Purification 1338; mais il fut quelques années sans revenir, car les affaires politiques attirèrent toute son attention vers d'autres lieux.

Quoique l'organisation municipale chartraine, au commencement du XIVe siècle, ne nous soit pas connue dans tous ses détails, nous avons lieu de penser que la présidence du corps de ville fut toujours dévolue aux baillis; à ce titre, nous devons enregistrer les séances de ces magistrats. Les baillis n'étaient pas encore de grands seigneurs; ils remplissaient en personne les devoirs de leur charge et la plupart appartenaient à des familles notables du pays. Nicolas Trouillart, d'une famille qui habita très-longtemps Chartres, eut pour successeur, vers 1335, Henri de Gyvès, issu d'une souche dont les rameaux existent encore dans l'Orléanais, la Touraine, le Poitou et l'Angoumois. En 1338, le bailli était Vincent Michiel ou Michau, et ce fut lui qui apaisa, par une transaction interprétative, les différends que continuaient à faire naître, entre les officiers royaux et le Chapitre, quelques articles ambigus de la convention de 1306. Cette nouvelle composition fut jurée dans la séance du samedi de la Purification 1340, par le Bailli, le Prévôt et les sergents royaux, pour le Comte (le Roi), et par le Doyen et les chanoines Haymon et Foucher *de Corona,* pour le Chapitre.

Il est juste de dire qu'au moment où les chanoines, d'accord avec les délégués du monarque, sauvegardaient leurs intérêts temporels, ils songeaient à défendre leur spirituel contre l'atteinte des mœurs du temps. Rien n'égalait, en effet, a dépravation des seigneurs et des ecclésiastiques de France;

on connaît le tableau énergique que la chronique de Saint-Denis a tracé du luxe et de l'orgueil de cette noblesse qui se fit battre à Crécy, et l'histoire a conservé les paroles sévères adressées, en 1351, par le pape Clément VI, aux prélats et abbés du royaume [1]. Dans le but d'éviter le mal, une délibération capitulaire du lundi après la Saint-Jean 1340, enjoignit aux chanoines et prêtres de Notre-Dame de vêtir des habits *décents* et en rapport avec leur profession, et leur défendit expressément de faire usage de bottines vertes ou d'autre couleur éclatante, de porter de grandes manches pendantes attachées à leurs robes et manteaux, de jouer dans les lieux publics à la paume ou à d'autres jeux malséants, *de hanter les tripots, de conduire des chœurs de danse ou de trompettes*, enfin de fréquenter de jour ou de nuit des sociétés déshonnêtes. De pareilles recommandations caractérisent bien une époque.

La succession de Bretagne, ouverte en 1341 par la mort de Jean III, fut un nouveau brandon jeté entre la France et l'Angleterre. Philippe de Valois soutint les droits de Jeanne, nièce du feu duc et épouse de Charles de Blois; Edouard embrassa avec chaleur le parti de ce Jean de Bretagne, comte de Montfort, frère consanguin de Jean III, qui s'était marié à Chartres, en 1329, avec Marguerite de Flandre. Les faits de cette guerre sont étrangers à notre histoire; nous dirons seulement qu'en 1341 les chanoines payèrent au domaine une somme de cent livres à cause de la taxe d'un double décime octroyé au Roi, par le Pape, sur les biens du clergé, pour les urgentes affaires du royaume. L'esprit chartrain était généralement favorable à la cause patronée par le Roi; le Chapitre prouva sa sympathie en infligeant, dans la séance capitulaire du vendredi après la Purification 1342, un blâme sévère et une amende à Étienne de Sancheville, prêtre clerc de chœur, pour avoir scandalisé l'église de Chartres et diffamé les senti-

---

[1] *Histoire de France*, par H. Martin, vol. 5, p. 443.

ments de ses membres en disant publiquement devant des Anglais et d'autres étrangers que les Anglais étaient beaucoup plus généreux que les Français ¹.

L'évêque Aimery de Château-Luisant, promu au cardinalat en 1342 ², résigna son siège qui fut donné à Guillaume Amy. Ce nouveau prélat résidant habituellement à Avignon près du Pape, ne vint pas immédiatement à Chartres, et il eut un coadjuteur nommé Bertrand. Guillaume Amy obtint de Clément VI, en 1343, l'autorisation de lever un don caritatif sur le clergé de son diocèse pour réparer les grandes pertes que l'église de Notre-Dame avait faites pendant les dernières années ; les chanoines furent naturellement exemptés de cette contribution. Nous ne savons quelles pertes il s'agissait de réparer, à moins qu'on n'entendît par là les dévastations et les saisies illicites reprochées fréquemment aux hommes de corps et aux gens du Comte. Il paraît que des sévices graves avaient été commis dans plusieurs maisons canoniales et en particulier dans celle de Mᵉ Pierre de Chappes, chanoine, chez lequel on avait pris un volume de lois, un bréviaire, de la vaisselle d'argent et *un chaperon fourré*. Ces méfaits amenèrent les parties à la barre du Parlement, et un arrêt du 6 décembre 1343, rendu sur le rapport de Mᵉˢ Simon de Bucy et Ferry Briart, conseillers, condamna à la restitution le bailli Vincent Michiel, le prévôt Hémeric Courrat et les sieurs Jean Courrat, Denisot de la Porte, Perrot Barbou, Denisot Romain et Jean Bazin, officiers du Comte ³.

Souchet et les autres écrivains ses copistes disent qu'il y eut, en 1342 et 1345, de grandes inondations à Chartres. La récolte fut très-mauvaise en 1342, si l'on en juge par les prix élevés du blé ⁴ ; mais l'année suivante donna en Beauce des

---

[1] Voir volume 1ᵉʳ, p. 414.
[2] Ib., p. 211, note 2.
[3] Pièces du Chapitre, *Juridiction temporelle*, Arch. départ.
[4] Voir vol. 1ᵉʳ, appendice n° 14, p. 561.

produits meilleurs que dans les autres provinces, et Philippe de Valois, qui était venu à la Forte-Maison, près Chartres, au mois d'octobre 1343 [1], put faire exporter une grande quantité de grains de notre pays pour la Bourgogne, où il y avait disette. Les prix exagérés reprirent en 1346 et en 1347 pour retomber au taux moyen de six sous six deniers tournois le setier, en 1348. Nous n'avons trouvé aucun document local qui fasse mention des événements si graves de l'année 1346; cependant il est bien probable que Chartres ne put échapper complètement aux malheurs de cette funeste époque. En effet, une partie de l'armée royale destinée à guerroyer en Guyenne se rassembla au mois de mars dans la Beauce et dans l'Orléanais; en juillet et août, les Anglais ravagèrent Vernon, Breteuil, le Vexin, le Hurepoix et campèrent à Poissy, ville du diocèse de Chartres; les comtes d'Alençon et de Blois, dont les possessions s'avançaient jusqu'au cœur du comté de Chartres et qui avaient sans doute des Beaucerons sous leurs bannières, périrent le 26 août à la journée de Crécy. En 1347, 1348 et 1349, la peste noire vint ajouter ses horreurs à celles de la guerre. Cette affreuse maladie, après avoir ravagé le midi, sévit cruellement à Paris et dans les environs; Jeanne de France, reine de Navarre, comtesse d'Evreux, dame de Nogent-le-Roi et mère de Charles-le-Mauvais, fut une de ses plus illustres victimes.

Au mois d'avril 1349, Philippe de Valois nomma le bailli de Chartres gardien de l'abbaye royale de Saint-Mesmin, près Orléans [2]. A peine avait-il donné cette marque de confiance au premier magistrat chartrain, que le Roi découvrit les malversations du second fonctionnaire de la ville, l'argentier ou receveur du domaine; dans cette circonstance, il exprima, par lettres-patentes datées de Remilly, en Champagne, le

---

[1] *Ordonn. des Rois de France*, vol. II, p. 191. — Philippe data de *la Forte-Maison de lez Chartres*, le 26 octobre 1343, une ordonnance sur les monnaies.
[2] *Ib.*, vol. 7, p. 486.

14 juillet, tout son mécontentement au chancelier et aux *gens des comptes,* lesquels avaient commis pour les recettes royales, en qualité de receveurs, des individus qui appliquaient à leur profit particulier les deniers qu'ils touchaient ; « comme a faict » et faict, dit le Roi, le receveur de Chartres qui par vous genz » de noz ditz comptes a été faict, dont nous avons eu et pou- » rions avoir ou temps à venir grans dommages. » Il leur signifia qu'ils n'avaient pas d'autre mission que de ouir et recevoir les comptes et faire payer ce qui était dû au trésor royal, et il ajouta qu'il entendait que dorénavant les receveurs du domaine fussent nommés par élection, *ainsi qu'il a été ordonné pour les sénéchaux et baillis* [1]. Cette dernière disposition explique pourquoi les baillis chartrains de ce temps appartenaient ordinairement à des familles du pays.

D'après Souchet, Philippe de Valois se rendit à Chartres au mois de janvier 1350 avec Louis de Vaucemain, évêque nommé sur la résignation de Guillaume Amy qui avait été élevé à la dignité de patriarche de Jérusalem [2]. Le monarque, quoique âgé de 58 ans, venait d'épouser (19 janvier) Blanche de Navarre, princesse de 18 ans, fille de la feue reine de Navarre et sœur de Charles-le-Mauvais. Cette alliance disproportionnée lui fut fatale ; saisi d'une maladie d'épuisement, il succomba au château de Nogent-le-Roi, domaine de sa nouvelle famille, le 22 août 1350.

Jean, nouveau roi, fit un pélerinage à Chartres, avec la reine Jeanne, sa femme, aux fêtes de Pâques 1351. Il y passa en revue une partie de ses hommes d'armes et il y signa les privilèges de la ville d'Orchies [3]. La Reine revint encore au mois de janvier 1352 ; Souchet raconte qu'elle délivra pour sa

---

[1] *Ordonn. des Rois de France*, vol. II, p. 304.

[2] Guillaume Amy légua à Notre-Dame ses ornements et habits épiscopaux en soie violette rehaussée de léopards d'or. (*Livre de Guillaume Bouvart;* mss. des Archives dép.)

[3] *Ordonn. des Rois de France*, vol. IV, p. 70.

bienvenue un condamné détenu dans les prisons de l'officialité. Les débuts de ce règne furent marqués par plusieurs actes de sévérité; quelques seigneurs payèrent de leur tête ou par la confiscation de leurs biens les sentiments anglais qui les animaient. Le manoir de Gourdez, principal hôtel des Vicomtes, vendu en 1343 par Isabeau de Rochefort, fut confisqué sur le sire Huet de Brion et octroyé en pur don, au mois d'octobre 1351, à Jean de Fleurigny, maître d'hôtel du dauphin Charles [1]. D'autres confiscations enrichirent le domaine ; mais ce n'était pas assez pour satisfaire la prodigalité du roi Jean : il recourut bientôt à l'altération des monnaies [2]. Chartres se ressentit vivement de cette mesure désastreuse ; en 1353, la monnaie *faible*, c'est-à-dire altérée, n'était reçue dans le pays que pour moitié de la bonne [3]. Cet état de choses jeta dans les esprits et dans le commerce une perturbation à laquelle les mutations perpétuelles des officiers du Roi n'étaient pas faites pour porter remède. Au bailli Vincent Michiel avait succédé, en 1346, Joucelin de Pertuis, en 1348, Joachim Dupont, en 1350, Jean-le-Bascle (le bâtard) de Meudon, et en 1354, Jean Bigot, dit le Barbe; ce dernier prêta serment au Chapitre dans la séance du mercredi après la Purification, en même temps qu'un nouveau prévôt du nom de Barthélemy ou Berthelot Prevosteau, personnage dont la famille donna au XIVe siècle plusieurs membres distingués à la haute administration du pays.

---

[1] Charles, mis en possession du Dauphiné par le traité du 25 avril 1343, réalisé en 1349, prit vers cette dernière époque le titre de *Dauphin de Viennois*. Le plus ancien document chartrain, à ma connaissance, qui donne ce titre au fils aîné du Roi, est une délibération du Chapitre, de l'année 1353. (*Chapitres généraux*, § 39, 2e partie, f° 163, verso, mss. de la Bibliot. commun.)

[2] « A l'avénement du roi Jean, le marc d'argent valait 5 livres 5 sous; à la fin
» de l'an 1351, il était porté à 11 livres; la monnaie avait varié de cent pour cent
» en un an. Ce n'était là que le début : au mois de février 1352, le marc revint
» brusquement de 11 livres à 4 livres 5 sous; il remonta à 13 livres 15 sous, retomba à 4 livres 10 sous, puis remonta à 18 livres. On compta jusqu'à *seize* va-
» riations dans une seule année. » (*Hist. de France*, par H. Martin, vol. 5, p. 459.)

[3] *Reg. capit.*; Séance du lendemain de la Saint-Jean 1353.

Le moment approchait où la ville allait avoir besoin du dévouement de ses administrateurs, car le roi Jean venait de rompre avec son gendre le jeune Charles-le-Mauvais, roi de Navarre, qui, voisin de la Beauce par Evreux et Nogent-le-Roi, se disposait à ravager les terres royales (1354). La paix fut replâtrée entre ces deux princes en 1355; toutefois le Roi ne laissa pas de recommander à ses lieutenants de veiller à la sûreté des places fortes. Il y eut à Chartres, au mois de juillet 1355, une assemblée générale des habitants, à laquelle le Chapitre envoya l'archidiacre de Vendôme et les chanoines Louis de Vieilleville, Etienne Roger et Etienne-le-Barbe [1]; on discuta les mesures à prendre pour mettre la ville à l'abri d'une surprise; peut-être aussi nomma-t-on des députés aux Etats-généraux qui devaient se tenir et qui se tinrent, en effet, à Paris au mois de décembre. Les résultats de cette mémorable assemblée sont connus par l'ordonnance du 28 décembre dont Chartres reçut un exemplaire signé de J. Boyer, secrétaire du Roi. Les trois ordres admettant la nécessité de résister aux Anglais, accordèrent pour un an une gabelle sur le sel et une taxe de huit deniers par livre sur toute marchandise vendue; des élus furent nommés dans chaque bailliage pour faire la levée de ces impôts, et l'on réserva la connaissance des cas contentieux à neuf généraux des finances dont l'abbé de Bonneval et le bourgeois Maurice d'Epernon firent partie. Jean promit de ne plus faire que de bonne monnaie, puis il ordonna aux habitants des villes closes de se munir d'armes et de redoubler de zèle pour son service. On suivit à la lettre, à Chartres, cette dernière recommandation; il y eut permanence dans les séances du corps de ville, et les chanoines décidèrent, le samedi après la Saint-Jean 1356, que les Chapitres particuliers vaudraient Chapitres généraux pour tout ce qui concernerait les préparatifs de

[1] *Reg. capit.;* Séance du mardi après la Saint-Jean 1355.

guerre et la protection des biens et des personnes ecclésiastiques.

La rupture qui eut lieu dans ce moment entre le Roi et Charles-le-Mauvais amena les Navarrais et les Anglais jusqu'à Verneuil; Jean et le sire d'Houdetot, grand-maître des arbalétriers, parvinrent heureusement à les repousser avant leur entrée en Beauce. Vers la fin du mois d'août, le Roi, résolu à frapper un coup décisif, se rendit à Chartres *à grand foison de gens d'armes* et donna ordre aux chevaliers français du ban et de l'arrière-ban de venir le joindre sur les marches du Blésois et de la Touraine. Le monarque passa plusieurs jours dans notre ville à régler les mouvements de son armée ; il y data du 28 et du 31 août diverses ordonnances dont une prononça le renvoi des causes du Chapitre au Parlement de Paris, *sans moyen* [1]. Ce fut aussi pendant ce voyage que Mᵉ Michel de Braiche, aumônier du Roi, procéda à la réforme de la maison des Six-Vingts aveugles de Saint-Julien et de Saint-Gatien [2].

La journée de Poitiers (19 septembre 1356), dans laquelle Jean fut fait prisonnier, mit le comble à la terreur qui régnait dans les cités françaises. Les domaines du clergé et des seigneurs chartrains devinrent pendant tout le reste de la saison le théâtre des déprédations des garnisons navarraises [3]. Aussitôt après la défaite des troupes royales, Charles, duc de Normandie, fils aîné et lieutenant du Roi, avait convoqué à Paris les États-généraux. Cette assemblée, dont la première séance se tint le 17 octobre, fut des plus orageuses ; le tiers-état, poussé par Robert Lecocq, évêque de Laon, et Marcel, prévôt des marchands, demanda avec violence la mise en jugement des principaux conseillers de la couronne, entre autres, de Jean Chauveau, de Chartres, trésorier des guerres.

[1] *Ordonn. des Rois de France*, vol. IV, p. 177; vol. 8, p. 288; vol. XIV, p. 106. — Voir aussi volume 1ᵉʳ de cette histoire, p. 545.
[2] Voir vol. 1ᵉʳ, p. 347.
[3] *Reg. capit.;* Séances du dimanche et du lundi après la Purification 1357.

La puissance dictatoriale des 36 gouverneurs de Paris, zélés continuateurs de la politique du tiers-état, mit le régent à deux doigts de sa perte et faillit livrer la France à l'ambition de Charles-le-Mauvais. Ce Prince avait laissé ses villes de Normandie aux ordres de Philippe de Navarre, comte de Longueville, son frère, qui lançait d'Evreux des bandes furieuses dans les plaines de la Beauce. Loin de pouvoir porter secours aux malheureux habitants des campagnes, le Régent était forcé de leur demander des subsides; il fit, dans ce but, au mois de septembre 1357, une excursion à Rouen et à Chartres, mais on accueillit très-mal son ouverture et le voyage ne servit à rien.

L'année 1358 ne se présenta pas pour Chartres sous de plus favorables auspices. Les troupes navarraises continuèrent leurs dévastations, de concert avec une *grande compagnie* de pillards de tous pays cantonnée à Epernon; cette bande tint pendant six mois les Chartrains prisonniers dans leurs murs et détruisit Saint-Arnoult, Gallardon, Bonneval, Yèvres, Cloyes et Etampes [1]. Le régent Charles avait beau promener de ville en ville les Etats-généraux dans le but de se procurer des finances et des partisans, ces réunions, trop peu nombreuses pour faire autorité, ne produisaient que des résultats stériles. Les députés des cités royales un peu éloignées ne pouvaient parvenir aux lieux désignés par le Dauphin, car les ennemis battaient tous les chemins. Nous avons la preuve que Chartres ne fut pas représenté aux séances des Etats assemblés à Compiègne au mois de mai 1358 : en effet, le roi Jean écrivit le 15 juin, du fond de sa prison de Londres, *à ses amés les bailli, nobles et bourgeois de Chartres*, pour les prier d'approuver l'aide consentie par les Etats de Compiègne, *comme si ils se fussent trouvés à cette assemblée* [2].

---

[1] *Chroniques de Froissart*, éd. Buchon, 1852, vol. 1er, p. 373.
[2] *Ordonn. des Rois de France*, vol. III, p. 692.

Tout semblait conjuré contre le prince régent, lorsqu'un événement inespéré vint rétablir ses affaires. Au mois d'août, les royalistes de Paris, conduits par le bourgeois Maillard, parvinrent à écraser le parti du prévôt Marcel et de ses adhérents navarrais. Le roi Charles, furieux de cet échec, quitta sa résidence de Mantes, traversa, le fer et le feu à la main, le Vexin, la Beauce[1], le Gatinais et l'Ile-de-France, et s'empara de Melun, ville du douaire de sa sœur Jeanne, veuve de Philippe de Valois.

A cette époque désastreuse où le gouvernement, sans armée, sans ressources, sans influence, ne pouvait faire prévaloir sa volonté à deux lieues de Paris; où les brigands de toutes les nations, organisés en *compagnies* de gens d'armes, pillaient et incendiaient les villages, détruisaient les moissons sur pied, rançonnaient les bourgeois fourvoyés par les chemins; où les garnisons des places françaises, navarraises et anglaises, dignes émules des compagnies, se faisaient une guerre acharnée dont le contre-coup retombait toujours sur les malheureux habitants du *plat pays*, il n'y avait de sûreté que dans les forteresses, et la nécessité transformait chaque ville close en une petite république indépendante. Nous trouvons dans le compte des recettes et dépenses de Chartres, pour l'année 1358[2], des renseignements précieux sur l'assiette, la *cueillette* et l'affectation des subsides, sur les officiers royaux et municipaux, sur

---

[1] La grande chronique de Saint-Denis dit que Charles-le-Mauvais *ardit Chartres;* le lieu ainsi désigné est probablement Châtres, aujourd'hui Arpajon.

[2] Ce document, que je donne en entier sous le n° 1er des Appendices, fin de ce volume, est le plus ancien de ceux de cette nature que renferment les archives de la Mairie. Guillaume de la Veste, receveur *élu en assemblée générale*, rendit son compte en présence de Etienne de la Houssaye, Jean Colrouge, Jean Barbou, Jean-le-Cordier, Pierre d'Etampes, Jean Petit, *élus pour cet office par les habitants* et commis, à leur requête, par Guillaume Jure, lieutenant de noble homme M. Pierre de Bouville ou Bouviller, chevalier du Roi et son bailli à Chartres; la lecture se fit en présence du sous-chantre Pierre de Chappes, de Hervé de Chartres, chanoine-chancelier, Regnault Sauger, archidiacre de Vendôme, Jacques de Montmorency, prieur de Saint-Romain de Brou, Jean Lambert, Jean Legros et de plusieurs autres bourgeois; la relation des commis eut lieu devant le Bailli, *la communauté de la ville pour ce assemblée*. On ne voit pas que ce compte ait été soumis au contrôle de la chambre des Comptes de Paris.

TOME II. 2

l'immixtion de l'élément populaire dans toutes les affaires d'intérêt général. Les revenus annuels, qui furent désignés plus tard sous le nom de *deniers communs et patrimoniaux*, n'étant pas encore créés, on pourvoyait aux besoins pressants par des impositions temporaires votées en assemblées générales des manants et habitants, et l'on se gardait bien d'accorder au Roi des secours qui auraient appauvri les citadins sans profit direct pour eux. Dans le but *d'enforcer la forteresse qui est la tuicion et sauveté de touz les gens et biens de Chartres et des pais d'environ et ou toutes gens pour culx et leurs biens peuet avoir refuge*, l'assemblée générale accorda, pour un an à partir du 20 janvier 1358, un subside *sur toutes manières de personnes* de la ville et banlieue, consistant en 3 livres tournois par *tonnel* de vin, 2 sous par muid de blé et 6 deniers pour livre de toutes autres marchandises et denrées *quiconques* vendues. En même temps on nomma, pour faire *cuillir, lever et exploiter ledit subside et contraindre tous ceulx qui aucune chose en devront*, M⁰ Pierre de Chappes, sous-chantre de l'église de Notre-Dame, M⁰ Jean-le-Vigneron, prêtre *scelleur* de l'Evêque, et les bourgeois Jean Lambert et Gilles Sequart : on choisit pour encaisser les recettes et en passer écriture ainsi que des dépenses, le bourgeois Guillaume de la Veste. Ces choix furent approuvés par une *commission* du 6 février, émanée des autorités civiles et ecclésiastiques de la ville, désignées dans l'ordre suivant : Messire Guillaume de Meslay, chevalier, vidame et capitaine de Chartres et du *pais d'environ;* Messire Pierre de Bouville ou Bouviller, chevalier, bailli *dudit lieu ;* les vicaires de révérend Père en Dieu Mgr l'Evêque de Chartres, et le doyen et chapitre de l'église *de ladite ville*. Ces seigneurs donnèrent pour instruction à Guillaume de la Veste, par la commission dont il s'agit, de recevoir et écrire *en son papier* les noms des personnes, les monnaies et le jour de la recette, *et iceulx deniers bailler et distribuer par lettres et mandement des esleuz, ou de deux du moins, dont il y aiet l'un de l'estat de clergié et l'autre des bourgois, pour mettre et convertir ès repparacions et nécessités de ladite ville et non ailleurs;* toutefois, comme correctif à l'égoïsme de la mesure, il fut réservé que les élus bourgeois pourraient, sans en référer à ceux du clergé, distraire de la recette *jusques à la somme de quatre cenz livres* pour plusieurs nécessités et *mandemens du Roy*. Afin d'exciter le zèle de Guillaume de la Veste, on lui alloua, *à prendre par sa main des deniers de la dicte recepte*, cent livres tournois *une fois tant seulement*.

Le subside voté, en y comprenant une taille particulière pour la construction du versoir de la porte Imbout (le Vieux-Trou), produisit la somme de 8,620 livres 13 sous 4 deniers, sur laquelle on employa 7,257 livres 11 sous à acquitter des dettes anciennes et à faire de nouvelles dépenses dans l'intérêt de la ville. Il résulte du compte rendu par Guillaume de la Veste et de divers autres documents, que, pendant les années 1357 et 1358, on détruisit une partie des faubourgs, l'église Saint-Saturnin alors *extra-muros*, le couvent des cordeliers dans le Grand-Faubourg, l'hôpital Saint-Julien et Saint-Gatien [1], les *ostels* Jean de Cloie, Jean de Bissay, Beguin et Guillaume Morhier, les murs des étuves et la grange de l'Aumône, la maison de Guillaume Jourdain à Mainvilliers, le châtel de Lèves, la Forte-Maison et le fortin de Sours, afin que les ennemis ne pussent s'y loger; on solda une bande de *brigans* [2], sous le commandement du capitaine Marquetin de Lucques, pour tenir garnison dans la ville; on arma les murailles de pièces d'artillerie [3]; on continua le creusement des nouveaux fossés, de

---

[1] Voir vol. 1ᵉʳ, p. 250, 296 et 350.

[2] *A Marquetin de Lucques, sur ce qui pourra lui estre deu pour les gages de LIII paies des brigans qui devoient servir la ville, par un mois, CLXV livres, XII sous, VI deniers.* (Compte de 1358; Arch. de la Mairie.) On appelait *brigands* des gens de pied portant la *brigandine*, espèce de cotte de mailles.

[3] *Pour faire manteaux à mine et pour apparciller certains canons et manteaux, XIV livres, IV sous, IX deniers; — à Guillaume Le Fèvre, du cloistre, pour le*

la Courtille à la porte Imbout ; on entretint des communications fréquentes avec les bourgeois de Paris et d'Orléans [1]. Les travaux des fortifications furent exécutés d'abord sous la direction du vidame Guillaume de Meslay, capitaine de la ville, puis, à partir du mois d'août 1358, par les soins du sire Jean de l'Estendart, chevalier de grand renom, que les Chartrains avaient demandé et obtenu pour capitaine [2]. Ce seigneur trouvant la garnison insuffisante pour le service d'une place de guerre telle que Chartres, exigea l'adjonction de cinq compagnies d'hommes d'armes et d'archers commandées par les sieurs Hurlequin du Trait, Guichart de Montigny, Guillaume d'Yenville, Thomas d'Allonnes et Guillaume de Villiers; l'assemblée générale des habitants fut forcée, quoiqu'il en coutât, d'imposer une nouvelle taille sur les paroisses pour payer la solde de ces troupes, et cette dépense s'éleva, du 19 août au 2 octobre 1358, à la somme de 1,145 écus [3]. Plusieurs chevaliers de haute distinction vinrent pendant cette année visiter la ville ; on les hébergea et ils reçurent des présents proportionnés à leur qualité, à la durée de leur séjour et à leurs bons offices; on fit principalement accueil aux sires Regnault de Gouillons,

---

rest qui li estoit deu des canons que il a livrez à la ville et pour ferrures d'espringalles, artillerie et martinez, XII livres, X sous; — *à Me Jehan-le-Vigneron, procureur de sire Jehan Chauvel, pour XIII milliers d'artillerie que il a vendue à la ville, et laquelle artillerie il doit livrer à Martin de Lespinette, pour la ville, CCI livres, V sous.* (Compte de 1358; Arch. de la Mairie.)

[1] *A un vallet qui apporta lettres à la ville de par le Prevost des marchanz, I livre, XII sous;* — *à Jehan Rivier, messaiger des bourgois d'Orliens, qui apporta lettres à la ville de par lesdiz bourgois, I livre;* — *à Henriet-le-Breton, tavernier, pour porter à Paris unes lettres, de par le capitaine de la ville, I livre, V sous;* — *à M. Jehan de Dreux, pour plusieurs mesaiges que il a faiz pour la ville à Paris à Mre Geuffroy-le-Boutellier, IX livres;* — *à Yvonnet Terciau pour porter unes lettres du capitaine à Galardon à M. Aubert de Lauvere, V sous;* — *à M. l'évesque de Ruxion (Reusse) pour ses despens d'aler, demorer et retourner devers M. le duc pour plusieurs besoignes touchans la ville, XXX livres.* (Ib.)

[2] *A Estienne Perier, pour la despense que il fist avec M. le Capitaine, quant il furent par devers Mgr le Régent impétrer que il fust capitaine de Chartres et du pais denviron, XIII livres.* (Ib.)

[3] Regnault Sauger, archidiacre de Vendôme, et Gilles Sequart furent *élus en* assemblée générale pour procéder à la paie des gens d'armes. (Ib.)

Maupin de Marolles, d'Aubigny, Foulques de Laval et Guy-le-Baveux [1].

Ces préparatifs n'étaient pas inutiles, car un ennemi astucieux et encore puissant avait les yeux sur Chartres. On apprit en 1359, par les révélations d'un religieux jacobin, que Charles-le-Mauvais machinait un coup de sa façon. Ce jacobin, appelé frère Jacques de Montchauvet, raconta que, vers la Chandeleur, se trouvant à Meulan, à la cour de Navarre, le jeune monarque avait demandé en sa présence, à Me Ebles de Sainte-Marie, chanoine de Notre-Dame [2], si l'on pourrait trouver trente bourgeois disposés à lui ouvrir les portes, *attendu qu'il avait Chartres fort à gré, lui ayant été donné en mariage* [3], et si, dans le cas où Paris et d'autres villes le nommeraient régent, les Chartrains le reconnaîtraient. Le religieux ajouta qu'il avait parlé de cette conversation à Guillaume de Vecie et à l'évêque de Reusse, religieux de son ordre. Cette dénonciation ne paraît avoir eu de suite fâcheuse que pour le pauvre jacobin, qui fut mis en prison.

Charles-le-Mauvais ne comptait pas seulement, pour réduire Chartres, sur les intelligences fort douteuses qu'il pouvait avoir parmi les habitants, il avait surtout confiance dans le succès de ses auxiliaires d'outre-mer, nouvellement débarqués en Normandie. Les bourgeois chartrains se tinrent coi derrière leurs murailles et échappèrent aux surprises des coureurs anglais; mais en revanche le *plat pays* eut beaucoup à souffrir, et la mesure des maux fut à son comble vers la fin de l'année, si l'on

---

[1] Compte de 1358; Arch. de la Mairie.

[2] Le chanoine Ebles de Sainte-Marie fut, en effet, députe par ses confrères, à Paris, près du Régent, vers la Purification *(Chandeleur)* 1359, pour y traiter certaines affaires de l'église. *(Reg. capit.;* Séance de la Purification 1359.) Il est probable qu'au retour, cet ecclésiastique passa par Meulan.

[3] Chartres ne fut pas donné à Charles-le-Mauvais par mariage; en déclarant ce prince majeur, par lettre du 8 février 1349, peu de temps avant son mariage, le roi Jean lui fit la délivrance de ses anciens domaines de Normandie, et y joignit seulement les domaines de Mantes, Meulan, Anet, Breval et Montchauvet. (Secousse, *Mémoires sur Charles-le-Mauvais*, Preuves, p. 53. Pièce extraite du mémorial C de la chambre des Comptes, f° 113, verso.)

en juge par le cri de douleur échappé aux chanoines et consigné dans le procès-verbal de la séance capitulaire de la Purification 1360. « La persécution dirigée contre l'église de
» Chartres, dit le rédacteur de ce procès-verbal, n'est compa-
» rable qu'à celle de Jérusalem ; il n'y a plus d'amis, les gens
» chargés de notre défense nous faisant plus de mal que les
» ennemis ; personne ne sait s'il faut quitter ou habiter la
» ville ; tandis que nos maisons sont pillées, l'incendie dévore
» nos domaines ruraux ; nos hommes de corps, nos hôtes,
» sont tués ou faits prisonniers[1] ; non seulement nos débiteurs
» ne nous payent pas, mais les mandements des tribunaux
» ecclésiastiques sont méconnus et les armes de l'Eglise bra-
» vées impunément. La justice est partie pour la terre de cap-
» tivité avec le roi des Lys ; plus de confiance dans la sauve-
» garde royale, et le sauf-conduit des Anglais est en horreur
» aux nobles et au peuple ! C'est pourquoi nous, chanoines
» de Notre-Dame, réunis en assemblée générale de la Purifica-
» tion, arrêtons ce qui suit · 1° Les fruits et émoluments des
» prébendes qui, d'ordinaire, appartiennent divisément aux
» chanoines prébendiers, sont mis en commun et distribués
» entre tous les chanoines, pour que chacun puisse avoir un
» morceau de pain à rompre ; 2° chaque chanoine résidant,
» en état de combattre, se munira d'armes convenables ;
» 3° chaque chanoine invalide fournira un remplaçant valide ;
» 4° en outre, chaque chanoine aura à son service et entre-
» tiendra à ses frais et dépens deux écuyers et un page armés
» de manière à pouvoir résister aux coups de l'ennemi ; 5° ces

---

[1] Les bandes ennemies qui rôdaient autour de la ville firent prisonniers, pendant les années 1358 et 1359, un certain nombre de chartrains ; les comptes et les capitulaires citent, en particulier, les bourgeois N. de Bétaincourt, Gilot Hugot, Jacques Fournigaut, Gilot Viron et Gautier-le-Boulanger, sergent du Chapitre. La rançon d'un bourgeois consistait ordinairement en un *tonnel* de vin. Pendant ces années désastreuses les travaux de la campagne furent abandonnés, on n'ensemença qu'une petite partie des terres de la Beauce, et le blé qui valait, en moyenne, 5 ou 6 sous le setier, se vendit jusqu'à 50 sous à la Purification et 3 livres 15 sous à la Saint-Jean 1360 ; c'est le plus haut prix qu'atteignit le setier de blé pendant tout le XIV° siècle.

» quatre personnes : le chanoine, les deux écuyers et le page,
» se présenteront en armes à toute réquisition du Chapitre ;
» 6° pour que la fraude ne puisse se faire, il y aura *montre* des
» hommes d'armes du Chapitre mardi prochain et le premier
» mardi de chaque mois jusqu'à la Saint-Jean ; 7° les chanoines
» pourvus de deux prébendes fourniront le double de gens,
» c'est-à-dire quatre écuyers et deux pages. » Nous ne savons
si ces belliqueuses mesures, moins à l'adresse des Anglais qu'à
celle des hommes d'armes un peu pillards de la garnison, en
imposèrent beaucoup aux *amis* et aux ennemis des chanoines.

Le roi d'Angleterre, parti de Châtillon, près Montrouge, le
12 avril 1360, pour se rendre *en ce bon pays de Beauce* [1], traversa avec son *ost* toutes nos plaines et s'arrêta à Bonneval, puis à Châteaudun, où le rejoignirent les négociateurs français envoyés par le Dauphin, régent du royaume. Edouard revint avec eux vers Chartres et alla se loger dans le village de Sours, lieu choisi pour les négociations. La conférence, commencée le 1er mai, continua pendant huit jours, sans que le roi d'Angleterre voulût se départir de ses exorbitantes prétentions. On allait reprendre les armes, lorsque la résistance du vainqueur fut adoucie par un événement qu'il regarda comme un avertissement du ciel. Le 6 mai, *pendant que les traiteurs francois alloient et préchoient ledit roi et son conseil, un temps, un effoudre et un orage si grand et si horrible descendit du ciel en l'ost du roi d'Angleterre, que il sembla bien proprement que le siècle dût finir ; car il chéoit de l'air pierres si grosses que elles tuoient hommes et chevaux et en furent les plus hardis tout ébahis. Adonc regarda le roi d'Angleterre devers l'église Notre-Dame de Chartres, et se rendit et voua à Notre-Dame dévotement, et promit, si comme il dit et confessa depuis, que il s'accorderoit à la paix* [2]. Le

---

[1] *Chron. de Froissart*, éd. Buchon, vol. 1er, p. 430.
[2] *Ib.*, p. 432.

lendemain 7, Édouard se rendit à Chartres, fit ses dévotions à Notre-Dame et vénéra la Sainte Chemise ; le Chapitre reçut avec de grands honneurs le monarque anglais, qui laissa à l'église des marques de sa générosité [1]. Le traité auquel le roi Jean dut sa liberté en échange d'une énorme rançon et de l'abandon des plus riches provinces de France, fut signé le 8 mai au petit château de Brétigny, près Sours [2]. Parmi les plénipotentiaires français se trouvait Jean d'Angerant, doyen du chapitre, qui ne tarda pas à arriver à une haute fortune. Le samedi 9 mai, les commissaires anglais partirent de Chartres pour Paris, où ils reçurent le serment du Régent ; ce prince, après les avoir magnifiquement traités, les renvoya le mardi 12. Édouard leva alors le camp de Sours, coucha une nuit à Chartres, et *à lendemain vint-il dévotement et ses enfans en l'église Notre-Dame, y ouïrent messe et y firent grandes offrandes et puis s'en partirent et montèrent à cheval* [3]. L'ost anglais tira vers Harfleur.

[1] Le vendredi 1er mai, jour de Saint-Philippe et Saint-Jacques, le Chapitre avait fait faire une procession générale, pour la paix, à Saint-Père-en-Vallée. Le roi d'Angleterre ayant manifesté l'intention de venir, en pélerinage, vénérer la sainte Chemise, le jeudi d'après la saint Jean-Porte-Latine (7 mai), le Chapitre s'assembla à la hâte et décida que le Conseil de France et le seigneur Chancelier, de présent à Chartres, seraient consultés sur la conduite à tenir en cette circonstance. On permit aux chanoines de satisfaire le roi d'Angleterre et le pélerinage eut lieu. Le lendemain vendredi, 8 mai, la paix ayant été signée, le Chapitre fit placer la châsse sur l'autel et prescrivit qu'elle fût exposée aux regards de tous les pèlerins. (Souchet, d'après les reg. capit. — Hérisson, Dissertation, n° X, à la suite de l'*Hist. de la cité des Carnutes*, par Ozeray, vol. 2, p. 375.)

[2] *Chron. de Froissart*, vol. 1er, p. 432 et suiv. — *Chron. de Saint-Denis*, ch. 122 et 124. — Rymer, *Acta publica*, p. 202 et suiv. — Il ne reste plus aucun vestige de l'ancien château de Bretigny, hameau de la commune de Sours.

[3] *Chron. de Froissart*, p. 439.

CHAPITRE XV.

DU TRAITÉ DE BRETIGNY A LA PAIX DE CHARTRES.

Pacification de la Beauce. — Etats généraux à Chartres. — Orléanais et Bourguignons.

(1360-1409.)

A l'évêque Louis de Vaucemain, mort au mois de janvier 1355 en sa maison de la rue de l'*Arondelle* à Paris, avait succédé, en 1357, au bout de deux ans de régale, M° Simon Lemaye, ancien abbé de Marmoutiers. Ce prélat mourut à Chartres au mois de juin 1360, et le Chapitre se hâta de députer le Chantre en dignité, à Calais, près des rois de France et d'Angleterre, pour obtenir la permission de procéder à l'élection d'un nouvel évêque [1]. Le choix, probablement provoqué par le roi Jean, tomba sur le doyen Jean d'Angerant, président en la chambre des Comptes. La signature de ce personnage, avec le titre d'*esleu de l'église de Chartres*, figure au bas des lettres-patentes que Jean donna à Calais le 14 octobre 1360, pour approuver les collations de bénéfices en régale faites pendant son absence par le prince régent, et pour déclarer les collations que lui-même avait faites de la Prévôté de Normandie au cardinal de la Forêt et de deux prébendes du Chapitre à ses féaux secrétaires Macé Guchery et Denis de Colors [2]. Jean d'Angerant demeura longtemps éloigné de son siège à cause de ses fonctions à la chambre des Comptes.

---

[1] *Reg. capit.;* Séances du jeudi après la Saint-Jean et du lundi suivant, 1360.
[2] *Ordonn. des Rois de France,* vol. III, p. 429.

Chartres fut au nombre des cités qui durent livrer deux bourgeois au roi d'Angleterre en garantie de la rançon de Jean. Il est probable que la ville s'imposa de lourds sacrifices pour le paiement du premier terme de cette rançon; le Chapitre y contribua pour 2,000 écus qui furent prélevés sur les fonds dits *de Saint-Piat* [1]. Aussi le monarque, sorti de prison, fit-il entendre, dès le 26 octobre, à ses bourgeois de Chartres qu'il irait bientôt les visiter; il effectua cette promesse au mois de janvier 1361. Jean, mûri par le malheur, ne demandait pas mieux que de guérir les plaies du royaume; mais la peste noire qui fit d'affreux ravages à Paris et dans les provinces voisines et les brigandages des *grandes compagnies* ne lui permirent pas d'accomplir ce projet. Toutefois la Beauce jouit d'une tranquillité relative et le Chapitre put songer à réparer les bâtiments de ses domaines ruraux, détruits par les Anglais [2].

Depuis que la réunion du comté à la couronne avait fait du bailliage de Chartres une justice royale, son ressort comme siège d'appel s'était beaucoup agrandi. Lorsque Philippe de Valois érigea l'Orléanais en duché pour son fils Philippe (1344), il voulut que le comté de Blois, qui ressortissait jusque-là au siège d'Orléans, portât dorénavant ses appels devant le bailli de Chartres [3]. En 1362, le roi Jean décida que les terres de Saint-Aignan, Valençay et Celles-sur-Cher, appartenant à Jean de Châlon, comte d'Auxerre, et ressortissant au siège royal d'Issoudun, iraient en appel devant le juge royal de Chartres, parce que le pays d'Issoudun était entré dans l'apanage du duc de Berry; ces terres relevaient, d'ailleurs, du comté de Blois, lequel ressortissait déjà au siège de Chartres [4]. Le prévôt royal de Cepoy s'efforça plusieurs

---

[1] *Reg. capit.;* Séance du mardi après la Saint-Jean 1360.
[2] *Ib.;* Séance du vendredi après la Saint-Jean 1361.
[3] *Ordonn. des Rois de France,* vol. IV, p. 536.
[4] *Ib.,* vol. 3, p. 607.

fois d'attirer en appel à son siège de la Fauconnerie et de l'aleu de Saint-Mesmin d'Orléans les affaires du comté de Blois; mais Charles V, statuant par lettres de mars 1365, sur la réclamation du comte de Blois, imposa silence absolu à ce prévôt et maintint la supériorité du bailliage de Chartres pour les appels du comté de Blois. Le Roi donna pour motifs de sa décision que le siège de Chartres était beaucoup plus noble que celui de Saint-Mesmin, que Chartres et Blois se trouvaient dans le même diocèse et que le bailliage de Chartres *possédait un collége d'avocats habiles et de conseillers habitués aux affaires des deux pays* [1]. Le magistrat qui occupait alors le bailliage était le sire Mathieu des Quesnes, chevalier; mais il est probable que, selon l'usage, les affaires de justice concernaient exclusivement le lieutenant général Denis Prevosteau, officier *de robe longue*.

Les malheurs des temps avaient distrait les baillis de leurs pacifiques fonctions, pour les lancer dans les affaires politiques et guerrières: le représentant du Roi dans les bailliages ravagés par les ennemis ne pouvait plus être un simple légiste; il fallait placer un homme d'armes à la tête de la bourgeoisie belliqueuse des cités royales; aussi vit-on souvent, à partir de ce moment, le siège du bailliage occupé par un chevalier, bon capitaine, mais étranger à la science du droit et distingué des baillis jurisconsultes par le nom de Bailli *de robe courte*. Le roi Jean, mort en Angleterre au mois d'avril 1364, avait laissé le royaume à la merci des factieux, et les troupes navarraises de la Normandie profitant des embarras de la situation, s'étaient ruées comme à l'ordinaire sur les plaines de la Beauce. Mais le Régent devenu le roi Charles V, se trouva bientôt en état de déjouer et de punir les trahisons réitérées de Charles-le-Mauvais. Il chargea spécialement son frère Philippe, duc de Bourgogne, de nettoyer le Maine, la

---

[1] *Ordonn. des Rois de France*, vol. IV, p. 536.

Normandie et la Beauce. Ce Prince, accompagné de *grand'-foison de bons chevaliers et écuyers, fit au mois de mai son mandement et son amas de gens d'armes en la cité de Chartres*, ce qui donna fort à besogner au bailli et aux élus. Chartres reçut dans ses murs les plus illustres chevaliers de France, le connétable Bertrand du Guesclin, le maréchal de Boucicaut, le comte d'Auxerre, le sire de Beaujeu, le sire de Pommiers, le sire de Raineval, le sire le Bègue de Vilaines, l'honneur de la chevalerie beauceronne, le sire Oudart de Renty, le sire Nicolas de Ligne, maître des arbalétriers. *Si se partirent de là quand tous furent ensemble et se retrairent par devers Marceranville* (Marchainville près Longny)[1], *un moult fort châtel que les Navarrais tenaient; et pour contraindre ledit châtel mieux à leur aise, ils en firent mener et charrier avec eux plusieurs engins de la cité de Chartres*. L'artillerie chartraine fit brèche, on donna l'assaut et les assiégés se rendirent; puis *délivra le Duc le châtel à un écuyer de Beauce qui s'appelait Guillaume de Chartres. Cil le prit en garde à 60 compagnons avec lui*[2]. De là, le Duc traînant à sa suite les engins de Chartres qui *étaient grands durement*, s'en fut assiéger le châtel de *Camerolles*[3], et le battit avec une telle vigueur que ses défenseurs demandèrent merci. *Là vinrent en l'ost les bourgeois de Chartres et prièrent au duc de Bourgogne qu'il leur voulut donner pour le salaire de leurs engins le châtel de Camerolles qui moult les avait guerroyés et hériés du temps passé. Le Duc leur accorda et donna en don à faire à leur volonté. Tantôt ceux de Chartres mirent ouvriers en œuvre et l'abattirent et arassèrent tout par terre, oncques n'y laissèrent pierre l'une sur l'autre. Le Duc s'en alla*

---

[1] L'abbé Fret a fait mention de ce siège dans son ouvrage intitulé : *Chroniques percheronnes*, vol. 1ᵉʳ, p. 231.

[2] *Chron. de Froissart*, vol. 1ᵉʳ, p. 484 et suiv.

[3] Est-ce Brezolles? on sait que Froissart défigure toujours les noms.

ensuite prendre un autre châtel appelé *Druez*[1] qui *sied au plain de la Beauce, et furent tous morts ceux qui étaient dedans*. Enfin la campagne de Beauce se termina par la prise du château de *Preux* (Preux-au-Sart?) que le Duc donna à un chevalier de Beauce *que on appelait messire de Bois-Ruffin. Cil le fit réparer et ordonner bien à point et le garda toujours bien et suffisamment*[2]. Cela fait, le Duc et ses gens vinrent se rafraîchir à Chartres et ils y restèrent cinq jours avant de passer dans le Maine.

Ces actes de vigueur donnèrent presque deux années de calme au pays chartrain, et nous n'avons à signaler qu'une inondation arrivée le 24 mai 1366 et des pluies qui nuisirent à la récolte et firent monter le setier de blé à 20 sous. L'année 1367 faillit amener de nouveaux désastres politiques. Les *grandes compagnies*, entraînées en Espagne par Duguesclin en 1365, menacèrent la France d'une nouvelle invasion en 1367 et commencèrent à exploiter le midi. Charles V ne voulant pas être pris au dépourvu par ces brigands, convoqua à Chartres, pour le mois de juillet, les députés des Etats généraux. On ne sait pas au juste quel fut le jour de l'ouverture de cette assemblée; le Roi dut arriver à la fin de juin ou au commencement de juillet, car une mention de la séance capitulaire du mercredi après la Saint-Jean fait voir que plusieurs chanoines se disposaient alors à se rendre à la rencontre de Sa Majesté. Le monarque data de Chartres plusieurs ordonnances, parmi lesquelles se trouve la confirmation de l'exemption d'impôts accordée en 1137 par Louis-le-Gros, aux habitants de Fresnay-l'Evêque; le Chapitre obtint aussi de Charles V, à la même époque, la reconnaissance du droit dont il était en possession, de porter ses appels *sans moyen* au parlement de Paris. La séance des Etats généraux de

---

[1] Serait-ce Dreux ?
[2] *Chron. de Froissart*, vol. 1ᵉʳ, p. 486 et 487. — Bois-Ruffin, hameau de la commune d'Arrou.

Chartres, à laquelle assistèrent *plusieurs prélats et autres gens d'église, plusieurs nobles tant de sang comme autres et plusieurs gens de bonnes villes des parties et pays de Champaigne, Bourgogne, Berry, Auvergne, Montagnes d'Auvergne, Bourbonnais, Nivernais, Cepoy, Saint-Jangon et Saint-Pierre-le-Moustier*, fut close assez promptement et transférée à Sens. L'ordonnance datée de cette dernière ville le 19 juillet, fait connaître le résultat des délibérations : le Roi, après avoir indiqué un grand nombre de mesures défensives à prendre en cas d'attaque par les compagnies et quelques combinaisons financières de circonstance, confie les villes au patriotisme des habitants et prescrit aux gouvernements de chaque cité de tenir registre des archers et arbalétriers propres au service, de former des compagnies de jeunes garçons et de les faire exercer au tir de l'arc et de l'arbalète (art. 7)[1]. Ce fut cette disposition qui donna naissance à la fameuse milice chartraine dite : *compagnie des vidamiers* ou *compagnie du vidame*; cette compagnie, qui subsista pendant 400 ans, fut probablement formée par Guillaume de Meslay, alors vidame et ancien capitaine de Chartres; d'où le nom qu'elle conserva jusqu'au XVIIIe siècle.

Charles V, dans sa prévoyance habituelle, n'avait pas attendu le danger pour faire provision de finances. La caisse royale de Chartres était, en ce moment même, largement pourvue de deniers *ordonnés à la défense du royaume;* c'est ce qui résulte d'une quittance en date du 5 juillet 1367, par laquelle le sire Pierre de Villiers, souverain maître de l'hôtel et conseiller du Roi, reconnaît avoir reçu de M. Jean Lorfèvre, receveur des aides en la cité et diocèse de Chartres, une somme de cent francs d'or, pour frais de voyages et missions politiques[2].

---

[1] *Ordonn. des Rois de France*, vol. V, préface p. IV et p. 15, 22 et 24, note f, et vol. XVI, préface, p. XVI.
[2] Cette quittance appartient à M. Garnier, imprimeur à Chartres.

Plusieurs changements se produisirent dans l'administration civile et ecclésiastique pendant les années 1367 et 1368. Le lieutenant général Denis Prévosteau devint bailli et le limousin Guillaume de Chenac remplaça dans la chaire épiscopale Jean d'Angerant appelé au siège de Beauvais. Sous Denis Prevosteau, des circonstances fortuites firent perdre au bailliage une partie de son ancienne importance comme siège d'appel; en décembre 1372, Charles V décida que, pendant la vie de la comtesse d'Alencon et d'Etampes, sa tante, la châtellenie de Gallardon ressortirait, non plus à Chartres, mais directement au Parlement de Paris, et, en décembre 1375, après le retour du duché d'Orléans à la couronne, une ordonnance du même monarque enleva au bailli chartrain l'appel des causes du comté de Blois, pour les rendre au bailli d'Orléans redevenu juge royal [1]. Sous l'évêque Guillaume de Chenac, le Chapitre élabora une révision et une correction complètes *du propre du temps et du propre des Saints*, à l'usage de l'église de Chartres [2]; on ne s'était pas encore avisé alors de contester à l'église gallicane son indépendance en matière de liturgie. Tels sont les événements particuliers aux fonctions de ces deux importants personnages; quant aux événements d'un intérêt général, ils furent peu nombreux et très-secondaires à Chartres, en 1368 et 1369. Au mois de juillet 1368, le maréchal d'Audeneham passa par la ville et reçut le plus brillant accueil; le Chapitre lui envoya, à chaque repas, pendant tout le temps de son séjour, 12 *pains et* 6 *bouteilles de vin* [3]. On célébra avec une grande solennité, le 8 avril 1369, le service annuel du roi Jean, et l'on rendit compte de cette cérémonie à Charles V [4].

---

[1] *Ordonn. des Rois de France*, vol. V, p. 556 et vol. VI, p. 167.

[2] *Reg. capit.;* Séance de la Purification 1368. — Ce travail fut fait par les chanoines Ancelin de Chantemerle et Guillaume de Breuil.

[3] *Ib.;* Séance du dimanche 14 juillet 1368.

[4] *Ib.;* Séance de la Purification 1369.

La reprise des hostilités avec l'Angleterre fut précédée d'une convocation des États généraux, à Paris, pour le 7 décembre 1369 ; cette assemblée, à laquelle Chartres eut des représentants, lui accorda une imposition de 12 deniers pour livre, une gabelle sur le sel et un fouage de 4 francs, en ville fermée. Vers la fin de juillet 1370, le *routier* anglais Robert Knolles se dirigea de Calais sur Paris avec un parti nombreux ; forcé par Duguesclin de déloger de l'Ile-de-France, il se rendit dans le Maine à travers les plaines de la Beauce. Chartres n'eut pas à souffrir de ce passage ; la ville était bien *remparée* et les chartrains avaient pour capitaine-gouverneur un vaillant chevalier nommé Guy de Beaumont [1]. Les guerres du Midi, du Poitou et de la Bretagne, si habilement conduites par Duguesclin, n'eurent aucun retentissement dans la Beauce, éloignée des lieux de l'action [2] ; aussi ne trouvons-nous aucun fait digne de remarque jusqu'à l'année 1374 où un événement, intéressant comme étude des mœurs du temps, vint tirer les chartrains de leur tranquillité.

Le 27 août 1374, *environ l'heure de dîner*, Jean Recule, Jean Canu, Denis Champigneau, Benoit Petey, Jean Courtin et Mathieu de Paris, sergents royaux, accompagnés d'une foule de peuple, firent invasion dans l'enclos du couvent des Jacobins, nonobstant les protestations des religieux, et se dirigèrent tumultueusement vers une maison située dans cette enceinte, et habitée par le sire Guillaume Morhier, chevalier, seigneur de Saint-Piat [3]. Deux suivantes portant le vin destiné au repas du chevalier et de sa famille, se trouvaient sur le seuil ; ils les arrêtèrent pour qu'elles ne pussent avertir leurs maîtres, puis ils entrèrent dans une salle où l'épouse du che-

---

[1] Ce seigneur occupait une maison capitulaire qu'il louait 20 livres par an. *(Reg. capit.;* Séance de la Saint-Jean 1360.)

[2] L'agriculture reprit, les récoltes furent abondantes et le blé descendit en 1372 à 2 sous 10 deniers le setier.

[3] Nous avons vu que déjà en 1358 on avait fait détruire l'hôtel de Guillaume Morhier, comme nuisant à la défense de la ville.

valier et sa fille Jeanne étaient à table avec plusieurs autres personnes. Cette violation de domicile avait pour but la mise à exécution d'une saisie des meubles du seigneur Morhier, à la requête de Robequin de Vallée, marchand de chevaux. Il paraît que pendant que le sergent Recule, après avoir exposé le motif de sa venue, se préparait à minuter son procès-verbal, Jeanne lui arracha le papier des mains. Cette rébellion excita la colère des sergents qui appréhendèrent la damoiselle au corps et, malgré sa résistance, la conduisirent jusqu'au cimetière. Jeanne se coucha dans ce lieu privilégié en invoquant le droit de franchise, mais les sergents ne tinrent nul compte de ses cris; ils la traînèrent sur les genoux jusqu'à la porte extérieure, la soulevèrent avec violence et la contraignirent à traverser la ville, *coiffée de son chaperon d'argent,* au milieu des clameurs de la populace; ils la conduisirent ainsi, *comme une homicide ou une voleuse,* à la Tour-le-Roi et l'enfermèrent dans la prison destinée aux femmes de mauvaise vie. La pauvre damoiselle ne put obtenir sa liberté qu'à la sollicitation de deux chevaliers qui se portèrent ses cautions. Pendant cet incident, le sergent Recule, demeuré à la maison, avait fait la saisie de meubles valant *environ 40 francs* quoiqu'il ne fût dû que 20 francs et qu'il eût été possible de saisir en autres lieux des biens meubles appartenant au seigneur Morhier, par exemple: ses vins, ses blés et ses chevaux. On peut juger de l'émotion que produisit cette affaire; la noble famille Morhier était une des plus importantes du pays, et quoique l'esprit bourgeois fût de sa nature hostile aux hommes d'armes, il n'allait pas jusqu'à approuver de semblables excès. Aussitôt les Morhier adressèrent une plainte aux *généraux réformateurs;* il s'engagea un long procès dans lequel intervinrent les religieux Jacobins, et, après enquêtes et contre-enquêtes, dits et contredits, le Parlement prononça sa sentence le 21 mai 1376. Les défendeurs furent condamnés à faire amende honorable, sans manteaux ni ceintures et têtes nues, aux religieux et à la damoiselle, en présence du chevalier, dans la maison violée, le jour du dimanche de la Trinité, à l'heure de tierces, et à payer 100 livres tournois d'amende au Roi, 100 livres aux Jacobins et 100 livres au seigneur Morhier et à sa fille Jeanne [1]. Ce jugement témoignait une fois de plus de la révolution étonnante qui avait enfanté sous saint Louis et Philippe-le-Bel la caste puissante des gens de robe. Au XIIe siècle encore, le seigneur Morhier aurait fait pendre sans autre forme de procès le sergent dont le bras téméraire s'était appesanti sur sa noble fille. Grâce aux complications de la procédure et au niveau que les hauts seigneurs du Parlement passaient sur toutes les têtes, l'injure faite au blason des Morhier parut suffisamment lavée par une allocation de dommages et intérêts obtenue au bout de deux années de plaidoiries.

Charles V, prince savant pour son siècle, avait, comme saint Louis et Philippe-le-Bel, une prédilection marquée pour les gens de robe qui, par leurs études et l'importance de leurs fonctions, formaient l'élite de la bourgeoisie. Les faveurs du monarque savaient distinguer le mérite jusque dans les derniers rangs de la magistrature provinciale. C'est ainsi que Me Simon de Laubespine, bourgeois de Chartres et maire du Chapitre, reçut des lettres d'anoblissement datées du château de Meulan, le 10 octobre 1374 [2]. Ce magistrat d'un ordre inférieur fut la souche de l'illustre maison de Laubespine qui devint, aux XVIe et XVIIe siècles, une des gloires du pays chartrain. A la même époque, des rapports bienveillants, mais que des rivalités de préséance rendirent peu durables, s'établissaient à Chartres entre le clergé et le bailliage : au mois de février 1375, le Chapitre envoya au bailli Denis Prevosteau, le jour du mariage de son fils, 50 pains et 50 pots

---

[1] Voir vol. 1er, p. 299 et note 4. — *Titres des Jacobins;* Arch. départ.
[2] Souchet-Etienne, vol. 2, p. 20. — Mss. de la Bibl. communale.

de vin [1]; c'était une marque insigne d'amitié et de considération, car les chanoines n'offraient ordinairement *leur pain et leur vin* qu'aux rois, aux princes et aux plus grands seigneurs. Un autre personnage bien autrement marquant dans l'Etat, M[ire] Bureau de la Rivière, chambellan et principal conseiller de Charles V, moitié de robe, moitié d'épée, qui entretenait des relations avec Chartres à cause de sa seigneurie d'Auneau, fonda (1375-1378) la chapellenie dite *des Chevaliers* dans l'église Notre-Dame [2].

Les succès obtenus par les armes françaises dans le Midi, le Poitou et la Bretagne, permirent au Roi, qui ne faisait jamais les choses à demi, de compléter l'œuvre de pacification de la Beauce, si bien commencée en 1364 : il donna l'ordre de faire le procès à tous les bourgeois suspects d'attachement au parti odieux du Navarrais. A Chartres, ville essentiellement royaliste, une seule famille se trouva en but aux recherches des commissaires-enquêteurs, et Macé Eliot, l'un de ses membres, fut condamné *pour ses démérites* à la peine de mort et à la confiscation de ses biens. Au mois de septembre 1375, Charles V fit présent d'une maison, rue Muret, provenant de cette confiscation, à Maître Geffroy le Boutelier, chanoine de la Sainte-Chapelle et son premier chapelain, lequel la légua au Chapitre par testament du 18 août 1377 [3]. Le Roi, satisfait d'ailleurs de la fidélité des chartrains, leur octroya pour une année, par lettres-patentes du 21 janvier 1377, la sixième partie de l'imposition de douze deniers par livre sur les marchandises, à la condition que le produit de cette taxe serait employé aux travaux des fortifications. Le bailli Jean Noël, successeur de Denis Prevosteau, Jacques Chauvel, écuyer,

---

[1] *Reg. capit.;* Séance du second mardi après la Purification 1375.
[2] Titres du Chapitre, *Invent.*, p. 207, verso.
[3] Lettres datées du bois de Vincennes le 22e jour de septembre 1375. — La maison donnée, située rue Muret, tenait d'une part à Etienne Eliot et de l'autre à Jean de Dreux, prêtre. (Titres du Chapitre *Ville et Banlieue;* Arch. départ.)

capitaine de la ville, Jacques Lefebvre, élu sur le fait des aides, et le chanoine Grégoire Chantault, furent choisis, par l'assemblée générale des habitants, pour surveiller la recette et l'emploi des deniers[1]. On s'était contenté jusqu'alors de receveurs temporaires, dont la mission finissait avec la contribution spéciale qu'ils étaient chargés d'encaisser. Le retour fréquent des taxes, avant-coureur de leur périodicité, fit adopter un autre système. On voulut que dorénavant les fonctions de receveur municipal fussent confiées à un seul individu, au moins pendant une année consécutive, et que cet agent, commissionné pour opérer la recette et la dépense de tous les impôts et revenus, figurât au nombre des officiers du corps de ville. Le premier receveur municipal nommé en assemblée générale des habitants fut M⁰ Gilbert Hochecorne; on lui assigna 40 livres de gages et le bailli Jean Noël indiqua son entrée en fonctions pour le 7 mai 1377[2]. Cette nomination coïncide par sa date avec l'achat de la maison du cloître Saint-Martin dont on fit un hôtel-de-ville[3].

La chaire épiscopale devenue vacante en 1371 par la translation de Guillaume de Chenac à l'évêché de Mende, fut donnée à Guérin d'Arcy, trésorier de l'église de Reims. Ce prélat ne prit possession qu'en 1375 et mourut l'année suivante. Sa succession échut à M⁰ Ebles du Puits, sous-doyen du Chapitre, personnage très-influent dans sa compagnie, qui, entre autres travaux de son épiscopat, institua le service de Notre-Dame-des-Neiges[4] et rebâtit le château de Pontgouin, lieu de plai-

---

[1] *Pancarte municipale*, vol. 2, p. 1ʳᵉ. — Compte municipal de 1377; Arch. de la Mairie.

[2] A cette assemblée convoquée par le bailli, à la requête de Guillaume Macéas, procureur-général des habitants, se trouvèrent Pierre Gabille, avocat du Roi, et les députés des paroisses dont les noms suivent: Berthaut Aladent l'aîné, Jean Langlois, Pierre Latroyne, maître des bouchers, Jean Lemoine, maître des paveurs, Simon Cornet, maître des pelletiers, Pierre Germain, prévôt, Jean Papin, chevalier de ladite ville, *et plusieurs autres faisans la plus grant et plus saine partie des bourgois et habitants de la ville.* (Compte municipal de 1377.)

[3] Voir vol. 1ᵉʳ, p. 479.

[4] Ib., p. 216.

sance ou de refuge des évêques chartrains, selon les circonstances. Ebles du Puits, en homme qui comprenait son siècle, s'appliqua à faire de Pontgouin une forteresse capable de résister aux plus vives attaques [1]. Les épreuves que la France venait de traverser prouvaient de plus en plus l'utilité des précautions; c'était aux précautions qu'elle avait prises que Chartres avait dû son salut, et le renouvellement des hostilités avec les Anglais au mois de juin 1377 n'engageait pas les chartrains à se départir de leur vieille prudence. Le compte municipal de 1377 nous fait connaître que l'on entretenait alors des hommes d'armes sous la charge de sire Jean Papin, qualifié du titre de *chevalier de la ville* [2]. Bertrand Duguesclin traversa Chartres au mois de juin et fut suivi de près par le duc d'Anjou; on les reçut tous deux avec de grands honneurs; ils se rendaient dans le Périgord pour guerroyer contre les éternels ennemis du royaume [3]. Le fameux Connétable repassa en décembre, au retour de cette heureuse campagne [4]. Nous n'avons à mentionner pour l'année 1378 qu'un voyage du Roi dont on ne connaît pas les détails et quelques visites de princes et de grands seigneurs [5].

[1] Ebles du Puits fit contribuer au paiement des fortifications, au guet et à la garde de Pontgouin les habitants des paroisses, mairies et prévôtés relevant de sa tour. Il voulut aussi exiger le même devoir des habitants des mairies de Champ et de la Chevardière, sujets du Chapitre; les chanoines intervinrent pour leurs hommes et un procès s'en suivit. La connaissance de ce différend fut attribuée au bailli de Chartres par lettres-royaux du 1er septembre 1380, sauf aux parties condamnées à se pourvoir devant les gens tenant les requêtes du Palais, le Parlement étant alors trop chargé d'affaires. (*Titres du Chapitre*, Privilèges, p. 274, verso.)

[2] *A Jehan Papin, chevalier de la ville, sur sa pension de ceste présente année, XVI livres XIII sous IV deniers.* (Compte municipal de 1377.)

[3] *4 juin, pour XVIII poz de vin présentez à M*ire *Bertran du Guesclin, connestable; — 5 juillet, pour un tonnel de vin acheté de Jehan de Doay et présenté à M*gr *le duc d'Anjou, et pour XII chapons gras et iceux appareiller et pour II autres chapons gras et IIII justes de vin, XXII livres XII sous VIII deniers.* (Ib.)

[4] *8 décembre, pour XII connins, XII perdris et pour vin présenté audit M*ire *le Connestable, V livres X sous IV deniers.* (Ib.)
La ville reçut aussi, en 1377, la visite des sires Bureau de la Rivière, Jean le Mercier et Jean de Rueil. (Ib.)

[5] Le voyage du Roi eut probablement lieu au mois de septembre; on lit dans le compte municipal de 1378 : *Octobre, à X guyennoys qui nestaièrent la barrière de*

La tranquillité dont jouissait le pays chartrain dura encore en 1379, mais elle fut troublée l'année suivante par une série d'événements fâcheux. Duguesclin partit pour le midi au mois de mai 1380 ; sa femme l'accompagna jusqu'à Chartres et ce fut là que Madame *la Connestable* fit à son illustre époux des adieux qui devaient être éternels [1]. Dans les derniers jours de juillet, Jean Fabri ou Lefebvre, nouvel évêque, et Jacques d'Ableiges, nouveau bailli, convièrent les chartrains à rendre les honneurs funèbres au grand capitaine tué devant Château-neuf-Randon en Limousin ; son corps, que le Roi destinait aux caveaux de Saint-Denis, traversa Chartres au milieu des pleurs du peuple [2]. Au moment même où la France perdait son

---

la porte des Espars, quant le Roy vint à Chartres, à chacun X deniers. On reçut aux mois de janvier et de mars Mme la duchesse d'Orléans, au mois de janvier le duc de Berry, au mois de mars Mme *la Chancelière*, au mois d'avril le sire Pierre de Villiers. (Compte cité.)

[1] Du Guesclin rappelé à Paris au mois de février 1379, pour conférer avec le Roi sur les affaires de Bretagne, avait de nouveau traversé Chartres ; la mention suivante se trouve dans le compte municipal de cette année, sous la date du 25 février : *A Pierre la Rivière, maistre des bouchers de Chartres, et à Colin Joucelin, pour la vendicion de XII anguilles et II trueitez présentés à M. le Connestable de France, III livres IV sous.*

La dépense de bouche acquittée par la ville, lors du passage du Connétable et de sa femme, au mois de mars 1380, est détaillée ainsi qu'il suit, dans le compte municipal : *19 mai, pour le présent fait à M. le Connestable et à Mme sa femme — à Macé Boince, pour III chappons de haute gresse, I livre V sous ; — pour XII autres chappons, VI livres IV sous ; — pour appareiller lesdiz chappons, III sous IV deniers ; — à Chenay poessonier pour losche, V sous ; — à Robin le Beaussier pour III perches et une tanche, V sous VI deniers ; — à Robin Rocneau de Goindre pour poesson blanc et une perche, X deniers ; — à Noel Boissalé pour losche, VI sous VIII deniers ; — à Macot Pocin pour losche, X deniers ; — à Perrot Chaton pour II gardons, X deniers ; — à Jean Lorry pour une mouchardelle, VII sous VI deniers ; — à Jehan de Paris pour LXIII poz de vin présentez à Mme la femme de M. le Connestable du dimanche au vendredy quelle resta à Chartres, IX livres IX sous.*

[2] *Adoncques se mistrent en chemin* (le sire Olivier de Mauny et la chevalerie qui accompagnaient le corps) *pour le corps admener, et à Chartres vindrent. Dehors Chartres yessirent les colliéges et les bourgeois en procession, à grant nombre de torches pour le corps recevoir ; et là oult grand dueil demené. Puis le portèrent dedans le cueur de la maistre église et là lui fut fait le service solempnel ; puis reprindrent les chevaliers le corps et leur chemin prindrent droit à Paris.* (Chronique de du Guesclin ; coll. Michaud, vol. 1er, p. 572, 2e série.)

Les principaux officiers de la ville étaient alors Jacques d'Ableiges, bailli, Jean Acarie ou Acquari, vice-bailli, Pierre Germain, prévôt, Jean Sequart, Jacques Lefebvre, Nicolas ou Colas du Géric, Jean de la Porte, André de Croy, Pierre-le-Saulnier, Pierre-le-Houic, Guillaume de Chastaing, *élus* (échevins), Pierre de Lehéros, une armée anglaise sous les ordres du duc de Buckingham débarquait à Calais et se portait vers Paris, sans avoir pu entamer une seule place forte. Le général anglais qui avait ordre de se diriger sur la Bretagne, redoutant la disette pour ses troupes, s'empressa de tourner Paris et de gagner le Gâtinais et la Beauce ; il s'arrêta trois jours à Pithiviers *pour le bon pays et gras qu'il trouva*. Les chartrains avaient envoyé à la découverte les nommés Tanneguy et Bourgereau, l'un à Sens et l'autre à Montargis ; informés *de quelle part estoient les Angloys*, ils craignirent une attaque, firent entrer en ville un supplément de gens d'armes et transformèrent la maison-commune en caserne et en arsenal [1]. L'ennemi, toutefois, ne se hasarda pas à pénétrer dans la plaine chartraine au-delà de Toury. *Dedans le chastel de Tori estoient le sire de Sempy, Messire Olivier de Mauny, Messire Guy-le-Baveux et grand-foison de gens d'armes. Outre à Yanville en Beausse estoient le Bégue de Villaines, le Barrois des Barres, les sires de Rely, de Hangest et de Mauvoisin, environ 300 lances. Par tous les forts et chasteaux de Beausse estoient grands gens d'armes boutés et mis pour garder le pays contre les Anglois.* Il y eut devant les barrières du chatel de Toury une vive escarmouche et *grands appertises d'armes* sans ré-

---

rable, procureur des habitants, Robert Chambli, receveur municipal, Nicolas de Guingamp, clerc de la ville et tabellion-juré.

Jean Fabri ou Lefebvre, abbé de Saint-Waast d'Arras, savant canoniste, fut nommé au mois de mars 1380, à l'évêché de Chartres, vacant par le décès d'Ebles du Puits. Au mois de juin de la même année, Me Jacques d'Ableiges succéda à Jean Noël dans les fonctions de Bailli ; on lit dans le compte municipal de 1380 : *à Guiot Legrand pour XII poz de vin présentez le 26 juin à Jacques d'Ableiges bailli, XXXIX sous ; — au maistre des bouchers pour I grosse anguille, III sous IV deniers ; — à la femme feu Colin de Loncsaulx pour II cens d'escrevisses, III sous IV deniers ; — à Maiseteau pour un petit brocheteau, II sous VI deniers ; — à la femme Guillaume Hoyau pour III petites perches, II sous VI deniers ;* et le 28 juillet, *à Gilot Cousin pour un tonnel de vin présenté à la femme du Bailli à sa venue à Chartres, XIX livres ; — à Estienne Bonhomme pour ramplir un tonnel de vin lequel avoit esté retenu pour ladicte baillive, et il fut regardé qu'il n'estoit pas prouffitable, VII sous VI deniers.*

[1] Compte municipal de 1380 ; Arch. de la Mairie. — Le sire de Clisson vint au mois d'août (le 20) examiner l'état de la ville ; on lui offrit à l'arrivée *6 poz et pinte de vin.*

sultat favorable pour l'ennemi. Le duc de Buckingham délogea promptement, se présenta devant Janville sans plus de succès, puis pour dédommager un peu ses troupes de leur mauvaise chance, il fit assaillir la tour du Puiset *qui là siéd sus une motte et qui était défendue par 40 compagnons. Là eut grand assaut; mais il ne dura pas longuement; car les archers anglois tiroient si ouniement que à peine s'osoit nul mettre ni apparoir aux gaittes ni aux défenses; et fut la tour prise, et ceux de dedans morts et pris qui la gardoient; et puis boutèrent les Anglois le feu dedans, de quoi tout le charpentage chéy et puis passèrent outre.* L'armée anglaise gagna la forêt de Marchenoir où elle campa quelque temps; ce fut là qu'eut lieu, en présence du duc de Buckingham et des principaux chevaliers de sa compagnie, un combat à outrance entre un jeune écuyer beauceron de la garnison de Toury appelé Gauvain Micaille, et Jovelin Kator, écuyer anglais. *Si rencontrèrent des fers des glaives moult roidement, et jouta l'écuyer françois à la plaisance du comte moult bien;* mais l'anglais ayant donné à son adversaire un coup déloyal, le duc fit cesser le combat, combla de louanges Micaille et le renvoya en Beauce avec un présent de cent francs et un brillant équipage [1].

Le royaume, déjà si cruellement éprouvé par la mort de Duguesclin, devait encore faire cette année une perte plus sensible. Le duc de Bourgogne, mandé en toute hâte par Charles V mourant, traversa Chartres dans les premiers jours de septembre [2], et, le 16 du même mois, le sage monarque trépassa

---

[1] *Chron. de Froissart*, vol. 2, p. 107, 108 et 109.

[2] 7 septembre. — *Présent fait à M. de Bourgogne.* — A Estienne Bonhomme pour un tonneau de vin, XXV livres; — au bailli de Chartres, pour un tonneau de vin, XXV livres; — à Gilot-le-Boucher pour II chappons de haute gresse, XVI sous; — pour XIII autres chappons, V livres V sous VI deniers; — au doyen et chappitre de Chartres pour II muys davoine, II livres V sous; — à Galardon queux pour sa paine davoir appareillé lesdiz chappons, pour un pannier où furent mis lesdiz chappons, pour feu et pour eaue, XII sous VI deniers. (Compte municipal de 1380; Arch. de la Mairie.)

en son hôtel de Beauté-sur-Marne ; avec lui périt la fortune de la France. Charles V avait fondé sur son lit de mort treize obits à gros revenus dans l'église de Notre-Dame de Chartres.

Des troubles de toute espèce signalèrent les débuts du règne de Charles VI ; la Beauce eut surtout à souffrir des désordres des hommes d'armes qui refluaient vers Paris pour offrir leurs services aux oncles du Roi divisés entre eux. Le 20 novembre, une sauve-garde au nom du jeune monarque fut donnée au Chapitre [1], et c'était fort à propos, car les aventuriers auxquels les princes avaient refusé le paiement de leurs gages, se dédommageaient de leur mécompte, en ravageant le pays chartrain. Comme il arrive en pareil cas, le changement de gouvernement amena le changement des principaux fonctionnaires de la ville ; au mois de décembre, Mᵉ Jean Richete fut nommé bailli en remplacement de Mᵉ Jacques d'Ableiges, et la capitainerie passa entre les mains du sire Philippe de Chartres [2]. Les échevins envoyèrent au mois de février 1381 des messagers *à nosseigneurs de France, pour les gens d'armes qui gastoient tout, environ Chartres;* le connétable Olivier de Clisson vint s'enquérir aussitôt du véritable état des choses, mais il n'y porta aucun remède [3]. Le 9 mars, lettres adressées dans le même but, à Mᵁʳᵉ Guy-le-Baveux, chevalier beauceron, capitaine du château de Tillières ; le 3 juin, nouveaux messages au Roi et au duc d'Anjou, portant *qu'il leur pleust de leur grace mettre remedde ès gens d'armes et arbalestriers lesquels estoient au païs de chartrain et qui*

---

[1] Lettres rappelées dans un exploit du 26 septembre 1384, données au Chapitre, par le roi Charles VI, l'an 1ᵉʳ de son règne, à Paris, et scellées de son sceau particulier en l'absence du grand sceau. *(Titres du Chapitre;* Arch. départ.) — De semblables lettres furent octroyées à l'Hôtel-Dieu.

[2] *Décembre. — Pour le présent qui fut fait à M. Philippe de Chartres, capitaine de ladicte ville, quant il fut institué, tant pour vin comme pour poisson, V livres XVII sous; — pour XII poz de vin et III chappons présentez à Jehan Richete, quant il fut institué Bailli de Chartres, IV livres XVI sous.* (Compte municipal de 1380.)

[3] Compte municipal de 1381.

pilloient tout ledit pais; ces démarches furent encore sans résultat ¹. Cependant un homme d'épée, le sire Pierre de Négron, chevalier, ayant été appelé aux fonctions de bailli vers la fin de juin, la police reçut une organisation plus efficace ². Les sires Guy-le-Baveux et Etienne de Flavigny vinrent à Chartres avec leurs compagnies, et donnèrent la chasse aux rôdeurs du plat-pays pendant les mois de juillet et d'août ³; le pèlerinage fait par le duc d'Anjou à Notre-Dame, le 15 août, contribua aussi à éloigner les pillards des murs de la ville ⁴. Mais lorsque ces expéditions furent terminées et que les troupes régulières eurent quitté Chartres, les brigands reparurent; au mois de décembre, ils s'avancèrent jusque dans le faubourg de la porte Drouaise et *navrèrent* cruellement deux écuyers du sire Léger d'Angennes ⁵.

Ce n'était pas assez des ravages exercés dans la campagne chartraine, il fallait encore que le fisc pressurât en 1381 la bourse des pauvres citadins ⁶. Il y eut aux mois de janvier et

---

¹ Compte municipal de 1381.

² *4 juillet. — Pour VI lappereaux et XII poucins présentez à M. Pierre de Negron, chevalier, bailli de Chartres, quant il fut institué bailly, I livre VI sous VIII deniers.* (Ib.)

³ *28 juillet. — Pour IV poz de vin présentez au maistre des garnisons du Roy, X sous; — à Drouet de Crouy, pour IV autres poz de vin présentez à M. Guy-le-Baveux et en sa compagnie à M^{ire} Estienne de Flavigny, X sous. — 10 août. — A Drouet de Croui pour IV poz de vin présentez à M. Guy-le-Baveux, X sous; — au mesme pour IV poz de vin présentez à la femme dudit M. Guy-le-Baveux, X sous. — 23 août. — A Drouet de Croui pour VI justes de vin, III de Saint-Jangon et III de Gallardon, présentez à M. Guy-le-Baveux, XVI sous VI deniers.* (Ib.)

⁴ *15 août. — A Henri de la Ruelle pour 2 chappons de haute gresse présentez à Mgr d'Anjou, I livre; — pour X autres chappons, V livres VII sous.* (Ib.)

⁵ *Le XIe jour de janvier, l'an 81 (1382). — à Jaquet de Bocourt, barbier, pour sa paine d'avoir gairy II escuiers qui avoient esté navrez par les gens d'armes faubourg de porte Drouaise en la compaignie de Liger d'Angennes, XXV sous.* (Ib.)

⁶ Une affaire politique d'un haut intérêt se traita, en partie, à Chartres, pendant l'année 1381. Le duc de Bretagne s'étant décidé à prêter foi et hommage au Roi, Charles V nomma pour plénipotentiaire les sires de Chevreuse et Jean le Mercier, l'évêque Fabri et M^{ire} Regnault de Corbie, président du Parlement. Ces députés partirent de Chartres pour la Bretagne vers la fin de février et revinrent au mois de juin achever les conférences à l'évêché. La ville les défraya de tout, pendant leur séjour, et leur donna au mois de juillet un grand banquet d'adieu. (Ib.)

de mars une assemblée de gens d'église, nobles et bourgeois des bonnes villes du diocèse, sous la présidence du Bailli. Ces Etats provinciaux avaient été convoqués à la requête du duc d'Anjou pour obtenir des subsides; on sait que ce prince insatiable assembla sept fois dans ce but, en 1381, les Etats de la Langue d'Oïl. Il est probable que les Etats de Chartres, à l'exemple de ceux des autres cités voisines de Paris, votèrent bon gré mal gré l'impôt du douzième denier sur les denrées. Mais on ne tarda pas à trouver cette charge exorbitante; le compte municipal de 1381 fait mention de messages continuels en Cour pour obtenir modération des aides; on alla même jusqu'à dépêcher à Blois le procureur des habitants, Jean Sequart, pour savoir ce que payait cette ville, se coaliser avec ses magistrats, et agiter les moyens d'obtenir comme un droit une réduction que le Conseil royal, malgré six voyages du bailli de Chartres en Cour, n'avait pas voulu accorder à titre de faveur. Les bourgeois de Dreux et Mantes se réunirent à ceux de Chartres et Blois dans cet intérêt commun [1]; enfin, à force d'obsessions, le Roi octroya un allégement des aides au commencement de mars 1382. Mais cette faveur cessa bientôt; les besoins de la guerre de Flandre nécessitèrent de nouveaux impôts, et quoique les pourparlers eussent été rétablis aux mois de mai et d'août, dans un esprit de résistance, entre les chartrains et leurs voisins de Dreux et de Mantes, on ne put empêcher le sire Philippe de Saint-Père, trésorier de France et commissaire du Roi, de venir à Chartres au mois de septembre, *pour mettre sus les aides* [2].

---

[1] *11 décembre 1381. — Pour un disner qui fut fait à M. le Bailli et à Martin-le-Faverois, bourgois de Blois, quant ils furent retournez de Paris à Chartres, lesquielx y estoient allez pour les besoignes de la ville, V livres III sous.* — *3 janvier 1381* (1382). — *Pour IV poz de vin présentez aux bourgois de Dreux et de Mante, X sous.* (Compte municipal de 1381.)

[2] *24 mai 1382. — A Jehan de Douai, pour VI poz de vin présentez aux baillis et bourgois de Dreux et Mante, I livre I sou.* — *17 aout. — A Guillaume Barbou, pour une despence faicte par les procureurs de ladicte ville lesquiex assemblèrent avecques les bourgois de Dreux et de Mante pour parler et avoir advis*

Les excès des gens d'armes, loin de cesser en 1382, avaient pris des proportions encore plus inquiétantes pour l'ordre public; les faubourgs étaient le théâtre favori de leurs prouesses et il n'y avait plus sûreté à un jet d'arbalète des murailles. Le duc d'Anjou traversa Chartres au mois de janvier, mais ce n'était pas de ce prince, exclusivement occupé de ses intérêts personnels, que l'on pouvait espérer protection [1]. Au mois de février, un chef de bandit nommé Jean de Gastelle et ses compagnons vinrent saccager le faubourg de la porte Drouaise, sous prétexte qu'ils avaient été *battuz et villenez* dans l'hôtellerie de Guillaume Dubois [2]. Au mois de mars, *trois paires* de lettres closes furent portées par le receveur Robert Chambli au duc de Bourgogne, à M. de la Tremouille et à M° Jean-le-Flamenc, trésorier des guerres, pour les prier instamment de faire *vuider* du pays chartrain les gens d'armes qui le ravageaient [3]. Le 14, Henri Lenffant, sergent d'armes, et le bailli Pierre de Negron, reçurent du Roi la mission positive d'en finir avec les *compagnies;* mais comme le succès ne répondit pas à l'entreprise, on dut, vers le mois de mai, adresser à la Cour de nouvelles plaintes [4].

Cette fois les événements favorisèrent le désir des chartrains. Le Conseil royal venait de décider que la France interviendrait dans les affaires de Flandre, et avant de quitter le royaume il parut indispensable de mettre les places fortes de

---

entre eulx du fait des nouveaux aides, VII sous. — 3 *septembre 1382.* — *Pour chappons, connins et perdriaux présentez à sire Philippe de Saint-Père, trésorier de France, commissaire du Roy nostre sire, lequel estoit venu à Chartres pour mettre sus les aides, I livre IV sous VIII deniers; — pour vin I livre VIII sous; — pour poisson II livres.* (Compte municipal de 1382; Arch. de la Mairie.)

[1] 26 *janvier.* — *A Jehan de Douai pour II chappons de haute gresse présentez à Mgr d'Anjou quant il passa pour aler en Avignon XV sous.* — *Pour X autres chappons III livres V sous IV deniers.* — *à M. Loys Bidaut pour un muys d'avoine IV livres IV sous.* — *A Jehan Sequart pour un tonnel de vin XX livres.* (Ib. de 1381.)

[2] Ib.

[3] Ib. — Jehan-le-Flamenc était déjà venu inutilement au mois de janvier.

[4] Ib.

l'intérieur sur un pied respectable. M^{ire} Philippe de Chartres, capitaine de la ville, reçut l'ordre de faire travailler aux fortifications ; dans les premiers jours d'août, ce personnage, accompagné des principaux bourgeois et de plusieurs charpentiers et maçons, fit une visite complète des murailles *tant dehors que dedanz* [1] et donna aux travaux une si vive impulsion que bientôt les portes, tourelles, fossés et pont-levis furent remis à neuf. Le trésor royal contribua aux dépenses, et, par une circonstance bizarre, au moment où le commissaire du Roi arrivait à Chartres pour asseoir les nouveaux aides destinés à la solde des gens de guerre, Philippe de Chartres rapportait de Soissons, résidence de la cour, une somme de 2,000 francs pour payer les ouvriers chartrains [2]. Le Connétable, avant de partir pour l'armée, s'arrêta quelques jours à Chartres, au mois de septembre [3] ; il est probable qu'une partie des pillards qui battaient le pays s'engagèrent à le suivre en qualité de *soudoyers*. Ce qui demeura des compagnies, fut balayé, dans les premiers jours de novembre, par le sire Etienne de Flavigny, envoyé par le Roi pour *quérir l'argent des gens d'armes et le rapporter en toute hâte à l'armée de Flandre* [4].

La victoire de Rosebecq, remportée le 29 novembre, ramena les troupes royales dans les environs de Paris *dont les*

---

[1] La ville donna un dîner qui coûta 2 livres 15 sous, à M. le capitaine et aux bourgeois chargés de la visite des murailles. (Compte municipal de 1382 ; Arch. de la Mairie. — Mandement du 5 août 1382.)

[2] Ib. — Philippe de Chartres, accompagné de Pierre Germain, procureur des habitants, partit pour Soissons le 7 août.

[3] 5 septembre. — *Pour poesson de mer et de eaue doulce présenté à M. le Connestable IX livres II sous VI deniers. — A Drouet de Croui, pour XXIV poz de vin IV livres I sous VIII deniers. — Pour Ypocras III livres. — Pour oublies III sous IV deniers. — Pour X perdriaux XV sous.* (Ib.)

[4] *Novembre.* — *Pour présent à M^{ire} Estienne de Flavigni, chevalier, quant il vint à Chartres quérir l'argent pour les gens d'armes, X livres.* (Ib.)

Malgré ses dépenses extraordinaires et les taxes dont elle était écrasée, la ville trouvait le moyen de contribuer à des souscriptions patriotiques. Le compte municipal de 1383 contient la mention suivante : *A Mgr Olivier du Guesclin, comte de Longueville (frère de Bertrand), pour le parfaict de la somme de IIe francs que ladicte ville lui donna et ottroya ja pieça pour l'aide de sa raençon des Engloiz, pour ce par mandement du XXIX jour de janvier mil CCC IIII^{xx} et deus* (1383).

vilains se rebelloient et menaçoient jà les gentilshommes et leur étoit le diable entré en la tête de tout occire [1]. Le duc de Bourgogne, après avoir aidé le Roi à châtier Paris, vint en pélerinage à Notre-Dame de Chartres vers la fin de février 1383, avec le Connétable et un grand nombre de chevaliers. On lui fit une brillante réception, et, comme c'était carême, la ville le régala des plus beaux et plus rares poissons que l'on put trouver; de son côté, le capitaine Philippe de Chartres festoya noblement le Prince dans son châtel de Ver [2]. Ce voyage du Duc précéda de quelques jours celui du Roi, qui, depuis son avènement à la couronne, n'avait pas encore visité la bonne cité de Chartres. L'entrée du jeune monarque se fit avec une pompe extraordinaire; la porte Guillaume par laquelle il passa avait été toute peinte par dehors; les officiers de la ville lui offrirent, entre autres beaux présents, un char d'argent doré et émaillé, douze écuelles d'argent doré et quatre bœufs gras aux cornes azurées et semées de fleurs-de-lis d'or; puis ils le conduisirent, sous un dais fleurdelisé, à la Tour-le-Roi, à travers les rues tendues de courtines et jonchées de verdure et de violettes [3]. Charles VI, après avoir fait

---

[1] *Chroniques de Froissart*, éd. Buchon, vol. 2, p. 242.

[2] *Mars.* — *A Jaquet Lambert, pour poesson par lui achepté pour ladicte ville à lestanc de Brou, cest assavoir carpes et brémes presentées à M. de Bourgoigne, à M. le Connestable et à plusieurs autres chevaliers de leur compaignie, XLVII livres; — à Vincenot Pepin, pour lemproyes, XXII livres X sous; — à M. Philippe de Chartres, cappitaine de ladicte ville, pour lui aider aux fraiz qu'il lui convenoit faire le jour quil donna à disner audit M. de Bourgoigne ou chastel de Ver, XXV livres.* (Compte municipal de 1382.)

[3] *A Symon de Dampmartin, changeur et bourgeois de Paris, pour la vendicion de XII escuelles d'argent dorées pesanz XXIV mars et demi acheptées de lui, chacun mare ouvré VIII francs et demi, lesquelles XII escuelles furent presentées au Roy nostre sire à Chartres à son joyeux avènement; pour ce par mandement du lundi IIe jour de mars mil CCC IIII^{xx} et deux (1383), II^c VIII francs V sous tournois; — à Jehan Fromaige, marchant et bourgeois de Paris, pour la vendicion d'un char doré et esmaillé pesant XLI marc et demi et quinze estrelins achetez de lui, chacun mare d'argent IX frans et demi; lequel char fut presenté au Roy nostre sire, pour ce III^c IIII^{xx} XV francs IV sous tournois; — à Jehan Sequart et Guillaume Barbou bourgois de Chartres pour leurs gages et salaires et despens de X jours que ils ont vacqué ensemble pour aller à Paris acheter un jouel pour presenter au Roy nostre sire c'est assavoir à chacun*

ses dévotions à Notre-Dame, se dirigea, avec le Connétable, vers Orléans, dont les habitants, à l'imitation de ceux de Paris et de Rouen, s'étaient mis en révolte ouverte contre les collecteurs des aides.

Le sire Pierre de Negron, bailli de Chartres, par les soins duquel le Roi avait été si bien reçu, était un personnage important; l'ordonnance du 7 juillet 1384 sur le fait des monnaies lui donne le titre de *commis des exemptions de Touraine, Anjou, Maine et Poitou* [1]; au mois de décembre de la même année, Charles VI l'institua gardien des privilèges du monastère de Bourgueil au diocèse d'Angers [2]. Ce magistrat eut de nouveau l'occasion, en 1384, de saluer un monarque voyageur; Léon VI de Lusignan, dernier roi chrétien d'Arménie, chassé de ses états par le soudan d'Egypte et réfugié d'abord en Espagne, traversa Chartres au mois de septembre pour se rendre près du Roi; la ville lui présenta à son arrivée *un tonnel de vin et un muid d'avoine* [3]. Pierre de Negron était encore bailli lorsque le comte de Valois, frère de Charles VI, fit un pélerinage à Notre-Dame au mois de mai 1386; ce Prince fut complimenté à son arrivée par Messieurs de la ville qui lui présentèrent une coupe et une écuelle d'argent doré [4].

---

d'eulx un franc par jour, XX livres tournois; — à plusieurs personnes pour violete achetez deulx tant pour yeter sur le Roy nostre dit sire à sa venue comme pour mettre sur les chappons à lui présentez, XVII sous VI deniers; — à Symon Chaton pour les despens de lui et de X autres compaignons qui furent quérire de la jonchée à Saint Martin au Val XI sous VIII deniers tournois; — à Pierre Lemoine pour les despens de ceulx qui tendirent des courtines ou quartier de la porte Guillaume X sous tournois; — (Les quatre bœufs gras coûtèrent 50 livres 10 sous); — à Guillot Davionan paintre pour avoir paint dazeur le jour que le Roy arriva à fleurs de liz les cornes des beufs X sous; — à Guillaume Davionan paintre XXV livres tournois pour les couleurs et pour sa paine davoir painte par dehors la porte Guillaume pour la venue du Roy nostre sire. (Compte de 1383.)

[1] *Ordonn. des Rois de France*, vol. VII, p. 84.

[2] *Ib.*, p. 102.

[3] Compte municipal de 1384; Arch. de la Mairie. — *Chroniques de Froissart*, vol. 2, p. 448.

[4] *A Symon de Dampmartin, changeur et bourgeois de Paris, pour la vendicion dune couppe et une escuelle dargent dorez pesant tout XIIII mars dargent,*

Charles VI, qui avait épousé Ysabeau de Bavière le 17 juillet 1385, fut père en septembre 1386, au moment même où il se disposait à passer en Angleterre avec une armée formidable. Chartres prit sa double part de la joie du monarque et des préoccupations de la France. La Reine fit porter au corps de ville, par Henri-le-Bovier, son échanson, des lettres donnant avis de l'heureux *avénement* de son premier-né; le messager royal reçut vingt livres tournois pour sa peine [1]. Le Roi avait requis les habitants de Chartres de lui fournir une compagnie d'arbalétriers pour l'armée d'Angleterre; on obtempéra à cet ordre, et la troupe chartraine, équipée aux frais de la ville, fut dirigée sur le quartier général de l'Ecluse, sous la conduite de Simon-la-Grappe, trésorier des guerres, de Jacques Lambert et Jacques de la Porte, bourgeois de Chartres. Mais comme il n'arrivait aucune nouvelle de cette troupe, on envoya au mois de novembre un messager à l'armée expéditionnaire [2], et l'on apprit que les tempêtes et les lenteurs calculées du duc de Berry avaient rompu l'entreprise. Les gens d'armes licenciés sans gages se replièrent de nouveau vers les riches provinces des alentours de Paris qu'ils livrèrent au pillage.

Le duc de Berry vint en pélerinage à Notre-Dame le dimanche 26 mai 1386, en compagnie du comte de Sancerre et de l'évêque de Poitiers [3]. Chartres reçut bientôt après un visiteur plus auguste encore; le 26 août, un chevaucheur d'écurie apporta à Messieurs de la ville des lettres du sire Philippe de Fleurigny annonçant l'arrivée de la reine Ysabeau pour le

---

$VI^{xx}V$ *livres. — Pour II estuis de cuir bouilli achetez à Paris pour mectre lesdis joyaux, XXX sous. — Pour déchet de coton acheté pour fourer lesdiz joiaux et estuis, III sous.* (Compte de 1386.)

[1] Ib.

[2] *A Pierre de la Court l'un des procureurs de la dicte ville pour aler à Paris pour le fait des arbalestriers que le Roy nostre sire avoit mandez à lui estre envoyez de ladicte ville pour le servir ou voiage d'Angleterre, IV livres; — à Colin Bleteron pour avoir porté lettres de par ladicte ville en Flandre devers le trésorier des guerres la Grappe, Jaquet Lembert et Jaquet de la Porte ou a lun deulx pour savoir et rapporter nouvelles du passaige d'Angleterre, XL sous.* (Ib.)

[3] Ib.

mardi 29. La Reine fut reçue avec les plus grands honneurs; on lui fit présent de deux pots et de sept drageoirs d'argent doré [1]. Mais ces visites de hauts personnages n'empêchaient pas les routiers de désoler le pays. Au mois de janvier 1387 la ville obtint des lettres du Roi pour faire *vuider* les pillards, et, au mois d'août suivant, le bailli pria le sire d'Illiers *que il accompaigné de II ou III escuiers, venist à Chartres pour aler parler à plusieurs gens d'armes qui estoient à Voves et à Illiers ou bailliage de Chartres et pour iceulx faire vuider* [2]. Le mal augmentant au mois de janvier 1388, on envoya précipitamment au Roi et aux ducs de Bourgogne et de Berry un messager porteur de lettres *faisans mencion qui leur pleust mestre remede ou faict des gens d'armes, galois et autres, qui estoient ou pais de Chartrain* [3]. Cette fois la demande des habitants fut écoutée et le Roi dépêcha vers ces quartiers le sire le Bègue de Vilaines avec mission de nettoyer le pays. Ce capitaine arriva avec ses compagnons au mois de février et la ville lui fit don, pour sa bienvenue, de 8 *tanches*, 4 *carpes*, 2 *brocheteux*, *et* 15 *pots de vin*; on était en carême [4]. Au mois de mars, Charles VI, qui s'était transporté à Chartres avec Jean de Montaigu et Guillaume de la Forêt, pour *faire l'obsèque de feue Madame de Berry* [5], put juger par lui-même de l'étendue des désastres et de l'urgence du remède. Mais ce n'était pas assez du pillage; une maladie épidémique survint et jeta la désolation dans la ville. Son intensité fut très-grande depuis le mois de juin jusqu'à la fin d'août; les registres capitulaires apprennent que les chanoines

---

[1] A *Symon de Dampmartin, changeur et bourgeois de Paris, pour II grans pos et VII grans drajouers dargent dorez pesant XXXI mars et V onces dargent, IIIc XVI livres V sous.* (Compte municipal de 1386.)

[2] Compte de 1387.

[3] Compte de 1388. — On appelait *Gallois* les compagnons d'aventure du prince Yvain de Galles.

[4] Ib.

[5] Ib. — Aucun historien ne fait connaître que Jeanne d'Armagnac, duchesse de Berry, mourut à Chartres.

eurent permission de ne pas se rendre aux matines et purent même s'absenter, pendant la durée du fléau, sans perdre leurs distributions [1]. Comme un malheur en amène un autre, le Chapitre, alors que le mal sévissait avec le plus de force, nouait des relations avec un seigneur dont il dut se reprocher plus tard d'avoir cultivé l'amitié. Pierre de Craon, sire de la Ferté-Bernard, fonda, le samedi 1ᵉʳ août 1388, à l'autel du crucifix, dans l'église de Notre-Dame, pour son salut et celui de Jeanne de Chatillon, sa femme, une messe *à notes*, à dire quotidiennement à l'heure de prime, et il affecta à cette fondation une rente perpétuelle de 30 livres tournois sur sa prévôté de la Ferté-Bernard [2]. Nonobstant les brigandages et la peste, le corps de ville donna cette année une impulsion inaccoutumée aux travaux de l'édilité; on continua les réparations des fortifications et on pava les rues des Béguines, de la Monnoie, du Petit-Cygne ou de l'Épervier, de Saint-Père, de la Porte-Cendreuse, de la Poulaillerie et de la Petite-Rivière [3]. Et cependant des charges nouvelles et imprévues venaient s'ajouter chaque jour au passif municipal; au mois d'août, mois de misère comme on a vu, le Roi prescrivit aux habitants de Chartres de diriger sur Châlons un certain nombre de charriots destinés à l'armée d'Allemagne; le Chapitre obtint le 10 août des lettres-royaux qui l'exemptaient de participer à cet impôt dont le poids retomba, par conséquent, tout entier sur les bourgeois. Pierre de la Cour, l'un des procureurs élus au gouvernement de Chartres, reçut mission de conduire à l'armée les charriots demandés [4].

---

[1] *Reg. capitul.*; Séances du dimanche après la Saint-Benoît et du dimanche après la Saint-Pierre-aux-Liens 1388.

[2] Acte devant Coichet, tabellion juré, en date du samedi 1ᵉʳ août 1388. — *Reg. capit.*; Séance du lundi après la Saint-Pierre-aux-Liens 1388.

[3] Compte de 1388.

[4] *A Pierre de la Court, l'un des procureurs esleuz au gouvernement de la dicte ville de Chartres, pour la despense davoir esté de par la dicte ville à Paris et de Paris à Chaalons en Champaigne par devers le Roy messire pour le faict de certain nombre de cherioz lesquelx le Roy messire avait mandez lui estre envoiez de*

Les plus redoutables bandes de pillards se tenaient près de Dreux. La ville, après avoir fait justice des Gallois de Voves et d'Illiers, par les mains du Bègue de Vilaines, prit la résolution d'en finir avec les gens d'armes du Drouais. Le compte municipal de 1389 donne des renseignements curieux sur cette expédition qui eut lieu au mois d'avril. Le sire de Beaussart, délégué par les Chartrains, invita les sires François de la Vove, Gilles et Yon Cholet, Jean de Maintenon et Simon de l'Estandart, à se trouver le 21, avec leurs gens, dans la ville de Dreux pour convenir d'un plan d'attaque. Le Roi avait donné son assentiment à ce rassemblement de troupes; chacun des capitaines reçut en partant deux copies vidimées des lettres-royaux afin de s'en autoriser auprès des compagnies et d'essayer des moyens de persuasion avant de passer aux mesures coërcitives. Les principaux chefs de la petite armée chartraine étaient le vidame de Chartres, les sires de Feuillet, de Beaussart, de Courville, de Longny, Hue du Boulay, Gilles et Yon Cholet, Jean de Maintenon, d'Illiers, Simon de l'Estandart, Hue d'Oinville, Philippe de Chartres, capitaine de la ville, Oudart de Cloyes et François de la Vove, chevaliers, Robert de Mondoucet et Olivier le Servon, écuyers. A ces capitaines, appelés commissaires du Roi, se joignirent Jean Sequart, lieutenant du capitaine de Chartres, et Simon la Grappe, trésorier des guerres, avec huit arbalétriers. Il y eut même des bourgeois et *des procureurs* qui endossèrent le harnais en cette occasion et figurèrent avec honneur à côté des gentilshommes [1]. Les Chartrains ne revinrent qu'après avoir conduit à bien leur entreprise.

la ville et bailliage de Chartres pour l'armée d'Alemaigne, par mandement du XXIIe d'aoust mil CCC IIII^{xx} et huict, XX livres X sous. (Compte municipal de 1388.) L'armée d'Allemagne était destinée à porter la guerre dans le duché de Gueldre.

[1] *A Jehan de Douay, pour une despence faicte en son ostel par Symon la Grappe, lieutenant de monsieur le Cappitaine, Jehan Sequart et autres qui avoient esté à la poursuite des gens d'armes avec plusieurs autres des bourgeois de la ville, les procureurs d'icelle et aultres, après ce qu'on' fut retourné de la dicte poursuite, LV sous.* (Compte de 1389.)

Quelques mutations avaient eu lieu depuis peu de temps dans le personnel des hauts fonctionnaires de Chartres. Guillaume de Chastaing, avocat, ancien échevin, fut nommé bailli vers la fin de 1387, et le siége épiscopal, vacant par la mort de Jean Fabri, échut en janvier 1389 à Jean de Montaigu, chanoine archidiacre de Blois, frère du grand-maître de l'hôtel du Roi. La séance du nouveau bailli ne fut pas de longue durée, car la liste de ces magistrats nous donne, pour 1389, le nom de Guillaume Mauvinet. Quant au nouveau prélat, il vint rarement à Chartres; les fonctions de conseiller qu'il remplissait ne s'alliaient pas avec la résidence; de 1395 à 1406, époque où il fut transféré à l'archevêché de Sens, on trouve sa signature au bas d'un grand nombre d'ordonnances et de lettres-royaux rédigées en la chambre des comptes, aux requêtes du palais et au grand-conseil [1]. A cette époque, la fortune des uns avait souvent pour contraste l'abaissement des autres; on vit, en juin 1389, l'ex-bailli Jacques d'Ableiges accepter l'emploi subalterne de maire du Chapitre et prêter serment en cette qualité entre les mains de Jean Acarie, son ancien lieutenant [2].

Au mois de juin 1389, la Reine alla faire une neuvaine au prieuré de Chuisnes; le Roi, venu pour lui rendre visite, s'arrêta à Chartres le jour de la Saint-Jean. Un autre voyage des souverains eut lieu le 13 décembre 1390; le Roi et la Reine se rendirent encore en pèlerinage à Notre-Dame le 10 octobre 1391. Nous n'avons aucun détail sur ces visites royales dont les comptes municipaux font mention. Grâce aux démonstrations vigoureuses de la noblesse et de la bourgeoisie, le pays et la ville jouirent pendant ces trois années d'un repos qui permit à l'édilité chartraine de poursuivre les travaux d'*embellissement* entrepris en 1388; on pava la rue du Forboyau,

---

[1] *Ordonn. des Rois de France*, vol. VIII, p. 27, 296, 310, 332, 465, 469, 626.
[2] *Reg. capitul.;* Séance du mercredi après la Saint-Martin d'été 1389.

une partie de la Porte-Drouaise, la rue de Loëns et les basses-cours des portes Guillaume et Morard.

L'année 1392 fut plus riche en événements. Dans la nuit du 13 au 14 juin, Pierre de Craon, ce grand seigneur breton si affectionné au Chapitre de Notre-Dame, s'étant embusqué au coin de la rue Culture-Sainte-Catherine à Paris, se jeta avec ses gens sur le connétable de Clisson qui revenait de l'hôtel Saint-Pol et le cribla de blessures; puis, croyant l'avoir tué, il monta précipitamment à cheval et se dirigea sur Chartres, bride abattue. Arrivé le lendemain vers les huit heures du matin, *but un coup et se renouvela de chevaux chez un chanoine qui avait été son clerc* et prit ensuite la route du Maine. Vers le soir, le prévôt de Paris et autres officiers de justice qui avaient dépisté le fugitif, parvinrent jusqu'à Chartres, où ils apprirent que Craon était parti depuis douze heures; ils cessèrent leur poursuite et retournèrent à Paris. Le sire le Barrois des Barres, dépêché par le Roi avec soixante chevaux, arriva de son côté dans la journée du 15 et regagna de même Paris sur la nouvelle du passage de Craon. L'instruction commencée par la prévôté compromit le pauvre chanoine *où messire de Craon étoit descendu et rafreschi; il fut accusé, pris et mis en la prison de l'évêque; on lui ôta tout le sien et ses bénéfices et fut condamné en chartre perpétuelle au pain et à l'eau, ni excusation qu'il montrât ou dît ne valut rien, si avoit-il renommée en la cité de Chartres d'être un vaillant prud'homme* [1]. Cette affaire causa une grande rumeur à Chartres; dans la crainte de voir tomber sur la Beauce une armée bretonne commandée par Craon, on fit le guet pendant quinze jours *et plus* sur les portes. Le Borgne de Mondoucet, Jean le Flamenc et Jacques Lambert, principaux chefs de la bourgeoisie militante, obtinrent du Roi la permission de faire entrer en ville une garde de gens d'armes,

---

[1] *Chroniques de Froissart*, vol. 3, p. 149 et suiv.

afin que l'on pût résister, le cas échéant, aux tentatives des partisans du meurtrier qui, disait-on, s'assemblaient près du Mans [1]. La panique cessa à l'arrivée de l'amiral Jean de Vienne, auquel le Roi avait donné mission de prendre de force le château de la Ferté-Bernard, principal manoir de Craon, habité alors par Jeanne de Châtillon, sa femme. L'amiral repassa par Chartres le 28 juin, au retour de cette expédition, et les élus au gouvernement lui présentèrent 7 *poz et pinte de vin* [2]. Les biens de Pierre de Craon furent confisqués; le duc d'Orléans, frère du Roi, hérita pour sa part de plusieurs domaines, entre autres de celui de la Forte-Maison, près Chartres [3].

Cependant le sire de Craon avait trouvé un refuge à la cour du duc de Bretagne, et Charles VI, exaspéré de la connivence de ce Prince avec le coupable, se disposait à marcher contre lui à la tête d'une puissante armée. Le 16 juillet, le Roi, accompagné des ducs d'Orléans et de Bourbon, *s'en vint tout ebattant à Anveau* (Auneau), *une bonne ville et un très-beau chatel, lequel pour lors etoit et se rendoit au seigneur de la Rivière, voire héritage de par sa femme. Et furent là trois jours et se rafreschirent. Au quatrième jour le Roi et ces seigneurs se départirent, et ce jour chevauchèrent et vinrent à Chartres, dont le frère de Montagu etoit évêque. Le roi fut logé au palais de l'évêque, et le duc d'Orléans et le duc de Bourbon. Le second jour après qu'ils furent là venus, vint le duc de Berry et le comte de la Marche en sa compagnie. Encore etoit à venir le duc de Bourgogne; mais il s'ordonnoit*

---

[1] *Le Borgne de Mondoucet, Jehan le Flamenc et Jaquet Lambert et plusieurs autres sollicitent et obtiennent congié du Roy davoir des gens d'armes en la ville de Chartres pour reffuser l'antrée de la dicte ville aux gens d'armes qui estoient au Mans et pour résister aux maulx qui en pourraient ensuir.* (Compte municipal de 1392.)

[2] Ib.

[3] Le titre de donation est aux Archives impériales, section Domaniale, département de la Sarthe. Voir aussi le carton 205, série Q, département d'Eure-et-Loir.

pour mettre au chemin et vint le quatrième jour (il arriva le 25, d'après le compte municipal); *dont le Roi eut grand'joie. Gens d'armes venoient de toutes parts. Quand le Roi eut séjourné en la cité de Chartres environ sept jours, il s'en départit et prit le chemin du Mans* [1]. On connait le triste résultat de cette *chevauchée;* le Roi, saisi de frayeur à la vue d'un homme en haillons qui, sortant d'un fourré de la forêt du Mans, se précipita sur la bride de son cheval en criant trahison, tomba dans un accès de folie furieuse. Le 15 août, repassa par Chartres le duc de Bavière, frère de la Reine; le 20, arriva le sire Bureau de la Rivière, congédié par les oncles du Roi, qui le détestaient; enfin le malheureux monarque vint s'agenouiller, le 24, dans le sanctuaire de Notre-Dame, au milieu des pleurs des habitants [2].

La disgrâce complète du sire de la Rivière, cet habile et vertueux conseiller de Charles V, suivit de près la maladie du Roi. Il se réfugia dans son château d'Auneau qui était une très-belle forteresse; on lui conseillait de fuir plus avant dans le pays, mais il refusa en disant : *Ici et autre part suis-je en la volonté de Dieu, je me sens pur et net.* Le sire le Barrois des Barres, *un moult doux et gentil chevalier,* fut chargé par les ducs de Berry et de Bourgogne d'aller arrêter la Rivière à Auneau; il remplit cette commission avec douleur et courtoisie. Peu de temps après, on conduisit le prisonnier en la tour du Louvre où était déjà renfermé son ami, le sire le Bègue de Vilaines, *un très-grand chevalier, et vaillant homme en armes du pays de Beauce.* La Rivière demeura six mois en prison; quant au Bègue de Vilaines, il parvint à se faire élargir et s'empressa de gagner la Castille, où il possédait de grands biens du chef de sa femme [3]. Le 20 octobre, ce seigneur traversa Chartres, ville qui n'avait pas oublié ses an-

---

[1] *Chroniques de Froissart,* vol. 3, p. 156.
[2] Compte municipal de 1392.
[3] *Chroniques de Froissart,* vol. 3, p. 169 et 170.

ciens services, et, chose digne de louanges, quoiqu'il fût en disgrâce, les échevins ne craignirent pas d'aller à sa rencontre et de lui présenter *cinq poz de vin nouvel* [1].

Les documents locaux que nous possédons sur les dernières années du siècle ne présentent pas un très-grand intérêt. La faction des princes donna, en 1393, le bailliage de Chartres à Pierre Trousseau, chevalier, sire de Chasteaux, chambellan du Roi. En 1394 et 1395 des travaux de pavage occupèrent l'échevinage; on remit à neuf les abords de la place des Halles et le pont *Ledine (d'Inde)* [2]. En juin 1395, passèrent par Chartres les ambassadeurs du roi de Hongrie, envoyés pour solliciter les secours des princes chrétiens contre les armées de Bajazet; le corps de ville leur offrit dix pots de vin [3]. On sait qu'une croisade fut aussitôt décidée et que la noblesse française alla périr dans les champs de Nicopolis le 28 septembre 1396. L'un des vaincus de cette journée, l'illustre Enguerrand de Coucy, pensa, au moment de mourir dans les fers, à la noble église de Chartres, et lui laissa par testament une somme de 600 florins [4].

Le retour de la peste signala la première année du XV° siècle. L'épidémie fit de grands ravages dans la ville aux mois de juin, juillet et août, et les chanoines non stagiaires eurent, comme à l'ordinaire, la permission de s'absenter sans perdre leurs distributions [5]. D'un autre côté, les gens d'armes, auxi-

---

[1] Compte municipal de 1393.

[2] Ib. 1394 et 1395. — Quelques historiens locaux parlent d'un concile qui aurait eu lieu à Chartres en 1394 et dans lequel on aurait décidé que l'église de France se retirerait de l'obédience de Benoit XIII (Pierre de Luna), pape d'Avignon, et reconnaîtrait Boniface IX, pape de Rome. C'est une erreur manifeste. Clément VII, mort en septembre 1394, fut remplacé immédiatement, il est vrai, par Pierre de Luna; mais quoique cette nomination précipitée déplût au Roi, au clergé du royaume et à l'Université, auxquels la circonstance semblait opportune pour terminer le schisme d'Occident, la soustraction à l'obédience du pape d'Avignon ne fut prononcée que par le concile gallican tenu à Paris au mois de juillet 1398, et cette soustraction ne reporta nullement les préférences de la France vers le pape de Rome.

[3] Compte municipal de 1395.

[4] Voir volume 1er, p. 228, note 1re.

[5] *Reg. capit.;* Séance du mardi après la Saint-Pierre-aux-Liens 1400.

liaires obligés du fléau, recommencèrent de plus belle à dévaster le plat pays. Au mois de juin 1401, le Roi donna commission à messire Guillaume de Tignonville, prévôt de Paris, de faire le procès à ces bandits qui désolaient les bailliages de Senlis, Meaux, Melun, Chartres, etc. [1]. L'exécution de cet ordre eut peut-être un résultat momentané, mais, à coup sûr, incomplet, car les oncles et le frère du Roi, profitant de sa démence pour se disputer le gouvernement, couvraient de leur protection ces bandes vagabondes toujours prêtes à soutenir la querelle de quiconque voulait bien les payer. Les haines furieuses qui devaient diviser la France entre le parti de Bourgogne et celui d'Orléans ou d'Armagnac commençaient à s'allumer. Le duc d'Orléans, jeune présomptueux, détesté du peuple pour ses exactions, profitait de son ascendant sur le Roi son frère pour accroître sa puissance territoriale; en 1400, il obtint de Charles VI le comté de Dreux et fut mis en possession de ce nouveau domaine par le bailli de Chartres, au mois de juillet 1401 [2]. La haute fortune de son oncle le duc de Bourgogne lui portait ombrage; mais il ne pouvait lutter contre ce Prince, qui joignait à une seigneurie presque royale, l'expérience du commandement et l'art de plaire à la multitude. La mort du duc de Bourgogne, arrivée le 27 avril 1404, ne fit qu'envenimer cet antagonisme; Jean-sans-Peur, nouveau chef du parti bourguignon, avait encore plus d'ambition que son père et une aversion tout aussi prononcée pour son cousin d'Orléans. Aidé par les gens du conseil royal, il profita, en 1405, d'un moment de lucidité de Charles VI pour substituer son action à celle du duc d'Orléans dans le maniement des affaires publiques. Ce dernier, lié d'intérêt avec la Reine, conçut le projet d'appeler à son aide les compagnies franches du Gâtinais et de la Beauce,

---

[1] *Ordonnances des Rois de France*, vol. VIII, p. 443.
[2] *Ib.*, vol. VIII, p. 448.

d'enlever le Dauphin et de se retirer à Chartres [1]. Le duc de Bourgogne arriva assez à temps pour lui arracher sa proie.

Ces mouvements révolutionnaires n'étaient pas faits pour donner de la sécurité au pays. Les chartrains, prévoyant l'orage de loin, n'avaient rien épargné depuis quelques années pour se créer un asile assuré derrière leurs murailles. Dès le mois d'avril 1402, le Roi, informé par M^{ire} Henri de Marle, président au Parlement, qu'une somme de 40,000 francs au moins serait nécessaire pour réparer les fortifications, consentit à appliquer pour trois ans à cet objet *le dixième des mesures de vin vendues dans la ville et dans la banlieue*, et la perception de cet impôt fut confiée à Me Jean de Laubespine, licencié ès-lois [2]. Cette ressource ne suffisant pas à cause de la stérilité des vignobles pendant ces temps de troubles, les habitants obtinrent de Charles VI la continuation du subside pour trois ans encore et l'adjonction au principal du bénéfice de la vente du grenier à sel, à partir du mois de janvier 1407 [3]. Le Chapitre ne négligea pas non plus les précautions qui étaient de sa compétence ; la police du cloître, troublée par des gens sans aveu, fut assurée à l'aide des résolutions adoptées dans la séance du dimanche d'*Oculi* 1407. Mais les changements fréquents de baillis, magistrats nommés et destitués au gré de la faction régnante, ne permettaient guère d'espérer le maintien du bon ordre. Au sire de Chasteaux avait succédé, en 1399, Guillaume de Tignonville qui devint bientôt après prévôt de Paris ; l'année suivante la fonction de bailli fut dévolue à Robert Lemaître, écuyer d'écurie du Roi, et elle passa en 1401 entre les mains de Guillaume sire de Douxménil, écuyer et échanson du Roi. Les lieutenants généraux du bailliage, eux-mêmes, subissaient dans une sphère

---

[1] *Chroniques de Monstrelet*, édit. Buchon, p. 36. — *Juvénal des Ursins*, édit. Michaud, p. 432.
[2] *Pancarte municipale*, vol. 2, p. 2; Arch. de la Mairie.
[3] *Ib.*, p. 3, v°.

moins élevée les influences politiques ; ainsi, en dix ans, Jean Acarie, Nicolas Sureau et Jean Langlois occupèrent tour à tour cet office.

Les choses étaient en cet état à Chartres, lorsqu'à la fin de 1407 un événement affreux déchaîna sur la France toutes les horreurs de la guerre civile. Le duc d'Orléans fut assassiné à Paris le 23 novembre, et l'homme qui avait soudoyé les assassins était le duc de Bourgogne. Une année de luttes, de passions déchaînées, de récriminations abominables se passa avant que Charles VI pût amener le meurtrier et les fils de la victime à un semblant de réconciliation. Enfin au commencement de 1409 *fut prise une journée à Chartres* (le 1ᵉʳ mercredi de février [1]), *pour trouver la paix et accord entre les seigneurs et pacification des différens, sous ombre desquels plusieurs grands maux se faisoient* [2]. L'arrivée du Roi fut annoncée pour le mois de février, mais il y eut quelque retard dans le voyage ; toutefois dès le jeudi d'après la Purification le Chapitre mit ses maisons canoniales du cloître à la disposition des fourriers des logis du Roi, de la Reine, du Dauphin duc d'Aquitaine, du roi de Sicile, des ducs de Berry et de Bourbon, du comte de Vendôme et du sire de la Rocheguyon ; une maison fut aussi réservée au duc de Bourgogne. Le samedi 2 mars, ce dernier prince, accompagné du duc Guillaume de Hainaut et des comtes de Penthièvre, de Saint-Pol et de Vaudemont, vint coucher à Gallardon ; le mercredi 6, le duc de Hainaut *alla atout 400 bassinets, devers le Roi qui pour lors estoit en la dite ville de Chartres*. Le samedi suivant, 9 du mois, le duc quitta Gallardon escorté par 600 hommes d'armes ; il en congédia la majeure partie près de Chartres et ne garda, selon les conventions, que cent gentilshommes avec lesquels il entra dans la ville *environ*

---

[1] *Chroniques de Monstrelet*, p. 143.
[2] Juvénal des Ursins, p. 449.

deux heures devant midi, chevauchant vers l'église jusqu'au cloître des chanoines auquel il se logea [1]. *Il y avoit à Chartres foison de gens de Paris, c'est à scavoir l'un des Présidents de la Cour de Parlement, les avocats et procureur du Roy, le prévost des marchands, les échevins, plusieurs bourgeois et autres personnes d'estat* [2]. La cérémonie se fit incontinent dans l'église Notre-Dame, *en laquelle eglise, pour icelles besognes accomplir, fut fait et charpenté un hault plancher d'ais, et là estoit le Roi assis emprès le crucifix, et entour lui estoient assistants la Reine, le Dauphin et sa femme fille au duc de Bourgogne, les rois de Sicile, de Navarre, les ducs de Berry, de Bourgogne, le cardinal de Bar, le marquis du Pont, son frère,* Jean de Montaigu, ancien évêque de Chartres, promu depuis 1406 à l'archevêché de Sens, et Martin Gouges, nouveau prélat chartrain, partisan des enfants d'Orléans. La paix fut jurée, entre les mains de Charles VI, sur le livre des Evangiles tenu par le cardinal de Bar, et le Roi stipula, par un des articles du traité, le mariage du comte de Vertus, l'un des fils du duc d'Orléans trépassé, avec une des filles du duc de Bourgogne. *Ce faict, le dit duc sans boire ny manger en la ville, monta à cheval et s'en partit; et avoit un très bon fol en sa compagnée qu'on disait estre fol-sage, lequel tantost alla achepter une paix d'eglise et la fit fourrer et disoit que c'estoit une paix fourrée. Et ainsi advint depuis* [3]. Le Roi, la Reine, le Dauphin et la plupart des princes demeurèrent à Chartres jusqu'à la mi-carême ; le conseil y tint plusieurs assemblées, dans l'une desquelles on régla sur de nouvelles bases la juridiction de la chambre des comptes [4].

---

[1] *Chroniques de Monstrelet*, p. 144.
[2] Juvénal des Ursins, p. 449.
[3] Ib., p. 450.
[4] *Ordonn. des Rois de France*, vol. IX, p. 421 et 425.

CHAPITRE XVI.

DE LA PAIX DE CHARTRES A LA PRISE DE LA VILLE
PAR LES FRANÇAIS.

(1409-1432.)

La prédiction du fou bourguignon ne tarda pas à s'accomplir. Le duc de Bourgogne réussit à conserver la faveur populaire et celle du Roi, et, avant la fin de 1409, on poursuivait à outrance les partisans des princes d'Orléans. Le 7 octobre, le prévôt de Paris arrêta le sire Jean de Montaigu, grand-maître de l'hôtel du Roi, frère de l'archevêque de Sens, et Me Martin Gouges, évêque de Chartres, au moment où ils allaient *ouir la messe au moutier de Saint-Victor*. Le grand-maître ne tarda pas à avoir la tête tranchée à l'échafaud des Halles; l'évêque en fut quitte pour la peur, la perte de son temporel et une forte rançon. Le 28 mars 1410, le bailli Guillaume de Douxménil déclara, par ordre de Charles VI, la régale ouverte et saisit les biens de plusieurs chanoines connus pour leurs relations politiques avec Martin Gouges [1]. Cependant le vieux duc de Berry, blessé de la prépondérance que Jean-Sans-Peur avait obtenue dans le conseil royal, quitta brusquement la cour au printemps et vint se réunir en Anjou au duc d'Orléans qui faisait de *grands amas de troupes*. Bientôt ces princes se rapprochèrent de l'Ile-de-France; ils choisirent Chartres pour quartier-général *et pouvoient être dans la cité et le pays d'environ, comme il fut estimé par des gens à ce connaissant, bien six mille harnois de jambes, quatre mille arba-*

---

[1] Souchet-Etienne, vol. 2, p. 48; mss. de la Biblioth. communale.

lestriers et onçe cents archers, sans les gros varlets dont il y en avoit très grand nombre [1]. Dans l'été arrivèrent, avec leurs hommes d'armes, le duc de Bourbon, le comte d'Alençon et le fameux comte d'Armagnac qui donna son nom au parti. Ces seigneurs passèrent plusieurs mois à faire des dispositions militaires et à s'assurer des places de la Beauce ; puis, le 2 septembre, ils adressèrent de Chartres, au Roi, des lettres explicatives de leur conduite, provoquée, disaient-ils, par les allures du duc de Bourgogne. En réponse, Charles VI leur intima l'ordre de *rompre leur armée ;* ils n'en tinrent compte et *vinrent à tout leur puissance, en dégâtant fort le pays dudit lieu de Chartres jusqu'à Montlheri* [2]. La paix dite de Bicêtre (2 novembre 1410) suivit cette démonstration ; mais la Beauce avait énormément souffert du séjour des troupes orléanaises, et l'agglomération des hommes d'armes à Chartres avait engendré une peste qui fit pendant longtemps de nombreuses victimes [3].

Cette nouvelle paix ne fut pas d'une plus longue durée que la précédente. Au mois de juillet 1411, les princes d'Orléans déclarèrent dans une adresse au Roi et aux *seigneurs des fleurs-de-lis*, qu'à leurs yeux tout ce qui avait été juré à Chartres *étoit nul et de nulle valeur*, à cause des méfaits du duc de Bourgogne. Ce dernier répondit par une lettre à la Reine, dans laquelle il soutenait les accords de Chartres et se glorifiait de la mort du duc d'Orléans. La plus abominable des guerres civiles ne tarda pas à s'allumer. Tandis que la populace de Paris conduite par la faction des bouchers, ardents bourguignons, se ruait sur les citadins soupçonnés d'être *armagnacs*, les orléanais mettaient, par représailles, l'Ile-de-

---

[1] *Chroniques de Monstrelet*, éd. Buchon, p. 173.

[2] *Ib.*, p. 175 et 176.

[3] *Attenta necessitate hujus ecclesie Carnot. propter guerras et pestes que viguerunt hoc anno in patria Carnotensi...*, on augmente de 20 sous la taille de 4 livres imposée sur chaque prébende. *(Reg. capitul.;* Séances du mercredi d'après la Purification et du jeudi d'après la Saint-Martin d'été 1411.)

France à feu et à sang. On distinguait, parmi les principaux meneurs du parti d'Orléans, l'ancien évêque de Chartres, Jean de Montaigu, *non pas en état pontifical, car en lieu de mitre il portoit un bassinet en sa tête, pour dalmatique portoit un haubergeon, pour chasuble plattes d'acier et en lieu de crosse portoit une hache* [1]. Au mois de novembre, quelques troupes royales et bourguignonnes, sous les ordres du maréchal Boucicaut et d'Enguerrand de Bournonville, s'emparèrent de Bonneval. Une fois maîtres de cette place, les bourguignons ne cessèrent de guerroyer contre les garnisons orléanaises des environs dont Louis de Bourbon, comte de Vendôme, avait le commandement supérieur. Ils ne réussirent pas à prendre Janville et le Puiset; les capitaines Barbazan et de Gaucourt, sortis d'Orléans, les forcèrent à se retirer et firent prisonnier le comte de la Marche qui les commandait. Toutefois, en général, la fortune favorisa les Bourguignons unis aux gens du Roi, et, avant de quitter le pays, au mois de décembre, ils avaient réduit à leur obéissance Etampes, Dourdan et de nombreux châteaux de la Beauce, du Gâtinais et du Hurepoix.

Les registres capitulaires, seuls documents locaux que nous possédions sur cette époque, parlent continuellement des dégâts commis par les gens d'armes, de la peste, de la misère des paysans; les chanoines prébendiers ne pouvaient surveiller les travaux de l'agriculture; on ne taillait plus les vignes, *à cause de la malice de la guerre et du temps;* la procession du premier dimanche de carême 1412 fut faite à Saint-Hilaire au lieu de Saint-Cheron [2]. Chartres, ruiné par les Armagnacs

---

[1] *Chron. de Monstrelet*, p. 212.

[2] Le Chapitre ordonne que Me Etienne Huvé, chanoine, fasse travailler aux vignes sises à Bouglainval, qui étaient tenues par Me Pierre Belon, chanoine, lequel ne réside pas, *nec potest hic comparere propter guerram et dissencionem dominorum francie contra Regem*. (*Reg. capit.*; Séance du mercredi après la St-Valentin 1412.)
Capitulum ordinavit propter maliciam guerre et temporis quod processio quadragesimalis que debet fieri ad sanctum Caraunum fiet hoc anno ad sanctum Hilarium. (*Ib.*)

en 1410, avait naturellement penché pour les Bourguignons en 1411. De même qu'à Paris, les bouchers s'étaient posés en dictateurs des affaires de la commune ; toutefois nous pensons que les magistrats royaux eurent encore assez de crédit sur l'esprit du peuple pour empêcher le désordre. Comme les Armagnacs *couroient sans cesse devant la ville en passant et repassant de Dreux à Châteaudun, Janville et ailleurs*, les fortifications étaient entretenues le mieux possible. On avait fait faire des *bombardes, canons, targes, manteaux, artillerie et autres habillemens de guerre, pour entretenir et garder la seigneurie de Chartres au Roi ;* mais ces *habillemens, pour ce qu'il n'y avoit lieu au couvert où l'on put les retraire par temps de pluye, se perdoient, gastoient et anéantissoient.* C'est pourquoi Charles VI, par lettres-patentes du 16 février 1412, fit cadeau à ses bien amés les bourgeois, manans et habitants, de l'hôtel *du Cisne* confisqué sur un nommé Denis Estrivart de la ville de Châteaudun, *lequel s'étoit armé et tenu et encore se tenoit et armoit avecques les Armagnacs* [1].

Un des principaux bourguignons du pays et celui qui s'occupait le plus activement des opérations militaires, était un gentilhomme beauceron appelé Helion de Jacqueville [2]. Ce capitaine, qui tenait les champs avec une bande de *compagnons*, s'en fut un jour mettre le siège devant Janville ; les Armagnacs de Toury essayèrent de porter secours à leurs frères, mais Jacqueville ne leur en donna pas le temps, et, les refoulant dans Toury, il assaillit cette place et la prit incontinent ; *il y bouta le feu et y eut plusieurs bonnes gens, femmes et enfans ars et brulez ; les autres saillirent de dessus les murs ès fossez dont aucuns se tuoient, les autres s'affolloient ; plusieurs*

---

[1] Voir vol. 1er, p. 324. Ce titre, dont l'original est dans les archives de la Mairie, porte la date du 16 février *1411* (vieux style).

[2] Juvénal des Ursins (éd. Michaud, 1re série, vol. 2, p. 481) dit que Helion de Jacqueville était un *chevalier de Beausse*. Cependant l'Almanach historique de Sens (année 1782, p. 26) fait connaître que Helion de Jacqueville tirait son nom de la paroisse de Jacqueville, près Milly, en Gâtinais, dont il était seigneur.

y en eut de pris dedans la place et menez à Paris lesquels furent pendus [1]. Vers le même temps la ville de Dreux fut prise et pillée par les Bourguignons ; les Armagnacs de la garnison se tinrent renfermés dans le château jusqu'après le départ de leurs ennemis. Au mois de juin 1412, tandis que ces mouvements partiels troublaient le repos de la Beauce, l'armée bourguignonne et royale s'avançait vers Bourges où se tenaient, avec le noyau des Armagnacs, les ducs de Berry et de Bourbon, le connétable d'Albret, les sires Barbazan et de Gaucourt, Jean de Montaigu, archevêque de Sens, et Martin Gouges, évêque de Chartres. Par un bonheur providentiel, au moment où les assauts allaient être donnés, le jeune Dauphin parvint à nouer des négociations avec les princes ; les conventions de paix ébauchées devant Bourges furent signées le 22 août à Auxerre ; on y jura de nouveau que le traité de Chartres de 1409 serait tenu *perpetuellement* [2]. Il était temps de s'entendre ; les Anglais mandés par le parti d'Armagnac venaient de débarquer à la Hogue et à Calais dix mille hommes qui s'avançaient vers la Loire par le pays de Caen et le Maine. En ce nouveau danger, le Roi ordonna, en son conseil séant à Melun, au mois de septembre, *que tous les nobles et non nobles atout habillemens de guerre fussent mandés à Chartres et que là fussent le huictième jour d'octobre ensuivant* [3]. Mais cette convocation n'eut pas lieu, car les ducs de Berry et d'Orléans déterminèrent leurs amis les Anglais à gagner promptement la Guyenne, sans endommager davantage les terres de France.

La pacification nouvelle fut accueillie avec joie dans le pays chartrain que la peste et la guerre avaient ravagé pendant trois ans. Le Chapitre ordonna une procession générale d'ac-

---

[1] *Histoire de Charles VI*, par Juvénal des Ursins, p. 477.
[2] *Chroniques de Monstrelet*, p. 246.
[3] *Ib.*, p. 250.

tions de grâce à Saint-Père pour le dimanche d'après la Purification 1413, et les habitants assist'èrent d'autant plus volontiers à cette cérémonie que la contagion cessa en même temps que les hostilités [1]. Cependant la guerre civile n'était pas éteinte partout ; elle durait encore à Paris retombé sous le joug des bouchers ou *cabochiens*. Le duc de Bourgogne lui-même était devenu impuissant à calmer la fureur de cette populace qui avait pris pour chef le beauceron Hélion de Jacqueville, *homme bien habile de son corps* [2]. Le 25 mai, Charles VI promulgua, un peu à contre-cœur et pour satisfaire aux exigences des confédérés du Tiers-Etat dits *Chaperons-blancs*, une sorte de code de police et d'administration ; l'article 39 des lettres-patentes données à cet effet supprime *la guette de la tour de Chartres*, comme ne servant à rien et coûtant d'entretien 13 livres 3 sous 4 deniers, par an [3].

Louis de Bourbon, comte de Vendôme, profita de ce moment de repos pour accomplir un vœu qu'il avait fait à Notre-Dame de Chartres en sortant de la prison où son frère le comte de la Marche le retenait depuis dix mois. La procession du Chapitre du mercredi des Rogations, 31 mai 1413, revenant de Saint-Martin-au-Val par Saint-Lubin, rencontra ce Prince près du lieu de *Mautrou*, au bout du pavé de Bonneval. Louis de Vendôme mit pied à terre, suivit la procession à la cathédrale et assista au reste de la *férie* ; le lendemain, jour de l'Ascension, il se rendit, à l'issue de matines, nu, en chemise, tenant un cierge à la main, devant la porte royale où le clergé vint le recevoir. Il accomplit dévotement son vœu à

---

[1] Procession générale à Saint-Père, pour rendre grâces à Dieu, *quod per suam graciam cessata est mortalitas et guerra*. (*Reg. capit.*; Séance du 3 février 1418.)

[2] Juvénal des Ursins, p. 481.

[3] *Ordonn. des Rois de France*, vol. X, p. 79. — Cependant la *guette* de la tour se trouve encore comprise pour un salaire de 8 d. par jour, dans les comptes du Domaine de 1439-1440 à 1512-1513. (Copies de ces comptes dans le *Recueil de Laisné, prieur de Mondonville*, vol. 5, p. 21 et suivantes; Mss. de la Bibliot. impériale.)

l'autel de la Vierge-Noire et fit donation au Chapitre, par acte du 2 juin, de soixante livres tournois de rente sur le comté de Vendôme et les châtellenies de Mondoubleau et d'Epernon, à la charge d'une messe à chacune des cinq principales fêtes de l'année [1].

L'anarchie qui existait à Paris sous le gouvernement ultra-démocratique des bouchers détermina les princes à se rapprocher; le duc d'Orléans et ses partisans adressèrent aux ducs de Berry et de Bourgogne un factum dans lequel ils exposaient, entre autres choses, qu'il fallait soustraire le Roi, la Reine et le Dauphin à la tyrannie des gens de Paris et les conduire en lieu sûr, Chartres, par exemple. La paix dite de Pontoise, conclue au mois d'août par suite de ces ouvertures, fut le signal de la chute des cabochiens et de l'avènement des Armagnacs, car dans ce temps malheureux on ne pouvait se débarrasser d'une faction sans tomber sous le joug de la faction opposée. Ce revirement d'opinion se manifesta à Chartres par un changement de bailli; le sire de Douxménil, qui avait su conserver cette charge pendant dix ans, ce qui témoigne assez de la souplesse de son esprit, fut remplacé par Simon de Morainvillier, écuyer, gentilhomme de la maison du duc d'Orléans. Les Armagnacs du pays purent alors relever la tête. On remarquait parmi eux les religieux de Josaphat, auxquels le duc d'Orléans accordait une rente annuelle de dix livres tournois sur le comté de Dunois [2]. L'évêque de Chartres, Me Martin Gouges, qui n'était pas revenu dans son diocèse depuis 1411, rentra en faveur en même temps que ses patrons; nous le voyons siéger au mois de juillet 1414 parmi les conseillers au Grand-Conseil du Roi, et, comme *il estoit bien habile sur le faict*

---

[1] *Papiers du Chapitre*, caisse 3, A, p. 72; Arch. départ. — Souchet, p. 49; Bibl. communale. — Par acte capitulaire du 2 décembre 1414, les chanoines permirent au duc de Vendôme de bâtir la chapelle hors-œuvre qui porte son nom. (Voir vol. 1er, p. 208.)

[2] Voir volume 1er, p. 292, note 4.

des finances, il remplaça, vers la fin de cette année, M° Juvénal des Ursins dans la charge de chancelier du Dauphin [1].

L'année 1415 fut fatale à la France. Les Anglais et les Bourguignons reprirent les armes, et la journée d'Azincourt (25 octobre) vit se renouveler les désastres de Crécy et de Poitiers. L'ancien évêque de Chartres, le belliqueux Montaigu, les sires Jean et Gauvain de Dreux, le vicomte du Tremblay, le sire Hector de Chartres le jeune et ses deux frères furent au nombre des morts; le duc d'Orléans tomba au pouvoir des ennemis. Après cette bataille, le duc de Bourgogne se dirigea sur Paris, mais le Dauphin, son gendre, se hâta d'y réunir tous les Français survivants et envoya Martin Gouges, son chancelier, vers Jean-sans-Peur, pour lui signifier d'arrêter sa marche. L'hésitation du vainqueur sauva la France. Le Dauphin étant mort le 18 décembre, Jean duc de Touraine, son frère, devint héritier du royaume; mais ce changement ne fit pas dévier la cour de sa politique alors favorable aux Armagnacs, et l'évêque de Chartres fut expédié de nouveau, au mois de janvier 1416, près du duc de Bourgogne, pour le sommer, de par le Roi, de déposer les armes.

Les Armagnacs de Chartres, prévoyant un conflit, s'efforcèrent de mettre la ville dans le meilleur état de défense possible; ils avaient obtenu du Roi, au mois de décembre 1415, la permission d'appliquer pendant dix ans à l'entretien des fortifications l'impôt du dixième du vin [2]; les travaux furent menés avec activité en 1416. Au mois de juin de cette année, le connétable d'Armagnac fit nommer aux fonctions de bailli et de commandant supérieur de la Beauce le sire Simon de Dreux, seigneur de Beaussart, conseiller et maître d'hôtel du Roi. Ce nouveau magistrat, connu depuis longtemps des Chartrains, signala son avènement par une mesure de sévérité

---

[1] Juvénal des Ursins, *Hist. de Charles VI*, p. 502.
[2] *Pancarte municipale*, vol. 2, p. 3, v°; Arch. de la Mairie.

contre les bouchers meneurs du parti bourguignon ; à l'instar de ce qui s'était fait à Paris [1], il provoqua et obtint du Conseil du Roi, au mois d'octobre, une ordonnance qui abolit la communauté de la boucherie de Chartres et réunit ses biens au domaine [2]. Après avoir accompli cet acte et s'être assuré des ressources de la ville en cas de siége, Simon de Dreux, trop grand personnage pour occuper longtemps le bailliage, le céda au commencement de 1417 à Gilles de Chonvilliers ou d'Eschevillier, seigneur d'Aunay-la-Rivière et de Ver-le-Grand, écuyer d'écurie de la Reine, et remit la capitainerie de la ville au bourgeois Regnault Sequart. L'évêque Philippe de Boisgiloud, qui avait remplacé en 1415 Martin Gouges transféré au siége de Clermont, fit son entrée le 14 juillet 1417, en présence du nouveau Bailli et des principaux seigneurs armagnacs du pays chartrain [3]. Ce fut la dernière fois que le parti d'Orléans dit d'Armagnac, trouva l'occasion de faire montre de son importance à Chartres.

Le dauphin Jean de Touraine était mort d'une maladie putride le 4 avril 1417, et Charles, nouveau dauphin, dernier fils de Charles VI, partageait l'aversion de ses frères trépassés pour le duc de Bourgogne. Mais ce dernier Prince avait su gagner à sa cause la reine Ysabeau, reléguée à Tours par ordre des Armagnacs. Fort des encouragements de cette princesse irritée, Jean-sans-Peur fit acheminer des troupes en Beauce et en Touraine, avec mission de s'emparer de gré ou de force des places de ces provinces. Chartres, nonobstant l'épaisseur de ses murailles, se rendit, vers le mois d'août, au

---

[1] Juvénal des Ursins, p. 532.

[2] Voir vol. 1er, p. 513. L'ordonnance est donnée *à Paris, au mois d'octobre, l'an de grâce mil cccc et seize, et de nostre regne le 37e. Par le Roy, à la relacion de son grant-conseil, ouquel le cardinal duc de Bar, le Roy de Secille, Monsr le duc de Touraine, l'evesque de Clermont* (c'était Martin Gouges), *le chancellier de la Royne, Mess Olivier de Mauny, le prévost de Paris et plusieurs autres du grant-conseil, estoient. Mauregart.* (Ordonn. des Rois de France, vol. X, p. 382.)

[3] Voir vol. 1er, p. 557, note 4.

sire Hélion de Jacqueville, son ancienne connaissance, qui commandait, avec les capitaines Jean de Guigny et Jean du Clau, un parti de 1,600 Bourguignons [1]. Ce farouche guerrier dont les mœurs se ressentaient de sa camaraderie avec les cabochiens de Paris, persécuta les bourgeois qui passaient pour armagnacs, chassa les officiers du Roi et garda pour lui la capitainerie de la ville. Le duc de Bourgogne, en ratifiant ces dispositions, confia le poste de bailli à M° Guillaume de Pourbail, licencié ès-lois et décrets; puis il arriva à Chartres *la nuit de la fête de Toussaints, atout la plus grand'partie de ses seigneurs et capitaines de sa compagnie et aussi de ses gens d'armes les mieux montés et habillés,* mais il *se partit soudainement; et par Bonneval et Vendôme s'en alla hâtivement devers Tours* [2]. Jean s'empara de la ville et du châtel, tira la Reine des mains de ses gardiens et s'achemina avec elle vers Chartres, où ils firent leur entrée le 9 novembre; *et avoit la reine en sa compagnie quatre chariots qui menoient vingt femmes et seulement un chevalier nommé M^{ire} Robert du Cyne* [3]. Le 12 novembre, Ysabeau adressa des lettres aux bonnes villes de France, pour leur faire connaître sa délivrance, le mauvais gouvernement des conseillers du Roi, et son projet, *conçu et délibéré à Chartres,* de prendre, avec son cousin de Bourgogne, le timon des affaires publiques. De son côté, le Dauphin fit expédier, le 27 novembre, au nom du Roi, des mandements portant défense d'obéir aux ordres de la Reine et du duc de Bourgogne, *lesquels se sont retirés à Chartres, d'où ils escrivent lettres séditieuses à plusieurs bonnes villes du royaume* [4].

Pendant que Chartres se trouvait ainsi transformé en capitale, un assassinat vint ensanglanter ses murs. Le *cabochien*

---

[1] *Chron. de Monstrelet*, p. 418.
[2] *Ib.*, p. 421.
[3] *Ib.*, p. 422.
[4] *Ordonn. des Rois de France*, vol. X, p. 427.

Hélion de Jacqueville fut blessé à mort sur les degrés de la cathédrale, au moment où il sortait de l'hôtel du duc de Bourgogne, derrière Notre-Dame (l'évêché). Le meurtrier était le sire Hector de Saveuse, l'un des plus vaillants capitaines du parti bourguignon, qui avait eu dispute avec Jacqueville et s'était embusqué dans un coin du cloître *avec 12 ou 16 hommes de fait* pour faire le coup. On porta le blessé, *en tel état qu'il étoit*, devant le Duc, *auquel il fit piteuse complainte;* Jean promit de le venger et le fit visiter *par notables médecins*, mais *ce rien n'y valut, car dedans les trois jours en suivant, il trépassa.* Jacqueville mort, le Duc oublia sa promesse, et Saveuse ne tarda pas à rentrer en grâce [1].

Après toutes ces besognes, Jean-sans-Peur partit pour Troyes avec Ysabeau, non sans avoir donné le bailliage et la capitainerie de Chartres au sire Etienne de Prez [2], l'un de ses écuyers et échanson du Roi. La Reine laissa également des traces de son passage; elle remit en dépôt au Chapitre plusieurs joyaux estimés 23,200 livres, en stipulant que si ces joyaux n'étaient pas retirés à l'époque de sa mort, ils seraient vendus et qu'une rente de 100 livres parisis serait constituée à l'OEuvre, pour la célébration de son anniversaire [3].

La prise de Paris par les Bourguignons, le 30 mai 1418, remit à l'ordre du jour le gouvernement des bouchers. Parmi les nombreuses victimes de cette horrible réaction se trouva le vaillant chevalier Hector de Chartres, maître-d'hôtel du Roi et père de l'archevêque de Reims [4]; Martin Gouges, évêque

---

[1] *Chron. de Monstrelet*, p. 424.

[2] Ce seigneur, d'une famille du Perche, portait *d'argent à une bande de sable*. (*Rituel des armes et armoiries de France du temps du Roy Charles septième.* — Recueil Mss. *de Laisné, prieur de Mondonville*, vol. 3, p. 253; Bibliot. impér.)

[3] *Titres du Chapitre*, caisse 3, A, p. 72; Arch. départ.

[4] La famille de Chartres qui posséda longtemps la seigneurie de Ver et qui se subdivisa en plusieurs branches à l'une desquelles appartenait Hector de Chartres, portait *d'argent à deux fasces de gueules.* (*Recueil de Laisné*, cité ci-dessus.)

de Clermont, ancien prélat chartrain, parvint à s'évader [1]. Au milieu de ces luttes sanglantes, les Anglais débarqués en Normandie s'emparaient des principales villes de cette province. Un grand nombre de bourgeois et même d'artisans normands émigrèrent; Chartres reçut, pour sa part, disent les titres, neuf boulangers qui obtinrent la permission d'exercer leur profession sans satisfaire aux conditions imposées par les statuts du métier [2]. Le dauphin Charles, qui avait esquivé la poursuite des Bourguignons, lors du sac de Paris, se hâta de faire acte d'autorité souveraine en établissant une cour suprême à Poitiers; les lettres de création de cette cour, datées de Niort le 21 septembre, furent notifiées au bailli de Chartres, et les premières présentations des causes des juridictions de France, c'est-à-dire de Berry, *Chartres*, Orléans, Montargis, Cepoy et Saint-Pierre-le-Moutier, furent indiquées pour les 3, 4 et 5 février 1419 [3]. Chartres, dominé par son bailli bourguignon, ne répondit pas à cet appel. On doit dire toutefois que Etienne de Prez, ce bailli, s'occupait des intérêts de la ville avec plus d'activité et d'intelligence qu'on n'en apportait d'ordinaire, dans ce temps, aux affaires administratives. Il attacha son nom à l'ordonnance du 16 septembre 1418, approuvée par le Roi en juin de l'année suivante, qui eut pour but de remettre en honneur l'antique renommée de la draperie chartraine [4].

L'évêque Philippe de Boisgiloud étant mort en septembre 1418, le Chapitre, avec l'autorisation du Roi, nomma à sa place, au mois de décembre, Jean de Fretigny, archidiacre de Blois en l'église de Chartres, partisan dévoué de la politique bourguignonne. Le duc de Bourgogne, qui trouvait dans

---

[1] *Chron. de Monstrelet*, p. 433 et 436. — Juvénal, p. 543 et 544. — *Mémoires de Fenin*, p. 593 et 595.
[2] Voir vol. 1er, p. 509 et note 3.
[3] *Ordonn. des Rois de France*, vol. X, p. 480.
[4] Voir vol. 1er, p. 383 et suiv.

ce prélat un auxiliaire des plus utiles par son influence de position, profita de la circonstance pour donner aux Chartrains une nouvelle marque de bienveillance; il obtint du Roi, le 13 février 1419, des lettres-patentes portant donation à la ville des deniers perçus par le Domaine pendant la régale ouverte après le décès de Philippe de Boisgiloud. La remise de ces deniers fut constatée par un acte du 10 mars suivant, dans lequel figurèrent, comme parties, Phlippot Jouet, receveur du domaine royal, Guillaume Badière et Thévenin La Troyne, procureurs des habitants, et, comme témoins, M⁰ Michel de Champrond, Jean Lemoine, Jean-le-Houic, licenciés ès-lois, Jean Pichot, Perin Cousin, Gilot Navarin et Jean Baudry, *faisant la plus grande et saine partie des douze échevins*, Etienne Huvé, chanoine de Notre-Dame et le nouvel élu, Jean de Frétigny [1]. Cet évêque ne prit possession que le 2 juillet et l'on remarque qu'au lieu de passer la vigile de son entrée à Saint-Martin-au-Val, selon la coutume, il accomplit ce devoir au couvent de Saint-Père, *intrà muros*, parce que les Armagnacs rôdaient dans les environs; il prêta serment en présence des abbés de Saint-Père, de Josaphat, de Saint-Vincent-des-Bois et de Jean Bretel ou Breteau, capitaine de Chartres.

Les Armagnacs ne cessèrent, en effet, de battre le plat-pays pendant toute l'année. Dès le mois de février la campagne n'était plus tenable, et le Chapitre fut obligé de permettre aux chanoines chargés de la perception de la taille sur les hommes de corps des prébendes, de ne pas verser l'argent aux époques habituelles, attendu l'impossibilité d'effectuer les recouvrements [2]. Les ennemis, dit Monstrelet,

---

[1] Pièces recueillies par Pintard; coll. Lejeune. — *Hist. ecclésiast. de Souchet*, vol. 2, p. 72.

[2] *Reg. capit.;* Séance du samedi d'après la Purification 1419. — Les chanoines employaient souvent à cette époque la formule suivante qui peint bien le malheureux état du pays: *Attenta malicia temporis et guerris nunc vigentibus, capitulum ordinavit quod*, etc.

menèrent alors forte guerre à la ville de Chartres et autres forteresses, au pays tenants la partie du duc de Bourgogne et se rendit en son obéissance la ville de Bonneval et aucunes autres places audit pays chartrain [1]. Revanche cruelle de la mort du duc d'Orléans, le meurtre du duc Jean-sans-Peur, commis le 10 décembre, à Montereau-faut-Yonne, par les chevaliers français de la suite du Dauphin, vint ranimer la guerre civile au moment où l'on pouvait espérer une réconciliation sincère entre les princes. Cet assassinat eut pour résultat l'union du nouveau duc de Bourgogne et d'Ysabeau avec le roi d'Angleterre et la reconnaissance de ce dernier par Charles VI, comme héritier de la couronne de France, au préjudice du Dauphin (traité de Troyes, 21 mai 1420). Chartres, sous la puissance bourguignonne, reconnut immédiatement le roi d'Angleterre en sa nouvelle qualité.

Au mois de juin 1420, les Anglo-Bourguignons mirent le siège devant Melun, ville fidèle à la cause du Dauphin. On distinguait, parmi ses défenseurs, le sire Gilles d'Eschevillier, ancien bailli armagnac de Chartres, qui fut fait chevalier en cette occasion par le vaillant capitaine Barbazan [2]. La guerre prit la Beauce pour théâtre au mois de mai 1421 ; le Dauphin *avoit assemblé de plusieurs pays très grand'puissance de gens d'armes a tout lesquels se tira pour aller vers Chartres ; et se rendit à lui la ville de Gallardon avecques aucunes autres forteresses, lesquelles il garnit de ses gens ; et puis s'en alla loger au plus près de ladite ville de Chartres, et l'assiégea de tous côtés très puissamment ; mais elle fut fort défendue par le bâtard de Thien et autres capitaines, lesquels hâtivement avoient été envoyés de Paris pour secourir ladite cité* [3]. Le Dauphin *pouvoit avoir avec lui six à sept*

---

[1] *Chron. de Monstrelet*, p. 452.
[2] Juvénal des Ursins, p. 558 et 560.
[3] *Chron. de Monstrelet*, p. 503. — Gallardon fut pris d'assaut au bout de huit ours de siège ; les Français y firent *une piteuse occision et boucherie*. Le Bailli qui

mille harnois de jambes, 4000 arbalétriers et 6000 archers. Si commencèrent iceux Dauphinois à dresser plusieurs engins contre les portes et murailles d'icelle ville dont elle fut aucunement travaillée; les assiégés s'en souciaient peu parce qu'ils savaient que le roi Henri V d'Angleterre marchait à leur secours. Ce monarque s'avançait, en effet, du côté de Chartres; mais le Dauphin, qui avait déjà fait des efforts inutiles devant la ville pendant trois semaines, leva le siége et prit le chemin de la Touraine [1]. Henri V poursuivit jusqu'à Chartres, où il se rafraîchit; puis il fit sur Châteaudun une tentative qui échoua par la bonne contenance de la garnison, et, après avoir inutilement essayé ses forces contre Orléans, il retourna vers Dreux qui se rendit à lui par capitulation, le 20 août [2].

En quittant la Beauce, le roi d'Angleterre établit pour lieutenant dans ces quartiers, Gilles, sire de Clamecy, chevalier, qui s'intitulait *conseiller du Roi, bailli de Chartres et gouverneur du pays chartrain, Dreux, Gallardon, Epernon, et autres villes, châteaux et forteresses nouvellement conquises.* Ce magistrat guerrier prit pour lieutenant-général le praticien Jean Mauterne (1421-1422). Jean de Fretigny était déjà à cette époque l'un des conseillers intimes du roi d'Angleterre, et, lors des funérailles du malheureux Charles VI, qui mourut au mois d'octobre 1422 au milieu des ennemis de la France, ce prélat remplit les fonctions de diacre assistant l'évêque de Paris [3]. Le pays chartrain fournit, à la fin de 1422, une autre illustration au parti anglais;

se nommait Rousselet, après avoir résisté avec vaillance dans le donjon (l'épaule de mouton), fut fait prisonnier et eut la tête tranchée. (Juvénal des Ursins, p. 566.)

[1] *Chron. de Monstrelet*, p. 503. — Les documents locaux que j'ai consultés sont muets sur ce siège de Chartres.

[2] *Ib.*, p. 512. — Juvénal, p. 566.

[3] Monstrelet, p. 534. — Juvénal, p. 569. — Le peuple pleura Charles VI *l'insensé.* On lit dans le livre de bois de Saint-André: *1422. Audit an l'obit du Roi fut faict où fut mis IV cierges pesant XX livres et y avoit escu de France.* (Arch. départementales.)

Simon Morhier, chevalier, seigneur de Gilles, fut nommé prévôt de Paris [1].

Quoique le gros des deux armées eût quitté le pays, Chartres ne laissa pas d'être tourmenté pendant toute l'année 1423 par les incursions des garnisons *dauphinoises* [2]; les citadins étaient bloqués chez eux et leurs moissons pourrissaient sur pied [3]. Au mois d'août 1424, le duc de Bedford, régent du royaume pour les Anglais, se rapprocha de la Beauce et vint mettre le siége devant Yvry, que défendait le capitaine Geraud de la Pallière, l'un des principaux partisans de Charles VII. Le jeune monarque se hâta d'accourir d'Orléans pour empêcher la capitulation de la place; il alla coucher d'abord près de Chartres *dans laquelle ville estoient des gens de guerre tenans le party des Anglois et Bourguignons*: et après fut loger *en un village près de Dreux, nommé Nonancourt*, où il apprit que *les ville et chasteaux dudit Yvry estoient rendües et livrées audit duc de Bedfort* [4]. Le Bourgeois de Paris, écrivain bourguignon, dit que les Dauphinois commirent des excès dans les environs de Chartres, *tuant, pillant, robant, prenant hommes et femmes, brief faisant tout mal* [5]. La bataille de Verneuil, gagnée le 17 août par le duc de Bedfort sur les troupes françaises, assura la prépondérance des armes anglaises dans cette partie de la contrée; grand nombre de seigneurs affectionnés au Roi périrent dans cette journée; les hommes d'armes dauphinois se débandèrent, notamment les *soudoyers* italiens dont une troupe, rencontrée près de Chartres par les Anglais de la garnison, fut complètement exterminée [6].

---

[1] *Journal d'un bourgeois de Paris*, coll. Michaud, 1re série, vol. 3, p. 237.

[2] Depuis le meurtre de Montereau, les Bourguignons donnaient aux Français le nom de Dauphinois.

[3] Histoire manuscrite de l'huissier Duparc, p. 236; coll. Lejeune.

[4] *Mémoires concernant la pucelle d'Orléans*, p. 73; coll. Michaud.

[5] *Journal d'un bourgeois de Paris, sous Charles VII*, p. 241; id.

[6] *Ib.*, p. 241 et 243.

On prétend qu'au moment où le pays chartrain était presque totalement perdu pour Charles VII, ce prince en disposait au profit du comte de Vendôme. Le Comte avait prêté au Roi une somme de vingt mille écus d'or ; le comté de Chartres lui fut promis en nantissement de cette somme, comme le témoigne une lettre datée de Poitiers au mois d'avril 1425 [1]. Le comte de Vendôme, s'autorisant de cette promesse, prit quelquefois le titre de comte de Chartres, notamment dans des lettres du 20 mai 1444, rapportées par Monstrelet [2], mais on peut contester qu'il en eût le droit, car jamais Chartres ne lui fut donné en apanage ; jamais il n'y créa d'officiers, jamais la justice ne s'y rendit en son nom, jamais enfin il n'y jouit des prérogatives de la seigneurie. La promesse d'engagement, faite alors que la ville était au pouvoir des Anglais, ne fut vraisemblablement jamais réalisée.

Chartres ne se doutait pas de l'espèce de marché dont il était l'objet de la part du roi *français*. Toute l'administration était en ce moment anglo-bourguignonne ; plusieurs gentilshommes considérables de la province, renfermés dans les murs, entre autres Jean des Mazis [3] et Jean-le-Baveux, presque tous les membres du clergé, dirigés par leur évêque Jean de Frétigny, les sieurs Jean Grenet, Jean-le-Houic et Gilles de Laubespine, principaux représentants de la bourgeoisie de robe, et au-dessous d'eux, le menu peuple, conduit par les bouchers ; tous ces gens, anciens bourguignons trop compromis pour redevenir français, avaient adopté sans hésitation la bannière d'Angleterre ; notre ville, forteresse anglaise, se posait en rivale d'Orléans, capitale du parti dauphinois. Le sire Gilles de Clamecy, rappelé par le roi d'Angleterre, fut

---

[1] Souchet, vol. 2, p. 75.

[2] *Chron. de Monstrelet*, p. 842.

[3] Cette famille qui subsiste encore et qui est une des plus anciennes du Drouais, porte *de gueules à une fasce d'or chargée de trois merlettes de sable*. (Voir sur la maison des Mazis le *Recueil de Laisné, prieur de Mondonville*, vol. 3, p. 253 et *passim* ; Mss. de la Bibliot. impériale.)

remplacé au commencement de 1423, dans le gouvernement du pays chartrain, par le sire Hue de Prez, écuyer, vaillant homme d'armes, frère de l'ancien bailli Etienne de Prez. Ce capitaine eut la mission de s'opposer aux tentatives de Geraud de la Pallière qui commandait les petites forteresses beauceronnes, vexinoises et gâtinaises, encore occupées par les troupes royales ; il choisit pour lieutenant général, M° Jean Grenet, licencié ès-lois. Un des actes de cette administration, fort bien vue par la populace, fut le rétablissement de la communauté des bouchers ; à cette occasion, Henri, *roi de France et d'Angleterre*, déclara par lettres-patentes datées de Paris au mois de mai 1426, que la boucherie de Chartres avait été abolie en 1416 *en haine de ce que les dits bouchers*, à l'exemple de leurs confrères de Paris, *tenoient le parti du duc de Bourgogne dernièrement trépassé* [1]. Dans ce temps, plusieurs années calamiteuses vinrent éprouver la Beauce et l'Ile-de-France ; les récoltes furent très-mauvaises en 1425 et 1426, et les pluies qui durèrent en 1427 jusqu'au mois de juillet, faisaient encore appréhender de nouveaux malheurs ; *mais en pou d'heures Dieu laboure*, le soleil revint et *les blez furent bons et largement* [2].

Les Anglais, comprenant toute l'importance de la place de Chartres pour leur cause, ne cessaient d'encourager les habitants à la résistance, en cas d'attaque par les Dauphinois. Ils étaient secondés en cela par Hue de Prez qui tint le bailliage pendant neuf ans et par les Chartrains eux-mêmes auxquels les courses des *Français* causaient beaucoup d'effroi. Les ressources de la ville ayant été promptement absorbées par les premiers travaux de réparations des murailles, il fallut, pour achever cette utile besogne, recourir à la voie des contributions extraordinaires ; par lettres-patentes du 17 février 1428, le

---

[1] Voir vol. 1er, p. 514.
[2] *Journal d'un bourgeois de Paris*, sous Charles VII, p. 248.

roi anglais, d'après l'exposé à lui fait à la requête de ses fidèles bourgeois et manants, appliqua à l'œuvre des fortifications un subside de quatre deniers sur chaque charrette chargée traversant Chartres ou faubourgs, deux deniers sur chaque cheval, et sur chaque habitant ayant chevaux à louage ou voiture, trois sous par cheval et dix sous par voiture, par an, le tout pour trois ans [1]. Lorsque les forteresses anglo-bourguignonnes de la Beauce eurent terminé leur *remparement*, le comte de Salisbury [2] reçut l'ordre de s'avancer contre Orléans, quartier-général du parti français. Chemin faisant (juillet et août 1428), ce seigneur vint loger à Chartres, où on lui fit une brillante réception [3]; puis, après quelques jours de repos, il s'empara de Courville et de Nogent-le-Roi, obligea Geraud de la Pallière à quitter précipitamment Toury et emporta Janville d'assaut. Le capitaine Le Gallois de Villiers, et Prégent de Coëtivy qui devint amiral de France, furent pris dans cette dernière place. Le 12 octobre, l'armée anglaise, augmentée *des faux et renegats françois* de Chartres et de Paris [4], alla camper sous les murs d'Orléans; ses débuts d'abord heureux furent marqués bientôt par un événement de sinistre augure; une pierre de canon tua le comte de Salisbury dans une reconnaissance (novembre). Pour remplacer ce chef renommé, le duc de Bedfort, *régent de France*, créa plusieurs commandants, tant des anglais que *d'aucuns faux français*, parmi lesquels on distinguait Jean des Mazis, Jean-le-Baveux et le bailli Hue de Prez [5].

---

[1] *Pancarte municipale*, vol. 1er, p. 191. — Henri accorda aussi la continuation de l'impôt du dixième du vin, pour trois ans, par lettres du même jour. *(Ib.,* vol. 2, p. 3, v°.)

[2] Thomas Montagu, comte de Salisbury, avait été fait comte du Perche par le roi d'Angleterre; il rendit foi et hommage à l'évêque Jean de Frétigny le 24 juin 1426, comme détenteur des seigneuries de Longny, de La Loupe et des cinq baronnies du Petit-Perche. (Souchet, vol. 2, p. 75.)

[3] *Chron. percheronnes,* par l'abbé Fret, vol. 2, p. 511.

[4] *Mémoires concernant la pucelle d'Orléans,* coll. Michaud, p. 85.

[5] *Ib.*, p. 86.

Il advint au mois de février 1429 que le duc de Bedfort expédia de Paris à l'armée assiégeante un grand convoi de *vivres de carême*, sous la conduite du sire Falstolf, son maître-d'hôtel, de Simon Morhier, prévôt de Paris, et du beauceron Brichanteau, neveu de ce dernier [1]. Les Français, guidés par le duc de Clermont, le bâtard d'Orléans, les maréchaux de la Fayette et de Boussac, la Hire et Saintrailles, atteignirent ce convoi, le 12 février, dans la plaine de Rouvray-Saint-Denis. Les assaillants croyaient avoir bon marché de ces marchands de Paris et des archers anglais leurs convoyeurs, mais il en fut autrement; les chevaliers français ne purent pénétrer dans le carré que les Anglais avaient formé et furent repoussés avec grande perte. Ils rentrèrent en toute hâte à Orléans, laissant sur le champ de bataille *des harengs* le sire Guillaume d'Albret, John Stuart, connétable d'Ecosse et son frère Guillaume; du côté des Anglais il n'y eut de tué qu'un seul homme de nom, le sire de Brichanteau [2]. Les Français prirent leur revanche, le 18 juin suivant, à la journée de Patay où périt l'élite de l'armée anglaise; il est vrai que Jeanne d'Arc portait alors l'étendard des Lis [3]. Les fugitifs de Patay voulurent

---

[1] Le fief de Brichanteau, aujourd'hui hameau de la commune de Coulombs, quoique dépendant de la justice de l'abbaye de Coulombs, relevait en foi et hommage de la seigneurie de Villiers-le-Morhier; il fut longtemps possédé par la maison de Brichanteau-Nangis et passa par vente, en 1744, au sieur Goguyer, écuyer, ancien mousquetaire. Les archives de la maison de Noailles contenaient les actes d'aveu et dénombrement suivants, concernant ce fief: 1º du 1er septembre 1360, par Jean de Brichantel, écuyer, à Philippe Morhier, seigneur de Villiers; 2º du 5 octobre 1389, par Robert de Brichanteau, fils de Jean, audit Morhier; 3º du 24 août 1525, par la veuve de Louis de Brichanteau, à Mre Jacques Morhier; 4º du 23 juillet 1680, par Louis Faust de Brichanteau, marquis de Nangis, au dernier seigneur de Villiers, de la maison de Morhier; 5º du 6 novembre 1716, par le marquis de Brichanteau-Nangis, alors colonel du régiment du Roi et depuis maréchal de France, au duc de Noailles, seigneur de Villiers. Ce fut le comte de Guerchy, héritier du maréchal de Nangis, qui vendit cette terre au sieur Goguyer. (*Mémoire de Me Fleury, avocat, dans l'instance pendante entre M^{ire} Antoine-François Goguyer, seigneur de Brichanteau, et les ducs de Noailles et d'Ayen, seigneurs de Villiers-le-Morhier. Paris, 1765.*)

[2] Monstrelet, p. 598. — Bourgeois de Paris, p. 252. — *Mémoires sur la Pucelle*, p. 87.

[3] Monstrelet, p. 605. — *Mémoires sur la Pucelle*, p. 91, 92 et 93. — *Histoire du connétable de Richemont*, coll. Michaud, p. 197 et 198.

entrer à Janville, mais les *bonnes gens* du lieu fermèrent leurs portes; l'écuyer anglais qui commandait le château, voyant la défaite de son parti, traita avec les habitants et leur rendit la place. *Il demeura en icelle ville grande quantité de provisions, munitions et despouilles qui y avoient esté laissées par les Anglois à leur départ, pour aller à la susdite bataille, avec grande quantité de traict, de canons, et autres habillemens de guerre, de vivres et marchandises. Et aussi tost ceux de ladite ville d'Yenville se réduisirent à l'obeyssance du Roy* [1].

En 1430, Hue de Prez eut pour successeur dans les fonctions de bailli le sire Jean-le-Baveux; mais ce seigneur n'occupa le siége que jusqu'au mois de novembre, et Jean-le-Houic, licencié ès-lois et avocat du Roi, exploita intérimairement la juridiction du bailliage pendant deux mois; vers la fin de décembre, Me Gilles de Laubespine reçut de ses amis les Anglais la double commission de bailli et de capitaine de Chartres. Le procès inique de Jeanne d'Arc, commencé en 1430 et terminé, le 30 mai 1431, par le supplice de cette héroïne, dut exciter un sentiment sinon d'indignation du moins de curiosité dans la ville, car le juge ou plutôt le bourreau de la Pucelle, Me Pierre Cauchon, évêque de Beauvais, avait longtemps fait partie du Chapitre en qualité de grand-archidiacre [2].

Cette monstruosité juridique ne profita guère aux Anglais; les armées de Charles VII reprirent l'offensive en 1432 et la campagne fut inaugurée par la recouvrance de Chartres. Deux marchands de la ville, nommés Guillemin ou Guillaume Bouffineau et Jean Lesueur, qui faisaient le commerce de sel, vins et blés avec l'Orléanais et le Blésois, ayant été souvent rançonnés par les garnisons françaises de ces contrées,

---

[1] *Mémoires sur la Pucelle*, p. 100.
[2] Il avait remplacé, comme grand-archidiacre, Me André de Challant, et il eut pour successeur dans cette dignité, en 1420, le cardinal des Ursins. (*Répertoire des priviléges du Chapitre*, 1500; Arch. départem.)

sollicitèrent des chefs dauphinois un sauf-conduit pour circuler librement, ce qui leur fut accordé. Le sire de Gaucourt, gouverneur d'Orléans, eut l'occasion de les voir et conçut le projet d'entretenir par leur entremise les intelligences que le parti français avait à Chartres; il ne lui fut pas difficile, à l'aide de quelques promesses, de les tourner au service du Roi, d'autant que l'un d'eux avait un parent en crédit près du sire de la Trémouille, favori de Charles VII. D'après les conseils de Gaucourt, ils s'entendirent avec les plus qualifiés royalistes de la ville, entre autres avec l'archidiacre Regnault de Paris, le chanoine de Champrond et frère Jean Sarrasin, jacobin, docteur en théologie, et convinrent d'un plan de surprise qui fut mis à exécution le 12 avril [1]. Ce jour-là, Bouffineau et Lesueur, accompagnés de soldats déguisés en charretiers, arrivèrent de grand matin devant la porte Saint-Michel avec plusieurs voitures chargées de grandes *queues* contenant, disaient-ils, du sel et des aloses; ils demandèrent l'entrée, et comme on était habitué à les voir et qu'ils passaient *pour meilleurs bourgeois qui fussent*, les gens de garde abaissèrent le pont-levis sans difficulté. Les deux complices donnèrent en gratification un panier d'aloses aux portiers et introduisirent sous la voûte les deux premières voitures, mais ils firent en sorte que la troisième s'abattît au milieu du pont-

---

[1] Tous les historiens locaux, sur la foi de Monstrelet, qui écrivait loin du théâtre de l'action, reculent la prise de Chartres jusqu'au 20 avril; mais c'est une erreur manifeste. Le 20 avril, cette année, était le jour de Pâques même, et, comme on le verra par un passage d'un registre des *contrats* que je cite plus loin, les Français entrèrent dans Chartres le samedi avant les Rameaux. D'un autre côté, on trouve la phrase suivante dans la copie que Laisné, prieur de Mondonville, nous a laissée du compte de Philippe Jouet, receveur du domaine de Chartres, pour l'année 1439-1440: « Maison et jardin sise en face la Croix-aux-Moines, laquelle a naguères esté
» detruicte et par fortune du feu embrasée et arse avec les biens qui estoient en
» icelle, et depuis le jour que la ville de Chartres fut réduite et mise en l'obeissance
» du Roy *qui fut le xij^e apvril 1431 avant Pasques* (vieux style), jusques à l'embrasement de feu et l'arsure, continuellement occupée par les gens de guerre
» estant en ladite ville. » *(Recueil mss. de Laisné*, vol. 5, p. 21; Bibliot. impér.)
Le samedi avant les Rameaux est aussi le jour assigné à la prise de Chartres par le *Bourgeois de Paris*, auteur contemporain (p. 268), et par Denis Godefroy, auteur des *Mémoires relatifs à Florent d'Illiers* (p. 234).

levis; puis, profitant de l'embarras causé par cet accident, ils se jetèrent avec les faux charretiers sur les gens du corps-de-garde, les tuèrent et se précipitèrent dans la ville, en criant *la Paix, Ville gagnée*. Deux forts détachements français commandés par le bâtard d'Orléans et les sires Florent d'Illiers [1], de Gaucourt, La Hire, d'Estouteville et de Felins, qui avaient passé la nuit en embuscade à une petite distance, avertis de ce premier succès, accoururent au plus vîte, rejoignirent les premiers assaillants et occupèrent bientôt les principaux carrefours. Les bourgeois anglais furent assez longtemps à se reconnaître, car on rapporte qu'à cette heure-là même, frère Sarrasin, dans le but de détourner l'attention, avait convoqué la population, pour ouïr un sermon, à l'église des Jacobins, près de la porte Saint-Jean, c'est-à-dire à l'autre extrémité de la ville. Cependant l'évêque Fretigny *s'arma quant il ouy dire la chose et vint contre les François à tout un pou de gent; mais ce ne lui vallu rien, car il fut tué et de ses gens*. Le bailli Laubespine et le capitaine Girard de la Villeneuve, qui avaient sous leurs ordres environ cent archers, voyant leur infériorité numérique, prirent le parti de gagner les champs; il y eut quelque peu de meurtre, de pillage et de viol, selon l'habitude; on mit en prison les plus compromis des bourgeois, et plusieurs d'entre eux payèrent de leur tête les sentiments anglais dont ils étaient animés. Le 23 avril, Charles VII accorda à Bouffineau les provisions de contrôleur du grenier à sel, retirées à Philippe de Champrond; Lesueur eut de l'argent et l'office de grenetier. *Pour celle prinse de Chartres enchery moult le pain à Paris, car moult de bon en venait avant la prinse.* Le Roi donna le bailliage au sire Thibault d'Armignac dit de Termes, l'un de ses écuyers d'écurie, qui avait vaillamment

---

[1] Les anciens sires d'Illiers portaient *d'argent à la chausse de gueules* (voir vol. 1er, p. 319); mais les armes de Florent d'Illiers étaient *d'or à 6 annelets de gueules*. (*Laisné*, vol. 3, p. 41.)

combattu dans les rangs français à la journée de Patay ; M⁰ Jean de Montescot, licencié ès-lois, fut pourvu de l'office de lieutenant-général, et une forte garnison assura aux royalistes leur nouvelle conquête [1].

[1] *Mémoires d'un Bourgeois de Paris*, p. 268 et 269. Ce chroniqueur dit que des soldats étaient cachés dans les *queues* chargées sur les voitures. — *Mémoires relatifs à Florent d'Illiers*, coll. Michaud, p. 234. — *Chron. de Monstrelet*, p. 658 et suivantes. D'après cet historien, M⁰ Gilles de Laubespine aurait été pris par les Français ; cela n'est pas probable, car on ne l'eût certainement pas mis en liberté immédiatement, en admettant qu'on lui eût fait grâce de la tête, et nous le voyons, dès 1433, nouer des intrigues avec les mécontents du pays, pour tâcher de surprendre la ville. Monstrelet appelle le capitaine de la garnison *Guillaume de Villeneuve* ; plusieurs documents locaux donnent à ce personnage le nom de *Girard de la Villeneuve* ; j'ai lieu de croire que ce nom est exact. — On trouve dans Souchet (vol. 2, p. 83) une dissertation intéressante sur Jean de Fretigny. Ce prélat, selon une mention des registres capitulaires, serait mort le 12 avril, c'est-à-dire, comme le croyait Souchet, *huit jours avant la prise de Chartres*. Cette date du 12 avril embarrasse le savant chanoine, car les écrivains contemporains sont tellement affirmatifs et circonstanciés sur le fait du trépas de l'évêque, *le jour même de l'entrée des Français*, qu'il ne semble pas possible de les révoquer en doute ; les divers catalogues des évêques sont d'accord en cela avec les écrivains. La difficulté que Souchet se créait est résolue par ce fait, rapporté dans un document du temps, que la mort de l'évêque et la prise de Chartres eurent lieu *le même jour*, et que ce jour fut *le samedi, veille des Rameaux*, c'est-à-dire le 12 avril. On lit dans le 24ᵉ volume des contrats du Chapitre (Arch. du départem.) : *Anno Domini M. CCCC XXXI, die sabbati ante ramos palmarum fuit capta hec villa a Franchiscis causa proditionis per portam sancti Michaelis, et fuit hac die R. P. dominus episcopus Carnotensis a gentibus armorum occisus.*

Il est supposable que Monstrelet, sujet du duc de Bourgogne, et le Bourgeois de Paris, ardent *bourguignon*, ont exagéré, par esprit de parti, les violences commises par les Français, lors de la surprise de Chartres. Les lettres d'abolition de Charles VII dont je vais parler affirment, au contraire, que les capitaines français firent preuve en cette occasion de la plus grande mansuétude ; d'un autre côté, l'un des bourgeois les plus compromis et de ceux, à coup sûr, qui, au dire des chroniqueurs, auraient été mis à mort pour leurs démérites, Mᵉ Jean Grenet, ancien lieutenant-général du bailli *anglais* Hue de Prez, faisait encore partie de l'échevinage en 1437. *(Reg. des Echevins ;* Séance du 14 mai.)

CHAPITRE XVII.

DE LA PRISE DE LA VILLE PAR LES FRANÇAIS A L'INCENDIE DU CLOCHER DE PLOMB DE LA CATHÉDRALE.

(1432-1506.)

Charles VII acheva la pacification de Chartres, en délivrant aux habitants, laïcs et ecclésiastiques, des lettres de grâce et *abolition*. Dans cette pièce, datée de Loches au mois de juin 1432, le Roi rappelle la rébellion des Chartrains entraînés par les Bourguignons et les Anglais, prend acte de leur repentir, reçoit leurs remerciements, *si très humblement que peuent, des grans grâce et miséricorde par les gens, chiefs et cappitaines, chevaliers, escuiers, à eulx faictes à l'entrée et réduction de la dicte ville, en laquelle a esté gardée l'immunité et franchise de l'église et évité toute violation des femmes et aussi effusion de sang tout ainsi que bonnement se est peu faire*, octroie plein pardon aux coupables *en l'honneur de l'église de Chartres, laquelle est la plus ancienne église du Royaume, fondée par prophétie en honneur de la glorieuse vierge Marie par avant l'incarnation de nostre Seigneur Jesus-Christ*, rend aux laïcs leurs honneurs, immunités, franchises, biens et héritages, nonobstant les dons qui pourraient en avoir été faits; confirme dans leurs prébendes l'archidiacre Regnault de Paris, Etienne Huvette (Huvé), sous-chantre, Jean Portier, prévôt d'Auvers, Jean Quatregrains, Grégoire Legras, Pierre Brisard, Pierre Lefebvre et Mathery Gauguin, chanoines, *lesquels sont demourés en l'obéissance royale*, quelles qu'aient pu être les collations faites de ces bénéfices en vertu de la régale ouverte après le décès de l'évêque Philippe de Boisgiloud ; enfin impose aux gens d'église, bourgeois et habitants auxquels la rémission est accordée, l'obligation de jurer entre les mains du bailli *d'estre dorénavant bons et loyaulx* envers la seigneurie et couronne royales [1].

Cependant les Anglais ne se tinrent pas pour battus. Le Bourgeois de Paris nous apprend que, peu de jours après le succès des royalistes, l'Isle-Adam, capitaine anglais de Paris, *parce qu'il étoit sage homme, fut ordonné à garder vers Chartres et cuida le reprendre par l'aide de aucuns qui dedens estoient,* mais que le projet fut éventé par les gens du Roi [2]. Il y a peut-être confusion entre cette tentative et celle de 1433 dont parle Souchet sur la foi d'une mention du registre de l'officialité [3]. D'après ce document que nous n'avons pu retrouver, Me Martin Guesdon, confrère du grand Beaulieu et curé de Corancez, prisonnier dans la geôle de l'évêque, confessa que, se trouvant à Dreux le 1er avril 1433, il fut mis en rapport avec Me Gilles de Laubespine, ancien bailli de Chartres, lequel lui aurait dit qu'un complot était formé pour reprendre la ville, que Martin Gauthier, son vigneron, demeurant au Petit-Beaulieu, devait cacher huit ou dix hommes de choix, parmi lesquels se trouveraient Philippe Grimuard, Marin Blandin, Michel Larcher et Jean Béchard, que l'escalade devait avoir lieu pendant la nuit entre la porte Saint-Jean et la tour du Grouin-Pateau, que l'expédition serait soutenue par l'Isle-Adam, Guillaume de Languedouc, Pierre d'Allonville [4] et autres, embusqués à Seresville avec cinq à six cents

---

[1] *Inventaire du Chapitre*, p. 224 ; Arch. départ. — Cette pièce, dont il reste un *Vidimus* daté du 22 juillet 1432, a été donnée en entier par M. Hérisson, sous le n° 15 des *Dissertations* qui font suite à l'histoire d'Ozeray, vol. 2, p. 407.

[2] *Journal d'un Bourgeois de Paris*, p. 269. Pendant cette expédition, la capitainerie de Paris fut confiée à Gilles de Clamecy, ancien bailli de Chartres.

[3] Souchet, vol. 2, p. 89.

[4] La maison d'Allonville, l'une des plus considérables de la Beauce, *porte d'argent à deux fasces de sable*. (Rituel *des armes et armoiries de France*. — *Recueil de Laisné*, vol. 3, p. 253.)

hommes, que les bourgeois anglais de Chartres prêteraient les mains à l'affaire et qu'il n'y aurait pas de sang versé, à moins de résistance. Cette déposition fut corroborée le 6 juillet par les révélations d'un prisonnier nommé Robin Boutin, natif de Dreux, qui fit connaître qu'ayant été transporté, au commencement de l'année, de Dourdan à Chartres, par ordre du capitaine La Hire, il avait été sollicité en sous-main par Laubespine de travailler à lier des intelligences dans la ville; qu'ayant payé sa rançon au mois de février, il était retourné à Dourdan pour informer La Hire des menées de Laubespine, et que La Hire l'avait engagé à continuer ses relations avec les conspirateurs; qu'en conséquence, il avait mandé à Laubespine qu'il pouvait lui favoriser le passage par les murs de la porte Châtelet, sous promesse de 2,000 saluts d'or et de la maison de Me Jean du Pont, maire du Chapitre, située au bas des Lices; que, d'après cette ouverture, Laubespine lui avait recommandé d'entrer en communication avec les nommés Guillaume Maugars, Marin Blandin et Poulard, ses principaux affidés chartrains, et qu'après divers pourparlers, on avait choisi pour l'exécution le 25 mars, jour de l'Annonciation, ce qui n'eut pas lieu, à cause du grand nombre de troupes alors en garnison à Chartres; que la partie avait été remise au jeudi *absolu* (saint), et que, dès le lundi des Rameaux, les conspirateurs avaient dîné ensemble chez Blandin; mais que lui, Boutin, ayant averti le bailli et capitaine de la ville, les conspirateurs conçurent quelques doutes et ne bougèrent pas. Par suite de l'instruction de ce complot dont Boutin avait détourné l'effet, le curé Guesdon fut condamné, le 11 juillet, à tenir prison fermée le reste de ses jours, *au pain de douleur et à l'eau de tristesse.*

Chartres était pour les Français une excellente place d'armes; le bâtard d'Orléans, commandant supérieur des troupes royales de la Beauce et de l'Orléanais, y avait rassemblé une forte garnison qu'il envoyait souvent fourrager sur les terres des Anglais. Le 7 mai 1433, un parti sorti de Chartres fit une pointe sur Paris, mit à feu et à sang le village de Saint-Marcel, *cuillit moult grant proye qui moult gréva Paris, car pour cette prinse enchery tout plus que devant*, et revint avec son butin [1]. Mais cette habitude de maraude, lorsqu'elle ne trouvait pas à s'exercer sur les ennemis, se dédommageait sans scrupule sur les amis; les documents du temps font mention de ravages dans les terres de Josaphat, et nous avons dit ailleurs que les aveugles de Saint-Julien dont la maison de la porte Drouaise avait été détruite par les Anglais, n'eurent pas à se louer de la conduite des hommes d'armes de la garnison à leur égard [2]. De leur côté, les Anglais reparurent en Beauce au printemps de 1434; le comte d'Arundel battit la contrée entre Mantes et Chartres et s'empara de plusieurs forteresses *tant au pays de Chartrain comme au pays du Perche* [3].

Charles VII n'avait jamais reconnu Jean de Fretigny en qualité d'évêque de Chartres, et, après la mort de Philippe de Boisgiloud, il avait disposé des bénéfices comme si l'on eût été en temps de régale, puis, en 1422, il avait nommé au siége chartrain M° Robert Dauphin, son conseiller. Ce prélat se fit pourvoir de bulles en 1432, et, nonobstant l'opposition du Chapitre qui avait choisi Philippe de Prunelé [4], abbé de Saint-Laumer de Blois, il fut mis par procureur en possession de son évêché qu'il garda deux ans sans le visiter. Appelé en 1434 à l'évêché d'Alby, il eut pour successeur M° Thibault-le-Moine, l'un des familiers du pape; ce nouvel évêque royaliste n'hésita pas à venir à Chartres, quoique le pays fût parcouru par les Anglais et que la peste régnât dans la ville. Il fit son entrée le 20 novembre, après avoir passé la nuit

---

[1] *Journal d'un Bourgeois de Paris*, p. 271.
[2] Voir vol. 1er, p. 289, 351 et 352.
[3] *Chron. de Monstrelet*, p. 683.
[4] La famille de Prunelé, très-ancienne et très-puissante en Beauce, porte *de gueules à six annelets d'or*. (*Laisné*, vol. 3, p. 253.) Ce blason est, quant aux émaux, la contre-partie de celui de la maison d'Illiers.

précédente au couvent de Saint-Père, au lieu de Saint-Martin-au-Val trop à la merci des ennemis. Quelques membres du clergé ne firent pas preuve du même courage que Thibault-le-Moine; les curés ou vicaires perpétuels de Saint-André, entre autres, abandonnèrent pendant la contagion la *messe parrochiale* au grand scandale des *gagers* (marguilliers) qui portèrent *complainte contre eux, en cas de saisine et de nouvelleté* [1].

La paix d'Arras, signée avec le duc de Bourgogne au mois de septembre 1435 et dont Regnault de Chartres, archevêque de Reims, avait été l'un des négociateurs [2], donna au parti de Charles VII la force de lutter victorieusement contre les Anglais. Les Français reprirent l'offensive dans le Vexin et l'Ile-de-France; Meulan, Pontoise, Saint-Germain, Corbeil, Vincennes, tombèrent en leur pouvoir. Au mois d'avril 1436, le connétable de Richemont voulant mettre à profit les intelligences qu'il avait à Paris, appela à lui le bâtard d'Orléans avec toutes les garnisons de Beauce; le 13 de grand matin on tenta le coup par la porte Saint-Jacques, et il réussit d'emblée malgré la résistance des chefs anglais et du prévôt Simon Morhier. Les succès continuèrent en 1437 et furent couronnés au mois d'octobre par la prise de l'importante place de Montereau; la nouvelle de ce brillant fait d'armes, début du Dauphin, depuis Louis XI, fut apportée aux échevins de Chartres le 16 octobre par un trompette de Girault de la Pallière, capitaine d'Houdan [3]. On craignait que les Anglais, chassés de la Brie, du Vexin et du Gâtinais, ne se repliassent sur la Beauce, frontière de leurs possessions de Normandie; aussi *M. le Bâtard*, qui avait toujours le commandement supérieur des garnisons royales de ces quartiers, s'empressat-il de prescrire aux gens de Chartres d'assurer par tous les

---

[1] *Livre de Bois de Saint-André*, f° 201, v°; Arch. départ.
[2] *Chron. de Monstrelet*, p. 704.
[3] *Registres des Echevins;* Arch. de la Mairie.

moyens possibles la défense de leur ville. Les échevins mirent d'autant plus de zèle à satisfaire aux injonctions du Prince, qu'ils avaient à cœur de détruire dans l'esprit du Roi certains rapports peu propres à démontrer leur dévouement à sa cause. Après avoir sollicité les secours des capitaines d'Houdan et de Nogent-le-Rotrou, ils adressèrent à Charles VII une humble requête pour le prier de les tenir en recommandation et de croire que jamais ils n'avaient prétendu toucher aux deniers royaux, changer leur gouverneur, ou entreprendre contre les droits du Bâtard [1]. Bientôt des vivres et des munitions, amassés dans le Perche et le Vexin, furent dirigés sur Chartres; mais la discipline militaire était encore si peu dans les mœurs du temps que les garnisons royalistes de Meslay, Villebon, Courville, Nogent-le-Roi ne se faisaient pas faute de piller les convois dont ils auraient dû protéger le passage; il fallut, pour mettre un terme à leurs accès de brigandage, faire intervenir l'autorité du bailli et les menacer de la colère du Bâtard [2]. On stimula le zèle de la compagnie d'arbalétriers (compagnons du Vidame) en lui constituant une gratification annuelle de 13 livres tournois pour l'entretien des buttes, et il fut décidé que le guet de jour serait continué avec régularité sur le haut du clocher de l'église Saint-Michel [3]. Ces précautions n'étaient pas inutiles; les partisans des Anglais semaient l'inquiétude dans les esprits, et chaque jour amenait la découverte de quelque complot. Au commencement de décembre, il se répandit le bruit que les Anglais devaient diriger une expédition contre Dourdan; on expédia sur-le-champ le poursuivant d'armes du bailli au capitaine de cette forteresse, qui était le sire Jean des Mazis, ancien français *renié*, revenu à de meilleurs sentiments [4]. En même temps on apprit qu'un

[1] *Registres des Echevins;* Séance du 16 octobre 1437.
[2] *Ib.;* Séance du 23 octobre.
[3] *Ib.;* Séance du 13 novembre.
[4] *Ib.;* Séance du 4 décembre.

gros parti anglais rassemblé dans les parages de Verneuil, Dreux et Ivry, faisait des démonstrations hostiles pour la ville; une panique s'empara des habitants, et la force armée, vidamiers et soldats des ordonnances, passa une nuit tout entière sur les portes et remparts [1]. Cette situation perplexe fut un peu améliorée par la visite que le Bâtard vint faire à la ville le 10 janvier 1438 [2].

Les préoccupations guerrières n'étaient pas les seules qui occupassent l'assemblée des échevins. Le Roi, forcé par les nécessités du moment de surcharger d'impositions ses provinces fidèles, n'avait pas épargné Chartres; mais les évènements rendaient cette charge très-lourde et l'on résolut de s'en affranchir le plus tôt possible. Le receveur des deniers communs se rendit à Orléans, au mois de décembre 1437, pour demander à Charles VII l'exemption, pendant l'année 1438, de la contribution sur les grains et le pain; cette première démarche n'ayant pas réussi, une seconde députation fut envoyée dans le mois de janvier et fit valoir avec tant de force la misère et la *dépopulation* de la ville, *qui est première frontière contre les Anglois*, qu'un arrêt du Conseil réduisit à 500 livres le secours de 1200 livres sollicité cette année par la couronne [3]. La politique exigeait cette concession, car la fidélité des Chartrains, gardiens des marches françaises, était indispensable à la cause royale.

Le 29 janvier 1438, on vint dire aux échevins que les Anglais d'Ivry, assemblés dans le but apparent d'aller mettre le siége devant la motte de Sorel, se dirigeaient en droite ligne sur Chartres; c'était une fausse alarme. Le 14 mars, nouvelle alerte d'après la déposition d'un poursuivant d'armes du

---

[1] *Registres des Echevins;* Séance du 4 décembre. — On donna 12 livres 6 sous tournois à quatre compagnons de guerre de la compagnie du capitaine Regnault Bernarde et à quatre arbalétriers, pour une nuit de guet sur les murailles.

[2] *Ib.;* Séance du 10 janvier. — *On offre un tonnel de vin vieux à M le Bâtard qui est venu reconforter la ville au sujet de l'assemblée des Anglois à Verneuil.*

[3] *Ib.;* Séances des 18 décembre 1437 et 11 janvier 1438.

chancelier; on redoubla de vigilance, on fit faire continuellement le guet dans le clocher de plomb de Notre-Dame, et M⁰ˢ Jean Grenet et Jean Perier, échevins, reçurent la mission de réviser les listes des bourgeois aptes au service militaire. La peste qui avait fait sortir des murs grand nombre d'habitants, jetait, d'ailleurs, du trouble dans le service des gardes, malgré le zèle des quarteniers [1]. Ce fléau décima de telle sorte cette année la population chartraine, que les cimetières de Saint-André, bourrés de cadavres, fournirent aux pourceaux une horrible pâture [2]. Les gens de guerre, auxiliaires habituels de la peste, augmentaient par leur insubordination le désordre de la rue, et le bailli fut forcé au mois de mai d'invoquer contre eux l'autorité du Roi, qui résidait alors à Bourges. On triompha cependant de ces embarras; vers le mois de juillet on parvint à mettre en bon état de défense les portes Châtelet et de Vallée et à réparer les tranchées de Saint-Lubin, Mautrou et Nicochet; on établit des *écoutes* de nuit et de jour sur les tourelles des Jacobins, du Grouin-Pateau, de Saint-Père, dans les clochers de Saint-Michel et de Notre-Dame, sur les portes de Vallée, des Epars, Châtelet, Imbout, aux Corneurs, Morard et dans les faubourgs [3]. Les Anglais ne se présentèrent pas encore et l'hiver arriva sans qu'ils bougeassent de leurs quartiers normands. Au mois d'août 1439, pendant que les troupes royales étaient occupées au siége de Meaux, les ennemis projetèrent une diversion dans la Beauce. Les échevins de Chartres furent prévenus à temps, et le sire du Tillay, capitaine de Blois, arriva assez promptement avec sa compagnie pour garantir la ville des outrages des Anglais [4]. On craignit une autre attaque, à la fin de septembre, après la prise de Meaux; on reçut même à ce sujet une communication du

---

[1] *Reg. des Echevins;* Séances des 29 janvier, 14 mars, 14 mai, 9 juillet 1438.
[2] Voir, 1ᵉʳ vol., p. 238.
[3] *Registres des Echevins;* Séance du 9 juillet 1438.
[4] *Ib.;* Séance du 10 août 1439.

Bâtard devenu comte de Dunois [1]; mais Chartres fut encore préservé.

Les Etats de la Langue-d'Oïl se réunirent à Orléans au mois d'octobre 1439. Chartres y fut certainement représenté, mais on n'a pas conservé les noms de ses députés; il s'y traita une matière intéressante pour les pays parcourus et pressurés par les gens d'armes, on fit un code de la discipline militaire et on jeta les bases d'une *armée régulière et permanente*. Ce fut en 1440 que le Dauphin, poussé par les seigneurs, se révolta pour la première fois contre l'autorité de son père. Si la Beauce échappa pendant ces troubles aux mouvements des armées, elle reçut, après la pacification (juillet), la visite d'une foule d'aventuriers sans emploi, *et estoit la pillerie en telle manière que homme n'y pouvoit mettre remède* [2]; le retour de Charles VII vers Paris, à la tête de ses troupes fidèles, modifia probablement cet état de choses. Dans les derniers mois de l'année, ce monarque vint, à plusieurs reprises, dans sa ville de Chartres; il y régla de grandes et petites affaires dont le détail nous est donné par le recueil des Ordonnances et par la Pancarte municipale. Des disputes s'étaient élevées entre le corps de ville et le Chapitre au sujet de la manière dont les processions générales devaient être *criées et publiées;* pour couper court, le Roi, en son Conseil séant à Chartres, décida, le dernier jour d'octobre, que les processions seraient *criées à la clochette, selon l'usage de toute ancienneté,* à moins que l'on ne fût en temps de guerre, et que, dans ce dernier cas, le Chapitre enverrait, au préalable, demander au bailli ou à son lieutenant s'il n'y aurait pas inconvénient à faire la publication [3]. Charles VII data de Chartres, le 21 novembre, l'ordonnance par laquelle,

---

[1] *Registres des Echevins;* Séance du 15 septembre.

[2] *Histoire d'Artus III, comte de Richemont;* coll. Michaud, 1re série, vol. 3, p. 213.

[3] *Pancarte municipale,* vol. 1er, p. 176, v°.

conformément à l'opinion du concile gallican de Bourges, il déclarait que la France restait sous l'obédience du pape Eugène IV déposé par le concile de Bâle ; il approuva le même jour l'octroi du dixième des revenus ecclésiastiques votés pour les besoins de la couronne par l'assemblée de Bourges, en 1438 ; enfin, ce fut à Chartres, au mois de décembre, que le Roi confirma les priviléges de Saint-Omer [1].

La guerre reparut en 1441 dans le pays chartrain. Pendant que Charles VII se disposait, avec toutes les forces royales, à chasser les Anglais de Pontoise, leur meilleure position du Vexin français, Talbot, sorti de Rouen avec 4,000 hommes, s'acheminait vers l'Ile-de-France et la campagne beauceronne. La garnison anglaise de Gallardon incommodait fort les Chartrains ; pensant que les secours lui feraient défaut, ils allèrent au mois d'août mettre le siége devant la place et la pressèrent vivement ; les paroisses de la ville furent obligées, par mandement du bailli et de l'official, d'adjoindre un certain nombre de bourgeois aux gens d'armes chargés de pousser le siége [2]. Mais Talbot, survenu au milieu de cette entreprise, força les assiégeants à se retirer précipitamment. Cependant, quelque temps après, les succès obtenus par les Français ayant forcé les Anglais à la retraite, le siége abandonné fut repris sous la direction du comte de Dunois envoyé par le Roi, et, cette fois, Gallardon tomba au pouvoir des Chartrains [3].

L'évêque Thibault-le-Moine étant mort au mois de juin 1441, son siége fut donné à M° Pierre Beschebien, prévôt de Normandie en l'église Notre-Dame et médecin du Roi. Ce nouveau prélat ne prit possession qu'au mois de janvier 1445, mais il n'attendit pas ce moment pour recommander chaudement à Charles VII les intérêts chartrains. Depuis longtemps

---

[1] *Ordonnances des Rois de France*, vol. XIII, p. 325, 327, 328.
[2] *Livre de Bois de Saint-André*, p. 203 ; Arch. départ.
[3] *Chron. de Monstrelet*, p. 826.

les guerres appauvrissaient la Beauce; *le pays estoit du tout depopulé*, et l'on pouvait craindre que le peu de commerce qui restait dans la ville ne pérît sous le coup de la misère publique. En cet état de choses, les principaux habitants, d'accord avec leur évêque, remontrèrent au Roi que Chartres pourrait peut-être se sauver si la rivière d'Eure rendue navigable offrait un débouché commode sur Paris et la Normandie, pour les blés et vins du pays. Le monarque accéda à cette requête, et, par lettres datées de Montauban le 21 janvier 1443, il autorisa les bourgeois et manans *à creuser et aparfondir la rivière ès lieux où mestier seroit, en manière quelle puisse porter navires, bateaulx et marchandises*. Ces lettres, *scellées du scel ordinaire en l'absence du grand scel*, furent signées en Conseil par l'évêque de Chartres, le Bâtard comte de Dunois et l'Amiral. On se mit aussitôt en devoir de profiter de la permission, et les premiers travaux reconnus nécessaires dans la partie inférieure de la rivière furent si promptement exécutés qu'au bout de trois ans des bateaux chargés de 32 tonneaux de vin purent descendre du port de Nogent-le-Roi à la Seine [1].

Cette entreprise n'arrêta cependant pas les affaires ordinaires de la cité. La concession faite aux habitants depuis l'année 1403 du droit du dixième du vin et du droit de *barrage* ou *baitage*, pour l'entretien des fortifications, allait bientôt expirer et il était urgent d'en obtenir la continuation. Le Roi s'y prêta volontiers, par le motif, disent les lettres-patentes du 15 septembre 1444 données à cette occasion, que la ville *est de grand circuit et en haine aux ennemis, qu'elle fait de présent et dès piéça frontière aux Anglois et qu'il est nécessaire qu'elle soit pourvue de canons et autres habillemens*;

---

[1] *Pièces relatives à la navigation;* Archives départem. — Ces lettres sont rapportées dans d'autres lettres de Charles VII du 5 octobre 1446.
M. Bouvet-Mézières a fait paraître, en 1835, une *Notice historique sur la navigation de l'Eure*, qui contient l'analyse fidèle des documents conservés aujourd'hui dans les Archives départementales.

la concession fut donc prorogée pour trois ans à partir de la Saint-Rémy, à la condition que les deniers *cueillis* et levés de cette manière seraient exclusivement appliqués, comme par le passé, aux réparations des murailles et aux frais de voyages entrepris pour le bien de la ville et *pays d'environ* [1].

Une autre affaire qui avait de l'importance au point de vue de la navigation de la rivière et de l'établissement projeté d'un chemin de hallage se termina en 1446. L'évêque Beschebien, reprenant un procès déjà commencé sous son prédécesseur, prétendait que les grands prés dits *prés l'Evêque* et les petits prés dits *prés de Reculet*, *estoient siens* et que personne n'avait le droit d'y passer *ne y mectre bestial ou autres bestes*; il demandait, notamment, que, pour faucher, faner et rentrer ses foins, il lui fût accordé, à partir de la Saint-Jean, un délai pendant lequel le passage et le paccage des prés seraient interdits à tout le monde. Cette dernière partie de la demande détruisait la première, car si l'Evêque avait eu réellement la propriété dégagée de toute servitude, il se serait gardé de solliciter un délai pour l'exercice de son droit. Les habitants soutenaient au contraire que, depuis la Saint-Jean jusqu'au jour de Saint-Lubin en mars, ainsi que le jour de *Pacques fleuries*, les prés étaient *communs à tous, pour y mener paistre leurs bestes, jouer aux barres, tyrer de l'arc, danser, esbattre à leur plaisir et passer par iceux à charroi, à pié, et à cheval*. Une transaction intervenue entre les parties le 2 octobre 1446, par-devant M⁰ Pierre Gilon, tabellion-juré et garde des sceaux de la châtellenie, en présence et *du congié* du lieutenant-général M⁰ Jean de Montescot, licencié ès-lois, reconnut pleinement le droit des habitants au passage et au paccage des prés dans les temps indiqués par eux, ainsi que la faculté d'aller s'y ébattre, et disposa que *esdits prés sera et demourra un chemin public de quatre toises de large*

---

[1] *Pancarte municipale*, vol. 1ᵉʳ; Arch. de la Mairie.

pour aller en toutes saisons, à cheval, à charroi et autrement, et conduire que bon semblera de la guèze du moulin aux Péans à la guèze des moulins du Chevecier et Pasteau [1].

Ce que les Chartrains avaient fait pour la navigation n'était pas le plus difficile, car depuis longtemps les bateaux de petite dimension descendaient et remontaient la rivière, de Nogent-le-Roi à la Seine; l'exploitation de la partie comprise entre Chartres et Nogent-le-Roi devait présenter des obstacles plus sérieux. Les riverains laissèrent bien les travailleurs creuser *et aparfondir les gayères et autres pas indisposez*, mais lorsqu'il s'agit de mettre les bateaux à l'eau, on éprouva une vive résistance de la part de certains propriétaires de moulins et pêcheries qui demandaient *recompensations* pour les prétendus torts que la navigation devait leur causer. On dut se plaindre de nouveau au Roi, et l'on obtint, le 5 octobre 1446, des lettres patentes portant renvoi des oppositions devant le bailli et prescrivant de passer outre *à la perfection du port de la rivière* [2]. Le 19 octobre, sans plus tarder, la ville représentée par Jean Gibault, clerc de la Chambre, Colin des Moulins et Vincent Troillard, bourgeois et procureurs des habitants, passa un marché avec trois charpentiers de Nogent-

---

[1] Archives de la Mairie. — A cet acte figurèrent au nombre des notables habitants les sieurs Pierre de Crouy, prévôt; Robert Poignant, avocat du Roi; Antoine de Gyvès, procureur du Roi; Gilles Sequart, lieutenant du capitaine de la ville; Jean Grenet, licencié ès-lois, Jean Michon, Etienne Lemelle, Jean Gibault, Guiot Prevost, Jean Plumé, Jean Poignant, Perrin de la Louvière, Colin des Moulins, Vincent Troillard, procureurs de la ville; Guillaume Pateau; Jean Audouard; Jean Blessebois; Jean Le Beurier; Guillemin Dumoulin; Guillaume Lebeau; Perrin Pichart; Jean Haligre; Jean Bichot; Noël Ogier; Jean des Patis; Jean Poulain; Jean et Martin Halier; Jean Saince; Jean Grandin; Michel de Crouy; Eliot Delacoste; Hémery Piguerre; Jean Lesueur, grainetier de Chartres; Michau Cadou; Henri Lepescheur.

[2] *Pièces relatives à la navigation;* Archives département. — « *Faire la rivière » portant navire*, dit le Roi dans ses lettres, *est le bien de nous et de nostre ser- » vice, de nos païs subgets et mesmes des frontières d'Evreux, Dreux, Loviers » et autres en ces marches qui en porroient estre secourues et advitaillées, et » toute marchandise se desmener d'un païs en autre trop mieulx que à charroy et » à trop moindres frais et perilz..... les dicts exposans y ont desjà fort labouré et » employé grant finance qui seroit perdue et leur seroit inutille, se la chose ne » venoit à perfection et qu'on ne achevast ce qui est à faire, qui est peu de chose » au regard de ce qui desjà y a esté faict.* »

le-Roi pour construire un pont et faire des portes à bateaux, près des moulins de Coulombs, moyennant *huit vingt livres tournois* [1]. Après ces travaux, la navigation marcha quelques mois sans encombres; mais, en mai 1447, le lieutenant général Mᵉ Jean de Montescot, commissaire en cette partie, s'étant rendu à Nogent-le-Roi sur la réquisition des bateliers, fut obligé de faire enlever, par autorité de justice, des pieux plantés dans la rivière, près de l'emplacement des anciens ponts dits *Marin* et de *la Bretesche*, lesquels interceptaient les bateaux [2]. Les religieux de Coulombs, propriétaires de plusieurs moulins, élevèrent alors divers griefs contre les Chartrains, parce que les ouvriers avaient arraché une pêcherie, pratiqué un canal de dérivation, et mis des portes à ce canal, d'où il résultait que dans certains moments l'eau se portait de ce côté au détriment des moulins, qui ne pouvaient plus marcher. Ils firent jouer des ressorts si puissants que le Roi, par lettres du 24 novembre, enleva la connaissance de l'affaire à la juridiction du bailli, pour cause de suspicion légitime, et renvoya les parties devant le prévôt de Paris [3]. D'autres conflits signalèrent les débuts de cette grande entreprise d'utilité publique; mais les Chartrains, pour se mettre à couvert, sollicitèrent de nouveau l'intervention du monarque, et des lettres obtenues le 23 avril 1449 réitérèrent les menaces contre les riverains récalcitrants et ordonnèrent la continuation des travaux [4].

Le temps approchait où les Anglais allaient forcément laisser la France en repos. Ils avaient eu grand peine à obtenir une trêve jusqu'au 1ᵉʳ avril 1449, moyennant l'abandon des places du Maine; les hostilités, reprises avec vigueur au commencement de l'été, furent signalées le 23 août

---

[1] *Pièces relatives à la navigation;* Archiv. départ.
[2] *Ib.;* Séance du corps de ville, du 20 mai 1447.
[3] *Ib.*
[4] *Ib.* — Ces lettres sont rappelées dans d'autres du 8 mars 1455.

par la recouvrance de Verneuil, à laquelle concoururent le Dunois, Florent d'Illiers et Culant, capitaine de Chartres. Charles VII était dans nos murs lorsqu'il reçut cette heureuse nouvelle ; il en partit le 26 août pour Châteauneuf, puis il se rendit à Verneuil où il ratifia, d'après les conseils du sire de Culant, les conditions de la capitulation de Lisieux [1]. L'ancien gouverneur du Mans pour les Anglais, François de Surième, dit l'Aragonais, fameux chef de routiers, avait enlevé de vive force, dans les derniers jours de mars, la place de Fougères, en Bretagne ; il résista quatre mois aux sommations du Roi et du duc de Bretagne ; à la fin pressé par les armées combinées du duc et du connétable de Richemont, il trouva le moyen d'obtenir non-seulement *vies et bagues sauves*, mais encore une somme d'argent, comme prix de capitulation. François de Surième passa peu de temps après sous les drapeaux du roi de France et devint, en 1461, bailli de Chartres. Le 14 octobre 1449, l'Evêque et les habitants assistèrent à un *Te Deum* solennel demandé par Charles VII pour remercier le ciel de la ruine du parti anglais dans le royaume [2].

Pendant que les armes françaises pacifiaient la Normandie, on travaillait à Chartres à aplanir les difficultés que la *pragmatique sanction* avait fait naître entre le Roi et le pape Nicolas V [3]. Le 15 mai, veille de l'Ascension 1450, les députés du clergé, prélats, universités, chapitres et abbayes du royaume, tinrent concile dans notre ville, sous la présidence de Jacques Junéval des Ursins, évêque de Poitiers et patriarche

---

[1] Fret, *Chroniques percheronnes*, p. 530. — *Ordonn. des Rois de France*, vol. XIV, p. 59.

[2] *Histoire de la ville de Chartres*, par Doyen, 2e vol., p. 362.

[3] La Pragmatique avait aboli les *annates*, coutume par laquelle tout nouveau bénéficiaire payait au pape la valeur d'une année du revenu de son bénéfice, mais elle avait conservé les droits de la chancellerie papale pour les expéditions de bulles, dispenses, indults, etc. En 1452, les gagers de Saint-André versèrent entre les mains du doyen Miles d'Illiers, 24 écus d'or, pour l'expédition d'une bulle de sept quarantaines d'indulgences, donnée à l'église par le pape Nicolas V. (*Livre de Bois de Saint-André*, p. 203; Arch. départ.)

d'Antioche. Le procès-verbal de la séance de ce jour, rédigé par le doyen Miles d'Illiers, en présence de l'évêque Pierre Beschebien, de Regnault de Paris, grand-archidiacre, de Guillaume Baudry, chambrier, d'un grand nombre de chanoines résidents, de Mᵉ Pierre Fleurant, clerc de l'œuvre, et de Mᵉ Jean Cottereau, notaire du Chapitre, constate que l'on était alors dans l'année *des grands pardons* (du jubilé), juste à l'époque où l'on mit le siége devant Bayeux, et fait connaître que chacun tenait pour miracle la conquête de la Normandie accomplie dans l'espace de dix mois [1]. Nous ne savons quelles furent les résolutions de cette assemblée ecclésiastique de Chartres dont aucune chronique du temps ne parle.

L'affaire de la navigation de la rivière, fertile en incidents, occupait toujours les esprits. Le 10 novembre 1450, le lieutenant-général Jean de Montescot présida une réunion composée des députés des paroisses et de plus de 300 personnes, parmi lesquelles on remarquait les chanoines Guillaume de Beaumont et Jean Quatregrains, députés du Chapitre, Robert Poignant, avocat du Roi, Jean Grenet, licencié ès-lois, bailli et conseiller de l'Aumône Notre-Dame, Jean Poulain, lieutenant du capitaine de la ville, et Guillaume Bouffineau, contrôleur du grenier à sel. On communiqua aux assistants une cédule par laquelle Mⁱʳᵉ Pierre de Brezé, grand sénéchal de Normandie et seigneur de Nogent-le-Roi, consentait au creusement de la rivière dans toute l'étendue de sa seigneurie et à l'agrandissement des fossés de Nogent pour le passage des bateaux, à la condition qu'on lui paierait, par chaque bateau chargé, une redevance égale à celle qu'il percevait par chaque voiture chargée traversant la ville, c'est-à-dire cinq sous tournois. Mⁱʳᵉ Etienne le Roux, abbé de Saint-Jean, les chanoines de Beaumont et Quatregrains,

---

[1] Pièces recueillies par Pintard; coll. Lejeune. — La même réflexion finale se trouve dans les *Mémoires de du Clercq*. (Coll. Michaud, 1ʳᵉ série, vol. 3, p. 610.)

MM. Poignant, Grenet, Poulain et Colin des Moulins furent nommés commissaires pour passer l'accord définitif avec les procureurs du sire de Brezé. On ne s'entendit cependant pas du premier coup; il y eut longtemps encore des démêlés et des pourparlers avec les gens du grand-sénéchal. Enfin, le 8 juillet 1452, Jean le Bourelier, bailli de Nogent, Guillaume Giraudeau, notaire et secrétaire du Roi, Wastin de Huval dit Picart, Jacques de la Chaussée, écuyer-capitaine du châtel de Nogent, fondés des pouvoirs du sire de Brezé, Robert Poignant, Etienne Lemelle, Jean des Pâtis et Jean André, procureurs des habitants de Chartres [1], arrêtèrent la transaction sur les bases suivantes : 1° les bateaux passeront, en montant et descendant, par la porte de Coulombs, au-dessus du moulin Béranger; 2° chaque bateau montant devra au meunier, pour le service de la porte et pour le chômage du moulin, dix deniers tournois; chaque marchand devra au sire de Brezé, pour ses marchandises, le droit de *pontage* habituellement payé par terre, et chaque batelier, pour son bateau chargé, vingt deniers tournois de *pontage;* 3° les habitants de Chartres feront construire un pont de pierre à Coulombs; 4° si le sire de Brezé veut faire passer les bateaux par les fossés de Nogent, les Chartrains l'aideront de *huit ving escus d'or*, payables par moitié, la première au début des travaux,

---

[1] Ils avaient été nommés le 13 juin 1452, avec Jean Grenet, Michau Cadou, Guillaume Bouffineau, Jean Poulain, Jean Gibault, Gervais Desfreux et Jean de Nevers, par une assemblée générale des habitants, à laquelle assistaient, entre autres personnages : Gilles le Tellier, Thibault Perrault, Michau Baudet, Jean Parisot, Perrin de la Louvière, Simon Perrin, Jean le Breton, Colin Chefdeville, Jean Guérin, Phlippot Lebeau, Michau Jouet, Jean Belot, Perrin Savart, Phlippot et Martin Lefevre, Macé Godefroy, Thibault de Beausse, Jean des Patis, Georges Robert, Michau Simon, Jean Nicole, Pierre, Colin et Robin Durand, Guillaume Pateau, Jean Bailleau, Hémery Piguerre, Jean le Maçon, Pierre le Verrier, Robin Compère, Jean Dugué, Guillaume Lubin dit de Neelle, Jean Beausire, Théveniu de Saint-Lomer, Jehan Dupuis dit Courtefoy, Perrin Pichart, Jean Gervaise, Guillaume Havart, Louis le Barrier, Jean Halier, Jean Prevost, Jaquet Moreau, Jaquet Quatrenvault, Guillot le Barrier, Macé le Breton, Guillot Magdelaine, Colin Le maire, Mathery le Texier, Jean Bassigny, Gilet Paulmier, Jacquet Fournigault, Jean le Pelletier, dit Dumoulin.

la seconde lorsque les bateaux pourront passer au-delà du pont *des Brebis* ¹.

Le succès de Pierre de Brezé encouragea les prétentions des autres riverains. En 1453, M° Guillaume Aimery, prieur d'Epernon, propriétaire d'une place à moulin au lieu appelé Dionval, lança une opposition fondée sur le motif que si le gué était creusé en cet endroit *la vidange d'un sien pré* ne pourrait plus se faire; on l'assigna devant le bailli en règlement de dommages. En même temps, Jean d'Angennes, seigneur de Rambouillet ², détenteur de la Forte-Maison et des moulins voisins, assignait les habitants en cas de *nouvelleté*, par-devant les gens tenant les requêtes du palais, nonobstant les lettres-patentes de 1446 et 1449. Pour résister à ces demandes importunes, les Chartrains s'adressèrent encore au Roi, et obtinrent, le 8 mars 1455, des lettres-patentes contenant injonction de continuer les travaux, sauf règlement par le bailli des indemnités dues aux parties lésées. Il est exprimé dans ces lettres que la navigation se faisait, depuis la Seine jusqu'à une lieue près de Chartres, par bateaux chargés de 20 à 25 tonneaux de vin ou leur poids ³.

Le sire Michel de Crouy, écuyer, seigneur de Saint-Piat, dont la seigneurie était traversée par la rivière, demanda, de son côté, à percevoir sur les marchandises conduites par eau le droit de *travers* que les voituriers payaient par terre. Charles VII lui octroya cette faveur par lettres-patentes du 13 septembre 1455, qui rappellent que, lors de l'occupation anglaise, les père et mère du requérant avaient quitté Chartres et tout ce qu'ils possédaient, pour rejoindre à Orléans les partisans du Roi, qu'ils étaient restés dans cette dernière ville

---

[1] *Pièces relatives à la navigation*; Arch. départ.

[2] La maison d'Angennes de Rambouillet, si riche en possessions territoriales, dans le pays chartrain, portait *de sable au sautoir d'argent.* (*Recueil de Laisné*, vol. 3, p. 253.)

[3] *Pièces relatives à la navigation*; Arch. départ.

jusqu'à la rentrée des Français à Chartres, et qu'au retour Michel de Crouy et ses frères avaient trouvé leurs maisons détruites et leurs biens pillés [1].

Les Chartrains n'étaient pas au bout de leurs épreuves. La rivière *fort ombragée de bois, joncs, roseaux, et fort basse, ne pouvait avoir souvent le vent,* de sorte qu'il fallait presque toujours tirer les bateaux avec chevaux et cordages. Les riverains dont on foulait les prairies ne manquaient pas de susciter des embarras de toute nature aux mariniers. Les marchands intéressés à la navigation sollicitèrent alors l'autorisation d'établir sur la rive un chemin de hallage. Le Roi fit droit à cette demande le 6 octobre 1455, par lettres patentes adressées à Louis de Harcourt, archevêque de Narbonne, Pierre de Brezé, grand sénéchal de Normandie, Jean le Bourcier, général des finances, Jean Hardouin, trésorier de France, et aux baillis de Rouen, Evreux, Chartres et Gisors; les marchands reçurent le pouvoir d'asseoir un subside de 400 livres sur les bateaux, pour les frais du chemin, et d'élire un procureur pour la surveillance des péages [2]. L'assiette du subside se fit le 18 novembre, à raison de dix sous tournois par bateau chargé descendant et de cinq sous par bateau montant; on remarqua, dans la réunion tenue à cette occasion, vingt-trois marchands de Rouen, treize d'Orléans, un d'Abbeville, sans compter les marchands d'Anet, d'Ivry, etc., et ceux de Chartres [3].

La première difficulté, à propos du chemin de hallage, fut suscitée par l'Evêque, qui essaya de s'opposer au passage des chevaux le long des prés de Reculet; la transaction de 1446,

---

[1] *Pièces relatives à la navigation;* Arch. départ.

[2] Le procureur nommé par l'assemblée des marchands tenue le 3 décembre, fut Jean le Petit, dit *Baton*, de Nogent-le-Roi, lequel substitua le même jour dans ses pouvoirs Guyot Prevost, Jean Desfreux, Perrinet Quinton, Jean André, Michau Cadou, Jaquet Jaquelin, Etienne Lemelle, Jean Gibault, Macé Godefroy, Jean le Pelletier et trois procureurs en parlement.

[3] *Pièces relatives à la navigation;* Arch. départ.

que nous avons analysée plus haut donna gain de cause aux Chartrains (15 juillet 1456). Au commencement de 1458, la dame de Maintenon, sous prétexte que le hallage causait pour plus de 500 livres tournois de dommages à son château, à ses quatre moulins et à ses prés, obtint des lettres prescrivant un règlement d'indemnité ou un péage à son profit [1].

Dans la crainte que l'admission de ces exigences ne ruinât les faibles ressources provenant du subside, la ville fit un procès au sire de Crouy, seigneur de Saint-Piat, et à la dame de Maintenon, au sujet de leurs péages. L'enquête à laquelle se livra le 24 octobre 1458 M° Pierre Gilon, commissaire enquêteur du bailliage de Chartres, pour apprécier les droits du sire de Crouy, révèle des faits assez intéressants sur le commerce par eau. Jean Gibault, procureur en cour laie, premier des témoins entendus, déclara que, pendant dix ans avant 1456, il avait vu passer à Saint-Piat, *sans payer*, des bateaux chargés de douze à treize muids de grains. Les dépositions de Colin des Moulins et de Vincent Troillard, marchands, furent semblables. Guillaume Bouffineau, contrôleur du grenier à sel, l'ancien héros de la prise de Chartres, dit qu'en l'année 46 ou 47, au début de la dernière guerre avec les Anglais, il fit charger dix-huit muids de blé sur la rivière, à Saint-Prest, pour la Flandre, et que les bateaux ne payèrent aucun droit à Saint-Piat; qu'au surplus, à cette époque, la seigneurie de Saint-Piat était en la main du duc d'Alençon comme seigneur de Gallardon, pour défaut de devoirs de fief, et que le droit de *travers* (péage par terre) ne dépassait pas

---

[1] *Pièces relatives à la navigation;* Archives départ. — Thibault d'Auferville, écuyer, seigneur de Mézières-en-Drouais, avait placé une chaîne avec serrure au milieu de la rivière et exigeait des bateaux un péage de 3 ou 4 *blancs*. Cette chaîne ayant été arrachée par ordre du bailli, Thibault fit faire des portes à bateaux et se mit à retenir de force les mariniers jusqu'à ce qu'ils lui eussent payé deux écus et 8 ou 9 *bretons* valant 6 sous 3 deniers. Le lieutenant-général délivra, le 27 juin 1456, une commission pour contraindre ce seigneur à abandonner ses prétentions injustes, sous peine de 1,000 livres de dommages-intérêts, suivant les ordonnances du Roi. Il s'engagea alors un procès qui dura plusieurs années. (*Ib.*)

trois sous tournois. M⁰ Jean de Montescot, ancien lieutenant-général du bailli Thibault d'Armignac, ajouta qu'en l'année 46 il fit charger sur la rivière, aux Moulins-Neufs, paroisse de Saint-Prest, la navigation n'allant pas encore jusqu'à Chartres, un grand bateau de blé qu'il conduisit lui-même jusqu'à Nogent-le-Roi pour voir s'il n'y aurait pas d'empêchements dans le parcours, et que personne ne demanda de péage à Saint-Piat ou ailleurs. Dès ce moment, chaque bateau portait de 12 à 15 muids de blé ou de 24 à 25 tonneaux de vin [1].

M^ire Thibault d'Armignac dit de Termes, bailli depuis 1432, fit partie en 1457 de l'expédition contre l'Angleterre où il périt probablement [2]. Sa charge fut donnée au vaillant capitaine Florent d'Illiers, chambellan du Roi, dont la famille tenait depuis des siècles le premier rang dans la noblesse beauceronne [3]. Le lieutenant-général, représentant du bailli dans la ville, changea en même temps que son patron; M⁰ Jean de Montescot, qui remplissait cette fonction importante depuis 25 ans, dut faire place à M⁰ Pierre Chevalier, jurisconsulte protégé par la maison d'Illiers [4]. La nomination de Florent d'Illiers au poste élevé de bailli en amena une autre non moins intéressante pour le pays. L'évêque Pierre Beschebien, mort au commencement de 1459, eut pour successeur Miles d'Illiers, frère de Florent, doyen du Chapitre; ce personnage jouissait d'une grande prépondérance dans sa compagnie; il était depuis longtemps dans les conseils du Roi et avait rempli avec distinction plusieurs missions diplomatiques à Rome. Il fit son entrée vers le mois de décembre.

---

[1] *Pièces relatives à la navigation*; Archives départ.

[2] Il était mort en 1458. Dans l'enquête qui eut lieu cette année pour la navigation, M⁰ Jean de Montescot parle de *M. le Bailli dernièrement trépassé*.

[3] Voir *les mémoires de Florent d'Illiers*, par Denis Godefroy, insérés dans la collection Michaud, 1re série, tome 3.

[4] Le nom de M⁰ Pierre Chevalier, licencié ès-lois, lieutenant-général du bailliage, se trouve dans les lettres-royaux du mois de novembre 1458, données au Chapitre dans son procès avec Jean le Pelletier dit Dumoulin. (Arch. de la Mairie.)

L'influence des d'Illiers semblait donc bien assise à Chartres, lorsque la mort vint frapper Florent à peine en possession de sa nouvelle dignité; le fidèle chambellan de Charles VII rendit l'âme au mois de juillet 1461, *presque en même temps qu'il eut appris le trépas de son maître* [1].

Un des premiers actes du nouveau roi Louis XI fut de donner le bailliage de Chartres au chef de routiers François de Surième, l'ancien allié des Anglais; on sait que le monarque ne lésinait pas lorsqu'il s'agissait de gagner un ennemi; François de Surième était déjà son conseiller, son chambellan et son maître-d'hôtel. M⁰ Jean de Montescot profita de l'occasion pour rentrer dans la lieutenance générale; il avait alors 70 ans, et son expérience était d'autant plus nécessaire à la ville que la question de la navigation s'embrouillait davantage.

Les fonds provenant du subside avaient été vite absorbés par l'entretien de la rivière et les frais de procès; les marchands s'étaient imposé de nouveaux sacrifices, jusqu'à concurrence de 250 livres tournois, en vertu de lettres-patentes du 4 décembre 1458; mais ce supplément ne pouvait suffire à des besoins toujours renaissants, et l'on ne tarda pas à constater que, par suite des exactions des riverains et de la détérioration des écluses, *le port de la rivière étoit fort discontinué et presque annihilé* [2]. Un incident des plus fâ-

---

[1] *Mémoires relatifs à Florent d'Illiers*, p. 234. Florent d'Illiers et Jeanne de Coutes, sa femme, étaient représentés, à genoux et priants, dans une verrière de la chapelle de la communion de l'église Sainte-Foy, derrière le chœur; *luy armé et couvert d'une cotte où sont ses armes d'or à 6 annelets de gueules, et la dame vestue de rouge et d'hermine, avec une jupe sur laquelle se voyent lesdittes armes escartellées d'or à un lyon passant de sable.*
Dans la verrière voisine on voyait leur fils Charles, chanoine de Chartres, priant devant un oratoire *à costé duquel est un écu d'or à 6 annelets de gueules*, 3, 2 et 1; *il est vestu d'une soutane rouge, avec un surplis pardessus et l'aumusse au bras.* (Cabinet généalog.; *Boîtes du Saint-Esprit, Jay-Joyeuse, 101*; Bibl. impér., départ. des Manuscrits.)

[2] *Pièces relatives à la navigation*; Archives départ. — La navigation occasionnait de fréquents procès entre les meuniers, à cause du dérangement que les écluses apportaient aux niveaux anciens des diverses chutes d'eau. L'une des affaires de ce genre qui eurent le plus de retentissement fut celle qui éclata au mois de septembre 1458 entre le Chapitre, propriétaire des moulins de Lèves, et Jean le Pel-

cheux arrivé en octobre 1459, frappa de stérilité les efforts du commerce. On avait déjà dépensé environ six mille livres provenant de cotisations volontaires et la navigation commençait à reprendre, lorsque les habitants de Nogent-le-Roi, ameutés par Jacques de la Chaussée, capitaine du château, et Jean Dupin, maître de l'Aumône, *en haine des Chartrains et pour forcer les marchands à décharger et recharger à Nogent*, jetèrent deux grosses pièces de bois au travers de la rivière, près du quai. Le lieutenant-général du bailliage se rendit immédiatement sur les lieux, mais ses sommations furent accueillies par des injures, et, pendant la nuit qui suivit son arrivée, les émeutiers armés de pioches rompirent les écluses situées à proximité de Nogent. Ce dégât, qui exigea quinze jours de réparations et 200 livres tournois de dépense, empêcha, ce qui fut le plus triste, le passage d'un grand convoi chargé de vins d'Orléans et de Chartres, dirigé sur Rouen, lequel devait, au retour, rapporter en Beauce des harengs et du sel. Le 22 janvier 1460, les Chartrains molestés obtinrent des lettres-royaux portant que le bailli de Chartres connaîtrait *des dits excès*, ferait appréhender les coupables au corps et veillerait à ce qu'il fût passé outre à la navigation [1]. Le procès semblait engagé de cette manière, lorsque le sire de Brezé prenant pour son propre compte l'affaire de ses vassaux, fit appel au Parlement, et, pour être conséquent avec ses prétentions, saisit à Pont-de-l'Arche *par clameur de haro* deux bateaux chargés de vins qui avaient traversé No-

---

letier dit Dumoulin, propriétaire d'un moulin voisin. On avait construit une écluse ou porte à bateaux, pour le service de la navigation, au-dessous des moulins de Lèves et à la mesure de leur versoir; Jean le Pelletier, dont le moulin était situé sur un petit bras de l'Eure au-dessous des moulins de Lèves et de l'écluse, s'imagina, pour augmenter sa chute d'eau, de faire placer *en la rivière, par-dessus ladite porte à bateaux et l'eschantillon d'icelle, certains ays* (ais) *de grant haulteur et longueur;* il en résultait que l'eau refluant au-dessus du versoir des moulins de Lèves, les faisait *barbotter*. Ce procès, qui fut jugé en parlement à l'avantage du Chapitre, donna lieu à un règlement des repères des moulins de la vallée. (Lettres royaux des 26 septembre et 18 novembre 1458; Arch. départ.)

[1] *Pièces relatives à la navigation;* Arch. départ.

gent sous la conduite d'un sergent royal porteur de sauvegarde et commission royales [1]. On fit pendant cette année un grand nombre de processions *à cause de la malice du temps;* les ennuis suscités par la navigation entraient peut-être pour quelque chose *dans cette malice* [2].

Vers le commencement de 1462, le sire Jean de Rochechouart, seigneur d'Ivry et de Saint-Georges-d'Espérance, conseiller et chambellan du Roi, remplaça le sire de Surième dans la double charge de bailli et capitaine de Chartres. Ce seigneur choisit pour lieutenant-général Me Michel Grenet, licencié ès-lois. Les Grenet, les Montescot et avant eux les Laubespine, représentants de la haute bourgeoisie de robe, souvent opposés d'opinion en politique, se disputaient l'office de lieutenant-général qui, réunissant à la fois l'administration de la justice et de la présidence de la chambre de ville, était le point de mire naturel des ambitions locales.

Les nouveaux promus, Rochechouart et Grenet, eurent bientôt à recevoir un hôte illustre ; au mois de juillet, Louis XI, de retour d'une campagne dans le midi, vint faire un assez long séjour dans la Beauce et dans la Normandie. On suit la trace de ce monarque par les ordonnances qu'il semait sur son passage. Il se trouvait dans notre ville le 17 juillet et faisait expédier au Chapitre des patentes de protection et de confirmation des priviléges de Notre-Dame, inaugurant ainsi sa dévotion pour la Vierge-aux-Miracles [3]; d'autres ordonnances relatives aux villes d'Aigueperse, du Pont-Saint-Esprit et de Béziers, attestent, dans le même mois, la présence du Roi à Chartres et au château de Meslay, manoir du vidame Jean de Vendôme [4]. Le 2 août, Louis XI datait de Honfleur deux ordonnances intéressantes pour la navigation de l'Eure :

---

[1] *Pièces relatives à la navigation;* Arch. départ.
[2] *Livre de Bois de Saint-André*, f° 205 ; Arch. départ.
[3] *Ordonn. des Rois de France*, vol. XV, p. 507.
[4] *Ib.*, vol. XV, p. 508, 529, 532, 534, 535.

par la première, il autorisait la perception pendant six ans d'un impôt de dix sous sur chaque bateau avalant et de cinq sous sur chaque bateau montant, pour l'entretien des ponts, portes et chemin de hallage ; par la seconde, il abolissait *les nouveaux péages, travers, exactions et subsides*, assis par des seigneurs ou particuliers propriétaires riverains, de Chartres à Nogent-le-Roi, de Nogent à Ivry et d'Ivry à la Seine [1]. Cette ordonnance fut suivie au mois de janvier 1463 de lettres portant commission de faire cesser immédiatement les péages perçus mal-à-propos par Michel de Crouy, seigneur de Saint-Piat, la dame de Maintenon et Thibault d'Auferville, écuyer, seigneur de Mézières [2]. La ville finit par régler à l'amiable les petites contestations qu'elle avait avec ces trois seigneurs ; mais les choses ne se passèrent pas de même avec le sire de Brezé, dont nous avons raconté plus haut les mauvais procédés. Le lieutenant-général Michel Grenet, commissaire en cette partie, avait publié à Nogent-le-Roi, comme dans les autres paroisses traversées par la rivière, l'ordonnance royale du 2 août 1462 abolissant les péages, et, depuis cette publication, les marchands refusaient le droit de passage demandé par les gens du sire de Brezé. Ce dernier n'accepta pas cette solution ; il prétendit que le Roi n'avait voulu parler que des nouveaux péages et non des droits existant de toute antiquité et fit admettre son appel aux requêtes du Parlement par arrêt du 17 mars 1463 [3]. Ce procès devait durer quarante ans.

Louis XI vint faire ses dévotions à Notre-Dame de Chartres le jour de l'Assomption 1463. Le lendemain, 16 août, il accorda l'autorisation de continuer pendant dix ans la perception du droit du dixième sur le vin, applicable à l'entretien

---

[1] *Pièces relatives à la navigation ;* Arch. départ.
[2] *Ib.*
[3] *Ib.*

des fortifications, et il signa au profit de son intime serviteur Charles de Melun, bailli de Sens et lieutenant-général dans l'Ile-de-France, la donation de l'hôtel dit de la Reine ou de *la Pissotte*, situé à Paris, *grande rue Saint-Antoine* [1]; la ligue du *bien public* commençait à s'ourdir, et le Roi avait à cœur de stimuler le zèle des conseillers de haut et de bas étage qui pouvaient l'aider dans la lutte. De Chartres, Louis XI alla passer quelques jours au château d'Alluyes [2], non sans avoir donné des ordres pour le maintien de la ville en bon état de défense; il y avait alors une garnison de gens d'armes sous la conduite du capitaine de Rains qui demeurait au logis de l'Autruche, paroisse de Saint-André [3]. Cependant la rupture avec le comte Charles de Charolais, héritier de Bourgogne, et le duc de Bretagne, quoique imminente, n'eut pas lieu aussitôt qu'on le pensait, et nous revoyons Louis XI dans nos murs aux mois de mars et d'avril 1464; le monarque partageait son temps entre Chartres, où le retenait le pélerinage de Notre-Dame, et Nogent-le-Roi, manoir du sire de Brezé, où la reine Charlotte de Savoie se disposait à faire ses couches; on a de lui des ordonnances datées de Chartres les 5, 25 mars et 14 avril, et de Nogent les 21 mars et 21 avril [4]. La Reine donna le jour à une fille qui fut appelée Jeanne et que l'on fiança presque aussitôt avec le jeune Louis d'Orléans à peine âgé de deux ans. Le Roi rentra à Paris le mardi 15 mai [5].

La ligue du bien public et la guerre qui en fut la conséquence jetèrent le trouble dans le royaume pendant l'année 1465. Chartres put se maintenir sous l'autorité royale, mais

---

[1] *Pancarte municipale*, vol. 1er; Arch. de la Mairie. — *Ordonnances des Rois de France*, vol. XVI, p. 55.

[2] *Ordonn. des Rois de France*, vol. XVI, p. 60.

[3] *Livre de Bois de Saint-André*, f° 206, v°; Arch. départ. — Ce capitaine fit cadeau à l'église Saint-André *d'un ciel et de deux custodes de soie*.

[4] *Ordonn. des Rois de France*, vol. XVI, p. 175, 177, 178, 190, 193, 194, 197, 200.

[5] *Chronique de Jean de Troyes*, p. 250, coll. Michaud.

dans les premiers jours de juillet son territoire souffrit du passage des troupes du Maine et de l'Anjou amenées par le comte de Dunois au comte de Charolais, chef des mécontents. Plusieurs escarmouches eurent lieu autour de Paris entre les royalistes et les confédérés, et dans l'une d'elles, quelques hommes d'armes de la compagnie du sire Pierre de Brezé, parmi lesquels se trouvait le chevalier beauceron Jean Mohier (Morhier), remportèrent l'avantage sur les bourguignons du comte de Saint-Pol. La journée de Montlhéry (16 juillet), où le Roi et le comte de Charolais combattirent en personne et dont Charles s'attribua la gloire tandis que Louis en retirait le profit, vit périr, entre autres personnages de distinction, Pierre de Brezé, l'ami du Roi et l'adversaire des Chartrains [1]. Après s'être arrêté une quinzaine de jours à Paris, Louis XI, qui craignait que l'armée des princes n'obtînt un succès plus décisif, s'en fut hâter l'arrivée des compagnies, ban et arrière-ban, qu'il attendait de Normandie. Le 24 juillet, après avoir fait toute diligence et être parvenu à ses fins, il manda *à ceux de Paris qu'il estoit à Chartres, avec son oncle Mgr du Maine, à tout bien grand nombre de gens de guerre, et que dedens le mardy ensuivant il serait à Paris* [2]. Il n'était pas trop tôt, car le Parlement effrayé du voisinage des mécontents se disposait déjà à entrer en composition avec eux. L'habileté du Roi triompha de ses redoutables ennemis ; au commencement d'octobre, un traité de paix fut signé à Conflans, et chacun se sépara en emportant le prix de son accommodement. Louis de Luxembourg, comte de Saint-Pol, reçut, pour sa part, le 5 octobre, l'épée de connétable avec 24,000 livres tournois de gages et le gouvernement de Champagne, Ile-de-France, *Chartrain et païs de deça la Loire* [3].

[1] *Chronique de Jean de Troyes*, p. 255, 257.
[2] *Ib.*, p. 262.
[3] *Ordonn. des Rois de France*, vol. XVI, p. 365.

La ville obtint aussi la récompense de sa fidélité à la cause royale : sur la requête des habitants, le Roi reconnaissant, par lettres du 22 septembre, qu'ils avaient su lui conserver Chartres du temps des *mauvaises et damnables entreprises* des seigneurs et qu'ils avaient logé *chez eux et à leurs frais* les gens de guerre envoyés à leur secours, décida que l'imposition de douze deniers pour livre sur les denrées et marchandises vendues au détail cesserait à partir du 1ᵉʳ octobre [1].

L'évêque Miles d'Illiers qui s'était montré pendant son décanat jaloux des priviléges du Chapitre, prit le contre-pied lorsqu'il fut promus à l'épiscopat. Renouvelant vers 1466 les prétentions qui avaient jeté la discorde au sein de l'église de Chartres sous Robert de Joigny [2], il revendiqua, à titre *d'ordinaire*, la juridiction épiscopale sur les chanoines et viola la clôture du cloître en faisant démolir une porte qui fermait le mur du cimetière Saint-Jérôme, du côté de l'évêché [3]. Il n'en fallait pas davantage pour exciter la colère d'une compagnie qui se glorifiait de ne relever que du Pape : la conduite de Miles fut dénoncée à Rome comme attentatoire aux droits du Saint-Siége et bientôt une excommunication vint surprendre le prélat au milieu de ses entreprises; Miles, grand amateur de procès, ne tint aucun compte de la censure dont il était l'objet. Il se produisit alors entre l'Evêque et le Chapitre des scènes peu propres à ramener la concorde. On rapporte qu'un jour Miles s'étant présenté au chœur pendant l'office canonial, les chanoines le firent sommer de sortir,

---

[1] Les marchandises exemptées du droit furent *le tan et ecorce, le bled, le pain, les toiles et linge, chausseterie et tapisserie, la poullailerie et fructerie, la chair cuite et crue, le détail de la boucherie, à quelque prix qu'elle soit ou puisse estre, le foin, avoine ès hostelliers, le foin et feurre hors hostelliers, les laines et parchemins, les voyrres et meules, hasnaz et chardons, la bacterie et potiers d'etain, les teintures et guesde, la courvoiserie, les selliers et bourreliers, la coustellerie, la fripperie et chanvre, lin et tout fil, la feronnerie et le détail de la drapperie.* (Pancarte municipale, p. 20, v°; Archives de la Mairie.)

[2] Voir vol. 1ᵉʳ, p. 174, 175 et suivantes.

[3] *Ib.*, p. 211 et 212.

puis, sur son refus, se levèrent de leurs stalles et se dirigèrent vers les portes comme pour éviter tout contact avec un excommunié ; l'Evêque, prenant la chose en plaisanterie, donna sa bénédiction aux fugitifs, *pour les absoudre de l'excommunication qu'ils craignaient de partager avec lui*, et prescrivit à ses chapelains de continuer le service divin, en se promettant d'y être par la suite plus assidu qu'auparavant. Toutefois le prélat n'eut pas le beau côté dans cette affaire, et le Roi ordonna le 30 avril 1467 le rétablissement de la porte démolie [1].

Un autre conflit plus grave s'éleva à la même époque entre Miles et l'abbaye de Saint-Père. Il prétendait aux droits de *visite, past et gîte* dans le monastère ; les religieux reconnaissaient bien le droit de *visite*, mais ils contestaient ceux de *past et gîte*. Miles résolut d'en venir à ses fins par un moyen détourné. Un jour de fête à Saint-Hilaire où il avait été chanter vêpres pontificalement, l'Evêque envoya prévenir l'abbé de sa visite *pour le soir même*. L'abbé soupçonnant le dessein du prélat, lui fit répondre qu'il était trop tard, mais que le lendemain les portes lui seraient ouvertes à deux battants. Ce refus servit Miles ; sous prétexte qu'on lui déniait son droit, il fit enfoncer les portes de l'abbaye par ses familiers et domestiques, alla droit à la chambre de l'abbé et le somma de lui donner à boire et à manger et de lui faire préparer un gîte pour la nuit. Tandis que le pauvre abbé résistait de toutes ses forces à cette attaque imprévue, il éclata entre les religieux et les serviteurs de l'Evêque une rixe dans laquelle, si l'on en croit les historiens, le *cuisinier* de Miles tua d'un coup d'épée un moine âgé de 70 ans. Le champ de bataille resta aux *épiscopaux*, et l'on dit qu'ils poursuivirent les vaincus avec tant d'acharnement que l'un d'eux, pitancier du couvent, fut arraché du cimetière Saint-André, quoique lieu

---

[1] *Invent. du Chap.*, p. 72, v°; Archives départ. — Souchet-Etienne, vol. 2; Bibliot. commun.

de franchise, et jeté dans les prisons de l'évêché. Les religieux battus se plaignirent, le Parlement évoqua l'affaire, et un arrêt du 24 juin 1467 condamna Miles à 500 livres de dommages-intérêts envers le couvent, à 400 livres d'amende envers le Roi et à 100 livres d'aumônes. Le prélat ne se décida à payer qu'après la saisie de son temporel exécutée au mois d'août par M⁰ Jean Damoiseau, conseiller commis à l'exécution de l'arrêt [1].

Miles ne se borna pas à chicaner les ecclésiastiques; la ville eut également à se plaindre de ses procédés. Il avait fait construire sur la rivière, au lieu de Boizard [2], en amont de Pontgouin, une forge grossière qui retenait le cours de l'eau. Le procureur du Roi au bailliage et le procureur des habitants se portèrent *complaignants en cas de nouvelleté* et obtinrent, le 19 janvier 1467, des lettres-royaux prescrivant au bailli de faire mettre, après information, la chaussée de Boizard dans son ancien état, *tellement que le cours de la rivière ait sa pleine vuidange comme auparavant.* Le 13 mai, le bailli reçut commission d'assigner l'Evêque pour voir entériner ces lettres-royaux. Louis XI étant venu à Chartres sur ces entrefaites, les habitants, pour éviter les lenteurs de la procédure, sollicitèrent le règlement immédiat, par provision, de l'*échantillon* ou repère du moulin de Boizard. Leur demande fut accueillie, et, le 20 mai, MM. Regnault de Dormans, conseiller et maître des requêtes de l'Hôtel, et Pierre Salat, conseiller au Parlement, *commissaires en cette partie*, se rendirent à Boizard pour mettre à exécution les nouvelles lettres données par le Roi. Le procès-verbal dressé par ces commissaires indique qu'après visite des lieux, ils firent placer dans l'étang, *pour servir d'échantillon et fixer la hauteur et retenue,* deux grosses pièces de bois, l'une *au milieu de la chaussée, en la pale par où l'eau se décharge pour faire*

---

[1] Doyen, vol. 1ᵉʳ, p. 369 et suiv.
[2] Commune de Pontgouin.

tourner la roue du martinet de la forge, et l'autre, *près du bout de la chaussée, vers le chemin tendant de Pontgouin à Belhomert.* Miles, ayant interjeté appel de cette provision, fut ajourné pour le 20 juin devant la chambre des enquêtes du Palais *à fin d'entérinement des lettres-royaux.* Pour rendre plus complète encore l'exécution provisoire, M° Jean Jolis, procureur des habitants, assisté de Macé Godefroy, tabellion-juré, et du sergent Thomas Leporc, se transporta le 7 juin à Boizard, et là, en présence des forgerons et de Jean Hermen, leur maître, fit enfoncer dans les pièces de bois plantées par ordre des commissaires royaux, aux endroits déterminés par eux, deux gros clous à tête, à fleur de lys. Mesure prise par Hamen de la hauteur de l'eau, à partir du fond jusqu'aux clous, il fut trouvé *cinq pieds et demi moins un pouce* [1]. Il est probable que la *provision* fut maintenue définitivement par les requêtes du Palais et que Miles se tint pour battu.

Louis XI habita Chartres et Meslay pendant la fin de mai et le mois de juin 1467. L'activité multiple de ce monarque suffisait à tout; en même temps qu'il suivait les pèlerinages, il surveillait les frontières de Bretagne, renforçait les compagnies d'ordonnances et donnait une organisation militaire aux métiers de Paris. Plusieurs ordonnances, datées de Chartres les 24 et 26 juin, modifièrent les statuts de soixante-une bannières bourgeoises, sans oublier les corporations *des notaires, des écoliers, officiers et suppôts de l'Université* [2]. Pendant que Louis était à Meslay, il appela près de lui M° Jean le Boulanger, président au Parlement, et plusieurs conseillers et *bons marchans* de Paris, les envoya conférer à Chartres avec son conseil, et, d'après leur avis, adopta, pour repeupler

---

[1] *Pièces relatives à la navigation;* Archives départ. Ce règlement du moulin de Boizard est probablement le plus ancien qui soit connu.

[2] *Ordonn. des Rois de France.* vol. XVI, p. 581 et suiv. — *Chron. de Jean de Troyes,* p. 277.

la capitale *fort dépopulée pour les guerres et mortalitez*, un moyen qui avait déjà été employé à Saint-Malo et à Valenciennes : ce fut d'accorder le séjour de Paris, en toute franchise, aux gens coupables de *meurdre, furt, larrecins, piperies*, etc. C'était donner de singuliers compagnons *aux bons marchands* parisiens [1].

Les hostilités entamées en Normandie et dans le Maine par les ducs de Bretagne et d'Alençon, partisans de Charles, frère du Roi, ramenèrent vers le mois d'octobre Louis XI dans notre ville *où il fist venir et arriver la plus grand partie de son artillerie, qui lors estoit à Orléans*. Le séjour du Roi à Chartres fut de plus d'un mois; il y suivit les mouvements de l'armée du maréchal de Lohéac *qui mettoit en ses mains* Alençon et les villes du Perche, conclut une trève avec le duc de Bourgogne, noua des pourparlers avec les princes alliés de son frère [2] et réorganisa le Parlement de Bordeaux [3]. Vers le 20 novembre, le monarque quitta Chartres pour se rendre à Notre-Dame de Cléry. Ce fut à la suite de ce voyage (14 décembre) que Louis accorda aux habitants la pêche des fossés, comme indemnité des dépenses faites par la ville pour l'entretien des fortifications [4].

Malgré sa diplomatie, Louis XI n'avait pu amener son frère Charles à renoncer à la Normandie qui lui appartenait à titre d'apanage. Afin de s'autoriser de l'opinion populaire dans une question qui intéressait à un si haut point l'unité nationale, il se décida à convoquer les États-généraux à Tours, pour le 1er avril 1468. Les députés du bailliage de Chartres, nom-

---

[1] *Jean de Troyes*, p. 278 et 279.

[2] *Ib.*, p. 283.

[3] *Ordonn. des Rois de France*, vol. XVII, p. 29. — Lettres datées de Chartres, le 3 novembre; le cardinal d'Angers (Balluc), les sires de Craon et de Crussol, présents au Conseil.

[4] Voir volume 1er, p. 310, note 1re. — Le compte de Jean Hardy, receveur du domaine de Chartres, pour l'année 1473, donne à ce titre la date du 14 décembre 1472. (*Extraits des titres qui sont au logis de Madame de Chonvillier: Recueil de Laisné*, vol. 4, p. 147.)

més dans une assemblée tenue le 20 mars sous la présidence de Mᵉ Michel Grenet, lieutenant-général, furent, pour le clergé, Mᵉ Jean Escombart, docteur en théologie et chanoine de Notre-Dame; pour la noblesse, le sire Michel de Crouy, écuyer, seigneur de Saint-Piat; et, pour le Tiers-État, Mᵉ Jean Cadou, licencié ès-lois [1]. Les États donnèrent pleine satisfaction au Roi. Le sire Jean de Rochechouart, qui visitait quelquefois son bailliage, mourut à la tour de Chartres le 7 novembre; on lui fit de magnifiques obsèques et il fut inhumé à l'Hôtel-Dieu [2].

Les séjours prolongés de Louis XI à Chartres avaient fait reconnaître à ce monarque intelligent tout l'avantage que la navigation de l'Eure pouvait procurer aux provinces arrosées par la Seine. A l'aide de la protection royale, on avait momentanément triomphé des obstacles suscités par les riverains; un quai avait été construit dans la ville même [3] et une grande quantité de blé, vins et autres marchandises prenaient depuis quelque temps le chemin de la rivière. Mais, pour rentrer dans la dépense nécessitée par l'établissement du port d'embarquement, on avait dû asseoir des droits sur les marchandises; or, les marchands, afin d'éviter ces droits, tournaient la ville et allaient embarquer leurs denrées au-dessous. Le préjudice que cette manœuvre causait au commerce chartrain était immense; les magistrats s'en émurent et firent de telles remontrances au Roi qu'il leur permit, par lettres du 19 juillet 1469, de lever, pendant six ans, deux sous six deniers sur chaque tonneau de vin passant et repassant autour de la ville et mené en rivière ailleurs qu'au port, autant sur chaque charretée de grains et sur chaque

---

[1] Archives impér., section hist., série F, carton 963. — On trouvera dans l'Appendice nº 2, fin de ce volume, la liste des notables qui prirent part à cette élection.

[2] *Résumé de l'hist. de Chartres*, provenant du médecin Marie Saint-Ursin; mss. de la Bibliot. commun., ⁵⁄ₑ 69, 2ᵉ partie. — *Recueil de Laisné*, vol. 1ᵉʳ, p. 13.

[3] Ce quai était compris entre les arches de Léthinière et le pont des Minimes; les bateaux passaient sous l'arche de l'église Saint-André.

baril de harengs blancs, et douze deniers sur chaque millier de harengs saurs; par complément, la même ordonnance disposa que les droits à percevoir au quai de Chartres ne seraient que de quatre deniers tournois sur chaque tonneau de vin ou chaque muid de grains et de deux deniers tournois sur chaque baril de harengs [1]. C'était faire bon marché de la liberté du commerce.

Ces lettres furent suivies des *statuts, constitutions et coutumes de la rivière de Seine et des autres y descendantes,* par lesquels on renouvela la défense aux riverains de faire des *édifices et empêchements dans les rivières,* comme *vannes, gros pieux, moulins et pêcheries, arbres plantés, isles, hayes, buissons, saulsayes, nuisibles aux nefs, bateaux, vaisseaux montans et avalans, passans et repassans,* de diminuer la largeur du chemin de hallage qui devait être de 24 pieds *pour le trait des chevaux* ou de rétrécir les *arches, voies, gorts et pertuis, pour passer et repasser lesdits bateaux et nefs,* lesquels *de toute ancienneté* devaient avoir aussi 24 pieds [2]. Enfin, pour armer d'un nouvel *instrument* de résistance les habitants intéressés au port de la rivière, le Roi confirma le 5 novembre 1470, les lettres données par son père en 1446, relativement à la mise à exécution du projet de navigation [3]. Ces mesures, dont on se promettait une grande efficacité, étaient dues à l'initiative du corps de ville composé alors de MM. Adam de Montescot et Hercule Broisset, procureurs aux négoces, Jean de Montescot, licencié ès-lois, avocat et conseiller des habitants, et Jean de Champrond, Antoine de Nevers, Jacques Thomas, Colin des Moulins, Jean Poulain, Gilles Levasseur, Michel Jouet, Philippe Couldray, Gilles Mahon, échevins.

---

[1] *Pièces relatives à la navigation;* Arch. départ.
[2] *Ib.*
[3] *Ib.* Lettres données au Montils-les-Tours, en présence du comte de Dammartin, Grand-Maître de l'Hôtel, et de M⁰ Pierre Doriole, Général des finances.

On se trompait cependant, et jamais l'affaire de la navigation, déjà tant de fois ballottée, n'était entrée dans une passe plus dangereuse. Comme il arrive assez souvent, le plus grand mal partit du champion le moins redoutable en apparence. Le sire Jean Morhier, chevalier, homme d'armes de la compagnie du maréchal de Lohéac et seigneur de Villiers, possédait sur la rivière quelques moulins, ruinés depuis longtemps par les guerres, aux lieux appelés la Vieux-Fontaine, Romilly, Chandelles, le Boulay et Chandres. Voyant que plusieurs propriétaires de moulins s'étaient fait allouer, pour le passage des bateaux, des droits de *travers* ou *pontage*, il s'imagina de reconstruire tant bien que mal le moulin de Chandres, et de fermer complètement la rivière par un barrage et une chaussée en pilotis. Lorsque les Chartrains en furent informés, ils invitèrent Morhier à soumettre ses prétentions à un jugement arbitral; ce dernier parut y consentir, tout en répétant le dicton : *qui met son chaperon en arbitrage il en perd toujours la cornette*, et, le 22 octobre 1471, il fit choix pour ses experts du bailli d'Evreux et de M⁰ Jean Cadou, *quoique chartrain*; de son côté, la ville donna ses pouvoirs à M⁰ Hector Renouard, chantre de Notre-Dame, et à M⁰ Jean Grenet; au jour fixé, qui était *le samedi devant la Toussaint*, les experts de Morhier firent défaut. Cependant, le 30 novembre, le nommé Letourneur étant arrivé avec son bateau près du moulin de Chandres, voulut franchir le passage malgré l'obstacle; mais au moment où il s'engageait dans la *guaize*, Guyot Benoist, sergent de la dame Jeanne de Bretaigne, épouse du sire Morhier, lui intima l'ordre de rétrograder, sous peine de 60 sous d'amende. Le batelier obéit, non sans protester, et vint faire son rapport aux officiers de Chartres. Comme Morhier manquait, en cette circonstance, à la promesse qu'il avait faite de ne pas entraver la navigation jusqu'au prononcé des experts, M⁰ Jean Baudry, nouveau lieutenant-général, donna commission au sergent Thomas

Leporc de faire passer le bateau de force. Le sergent se rendit, en conséquence, à Chandres, le 2 décembre, assisté du substitut du procureur du Roi, du procureur des marchands et de trois pionniers, et sur le refus du meunier d'ôter les pieux du barrage, il fit attaquer la chaussée par les ouvriers. A peine ce travail de démolition était-il commencé, que le sergent et les domestiques de la dame Morhier, accourant aux cris du meunier, se jetèrent en armes sur les travailleurs, les forcèrent à prendre la fuite, enlevèrent les marchandises, percèrent le bateau de plusieurs trous afin qu'il prît l'eau, et emmenèrent avec eux les deux chevaux de hallage et leurs conducteurs.

Les gens de Chartres ne pouvaient en rester là. Le dimanche 8 décembre, les sergents Thomas Leporc, Colin Chamault et Etienne Bonot, ayant reçu commission du lieutenant-général d'appréhender au corps les serviteurs de Morhier, s'acheminèrent au point du jour vers le château de Villiers, accompagnés de quelques arbalétriers et volontaires de la ville [1], *armés et embâtonnés d'arcs, trousses, arbalestes, voulges, pertuisanes et autres bâtons invasibles;* ils enfoncèrent les portes de la basse-cour et des étables, délivrèrent les charretiers, se saisirent des deux chevaux et arrêtèrent deux valets [2]; ils allèrent ensuite fouiller le cabaret tenu à l'entrée du château par Guyot Benoist, sergent de Morhier, qui s'était enfui, puis ils se retirèrent avec leurs prisonniers. Toutefois l'expédition n'avait pu se faire si secrètement que les vassaux de Morhier n'en eussent eu soupçon; ils s'étaient mis aux

---

[1] Cette troupe se composait de *20 hommes*, suivant une requête au Parlement présentée par Thomas Leporc, le 14 janvier 1473; de *80*, suivant la plaidoirie de Nanterre, avocat de Morhier; de *200 et plus*, suivant les lettres-royaux obtenus par Morhier le 16 décembre 1471. On peut juger, d'après cela, de la confiance qu'il fallait accorder aux allégations des parties.

[2] Nanterre, avocat de Morhier, dit, dans sa plaidoirie, que les agresseurs voyant la dame Morhier à l'une des fenêtres du château, s'efforcèrent de la tuer, quoique prête d'accoucher, en lui tirant trois *viretons*. Si ce fait eût été vrai, Morhier n'eût pas manqué de le relater dans les lettres-royaux du 16 décembre 1471, où la conduite des Chartrains est représentée sous les couleurs les plus noires.

aguets, et voyant leurs adversaires en force, ils avaient couru en toute hâte donner l'alarme à Nogent-le-Roi. Les Nogentais prirent aussitôt les armes et atteignirent la troupe chartraine à deux lieues de Villiers, près de l'endroit appelé *la Vallée-aux-Loups*; on essaya d'abord de s'expliquer, mais on en vint bientôt aux coups et le sang coula de part et d'autre; plusieurs Chartrains furent *navrés*, le sergent Bonot reçut une *pertuisane de quatre doigts* sous l'aisselle, et Mathery Chifflet une horrible blessure à la gorge; de leur côté, les Nogentais attrapèrent quelques horions, et le nommé Michaud, palefrenier du sire Morhier, fut tué raide d'un *raillon* tiré par le chartrain Jean Dubois [1]. Le champ de bataille resta aux Nogentais qui ressaisirent les prisonniers et obligèrent Leporc et consorts à battre promptement en retraite.

La querelle avait pris de telles proportions que le fond de l'affaire était presque oublié et que les parties ne songeaient plus qu'à s'entreprendre au criminel, pour guet-apens, voies de fait, meurtre, etc. Morhier prit l'avance; il obtint, le 16 décembre, des lettres-royaux prescrivant une enquête sur les *excès, crimes, maléfices, commis et perpétrés* par Thomas Leporc. Mais les Chartrains étaient les plus forts; sur le rapport des officiers du bailliage et de la ville, le Roi, en son grand-conseil séant au Montils-les-Tours, le 18 décembre, et de l'avis de Tristan Lhermite, Grand-Prévôt de l'Hôtel, ordonna à Pierre Lhermite, fils de Tristan, son pannetier, de prendre le chemin de Villiers avec les gens de guerre de la compagnie de la Prévôté, de faire une instruction sommaire des excès allégués contre les domestiques de Morhier, et, en cas de preuve suffisante, de faire *réaumant raser toute la fortification de la maison de Morhier, afin que tous autres y prennent exemple et que la force et autorité demeure à justice*. Cette exécution consommée, Pierre

---

[1] Des lettres de rémission furent accordées à Jean Dubois au mois d'avril 1474. (*Ordonn. des Rois de France*, vol. XVII, p. 481.)

Lhermite devait se transporter à Nogent-le-Roi et exiger des officiers du sire de Brezé la remise des prisonniers délivrés le 8 décembre, ou, sur leur refus, mettre sous la main du Roi *la terre et seigneurie* de Nogent. Pierre se hâta d'accomplir son mandat; il se rendit à Chartres, fit information, et, accompagné du lieutenant-général, du sergent Thomas Leporc et autres officiers royaux, gagna le château de Villiers dont il saisit tous les meubles et fit commandement à la dame Morhier *d'abattre son hôtel;* cette dame se porta sur-le-champ appelante des violences dont elle était l'objet [1]. Deux jours après, Lhermite revint avec Leporc, et, comme la démolition n'était pas commencée, il en fit faire le simulacre par des ouvriers qui abattirent une ou deux pierres de la porte du château. Rappelé pour le service du Roi, le fils du fameux Tristan remit aux officiers de Chartres, par lettres du 14 janvier 1472 adressées à Jean Baudry et Jean Cadou, licenciés-ès-lois, le soin d'exécuter le surplus de sa commission. Le lendemain, 15 janvier, Nicolas Lemercier, huissier au Parlement, et Jacques Burgondy, procureur, porteurs de lettres-royaux obtenues par Morhier, arrivèrent à Chartres, à l'*Image Notre-Dame*, dans le but de faire prisonniers les *gens, arbalestriers et sergents* qui avaient exploité à Villiers; mais, lorsqu'ils se présentèrent devant le lieutenant-général pour exhiber leurs lettres, ce magistrat les fit appréhender au corps et jeter en prison, comme rebelles aux ordres de S. M[té], puis il dressa procès-verbal des faits en présence de Michel de Champrond, avocat du Roi, de Mathurin Bouffineau, procureur du Roi, de Michel Grenet et de Jean de Montescot, licenciés ès-lois.

On avait épuisé à peu près tout ce que la procédure, fort riche de l'époque, pouvait offrir de plus brutal aux plaideurs: lettres-royaux subreptices, commissions contradictoires, in-

---

[1] D'après la plaidoirie de Nanterre, Pierre Lhermite, sommé par les gens de Morhier d'exhiber sa commission, aurait répondu qu'il la leur montrerait *lorsqu'ils auraient tous été pendus*.

formations sommaires, emprisonnements arbitraires d'officiers chargés de l'exécution des mandements de la justice, instruction simultanée et en sens opposé par le Parlement et par la Prévôté de l'Hôtel. Enfin le Parlement, régulièrement saisi de l'affaire civile, rendit, le 23 juin 1473, un arrêt *par provision* qui condamna 1° Morhier, à détruire son bâtardeau de Chandres et à restituer les chevaux et marchandises indûment saisis par lui; 2° les Chartrains, à construire à leurs frais une porte à bateaux à Chandres et à payer à Morhier 2 sous 6 deniers tournois par bateau montant et 20 deniers tournois par bateau avalant, jusqu'à ce qu'il en ait été réglé autrement par commissaires [1].

Cette victoire tardive équivalait à une défaite; deux années s'étaient presque écoulées depuis que les manœuvres de Morhier entravaient la navigation; d'autres procès, d'autres contestations avaient surgi [2], et les quais, écluses, portes à bateaux, tombaient en ruines faute d'entretien pendant ce chômage forcé.

Le Roi se trouvait à Chartres le 19 janvier 1471 [3]; peu de temps après son départ (février), il rendit une ordonnance qui diminua momentanément l'importance du bailliage. Aux termes de cet acte de l'autorité royale, Louis XI donna au comte de Dunois, en échange de la seigneurie de *Chastelaillon*, les foi et hommages, droits et devoirs, dûs à la couronne, à cause du comté de Chartres, par la châtellenie d'Auneau appartenant à Mme de la Roche-sur-Yon et par celle de Courville appartenant au sire Louis de Vieuxpont. Il en résulta que les

---

[1] *Pièces relatives à la navigation;* Archives départ. — Mes Jean-le-Boulanger, président la Chambre, Ganay, pour le Procureur du Roi; plaidans : Nanterre, pour Morhier, et Champrond, pour les habitants de Chartres.

[2] Notamment avec le sire Jacques de Brezé, seigneur de Nogent-le-Roi, et avec Me Pierre Poignant, maître des requêtes de l'Hôtel, seigneur de Marolles et propriétaire d'un pont de pierres de cinq arches situé entre Maintenon et Pierres. *(Pièces relatives à la navigation;* Arch. départ.)

[3] *Ordonn. des Rois de France,* vol. XVII, p. 366. — Priviléges des bouchers de Beauvais.

appels de ces deux châtellenies furent reportées au bailli de Dunois[1]. Le recueil des Ordonnances nous montre encore Louis à Chartres le 28 décembre 1473[2], et nous savons par le chroniqueur Jean de Troyes qu'il traînait alors à sa suite, étroitement enchaîné *sur une basse charrette*, le nommé Jean Hardy qui avait voulu l'empoisonner à l'instigation du duc Charles de Bourgogne[3]. Le Roi revint faire ses dévotions à Notre-Dame le 15 août 1474 ; pendant ce voyage, il signa une prolongation de trêve avec son adversaire le duc Charles[4], donna une sauve-garde au couvent de Saint-Cheron[5], et remit à la raison l'évêque Miles d'Illiers qui, depuis son installation, n'avait pas encore prêté le serment voulu, à la chapelle Saint-Blanchard de la Tour[6].

Chartres avait alors pour bailli le sire Guillaume de Courcillon, seigneur de Moléans et de Tillay, conseiller et chambellan du Roi. Ce haut fonctionnaire ou plutôt ses représentants directs, M⁰ Jean Baudry, lieutenant-général, et M⁰ Michel Michon, lieutenant particulier, paraissent s'être occupés avec une certaine activité des travaux de voirie dans la campagne de la Beauce ; des lettres de Louis XI, du 1er mars 1475, font, en effet, connaître que de grandes chaussées de pierres étaient alors en construction entre Chartres et Blois[7]. Mais ces entreprises durent être suspendues par la peste violente qui dépeupla Chartres et le pays chartrain en 1476[8] ; cette année fut néfaste sous plus d'un rapport, car il se passa,

---

[1] *Ordonn. des Rois de France*, vol. XVII, p. 388.

[2] Lettres sur les monnaies de France et de Dauphiné et sur les gages des généraux des aides de Paris. *(Ib.*, p. 597 et 601.) Le Roi étant à Chartres, le 26 décembre, donna à M⁰ André le Laboureur, son sommelier, l'hôtel *du Croissant*, à charge de 40 sous de rente. (Compte de Jean Hardy ; *Recueil Laisné*, vol. 4, p. 147.)

[3] *Jean de Troyes*, p. 307.

[4] *Ordonn. des Rois de France*, vol. XVIII, p. 15.

[5] Voir vol. 1er, p. 288.

[6] Souchet-Etienne, vol. 2 ; mss. de la Biblioth. communale.

[7] *Ordonn. des Rois de France*, vol. XVIII, p. 99.

[8] Souchet-Etienne, vol. 2.

au mois de juin, un événement qui fit probablement une grande sensation dans la ville : le sire Jacques de Brezé, seigneur de Nogent-le-Roi, dont le nom avait si souvent retenti dans le prétoire du bailliage à propos de la navigation, surprit en adultère sa femme Charlotte de France, la tua et la fit ensevelir dans l'abbaye de Coulombs [1].

L'année 1477 s'ouvrit pour Louis XI sous les plus heureux auspices; son ennemi mortel, Charles de Bourgogne, périt le 5 janvier sous les murs de Nancy. Au lieu de profiter de cette circonstance favorable pour marier le Dauphin avec la princesse Marie, fille unique du duc Charles et héritière de ses immenses possessions, le Roi trouva plus expédient de dépouiller l'orpheline, et, dès le 19 janvier, il fit un appel aux provinces et bonnes villes pour avoir un subside qui lui permît de mettre son projet à exécution. Les archives chartraines conservent en original la lettre que les bourgeois reçurent à cette occasion et par laquelle Louis apprend à *ses chers et bien amez* qu'attendu que *pour reunir, remectre et réduire à la couronne et service de France, les contez de Flandres, Bourgoingne, Ponthieu, Arthoys, et autres terres et seigneuries que naguères tenoit et occupoit feu Charles en son vivant duc de Bourgoingne*, il lui est *besoing faire, porter et soutenir de grans fraiz pour la despence de l'artillerie, soulde et paiement des gens des ban, arrière-ban, et francs archiers, oultre les genz de guerre de l'ordonnance ordinaire, il a concludet délibéré requérir, entre autres villes et citez, le corps de sa bonne ville de Chartres de l'aider, par manière de prêt, de la somme de 400 escus d'or*. Il les prie, en conséquence, de *bailler promptement* cette somme à Mᵉ Pierre de Lailly, receveur général des finances, promettant de la rembourser *sur les plus clers deniers des*

---

[1] *Chron. de Jean de Troyes*, p. 324 et 325. Charlotte était fille naturelle de Charles VII et d'Agnès Sorel.

finances de l'année prouchaine à venir [1]. Louis XI suivit de près sa lettre, car il ne pouvait oublier Notre-Dame de Chartres dans sa reconnaissance; il signala sa présence dans nos murs (23 janvier) par la confirmation et l'octroi, pour dix années, des droits du dixième sur le vin et du barrage, applicables aux fortifications [2]. Le corps de ville ne voulut pas être en reste avec le monarque, et le prêt qu'il avait demandé fut réalisé le 14 février [3].

Le Roi entrait dans la dernière période de sa vie, celle où il devait allier la conduite politique la moins scrupuleuse aux terreurs de la mort et aux pratiques d'une dévotion superstitieuse. Chaque jour il redoublait de largesses envers ses vierges favorites; Notre-Dame de Chartres, dont il avait toujours vénéré le sanctuaire reçut, pour sa part, au mois de mars 1478, 500 livres tournois de rentes, à prendre, savoir : 200 *livres sur le revenu et profit du gros de la Prévôté de Chartres*, 50 *livres sur la ferme de la Prévôté, six vingts livres sur le revenu des moulins du châtel de la Planche, au bailliage d'Evreux, et six vingts dix livres sur la Prévôté d'Evreux.* Au mois de décembre 1480, Louis changea ces rentes, *assises sur des objets fesant partie du domaine muable et pouvant diminuer par le temps*, contre 30 livres de rente sur la halle aux merciers, les revenus de la foulerie, ceux des étaux à vendre le poisson d'eau douce, du greffe du bailliage, des prés de Luisant et de Saint-Prest et des moulins du châtel de la Planche [4]. Le domaine de Chartres, dont le Roi diminuait l'importance, avait été engagé par lui, suivant lettres d'avril 1479, à Louis de Joyeuse, lors de son mariage

---

[1] Archives de la Mairie. — C'est pour la première fois qu'une lettre royale donne à la ville de Chartres le titre de *bonne ville;* il est vrai que Louis XI demandait de l'argent aux Chartrains.

[2] *Pancarte municipale*, vol. 1er; Arch. de la Mairie.

[3] Arch. impér., cartons CC, 289; cabinet des chartes B. R.

[4] Lettres originales, signées; *Papiers du Chapitre*, Fondations, XVe siècle, n° 53, cote D; Arch. départ. — Voir vol. 1er, p. 329.

avec Jeanne de Bourbon, pour garantie d'une rente de 2,000 livres tournois; mais cet engagement n'avait duré que quelques mois, et, suivant lettres d'août 1480, Louis était rentré en possession de Chartres, moyennant l'abandon aux époux des terres de Marvejols et Chirac, en Auvergne [1].

Chartres eut un nouveau bailli en 1481; M^{ire} Hervé de Chahannay, écuyer, seigneur de Cheronne, capitaine de 200 archers de la garde du Roi et son chambellan, fut appelé à cette fonction purement honorifique. Me Jean Baudry conserva la lieutenance générale, c'est-à-dire la charge effective, la première magistrature judiciaire et administrative de la ville. Louis XI vint deux fois en pélerinage à Notre-Dame en 1481; il y fit ses dévotions le jour de la Pentecôte et signa le 10 juin une ordonnance sur le cours des monnaies étrangères [2]; au mois de juillet, Chartres revit encore le Roi ainsi que son gendre, M. de Beaujeu, à leur retour du camp d'exercices du Pont-de-l'Arche; il octroya, pendant ce nouveau séjour, des lettres de priviléges aux habitants de la cité de *Franchise*, ci-devant Arras [3]. Ces visites furent, à ce que nous croyons, les dernières que Chartres reçut de Louis XI; miné par la maladie, le terrible monarque ne sortit presque plus de son château du Plessis-les-Tours, où il mourut le 30 août 1483.

L'avènement de Charles VIII encore enfant, fut le signal d'une violente réaction contre les empiétements de l'autorité royale. Les grands seigneurs secouèrent le joug pesant qu'ils enduraient depuis longues années; les dépouillés réclamèrent leurs biens; les opprimés crièrent vengeance contre les tyrans de bas étage dont le Roi défunt s'était entouré; les gens du Tiers-État, quoique flattés intérieurement des instincts bourgeois de Louis XI, se rappelèrent qu'ils n'avaient jamais été consultés pour l'assiette des plus lourds impôts.

[1] *Ordonn. des Rois de France*, vol. XVIII, p. 476, note A, et 617.
[2] *Ib.*, p. 638.
[3] *Ib*, p. 643 et 670.

Mais Mme de Beaujeu, gardienne de la personne du jeune roi son frère, avait hérité de l'astuce paternelle; elle sut tourner les difficultés de la situation et conserver dans toute leur intégrité les droits et conquêtes de la couronne. Les Etats-généraux ayant été convoqués à Tours pour le 5 janvier 1484, le bailliage de Chartres envoya à cette assemblée mémorable le doyen Charles d'Illiers, pour le clergé, le sire Michel de Crouy, pour la noblesse, et Mathery de Billon, pour le Tiers-Etat [1]. Ces députés votèrent avec la première section dite de Paris ou de France. On sait qu'à propos de la composition du conseil royal de gouvernement, plusieurs orateurs des Etats-généraux émirent avec calme et dignité des théories de droit constitutionnel assez étranges à cette époque. Les exactions des officiers de justice et des collecteurs d'impôts, pendant le dernier règne, furent énergiquement stigmatisées, et, à ce propos, le cahier des plaintes fit connaître que, durant ces dernières années si calamiteuses pour le pauvre peuple, plus de 500 personnes avaient été suppliciées à cause de la gabelle du sel, dans le Maine, l'Anjou et *le Chartrain* [2]. Par

---

[1] *Journal des Etats généraux de 1484*, par Jean Masselin, député du bailliage de Rouen, édité dans le recueil des *Monuments inédits*, 1re série, par M. A. Bernier, 1835. Les noms de Michel de Crouy et de Mathery de Billon ne se trouvent pas dans la liste de Masselin, mais ils figurent sur l'ancienne liste imprimée.

[2] *Ib.*, p. 91. — Le grenier à sel était alors exploité, pour le Roi, par la famille Haligre, qui commençait à prendre rang dans la bourgeoisie. On trouve dans les titres les noms de Guillemin Haligre, bourgeois, échevin et grenetier en 1473, Jean Haligre, procureur aux négoces de la ville, gager de Saint-André et grenetier en 1499, Guillaume Haligre, grenetier en 1529, autre Jean Haligre, grenetier en 1537, Girard Haligre, mesureur du sel en 1546 puis receveur du Domaine de Chartres pour Mme Renée en 1556. Claude Haligre, grenetier en 1566. L'office de grenetier était fort envié parce qu'il rapportait beaucoup; il devint presque héréditaire au XVIe siècle dans la famille Haligre par le crédit d'un de ses membres, Mre Claude Haligre, seigneur de la Brosse, valet de chambre ordinaire du Roi et receveur général des finances de Mme Renée, qui avait été anobli, par lettres d'octobre 1548, pour ses services en Espagne pendant la captivité de François 1er. (*Recueil de Laisné*, vol. 3, p. 1er, et vol. 4, p. 148. — *Extrait des chartes de la Chambre des Comptes*, mss. de Baluze; Bibl. impér.) La ville, pour se concilier les bonnes grâces des officiers du grenier à sel, offrait, chaque année, au grenetier, au contrôleur, aux mesureurs et aux sergents, un grand dîner auquel assistaient les échevins et les gens du Roi. (*Reg. des Echevins;* Séances du 22 novembre 1524 et du 22 janvier 1527.)

application du système réparateur conseillé dans l'assemblée des Etats, le Roi fit restitution, le 5 mars, aux princes Jean et Louis d'Armagnac, héritiers de leur oncle Charles, roi de Sicile et comte du Maine, de certains biens *non tenus en pairies et apanage de France ni venus du domaine royal*, entre autres de la Ferté-Bernard, en Maine, et de Nogent-le-Rotrou, Brou, Montmirail, Authon, La Basoche, Montlandon, Montigny, Alluyes, et Pierre-Coupe, en Perche et Chartrain[1].

Les premières années du nouveau règne ne furent cependant pas exemptes d'agitations. Le duc d'Orléans, premier prince du sang, ne pouvait voir sans dépit la puissance de Mme de Beaujeu, et poussé par son ami le comte de Dunois, politique aussi turbulent que son père avait été grand capitaine, il fit ouvertement appel aux mécontents, se jeta dans les provinces de l'Ouest et donna la main au duc François de Bretagne, le vieil ennemi du royaume. Les Chartrains, voisins des possessions de ces princes, furent sourds aux prières comme aux menaces et conservèrent leur ville dans l'obéissance royale. Cette conduite méritait récompense; aussi Charles VII leur accorda-t-il en 1485 deux de ces priviléges ou exemptions dont, comme dit Souchet, on savait se moquer au besoin : par le premier, conféré au bois de Vincennes le 7 juillet, le Roi, considérant la grande fidélité des habitants de Chartres dans les différends qui se sont élevés dans le royaume, et aussi *en l'honneur de la Vierge Marie de laquelle l'église d'icelle cité est fondée*, leur octroie la faveur de se garder eux-mêmes et les exempte de toute garnison de gens de guerre *ès ville et faubourgs*, à moins qu'il n'y soit en personne ou qu'il n'y ait *grand et éminent péril;* par le second, daté de Paris le 6 août, Charles reconnaît que l'enceinte de la ville est très-grande et exige pour sa défense le concours de tous les habitants; c'est pourquoi il les exempte

---

[1] *Ordonn. des Rois de France*, vol. XIX, p. 278.

du ban et *de l'arrière-ban*, en rémunération de leurs fidélité et loyauté, en l'honneur de la Vierge et en considération de ce qu'ils ont tacitement joui de ce privilége de temps immémorial ; il termine en décidant que, lors des criées du ban et de l'arrière-ban, une revue sera faite par le bailli qui choisira un notable pour diriger les citoyens dans la garde de la place [1]. Déjà, le 22 novembre 1483, le Roi avait confirmé pour dix ans la perception du dixième sur le vin, applicable aux fortifications [2]. Cette série de grâces fut complétée au mois d'août 1485 par une reconnaissance de tous les priviléges de Notre-Dame [3].

Depuis longtemps les magistrats chartrains voyaient avec douleur l'état fâcheux de la navigation de la rivière. Dès le commencement de l'affaire Morhier, le sire Jacques de Brezé, les habitants de Nogent-le-Roi, les religieux de Coulombs, le sire Jean de Sabrevois, seigneur d'Ecluzelles [4], s'étaient liés d'intérêts pour entraver toutes les tentatives, sous prétexte de réglement d'indemnités ; leurs demandes profitaient des lenteurs d'une procédure en Parlement, et la forme menaçait de compromettre le fond lorsque la ville obtint, le 7 novembre 1488, des lettres-royaux prescrivant encore une fois de passer outre, nonobstant les oppositions des adversaires [5]. Forts de ce titre, les Chartrains conclurent, les 7 février et 15 mai 1489, des marchés pour le rétablissement des portes à bateaux de Saint-Piat, Dionval, Soulaires, Jouy, Villemarie, et des Moulins-Neufs [6], et, le 6 août suivant, le lieutenant-général Baudry, accompagné de MM. René d'Illiers et Jean de Mon-

---

[1] *Pancarte municipale*, vol. 1ᵉʳ, p. 31 et 33.

[2] *Ib.*

[3] *Ordonnances des Rois de France*, vol. XIX, p. 575. — *Reg. du Parlement*, vol. J, p. 45.

[4] La famille de Sabrevois, l'une des plus anciennes et des mieux apparentées de la Beauce, avait encore un représentant à Chartres en 1840.

[5] *Pièces relatives à la navigation*; Arch. départ.

[6] *Ib.* — Chaque porte coûta 25 livres tournois et chaque ouvrier reçut, en sus, un hocqueton de drap à la livrée de la ville, *mi-partie pers et rouge*.

tescot, chanoines, Michel de Champrond, avocat du Roi, Guillaume Bouffineau, procureur du Roi, Jean Cadou, maire du Chapitre, Jean Lemoine, avocat de la ville, Etienne Delacroix, avocat et conseiller des habitants, tous licenciés ès-lois, se rendit à Lormaye pour donner lecture des lettres-royaux aux officiers du sire de Brezé et faire commencer les travaux; mais il rencontra une grande opposition, et, lorsque les pionniers chartrains voulurent déblayer la rivière, les Nogentais les en empêchèrent à coups de bâton et d'arbalète[1]. C'était encore un incident qui allait grossir l'instance. Une enquête à laquelle prit part Me Regnault de Gyvès, juge et garde de la prévôté, fut ouverte à la fin de 1489; le Parlement confia d'abord cette mission importante à MM. Lenfant et Arlault, conseillers; mais ce dernier ayant été récusé par le sire de Brezé sous prétexte qu'il était prébendé en l'église de Chartres, il fut remplacé au mois de juin 1490 par M. Pierre d'Origny[2]. Pendant l'enquête le sire Jacques de Brezé mourut, et il fallut remplir de nombreuses formalités pour mettre en cause le sire Louis de Brezé, son fils. Enfin, le Parlement se trouvant suffisamment éclairé rendit, au bout de trois ans, le 24 mai 1493, son arrêt définitif. La cour mit les appellations à néant, débouta Sabrevois sans dépens, déclara que les lettres-royaux du 7 novembre 1488 sortiraient leur plein et entier effet; que la rivière serait rendue navigable de Chartres à la Seine; que les bateaux montants et descendants passeraient par le bras qui, de la pointe de Lormaye, suit les murs de l'abbaye de Coulombs et va joindre le gué situé au-dessous de Nogent-le-Roi; que les Chartrains feraient construire ou réparer à leurs frais les portes à bateaux et le quai de la rive, le long du bras de Coulombs, et qu'ils paie-

---

[1] *Pièces relatives à la navigation.* — Le Parlement fit informer, par commission du 27 avril 1490, contre les gens du parti des sires de Brezé, Morhier et de Sabrevois, qui avaient *battu et molesté* les ouvriers chartrains.

[2] *Ib.* — Arrêt du Parlement du 25 juin 1490.

raient 1° au sire de Brezé, 20 deniers tournois, par bateau, pour pontage, outre les mêmes droits de travers que ceux dûs par les voituriers ; 2° aux meuniers ou commis de Brezé au moulin Bérenger et à ceux des moulins des religieux de Coulombs et de Morhier, pour ouvrir les portes aux bateaux, 12 deniers, par chaque montage et avalage ; 3° aux religieux de Coulombs, une rente de 16 livres rachetable pour 400 livres, et au sire Morhier, une rente de dix livres rachetable pour 200 livres. Le même jour, M⁰ Guillaume Aymeret, conseiller, fut désigné pour mettre l'arrêt à exécution et dresser sur les lieux un tarif des péages dûs par les bateliers depuis Chartres jusqu'à la Seine [1].

Les péripéties du *drame* de la navigation n'occupèrent pas uniquement les Chartrains de cette époque ; un événement arrivé au mois de janvier 1491 (1490 vieux style) leur procura des émotions d'un autre genre. Pendant la nuit du 11 de ce mois, la châsse contenant les principales reliques et le trésor renfermant les plus beaux joyaux de l'église Saint-André, furent volés par un prêtre vagabond nommé Jean Rabier, natif du diocèse de Sens, et par Macé et Cochonnet, ses *compagnons*. Les voleurs s'enfuirent par dessus les murailles de la porte Saint-Jean, en se laissant glisser le long de la corde du puits Sainte-Foy qu'ils avaient été décrocher à cet effet ; ils cachèrent les vases sacrés dans des murs de chaume de quelques jardins du faubourg, enfouirent la châsse dans un

---

[1] *Pièces relatives à la navigation* ; Arch. départ. — Le sire de Brezé était trop grand personnage pour se soumettre d'emblée à un arrêt du Parlement ; il refusa encore le passage des bateaux au moulin Beranger, fit placer une chaîne au travers de la rivière et briser les portes construites par les Chartrains. Au mois d'octobre 1493, il se trouvait en amont et en aval du moulin quatre bateaux chargés de vin pour Rouen et plusieurs bateaux chargés de sel pour le grenier de Chartres, lesquels ne pouvaient passer. Sur la plainte des bateliers, Regnault Simoneau, procureur des habitants, se transporta sur les lieux ; mais il fut forcé de revenir sans avoir rien fait, parce que Gilles Manterne, bailli de Nogent, et Jeannequin Ferdien, procureur du Roi à ce bailliage, lui annoncèrent que si les gens de Chartres touchaient à la chaîne, une compagnie d'hommes d'armes, casernée au châtel de Nogent, tomberait sur eux par ordre de M. de Brezé. Le 20 du même mois, il y eut entre les bateliers et les Nogentais une rixe dans laquelle les premiers furent *battus et meurdris*.

tas de fumier près de la Croix-Thibault, le surplus dans des fagots à Boinville près Francourville, et se réfugièrent à Oinville-sous-Auneau, chez la mère de Macé. Ce sacrilége causa une grande rumeur dans toute la ville; à la première nouvelle, le lieutenant-général Baudry fit fermer les portes et donna l'ordre aux sergents royaux et aux gagers de Saint-André de fouiller les étuves, cabarets et autres lieux suspects; mais ces perquisitions demeurèrent sans résultat. On fut plus heureux dans la visite des murs à l'intérieur et à l'extérieur; on trouva d'abord la corde dont s'étaient servis les voleurs pour s'enfuir, et, quelque temps après, un passant aperçut au pied du parapet un petit joyau renfermant *le doigt de M^r saint André*. Les recherches furent alors dirigées dans la direction des faubourgs Saint-Jean et Saint-Maurice. Cependant le clergé de Saint-André se disposait, dans l'après-midi, à se rendre processionnellement au couvent des Jacobins pour reprendre la relique retrouvée, lorsqu'un individu vint annoncer que les voleurs, dont il avait dépisté les traces, devaient être cachés du côté d'Oinville. On envoya sur-le-champ les sergents dans ce village, et Rabier, Macé et Cochonnet furent arrêtés, ramenés à Chartres et emprisonnés avant la fin du jour dans le cachot de la grosse tour du Palais. La justice ecclésiastique, comme c'était son droit, s'empara de l'affaire; elle condamna les coupables à être pendus.

Mais le caractère de prêtrise dont Rabier était revêtu ne devait pas être souillé par une exécution capitale; il fallait au préalable dégrader le prêtre sacrilége. On procéda avec pompe à cette sinistre formalité. Il se trouvait en face de l'église Saint-André un échafaud en bois, construit par Nicolas de Montaudouin, maître des charpentiers, et sur lequel une troupe de confrères de la Passion avait représenté quelques jours auparavant le mystère de saint Ladre, sainte Madeleine et sainte Marthe; ce fut le théâtre de la cérémonie. Au jour choisi, l'évêque Miles d'Illiers, accompagné des abbés de

Saint-Germain-des-Prés, de Saint-Jean-en-Vallée, de Saint-Cheron, de Thiron, de Coulombs et de Saint-Vincent-des-Bois, vint prendre place sur l'échafaud; le condamné comparut revêtu de ses habits sacerdotaux, et la dégradation commença selon le rit usité en pareille circonstance. Miles retira successivement à Rabier la chasuble, l'étole et l'aube; puis, armé d'un couteau, il racla les doigts du coupable, comme pour leur enlever l'huile sainte qui les avait consacrés au service de Dieu. En ce moment solennel, les assistants entendirent un craquement sous leurs pieds, *les échafauds churent et tombèrent, d'où plusieurs furent navrés, entre autres Nicolas de Montaudouin qui les avait assurés sur sa vie*. Alors, ajoute le chroniqueur, ledit révérend fit mener Rabier en la maison épiscopale où il acheva la dégradation; après quoi les trois malfaiteurs, vêtus de toile, furent pris par les officiers de la cour laïc. Rabier et ses complices appelèrent en Parlement de la sentence rendue contre eux; un arrêt du 23 juin 1496 confirma la décision des premiers juges à l'égard de Rabier qui fut pendu aux fourches de Montfaucon, et prononça le bannissement contre Macé et Cochonnet [1].

Plusieurs mutations avaient eu lieu depuis quelques années dans le personnel des hauts fonctionnaires chartrains. En 1483, le titre de bailli et capitaine de Chartres passa au sire Jean de Coingham, capitaine des Ecossais de la garde du Roi et son chambellan. Cette nomination ne changea rien à la position du lieutenant-général Baudry, qui, contrairement à tous les précédents, semblait jouir de l'inamovibilité. En 1492, le vieux Miles d'Illiers résigna son évêché en faveur de René d'Illiers, son neveu, fils du fameux Florent et archidiacre de Pincerais en l'église de Chartres. Cette résignation éprouva beaucoup de difficultés; le Roi la repoussa d'abord comme attentatoire à ses droits et aux libertés de l'Eglise gallicane;

---

[1] *Livre de bois de Saint-André*, p. 212, recto, et suiv.; Arch. départ. — Voir vol. 1er, p. 236.

il fit signifier à Miles et René, le 1er février 1493, des lettres portant défense au résignataire de faire usage des bulles de provision apostolique qu'il disait avoir reçues et qui n'avaient pas été vérifiées. D'un autre côté, René d'Illiers avait pour compétiteur le chanoine René de Prie, qui s'était fait pourvoir de l'évêché le 1er mai par l'archevêque de Sens, sous le prétexte de la démission de Miles et de la déchéance encourue par le Chapitre pour n'avoir pas présenté un candidat en temps utile. Sur ces entrefaites, Miles mourut le 17 septembre, et René, son neveu, dont la personne était, d'ailleurs, estimée de tous et même agréable au Roi, fut admis, après quelques corrections de forme dans ses bulles. Il fit son entrée le 29 mars 1495 [1].

L'arrêt du Parlement de 1493 avait ranimé le courage des partisans de la navigation. Pour donner un peu d'activité au transport par eau, la ville prit le parti de passer, le 3 mars 1494, avec Pierre Chesneau, marinier de Rouen, un marché par lequel ce dernier s'engageait, moyennant 30 écus par an, à se rendre tous les quinze jours avec deux bateaux au quai de Chartres, à embarquer les marchandises qui s'y trouveraient et à les transporter au lieu désigné dans le parcours de l'Eure et de la Seine. Le 13 avril suivant, les frères Thiars, charpentiers rouennais, reçurent la commande de deux bateaux destinés exclusivement au service de la navigation depuis Chartres jusqu'à Rouen. Enfin, au mois de mai 1495, le traité avec Chesneau ayant été rompu, les échevins en conclurent un autre plus important avec Yvonnet Maugars et Jean Mesnager, bateliers fréquentant la rivière d'Eure. Ces entrepreneurs s'obligèrent à tenir constamment en cours de navigation, depuis le quai de Chartres jusqu'à Rouen, pendant six ans à partir de la Toussaint, six bateaux *bons et marchans*, et à bâtir une grande maison *en manière*

---

[1] Doyen, vol. 1er, p. 374 et suivantes. — Chevard, vol. 2, p. 292 et suiv. — Souchet-Etienne, vol. 2.

de solle, sur un emplacement du quai pour ce désigné; on leur fit l'avance de 500 livres tournois, remboursables par annuités pendant le cours de la convention [1]. On pensait que le commerce ayant des bateaux à sa disposition, reprendrait facilement la voie de la rivière à cause de son bon marché.

Toutefois ces arrangements ne suffisaient pas; au mois de décembre 1496, Maugars, dont le service s'était ralenti, répondant devant le lieutenant-général Baudry à la plainte formée contre lui par M° Jean Nicole, procureur des habitans, allégua que la ville n'entretenait pas comme elle le devait les écluses et portes à bateaux; que plusieurs fois le *piteux* état de la rivière l'avait empêché de se rendre aux foires de Rouen, quoique ses bateaux fussent chargés; que, notamment, en octobre 1495, les bateaux ayant été retenus à la *guaize* de Lembourc, il avait été forcé de débarquer les marchandises et de les faire charrier jusqu'à Nogent; que, pendant cette année 1496, le manque d'eau lui avait causé un grand préjudice, et que la navigation était presque impraticable dans les conditions fâcheuses où se trouvait l'Eure [2]. On reconnaissait le bien-fondé de ces récriminations, mais l'argent manquait pour y satisfaire; d'ailleurs, avant de faire de grandes dépenses en réparations, il était nécessaire que le réglement des péages entrepris par le conseiller Aymeret fût entièrement terminé. Ce magistrat qui déployait dans cette affaire une louable activité, avait clos, par un procès-verbal en date du 29 novembre 1496, la première partie de son travail comprenant la fixation des péages depuis Chartres jusqu'à Nogent [3]. Il continua en 1497, et les registres des échevins font

---

[1] *Pièces relatives à la navigation;* Arch. départ.

[2] Procès-verbal du mardi 21 décembre 1496; Archives départem. — D'après Maugars, les écluses à réparer étaient celles de la Barre-des-Prés, du moulin de Bretigny près Josaphat, de Saint-Prest, de Plateau, de Ferrières, de Chaudon, de Dioneau, des Moulins-Foulcrets, des Trois-Gâteaux, de Maintenon, du moulin du Roi assis au Breuil, de l'Orme-Alain, du moulin de Chandres, du moulin de Lembourc, et du moulin le Roi ou Beranger, près Nogent.

[3] *Pièces relatives à la navigation;* Arch. départ.

connaître qu'au mois d'octobre, il opérait à La Chaussée-d'Ivry¹. A la fin on put disposer de quelque argent, et nous voyons que, pendant les années 1497, 1498 et 1499, la ville passa de nombreux marchés pour la réparation des portes et écluses et pour le curage de la rivière².

M. de Coingham fut remplacé au bailliage, en 1495, par le sire Rigault d'Oureille, chevalier, seigneur de Villeneuve, conseiller et maître-d'hôtel ordinaire du Roi³. Cette mutation, inaperçue à Chartres, n'eut, comme à l'ordinaire, aucune conséquence pour le pays; le poids des affaires publiques continua de peser sur le lieutenant-général Baudry. Ce fut ce haut fonctionnaire, assisté de quatre échevins, qui reçut, le 26 janvier 1498, Mgr le duc d'Orléans, bientôt après Louis XII, lors de son passage par Chartres, et qui lui offrit le vin de la ville, *deux poinçons du meilleur*. Le 9 avril suivant, le bruit se répandit que le jeune Charles VIII venait de mourir subitement; la nouvelle était vraie, un chevaucheur d'écurie de la Cour la confirma le 10. On prit aussitôt les précautions que la circonstance exigeait : on s'informa de la direction donnée aux gardes de nuit dans les villes de Blois et d'Orléans; un guet fut établi sur chaque porte *pour avoir nouvelles et éviter danger;* des postes de huit hommes surveillèrent les voyageurs à leur entrée en ville; ordre fut donné de réparer promptement les ponts-levis des portes Drouaise, Guillaume, Morard et Châtelet⁴. Louis XII monta sur le trône sans opposition.

---

[1] *Reg. des Echevins;* Séances des 4 et 18 octobre 1497.

[2] *Ib.;* Séances des 20 février et 6 novembre 1497, 6 août et 10 septembre 1498, 18 mars, 22 juillet, 7 septembre et 20 novembre 1499. — On travailla aux écluses de Lembourc, de Josaphat, de la Forte-Maison, du Breuil, de la Villette, de Plateau, de Villemarie, du moulin Beranger, de Maingournois et du moulin du Pré.

[3] Lettres du 1er octobre 1495, par lesquelles Charles VIII donne la charge de bailli de Chartres à M. d'Oureille, en récompense des bons offices que ce seigneur lui a rendus, *non seulement au service de sa bouche, mais encore au fait d'armes de Fornoue*. (Compte de Guillaume Lemoine, 1495-1496; *Recueil de Laisné*, vol. 5, p. 169.)

[4] *Reg. des Echevins;* Séances des 9 et 10 avril 1498.

Dès le 19 avril, le corps de ville, après avoir fait célébrer un service solennel à la mémoire du défunt roi, nomma des commissaires pour aller complimenter le nouveau monarque à l'occasion de son avénement et lui demander des lettres de confirmation de priviléges. Cette requête ne tarda pas à recevoir un bon accueil. Le 7 juillet, Louis XII décida que les droits du dixième sur le vin et du barrage ou *baitage*, continueraient à être appliqués aux fortifications [1]; par lettres des 13 juillet et 6 août, le Roi, réparant un oubli de Louis XI, abolit le droit de 12 deniers pour livre sur le détail des métiers de pelleterie, mercerie, tannerie et poissonnerie, en considération de *l'impôt mis par les bourgeois depuis 4 ou 5 ans sur le marché et vendage du bétail à pié fourché, dont il retire grand proufit, la ferme dudit impôt ayant monté, d'un coup, de six à sept vingt livres à sept ou huit cents* [2]; la confirmation de l'exemption du ban et de l'arrière-ban fut octroyée le 13 juillet [3]; le 17, arriva la confirmation de l'exemption des garnisons de gens de guerre [4].

On avait appris dans les derniers jours de mai que la reine Anne, veuve de Charles VII, empressée de regagner son duché de Bretagne, allait traverser la ville. Les échevins ne sachant trop quels honneurs il convenait de rendre à cette princesse qui n'avait jamais été reçue en reine, à Chartres, avant sa viduité, se disposaient à en référer à l'Evêque, lorsque le Doyen du Chapitre leur communiqua, le 31 mai, une lettre du Grand-Ecuyer de la Reine, relative à l'ordre de la cérémonie. Anne arriva probablement le lendemain; elle trouva à sa rencontre les gens du Roi, les douze échevins et les autres officiers, *bien habillés de robes noires et montés sur des chevaux bien harnachés;* la harangue fut prononcée par

---

[1] *Pancarte municipale*, vol. 1ᵉʳ; Arch. de la Mairie.
[2] *Ib.*, p. 26.
[3] *Ib.*, p. 33.
[4] *Ib.*, p. 32.

Mᵉ Jacques Thomas, avocat de la ville, et l'on offrit à Sa Majesté *six poinçons de vin du meilleur* et 200 *minots d'avoine*[1]. On attendait pour le mois d'octobre la visite de Louis XII; mais il paraît qu'elle manqua, à cause de certains bruits de peste que des gens mal intentionnés firent courir, quoique, selon les échevins, la santé publique fût parfaite en ce moment[2]. Le corps de ville, dirigé par le lieutenant-général, avait cependant beaucoup compté sur le voyage royal, car il lui importait de faire revenir Louis XII sur une mesure préjudiciable au bailliage. On venait, en effet, d'apprendre que le Roi voulait créer un siége royal à Blois, ancienne ville de son apanage dans laquelle une notable assemblée de prélats, docteurs ès-lois et décrets, présidents, conseillers et baillis élaborait une grande réforme judiciaire; l'érection de ce nouveau bailliage menaçait d'enlever au siége de Chartres non-seulement les appels du Blésois, mais encore ceux du Dunois et de la Sologne, et l'on remarquait déjà que les gens de ces pays refusaient de satisfaire aux assignations des officiers du bailliage chartrain. On jugea utile d'intéresser M. le Vidame à cette affaire; mais les Chartrains avaient des adversaires trop bien servis, et Blois eut son bailliage royal[3].

Les désastres des derniers mois de 1498 et de l'année 1499 donnèrent raison aux prophètes de la peste. Ce fléau, qui se promenait depuis longtemps aux environs de la ville, finit par y pénétrer et fit de tels ravages dans le courant du mois de septembre 1499, que la plus grande partie des habitants, *sans en excepter les échevins et les gens du Roi*, se réfugièrent à la campagne[4]. Le lieutenant-général Baudry, qui adminis-

---

[1] *Reg. des Echevins;* Séances des 26 et 31 mai 1498.
[2] *Ib.;* Séance du 18 octobre 1498.
[3] *Ib.;* Séance du 14 novembre 1498.
[4] *Ib.* — Il régnait aussi dans la populace et parmi les gens de guerre une autre maladie inconnue jusqu'alors, la *syphilis* ou *mal de Naples;* on avait bâti pour la cure des malades, une *loge* qui devint bientôt le réceptacle de tous les *bélitres, coquins* et *marauds* de la contrée. On finit par ne plus pouvoir supporter leurs inso-

trait Chartres depuis trente ans, fut peut-être victime de cette horrible maladie; du moins c'est à partir de cette époque que nous voyons la lieutenance générale occupée par M° Jean de Marnac, licencié ès-lois et conseiller au grand-conseil.

Enfin Chartres vit en 1502 le bon roi Louis XII et son fidèle ministre le cardinal Georges d'Amboise; le cardinal, que l'on appelait M. le Légat, parce qu'il avait reçu les pouvoirs du Pape pour les affaires ecclésiastiques de France, traversa notre ville le 11 janvier; le Roi arriva le 26 du même mois [1]. Nous ne savons rien de ces visites qui durent se renouveler de temps à autre, car Chartres se trouvait entre Rouen, résidence du prélat, et Blois, séjour favori du monarque. Pour que la correspondance de ces deux illustres personnages n'éprouvât aucun retard, les échevins entretinrent pendant l'hiver de 1502 à 1503 deux hommes de garde sur la porte Châtelet, uniquement chargés de *guêter les postes du Roi* [2]. Les affaires de France, qui suivaient cette voie, n'allaient pas toujours très-bien; après des succès éclatants en Italie, le royaume de Naples fut perdu pour les Français au mois de mai 1503. Ce revers força Louis XII à élever la taille et à emprunter de l'argent à ses sujets; le 24 octobre, Chartres lui prêta 3,000 livres qui furent versées à Paris, entre les mains du sieur de Hérouard, trésorier général, par les soins du Receveur de la ville et du Contrôleur du grenier à sel [3].

Ce placement forcé des fonds chartrains ne fut pas avantageux pour les prêteurs; faute d'argent, on ne put réparer les portes à bateaux de la rivière, et la navigation déjà si compromise fut bientôt réduite à néant; au mois de septembre 1504, l'échevinage appelé à délibérer sur une requête du sieur

---

lences; l'hôpital fut détruit et les malades étrangers furent chassés hors des murs. (Séance du 22 janvier 1499.)

[1] *Hist. de Souchet*, vol. 2, p. 137.
[2] *Reg. des Echevins;* Séance du 28 janvier 1504.
[3] *Ib.;* Séance du 24 octobre 1503.

Boulet-Jouan, relative au mauvais état des écluses, ne prit pas la peine de l'examiner, *parce que l'Eure avait cessé d'être navigable*[1]; et, en effet, le traité passé avec le marinier Yvonnet Maugars pour l'entretien permanent de six bateaux, fut résilié le 30 novembre 1503[2]. L'embarras financier de la ville était augmenté par les frais de certains procès qui la touchaient à divers titres : d'abord, il s'agit de faire décider par la justice qui, du lieutenant-général ou du prévôt, devait présider les assemblées municipales; on consacra, en juin 1504, quarante écus au maintien des droits du premier de ces magistrats qui avait pour lui l'autorité des précédents[3]; on soutint, ensuite, jusqu'à concurrence de cent livres tournois, contre la duchesse d'Alençon, dame de Belesme, que la terre et baronnie de Nogent-le-Rotrou ressortissait de tout temps au bailliage de Chartres et ne devait pas foi, hommage et aveu de fiefs à la seigneurie de Belesme ; cette instance fut suivie, au mois de décembre 1505, à la requête des habitants, par Mᵉ Pierre Ledoys, procureur aux causes, et M. de Champrond, bailli de Nogent[4]; enfin, un ancien procès engagé avec les religieux de Saint-Père au sujet de la propriété des *Vieux-Fossés*, recommença au mois de juillet 1505[5]. A ces causes de dépenses se joignirent en 1504 une peste et une disette qui firent de nombreuses victimes et nécessitèrent d'abondantes aumônes. Les échevins sentaient le besoin impérieux de rentrer dans l'avance faite au Roi en 1503 ; or, comme ils avaient dans ce but député sans succès en Cour, au mois d'avril 1504, MM. Foulques Cheron et Pierre Ledoys, ils

---

[1] *Reg. des Echevins;* Délibérations des 25 septembre et 23 octobre 1504.

[2] On acheta de Maugars la maison qu'il avait fait construire sur le quai pour servir de magasin, et on la loua au mois de juillet 1507. La ville aurait bien voulu se débarrasser du grand bateau qui lui appartenait, mais on n'en trouva pas 20 écus et on le laissa s'embourber et pourrir dans la Léthinière, à l'entrée du fossé de la fontaine de la porte Drouaise.

[3] *Reg. des Echevins;* Séances des 13 juin 1504 et 9 septembre 1506.

[4] *Ib.;* Séance du 16 décembre 1505.

[5] *Ib.;* Séance du 16 juillet.

pensèrent que le lieutenant-général de Marnac, qui se trouvait à Paris au mois de novembre suivant, pourrait s'intéresser plus utilement à l'affaire, mais on reconnut bientôt que le crédit de ce personnage était insuffisant pour une pareille tâche [1].

Certaines circonstances fortuites firent sortir encore quelques deniers de la caisse municipale. La reine Anne venant de Nogent-le-Roi et se rendant à Blois, dans les premiers jours de mars, fut reçue à Chartres avec les plus grands honneurs; la rue Muret, que parcourut le cortége, était entièrement tendue de tapisseries; une partie des échevins, les corporations et les notables accompagnaient à cheval Sa Majesté, tandis que les quatre anciens de l'échevinage soutenaient au-dessus de sa tête un *ciel* (dais) magnifique fait en damas et frangé d'or. On offrit à la Reine 300 minots d'avoine et 20 poinçons de vin [2]. Le 26 mai suivant, le corps de ville alla recevoir hors de la porte des Epars un nouveau bailli appelé Jean Berziau, sire de Courtenval; les cadeaux de bienvenue consistèrent en quatre *traversains* de vin et 50 minots d'avoine; on mena le magistrat souper à la tour du Roi, et, le lendemain, après lecture et enregistrement de ses lettres, il prit possession de son office [3]. L'argent de la ville ne fut pas

---

[1] A ce sujet M. de Marnac écrivit aux échevins la lettre suivante : « Messieurs, » j'ai parlé de vostre affaire et y ay quelqu'espérance, mais je suis d'advis que une » douzaine de poinçons de vin clairet du meilleur que pourrez envoyer en la maison » de M. le Légat à Gaillon qui cousteroit moins que néant, vous pourront beaucoup » servir, pourquoi vous en ai bien voulu advertir, priant Nostre Seigneur, Messieurs, » vous donner ce que desirez. A Paris, le quinzième novembre 1504, Vostre servi- » teur, frère et ami, Jehan Marnac. — A Messieurs les douze échevins. » On ordonna immédiatement de *querir, achepter et envoyer ledit vin* et on dépêcha à Paris Me Pierre Ledoys pour entretenir du remboursement désiré MM. Hurault, général des finances, de Dampierre *et autres grands de la Cour*. (Séance du 19 novembre 1504.)

[2] *Reg. des Echevins;* Séance du 3 mars 1505. — Chaque échevin reçut pour la circonstance un bonnet noir du prix de 20 sous.

[3] *Ib.;* Séances des 18 mars et 26 mai 1505. — M. Berziau, qui était notaire et secrétaire du Roi, permuta avec M. d'Oureille, en vertu de lettres-patentes du 20 janvier 1505. (Compte de Guillaume Lemoine, 1504-1505; *Recueil de Laisné*, vol. 5, p. 231.) — La ville ne négligeait pas les occasions d'être agréable au bailli :

toujours aussi joyeusement dépensé. En 1504 et 1505, des ouragans endommagèrent les murailles dont un pan tout entier tomba près de la tour Courtepinte; les réparations nécessitées par ces désastres coûtèrent la somme considérable de 3,500 livres tournois [1].

La peste et la misère du temps n'empêchèrent cependant pas les échevins de s'occuper activement, pendant les années 1503, 1504 et 1505, de plusieurs affaires d'intérêt public. Les travaux de pavage furent entrepris sur une grande échelle [2]; on fit une vérification et une rectification des mesures de capacité usitées pour la vente des liquides et des grains [3]; un réglement sur la police des marchés protégea les consommateurs contre la concurrence des revendeurs [4]; enfin on essaya de rendre la fabrication des draps accessible à tous les ouvriers, en modifiant les exigences de la maîtrise [5].

le 8 avril 1506 elle lui offrit *un brochet, une lamproie, une grande carpe, quatre plies, deux darnes de saumon, deux raies, deux sèches, deux aloses, 500 de moules, des épinards et des pointes d'orange.* Le tout avait coûté 7 livres 12 sous 11 deniers.

[1] *Reg. des Echevins;* Séances des 27 mars et 6 avril 1505.

[2] Le service du pavage paraît s'être fait avec régularité depuis cette époque; il était supporté en partie par les habitants, en partie par la ville, et dirigé par le maître des paveurs. Le cent de pavés coûtait 16 sous tournois en 1503. (Voir: *Prix du pain et des marchandises aux XVIe et XVIIe siècles*, Appendice n° 3, fin de ce volume.) En 1505 on afferma à Mathry Rougemont le sablon *des voieries et rivière*, à la charge d'en entretenir la ville pour son pavage. (*Reg. des Echevins;* Séances des 17 et 31 octobre 1503, 19 avril, 13 juin, 1er septembre, 3 octobre 1504, 18 septembre, 8 et 19 novembre, 16 décembre 1505.)

[3] Au mois d'octobre 1503, on donna 40 livres tournois au lieutenant-général Jean Marnac, *pour avoir exercé la justice et juridiction de l'appetissement de la dixième partie des mesures du vin et autres breuvages.* (*Ib.;* Séance du 24 octobre.) Au mois de juillet 1505, le mesureur du blé fut ajourné à la chambre de ville, avec ses minots, *pour être iceux vérifiés et brisés, dans le cas où ils ne seroient pas trouvés conformes à l'étalon de la tour du Roy.* (*Ib.;* Séance du 19 juillet.)

[4] Dans la séance du 3 octobre 1504, on fit défense aux marchands revendeurs d'aller hors des portes de la ville au-devant des marchands, laboureurs et autres, conduisant au marché des bois de merrain, cercles, blés, avoines, chairs et autres denrées, et d'acheter ou faire acheter, savoir: les merrains, de quatre heures après-midi au lendemain à onze heures du matin, et les grains et viandes, de neuf à dix heures du matin.

[5] Voir vol. 1er, p. 385.

CHAPITRE XVIII.

DE L'INCENDIE DU CLOCHER DE PLOMB DE LA CATHÉDRALE A L'ÉRECTION DU DOMAINE DE CHARTRES EN DUCHÉ.

(1506-1528.)

L'année 1506 semblait s'annoncer plus favorablement pour la fortune et la santé des Chartrains, lorsqu'un événement terrible vint les jeter dans la consternation; voici en quels termes les registres des Echevins racontent ce nouveau malheur :

« L'an 1506, dimanche fête sainte Anne, 26ᵉ de juillet,
» entre sept et huit heures du soir, le tonnerre cheut au clo-
» cher de plomb de l'église Nostre-Dame de Chartres par le
» haut et pomme d'iceluy estant à gauche de la porte réale
» de la dicte église; lequel clocher qui estoit très beau et
» magnifique et six grosses cloches estans en iceluy furent
» brulés, exterminés et consommés au moyen dudict ton-
» nerre et foudre, embrâsement et tempête avec aucune par-
» tie de la couverture et forêt d'icelle église et mesmement
» iceluy clocher qui estoit de bois et couvert de plomb jus-
» qu'à la première voute estant de pierre; l'outre plus duquel
» clocher estant de pierre, comme l'autre clocher d'icelle
» église, ne fust aucunement bruslé; lequel tonnerre, esclair
» et pluye, en si grande abondance et force qu'il sembloit
» qu'on la versât et jettât à seaux, durèrent sans cesse depuis
» l'heure dessus dicte jusques environ 4 heures après minuit,
» tellement que chascun doutoit toute ladicte église, ensemble
» la ville ou la plupart d'icelle, cheoir totalement en grande

» ruyne, calamité, pauvreté et en dangier d'estre bruslée,
» détruite et exterminée ; Et crioit chascun, par grand' dou-
» leur, compassion et pleurs à Dieu, misericorde !... Néan-
» moins, moyennant la grâce de Dieu et de la benoicte vierge
» Marie, en l'honneur de laquelle de la primitive on exposa la
» châsse, le feu et pluye cessèrent [1]. »

La tempête fit aussi de grands ravages dans la cité. Plusieurs maisons s'écroulèrent, les rues furent dépavées, et le torrent des Vauroux emporta l'arche Saint-Maurice. Cependant, comme on avait couru le danger d'une ruine complète, le corps de ville décida le 1er août qu'une procession générale des habitants aurait lieu en l'église des religieux de Saint-Père pour rendre grâce à Dieu [2]. Les travaux de reconstruction du clocher furent immédiatement entrepris par Jean Texier, dit de Beauce; on confia ceux de serrurerie et d'horlogerie à Macé Beguin [3]. Les pluies qui tombèrent presque continuellement en 1507 ne permirent pas de pousser avec une grande activité les réparations des dégâts de la ville ; cependant on ne laissa pas de s'en occuper, et cette reprise presque générale des constructions et de la voirie de Chartres eut au moins cela de bon qu'elle assainit quelques quartiers. Dès le 25 juin 1506, on défendit expressément de jeter des immondices dans les rues et de laisser vaguer les pourceaux au milieu des décombres, afin d'éviter tout danger de peste, par les chaleurs de la saison [4]; au mois d'octobre, on nettoya les abords du cloître en démolissant près de la Porte-Neuve, du côté de la rue du Cheval-Blanc, partie d'une maison de réputation douteuse autour de laquelle se retiraient la nuit certains *mau-*

---

[1] Ce texte, tiré d'une délibération des Echevins, a déjà été donné par M. Benoist, dans l'Annuaire de 1845, p. 392.
[2] *Reg. des Echevins*. — Il fut ordonné aux habitants d'aller à cette procession *deux à deux, sans foule et sans bruit;* on y porta la sainte Châsse.
[3] *Ib.;* Séance du 19 juillet 1507.
[4] *Ib.*

TOME II. 10

vais garçons pratiquant battures et pilleries [1]; de nouveaux nivellements furent opérés au mois de mai 1507 dans les rues des Lices, des Changes, aux Juifs, Châtelet et des Carneaux ou Sainte-Même [2].

L'évêque René d'Illiers étant mort le 8 avril 1507 [3], le Roi écrivit le 21 à Messieurs de la ville pour les engager à postuler près du Chapitre en faveur de M¹ʳᵉ Erard de la Marck, évêque de Liège, qu'il affectionnait particulièrement [4]. A la fin de mai, M. de Gannay, premier président du Parlement, le cardinal de Luxembourg, l'évêque du Mans, son neveu, M. de Montbazon, capitaine des Suisses, M. Raoul Hurault, seigneur de Cheverny, général des finances, et plusieurs autres personnages de marque furent dépêchés à Chartres dans le but de solliciter cette élection. Le bailli Jean Berziau, le lieutenant-général nommé aussi Jean Berziau, qui avait succédé en 1505 à M. de Marnac, les officiers du Roi et les échevins firent à cette illustre compagnie les honneurs de la ville;

---

[1] *Reg. des Echevins;* Séance du 22 octobre.

[2] C'est vers cette époque que l'on commença à donner le nom de Sainte-Même à la rue des Carneaux. Les registres des échevins font mention à la date du 8 janvier 1507 du seigneur de Sainte-Même, personnage assez marquant pour qu'on lui offrît le vin de la ville; doit-on à ce seigneur la fondation de la chapelle Sainte-Même et, par voie de conséquence, le changement de nom imposé à la rue des Carneaux? c'est ce que je n'ai pu découvrir. Le seigneur de Sainte-Même, gentilhomme de la chambre du Roi, vaillant capitaine, compagnon de Bayard, fit les guerres d'Italie de 1521 à 1524 à la tête d'une compagnie de 50 hommes d'armes. *(Mémoires de Martin du Bellay*, coll. Michaud, vol. 5, p. 137, 182 et 185. — *Mémoires de Fleuranges*, ib., p. 63.)

[3] Le corps de René d'Illiers, placé dans une litière portée par des chevaux caparaçonnés de noir, et accompagné processionnellement par le Chapitre, les religieux de Saint-Cheron et de Saint-Jean-en-Vallée, les Jacobins, les Cordeliers et les frères de l'hôpital Saint-Julien, fut conduit à Saint-Cheron et inhumé dans le chœur de l'église du couvent. *(Reg. des Echevins;* 8 avril 1507.)

[4] Ce Prélat était le frère de Robert II de la Mark, seigneur de Sédan, et l'oncle de Robert de la Mark, seigneur de Fleuranges, qui devint maréchal de France et laissa de curieux mémoires sous le nom *du jeune Adventureux.*

Souchet (p. 248) donne la copie d'une lettre du Roi, adressée au Chapitre relativement à la mort de René d'Illiers, et datée de *Villane en Piémont, le 12 avril.* Je pense que cette date n'est pas exacte et que cette lettre fut écrite le *21,* de même que celle envoyée aux échevins. Il paraît, en effet, difficile que Louis XII ait pu connaître le 12 avril, au fond du Piémont, un décès arrivé le 7 à Chartres. La lettre du Roi, datée du 21 avril, ne parvint aux échevins que le 17 mai.

entre autres divertissements, on leur procura, le 5 juin, au beau milieu de la procession du Saint-Sacrement, le plaisir d'une représentation du mystère du sacrifice d'Abraham, *par feintes et personnages* [1]. Le Chapitre, docile aux inspirations d'un monarque qui venait de donner 2,000 livres pour la restauration de la cathédrale, fit choix de son protégé au scrutin secret, et le nouvel élu prit possession le 27 juin, au son des *grosses orgues* et du *Te Deum* [2]. Erard de la Marck ne résida pas; on lui donna pour coadjuteur Jacques Ricoul, abbé de Saint-Cheron, évêque de Termes *in partibus;* puis il s'en alla, par-delà les monts, conseiller Louis XII sur ses affaires d'Italie.

La guerre se poursuivait toujours dans ces contrées, et, quoique les armes royales eussent recouvré Gênes (29 avril 1507), les préparatifs du roi des Romains Maximilien et du

[1] La ville paya les acteurs et les décors. On dépensa 2 livres 17 sous 6 deniers tournois pour *neuf grans escriteaux devant servir audit mystère*, pour *barbes, diadèmes, cinq paires d'ailes d'anges en plumes de paon, pomme de bois doré avec une croix au-dessus et ceintures dorées de peaultre*, etc. (*Reg. des Echevins;* Séance du 5 juin.) La confrérie de *la Passion* cherchait depuis quelque temps à s'impatroniser à Chartres. Elle avait présenté une requête au corps de ville, le 18 février 1506, dans le but d'obtenir l'autorisation de jouer ses *mystères et moralités* et un subside pour subvenir aux frais des échafauds et des décors. On avait accédé à cette demande.

[2] Le Chapitre se fit prier assez longtemps avant de nommer Erard de la Marck. Les registres capitulaires font connaître que des lettres pressantes du Roi furent présentées aux chanoines, le 17 mai, par M. Cottereau, seigneur de Maintenon, trésorier de France; que, le 19, les officiers du Roi et plusieurs bourgeois conduits par M⁰ Michel Masson, avocat de la ville, vinrent faire valoir, en séance capitulaire, le grand crédit du candidat et le bien que son élection pourrait procurer au Chapitre et aux Chartrains; que, le 29, d'après de nouvelles lettres du Roi, pareille exhortation fut adressée à la compagnie par le lieutenant-général Jean Berziau, Michel Michon, lieutenant particulier, Regnault de Gyvès, prévôt, Michel de Champrond, avocat du Roi, Guillaume Bouffineau, procureur du Roi, Guillaume Lemoine, receveur du Domaine, Nicolas Daniel, Étienne Delacroix, Guillaume Courtin, Pierre Sachet, licenciés ès-lois, Philippe Bichot, Pierre Ledoys, Antoine Plumé, Jean Haligre et autres bourgeois; qu'une nouvelle démarche fut faite le 7 juin par le cardinal de Luxembourg, l'évêque du Mans, le premier président de Gannay qui avait un fils chanoine, Robert Thiboust, conseiller au Parlement, Antoine de Cugnac, Artus Gouffier, seigneur de Boissy, lesquels présentèrent au Chapitre de nouvelles lettres de S. M. et du cardinal d'Amboise pour activer l'élection désirée. Souchet dit qu'Erard de la Mark ne vint pas à Chartres; c'est une erreur que rectifie le procès-verbal de l'assemblée des Echevins du 27 juin 1507. (Voir l'*Histoire manuscrite de Souchet*, vol. 2, p. 151 et 168.)

pape Jules II forçaient la France à des armements qui jetaient l'inquiétude jusqu'au sein de notre paisible cité. La ville eut, d'abord, des difficultés avec le Chapitre au sujet du lieu où le guet devait se faire et du paiement du salaire des guetteurs ; depuis la suppression de la *guette* de Chartres, les veilleurs de jour et de nuit, postés au haut du clocher septentrional, avaient été payés par le Chapitre, mais, après l'incendie de ce clocher, les chanoines déclinèrent la charge du guet transporté dans le clocher de l'église Saint-Michel (24 juillet 1507). La question passait pour importante, car le peuple tenait beaucoup à ses guetteurs ; toutefois, comme l'ennemi n'était pas aux portes, on remit à un autre temps la solution définitive du litige. Au mois d'août 1507, les échevins furent obligés de défendre les priviléges de la ville contre les élus, qui, sous prétexte du service du Roi, voulaient lever sur les habitants et diriger vers Lyon un certain nombre de chevaux et charrettes [1]. Mais ces petites tracasseries ne détournaient pas l'administration des affaires réellement sérieuses, et il s'en présentait une, à cette époque, qui était bien faite pour absorber l'attention générale : il s'agissait de rédiger par écrit les vieilles coutumes du pays chartrain.

La pensée d'écrire et de promulguer toutes les coutumes du royaume n'était pas nouvelle ; manifestée par l'ordonnance de Charles VII de 1453, renouvelée par les Etats de 1484, il était réservé à Louis XII d'en poursuivre la réalisation. Les Etats particuliers du bailliage de Chartres, réunis par ordre du Roi aux mois de juin et de septembre 1507, s'occupèrent d'une rédaction préparatoire contenant dans le même contexte les coutumes du Perche-Gouët et celles de Chartres [2].

---

[1] *Reg. des Echevins;* Séance du 4 août.

[2] Un grand mouvement devait alors régner à Chartres, car, indépendamment des réunions des Etats qui amenaient dans nos murs tous les personnages importants du bailliage, il se tint à la fin de juillet, au couvent des Cordeliers, un chapitre provincial auquel assistèrent *500 religieux. (Ib.;* Séance du 22 juillet, jour de la Madeleine, 1508.)

La révision de ce premier travail fut confiée à Mes Thibault Baillet, président, et Jean Le Lièvre, conseiller au Parlement; mais ces magistrats, qui avaient également mission d'arrêter les coutumes de l'Anjou et du Maine, ne purent terminer leur tâche qu'au bout d'une année. Le 19 octobre 1508 eut lieu, dans la chambre épiscopale, la dernière lecture, puis la publication du code chartrain, par les commissaires royaux, en présence des ecclésiastiques, nobles et bourgeois composant les Etats du bailliage [1]. On pourrait s'étonner, en

[1] L'assemblée du 19 octobre 1508 était composée des personnages dont les noms suivent : 1° *Clergé*: L'évêque de Chartres, par Mes Wastin des Feugerais et Mathurin Plumé, ses vicaires; le Chapitre, par Mes Esprit de Harville, sous-doyen, Michel Mauterne, chancelier, et Jean Pigeart, chanoine; frère Antoine de Hargueville, abbé de Coulombs; frère André de Médavy dit Davy, abbé de Josaphat; frère Jean Jacquin, abbé de Saint-Jean-en-Vallée; frère Guillaume de la Voue, abbé de Bonneval; l'abbé de Saint-Père, par Philippe Le Maignen, son procureur; l'abbé de Saint-Cheron, par Jean Le Mesle, son procureur; l'abbé de Thiron, par Guillaume Renouard, Macé Remonnet et Pierre Lapoustoire, ses procureurs; le couvent de Saint-Père, par frères Damian Gouin et Mathurin Godefroy, religieux; le couvent de Saint-Jean-en-Vallée, par M^{ire} Jean de Montaudouin, religieux procureur; le couvent de Josaphat, par frère Jean Fourré, religieux procureur; le chapitre de Saint-André, par Pierre Arondeau, son procureur; le chapitre de Dreux, par Jean de Saint-Aubin, prêtre-chanoine et procureur; M^{ire} Pierre de Dampierre, curé de Saint-Aubin;
2° *Noblesse*: Nobles hommes, M^{ires} Raouland de Prullay, chevalier, seigneur de Crissay; Louis d'Illiers, écuyer, seigneur de Villeneuve; Jean de Saint-Berthevin, écuyer, seigneur de Montelhart; Jean Raillard, écuyer, seigneur de Marville; Nicolas d'Auferville, écuyer, seigneur de Mézières, bailli de Dreux; Gilles Mauterne, écuyer, seigneur de Ruffin; Nabourg de Commargon, écuyer, seigneur de Méréglise; Jean de Crouy, écuyer, seigneur de Saint-Piat; Pierre d'Allonville, écuyer, seigneur de Perruchay; Pierre de Favières, écuyer, seigneur de Mondonville; Louis de Vernous, écuyer, seigneur des Yys; Macé de Fiez, écuyer, seigneur de la Ronce, Jean de Gauville, écuyer, seigneur de Javercy; Jean et Guyon de Saint-Benoist, seigneurs de la châtellenie de Prémont; Jean d'Allonville, seigneur dudit lieu; Rogerin de Ramcray, écuyer, seigneur de la Brosse; Antoine Colloneau, seigneur de Sorel; Bertaut le Bègue, écuyer, capitaine d'Alluyes; Guillaume le Bérou, écuyer, seigneur de Meigneville; Guillaume le Picart, écuyer, seigneur d'Orfin; Jean d'Escarbot, écuyer, seigneur de Gemasses; tous les sus-nommés en personnes; la duchesse d'Alençon, dame de la châtellenie de Gallardon; M^{ire} Antoine de Luxembourg, chevalier, comte de Roussy, à cause de la baronnie d'Alluyes assise au Perche-Gouet et de la châtellenie de Pierre-Coupe assise en Chartrain; M^{ire} Jean de Gruthuse, gouverneur de Picardie, seigneur des châtellenies de Montmirail, Authon, La Basoche-Gouet; M^{ire} Louis de Graville, amiral de France, comme tuteur et bail des enfants mineurs de Jacques de Vendôme, en son vivant vidame de Chartres et seigneur de Meslay; M^{ire} Louis de Brezé, chevalier, grand-sénéchal de Normandie, à cause des châtellenies de Nogent-le-Roi, Anet, Bréval et Montchauvet; Me Jean Cottereau, trésorier de France, seigneur de la châtellenie de Maintenon; D^e Hélène de Beauvau, veuve de M^{ire} Charles d'Estouteville, chevalier, seigneur de Villebon et la Gâtine; M^{ire} Florentin Girard, chevalier, seigneur des châtellenies de Brou, Frazé et Dangeau au Perche-Gouet et de la seigneurie de la Motte; M^{ire} Charles d'Illiers, seigneur

lisant ces coutumes, de la place qu'y tient le droit féodal, si l'on ne se rappelait que le pays chartrain, déjà possédé féodalement par de puissants seigneurs et tenu en arrière-fiefs par la noblesse de second ordre, s'était couvert au XIII° siècle d'une multitude de petits offices féodaux, tels que mairies, sergenteries, prévôtés, tombés entre les mains de praticiens; l'application du droit féodal sous toutes ses formes était donc très-fréquente, et les gens de loi, composant la majeure partie des membres de l'assemblée des Etats, n'avaient eu garde d'oublier les traditions et usages qui consacraient les droits et les devoirs de leurs fiefs. Il est remarquable que les coutumes qui se rapprochent le plus de celles de Chartres par leur couleur féodale sont précisément celles des pays qui, à une autre époque, avaient fait usage du *type chartrain* dans leurs mon-

de la Moutonnière et de Glatigny; frère Louis de Creven, abbé de Vendôme, pour la châtellenie de Lisle; M¹ʳᵉ Bertin de Silly, chevalier, seigneur de la châtellenie d'Auneau; D⁻ᵉˡˡᵉ Louise de Vieux-Pont, veuve de Perceval de Billy, dame de la châtellenie de Courville; M¹ʳᵉ Jacques de Daillon, seigneur de la châtellenie d'Illiers; Hugues de Broye, écuyer, seigneur de Ver; ces derniers par procureurs;
3° *Tiers-Etat*: Honorables hommes et sages Mᵉ Jean Berziau, lieutenant-général du bailliage; Mᵉ Michel Michon, lieutenant particulier; Etienne de Champroud, avocat du Roi; Guillaume Bouflineau, procureur du Roi; Regnault de Gyvès, prévôt en garde pour le Roi à Chartres; Jean Haligre et François Bouflineau, procureurs aux négoces, Pierre Ledoys, procureur aux causes, Mathurin Plumé, Michel Chantault, Guillaume Courtin, Philippe Bichot, Guillaume Haligre, Martin Pineau, ces neuf derniers échevins; Mᵉˢ Etienne Delacroix, Pierre Beaucouché, Jean Grenet, Guillaume Lambert, Nicolas Daniel, Michel Chantault, Pierre le Chenevix, Thomas Deschamps, Antoine Lebeau, Jean Boileau, Jean Nicole, Pierre Sachet, François Arroust, Jean Lesueur, Jacques Fleury, Claude Gontier, Philippe Ysambert, Esprit Pasteau, ces dix-huit derniers licenciés ès-lois, avocats et praticiens au bailliage; Michel Latroyne, Pierre Ledoys, Robert Saillart, Philippe Lemaignen, Jean Lemesle, Raoullin Rossignol, Jean Duseux, Jean le Petit, Michel Quetin, Jean Martin, Etienne du Boille, Pierre Mestivier, Jacques Pigou, Michel Hésart, Jean Lambert, Pierre Lapoustoire, Pierre Poperon, Gilles Cochin, Michel Flatrus, Pierre Arondeau, Jean Curard, Jean Goussard, Pierre Rougeoreille, ces vingt-trois derniers procureurs au bailliage; Anseaulme de la Cherve, prévôt de Bonneval; Guillaume Lecourt, procureur du Roi audit siège; Jean Hardy, procureur de la juridiction temporelle de l'abbaye dûdit lieu; Michel Cartenay, tabellion de ladite abbaye; Pierre Ledoys, maire des quatre mairies royales de Béville-le-Comte, Fresnay, le Coudray et Sours; Guillemin Lhomme, lieutenant de Béville; Philippe Janvier, greffier des quatre mairies; Jean Le Clerc, commis à la juridiction de la Prévôté des haute et basse Sologne, au bailliage de Chartres; Simon Leroy, lieutenant du comté de Dreux pour le sire d'Albret; Thomas Rotrou, procureur dudit lieu; Pierre Gravelle, receveur dudit comté, Antoine Mussart, procureur des maire et échevins du comté de Dreux. (*Nouveau Coutumier général*, par Bourdot de Richebourg, tome 3, p. 727.)

naies : par exemple, le Grand-Perche, Châteauneuf, Blois, le Dunois, Romorantin, Saint-Aignan, Selles-sur-Cher.

Le collége des Echevins avait pris en 1506 une mesure très-utile pour la prompte expédition des affaires communes. Jusque-là chacune des branches de l'administration, de même que chaque affaire d'intérêt général délibérée en assemblée, était remise aux soins de commissaires spéciaux; il en résultait que la chose publique restait en souffrance lorsqu'elle tombait entre les mains de commissaires négligents. On pensa, non sans raison, qu'il fallait réserver les commissions pour les cas extraordinaires, et on décida que deux échevins, portant le nom de *procureurs aux négoces*, seraient délégués chaque mois pour le gouvernement de la ville et la signature des mandements [1]. On recueillit les fruits de cette nouvelle organisation ; plusieurs affaires qui intéressaient le menu peuple, et notamment celles relatives à la foire de la Saint-Barthélemy et au marché du bétail *à pié rond et fourché*, furent terminées en 1508 au grand avantage des habitants ; il fut reconnu que les commis du domaine ne pouvaient exiger de chaque marchand étalant à la foire qu'un denier, au lieu de douze qu'ils demandaient [2], et la ville obtint la concession du marché à son profit, moyennant le fermage modique de 650 livres tournois payables chaque année au trésor [3]. Il faut aussi reporter à l'heureuse initiative des échevins de service

---

[1] *Reg. des Echevins;* Séance du 3 août 1506. — Le nombre des échevins n'était pas encore parfaitement déterminé au commencement de ce siècle; il y en avait douze en 1470 et en 1504; neuf échevins seulement figurèrent à la séance de publication des Coutumes. En 1520, le lieutenant-général Séguier pensa qu'il fallait revenir à l'exécution de la charte communale de 1296 (vol. 1er, p. 159), c'est-à-dire aux usages d'Orléans; en conséquence, en vertu d'une délibération du 30 septembre, un échevin alla se faire rendre compte, à Orléans, des coutumes adoptées dans les élections et en prit copie ainsi que des priviléges, pour être statué après examen. Le lieu des séances n'était pas non plus toujours le même; on se réunissait tantôt à la maison de ville, tantôt à la tour du palais, quelquefois à la librairie du Chapitre ou dans la grande salle de l'évêché.

[2] *Ib.;* Séance du 7 novembre 1508.

[3] *Ib.;* Séance du 15 décembre 1508. — Ce marché se tenait les mardis et samedis.

une ordonnance de police du 19 février 1510 concernant *les mauvais garçons qui rodent de nuit armés de bâtons et crochètent les huys et fenêtres*, faisant défense aux hôteliers et taverniers de recevoir les *gens de pied, vagabonds et suspects* plus de quatre heures le jour et une heure la nuit sans en avertir les officiers du Roi, et prescrivant aux bourgeois *de ne jamais sortir sans lanterne et luminaire après neuf heures du soir* [1].

Une lettre du Roi, du 31 janvier 1509, apprit aux Chartrains le traité d'alliance conclu avec l'Empereur, à Cambrai, le 10 décembre précédent; il y eut à cette occasion une procession de tous les corps d'états et des feux de joie dans les carrefours [2]. Ce traité fut suivi de près par la victoire d'Agnadel que Louis XII gagna le 14 mai sur les Vénitiens; la nouvelle en fut donnée en chaire par le gardien du couvent des frères Mineurs de Caen, au milieu d'une procession que les habitants avaient faite de Notre-Dame aux Cordeliers pour demander à Dieu la santé du Roi et de la Reine et la paix du royaume [3]. Le rôle que la France jouait alors en Italie lui avait attiré l'animadversion du pape Jules II, le plus belliqueux des successeurs de saint Pierre; mais avant d'engager les hostilités avec le Souverain-Pontife, Louis XII voulut rassurer sa conscience sur les conséquences d'une pareille guerre au point de vue spirituel, et il exposa ses griefs contre Rome dans une assemblée d'évêques et d'ecclésiastiques notables convoqués à Tours le 14 septembre 1510. Ce concile gallican, dont firent partie les chanoines Jean Desfossés, théologal, et Michel Mauterne, chancelier, députés

---

[1] *Reg. des Echevins*. — Cette ordonnance défendit aussi aux marchands de poisson d'eau douce de vendre ailleurs qu'en la poissonnerie et de porter le poisson en leurs boutiques, tonneaux ou réservoirs de la rivière, avant midi sonné, et aux revendeurs d'acheter pour revendre avant dix heures du matin.

[2] *Ib.*; Séances des 7 et 10 février 1509.

[3] *Ib*. — A cette procession on donna aux sergents 36 bâtons tournés et à poignées, pour maintenir l'ordre.

par l'église de Chartres [1], fut d'avis que le Roi pouvait sans scrupule *guerroyer* le Saint-Père. Les succès des armes françaises n'empêchèrent pas Chartres, la ville catholique, de faire des vœux pour le rétablissement de la bonne harmonie entre Louis XII et le père commun des fidèles, et nous voyons que, le 20 juillet 1511, une procession générale *où fut porté M. saint Piat*, se rendit à l'église Saint-Maurice, dans le but d'obtenir du ciel les biens de la terre et ceux de la paix [2].

L'avènement de François Ier, qui succéda à Louis XII le 1er janvier 1515, ne laissa d'autre souvenir dans le pays chartrain que la confirmation des divers priviléges de la ville. Toutefois, selon l'usage ordinaire, on prit des mesures de précaution pour conserver Chartres dans l'obéissance du nouveau souverain; ces mesures étaient nécessitées, d'ailleurs, par la licence des gens de guerre qui traversaient continuellement la Beauce pour se rendre sur les marches d'Italie, et par l'affluence des pélerins que le jubilé du carême 1515 attirait à Notre-Dame [3]. Le 11 novembre 1518, le Roi fit son entrée à Chartres avec Madame Louise de Savoie, sa mère; François revenait de visiter les côtes de Bretagne. Ces illustres hôtes furent reçus avec grande révérence par les échevins et Me Jacques Acarie, seigneur de Noisement, nouvellement appelé aux fonctions de Bailli [4]; on offrit au monarque

---

[1] Souchet, vol. 2, p. 171.

[2] *Reg. des Echevins.*

[3] *Ib.;* Séance du 6 mars 1515. — Le lieutenant-général ayant remontré qu'il était grand temps d'obvier aux *homicides, excès et violences* qui se perpétraient journellement, on prescrivit à M. Fleury, vice-bailli ou lieutenant du capitaine de Chartres, de faire faire le guet, les samedi et dimanche suivants et la nuit du samedi au dimanche, par les quarteniers et dixainiers, de faire établir des chaînes aux portes, barrières et lices en bois et de faire tendre pendant la nuit celles des rues et carrefours, afin de contenir le peuple; on décida que la porte Saint-Jean serait fermée la nuit, et que des bâtons *embourés* seraient donnés aux sergents pour faire entrer, le dimanche, les pélerins en l'église Notre-Dame par la porte royale.

[4] Ce personnage était secrétaire-trésorier des offrandes du Roi et maître ordinaire de l'hôtel; Louis XII lui avait accordé des lettres de noblesse le 31 mai 1509, en récompense de ses services à la journée de Saint-Aubin, et dans les guerres d'Italie. (*Reg. des Echevins*, octobre 1573; Délibération relative à Claude Acarie, petit-fils

26 poinçons de vin et 500 minots d'avoine, mais il exigea de plus un petit subside de 500 écus. Ce cadeau n'était que l'avant-coureur d'une subvention de 2,500 livres demandée à la ville, par lettres du 15 août 1520, pour contribuer aux dépenses du camp du *Drap-d'or*, au rachat de Tournay et aux réparations des fortifications de Térouanne et d'Aire [1].

Ce don et ce prêt, plus ou moins volontaires, facilitèrent une négociation à laquelle le corps de ville tenait beaucoup. Le domaine royal possédait, depuis Louis XI, dans l'intérieur des murs de Chartres, derrière Saint-André et à droite des arches de Létbinière, un jardin et une masure connus sous le nom du Château [2]. Les échevins pensèrent qu'il serait avantageux d'établir en cet endroit un abattoir ou *massacre;* car l'ordonnance du mois d'octobre 1416 qui prescrivait aux bouchers d'abattre hors des murs ne s'exécutait plus [3], et le sang des bêtes tuées dans l'intérieur des maisons *allait porter infection par les rues*. M⁰ Barthélemy Séguier, qui occupait depuis peu la lieutenance générale du bailliage, s'employa pour cette affaire près de M. Legendre, trésorier des finances, et des lettres-patentes datées de Blois au mois de décembre 1520, accensèrent le *Château* à la ville moyennant une redevance annuelle de 16 livres tournois [4]. Cette mesure bonne en elle-même

de Jacques, auquel on contestait les priviléges de la noblesse. — Titres appartenant à la D^lle Acarie, veuve Courtin; *Recueil de Laisné*, vol. 4, p. 99.) Les Acarie, dont une branche demeura longtemps à Chartres, portaient *d'azur au chevron d'or accompagné de 3 étoiles de même.* Leur seigneurie de Noisement était située dans la paroisse de Membrolles en Dunois, aujourd'hui département de Loir-et-Cher.

[1] *Reg. des Echevins;* Séance du 29 octobre 1520. — Le Roi adressa aux échevins, le 8 octobre, des lettres très-pressantes sur cette affaire. *(Ib.;* Séance du 27 novembre.)

[2] Voir volume 1ᵉʳ, p. 316, note 3.

[3] Ib., p. 513 et 514.

[4] *Reg. des Echevins;* Séance du 31 octobre 1520. — *Pancarte municipale,* vol. 1ᵉʳ, p. 66; attache de la chambre des Comptes du 5 mars 1524.

Le 8 janvier 1521, pendant que le lieutenant-général Séguier allumait devant la tour du Roi un grand feu, en réjouissance de la naissance de Monsieur, second fils de Sa Majesté, un incendie éclata au couvent des Jacobins, et les autorités escortées de la foule s'empressèrent de quitter les fagots de la fête pour aller éteindre le feu des religieux. *(Ib.)*

arrivait un peu tard. La peste règnait aux environs de Chartres; elle y pénétra avec les premières chaleurs de l'année 1521. On eut beau faire curer les rues où croupissaient les immondices et interdire les promenades par la ville des *bêtes porchines de M. saint Antoine;* on eut beau chercher à concentrer le fléau dans la paroisse Saint-André et évacuer les malades dans un hôpital établi à la hâte sur *la solle du quai,* près du cimetière Halle, où les cadavres étaient enterrés, la mortalité ne cessa que vers Noël [1]. La maladie sévit avec une telle fureur aux mois d'août et de septembre, qu'en réponse à une lettre du gouverneur de Tournay qui se plaignait de ne pas recevoir l'argent destiné à son châtel, on le pria de prendre patience parce que tout le monde mourait à Chartres, que le receveur des deniers communs était trépassé et que les échevins et presque tous les habitants avaient gagné les champs [2].

La disette suivit la peste; le pain fut très-cher en 1522 et les blés gelèrent en 1523 [3]. D'un autre côté, la descente des Impériaux sur les côtes de Picardie, au mois de juillet 1522, et les maraudages des aventuriers rentrés d'Italie après la malheureuse campagne de Lautrec et de Lescun, inspirèrent des craintes sérieuses aux Chartrains. On résolut de mettre la ville en état de défense; une ordonnance du 2 janvier 1523 prescrivit aux habitants de se fournir de *bâtons de guerre* sous peine de 10 livres d'amende, divisa le guet entre les quarteniers, décida que les murailles seraient armées de pièces d'artillerie, que l'on ferait provision de boulets de

---

[1] *Reg. des Echevins;* Séances des 13 juillet et 7 septembre 1521.

[2] *Ib.;* Séances des 2 juillet, 4 août et 30 septembre 1521. — Jean Bouvart, sergent royal au bailliage, qui a laissé un journal des événements remarquables arrivés à Chartres de son temps, nous apprend qu'il se maria le 16 septembre 1521 à Dammarie parce que la peste régnait dans la ville; il estime à 12,000 le nombre des personnes de Chartres qui moururent de cette maladie. *(Journal de Jean Bouvart,* manuscrit communiqué par feu M. Marchand père.)

[3] Au mois de juillet 1522, le blé valait 108 sous tournois le setier; au mois de novembre 1523, on ne trouvait à acheter que du pain d'orge et d'avoine. *(Ib.)*

plomb, que les portes Saint-Michel, Morard et Châtelet seraient fermées et leurs ponts-levis dressés. Le lieutenant-général Séguier qui présida à ces préparatifs, trouva encore moyen de faire payer au Roi, par les paroisses du bailliage, la solde de 50 hommes de pied [1]. Le passage par Chartres, au mois de juin 1523, du cardinal de Bourbon, du duc d'Alençon, de son frère le comte de Saint-Pol, du maréchal de Lescun et du sire de Brezé, ne rendit pas la confiance, car ces grands seigneurs étaient cotoyés par une foule de soldats qui vivaient à discrétion sur le pauvre peuple [2]. Le 9 septembre, la ville faillit être envahie par la compagnie de gens de pied du sieur de Mouy, commandée par le capitaine la Grippière; on faisait, ce jour-là même, une *montre* des francs-archers, pionniers et chevaux de l'artillerie de l'élection; déjà les fourriers des nouveaux venus marquaient les logements à leur convenance dans les faubourgs, lorsque les échevins, craignant une collision entre ces troupes, obtinrent du sieur de la Grippière qu'il se contentât de faire rafraîchir son monde aux frais de la ville à l'auberge de l'Écu-de-France, faubourg des Epars, et qu'il passât outre [3].

Quelques jours après, on reçut des lettres missives de Mme Louise, mère du Roi, régente, datées de Blois le 17 septembre, dénonçant les *complot, machination* et *conspiration* du connétable de Bourbon, et priant les bons bourgeois de Chartres de rester fidèles comme par le passé [4]. Cette nouvelle fit redoubler d'autant plus de vigilance et d'activité que l'on disait que les Anglais avaient passé la Somme. On renouvela les or-

---

[1] *Reg. des Echevins;* Séances des 1er, 2 janvier et 10 février 1523. — On décida que le clergé ferait le guet, *sans déroger à ses priviléges*, et on reconnut, par opposition, que les éviers ou porteurs d'eau en seraient exempts, attendu que, d'après les priviléges du métier, la charge de fournir de l'eau en cas d'incendie les dispensait des *tailles, impôts, guet et autres subsides* établis sur le commun des habitants.

[2] *Ib.;* Séance du 6 juin 1523.

[3] *Ib.*

[4] *Ib.*

donnances de police sur le vagabondage; les habitants furent invités à se pourvoir d'armures complètes, et les communautés durent apporter à la chambre de ville leurs états de finances, pour être taxées, suivant leurs moyens, à la fourniture d'une ou de deux pièces d'artillerie. On s'occupa aussi de nettoyer les abords des murailles et de pratiquer un chemin de ronde de 15 pieds de large pour le guet de pied et de cheval (octobre et décembre) [1]. Une troupe de 6,500 lanskenets, sous les ordres du duc de Suffolk et de M. de la Motte-au-Grouin, qui prit étape par Chartres, acheva d'inspirer aux bourgeois des sentiments belliqueux [2]. On en fut encore cette fois quitte pour la peur; les Anglais firent une campagne inutile, grâce aux manœuvres habiles du sire de la Trémoille.

Le 27 décembre 1523, le Roi étant à Blois, nomma bailli de Chartres Me Gilles Acarie, sur la résignation de Jacques Acarie, son père [3]. Ce magistrat, qui prêta serment entre les mains du chancelier le 31 décembre et devant le Parlement de Paris le 10 janvier suivant, signala les débuts de son administration par des mesures de police d'une grande sévérité. L'ordonnance du 13 juin 1524, que nous donnons tout entière [4], est un curieux spécimen du code pénal chartrain au

---

[1] *Registres des Echevins;* Séances des 23 septembre, 28 octobre, 1er et 7 décembre 1523.

[2] *Ib.;* Séance du 5 janvier 1524. — William de la Pole, connu sous le nom de Suffolk *Rose-Blanche,* dernier rejeton de la branche d'York, prit le titre de Duc après la mort de Edmond de la Pole, comte de Suffolk, son frère, décapité en 1513 par ordre de Henri VIII; William se réfugia en France et périt à la journée de Pavie. Il ne faut pas le confondre avec Charles Brandon, favori de Henri VIII, créé duc de Suffolk en 1513. Le vicomte de la Motte-au-Grouin, gentilhomme de la chambre du Roi, se distingua dans les guerres d'Italie. (Voir les histoires d'Angleterre et les *Mémoires de Martin du Bellay,* coll. Michaud, p. 149, 197 et 231.)

[3] Jacques Acarie conserva les gages de son office jusqu'à sa mort, qui arriva le 8 septembre 1548. *(Reg. des Echevins. — Registre des décès de la paroisse de Saint-Martin-le-Viandier;* Arch. de la Mairie.)

[4] Voir Appendice n° 4, fin de ce volume. — L'année 1524 fut désastreuse; on paya au mois d'avril les ouvriers terrassiers 2 sous 6 deniers par jour, au lieu de 2 sous, *à cause de la cherté des vivres,* et on fit au mois de juin une procession générale avec la sainte Châsse, pour demander à Dieu un plus beau temps. (Délibérations des 6 avril et 21 juin 1524.)

XVIᵉ siècle. Mais l'ordre rétabli au dedans ne régnait pas au dehors. Les brigandages des gens de guerre n'avaient plus de bornes ; ils agissaient dans le Chartrain comme en terre ennemie, *commettant larcins, vols, pillages et autres maléfices*. Dans le courant de janvier 1525 une bande s'abattait sur Pontgouin, tandis qu'une autre assaillait Nogent-le-Phaye, Gasville, Coltainville, Soulaires, Berchères-la-Maingot, Umpeau, Champseru, Béville-le-Comte, Saint-Léger-des-Aubées, Francourville et autres paroisses. Les paysans exaspérés demandèrent à grands cris assistance au bailli ; « ce n'était pas assez, disaient-ils, des tailles et de la stérilité de la terre ; les gens d'armes logés en nos maisons achèvent notre ruine ; ils nous battent, violent nos femmes et nos filles, volent nos joyaux et nippes et nous obligent à aller chercher à Chartres *pain, vin, gibier et viande, pour eux vivre à discrétion*[1]. » Ces plaintes furent entendues ; le bailli fit lever, au mois de mars, une troupe de 100 hommes, forts et aguerris, dont 30 à cheval, soldés par le clergé et *le commun*, destinés à se transporter partout où le bien public l'exigerait. On s'en servit immédiatement pour aller surveiller une bande de 15 à 1,600 soldats qui s'étaient établis au pont Tranchefêtu, à Oiré, Léville, Sandarville et autres lieux voisins, sans vouloir en sortir et sans que l'on sût d'où ils venaient[2].

Ces mesures venaient à peine d'être prises que la nouvelle de la funeste bataille de Pavie (24 février 1525) parvint à Chartres. M. de Brezé en informa le bailli et les échevins, le 8 mars, en les invitant à se pourvoir de vivres et de munitions pour résister à toute tentative contre la ville. On se hâta de suivre ce conseil : la porte Saint-Jean fut condamnée et les autres portes demeurèrent fermées à deux clefs pendant la nuit ; un guet de huit hommes posté à chaque corps de garde

---

[1] *Reg. des Echevins;* Séances des 4 et 17 janvier 1525.
[2] *Ib.;* Séance du 6 mars 1525.

répondit de la police des voyageurs [1]; le 23 mars, tous les corps de métiers et confréries se taxèrent volontairement pour la fourniture des pièces d'artillerie [2]; on remarqua, en particulier, la pièce qui fut donnée par M. Chantault, au nom de la communauté de MM. les gens et officiers du Roi, procureurs et praticiens en cour laïque [3]. Pour compléter la défense, une visite des murailles fut faite au mois d'avril par MM. d'Escorpain et de Boishinoult, gentilshommes expérimentés, mandés expressément à cet effet par les échevins [4].

Un événement d'intérêt local détourna un instant les esprits de ces préoccupations. Depuis longtemps l'évêché de Chartres était privé de pasteur, car Erard de la Marck, quoique comblé des faveurs du Roi, avait quitté la France pour suivre la fortune de Charles-Quint. Au bout de quelque temps il se résigna à permuter avec Me Louis Guillard, évêque de Tournay, grand partisan de François Ier. Cet arrangement reçut la sanction du Pape et de la Régente, et les bulles furent expédiées le 4 des kalendes d'avril 1525 (lettres de Mme Louise, du 30 avril et du 15 mai 1525) [5]. L'entrée du nouveau prélat eu lieu le dimanche 2 juillet; on tendit les rues depuis la porte Saint-Michel jusqu'à la porte royale de Notre-Dame; Me Renaud de Latroyne, avocat des habitants, accompagné

---

[1] *Registres des Echevins;* Séance du 8 mars 1525.

[2] *Ib.* — Les communautés des boulangers, pelletiers, foulons, barbiers et chirurgiens, texiers en draps, peigneurs et cardeurs, tonneliers, cordiers, merciers, chaussetiers, menuisiers, orfèvres, serruriers, potiers d'étain, charpentiers et charrons, chaudronniers, cordonniers, armuriers et fourbisseurs, tondeurs, texiers en toile, tanneurs, corroyeurs, chapeliers, couturiers, se taxèrent chacun pour une pièce; la corporation des maréchaux offrit de l'argent pour une pièce; celle des maçons promit de fournir une pièce de 150 livres, pourvu qu'on lui donnât un fondeur; les procureurs de la confrérie de Saint-Denis donnèrent une pièce de 150 livres. On ajourna, pour ouïr leurs offres, les confréries de la Passion et de la Conception, les procureurs de la confrérie des praticiens en cour d'église et les gagers de toutes les paroisses. (Délibérations des 23 mars et 1er avril 1525.)

[3] *Ib.;* Séance du 11 avril 1525.

[4] *Ib.;* Séance du 1er avril 1525.

[5] Louis Guillard fut le premier évêque de Chartres nommé directement par le Roi en vertu du concordat de 1515.

du corps des échevins et de 40 bourgeois à cheval, alla complimenter l'évêque à Saint-Martin-au-Val, où des présents de vin lui furent faits, ainsi qu'aux personnages de sa suite [1]. Louis Guillard signala son zèle pour la foi catholique en poursuivant avec une grande rigueur les partisans de la doctrine toute nouvelle de Luther [2].

Cependant les gens de guerre rôdaient toujours aux environs de Chartres (14 décembre 1525). Le 23 janvier 1526, M. Morhier de Villiers manda aux échevins qu'une bande d'hommes de pied faisait *tous les maux du monde dans le quartier* de Nogent-le-Roi; les officiers de Châteauneuf en écrivirent autant le 30 janvier et sollicitèrent aide et confort. La ville s'adressa en ce péril à MM. d'Eguilly et de Dangeau, gentilshommes du voisinage, qui tinrent les champs avec les communes de Nogent-le-Roi, Epernon, Montfort-l'Amaury, tandis que, sur la requête de l'Elu de Chartres, M. le bailli Acarie se transportait à Pontgouin avec des forces imposantes (24 mars). On parvint à refouler les aventuriers du côté de Mortagne, non sans qu'ils eussent pillé Senonches et tué un grand nombre de pauvres gens; les officiers et habitants de Mortagne et de Longny se mirent alors à leur poursuite, avec le secours de 30 hacquebutiers chartrains commandés par M⁰ Esprit Pasteau, échevin et receveur des deniers communs [3].

---

[1] *Reg. des Echevins;* Séance du 28 juin 1525. — *Journal de Jean Bouvart.*

[2] Les poursuites pour crime d'hérésie, un peu abandonnées depuis les Albigeois du midi et les Vaudois d'Arras, venaient d'être reprises avec vigueur contre les irréligieux et libres penseurs, précurseurs de la réforme en France. On avait brûlé à Saint-Germain-en-Laye, en 1522, un homme de Châteaudun qui avait profané les hosties consacrées; on brûla à Chartres, en 1523, un autre fou nommé Floquet qui avait renversé la statue de la vierge placée sur l'autel de Notre-Dame-la-Blanche, dans la nef de la cathédrale. Louis Guillard fit incarcérer, en 1526, Clément Marot qui s'était malencontreusement arrêté à Chartres et dont les joyeuses chansons sentaient le fagot. Le poète a raconté sa mésaventure dans sa satire de *l'Enfer.* Plusieurs personnages de Blois furent inquiétés pour leur foi, en 1527, par la justice épiscopale. *(Journal de Louise de Savoie;* coll. Michaud, p. 92. — Souchet, *Hist. de Chartres.)* La Bibliothèque communale possède un *Monitoire* de Louis Guillard contre les hérétiques, imprimé en 1547.

[3] *Reg. des Echevins;* Séances des 14 décembre 1525, 23, 30 et 31 janvier, 22 et 24 mars 1526.

La peste reparut pendant l'été de 1526 et sévit principalement dans le quartier de la porte Châtelet, malgré les précautions hygiéniques que l'on prit contre elle [1]. Une autre calamité vint frapper la ville au mois de mars 1527, ce fut la demande, par le Roi, pour une année, de la moitié des aides concédés à la bourse commune tant par lui que par ses prédécesseurs; on motivait cette exigence sur la nécessité de pourvoir à la défense du royaume *que les ennemis menacent invader, assaillir, butiner et destruire* [2]. La violation du traité de Madrid semblait, en effet, devoir amener une cruelle guerre et autorisait des mesures de prévoyance; elles se bornèrent pour Chartres à un inventaire complet des pièces d'artillerie braquées sur les portes Drouaise, Imbout, des Epars et Saint-Michel (4 juin 1527) et à l'envoi de 1,500 livres tournois sur 2,000 réclamés par le Trésor royal (19 juin) [3].

L'année suivante, le domaine de Chartres fut séparé de la Couronne et érigé en duché par François Ier en faveur de Madame Renée de France, fille de Louis XII, à l'occasion de son mariage avec Hercule d'Est, duc de Ferrare.

Il s'était produit, depuis quarante ans, dans la philosophie, les lettres et les arts, un mouvement auquel Chartres n'était pas resté étranger. La scholastique des successeurs de Fulbert avait cessé, il est vrai, de faire entendre son langage bizarre et ses subtilités métaphysiques aux écoliers de Notre-Dame [4]; mais la jeunesse qui aspirait aux honneurs ecclésiastiques ou aux fonctions de magistrature, allait recueillir dans les universités de Paris, d'Orléans et de Bourges des notions mieux coordonnées sur le droit romain, une connaissance

---

[1] *Reg. des Echevins;* Séance du 28 août 1526.
[2] *Ib.;* Séance du 21 mai 1527. — La lettre du Roi est du 31 mars.
[3] *Ib.* — Nouvelle lettre du Roi du 25 avril 1527.
[4] L'école de Chartres avait encore de la réputation à la fin du XIVe siècle; en 1364 l'évêque de Marseille donna la direction des classes de grammaire et de logique de sa cité épiscopale à Me N. de *Curamontario*, bachelier ès-arts du diocèse de Chartres. *(Antiquité de l'église de Marseille,* vol. 2, p. 502.)

plus approfondie de la littérature grecque et latine et les rudiments de la philologie. En même temps, quelques artistes chartrains, dociles aux inspirations italiennes, s'efforçaient d'allier les fantaisies du style ogival tertiaire au dessin correct et gracieux de la Renaissance. Il convient de citer, parmi les personnages de cette époque qui illustrèrent notre ville à divers titres, Mathieu d'Arras, *homme de grant honnesteté et scavoir,* le familier de Philippe de Commines et le précepteur de son petit-fils [1]; Mathieu de Chartres, de l'illustre famille de ce nom, docteur en théologie, gardien du couvent des Cordeliers, *estimé le plus lettré du royaume* [2]; Josse Clictou, dit *le Maillet des hérétiques,* théologal de Chartres, auteur de nombreux écrits de polémique religieuse [3]; Laurent des Moulins, poète de l'école de Martial d'Auvergne [4]; l'illustre architecte Jean de Beauce; Jean Bourdon, Pierre Courtier et Denis de Montaudouin, menuisiers et sculpteurs sur bois; Robert et Nicolas Pinaigrier, peintres-verriers, émules de Jean Cousin; François Marchand, maître imagier d'Orléans, qui travailla pour les religieux de Saint-Père; Philippe de Chartres, qui laissa des traces de son ciseau dans l'église de Brou, près Bourg en Bresse.

Mais ce qui surtout assure à Chartres une mention distinguée dans les annales de la renaissance des lettres et des arts, c'est la part active que prit un de ses enfants à la propagation de l'imprimerie. Dès l'année 1482, douze ans seulement après l'introduction de la découverte de Guttemberg en France, Pierre Plume, savant chanoine de Notre-Dame [5], fit imprimer

---

[1] *Mémoires de Commines;* Epilogue de Jean Sleidan, du 26 mai 1548, p. 846.

[2] *Journal de Jean Bouvart.*

[3] *Bibl. chartraine* de D. Liron.

[4] On a de Laurent des Moulins un poème intitulé *Catholicon des mal advisés* ou *Cymetière des malheureux,* Paris, 1513; Lyon, 1512 et 1534, in-8°, et une *Epitaphe de la reine Anne de Bretagne, épouse de Louis XII,* Paris, sans date, in-8°.

[5] Il était d'une famille d'échevins et de magistrats. (Voir Appendice n° 5, fin de ce volume.)

à ses frais, dans sa maison du cloître, par le typographe Jean Dupré, un missel à l'usage du diocèse [1]. Cette œuvre ayant été heureusement achevée le 31 juillet, comme nous l'apprend une note de l'imprimeur, un bréviaire fut immédiatement entrepris par les soins du même chanoine et terminé le 17 juillet 1483 [2]. Là semblent s'être arrêtés les premiers essais de la typographie à Chartres; toutefois, si l'on n'imprima plus de quelque temps dans notre ville, on ne cessa pas d'imprimer pour elle. En 1490, nous voyons M° Jean

[1] Ce magnifique missel in-folio contient 205 feuillets de parchemin; il se compose du calendrier et des offices de l'année, à commencer par celui du premier dimanche de l'Avent. La première page est ornée d'arabesques sur les marges et de majuscules d'or, d'azur ou de pourpre; au milieu des préfaces en chant noté, entre le folio 90 et le folio 91, se trouvent deux grandes miniatures dont l'une représente le Christ en croix et l'autre le Père éternel assis sur un trône à dais gothique. A la fin du canon de la messe, on lit ce qui suit : *Ad individue Trinitatis sacrosancte, Dei genitricis et virginis Marie, omniumque sanctorum et sanctarum gloriam et honorem, presens Missale, quod pluribus devotissimis suffragiis bene munitum, secundum usum Carnotensem peroptime correctum, in famosissimá urbe Carnoti, domo canoniali sita in claustro, sumptibusque venerabilis et discreti viri magistri Petri Plume, ejusdem insignis ecclesie canonici, per magistrum Johannem du Pré, arte impressoria feliciter insculptum est, die ultima mensis julii anni Domini millesimi quadricentesimi octuagesimi secundi. Vos igitur in ipso oraturi missaque Deo decantaturi, vestrarum orationum omnium prefatum canonicum omnesque qui huic operi operam dederunt, participes faciatis, beneficii cujus suarum quarumcumque participes vos faciat ille qui est Deus sublimis et gloriosus vivens et regnans in secula seculorum. Amen.* Au bas du feuillet 205 on lit : *Explicit Missale secundum usum ecclesie Carnotensis.*

[2] Ce bréviaire, charmant in-douze en parchemin, est orné de lettres majuscules rehaussées d'or et de couleur rouge ou bleu. Il contient le calendrier, le psautier, le commun des apôtres, martyrs et confesseurs, les mémoires des Saints, le service de l'année à partir du premier dimanche de l'Avent et le propre des Saints. A la page 84, v°, de la première pagination, à la fin du psautier, on lit : *Consummatum absolutumque est hoc psalterium Carnoti, anno domini m° cccc° octuagesimo tercio, quarta decima die mensis aprilis, in domo venerabilis canonici magistri Petri Plume. Orate pro eo.* Au f° 24, r°, de la seconde pagination, fin des mémoires des saints, se trouvent ces mots : *April vigesima die completum est hoc commune. Orate pro Petro Plume.* Enfin, la phrase suivante est imprimée au bas du dernier feuillet du volume, f° 236, r°, de la troisième pagination : *Istud breviarium ad usum insignis ecclesie Carnotensis, optime brevatum et correctum, fecit accuratissime imprimi providus vir magister Petrus Plume, predicte ecclesie canonicus meritissimus; anno ab incarnatione domini m° cccc° octogesimo tercio, die XVII julii consummatum est.*

Le missel et le bréviaire dont je viens de parler appartiennent à la bibliothèque Mazarine, n°s 346 et 361 du catalogue; ils ont déjà été décrits sommairement par M. Ozeray (*Hist. de la cité des Carnutes*, vol. 2, p. 111 et 112), d'après les indications de M. Hérisson. La bibliothèque de la ville de Chartres possède un très-bel exemplaire du missel de Pierre Plume.

Remy, pénitencier de Notre-Dame, faire imprimer à Paris par Guillaume Maynial un manuel pour l'administration des sacrements, à l'usage du diocèse; le 13 mars 1508 (1509) parut à Paris la première édition des Coutumes de Chartres, imprimée *pour Me Regnault Latroyne, licencié ès-lois, gresfier du bailliage, et pour Raolet Jouan, libraire, demeurant en la rue Muret, à l'enseigne de la Montagne du Thabor, près l'église de Saint-Jacques* [1]. Ces tendances philosophiques, artistiques et littéraires faisaient bien augurer d'une ville qui devait donner à la France du XVIe siècle, Philippe Desportes et Mathurin Regnier.

[1] Je possède un fragment de mandement intitulé : *Le pardon donné et octroyé par Révérend père en Dieu Monseigneur l'évesque de Chartres aux bienffaicteurs des quinze vingts aveugles de Paris*, qui a été imprimé pendant que la reine Anne de Bretagne, épouse des rois Charles VIII et Louis XII, occupait le trône (du 16 décembre 1491 au 9 janvier 1514). On voit, en tête de ce fragment, dont les caractères sont en belle gothique, une estampe représentant *saint Loys*, à gauche de cette estampe un écusson de France, et à droite un autre écusson mi-partie de France et de Bretagne.
Il existe aussi aux archives du département d'Eure-et-Loir deux fragments de mandements assez anciens, imprimés en gothique. Le premier (de 1524 à 1534) est relatif aux indulgences accordées à l'hôpital des Six-vingts aveugles de la ville de Chartres. Le second, qui est daté (1547), rappelle les pardons accordés aux bienfaiteurs de l'hôpital du Saint-Esprit-en-Saxie à Rome, et annonce qu'on pourra gagner ces indulgences dans l'église Notre-Dame de Chartres.
Il y a lieu de croire que le premier imprimeur résidant à poste fixe à Chartres fut Me Philippe Hotot, dont la fabrique d'*encre* était établie en 1550 dans une tourelle voisine de l'église Saint-Michel *(Reg. des Echevins;* juillet 1550) et qui donna cette même année les *Constitutions synodales* de Louis Guillard, et, en 1553, une édition des *Coutumes de Châteauneuf-en-Thimerais*. Philippe Hotot avait succédé comme libraire à Nicolas Flatru, rue du Grand-Cerf.

CHAPITRE XIX.

DE L'ÉRECTION DU DOMAINE DE CHARTRES EN DUCHÉ AU SIÉGE DE LA VILLE PAR LE PRINCE DE CONDÉ.

(1528-1568.)

« L'an 1528, le lundy dix-neufvième jour d'octobre, Mʳ le
» comte Enéas Pye, gouverneur de la duché de Chartres,
» print possession d'icelle duché de Chartres pour noble et
» puissant seigneur Mʳ Hercules d'Est, duc dudit Chartres, à
» cause de noble et puissante dame Madame Renée de France,
» fille du feu roy Louis XIIe et d'Anne de Bretaigne, duchesse
» dudit lieu de Bretaigne.

» Fault entendre que laditte duché de Chartres, au pré-
» cédent le mariage de mondit seigneur Hercules d'Est et de
» laditte dame Renée de France son épouse, étoit seulement
» comté, que le roy nostre sire François Ier de ce nom tenoit
» en sa main ; laquelle comté de Chartres fut érigée en duché
» par le roy nostre dit seigneur et baillée à mondit seigneur
» Hercules d'Est, fils de Monseigneur Alphonse d'Est, duc de
» Ferrare, en traité de mariage avec maditte dame Renée de
» France, avec la seigneurie de Montargis et comté de Gisors,
» par manière de provision, jusques ad ce que le roy nostre
» dit seigneur eust payé et baillé audit Hercules d'Est et sa
» femme, pour la portion de son partaige qu'elle eust peu
» demander en la duché de Bretaigne comme héritière de
» la ditte dame Anne de Bretaigne sa mère, la somme de
» 250,000 écus d'or soleil ayans cours en France : sur la-
» quelle duché de Chartres, seigneurie de Montargis et comté
» de Gisors, lesdits Hercules d'Est et sa femme ont droit de

» prendre par chacun an 25,000 livres tournois jusqu'à ce
» que le roy nostre dit seigneur leur ait payé, comme dit est,
» 250,000 écus d'or soleil [1].

» Fault aussi entendre que, en prenant par ledit Enéas Pye
» gouverneur dessus nommé possession de la ditte duché de
» Chartres pour Monseigneur et Madame duc et duchesse du
» dit lieu et qui lui fust baillée par M^{ire} Emard Nicolay, che-
» valier, premier président de la chambre des comptes à Paris,
» et par Mr de la Rochefumée, procureur de mesdits seigneur
» et dame duc et duchesse de Chartres [2] et président au Grand
» Conseil du roy, fut dit et arresté que le siége royal dudit
» Chartres demeureroit ainsi qu'il estoit au précédent que la
» ditte comté de Chartres fut érigée en duché et que M^r le
» bailly lieutenant général et particulier, prévost, avocat et
» procureur du roy, sergens royaux et autres officiers du roy
» exerceroient chacun son estat, ainsi qu'on faisoit au pré-
» cédant; et fidrent chacun desdits officiers serment devant
» ledit M^{ire} Emard Nicolay, chevalier, président dessus nom-
» mé, ainsi qu'il est accoutumé faire en tel cas. Ce qui n'a
» été tenu, car le bailly dudit Chartres a été démis de son
» office, attendu qu'il n'étoit institué en robe longue [3]; le

[1] Le mariage eut lieu le 28 juin 1528, et les lettres-patentes d'érection datées des mois de juin et juillet, furent registrées en Parlement le 31 juillet et en la Chambre des Comptes le 12 août. D'après l'évaluation faite par les maîtres des comptes en 1529, le revenu du domaine de Chartres ne dépassait pas 3,338 livres 3 sous 3 deniers, et ses charges s'élevaient à 2,168 livres 8 sous 2 deniers. La même année, 300 vassaux environ firent hommage à Mme Renée, à cause de la grosse tour. (Pièces mss. de Pintard; coll. Lejeune. — *Recueil de Laisné*, vol. 5, f° 547 et suivantes.)

Hercules d'Est figura, en qualité de duc de Chartres et de Montargis, au *procès-verbal contenant la défense du Roi très-chrétien, contre l'élu en l'Empereur, délayant le combat d'entr'eux*, rédigé le 10 septembre 1528. (*Mém. de Martin du Bellay*; coll. Michaud, vol. 5, p. 230.)

On conserve au musée du Louvre (n° 11,583, dessins) un portrait de Mme Renée, dessiné au crayon noir et rehaussé d'une très-légère touche de pastel.

[2] On présenta le vin d'honneur aux commissaires, et le bailli, de l'avis des échevins, leur fit remontrance au sujet des droits et franchises de la ville. (*Reg. des Echevins*; Séance du 19 octobre 1528.)

[3] Le bailli ne fut pas démis de son office, mais il ne tint plus les audiences du bailliage.

» prévost dudit Chartres qui étoit juge royal n'est demouré
» que ducal. Et n'est demouré que M⁰ Christophe de Hé-
» rouard¹, juge-royal ès ville, duché et baillage de Chartres,
» anciens ressors, enclaves, fins et marches d'iceux, qui a
» connoissance de tous cas royaux esdits lieux, ville, duché
» et baillage de Chartres². »

C'est en ces termes qu'un chroniqueur contemporain fait mention de l'érection du duché de Chartres. Cette mesure froissa, comme on le voit, les intérêts de quelques familles de robe; quant au *commun*, il ne s'en aperçut pas; les tailles ordinaires et extraordinaires, les taxes et impôts de tous genres l'atteignirent avec autant de rigueur que par le passé. L'État avait plus que jamais besoin d'argent; car il devait pourvoir tout à la fois aux préparatifs de la guerre d'Italie et à la rançon des princes François et Henri, prisonniers à Madrid à la place du Roi leur père. Au commencement de 1528, le clergé de la province ecclésiastique de Sens s'était imposé à quatre décimes, et le Chapitre de Chartres, taxé pour sa part à 400 livres tournois, avait acquitté cette somme en livrant un retable d'argent doré et les lames d'argent qui recouvraient la châsse de saint Piat³. La ville reçut à son tour, peu de temps après, la demande d'une somme de 6,000 livres tournois; on eut beau dépêcher à Paris le lieutenant particulier et le chanoine Hugues Denise, échevin, dans le but d'obtenir une diminution, il fallut s'exécuter; la *cueillette* eut lieu

---

[1] Ce lieutenant-général venait de succéder à M. Séguier; il eut pendant trente ans la direction du corps municipal, et sa famille représentée par son gendre, Jean de Mimeray, et par le gendre de celui-ci, Pierre Simon, posséda pendant près d'un siècle la première magistrature de la ville.

[2] *Journal de Jean Bouvart*, déjà cité. — Les autres officiers furent également conservés, mais Mme Renée ayant pourvu Me Jean de Montescot de l'état de son procureur général pour ses affaires particulières, comptes de ses domaines, bois, eaux et forêts, amendes, forfaitures et confiscations, Me Guillaume Piguerre, procureur du Roi et de Son Altesse, croyant voir dans cette nomination une atteinte aux droits de son office, fit opposition à la barre du baillage, le 14 décembre. Il échoua dans sa demande et les lettres de Montescot furent *lues en jugement* et entérinées le 30 du même mois. (*Recueil de Laisné*, vol. 6, p. 7.)

[3] *Titres du Chapitre;* invent., p. 221; Arch. départ.

pendant une partie de l'année 1529, et, sur de nouvelles et pressantes lettres de S. M. en date du 12 octobre, on parvint à compléter l'argent et à l'expédier au trésorier général le 16 du même mois [1]. Comme adoucissement à cette plaie saignante, François Ier soumit aux trois ordres du royaume la ratification des accords de Madrid et de Cambray ; ce fut le mardi 20 novembre 1529 que l'assemblée des États provinciaux du Chartrain donna son approbation à ces traités qui précédèrent la délivrance des jeunes princes [2].

Ce *nouvel et joyeux avènement et bienvenue de Messieurs les enfants de France,* suivant les expressions de nos registres, donna lieu à de grandes réjouissances. Le 11 juillet 1530 au matin, les cloches invitèrent les citoyens à suivre, *toutes affaires cessantes,* une magnifique procession en l'église Notre-Dame, à laquelle assistèrent le clergé, les gens du Roi et les échevins ; dans la journée, des tables dressées devant la porte de la chambre de ville offrirent à tout venant une collation de pain, vin, poires, prunes et fromage [3] ; et, le soir, des feux de joie illuminèrent les carrefours, tandis que le bruit du canon et des arquebusades, mêlé aux sons de la trompette et du hautbois des ménétriers, retentissait dans les airs [4].

Le temps ne prêtait cependant pas aux dépenses inutiles, car depuis plus d'une année la misère assiégeait les pauvres gens. La cherté du blé qui durait depuis 1528 devint si

---

[1] *Reg. des Echevins;* Séances du 31 décembre 1528 et du 16 novembre 1529.

[2] *Ib.;* Séance du 16 novembre 1529.

[3] On dépensa 3 livres 8 sous 4 deniers pour la bonne chère, et 10 livres pour un poinçon de vin. *(Ib.;* Séance du 11 juillet 1530.)

[4] *Ib.* — Les ménétriers *et joueurs d'instruments tant hauts que bas* de Chartres et bailliage étaient unis en confrérie sous la direction de Me Antoine de la Mie, dit Cahot, ménétrier et joueur d'instruments, demeurant à Chartres, lieutenant et procureur de Me Jean Besnard, roi et maître des ménétriers par tout le royaume de France. Ce lieutenant avait pouvoir, en vertu de sa charge, d'assigner devant le Bailli les ménétriers trouvés en contravention aux ordonnances *du jeu et faict de menestrandise,* de recevoir les deniers à Dieu des noces et fêtes et de les mettre en une boîte pour l'entretien de la confrérie. (Titres du 13 août 1538, extrait du chartrier de Mme de Dangeau, en son château de la Motte-Saint-Georges. — *Recueil de Guillaume Laisné,* vol. 4, p. 141.)

grande en 1530 et 1531 que la famine aurait décimé la population sans la charité des notables et des communautés religieuses. On remarqua, entre tous les gens de bien, Révérend père en Dieu Jacques du Terrail, abbé de Josaphat et prieur de Saint-Martin-au-Val, qui nourrit pendant trois ans avec du pain, des pois et des fèves, tous ceux qui se présentaient à la porte du prieuré ; en sorte que c'était une procession continuelle de Chartres à Saint-Martin, *au moyen de quoy iceluy Terrail fut appelé le père des pauvres* [1]. Jusqu'en août 1532, le setier de blé, dont le prix dans les bonnes années ne dépassait pas 40 sous, se vendit cinq livres tournois, en moyenne [2]. Cependant la détresse publique n'arrêtait pas les taxes, car la ville avait des besoins auxquels il fallait pourvoir. On parvint à rembourser, le 31 août 1530, au bourgeois Gervaise Vallet une somme de 1,500 livres tournois qu'il avait avancée dans un moment de gêne [3]. A la même époque (4 octobre) un misérable conflit élevé entre le bailli et le lieutenant-général qui se disputaient les 20 livres tournois affectées, comme gages, à la présidence du corps de ville, obligea l'assemblée des échevins à décider, par amour pour la paix, que chacun des contestants recevrait annuellement 15 livres [4].

Le clergé chartrain eut aussi sa part d'épreuves. Le 4 juillet 1531, un spectacle émouvant attirait les habitants sur la place du Marché-aux-Chevaux, en face de la maison de l'*Homme sauvage*. Ils venaient assister à la dégradation d'un prêtre nommé Guillaume Lecocq, natif de Souancé au diocèse du Mans, curé de Tournoisis au diocèse de Chartres, assassin de deux autres ecclésiastiques. L'évêque Louis Guillard procéda à cette triste exécution, assisté de M^{ire} Miles d'Illiers, évêque

---

[1] *Journal de Jean Bouvart*, cité.
[2] *Ib.*
[3] Ce paiement eut lieu en *douzains et liards, écus-soleils, oboles de 33 sous 9 deniers pièce, nobles-roses, anges, et demi-nobles roses, et demi-nobles Henri*. (*Reg. des Échevins;* 31 août 1530.)
[4] *Ib.;* 4 octobre 1530.

de Luçon, et des abbés de Saint-Père-en-Vallée, Saint-Cheron et Saint-Vincent-des-Bois. Ensuite, le coupable, *habillé par ledit évêque d'une robe mi-partie rouge et jaune, toque rouge et plume blanche en tête, comme un adventurier*, fut remis à M⁰ Christophe de Hérouard, lieutenant-général, qui le condamna à avoir le poing coupé devant la Tour-le-Roi et à être brûlé vif au marché aux pourceaux. Le Parlement ayant confirmé cette sentence, Lecocq fut livré par M⁰ Pierre de Gyvès, prévôt, à Jacques Despaigne, dit *Souppe-tard*, bourreau de la ville, et supplicié le 22 août; *il mourut en très-bon chrétien* [1].

Pour combler la mesure des calamités, la peste reparut durant l'été de 1531. Certains travaux d'utilité publique, entrepris pendant les chaleurs, entre autres le curage de la rivière et celui de la fosse du Pilori des Halles où se conservait l'eau pour les incendies, contribuèrent probablement à déterminer le fléau. A ces causes d'infection venait s'en joindre une autre plus certaine encore; les fêtes de l'Assomption et de la Nativité attiraient à Notre-Dame une foule immense de pèlerins vagabonds qui couchaient dans l'église et y faisaient *tels inconvénients et ordures* que le chanoine Josse requit la ville de lui prêter main-forte pour les déloger [2]. On obtempéra à cette demande, puis on expulsa certaines personnes soupçonnées de peste et on congédia une pauvre femme et *deux gros marauds* qui gouvernaient ou plutôt maltraitaient les malades à Mainvilliers (juillet); deux maîtres barbiers-chirurgiens furent commis à leur place au pansement des pestiférés [3]. Vers la fin de l'année, la maladie diminua d'intensité et permit

---

[1] *Journal de Jean Bouvart*, cité. — Quarta die Julii, anno domini 1531, die mercurii, quidam sacerdos Guillelmus Lecoq fuit degradatus tandemque crematus in foro Porcorum vivus. (*Livre de Guillaume Bouvart*, rituel de Lefaivre; Arch. dép.)

[2] *Reg. des Echevins;* Séance du 11 juillet 1531. — Anno 1531 fuit ordinatum quod matutine Assumptionis et Nativitatis beate Marie non sero dicerentur, ut consuetum esset, sed, more aliorum solemnium, hora matutina, *propter affluentiam populi divinum obsequium impedientis et illuc pernoctantis.* (*Livre de Guillaume Bouvart*, rituel de Lefaivre; Arch. départ.)

[3] *Ib.;* Séances des 9 juillet et 3 octobre 1531.

aux échevins de s'occuper des préparatifs de la réception à faire à la reine Aliénor, seconde épouse de François Ier, dont M. de Thiville, son maître-d'hôtel, annonça l'arrivée à Chartres pour le 21 mars 1532 [1].

Cette entrée eut lieu *en grand triomphe et magnificence.* La basse-cour de la porte Drouaise formait une enceinte de tapisseries d'où partait une galerie de tentures *en droit et à ciel*, dans toute la longueur de la rue Muret. A sa descente de litière, la Reine agréa la révérence de Messieurs du corps de ville et des gens du Roi et reçut en cadeau 25 poinçons de vin et 500 minots d'avoine. Le cortége se mit alors en marche, précédé par les clercs de la Tour en robe de livrée et portant un étendard de taffetas blanc et noir; quatre échevins vêtus de robes de damas noir, avec sayons de velours noir et pourpoints de satin cramoisi, abritaient la personne royale sous un ciel ou dais de satin à ses couleurs, blanc-tanné et noir, et les échevins, les avocats, procureurs et praticiens, dans leurs habits de gala, suivaient escortés par la compagnie d'arbalétriers. Pendant ses dévotions qui durèrent jusqu'au 9 avril, la Reine fut régalée de mystères à personnages [2].

La peste, qui avait couvé pendant les froids de l'hiver,

---

[1] *Reg. des Echevins;* Séance du 19 mars 1532.

[2] Les quatre échevins qui portèrent le dais reçurent, chacun, pour leur habillement, 25 livres tournois, les autres, 10 livres, le bailli et le lieutenant-général 18 livres, le procureur et le contrôleur de la ville 5 livres, les avocats et procureur du Roi au duché chacun 2 livres, *pour avoir un bonnet*, et chacun des clercs de la ville une robe de livrée. Les échevins offrirent six pintes d'hypocras blanc et clairet et une douzaine de pommes d'oranges aux seigneurs de la suite de la Reine. *(Reg. des Echevins;* Séances des 19 et 21 mars 1532. — *Journal de Jean Bouvart.)*

Rouillard a donné dans sa *Parthénie*, 2e partie, p. 282, v°, d'après un mémoire du temps, une description assez curieuse du cortége de la reine Aliénor. On y remarquait le bailli conduisant 45 enfants de la ville *montez sur beaux roussins et le Prevost qui conduisoit les 60 Arbalestriers tous à pied, habillez des livrées de la Royne : et portoient chacun l'arbaleste sur le col et la trousse de garots au costé, et estoit le Roi desdicts Arbalestriers au milieu d'eux bien monté, et en équippage d'une jacquette de velours noir, esfanfillée de fil d'or et d'argent et la manche gauche à la Mariabesse.*

La poésie célébra aussi cette entrée triomphale; on conserve à la Bibl. impériale (Lb {30} 60, 2e) une pièce de vers intitulée : *Lentree de la royne de France en la ville et cite de Chartres.* 1532.

reparut à la belle saison avec une telle violence, que, depuis Pâques jusqu'à la Saint-André 1532, il mourut à Chartres de 7 à 8,000 personnes [1]. La ville devint littéralement déserte ; ce fut à peine si l'on put trouver trois ou quatre échevins de bonne volonté pour expédier les affaires urgentes pendant que les autres allaient prendre l'air aux champs (4 juin). De leur côté, les chanoines reçurent en chapitre général de la Saint-Jean l'autorisation de sortir des murs à tour de rôle pour quinze jours, jusqu'à la Toussaint [2]. On avait d'abord intimé l'ordre aux mendiants et *marauds* de décamper *sous peine du fouet* (4 juin), mais la maladie ayant contraint tous les habitants un peu aisés à se réfugier à la campagne, on fut bien heureux de recourir aux pauvres pour enterrer les *robes et haillons* jetés hors des fossés (novembre) [3]. Cette épidémie causa une désolation et une misère dont Chartres se ressentit longtemps. Les recettes des deniers communs en furent rudement affectées, car le commerce étant anéanti, les fermiers des taxes, notamment ceux de la redevance du dixième sur le vin vendu au détail, ne pouvaient tenir leurs engagements (1533) [4]. En 1534, des malheurs d'un autre genre éprouvèrent le pays chartrain ; la rivière déborda, et des ouragans affreux ravagèrent la ville et la campagne ; les grands vents du 22 novembre abîmèrent *en six mille endroits* la couverture de l'église Notre-Dame [5].

La guerre, apaisée entre le Roi et l'Empereur depuis quelques années, reprit avec acharnement en 1536. Pendant que Charles-Quint envahissait la Provence, ses lieutenants aux Pays-Bas, Nassau et Reux, essayaient quelques coups de main sur les villes de Picardie. Le 2 août 1536, ils s'emparèrent

---

[1] *Journal de Jean Bouvart.*
[2] *Livre de Guillaume Bouvart*, rituel de Joseph Lefaivre ; mss. des Arch. départ.
[3] *Reg. des Echevins.*
[4] On diminua de 30 livres tournois le fermage du dixième du vin. *(Ib.)*
[5] *Journal de Jean Bouvart.*

presque sans coup férir de la place de Guise que sa garnison abandonna lâchement. Or, cette garnison, il faut l'avouer, était composée en partie de gentilshommes de l'arrière-ban du bailliage de Chartres, que cette couardise couvrit de honte [1]. Il semble que cette circonstance ne porta pas la Cour à ménager les Chartrains dans la répartition des charges de guerre : nonobstant les priviléges et exemptions, le Roi imposa à la ville, au mois d'octobre, l'entretien d'une bande de Lanskenets [2] qui fut remplacée en janvier 1537 par des hommes d'armes de la compagnie du sieur de Boissy [3]. Des lettres datées de Lyon le 7 novembre 1536, demandèrent aux habitants un emprunt de 3,000 livres tournois, et les besoins de l'armée royale en Picardie les firent taxer, au mois de mars 1537, à une fourniture de 500 muids de blé, 500 muids d'avoine et 500 muids d'orge [4]. Quelques démonstrations belliqueuses faites dans la prévision d'une marche des ennemis vers les provinces centrales occupèrent l'été de cette année ; on fit, le 5 juin, une *montre* générale de l'artillerie, et on essaya les pièces données par les confréries en les lâchant contre la tourelle Courtepinte [5]; dans le mois d'août on tint les portes fermées, à l'exception de celles des Epars, Morard, Saint-Michel et Drouaise, et quatre-vingts hommes furent appointés, à raison de cinq sous par jour, pour renforcer le guet [6].

La nouvelle de la trève conclue le 31 juillet entre la France

---

[1] *Journal de Jean Bouvart.*

[2] Le bailli Gilles Acarie et le greffier furent envoyés à Paris pour faire valoir les priviléges. *(Reg. des Echevins;* Séance du 17 octobre 1536.)

[3] On voulut s'opposer à l'entrée de cette troupe, mais les sieurs de Faverolles et de Saint-Germain exhibèrent une lettre du Roi, en date du 7 janvier, *les commettant, ordonnant et députant pour asseoir cette garnison.* (*Ib.;* Séances des 26 et 29 janvier 1537.)

[4] *Ib.;* Séance du 22 mars 1537.

[5] 17 octobre 1536, la pièce d'artillerie nommée *Colette* ayant été rompue sur la porte Drouaise, on la donna à refondre à M⁰ Laurent de Beauce. — 5 décembre, convocation des confréries et couvents pour la livraison des pièces d'artillerie qu'ils se sont engagés à fournir. — 5 juin 1537, les pièces sont mises en batterie au marché aux pourceaux, près de la potence, et tirées contre la tour Courtepinte. *(Ib.)*

[6] *Ib ;* Séance du 14 août 1537.

et les Pays-Bas, et les pourparlers pacifiques engagés par l'intermédiaire du Pape entre le Roi et l'Empereur, dans l'hiver de 1538, rassurèrent les esprits et permirent aux échevins de terminer ou de traiter à nouveau quelques affaires intéressantes. On avait réuni, en 1534, toutes les écoles publiques en une seule, afin de former un collége soumis à l'action directe de la ville et entretenu à ses frais ; le Principal de ce collége était, en 1536, un prêtre nommé M° Hervé, auquel on allouait par an cinquante livres tournois pour son entretien et les gages des professeurs [1]. En novembre 1537, on transporta l'établissement, qui avait pris une certaine importance, dans une vaste maison de la rue Muret, appelée l'*Huis-de-Fer* [2], et, au mois de janvier 1538, on décida que M° Jean Leloup, prêtre, successeur de M° Hervé dans la principalité, recevrait chaque année cent livres tournois, à la charge de payer deux régents [3]. Ce premier essai d'un collége communal devait avorter promptement, comme toutes les tentatives incomplètes ou prématurées, mais il témoignait d'un désir louable de voir les études littéraires, si goûtées au XVI° siècle, se propager parmi la jeunesse chartraine, et cette pensée, reproduite un peu plus tard par un simple bourgeois, trouva sa réalisation dans la fondation du collége de Pocquet.

Les magistrats municipaux, sur la proposition du lieutenant-général de Hérouard, exhumèrent ensuite des coffres le dossier de la navigation de la rivière, abandonné depuis plus de vingt ans. On avait vainement essayé, en 1509, 1510 et 1528, de remettre cette question à l'ordre du jour [4] ; mais, cette fois,

---

[1] *Reg. des Echevins;* Séance du 3 octobre 1536.
[2] *Ib.;* Séance du 20 novembre 1537.
[3] *Ib.;* Séances du 5 juin 1537 et du 15 janvier 1538.
[4] *Reg. des Echevins;* Séances du 7 février 1509 et du 1er octobre 1510. — 1er décembre 1528, on commet quatre échevins, un maçon, un charpentier et un batelier, pour visiter la rivière de porte en porte et de moulin en moulin, depuis Chartres jusqu'à Nogent-le-Roi, afin de reconnaître si la navigation peut être rétablie et combien il en pourra coûter. *(Ib.)*

on trouva le vrai moyen de réussir en s'assurant à l'avance des fonds indispensables pour une telle entreprise. Après avoir fait procéder, au mois de juin 1538, à la visite des écluses, portes à bateaux, ponts et chemins de hallage, et avoir examiné les devis [1], la Chambre de ville obtint du Roi, dans le mois de décembre, l'autorisation d'imposer sur les habitants une taxe spéciale de 6,541 livres 10 sous tournois ; de plus, les sieurs Hubert Courgeon et Laurent Haverdin, marchands bourgeois, prêtèrent 2,000 livres, le clergé donna 1,000 livres et Mme la duchesse de Chartres 100 livres [2] ; ces cotisations,

[1] Ce fut probablement lors de cette visite que l'on dressa l'état suivant des portes à bateaux de Chartres à Nogent-le-Roi :

1º Porte dite du Duc de Chartres, à la charge des habitants ;
2º Moulin des prés de Reculet, à la charge du Chapitre ;
3º Moulin près Josaphat, à la charge du Chapitre ;
4º Moulin de Longsaulx, à la charge de Josaphat ;
5º Moulin de la Courtine ;
6º Moulin de Saint-Jean, à la charge de Saint-Jean ;
7º Moulin de la Forte-Maison, à la charge des habitants ;
8º Moulin Bellanger, à la charge des habitants ;
9º Moulin de la Villette, à la charge du seigneur de Saint-Prest ;
10º Moulin de Plateau, au prieur du Grand-Beaulieu ;
11º Moulin de Ferrière, à la charge du Chapitre ;
12º Moulin des Moulins-Neufs ;
13º Moulin Chardon, à la charge des Dames de Jouarre ;
14º Moulins de Jouy, à la charge du Chapitre ;
15º Moulin de Lambourre, à la charge de la ville ;
16º Moulin de Buttereau ;
17º Moulin fouleret du Roi, à la charge du Roi et de madame la Duchesse ;
18º Moulin du Breuil ;
19º Moulin de Dionval, à la charge du prieur d'Epernon ;
20º Moulin de Saint-Piat, à la charge des seigneurs de Saint-Piat ;
21º Moulin Ars, à la charge de la ville ;
22º Moulin de l'Orme-ha-lé, id. ;
23º Moulin de Changé, id. ;
24º Moulin de Maingournois, id. ;
25º Moulin de Maintenon, à la charge du seigneur de Maintenon ;
26º Moulin de Pierres, à la charge de la ville ;
27º Moulin de Bouré, à la charge de la dame de Villiers ;
28º Moulin du Pré, à la charge de la ville ;
29º Moulin de Chandres, à la charge de la dame de Villiers ;
30º Moulin de Coulombs, à la charge des religieux de Coulombs ;
31º Moulin du Roi, à Nogent, à la charge de madame la grande Sénéchale ;
32º Moulin de Planchette, à la charge de la ville.

(Pièces relatives à la navigation ; Arch. départ.)

[2] *Reg. des Echevins ;* Séances des 4 juin, 17 septembre et 31 décembre 1538, 12 août et 16 décembre 1539. — Le chapitre de Notre-Dame donna, pour sa part, 135 livres 7 sous 6 deniers. *(Recueil de Laisné,* vol. 3, p. 1, rº.)

Les lettres-patentes données à cette occasion sont datées du 7 décembre 1538 et signées, par le Roi, *Breton ;* la ville en possède une copie collationnée au Grand-Conseil le 24 novembre 1539. (Voir aussi *Pancarte municipale,* vol. 2, p. 9 ; Arch. de la Mairie.) Jean Bouvart fait mention dans son journal de cette taxe de

prêts et dons réunis, permirent de mettre immédiatement les travaux en œuvre et de les pousser avec une telle vigueur que tout fut terminé pour le printemps de 1539. Le 22 mai de cette année, M⁰ Tiron, chanoine et vicaire-général de l'Evêque, vint bénir solennellement, en présence des échevins et d'une foule immense, le grand bateau que la ville avait fait construire et qui était amarré au quai [1]. Le premier voyage de Chartres à Rouen fut accompli au mois d'avril 1540, par Philippe Marin dit Lemarié, batelier demeurant à Cailly, diocèse d'Evreux; il rapporta un tonneau de pierres de Saint-Leu et Vernon [2]. Mais on ne tarda pas à se convaincre du mauvais vouloir des propriétaires riverains et des meuniers; des procès s'élevèrent avec Jean de Gauville, tuteur de la D⁽ˡˡᵉ⁾ de Saint-Prest, Robert de la Marck, seigneur de Nogent-le-Roi, et Jacques d'Angennes, seigneur de Maintenon et de Rambouillet, au sujet des péages; on s'aperçut plusieurs fois que des blocs de *ladère* avaient été jetés méchamment dans les gaizes pour entraver la marche des bateaux [3]. Néanmoins on parvint à surmonter ces obstacles : le 15 mars 1541, on traita avec le sieur Lemarié, moyennant 70 livres tournois, pour la conduite, pendant quatorze mois, de deux bateaux chargés de marchandises à destination de Chartres et Rouen, aller et retour, et le commerce fluvial fit de tels progrès au bout de

---

6,541 livres 10 sous tournois, et il dit que, *pour lever laquelle somme, y eut gros murmures par les manans et habitans, neantmoins furent contraints chacun pour son taulx royaulement et de fait par prinses de corps et de biens.*

[1] *Reg. des Echevins;* 20 mai 1539.

[2] *Ib.;* Séances des 16 décembre 1539, 9 mars et 6 avril 1540.

[3] *Ib.;* Séances des 16 décembre 1539, 6 avril, 7 septembre 1540, 11 février 1541. — En 1540, on démolit un mur qui rétrécissait le quai du côté de la porte Drouaise, afin que les charrettes pussent être facilement déchargées.
Le procès avec le seigneur de Maintenon et la dame Ysabeau Cottereau, sa femme, fut terminé par une transaction faite sous le sceel de la prévôté de Paris le 23 juin 1543; on décida que le prix du péage serait de cinq deniers par bateau, à la charge par le seigneur de Maintenon d'entretenir les ponts et portes, passages et biez, depuis le bois de Changé jusqu'à l'île de la Fosse-Pipot, près Nogent-le-Roi, et que les voituriers par eau passeraient à pied par les jardins du château, en tirant eux-mêmes les cordages des bateaux.

quelques années que la ville obtint le 14 août 1545 des lettres d'octroi d'une taxe sur les denrées transportées par eau, applicable aux besoins de la navigation [1].

Le bailli Gilles Acarie mourut le 23 janvier 1539 et fut remplacé par M[ire] Jean Larchevesque, conseiller du Roi, gentilhomme de sa chambre, seigneur et baron de Soubise, qui fit son entrée solennelle le 28 septembre 1540. La mésintelligence venait de recommencer depuis peu entre François Ier et Charles-Quint, et la ville, en recevant un homme d'épée pour bailli, devait s'attendre à participer largement aux charges de la guerre prochaine. Pour début, Chartres, nonobstant ses priviléges, dut héberger en février 1541 une garnison de quatorze lances de la bande de M. de Villebon, et, le 22 du même mois, le Roi donna l'ordre de faire provision de huit milliers de salpêtre [2]. Le conseil royal avait exigé, dès le 28 juin 1539, la production de l'état des recettes et dépenses des deniers communs [3], et, malgré le chiffre élevé des dépenses, il était à

---

[1] Cette taxe, proposée dans la séance du 29 octobre 1544, était réglée ainsi qu'il suit : 1° par chaque bateau montant et avalant, 5 livres tournois; 2° par chaque muid de blé, poinçon blanc de merceries mêlées, balle de garance ou quart de morues, 10 sous; 3° par chaque meule à moudre ou éguiser, 6 sous; 4° par chaque poinçon de vin, baril de moules, miel, cendre gravelée et pruneaux, baril de harengs, mornes, saumons et maquereaux, millier de harengs saurs, poinçon de poix, pièce de drap, 3 sous; 5° par chaque cuir de bœuf ou vache, 1 sou; 6° par chaque balle de pastel, 1 sou; 7° par chaque cent de fer, plomb, étain, cires et toutes épiceries, 4 sous.

[2] *Reg. des Echevins*; février 1541.

[3] Cet état, véritable budget de la ville au milieu du XVIe siècle, m'a paru assez intéressant pour être donné en entier.

1° RECETTE.

1° Fermage du droit de dixième sur le vin vendu au détail.	1535. —	950 livres tournois.	
	1536. —	» 1,050 l. t.	
	1537. —	» »	885 l. t.
2° Fermage de la taxe du barrage ou pié fourché.	1535. —	260 »	»
	1536. —	» 260	»
	1537. —	» »	215
3° Droit attribué à la ville sur la vente du sel faite au grenier, par chaque année	1,400	1,400	1,400
4° Loyers des portes et tourelles, ouvroirs, pêche des vieux et nouveaux fossés, jardins du vieux château, par an	50	50	50
Total de la recette, par chacune des trois années.	2,660 l. t.	2,760 l. t.	2,550 l. t.

craindre que le bailliage ne fût assujetti à une taxe uniforme et annuelle destinée aux gens de guerre, comme le voulaient

2° DÉPENSE.
1° *Charges ordinaires, annuelles.*

	livres	sous	deniers
Cens de la chambre de ville, au Doyen et Chapitre de N.-D.	»	»	14
Gages d'assistance du bailli aux assemblées municipales	15	»	»
Id. du lieutenant-général du bailliage	15	»	»
Id. du greffier de la chambre	15	»	»
Id. du clerc du greffier	5	»	»
Id. de l'avocat de la ville	5	»	»
Id. du procureur de la ville	5	»	»
Id. du procureur de la ville au Parlement	5	»	»
Id. du contrôleur pour le Roi des deniers communs	75	»	»
Id. du receveur de la ville	40	»	»
Id. du clerc et serviteur de la ville	5	»	»
Au même, pour sa robe de livrée	5	»	»
Gages du clerc chargé des réparations	54	18	»
Au même, pour sa robe de livrée	5	»	»
Gages du messager de la ville allant de Chartres à Paris	1	10	»
Pour le tour de cire de la Vierge-Noire	75	»	»
Gages du marguillier allumeur dudit tour	»	20	»
Pour les torches et bonnets des Echevins et officiers de la ville	69	»	»
Gages des sergents chargés de la police pendant les processions	2	»	»
Id. du principal et des deux régents du collége	100	»	»
Loyer de la maison du collége	22	»	»
Gratification aux deux prédicateurs du Carême (un Jacobin et un Cordelier)	10	»	»
Aumône d'un baril de harengs aux couvents des Jacobins et des Cordeliers	20	»	»
Gratification aux arbalétriers pour l'entretien des buttes	13	»	»
Prix du bois et du charbon, brûlés l'hiver en la chambre	7	10	»
Façon et audition des comptes en parchemin, rendus par les receveurs de la ville en présence des gens du Roi	60	»	»
Total des charges ordinaires annuelles.	630	19	2

2° *Rentes annuelles.*

	livres	sous	deniers
A Etienne Grenet, bourgeois	50	»	»
A Claude Cheron, id.	16	13	4
A Guy Tardiveau, id.	25	»	»
A la veuve Olivier Fournier	25	»	»
A la recette du Roi, pour le vieux château	16	»	»
A l'abbé de Coulombs, pour la porte à bateaux	16	»	»
Total des rentes annuelles.	148	13	4

3° *Etat de ce que la ville a fourni au Roi depuis dix ans, pour ses guerres.*

	livres	sous	deniers
8 janvier 1529	3,075	»	»
1er août 1535	750	»	»
15 avril 1537	739	7	10
2 janvier 1538	2,000	»	»
7 août 1538	1,334	14	9
Total.	7,899	2	7

les conseillers de la couronne. Le collége à peine naissant fut la première victime de cette prévision; on supprima, le 14 avril 1542, la subvention de cent livres tournois octroyée au principal et aux deux régents [1]. Le 20 juillet suivant, huit jours après la reprise des hostilités, les cardinaux de Meudon et de Bourbon invitèrent les habitants à députer deux notables à Paris pour traiter, de par le Roi, d'affaires très-urgentes; MM. Antoine Souchet, échevin, et Charles Lemaçon, greffier, furent élus à la pluralité des voix, et le résultat de leur mission se manifesta au mois d'avril 1543 par l'assiette, sur les villes closes du bailliage, d'une taxe de 14,400 livres, pour solde de gens de pied pendant quatre mois [2].

C'était une mauvaise nouvelle pour une ville qui, depuis dix ans, avait eu bien de la peine à payer 7,900 livres au Trésor; d'autant plus qu'il ne se passait pas une année sans que des charges imprévues vinssent peser sur le budget municipal. En 1543 et 1544, il fallut donner des gratifications au sieur Agasse, lieutenant du Prévôt des maréchaux de France, et à ses archers qui rendaient, d'ailleurs, de fort bons services en donnant la chasse aux rôdeurs de nuit [3]. L'armement des tours et tourelles et la refonte de quelques pièces d'artillerie nécessitèrent aussi de grandes dépenses. Le 22 janvier 1544,

---

[1] *Reg. des Echevins.*

[2] *Ib.;* Séances des 20 juillet 1542 et 4 avril 1543. — Le ban et l'arrière-ban du bailliage de Chartres furent mis sur pied, par ordre du Roi du 23 septembre 1542, et conduits en garnison à Amiens, ville frontière, pour le temps de leur service. (Lettre en original, datée de Saint-Just-sur-Lyon et contresignée *de L'Aubespine;* Arch. de la Mairie.)

[3] Le sieur Michel Agasse, lieutenant du prévôt des maréchaux pour les bailliages de Chartres, Mantes, Montfort-l'Amaury, Etampes et Dourdan, était venu résider à Chartres en 1537, sur le commandement exprès de la chambre de ville. On lui accorda le 20 mai 1539 une gratification de 10 livres tournois, attendu qu'il s'employait avec zèle à délivrer la ville et le pays des *mauvais garçons.* Sur la prière de cet officier, les échevins décidèrent, le 15 août 1539, qu'ils solliciteraient du Roi la création de six nouvelles charges d'archers; mais il paraît que ce désir ne fut pas exaucé, car le sieur Egasse revint à la charge le 27 janvier 1544, en ajoutant à sa première demande celle d'une augmentation de gages par mois. La ville consentit à l'appuyer, à la condition que les archers de la maréchaussée feraient patrouille deux ou trois fois par semaine pour chasser hors des murs les bandits et vagabonds armés qui prenaient chaque nuit possession des rues. *(Reg. des Echevins.)*

le Roi fit part à la chambre de ville de l'heureux accouchement de la Dauphine ; ce qui procura aux Chartrains l'occasion de chanter un *Te Deum* et à François Ier celle de demander une petite capitation de deux écus sur chaque officier de justice du bailliage [1].

On comprenait que le Roi fit argent de tout, car, malgré la bataille de Cerisolles, gagnée sur les Impériaux par le duc d'Enghien le 14 avril 1544, Charles-Quint et Henri VIII étaient entrés en France, le premier par la Picardie, le second par la Champagne. Le camp français, formé entre Châlons et Epernay, fut alimenté en partie par les marchands de blé chartrains ; chaque jour, pendant quatre mois, ils livrèrent aux troupes dix mille pains, sur marchés et soumissions [2]. Le baron de Soubise n'avait pas rempli longtemps les fonctions de bailli ; ce poste appartenait alors à un personnage d'origine chartraine, Mire Michel de Champrond, baron de Croissy, qui déploya le plus grand zèle pour la défense de la ville ; en exécution d'ordonnances rendues par ce magistrat aux mois de juin, juillet, août et septembre 1544, on fit un guet sévère afin d'éviter les surprises, on dressa un inventaire exact des *bâtons de guerre* déposés chez les particuliers, on ferma toutes les portes à cinq heures du soir, et les poudres nécessaires au service des pièces en batterie sur les remparts furent confiées aux quarteniers [3]. L'Empereur s'avança jusqu'à Château-Thierry, et son approche causa une telle panique aux dames de la cour, que la Dauphine et Mme Marguerite de France s'enfuirent vers Chartres où elles entrèrent sans cérémonie le 12 septembre [4]. Cependant la bonne contenance des Parisiens et l'arrivée de l'armée royale arrêtèrent Charles-Quint qui

[1] *Reg. des Echevins* et *Journal de Jean Bouvart.*

[2] *Reg. des Echevins;* Séance du 9 juin 1544. — Cependant une lettre du Roi, du 24 juillet, fait connaître que les conditions posées par les marchands chartrains, pour cette fourniture, étaient *déraisonnables et impertinentes. (Ib.)*

[3] *Ib.;* Séances des 23 juin, 12 et 16 septembre, 21 octobre 1544.

[4] *Ib.;* 12 septembre.

signa la paix le 18 septembre, à Crépy-en-Laonnois. La campagne de 1544 se termina pour les gens de Chartres par la demande que fit François Ier, au mois d'octobre, d'un subside de 4,000 livres convertissable en rentes sur les deniers et fermes du Roi [1].

En 1545, toutes les forces de terre et de mer de la France furent concentrées contre l'Angleterre; aussi Chartres eut-il à souffrir du passage continuel des soldats dirigés vers les côtes de Picardie. Les gens d'armes de la compagnie du baron de Curton, envoyés, au mois de février, par le Roi, pour protéger la ville, se signalèrent, en particulier, par leurs violences [2]. Une taxe de 4,722 livres 15 sous 2 deniers tournois fut assise sur les habitants, au mois de mars [3]; en juin on eut à défrayer une bande de 10,000 gascons [4], et en juillet arriva

---

[1] *Reg. des Echevins;* Séance du 24 octobre 1544.

[2] *26 février 1545.* Lettres du Roi au bailli, annonçant l'arrivée de la compagnie du baron de Curton à Chartres, de celle du sieur de Boutières à Châteaudun, de celle du sieur de Lorges à Bonneval, et de celle du sieur d'Espinac au pays du Perche. — *1{er} mars.* On remontre au bailli les priviléges de la ville et on le prie de les faire valoir. *(Reg. des Echevins.)*
1545. Garnison à Chartres de la compagnie du baron de Curton, *qui fit grands domages et opressions. (Journal de Jean Bouvart.)*

[3] *Reg. des Echevins;* Assemblée générale du 30 mars 1545, pour la répartition de ce subside. A cette assemblée les éviers firent reconnaître de nouveau les priviléges à eux octroyés dès l'an 1370, en vertu desquels ils étaient exempts de tous subsides, tailles et impôts, à la charge de porter de l'eau, nuit et jour, sans salaire, partout où besoin serait, en cas d'incendie.

[4] *Ib.;* Séance du 10 juin 1545.

On fit le 7 juillet un inventaire général des pièces d'artillerie braquées sur les remparts et ce travail constata la situation suivante :

1° Porte des Epars.

La *Serpentine*, pièce de fer garnie de deux boîtes, montée sur un chevalet à deux roues. — Une pièce sur deux roues, portant les armes des chaussetiers. — Un petit fauconneau marqué d'une petite croix. — Un fauconneau double portant les armes de la ville. — Un fauconneau semblable monté sur deux roues. — Deux courtaux de métal fermant à boîtes enchâssées de bois. — Deux autres courtaux fermant à boîtes.

2° Tourelle Courtepinte.

Deux pièces de fer chargées à boîtes. — Deux petits fauconneaux dont l'un est la pièce des bouchers, l'autre est à la ville.

3° Porte Châtelet.

Quatre hacquebutes à crochet. — Deux courtaux de fer. — Une hacquebute non montée.

la peste qui sévit cinq mois entiers et dont mourut le jeune duc d'Orléans, deuxième fils du Roi [1].

La compagnie du sieur de Brissac vint tenir garnison dans nos murs au mois de février 1546 ; le sieur de Rambouillet, commissaire du Roi, en fit l'assiette, nonobstant les protestations ordinaires et toujours inutiles des échevins [2]. A la même époque, les villes closes du bailliage eurent à supporter une taxe de 7,200 livres, pour la solde de 25,000 hommes de pied [3]. Si les Chartrains furent moins *foulés* cette année que les précédentes par les garnisons de gens de guerre, ils le durent au sieur de Monbazon, commissaire en cette partie, dont ils

4° *Tourelle du Fer-à-Cheval.*
Deux pièces ou courtaux fermant à boîtes.

5° *Porte Saint-Jean.*
Quatre hacquebutes à crochet.

6° *Tourelle derrière les Jacobins.*
Deux petits passevolants.

7° *Porte Drouaise.*
Un passevolant. — La pièce des tanneurs. — La pièce nommée *Colette*. — Un petit fauconneau. — La hacquebute à crochet des maçons et couvreurs. — Au haut de la porte, deux petits passevolants.

8° *Tourelle de la Léthinière.*
Un double courtaut de fer. — Trois hacquebutes à crocs, dont une est la pièce des serruriers.

9° *Porte Guillaume.*
Un double courtaut avec boîte. — En une tourelle, deux fauconneaux aux armes de la ville. — En l'autre tourelle, trois hacquebutes à crocs. — En l'une des basses tourelles, un gros canon de fer, monté, fermant à boîte de cuivre. — Deux passevolants, dont un est à la ville et l'autre des avocats et procureurs, avec leurs roues et montures. — En l'autre tourelle, un canon de cuivre garni de boîte.

10° *Porte Morard.*
Un courtaut de fer garni de boîte. — Deux pièces montées sur roues, dont l'une est celle des merciers. — Une autre pièce sur chevalet et une hacquebute à croc.

11° *Porte Saint-Michel.*
Un courtaut de fer. — Un passevolant à chevalet. — Deux courtaux de fer. — Une pièce de fer chargée à boîte. — Trois hacquebutes de fer à crocs. — Cinq hacquebutes de cuivre à crocs. — Trois autres hacquebutes.
En tout 70 pièces. *(Reg. des Echevins ; 7 juillet 1545.)*

[1] *Ib.;* décembre 1545. — Plusieurs taverniers étant décédés de la peste, le fermier du dixième demanda une diminution de fermage.

[2] *Ib.;* 21 février 1546.

[3] *Ib.;* Séances des 4 février et 1er avril 1546.

surent reconnaître les bons offices par un présent de *six aunes de velours noir* [1].

La peste reparut dans le mois d'octobre; mais sa périodicité, en rendant son étude plus facile, permit de lui opposer quelques remèdes efficaces. Le service de l'édilité gagna aux terreurs salutaires qu'inspirait le fléau; on réglementa pour la première fois, en 1546, le curage des rues, et chaque propriétaire de maison fut taxé à trois deniers par mois pour le salaire du boueur; on n'en était pas encore arrivé à tirer un revenu municipal de l'entreprise du bouage [2]. En même temps, on adopta contre la peste les mesures suivantes: un chirurgien et un barbier, aux gages de dix livres tournois par mois, furent commis pour visiter et *panser* les malades; on fit défense à ces esculapes, ainsi qu'aux infirmiers et infirmières qui portaient les vivres aux pestiférés et ensevelissaient les morts, de communiquer avec les personnes saines; on leur prescrivit de tenir à la main une grande verge blanche pour se faire reconnaître; par ordre du prévôt, les maisons envahies par la contagion furent marquées à la craie et leurs portes fermées et barrées; les malades n'obtinrent l'autorisation de sortir dans les rues que quarante jours après leur guérison. Une quête faite à domicile par deux notables de chaque paroisse donna les moyens de pourvoir aux dépenses nécessitées par la maladie [3].

L'avènement du roi Henri II au trône, le 31 mars 1547, ne modifia en rien la vie de Chartres, qui semblait fatalement destinée à s'épuiser chaque année sous l'étreinte des trois calamités du siècle: la peste, les garnisons de gens de guerre

---

[1] *Registres des Echevins;* Séance du 8 mai 1546.
[2] *Ib.;* octobre 1546.
[3] Six infirmiers et douze infirmières aux gages de 5 sous tournois par jour, outre ce qu'ils pourront avoir des pestiférés. *(Ib.; Séance du 5 décembre 1546.)*
La peste ayant cessé, on permet à Charpentier, docteur en médecine, et à Papineau, barbier, de laisser les verges blanches et de reprendre leur état. *(Ib.; Séance du 11 octobre 1547.)*

et les impôts ¹. La peste dura jusqu'au mois d'octobre et elle fut remplacée par la compagnie de 40 lances du sire de Meslay, vidame ; puis vint une commande de 6,000 livres de salpêtre pour l'armée et une taxe de 14,400 livres sur les villes closes du bailliage, pour la solde de 50,000 hommes de pied (octobre et décembre) ².

Quoique cet état de choses ne fût pas de nature à favoriser l'essor du commerce, les grands avantages que présentait la navigation de la rivière ne laissaient pas que d'être appréciés depuis quelques années. Tous les vins de l'Orléanais et de la Touraine, à destination de Rouen et de Paris, suivaient la voie de l'Eure ; Chartres et Orléans recevaient du sel et des épices par les bateaux de retour. Les marchands de Rouen, de concert avec ceux de Chartres, avaient même fait établir de vastes entrepôts sur le quai de la ville, *pour le compte de ceux de la haute rivière* ³. Il importait de protéger cette utile exploitation contre les vexations incessantes des meuniers et des riverains ; les échevins chartrains y pourvurent de leur mieux. Ils sollicitèrent au mois d'octobre 1547 des lettres-patentes du Roi, dans le but d'obliger les propriétaires des moulins, depuis Chartres jusqu'à Nogent-le-Roi, à entretenir les portes et écluses *comme ils y étaient tenus audessous de ce dernier endroit jusqu'à la Seine*, et requirent l'adjonction des corps municipaux de Rouen, Orléans et Paris et du con-

---

¹ Henri II confirma les priviléges de la ville par lettres-patentes de mars 1548. (*Pancarte municipale.*)

² *Req. des Echevins;* Séances des 6 octobre et 28 décembre 1547.
Le 23 mai 1548, on alla au-devant de François de Vendôme, seigneur de Meslay, vidame, capitaine des 40 lances en garnison à Chartres; on lui offrit deux poinçons de vin, l'un blanc, l'autre clairet, et trois échevins lui firent la révérence en son logis. *(Ib.; 1548.)*
Le 22 septembre suivant, le connétable de Montmorency ayant averti la ville du passage prochain de onze enseignes de lansquenets, conduites de Picardie en Guyenne par Jean Leprêtre, valet de chambre du Roi, on décida, en présence du maître des boulangers, que l'on donnerait à ces soldats 6,000 pains de 3 deniers pièce, 12 poinçons de vin par enseigne, et 2 poinçons pour les capitaines, et que les bouchers de la ville leur fourniraient du bœuf et du mouton. *(Ib.)*

³ *Ib.;* Séance du 17 août 1546.

seil privé du duc de Chartres[1]. Ces efforts louables devaient céder plus tard aux prétentions des riverains protégées par la misère publique, mais leur souvenir est resté comme un témoignage des bonnes intentions de l'échevinage pour les intérêts de la cité.

Nous avons déjà parlé de la compagnie des arbalétriers ou vidamiers, créée pour la défense de la ville lors des guerres du XIVe siècle. Les jeunes compagnons qui la composaient recevaient une subvention annuelle de 13 livres tournois pour l'entretien des buttes, et, chaque année, le 1er mai, un *papégaut* fiché à la pointe du clocher de l'église Saint-Michel servait de but aux tireurs; celui qui abattait l'oiseau était proclamé *Roi des arbalétriers* et il avait à ce titre le commandement de la compagnie. Ce dignitaire jouissait pendant son règne de priviléges assez étendus : il était exempt de la taille et de toutes les charges et contributions ordinaires et extraordinaires, exerçait, sous le contrôle de la chambre municipale, une juridiction sur les gens de métiers engagés dans sa bande et avait une place d'honneur dans les cérémonies publiques. La compagnie du vidame, seule force armée aux ordres de la ville, avait rendu et rendait encore de grands services en partageant les corvées de police avec les sergents du prévôt et les archers du lieutenant des maréchaux. Aussi l'échevinage l'avait-il prise sous sa protection ; il veillait à ce que le bon ordre et la discipline y régnassent sans cesse et exigeait que les compagnons se livrassent assidûment aux exercices prescrits par les vieilles coutumes. Il advint qu'au mois de septembre 1548, un nommé Triquet, de la paroisse de Saint-Hilaire, s'ingéra de former une compagnie rivale et de faire tirer à l'arbalète dans un jardin du faubourg Morard. Cette innovation déplut aux échevins qui firent faire comman-

---

[1] *Reg. des Echevins;* Séance du 6 octobre 1547.
Le 30 juin 1548, il fut décidé que l'on emprunterait 200 écus pour réparer les ponts, portes et guaizes détériorés. *(Ib.)*

dement à Triquet, à la requête du Roi des arbalétriers, d'abattre ses buttes et de cesser de débaucher les jeunes confrères du vidame [1].

Aussi bien, ce n'était pas le moment de semer la division dans les rangs de la milice urbaine, car elle avait à parader à la réception que l'on se disposait à faire à la jeune reine d'Ecosse Marie Stuart, promise au dauphin François. Cette princesse, âgée de six ans, arriva à Chartres le 22 novembre 1548, escortée par les grands dignitaires du royaume, le connétable de Montmorency et le duc d'Aumale en tête. La ville déploya à cette occasion une grande magnificence, et les registres de la Chambre décrivent complaisamment la marche du cortége dans lequel figurèrent les clercs de la Basoche et de la Tour, les arbalétriers commandés par leur Roi, les enfants d'honneur à cheval, les bourgeois et marchands sous la conduite du Prévôt, les sergents royaux à cheval, les notaires royaux à cheval, les enquêteurs du bailliage, les greffiers, M. le lieutenant-général pour le Roi, M. l'avocat et M. le procureur du Roi, MM. les conseillers au bailliage, MM. du corps de ville, tous à cheval et en bon ordre. Le lieutenant-général, au nom des habitants, et Mᵉ Louis Charpentier, docteur et chanoine théologal, au nom du Chapitre, adressèrent à la jeune reine des compliments qui furent fort applaudis [2]. On n'eut garde d'oublier de faire la révérence

---

[1] *Reg. des Echevins;* septembre 1548.
[2] *Ib.;* Séance du 22 novembre 1548.

Le discours de Mᵉ Louis Charpentier mérite de trouver place dans cette histoire.

« Haute Dame et de grande expectation, attendu votre bonne et diligente institution en laquelle jusques à présent avez été nourrie, je ne ferai difficulté d'user devant vous d'une sentence prise des Latins, scavoir est que *plus adorent le soleil levant que lorsqu'il se couche,* si véritable que, comme écrit Pline, les éléphants lorsqu'ils voient le soleil commençant à donner son rayon sur la terre, selon que permet leur petite cognoissance de nature, lui font caresse et révérence telle qu'ils peuvent. Et pourtant que jusques à présent avez été comme une vraie et bien claire étoile et dorénavant espérons que comme parfaite lune serez unie au vrai soleil de ce présent royaume, pour cette cause, vos très-humbles orateurs et serviteurs les chanoines de l'église de Chartres vous offrent par moi ce qu'ils pensent être plus nécessaire pour à tel but parvenir, scavoir est les suffrages et prières de leur église tant en général que en particulier et pareillement de leur pain et vin, lesquels ils vous prient rece-

aux deux favoris Montmorency et d'Aumale, et on leur offrit deux poinçons de vin pour les engager à avoir en recommandation près du Roi les priviléges de la ville [1].

La guerre qui continuait avec l'Angleterre sur les côtes de Picardie donna lieu, pendant l'année 1549, à de fréquents passages de troupes par Chartres. Douze enseignes de lanskenets venant de Blois traversèrent la ville au mois de juin, quoiqu'on pût faire pour les en empêcher [2]. On reçut ensuite une garnison de 18 hommes d'armes et de 22 archers de la compagnie de M. le duc d'Aumale ; on aurait bien voulu exciper des exemptions de logement de gens de guerre, on en parla même à M. de Rambouillet, commissaire en cette partie, mais d'Aumale, déjà si puissant par la maison de Lorraine, venait d'acquérir aux yeux des Chartrains une importance toute locale par ses fiançailles avec Anne d'Est, fille du duc et de la duchesse de Chartres [3]. La ville eut aussi à nourrir, au mois de juillet, la compagnie de gens de pied du sieur de Sainte-Marie, campée à Lèves et à Josaphat, et à recevoir avec les honneurs dus à son rang Mgr de Vendôme, récemment marié à Jeanne d'Albret [4]. Les dépenses de l'année furent closes au mois de novembre par une taxe de 27,300 livres sur les villes du bailliage, pour solde de gens de guerre [5].

Il faut rendre justice à l'échevinage ; il avait fait depuis un siècle de notables progrès dans l'étude des améliorations mu-

voir d'aussi bon visage comme ils vous les offrent. » *(Livre de Guillaume Bouvart, f° 707; Arch. départ.)*

Marie Stuart, usant du pouvoir qui lui en avait été donné par lettres du Roi datées de Montauban le 25 août, délivra, à son passage, les prisonniers détenus dans les geôles de Chartres. *(Recueil de Laisné, vol. 4, p. 408.)*

[1] *Reg. des Echevins;* Séance du 27 novembre 1548.

[2] *Ib.;* Séance du 4 juin 1549.

[3] On fournit par semaine aux soldats du duc d'Aumale 29 livres tournois pour le logis, 4 livres 7 sous pour le sel, 43 livres de chandelles coûtant 5 livres 1 sou 6 deniers, 29 pintes de vinaigre à 8 deniers la pinte, et 29 pintes de verjus au même prix. *(Ib.;* Séance du 9 juillet 1549.)

[4] Les gens du Roi, les échevins, quatre conseillers, les élus et les notables bourgeois allèrent à la rencontre de M. de Vendôme et lui offrirent deux poinçons de vin, *du meilleur. (Ib.)*

[5] Lettres du Roi du 22 novembre 1549. *(Ib.)*

nicipales. Les guerres du XIV⁰ siècle et de la première moitié du XV⁰, n'étaient pas, en effet, une bonne école d'administration, car, dans ces temps de qui-vive, les gouverneurs de la cité épuisaient leur dévouement et leur activité au maniement des affaires militaires et songeaient à la vie de leurs concitoyens avant de songer à leur bien-être. Ils profitaient avec empressement, il est vrai, des rares éclaircies du ciel politique et ne se faisaient pas faute de demander conseil aux bourgeois des villes voisines, surtout à leurs bons amis d'Orléans qu'ils croyaient plus habiles qu'eux ; mais, quelque fût leur bon vouloir, une assemblée composée en majorité de marchands et fonctionnant au milieu des troubles civils, ne pouvait jeter que des palliatifs sur les plaies du moment ; encore devait-on rapporter aux gens du Roi et à quelques licenciés ès-lois l'initiative et le mérite des mesures. D'un autre côté, la charge d'échevin ne laissait pas que d'être très-pesante ; élus pour cinq ans, sans possibilité de refus, les favorisés de la confiance publique devaient une grande partie de leur temps à leurs fonctions ; ils le devaient tout entier un mois sur cinq, sans compter les vacations consacrées aux voyages et missions extraordinaires, à la garde des portes, à la surveillance des approvisionnements et *habillements* de guerre. Aussi les subterfuges, pour éviter cette corvée, étaient-ils fréquents [1] et fut-on obligé d'établir, en 1542, une amende de 5 livres tournois contre ceux qui manquaient aux réunions de la chambre [2]. En 1547, la suppression de l'office de Receveur des deniers communs vint encore ajouter au fardeau, en remettant aux échevins délégués la tenue et la responsabilité des comptes [3].

---

[1] Parmi les membres récalcitrants, on remarqua, en 1560 et années suivantes, le sieur Michel Tardiveau auquel on appliqua les peines les plus rigoureuses, telles que *la retenue de sa torche et de son bonnet et des autres droits et profits de l'office, une amende de 100 livres tournois et la prison.* (Juin 1560, juillet et octobre 1562.)

[2] *Reg. des Echevins;* Séance du 14 avril. Cette amende fut portée à 25 livres le 4 mars 1560.

[3] *Ib.;* Séance du 15 mars. — Cette charge était obligatoire, même pour les illettrés désignés à la majorité des suffrages. En 1563, le sieur Gilles Etienne, échevin,

Quoi qu'il en soit, à partir du règne de Louis XI, les entreprises utiles ou plutôt les tentatives intelligentes se multiplièrent, et, moins à la merci de la brutalité du soldat, l'échevinage entra plus franchement dans son rôle de protecteur des intérêts matériels et moraux de la cité. Ce ne fut pas, il est vrai, sans lutte que nos magistrats parvinrent à asseoir leur autorité; nous assisterons bientôt aux débats que firent éclater dans les conseils de la ville les questions de paupérisme, de la liberté religieuse, de la réforme du corps municipal ; disons quelques mots de la police, objet direct des attaques du peuple.

Chaque année, pour ainsi dire, depuis le commencement du siècle, on rendait des ordonnances pour défendre aux porchers de laisser errer dans les rues les animaux confiés à leur garde; en 1526, il fallut menacer du fouet les boulangers qui vendaient à faux poids [1]; en 1546, on prononça des peines sévères contre les revendeurs qui accaparaient les denrées avant la clôture des marchés [2]. De 1550 à 1552, ce furent les bouchers qui se signalèrent par leur opposition : le massacre (abattoir) établi en 1520 sur l'emplacement du vieux château, n'avait jamais plu aux bouchers; cependant la salubrité publique trop longtemps compromise exigeait qu'on utilisât cet établissement. Pour ôter aux gens du métier tout prétexte de résistance, on songea à compléter les bâtiments nécessaires au service de la tuerie et à celui de la perception de la ferme du baitage ou pié fourché ; ces travaux furent exécutés de 1550 à 1552, au moyen d'avances faites par les fermiers. Mais les bouchers ne prirent pas, pour cela, le chemin du massacre, et il fallut, pendant bien longtemps encore, avoir recours aux poursuites et aux mesures de sévérité afin de

---

ayant été élu receveur des deniers communs, voulut se récuser sous prétexte qu'il ne savait ni lire ni écrire, mais on n'admit pas son excuse et on l'obligea à prêter serment séance tenante (octobre).

[1] Voir vol. 1er, p. 510.
[2] *Reg. des Echevins;* Séance du 8 mai.

déraciner l'habitude invétérée d'abattre les bestiaux dans les maisons et de jeter le sang dans les ruisseaux [1]. Pareille mauvaise volonté se manifestait pour la propreté des rues ; quoiqu'un boueur enlevât le plus gros des immondices, comme, malgré les recommandations des officiers de police, le balayage et l'arrosage étaient tout-à-fait négligés, Chartres, pendant l'été, continuait à recéler des miasmes pestilentiels. La voie publique n'était guère nettoyée que lorsqu'il passait une tête couronnée par la ville ; or l'année 1550 eut ce privilége.

Le 9 octobre, la Chambre reçut la nouvelle de la prochaine arrivée du Roi, de la Reine et de Mme Marguerite, sœur du feu roi François Ier. On prit immédiatement toutes les dispositions nécessaires pour que ces illustres voyageurs fussent accueillis dignement dans leur bonne ville. On désigna les maîtres et les meilleurs compagnons de chaque métier, ainsi que les enfants d'honneur tant à pied qu'à cheval, qui devaient figurer dans le cortége ; on décida que l'on offrirait au Roi deux coupes en argent, taillées à la mauresque et pesant 12 marcs, et, à la Reine, une autre coupe pesant 5 marcs et demi ; que les portes, ponts, passages et chemins seraient nettoyés et les rues curées ; que l'on dresserait des *chapeaux de triomphe*, en buis et lierre, aux portes, et que des échafauds, pour mystères, décorés de tapisseries, peintures et dorures, s'éleveraient dans les carrefours ; le *ciel* du Roi devait être porté par les quatre plus anciens membres de l'échevinage et celui de la Reine par quatre autres échevins. Le lieutenant-général de Hérouard se donna beaucoup de mouvement pour que rien ne manquât à la fête, et il poussa le zèle jusqu'à enjoindre aux bourgeois, *sous peine de prise de corps et de biens*, de se vêtir, pour la cérémonie, *de velours, satin, taffetas, et autres richesses*. M. le Dauphin et sa jeune fiancée Marie Stuart, accompagnés de la reine douairière

---

[1] *Reg. des Echevins;* janvier 1551 et mai 1552.

d'Ecosse, traversèrent la ville le vendredi 14, mais on se borna à les saluer et à leur offrir deux poinçons de vin et des boîtes de dragées et de *cotignac*, les grandes démonstrations étant réservées pour Leurs Majestés. Le dimanche 16 novembre, on fit une répétition générale, et le mardi 18, jour de l'entrée, le cortége se dirigea dès le matin vers le grand chemin de la porte Drouaise. Tout allait pour le mieux, lorsqu'un orage imprévu vint fondre sur l'honorable assistance et obligea les *bourgeois, manants et habitants*, jusqu'au lieutenant-général lui-même, à se réfugier dans l'église Saint-Maurice et les hôtelleries voisines, pour sauver leurs habits de gala. Or, au même moment, le Roi et la Reine, désireux d'éviter la pluie, quittèrent le chemin de Josaphat qu'ils suivaient pour couper le plus rapidement possible par celui de la Croix-Jumelin et arrivèrent en ville sans rencontrer personne; *d'où la montre n'eut pas lieu, à la grand'honte des habitants*. Toutefois ils prirent leur revanche le lendemain et convoyèrent en bel ordre le Roi et la Reine jusqu'aux Cinq-Croix, sur le chemin d'Illiers où Leurs Majestés furent coucher [1].

Chartres, à cause de sa proximité de Paris et de la fertilité de son territoire, commençait à devenir la garnison favorite des corps d'élite de l'armée française. En juillet 1551, les portes s'ouvrirent à la compagnie de M. le Dauphin et aux archers de la garde commandés par M. de la Ferté et ayant pour enseigne le sieur de Varize [2]. Au mois de janvier 1552, le sieur de Sancerre et sa bande vinrent aussi prendre quartier dans notre ville, qui contribua, comme à l'ordinaire, à la solde de 50,000 hommes de pied pour quatre mois [3]. Le mardi 4 octobre, on reçut la visite de M. le Dauphin, escorté du duc

---

[1] *Reg. des Echevins;* Séances des 9, 11 et 13 octobre. — *Journal de Jean Bouvart.*

[2] *Reg. des Echevins;* Séance du 16 juillet. — Lettres du Roi du 3 juillet.

[3] *Ib.;* Séances des 11 janvier et 20 avril 1552. — La *cueillette* des deniers de la solde fut adjugée au rabais au sieur Julien Noël.

de Lorraine et de plusieurs gentilshommes ; on lui fit présent d'une coupe de vermeil du prix de 135 livres tournois et sa personne fut abritée sous un ciel de *damas blanc* [1].

Mais l'événement le plus mémorable de l'année 1552 fut l'établissement du siége présidial, en vertu de l'édit du Roi du mois de janvier. Le 28 mai, M. Belot, conseiller au Parlement, vint procéder à l'installation des nouveaux magistrats, dont on assigna les gages sur les deniers provenant de la vente du sel au grenier de Chartres [2]. Ce tribunal d'appel offrait plus de garantie d'impartialité aux contribuables qu'il rapprochait de la justice, diminuait les frais des procès et les expédiait avec plus de célérité; aussi les villes d'une importance même secondaire ambitionnaient-elles des juges présidiaux. Etampes, voyant avec jalousie Montfort-l'Amaury jouir de cette faveur et voulant se soustraire à la juridiction chartraine, sollicita avec instance, au mois de janvier 1553, l'érection d'un présidial qui, indépendamment des affaires particulières de son siége, aurait connu des appels interjetés dans les cinq baronnies du Petit-Perche, à Dourdan et dans quelques autres lieux ressortissant jusqu'alors au bailliage de Chartres [3]. On s'empressa de s'opposer à cette demande, et

---

[1] *Reg. des Echevins;* Séance du 30 septembre, et *Livre de Guillaume Bouvart.*

[2] *Reg. des Echevins;* Séances des 23 et 28 mai. — Par suite de l'établissement du présidial, les tribunaux royaux civils, criminels, de police et fiscaux de Chartres se trouvèrent ainsi composés : 1° un présidial (connaissance des cas réservés et appel des justices inférieures) comprenant le lieutenant-général président présidial, un lieutenant criminel, un lieutenant particulier, un nombre variable de conseillers, deux avocats et un procureur du Roi; 2° une prévôté (justice civile et de police) ayant un prévôt, un lieutenant et deux assesseurs; 3° une prévôté des maréchaux (gendarmerie et justice criminelle sommaire) avec un lieutenant des maréchaux ou vice-bailli, un assesseur et un nombre variable d'archers; 4° une élection (assiette des tailles et connaissance des cas fiscaux) fonctionnant par un président, un lieutenant, un procureur du Roi, un nombre variable de conseillers et contrôleurs et six receveurs des tailles; 5° un grenier à sel (livraison du sel et connaissance des cas de gabelle) comptant un président, un lieutenant, un procureur du Roi, un grenetier pour Chartres, un nombre variable de conseillers, contrôleurs et mesureurs.

Quelques années plus tard (1566), la création de la juridiction consulaire, pour les affaires commerciales, compléta l'organisation judiciaire qui subsista jusqu'à la Révolution.

[3] *Ib;* Séance du 13 janvier.

M. le lieutenant-général, alors en Cour, ayant fait agir, de concert avec les échevins, les protections que la ville avait au sein du Conseil, les gens d'Etampes furent déboutés de leur requête.

Comme les présidiaux connaissaient du crime d'hérésie, ils étaient fort redoutables à cette époque où la réforme implantée en France par Calvin commençait à jouer son rôle politique. L'esprit de Chartres, essentiellement orthodoxe, échappa pendant plusieurs années à l'invasion des nouvelles doctrines; et, quoique l'on ait pu dire du zèle ardent de l'évêque Louis Guillard, il ne paraît pas que les rares adhérents beaucerons furent poursuivis bien sévèrement avant l'installation du présidial. La première victime des querelles de religion, dans notre pays, fut la demoiselle de Challet que l'on brûla vive au marché aux pourceaux le 2 mars 1553 [1]. Le 15 avril suivant, eut lieu l'exécution *à petit feu, de deux méchans hérétiques, l'un nommé Jehan Dinocheau, filz d'un drapier de Chartres, l'autre nommé Estienne Leroy, tabellion, natif de la paroisse de Sainct-Georges-sur-Eure, et ne se voulurent jamais confesser, ny reconnoistre nostre bon Dieu et sauveur Jesus, ny la benoiste vierge Marie* [2]. Ces atroces jugements, goûtés par le peuple de la ville dont le catholicisme n'admettait pas de contradiction, causèrent dans la campagne une émotion qui rendit nécessaire, au mois de mai, la création d'un corps de police de dix-huit archers, sous la charge du sieur Fredy [3]. Les gentilshommes campagnards, plus enclins aux nouveautés que les citadins, commençaient à former des rassemblements; on fut même obligé, au mois de juillet, de confier deux pièces d'artillerie au sieur Jean du Rousseau, prévôt des maréchaux de France, pour aller atta-

---

[1] *Journal de Jean Bouvart.*
[2] *Ib.*
[3] *Reg. des Echevins;* Séance du 2 mai.

quer la motte de la Framboisière, et s'emparer, si faire se pouvait, de la personne du sieur Marin Pousteau, dit le Héru, avec ses alliés et complices, *tenant fort audit lieu contre le Roi* [1]. Des haines profondes furent la conséquence de cet état de choses ; elles se manifestèrent, aux mois de mai et juin 1554, par le meurtre du bourgeois Jean Lefacheu et par les excès de gens de guerre inconnus qui venaient rôder jusque dans les faubourgs, malgré le séjour à Chartres de la compagnie de M. le Dauphin [2]. On profita d'un pélerinage sans apparat que le Roi fit à Notre-Dame au mois de novembre [3], pour le prier de remédier au mal, et on obtint un édit qui adjoignit au lieutenant criminel du présidial un lieutenant de robe-courte et six archers. Les échevins accusaient hautement le lieutenant du prévôt des maréchaux, son greffier et ses archers, de négligence et de mollesse dans l'accomplissement de leurs fonctions ; on peut croire que ces plaintes n'étaient pas dénuées de fondement, si l'on considère qu'au mois de janvier 1555, la ville renfermait une troupe de bandits *courant les rues nuit et jour, volant manteaux et battant les passants jusqu'à la mort* [4]. D'où venait cette espèce de connivence entre certains magistrats et les fauteurs du désordre ? la suite des discussions religieuses le fit connaître. Toujours est-il que l'affluence des vagabonds, gens sans aveu, soldats mendiants, détermina la chambre à prendre une mesure devenue indispensable et dont l'idée mère appartenait au chancelier Olivier : ce fut la création de la taxe ou, en d'autres termes, du bureau des pauvres.

Jusqu'alors le monopole de la charité était exercé presque exclusivement par l'Aumône Notre-Dame et les petits hôpitaux annexés à chaque église. Mais ces maisons, qui échap-

---

[1] *Reg. des Echevins.*
[2] *Ib.;* Séances des 17 janvier, 24 et 29 mai et 12 juin.
[3] *Ib.;* Séance du 9 novembre.
[4] *Ib.;* Séance du 8 janvier.

paient au contrôle municipal, n'avaient que des ressources bornées et ne s'occupaient pas des pauvres *valides*. Cette classe malheureuse et menaçante attira d'abord l'attention des échevins. Dans une assemblée générale du clergé, des gens du Roi, du corps de ville et des gagers des paroisses, tenue à l'évêché le 11 mars 1556, il fut décidé 1° que les mendiants valides seraient contraints de se trouver, le lundi 16, à cinq heures du matin, avec ou sans outils, sous la porte Drouaise, pour être conduits par MM. Lenoir et Sorel, échevins, aux ouvroirs publics de la chaussée de Josaphat, du quai d'Oisème, du grand chemin de Paris et des chemins de Saint-Julien-du-Coudray et des Mathurins ; 2° qu'il serait payé, par journée, aux hommes 2 sous tournois et aux femmes 12 deniers ; 3° que M. Havardin, receveur des deniers communs, débourserait 100 livres tournois, pour subvenir à ces dépenses ; 4° que des commissaires seraient nommés pour faire le rôle de tous les pauvres valides et invalides de chaque paroisse, en ayant soin d'indiquer leur âge, leur profession, la nature de leurs maladies ou infirmités curables ou incurables ; 5° que les pauvres valides surpris mendiant dans les rues, carrefours, églises ou maisons, seraient punis, savoir : les femmes *du fouet*, et les hommes *des galères, pour y tirer par force à la rame;* 6° que l'on demanderait aux échevins de Tours, Vendôme, Orléans et Paris, communication de leurs règlements touchant la mendicité, pour les appliquer à Chartres, sous le bon plaisir du Roi [1].

Cette première résolution, prise d'urgence et pour les be-

---

[1] *Reg. des Echevins;* Séances des 3 et 11 mars.
Dans cette assemblée, présidée par le lieutenant-général Christophe de Hérouard, figurèrent les avocats et le procureur du Roi, Mes Vincent de la Louppe, juge-magistrat criminel au bailliage et siège présidial, Nicole le Rousse, prévôt, Jean de Bordeaux, Claude Grenet et Étienne Hacquin, conseillers au présidial, les délégués du Chapitre, des couvents et des paroisses, Mes Guillaume d'Aubermont, archidiacre de Blois, et Jean de la Croix, chanoine de Notre-Dame, échevins ecclésiastiques, Claude Edeline, Raoullet Desfreux, Jean Lenoir, Jean Robert, Florent Havardin, Nicolas Manclerc, Nicolas Mauzaize, Claude le Maréchal et Jean Sorel, échevins laïcs, Me Jean Nicole, avocat de la ville et Me Pierre Lapoustoire, procureur des habitants.

soins du moment, ne dispensait pas de songer à l'avenir ; on y pourvut, dans une assemblée générale du 19 mars, par l'adoption d'un réglement de l'assistance publique qui peut se résumer ainsi : 1° secours aux pauvres *invalides*, soit par des distributions d'argent, de denrées et de médicaments à domicile, soit par leur admission, à temps ou à vie, dans les hôpitaux ; 2° secours aux pauvres *valides*, majeurs ou mineurs, en leur fournissant la nourriture, l'entretien et l'*instruction*, en échange de leur travail aux ateliers publics ou chez des maîtres ; pouvoir de les louer pour trois ans et de les astreindre au travail, sous peine de la prison ; 3° administration du *bureau des pauvres* confiée à quatorze notables : trois d'église, deux de la justice ordinaire, un de l'élection, deux de l'échevinage, deux du barreau et quatre de la bourgeoisie [1] ; 4° création d'un receveur général des aumônes et, sous lui, de receveurs particuliers ayant charge de recueillir chaque semaine les offrandes ; 5° taxe annuelle sur les habitants, pour l'entretien de l'œuvre, sans préjudice des dons volontaires ; 6° défense de faire l'aumône dans les rues ou dans les maisons ; 7° assemblée du bureau, chaque dimanche, en la chambre de ville, et pouvoir aux administrateurs de faire exécuter leurs ordonnances par les sergents royaux. Ce réglement général fut approuvé par lettres-patentes du Roi, en date du 9 juillet 1556, vérifiées et entérinées au Parlement le 21 août suivant, à la requête de M. le Coigneux, procureur de la ville [2].

---

[1] Les délégués furent MM. Jean Forget, sous-doyen, Jean Meigne, chanoine de Notre-Dame, Guillaume Berthelot, prieur du Grand-Beaulieu, pour le clergé ; de Hérouard, lieutenant-général, et Piguerre, procureur du Roi, pour la justice ; Thierry Abraham, élu, pour l'élection ; Florent Havardin et Claude le Maréchal, pour l'échevinage ; Brebion, Pierre Lambert, Cardin Bachelier et Etienne Fournier, pour la bourgeoisie.

[2] *Reg. des Echevins* ; Séances du 26 mars et du 31 juillet 1556. — Voir aussi la pièce intitulée : *Réglement et police des pauvres de la ville de Chartres*, A Chartres, par Symphorian Cottereau, imprimeur ordinaire du Roy, de son Altesse royale, et de la dite ville, ruë des Changes, à la Fortune, M. DC. LI, et la réimpression par Nicolas Besnard, imprimeur à Chartres, rue des Trois-Maillets, au Soleil-d'Or, M. DCC. LV.

Comme il arrive de toutes les institutions nouvelles, le bureau des pauvres ne fut pas accepté sans opposition. Le travail *forcé* semblait dur aux mendiants *valides*, généralement enclins à la paresse et à la débauche, et leurs velléités de résistance présageaient des ennuis multipliés aux administrateurs. Les bourgeois, de leur côté, supportaient difficilement l'espèce de contrôle que l'on voulait exercer sur leurs aumônes ; soit habitude, soit défiance, ils ne tenaient que peu de compte des injonctions du réglement. L'Evêque lui-même fut au nombre des récalcitrants, et il fallut le menacer de la contrainte, pour l'obliger à verser son offrande à la bourse commune (mars et mai 1557) [1].

Les succès obtenus pendant la campagne de 1554 sur les troupes de l'Empereur, succès dont le Roi informa les échevins par lettres du 16 décembre, exemptèrent pour quelque temps Chartres du logement des gens de guerre, l'armée ayant été distribuée dans les places frontières de Picardie ; mais ils n'empêchèrent pas les villes closes du bailliage de fournir, comme à l'ordinaire, leur quote-part de la solde de 50,000 hommes de pied [2]. Henri II, engagé dans une guerre qui sévissait à la fois en Flandre et en Italie, avait eu recours, depuis deux ans, à des expédients extraordinaires pour remplir les coffres de l'Etat. On remarqua, en particulier, l'édit de Fontainebleau du dernier février 1554, qui autorisait les particuliers à racheter au denier 20 les rentes, cens fonciers et droits seigneuriaux dus au Domaine sur les maisons, places vides, jardins et marais situés dans l'intérieur des bonnes villes. Il est fait mention de cette disposition dans une délibération du corps municipal de l'année 1555 ; mais on ne voit pas comment elle put profiter aux Chartrains, le domaine de Chartres engagé à Madame Renée ne dépendant plus de la

---

[1] *Reg. des Echevins;* Séances du 30 mars et du 12 mai.
[2] *Ib.;* décembre. — Cette part s'éleva pour Chartres à 5,256 livres tournois.

Couronne. Au mois de décembre 1555, le Roi vint faire ses dévotions à Notre-Dame, en compagnie du duc et de la duchesse de Guise, du Garde-des-sceaux et de la duchesse de Valentinois. On reçut le monarque avec les honneurs accoutumés, *sans oublier le nettoyage des rues*, et, pendant tout le temps du séjour des dames, dont l'une était la fille de la duchesse de Chartres et l'autre la maîtresse du Roi, on leur offrit, chaque matin, *deux quarts d'hypocras et neuf dragées* [1].

La tâche administrative entreprise par la chambre fut poursuivie tant que les craintes de guerre ou de garnison de gendarmes (ce qui se valait aux yeux de nos pères) ne firent pas naître d'autres préoccupations dans les esprits. Au mois de mars 1556, on sévit contre les portefaix qui tyrannisaient les pauvres gens [2]; en septembre et en décembre, de nouvelles plaintes s'étant produites sur le peu de sûreté que présentait la ville pendant la nuit, on invita les lieutenants criminels de robe courte et longue à s'employer avec un redoublement de zèle à la répression des délits, et on fit défense aux habitants de porter des dagues et épées ou de sortir le soir sans lanternes [3]. Au mois de mars 1557, les cabaretiers et taverniers furent soumis à une organisation semblable à celle qui régissait leurs collègues de Paris; en même temps, pour donner satisfaction aux âmes dévotes, on interdit, sous peine d'amende arbitraire, aux joueurs d'instruments, baladins et *tabourins*, de se livrer à leurs exercices devant les églises, durant le service divin [4].

---

[1] *Reg. des Echevins*; Séances des 6 et 10 décembre. — *Livre de Guill. Bouvart*.

[2] *Ib.*; Séance du 24 mars.
L'été de 1556 fut extrêmement chaud. Dans la semaine qui précéda l'Assomption et au plus fort de la sécheresse, le feu dévora les villages de Oisème, de Chamblay, des Roches près Gallardon et de Villiers-Saint-Orien près Bonneval. A la même époque, une épidémie de petite vérole se déclara dans la ville et les faubourgs, et il mourut 12 ou 1,300 enfants *sous l'âge de 10 ans*. (*Journal de Jean Bouvart*.)

[3] *Reg. des Echevins*; septembre et 15 décembre.

[4] *Ib.*; Séances des 16 et 30 mars. — Le commencement de cette année fut très-pluvieux : dans la nuit du samedi 11 au dimanche 12 janvier, les eaux devinrent si

La reprise des hostilités en Picardie, dont on s'était peu inquiété à Chartres pendant les premiers mois de 1557, se fit brusquement connaître au mois d'août par le combat de Saint-Laurent, fatal épisode du siége de Saint-Quentin. A cette nouvelle, les échevins se hâtèrent d'armer les murailles qui n'étaient plus garnies que de quelques mauvaises hacquebutes ; ils firent venir des maçons d'Orléans, *n'y en ayant pas d'assez habiles à Chartres*, pour boucher une brèche ouverte dans la muraille entre la porte Saint-Jean et la porte Châtelet ; ils achetèrent de la poudre, des boulets et autres munitions de guerre ; puis ils attendirent de pied ferme l'éventualité d'une attaque (17, 18 et 31 août)[1].

Elle faillit se présenter le 1er septembre. Trois enseignes, fortes de 900 hommes, se montrèrent aux portes, et demandèrent l'entrée de la ville pour s'y loger et y faire montre. La chambre se retrancha, comme d'habitude, derrière les priviléges reconnus par le Roi, tout en offrant au capitaine de le défrayer en ville, ainsi que sa suite, et de lui donner 10 écus soleil, s'il consentait à passer outre. Comme les nouveaux venus faisaient mine d'insister, on leur déclara tout net qu'on ne les recevrait pas. Les habitants prirent les armes ; on ferma les portes, on braqua six pièces de canon sur les murs, et la compagnie d'arbalétriers occupa bravement la brèche[2]. Il paraît que cette contenance intimida les soldats étrangers et que leur chef se résigna à accepter les conditions des échevins, sans tenter la lutte.

Le dimanche 5 septembre, une grande procession, où se trouvèrent, avec le clergé, les officiers du présidial et les corps privilégiés, plus de 800 personnes portant chacune un

---

grandes qu'elles passèrent par-dessus les murs de la fontaine Saint-André et que les habitants de la rue de la Tannerie furent contraints d'escalader les murs de la ville pour se sauver. *(Livre de Bois de Saint-André, p. 227, r°; Arch. départ.)*

[1] *Reg. des Echevins.*
[2] *Ib.*

cierge, promena les reliques dans les principales rues tendues de tapisseries et implora la grâce de Dieu en faveur des armes du Roi [1]. Il était trop tard ; Saint-Quentin avait été pris d'assaut le 27 août. En annonçant officiellement ce désastre par lettres qui arrivèrent à la chambre le 16 septembre, Henri II fit ressortir la générosité du clergé, qui lui avait offert un décime en sus des quatre précédemment octroyés, et le bon vouloir des bourgeois de Paris qui avaient mis à sa disposition 300,000 livres tournois pour la solde de 10,000 hommes de pied pendant trois mois ; Chartres ne pouvait refuser de s'associer à cet acte de patriotisme ; le monarque le pensa ainsi et il termina sa missive en priant les gens des Trois-Etats, sans distinction de privilégiés, de lui envoyer 10,000 livres tournois, pour l'aider à faire la levée de nouvelles troupes. Cette demande parut dure ; pourtant on décida qu'il y serait satisfait promptement [2].

La revanche éclatante prise à Calais par le duc de Guise au mois de janvier 1558 [3] permit à notre cité, rassurée sur les dangers extérieurs, de traquer les *ribleurs et coureurs de nuit*. Pendant plus d'une année cette chasse occupa la compagnie d'arbalétriers à laquelle les gendarmes du Roi-Dauphin, qui vinrent tenir garnison au mois de février 1559, prêtèrent assistance [4]. Quelques mois plus tard, le 29 juin, au milieu d'un tournoi dont les principaux tenants étaient le duc de Guise et le prince Alphonse d'Est, gendre et fils de la duchesse de Chartres, le roi Henri II fut blessé à mort en rompant une

---

[1] *Reg. des Echevins;* Séance du 3 septembre. — *Livre de Bois de Saint-André;* Arch. départ.

[2] *Ib.;* Séance du 16 septembre.

[3] *Ib.;* 21 décembre 1558. — La prise de Calais fut célébrée en vers et en prose par tous les beaux esprits du temps; M⁰ Etienne Prévost, official de Chartres, donna à cette occasion une pièce intitulée : *Petit Traicté touchant les comtez et villes de Calais et Guines.* Chartres, S. Picquot, 1558, in-8°. (Bibl. impér., Lb ^{31}, 67.)

[4] La compagnie du Roi-Dauphin fut reçue à Chartres en vertu d'une lettre de commission du duc de Guise, datée de Saint-Germain-en-Laye le 7 décembre 1558. *(Ib.;* Séance du 14 février 1559.)

lance avec le comte de Montgommery. Il trépassa le 10 juillet, et le lendemain 11, une procession générale parcourait les rues de Chartres pour demander au ciel son rétablissement [1]. Peu de temps après, mourut à Montargis, sans laisser aucun souvenir en Beauce, le duc Hercule d'Est, époux de Madame Renée.

L'avénement de François II au trône, en donnant la puissance à la reine-mère Catherine de Médicis et aux Guise, oncles de la reine Marie Stuart, détermina cette rivalité terrible qui fit entrer en lice, d'un côté, la maison de Lorraine et la religion catholique, de l'autre, la maison de Bourbon et la Réforme. Les hostilités à main armée commencèrent par la conspiration d'Amboise, dont le chef secret était le prince de Condé et le chef apparent un gentilhomme inconnu appelé la Renaudie. Le 14 mars 1560, veille du jour où ce complot devait éclater, le Roi manda aux échevins la découverte des machinations tramées contre lui, les invita à rendre grâce à Dieu du *bénéfice des révélations faites* à ce sujet, et leur prescrivit de *publier en l'auditoire et par la ville à son de trompe*, que l'impunité, *en foy de Prince et parole de Roy*, serait accordée aux complices qui, dans la huitaine, viendraient se confesser franchement au bailli [2]. Nous ne savons si la publication détermina des aveux, mais il paraît que la lettre de François II inspira des craintes, car on doubla les postes et on condamna la porte Saint-Jean. La déconfiture

---

[1] *Reg. des Echevins;* Séance du 10 juillet.
On s'occupa, en 1559, de la répression des délits commis par les faux-sauniers qui fraudaient continuellement la gabelle et, par contre coup, le droit de la ville sur le sel; ce droit, qui était de 4 livres 16 sous par muid vendu, et de 40 sous par muid entré ou sorti, rapportait, bon an, mal an, de 18 à 1,900 livres.
Les deniers communs, patrimoniaux et d'octroi étaient soumis, au profit du domaine, à une perception d'un sou pour livre; on versa, en 1559, pour ce droit fiscal, une somme de 64 livres 5 sous tournois entre les mains de M. Germain Boursier, général et superintendant en cette partie pour les villes d'entre Seine et Yonne. (*Compte de Raoul Desfreux, receveur des deniers communs;* octobre 1558 à octobre 1559; Arch. de la Mairie.)

[2] *Ib.;* Séance du 29 mars.

des rebelles, qui cependant fut prompte et complète, ne rassura pas entièrement la Cour sur les dispositions du pays Chartrain[1] ; dans les premiers jours de mai, elle envoya la compagnie du duc d'Orléans pour renforcer la milice bourgeoise[2]. Quinze enseignes de gens de pied français, dirigés sur la Normandie qui remuait, faillirent prendre gîte à Chartres le 12 juin ; on parvint, non sans peine, à les faire passer par Auneau, Gallardon et Nogent-le-Roi. La ville était, en effet, encombrée outre mesure, car, en sus des gendarmes d'Orléans, les équipages du Roi, venant de Châteaudun, occupaient toutes les hôtelleries, et les trois jeunes frères du monarque arrivaient en même temps pour faire *montre* de la garnison[3].

Diviser pour régner était la devise de Catherine de Médicis ; momentanément alliée aux Guise, elle n'épargna aucun effort pour semer la discorde entre les membres de la famille de Bourbon, et elle y réussit en détachant les intérêts de la branche cadette de Bourbon-Montpensier de ceux de la branche aînée représentée par Antoine, roi de Navarre, premier prince du sang, et par son frère l'énergique prince de Condé. Des lettres-patentes datées de Fontainebleau le 20 août 1560, firent connaître aux échevins de Chartres que dorénavant le gouvernement de Touraine, Orléanais, Dunois, Chartrain, etc., serait divisé en deux ; que Louis, duc de Bourbon-Montpensier, aurait la charge de l'Anjou, du Maine, de la Touraine, des comtés de Laval et de Blois, du Vendômois et du Perche, et que son frère, Charles de Bourbon, prince de la Roche-sur-Yon, administrerait le Berri, l'Orléanais, *le Chartrain*, et les pays de Gien, Montargis et Etampes[4]. Notre ville attira, tout d'abord,

---

[1] *Reg. des Echevins;* Séance du 1er avril.

[2] *Ib.;* Séance du 8 mai.

[3] *Ib.;* Séances des 12 et 13 juin. — Le Roi était à Châteaudun le 10 juin et il en partit le lendemain pour se rendre à Pontgouin, chez l'Evêque. (Lettre du cardinal de Lorraine au duc de Nevers. *Mém. du duc de Guise;* coll. Michaud, vol. 6, p. 462.)

[4] Le Roi donna, en même temps, à la ville des lettres-patentes portant confirmation de privilèges. (*Pancarte municipale;* Arch. de la Mairie.)

l'attention du nouveau gouverneur, parce que certains papiers saisis sur un agent du prince de Condé, avaient gravement compromis le Vidame de Chartres, et que les Guise, redoutant quelques entreprises de ce côté, s'étaient hâtés de faire surveiller le pays Chartrain par les compagnies des gardes sous les ordres de MM. de Brezé et de Savigny (octobre)[1]. Par lettres du 15 novembre, M. de la Roche-sur-Yon prescrivit aux échevins de refuser l'entrée à tout homme d'armes ou archer se présentant *sans étiquette de fourrier* et sans *saye de livrée de sa compaignie*, même à ceux *ordinaires de la suite de la Cour*, sauf à lui en référer, en personne, ou à M. de Cypierre, lieutenant-général de l'Orléanais[2]. Cet ordre fut bien reçu ; la *religion* comptait à Chartres un assez grand nombre de partisans dans la robe, et l'assemblée municipale, c'est-à-dire la classe moyenne, instinctivement hostile aux magistrats qu'elle regardait comme ses oppresseurs, n'était pas fâchée de seconder, sous ce point de vue, les intentions de la Couronne.

L'échevinage saisit avec empressement l'occasion qui se présenta quelques jours après de manifester plus clairement encore ses antipathies et ses désirs. Le Prince-gouverneur avait invité les officiers de Chartres, par lettres du 18 novembre, à l'informer de l'état des affaires religieuses et politiques du pays ; la Chambre rédigea sur-le-champ et fit porter à Orléans une réponse dont voici la substance : « Jusqu'à présent il n'y a eu aucun trouble sérieux au sujet de la religion, car depuis trois ans tout s'est borné à quelques insolences commises dans l'église de Notre-Dame par des gens de guerre de passage, à quelques vîtres cassées dans la maison d'un vicaire et à quelques alouettes mangées un vendredi au village

---

[1] *Reg. des Echevins*; Séance du 13 octobre. — Lettres du Roi, datées de Saint-Germain le 12 octobre.

[2] *Ib.*; Séance du 26 novembre.

de Chamblay par certains mauvais compagnons [1]. Mais, dernièrement, à l'assemblée des Etats particuliers du bailliage, plusieurs députés ont fait des propositions grandement contraires à la foi catholique, ce qui a donné lieu à des informations. La justice est mal administrée quant au criminel et à la police qui appartiennent exclusivement au prévôt et par supériorité au bailli. Certes, si la chambre de ville avait une juridiction quelconque sur ce point, les choses n'en iraient que mieux ; mais que peuvent faire douze échevins, *sans Maire*, qui n'ont pas même le pouvoir de faire exécuter leurs ordonnances sur les affaires communes sans l'aveu des gens de robe ? On ne peut donc dire s'il s'est trouvé à Chartres des défaillants à recevoir le corps de Notre-Seigneur à la fête de Pâques ; s'il plaisait au Roi et à Mgr de la Roche-sur-Yon de donner à la Chambre le pouvoir inquisitorial nécessaire pour s'en assurer, elle en ferait amplement son devoir avec l'aide des habitants. On peut assurer qu'il se commet par la ville nombre de larcins, meurtres et autres crimes, sans qu'il en soit fait la moindre poursuite, ce qui, d'ailleurs, n'est pas surprenant, puisque Chartres n'a pas de guet ordinaire de nuit ; on sait aussi que des batteurs de pavé parcourent la banlieue, en chantant *les chansons de Marot*, ce qui serait facile à rabattre si Messieurs de la Justice le voulaient bien... [2] » Ainsi, voilà ces échevins, naguères si dociles aux volontés du lieutenant-général, qui en sont arrivés à demander un Maire ; ils iront bientôt plus loin.

Le bailliage de Chartres avait député aux États généraux assemblés à Orléans le théologal Louis Charpentier, Jean

---

[1] On ajouta qu'il avait été trouvé en l'église Notre-Dame un livre sur lequel était écrit : *Confession de ceux qui sont faussement appelés huguenots.*

[2] Ces réponses furent portées au prince de la Roche-sur-Yon par le sieur de Gauville, auquel on donna deux chevaux et un bel équipage, pour qu'il pût faire bonne figure dans sa mission.
On chargea, en même temps, ce député de présenter les hommages de la ville à Mme Renée, qui se trouvait alors à Orléans. *(Reg. des Echevins.)*

Couldrier, procureur du Roi, et le bourgeois Ignace Olive[1]. Le document dont l'analyse précède peut faire juger de la nature des doléances contenues dans le cahier confié aux députés chartrains. Mais les Guise n'eurent pas le loisir de tirer parti des plaintes formulées par leurs amis les catholiques contre les huguenots; François II mourut le 5 décembre 1560, et cet événement inattendu, en sauvant la vie au prince de Condé, remit en faveur le roi de Navarre et le vieux connétable de Montmorency. Les Etats généraux, clos le 31 janvier 1561, furent suivis de l'ordonnance réformatrice d'Orléans, œuvre du chancelier de l'Hôpital.

La Cour ne s'était pas souciée de soulever devant l'assemblée des députés du royaume la grave question des subsides; elle avait jugé plus utile à ses intérêts d'engager en temps opportun les Etats provinciaux à voter quelque petit secours au jeune Charles IX qui entrait au pouvoir avec 43 millions de dettes. Les échevins de Chartres, invités par lettres du 16 février 1561 à donner leur avis au Roi sur les moyens de combler ce déficit, ne reculèrent pas devant la proposition suivante : « Il faut que le Roi prenne le tiers du revenu de tous les bénéfices produisant de 300 livres à 4,000 livres, moitié du revenu de tous ceux qui donnent aux titulaires non résidents plus de 4,000 livres, moitié du revenu des quatre prévôtés du Chapitre de Notre-Dame, la totalité du revenu des bénéfices en déport et de ceux où l'on ne célèbre pas l'office divin; il faut imposer les draps de soie et se garder de charger le vin, le sel et autres denrées nécessaires au pauvre peuple[2]. » Proposer en 1561 de mettre la main sur les bénéfices ecclésiastiques, c'était, comme le fait remarquer un écrivain, devancer son temps de deux siècles et deviner 1789[3].

---

[1] Archives de l'Empire, section historique, KK, 633.
[2] *Reg. des Echevins;* Séance du 4 mars.
[3] *Mouvement social de Chartres au XVIe siècle*, par M. Philarète Chasles; *Revue des Deux-Mondes*, 15 mai 1848.

Ce n'est pas à dire cependant que l'échevinage se départît de ses convictions catholiques romaines. Dans les premiers jours d'avril, plusieurs *malfaiteurs de la foi* furent remis à la justice et interrogés par M⁰ de Bordeaux, conseiller au présidial; puis on dénonça à l'officialité diocésaine les paroissiens qui manquèrent à faire leurs Pâques [1]. Ces sévérités étaient justifiées par l'agitation que les huguenots entretenaient dans les campagnes et dans la ville même. Le 27 avril, un prêche clandestin découvert par les voisins occasionna un grand tumulte [2]; le 29, cinq notables de la paroisse Saint-Martin-le-Viandier dénoncèrent à la chambre des *conventicules* hérétiques tenus dans plusieurs maisons du quartier; ils se plaignaient que, loin de les empêcher, l'autorité eût constitué prisonniers ceux qui voulaient s'y opposer [3]. Les choses en arrivèrent au point que, dans le mois de juillet, les mécontents du dehors vinrent tirer des *pistolades* jusque sous les murailles. Les échevins répondirent à ces bravades en procédant à des arrestations et en pressant les grands-vicaires et le promoteur de faire et parfaire le procès aux suspects d'hérésie [4].

L'avortement du colloque de Poissy n'avait fait qu'envenimer la querelle religieuse. Le 17 octobre, on fit courir le bruit que trois ou quatre mille huguenots des environs se dirigeaient sur Chartres dans l'intention de s'emparer de vive force de l'une des églises; aussitôt les portes furent fermées, on fit des visites domiciliaires, et les portiers veillèrent aux guichets sur les étrangers porteurs de *pistoles* et *hacquebutes* [5]. Ce n'était qu'une fausse alerte, mais elle précéda un danger véritable. Le dimanche 7 décembre, au matin, un grand nombre de gentilshommes armés entrèrent dans la ville et assistèrent

---

[1] *Reg. des Echevins;* Séance du 25 avril.
[2] *Ib.;* Séance du 28 avril.
[3] *Ib.;* Séance du 29 avril.
[4] *Ib.;* Séance du 8 juillet.
[5] *Ib.;* Séance du 17 octobre.

publiquement au prêche dans la maison de M. Jean de Hérouard, fils du lieutenant-général. L'indignation des habitants dut se taire devant le nombre et la qualité des coupables; on n'osa pas les attaquer et on se borna à faire une instruction sommaire et à en informer la Cour [1]. Cette pusillanimité déplut à M. de Montrond, lieutenant-général de la province, qui vint à Chartres le 16 décembre et fit savoir le 19 que si Messieurs de la Chambre ne répondaient pas du repos public, il leur expédierait vingt gentilshommes pour y pourvoir. Les échevins ne demandaient pas mieux que de sévir contre les turbulents; mais, comme ils ne se souciaient pas d'avoir sur les bras la compagnie de M. de Montrond, ils répondirent que la tranquillité serait suffisamment assurée par la création d'une garde civique de vingt ou vingt-cinq personnes dans chaque quartier [2]; en attendant l'autorisation nécessaire pour cette levée, les magistrats municipaux firent comparaître devant eux le chanoine Jean Charpentier et le jacobin Pierre Legay et les prièrent d'expliquer dorénavant la parole de Dieu sans se répandre en *invectives ou injures pouvant causer émotion* (22 décembre). La requête de la Chambre ayant reçu l'approbation du Roi, par lettres datées de Saint-Germain le 1er janvier 1562, on se hâta de faire choix de cent cinquante hommes d'élite pour le service du guet. Il n'était que temps, car on apprit le 7 février que quatre ou cinq cents gentilshommes en armes marchaient sur la ville, dans l'intention d'y établir un prêche. Les mesures de sûreté furent immédiatement prises, et lorsque les ennemis se présentèrent, ils trouvèrent les

---

[1] *Reg. des Echevins;* Séances des 7 et 9 décembre. — 30 décembre, ordonnance de paiement de la somme de cinq livres tournois, donnée à Simon Couart et Jean Colas, sergents royaux, tant pour salaire que pour la grosse de l'information par eux faite, à la requête du procureur du Roi, touchant l'assemblée, sédition et émotion, advenues en la ville, où ils ont interrogé seize témoins. *(Compte de Michel de Baigneaux, receveur des deniers communs,* octobre 1561 à octobre 1562; Arch. de la Mairie.)

[2] *Reg. des Echevins;* Séances des 19 et 22 décembre. — Vin présenté à M. de Montrond le 16 décembre. *(Compte de Michel de Baigneaux.)*

portes closes et les murailles occupées par les nouveaux gardiens et la compagnie d'arbalétriers [1].

La défection du roi de Navarre au profit des Guise ne fit qu'ajouter à la méfiance des échevins (fin de février). Charles IX ayant défendu, par lettres du 11 avril 1562, de recevoir en ville *aucunes forces sans exprès mandement de luy ou de son oncle le roy de Navarre, son lieutenant-général et représentant dans le royaume*, on crut à une prochaine attaque et on rendit le guet obligatoire à tous les habitants, y compris les magistrats. Le prévôt et les conseillers au présidial excipèrent en vain de leurs fonctions ; ils obtinrent seulement la permission d'envoyer au guet, à leur place, des hommes valides et bien armés [2]. Quant à Messieurs du Chapitre, ils avaient offert, dès le 7 avril, leurs personnes et leurs biens *pour le soutien de la religion* [3]. Il y avait lieu, en effet, de se tenir sur ses gardes : un jour on trouva entre les mains de quelques individus suspects des lettres contraires au Roi, à la Reine sa mère, et à la religion, et on s'empressa d'emprisonner les porteurs dans la Tour, *au pain et à l'eau ;* le lendemain, le bruit courant que des *amas* de gens de guerre se formaient à Saint-Piat, Jouy et Gorget, il fallut expédier des forces sur ces points, pour *déconvoyer* les rebelles, si faire se pouvait [4]. Le 18 avril, on saisit des papiers compromettants sur le messager d'Etampes ; un complot devait éclater dans la nuit. Grande fut la frayeur ; on consigna les suspects chez eux, on doubla le guet, et les habitants reçurent l'ordre de se

---

[1] *Reg. des Echevins* et *Compte de Michel de Baigneaux.*
La ville paya, le 15 mars, la somme de 300 livres tournois à M° Simon Boullène, receveur général des finances d'entre Seine et Yonne, pour sa quote-part dans l'impôt exigé pour les fortifications de Calais, Metz et autres places frontières. Pareille somme fut donnée le 15 juin. *(Ib.)*

[2] *Reg. des Echevins ;* avril. — Il y eut, le 6 avril, une *montre générale* des bourgeois. *(Compte de Michel de Baigneaux.)*

[3] *Reg. des Echevins.* — Le 14 avril, M. Brissonnet, chanoine, offrit quatre pièces d'artillerie qu'il avait dans sa maison de Levéville.

[4] *Ib.* et *Compte de Michel de Baigneaux.*

tenir prêts à marcher au premier signal et de mettre un poinçon d'eau à leurs portes pour déjouer toute tentative d'incendie ¹. Personne ne bougea, fort heureusement, car Chartres n'eût pas su résister.

Cette dernière panique démontrant à la chambre son insuffisance pour garder la cité d'une surprise, la détermina à demander au Roi un capitaine expérimenté (21 avril). Loin de se faire prier, la Cour accorda plus que l'on ne désirait ; à la fin d'avril, elle fit partir pour Chartres M. de Fontaine-la-Guyon ², avec les cent chevau-légers de sa compagnie ; mais les nouveaux venus se conduisirent si mal que des plaintes furent faites contre eux dès le 4 mai. C'était un embarras de plus dans une circonstance déjà si embarrassante par elle-même ; le ban et l'arrière-ban du bailliage avaient été convoqués à Chartres par ordre du Roi, pour le 7 mai ; or on craignait tout des gentilshommes campagnards ; il fallait donc se garantir à la fois des vexations de la garnison et des projets hostiles supposés à la noblesse. Les échevins parvinrent à franchir ce mauvais pas à l'aide du concours dévoué de tout le peuple; chaque porte reçut un corps-de-garde de cent hommes de milice bourgeoise, une compagnie de cent bourgeois occupa la Tour, et les gentilshommes du ban et de l'arrière-ban ne furent admis en ville qu'après avoir déposé à l'entrée leurs bâtons à feu ; ils conservèrent seulement leurs dagues et leurs épées ³. Vers la mi-mai, les compagnies d'ordonnances de Vaudemont et d'Eguilly vinrent renforcer la garnison et furent suivies de près par M. d'Eguilly ⁴, nommé gouverneur

---

¹ *Reg. des Echevins;* avril.

² Adrien de Gallot, seigneur de Fontaine-la-Guyon et de Marville-les-Bois, gentilhomme ordinaire de la chambre du Roi. Il était fils d'Adrien de Gallot et de Jeanne de Terne. (Aveu fait au Roi; *Recueil de Laisné*, vol. 5, p. 285.)

³ *Reg. des Echevins;* 4 mai.

⁴ Pierre le Vavasseur, chevalier, seigneur d'Eguilly. Son mariage avec Françoise de Billy l'avait rendu seigneur en partie de la baronnie de Courville. (Hommage à Mme Renée, 1557; *Recueil Laisné*, vol. 5, p. 547.)

de la ville, et par MM. du Chatelet et de Thou, ses lieutenants [1]. Ces troupes, jointes à la compagnie du vidame qui avait quitté l'antique arbalète pour prendre l'arquebuse, composaient une force assez respectable. Le gouverneur commença par prescrire cinq rondes de nuit et établit un guet permanent d'hommes d'armes dans le clocher neuf; à partir de ce moment, le service, partagé entre les gens de guerre et la milice bourgeoise, se fit avec une rigueur d'autant plus grande que l'on redoutait le retentissement et les conséquences d'une mesure devenue inévitable : l'expulsion des habitants huguenots (17 mai).

Des lettres du connétable de Montmorency, datées du camp de Beaugency, le 23 juin, vinrent, en effet, la prescrire. Pour en faciliter l'accomplissement, M. d'Eguilly, profitant de l'arrivée à Chartres de M. de la Grandville, commissaire aux vivres de l'armée royale, fit assembler dans la soirée du 24, au son du *tabourin*, trois cents bourgeois armés, sous prétexte de leur confier l'escorte d'un convoi de vivres et munitions destiné au camp; puis, le 25 au matin, il fit mettre hors de la ville, sous la protection de cette troupe, 161 suspects d'hérésie, à la tête desquels se trouvaient MM. Etienne Hacquin, Jean de Beaucouché et Jean Chesneau, conseillers au présidial, Léonard Chaillou, second avocat du Roi, Jean de Montescot, maître des requêtes de l'Hôtel de la Reine-mère, ainsi que plusieurs religieux et gens d'église. Les maisons de ces bannis servirent de casernes et leurs armes furent distribuées aux bons catholiques. Lorsque l'on songe aux atrocités qui se commettaient dans les deux partis sur toute la surface de la France, on doit admirer la modération dont les autorités chartraines firent preuve dans cette circonstance; non-seule-

---

[1] A la procession du Saint-Sacrement, on distribua aux officiers du Roi et aux échevins 24 bonnets et 32 torches, avec écussons aux armes de la ville; les torches de MM. d'Eguilly, du Châtelet et de Thou coûtèrent 20 sous pièce. *(Compte de Michel de Baigneaux.)*

ment il n'y eut pas une seule goutte de sang de versée, mais nul ne fut expulsé sans avoir été cité au préalable et porté sur le tableau de la Chambre [1].

Cette exécution délicate étant terminée à la satisfaction générale, M. d'Eguilly, rappelé par M. de Guise, se mit en devoir de rejoindre l'armée royale; mais, sur les vives instances des échevins qui appréciaient fort la conduite de ce capitaine, le Connétable décida, par lettres du 28 juin 1562, que Chartres conserverait son gouverneur [2]. La ville bien armée, bien administrée, purgée des suspects et sans crainte pour son intérieur, put donner toute son attention aux menées continuelles des huguenots du pays et expédier les affaires que lui créait journellement sa position de sentinelle avancée. Le 7 juillet, d'après l'avis donné par le gouverneur alors absent, de l'acheminement des ennemis vers ces quartiers, on envoya M. Jean de Calderon, sieur du Brosseron, à Châteaudun pour s'entendre avec le Connétable; on fit murer et étouper les portes condamnées; on réunit les outils nécessaires pour élever un rempart en cas de brèche; on prescrivit la construction, à la porte des bateaux, d'un bâtardeau destiné à faire au besoin regorger l'eau dans la ville; enfin on distribua dix livres de poudre à canon à chacun des six capitaines-quarteniers [3]. Le même jour, on refusa l'entrée à 1,200 reîtres de la compagnie du sieur de Roquendorff, et on les cantonna à Morancez et à Dammarie. Le 18, cent muids de farine furent expédiés au camp du Roi. Le 23, on défraya une bande de Suisses, de passage à Nogent-le-Phaye et à Thivars [4].

[1] *Reg. des Echevins;* Séance du 25 juin.

[2] *Ib.* — Par lettres du 13 mai, le Roi avait prescrit aux échevins de faire provision de 100 muids de farine pour une grande armée de gens de pied et de cheval qu'il se proposait de placer sous les ordres du roi de Navarre et qui devait passer par le Chartrain. Mais ces troupes ne vinrent pas, les farines s'aigrirent et le Connétable donna, le 28 juin, ordre de les vendre.

[3] *Ib.;* juillet.

[4] *Ib.* On donna à ces soldats 4,000 pains de dix à onze onces, 40 muids de vin, 40 bœufs et 120 moutons.

La peste, qui s'était déjà manifestée au mois d'avril, sévit avec violence pendant les chaleurs d'août [1]. Cependant ce fléau n'empêcha pas le jeune Charles IX de traverser Chartres le 8 août, en compagnie de la reine Catherine, du roi de Navarre et du prince de la Roche-sur-Yon. MM. Quédarne et Lancement, échevins, offrirent le vin de la ville et 200 minots d'avoine à Sa Majesté dont la personne fut abritée sous le dais officiel porté par MM. de Dinan, Tardiveau, Estienne et Drouin, autres membres de la chambre [2]. Le Roi, qui se rendait au camp devant Bourges, s'était fait précéder par la demande de 10,000 livres tournois sur les villes closes du bailliage, pour solde de gens de guerre (25 juillet). Vingt enseignes de lanskenets, sous les ordres du comte Rhingrave, formaient l'escorte du monarque [3].

Pendant que les bataillons royaux s'éloignaient de la Beauce, les protestants d'Orléans essayaient quelques pointes sur les villes à leur portée. Le 18 août, le maréchal de Brissac, gouverneur de Paris, avertit M. d'Eguilly de cer-

---

[1] On fit publier le 5 août une longue ordonnance concernant la peste; en voici les principales dispositions : 1° soins religieux donnés par huit prêtres délégués par les curés; 2° transport des malades aux lieux de *Beaurepaire* et d'*Enfer*, près la Barre-des-Prés; 3° fosses de quatre pieds de profondeur au moins; 4° défense aux barbiers de saigner les pestiférés dans le cimetière Saint-Saturnin; 5° ordre aux médecins et barbiers chargés de panser les malades de fermer leurs boutiques et de porter par la ville des verges blanches de trois pieds de haut; 6° défense de brûler des paillasses dans les rues et de vendre les habillements des pestiférés dans la ville; 7° ordre de marquer d'une croix blanche les maisons atteintes du fléau. *(Reg. des Echevins.)* — Mes Saturnin Papineau et de Lahaye, barbiers-chirurgiens, furent retenus pour le pansement des malades, à raison de 10 livres par mois. *(Compte de Michel de Baigneaux.)*

[2] *Reg. des Echevins;* Séances des 25 juillet et 7 août. — Le dais ou ciel royal était fait de trois aunes et demi de velours violet de Gênes, doublé de taffetas rouge, avec une pièce de bougran rouge pour le fond, frangé de filets jaunes, rouges, violets et blancs, et chargé de broderies et profilures représentant les armoiries et devises de Charles IX. On offrit au Roi et à la Reine, outre les cadeaux habituels de vin et d'avoine, des corbeilles de fruits et six massepains de Lyon contenant une demi-livre de dragées musquées, deux livres de grosses dragées, et deux livres et demie de canelat, orangeat et gironflat. On donna aux hérauts d'armes 7 livres 10 sous, aux trompettes 100 sous, aux tabourins 50 sous, aux archers de la garde 10 livres, aux gardes de la porte et aux fourriers des logis 7 livres, aux huissiers et laquais du Roi 50 sous. *(Compte de Michel de Baigneaux.)*

[3] *Reg. des Echevins.*

taines menées que ces voisins incommodes pratiquaient contre Chartres ; ils y avaient sans doute des intelligences ; en tous cas, ils étaient venus reconnaître les forces de la garnison. Cette nouvelle décida le gouverneur à redoubler de vigilance ; les habitants reçurent l'ordre de se munir dans le délai d'un mois d'une armure complète : morion, corselet, pique et arquebuse ; les capitaines et les lieutenants de la garde bourgeoise firent des visites domiciliaires chez certains particuliers suspects, et une levée de 400 hommes, soldés pour les deux tiers par le Chapitre, vint renforcer le guet [1]. Le 1ᵉʳ septembre, les ennemis réussirent à s'emparer, près de Châteaudun, d'un grand convoi de poudre escorté par quelques royalistes, et ce succès fit ouvrir avec empressement les portes de Chartres à la compagnie de M. de La Tour, dépêchée de Paris par le maréchal de Brissac [2]. Cependant, l'armée royale, victorieuse dans le Berri, s'étant portée sur la Normandie pour mettre le siége devant Rouen, les commissaires aux vivres ne manquèrent pas d'exploiter les campagnes chartraines ; un convoi de cent muids de farine, expédié de la ville, à la fin de septembre, pour l'étape du Pont-de-l'Arche, fut bientôt suivi de fourgons de subsistances à la destination du camp d'Houdan (23 septembre) [3]. Rouen, attaqué vigoureusement, résista longtemps, grâce à la diversion des Anglais reçus au Hâvre par la trahison de Jean de Ferrières, sieur de Maligny, vidame de Chartres et protestant zélé [4]. Mais l'odieux de cet appel à l'étranger, habilement exploité par la Reine-mère et les Guise, ne fit que donner plus d'énergie aux catholiques ; M. d'Eguilly en prit texte, le 20 octobre, pour rendre une ordonnance par laquelle,

---

[1] *Reg. des Echevins;* Séance du 19 août, et *Compte de Michel de Baigneaux.*

[2] *Reg. des Echevins;* Séance du 11 septembre. — *Mém. de Condé,* coll. Michaud, vol. 6, p. 689. — Les huguenots d'Orléans s'avancèrent jusqu'à deux lieues de Chartres. *(Ib.,* p. 690.)

[3] *Registres des Echevins;* septembre et 22 octobre. — Lettres du Roi des 14 et 18 septembre.

[4] *Mémoires de Condé,* vol. 6, p. 690.

sous des peines sévères, les bourgeois de Chartres étaient obligés de se pourvoir de farine, les marchands de s'abstenir de toute spéculation sur la vente des armes, les quarteniers de porter à cent hommes l'effectif de chaque compagnie, les espions de faire leur office avec un redoublement d'activité, et les échevins de tenir chez eux un dépôt de boulets et de poudre à canon [1].

Ce n'était guère le moment pour les suspects chartrains de solliciter leur rentrée; c'est pourtant ce que firent plusieurs d'entre eux. A la séance de la Chambre du 27 octobre, MM. de Montescot et de Beaucouché, expulsés le 25 juin, firent présenter des lettres-patentes du Roi, datées du camp de Rouen, qui enjoignaient aux échevins de les rayer de la liste des hérétiques et de les réintégrer dans leurs offices et maisons, attendu qu'ils n'avaient jamais failli à la religion catholique, apostolique et romaine, et que si Anne Macéas, femme du sieur de Montescot, et Anne de Montescot, femme du sieur de Beaucouché, s'étaient quelquefois rendues au prêche, ce n'avait été que par pure curiosité. Ces raisons ne purent attendrir l'assemblée, qui rejeta à l'unanimité la requête des exposants, sur les conclusions du procureur du Roi. MM. Hacquin, Chesneau et Chaillou ne furent pas plus heureux, quoique leur demande se couvrît de la protection du Roi et du duc de Guise [2]. Ainsi les chartrains, fidèles aux doctrines du parlement de Paris, étaient plus catholiques que la Cour elle-même.

Tout en portant un coup funeste au parti protestant, la prise de Rouen (26 octobre) n'abattit pas son courage [3]. D'Andelot, qui avait rejoint Condé à Orléans avec des recrues

---

[1] *Reg. des Echevins*; 20 octobre.

[2] *Ib.*; Séances des 27 octobre et 10 novembre.

[3] Par lettre du 22 octobre, le Roi avait enjoint au lieutenant-général de faire partir sur-le-champ 100 muids de farine pour son camp devant Rouen, *sous peine de lui en répondre en privé nom*.

allemandes, cherchait à surprendre Chartres. Mais le maréchal de Saint-André le surveillait ; il expédia, le 28 octobre, à M. d'Eguilly, la compagnie de M. de la Brosse et plusieurs pièces d'artillerie laissées à Châteaudun ; M. de Lambour, commissaire en cette partie, amena, de son côté, le 9 novembre, trois gros canons, deux barils de poudre et des boulets [1]. Le 14, sur le bruit que le prince de Condé tenait la campagne et qu'il avait emporté Pithiviers, Etampes et plusieurs autres places, on envoya des espions à la découverte, et on retint par précaution un convoi de provisions qui allait partir pour Pont-de-l'Arche ; force était, en effet, de pourvoir à la subsistance des compagnies françaises logées aux faubourgs, lesquelles, à la première nouvelle de la marche des protestants, avaient voulu rentrer en ville [2]. Le lendemain 15, des lettres du duc de Guise et du connétable de Montmorency confirmèrent la sortie de Condé d'Orléans, en ajoutant, toutefois, qu'il n'y avait rien à craindre, parce que le prince ne possédait, pour toute artillerie, que deux canons, une coulevrine et *des munitions de quoi tirer cent coups au plus*. Néanmoins on se prépara aux événements, et l'on vit les habitants, sans distinction de qualité, travailler aux fortifications, comme si l'ennemi eût été déjà aux portes (23 novembre).

L'armée royale attendait un renfort considérable de Gascons et d'Espagnols à l'aide desquels elle comptait bien reprendre l'offensive. Le 29 novembre, ces troupes, conduites par M. de Lansac, prirent étape à Chartres, qu'elles trouvèrent en l'état d'une place assiégée. Sur l'ordre de M. d'Eguilly, les gens du plat pays s'étaient hâtés de faire entrer en ville leurs bestiaux, leurs provisions en blé et vins et leurs

---

[1] *Reg. des Echevins.*
[2] *Ib.* — Chaque soldat des compagnies françaises recevait, par jour, pour sa nourriture, trois pains de douze onces, deux pintes de vin et vingt onces de viande, moitié bœuf, moitié mouton. (Séances des 12, 14 et 15 novembre.) — On fut forcé, quelques jours après, de recevoir ces compagnies dans la ville, sur une lettre pressante du Connétable en date du 20 novembre.

meubles ; les meuniers de la plaine avaient apporté leurs fers et brisé les ailes de leurs moulins ; un fortin en terre, avec épaulements, avait été élevé par les habitants entre la porte Châtelet et celle des Epars ; enfin Chartres était tellement encombré de soldats que les échevins passaient tout leur temps à veiller aux distributions des vivres [1]. Ces dispositions de défense étaient à peine terminées que l'on apprit, par des lettres du Connétable, en date du 10 décembre, que Condé, parti brusquement des environs de Paris, semblait se diriger vers la Beauce. Des coureurs de M. d'Eguilly confirmèrent bientôt cette nouvelle, et l'on ne tarda pas, en effet, à voir paraître l'armée protestante. Pour éprouver les Chartrains, le prince de Condé fit sommer le gouverneur de rendre la ville ; mais ce gentilhomme répondit qu'il gardait Chartres pour le Roi, et que si les ennemis s'y attaquaient, *ils y trouveraient leur cimetière*. Cette contenance en imposa aux protestants qui se retirèrent du pays, après avoir enlevé, le 16 décembre, la petite ville de Gallardon [2]. Le 17, M. d'Eguilly reçut et lut à la chambre une lettre de M. le Connétable, datée du camp de Neaufle le 15, qui remerciait les bourgeois de leur fidélité à la cause royale et le gouverneur de sa résistance aux propositions du prince de Condé [3].

Malgré le départ de l'ennemi, on ne cessait de veiller à la sûreté commune, car on prévoyait une bataille. Elle fut, en effet, livrée, le samedi 19 décembre, entre Tréon, Marville-Moutiers-Brûlé et le Boullay-Mivoye, à une lieue de Dreux.

---

[1] *Reg. des Echevins;* 23 et 29 novembre. — On fit provision de farine, bœuf et mouton et de 200 poinçons de vin, pour les troupes. Comme les soldats ne voulaient pas se contenter, les jours maigres, de morue *sans beurre*, on décida qu'il leur serait donné quatre harengs par homme, ou la morue, à leur choix. Les chefs recevaient du poisson d'eau douce, de la marée et du gibier ; à l'étape du 29 novembre on distribua 1,000 bouteilles de vin aux officiers.

[2] *Mém. de Castelnau*, coll. Michaud, vol. 9, p. 474.

[3] La date de la lettre du Connétable est reportée au 25 décembre dans le Registre des Echevins ; mais c'est une erreur évidente : d'abord il est question de cette lettre dans une délibération du 17 ; puis, le 25, Montmorency ne pouvait plus correspondre avec M. d'Eguilly, car il avait été fait prisonnier le 19, à la bataille de Dreux.

La nouvelle officielle qui en arriva le 21 au matin, combla de joie les fidèles catholiques [1] ; que pouvaient-ils désirer de plus : les protestants battus et le prince de Condé prisonnier. Par compensation, il est vrai, le maréchal de Saint-André avait été tué et le Connétable était demeuré au pouvoir de ceux de la religion; mais il restait le grand Guise, le héros de la foi et le sauveur de la patrie. Ce Prince daigna proposer à la ville, le 27 décembre, de lui faire justice, avant son départ du pays, des mauvais procédés du sieur de Bouglainval, gentilhomme suspect, dont il occupait le manoir. Bouglainval était un tyranneau campagnard qui inspirait une grande terreur aux Chartrains; non content de tenir un prêche public en sa maison et de faire des *foulles* de mécontents, il était véhémentement soupçonné de plusieurs vols à main armée et du meurtre d'un marchand flamand; il molestait les ecclésiastiques passant sur ses terres et s'était trouvé aux *conventicules* des faubourgs; il y avait même information et prise de corps contre lui à cet égard; de plus, le sieur de Boisricheux, personnage de qualité, affirmait sur son honneur et ses biens que Bouglainval avait porté les armes à Orléans contre le Roi. Ces renseignements, transmis au prince lorrain, lui firent assez connaître les sentiments de la ville sur cet ennemi [2]. On profita, en même temps, de la présence des troupes royales dans les environs pour exercer d'actives poursuites contre le sieur Juglet, seigneur de la Motte, partisan de Condé, qui s'étant posté au *lieu* de Mme de Chamblay, près du Gué-de-Longroy, avait fait prisonnier M. Le Seneux, chanoine de Notre-Dame [3]. La conduite tenue par M. d'Eguilly dans ces circonstances fut récompensée par le collier de l'ordre.

En apprenant, le 21 décembre, l'heureux résultat de la

---

[1] *Reg. des Echevins.*

[2] *Ib.;* décembre.

[3] *Ib.* La délibération dit que Juglet donnait au chanoine Le Seneux le sobriquet de *Papaux* (Papiste).

bataille de Dreux, le premier soin de la Reine-mère fut de recommander au maréchal de Damville la garde du prince de Condé, et, le 27, après quelques jours consacrés aux réjouissances, *quoique la ditte victoire ne fust sans grande perte de gens de bien*, elle se rendit à Rambouillet, en compagnie du cardinal de Bourbon, du duc de Montpensier, du prince de la Roche-sur-Yon et du Chancelier, dans le but de conférer avec le duc de Guise sur les affaires du royaume. Jugeant ensuite que sa présence serait utile sur le théâtre des événements, Catherine vint s'établir à Chartres, où elle appela une députation du Parlement composée du président Picot, des conseillers d'Egremont, d'Espesse et Grassin et du greffier du Tillet; puis elle fit transférer Condé, de Dreux au château de Levéville, pour essayer d'obtenir de ce prince qu'il fît poser les armes aux huguenots. Les premières négociations répondaient si bien aux désirs de la Reine-mère, qu'elle crut devoir en informer le Parlement par lettres du 3 janvier 1563 et inviter le Roi à se transporter promptement à Chartres. Charles IX arriva, en effet, le 6 janvier et passa tout le reste du mois dans nos murs; mais Condé n'était plus le maître de ses co-réligionnaires qui, depuis l'affaire de Dreux, obéissaient à l'amiral de Coligny. L'accommodement ne put donc se conclure à Chartres, et, dans les premiers jours de février, le prisonnier fut transféré à Amboise, où la surveillance devait être plus facile parce que les forces royales tenaient la ligne de la Loire [1].

[1] Les écrivains locaux disent que Condé fut amené à Chartres après la bataille de Dreux et qu'il passa *un mois* dans la prison de Saint-Père appelée *la Renardière*, cachot infect que Doyen compare à *un toit à porcs*. (Doyen, vol. 2, p. 59. — Chevard, vol. 2, p. 361. — Ozeray, vol. 2, p. 16.) Il y a de l'inexactitude et de l'exagération dans ce récit. On lit dans les *Mémoires de Condé: Le mardy cinquiesme dudit mois* (janvier), *le Roy partist de cette ville* (Paris) *pour s'en aller à Chartres; et faut noter que en ce temps icy le prince de Condé qui estoit prisonnier à Dreux, fust mené près de Chartres en lieu appartenant à M. Bersaine, conseiller en la court, nommé Leneville, qui est un chasteau près de Chartres, distant de cinq quarts de lieuës de la ditte ville.* Et plus bas : *Février. En ce mesme temps, le Roy se remu de Chartres pour s'en aller à Blois; et fist-on partir le prince de Condé du chasteau de Leneville, pour ainsi que l'on disoit, le mener à Loches.* (Coll. Michaud, vol. 6, p. 696, 697.) En effet, plusieurs délibérations des échevins

Les échevins voulurent profiter du séjour du Roi à Chartres pour se débarrasser des gens de robe dont la domination leur était de plus en plus insupportable. Ils prièrent S. M., par une requête du 15 janvier, d'accorder à la ville un *maire*, ayant juridiction politique et pouvoir d'ordonner en la chambre, et un prévôt des maréchaux, en résidence fixe, ayant sous ses ordres un lieutenant et douze archers [1]. C'était enlever à la fois la présidence de l'assemblée au lieutenant-général, le ministère public au procureur du Roi et la police au lieutenant de robe courte; cette tentative échoua.

Cependant, la Cour, qui avait rejoint l'armée au camp de Meung, tâchait de ménager un accord entre Guise et Coligny; mais les vues ambitieuses du catholique et la raideur du protestant s'opposèrent à tout semblant de réconciliation. Le 1er février, Coligny tira, avec ses reîtres, du côté de la Normandie où l'attendait l'argent de l'Angleterre; Guise en profita pour mettre le siége devant Orléans. Le mouvement des protestants avait inspiré de l'effroi jusque dans la capitale. Le 9 février, le prévôt des marchands et les échevins de Paris prièrent leurs *frères et meilleurs amys* les échevins de Chartres de leur donner nouvelles des reîtres [2]; ils ne pouvaient

prouvent que Condé fut détenu à Levéville; ainsi, dans la séance du 1er mars, on décida que l'on retirerait de *Leuvéville* les munitions y déposées par les commissaires des vivres, *pour la garde du prince de Condé*, et, dans la séance du 30 du même mois, on lut une lettre du connétable, datée du 28, par laquelle il annonçait aux échevins que le concierge de *Leuvéville* avait charge de remettre entre leurs mains les farines, vins, salaisons et poudres apportés de Chartres en ce château.

Toutefois il est certain que Condé séjourna aussi à Chartres, peut-être accidentellement au moment de son départ; la délibération du 1er mars fait connaître que l'on avait mis du fer (sans doute des serrures, verroux et barreaux) à l'abbaye de Saint-Père, pour la garde du prince de Condé, *qui y était logé*. Mais on ne dit pas que son logement fut le cachot de *la Renardière;* et cela est peu probable, car la Reine-mère tentait alors un accommodement avec son prisonnier, et, tout en veillant sur lui, elle ne le traitait certainement pas comme un criminel de lèse-majesté. Les instructions données au maréchal de Dampville *(Mémoires de Condé,* p. 695) ne permettent pas de supposer l'emploi d'une rigueur pareille à l'égard d'un prince du sang.

[1] *Reg. des Echevins;* Séances des 15 et 18 janvier.

[2] Cette lettre, signée *Bachelier*, est la plus ancienne de celles que j'ai retrouvées en 1844. (Voir l'*Avant-propos*, vol. 1er, p. iij, note 1.) M. Merlet, archiviste du

mieux s'adresser, car ces redoutables auxiliaires des rebelles venaient de passer en vue des murailles, ce qui avait obligé à des mesures de précaution. Sans suivre l'ennemi, le duc de Guise faisait observer sa marche par quelques compagnies de partisans et renforçait les places trop exposées. Quatre compagnies, conduites par M. Pasquier, gentilhomme de la chambre du Roi, se présentèrent aux portes de Chartres, le 15 février, pour se mettre, disaient-elles, à la disposition du gouverneur. On essaya de les dissuader, en alléguant la peste, la misère, la force suffisante de la garde bourgeoise et des autres troupes de la garnison; mais tout fut inutile, et, sur l'ordre formel du Roi et de la Reine-mère, on les hébergea, le 20, dans les faubourgs [1]. La répugnance des échevins pour les gens de guerre se comprenait parfaitement, car en ce moment même les compagnies déjà casernées en ville commettaient de telles *atrocités* que la chambre avait jugé nécessaire, dans sa séance du 19, de rédiger contre elles un cahier de griefs, à l'adresse du duc de Guise [2]. Le message arriva trop tard; le prince lorrain avait été blessé à mort, le 18 février, à Messas près Beaugency, par Poltrot de Méré, gentilhomme protestant [3].

département, vient de publier (1855), dans le tome III des *Mémoires de la Société archéologique de l'Orléanais*, la suite complète des lettres des rois de France, Reines, princes et hauts personnages du royaume, adressées à l'Evêque, au Chapitre, au gouverneur et aux bailli, officiers du Roi, échevins et habitants de Chartres, existantes en original ou en copie dans les archives du département et dans celles de la mairie; cette publication, faite avec autant de soin que d'intelligence, contient les 92 lettres dont je puis revendiquer à juste titre la conservation.

[1] *Reg. des Echevins;* 15, 17 et 20 février. — Une *montre* générale des habitants eut lieu le lundi 22 février.

[2] *Ib.;* 19 février.

[3] Guise succomba le 24 février; on avait cru d'abord que sa blessure n'était pas mortelle, et le cardinal de Guise écrivait de Chartres, le 21, à M. de Gonnort, frère du maréchal de Brissac, pour le rassurer sur la santé du malade. *(Mémoires de Guise,* vol. 6, p. 516.)

La mort du grand Guise donna lieu à une quantité d'opuscules en latin et en français, en vers et en prose, parmi lesquels celui intitulé : *Exhortation faicte par tresillustre, tresvaillant, et catholicque prince, Francoys de Lorraine duc de Guyse, pair et grand Chambellan de France et Lieutenant général du Roy, aux Seigneurs, capitaines et gens de guerre estans au camp,* est dû à la plume de l'Official de Chartres. (Chartres, par M. Villager, 1563, in-8°; Bibl. imp., Lb^{33} 104.)

Cet attentat pouvait amener des complications fâcheuses; aussi la Reine, tout en provoquant des pourparlers entre Condé et le connétable de Montmorency, ne négligea pas de veiller à la sûreté des villes catholiques. Les ponts-levis de Chartres se baissèrent le 10 mars devant la compagnie de M. d'Eguilly [1], et le gouverneur poussa si loin les précautions pendant le reste du mois, que, pour éviter l'ouverture des portes, il borna à Saint-Père et à Saint-André l'itinéraire de la procession générale de Pâques-fleuries qui se rendait ordinairement à Saint-Cheron et à Saint-Barthélemy, *extra-muros* [2].

Les négociations entamées à Orléans aboutirent au traité de paix conclu à Amboise le 19 mars, dont M. de Cypière informa la ville par lettres du 4 avril ; les échevins reçurent l'ordre de laisser rentrer les bannis et de permettre les prêches dans les faubourgs ; la Reine-mère fit donner des instructions en ce sens aux officiers du Roi, le 15 avril [3]. Ce résultat devait modifier l'appareil belliqueux de Chartres. Les compagnies d'ordonnances furent renvoyées, et, dans la séance du 17, M. d'Eguilly vint prendre solennellement congé de la chambre en remettant les clefs aux échevins ; on salua le départ de ce capitaine par de sincères remerciements et de vifs regrets. Toutefois, les bourgeois qui consentaient à laisser partir les gens d'armes dont l'entretien leur coûtait fort cher, se montrèrent beaucoup moins disposés à se désarmer eux-mêmes ; nonobstant les invitations de l'autorité supérieure, la chambre rendit, le 23 avril, une ordonnance qui prescrivait un guet de 10 hommes le jour et de 18 la nuit, à chaque porte [4]. La soumission complète ne put être obtenue qu'en vertu d'une

---

[1] *Reg. des Echevins.* — Lettres du Roi, datées de Blois le 5 mars.
[2] *Ib.;* Séance du 30 mars.
[3] *Ib.* — Lettres de la Reine-mère, datées du 30 mars.
[4] *Ib.* — On rendit le guet obligatoire pour tout le monde, même pour l'Evêque et les ecclésiastiques; on admit, toutefois, le remplacement des privilégiés, à leurs frais, par *gens bien armés, arquebusiers, morionneurs, piquiers ou hallebardiers, munis de corcelets ou jacques de mailles.*

injonction formelle du Roi, transmise le 4 mai par M. de Cypière [1]. On s'exécuta, mais lentement et non sans faire des réserves mentales pour les moindres cas d'agitation politique.

D'ailleurs, les mouvements militaires ne cessaient pas de tenir le pays en éveil. On dut fournir, au mois de mai, cent muids de blé à l'armée royale chargée de la recouvrance du Hâvre [2]. Au mois de juin, M. de Cypière fit rentrer à Chartres la compagnie de M. d'Eguilly, et les échevins crurent devoir prendre à cette occasion de nouvelles mesures pour assurer le service du guet et la police des hôtelleries ; la méfiance de la chambre contre quelques habitants suspects allait si loin qu'elle ordonna, le 11 juin, de boucher toutes les ruelles aboutissant aux murailles, afin que la ville ne pût être surprise au dedans [3]. Les huguenots rentrés commençaient, en effet, à lever la tête ; ils réclamaient des indemnités et exigeaient la restitution des livres hétérodoxes saisis à leurs domiciles [4]. D'un autre côté, la peste sévissait avec violence, favorisant ainsi les projets des agitateurs protestants et les tendances belliqueuses des catholiques chartrains [5]. On reçut, le 17 juin, des lettres du Roi insistant de nouveau sur l'observation de l'édit de pacification ; toutefois le désarmement des bourgeois ne fut terminé qu'au mois de novembre [6]. Comme complé-

---

[1] *Reg. des Echevins.* — Lettre du Roi, du 1er mai.

[2] *Ib.;* Séance du 16 mai. — Lettres du Roi, datées de Saint-Germain le 11 mai.

[3] *Ib.;* Séances des 25 et 31 mai et 11 juin.

[4] *Ib.;* Séance du 26 octobre. — On rendit à Me Pierre Drappier, apothicaire, une bible couverte de veau noir, un petit livre intitulé l'*Eternelle génération de Christ venant du Père*, un autre livre intitulé *la Céleste pensée des graces divines* et un petit traité de l'*Art, science et pratique de pleine musique*. Une bible en français fut également restituée à Me Charles Foynard, avocat.

[5] *Ib.;* Séances des 25 mai, 10 et 28 août. — On rendit, le 18 mai, une ordonnance de police concernant la peste ; le 10 août, il fut enjoint au lieutenant du premier barbier du Roi à Chartres, de s'entendre, pour les questions d'hygiène, avec les sieurs Saturnin Papineau, barbier-chirurgien, et Claude Huvé, docteur en médecine, chargés de soigner les pestiférés, et on prescrivit, le 28 août, aux proviseurs des paroisses de la ville et banlieue, de faire disposer des bières à bras, convenables et garnies de sangles, pour servir à l'inhumation des morts.

[6] *Ib.* — On déposa les armes dans la grand'chambre de la tour du Roi.

ment, M. de Cypière fit part aux échevins, le 22 novembre, de l'ordonnance du 28 octobre qui prescrivait la démolition des fortifications, sauf un simple mur d'enceinte contre les voleurs et *gens ramassés;* on décida à regret que la volonté du Roi serait faite et que les ouvriers se mettraient de suite à détruire les contrescarpes, remparts et fortins construits pendant les troubles [1].

L'inquiétude n'abandonna pas les esprits en 1564. La compagnie de M. d'Eguilly avait bien quitté Chartres au mois de mars, d'après les ordres de MM. d'Eguilly et de Montrond, mais elle se tenait dans les environs et elle rentrait de temps en temps pour faire montre [2]. Son capitaine, qui avait conservé une grande influence sur les délibérations de la chambre, était consulté dans toutes les affaires militaires. Le 11 avril, on mit en sûreté dans l'hôtel-de-ville les pièces d'artillerie et les munitions transportées à Chartres après la bataille de Dreux; on craignait, en effet, un coup de main de la part de ceux de la religion. Plusieurs fois des alertes tinrent les bourgeois en éveil; les 16 mai et 19 décembre, entre autres jours, furent signalés par des scènes de désordre qui nécessitèrent la fermeture des portes et l'établissement de nombreux corps-de-garde [3].

Cependant on pouvait constater une amélioration réelle dans la vie publique, et les citoyens n'en étaient plus réduits, comme pendant la guerre, à passer leurs journées sur les remparts, la pertuisane au poing. Les échevins profitèrent de ce calme relatif pour réveiller l'affaire du collége endormie depuis 1542. Un édit du mois de janvier 1560 avait obligé les collateurs des bénéfices annexés aux églises cathédrales

---

[1] *Reg. des Echevins.* — L'ordonnance concernait non-seulement Chartres, mais encore toutes les villes qui n'étaient pas *frontières;* elle ne reçut pas son exécution.

[2] *Ib.* — La compagnie fut autorisée le 19 janvier à venir faire montre en ville; la même autorisation lui fut donnée le 20 juin.

[3] *Ib.*; mai et décembre.

à prébender le précepteur des jeunes enfants; on écrivit le 1ᵉʳ décembre 1564 à M. l'évêque de Senlis [1], collateur des prébendes de Notre-Dame, pour le prier d'accepter la candidature du sieur Desfreux, prêtre chargé depuis plusieurs années de la direction des écoles. Des discussions sur le droit de présentation s'élevèrent à cette occasion entre le Chapitre et la Chambre, car, à cette époque, tout devenait matière à prétentions et partant à discussion; on alla même jusqu'à pratiquer une saisie sur le temporel des Chanoines. Enfin, après une série de débats qui ne prit fin qu'au mois de juin 1565, on convint de nommer pour précepteur public Mᵉ Guillaume Malherbault, principal du collège de Justice à Paris, à la charge par lui d'entretenir deux régents et de faire la classe gratuitement, matin et soir. La collation d'une prébende vacante fut accordée à ce pédagogue le 26 août 1566, et des lettres-patentes du Roi, en date du 7 janvier 1567, autorisèrent une contribution de 6,000 livres tournois sur les habitants, *pour accommoder un collége* [2].

La Chambre fut brusquement rappelée à la politique par M. d'Eguilly, qui fit observer, dans la séance du 30 juillet 1565, que l'on avait le plus grand tort, par ces temps de paix douteuse, de confier les clefs de la ville à des gens *mécaniques, lesquels pour peu de chose livreroient les portes* [3]; on s'em-

---

[1] Louis Guillard, oncle et prédécesseur de Charles Guillard, en passant de l'évêché de Chartres à celui de Châlons, puis à celui de Senlis, avait conservé le droit de nomination aux prébendes de Notre-Dame. Ce prélat mourut à Paris le 19 novembre 1565. *(Gallia christ.*, vol. X, p. 1,443.)

[2] *Reg des Echevins;* Séances du 1ᵉʳ décembre 1564 et du 26 août 1565. — Il paraît que le Chapitre ne consentit pas facilement à délivrer au sieur Malherbault des fruits et revenus de sa prébende, car le Roi prescrivit au Bailli, par lettres-patentes du 8 mai 1567, de saisir ces fruits et revenus, de les faire gérer par commissaires et de délivrer au précepteur public la somme nécessaire pour son *entretenement* depuis le jour de son élection.

[3] Les délibérations des échevins (août et novembre 1565) constatent que la police municipale était bien mal faite, car les femmes et filles débauchées, les voleurs et vagabonds, prenaient chaque nuit possession de la ville, abusant des jeunes enfants et détroussant les passants attardés. La chambre fit des remontrances à cet égard au vice-bailli.

Le 9 novembre de cette même année, on célébra, à Chartres, par une procession

pressa de déférer à cet avis en décidant que les clefs seraient remises à de notables personnages, qui rempliraient l'office de portiers par mois ou par quinzaine et qui, chaque soir, aussitôt après la fermeture, porteraient les trousseaux de clefs chez le lieutenant-général Christophe de Hérouard.

Il n'était plus guère question, au sein de l'assemblée municipale, de ce vieux magistrat dont la carrière administrative n'avait pas été exempte de tribulations et qui voyait son influence décliner de jour en jour ; il mourut le 29 novembre de cette même année et fut remplacé par M. Jean de Minceray, son gendre, lieutenant particulier du bailliage [1]. M. de Cypierre, lieutenant-général au gouvernement de l'Orléanais et du Chartrain, spécialement chargé des intérêts de Chartres, était mort au mois de septembre précédent, et son collègue M. de Montrond, déjà connu par sa coopération à quelques mesures militaires prises dans le pays, avait hérité de la direction politique de notre ville [2]. Ces mouvements successifs dans les hautes régions gouvernementales de la cité et de la province motivèrent, de la part des échevins, un redoublement de surveillance d'autant mieux justifié, d'ailleurs, que la nouvelle plusieurs fois annoncée de l'arrivée de la duchesse Renée, calviniste ardente, inquiétait les bons catholiques et exaltait les espérances des suspects. Cette princesse avait alors à Chartres un agent dévoué en la personne de M^{ire} Michel Le Clerc, son maître-d'hôtel ordinaire, qui remplissait les fonctions de bailli à la place de M. de Champrond, trépassé le 27 mars 1565 [3], et qui venait de temps en temps visiter son bailliage.

---

générale, la levée du siége de Malte et l'héroïque défense du grand-maître de la Valette. *(Livre des messes et obits de Saint-Martin-le-Viandier;* Arch. départ.)

[1] Christophe de Hérouard fut inhumé, le 2 décembre, dans l'église Saint-Martin-le-Viandier. *(Ib.)*

[2] *Reg. des Echevins;* Séance du 24 septembre. — Lettres du Roi et de la Reine-mère, datées du 24 septembre.

[3] *Compte de Girard Haligre, receveur du domaine,* 1565-1566. Recueil de Laisné, vol. 4, p. 147; Bibl. impér.

Ce bailli informa Messieurs de la Chambre, dans la séance du 27 mars 1566, que la Duchesse ferait sa visite à Chartres le vendredi 30 du même mois. Quoique Mme Renée eût exprimé le désir de ne déranger personne, on crut devoir faire quelques préparatifs; il fut convenu qu'un dais de velours noir à franges noires et crépines d'or, blasonné aux armes de la princesse, l'attendrait à la porte Morard; que 12 écussons aux mêmes armes seraient placés sur cette porte et sur celle de l'évêché; que les rues, de la porte Morard à l'église Saint-Hilaire et de Saint-Hilaire au palais épiscopal, seraient tendues de tapisseries et que les ménétriers de la ville feraient entendre leurs plus joyeuses fanfares en l'honneur de l'auguste visiteuse. Mais la Duchesse se refusa formellement à tout cérémonial, et elle se contenta d'écouter les compliments des échevins et des officiers du Roi. Elle venait, en effet, moins pour recevoir des hommages que pour intimider une ville dont le catholicisme lui était odieux. Pendant tout le temps de son séjour, les ministres calvinistes de sa suite tinrent des prêches publics à l'évêché; on vit même un curé renégat de Mézières-en-Drouais préconiser en chaire l'évangile des réformés. Cette conduite inspira aux habitants de tels sentiments de répulsion, que le premier acte de la Chambre, aussitôt après le départ de Mme Renée, fut d'adresser une plainte au Roi et à la Reine-mère et de leur demander des instructions pour le cas où la Princesse reviendrait à Chartres dans les mêmes intentions (23 avril) [1].

Au milieu de ces agitations incessantes, Chartres fut doté d'une institution toute pacifique; l'édit de Charles IX du mois de juillet 1566 y établit, pour la connaissance des affaires commerciales, un tribunal composé d'un grand-juge et de quatre consuls, à la nomination d'un collège de cinquante

---

[1] *Reg. des Échevins.* — La Duchesse était partie le lundi de Pâques, 15 avril, pour Maintenon. (*Livre des messes et obits de Saint-Martin-le-Viandier;* Arch. départ.)

notables négociants [1]. Quoique l'abandon presque complet de la navigation de la rivière eût porté obstacle au développement du commerce de transit dont la ville avait été l'entrepôt pendant plusieurs années, la juridiction consulaire ne laissait pas que d'être avantageuse aux intérêts de l'industrie locale, surtout à ceux de la fabrique de serges qui, malgré les guerres, occupait un assez grand nombre de métiers et donnait fréquemment lieu à des difficultés entre les ouvriers et les maîtres.

La visite de Mme Renée n'en avait pas moins fait perdre du terrain aux catholiques. On apprit le 10 septembre que le prince de Condé se proposait de traverser le pays chartrain, pour se rendre à Montigny ou à Nogent-le-Rotrou; on craignit quelque ressentiment secret de sa part et on décida que s'il approchait de deux lieues, une députation de la Chambre irait le saluer très-humblement et lui offrir le vin de la ville. En même temps, on jugea prudent d'armer les murailles de vingt pièces d'artillerie [2]. On passa le reste de l'année dans un courant d'alarmes que le soulèvement des protestants des Pays-Bas ne fit qu'accroître. Les huguenots français, décidés à rompre avec la Cour, s'essayaient sur tous les points du royaume par des actes de violence. Le dimanche 9 mars 1567 [3], à quatre heures du soir, au moment où les fidèles écoutaient le sermon dans les églises, cent cinquante individus, *en habits déguisés* et porteurs de *corcelets, jacques de maille, rondelles, boucliers d'acier, pertuisannes, hallebardes*, etc., franchirent les portes et tinrent Chartres *en sujétion* pendant plus de deux heures. Cette agression rendit aux habitants leur ancienne

---

[1] *Parlement de Paris, Reg. des Ordonn.*, vol. 2, B., f° 268. — *Trésor des Chartes*, reg. cclxiiij, pièce 470; Arch. de l'Empire.

[2] *Reg. des Echevins et Compte de Pierre Langlois*, pour le trimestre de juillet 1566; Arch. de la Mairie.

[3] Il y eut une grande sécheresse pendant les cinq premiers mois de cette année. On fit le 8 juin une procession solennelle à Josaphat et à Saint-Père, dans laquelle on porta les châsses de saint Taurin et de sainte Soline. *(Livre de Bois de Saint-André;* Arch. départ. — *Livre des messes et obits de Saint-Martin-le-Viandier;* Ibid.)

énergie ; on convoqua l'assemblée générale des notables pour aviser aux mesures défensives, et le procureur du Roi fut requis de poursuivre activement l'affaire comme délit politique (11 mars) [1]. M. d'Eguilly, qui ne stationnait jamais bien loin, vint à la première nouvelle offrir aux Chartrains ses services et ceux de ses gens. Remercié d'abord par raison d'économie, il fut redemandé avec instance le 29 septembre, au moment où l'insurrection huguenotte éclatait dans toutes les provinces [2].

A peine les préparatifs indispensables, tels que l'achat de fers de piques et l'augmentation du guet de jour et de nuit, étaient-ils terminés, que l'on apprit qu'Orléans était tombé au pouvoir des mécontents (30 septembre). Les échevins s'empressèrent de voter la levée d'une compagnie de cent hommes par chacun des six quartiers, de faire rentrer en ville les bateaux de la rivière, ainsi que les échelles et les râteliers des faubourgs, de faire mettre l'artillerie en batteries sur les murailles et d'assigner des logements aussi convenables que possible aux soldats de M. d'Eguilly [3].

Cependant, le 1er octobre, M. Jean de Calderon remit à la Chambre une lettre du Roi du 29 septembre, donnant avis de la nomination de M. de Fontaine-la-Guyon à la charge de gouverneur de Chartres, en remplacement de M. d'Eguilly, rappelé dans l'Orléanais. Ce messager se fit, en même temps, l'interprète des sentiments manifestés par la Reine-mère sur la levée de boucliers des rebelles : « Il ne faut pas croire, dit-
» il, qu'il s'agisse ici d'affaires de religion ; la guerre est le
» fait de voleurs et d'assassins qui se sont assemblés pour
» piller le royaume. En conséquence, la Reine entend que
» l'on ne fasse aucun outrage aux protestants de Chartres ;
» quant à ceux de la campagne qui voudront se réfugier dans

---

[1] Reg. des Echevins.
[2] Ib.; Séances des 29 avril, 29 et 30 septembre.
[3] Ib. — Décidé que M. d'Eguilly recevrait deux pots de vin à son dîner et deux autres pots à son souper, pendant tout le temps de son séjour en ville.

» la ville, ils pourront le faire en déposant leurs armes. » La Chambre venait précisément de recevoir une requête par laquelle les sieurs Giles Cholet, Thomas Bichot, Pierre Noël, Simon Dubois et Pierre Lemaire, protestants de la ville, demandaient sûreté pour leurs personnes ou permission de sortir des murs. On répondit à ces suspects qu'ils n'avaient rien à craindre, s'ils voulaient rester tranquilles chez eux, ne pas s'assembler, ne pas quitter leurs domiciles avant huit heures du matin et après six heures du soir, et souffrir, lorsque besoin serait, la visite du capitaine de leur quartier. Le même jour, 1er octobre, M. de Vismes, lieutenant de M. de Brissac, ayant informé les échevins que le Roi lui avait donné l'ordre de faire venir sa compagnie à Chartres, il fut décidé qu'on le recevrait avec plaisir, lui et ses gens, et qu'on permettrait même au capitaine Cuvray de lever une compagnie de gens de pied pour contribuer à la garde de la ville [1].

M. d'Eguilly, qui tenait à mettre Chartres en bon état de défense avant l'arrivée de son successeur, continua les jours suivants à régler *le fait de la guerre*. Il mit en réquisition les charpentiers et les maçons pour travailler aux fortifications, prescrivit à tous les habitants de tenir constamment un poinçon plein d'eau devant leur porte, obligea les propriétaires à suspendre, de six maisons en six maisons, au moyen d'une corde allant d'une maison à l'autre, une chandelle *allumée* pour éclairer le ruisseau pendant la nuit, assigna aux canonniers leurs postes de combat et distribua des piques aux six capitaines pour l'armement complet de leurs soldats. Comme on voulait qu'à partir de huit heures du soir les rues fussent exclusivement livrées aux patrouilles, on alla jusqu'à forcer les pâtissiers à renoncer à leur vieille habitude de faire des promenades nocturnes en criant *aux oublies* (2 octobre). Il

---

[1] *Reg. des Echevins.* — On augmenta de quarante soldats chacune des compagnies bourgeoises. On taxa le minot d'avoine à 8 sous et la gerbe de paille à 6 deniers, pour les gens de guerre.

fallait de l'argent pour la solde des recrues urbaines; un rôle provisoire des deux cents plus riches citoyens taxés à un écu par tête avait bien été dressé[1], mais cette ressource n'était pas suffisante et l'on attendait avec une vive impatience les offres du Chapitre et du clergé. MM. d'Ardre, archidiacre de Blois, Hugues de Bouzons, chevecier, et Jean Cochard, chanoine, avaient offert une première fois la solde de cinquante hommes, puis le versement mensuel d'une somme de 400 livres pour leur part dans la solde de la garnison entière. Ces propositions parurent dérisoires; on répondit, dans la séance du 9 octobre, que la querelle religieuse intéressant le clergé plus que personne, il était de toute justice qu'il payât *onze portions sur vingt*[2].

On vexait les ecclésiastiques en haine de l'évêque Charles Guillard dont on suspectait la foi religieuse et qui avait été compris dans le procès intenté en 1563 par la cour de Rome contre les prélats hérétiques. Ces préventions avaient même pris de telles proportions dans l'esprit du peuple de Chartres, que Guillard, craignant pour sa sûreté, s'était retiré depuis quelque temps dans son château de Pontgouin. De cette résidence il fit signifier à la Chambre, le 10 octobre, une sauvegarde du Roi portant permission de faire sortir de la ville ses meubles, vins et blés, défense à tous gens d'armes de venir le troubler dans son logis des champs, et autorisation d'afficher les panonceaux royaux sur le portail de Pontgouin. L'évêque protesta, à cette occasion, de son orthodoxie et offrit de payer sa quote-part des charges municipales[3].

Chartres, par les soins de ses administrateurs, se trouvait parfaitement approvisionné de vivres, de munitions, d'armes

---

[1] *Reg. des Echevins;* Séance du 1er octobre.

[2] *Ib.* — Dans la séance du 9 octobre, on prescrivit de nouvelles visites domiciliaires chez les suspects et on fit défense expresse aux maîtres des métiers de recevoir chez eux des apprentis et compagnons qui ne fussent pas bons catholiques.

[3] *Ib.* — Lettres du Roi datées du 7 octobre.

et de deniers, mais ses défenseurs n'étaient pas assez nombreux. M. d'Eguilly en se retirant avait emmené sa compagnie ; M. de Fontaine-la-Guyon était venu tout seul ; la compagnie de M. de Vismes comptait à peine cinquante soldats, et les miliciens, encore peu au fait du métier de la guerre, ne rendaient pas de très-bons services. On pouvait donc redouter les suites d'une tentative de l'ennemi. Les échevins s'en alarmaient d'autant plus qu'ils savaient par leurs espions que deux grosses bandes protestantes, sous le commandement de MM. de Montgommery et de Maligny, rôdaient dans les environs [1]. D'un autre côté, les suspects de la ville prenaient texte d'une rixe de cabaret dans laquelle un hérétique nommé Patelard avait perdu la vie, pour s'agiter et porter plainte à Mme Renée. Dans cette conjoncture les échevins agirent de ruse ; ils écrivirent d'abord au Roi, pour le prier d'expédier au plus vite à Chartres quelques troupes de renfort, puis à la Duchesse, pour expliquer le meurtre de Patelard et lui demander sa sauvegarde (13 octobre). En même temps, une députation de Messieurs de la Chambre alla assurer M. de Montgommery de la neutralité de la ville et de la sûreté de ceux de la religion, *que l'on retient uniquement pour empêcher qu'il ne leur soit fait tort en leurs personnes ou biens;* M. de Fontaine-la-Guyon crut aussi devoir protester, par une proclamation, de ses bonnes intentions à l'égard de ceux des suspects chartrains qui consentaient à rester cois chez eux. Cette tactique obtint un plein succès : les 15 et 16 octobre, le Roi manda qu'il avait prescrit à M. de Chantemesle, capitaine de cinquante hommes d'armes des ordonnances, de se jeter dans la ville avec sa compagnie [2] et à M. de Fontaine-la-Guyon de lever

---

[1] *Aujourd'huy, xij^e octobre, environ minuit, le guet a sonné pour les huguenots.* (Livre *des messes et obits de Saint-Martin-le-Viandier;* Arch. départ.)

[2] *18e octobre. Pour présent de vin fait à M. de Chantmelle XVI livres XV sous.* (Etat *des dépenses faites par la ville depuis le mois d'octobre 1567 jusqu'au mois de mai 1568.* Arch. de la Mairie.)

quatre cents hommes de pied ; le 23 du même mois, Mme Renée expédia de Montargis la sauvegarde désirée, non sans l'accompagner de force exhortations à l'union et de menaces dans le cas où l'on molesterait ses co-religionnaires. Le reste du mois d'octobre et les premiers jours de novembre, signalés par le gain douteux de la bataille de Saint-Denis, se passèrent en travaux de défense. On aplanit une montée qui se trouvait à l'entrée du faubourg Saint-Brice, et les terres amoncelées le long des remparts intérieurs servirent à boucher complètement la porte Saint-Michel. Le 21 octobre et le 17 novembre, des troupes conduites au camp du Roi par MM. de Chavigny, de Montpezat et de Martigues séjournèrent dans la ville et la banlieue; il fallut pourvoir à leur nourriture, ce qui ne laissa pas que d'occasionner une grande dépense [1]. De temps à autre le tocsin appela les habitants sur les murailles, ce qui occasionna quelques disputes avec les soldats dont le chef, M. de Fontaine, avait mal pris à Chartres; une compagnie d'arquebusiers à cheval commandée par le capitaine Paulmier était venue renforcer la garnison le 16 novembre, mais, comme le théâtre de la guerre se trouva transporté en Lorraine à la fin de l'année, le Roi, par lettres des 27 novembre et 2 décembre, consentit à réduire à deux les compagnies entretenues par la ville qui étaient commandées par les capitaines de La Barre, du Brosseron, Beschot et La Guyardière [2].

[1] *Pour les présents de vin faits au nom de la ville aux sieurs de Chavigny, de Montpezat et autres capitaines et grands seigneurs ayant charge desdites troupes, ensemble pour les bouteilles où a été mis ledict vin, xx livres, xiiij sous.*
Pour le présent de vin faict au sieur de Martigues, xxxj livres xv sous. (État des dépenses faites par la ville, depuis le mois d'octobre 1567 jusqu'au mois de mai 1568; Arch. de la Mairie.)

[2] *Reg. des Echevins et Compte de Marin Compaignon, receveur;* trimestre d'octobre 1567. — On fit, le 2 décembre, une procession générale à Saint-Père, pour la pacification du royaume. Le 23, *les gendarmes sortirent secrètement pour aller à Orléans. (Livre des messes et obits de Saint-Martin-le-Viandier;* Arch. départ.)
Malgré les ordres du Roi, M. de Fontaine résista longtemps au licenciement. Il s'en suivit entre ce gouverneur et les échevins une querelle que Charles IX et le Connétable s'efforcèrent d'apaiser, comme on le voit par leurs lettres des 21, 25 et 26 décembre.

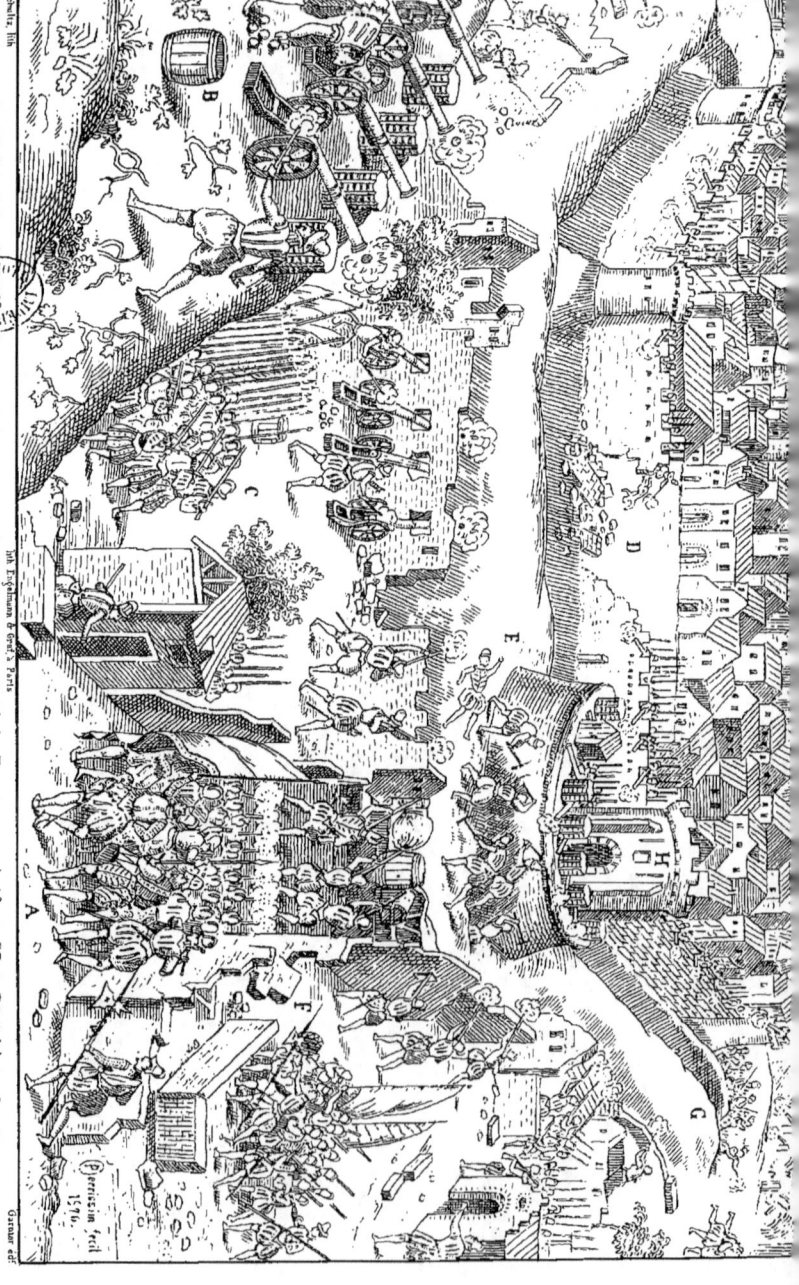

A Regiment de M d'Andelot de 10 à 12 compagnies s'appreſtant pour aller à l'aſſaut.
B 4 Pièces d'Artillerie de M Caſimir chef des Allemans ſur vn coſſaut tirant d'ordinaire dedans la ville.
C Regiment des Allemans s'appreſtant pour aller à l'aſſaut.
D Breſche faite d'environ 30 pas

E M. du Bordet conduiſant 25 à 30 ſoldats, & piõners pour ſapper le ravelin de la porte, fut tué d'une harqueboujade.
F Regiment de M des Champs s'appreſtant auſſi pour aller à l'aſſaut.
G Vne ſortie que firent les aſſiégés ſur les compagnies de M de Pille
H La porte

(Fac-simile d'une gravure conservée à la Bibl. impériale.)

CHAPITRE XX.

DU SIÉGE DE LA VILLE PAR LE PRINCE DE CONDÉ, AU SIÉGE MIS PAR HENRI IV.

(1568-1591.)

Le moment de répit dont jouissaient les Chartrains fut de courte durée, car, au commencement de février 1568, les ennemis, franchissant la Marne et la Seine à leurs sources, se portèrent vivement sur le Gâtinais et la Beauce. Les généraux catholiques avaient, sinon entravé, du moins prévu ce mouvement, et pendant tout le mois de janvier ils avaient expédié des forces vers les points menacés. M. de La Trémouille, lieutenant-général au gouvernement de l'Orléanais, était arrivé, le 28, à Chartres [1], et le Roi annonça, le 6 février, la venue prochaine de son cousin le Prince-Dauphin, chargé de donner ordre à son service dans les pays *de par delà* [2].

[1] Le 25 janvier, il s'était abattu sur Chartres dix compagnies de gens de pied, trois compagnies de pionniers et une cornette d'arquebusiers à cheval, des bandes du comte de Martinango, sous la conduite des capitaines Francisque, Chavigny, Saint-Senac, Guiadière, Plain, Lenyan, Launay, Sillion, Guingo, La Mothe et Saint-Martin. A peine installées, ces troupes eurent des démêlés avec les compagnies de M. de Fontaine, et les deux chefs conçurent l'un contre l'autre une telle inimitié qu'ils en vinrent un jour à faire mettre leurs gens en bataille au milieu de la ville, les armes à la main. Les échevins, effrayés de l'attitude de ces furieux, dépêchèrent en Cour le sieur Jean Robert (25 janvier), pour réclamer contre la garnison du comte de Martinango. La Reine-mère donna commission à M. de La Trémouille d'aller rétablir l'ordre à Chartres, et ce seigneur parvint, non sans peine, le 5 février, à éconduire la plus grande partie des bandes du Comte; il en avait coûté à la ville, pour dix jours, 28,742 pains, 82 poinçons de vin, 25 minots d'avoine et une caque de poudre. (*État des dépenses faites par la ville de Chartres pendant le siège de 1568*; Arch. départ.)
L'échevin Louis Huvé fut chargé, les 29 janvier et 4 février, de porter en Cour des messages de M. de La Trémouille concernant cette affaire. *(Ib.)*

[2] François de Bourbon, fils de Louis, duc de Montpensier, portait du vivant de son père le titre de Dauphin d'Auvergne; il avait épousé, en 1566, Renée d'Anjou,

Les préparatifs de défense furent repris, en effet, avec une grande ardeur : on ordonna aux habitants de s'approvisionner de farine pour deux mois ; puis, on instruisit le guet installé au clocher neuf à faire les signaux suivants : trois coups sur la cloche à la première découverte d'une bande ennemie ; trois autres coups si cette bande tire vers la ville ; si c'est de la cavalerie, bannière longue, arborée du côté où la troupe paraîtra ; bannière carrée, si c'est de l'infanterie ; tocsin, en cas de course rapide des huguenots sur les faubourgs. Une cloche fut placée à chaque porte pour correspondre avec celle du guet et faire armer le quartier [1]. Le duc d'Anjou avait prescrit, le 16 février, à M. de Linières, seigneur de Blainville, chevalier de l'Ordre et capitaine de 50 hommes des ordonnances, de se rendre à Chartres, en qualité de chef suprême ; le Roi et la Reine-mère ratifièrent ce choix le 21 et donnèrent ordre aux habitants d'obéir à ce seigneur distingué par ses qualités guerrières [2]. Sur la demande de secours adressée au Roi par les échevins, le sieur Jean de Bourdeilles, baron d'Ardelay, avait été dirigé, le 19 février, vers la ville avec douze enseignes de gens de pied gascons [3] ; il fut consi-

marquise de Mézières et dame de Saint-Fargeau. Cette princesse vint rejoindre son mari à Chartres, au mois de février 1568, et la présence de ces deux illustres personnages dans nos murs donna lieu à des réjouissances. La ville leur faisait tenir *4 pots de vin* à chaque repas. *(Reg. des Echevins.)*

[1] *Reg. des Echevins;* février 1568.
Les Cordeliers, forcés d'évacuer leur couvent du Grand-Faubourg, qui devait être détruit quelques jours après, demandèrent à la chambre un asile en ville. On leur désigna provisoirement le prieuré de Saint-Etienne au cloître, appartenant aux religieux de Saint-Jean-en-Vallée, et on les invita à prier ces religieux de leur en laisser la jouissance. *(Reg. des Echevins.)*

[2] Antoine de Linières s'était particulièrement distingué dans les guerres d'Italie, sous le duc d'Aumale (1554-1556), et à la défense de Saint-Quentin (1557), où il avait été fait prisonnier. Son duel avec le capitaine espagnol Spinola (1549) eut un grand retentissement. *(Mém. du duc de Guise,* p. 24, et *Mém. de Mergey,* p. 564 et 565; coll. Michaud.) On n'admit pas ce gouverneur sans protestation, et la Chambre envoya, le 24 février, M. de Baigneaux en Cour, pour faire des remontrances à ce sujet. *(Etat des dépenses faites pendant le siège;* Arch. départ.)

[3] D'Ardelay, frère de l'historien Brantôme, avait une réputation de valeur si bien établie que Marguerite de Valois, dans ses mémoires adressés à Brantôme, dit, en parlant de Bussy d'Amboise, le plus accompli des chevaliers de l'époque :...... *en*

gné d'abord aux faubourgs que l'on voulait retrancher, mais l'approche précipitée des ennemis le contraignit à rentrer dans les murs, non sans avoir été inquiété par les coureurs huguenots. M. d'Ardelay fut suivit de près par le régiment français du baron de Cerny [1].

Le nouveau gouverneur, d'autant mieux accueilli qu'il succédait à M. de Fontaine-la-Guyon, s'occupa d'abord de faire monter les pièces d'artillerie sur d'énormes affûts et d'établir une forge à boulets; ensuite il renforça sur plusieurs points les fortifications et régularisa le service des gens d'armes et de la milice bourgeoise. Les espions ayant annoncé, le 27, l'approche de l'armée ennemie, M. de Linières, dans une dernière tournée d'inspection, fit couper les ponts Dinde, des Malades et de Saint-Martin-au-Val, et dépêcha un homme à Pontgouin pour lâcher les étangs de Boisard. Le lendemain dimanche,

---

quoy quelques uns pensoient que, s'il falloit croire la transmutation des âmes, sans doute celle de Hardelay, vostre brave frère, animoit celle de Bussi. (Mém. de Marguerite de Valois; coll. Michaud, vol. 10, p. 415.) D'Ardelay s'étant plaint de ce qu'on l'avait logé aux faubourgs, le Roi enjoignit à la Chambre, le 21 février, de recevoir dans les murs ce capitaine et toutes les troupes sous ses ordres. *(Reg. des Echevins.)*
Le régiment d'Ardelay avait pour mestre-de-camp le capitaine Bonnevin, pour chefs des compagnies les capitaines Saint-James, Bord, Mauvoisin, La Montjoie, Richendre, Flojac, Pouillac et La Bastide, et pour sergent-major le capitaine Renty. *(Etat des dépenses faites pendant le siège de 1568; Arch. départ.)*

[1] Le régiment de Cerny, arrivé le 27 février, avait pour mestre-de-camp le capitaine Jacques, l'un des plus vaillants soldats de ce temps, et pour chefs des compagnies les capitaines Saint-Epreuve, Péricard, Piébonneau, Fayet, Carruel, Manœuvre, La Neufville, Peyrre, de Rancé et Auzelle. Le capitaine de Rancé, qui commandait deux compagnies, avait pour lieutenants les sieurs de Linières jeune et de Brehainville.
Indépendamment des régiments d'Ardelay et de Cerny, il se trouvait à Chartres, pendant le siège, le reste des bandes Martinango, sous les ordres des capitaines Lenyan et La Mothe; les compagnies Linières, commandées par les capitaines de Thou, La Verrière et de Chaulx; les compagnies Fontaine-la-Guyon, capitaines du Brosseron, La Barre et de Meurs; deux cornettes d'arquebusiers à cheval, capitaines de Perretz et d'Ormoy; les bandes de pionniers et de mineurs, sous le commandement supérieur du chevalier Pollois, ingénieur du Roi, ayant pour capitaines les sieurs Bousquet, L'Herbette, Quierry, Col et Bourrelier. En tout 22 compagnies de gens de pied, d'une force de 4,400 hommes environ, et 200 cavaliers.
L'artillerie était dirigée par les maîtres-canonniers Jacques Chauveau, Thomas Mousset, Jean Deshayes, Jean Lionnet, Henri Godard, Jean Mauguin et Simon Flocquet. Le maître-canonnier Jean Texier était préposé à l'atelier d'artifices établi au Tripot.

dernier jour de février, dans l'après-midi, les bataillons huguenots vinrent camper à Lèves et Josaphat et dans les faubourgs des portes Drouaise, Guillaume, Morard et Saint-Michel [1]. Les quatre premiers jours de mars furent employés par les ennemis à se loger fortement dans leurs positions et par les catholiques chartrains à escarmoucher et à mettre le feu aux maisons des faubourgs voisines des murailles. M. de Linières, nonobstant les clameurs des intéressés, parvint à brûler Mainvilliers et les couvents des Cordeliers et de Saint-Jean [2]; les huguenots, de leur côté, s'efforcèrent de préserver de l'incendie quelques bâtiments derrière lesquels ils comptaient se retrancher, mais ils détruisirent, en revanche, les églises de Saint-Cheron et de Saint-Barthélemy [3] qui ne pouvaient leur être d'aucune utilité pour l'attaque. Ces préliminaires, accomplis par les partisans des deux armées, donnèrent le temps aux Chartrains de terminer un retranchement muni de cavaliers qui s'étendait du couvent de Saint-Père à la porte Morard ; ils construisirent aussi, près de la tourelle de la Prêcherie, un cavalier sur lequel fut hissée la pièce de canon nommée *la Huguenotte*, trophée de la bataille de Dreux. Le 5 mars, de grand matin, les reîtres et lanskenets ennemis vinrent se poster à l'entrée de Saint-Maurice et

---

[1] L'armée protestante se composait du régiment français de M. d'Andelot, fort de 10 à 12 compagnies, et des gens des capitaines Piles et des Champs, qui occupaient Saint-Maurice et les hauteurs de Saint-Jean ; du régiment gascon et provençal du capitaine Mouvans, posté à Saint-Brice et dans le faubourg de la porte des Épars, des lanskenets, des reîtres et de l'artillerie allemande du capitaine Casimir, campés, avec Condé, à Saint-Cheron et aux Filles-Dieu.
La Noue estime les forces du prince de Condé à 6,000 hommes de pied et 3,000 chevaux et ajoute qu'il n'avait pour toute artillerie que cinq pièces de batterie et quatre petites coulevrines. (*Mém. de La Noue*, p. 618, vol. 9 ; coll. Michaud.)
Le *Livre de Bois de Saint-André*, dit, avec l'exagération ordinaire aux chroniqueurs de ce temps, que *le prince de Condé et ses adhérents huguenots estoient environ 45,000 hommes.*

[2] *Livre des messes et obits de Saint-Martin-le-Viandier.*

[3] Après le siège, on permit aux religieux de Saint-Cheron d'emporter chez eux les cloches, bois et tuiles provenant de la démolition de l'église Saint-Barthélemy, membre de leur couvent, et on fit défense aux soldats d'enlever ces débris. (*Reg. des Echevins*; Séance du 21 mars.)

aux Filles-Dieu ; ils dressèrent deux batteries, l'une, en face de la porte Drouaise, masquée par les murs de la maison des *Trois-Maures*, l'autre dans le clos des Filles-Dieu, destiné à prendre la porte de flanc [1].

La canonnade commença le 6, des deux côtés à la fois ; elle faisait peu de mal à la porte parce que le ravelin protégeait les assiégés. Il importait donc aux huguenots de s'emparer de cet ouvrage avancé. L'un d'eux, le sieur du Bordet, se glissa jusqu'au fossé avec quelques pionniers pour pratiquer une sape, mais, aperçu du haut du ravelin, il fut renversé d'un coup d'arquebuse [2] ; ses gens ne purent résister à une sortie que firent contre eux les capitaines Flojac et d'Ormoy, à la tête d'une compagnie d'arquebusiers ; ce dernier officier reçut une blessure grave. Le même jour, le capitaine Jacques, escorté par une patrouille bourgeoise, détruisit un corps-de-garde qu'une compagnie ennemie s'efforçait de construire à l'entrée du faubourg Saint-Brice.

Si tous les habitants ne poussaient pas la bravoure au même degré, la honte et la terreur se chargeaient de donner du cœur aux plus pusillanimes. Un ordre du jour de M. de Linières enjoignit, sous peine de mort, aux bourgeois embrigadés, de quelque condition qu'ils fussent, de se trouver chaque jour en armes à l'appel de midi, au cloître Notre-Dame, et à ceux qui n'auraient pas le courage d'aller s'exposer sur les murailles, de déposer leurs corselets à l'hôtel-de-ville pour en armer les soldats [3]. Le 7, les huguenots, après avoir canonné pendant toute la matinée et ouvert une brèche, donnèrent l'assaut au ravelin qui leur avait été si fatal la veille. Le capitaine La Barre le leur abandonna assez facilement ; mais

---

[1] *Livre des messes et obits de Saint-Martin-le-Viandier.*

[2] La planche jointe à ce chapitre représente, d'après une gravure de Perrissim de 1570 (cabinet des Estampes; Bibl. impér.), l'attaque du ravelin de la porte Drouaise et la mort de du Bordet.

[3] *Reg. des Echevins;* 6 mars.

M. de Linières, qui tenait beaucoup à conserver ce poste, s'élança résolument sur les assaillants à peine installés et leur fit lâcher prise. Cette action coûta la vie au capitaine Saint-Epreuve, l'un des bons officiers de la garnison ; les ennemis y perdirent beaucoup de monde. Au même moment, les huguenots tentaient l'escalade du ravelin de la porte Saint-Michel ; on parvint à les repousser, mais non sans perte, car le brave d'Ardelay, colonel des Gascons, reçut dans cette lutte une arquebusade au visage dont il mourut peu de jours après.

L'inutilité des attaques entreprises contre la porte Drouaise détermina les ennemis à diriger leurs efforts contre le pan de muraille qui s'étend de cette porte à la tour des Herses de Lethinière. Leurs batteries du Clos-l'Évêque et des Filles-Dieu jouèrent dans cette direction pendant toute la journée du 8, et le mardi 9, à deux heures du soir, ils réussirent à pratiquer par un feu très-vif, une brèche de 30 pas d'ouverture. M. de Linières avait pris à l'avance toutes les mesures propres à neutraliser l'effet de la canonnade : à mesure que la brèche s'élargissait, elle laissait voir aux assiégeants un retranchement très-fort, construit avec des terres et revêtu de balles de laine ; mille pionniers, habitants et soldats, travaillaient sans relâche à cet ouvrage qui traversait la rivière par le pont du Massacre et par un bâtardeau de pilotis établi en arrière des Herses de Lethinière ; du point du jour jusqu'à midi, les corvées étaient faites par les paroissiens de Saint-André, Sainte-Foy, et Saint-Saturnin, et de midi à la nuit close, par les paroissiens de Saint-Hilaire, Saint-Martin-le-Viandier, Saint-Aignan, Saint-Michel, Saint-Maurice et Saint-Barthélemy..... *sous peine de la corde et du gibet contre les manquants.* On distribuait par jour, à titre d'encouragement, 5 sous à chaque mineur des contre-mines, 10 sous à chaque chef d'escouade, 10 sous à chaque canonnier et 5 sous à chacun de leurs valets ; le service des vivres incombait aux sieurs Savart, Desmarais, Dubois et Rossignol, qui s'en acquittaient avec un grand zèle [1].

Comme les excellentes dispositions adoptées par M. de Linières et la bravoure de ses soldats ne permettaient pas aux huguenots de tenter l'assaut avec chance de succès, ils se bornèrent, le 10 et le 11, à tirer quelques volées, et transportèrent, le 12 au matin, leur artillerie en vue de la porte Morard. Ils se mirent ensuite à jeter les fondements d'un bâtardeau destiné à faire passer la rivière par les Vieux-Fossés, et à intercepter ainsi le cours principal qui traverse la basse ville. Cette manœuvre aurait pu être très-nuisible aux Chartrains, quoique M. de Linières eût fait confectionner des moulins à bras, si des bruits de paix ne fussent arrivés, sur ces entrefaites, jusqu'aux oreilles des belligérants. On disait dans la ville que les chefs protestants avaient entamé des pourparlers avec M. de Linières; en effet, depuis trois jours, le camp de l'ennemi se dégarnissait et on pouvait suivre, pendant la nuit, du haut des clochers, le mouvement de retraite des lanskenets, à la lueur des flammes qui dévoraient Luisant, Mainvilliers, Saint-Julien-du-Coudray, Saint-Martin-au-Val et le Grand-Beaulieu. Le 13, un trompette, porteur des préliminaires de la paix de Longjumeau, vint, de par le Roi, proclamer la trêve. Les chefs des deux armées n'eurent pas de peine à s'entendre; les huguenots découragés avaient hâte de quitter la place; aussi, toute leur artillerie fut-elle enlevée le dimanche 14, et le lundi 15 leurs derniers bataillons délogèrent définitivement par les routes de Bonneval et d'Illiers.

Aussitôt le siége levé, la Chambre expédia à la Cour le Procureur du Roi pour faire connaître la belle défense de M. de Linières et des habitants et pour demander de la poudre, des boulets et des canons, car on ne croyait pas à la cessation

---

[1] *Reg. des Echevins.*

immédiate des hostilités [1]. Les échevins s'associèrent de tout leur pouvoir à la sollicitude du gouverneur envers les blessés ; certaines compagnies en comptaient plus de trente recevant les soins gratuits des médecins, barbiers et chirurgiens [2] ; on leur réserva toute la viande qui était devenue si rare que les portions journalières ne dépassaient pas vingt onces par individu ; les greniers des étrangers fournirent le blé nécessaire à la nourriture des bourgeois et des soldats, sauf remboursement dans un temps plus prospère [3]. Le 20 mars, sur le bruit du retour de l'ennemi, on fit placer au couvent des Jacobins, dans les appartements réservés au frère Fourré [4], les pots à feu, grenades et autres artifices préparés en cas d'attaque, et Messieurs de la Chambre firent avec M. de Linières une visite générale des fortifications, à la réparation desquelles quatre cents pionniers et un grand nombre de pauvres gens ne cessaient de travailler ; les huguenots ne parurent pas [5]. Le len-

---

[1] *Reg. des Echevins;* Séance du 18 mars.

[2] Voici les noms des soldats et habitants qui reçurent les blessures les plus graves : les capitaines L'Herbette, Linières jeune, La Mothe, Perretz, d'Ormoy, La Bastide, Bonnevin ; le baron de Monboissy ; les caporaux Jean de Maisons, Bastard, du Ru, Colson ; les canonniers Simon Floquet, Jean Mauguin, Jacques Martin, Marc Véron, Simon Lefèvre ; les simples soldats et les bourgeois Robert Montaufroy, pionnier, Olivier Brebion, Guillaume Hotinger, Jacques Caisson, Nicolas Porée, de Couvignon, Bonnet, Pierre Dubois, Claude Marouzot, Jean Bellechèvre, Claude Perard, Simon Martin, Jean Morin, Jean Mouillac, François Dubreuil, Morret, Grimonois, de La Badie, Guillaume Sonnier, La Boete, Jean Coulommiers, Grandmaison, Briango, Jean Schouvreulx, Claude Verlangein, Louis Bertrand, Mathieu Dumoustier, Jean Portejoie, Didier Thireau, Guillaume Pichon, pionnier, Robert Castille, Nicolas Vallet, Bertaud Synzac, Guillaume Desmarets, Jean Deslord, Martin Dupuis, Jean Peluche, le sieur de Noisement, Jean Guillot, Jean Pellier, Nicolas Clermont, Edme Guyon, Guillaume Fayet, Pierre Marche, Etienne Perrier, Pierre André, Alexandre Flamand, Nicolas Feuillet, Alexandre Pécault, Louis Bothereau, pionnier, Mathurin Fontenelle, Pierre Bidan.

Les blessés furent pansés à la brèche par les maîtres-chirurgiens dont les noms suivent : Jean Verne, lieutenant du premier barbier du Roi, Gabriel du Tartre, Jean Leroy, Robert Hézard, Robert Behorec, Renaud Jozeau, Jean Hac, Mathurin Beaudouin, Toussaint Boisson. *(Etat des dépenses faites pendant le siége et Reg. des Echevins.)*

[3] On prit ce blé par ordre du duc d'Anjou, qui en fit porter la moitié au camp du Roi. *(Reg. des Echevins;* 18 mars.)

[4] Fr. Jacques Fourré, religieux Jacobin de la maison de Chartres, confesseur du Roi et évêque de Châlon-sur-Saône.

[5] Pour plus de sûreté, M. de Linières fit défense aux marchands, sous peine de

demain dimanche, 21, on remercia le ciel par une procession générale, de la victoire qu'il avait accordée aux Chartrains, puis on inhuma les corps des combattants tués pendant le siége [1]. Les survivants reçurent des marques de la gratitude de la ville ; un emprunt forcé sur la bourse des pauvres et sur les plus riches habitants et un prêt de mille écus fait par M. de Linières [2] avaient procuré de quoi indemniser les compagnies françaises et gasconnes et les plus méritants des défenseurs de Chartres [3]. On doit citer parmi ces derniers le baron de Cerny,

mort, d'étaler leurs marchandises, les jours de marché, ailleurs que sur la place située en dehors de la porte des Épars. *(Reg. des Echevins;* 20 mars.)

[1] Du côté des assiégés, les documents de l'époque ne font mention, indépendamment des capitaines d'Ardelay, Sainte-Epreuve et de Chaulx, que des bourgeois Guillaume Langlois et Charles Deslandes, tués à la brèche. Il y en eut cependant un grand nombre d'autres.

On procéda le 21 mars au nettoyage de la ville et des faubourgs, ainsi que le fait connaître le passage suivant de l'*État des dépenses du siége* : *A 8 hommes de bras, pour avoir fait les vuidanges des hommes morts, chiens, chevaux et autres charoignes qui estoient dans la rivière et aux fossés de ladite ville, pour avoir nettoyé la rivière et avoir vuidé les issues des bêtes, vaches, moutons et autres infections estant audessus de Saint-Maurice, Saint-Julian et derrière les Filles-Dieu, 17 livres 10 sols.*

[2] Le sieur Jean Robert et les veuves Michel Richard, Thierry Abraham et Pierre Lambert offrirent, chacun, 600 livres, pour en passer constitution au denier 12, ce qui fut accepté. A l'égard des autres notables qui n'avaient pas fait d'offres, il fut décidé, le 21 mars, que M. de Linières leur enverrait des garnisaires. *(Reg. des Echevins.)* Le rôle de l'emprunt dressé le 17 avril 1568, en vertu de lettres du Roi, comprit, pour la solde de la garnison seulement, 19,668 livres 4 sous.

M. de Linières fut remboursé de son prêt par l'échevin Macé Trossard. *(Estat des deniers,* etc., *levés depuis les troubles jusques à présent (1570);* Arch. de la Mairie.)

[3] On donna à M. de Linières une chaîne d'or avec une médaille représentant, d'un côté, les armes du Roi et, de l'autre, celles de la ville et la chemise de Notre-Dame, de plus, une somme d'argent et une maison; aux maréchal-des-logis, hommes d'armes et archers de sa compagnie, 475 livres tournois; au chevalier Pollois, une chaîne et une médaille semblables et 780 l. t.; au baron de Cerny, une médaille et 208 l. t.; à chacun des capitaines des compagnies, une médaille; au capitaine des mineurs, une médaille et 180 l. t.; au capitaine Manœuvre, pour avoir conduit les poudres de Mantes à Chartres, 65 l. t.; au capitaine L'Herbette, pour l'avoir aidé dans ce travail, 26 l. t.; au sieur de la Salle, envoyé à la Cour et revenu incontinent en habit de paysan, 50 l. t.; au sieur de la Vergne, envoyé à Paris et rentré pendant le siége, 190 l. t.; au capitaine Renty, sergent-major des Gascons, 26 l. t.; au sieur Dupuis, commis aux poudres, 26 l. t.; à l'un des commissaires des vivres, 26 l. t.; aux sergents et domestiques de la maison de M. de Linières, 65 l. t.; au capitaine Brosseron, pour 80 soldats de sa compagnie, 120 l. t.; au capitaine de Meurs, pour les soldats de sa compagnie, 270 l. t.; aux domestiques du capitaine des mineurs, 10 l. t. *(État des dépenses faites pendant le siége* et *Reg. des Echevins.)*

les capitaines d'Ormoy, Jacques et Flojac, Olivier Brebion, charpentier, Mathurin Fontenelle, tailleur, Jean Mauguin, maître-canonnier de la porte Drouaise, Guillaume Pichon, pionnier, Jean Pellier, maçon, Simon Floquet, maître-canonnier de la porte Morard, le chevalier Pollois, commandant supérieur des travaux de défense, le capitaine des mineurs et le jacobin Jean Breton [1].

De toutes les pertes que l'on avait à déplorer, la plus grande, sans contredit, était celle de M. d'Ardelay, colonel des Gascons. M. de Linières, qui appréciait fort les qualités de ce seigneur, avait manifesté à l'assemblée des échevins, le 15 mars, le désir que ses obsèques fussent célébrées avec pompe; de son côté, le duc d'Anjou manda, le 22, qu'il voulait que le corps de M. d'Ardelay fût déposé en lieu honorable de l'église Notre-Dame. Les sentiments de MM. de la ville étaient conformes à ceux de ces personnages, mais le Chapitre répugnait à s'y associer, en alléguant la pureté de la mère de Dieu dont la maison n'avait jamais été souillée par un semblable dépôt. Il fallut parlementer avec les chanoines et leur signifier un ordre exprès du Roi pour qu'ils s'exécutassent. Le convoi, dont la ville fit tous les frais, eut cependant lieu le samedi 27 mars: quatre *tabourins* et quatre fifres ouvraient la marche; venaient ensuite quelques compagnies du régiment des Gascons, puis le corps du défunt conduit par son maître-d'hôtel, cinq officiers de sa maison et trois capitaines en grands habits de deuil, enfin le gouverneur, les échevins, Messieurs de la Justice et les officiers de la garnison. La dépouille mortelle du brave d'Ardelay, renfermée dans un cercueil de plomb, fut mise dans un tombeau de pierres de taille construit au fond du chœur de Notre-Dame, à gauche

---

[1] Le jacobin Jean Breton traversa, déguisé, le camp ennemi et se rendit à Paris pour informer le Roi de la position critique des Chartrains. La ville lui fit cadeau de 10 livres tournois en récompense de son dévouement. (*Reg. des Echevins; Séance du 27 avril. — État des dépenses faites pendant le siége.*)

du maître-autel [1]. Trois jours après, M. de Chaulx, lieutenant de la compagnie de M. de Linières, mort de ses blessures, fut inhumé dans l'église des Jacobins [2].

La publication officielle de la paix, faite conformément à l'édit enregistré au Parlement le 27 mars, autorisa les échevins à dépêcher au Roi, à la Reine-mère et au cardinal de Lorraine, les sieurs Ignace Olive et Edeline, et le procureur du Roi Claude Trouillard, pour les prier de faire retirer les compagnies de gens de guerre et les remercier de la coopération de M. de Linières [3].

Tel fut ce siége de 1568, l'un des épisodes les plus remarquables de notre histoire. Nos ancêtres voulurent que son glorieux souvenir restât à jamais vivace dans la mémoire des Chartrains; une partie de la rue Saint-André prit le nom de rue de la Brèche; une inscription commémorative fut gravée sur la muraille reconstruite, au lieu même où les canons huguenots avaient ouvert la grande brèche [4]; la Vierge eut

[1] L'état des dépenses faites pendant le siége donne le détail des frais du convoi de M. d'Ardelay. On y remarque les passages suivants : A 12 hommes qui ont crié les obsèques du sieur d'Ardelay, 2 livres; — à un vitrier qui a repeint la chapelle ardente qui a servi aux obsèques du sieur d'Ardelay, 15 sols; — pour 10 aulnes de velours noir pour faire le poêle, 100 livres; — pour 2 aulnes 1/2 de satin blanc pour faire la croix dudit poêle, 10 livres; — pour 14 écheveaux d'or et d'argent pour faire des écussons audit poêle, 14 livres; — pour 2 aulnes de taffetas à quatre fils baillés au greffier pour faire deux enseignes, 15 livres; — pour 6 douzaines de torches, 6 douzaines de bâtons et 37 douzaines de cierges tant pour la chapelle ardente que pour mettre autour de l'église, 98 livres 17 sous; — pour 23 douzaines et demie d'armoiries, 23 livres 10 sous; — pour plusieurs quartiers de pierres de taille fournies par le Chapitre pour faire le sépulchre, 30 livres; — pour 250 briques pour paver le tombeau, 15 livres. (Voir aussi les *Reg. des Echevins*; Séances des 15 et 25 mars.)

Le tombeau du sieur d'Ardelay fut détruit en 1661, et le cercueil fut inhumé dans le petit cimetière Saint-Jérôme.

[2] Pour 12 hommes qui ont crié les obsèques dudit sieur de Chaulx, 1 livre 4 sous; pour 15 douzaines et demie d'armoiries avec le collier de l'ordre et *pour avoir imprimé lesdites armes sur le cœur dudict sieur de Chaulx*, 30 livres; — pour avoir défait une chapelle ardente en l'église Saint-Martin et l'avoir fait porter aux Jacobins, 6 livres; — pour les services des messes dites aux Jacobins pour les sieurs d'Ardelay et de Chaulx, 15 livres. (*Etat des dépenses faites pendant le siége.* — Voir aussi les *Reg. des Echevins;* Séance du 30 mars.)

[3] *Etat des dépenses du siége* et *Reg. des Echevins.*

[4] Cette *épitaphe*, comme on disait alors, due à M. Grenet, conseiller au Prési-

une chapelle près de la brèche [1] ; et, chaque année, le 15 mars, une procession générale des habitants se rendit à Notre-Dame-de-la-Brèche pour remercier le Dieu des victoires. La tourmente de 93 emporta avec elle chapelle et procession, mais le petit sanctuaire est enfin sorti de ses ruines [2] et le pélerinage du 15 mars compte encore aujourd'hui au nombre des fêtes chômées par la piété chartraine.

On employa les premiers mois qui suivirent le siége à réparer les désastres de la guerre [3]. Les travaux de maçonnerie

dial, et gravée par ordre de la Chambre en date du 24 août 1568, subsiste encore aujourd'hui ; la voici dans son entier :

	POSTERITATI
CARNVTVM OBSESSVM ANNO DÑI 1568 PRID. CAL. MART. SOLVTVM OBSIDIO. IDIBVS.	DVM NOVA RELLIGIO STVDIA IN CONTRARIA SCISSAS GALLORVM MENTES AGIT ET BELLO OMNIA MISCET, CARNVTVM PREMITVR MAGNA OBSIDIONE, GLOBISQVE MACHINA SVLPHVREIS OPPVGNAT MOENIA QVÆ NVNC SARTA ET TECTA VIDES ; SALVA INCOLVMISQVE REMANSIT VRBS, DVCE LINERIO, POPVLI CVRAQVE FIDELIS, ATQVE MANV PARVA NVMEROSVM REPPVLIT AGMEN. QVAM PRO REGE SVO, PATRIAQVE, ARISQVE, FOCISQVE, SIT PVLCHRVM PVGNARE ATQVE HOSTI CEDERE NVNQVA, EXEMPLO HOC DISCANT NATI SERIQVE NEPOTES.

(Voir vol. 1er, p. 315. — *Reg. des Echevins.* — Sablon, *Hist. de l'église de Chartres*, p. 176 et suivantes.)

[1] La première chapelle de Notre-Dame-de-la-Brèche fut construite en 1600 par M. Simon Sauquet, chanoine de Saint-André, comme exécuteur testamentaire de M. Simon Berthelot, son oncle, chanoine de la même église, qui avait fait les fonds nécessaires à cette fondation. On avait placé dans l'église Saint-André un bas-relief représentant la défaite des huguenots par l'intercession de la Sainte-Vierge ; il fut détruit en 1603. (Sablon, *loco cit.* — Chevard, vol. 2, p. 479.)

[2] La reconstruction de la chapelle de Notre-Dame-de-la-Brèche, qui date de l'année 1843, est due aux soins de M. l'abbé Baret, vicaire de la Cathédrale.

[3] La caisse municipale avait été rudement atteinte par ces désastres. L'état, très-intéressant, qui nous a été conservé, des dépenses faites à l'occasion du siége, se monte à la somme de 80,824 livres 5 sous 9 deniers, et se subdivise de la manière suivante :

1º Solde des compagnies Fontaine-la-Guyon, pendant les mois d'octobre, novembre et décembre 1567, janvier et février 1568 . . . . . 13,095 l. » s. » d.
2º Avoine aux gens de MM. de Brissac et d'Eguilly (octobre 1567) 12 14 4
3º Munitions aux troupes conduites au camp du Roi par MM. de Chavigny et de Montpezat (octobre 1567) . . . 468 3 9
4º Avoine aux arquebusiers à cheval du capitaine Paulmier (novembre 1567) 75 9 6
5º Munitions aux troupes conduites au camp du Roi par M. de Martigues (novembre 1567) 701 13 5

des murailles furent entrepris d'après un toisé exact des brèches; on combina le service du guet de manière à procurer

6° Fournitures aux bandes du comte de Martinango et autres (25 janvier-5 février 1568), et cadeau à M. de La Trémouille 1,925 7 3

7° Pour divers messages en Cour et ailleurs, accomplis par les sieurs Jean de Calderon, Marin Compaignon, échevin, Jean de Baigneaux, de Germainville, Jean de Cheverny, Claude Trouillard, Jean Robert, Louis Huvé, échevin, Jean Couturier, messager à pied (d'octobre 1567 au 24 février 1568). 656 11 »

8° Fourniture de 587,755 pains, de 12 onces chacun, aux troupes de la garnison, aux ouvriers employés par la ville, aux pauvres gens travaillant aux remparts, aux blessés, à 9 reîtres faits prisonniers (du 20 février au 18 avril 1568). 12,955 18 9

9° Fourniture de 2,214 poinçons de vin aux mêmes (id.). 17,712 » »

10° Fourniture de viande (127 grosses bêtes, 186 bêtes à laine, 15 bêtes porchines) aux soldats et aux blessés (du 8 mars au 7 avril 1568) . . . . 2,121 6 »

11° Fourniture de lard, de veau et de poisson à la maison de M. d'Ardelay, à un blessé, et au capitaine Bosquet et à ses gens, de garde à la brèche (du 11 au 26 mars) . . 46 » »

12° Fourniture de 5,530 minots 10 quarts d'avoine aux compagnies d'arquebusiers à cheval (du 27 février au 2 avril 1568). 4,063 14 3

13° Menues dépenses de nourriture et chauffage faites par le chevalier Pollois en la maison de Macé Trossard, échevin, par le capitaine La Neuville en la maison d'Etienne Vallet, par le baron de Cerny, par les gens de M. de Linières, chez Macé Trossard (du 19 février au 13 mai 1568) . . . 1,200 15 8

14° Indemnités aux canonniers, menues dépenses du magasin des poudres à canon et boulets sous la direction du capitaine Peretz 459 14 11

15° Montage des pièces sur les murailles, réparations aux canons, grosse armurerie. 358 11 11

16° Menues dépenses de l'atelier d'artifices (fonte des balles, boulets, grenades, etc.) . . . . 154 » 10

17° Cordes à feu, fil d'étoupe, fil à mèches 183 4 10

18° Fers de pique; cuve, muids, poinçons, tonnes, vaisseaux, baquets, fagots, javelles, bois-merrain, perches de saule, gros bois pour la brèche et les remparts . . . 655 » 10

19° Balles de laine pour la brèche 1,252 16 3

20° Toiles pour les sacs de terre et *pour faire des tentes ou couvertures audessus des murailles de la ville, afin que l'ennemi ne put découvrir ceux qui besoignoient aux remparts* . . . . 308 11 »

21° Achat de 780 piques 432 1 6

22° Outils pour les mineurs; salaires des manœuvres travaillant aux mines de la porte Saint-Michel, des Jacobins, de la porte Saint-Jean, de la porte Drouaise, de la cave du sieur Macé Cerceau, de Saint-Père, du jardin des marguilliers près la porte Saint-Jean. 92 9 6

23° Travaux des maçons et charpentiers aux murailles, portes et corps-de-garde; chandelles, torches; etc.; *table*

quelques moments de répit aux bourgeois et on permit aux religieux Cordeliers de construire un couvent dans l'intérieur de la ville, pour remplacer celui du Grand-Faubourg, détruit par l'incendie [1].

La Cour, qui croyait peu à la durée de la paix, ne se souciait pas de laisser sans commandant une place de l'importance de Chartres. On apprit dans le courant de mai qu'une commission de gouverneur avait été octroyée par le Roi au sieur d'Entraigues, lieutenant-général de l'Orléanais. La Chambre en éprouva une vive contrariété, car l'établissement d'un officier de cette qualité occasionnait des dépenses que dans sa pénurie

d'autel prise en la chapelle Saint-Thomas appartenant à la fabrique Saint-Saturnin, qui a été employée à la brèche.	1,207	14	1
24° Autres travaux aux remparts, démolitions de maisons nuisant à la défense, reconstruction du pont aux Malades, pavage, nettoyage de la rivière, des murailles, du faubourg Saint-Maurice, etc., réouverture et réparations de toutes les portes de la ville, réparation de la brèche	4,231	16	10
25° Solde des pionniers	1,990	4	»
26° Feu et chandelles pour les corps-de-garde . . .	1,519	12	2
27° Pour divers messages non compris au chapitre 7 ci-dessus, accomplis pendant les mois d'octobre 1567 et de février et mars 1568 (Jean Milard, René Chasles, Robert Louvet, Jean Lecouturier, Pierre Picard, Simon Couart, Jean Desarnes, Jean Monet, Pierre Grenil, frère Jean Breton, Jean Borel, espion, Charles Rossart, Michel Charreau, Claude Neven, Michel Pipereau, Michel Louastre, Michel Lecuyer, Jean Bruneau, Louis Grenil, chargés desdits messages). .	362	17	6
28° Récompenses et cadeaux aux capitaines et aux troupes de la garnison.	3,290	2	»
29° Médicaments et récompenses aux chirurgiens. . .	679	9	»
30° Fruits secs pour les malades	12	9	6
31° Obsèques de MM. d'Ardelay et de Chaulx. . .	613	15	8
32° Frais du délogement des compagnies de la garnison, après le siège.	454	13	»
33° Messages en Cour par MM. Jean de Baigneaux, Ignace Olive et Claude Trouillard (24 février et 29 mars 1568). .	489	18	»
34° Arrérages de rentes constituées au profit de plusieurs habitants qui ont fourni des deniers pour les besoins de la ville.	600	»	»
35° Aux sergents royaux, pour publications, et à quelques personnages pour présents de vin.	602	16	2
36° Fer et plomb pour les boulets et les balles (article omis).	4,284	5	7
37° Dépenses faites par le régiment d'Ardelay au couvent de Saint-Cheron (21-28 février 1568)	507	16	9
38° Dépense commune du présent compte. . . .	1,045	10	»

[1] *Reg. des Echevins;* Séances des 20 et 21 avril.

actuelle la ville désirait éviter. On se rappela alors (ce qu'on avait tout-à-fait oublié pendant le danger) que, dès l'année 1566, le Roi avait confié à sa grand'-tante Mme Renée la *superintendance* de ses affaires dans le duché de Chartres et la seigneurie de Montargis ; on pensa qu'en éveillant la susceptibilité de cette princesse on pourrait avoir raison de M. d'Entraigues. On dépêcha donc vers elle le greffier Raoul Haligre, homme de grand sens, qui comprit et accomplit parfaitement son message. La Duchesse répondit aux échevins, le 6 juin, qu'elle venait de prier le Roi de revenir sur une nomination faite au préjudice de ses droits et qu'ils devaient, en attendant une solution, surseoir à la publication du pouvoir de M. d'Entraigues ; elle ajouta qu'elle était bien peinée de leurs souffrances, mais qu'ils ne devaient s'en prendre qu'à eux seuls, attendu qu'en suivant ses conseils, il ne serait pas plus mésarrivé à Chartres qu'à Montargis qui s'était tenu en pleine prospérité malgré le voisinage et le passage des armées ; elle termina en les engageant fortement « *d'avoir l'œil qu'il ne* » *soyt faict aucun tort ny oppression à ceux de la religion,* » *selon les éditz et ordonnances du Roy* [1]. » La réponse de la Cour à la plainte de Mme Renée ne se fit pas longtemps attendre ; la Reine-mère avait intérêt à ne pas heurter de front, dans un moment de paix douteuse, une princesse dont le mécontentement pouvait armer les nombreux huguenots de ces contrées ; elle lui donna donc satisfaction, sauf à oublier de nouveau ses prérogatives, le cas de guerre échéant. Par lettres-patentes du 8 juin, le Roi, après avoir rappelé que le duché

---

[1] Par la même lettre, Mme Renée se plaignait beaucoup aux échevins de ce qu'ils avaient *adjugé les gaiges de Maisons,* l'un de ses maîtres-d'hôtel (Michel Leclerc, sieur de Maisons, bailli de Chartres), *à ung estranger qui ne les a demandez que sur une cause notoirement fausse,* et de ce que leur *procureur Symon* (Pierre Simon, alors procureur du Roi au bailliage) ne payait pas à la veuve de Me Nicolas Mallot, en son vivant l'un de ses secrétaires et maître des eaux et forêts, la somme de cent écus qu'il lui devait.

On voit par là que Messieurs de Chartres n'avaient pas beaucoup d'égards pour les officiers de Mme Renée, lorsqu'ils croyaient pouvoir se passer de cette princesse.

de Chartres avait été séparé du gouvernement de l'Orléanais le 18 juin 1566 pour complaire à sa bien-aimée tante, exposa que son cousin le Prince-Dauphin avait commandé naguères à Chartres *par inadvertance* et que M. d'Entraigues n'était pas plus autorisé en droit à y commander aujourd'hui, parce qu'à la Duchesse seule appartenaient les garde et gouvernement de ce duché. Le tout fut assaisonné de force louanges sur la prud'hommie et les sages conseils de Mme Renée.

Cette petite victoire politique servit peu. La rupture avec les réformés devint, en effet, tellement imminente vers la fin de juin, que les échevins, effrayés de leur isolement, demandèrent au Roi M. d'Eguilly pour gouverneur. Charles IX, la Reine-mère et le duc d'Anjou, en annonçant, par lettres du 3 juillet, l'arrivée prochaine de ce capitaine, firent connaître que la duchesse Renée avait été prévenue pour qu'elle ne pût prétendre cette fois que l'on agissait sans l'avertir. M. d'Eguilly présenta le 8 à la Chambre ses lettres de commission ; on lui en donna acte sur-le-champ [1], et les affaires militaires furent mises à l'ordre du jour. On autorisa le gouverneur à choisir vingt hommes de sa compagnie pour l'aider dans ses rondes de nuit et ses excursions dans la banlieue, puis il fut décidé que ceux de la religion ne pourraient entrer armés en ville ; les hôteliers devaient même exiger le dépôt entre leurs mains des armes des huguenots voyageurs. Le 24, le duc d'Anjou écrivit *à Messieurs les manants* pour les engager à recevoir dans les murs le tiers de la compagnie de M. d'Eguilly [2], mais on pria ce capitaine de se contenter de douze maîtres, et comme le clergé possédait trois fois autant de biens que le reste des habitants, il sembla juste de lui faire supporter les deux tiers de la solde de la garnison (28 juillet).

---

[1] La Chambre se déclara fort heureuse d'avoir un si bon et si expérimenté gouverneur. *(Reg. des Echevins; Séance du 8 juillet.)*

[2] Dans la séance du 28, M. d'Eguilly signifia aux échevins une lettre du Roi contenant une semblable injonction.

Les hostilités recommencèrent dans le courant d'août ; aussi les travaux des fortifications furent-ils poussés avec activité. Tout le monde dut y prendre part, et l'Évêque, les abbés, couvents, chapitre et communautés y envoyèrent chaque jour des hommes de peine; pour subvenir aux dépenses, on demanda au Roi la permission de lever 10,000 livres tournois sur l'élection, sans distinction de privilégiés (9 septembre)[1]. Cette impulsion était à peine donnée qu'un ordre du Roi rappela M. d'Eguilly ; on voulut réclamer, mais, par lettres du 14 septembre, Catherine et Charles IX, tout en témoignant aux échevins leur satisfaction des regrets qu'ils accordaient à ce gouverneur, leur exposèrent qu'ils pouvaient en ce moment se garder eux-mêmes, que les troupes royales ne quittaient pas les environs et qu'on serait toujours en mesure de les secourir à la première alerte. M. d'Eguilly prit congé le 15 pour aller joindre M. de Lansac à Beaugency[2].

Tout le faix des combinaisons militaires retomba donc sur les magistrats municipaux qui, pour vouloir trop bien faire, dépassèrent peut-être le but. Des listes de suspects furent dressées ; on défendit aux habitants de loger des réformés, *sous peine de confiscation de leurs maisons*[3]; on plaida le clergé sur son concours au travail des fortifications, parce qu'il soutenait son exemption *en droit* tout en s'exécutant *en fait*[4] (octobre, novembre, décembre 1568, janvier 1569). Une convocation très-rigoureuse du ban et de l'arrière-ban du bailliage eut lieu à la Tour-le-Roi, le 1er octobre, sous la présidence du lieutenant-général de Mineray[5]. Ces actes d'autorité n'empêchèrent pas, le 25 novembre 1568, la réunion de la

---

[1] *Reg. des Echevins.*

[2] *Ib.*

[3] *Ib.*; 17 octobre. — L'édit de Saint-Maur venait d'interdire, sous peine de mort, l'exercice du culte réformé.

[4] L'évêque fut ajourné et condamné à l'amende, pour n'avoir pas envoyé aux remparts suivant l'ordonnance. *(Ib.;* 19 janvier 1569.)

[5] *Recueil de Laisné*, vol. 5, p. 603.

Chambre au clergé pour célébrer par une procession la victoire remportée en Périgord sur les huguenots commandés par le farouche Mouvans, l'un des anciens ennemis de Chartres [1]. On voulut aussi solenniser le premier anniversaire du siège, et MM. Trossard et Moreau, échevins, furent dépêchés, le 6 février 1569, vers l'Évêque, pour le prier de rendre le pèlerinage du 15 mars fête obligatoire à perpétuité dans la ville et la banlieue de Chartres [2].

Deux fâcheuses nouvelles parvinrent à la Chambre le 14 mars : on apprit d'abord la mort du sieur de Linières, pour l'âme duquel on fonda un service à Notre-Dame [3]; puis une lettre du duc d'Alençon, datée du 10 et confirmée trois jours après par une lettre du Roi, fit connaître l'arrivée prochaine d'un *personnaige de callité* pour commander à Chartres. Le personnage en question était le sieur de Saint-Phal, chevalier de l'ordre, et quoique M. d'Alençon prétendît que ce seigneur devait leur être *non moins agréable que feu M. de Linières*, les échevins, éloignés du théâtre de la guerre, résolurent de se retrancher derrière un refus respectueux; ils avaient obtenu naguères un succès de ce genre sur le duc d'Anjou, qui, en décembre 1568, s'était efforcé de leur faire accepter une garnison de 200 hommes de pied sous la charge du sieur du Bosq, écuyer ordinaire de Mme Marguerite, sœur du Roi [4], et cette circonstance les encourageait dans leur résistance. Ils alléguèrent donc que M. d'Eguilly, quoique absent, ne cessait pas d'être leur gouverneur, et qu'avec ses conseils ils gardaient parfaitement la ville [5]. Cette excuse prévalut un instant,

---

[1] *Livre des messes et obits de Saint-Martin-le-Viandier.*

[2] *Ib.;* 6 et 10 février 1569. — *15 mars 1569; ce jour feste de la victoire laquelle a été gardée de toutes œuvres en la ville et faubourgs de Chartres.* (*Livre des messes et obits de Saint-Martin-le-Viandier.*)

[3] Le premier service eut lieu avec une grande pompe le 19 mars; le poêle et les cierges furent garnis d'armoiries comme on avait fait pour le convoi de M. d'Ardelay. (*Reg. des Echevins et Livre des obits de Saint-Martin-le-Viandier.*)

[4] *Reg. des Echevins;* 4 décembre 1568.

[5] *Ib.;* 14 et 16 mars 1569.

grâce à la victoire de Jarnac où fut tué le prince de Condé (13 mars 1569) et dont le duc d'Alençon informa les habitants le 20 mars [1].

Mais le théâtre des événements tendait chaque jour à se rapprocher de Chartres. Des assemblées de huguenots, formées en vingt endroits du Perche et de la Beauce, bravaient les archers du Vice-Bailli; certains bruits hostiles à la ville forçaient les bourgeois à fourbir leurs armes et à se fournir de farine; des vivres s'amassaient pour l'armée royale, par ordre du duc d'Anjou [2] (mars, mai, août); ces présages de troubles tinrent parole. Le Roi, qui avait rendu, le 22 juillet, le gouvernement de Chartres à M. d'Eguilly, ordonna le 7 septembre à ce capitaine d'envoyer sa compagnie au camp et d'aller s'enfermer dans la place; puis, sur l'avis donné les 13 et 28 par Sa Majesté d'un soulèvement probable des huguenots de la Beauce et du Vendômois, la Chambre se hâta de décréter la levée d'une cornette de cent hacquebutiers, sous le commandement du gouverneur, pour battre le pays et rompre les

---

[1] Il y eut à cette occasion un feu de joie, une procession et un *Te Deum*. (*Reg. des Echevins;* Séance du 22 mars.)

On trouve dans le *Livre de Guillaume Bouvart* (manuscrit des archives départementales), à la page 403, entre la copie d'une lettre insignifiante adressée au chanoine Chicault le 2 avril 1569 et la transcription d'un arrêt du Parlement du même jour, l'épitaphe satirique suivante du prince de Condé :

    Passant, n'aproche pas ton pied ny ton nazeau
    pour presser ny fleurer l'ombre de ce tombeau.
    L'air y est tout infect, et ce bien peu de terre
    avec ung petit corps ung grand venin enserre.
    L'ambition, l'envye et l'ignorance aussi
    ont basti ce cercueil et ce corps mis icy.
    C'est le corps de Loys de Bourbon, à son prince
    rebelle et ennemy de sa propre province;
    bouclier et protecteur d'une héréticque loy
    et des meschants armés contre son prince et Roy,
    qu'il voulloit ruyner et à son vueil soubzmettre,
    luy ravir sa couronne et lui prandre son sceptre,
    soubz religion feinte; et sy ne l'a pas prins,
    il est mort toutes fois en l'ayant entreprins.
    Que bien tost comme luy tous ceulx là puissent estre
    qui de mesme que luy se sont prins à leur maistre!

[2] On fit provision de 200 muids de blé pour l'armée et on en expédia 100, le 30 septembre, à Orléans par ordre du Roi. (*Reg. des Echevins;* 11 août, 15 et 30 septembre.)

rassemblements [1]. La solde de cette troupe et les appointements de M. d'Eguilly, fixés à 200 livres tournois par mois, furent assignés en partie sur une taxe de 19,000 livres à la charge des suspects, en partie sur les contributions imposées au clergé [2]. Les rigueurs contre les religionnaires augmentèrent avec le danger : le 11 octobre, on publia une commission du Parlement de Paris contre les blasphémateurs, les perturbateurs des offices divins et les taverniers tenant boutique ouverte pendant la messe [3]. M. d'Eguilly avertit les échevins, le 11 décembre, du passage de la Loire par les ennemis et de leur marche sur le Chartrain ; on établit aussitôt six corps de garde de dix hommes chacun et on invita les gens de Dreux, Bonneval, Gallardon et Nogent-le-Roi à prendre des précautions [4]. Quoique cette nouvelle ne fût pas complètement exacte, on ne cessa pas de veiller, car les remuements des huguenots du pays étaient continuels.

Le 31 janvier 1570, le Roi nomma au gouvernement de l'Orléanais, du pays Chartrain, Maine, Perche et de la Touraine, avec pouvoir de détruire villes et châteaux où besoin serait, le maréchal Artus de Cossé, comte de Secondigny et de Gonnord, frère du maréchal de Brissac. Ce seigneur, dont la mission consistait à fermer aux huguenots le chemin de Paris, fit partir, au mois de mars, pour Chartres la compagnie de M. d'Eguilly ; on admit ce renfort dans les murs, sous réserve d'en référer au Roi lorsque les circonstances le permettraient [5]. Par le fait, les gens de guerre de cette compagnie

---

[1] *Reg. des Echevins.*
[2] *Ib.;* Séances des 19 et 28 septembre.
[3] *Ib.*
[4] *Ib.*
[5] *Ib.;* Séances des 10 et 18 mars. — Pour éviter toute surprise, on fit défense le 27 mars aux capitaines des portes de laisser entrer les processions, à moins de connaître les noms des paroisses et d'exiger la garantie du curé. Le 15 juin suivant, sur la nouvelle de l'approche de l'ennemi, on décida que les portes seraient fermées, à l'exception de celles Guillaume et des Epars, et qu'il serait placé à chacune d'elles un corps-de-garde de 16 hommes dont moitié au moins d'arquebusiers, sous peine

ne firent pas un long séjour en ville, car M. d'Eguilly partit pour l'armée avec son monde, dans les premiers jours de juillet ; son gouvernement de Chartres fut confié par intérim, pendant son absence, à M. de Vassé, son gendre [1].

La paix signée à Saint-Germain le 8 août, apporta aux bourgeois un repos dont ils avaient grand besoin. M. d'Eguilly rentra à Chartres le 10 août, et les gardes, doublées d'abord à cause de l'affluence des pèlerins le jour de la Vigile de Notre-Dame [2], furent réduites de moitié en septembre, puis supprimées le 30 octobre après la publication de l'édit de pacification [3]. Il y eut cependant encore, en novembre, dans le pays Chartrain, quelques allées et venues de gens suspects dont le duc d'Anjou demanda nouvelles au gouverneur en l'invitant à veiller. L'année 1570, dont le début avait été si alarmant, se termina par les fêtes auxquelles donna lieu à Chartres le mariage de Charles IX avec l'archiduchesse Elisabeth [4].

La ville fut relativement tranquille, au point de vue politique, pendant l'année 1571, car les seuls événements de cette nature que l'on puisse citer, se bornèrent à la demande que fit le Roi, le 5 mars, d'un subside de 12,000 livres payable en trois ans, à la réception faite à M. le maréchal de Cossé à la fin du même mois [5], et à une revue de troupes au mois de juin. Mais, comme si la discorde eût dû trouver toujours une

---

de 100 livres d'amende contre tout bourgeois qui ne se présenterait pas en équipage suffisant. *(Reg. des Echevins.)*

[1] Lettre du duc d'Anjou, contresignée *Fizes*, en date du 6 juillet 1570.
Jean, baron de Vassé, avait épousé Jeanne le Vavasseur, fille de M. d'Eguilly. Ce seigneur était vaillant, *mais d'humeur fort soudaine et fort aisée à émouvoir ;* il avait servi avec une grande distinction en Italie sous les ordres du maréchal de Brissac. *(Mém. de Guise*, p. 73. — *Mém. de du Villars*, p. 34, 35 et suivantes ; collection Michaud.)

[2] *Reg. des Echevins ;* Séance du 14 août.

[3] *Ib.* — Tout en supprimant les gardes de nuit, on décida que l'on éclairerait la ville, pendant la nuit, comme à Paris, pour plus de sûreté.

[4] *Ib.* — Le mariage royal avait eu lieu le 23 décembre.

[5] Pour fêter l'entrée de M. de Cossé, on mit en batterie sur les buttes, hors de la porte des Epars, 27 pièces d'artillerie déposées dans l'ancien hôpital Saint-Hilaire, rue Saint-Père. *(Ib.)*

porte ouverte au sein de notre cité, elle parvint à se glisser dans l'assemblée municipale. Nous avons parlé plusieurs fois des secrets dissentiments qui existaient entre la bourgeoisie catholique dont les échevins faisaient partie et la plupart des gens de justice, à commencer par le lieutenant-général ; jusque là, ces dissentiments avaient été provoqués par les échevins jaloux de la suprématie des officiers du Roi ; ces derniers profitèrent de la rentrée des huguenots aux affaires pour prendre leur revanche. Comme prélude, le lieutenant-général et le procureur du Roi firent signifier aux échevins défense absolue de se lever de leurs siéges avant eux, pendant le cours des délibérations [1] ; puis, unis à quelques personnages influents, ils obtinrent de Charles IX une réforme complète du corps de ville. D'après la charte d'institution de 1296 et les réglements postérieurs, l'assemblée était composée du lieutenant-général et du procureur du Roi pour les gens de robe, de deux ecclésiastiques pour le clergé, et de dix bourgeois pour les paroisses : cette combinaison semblait concilier les intérêts et les prétentions des trois classes de la société chartraine, mais elle excluait, en réalité, un grand nombre d'individus, possesseurs d'offices de *robe longue* dans l'élection, le grenier à sel, la prévôté, et les justices seigneuriales. En vertu d'un arrêt du Conseil du 18 juin 1571, des lettres-patentes, datées du mois de décembre suivant, vérifiées et enregistrées en Parlement le 1er juillet 1572, réduisirent à deux ans, au lieu de cinq, la durée de l'échevinage, fixèrent à huit, au lieu de dix, le nombre des échevins bourgeois, et rendirent éligibles tous les gens de *robe longue*, sans distinction de privilégiés ; les avocats du Roi et les conseillers au Présidial furent seuls exemptés de cette charge [2]. Les lettres donnaient pour motifs de ce changement, la pénurie qui se produisait à cha-

---

[1] *Reg. des Echevins;* septembre 1571.
[2] *Ib.*

que élection dans les rangs de la bourgeoisie lettrée, à cause des exclusions, ce qui forçait les électeurs à nommer aux fonctions d'échevin des marchands illettrés ou des gens *mécaniques*. Cet incident ne réussit pourtant pas à détruire l'harmonie qui régnait entre les habitants, car la majorité catholique était trop considérable pour s'effrayer de la possibilité de l'élection à l'échevinage de quelques suspects d'hérésie.

Chartres gagna à cette période de paix, dont la durée devait être bien courte, une de ses plus intéressantes et plus vivaces institutions. La collation d'une prébende au régent des écoles publiques, en 1566, n'avait pourvu que très-mesquinement aux besoins d'un collége bien administré; d'ailleurs, les troubles continuels s'étaient opposés au développement de la maison naissante. Le 3 janvier 1572, Jean Pocquet, bourgeois de Chartres, et dame Michelle Haligre, sa femme, mus par un noble sentiment de patriotisme, firent donation à la ville d'un vaste bâtiment connu sous le nom de *Tripot de Chinche*, situé au bas des jardins du palais épiscopal, et d'une métairie dite *du Deffaix*, paroisse de Landelles, sous la condition d'affecter ces immeubles à l'établissement et à l'entretien du collége [1]. La prise de possession de ces biens eut lieu à la fin d'août, et les échevins firent publier aux prônes des paroisses, le 4 septembre, une ordonnance prescrivant, aux pères et mères, d'envoyer leurs enfants au collége de Pocquet, et aux pédagogues et maîtres d'école, d'y conduire les élèves de leurs classes. Toutefois, l'érection définitive de la maison de Chinche *en titre de collége et communauté scholastique* n'eut lieu qu'au mois de septembre 1587, en vertu de lettres-patentes de Henri III, enregistrées en Parlement le 16 octobre suivant. *Le collége royal de Chartres, chez Pocquet*, atteignit promptement un haut degré de prospérité et produisit, jusqu'à

---

[1] Acte passé devant M° René Amelon, notaire royal à Chartres.

la Révolution, des personnages remarquables dans les sciences et les lettres [1].

[1] Les statuts pour la direction du collége royal de Chartres, chez Pocquet, furent dressés le 14 septembre 1587 dans une assemblée tenue à l'évêché. Voici quelques-unes des dispositions de ce réglement : 1° L'Evêque aura la direction du collége, conformément au droit commun; il prendra, pour cette administration, l'avis du Chapitre, des principaux officiers de justice et des échevins; 2° il y aura trois classes; on lira dans la dernière la grammaire de Donat et le Caton *pro Pueris*; dans la seconde, les règles de Despautère, les Epîtres familières de Cicéron et Térence; dans la première, quelques poètes et historiens, les oraisons de Cicéron et les élégances de Laurent Valle; 3° tous les enfants de la ville, des faubourgs et du diocèse, auront droit à l'enseignement gratuit au collége, *sans exaction aucune, soit pour le landi, toiles de fenêtres, chandelles de l'école, soit pour l'entrée des martinets;* 4° les élèves pensionnaires paieront au Principal soit 30 écus soit 24 de ...ion, sauf à augmenter ou diminuer, selon le plus ou moins de cherté des vivres; ...endant le dîner, un écolier de la première classe lira quelques chapitres des Proverbes de Salomon ou de l'Ecclésiaste; 6° chaque pensionnaire paiera par an pour son coucher 15 livres tournois; 7° les écoliers se coucheront en toute saison à neuf heures du soir et se lèveront à six heures du matin; 8° il y aura tous les jours, en la chapelle dédiée à saint Jean-Baptiste, une messe basse à sept heures du matin et un salut à six heures du soir, et les dimanches et fêtes, grand'-messe, vêpres et complies; 9° le premier lundi de chaque mois, la messe sera dite pour les âmes des rois de France, des évêques, chanoines et habitants de Chartres trépassés; il y aura, en outre, un obit à l'intention du sieur Pocquet et de sa femme, au lendemain de leur décès; *les régens feront publiquement déclamer leurs écoliers et jouer annuellement dialogues ès deux fêtes de saint Nicolas, tant en hyver qu'en esté, pour leur régayer leurs esprits par tels exercices, et enhardir de parler en public;* 11° Le Principal jouira, indépendamment de la prébende préceptorale, des biens donnés par Pocquet, à la charge du service divin et de la fourniture du luminaire, des ornements et des livres; 12° le choix des régents appartiendra au Principal qui leur donnera des gages convenables; les régents seront de bonne vie et doctrine, *hors de soupçon d'hérésie; ils enseigneront aux enfants les lettres humaines, avec les bonnes mœurs et ce qui peut appartenir à l'honnêteté et conversation en la société civile, les retenans plus par libérale pudeur, que par crainte et toutes sévices;* 13° chaque élève donnera 20 sous par an pour les réparations à faire à la maison; 14° le collége sera visité chaque année le jour de saint Remy, *ou à tel jour convenable environ ladite fête,* par l'Evêque ou ses vicaires, les délégués du Chapitre et Messieurs de la justice et de la ville, *pour entendre comme l'on s'y sera comporté, et pourvoir pour l'année ensuivante aux affaires qui s'offriront.*
Signé en la minute N. de Thou (évêque), G. d'Aubermont, L. Boucher, L. Suireau, L. Charpentier (vicaire-général et chanoines de Notre-Dame), Goullet (procureur du Roi), Zacharie du Ru, Compagnon, Lenoir et de Pardieu (échevins).
Le 20 avril 1663, Mgr de Neufville de Villeroi unit au collége de Pocquet les biens et revenus du prieuré de Saint-Michel *alias* d'Ouerré, ordre de Saint-Benoît, à la requête de Mire Louis de la Rue, archidiacre de Dreux, principal du collége, sur la résignation de Mire Jean Edeline, chambrier, titulaire de ce prieuré, et du consentement de l'abbé de Saint-Lomer de Blois, collateur. En conséquence de cette union, l'Evêque décida 1° qu'il serait ajouté deux classes aux études de l'établissement, l'une appelée *la cinquième,* pour l'instruction des petits enfants, et l'autre *la philosophie,* pour les plus instruits dans les lettres; 2° que sur les revenus du prieuré, le régent de philosophie recevrait par an 200 livres, celui de rhétorique autant, celui de la seconde 100 livres, le chapelain 125 livres et le portier 50 livres; 3° que le Chapitre aurait le droit à perpétuité de faire suivre le cours de philosophie

Des événements qui allaient replonger la France dans les horreurs de la guerre civile se passaient alors à Paris. Dans les derniers jours de juillet 1572, Henri, roi de Navarre, promis à Mme Marguerite, sœur du Roi, avait été reçu à Chartres avec de grands honneurs, quoique huguenot. Le 25 août, au moment où l'on croyait la Cour livrée tout entière aux plaisirs du mariage royal, la Chambre reçut, par l'intermédiaire du maréchal de Cossé, une lettre du Roi, en date du 22, annonçant à ce seigneur l'attentat qui venait d'être commis sur la personne de l'amiral de Châtillon (Coligny), *ainsi qu'il s'en retournoit du Louvre disner en son logis;* l'amiral avait été blessé à la main droite et au bras gauche, et Charles IX assurait qu'il en ferait justice *et si grande punition que ce soit exemple par tout le royaume;* Sa Majesté ajoutait qu'elle désirait que ses sujets comprissent *combien elle trouvoit mauvais ce méchant acte* et que *chacun gardât et observât son édit de pacification.*

A cette nouvelle, on enjoignit aux quarteniers de placer à chaque porte douze hommes de garde armés de piques et hallebardes; on menaça le prieur de Saint-Martin-au-Val de lui envoyer des garnisaires, s'il ne faisait pas cesser immédiatement certaines allées et venues de gens suspects que l'on remarquait entre la ville et son prieuré; puis on mit sur pied dans chaque quartier une escouade de trente arquebusiers prêts à se porter au premier signal partout où l'ordre serait troublé [2].

Le lendemain 26, arrivèrent des lettres, bien plus intéressantes encore, du Roi et du Maréchal à M. d'Eguilly et aux

---

au plus intelligent des anciens enfants de chœur et que cet élève recevrait par an 100 livres tournois jusqu'à l'achèvement de ses études.

(Brochure de 15 pages, in-8°, imprimée à Chartres, en 1755, chez Nicolas Besnard, imprimeur du Roi, de la ville et du Chapitre, rue des Trois-Maillets, au Soleil-d'Or, avec cette épigraphe : *Fida comes Musis pietas.)*

La Chambre décida, le 18 juillet 1589, que la dame Michelle Haligre, veuve de Jean Pocquet, en considération des donations par eux faites au collége, jouirait dorénavant des immunités, franchises et exemptions de toute espèce stipulées dans le contrat passé devant Amelon le 3 janvier 1572. *(Reg. des Echevins.)*

[2] *Ib.;* Séance du 25 août.

échevins. Celle du Roi, datée du 24, faisait connaître qu'au moment où il combinait *tout ce qu'il estoit possible pour la vérification* et la punition *du fait* (le guet-à-pens dont l'amiral avait été victime), ses cousins de la maison de Guise, *ayant sceu certainement que les amis de l'amiral vouloient poursuivre et exécuter sur eux vengeance de sa blessure pour les soupçonner en ceste cause et occasion*, s'étaient *émus ceste nuit passée* (du 23 au 24 août, nuit de la Saint-Barthélemy), *si bien qu'entre les uns et les autres il s'était passé une grande et lamentable sédition, ayant esté forcé le corps de garde qui avait esté ordonné à l'entour de la maison du dit amiral, lui tué*[1] *avec quelques autres gentilshommes, comme il en avait aussi esté massacré plusieurs autres dans la ville.* « Ce qui
» s'est mû avec telle furie, écrivait Charles IX, qu'il n'a esté
» possible d'y apporter le remède tel que l'on eust pu désirer,
» ayant eu assez affaire à employer de mes gardes et autres
» forces pour me tenir le plus fort en ce chasteau du Louvre,
» affin aussi de donner ordre partout d'apaiser la dite sédition
» qui est grâce à Dieu à cette heure amortie, estant advenue
» par la querelle particulière qui est dès long-temps entre
» ces deux maisons. » Le Roi terminait en recommandant à M. d'Eguilly de faire *plus que jamais garder et soigneusement entretenir et observer* l'édit de pacification, afin *que cecy n'esmeuve et ne fasse soulever ses sujets les uns contre les*

---

[1] Le manuscrit de *Guillaume Bouvart* (Arch. départ.) renferme, page 885, une épitaphe satyrique de Coligny. Je la crois inédite et elle me semble assez curieuse pour être publiée :

   En lieu présent, pasturage aux corbeaux,
   le sage et fol Colligny tout ensemble
   au gré du vent est un pendu qui tremble,
   taillé, coupé, massacré de cousteaux.
   Fol il estoit cuydant changer la loy;
   fol il estoit cuydant forcer le Roy;
   fol qui croyoit que le ciel favorise
   du fol haultain la meschante entreprise !
   de sage, au moins, enseigne il servira
   à quiconque est ou rebelle sera,
   qu'il ne fault pas pour rien en sa province
   rompre les loix ny aguetter son prince.

autres et qu'il ne *se fasse de grands massacres par les villes de son royaume, de quoy* il aurait *un merveilleux regret.* De son côté, M. de Cossé, en adressant, le 25, la missive royale aux échevins de Chartres, avec le paquet destiné aux gens de Châteaudun, invitait la Chambre à veiller à la sûreté de la ville, parce qu'il savait qu'un capitaine nommé La Bryère rôdait avec quelques troupes dans les environs.

On s'empressa de dépêcher un messager à M. d'Eguilly, alors absent, pour l'informer du contenu de la lettre du Roi, de la publication qui venait d'en être faite par les carrefours et des mesures prises pour maintenir l'ordre, *afin qu'il n'advienne autant que la nuit dernière* [1].

Le 30, on reçut, par l'entremise de M. d'Eguilly, communication d'une nouvelle dépêche du Roi, en date du 28, à laquelle était jointe une proclamation du même jour. Charles IX déclarait, par cette dernière pièce, que la mort de l'amiral *et autres ses adhérents et complices* avait *esté par son exprès commandement et non pour cause aucune de religion… ains pour obvier et prévenir l'exécution d'une malheureuse et détestable conspiration faicte par le dit amiral chef et auteur d'icelle et ses dits adhérents complices, en la personne du dit seigneur Roy, la Reine sa mère, messeigneurs ses frères, le roy de Navarre et autres princes et seigneurs estant près d'eux…* Dans la lettre d'envoi à M. d'Eguilly, on lisait, après quelques lignes relatives à l'édit de pacification, la phrase suivante : « Au surplus, *quelque commandement verbal que*
» *j'aie pu faire* à ceux que j'ay envoyé tant devers vous et mes
» lieutenants généraux et officiers, *lorsque j'avois juste cause*
» *de matiérer et conduire à quelque sinistre direment,* ayant
» sçu la conspiration que faisoit ailleurs de moi ledit amiral,
» j'ai révoqué et révoque tout cela, voulant que par vous ne
» autre en soit aucune chose extraite. »

---

[1] *Reg. des Echevins.*

Ces ordres verbaux donnés à M. d'Eguilly, ce *sinistre direment*, ce tumulte arrivé dans la nuit du 25 au 26, semblent prouver qu'il s'agissait de provoquer une petite Saint-Barthélemy chartraine.

La réaction protestante éveillée dans le midi à l'écho de la Saint-Barthélemy, obligea le Roi à s'assurer de la fidélité des provinces voisines de Paris. On reçut proclamations sur proclamations pendant les derniers mois de 1572, dans le but de contenir les catholiques et de rassurer les mécontents (3 et 19 novembre). Une ordonnance de police du 20 novembre fit défense de tirer des coups d'arquebuse ou de pistole par la ville et provoqua l'élection, par quartier, de vingt notables, amis du repos, disposés à marcher au premier signal contre les perturbateurs [1]. En même temps, la Beauce fut mise à contribution pour la nourriture de l'armée royale : le 6 janvier 1573, une lettre du Roi prescrivit d'envoyer à son camp de Sancerre 40 muids de blé et 20 muids de seigle [2]; au mois d'avril suivant, les commissaires des vivres de l'armée reçurent l'ordre de *faire amas et achat* de 150 muids de blé à Chartres et environs; mais comme, visite faite des greniers, on reconnut que la provision n'était pas même suffisante pour la subsistance des habitants jusqu'à la récolte, on engagea les commissaires à se pourvoir ailleurs [3]. A défaut de blé, Charles IX fit demander, le 25 avril, l'état des poudres et salpêtres existant *en la munition et magasin* de Chartres, afin de s'assurer s'il n'y aurait pas moyen d'en diriger une partie vers son quartier général.

---

[1] *Reg. des Echevins.*

[2] Lettre datée du 28 décembre. *(Ib.)*

[3] *Reg. des Echevins;* Séance du 24 mai. — Le commissaire général des vivres, ordonné par le duc d'Anjou, récemment nommé roi de Pologne, ayant mandé à la chambre de préparer 12,000 pains de 12 onces, 12 bœufs, 16 moutons et 20 pipes de vin, pour la nourriture de 6,000 hommes de pied que M. de Strozzi, chevalier de l'ordre, conduisait de La Rochelle en Picardie, on prit la résolution de députer un échevin près du prince pour s'en dispenser, et, en attendant une réponse, on fit garder chaque porte par 30 hommes bien armés, dans la détermination de repousser de force ces troupes si elles tentaient d'entrer en ville.

Les événements politiques d'août 1572 n'avaient pu laisser l'évêque Charles Guillard indifférent aux revers des huguenots [1]. Au mois d'octobre suivant, il appela à Chartres un religieux de l'abbaye des Vaux-de-Cernay, partisan des idées nouvelles, et le fit prêcher à la cathédrale le jour de la Toussaint; mais les propositions hérétiques de ce moine révoltèrent si fort l'auditoire, que l'orateur déconcerté fut obligé de s'enfuir à l'évêché au milieu des huées. Le bruit de ce scandale se répandit promptement au dehors, et le peuple, dans son zèle catholique, aurait fait un mauvais parti à l'Evêque et à son acolyte s'ils n'eussent jugé prudent de quitter la ville au plus vite. Cette dernière mésaventure dégoûta Guillard du séjour de Chartres; il résigna et mourut peu de temps après. Son successeur, Nicolas de Thou, fut pourvu par bulles du 8 avril 1573. Ce nouveau prélat sortait d'une ancienne et puissante famille de robe; frère de Christophe de Thou, premier président du Parlement, et oncle par alliance de Achille de Harlay, alors président à mortier, il possédait lui-même une charge de conseiller-clerc dans cette très-illustre et très-orthodoxe compagnie; il était, de plus, oncle par alliance de Philippe Hurault de Cheverny, alors chancelier du duc d'Anjou, récemment nommé roi de Pologne. Son entrée à Chartres eut lieu avec le cérémonial ordinaire, le 30 octobre 1573 [2].

Charles IX avait voulu conduire jusqu'à la frontière le roi de Pologne, son frère; il fut arrêté à Vitry par la petite vérole qui faillit l'emporter. Il informa les échevins de sa convalescence par lettres du 12 novembre, et revint, avec la reine

---

[1] Charles Guillard avait été, au commencement du siége de 1568, l'objet d'une mesure que la méfiance qu'il inspirait peut seule expliquer. Pour le faire sortir de Chartres, le Roi lui manda, le 12 février, qu'ayant appris que le sieur de Monthier, son père, s'était retiré en sa maison de La Pisselière, *assés mal disposé de sa personne*, il l'invitait à l'aller trouver pour lui donner ses soins. Charles IX ajoutait d'un ton un peu goguenard : *Ne vous mectez en peine de la faute que pourra amener votre absence au lieu d'où vous partirez, d'autant que pour une si bonne occasion je vous en excuserai toujours, sçachant que le devoir que nous devons aux pères doit estre préféré à toutes autres choses.* (Reg. des Echevins.)

[2] On offrit à M. de Thou *deux bons poinçons de vin vieil*.

sa mère, surveiller le voisinage de Paris et les seigneurs de la Cour. Un complot ourdi au Louvre même par le duc d'Alençon et le roi de Navarre menaçait, en effet, certaines places fortes parmi lesquelles Chartres n'était pas oublié. Dans les premiers jours de janvier 1574, M. d'Eguilly ayant découvert les menées *d'aucuns personnages qui se sont depuis peu élevés contre le Roi*, prescrivit à tous les habitants, de quelque condition qu'ils fussent, de s'armer d'arquebuses, d'épées et de pertuisanes [1]. Le même ordre fut renouvelé par le Roi le 3 février, avec injonction d'observer les allants et venants *si doulcement que le peuple ne s'en puisse esmouvoir*. Le 7 mars, le gouverneur fut autorisé par la Cour à lever 200 hommes de pied, *des meilleurs*, pour le guet [2]. On employa le mois d'avril à mettre les fortifications en bon état de défense [3].

Ces précautions étaient sages, car le duc d'Alençon et le roi de Navarre venaient d'être arrêtés, et on craignait que leurs partisans, très-nombreux dans le Perche et dans le Vendômois, n'excitassent du trouble en Beauce. La nouvelle que l'on reçut de la mort du Roi, enlevé le 30 mai par une horrible maladie, ne fit que redoubler ces craintes [4]. Les échevins se hâtèrent de reconnaître la Reine-mère en qualité de régente, pendant l'absence du roi de Pologne, héritier de la couronne; cette princesse leur en témoigna sa gratitude par lettres du 5 juin. La fidélité des habitants n'était pas douteuse, mais les circonstances exigeaient d'autres garanties. La Reine-régente expédia donc, le 17 juillet, pour Chartres et Bonneval, la compagnie d'hommes d'armes des ordonnances commandée par M. de Vassé; toutefois elle consentit à en décharger la

---

[1] *Reg. des Echevins.*

[2] On décida que la solde de cette troupe serait payée moitié par les habitants, moitié par le clergé. *(Ib.)*

[3] Le clergé, réuni en assemblée, offrit à la ville de fournir 40 hommes pour les travaux des fortifications. *(Ib.)*

[4] On avait fait, le 18 avril, une procession à Saint-Père pour le rétablissement du monarque. *(Livre des messes et obits de Saint-Martin-le-Viandier.)*

ville le 27, sous la condition que l'on donnerait 200 livres par mois à M. d'Eguilly pour les frais du guet [1]. Le nouveau roi, Henri III, rentré en France le 5 septembre, avait fixé sa résidence dans les villes des bords du Rhône pour suivre de plus près les opérations de ses généraux; l'éloignement où ils se trouvaient du théâtre des événements procura aux Chartrains une tranquillité qui ne fut troublée pendant le reste de l'année 1574 que par des éveils donnés de temps à autre par la Cour, peut-être pour éprouver leur vigilance [2].

Le dimanche 12 juin 1575, mourut à Montargis Mme Renée de France, duchesse douairière de Ferrare et duchesse de Chartres; *et en firent*, dit Lestoile, *le Roi, la Roine et les seingneurs de la Cour, le samedi 18 dudit mois, quelques formes d'obsèques et funérailles, en la chapelle de Bourbon, encores que ladite dame fust de la religion et sa ville de Montargis l'azyle et retraicte desdits de la religion, où elle a tousjours fait faire et continuer l'exercice d'icelle publiquement, jusques à la fin de sa vie* [3]. Cette princesse, qui laissa le duché de Chartres à son fils Alphonse d'Est, duc de Ferrare, s'était abstenue de revenir dans notre ville depuis sa fameuse visite de 1566; elle n'y était pas aimée et sa mort passa inaperçue au milieu des événements politiques du temps.

M. d'Eguilly annonça aux échevins, le 17 septembre, que plusieurs cavaliers armés venaient d'entrer à Dreux et que de nombreuses compagnies suspectes rôdaient dans les environs; il déclara que la sûreté de Chartres exigeait qu'on reçût la compagnie de M. de Vassé qui se trouvait aux portes; ce qui fut exécuté sur-le-champ [4]. Les cavaliers dont parlait le gou-

---

[1] *Reg. des Echevins;* 17 et 27 juillet.

[2] Lettre du Roi, datée de Lyon le 23 octobre, avertissant M. d'Eguilly que ceux de *la nouvelle opinion* ont des intelligences dans plusieurs villes et l'invitant à prendre garde à Chartres. *(Ib.;* Séance du 30 octobre.)
Autre lettre du Roi, du 10 novembre, informant M. d'Eguilly qu'il part pour Avignon et lui réitérant l'invitation de veiller attentivement à son gouvernement.

[3] *Journal de Lestoile*, 1re partie, p. 55.

[4] *Reg. des Echevins.*

verneur n'étaient autres que le duc d'Alençon et les seigneurs de son parti. Ce Prince, trompant la vigilance d'Henri III, son frère, avait quitté la Cour le 15 au soir et était venu prendre, dans une ville de son apanage, le commandement de la faction des *malcontents*. Le Roi dépêcha en Beauce le duc de Nevers et M. de Matignon pour rassembler un corps d'armée, et il recommanda aux habitants de Chartres, par lettre du 27, de ne pas ouvrir à son frère égaré par les ennemis du royaume [1]. M. d'Eguilly avait déjà donné ordre de travailler aux fortifications, qui étaient en mauvais état sur plusieurs points, et fait braquer l'artillerie sur les remparts [2]. Le duc de Nevers avait choisi Chartres pour son quartier-général ; il y demeura quinze jours à organiser ses troupes composées, en partie, d'arquebusiers soldés par les bourgeois de Paris [3]. Ces bandes eurent bientôt fait main-basse sur les provisions du pays, et, lorsqu'elles quittèrent la ville, il ne restait plus rien à prendre. On devait se croire dès-lors à l'abri de toute vexation ; il faillit en être autrement. Le duc d'Alençon ne se trouvant pas en sûreté à Dreux s'était dirigé sur Blois ; la Reine-mère l'y suivit et amena le fugitif à consentir à une trêve de quelques jours ; mais ce fut à condition que des vivres seraient procurés aux soldats des *malcontents* qui avaient déjà dévoré toutes les subsistances du Blésois. Catherine voulant à toute force désarmer son fils, prescrivit, le 11 octobre, aux commissaires royaux de tirer des provisions du Mans, d'Orléans et de Chartres ; le Roi lui-même taxa Chartres, par lettre du 13, à la fourniture de 30 muids de blé, autant d'avoine, 300 moutons et 50 bœufs, dont le prix serait rabattu sur les impôts à venir. Il faut se hâter, disait Henri III, *autrement nous serons contrainctz de laisser la liberté aux gens de guerre de l'ar-*

---

[1] *Reg. des Echevins;* Séance du 3 octobre.
[2] *Ib.;* 19 septembre.
[3] *Journal de Lestoile*, 1re partie, p. 60.

mée de nostre dict frère de vivre en toute licence en nostre très grand regret et à la ruyne des habitans du plat pays. M. d'Eguilly fit assembler la Chambre le 14, et il fut décidé que, dans l'impossibilité où l'on se trouvait de satisfaire à la demande du Roi, il serait adressé à la Reine-mère de très-humbles remontrances. On ne peut, écrivirent les échevins à Catherine, fournir le blé et l'avoine, parce que l'élection de Chartres a supporté successivement depuis la mi-septembre les armées du duc d'Alençon et du Roi, lesquelles ont consommé tous les grains à trois lieues à la ronde. Quant aux bœufs et aux moutons, ils viennent non du Chartrain, mais du Perche, du Poitou, du Maine et du Berry, contrées voisines du Blésois. D'ailleurs, Sa Majesté a fait rester à Chartres les équipages des bandes de reîtres venues de Guyenne, ce qui nécessite des frais considérables pour la nourriture des chevaux. Pitié donc pour ce pauvre pays qui dès le commencement des troubles a été chargé de gens de guerre, dont vingt-deux paroisses sont encore occupées par des troupes de pied et de cheval, et qui a vu détruire par le feu, depuis moins de quinze jours, neuf villages et plus de 2,000 muids de blé ! Ce triste tableau fit impression sur Catherine, car un contre-ordre arriva, le 26 octobre, au sieur de La Borde, commissaire-général des vivres [1].

La ville était à peine sortie de ce mauvais pas qu'elle fut frappée par un événement dont les suites auraient pu être funestes. M. d'Eguilly, le bon gouverneur, comme on l'appelait, mourut au commencement de novembre. Ses obsèques, qui eurent lieu le 23, témoignèrent de la douleur des Chartrains : douze valets de deuil, porteurs de clochettes, firent par les rues le cri des funérailles; les corps constitués et les métiers assistèrent au convoi avec un cortége composé de vingt hommes de chaque compagnie de la milice urbaine; les cierges, les torches, les tentures furent marqués aux armes du défunt et l'inhuma-

---

[1] *Reg. des Echevins*; 14 et 26 octobre.

tion se fit en lieu honorable de l'église des Cordeliers [1]. Dès le 18, M. de Vassé avait communiqué à la Chambre une lettre du Roi, en date du 14, qui lui donnait le gouvernement de M. d'Eguilly, son beau-père. Ce choix, confirmé par de nouvelles lettres de Sa Majesté, du 24, fut salué avec acclamation comme un gage de la continuation des procédés du *bon gouverneur* [2].

L'entrée en fonctions de M. de Vassé fut le signal d'une reprise générale des travaux de défense. Le 10 janvier 1576, les habitants reçurent l'ordre de rentrer dans la ville les provisions qu'ils avaient aux champs et de se fournir de farine pour trois mois [3]; quelques jours après, à la sollicitation du gouverneur, Henri III enjoignit de réparer promptement le ravelin de la porte Drouaise et de lever, tant pour ces travaux que pour la solde de gens de guerre, une contribution de 3,600 livres sur les bourgeois. On voulut en vain objecter que la ville s'était endettée de plus de 80,000 livres tournois par suite du siége, il fallut s'exécuter; mais le clergé consentit, nonobstant ses franchises, à entrer dans cette taxe pour la somme de 1,000 livres [4]. La manière d'agir de M. de Vassé en cette circonstance ne plut pas aux Chartrains dont la bourse avait subi depuis quelque temps de très-rudes atteintes; cependant le danger

---

[1] *Reg. des Echevins.* Le convoi avait été réglé dans la séance du 16 novembre. — *Livre des messes et obits de Saint-Martin-le-Viandier.*

[2] *Reg. des Echevins.*

[3] *Ib.* — M. de Vassé ne se bornait pas aux soins de la défense de la ville; il faisait quelquefois des expéditions à l'extérieur. On lit dans le *Livre des messes et obits de Saint-Martin-le-Viandier*, sous la date du 27 janvier 1576 : *Aujourd'huy mon frère Gilles* (c'est le curé Richard Novisse qui écrit) *a été mené par M. de Vassé à Bailleau, pour déloger les gendarmes, lesquels ont résisté audit sieur, à laquelle résistance ledit sieur a tiré un coup de pistolet et tué le capitaine, puis après ledit sieur a pris la fuite; où a été tué mon frère environ midi et a résisté contre huit hommes l'espace de heure et demie et a été apporté le lendemain à la porte des Epars pour être enseveli. Il y est mort là huit personnes et trois blessés.*

[4] *Ib.*; 18 janvier, 17 février. — Cette année fut fatale aux bourses chartraines le clergé du diocèse donna au Roi 156,390 livres, pour sa quote-part dans l'aliénation de 50,000 livres de rente, accordée par le Saint-Siége. *(Chapitre. Invent., Impositions sur le clergé;* Arch. départ.)

était réel, car le roi de Navarre, imitant le duc d'Alençon, avait quitté brusquement la Cour le 3 février et s'était rendu, d'abord à Châteauneuf-en-Thimerais qui lui appartenait [1], puis à Alençon. Le 7 avril, M. de Vassé annonça que les coureurs huguenots de l'armée de Condé, après avoir passé la Loire à La Charité, s'étaient avancés jusqu'à Méréville [2]. Cette nouvelle imprima un redoublement d'activité aux travaux des fortifications; le gouverneur fit venir aux portes sa compagnie, plusieurs gentilshommes des environs et quelques bandes de gens de pied; on reçut dans les murs la compagnie et les gentilshommes, mais, par pique contre M. de Vassé, on refusa d'admettre les piétons, soldats ordinairement pillards [3].

Des lettres du Roi, du 19, calmèrent un peu l'effroi causé par l'approche de l'ennemi, en assurant les habitants que des mesures étaient prises pour obliger les huguenots à lever le siége dans le cas peu probable où ils l'entreprendraient. D'ailleurs, on venait d'apprendre que les négociations entamées par la Cour pour arriver à la paix étaient fort avancées.

Il semblait donc que rien ne dût motiver de nouvelles mesures de précaution, lorsque les échevins reçurent, le 24 avril, l'ordre d'ouvrir la ville à quatre compagnies du régiment du sieur de Beauvais. C'était sur la demande formelle de M. de Vassé que le Roi avait fait cet envoi de troupes; le gouverneur avait agi en secret et sans autre motif apparent que celui de donner plus d'importance à son commandement. Ce mauvais vouloir irrita tellement les échevins qu'ils prirent tout d'une voix la résolution de refuser l'entrée aux compagnies. Celles-ci, déjà arrivées aux portes et encouragées par quelques gentilshommes de M. de Vassé, voulurent forcer le passage, mais une sédition furieuse éclata, un domestique du gouverneur fut attaqué près de la porte Guillaume et des coups d'ar-

---

[1] *Mémoires de Sully*, vol. 2, p. 20; collection Michaud.
[2] Lestoile dit que le prince de Condé vint jusqu'à Orsonville. (1re partie, p. 69.)
[3] *Reg. des Echevins*.

quebuse partirent des murailles ¹. Cet incident fâcheux envenima la querelle, et M. de Vassé se plaignit à Henri III de l'insulte grave faite à son autorité, ce qui attira à la ville une sévère mercuriale. On allégua pour excuse que les compagnies du régiment de Beauvais s'étant présentées aux portes, enseignes déployées et en armes, sans montrer leurs lettres, on avait pu les prendre pour des ennemis; mais le Roi ne se paya pas de cette défaite, et il prescrivit aux échevins, le 26 avril, de donner immédiatement satisfaction à M. de Vassé, *gentilhomme d'honneur*, qu'il pourrait *employer en autre meilleure charge, n'estoit* qu'il les aime. On jugea alors convenable de céder; le 28, on fit des excuses au gouverneur et on députa en Cour le procureur du Roi et le sous-doyen pour implorer le pardon de Sa Majesté. Henri, grâce à la prière de MM. de Vassé et de Cheverny, octroya, le 30, le pardon demandé, non sans signifier aux habitants qu'en cas de récidive dans une pareille désobéissance, il ferait sentir sa colère à la ville *jusqu'à la troisième et la quatrième génération* ². Les compagnies (ce qui était un grand adoucissement pour les bourgeois) furent logées et entretenues dans les faubourgs jusqu'au 9 mai, jour auquel le Roi autorisa leur départ en annonçant la signature des articles de la paix. La proclamation officielle de ce nouveau traité eut lieu à Chartres le 22, aux termes d'une ordonnance du 16 ³. C'était le cinquième édit de pacification depuis treize ans.

Le maréchal de Cossé, l'un des chefs de la faction des *malcontents*, avait été dépouillé de toutes ses charges et dignités; le Roi les lui rendit à la paix et prescrivit aux échevins, le 22 juillet, de reconnaître ce seigneur, comme par le passé, en qualité de gouverneur du pays chartrain ⁴. M. de Vassé, con-

---

¹ *Reg. des Echevins.*
² *Ib.;* Séance du 4 mai.
³ *Ib.;* 22 mai.
⁴ Artus de Cossé sortit de la Bastille au mois d'avril 1575, et, peu de jours avant

tinué dans les fonctions de lieutenant-général au même gouvernement, s'occupa, pendant le mois de juillet, avec l'aide des archers du prévôt, à donner la chasse à quelques compagnies de gens de guerre, cassées après les troubles et vivant de brigandages [1]. Le Roi, de son côté, voulant témoigner de son désir d'entretenir l'édit de pacification, exigea, au mois d'août, des officiers de Chartres, un procès-verbal constatant que le culte était rétabli dans les lieux où on l'avait discontinué et que chaque citoyen était rentré en pleine jouissance de ses biens [2].

Le moment parut bon aux échevins pour contrebalancer l'avantage obtenu au sein du corps municipal par les gens de robe, sous la pression de la faction huguenote de 1571. Ne pouvant revenir sur ce qui avait été fait alors, ils renouvelèrent avec les plus vives instances, au mois d'août 1576, la demande d'un maire. Le lieutenant-général Jean de Mineray n'eut pas assez de crédit pour empêcher les pétitionnaires d'obtenir des lettres-patentes favorables à leur cause [3], mais ce magistrat mit toute son adresse à en retarder indéfiniment l'homologation, et il y réussit. Ce fut, au reste, la dernière œuvre de Jean de Mineray, qui mourut le 1er avril 1577 et eut pour successeur Me Pierre Simon, son gendre, procureur du Roi au bailliage.

Des événements d'un intérêt plus général marquèrent la fin de l'année 1576. On lut, dans une assemblée des paroisses, du 28 septembre, des lettres du Roi, en date du 6 août, annonçant la réunion projetée des trois Ordres du royaume à Blois pour le 15 novembre, et il fut décidé que la rédaction des cahiers et l'élection des députés chartrains auraient lieu le 8 octobre,

---

le traité de paix, le Parlement entérina des lettres-patentes portant *annulation de sa prison* et *déclaration de son innocence*. *(Journal de Lestoile,* 1re partie, p. 40; coll. Michaud. — Voir aussi les manuscrits Dupuy, vol. 590; Bibl. imp.)

[1] *Reg. des Echevins.* Lettre du Roi, à ce sujet, du 17 juillet. Séance du 23.

[2] *Ib.* Lettre du Roi du 25 juillet. Séance du 7 août.

[3] *Reg. des Echevins;* Séance du 21 août.

à la Tour-le-Roi, en assemblée des États particuliers du bailliage[1]. Les élus furent, pour le clergé, MM. Raoul Charpentier, théologal et archidiacre de Blois, et François Desvaux, chanoine de Notre-Dame ; pour la noblesse, M^ire Louis d'Angennes, marquis de Maintenon ; pour le tiers, Mes Ignace Olive et Nicolas Guillard, avocats[2]. Cette convocation des États-généraux coïncide avec un projet de ligue mis en avant par quelques seigneurs catholiques ; ils avaient imaginé, nonobstant l'édit de pacification, d'unir entre elles, par une association de mutuelle défense, les provinces attachées à l'orthodoxie ; les articles de ce pacte appelé *union*, rédigés sous l'inspiration des Guise, constituaient une véritable croisade contre ceux qu'ils disaient *dévoyés à l'avancement d'une détestable hérésie*. Le roi Henri avait accepté officiellement l'Union le 2 décembre, et chaque député arrivant à Blois fut requis d'en faire autant ; les élus d'une ville aussi catholique que Chartres se gardèrent de refuser. La Chambre municipale, saisie de l'examen de ce traité d'alliance, par ordre du Roi et à la requête de M. de Vassé, décida, le 15 janvier 1577, que l'association serait acceptée et que l'on nommerait, pour régler ses affaires, un conseil composé de personnes choisies dans les trois ordres[3].

---

[1] *Reg. des Echevins.*

[2] *Ordre des Estats tenvs à Blois*, etc., à Troyes, chez la vefve Nicolas Luce, demeurāt à la rue Nostre-Dame, imprimé sur la copie de Paris (Bibl. impér.)

[3] *Reg. des Echevins.* — Il paraît que, malgré les discordes civiles, on songeait en ce moment à rétablir la navigation de la rivière. Le compte de Jean Lambert, receveur des deniers communs, du 1er octobre 1576 au 1er octobre 1577 (Arch. de la Mairie), nous apprend qu'une ordonnance du 26 janvier 1577 prescrivit de payer à Gervais Hocquereau, laboureur à Soulaires, la somme de 1,500 livres tournois, pour réédifier les écluses des moulins du Breuil et de Soulaires, suivant plusieurs condamnations prononcées par le Parlement contre la Ville, au profit du sieur de Chambon et de ses héritiers, propriétaires de ces moulins. Ces condamnations sont motivées sur ce que *lesdites écluses sont placées sur le chemin et voie publique des bateaux descendans de ladicte ville de Chartres en Normandie, ce qui regarde non seulement l'intérêt du pays mais aussi le bien et prouffit du Roy ayant esté par le passé secouru des bleds de la Beauce et vins d'Orléans par ladicte rivière en ses camps et armées de Picardie et mesme jusques en ceste ville de Paris, lequel secours peut encore advenir estant la navigation d'icelle rivière remise en estal.*

On voit aussi par le compte de Michel Prévost (1577-1578) que M. de Pardieu, procureur des manants et habitants, alla, au mois de janvier 1578, inspecter les tra-

Cependant les huguenots n'avaient pu voir avec indifférence les sentiments hostiles manifestés contre eux par la Cour, et ils s'étaient empressés de prendre les devants en s'emparant de quelques places de la Saintonge et du midi de la Loire [1]; la guerre était donc recommencée en fait depuis le mois de septembre 1576. Henri III avait espéré, et c'était là un des principaux motifs de son adhésion à l'Union, que les Etats-généraux lui fourniraient de l'argent; mais il trouva au sein du Tiers-Etat une résistance invincible sur ce point. Ses demandes directes aux bonnes villes n'eurent pas un succès beaucoup meilleur; Chartres, taxé, dès le mois de novembre, par les trésoriers et généraux des finances d'Orléans, à 72,000 livres pour 6,000 de rente, puis, au mois de décembre, à 10,700 livres pour solde de gens de guerre, et enfin, au mois de février, à 7,000 livres, s'en tira moyennant 12,350 livres, ce qui était déjà trop considérable dans l'état embarrassé de la caisse municipale [2]. Le Roi, trompé dans son attente, ne tint plus autant à l'Union, œuvre des Guise, et déclara aux Etats, dans la séance du 28 février 1577, qu'il ne pouvait soutenir la guerre puisqu'on lui en refusait les moyens. Les troupes royales commandées par M. d'Alençon firent quelques marches en Saintonge pendant que la diplomatie jouait son rôle, et la paix fut enfin signée à Bergerac le 17 septembre, entre Henri, le prince de Condé et le roi de Navarre.

La nouvelle de ce sixième traité de pacification parvint à Chartres le 8 octobre [3] et précéda de peu de jours toute la

vaux de Soulaires, et qu'au mois de mai 1579, Gilles Dubois, bourgeois de Chartres, fit un voyage à Orléans pour s'entendre avec Claude Goyer, marchand et syndic des marchands *fréquenteurs de la rivière de Loire, lesquels avaient offert d'avancer les deniers pour remettre sus la navigation de la rivière d'Eure.*

[1] *Reg. des Echevins.* — Une lettre du Roi, en date 28 décembre, ayant annoncé la prise de La Charité par les huguenots, M. de Vassé fit rétablir le guet, comme par le passé. — Les espèces étaient alors fort rares et à très-haut prix à Chartres. Le *Livre de Bois de Saint-André* nous apprend que l'écu valait 6 livres, le teston 30 sous, le douzain 18 deniers et le reste au prorata. (Arch. départ.)

[2] *Reg. des Echev.;* Séances des 2 novembre, 10 décembre 1576 et 17 février 1577.

[3] *Ib.* — Lettre du Roi, datée de Poitiers le 2 octobre.

Cour revenant de Poitiers. La Reine-mère et la reine Louise, annoncées le 24 par M. de Lansac, fourrier des logis, firent leur entrée avec une grande solennité. Le cortége, composé des officiers du Roi et échevins sous la conduite de M. de Vassé, des sergents *habillés, écussonnés* et *embâtonnés de neuf*, de 150 arquebusiers *morionnés*, avec enseignes et tabourins, et de la milice bourgeoise dirigée par les six capitaines des quartiers, conduisirent les deux reines de la porte des Epars à la cathédrale, par la Grande-Rue, la rue du Bœuf-Couronné ou des Carneaux et celle du Cheval-Blanc, au bruit des hacquebutes et autres pièces d'artillerie. On leur présenta du vin, des fruits, des dragées et des confitures [1].

Si l'association catholique n'avait pas répondu tout d'abord aux espérances de ses fauteurs et adhérents, elle leur avait, du moins, permis de se compter. Leur puissance n'était pas douteuse dans les villes du Nord, et elle agissait par une sorte de terreur devant laquelle le clergé lui-même était forcé de s'incliner. Ainsi, le 30 mars 1578, M. d'Aubermont, abbé commendataire de Saint-Cheron, chambrier et chanoine de Notre-Dame depuis quarante ans, crut devoir demander aux échevins une attestation de sa *prud'hommie* et de son attachement à la religion romaine, ce qui lui fut accordé après information [2]. Les suspects de la ville, voyant les esprits assez mal disposés pour eux, mettaient dans leurs requêtes moins d'arrogance que par le passé. Le Roi avait envoyé à Chartres M. de Bauquemart, maître des requêtes, pour applanir les difficultés inhérentes à l'exécution du dernier édit de pacification. Quelques huguenots ayant sollicité de ce magistrat la faveur d'établir un cimetière à Chartres et un prêche au lieu de Brétigny près Sours, l'affaire, *jugée de conséquence*, fut renvoyée, le 27 mars, à une commission de notables composée de MM. Le

[1] *Reg. des Echevins.*
[2] *Ib.*

Rousse, sieur des Fontaines, prévôt de Chartres, Goulet, procureur du Roi, Chaillou, second avocat du Roi, Cochard, chanoine-prévôt de Notre-Dame, Lebeau et Famin, échevins. Ces commissaires furent d'avis qu'on accordât aux requérants un petit terrain hors des murs pour inhumer leurs morts [1], mais ils s'opposèrent à l'exercice du culte réformé au village de Brétigny, en disant que ce lieu trop rapproché de Chartres n'était pas *de la qualité requise par l'édit*, et que ceux de la prétendue religion devaient se contenter des prêches ouverts dans les faubourgs de Châteauneuf et Gallardon, villes du voisinage [2].

Il faut ajouter que cette sévérité ne dépassait pas les portes. Dans la campagne, les soldats cassés, réunis aux mécontents huguenots, rançonnaient les passants catholiques avec d'autan moins de ménagements que la mésintelligence qui existait entre la Chambre et M. de Vassé entravait le cours de la justice. Cette désunion était devenue plus éclatante encore depuis que les échevins, arguant, au mois de novembre 1576, d'une disposition ambiguë de l'édit de pacification, avaient voulu dénier à ce gentilhomme le titre de gouverneur. La qualité supérieure de lieutenant-général de la Province que possédait M. de Vassé, lui avait fait donner gain de cause, et le Roi, par lettres du 23 novembre, avait condamné le corps de ville à des excuses humiliantes [3]. MM. de la Chambre, profondément blessés, s'étaient déterminés, pour se venger du gouverneur, à maintenir fermement leurs privilèges au sujet des garnisons de gens de guerre, en refusant l'entrée à toutes les compagnies qui se présenteraient, *même sur l'ordre du Roi* [4]. Ils tinrent

---

[1] Soit le jardin de la demoiselle de Loché devant les Filles-Dieu, soit le jardin de Pierre Lemaire devant l'abbaye de Saint-Jean, hors la porte Châtelet, soit le jardin de Pierre Drappier, hors la porte des Epars, soit un petit terrain de 3 ou 4 perches en triangle, près le cimetière de l'Hôtel-Dieu, hors la porte Châtelet.

[2] *Reg. des Echevins.*

[3] *Ib.*; Séance du 4 décembre 1576.

[4] L'occasion s'en présenta, entre autres, le 20 juin 1578, à l'approche de la compagnie de M. de Maintenon, commandée par M. de la Gâtine. Quoique ce capitaine fût porteur de lettres du Roi prescrivant aux échevins de le recevoir en ville,

bon, et les soldats de passage furent hébergés aux faubourgs pendant plusieurs années. Mais il en résulta que la ville, réduite à ses propres ressources pour sa défense, n'eut d'autre parti à prendre que de tenir ses portes constamment fermées; que les habitants purent contempler à leur aise du haut des murailles la dévastation des campagnes et prévoir la disette qui en serait la suite; et que le citoyen assez audacieux pour franchir les fossés, fut à peu près certain d'être dévalisé, sinon tué, par les rôdeurs [1] (juin 1578). Au même moment, certains individus se disant commissaires de l'armée que le duc d'Anjou (François, connu auparavant sous le nom de duc d'Alençon) rassemblait près d'Angers, enlevaient de force dans tous les villages des environs le peu de vivres échappés au pillage des vagabonds (juillet) [2]. Les Chartrains eurent donc beaucoup à souffrir pendant tout le reste de l'année, et une taxe de 6,000 livres que le Roi imposa en novembre ne contribua pas à leur rendre la vie plus douce [3].

On ressentit à Chartres, le 26 janvier 1579, les secousses d'un tremblement de terre, ce que bien des gens interprétèrent à mauvais présage [4]. En effet, il n'arriva rien de bon cette année à la ville, hormis la visite que le Roi et la Reine firent à Notre-Dame le 2 février, jour de la Chandeleur [5]. Ce fut le

---

lui et ses gens, on lui répondit par un refus formel motivé sur les privilèges. M. de la Gâtine protesta et fit connaître que sa compagnie s'acheminerait le lundi suivant vers Chartres, et que si on lui refusait la porte, il saurait bien faire repentir les habitants du mauvais gîte fourni à ses soldats dans les faubourgs. *(Reg. des Echevins.)*

[1] Les incursions des pillards ne furent pas cette année le seul fléau des campagnes; il y eut pendant tout l'été une grande sécheresse qui nuisit beaucoup aux récoltes. Au mois de juin, on fit plusieurs processions avec la châsse de saint Taurin, pour demander de la pluie. *(Livre de Bois de Saint-André;* Arch. dép.)

[2] *Reg. des Echevins;* Séance du 19 juillet.

[3] Sur les représentations du corps de ville, le Roi consentit à faire une diminution de 500 livres. *(Ib.)*

[4] *Journal de Lestoile,* 1re partie, p. 113. — *Livre de Bois de Saint-André.* (Arch. dép.)

[5] Le Roi et la Reine arrivèrent à Chartres le dimanche 1er février, sur les cinq heures du soir; ils venaient d'Ollainville, près Châtres (aujourd'hui Arpajon), à 14 lieues de distance. Ils assistèrent le 2, jour de la fête, aux offices et au sermon

commencement de ces dévotions de parade si affectionnées par Henri III et que ce prince accomplit périodiquement pendant tout le reste de sa vie. Les 8 et 9 avril suivants, la rivière grossit de telle sorte que l'eau passa par-dessus le premier pont de la porte Guillaume, inonda toute la basse ville et enleva un grand pan de murailles près de la porte Imbout¹. Les démolitions avaient comblé une partie du fossé; mais comme on ne pouvait réparer immédiatement la brèche, faute d'argent, un corps-de-garde de milice bourgeoise fut établi sur ce point pour empêcher les tentatives des batteurs d'estrade.

Au mois d'août, M. de Vassé, fatigué de la position équivoque qui lui était faite à Chartres, donna sa démission de gouverneur, au grand contentement de la Chambre. Les échevins croyaient être débarrassés à tout jamais de cette sorte d'officiers, mais une lettre du Roi, du 13 septembre, vint les désabuser, en leur annonçant que le poste vacant avait été donné à M. François d'Escoubleau, seigneur de Sourdis, chevalier de l'ordre et gentilhomme de la Chambre. On objecta que de toute ancienneté, en temps de paix, la dignité de capitaine ou gouverneur de Chartres avait été unie à celle de bailli. Mais ces raisons n'avaient pas une grande valeur, car, depuis longtemps, le bailli ne résidait pas et n'exerçait en réalité aucunes fonctions; ce titre honorifique appartenait alors à M. René de la Ferrière, chevalier, seigneur de Saint-Maurice-de-

---

de M. Charpentier, chanoine, et ils s'en retournèrent le mardi matin. *(Livre de Bois de Saint-André.)*

Le Roi remporta de son voyage deux chemises de Notre-Dame, l'une pour lui et l'autre pour la Reine, espérant obtenir lignée par l'intercession de *la belle Dame.* *(Journal de Lestoile,* p. 113.)

¹ L'eau pénétra dans la crypte de l'église Saint-André *où les gagers retirent la cire et y estoit de la haulteur de la table qui est audict lieu.* *(Livre de Bois de Saint-André.)* — *Le mecredy 8 avril, environ mydi, les eaues commencèrent à acroistre de telle sorte que, environ onze et douze heures du soir, elles furent si grandes qu'elles passoient par dessus le pont de la barrière de Porte-Guillaume et passoient la maison de la Souche, et firent de grandz désastres és vallées; comme aussi, à ceste mesme heure et jour, est advenu aux faux bourgs Saint-Marceau à Paris et en plusieurs aultres lieux et contrées.* (Livre des obits de Saint-Barthélemy; Arch. départ.)

Gallou, qui ne venait pas plus souvent à Chartres que ses prédécesseurs ; d'un autre côté, on n'était plus en temps de paix, car les huguenots remuaient en Gascogne et en Picardie. Il fallut donc se soumettre et fournir un logement au nouvel élu [1].

Le 22 septembre, le Roi vint en pélerinage à Notre-Dame, accompagné de la Reine sa femme. Le 7 décembre, une lettre de M. de Sourdis apprit à MM. de la Chambre que le prince de Condé avait pris La Fère. Peu de temps après, le gouverneur vint présider lui-même à l'armement complet des fortifications et décida le clergé à contribuer aux frais des réparations de la porte Imbout [2]. On reçut, le 22 avril 1580, la nouvelle de la prise de Saint-Maixent et de Montaigu en Poitou par les ennemis. Ces succès encourageaient les huguenots de la Beauce ; ceux de la campagne tenaient des *conventicules*, et ceux de Chartres s'évadaient pour les rejoindre. On pensa qu'il convenait de s'opposer à ces réunions suspectes, et, dans les mois d'avril et de mai, on fit battre tous les environs par des volontaires chartrains auxquels se joignirent les paysans de Courville, d'Illiers, de Gallardon, de Nogent-le-Roi, de Brou et de Bonneval ; mais, par compensation, on plaça sous la sauvegarde du Roi, à la requête de M. de Sourdis, les hérétiques, qui restèrent paisiblement dans leurs maisons [3]. Aux approches de la Notre-Dame d'août, époque de l'arrivée des pélerins et des vagabonds, les quarteniers placèrent à chaque porte deux escouades commandées par les dizeniers, et, à la fin du mois, on expulsa de la ville ces visiteurs trop souvent peu recommandables [4].

Un ennemi sur lequel on ne comptait pas, la peste, vint, au mois de septembre, jeter l'effroi dans la population déjà si tristement préoccupée des orages politiques. De l'avis des *mé-*

---

[1] *Reg. des Echevins;* Séances des 21 septembre et 11 décembre 1579.
[2] *Ib.;* Séances du 11 décembre 1579 et du 5 janvier 1580.
[3] *Ib.;* 22 avril et 3 mai 1580.
[4] *Ib.*

decins, apothicaires et lieutenant du premier barbier du Roi, cette maladie provenait moins de la corruption de l'air que de *l'infection de certains meubles* apportés de Paris où elle sévissait cruellement [1]. Des mesures sanitaires furent prises immédiatement pour arrêter les progrès du fléau : on établit les malades au lieu de Beaurepaire, malgré l'opposition du clergé ; on désigna les chirurgiens Jacques Boyer et Denis Boissay pour soigner les pestiférés, et ces délégués durent fermer boutique et porter la verge blanche ; on défendit aux convalescents de sortir sans cette verge avec une clochette au bout, et leurs maisons furent marquées à la craie ; on interdit aux bouchers de tuer ailleurs qu'au Massacre, à cause du mauvais air ; enfin, on enjoignit au maître de l'Hôtel-Dieu de fournir un prêtre pour administrer les hôtes de Beaurepaire, sous peine d'y être contraint lui-même par prise de corps et saisie de son temporel [2]. La contagion cessa avec les premiers froids de l'hiver pour recommencer au printemps de 1584 [3].

Cependant les gens de guerre continuaient toujours leurs

---

[1] Dès le mois de mars, on s'était préoccupé du fléau qui régnait alors à Paris ; car on lit dans le *Livre des obits de Saint-Barthélemy* : *Le dimanche, 13 mars, procession généralle hault et bas, en l'église Notre-Dame, par le commandement de Monseigneur de Chartres, à cause de la peste qui est à Paris et aultres lieux.*

[2] *Reg. des Echevins;* fin d'août, 9, 27 et 28 septembre, 4, 6 et 11 octobre, 29 novembre.
Ordonné que les morts seront enterrés de nuit dans les cimetières, et non dans les églises, et que les fosses auront cinq ou six pieds de profondeur.
Défense au messager de Paris d'apporter des meubles et des légumes, et, aux revendeurs, de les acheter.
Défense aux habitants de la ville et des faubourgs de nourrir des volailles, pigeons et *connils* (lapins).
Ordre aux habitants qui n'ont pas de *privés* chez eux, d'en établir dans la huitaine, sous peine de 10 écus d'amende.
Défense de porter des habits ou étoffes à fouler ou reteindre à la foulerie ou teinture de la ville.
Défense d'appeler les préposés au Sanitas *Corbeaux*; on pourra les appeler solliciteurs, garçons de santé, etc.

[3] *Ib.;* 21 et 24 avril, 20 août, 1er septembre, 3 et 5 octobre. — Les malades, cette fois, furent logés dans un bâtiment du cimetière de l'Hôtel-Dieu. On donna pour demeure aux barbiers et médecins la maison du bureau des pauvres, près du puits du Crochet.
Blois, Châteaudun, Orléans, Verneuil, Nogent-le-Roi et Épernon eurent beaucoup à souffrir du fléau.

courses dévastatrices. Le 6 février 1581, les échevins d'Orléans avertirent ceux de Chartres qu'une grosse troupe *d'inconnus et de gens sans aveu* prenait route vers leur ville [1]. Le 13 du même mois, le Roi chargea la Chambre de s'informer si M. le prince de Condé tenait les champs, comme on le disait, près de Pithiviers, et quels étaient les chefs huguenots qui rôdaient en Beauce [2]. Le 23 mai, le bruit de l'arrivée prochaine des régiments de Lavardin et de Guitry fit redoubler de vigilance [3]. Le 25 juin, les compagnies des gens d'armes mandés par Monsieur, frère du Roi, s'approchèrent de la ville et se répandirent dans tous les villages environnants où elles commirent de grands excès. Ces mouvements de troupes avaient lieu contre la volonté du Monarque; mais que pouvait cette volonté tenue en échec par les folies ambitieuses du duc d'Anjou, les sourdes menées de l'Espagne et des Guise, et les prétentions inconciliables des huguenots et des catholiques? Henri III laissa entrevoir son impuissance à faire le bien dans la lettre qu'il écrivit à MM. de la Chambre le 4 juillet, en réponse au message des échevins Haligre et Boileau, députés par leurs collègues pour se plaindre des excès commis par les soldats; « nous mandons au sieur de Sourdis, dit-il, d'aller » incontinent au dict Chartres afin qu'il ait à faire tout ce qui » sera possible pour le soulagement de nos subjectz du plat » païs, ayant extresme regret et desplaisir des foulles et oppressions qu'ils reçoivent des dites troupes, *que chascun » congnoist bien estre assemblées contre nostre intention » et que faisons ce qui se peut pour les faire séparer* [4]. »

Le Roi oubliait ses ennuis dans les plaisirs les plus disparates; il partageait sa vie entre les bals et les processions, les spectacles et les pélerinages. Notre-Dame de Chartres, qui

---

[1] *Reg. des Echevins.*
[2] *Ib.* — Lettre du Roi, datée du 11 février.
[3] *Ib.*
[4] *Ib.* — Lettre contre-signée *Pinart*, datée de Saint-Maur-les-Fossés le 4 juillet.

l'avait déjà vu le 8 avril et le 8 juin 1581, reçut encore sa visite le 9 août, et il toucha les écrouelles dans la grande salle de l'évêché [1]. Ces voyages et ses stations dans la grotte de la Vierge-Noire avaient pour but d'obtenir du ciel un Dauphin, et, le 26 octobre, le vicaire-général Cochard présenta à la Chambre des lettres de Sa Majesté qui demandait à ses sujets d'adresser de ferventes prières, pendant toute l'année 1582, *afin qu'il plust à Dieu lui donner lignée masculine* [2]. Henri, la Reine et la Reine-mère vinrent encore passer à Chartres les fêtes de la Chandeleur 1582 [3]; ils étaient accompagnés du chancelier de Cheverny, nommé récemment gouverneur du pays chartrain [4]. La ville tira quelque avantage de ce séjour de la Cour dans ses murs : un édit de décembre 1581 avait rétabli dans chaque ville et bourg du royaume un office de receveur des deniers communs, patrimoniaux et d'octroi ; à la prière de l'Evêque et de son neveu le chancelier, le Roi permit à la Chambre d'acheter cette charge et d'en remettre, comme par le passé, la gestion aux échevins désignés par la voie du sort; il consentit également au rachat, moyennant une finance de 7,000 livres, de l'impôt qui pesait sur le bétail *à pied rond et fourché* [5].

La guerre et la peste n'arrêtaient pas le Roi. Quoiqu'il sût et qu'il eût informé M. de Sourdis [6] que des bandes ennemies

---

[1] *Livre de Bois de Saint-André.*

[2] *Reg. des Echevins.*

[3] Leurs Majestés firent le voyage de Paris à Chartres, *à pied, quoique les temps fussent très-mauvais et pluvieux*. La Reine arriva le jeudi 1er février, à quatre heures du soir, et le Roi, le vendredi 2, sur les sept heures du matin. *(Livre de Bois de Saint-André.)*
Lestoile dit que le Roi et la Reine offrirent à l'église une Notre-Dame d'argent doré qui pesait cent marcs (1re partie, p. 142).

[4] Il avait été nommé le 1er janvier 1582, en remplacement du maréchal de Cossé, mort au mois de décembre 1581. Ce fut pendant ce voyage qu'il loua pour le Roi les *perrons* du cloître. *(Mémoires de Cheverny*, p. 480, vol. X; coll. Michaud. — Voir aussi le vol. 1er de cette histoire, p. 473.)

[5] *Reg. des Echevins;* janvier et 20 avril 1582.

[6] Lettre du Roi, du 17 mars. *(Reg. des Echevins;* Séance du 19 mars.)

remuaient dans le Maine et dans le Perche, et quoique ces mouvements hostiles se fissent sentir jusqu'aux portes de Chartres, il accomplit avec la Reine un pèlerinage à Notre-Dame le 25 juin [1]. La peste avait repris possession de la ville au mois d'août et elle durait encore pendant l'automne ; néanmoins Henri se trouvait dans nos murs le 3 octobre, et sa présence au milieu du danger inspira de telles inquiétudes à la Chambre, qu'elle fit défense expresse aux malades et aux médecins de sortir de chez eux pendant la visite royale, *sous peine d'être tirés à coups d'arquebuse* [2].

M. de Sourdis, gouverneur, ayant été envoyé en Italie au mois de septembre 1582, le Roi confia l'intérim de sa charge à M. Jean d'Allonville, seigneur de Réclainville. Ce capitaine arriva le 23 janvier 1583, au grand contentement des échevins, qui comptaient sur sa fermeté pour réprimer les pillages des gens de guerre et les vexations de quelques seigneurs du voisinage [3]. M. Théodore des Ligneris, seigneur d'Ormoy et de Morancez, qui s'était mis sur le pied d'interdire la traversée de ses domaines aux marchands venant pour commercer à Chartres, fut atteint le premier par la nouvelle administration [4]. Dans les mois de mai et de juin, M. de Réclainville parvint à dissoudre des *conventicules* suspects qui se tenaient dans certaines maisons des champs [5]. On fut moins heureux avec la peste ; elle reparut au printemps, et elle sévit, au mois d'août, avec tant de violence que l'on fut forcé de licencier les élèves du collége [6].

La maladie n'empêcha pas les visites royales. On reçut, le

---

[1] *Journal de Lestoile*, 1re partie, p. 148. — Ils donnèrent à l'église une lampe d'argent pesant 40 marcs et 50 livres de rente pour l'huile.

[2] *Reg. des Echevins*; Séance du 2 octobre.

[3] *Ib.*

[4] *Ib.*; Séance du 27 janvier 1583. — La maison des Ligneris, l'une des plus illustres du pays chartrain, porte *de gueules, frété d'or, au lion de sable*.

[5] *Ib.*; 7 mai et 15 juin.

[6] *Ib.*; Séance du 2 août.

16 avril, le Roi et la Reine, qui avaient fait *à pied* le chemin de Paris à Chartres [1]; le 10 août, la reine Marguerite de Navarre passant par la ville pour se rendre près de son époux, fut saluée avec toute la courtoisie réservée aux dames; on lui offrit du vin, des confitures, des fruits et des dragées [2]: le 28 septembre, le Roi, revenant de Cléry, arriva à Chartres où il fit ses dévotions pendant trois jours [3]. Mais tous les pélerinages de l'année 1583 devaient être éclipsés par la grande procession du mois de décembre. Le 21 de ce mois, on annonça à la Chambre que les habitants de Dreux avaient fait vœu de venir en procession à Chartres, avec le Saint-Sacrement, le 28, jour des Innocents. Les échevins résolurent de faire à ces bons voisins une réception fraternelle; ils ordonnèrent aux boulangers et bouchers, de faire des provisions pour deux jours et de vendre *sans hausse de prix;* aux habitants, de tendre leurs maisons, sous peine de 10 écus d'amende, de mettre des lanternes aux fenêtres pendant la nuit et de donner l'hospitalité à ceux qui la demanderaient; aux taverniers, d'ouvrir leurs logis et de donner à manger à tout venant, sous peine de prison. Pour empêcher les huguenots du dehors de tenter quelque mauvais coup, on prescrivit de ne laisser ouvertes, pendant le séjour de la procession dans les murs, que les portes Drouaise, Guillaume et des Epars, et de placer à chacune d'elles un corps-de-garde de 20 hommes, et deux corps-de-garde de 10 hommes sous les porches du marché aux Chevaux et de l'Etape-au-Vin [4].

[1] *Ils furent de retour à Paris le 24e dudit mois, tous deux bien las et aians les plantes des pieds bien ampoullés d'avoir fait tant de chemin à pied.* (Lestoile, 1re partie, p. 161.) — Ce récit n'est pas conforme à ce que rapporte le *Livre des obits de Saint-Barthélemy: Le mecredy, 13 avril, le roy est venu à pied à Notre-Dame de Chartres, et la royne est venue en coche; et le jeudy lendemain, le roy est parti pour aller à Notre-Dame de Cléry, et la royne est demourée pour s'en aller retourner à Dolainville.*

[2] *Reg. des Echevins.*

[3] On tendit, pour la réception du Roi, les rues Saint-Michel, des Grenets et des Changes. *(Ib.;* Séance du 27 septembre. — *Lestoile,* 1re partie, p. 165.)

[4] *Reg. des Echevins;* Séance du 21 décembre.

Le 28, le clergé de Dreux et 18 à 20,000 individus environ, tant gentilshommes que bourgeois et paysans, de 32 paroisses de cette ville et de son voisinage, tous habillés de blanc, portant chacun une croix à la main et chantant des cantiques, arrivèrent sur les midi à la porte Drouaise. Ils y trouvèrent le clergé chartrain, les gens du Roi et les échevins qui les conduisirent à Notre-Dame par les rues Saint-André, de la Corroierie, de Bourg, de la Croix-de-Beaulieu ou des Écuyers, de la Porte-Cendreuse et des Changes. Mgr de Thou reçut le Saint-Sacrement des mains de M. Lefèvre, archidiacre, qui l'avait porté depuis Dreux jusqu'à Chartres; l'Évêque officia pontificalement, et le lendemain, après un sermon du P. Rembure, jacobin, la procession fut reconduite avec les mêmes honneurs jusqu'à la porte Drouaise, d'où elle regagna Dreux dans l'ordre qu'elle avait tenu en venant [1].

Malgré le peu de sûreté des chemins, le Roi ne renonça pas à ses pèlerinages habituels; le 11 mars 1584, le chancelier de Cheverny annonça la venue de ce prince, avec notable compagnie, pour le mardi 13; Sa Majesté désirait être reçue comme l'avaient été les gens de Dreux. Au jour désigné, Henri III, après avoir dîné à Nogent-le-Phaye chez M. Bigot, l'un de ses valets de chambre, arriva, à pied, à sept heures du soir, avec sa confrérie de pénitents, au faubourg Saint-Barthélemy, où l'attendaient le clergé, les officiers et les échevins. Il se recueillit un instant dans un oratoire qui avait été dressé près de la croix du carrefour, accepta les compliments et le vin de la ville et vint processionnellement faire ses dévotions à Notre-Dame [2]. La nuit se passa en prières, et, après les offices du

---

[1] *Livre de Bois de Saint-André.*

[2] *Reg. des Echevins.* — *Lequel voyage le Roi fit à pied, accompagné de 47 frères pénitents des plus jeunes et dispos pour bien aller à pied, et tout du long de leur voiage portèrent toujours par les champs leurs habits de pénitents. (Lestoile, 1re partie, p. 170.)*

Le *Livre de Bois de Saint-André* raconte fort au long ce pèlerinage « *Henry de Valois, roy de France et de Poloingne, arriva à Chartres, accompagné de XII religieux capucins et VI religieux de l'ordre des bons hommes et bien LX tant car-*

matin, le cortége royal s'achemina, toujours à pied, vers Notre-Dame de Cléry. Quelque temps après cette visite, la peste reprit dans certains quartiers, ce qui n'empêcha pas les cérémonies religieuses et les séjours à Chartres de divers grands personnages. Le 26 juillet, des honneurs funèbres presque princiers furent rendus au corps de Mme Anne de Thou, épouse du chancelier de Cheverny et nièce de l'évêque Nicolas de Thou; les services du mari et les mérites de l'oncle parurent exiger cette démonstration publique. Du mois d'août au mois d'octobre, Chartres reçut la reine Louise, M. de Cheverny et le duc d'Epernon[1]. Le Roi était attendu le 2 octobre, mais un redoublement de peste le contraignit à tourner les murs sans entrer. La contagion ayant diminué vers la fin de l'année, la Reine en profita pour venir passer la nuit de Noël dans la crypte de la Vierge-Noire[2].

Cette prédilection marquée du souverain, des deux reines et des seigneurs pour le sanctuaire de Chartres était peut-être encouragée par les exhortations de l'illustre poète chartrain Philippe Desportes, abbé de Thiron et de Josaphat, qui avait souvent la charge de prêcher les religieux hiéronymites du Roi[3]; quoi qu'il en soit, les poinçons de vin et les boîtes de

dinaux, princes et grands seingneurs de son royaulme; estant parti de sa ville capitale de Paris à pied, estant lui et toute sa compaignie habillé de linge blanc en façon d'aube et ceint d'une ceinture de cordelles et la plupart de ses compagnons nuds pieds, portant par lun desdits pelerins un grand crucifix; tous marchant par ordre toujours chantant prime, tierce, sexte, none et la litanie, etc.... (Arch. départ.)

[1] *Reg. des Echevins.*

[2] *Ib.*

[3] *Lestoile*, 1re partie, p. 192. — L'abbé Philippe Desportes, dont j'apprécierai plus tard le talent poétique, était né à Chartres en 1546, de Philippe Desportes, bourgeois, et de Marie Edeline. Une sœur de son père, appelée Simonne, avait épousé Jacques Regnier, père du célèbre poète satirique Mathurin Regnier; une autre s'était unie au sieur Noël, contrôleur des deniers d'octroi. Les familles Desportes, Edeline, Regnier et Noël faisaient partie de cette bonne bourgeoisie de la ville qui était en possession de fournir des membres à l'échevinage.

Desportes joua, en politique, un rôle assez considérable; comblé de biens par Charles IX et Henri III, il exerça longtemps les fonctions de secrétaire de la chambre de ce dernier prince, qu'il avait accompagné en Pologne. Pendant la Ligue, il suivit la fortune du maréchal de Villars et contribua puissamment à la réduction de Rouen

confitures que ces visites coûtaient à la Chambre étaient bien payés par l'argent que répandaient chez les habitants les séjours de Henri III et de sa suite. La ville sut reconnaître les bonnes grâces royales par la fidélité dont elle fit preuve pendant la première période de la reprise du *pacte d'Union*. Ce pacte, fabriqué, comme nous l'avons dit, en 1576, puis abandonné à la paix de 1577, venait d'être signé à Joinville, le 31 décembre 1584, par les Guise, le cardinal de Bourbon et le roi d'Espagne. La *Ligue*, car c'était elle, voulait s'assurer de l'éventualité de la succession à la couronne, en bravant à main-armée les tendances modérées du Roi et en excluant du trône le roi de Navarre. Les premiers mouvements commencés en Beauce au mois de février 1585, obligèrent à des mesures de défense concertées avec les gens de Bonneval, de Nogent-le-Roi, d'Illiers, de Courville, de Gallardon et de Châteauneuf [1]. Le 28 mars, arriva à Chartres le sieur du Vau, chevalier de l'ordre et gentilhomme de la Chambre, porteur des instructions du Roi pour la conduite à tenir pendant les troubles [2]. On était d'autant mieux disposé à faire bonne garde, que la peste obligeait à des allées et venues continuelles de l'intérieur à l'extérieur; le guet fut augmenté; on condamna les portes Saint-Michel, Châtelet et Morard, et le vice-bailli, à la tête de sa compagnie, alla fouiller les environs [3]. M. de Réclainville, dont on n'avait pas oublié les bons services, vint, le 11 avril, occuper de nouveau le gouvernement, en l'absence de M. de Sourdis retenu à la Cour [4]. Au mois de mai, les ha-

---

sous l'obéissance du roi Henri IV. *(Mémoires de Sully.* vol. 2, p. 137 et suiv.; coll. Michaud. — Papiers de l'abbé Brillon, *Notice sur Mathurin Regnier;* Bibl. comm.)
Par lettres datées de Blois le 23 janvier 1577, le Roi, en considération des services que lui avait rendus son secrétaire Philippe Desportes, prescrivit à la Chambre d'exempter du guet et de toutes autres charges de guerre la dame veuve Desportes, mère dudit Philippe; ce qui fut accordé, en la séance du 17 février, à la requête de M. Noël, gendre de cette dame. *(Reg. des Echevins.)*

[1] Lettre du Roi, à ce sujet, en date du 23 mars. *(Ib.;* 26 mars.)
[2] *Ib.* — [3] *Ib.;* Séance du 4 avril.
[4] *Ib.* — M. de Réclainville, nommé par lettre du Roi du 7 avril, resta à Chartres

bitants des campagnes, à trois lieues à la ronde, harcelés sans relâche par les gens de guerre des deux partis, furent contraints de prier les échevins de recevoir en dépôt leur mobilier et leurs blés, vins, lard, etc.[1]

L'approche de quelques bandes de l'armée royale commandée par M. de Joyeuse et concentrée dans le Gâtinais et la Touraine, donna, il est vrai, aux Beaucerons un moment de répit, largement acheté par les fournitures que le pays chartrain expédia au camp d'Etampes, comme prix de protection[2]. Mais le moment approchait où les troupes du Roi elles-mêmes allaient cesser leur œuvre de police; les succès des Ligueurs dans presque toutes les villes du nord de la France devaient imposer bientôt à Henri III, malgré sa répugnance, la sanction des principes de l'Union et la révocation de l'édit de tolérance de la religion réformée; il accomplit, en plein Parlement, le 18 juillet, cette abdication de sa propre volonté. C'était rallumer le feu de la guerre civile sur tous les points du royaume; le pauvre monarque ne le savait que trop; aussi n'oubliait-il pas la contrainte dont il avait été l'objet, et sa haine secrète contre la Ligue débordait toutes les fois qu'il en rencontrait l'occasion. On raconte que se trouvant à Chartres, au mois de novembre, il fit rouer un capitaine catholique, ardent ligueur, et pendre trois de ses soldats, parce qu'ils avaient pillé la maison de M. de Dangeau, gentilhomme huguenot[3]. Le reste de l'année 1585 se passa en préparatifs de défense; les travaux des fortifications, en particulier ceux du ravelin de la porte Drouaise, furent poussés avec vigueur, et les ar-

---

jusqu'à la fin de mai, et, à son départ, les échevins certifièrent que ce *haut et puissant seigneur* s'était employé avec tout le zèle possible au service du Roi et à la garde de la ville. *(Reg. des Echevins;* Séance du 28 mai.)

[1] *Ib.*

[2] Cependant les échevins ne voulaient pas que ces troupes vinssent vivre trop près d'eux. Sur le bruit de leur arrivée en Beauce, la Chambre députa au Roi le sieur de Montescot pour le prier de prescrire au duc de Joyeuse et à ses gens de rester à deux lieues au moins de Chartres. *(Ib.;* 20 juin 1585.)

[3] *Journal de Lestoile,* 1re partie, p. 192.

quebusiers du Vidame firent l'exercice comme des troupes régulières.

Le Roi vint faire ses dévotions ordinaires à Notre-Dame le 28 mars 1586 [1], et, quelque temps après, la Chambre reçut l'ordre d'expédier 100 muids de blé à l'armée de Guyenne et à l'armée navale [2]. Le moment était mal choisi, car la disette régnait à Chartres ; en avril, on fut obligé de défendre à chaque habitant d'acheter plus d'un setier de blé par marché, et, en mai, la cherté des vivres était si grande que les pauvres gens mouraient de faim [3]. Henri revint au commencement de septembre, et, cette fois, sa visite fut suivie de la demande d'un emprunt de 5,500 livres, pour contribuer au paiement de la solde des ligues suisses [4].

M. de Réclainville fit expulser, au mois de septembre, les vagabonds et *kaimans* étrangers qui contribuaient à la misère publique [5]. Cette exécution était commandée, d'ailleurs, par la sûreté générale ; M. d'Entraigues, bailli d'Orléans, avait informé, au mois de juin, le gouverneur de Chartres de certains projets formés par quelques rebelles contre la ville, et il était parvenu de plusieurs côtés des avis annonçant l'approche de bandes de gens de guerre inconnus [6]. Le Roi trouva Chartres en proie à ces inquiétudes, lorsqu'il accomplit un nouveau pèlerinage le 29 novembre [7]. Mais la rigueur exercée contre les mendiants ne fut que momentanée et dut céder devant les

---

[1] *Reg. des Echevins*. — Pour rendre la ville digne de ce Roi pèlerin et de ses compagnons de pénitence, l'évêque de Thou avait consenti, le 13 septembre 1585, à l'érection d'un couvent de Capucins. Nous parlerons, au dernier chapitre de cette histoire, de ce couvent qui fut fondé en 1587 dans le prieuré de Saint-Lubin et qui reçut plusieurs fois la visite de Henri III.

[2] *Ib.*; 1er mai.

[3] *Ib.*; 25 avril et 13 mai.

[4] Le Roi accomplit ce pèlerinage en revenant des eaux de Pougues ; il rentra à Paris le 12 septembre. *(Lestoile*. 1re partie, p. 208). L'emprunt dont il s'agit fut porté à la connaissance de la Chambre dans la séance du 4 novembre.

[5] *Reg. des Echevins;* 18 septembre.

[6] *Ib*.

[7] *Journal de Lestoile*, 1re partie, p. 210.

nécessités de ce cruel hiver. La misère, qui était horrible dans les campagnes du Perche, poussait les malheureux vers les centres de population; ils arrivèrent en si grand nombre à Chartres, aux mois de janvier et de février 1587, que l'on prit le parti de les organiser en brigades de travailleurs, aux gages d'un sou et de trois pains de douze onces par jour [1]. Les passants qui refusaient de se soumettre à cette règle, étaient hébergés une nuit à l'hôpital Saint-Hilaire, puis chassés hors des murs. On avait déjà dépensé pour les pauvres, à la date du 1er mai, 44 muids 6 setiers 1 minot de blé, valant en argent 2,400 écus soleil; il est vrai que le clergé s'était engagé, le 3 mars, à contribuer pour moitié, pendant trois mois, aux aumônes nécessitées par la cherté du pain [2].

Les craintes d'une surprise par les huguenots redoublèrent à partir du mois de juillet; des lettres du Roi, datées du 10 de ce mois, et un message du chancelier, reçu le 7 août, déterminèrent le gouverneur et la Chambre à donner la dernière main aux préparatifs de défense [3]. Les travaux de réparation des ravelins des portes Drouaise et Saint-Michel furent achevés pendant le mois d'août; en septembre, on donna commission à M. Lenoir, échevin, d'aller acheter à Paris 60 mousquets avec leurs *équipages* et 200 piques ferrées; une revue générale fut faite par les capitaines, le 26 octobre, et on exigea que chaque bourgeois se pourvût d'une pique, d'une hotte, d'une pioche, d'un mousquet de six livres de poudre ou d'une arquebuse de trois livres de poudre, avec 120 balles au moins [4]. On

---

[1] *Reg. des Echevins;* 12 février 1587.

[2] *Ib.* — Cette générosité valut au clergé l'exemption du tiers à sa charge dans la taxe des pauvres établie pour trois ans, avec paiements anticipés, par l'assemblée générale du 28 avril. Cette exemption lui fut accordée par un arrêt du grand conseil du 9 mai 1587. (Arch. de l'Hôtel-Dieu.)

[3] *Reg. des Echevins.* — Comme on voulait garantir de toutes les manières la tranquillité publique, la Chambre se plaignit, au mois de juillet, de la sonnerie des cloches, *qui vont à toute heure du jour et de la nuit, et au lieu d'inviter les fidèles à prier Dieu les excitent à maugréer à cause des insomnies qu'elles donnent et du mal qu'elles font aux malades.*

[4] *Ib.*

apprit, en effet, que les Reîtres allemands, auxiliaires des protestants, avaient passé la Loire vers la mi-octobre, mais on sut presque en même temps que les Guise leur avaient fait éprouver un échec près de Montargis (26 octobre). Réclainville, entre les mains duquel le gouvernement se trouvait placé de nouveau, était tenu parfaitement au courant des mouvements de l'ennemi par les princes lorrains, ses patrons ; il profita de la circonstance pour augmenter l'armement de la ville et fit venir de l'arsenal de Paris 100 mousquets, 400 piques, 4 milliers de poudre et 100 grenades à feu [1].

Le Roi se défiait du gouverneur intérimaire de Chartres, qu'il savait entièrement dévoué à la politique des Guise ; sous prétexte que la garnison n'était pas suffisante pour garder une place aussi grande et aussi menacée, il dépêcha, le 3 novembre, avec sa compagnie, M. de Pougny, de la maison d'Angennes, chevalier de l'ordre et capitaine de 50 lances des ordonnances, et il voulut que ce seigneur partageât le commandement avec M. de Réclainville. Mais ce dernier ne consentit pas à souscrire à un pareil partage ; sur son invitation, la Chambre fit observer à Henri III, par lettre du 7, qu'il serait à craindre que deux gouverneurs égaux en dignité ne fussent pas d'accord ensemble et qu'il semblait plus convenable de laisser M. de Réclainville seul en possession de la charge, en raison de la grande concorde qui existait entre lui et les habitants ; en même temps on éconduisit courtoisement M. de Pougny et ses gens, sous prétexte que la crainte des soldats empêchait les paysans de venir travailler aux fortifications [2]. Le Roi n'osa pas insister, mais pour reléguer Réclainville au second rang, il donna ordre à M. de Sourdis, gouverneur titulaire, d'aller regagner sur-le-champ son poste. La défiance du Roi se manifesta à la même époque dans une circonstance

---

[1] *Reg. des Echevins;* 29 octobre.
[2] *Ib.;* Séance du 6 novembre.

de même nature. Le lieutenant-général Simon étant mort subitement le 16 septembre [1], les échevins supplièrent Henri de lui donner pour successeur M. Jean de Gauville, lieutenant particulier [2]. Mais le monarque, craignant sans doute que ce choix n'eût été dicté par Réclainville, donna la place vacante à M. François Chouayne, parent de son bien-aimé poète Philippe Desportes [3].

A son arrivée, qui eut lieu le 11 novembre, le gouverneur trouva le moyen d'expédier à l'armée royale 100 muids de blé et 50 muids d'avoine, puis il fit admettre dans les faubourgs le régiment de gens de pied de M. de Sarlabos et décida la Chambre à lever 200 bons soldats, aux gages de deux sous par jour, sous les ordres de deux vaillants gentilshommes à sa nomination, et de deux bourgeois, pour lieutenants. Ce complément de garnison permit, le 21, de refuser l'entrée de la ville au régiment de M. de Gerzay qui se présentait de la part du Roi [4]. Les Reîtres, remis de leur défaite, étaient enfin parvenus au cœur du pays chartrain où Henri de Navarre devait leur donner de ses nouvelles ; mais, surpris à Auneau, le 24 novembre, par le duc de Guise, ils furent obligés de battre honteusement en retraite, en laissant plus de 2,000 morts sur le champ de bataille. Cette victoire causa une immense joie à Chartres, d'abord parce que quelques bandes de Reîtres tenaient la ville en échec depuis trois semaines, ensuite parce

---

[1] *Livre de Bois de Saint-André.*

[2] *Reg. des Echevins.* — Jean de Gauville avait épousé, le 26 septembre 1566, Anne de Mineray, fille du lieutenant-général de ce nom et sœur de Marie de Mineray, épouse du lieutenant-général Simon, trépassé. C'eût été le quatrième lieutenant-général de la même famille. (Voir le *Livre des messes et obits de Saint-Martin-le-Viandier;* Arch. départ.)

[3] Pintard dit, dans ses notes manuscrites, que la lieutenance-générale avait d'abord été dévolue à Etienne Haligre, fils du greffier Raoul Haligre, et que ce personnage, qui devint plus tard le premier chancelier d'Aligre, permuta presque aussitôt avec Chouayne, alors conseiller au Grand-Conseil (coll. Lejeune). Chouayne était un savant distingué et un excellent orateur. De Thou le cite dans ses mémoires parmi les érudits dont il fit connaissance lors de son voyage avec Paul de Foix. *(Mém. de de Thou,* p. 278. — Voir aussi la *Bibl. chartraine* de Dom Liron.)

[4] *Reg. des Echevins;* 11 et 12 novembre.

que les vaincus étaient des hérétiques, enfin parce que le héros de la journée était ce grand duc de Guise, l'idole du parti catholique. Une fois les Reîtres battus et dispersés, les bourgeois chartrains allèrent nettoyer les villages qu'ils avaient occupés ; ils trouvèrent à Saint-Léger-des-Aubées deux gros *pétards* qui furent tirés, le 21 décembre, pour la réception du Roi et emmenés à sa suite [1].

---

[1] *Reg. des Echevins*; décembre 1587 et février 1588. — Voir sur la défaite des Reîtres, les *Mém. de Cheverny*, p. 485; cet historien fixe l'action au 26 novembre. Cheverny ajoute que l'on trouva dans les campements des Reîtres douze *assez bonnes pièces, tant canons que couleuvrines*, qu'on fit conduire à Chartres.

La *Routte et deffaicte générale des Reistres* donna lieu à beaucoup d'opuscules dont la plupart se trouvent à la Bibliothèque impériale et sont classés à la page 316, Lb^{34}, n°s 385, 386 et suivants, 1er vol. du Catalogue.

On conserve dans les archives de la Mairie un *Estat des fraiz faits en la ville de Chartres pour le service du Roy, tuition et défense d'icelle ville durant la présente année 1587*. Ce document, qui constate une dépense de 5,179 écus 18 sous, contient les passages suivants :

Pour avoir fait venir de Paris le capitaine Augustin Rameli, ingénieur du Roy, pour visiter les fortifications et y ordonner ce qui serait nécessaire ; tant pour sa dépense que pour celle de quatre hommes à cheval venus avec lui, sept vingt dix escus, y compris un cadeau de cent escus.

Achat à Paris, moyennant cinq escus pièce, transport compris, de huit vingts mousquets garnis de leurs bandouillières, fourchettes et moules, huit cents escus.

200 piques ferrées, achetées à Paris moyennant 50 sous pièce, transport compris, huit vingt six escus deux tiers.

Nourriture et entretien pendant deux jours aux faubourgs de la ville des troupes commandées par le sieur de Sarlabos, 476 escus 2 tiers, suivant certification du sieur de Sourdis.

Nourriture et entretien de la compagnie de gens d'armes du sieur de Sourdis en la ville durant 14 jours, du samedi 14 novembre jusqu'au vendredi 27, 583 escus un tiers, comme appert des certificats du sieur de Sourdis et du fourrier de sa compagnie.

Dépense faite durant les mois d'octobre et de novembre au matériel de l'artillerie, comme cartouches, *affeux*, artifices de feu pour chandeliers de guerre, grenades, etc., sous la direction du capitaine Sauxon, commissaire ordinaire de l'artillerie, qui a séjourné en la ville pendant les mois d'octobre et de novembre, avec deux canonniers, 1790 escus 38 sous, suivant estat signé dudit Sauxon le dernier novembre 1587.

Maçonneries de pierres de taille lyasonnées de barres de fer attachées à plomb dans la rivière, pour empêcher l'ennemy de la retrancher en trois endroits où cela se pouvoit, 95 escus.

Bois, chandelles et charbon fournis extraordinairement aux corps-de-garde de la ville et des faubourgs pendant trois semaines que l'ennemy a été devant la ville et ès environs, six vingt dix escus.

Faict, arresté et vérifié par nous soubs-signez à Chartres le dixième jour de décembre l'an mil v^c iiij^{xx} vij.

Reclainville, Gainville, de Montescot, Robine, Tunais, Bacher, Brebion, Boutroue, Legny, Trossard.

Vérifié et contrôlé par Jehan Noël, contrôleur des deniers communs, les jour, mois et an que dessus.   Signé *Noël.*

Le séjour à Paris du roi de France et du roi de la Ligue, de Henri de Valois et de Henri de Guise, amena des conflits qui se terminèrent par les barricades des 12 et 13 mai 1588. Henri III, craignant d'être cerné dans le Louvre par les Guisards, partit furtivement de Paris le 13 au soir et arriva le lendemain 14, sur les onze heures du matin, aux faubourgs de Chartres, accompagné de quelques seigneurs et précédé par le chancelier de Cheverny, gouverneur de la province [1]. Les fugitifs crurent au premier abord qu'ils ne pourraient pas entrer sans parlementer, car ils trouvèrent les portes Drouaise et Châtelet fermées; mais la porte des Epars était ouverte et le Roi se risqua; il descendit à son logis du cloître et fut très-bien accueilli par la population [2]. Les gardes suisses accoururent, le 15, sur les traces du monarque, qui avait déjà inauguré sa venue par une grande procession à Saint-Père-en-Vallée, avec la châsse de Notre-Dame [3]. Ce brusque départ de Henri déconcerta les Parisiens qui perdaient ainsi l'espérance d'obtenir les concessions qu'ils pouvaient imposer quelques jours plus tôt. Les députations du Parlement, des cours supérieures, du clergé se succédèrent près du Roi pour le supplier de pardonner à sa bonne ville de Paris; il fut inflexible. On imagina alors de l'émouvoir par un de ces spectacles religieux si fort à son gré : « Le jeudi, 19 mai, dit le *Livre de Bois de Saint-*
» *André*, sur les huict heures du soir, arrivèrent de Paris les
» Capusins dudict lieu, accompagnés de Mʳ du Bouchage, ca-
» pusin, portant la croix avec très grande et singulière dévo-
» tion; et estoient avecques eux les pénitens gris qui précé-
» doient à l'entrée de Notre-Dame les dictz capusins, chantans et
» psalmodians les ungs et les autres; et estans lesdictz religieux
» entrez dedans le cueur de Notre-Dame, les dictz pénitens
» crièrent à haulte voix par trois fois: *Miséricorde*, ce frappans

---

[1] *Lestoile*, 1ʳᵉ partie, p. 251 et 252.
[2] *Mémoires de Cheverny*, p. 487 et suivantes.
[3] *Livre de Bois de Saint-André*.

» et gettans par terre ; lesquelles choses excitèrent plusieurs
» manans et habitans de Chartres et aultres à plorer et gémir[1]. »

» Le dimanche, 22, le Roy toucha les mallades des écru-
» elles sur les dix heures du matin ; et là ce trouvèrent bien
» huict à neuf cens mallades tant Espaignolz que autres. Le-
» dict jour, sur les cinq à six heures du soir, les capuscins et
» pénitens gris vinrent de l'église de Mr St Piat en l'église de
» Notre-Dame, et de ladicte église ce transportèrent en l'église
» de Mr St Martin le Viandier en procession, faisant plusieurs
» mistaires de la Passion, *dont aulcuns des assistants se trou-*
» *vèrent édifiés, et la pluspart des autres schandalisés* [2]. »
Le Roi suivit dévotement les offices, mais il ne s'attendrit pas.

Le duc de Guise et le corps de ville de Paris, redoutant, dans l'intérêt de leur propre cause, une rupture ouverte avec l'autorité royale, envoyèrent, le 17 et le 24, des députés porteurs de paroles de conciliation ; le Roi remit l'examen des griefs mutuels aux Etats généraux qui devaient se tenir à Blois le 15 septembre. L'ordonnance de convocation de cette assemblée fut, en effet, publiée le 21 mai, jour du départ de Henri III pour Rouen.

La présence du Roi à Chartres avait été signalée par des bienfaits fort appréciés alors. Le monarque avait fondé, par lettres-patentes du mois de mai, une foire *franche* de huit jours ouvrables consécutifs, à partir du 11 mai de chaque

---

[1] Voici comment les registres de l'Œuvre font mention du même fait : « *Le jeudy, 19 mai, les pénitens et capucins de Paris sont venuz en procession en ceste ville, et sont arrivez environ huict heures du soir, et ont faict quelques prières dedans le cœur et puys sont allez soubz terre là où ilz ont faict le pareil, et sont sortiz par la porte vers le clocher vieil ; et une partie sont allez aux Capucins, l'autre chez Mr Bonneaux, chanoine de la dicte église. Le lendemain vendredy, Mr le duc d'Epernon est venu à Chartres trouver le roy qui y estoit.* »

[2] Cette dernière réflexion est exprimée en ces termes dans le Journal de Lestoile : « 35 capucins, précédés par frère Ange (naguères sieur du Bouchage) qui portoit la croix,... entrèrent dans la ville de Chartres chantans, comme si c'eust esté une procession ; dont tout ce peuple de Chartres espandu par les rues pour les regarder, estoit étonné, *les uns trouvans beaux ces nouveaux mystères, les autres s'en rians et s'en moquans, et beaucoup s'en offensans,* comme si on eust voulu se servir des *cérémonies de la religion catholique, apostolique et romaine pour masque et risée* » (p. 254).

année. Cette foire qui subsiste encore et qui, en mémoire de l'époque de sa fondation, porte le nom de foire *des Barricades*, fut établie, disent les lettres, en récompense de la fidèle obéissance des habitants et en considération de la *belle et grande estendue* de la ville, *située en fertile pays où se fait un grand et ordinaire traficq de toutes sortes de marchandises* [1]. Henri avait, en outre, accordé à perpétuité aux habitants l'exemption des droits de franc-fiefs et nouveaux acquêts, pour les maisons, terres, seigneuries et fiefs tenus par eux noblement et en foi et hommage [2].

On s'occupa pendant le mois de juin de la rédaction des cahiers de doléances pour les Etats généraux, et M. Lemaire, avocat de la ville, représenta la Chambre à la réunion préparatoire qui eut lieu devant le lieutenant-général Chouayne, pour la nomination des députés du Tiers [3]. Les suffrages des trois ordres du bailliage de Chartres se portèrent sur Renault de Beaune, archevêque de Bourges et abbé commendataire de Bonneval, Raoul Charpentier, docteur en théologie et archidiacre de Blois, et Mathurin Baudouin, curé de Prunay-le-Gillon, pour le Clergé; sur Louis d'Angennes, sieur de Maintenon, chevalier de l'ordre, capitaine de 50 hommes d'armes des ordonnances et conseiller au Conseil privé, pour la Noblesse; et sur Claude Suireau et Jean du Ru, avocats, pour le Tiers [4].

A Rouen, le Roi se montra de meilleure composition qu'à

---

[1] Ces lettres, dont l'original a été perdu, furent enregistrées en Parlement le 29 juillet; mais les troubles s'opposèrent longtemps à l'établissement définitif de la foire des Barricades, ainsi que de celle de Saint-Barthélemy que Henri III avait rendue franche au mois d'août 1588, comme je le dirai plus bas, et ce ne fut que le 23 mars 1618 que la ville obtint de la Cour des Aides l'enregistrement des lettres-patentes primitives et de celles données en renouvellement par Louis XIII, les 23 février 1612, 2 octobre 1617 et 13 mars 1618.

[2] Patentes de mai 1588, vérifiées en Parlement le 23 juillet et registrées le 2 août en la chambre des Comptes. *(Pancarte municipale*, vol. 2; Arch. de la Mairie.)

[3] *Reg. des Echevins.*

[4] L'ordre des Estats généraux tenus à Blois l'an 1588, soubs le très chrestien Roy de France et de Pologne Henry IIIe du nom. A Lyon, par Benoist Rigaud, MDLXXXIX; par commandement de Mgr le Séneschal; in-8°. (Pièce de la Bibl. impériale.)

Chartres, car il consentit à se déclarer de nouveau le chef de la Ligue [1]; il nourrissait peut-être dès-lors certains projets qui se réalisèrent à Blois. Henri revint à Chartres le 28 juillet [2] et ne tarda pas à être suivi par le duc et le cardinal de Guise, le cardinal de Bourbon, la Reine-mère et plusieurs autres princes et seigneurs. Le duc de Guise, logé au cloître Saint-Martin, probablement dans l'ancien hôtel-de-ville, avait été l'objet d'ovations qui ne plurent pas à Sa Majesté; on prétend même qu'un incendie fut allumé dans une maison du marché aux Chevaux, occupée par le surintendant d'O, pour favoriser l'exécution d'un complot tramé contre la vie du prince lorrain, et que la vigilance des bourgeois empêcha le coup. Le fait n'est pas prouvé. Le monarque avait en ce moment l'esprit distrait par d'autres soucis; il suivait avec anxiété les mouvements du plus puissant allié de ses ennemis, Philippe II, roi d'Espagne, qui avait envoyé une flotte gigantesque contre l'Angleterre. On sait que cette flotte vint se briser contre les falaises de Normandie et les rochers des Hébrides. La nouvelle en fut donnée au Roi le 10 août, pendant son séjour à Chartres, et l'on doit supposer qu'il ressentit un secret mouvement de joie en apprenant l'échec arrivé au premier promoteur de la Ligue. Le gouverneur de Calais lui envoya 300 forçats turcs et barbaresques recueillis sur la plage; ces malheureux, agenouillés sur les degrés de la cathédrale, s'étant mis à crier *Misericordia* quand le Roi passa pour aller à la messe, ils furent reconnus libres par le Conseil privé et reconduits à Constantinople [3].

---

[1] *Le dimanche 24 juillet, entre vespres et complies, a esté faict procession par le hault et bas de l'esglise, et à l'issue a esté chanté en la neif et avec les orgues et chantres* Te Deum laudamus, *pour rendre grâces à Dieu de la paix fuicte entre les princes catholiques et le roy. (Registre du Clerc de l'œuvre; Arch. départ.)*

[2] *Reg. des Echevins.* — Le monarque fut reçu au bruit de 12 pièces d'artillerie. — Le *Livre de Bois de Saint-André* dit que l'arrivée du Roi eut lieu le 27, jour de Saint-Pantaléon, et qu'il partit pour Blois le 5 septembre; mais le *Registre du Clerc de l'œuvre* qui raconte jour par jour les événements, avance l'époque du départ du Roi jusqu'au lundi 27 août au matin.

[3] L'ambassadeur d'Espagne, Don Bernardin de Mendoça, s'était rendu à Chartres pour annoncer au Roi la victoire qu'il disait que la flotte de son maître avait rem-

Avant de partir, le Roi voulut octroyer aux Chartrains une faveur semblable à celle qu'il leur avait déjà accordée au mois de mai. Par lettres-patentes datées du mois d'août, il fixa à quatre jours la foire de Saint-Barthélemy qui n'était ordinairement que de 48 heures, et il décida que cette foire jouirait de la franchise des droits, sauf du denier pour livre.

La présence de la Cour avait attiré dans le voisinage de la ville des rôdeurs huguenots qui faisaient beaucoup de mal; le départ de Henri III en débarrassa le pays. Le monarque, en quittant Chartres à la fin du mois d'août, prescrivit aux habitants de prêter le serment d'union; en conséquence, le greffier du bailliage dressa le 30 septembre un acte par lequel les échevins s'engagèrent à mourir dans l'union de l'église, à s'employer *à la manutention d'icelle* et à observer les édits royaux [1]. Ainsi la ville, déjà secrètement ligueuse, le devint officiellement par l'ordre du prince qui détestait le plus la Ligue.

On attendait avec anxiété le résultat des Etats, lorsqu'un fugitif de Blois, ce fut le père du maréchal de Bassompierre [2], annonça à Chartres la fin tragique du duc et du cardinal de Guise, assassinés le 23 décembre, sur le commandement du

---

portée sur celle d'Angleterre; il avait même fait imprimer à l'avance *la harangue de ce triomphe*. (Lb[34], n° 472; Bibl. impér.) Ce seigneur fut grandement surpris lorsqu'en réponse à son discours, Henri III lui montra la lettre du gouverneur de Calais et qu'il vit les forçats composant l'équipage de la galéasse capitane espagnolle. Il pria alors le Roi de remettre ces malheureux entre ses mains, mais le Conseil jugea qu'ils avaient recouvré la liberté en posant le pied sur la terre de France. *(Introduction à la chronologie novenaire de Palma Cayet*, 1re partie, p. 62 et suivantes; coll. Michaud.)

L'historien de Thou, alors à Chartres en qualité de conseiller d'Etat, dit qu'au mariage de son beau-frère le sieur de Cany avec la demoiselle de Schomberg, célébré en présence de Leurs Majestés et de toute la Cour, le sieur d'Anglure de Givry, blessé à une jambe, se travestit en *roi des Indes* et se fit porter en palanquin sur les épaules de quelques-uns de ces forçats dont la ville était pleine, et que ce spectacle inattendu réjouit fort le Roi.

De Thou cite Michel de Montaigne au nombre des personnages qui avaient suivi la Cour à Chartres. *(Mém. de J.-A. de Thou;* vol. II, p. 328, 329 et 330; coll. Michaud.)

[1] *Reg. des Echevins.*
[2] *Mémoires de Bassompierre*, t. 6, p. 12; coll. Michaud.

Roi. Cette nouvelle causa une émotion extrême dans la ville ; cependant le gouverneur Sourdis parvint pendant tout le mois de janvier à maintenir les habitants dans le devoir [1] ; il fit expulser les gueux et les mendiants, et s'opposa avec énergie à toutes prises d'armes, quoiqu'il n'eût à sa disposition qu'une poignée de soldats. Mais sa résistance ne pouvait être de longue durée, car les ligueurs gagnaient chaque jour du terrain dans le pays. Le 6 février 1589, le duc de Mayenne, que Paris venait de nommer chef de l'Union à la place de son frère le duc de Guise, informa les échevins de la prise de la citadelle d'Orléans par les bourgeois ses amis [2] ; de leur côté, les magistrats municipaux d'Orléans engagèrent vivement leurs collègues de Chartres à les imiter ; il n'en fallut pas davantage. Le 9 février, tandis que l'assemblée générale des habitants, réunie à Saint-Père, sous la présidence de Sourdis, discutait la cause de la Ligue, en présence de l'évêque de Thou et de M. de La Guesle, procureur-général au Parlement, envoyé par le Roi, quelques ligueurs chartrains qui avaient prévenu à l'avance le duc de Mayenne, allèrent lui ouvrir la porte Morard et l'introduisirent dans les murs avec cent chevaux. Le prince prit immédiatement possession de Chartres au nom de la Ligue, et, après avoir inutilement essayé d'amener Sourdis à quitter le parti royaliste, il installa Réclainville dans les fonctions de gouverneur et fit jurer le pacte d'union à tous les habitants [3], puis il repartit le lendemain vendredi après dîner. Sourdis fut retenu prisonnier pendant dix ou douze jours, ainsi que le procureur-général La Guesle, qui avait été arrêté dans

[1] M. de Sourdis fit même célébrer le 5 février un service solennel en l'église Notre-Dame *à l'intention de la feue royne mère du roy Henry troisième* (Catherine de Médicis).

[2] *Reg. des Echevins.*

[3] Voir les *Mémoires de de Thou*, p. 335, l'*Introduction de Palma Cayet*, p. 102, et les *Mém. de Cheverny*, p. 492 et 493. Ce dernier écrivain dit que le sieur des Ligneris tourna les Chartrains à la Ligue, en haine de M. de Sourdis et de M. de Maintenon, qui avaient empêché son élection comme député de la noblesse aux Etats de Blois.

le faubourg par le seigneur des Ligneris [1], au moment où il essayait de gagner Paris. On célébra à Notre-Dame, les 18 et 19 février, un service solennel pour le repos des âmes des deux frères *martyrs* [2].

Réclainville signala son entrée en fonctions par une activité remarquable ; il fit prêter serment aux paroisses de la banlieue, envoya des émissaires à M. de La Ferrière, bailli, alors à sa maison de Saint-Maurice-de-Galou, près La Loupe, pour découvrir quel parti tenaient certaines troupes rassemblées dans ces quartiers, hâta la levée d'une compagnie d'arquebusiers destinée, sous les ordres de M. de Tivernon, son gendre, à partager avec la milice le service du guet, mit à l'étude une restauration générale des murailles et parvint à expédier aux princes catholiques, généraux de l'Union, 200 chevaux d'artillerie pour la part du bailliage de Chartres [3]. Tout cela fut fait avant le 1er mars. La Chambre municipale, qui s'était réservé la surveillance de l'esprit public, remplissait sa mission avec un grand zèle. Les sieurs de Montescot et René Dolandon, reconnus contraires à l'Union et *proditeurs de leur patrie*, évitèrent l'emprisonnement par la fuite ; on saisit leurs biens meubles. Plusieurs autres *politiques*, c'est le nom que l'on donnait aux royalistes, furent appréhendés au corps ; d'autres réussirent à se faire cautionner par des personnes nota-

---

[1] L'historien de Thou, conseiller d'Etat, se trouvait à Chartres près de l'Evêque, son oncle. Théodore des Ligneris, qui était son ami, le prévint que la ville allait se déclarer pour la Ligue et lui facilita les moyens de s'enfuir. (*Mém.* de de *Thou*, p. 335.)

[2] *Le dimanche et le lundy, fut faict en l'esglise un service fort solemnel à l'intention des feuz sieurs le cardinal et le duc de Guize, où ont assisté tous Messieurs du Chapitre et Messieurs de la justice, avec plusieurs des manans et habitants de la ville. Ce fut Mr Robert soubz-doyen qui officia au soir, et le lendemain Mr de Chartres dist la messe de l'obit, et après l'offerte fut faicte une prédication funèbre dedans le cœur : et pour lequel service fut dressé dedans le cœur une chapelle ardente, sur laquelle y avoit 57 cierges poisant chacun un quarteron avec quatre gros cierges poisant chacun cinq livres qu'on appelle les bourdons avec deux processionnaires sur l'autel ; et aussy le tour fut mys sur le pulpitre ; et fut porté à l'offerte du pain et du vin par des bonnes damoiselles de la ville.* (*Livre du Clerc de l'œuvre*; Arch. départ.)

[3] *Reg. des Echevins.*

bles ¹, mais ils n'y gagnèrent que la liberté de leurs personnes, et il leur fut interdit de prendre part aux délibérations de la commune et d'aller au guet. Les prisonniers étaient visités et interrogés sommairement par MM. de Lépine et Broisset, échevins, tandis que les capitaines des quartiers, accompagnés d'un docteur en théologie et des curés, faisaient des visites domiciliaires chez les bourgeois soupçonnés d'hérésie et chez les libraires, pour saisir les livres et papiers défavorables à l'Union et à la foi catholique (premiers jours de mars) ².

Le conseil de ville avait besoin, dans une conjoncture aussi grave, de consulter fréquemment les habitants; on convint donc, le 4 mars, que les assemblées générales se tiendraient à jour fixe et qu'elles se composeraient de quatre classes distinctes, ayant chacune voix délibérative, à savoir : les échevins, les capitaines des quartiers, les délégués du clergé et ceux des paroisses. L'argent manquait pour la solde de la compagnie de M. de Tivernon et pour les travaux des fortifications; mais, comme on était en révolte ouverte contre le Roi, on ne se fit aucun scrupule d'appliquer à ces dépenses le montant des tailles et des recettes du grenier à sel; bien plus, le receveur du domaine royal et ducal, le contrôleur et le receveur des tailles furent nommés trésoriers et payeurs de la Ligue à Chartres ³.

On employa encore d'autres moyens pour remplir la caisse municipale : l'Evêque, suspect de royalisme, donna, bon gré mal gré, 400 écus à la commission des fortifications ⁴, et, d'après l'avis de M. de Mayenne, on élargit quelques *politiques* riches, moyennant le versement de sommes d'argent, à titre

---

¹ *Reg. des Echevins;* 6 mars. — Mᵉ Mathurin Leroy, conseiller au présidial, suspect de royalisme, fut *pleigé* par le curé de Prunay-le-Gillon et Robert Tullouë, procureur.

² *Ib.;* 9 mars.

³ *Ib.;* 4 et 7 mars.

⁴ Cette commission était composée de MM. de Boisbissay, vice-bailli, Leclerc, Cheron et Haligre de Chouvillers.

de prêt (7 et 13 mars)[1]. Quand on eut des fonds, il fallut trouver des ouvriers maçons; les maîtres du métier de Chartres élevèrent alors des prétentions si exorbitantes, que l'on dut appeler, à leur défaut, des *Limousins* auxquels on promit la maîtrise gratis (16 mars)[2]. Afin que les réparations des murailles pussent être mieux suivies, M. de Réclainville fit substituer, le 17 mars, à la commission temporaire des fortifications, un bureau permanent siégeant en la chambre aux bourgeois de la Tour-le-Roi, les lundi, mercredi et vendredi de chaque semaine[3].

Les sentiments ligueurs de Chartres n'avaient pas été adoptés par toute la province; le Perche et la partie du pays chartrain qui l'avoisine tenaient, en général, pour le Roi, encouragés en cela par M. de Sourdis et autres capitaines dont les gens occupaient les petites villes d'Illiers, Bonneval et La Loupe. Effrayés par les rassemblements huguenots et royalistes qui se formaient dans ces contrées et qui lançaient leurs enfants-perdus jusqu'aux faubourgs de la ville, les échevins redoublèrent de sévérité à l'égard des suspects. On remit, le 13 mars, les rôles de l'Union entre les mains des gagers des paroisses pour les faire signer de maison en maison[4], et cette revue individuelle détermina des arrestations, des saisies et des suspensions d'offices. MM. Claude Acarie et Jean Grenet, avocats du Roi et du duc de Ferrare au bailliage, eurent beau protester de leur dévouement à l'Union et de leur horreur pour les crimes de Blois, ils durent recourir au Conseil général de la Ligue à Paris, pour conserver leurs charges (arrêt

---

[1] *Reg. des Echevins.*
[2] *Ib.*
[3] *Ib.* — Ce bureau fut composé de MM. le Prévôt, Trouillart, Pasté, Suireau, Chesnel et Quedarne, capitaines des quartiers, Regnier et Brébion, échevins, de deux membres du clergé, et de MM. de Boisbissay, vice-bailli, Cheron, élu, Bonhomme, receveur du Domaine, Dutemple et Le Tunais, procureurs.
[4] *Ib.* — Le 16 mars, M. de Réclainville adressa à tous les nobles et gentilshommes du pays une circulaire pour les inviter à venir jurer l'Union. (Pièce cataloguée Lb[34], n° 695'; Bibl. impér.)

du 18 mars)[1]. Les sieurs Pierre Chesneau, Macé Lapoustoire et Mathurin Leroy, conseillers, moins heureux ou plus francs, furent tenus de cesser leurs fonctions par ordre du duc de Mayenne[2].

La police arrêta, le 16 mars, un laquais que Mme de Versigny envoyait, de Paris, à son mari, maître des requêtes de l'Hôtel et ardent royaliste, pour l'informer de *l'état et déportement* des princes ligueurs. Le 17, on saisit les blés appartenant aux politiques et huguenots fugitifs, et on en distribua une partie aux troupes de l'Union commandées par M. du Bourg et gîtées à Amilly[3].

Le Conseil général de la Ligue, séant à Paris, désirant entretenir des relations suivies avec une ville qui, par sa position, lui servait de poste avancé, l'invita avec instance à lui envoyer un député. La Chambre désigna pour cette mission, le 18 mars, M. Jean du Ru, avocat au siége présidial, qui reçut ses instructions le 21 et se rendit immédiatement à son poste[4]. On informa les échevins, quelques jours après, de la prochaine entrée en campagne de M. le duc de Mayenne, qui devait passer par Chartres (29 mars); il fut décidé que l'on rendrait à ce prince, en sa qualité de lieutenant-général du royaume, les honneurs réservés au souverain[5]. Mayenne partit, en effet, de Paris le 8 avril, mais il se dirigea sur Châteaudun par Etampes, sans traverser Chartres; il se contenta d'accréditer près des magistrats municipaux M. de Dampierre, maître des requêtes de l'Hôtel, pour organiser d'une manière définitive le gouvernement de l'Union. On avait constitué, le 20 mars, le nouveau mode d'assemblée générale; mais les délégués de

[1] *Reg. des Echevins;* 14 et 24 mars.
[2] *Ib.*
[3] *Ib.*
[4] *Ib.*
[5] *Ib.* — Les officiers, échevins et notables, iront à cheval au-devant du prince, et les capitaines feront la haie avec leurs soldats depuis la porte d'entrée jusqu'au logis qui lui sera préparé.

chaque corps formant une voix, étaient si nombreux qu'il se trouvait quelquefois jusqu'à 72 personnes en séance, ce qui faisait que les secrets n'étaient pas bien gardés [1]. M. de Dampierre réduisit ce nombre à trois délégués par paroisse et à quatre membres du clergé, indépendamment des échevins et des capitaines ; le gouverneur fut même autorisé, en cas d'affaires délicates, à ne convoquer au conseil que douze personnes (17 et 18 avril) [2]. Ce seigneur fit ensuite donner une dernière sommation, emportant prise de corps et de biens, aux habitants qui n'auraient pas signé le pacte d'union sous huitaine, puis il se rendit à Châteaudun, près du duc de Mayenne, avec le prévôt et l'échevin Regnier, dans le but d'obtenir des lettres d'octroi de 4,000 écus sur les tailles, applicables à l'entretien des fortifications [3].

Le Roi, voyant que tout espoir de rapprochement avec les ligueurs était perdu, se décida, les 26 et 27 avril, à donner une déclaration de lèze-majesté contre les seigneurs et les villes engagés dans l'Union. Chartres figurait en tête de la liste, ce qui ne fit qu'exciter davantage le zèle ultra-catholique des

---

[1] L'assemblée générale tenue le 20 mars se composait de MM. de Réclainville, gouverneur, François Chouayne, lieutenant-général, Guy Robert, prévôt; Charles de La Chaussée, chanoine, Michel Gobineau, receveur des deniers communs, Martin Baucher, Jacques Regnier, Pierre Boutroue, Mathurin Brébion, Michel Bachelier, échevins; Cantien Carte, contrôleur des deniers communs, François Lemaire, avocat de la ville; Mathurin de La Chaussée, religieux de Saint-Père, Yves Gaudeau, prieur de cette abbaye, Gervais Moussu, curé de Saint-André, pour le clergé; Pastey, élu, Jean Chesnel, procureur, tous deux capitaines, Claude du Ru, Pierre Duhan, lieutenants, Pierre de Ganeau, enseigne, pour les capitaines et officiers des gardes; Michel Nicole et Nicolas Fresnot, avocats, pour Saint-Aignan; Jean du Ru, avocat, Jean Arondeau, procureur, et Pierre Langlois, bourgeois, pour Saint-Martin; Raoul Haligre, sieur de Chonvillers, Jean Pintard, procureur, et Guy Trouillart, bourgeois, pour Saint-Saturnin; Louis Lesmelin, Nicole Lefèvre, Nicolas Quedarne et Gilles Boulanger, pour Sainte-Foy; Jacques Leroy, pour Saint-Michel; Simon Boisset, enquêteur, pour Saint-André; Jean Beurrier, pour Saint-Hilaire. *(Reg. des Echevins.)* Mais cette assemblée n'était pas au complet, car les délégués de chaque paroisse devaient être au nombre de quatre.

[2] *Ib.*

[3] *Ib.* — Dans une assemblée du clergé tenue le 24 avril, M. l'Evêque offrit aux habitants la somme de 2,000 écus, applicable à la réédification du ravelin de la porte Drouaise, à la condition d'être déchargé de la garde des murailles, sauf en cas de siège. *(Papiers du Chapitre;* Arch. départ.)

habitants. Le 8 mai, M. Chouayne, lieutenant-général du bailliage, présenta à la Chambre la formule de serment arrêtée le 6 avril par le Conseil général et annonça l'ouverture des Etats-généraux de la Ligue, pour le 15 juillet, dans la ville de Paris [1]. La rebellion de Chartres étant ainsi dûment constatée, les royalistes de la Beauce, concentrés jusqu'alors dans les paroisses de Dangeau, La Loupe et Favières, entrèrent décidément en campagne; ils s'avancèrent, le 13 mai, jusqu'à Saint-Arnoult-des-Bois qu'ils ravagèrent [2]. Quelques jours après, une troupe de cavaliers royaux, conduite par Châtillon, Rosny et Sourdis, surprit et tailla en pièces dans les environs de Bonneval 300 maîtres ligueurs commandés par le sieur de Saveuse qui mourut de ses blessures [3]. Dans la nuit du 1er au 2 juin, un corps d'arquebusiers protestants, sorti de Bonneval, vint attaquer dans le faubourg des Epars quelques compagnies de chevau-légers qui devaient entrer en ville le lendemain; ils en tuèrent une partie, firent prisonniers les capitaines Vaupillon et Falandre et brûlèrent plusieurs maisons [4]. Cette fois, les bourgeois se crurent toute l'armée royale sur les bras; ils se hâtèrent de boucher avec de la terre les portes Morard, Drouaise et Châtelet; le gouverneur décida qu'il serait formé immédiatement une réserve de 100 muids de blé (2 juin); 200 livres de poudre à canon furent remises au capitaine Picard qui, logé avec sa compagnie dans les faubourgs, était exposé à recevoir les premiers coups (3 juin); on déposa 1,500 fagots dans chacun des cimetières Hâlé et Sainte-Foy et dans le couvent des Cordeliers; on garnit les herses de la

---

[1] *Reg. des Echevins.*

[2] *Ib.*; 13 mai.

[3] Cette rencontre, qui eut lieu entre Luplanté et Bonneval, est racontée avec détails par Palma Cayet dans sa *Chronologie novenaire*, p. 129, et par les rédacteurs des *Mémoires de Sully*, 2e série, vol. 2, p. 69 et 70; coll. Michaud. — Réclainville était sorti de Chartres avec sa compagnie, mais, après une escarmouche avec l'avant-garde de M. de Châtillon, il avait jugé convenable de battre en retraite.

[4] L'auberge du *Chariot*, appartenant au sieur Aubert Lesmelin, fut détruite de fond en comble dans cette surprise. (*Reg. des Echevins*; Séance du 20 juillet.)

Courtille de pieux et barres de fer (4 juin)[1]. Certains bruits malveillants s'étant répandus sur le compte des religieux de Saint-Jean, on leur enjoignit d'achever la démolition des combles et charpenteries de leur ancien couvent de la Vallée, et on alla visiter l'hôtellerie de la Rose, près de la Couronne, *pour voir quels gens y tenaient conférence* (8 et 12 juin)[2].

Le 12 juin, la Chambre reçut une lettre du duc de Mayenne, en date du 9, qui lui annonçait que les ennemis avaient l'intention d'assiéger Chartres. Un message d'un esprit tout opposé arriva le 17 : il était de M. de Montescot, réfugié à Beaugency, qui mandait à Messieurs que, malgré les indignités dont il avait été victime, il voulait bien se charger de faire leur paix avec le Roi. Cette lettre, saisie sur le porteur, devait être remise aux échevins *non aveuglés de passion* par M. Gobineau, receveur des deniers communs, ainsi que l'indiquait un petit billet particulier. Il fut aussitôt décidé que le sieur Gobineau, détenteur de titres et papiers intéressant la ville, serait retenu chez lui sous la garde de deux bourgeois, jusqu'à plus ample informé[3]. On prit texte de cette circonstance pour déclarer de nouveau M. de Montescot[4] traître et ennemi de la sainte Union ; la même déclaration atteignit les sieurs Jérôme Rotrou, sergent à cheval, Jean Poussemotte, orfèvre, Michel Chauvet, Martin Cottereau et Nicolas Jarry, tailleur ; d'autres furent condamnés à l'amende (20 juin)[5].

La Chambre décida, le 24, que les ordonnances et commissions expédiées en son nom porteraient désormais le titre suivant : *Le Conseil de l'Union établi en la ville de Chartres, tenu en l'hôtel commun et Chambre de la dite ville ;* ainsi la

---

[1] *Reg. des Echevins.*
[2] *Ib.*
[3] *Ib.*
[4] M. de Montescot est tantôt qualifié secrétaire du Roi, tantôt procureur-général des affaires du duché, tantôt trésorier de la maison du Roi.
[5] *Reg. des Echevins.*

politique absorbait entièrement l'administration [1]. Pour compléter les rouages de ce conseil directeur, M. de Réclainville communiqua, le 28, une décision du Conseil général de Paris, prescrivant aux Chartrains de faire choix d'un substitut du procureur-général de l'Union, à la résidence de Chartres. M. Claude Suireau, licencié ès-lois, avocat au bailliage et capitaine de quartier, fut élu à l'unanimité à ce poste qu'il n'accepta, dit-il, que dans l'intention d'y faire le plus de bien possible et sous la condition d'en être débarrassé au plus tôt [2]. La nomination de cet officier ne donna que plus d'activité à l'exécution des dispositions militaires et politiques. On prononça, le 19 juillet, la confiscation de vingt poinçons de vin appartenant à M. Daniel du Cormier, chanoine de Chartres, *atteint et convaincu d'hérésie;* on défendit, le 23, à tous les habitants, quels qu'ils fussent, de correspondre avec l'ennemi et de garder les lettres qu'ils pourraient recevoir de lui, sans les montrer au gouverneur; les hôteliers furent invités, le 25, à venir donner chaque jour aux magistrats les noms des voyageurs descendus chez eux; enfin, sur l'avis d'un arrêt de lèze-majesté rendu, le 20 juillet, par le parlement de Tours contre Réclainville et son gendre Tivernon, il fut prescrit à chaque bourgeois, le 31, de faire provision, sous trois jours, de trois setiers de farine, de deux livres de poudre et de balles et cordages, de travailler aux murailles et de détruire les bâtiments élevés dans un rayon de 200 pas des murs [3]. En même temps, on expédia au sieur de Faucon, maître-d'hôtel du duc de Mayenne, 50 livres de poudre à canon, un demi-muid de farine et un poinçon de vin, pour la munition du château de Villecoi en Beauce, dont il s'était emparé dans le but de contribuer à la *tuition* du pays [4].

[1] *Reg. des Echevins.* — [2] *Ib.*

[3] *Ib.* — Le 25 juillet, on fit défense aux *aoûtrons* (moissonneurs) d'entrer en ville pour la *loue;* ils durent rester hors des portes, sur les glacis. *(Ib.)*

[4] *Ib.;* 31 juillet. — Le 30 janvier 1590, M. de Mayenne récompensa les services

L'assassinat de Henri III, qui eut lieu à Saint-Cloud le 1ᵉʳ août, occasionna à Chartres un moment d'indécision dont le parti ligueur finit cependant par triompher. Il se vengea des modérés, et particulièrement du lieutenant-général Chouayne, en demandant, le 25 août, au Conseil général de l'Union, des lettres-patentes pour la création d'un maire, *en la manière dont en jouissaient les villes d'Amiens, Bourges, Poitiers et autres bonnes villes* [1]. Le Conseil fit attendre sa réponse, mais, provisoirement, M. de La Châtre, gouverneur du pays chartrain pour la Ligue, donna commission de président de la Chambre de ville à M. du Ru, avocat au siége présidial. Les vexations n'épargnèrent pas, non plus, certains membres du clergé : on assigna devant la Chambre M. Le Houic, chanoine, *caporal d'une escouade*, M. le sous-doyen et M. Lenoir, autre chanoine, tous deux *miliciens*, pour s'être fait remplacer à la garde sans autorisation : *Il n'y a pas de priviléges en temps de guerre*, dit à cette occasion le procureur de la Ligue [2]. Le 30 août, Mᵉ Michel Chaillou, procureur au siége présidial et bourgeois du quartier Châtelet, arrêta dans le faubourg de la porte Drouaise un trompette du roi de Navarre venant de Nogent-le-Roi et allant à Blois. Comme cet homme n'avait pas fait les trois chamades d'usage, il fut déclaré de bonne prise et saisi avec son cheval, son argent et ses hardes [3]. Le même jour, M. de La Voisière, commissaire des vivres de l'armée du duc de Mayenne, obtint de la Chambre 100 muids de blé et 25 d'avoine pour les troupes de son maître [4].

A coup sûr on ne pouvait pas épouser plus franchement les intérêts de la Ligue ; cependant, comme il arrive d'ordinaire, les meneurs, eux-mêmes, furent promptement dépassés

---

du sieur de Faucon en lui donnant le revenu temporel du prieuré de la Madeleine du Petit-Beaulieu, saisi sur M. de Montescot auquel il appartenait. *(Reg. des Echevins.)*

[1] *Ib.*; Séance du 25 août.
[2] *Ib.*; 22 août.
[3] *Ib.*
[4] *Ib.*

par la populace. Le sieur de Tivernon, lieutenant de Réclainville, essayait de temps à autre quelques attaques contre les petites forteresses voisines. Après avoir échoué devant Villebon que tenaient les exilés chartrains, il réussit à s'emparer de la Choltière et à faire prisonnier M. de Létourville, propriétaire du château [1]. Ce seigneur, détenu à Chartres, feignit d'abandonner le parti du Roi et obtint, le 15 septembre, sa mise en liberté; mais le peuple de Chartres, furieux de ce qu'il appelait une trahison, s'ameuta contre Réclainville et Tivernon et les jeta dans les cachots de la grosse tour. Cet événement effraya les échevins; l'assemblée générale des paroisses, convoquée le 16 au matin, décida qu'on demanderait de suite des ordres au Conseil général de l'Union. La réponse parvint le 23; la sédition n'y était pas approuvée, et on ordonnait de demander pardon à M. de Réclainville, de le prier de reprendre ses fonctions et de remettre ses enfants en liberté. Les agitateurs, loin d'accepter ces conditions, se révoltèrent de nouveau; ce fut à peine si l'on put obtenir d'eux qu'ils consentissent au transfert des prisonniers, de la Tour-le-Roi, à Loëns, prison du Chapitre [2]. Cette anarchie dura jusqu'au commencement d'octobre, malgré l'entremise de quelques personnages de distinction envoyés par les ligueurs de Paris; mais comme l'échec du duc de Mayenne à Arques et devant Dieppe faisait craindre un retour offensif du roi de Navarre du côté de la Beauce, les bourgeois parvinrent à faire comprendre au peuple qu'il fallait absolument un gouverneur. M. Georges Babou de La Bourdaisière fut désigné à M. de Mayenne, qui ratifia ce choix par lettres du 11 octobre. Le nouveau gouverneur était alors près d'Étampes, assez peu disposé à obéir; il se fit prier longtemps et ne vint prendre possession que le 30 octobre [3]. Il s'était fait précéder par sa compagnie, par la compagnie alba-

---

[1] Louis de Hallot, sieur de Létourville.
[2] *Reg. des Echevins.*
[3] *Ib.*

naise du capitaine Jouan et par les chevau-légers français du capitaine Doré. Les troupes furent logées dans les faubourgs [1], et M. de La Boudaisière se fit donner pour logis l'hôtel de M. de Montescot, rue de la Fromagerie [2].

La peste arriva avec ces renforts de garnison et elle se mit à *pulluler* de telle sorte que l'on fut obligé de rouvrir le *sanitas* de Beaurepaire, sous la direction du chirurgien Martin Prévôt (25 octobre, 2 novembre) [3]. Cette nouvelle affliction ne dispensa pas les habitants des autres misères de l'époque ; il fallut, sous M. de La Bourdaisière comme sous M. de Réclainville, faire provision de vivres, travailler aux fortifications, donner de l'argent et monter la garde. Le 8 décembre, pendant que l'assemblée municipale était en séance sous la présidence de M. du Ru, maire provisoire, le sieur de Faucon, maître-d'hôtel du duc de Mayenne, présenta des lettres du Conseil général de l'Union, ordonnant de faire *amas* de farine, pour le passage de l'armée des princes par Chartres, et de payer sur l'argent des tailles la compagnie du sieur de Bréhainville retenue pour la défense de la ville [4]. On battit monnaie aux dépens des suspects ; une première visite domiciliaire faite le 13 décembre procura la saisie des blés appartenant à MM. Guillaume Hubert et Charles Cheron, élus, Antoine du Marchais, de Bellangreville, de Palaiseau et à la demoiselle de Loché, tous ennemis du roi *Charles X* et de l'Union catholique [5]. Quelques jours après, le procureur Guillaume Montéan, délégué du substitut du procureur-général de la Ligue, trouva encore le moyen de confisquer des meubles et du vin d'héré-

---

[1] *Reg. des Echevins.* — On délivrait par jour aux maréchaux-des-logis de ces compagnies 2 poinçons de vin et 400 pains de douze onces. *(Ib.;* 7 novembre.)

[2] *Ib* — Cet hôtel (aujourd'hui la Mairie) était alors occupé par M. de Saint-Arnoult, gentilhomme catholique, venu pour défendre la ville. On délogea ce seigneur et on lui donna la maison du sieur Pierre Lemaire, bourgeois absent, situé près de la Croix-de-Beaulieu.

[3] *Ib.*

[4] *Ib.*

[5] *Ib.*

tiques, échappés aux premières recherches[1]. Quant à la solde des gens de guerre de la compagnie de feu M. de Bréhainville (ce gentilhomme venait de périr dans une rencontre près de Bonneval)[2], on y pourvut pour un mois, au moyen d'une taxe de mille écus sur les bourgeois les plus aisés ; cette troupe fut même portée, à la fin de décembre, à 60 cuirassiers et 40 arquebusiers à cheval[3].

Le 21 décembre, les soldats de garde à la porte Guillaume saisirent, entre les mains d'un commissionnaire, des lettres écrites par le sieur de Baste, capitaine du château de Denonville, tenant le parti contraire, à Pierre Drapier, apothicaire de la ville. Les sieurs Cailleau et Montéan, capitaines du quartier, se transportèrent aussitôt chez cet individu qu'ils mirent en arrestation et chez lequel ils saisirent des pièces d'artifice et une bible de la correction des ministres de Genève. Le livre fut brûlé en grande cérémonie, et Drapier demeura en prison pendant un mois, après avoir payé 100 écus d'amende[4]. Une autre saisie vint signaler les premiers jours de l'année 1590 ; le 5 janvier, une patrouille bourgeoise, commandée par le sergent Jean François, arrêta dans le faubourg de la porte Saint-Michel le seigneur de Keboteski de Bakonitz, gentilhomme polonais, et le seigneur Alexandre de Georges, dit Stuart, gentilhomme écossais, porteurs de passeports délivrés par MM. de Souvré et de Sourdis, gouverneurs royalistes de Tours et de Bonneval. Ces seigneurs, déclarés de bonne prise, furent condamnés à payer rançon, *comme ennemis du roi Charles de Bourbon, de présent régnant*[5]. Dès la fin de dé-

---

[1] *Reg. des Echevins*; 20 décembre.

[2] *Le 17 décembre 1589*, dit le *Registre du Clerc de l'œuvre*, *le corps de deffunct Mr de Bréhainville, lequel avoit esté tué à Bonneval, fut apporté en l'esglize, et l'on dit vespres et complies; puys l'on fut quérir le corps en la maison de feu Mr Chevreux en la rue Muret, et fut aporté en l'esglize Notre-Dame, et fut dict l'obit solemnel, et fut allumée la perche.*

[3] *Reg. des Echevins.*

[4] *Ib.*

[5] *Ib.*

cembre 1589, on avait rentré en ville et déposé à Loëns les bois propres à faire des gabions ou fascines et les échelles et fûts des gens de la banlieue; on s'occupa, en février 1590, d'achever les travaux des fortifications, de compléter les magasins de farine et d'armer les murailles (5, 15 et 23 février)[1]. En même temps (5 février), la Chambre fit vendre à l'encan, au profit de l'Union, les biens meubles trouvés dans la maison du sieur des Ligneris, qui venait de livrer le château de Verneuil au roi de Navarre; le sieur de Sainte-Colombe, son complice, éprouva le même préjudice[2].

Après quelques manœuvres dans la Normandie, l'armée royale se présenta le 26 février devant les murs de Dreux. Cet événement, en causant une grande frayeur aux Chartrains, leur fit chercher les moyens d'augmenter encore les forces de la défense. Le 3 mars, les échevins firent conduire à Chartres cinq fauconneaux trouvés au château de Levéville et deux autres pièces d'artillerie saisies au même lieu, chez la veuve de M° Mathurin Le Roy[3]; le 7, deux notables allèrent, de la part de l'assemblée, demander du secours au duc de Mayenne, et, en attendant la réponse de ce Prince, on retint au service de la ville le régiment du sieur de Vaudargent, qui traversait les faubourgs pour se rendre à l'armée de l'Union[4]. La journée du 14 mars fut fatale aux ligueurs accourus pour défendre

---

[1] *Reg. des Echevins.* — A cette époque de troubles et d'agitations populaires, l'effervescence guerrière s'était communiquée même aux petits enfants. Le 4 février 1590, l'échevinage fut obligé de défendre aux enfants de la ville de se battre par bandes et avec des bâtons, sous peine du fouet; il prescrivit aux maîtres et aux pères et mères de les en empêcher, sous peine de dix écus d'amende. (*Ib.*)

[2] *Ib.*; 5 février, 6 avril, 25 mai. — Palma Cayet, p. 208.

[3] On retint pour le service de l'artillerie huit maîtres-canonniers, à raison de 14 écus par an pour chacun. Ce service fut divisé en huit commandements, savoir : 1° celui des batteries de la porte Morard; 2° celui des pièces du tripot Regnier et de la tour du prieuré de Saint-Michel; 3° celui des pièces du fort des Cordeliers; 4° celui de la batterie de la porte Saint-Jean; 5° celui des pièces de la porte des Epars; 6° celui de la batterie du fort d'Hercule près Sainte-Foy; 7° celui des batteries de la porte Guillaume et de la porte aux Cornus; 8° celui des batteries de la porte Drouaise et du fort de la Prêcherie. (*Reg. des Echevins*; 23 février.)

[4] *Ib.*

Dreux; Henri IV les mit en pleine déroute près du village d'Ivry. Le lendemain 15, on vit arriver à Chartres le duc de Nemours échappé au désastre de cette journée ; il venait rassurer les habitants et mettre la place à l'abri d'un coup de main. On décida, du consentement de ce Prince, que les gens de pied des sieurs de Joye et de Vaudargent seconderaient pendant huit jours les cavaliers de M. le gouverneur et du capitaine Basile pour battre les environs, et que si l'ennemi quittait le pays, ces troupes iraient rejoindre l'armée du duc de Mayenne (16 mars)[1]. Le Roi tourna, en effet, ses armes vers le Vexin et la Brie, où il fit le siége de plusieurs villes.

Débarrassés de la crainte de l'armée royale, les Chartrains songèrent à se venger de quelques places fortes du voisinage qui les molestaient beaucoup. Les échevins d'Orléans, de Montargis et de Bourges venaient, précisément, de leur proposer une association de secours mutuel, et cet appui garantissait presque le succès de l'entreprise[2]. Nogent-le-Roi, occupé par des réfugiés chartrains sous le commandement de l'orfèvre Poussemotte, fut le point de mire des confédérés ; on fit faire deux gros canons moyennant 250 écus ; on donna au capitaine d'Auvillers, chargé de recruter un régiment ligueur, des armes laissées par le capitaine Picard à l'hôtellerie de l'Ecu-de-France, et après avoir fait renouveler le serment d'Union par toutes les paroisses de la ville le jour du Jeudi-Saint, on partit pour le siége de Nogent sous la conduite de M. de La Bourdaisière[3]. Le 24 avril, les gens de guerre d'Orléans et de Dreux, commandés par le capitaine Basile, s'acheminèrent en toute hâte avec de l'artillerie vers la ville assiégée. Le château, qui n'était pas tenable, se rendit après quelques volées de canon ; Poussemotte fut arrêté et pendu le lendemain au gibet des halles. Le château de Courville,

---

[1] *Reg. des Echevins.*
[2] *Ib.;* Séance du 4 avril.
[3] *Ib.;* 14 et 16 avril.

pris par les royalistes, fut repris par les Chartrains et les Orléanais qui ravitaillèrent le château d'Illiers; puis, comme une partie de la garnison de Nogent s'était réfugiée à Epernon, M. de La Bourdaisière jugea nécessaire de soumettre cette place dont l'investissement eut lieu le 12 mai, jour même de la première attaque de Paris par le Roi [1].

Pendant que la Ligue chartraine opérait au dehors, la réaction royaliste s'agitait au dedans. Le 19 mai, le maire du Ru donna connaissance à la Chambre du contenu de certaines lettres saisies sur un messager et adressées, le 4, de Serazereux, au sieur Duchesne, par M⁰ Jacques Goulet, conseiller au présidial, l'un des exilés [2]. Ce magistrat mandait que sa belle-mère, M*lle la Procureuse du Roi*, demeurée à Chartres, l'avait averti que le moment d'un siége étoit bon, *parce que la canaille de Chartres ne voulait pour garnison que les compagnies Labourdaisière et d'Auvillers, avec cinquante arquebusiers; qu'en vain les gros bonnets de la sédition demandaient M. de La Châtre, que le menu peuple s'opposait à le recevoir avec plus de trente hommes;* que, par conséquent, c'était une belle occasion pour Sa Majesté [3]. L'exaspération fut à son comble à cette lecture. On débuta par mettre en prison le lieutenant-général Chouayne, le prévôt Robert, le conseiller Lebeau, le greffier Haligre et le sieur Jean du Plessis, seigneur de La Saussaie; on vendit à l'encan tous les meubles de la famille Goulet, et les habitants, sortis de la ville depuis le dernier serment d'Union, reçurent l'ordre d'y rentrer sous peine de la confiscation de tous leurs biens (22 mai, 18 juin, 29 août) [4]. L'instruction du procès entamé contre Goulet et ses adhérents se prolongea jusqu'au mois de septembre sans

---

[1] *Reg. des Echevins;* 24 avril et 12 mai.
[2] Jacques Goulet était le fils de Nicolas Goulet, procureur du Roi au bailliage, banni comme suspect d'hérésie et de royalisme.
[3] *Reg. des Echevins.*
[4] *Ib.*

que l'on pût rien découvrir, malgré les visites domiciliaires et les arrestations préventives. Ces violences, auxquelles entraînaient les exaltés du parti, dégoûtèrent le sieur du Ru de la mairie; il donna sa démission le 6 juillet, laissant à l'assemblée générale le soin de pourvoir à son remplacement [1]. La charge de maire provisoire, *en attendant l'érection et établissement d'un maire électif*, fut donnée, au mois de septembre, à M⁰ Claude Suireau, l'un des *factotum* de la Ligue [2].

L'approche de quelques bandes ennemies fit comprendre à la Chambre la nécessité de ne pas dépenser son énergie dans ces mesquines vengeances. Pendant les mois de juillet et d'août, on fondit plusieurs canons avec de la mitraille, des lames de plomb, des chandeliers et des lutrins (aigles et lions) enlevés aux églises des Jacobins et de Josaphat [3]; le 23 août, M. de La Gagnerie, commandant en l'absence de M. de La Bourdaisière que le duc de Mayenne avait mandé près de lui, prescrivit la construction et l'armement d'un bastion en bois sur la muraille, derrière la garenne Saint-Père, et fit une visite des provisions en armes et en farine déposées chez les bourgeois [4]. Au milieu de ces préparatifs, Chartres reçut la nouvelle de la levée du siége de Paris et de la retraite de

---

[1] *Reg. des Echevins.*

[2] L'élection eut lieu à la fin du mois, aux termes d'une délibération prise à l'hôtel-de-ville le 19. Le clergé se réunit à cette occasion le 26, et nomma pour ses députés à l'assemblée générale des habitants, MM. Cochart, grand-vicaire, Percheron, chevecier, Baudouin, chanoine, Gaudeau, religieux de Saint-Père, Borée, religieux de Saint-Jean, et Moussu, l'un des curés de Saint-André; il fut prescrit à ces mandataires de requérir M. du Ru de vouloir bien continuer la Mairie encore un an, *pour la connaissance qu'il a des affaires de la ville*, et, en cas de refus de la part de ce personnage, de porter leurs voix sur M. Suireau. (Papiers du Chapitre; Arch. départ.) M. du Ru n'en resta pas moins un des bourgeois les plus influents de la ville.

Pintard dit que ce magistrat avait des sentiments royalistes et il rapporte une lettre que Henri IV lui aurait adressée secrètement le 27 décembre 1589 pour le remercier de ses bonnes intentions. Pintard dit que cette lettre provenait de Jean-Marin Proust, greffier civil et criminel de la Cour des Aides, qui la tenait de son père Marin Proust, avocat en Parlement et parent de du Ru.

[3] *Reg. des Echevins.*

[4] *Ib.*; 21 et 23 août.

Henri IV vers Meaux [1]. Les habitants, dans l'ivresse de la joie, n'eurent plus alors d'autre pensée que de contribuer au ravitaillement de la capitale épuisée par la famine. On ne trouva pas de meilleur moyen, pour se procurer de l'argent et du blé, que de saisir-arrêter les revenus et de vendre les biens meubles et immeubles des royalistes. La famille Goulet y perdit la rente de la chapelle Saint-Sauveur, en l'église Saint-Martin-le-Viandier, et le fermage de la métairie de Boisricheux, près Bouglainval; le sieur Germain Vovelles se vit enlever son blé et son avoine, et le fermier des terres du chancelier de Cheverny dut verser les arrérages de ses fermages à la caisse du Receveur des deniers communs (3 et 29 octobre, 2, 6 et 20 novembre) [2]. Plusieurs convois, sous le commandement d'échevins délégués, furent expédiés à Paris pendant les mois d'octobre et de novembre. Mais ces voyages finirent par avoir leurs désagréments : le 23 novembre, l'escorte chartraine, attaquée près d'Auneau par des rôdeurs ennemis, laissa sur le carreau quelques braves parmi lesquels se trouva l'échevin Jacques de Lépine; il mourut de ses blessures le 24 et fut inhumé à Chartres, le 26, avec la plus grande pompe [3].

L'évasion de divers personnages de marque, celle, entre autres, de l'ancien prévôt Nicole Le Rousse et de sa fille, femme du prévôt Robert, donna lieu, le 8 janvier et le 5 fé-

---

[1] *Le dimanche, 23 septembre, procession génerallle à S*^t *Saturnin pour prier Dieu d'anéantir les héréticques et de secourir les catholicques : à l'issue de laquelle fut chanté le* Te Deum laudamus *avec les chantres et orgues pour rendre grâces à Dieu de la belle délivrance de Paris, laquelle estoit investie et blocquée de tous costez de l'armée des héréticques.* (Reg. du Clerc de l'œuvre; Arch. dép.)

[2] *Reg. des Echevins.* — Le compte de Michel Bachelier, receveur des deniers communs (du 1er octobre 1590 au 1er octobre 1592) fait mention des confiscations opérées sur les biens de Rémy Léger, royaliste, Etienne Pichon, curé de Montlouet, convaincu du crime d'*épie*, Jean Lebon, tailleur d'habits, royaliste, Nicole Goulet, procureur du Roi, royaliste, Adam Leblanc, hérétique et royaliste, Claude Pasteau et sa femme, hérétiques et royalistes, Jean de Hérouard, sieur de Saulceux, hérétique et royaliste, la dame de Loché, royaliste, Polycarpe Touchet, royaliste, Claude de Harville, sieur de Palaiseau et de Fresnay-le-Gilmert, royaliste, la dame Hélène d'Illiers, veuve de Mre Jean d'O, royaliste, David Labbé et Michel Marié, royalistes, Machevin, id. (Arch. de la Mairie.)

[3] *Reg. des Echevins et Compte de Michel Bachelier.* (Arch. de la Mairie.)

vrier 1591, au rappel des anciennes ordonnances de police concernant les passeports, les vagabonds et les marchés [1]. De plus, certains bruits d'attaque prochaine firent prescrire aux gens des faubourgs de rentrer en ville leurs échelles, tonneaux et bois-merrain (5 février). Cette fois la prévoyance eut raison : le maréchal de Biron, traversant subitement les plaines de la Beauce, vint faire ses logements le 10 février près du faubourg des Epars, avec des forces considérables.

[1] *Reg. des Echevins.*

CHAPITRE XXI.

DU SIÈGE MIS DEVANT CHARTRES PAR HENRI IV, AU SACRE DE CE MONARQUE.

(1591-1594.)

M. de La Bourdaisière, revenu à Chartres avec deux compagnies de chevau-légers et une compagnie d'arquebusiers à cheval, au premier bruit de la marche des ennemis [1], s'était empressé de renforcer les corps-de-garde des portes. L'événement prouva qu'il avait eu raison, car sa prudence sauva la ville d'une surprise méditée contre elle par les sieurs de Maligny et de Favières. Cette circonstance décida les bourgeois à recevoir une garnison de la Ligue; mais La Bourdaisière ne put obtenir que l'on brûlât les faubourgs.

Le dimanche 10 février, on fit entrer dans les murs les débris de la compagnie d'arquebusiers à cheval du sieur de La Croix-Cottereau, qui avait été battue et détroussée, le premier de ce mois, dans le village de Prunay-le-Gillon, par les sieurs de Sourdis et de Marolles, et qui bivouaquait depuis lors sur le revers du fossé des Bas-Bourgs [2]. Le lendemain

---

[1] Le document le plus curieux sur le siége de 1591 est un manuscrit de la bibliothèque de l'Arsenal (catalogue 270, in-8°), intitulé : *Journal des choses plus mémorables advenues à Chartres et ès environs, de l'année 1579 jusques en février 1592*. Ce journal, écrit par un ecclésiastique grand ligueur, appartenait au siècle dernier, d'après une note du premier feuillet, à M. Delaroche, notaire à Chartres; il passa de là dans la bibliothèque de M. Mutte, doyen de la cathédrale de Cambray, lequel en fit cadeau, en juin 1770, à M. Fevret de Fontette, conseiller au parlement de Dijon.
Quelques historiens locaux manuscrits, copiés par Doyen et Chevard, ont connu cet ouvrage; mais ils ont omis d'en tirer bien des détails intéressants.

[2] Voir Palma-Cayet (vol. 12, p. 268) et Cheverny (vol. 10, p. 511). Le *Journal des choses plus mémorables* (p. 78), dit que les gens de La Croix-Cottereau perdirent leurs chevaux et leurs bagages, estimés à cent mille écus, et que *plusieurs de la dicte compagnie s'en revindrent à Chartres ung baston blant en main*.

soir, le sieur de Gramont, échappé à grand'peine aux royalistes de Sourdis, parvint à se réfugier sous les canons de la place, avec ses gardes sous la charge du sieur de Longueville, deux compagnies de chevau-légers et quelques cuirassiers [1]. M. de La Pinellière, mestre-de-camp d'un régiment d'infanterie, réussit également à introduire quelques-unes de ses compagnies. Les forces de la défense se trouvant donc réunies, La Bourdaisière partagea les quartiers entre les capitaines : il se réserva la porte Saint-Michel, donna à MM. de Pescheray et de Longny la porte des Épars, à MM. de Rochambeau et de Réclainville, la porte Châtelet, à MM. de La Pinellière, de La Patrière de Beauce et de La Croix-Cottereau, la porte Drouaise, à MM. de Gramont et d'Intigny, la porte Guillaume, et à MM. Le Grand, des Monts et de Vaux, la porte Morard ; puis, il régla le service entre les soldats et les bourgeois, dressa un inventaire complet des armes et munitions, installa l'artillerie et les ateliers d'artifices, et envoya prévenir le duc de Mayenne de la présence des ennemis devant Chartres [2].

---

[1] Gramont se rendait à Paris près du duc de Mayenne, lorsqu'il rencontra vers Etampes les troupes royales qui le forcèrent à se replier sur Chartres au plus vite. Sa brusque venue parut suspecte à quelques bourgeois qui disaient *que c'estoit fourbe du Roi de Navarre qui l'envoyoit devant luy*. (*Journal* cité, p. 79.) La suite prouva la fausseté de ce soupçon.

[2] Voici les noms des principaux chefs qui concoururent à la défense de Chartres : MM. de La Bourdaisière, gouverneur *(de La Gagnerie, son lieutenant; de La Loupe, capitaine d'une compagnie de sa suite; Pierre Chapellain, son trésorier; Antoine Papillon, son maître-d'hôtel)*; — de Gramont *(de Longueville, capitaine de ses gardes; de Villiers, capitaine d'une compagnie de sa suite; Pierre de La Roue, son secrétaire)*; — de La Pinellière, mestre-de-camp *(de La Borde, son lieutenant; Jacques de Gremouville, son écuyer)*; — de Pescheray *(de Longny, son lieutenant; de La Bretesche, son maître-d'hôtel)*; — Porcherie, de La Petite-Croix ou La Croix-la-Balâfre, des Loges, Breteleville, capitaines des compagnies du régiment de La Pinellière; — Bouthelière, Sauvage *(de La Vallée, son lieutenant)*, de La Carrière, de Jarrière, de Saint-Martin, de Lille, d'Arcisse, Fievée, Nicolas de Besnard sieur du Plessis, de Montaigne, gouverneur d'Etampes pour la Ligue, Louis d'Allonville sieur de L'Etang, d'Intigny, de La Rivière, de Mézières, de Lamarre et de La Boujcardière, capitaines de compagnies détachées; — de La Croix-Cottereau et de La Brosse, capitaines de deux compagnies d'arquebusiers à cheval; — Thomas Descorches sieur des Monts et Joachim de La Ferrière sieur de La Patrière de Beauce *(de La Grassetière, son lieutenant)*, capitaines de deux compa-

On eut bientôt lieu de se repentir d'avoir conservé les faubourgs, car Sourdis s'empara, dans la nuit du 11 au 12, de celui des Épars ; on essaya alors d'incendier les autres, mais, malgré les efforts de la garnison, ils furent occupés, dans la nuit du 12 au 13, par l'infanterie de Sourdis, qui s'y logea fortement. Les assiégés firent, pendant ces premiers jours, de nombreuses sorties dans lesquelles le sieur de Gramont se distingua extrêmement[1]. Henri IV étant arrivé le 15, les

gnies de chevau-légers ; — de Vaux, de Réclainville, de Rochambeau, Le Grand, gentilshommes volontaires.

Les troupes régulières et les six compagnies de la milice bourgeoise formaient un effectif de 3,500 hommes de pied et de 300 chevaux, environ ; mais toute la population, accrue d'un grand nombre de paysans réfugiés, travailla aux fortifications et aux brèches.

Le service de l'artillerie fut confié aux maîtres-canonniers Jean Aveline *(terrasse de la tour Saint-Père)*; François Martin *(porte Saint-Michel)*; Girard Bouffineau *(tripôt Regnier)*; Denis Breton *(tour Gaillard)*; Jean Lionnet, Mathurin Grivelier, Gabriel Grandy *(porte des Épars)*; Pierre Mallot, Etienne Lionnet *(fort d'Hercule)*; Mathurin Plessis *(tour Courtepinte)*; Julian Texier *(porte Châtelet)*; Jean Texier, Maugin Blondel, Jacques Milleville *(tour du Fer-à-Cheval)*; Nicolas Regnault *(cavalier de la Prêcherie)*; Jean Robert *(porte Drouaise)*; Robert Drouellé, Gilles Vassor *(porte Imbout)*; Thomas Mousset, Charles Mauny *(porte Guillaume)*; Jean Bouffineau, Laurent Didier *(porte Morard)*; Antoine Grois *(tour des Herses)*.

M. Jean Chesneau, capitaine de la compagnie bourgeoise du quartier Morard, reçut la direction des ateliers de la fonte des balles et de l'artificerie auxquels travaillèrent Jean Chartier, Denis Berton, Michel et Maximilien Poillet, maîtres canonniers-fondeurs, Claude Chapellain, maître fourbisseur, Claude Guiet, Louis Frain, Claude Leloup, Pierre Bony, Philippe Marolle, Michel Brégent, Noël Cottereau, maîtres potiers-d'étain.

La veuve Pierre Denis, poudrière et salpêtrière, fabriqua la plus grande partie des poudres ; le surplus fut fourni par les sieurs Michel Bodeau, Claude Brière, Lambert Léger, Jacques de Lépine et Toussaint Fournier.

Le service des vivres et de la solde des travailleurs incomba à M. Jean Bouteroue, échevin, et, en sous ordre, au bourgeois Denis Baudouin ; M. le prévôt de Loudun, ingénieur, fut chargé de la direction des fortifications.

(État des dépenses faites pendant le siège de 1591 ; Arch. de la Mairie.)

[1] *Mardi 12.* — Sortie par le bourgeois Robert Contet, son fils et douze arquebusiers, qui incendient une maison voisine de la tranchée du marché aux Pourceaux. — Le premier défenseur de Chartres tué par l'ennemi fut un nommé Le Pont, soldat de la suite de M. de Réclainville, qui reçut ce mardi un coup d'arquebuse au ravelin de la porte des Épars.

Mercredi 13. — Sortie par Gramont et par Varenne, sergent de la ville, du côté de Saint-Barthélemy. Ce jour-là on brûla tant de poudre qu'on prétendit que le canonnier du cavalier de la Prêcherie en avait employé à lui seul cent livres *par malice*.

Jeudi 14. — Sortie par Gramont, du côté de la Croix-Saint-Lubin, où le maréchal-des-logis de ses gardes fut fait prisonnier, et par La Pinellière, vers Saint-Maurice. *(Journal des choses plus mémorables,* p. 80 et 81.)

royalistes construisirent une barricade en face du ravelin de la porte Drouaise et ouvrirent une tranchée dans le marché aux Pourceaux, sous la protection d'une batterie masquée par des maisons en ruine et pointée contre le ravelin de la porte des Épars; ils choisirent de préférence ce dernier poste, parce que les murailles du ravelin, inachevées en plusieurs endroits, donnaient prise à l'artillerie. Toutefois, avant d'entamer les hostilités, le monarque voulut tenter la voie amiable et il envoya, le 16, un trompette et un héraut pour sommer les Chartrains de se rendre. Le maire Suireau et le gouverneur La Bourdaisière répondirent qu'ils résisteraient tant que le Roi n'abjurerait pas son hérésie [1]. Les royalistes poussèrent alors leurs travaux avec une grande activité, et bientôt une tranchée de six pieds de profondeur, de laquelle partaient plusieurs mines et qui était couverte par un gabionnage de poutres, solives et sacs de terre, menaça le ravelin de la porte des Épars; M. de Pescheray, auquel les mouvements de l'ennemi n'échappaient pas, fit pratiquer sous le ravelin un réduit casematé, pour servir de tête aux contremines. La barricade du faubourg Saint-Maurice n'était pas moins inquiétante pour la porte Drouaise. M. de La Bourdaisière fit amener dans le ravelin des pièces de très-gros calibre qui parvinrent à faire brèche dans cet ouvrage; ses défenseurs l'abandonnèrent le dimanche 17, et les Chartrains le détruisirent complètement pendant la nuit [2]. Malgré ce suc-

---

[1] Il paraît que Suireau enchérit sur La Bourdaisière, parce qu'on se défiait d'eux et que le quatrain suivant avait été affiché sur les murs de la ville :
Escouttez, Messieurs de Chartres,
sy ne mettez bientost en chartres
La Bourdaisière et Sureau
ils vous mettront tous au tombeau.
(*Journal*, p. 82.)

[2] On feignit une sortie contre cette barricade, et les ennemis s'étant groupés derrière pour la défendre, on démasqua le canon et on tira des bordées *dedans ce nit qui en dénicha bien des oyseaux.*
Le soir de ce dimanche et toute la nuit, il neigea et plut abondamment. — Le guet donna l'alarme, on y alla et on crut reconnaître que l'ennemi pratiquait une mine; on se mit aussitôt à contre-miner. (*Ib.*, p. 82, 83.)

cès, on ne put empêcher les assiégeants non-seulement d'épauler leurs travaux d'approche des Epars par de forts terrassements, mais encore d'ouvrir une autre tranchée dans le cimetière de l'Hôtel-Dieu, et de conduire d'autres mines dans la contre-escarpe du fossé, entre les portes Châtelet et Saint-Jean. Afin de battre, s'il était possible, la barricade qui couvrait cette tranchée, on construisit précipitamment entre la tourelle du Fer-à-Cheval et la porte Châtelet une plate-forme que l'on arma de grosses pièces[1].

Le Roi, qui comptait un assez grand nombre de partisans dans la haute bourgeoisie, avait espéré prendre Chartres d'un coup de main; il se voyait avec peine engagé dans un siége; aussi, voulut-il, avant la canonnade, sommer de nouveau la ville, et il renvoya, le 21, un trompette et un héraut à M. de La Bourdaisière; mais ce fut inutilement[2]. Le dimanche soir, 24, le baron de Biron eut, sans plus de succès, un colloque

---

[1] *Lundi 18.* — On tâcha d'abattre par un feu de mousqueterie bien dirigé les soldats ennemis que l'on voyait porter des terres derrière la contre-escarpe. Il fut dit que le cordier de la basse-cour de la porte Châtelet en tua neuf pour sa part *tant il tiroit dextrement*.
Ib. — M. Cailleau, curé de Saint-Aignan, fit une procession dans sa paroisse avec tout son clergé, nus pieds, malgré le froid et la neige.
Ib. — On s'aperçut que les ennemis voulaient détourner l'eau de la Courtille, mais il était trop tard car la ville avait déjà bon nombre de moulins à bras.
Ib. — On arrêta une jeune fille mendiante, de 12 à 14 ans, qui essayait de sortir de la ville; on trouva sur elle des lettres adressées au roi de Navarre qu'elle dit tenir du receveur du Domaine Bonhomme, des sieurs Adrien Aubert et Pigeard, et d'un pâtissier du Muret; elle accusa aussi un jeune prêtre appelé Etienne Goussu; mais on ne put rien prouver contre eux.
Ib. — On s'aperçut que l'ennemi se retranchait dans le cimetière de l'Hôtel-Dieu. Un chaussetier de la ville, nommé Mignon, capitaine de la porte Châtelet, fit une sortie avec quinze hommes, tua une partie des pionniers ennemis, mit les autres en fuite et détruisit à coups de hache et de pioche les gabions préparés par eux.
Mardi 19. — Un homme de Lèves rapporta qu'il avait vu le lieutenant-général Chouayne avec le roi de Navarre et que ce dernier disait qu'il resterait plutôt deux ans devant Chartres que de ne pas le prendre.
Ib. — On fait fournir six sacs de toile par ménage, pour le cas de brèche. (*Journal*, p. 82, 88.)

[2] *Ib.*, p. 88.
Samedi 23. — Le greffier Lenoir fut blessé dans une sortie.
Ib. — On escarmoucha la nuit avec les ennemis au ravelin des Epars.
Dimanche 24. — Communion générale des habitués de Notre-Dame et grande procession. — Le canonnier de la porte Châtelet, nommé Julian, reçut un coup de mousquet dont il mourut. (*Ib.*, p. 88 et 89.)

avec Pescheray¹; le 26, le Roi fit faire une troisième sommation; puis, Biron et Sourdis s'abouchèrent avec La Bourdaisière et Suireau sur la planchette de la porte Saint-Michel; mais les habitants coupèrent court à toute explication². Pendant ces tentatives de négociations, le gouverneur fit demander des secours aux garnisons ligueuses de Dourdan, Auneau, Orléans et Dreux, et à MM. de Nemours, de Montpensier et de Guise³.

Le 27, jour du mercredi des Cendres, à six heures du matin, les troupes royales firent jouer contre la muraille, entre Sainte-Foy et la porte des Épars, une batterie de sept pièces⁴ établie dans la tranchée du marché aux Pourceaux.

---

¹ *Dimanche soir 24.* — Après une alarme très-chaude, le colloque suivant eut lieu entre Biron et Pescheray : *Biron*. Qui commande ici? — *Pescheray*. C'est Pescheray, Monsieur le Baron. — *B*. Puisque vous ne voulez recevoir votre roi il va vous battre de quatre côtés. — *P*. Je n'en crois rien, car il n'a pas assez de canons ni de poudre; en tous cas nous avons remparts et tranchées pour lui résister. — *B*. Il n'y a personne dans la ville. — *P*. Il y en a assez pour vous, quand il n'y aurait que moi, mes gens et les habitants. — *B*. Comment combattez-vous, car vous n'avez qu'un bras, ayant perdu la main droite? — *P*. Je suis devenu bon gaucher; j'appuyerai la pique sur le bout de mon moignon. — *B*. M. de Mayenne est bien lourd et bien lent à vous secourir. — *P*. Il a de bons chevaux pour le porter. — *B*. Oui, mais votre secours n'est pas proche. — *P*. La ville n'a que faire de secours humains d'ici à plus de trois ans. — *B*. Vous pouvez avoir des blés, mais vous n'avez pas de farines. — *P*. Il n'y a à présent maison en ville qui n'ait son moulin à bras. — *B*. Qui commande le grand éperon de la porte Saint-Michel? — *P*. M. de La Bourdaisière. — *B*. Et le petit cavalier de la porte Saint-Jean? — *P*. Ce sont d'honnêtes hommes. — *B*. Qui commande la porte Drouaise? — *P*. M. de Gramont. — *B*. J'en suis bien aise, c'est mon cousin. *Adieu, Monsieur, je suys vostre serviteur.* — *P*. *Adieu, Monsieur le Baron, je suis vostre, sauf le party.* (*Journal*, p. 89 et 90.)

² D'après le *Journal*, Suireau aurait été très-violent. Biron ayant dit : *Nous qui reconnaissons le Roy, ne sommes-nous pas catholicques comme vous?* Le maire aurait répondu : *Nous vous réputons tels que vous estes, aussy méchants que luy, trahistres à vostre relligion, puisque vous militez pour luy contre elle. Sy vous ne le suyviez pas, il vous suivrait; sy vous ne couriez pas après luy, il courrait après vous. Vous estes cause d'empescher que il ne se faict catholicque* (p. 91).

On lit dans Lestoile (vol. 2, p. 44) : *Le lundi vingt cinquième dudit mois de febvrier, qui estoit le lundi gras, Paris estoit plain de processions commandées qui se fesoient pour la délivrance de Chartres que le Roy tenoit assiégée; et le mercredi des Cendres tous les prédicateurs de Paris la recommandèrent aux prières du peuple comme la mère nourisse de Paris.*

³ *État des Dépenses faites pendant le siége* et *Compte de Michel Bachelier*; Arch. de la Mairie.

⁴ Il y avait trois *doubles canons qui jettoient la boulle de 58 livres pesant et qui battoient en ruine le fort d'Hercule.* (*Journal*, p. 93.)

Le feu cessa à midi et reprit à deux heures jusqu'au soir avec une incroyable fureur. Cette canonnade endommagea les tranchées et terrassements du fort d'Hercule, détruisit les gabions, abattit plusieurs maisons et jeta par terre le haut du clocher de Sainte-Foy[1]. Les assiégeants élevèrent, le 28, une épaule de gabions sur le chemin de Bailleau, pour balayer les remparts avec des batteries de couleuvrines, et continuèrent à miner la contre-escarpe du fossé Saint-Jean[2]. Pendant la nuit, leurs efforts se portèrent du côté de la porte Guillaume qu'ils croyaient mal défendue, mais ils ne réussirent pas, et ils revinrent à leurs premières attaques[3]. Quoique les assiégés résistassent avec énergie, les ennemis parvinrent, en peu de jours, à étendre leurs galeries jusque sous les murs du ravelin des Épars[4]. Le Roi pensa alors qu'il était temps de donner l'assaut.

---

[1] Un boulet, dit le *Journal*, pénétra et fit un grand dégât dans une chambre de l'évêché où Henri III avait coutume d'assembler son conseil et dans laquelle on prétend que *le massacre de Blois* fut résolu. Un autre alla se loger entre les deux clochers de Notre-Dame et brisa une des grandes figures de la galerie au-dessus de la rose. *(Journal, p. 93 et 94.)*

M. de La Bourdaisière envoya en présent à M. l'évêque de Thou le premier boulet de l'ennemi.

Un soldat de la garnison fit preuve, pendant cette attaque, d'une audace extraordinaire. Les ennemis, après avoir tiré une volée, pendaient un manteau devant leurs pièces pour recharger à l'aise. Ce soldat se glissa dans le fossé et alla s'emparer d'un de ces manteaux à la gueule du canon. Il dit en revenant, que s'il avait eu des clous et un marteau il aurait facilement pu enclouer quelques pièces. *(Ib., p. 95.)*

[2] *Jeudi 28.* — M. de Réclainville, commandant au rempart de la porte Saint-Jean, fut blessé d'une pierre que la *boule d'une artillerie* lui fit voler contre la tête, *dont il fust longtemps entre les mains des barbiers, mays enfin (grâces à Dieu) il en guarit.* *(Ib., p. 96.)*

Ib. — Deux ou trois cents enfants de la ville prièrent Gramont de les employer à défendre la brèche lorsqu'il en serait temps. *(Ib., p. 98.)*

Ib. — Les ennemis pendirent aux faubourgs deux hommes que l'on pensa être les messagers que la ville avait envoyés à Dreux et près de M. de Mayenne. *(Ib., p. 98.)*

[3] *Ib.*, p. 97.

[4] *Vendredi 1er mars.* — Quelques volées contre le fort d'Hercule. — Le soir, neige abondante.

Samedi 2. — Canonnade contre le ravelin depuis midi jusqu'au soir. Au milieu du feu, un capitaine et un religieux Jacobin nommé fr. Louis Frant, protégés par l'escopetterie des murailles, allèrent, avec quelques soldats, détruire une barricade que les ennemis avaient dressée assez près de l'escarpe du fossé.

Ib. — Une des grosses pièces neuves de la ville creva sur le ravelin Saint-Michel et blessa, entre autres personnes, Me Le Roy, procureur au bailliage.

Le 5 mars au matin, pendant que les pièces d'artillerie tonnaient contre la porte dont elles abattirent tout le couronnement [1], 35 enseignes de gens de pied vinrent se masser derrière la barricade, attendant le moment de l'assaut. Un officier de la garnison, qui faisait le guet dans le clocher neuf de la cathédrale, remarqua ce mouvement et en informa La Bourdaisière. Cet avis sauva les assiégés ; ils réunirent la plus grande partie de leurs forces sur le point menacé et reçurent l'ennemi avec une extrême vigueur lorsqu'il se présenta à l'escalade par la brèche du ravelin. Le combat, commencé à trois heures de l'après-midi, dura jusqu'à la nuit sans que les royalistes pussent se maintenir à l'assaut ; ils se retirèrent, non sans laisser bon nombre de morts dans le fossé [2]. Toutefois, cette affaire fut fatale aux Chartrains ; ils perdirent soixante des leurs, dont quarante soldats et vingt bourgeois, et le sieur de Pescheray, l'un des plus braves défenseurs de la ville, reçut un coup de mousquet dont il mourut peu de jours

---

Samedi 2. — Le soir, M. de Pescheray voulut débusquer les mineurs ennemis arrivés tout près du ravelin ; il y eut un combat meurtrier dans lequel on tira plus de 200 coups de canon. *(Journal,* p. 98, 99, 100.)

Dimanche de Quasimodo, 3 mars. — Nouvelle canonnade contre le ravelin. Un coup tiré trop haut alla frapper la charpenterie du clocher neuf et cassa la cloche Renée.

Ib. — Le capitaine de La Carrière et le sieur Nicolas Hénault furent blessés ; les nommés Hubert Montlouy et Boutte-à-bas furent tués.

Lundi 4. — Dans la nuit du 3 au 4, l'ennemi essaya de s'emparer de vive force du ravelin, mais il fut rejeté dans ses retranchements par Pescheray. *(Ib.,* p. 101-104.)

[1] En tombant, les pierres de la porte bouchèrent une partie de la brèche du ravelin, ce qui fit dire à Gramont que le roi de Navarre avait tiré 500 coups de canon pour se boucher une brèche et qu'il lui en faudrait plus de 1,500 pour la déboucher.

Un coup renversa, sans la briser, la statue de Notre-Dame qui était placée au-dessus de l'entrée. On imputa cet accident à mauvais présage, parce qu'en 1568 les boulets du prince de Condé n'avaient jamais pu atteindre la statue de la vierge de la porte Drouaise. *(Journal,* p. 107.)

[2] Ils perdirent entre autres, les capitaines Sanson et Goliath. *(Livre de Bois de Saint-André;* Arch. départ.) A propos de ce dernier officier qui avait été tué par La Croix-Cottereau, l'auteur du *Journal* s'écrie : *La fronde et les pierres qui tuèrent Golliath, poussées par la main de David, figuroient la croix de nostre seigneur J. C. et ses cinq playes, et me semble ici que ceste ancienne figure de Golliath et de David est derechef acomplie, quand celuy qui par orgueil et présomption se faisoit nommer Golliath est tué par ung gentilhomme vaillant et bon catholique qui avoit nom le sieur de La Croix.* (p. 110, 111.)

après[1]. On remarqua le bouillant courage du sieur de La Croix-Cottereau, ardent ligueur dont l'exemple animait les combattants, gens de guerre ou bourgeois. Les jours suivants furent employés à nettoyer le fossé et à réparer les dégâts des murailles[2].

Cet échec rendit les assiégeants plus circonspects. Ils se bornèrent à continuer leurs cheminements et leurs mines, en détournant l'attention des habitants par quelques décharges d'artillerie[3]. Une nouvelle sommation avait eu lieu le 11, et le Roi, malade d'impatience, dans l'auberge de la Croix-de-Fer au Grand-Faubourg, avait juré de faire payer cher aux Chartrains la poudre qu'ils lui faisaient brûler[4]. Ces derniers, de leur côté, s'ingéniaient d'autant mieux à déjouer les plans

---

[1] *13 mars. — A François Bernier, maître menuisier, IV livres, pour la façon du cercueil où a été mis le corps de M. de Pescheray.*
19 mars. — A Claude Richer et Denis Mauduit, deux escus, pour la façon d'un cercueil de plomb où a été mis le corps de feu M. de Pescheray. (État des dépenses, etc.; Arch. de la Mairie.)
Ce capitaine fut inhumé à Saint-Martin-le-Viandier. *(Journal, p. 115.)*
La mort de M. de Pescheray donna lieu à un petit poëme intitulé : *Tombeau de messire Loys de Vallée, chevallier et capitaine de cinquantes lances des ordonnances du Roy, sieur de Pescheré, qui deffendait le sainct party catholique fut tué dans la ville de Chartres, assiégée par les huguenots et maheustres. 1591.* Par Nicolas de La Rue, gentilhomme Tourangois. Orléans, par Saturnin Hotot, imprimeur iuré de la dicte ville et université. 1593. (Bibl. imp.)

[2] *15 mars. — A Roboam Poullain, maçon, 10 écus, pour avoir abattu le pan de muraille qui est demeuré à la porte des Espars, après la batterie faite par l'ennemi le 5 mars. (État des dépenses.)*

[3] Les vœux et prières pour Chartres ne cessaient pas à Paris. *Le jeudi 7 mars,* dit Lestoile, *estoit le sermon de la Cananée, que tous les prédicateurs de Paris unanimement interprétèrent et fort allégoriquement pour ladite ville de Paris; et que sa fille estoit Chartres, et le Diable qui la tourmentoit le Bearnois; et qu'il faloit prier nostre Seingneur et l'importuner pour sa délivrance.* (Tome 1er, 1re partie, p. 44.)
Samedi 9. — Un homme, rémouleur de son métier, envoyé par la ville près de M. de Mayenne, annonça que les secours promis par ce Prince allaient bientôt arriver, et ajouta qu'en traversant Josaphat le matin, il avait ouï *ung certain Halligre* demandant au chancelier Cheverny que *d'entrée et au sac de la ville (car ils se le promettoient), on lui donnast deux chanoynes nommés Mrs les Héneaux, pour les esgorger et en faire à son plaisir. (Journal, p. 113.)*

[4] *Lundi 11. —* Un gentilhomme nommé le cadet de Réclainville fut tué, ainsi qu'un jeune prêtre de l'Hôtel-Dieu nommé Malaisé.
Le même jour, le capitaine Lafontaine mourut des blessures qu'il avait reçues au ravelin. *(Journal, p. 114.)*

de l'ennemi [1] qu'ils s'attendaient à recevoir d'un instant à l'autre des secours que M. de La Pinellière était allé chercher à Dreux. Un jour, l'ingénieur de garde éventa la mine pratiquée sous la porte Saint-Jean ; un autre jour, le sieur de Gramont remarquant du haut du ravelin de la porte des Epars que les coups d'arquebuse n'effrayaient pas les sapeurs royalistes, fit jeter sur l'espèce de toiture dont ils se couvraient une grande quantité d'huile bouillante et de *fleurs de soufre* [2] ; ceux qui furent atteints poussèrent de tels cris que tout le monde accourut et qu'il en résulta un combat dans lequel plusieurs personnes perdirent la vie [3]. Le 15 mars, on célébra avec la plus grande solennité l'anniversaire de la levée du siége de 1568, et le soir, Gramont, qui avait fait creuser une galerie sous la mine des Epars, y fit mettre le feu ; mais si son explosion détruisit les travaux de l'ennemi, elle renversa également tout un pan du ravelin dont les ruines comblèrent le fossé. Une attaque aurait pu alors inquiéter la ville ; les royalistes ne se crurent pas assez forts pour la tenter, quoique le Roi qui s'était fait porter à Josaphat, eût prescrit avant son départ de donner l'assaut à la première occasion. On se hâta de réparer les dégâts [4].

---

[1] Le *Journal* dit que les paysans réfugiés étaient très-malheureux, qu'on les faisait travailler à l'excès *et qu'on ne leur donnoit par jour que deux petits pains et fort peu de vin, sans aucun argent*. (p. 116.)

[2] *29 mars. — A Jehan Aillet, marchand de verres, 3 livres 15 sous pour 15 bouteilles de verre baillées aux gens de guerre étant de garde sur le ravelin de la porte des Epars pour jeter fleurs de soufre sur les ennemis hors de leurs approches pour les empêcher d'avancer*. (Etat des dépenses.)

[3] La conduite des défenseurs de la porte des Epars mérita une marque publique de reconnaissance. On lit dans l'*Etat des dépenses* cité plus haut : *14 mars. — A Me Jacques Regnier, bourgeois, 14 écus, pour la vente d'un poinçon de vin présenté aux échevins, capitaines et chefs de gens de guerre combattant au ravelin de la porte des Epars.*

Furent blessés, entre autres gens de marque, un jeune prêtre nommé Etienne Goussu, le fils de l'avocat Boileau et M. Auvray, secrétaire de Mgr de Thou. M. de Gramont perdit plusieurs soldats de ses compagnies ; il en était déjà mort quarante-cinq depuis le commencement du siége. *(Journal,* p. 116.)

[4] *18 mars. — A Etienne Maillard, maitre paveur, 2 écus pour avoir pendant 5 jours travaillé par commandement du sieur de la Gagnerie aux ruines de la*

Cependant les gens de Dreux ne venaient pas ; ils avaient fait dire le 16 qu'ils ne pouvaient se mettre en route sans les compagnies promises par le duc de Mayenne [1]. Le 21, un marchand de Nogent-le-Roi nommé Girard de Radepont, grand ligueur et intermédiaire ordinaire entre les Chartrains et les villes ligueuses du voisinage, apporta des lettres des lieutenants de Mayenne à Dreux, remplies de belles promesses, mais muettes quant à l'époque de l'arrivée des secours [2]. Les capitaines reconnaissaient bien l'impossibilité de tenir sans un prochain ravitaillement ; quelques-uns d'entre eux, La Bourdaisière et Gramont surtout, se seraient facilement décidés à remettre la ville aux mains du Roi, si les habitants n'eussent manifesté une si grande répulsion pour le Navarrais hérétique. Ils jugèrent que, dans l'état des choses, le mieux à faire était de gagner du temps, et ils ouvrirent, dans ce but, de nouvelles négociations. Déjà La Bourdaisière et Gramont, d'un côté,

porte des Espars, pour rompre les démolitions des murailles de la dite porte afin d'empêcher les entreprises de l'ennemi. (État des dépenses.)
31 mars. — A Roboam Poullain, maçon, 10 écus, pour avoir abattu avec ses gens les côtés de l'arche de la porte des Epars. (Ib.)
5 avril. — A Macé Drouault, maître des maçons, Jehan Drouault, François Gibon, Charles Hache, Baptiste Bouteville et Loys Buisson, compagnons dudit état, 28 livres 11 sous, pour 9 journées par eux employées à faire une casemate près la porte des Espars, plus une muraille près la porte des Espars pour soutenir les terres de la dite terrasse et autres œuvres de leur état. (Ib.)
L'explosion de la mine coûta la vie au capitaine du Plessis, gentilhomme attaché au sieur de La Bourdaisière. *(Journal, p. 118.)*

[1] *Journal*, p. 120. — On saisit ce jour-là des lettres adressées au Roi, sur un jeune garçon qui dit les tenir du sieur Bardon, sergent et fourrier de la ville. Malgré les preuves accumulées contre cet homme, le *gros* de la ville l'auraient relâché sans punition, si Gramont ne se fût porté partie contre lui et ne lui eût fait donner la question. *(Ib., p. 121.)*

[2] *29 mars. — A Girard de Radepont, marchand et bourgeois demeurant à Nogent-le-Roy et de présent en ceste ville de Chartres pour maintenir le parti de la sainte Union jurée en ceste ville, 120 écus, en considération d'un voyage par lui faict de la ville de Chartres dont il seroit sorti pendant ledit siège à travers l'armée des ennemis et seroit allé en la ville de Dreux vers Mrs de Contenant, de Vitray et de Faulcon, pour les semondre de s'acheminer en ceste ville pour le secours d'icelle, dont aussi il seroit retourné au travers la même armée et rapporté nouvelles tant desdits seigneurs que de leurs forces. (État des dépenses.)*
Un autre émissaire de la Ligue arriva à la porte Saint-Michel peu d'heures après Radepont, le 21 mars ; mais il ne put se faire ouvrir parce que les soldats de garde étaient à jouer au tripot Regnier. Il fut surpris par les ennemis et fait prisonnier. *(Journal, p. 124.)*

Lavardin et Biron, de l'autre, avaient eu, le 19, une entrevue près du couvent des Capucins de Saint-Lubin [1]. Le 26, quatre seigneurs du parti du Roi, Lavardin, du Lude, Saint-Pol et Biron, bien escortés, s'approchèrent de la porte Saint-Michel d'où sortirent Gramont, La Patrière de Beauce, La Pinellière et La Borde; mais à peine avaient-ils ouvert la conférence qu'un coup de canon, parti par mégarde du camp royal, ricocha jusqu'à eux. Les gens de Chartres, se croyant trahis, ripostèrent par une arquebusade qui tua quelques soldats de l'escorte royaliste; cette méprise termina brusquement les pourparlers. Le lendemain 27, Gramont, accompagné de Longueville, de La Gagnerie et de deux autres gentilshommes, alla entamer directement la négociation avec le Roi au couvent de Saint-Lubin et rapporta le soir une proposition que les ligueurs chartrains, encore en majorité dans le Conseil, repoussèrent par des protestations de mourir plutôt que de se

---

[1] *Ce parlement fut le commencement de nostre ruyne*, s'écrie le rédacteur du *Journal du siège* (p. 122).

Les journées qui suivirent cette première entrevue furent marquées par quelques incidents assez intéressants:

Pendant la nuit du mardi 19 au mercredi 20, le feu des ennemis endommagea tellement la couverture de la tour Courtepinte que l'on prit le parti de la défaire entièrement pour éviter que la charpente ne vînt à tomber sur quelques gens de la ville.

Mercredi 20. — Les ennemis firent l'essai de deux grosses pièces venues de Blois, *qui jetoiant quarante deux livres pesant*, et du premier coup ils traversèrent la volière de M. Houy, chanoine, *et tuèrent troys pigeons*.

Jeudi 21. — Les ennemis tirèrent douze coups de canon contre le clocher Sainte-Foy, parce qu'il y avait dans la tour des arquebusiers qui inquiétaient leurs travaux du cimetière de l'Hôtel-Dieu.

Vendredi 22. — Le capitaine Fervaques fut tué sur le ravelin, ainsi que le maître de l'auberge du Grand-Cerf, *pour avoir trop indiscrettement mys le nez à une canonière*.

Ce même jour, Gramont, escorté de 25 chevaux, s'en fut de nouveau parlementer avec l'ennemi. Plusieurs bourgeois étant sortis à sa suite pour causer avec leurs parents et anciens amis réfugiés près du Roi, La Bourdaisière les fit rentrer à coups du plat de son coutelas.

Dimanche 24. — On vit une grande quantité de chevaux de harnais près du vieux clos Saint-François, dans le Grand-Faubourg, et on pensa qu'ils allaient emmener des pièces pour armer les batteries de la gorge des Cinq-Croix, sur le chemin d'Illiers.

Lundi 25, jour de l'Annonciation. — On fit une procession générale dans le haut de la ville avec la Sainte-Châsse; beaucoup de gens étaient *tout nus*, d'autres *nus-pieds, encore qu'il fît grand froid et que le paré fut couvert de neige*. (*Journal*, p. 123-127.)

rendre à un roi huguenot. Cette bravade dont Henri IV eut connaissance le 28 par Gramont, valut à la ville un assaut assez meurtrier dans lequel le capitaine Porcherie fut fait prisonnier par les royalistes [1].

Le Roi, pensant que cette correction avait rendu les Chartrains moins récalcitrants, leur dépêcha le 29 M. de La Ferté-Milon, avec des paroles de conciliation. Le messager royal fut reçu par l'assemblée de ville avec moins d'arrogance que par le passé, et La Bourdaisière et Gramont parvinrent à proposer quelques articles d'un traité de capitulation. Mais à peine M. de La Ferté s'était-il retiré, que les forcenés ligueurs de la garnison et de la bourgeoisie firent passer des propositions inacceptables; à la veille d'une prise d'assaut, ils ne demandaient rien moins que la neutralité de la ville pendant un an, l'exemption de toute garnison à l'exception de la compagnie des gardes du gouverneur, le maintien de M. de La Bourdaisière dans son office, la libre sortie des troupes de la Ligue, l'éloignement de l'armée royale de dix lieues de Chartres, et enfin une trêve d'un mois pour communiquer ces articles à Mayenne [2]. Ils promettaient, en retour, de reconnaître le Roi pour seigneur et maître *lorsqu'il rentrerait dans le giron de l'Église*. Quoique le seigneur de La Ferté-Milon eût été donné en ôtage aux Chartrains, on ne voulut charger personne de marque de porter ces propositions au Roi, car on se doutait bien de l'accueil qui leur était réservé. On dit que Henri, vivement courroucé, remit le papier à Rapin, son prévôt de l'hôtel, en s'écriant qu'une fois maître de la ville il ferait pendre ces mutins qui se moquaient ainsi de lui [3]. Les porteurs

---

[1] *28 mars. — Au capitaine Porcherie 80 écus, tant pour partie de la rançon en quoi il est tenu pour se racheter de sa prise par les ennemis que pour l'entretenement de ses soldats en attendant d'autre gratification. (État des dépenses.)*

[2] *Journal*, p. 134-136.

[3] Les messagers dirent que le Roi ayant jeté les yeux sur les articles proposés, jura *une Mort-Dieu (contre sa coustume de jurer Ventre-Saint-Gris)* que Gramont avait fait sagement de n'être pas venu lui-même; ils ajoutèrent qu'Henri, après avoir

se retirèrent épouvantés et l'on ne songea plus qu'à se bien défendre [1]. Le 30 mars, 25 cuirassiers, partis de Dreux sous la conduite de La Rivière, soldat de la compagnie du capitaine de La Carrière, parvinrent à s'introduire dans les murs par la barrière du ravelin Saint-Michel [2]. C'était peu ; mais comme ces nouveaux venus en annonçaient d'autres, les Chartrains reprirent courage.

Le dimanche 31, au point du jour, les assiégés, qui redoutaient un assaut à la brèche du ravelin des Épars, virent avec étonnement les ennemis construire de nouveaux retranchements de gabions dans la vallée, vis-à-vis l'ancienne porte Imbout, à peu de distance de l'endroit du fossé appelé le *Vieux-Trou*. On ne comprenait guère cette manœuvre, car le fossé de la vallée pouvait être rempli à plein bord en levant les pales des moulins de la ville, et offrait, par cela même, un obstacle immense aux assiégeants ; d'un autre côté, cette partie des murailles, solidement édifiée, s'appuyait par derrière sur une terrasse de quinze pieds d'épaisseur. Ce n'était cependant pas une vaine démonstration : pendant les nuits du 31 mars au 1er avril et du 1er au 2 avril, l'armée royale transporta dans la vallée presque tous ses canons du marché aux Pourceaux et en arma trois batteries, dressées l'une dans

---

menacé la ville de sa colère, s'était tourné vers le chancelier de Cheverny en lui disant : *Que vous en semble, Monsieur le Chancelier ?* et que ce dernier aurait répondu : *Sire, vous avez tout pouvoir.* L'auteur du *Journal* prend texte de cette parole de Cheverny pour faire une violente sortie contre ce magistrat, qu'il accuse d'attiser la haine dans le cœur du Roi, de n'avoir ni foi ni loi, de s'être engraissé des sueurs du peuple et d'avoir même dépouillé sa propre famille pour s'enrichir. (p. 137.)

[1] La chambre reçut ce jour-là même une adresse par laquelle Messieurs du clergé protestaient de leurs désirs de soutenir le siége le plus longtemps possible et déclaraient être prêts à verser dans la caisse municipale un tiers des deniers jugés nécessaires pour parvenir à ce but. *(Papiers du Chapitre ;* Arch. départ.)

[2] On donna, le 5 avril, une gratification de 25 écus au soldat La Rivière, pour le récompenser de ses services. *(État des dépenses.)* — Le *Journal* (p. 138-139) dit que cette troupe, qui entra dans la ville aux cris de *Vive La Châtre et le vicomte de Tavannes*, était conduite par le capitaine *de Lesmont ;* la mention expresse de l'*État des dépenses* rectifie ce passage. Peut-être les soldats introduits appartenaient-ils à la compagnie du capitaine Thomas Descorches, sieur *des Monts*, qui tenait déjà garnison à Chartres.

le clos l'Evêque, l'autre dans le clos des Filles-Dieu, et la troisième dans les jardins qui font face aux Herses de Léthinière. Le 2 avril, à six heures du matin, ces batteries, fortes de douze à treize pièces, ouvrirent un feu terrible sur un espace de 120 pas, entre la porte aux Cornus et la dernière tourelle du Massacre. A midi, la brèche étant pratiquée sur une largeur de 40 toises, l'ennemi vint la reconnaître ; mais, comme l'accès lui en parut encore difficile, il continua à faire jouer son artillerie jusqu'à ce que la muraille et la terrasse fussent complètement rasées. Il était alors deux heures et les troupes royales s'ébranlèrent pour l'assaut [1].

Les capitaines de la garnison avaient profité de ces deux jours pour renforcer les points menacés. Ils avaient fait construire, à quelques pas de la muraille et parallèlement, un énorme retranchement de gabions et de sacs de terre ; un peu en arrière s'élevait un second retranchement aussi fort que le premier ; puis venait en troisième ligne un fossé plus large et plus creux que le fossé extérieur et qui pouvait au besoin être rempli de six pieds d'eau. On avait édifié à chaque bout de ces retranchements, des épaules ou plates-formes qui dominaient tout à la fois la courtine et les ouvrages accessoires ; l'une de ces épaules était couverte par la porte aux Cornus, murée et bien bâtie, l'autre s'appuyait sur la tourelle du Massacre. La milice bourgeoise occupait seule le premier retranchement, le plus exposé aux coups de l'ennemi ; le second était défendu par les gens de M. de La Croix-Cottereau, capitaine de ce quartier. MM. de La Patrière, de Réclainville, de Vaux et d'Intigny tenaient l'épaule de la porte aux Cornus ; celle du Massacre avait pour défenseurs les soldats de feu M. de Pescheray et ceux de MM. de Gramont et de La Bourdaisière, aux ordres de M. de La Gagnerie. Les compagnies

---

[1] *Nous vous pouvons dire, amys lecteurs, que ce fut yci la crize de la maladie de toutte la France et de l'églize catholique, après laquelle on devoit attendre ou la mort de la patrie ou un certain progrez de sa pristine santé. (Journal, p. 144.)*

commandées par MM. des Monts et de La Pinellière garnissaient les remparts à droite et à gauche du théâtre de l'action. Un corps-de-garde posté sur la porte Saint-Jean surveillait les mines de l'ennemi ; les capitaines Bouthelière et Sauvage gardaient le ravelin des Épars avec vingt-cinq hommes d'élite. M. Le Grand avait pour consigne de parcourir la ville avec une compagnie d'arquebusiers, pour empêcher tout désordre et contraindre tout le monde à faire son devoir ; La Borde, sergent-major à cheval, devait porter les ordres d'un quartier à l'autre ; enfin, Gramont et La Bourdaisière s'étaient placés près du chevet de l'église Saint-André, pour diriger les opérations dans leur ensemble.

La défense fut admirable ; six fois le Roi lança ses troupes à l'assaut, six fois les assiégés les repoussèrent avec succès. Les royalistes ne se retirèrent que vers sept heures du soir, laissant le talus des fossés, les fossés et la brèche jonchés de cadavres. Après le quatrième assaut, comme il ne restait plus personne dans le premier retranchement qui ne fût blessé ou hors de combat, La Bourdaisière fit venir les soldats de la porte Saint-Jean, et cette poignée de braves soutint presque seule les cinquième et sixième charges. Le canon de l'armée royale ne cessait de tirer que pendant les assauts ; mais, alors, la mousqueterie des retranchements et des plates-formes et l'artillerie du cavalier de la Prêcherie, incommodaient beaucoup les assaillants. Parmi les héros de la journée il faut citer *les enfants de la ville* dont la valeur brillante fit avorter les quatre premiers assauts [1], les soldats de la porte Saint-Jean qui vinrent les relever, et les 25 hommes de Bouthelière, de garde au ravelin des Épars, qui tinrent tête pendant plus de quatre heures à 400 arquebusiers de Biron. Les ennemis

---

[1] En voyant la milice bourgeoise occuper le premier retranchement, La Patrière avait levé les épaules et s'était vanté que dix de ses gens valaient mieux que quarante de la ville. Mais, après l'assaut, il changea de langage, et dit, pour flatter les bourgeois, *que il leur baisoit la cuisse et que ils valoient mieux la moitié que ne pensoit.* (Journal, p. 148.)

perdirent 300 hommes et comptèrent, dit-on, parmi les morts ou les blessés, 14 mestres-de-cavalerie et 30 capitaines. La perte de la ville fut assez considérable ; toutefois, on n'eut à regretter, en fait de personnages de distinction, que le sieur de Vaux, l'un des commandants du quartier de la porte Morard [1]. Plus de 6,000 personnes couchèrent sur les remparts, mais la plupart, au lieu de réparer la brèche et les retranchements, passèrent leur temps à dévaliser les morts. Les ennemis firent demander, le 4, une trêve de quelques heures pour retirer les cadavres qui gisaient dans le fossé et sur les talus extérieurs; on y consentit, et cette opération fut exécutée par le sieur de Châtillon, pour les royalistes, sous la surveillance du sieur de Longueville, pour les ligueurs. Comme on vit que Châtillon examinait attentivement la brè-

---

[1] *12 avril.* — *A Denis Moreau, plombier, III livres X sous, pour un cercueil de plomb où a esté mis le corps de M*r* de Vaulx, tué à l'assaut de la brèche qui fut faict le mardi 2 apvril, et à Louis Menager, menuisier, V livres X sous, pour un cercueil de bois pour couvrir celuy de plomb. (État des dépenses.)*

Le *Journal* fixe la perte des Chartrains à 35 ou 40 tués et 100 à 120 blessés, la plupart très-grièvement. Plusieurs ecclésiastiques périrent, et M. Bonhomme, receveur du Domaine, reçut une blessure dont il mourut peu après (p. 146).

Voici comment Rocu, secrétaire de l'abbaye de Saint-Père, nous raconte cet assaut : « Le mardy, le Béarnoys changea sa basterye de la porte des Espars et la
» mena aux Filles-Dieu près la porte Drouaize. Il commença à batre à six heures
» du matin et fist brèche depuys la porte Imboust jusques à la grosse tour du Mas-
» sacre. L'assault commença à une heure après midy et dura jusques à la nuict. Il
» fut tiré 1300 coups de canon, un coup moins. Ledict assault fut vaillamment
» soutenu par les habitans de la ville, en présence de M*r* le gouverneur, M*gr* de
» Grandmons et autres gentilzhommes et capitaines, *lesquelz firent grand estat et
» louèrent fort les habitans de la ville.* Il y demeura environ cent hommes qui
» furent tuez et blessez, entre lesquelz ceulx de nostre quartier de porte Morard :
» M*r* de Vaulx, gentilhomme soubz M*r* le gouverneur, capitaine de nostre quartier;
» Guillaume Varenne, marchant et sergent du quartier; frère Hector Fachu, reli-
» gieux de céans; messire Jehan d'Huilly, prebstre; un bon religieulx de Paris,
» docteur en théologie et principal du collége de la Marche de Paris; Jacques Che-
» vard, boullanger, et Pierre Quartier, maistre sergier, y furent tuez, et frère Mathurin
» de Harleville, religieux de céans, y fut blessé d'un coup de harquebuze dedans
» le bras. Il fut tué du party du Béarnoys de sept à huict centz hommes, entre
» lesquelz a esté remarqué plus de six vingtz gentilzhommes de Beausse, qui furent
» peschez en l'eau du fossé près la porte Imboust. » *(Actes capitulaires de l'abbaye de Saint-Père;* Arch. départ.)

Notre-Dame ne désemplit pas de toute la journée. Le soir, M*me* de La Bourdaisière, accompagnée de plusieurs bourgeoises de haut rang, vint faire ses dévotions à la chapelle des Cryptes; elle se rendit de là à la brèche pour s'assurer par elle-même que son mari n'avait pas été blessé. On en riait, parce que La Bourdaisière s'étoit fort épargné, restant toujours derrière les combattants. *(Journal,* p. 149.)

che, on se décida à la boucher, pendant la nuit du 4 au 5, avec des gabions, des sacs de terre et du fumier.

Un mouvement assez difficile à expliquer avait eu lieu depuis l'assaut dans les tranchées de l'ennemi ; le feu de mousqueterie que les royalistes entretenaient chaque nuit paraissait destiné moins à inquiéter les travailleurs de la brèche, qu'à protéger des travaux secrets. On disait que les batteries de siége allaient être reportées au marché aux Pourceaux et que d'autres attaques se préparaient du côté de l'abbaye de Saint-Père. La vérité était que les troupes royales construisaient dans leurs logements de la vallée, d'après les plans du sieur de Châtillon, un grand pont de bois, fermé comme une galerie, roulant sur des tonneaux, et qui, glissant au-dessus du fossé, devait déposer leurs gens au pied des murailles. Cette machine fut mise en place dans la nuit du 7 au 8, et, lorsque le jour parut, les Chartrains virent avec effroi des soldats ennemis, armés de crochets, qui commençaient déjà à jeter dans le fossé les gabions et les sacs de terre de la brèche. Quoique La Croix-Cottereau se moquât beaucoup de cette invention, elle ne laissa pas que d'inspirer une grande terreur aux assiégés dont les esprits tournaient depuis quelques jours au découragement.

Une émeute assez violente avait, en effet, éclaté le 4 au soir ; c'était à qui ne marcherait pas à la défense de la brèche ; le gouverneur avait même été forcé de mettre l'épée à la gorge d'un capitaine qui refusait d'entrer dans le ravelin de la porte des Épars, sous prétexte qu'il n'était plus tenable. De tous les gens de guerre, La Pinellière, La Croix-Cottereau et Réclainville étaient à peu près les seuls qui n'inclinassent pas vers un accommodement. Le Roi, informé par ses amis chartrains de la désunion qui régnait dans la ville, avait jugé le moment venu de tenter un accommodement. Le sieur du Bellay s'était présenté de sa part, le 6, au ravelin de la porte Saint-Michel ; il se disait envoyé par le maréchal de Biron et le chancelier Cheverny, pour savoir si les assiégés *voulaient persister à se perdre*. La Bourdaisière, qui avait entamé des pourparlers sur ce propos, en référa, le 8, au Conseil directeur, et après bien des débats, il fit passer, d'accord avec Suireau, quelques articles que Gramont et l'avocat du Ru se hâtèrent d'aller communiquer au Roi. On élevait encore des prétentions exorbitantes, car le clergé et les chefs ligueurs de la garnison et de la bourgeoisie tenaient toujours *au gouverneur de leur choix, à la proscription absolue du culte réformé dans la ville* et *à un long délai pour avertir le duc de Mayenne*.

Ces exigences faillirent tout perdre : Henri déchira le papier et donna l'ordre de continuer la sape du ravelin des Épars. Chaque heure faisait gagner des points au Roi, parce qu'il soutenait ses volontés à coups de canon.

Du Bellay étant revenu le 9, La Bourdaisière se hâta de renouer les négociations. Il convoqua une assemblée ecclésiastique et une assemblée laïque auxquelles il soumit la proposition d'adhérer purement et simplement aux articles qui seraient accordés par le Roi. Le clergé tenta vainement de réchauffer une fois encore le vieux zèle ligueur des Chartrains[1]; l'insistance de La Bourdaisière, qui menaçait de faire

---

[1] Le Chapitre et les curés, assemblés dans la salle épiscopale, hors la présence de l'Evêque suspect de royalisme, émirent *l'advys de persister au serment par eux cydevant fait entre les mains de M^r le Duc de Maine et y vivre et mourir, et à celle fin supplier M^r le Gouverneur et M^{rs} de la noblesse qui l'assistent et qui ont courageusement jusques à présent soutenu les efforts de l'ennemy, vouloir continuer au besoin et ne se lasser à la deffense et protection de la ville pour laquelle ils ont pris les armes en main et pour la relligion catholique, promettant de leur part tout se qui se pourra de leur devoir pour la deffense de leur foy et de la ditte ville*. Ils firent porter cet *advis* au conseil des laïcs par MM. Macé Cochard, sous-chantre et grand-vicaire de l'Evêque, René Percheron, chanoine-chevecier, Mathurin de La Chaussée, religieux de Saint-Père, et Gervais Moussu, curé de Saint-André, et ils les chargèrent de soutenir l'opinion *qu'il vaut mieux mourir que de donner consentement à devenir esclaves de l'hérétique et encourir les sentences d'excommunication, reconnaissant un damnable hérétique pour Roy, et qu'il ne faloit pas que à l'advenir les histoires tesmoignassent que on l'eust receu du consentement du clergé, attendu que on ne peult jurer obéissance au chef des hérétiques que on n'ayt au préalable renoncé l'obéissance que l'on a jurée au saint Baptéme, à Jésus-Christ, à son Eglise et à son Pape.* (Journal, p. 167.)

sa paix en particulier, si l'on tergiversait plus longtemps, l'emporta sur l'éloquence des orateurs ecclésiastiques, et il fut décidé que, dès le lendemain, on aviserait à la capitulation. Le soir de ce jour et pendant la nuit, les royalistes tentèrent plusieurs fois l'escalade par leur pont de la brèche; le capitaine La Croix-Cottereau leur résista vaillamment, et cette fois encore l'honneur des armes chartraines ne reçut aucune atteinte.

Enfin, les conditions imposées définitivement par le Roi furent apportées par Gramont et du Ru le 10 au matin; elles étaient beaucoup moins rigoureuses qu'on ne devait s'y attendre. Henri garantissait l'exercice de la religion catholique, apostolique et romaine, interdisait le culte réformé dans la ville et les faubourgs, confirmait les priviléges, offices et gouvernements établis et promettait de ne rechercher personne pour fait de guerre. Les habitants ligueurs, quels qu'ils fussent, obtenaient la permission de se retirer, bagues sauves. Huit jours étaient donnés pour prévenir Mayenne, et si, pendant ce temps, un secours de quatre cents hommes parvenait à s'introduire dans la place, la capitulation devait être regardée comme non avenue [1]. Les gens de guerre, en particulier, pouvaient sortir avec armes et bagages, mèches allumées, enseignes déployées et tambours battants; le Roi leur accordait, avec l'oubli du passé, la faculté d'enlever leurs blessés et s'engageait à les faire conduire par des personnes de qualité jusqu'aux lieux où ils voudraient aller [2]. La Bour-

---

[1] Les *articles*, au nombre de neuf, *accordez par le Roy aux habitans de la ville de Chartres* et définitivement acceptés le 18, sont insérés dans le registre des affaires communes; ils se terminent ainsi : *Fait au camp devant Chartres le xviij^e jour d'apvril 1591*, signé *Henry* et plus bas *Pothyer*. Il en existe, dans les archives de la Mairie, une copie collationnée signée *Martin*, greffier de la ville.

Le *Journal* (p. 171) dit que le Roi, dans le but d'intercepter tout secours aux assiégés, veilla lui-même avec la plus grande vigilance, tournant sans cesse autour de la ville, et que se trouvant un jour exténué de fatigue, il descendit de cheval, fit coucher ses pages l'un à côté de l'autre, s'étendit sur eux et dormit ainsi quelque temps.

[2] Les *articles*, au nombre de onze, *accordez par le Roy aux gens de guerre estant de présent en la ville de Chartres*, se terminent ainsi : *Fait au camp devant Chartres le xj^e jour d'apvril 1591*, signé *Henry* et plus bas *Pothier*. Une copie de cette capitulation est conservée dans les archives de la Mairie.

daisière somma pour la dernière fois les capitaines, les bourgeois et le clergé de signer; les ecclésiastiques persistèrent dans leur refus [1]; les autres cédèrent, à l'exception des sieurs de Réclainville, de La Pinellière et de La Croix-Cottereau. Ce dernier, exaspéré de ce qu'il appelait la lâcheté des capitaines, s'en fut de rage à la brèche et tenta d'incendier le pont roulant qui n'était plus gardé avec une grande vigilance; il donnait pour prétexte que les batteries royales avaient lâché quelques volées, quoiqu'il y eût depuis deux jours une sorte de trêve tacite [2]. Malgré cet incident qui n'eut pas de suite, on procéda, le 11, à la remise des otages entre les mains du Roi. Gramont, La Patrière, de Beauce et Rochambeau cautionnèrent les gens de guerre; le maire Suireau, l'échevin Bachelier, l'élu Pasté et le sergent-major La Borde répondirent des bourgeois. Le même jour, La Gagnerie, Longueville, le chanoine Jean Salmon et l'avocat Etienne Duhan reçurent des passeports pour aller trouver Mayenne [3].

[1] Le clergé était représenté par ses délégués de la veille auxquels avaient été adjoints *les docteurs qui preschoient, à sçavoyr le Cordelier, le Jacobin, le Minime et le Jésuite*. Le Minime porta la parole, et comme il alléguait, à l'appui de son opinion, plusieurs miracles faits par Dieu pour sauver des villes assiégées, La Bourdaisière l'interrompit en disant que *nous n'estions plus au temps que Dieu faisoit tels miracles; dont il fut fort blâmé*. (*Journal*, p. 169.)
D'après le *Journal* (p. 171), La Bourdaisière et Gramont, pour faire croire que le clergé avait prêté les mains à la capitulation, *praticquèrent ung gros Roger-Bontemps et robineux de chanoyne et archediacre de Vendôme, nommé Mariau, et lui feirent signer laditte capitulation comme estant député pour le clergé. Mays tant le Chapitre que le clergé désavoua tout ce qu'il en avoit faict, comme aussy il n'avoit aucune commission spéciale de ce faire*.

[2] Ce dernier combat coûta la vie à Me Mathurin Duchesne, curé de Coltainville, et à deux jeunes gens de la bourgeoisie, l'un nommé Claude Quédarne et l'autre Médard Bouchard, neveu du chanoine de Baste; le capitaine Porcherie et son lieutenant y furent blessés. (*Journal*, p. 170.)

[3] *11 avril.* — *A Mrs Jehan Salmon, chanoine de la dite ville, et Etienne Duhan, avocat, députés pour se transporter vers le duc de Mayenne, pour lui faire entendre l'état auquel est à présent réduite ladite ville, 20 écus.*
11 avril. — *A Lambert Allaire, marchand, 25 écus, pour la vendition d'un cheval baillé au sieur de la Gaignerie, pour assister les députés vers M[r] le duc de Mayenne. (Etat des dépenses.)*
Le 15 avril, la chambre de ville établit sur les habitants une taxe de 9,000 écus, dont un tiers à la charge du clergé, pour appliquer aux besoins publics, soit que le siége continuât, soit que la capitulation fût maintenue. Le clergé versa sa quote-part le 17. *(Papiers du Chapitre;* Arch. départ.)

Les secours n'étant pas arrivés, le vendredi 19 au matin, MM. de Biron et de Sourdis vinrent avec leurs gardes occuper la porte Saint-Michel, puis la garnison défila entre deux haies de soldats royalistes. Gramont et ses troupes tirèrent vers Paris; on conduisit La Bourdaisière du côté d'Orléans, et des Monts gagna la Normandie, muni d'un passeport du Roi. Les principaux ligueurs de la bourgeoisie, ayant à leur tête le charpentier Brebion, échevin, Mc Cailleau, curé de Saint-Aignan, et deux religieux, quittèrent la ville avec les gens de guerre et se dirigèrent vers Orléans. En même temps, les troupes royales prirent possession de la brèche et de toutes les portes [1].

Le chancelier de Cheverny, gouverneur de la province, s'était rendu le matin à la cathédrale; l'Évêque et le Chapitre lui députèrent les chanoines René Percheron et Florent Matthieu, pour prendre ses instructions relativement à la réception à faire au Roi. Il fut convenu que le clergé des paroisses, les religieux et les communautés se rendraient à la porte Saint-Michel, le lendemain, à quatre heures de l'après-midi, avec chappes, croix et bannières, et qu'ils conduiraient processionnellement Henri IV jusqu'à la porte royale de Notre-Dame où Mgr de Thou prononcerait la harangue officielle. Sa Majesté, à cheval et entourée de ses principaux officiers, arriva, en effet, le 20, à l'heure indiquée, et, après avoir reçu les clefs de la cité présentées par le corps municipal [2], elle se plaça sous un dais de velours bleu, garni de crépines d'or et d'argent, porté par quatre échevins [3] et traversa toute la

---

[1] Le *Journal* (p. 173) dit que les ennemis, tant gens de pied que gens de cheval, *ne faillirent à estancher leur soif des vins de Chartres comme ceux qui n'en avoient de longtemps beu leur saoulz.*

[2] D'après Mathieu (t. II, p. 64), le Maire aurait dit au Roi : *Sire, nous sommes obligés à vous obéir et par le droit divin et par le droit humain;* et Henri aurait interrompu l'orateur en s'écriant : *Ajoutez par le droit canon.* Mathieu est le seul historien qui rapporte cette anecdote.

On paya six écus aux archers de la porte du Roi, pour leur droit, lors de la présentation des clefs, et trente écus à Nicolas Le Breton, roi d'armes du titre de Montjoie-Saint-Denis. (Compte de Michel Bachelier; Arch. de la Mairie.)

[3] *Ib.*

ville par les rues Saint-Michel et des Changes; mais, au lieu de s'arrêter en face des marches de la cathédrale, où le prélat l'attendait, Henri, sans faire mine de l'apercevoir, continua son chemin vers le palais épiscopal. M. de Thou et le Chapitre, coupant alors rapidement par l'église, parurent au perron septentrional, en même temps que le Roi, qui voulut bien écouter la harangue et fit une réponse gracieuse. On rit un peu de cette espièglerie du monarque, à l'adresse du Chapitre bien plutôt qu'à celle de l'Évêque; car M. de Thou, différant en cela de la majorité de son clergé, n'avait jamais passé pour ligueur.

Un *Te Deum* chanté en présence des princes, seigneurs et capitaines catholiques, termina cette journée qui avança prodigieusement les affaires de Henri IV.

Ce second siége, soutenu pour une cause peut-être moins juste, jeta autant d'éclat que le premier sur les armes chartraines [1]. La politique des Chartrains pouvait s'excuser par la

---

[1] Les documents locaux, relatifs au siége, mentionnent particulièrement, parmi les morts, M. de Pescheray, le cadet de Réclainville, les capitaines La Fontaine, du Plessis, Fervaques et de Vaux, le soldat Le Pont, le canonnier Julien Texier, M. Bonhomme, receveur du Domaine, Duchesne, curé, Malaisé, prêtre; les bourgeois Claude Quédarne, Médard Bouchard, Simon Baston, Etienne Languet, Jean Pitou, Hubert Monlouy, Michel Jehan dit *Boute-à-bas*. Parmi les blessés figurent MM. Le Grand et de Réclainville, les capitaines de La Carrière, Porcheric et son lieutenant, Etienne Goussu, prêtre, Auvray, secrétaire de l'évêché, Le Noir, greffier, Le Roy, procureur, les bourgeois Nicolas Henault, Boileau, fils de l'avocat, Jean Dupré, Jean Jouy, Colin de Paris, René Peidevin, Simon Perinel, Pierre Doulcet et Michel Hale. La plupart d'entre eux furent soignés par Mes Pierre de Cahauneau et Antoine Hudan, chirurgiens des compagnies de M. de La Croix-Cottereau.

M. de La Pinellière, le capitaine Breteleville, les sieurs de Radepont, La Rivière, Duchesne, Pichon, Maillard, Mignères, Seincaveyne, Le Boulanger, Grosnon et Lemestre accomplirent, au péril de leur vie, divers voyages pour les affaires de la ville. Le sieur Jean Pichart et la femme Marie Chauveau furent chargés plusieurs fois d'espionner les mouvements de l'ennemi dans son propre camp.

Le chiffre des dépenses s'éleva à 7,406 écus 38 sous, suivant l'état conservé à la Mairie. On remarque dans cet état : 1º le chapitre de la fonderie et de l'artificerie, comprenant la fonte des pièces d'artillerie, des boulets et des balles, la confection et le bridage des grenades en étain doux, la mouture des poudres, la fabrication des chausses-trapes, des pièces d'artifice et des balles ramées ; 2º le chapitre des ateliers de serrurerie, menuiserie, charpenterie, charronnage, terrasse et maçonnerie, comprenant l'équipage de l'artillerie, le montage des petites pièces *en façon d'orgue*, la confection des gabions et fascines, les mines et contre-mines, la réparation des murailles. On fit face aux dépenses au moyen d'un emprunt sur les plus aisés des habitants, qui produisit 7,717 écus 40 sous.

nature même de la controverse; car si jamais le principe d'autorité de droit divin put être légitimement combattu, ce fut certainement lorsque celui qui l'invoquait était, aux yeux de l'immense majorité de la nation, le chef avoué des ennemis de Dieu. Au reste, cette résistance admettait des restrictions, et nos ligueurs, même au moment de l'exaltation la plus grande, engagèrent leur foi au Roi pour l'époque où il rentrerait dans le giron de l'Église.

Le dimanche 21, on fit une procession générale à Saint-Père, à laquelle assistèrent le comte de Saint-Pol, le Chancelier, le maréchal de Biron, M. de Sourdis rétabli dans son office de gouverneur, et plus de 40 mille personnes de toutes conditions. Cette multitude défilait en ordre lorsque le Roi, au grand scandale des assistants, traversa les rangs avec les seigneurs protestants de sa suite, pour aller au prêche dans un tripot de la paroisse Saint-Saturnin, appelé le *Palais*[1]. Les fervents catholiques murmurèrent, mais force était de tout passer au vainqueur. Henri IV partit le lendemain, laissant pour garnison huit enseignes du régiment de Navarre et 400 Suisses, sous le commandement du sieur de Valliraut, mestre-de-camp; avec lui s'éloignèrent les curieux, bouches inutiles qui, jointes à celles des gens de guerre et de leur suite désordonnée, avaient fait enchérir le pain plus que pendant le siége. Le Chancelier et le maréchal de Biron restèrent : le premier, avec la mission de lever pour les magasins royaux 1,850 muids de blé dont les chanoines et le clergé durent fournir la majeure partie[2]; le second, pour asseoir sur les ha-

---

[1] Ce *Palais*, dit le *Journal* (p. 174), était *le lieu le plus profane de la ville, lieu qui n'est dédié synon à l'exercice des dances satiriques des amoureux, et où les basteleurs jouent ordinairement leurs farces et aprennent aux ruffiens à desbaucher les honnestes femmes mariées et à violler les vierges chastes, à crocheter chambres et buffetz, à tenir les baccanales, brelants de dez et de cartes, et brief à commettre lestement toutes semblables impiétés. Là Il* (le Roi) *se retira pour faire l'exercice de sa prétendue religion, lieu vrayment digne d'icelle comme elle estoit digne d'ung tel lieu.*

[2] Un *Estat des bleds prins et levés à Chartres, depuis sa réduction en l'obéissance du Roy jusqu'au viije jour de juin 1591*, rédigé par Martin Baudichon.

bitants une taxe de 36,000 écus [1]. Le maréchal obligea les bourgeois de la milice à déposer leurs arquebuses, leurs piques et cinq pièces d'artillerie dans l'église Saint-Nicolas au cloître, transformée provisoirement en arsenal [2], et fit établir deux corps-de-garde : l'un, dans le cloître, l'autre, sous les lices du marché aux Chevaux, pour protéger les abords de cette place d'armes [3].

Le Roi, avant son départ, avait donné l'ordre de transformer en citadelle la porte Saint-Michel, dont les vastes dimensions comportaient un établissement de ce genre et qui, longtemps avant le siège, était baptisée du nom d'arsenal ou citadelle de Chartres. Les travaux entrepris à cette occasion sous la protection d'un corps-de-garde posté à l'Étape-au-Vin, furent poussés avec une telle activité que l'armement et l'occupation purent avoir lieu au mois de septembre. La nouvelle citadelle comprenait dans son enceinte l'église et le cimetière Saint-Michel, coupait le jardin des Cordeliers jusqu'à la garenne de Saint-Père, et se rattachait au ravelin et aux murs de la ville par un cavalier *à redans*, dominant toute la montagne de la Courtille. Deux arches, pratiquées sous ce cavalier, permettaient à la garnison de descendre à la rivière ; de vastes logements pour le gouverneur et ses troupes occupaient tout l'espace compris entre la vieille porte et l'église, et la nef de ce dernier édifice, dont le chœur et le bas-côté droit avaient été terrassés, servait à la célébration du culte pour les soldats catholiques.

guarde général des vivres, fait connaître que les habitants avaient déjà livré à cette date, aux magasins royaux, 1,242 muids 1 setier 11 boisseaux de blé, et 105 muids 2 minots d'avoine. Le même compte fait également mention de la recette de 140 poinçons de vin. (Arch. de la Mairie.)

[1] *23 avril 1591.* — Les habitants furent imposés à 20,603 écus 10 sous tourn.; le surplus fut mis à la charge du clergé. On confia la surveillance de cette levée de deniers à M. du Fay, chancelier de Navarre. *(Compte de Michel Bachelier;* Arch. de la Mairie. — *Lettre du Roi, du 27 juin; Pancarte municipale,* vol. 2; Ib.)

[2] Les armes furent confiées à la garde des sieurs Etienne des Patis, Nicolas de La Porte, Guy de Bourges et Jacques Cochin, bourgeois royalistes. *(Ib.)*

[3] Ces corps-de-garde furent occupés par les Suisses. *(Ib.)*

Au mois d'avril, M. de Sourdis [1], en exécution de lettres-patentes du Roi, fit revenir de Bonneval, où elles avaient été transférées pendant les troubles, les justices et juridictions royales de la ville et reconstitua le corps municipal selon les anciennes coutumes [2]. Le lieutenant-général Chouayne recouvra la présidence de la Chambre et fit, en séance solennelle du 2 mai, la distribution des charges et des clefs entre les échevins [3]. Après le lieutenant-général, le personnage le plus important de la compagnie par le crédit dont il jouissait en Cour, était l'échevin Bachelier; or, la ville avait bien besoin de protecteurs, car les affaires désagréables commençaient à fondre sur elle. On eut tout à la fois sur les bras les particuliers auxquels le Roi avait donné part à la confiscation des biens ruraux des ligueurs chartrains et qui ne voulaient pas lâcher prise; les royalistes de la ville qui demandaient la restitution de leurs meubles et blés saisis pour le compte de la Ligue, ou des indemnités convenables; les officiers royaux qui prétendaient lever encore 500 muids de blé et autant de vin sur les habitants; messieurs de l'artillerie de l'armée royale qui excipaient de leur privilége pour réclamer une forte somme à titre de rachat des cloches [4]. Le Chapitre parvint le premier à sauvegarder ses intérêts; il obtint de Sa Majesté, le 29 mai, par l'entremise de l'Évêque, des lettres-patentes portant mainlevée de la saisie de ses biens et annulation des dons octroyés à

---

[1] Le *Journal* (p. 181) prétend que M. de Sourdis, qui, avant la Ligue, *estoit assez beau de face, doux et bening, et qui faisoit estat d'amateur de l'eglise et des ecclesiastiques*, était devenu *laid, hideux comme un monstre et superbe oultre mesure*, depuis son union avec le roi de Navarre et sa rentrée dans le gouvernement de Chartres, après le siége.

[2] Lettres-patentes d'avril 1591. (Parlement de Paris; *Reg. des Ordonnances*, Q, f° 164.)

[3] *Reg. des Echevins.*

[4] Ils exposaient dans leur requête au Roi qu'ils étaient entrés en composition avec les habitants, moyennant 1,200 écus en argent et 300 écus en drap, payables comptant; que depuis trois semaines les échevins les renvoyaient au clergé et le clergé aux échevins; qu'ils suppliaient donc Sa Majesté de les faire payer de suite par douze notables, six laïcs et six du clergé, lesquels se rembourseraient sur la communauté. (*Papiers du Chapitre*: Arch. départ.)

son préjudice aux royalistes pendant les troubles [1]; ces lettres, qui trouvèrent d'abord les donataires récalcitrants, furent renouvelées le 14 juin [2]. La ville, de son côté, expédia vers Henri l'échevin Bachelier, dont les sollicitations déterminèrent, le 13 juillet, un règlement explicatif et complémentaire des articles de la capitulation. Il fut déclaré que le Roi confirmait les privilèges de Chartres; qu'il accordait décharge des sommes puisées pendant le siège dans la caisse du receveur du Domaine, sauf des deniers provenant des recettes du grenier-à-sel; qu'il donnait main-levée de toutes les saisies opérées par les donataires sur les biens des bourgeois ligueurs; enfin, qu'il remettait les faits de rébellion aux Chartrains compromis, excepté à ceux qui auraient participé au meurtre d'Henri III, ou qui s'en seraient réjouis par feux de joie ou port d'écharpes vertes. Le Roi mettait à la charge de la ville les frais de construction et d'entretien des corps-de-garde, évitait de se prononcer sur les demandes des Chartrains royalistes et sur la nouvelle taxe de 500 muids de blé et approuvait les exigences de ses canonniers [3]. Malgré ces réserves, on accueillit avec grand plaisir ce nouveau règlement; Henri le sanctionna par des lettres-patentes du 26 juillet, que le chanoine Gilbert Lorin, député de la ville et du

---

[1] Lettres datées du camp de Villepreux. *(Papiers du Chapitre; Arch. départ.)*

[2] Lettres datées de Chartres, par le Roi en son Conseil. *(Ib.)*
Cependant le Chapitre et les couvents ne furent pas entièrement débarrassés des poursuites des anciens donataires de leurs revenus. Les papiers du Chapitre font connaître plusieurs sentences rendues contre lui et contre l'abbaye de Saint-Jean, aux mois de février et de mars 1592, par M° Guillaume Hubert, se disant *conseiller élu et contrôleur pour le Roy en l'élection de Chartres, commissaire subdélégué de M^{rs} les trésoriers généraux de France à Orléans, transférés à Blois, pour la saisie des biens des Ligueurs és bailliage et élection de Chartres*, à la requête de MM. Thibault Petault, écuyer, sieur de Malmusse, commissaire ordinaire des guerres, et Ismaël de Villereau, sieur de Luz, munis de donations du Roi.

[3] Un arrêt du Conseil séant à Chartres, en date du 17 juin, avait déjà déchargé les habitants de la fourniture des 500 muids de blé demandés. Cependant les agents subalternes ne cessèrent pas d'exiger des livraisons exagérées pour les magasins du Roi.
Les 1,500 écus promis aux canonniers furent payés le 25 novembre à M. Henri Godefroy, commissaire de l'artillerie de France. *(Compte de Michel Bachelier; Arch. de la Mairie.)*

clergé[1], présenta immédiatement à la vérification du parlement royal de Tours et qui furent registrées, le 19 août, à la Chambre du Domaine[2].

Chartres était, après Tours, la place la plus importante de la France royaliste; sa proximité de Paris permettait aux agents secrets du Roi de venir prendre le mot d'ordre en peu d'heures, et procurait fréquemment aux habitants la visite des plus grands personnages du parti. Dans les premiers jours de juin, on reçut le comte de Soissons, la princesse de Condé et le cardinal de Bourbon, son beau-frère[3]; le Chancelier les suivit avec le grand Conseil. Les discours officiels, les présents de vin et de dragées reprirent dès lors leur place accoutumée dans les usages du corps de ville[4]. Les seigneurs ayant daigné, le 23 juin, se joindre à messieurs de la Chambre pour allumer le feu de la Saint-Jean, préparé devant la Tour, une collation galante leur fut offerte à l'Hôtel-de-Ville[5]. Les 25 et 26 juin, on célébra, dans la cathédrale, un service, avec chapelle ardente et *représentation*, pour le repos de l'âme de Henri III. Le 3 septembre suivant, les Chartrains furent témoins du baptême d'un fils de M. de Sourdis, qui fut tenu sur les fonts par Mme Catherine de Soissons, abbesse de Chelles, le cardinal de Bourbon, son neveu, et le chancelier de Cheverny[6].

Le pape Grégoire XIV avait lancé, contre *le Navarrais*, de nouvelles bulles d'excommunication que le duc de Mayenne, pressé par les Seize, s'était résigné à faire publier à la fin de

---

[1] *Reg. des Echevins;* Séance du 10 août.

[2] Les lettres sont datées de Mantes. *(Papiers du Chap.;* Arch. départ.) — Un arrêt du Conseil, rendu à Chartres le 11 septembre, confirma, de nouveau, les grâces accordées aux Chartrains par le Roi. *(Ib.)*

[3] Le cardinal de Vendôme avait pris le titre de cardinal de Bourbon depuis la mort de son oncle le *roi Charles X*.

[4] *Reg. des Echevins;* Séance du 31 mai.

[5] Ordre du paiement des frais de cette collation le 17 décembre. *(Ib.)*

[6] Ce baptême fut princier; tout s'y passa comme aux baptêmes des enfants des rois, sinon que l'on ne chanta pas le *Te Deum*. *(Journal,* p. 192.)

mai. Henri, décidé à tourner les armes de Rome contre elle-même, réunit à Mantes les prélats et les grands seigneurs royalistes [1], et après s'être engagé, par une déclaration du 4 juillet, à soumettre sa croyance à un concile ou à *quelque assemblée notable et suffisante*, il déclara remettre à ses parlements et au clergé le soin de réprimer l'agression papale. Le Conseil ecclésiastique fut transféré à Chartres [2] pour éviter les insultes des ligueurs de Paris, et, le 2 septembre, vingt-huit prélats et docteurs ouvrirent les conférences dans la salle capitulaire de la chapelle de Saint-Piat [3]; on voyait parmi eux les cardinaux de Bourbon et de Lénoncourt, l'archevêque de Bourges et les évêques de Chartres, de Châlons, de Beauvais, de Nantes, du Mans, d'Angers, de Noyon, de Maillezais et de Bayeux [4]. La publication du résultat de l'assemblée se fit le 21 ; ce petit concile gallican annula les monitoires et excommunications du Pape, comme suggérées par les artifices des ennemis de la France. Le lundi, 23, on fit une procession générale par le haut de la ville avec une pompe inaccoutumée ; on y porta toutes les reliques, même la sainte Châsse, et chacun pria pour la conversion du Roi et pour la paix du royaume [5].

La police municipale était fort mal observée depuis le siége. Les gens de métier, habitués à l'oisiveté des temps de troubles, avaient peine à se remettre au travail ; le plus léger

---

[1] Souchet nous a conservé une copie de la lettre adressée par Henri à M. de Thou pour l'inviter à faire partie de l'assemblée de Mantes. (Mss. de Souchet, p. 534 ; Bibl. commun.)

[2] Le cardinal de Bourbon et la plupart des prélats et docteurs arrivèrent à Chartres le mardi 27 août. *(Journal, p. 190.)*

[3] *Le lundy, 2 septembre, MM. le cardinal de Bourbon, l'archevesque de Bourges, l'évesque de Nantes, Baieux, Maillesez, du Mans et d'Angiers estans en ceste ville, fut célébré en l'esglize par Mr de Chartres une messe haulte de Sancto Spiritu, à ce qu'il pleust à Dieu les assister en leur assemblée qui fut dedans le chappitre proche St Hiérosme ; et auparavant fut chanté le* Veni Creator. *(Reg. du Clerc de l'œuvre ;* Arch. départ.)

[4] Le chapitre de Chartres délégua à cette assemblée MM. Charpentier, théologal et archidiacre de Dunois, et Granger, chanoine. *(Journal,* p. 190.)

[5] *Reg. des Echevins ;* Séance du 17 septembre.

labeur, la moindre marchandise, étaient payés un prix exorbitant. Les clameurs du public accusaient surtout les bouchers, les revendeurs et les portefaix; la Chambre donna satisfaction aux plaintes, en réglant les tarifs et les salaires des uns et des autres (23 juillet)[1]. Certaines affaires plus épineuses appelèrent ensuite toute l'attention de l'assemblée. Au moment même où le réglement du 13 juillet était sollicité par l'échevin Bachelier, M. Haverdin, receveur des Aides, poursuivi par la Chambre des Comptes, obtenait contre la ville une condamnation à lui restituer la somme de 800 livres, enlevée à sa caisse pendant la rebellion; il fallut s'exécuter par provision et asseoir à cet effet une taxe sur les habitants (5 août)[2]. Au mois de septembre, arrivèrent les réclamations de MM. de Montescot[3] et de Palaiseau, qui demandaient de larges indemnités en récompense de leurs blés confisqués par les ligueurs; on débattit longtemps les intérêts des parties et de la ville, et on finit par transiger à l'amiable, le 7 janvier 1592. Beaucoup d'autres habitants firent valoir les mêmes droits; les religieux de Saint-Jean, entre autres, réclamèrent à outrance la valeur des matériaux de leur ancien couvent[4]. Pour soulager autant que possible les échevins dans leur tâ-

[1] On fixa le salaire des portefaix à 12 deniers par barre de blé, à prendre dans les paroisses Saint-Aignan, Saint-Martin, Saint-Michel, Saint-Saturnin et Sainte-Foy, pour porter au magasin du Roi, et 18 deniers, pour le blé à prendre sur les paroisses Saint-Maurice et Saint-André. (*Reg. des Echevins.*)

Le blé du magasin royal avait quelquefois de singulières destinations. Le registre des Echevins fait mention, à la date du 1er août, de la délivrance d'un muid de blé au sieur Le Rabbe, veneur du Roi, pour la nourriture *des chiens de Sa Majesté.*

[2] *Reg. des Echevins.*

[3] *Ib.* — M. de Montescot avait été nommé Trésorier des parties casuelles, en récompense de son dévouement pour la cause royale. Il jouit longtemps d'un grand crédit à Chartres, et, pendant bien des années, son nom figura immédiatement après celui du Lieutenant-général, sur la liste des magistrats et fonctionnaires auxquels on octroyait annuellement un grand minot de sel. (*Reg. des Echevins.*)

Ce personnage, issu d'une famille chartraine déjà très-puissante au XVe siècle, était né en 1546 de Thomas de Montescot, lieutenant du prévôt, et de Anne Piguerre, fille de Guillaume Piguerre, sieur de La Bouteillerie et des Bordes, procureur du Roi au bailliage. Ce fut lui, comme je l'ai dit ailleurs, qui reconstruisit l'hôtel de Montescot, aujourd'hui l'Hôtel-de-Ville.

[4] *Reg. des Echevins.*

che, on fit élection d'un notable par quartier, chargé d'exécuter, sous la surveillance de l'échevin de service, les ordonnances et mandements de la Chambre (1ᵉʳ octobre) [1].

On pensait depuis le mois de mai à réparer les murailles [2]; le 6 septembre, M. Lasne de Châtillon, trésorier des finances en la généralité d'Orléans, transféré à Chartres, proposa aux échevins un devis estimatif des travaux à exécuter d'après le toisé des brèches [3]. Avant de commencer, il fallut battre monnaie; le rôle d'imposition que l'on dressa pour cet objet, joint à la taxe destinée à la refection des corps-de-garde et à la solde des gens de guerre de la garnison, se monta à la somme de 18,000 écus; la recette s'en effectua difficilement, et l'on fut forcé, au mois de janvier 1592, d'autoriser M. de Valliraut le jeune, commandant de la citadelle, à envoyer des garnisaires chez les habitants retardataires [4].

Les taxes et les contributions extraordinaires ne furent pas les seuls maux qui désolèrent le pays chartrain pendant les derniers mois de 1591. Le comte de Soissons arriva à Chartres vers la Toussaint, et ses gens, quoiqu'en terre amie, ne laissèrent pas que de faire de grands dégâts dans les campagnes; ils pillèrent même Châteauneuf-en-Thimerais, ville du domaine particulier du Roi. Ils partirent le 9 novembre, à la grande joie des paysans et des citadins. On n'eut pas à se louer, non plus, de la présence du Grand-Conseil; il déployait une rigueur extrême en matière politique; plusieurs suspects

---

[1] *Reg. des Echevins.*
[2] 4 mai. — On commence à chercher des matériaux pour réparer la brèche. *(Ib.)*
[3] *Ib.*
[4] *Ib.*; Séances des 10 et 28 janvier 1592.
La solde des gens de guerre, pour le mois de janvier, se monta à la somme de 5,717 écus qui furent remis au sieur de La Morlière, commis du trésorier de l'extraordinaire des guerres. *(Compte de Michel Bachelier;* Arch. de la Mairie.)
Une taxe particulière de 8,400 écus avait été demandée par le Roi, en son Conseil tenu à Chartres le 7 septembre 1591, pour être employée *à la réfection des corps-de-garde, entretien du feu et chandelle d'iceulx et remboursement des deniers pris sur le sel.* (Séance du clergé du 10 septembre; *Papiers du Chapitre;* Arch. départ. — *Compte de Michel Bachelier;* Arch. de la Mairie.)

furent pendus pour des causes légères ; on blâma, en particulier, la torture infligée à un chanoine [1] et l'exécution d'un jacobin novice [2] dont la conduite avait été plus imprudente que coupable. Par compensation, les royalistes maltraités pendant les troubles excitèrent, comme de juste, la sympathie de ce tribunal supérieur ; la mémoire de ceux qui avaient subi des peines infamantes fut réhabilitée, et les juges de l'orfèvre Poussemotte et de ses compagnons furent condamnés à les dépendre en effigie et à payer mille écus à leurs veuves et enfants, à titre de dommages et intérêts [3]. La peste, dont on constata la présence le 26 novembre dans une maison de la rue du Cheval-Blanc [4], compléta la somme des malheurs de l'année.

Commencée sous de tels auspices, l'année 1592 ne devait pas être plus heureuse que la précédente. Il fallut, dans les premiers jours de janvier, trouver 400 muids de blé pour MM. de Sourdis et de La Trémouille qui se rendaient au camp du Roi devant Rouen [5]. Des troupes de ligueurs rôdaient sans cesse autour de la ville [6] et nécessitaient une surveillance

---

[1] Ce chanoine qui s'appelait Henault avait à peine 20 ans et n'était que sous-diacre. C'était le fils d'un greffier des Insinuations. Il avait écrit à son oncle, chanoine de Chartres, alors à Paris, qu'il ne pouvait lui envoyer d'argent parce que les taxes lui avaient tout pris, qu'on était mécontent *mais qu'il manquait un bon chef*. Il fut condamné aux galères et fit amende honorable le 23 novembre. *(Journal*, p. 215 et suiv.)

[2] Ce novice, âgé de 13 ou 14 ans, avait dit à la prieure des Filles-Dieu qu'il tuerait volontiers tous les hérétiques, y compris le Roi. Il fut pendu au marché aux Chevaux le 16 décembre. Le *Journal* (p. 232) dit qu'au moment où on allait l'exécuter, *ung grand nombre de petits enfans qui estoient présents, se prindrent tous à fuyr et à crier, comme sy on les eust voulu tous pendre à ce gibet*.

[3] Arrêt rendu le 12 novembre 1591.

[4] Maison des hoirs feu François Savard, près la porte du cloître Notre-Dame, rue du Cheval-Blanc. *(Reg. des Echevins.)*

[5] On fit à Chartres des prières publiques pour le succès des armes du Roi, et le *Journal* raconte qu'un jour le prédicateur royaliste Meignen demanda à Dieu, en manière de péroraison, qu'il protégeât Henri et qu'il rendit les armes des Espagnols *molles comme pommes cuites*.

[6] Le dernier jour de novembre 1591, le sieur de Sourdis étant allé chasser dans le bois de Tachainville faillit être enlevé par une compagnie ligueuse venue d'Orléans. Il n'eut que le temps de se sauver et perdit ses chiens et ses oiseaux. *(Journal*, p. 226.)

continuelle : aussi, pour éviter toute surprise de la part des ennemis, on renforça le guet, le 24 février, et on y mit deux soldats qui devaient être relevés toutes les vingt-quatre heures [1].

En vue du retour de la peste, les échevins prirent, aux mois de février et d'avril, des dispositions sévères pour assurer la propreté des maisons et des rues et la police hygiénique du marché aux Bestiaux [2]. Malgré ces précautions, le fléau reparut à la fin de l'hiver et son intensité fit rouvrir Beaurepaire ; on retint le chirurgien Martin Prévost pour soigner les malades, à raison de douze écus par mois [3]. Depuis la ruine du Massacre, les bouchers tuaient chez eux et répandaient leurs eaux sur la voie publique ; la Chambre coupa court à cet usage si funeste à la santé des habitants, en faisant reconstruire un hangard au Massacre et en prescrivant aux bouchers d'y abattre leurs bêtes, sous peine de vingt écus d'amende [4]. Les mesures prises par le corps municipal finirent par triompher de la maladie ; la mortalité diminua au plus fort des chaleurs, et les magistrats rassurés de ce côté purent s'occuper d'autres affaires.

Les gens de guerre insistaient beaucoup sur l'armement complet des troupes de la garnison et sur l'approvisionnement de l'arsenal, dépenses qui avaient été mises à la charge de la commune. Les taxes rendaient très-peu, car les bourgeois étaient épuisés ; s'adresser aux établissements publics ne paraissait pas possible ; la plupart d'entre eux étaient ruinés, et l'Hôtel-Dieu lui-même avait en ce moment tous ses revenus saisis par les élus, malgré les ordonnances royales, en compensation de ce que la ville avait exigé de l'élection pendant le siége (10 juin) [5]. M. de Sourdis avança cent écus ; le peu

---

[1] *Reg. du Clerc de l'œuvre ;* Arch. départ.
[2] 18 février et 7 avril. *(Reg. des Echevins.)*
[3] 5 et 26 mai. *(Ib.)*
[4] Ordonnance du 2 juin. *(Ib.)*
[5] *Ib.*

de deniers que l'on recueillit d'ailleurs servit à payer huit enseignes de taffetas aux compagnies (14 août)[1] et à acheter un millier de piques pour l'arsenal (13 octobre-24 novembre)[2]. Le Roi qui vint à Chartres au mois de septembre, vit avec satisfaction l'état d'avancement des travaux de la citadelle[3].

La nouvelle de la convocation des Etats de la Ligue à Paris, sous la présidence de Mayenne, fit revenir Henri IV dans nos murs le 15 décembre, avec ses principaux conseillers. Le but avoué de l'assemblée ligueuse, dans laquelle le sieur de Réclainville figura en qualité de député des chartrains réfugiés à Orléans[4], était de procéder à l'élection d'un roi catholique. Le Conseil royal avait donc à déjouer les projets des ennemis du royaume associés aux Espagnols, et il comptait le faire en démontrant le bon droit du Roi par les arguments tirés de la loi de l'hérédité en France et surtout en poussant les négociations déjà entamées, en dépit de Mayenne, avec une puissante fraction de la Ligue. Le 1er janvier 1593, les chevaliers du Saint-Esprit présents à Chartres firent leur office en grande pompe dans le chœur de la cathédrale ; le cardinal de Bourbon, l'archevêque de Bourges, le Chancelier, MM. de Nevers, de Crillon, de Chemerault, de Souvré, d'Entragues,

---

[1] *Reg. des Echevins et Compte de Michel Bachelier.* — *14 aunes de taffetas blanc, incarnat et bleu et huit cordons d'argent.*

[2] *Ib.* — La mention suivante, contenue dans la délibération du 3 septembre, fait connaître que toutes les portes ne furent pas ouvertes immédiatement après le siége : *Un tonneau de bon vin du cru, jusqu'au prix de 16 écus,* dit le Registre, *sera donné à Mr de Sourdis, gouverneur, qui abandonne les merrains ayant bouché la porte des Epars.*
Cette porte avait été débouchée par ordre du Gouverneur en date du 15 juin précédent. (*Compte de Michel Bachelier, 1590-1592* ; Arch. de la Mairie.)

[3] Le Chancelier vint aussi à Chartres au mois de septembre, pour assister au mariage de sa fille Anne avec Guy de La Trémouille, marquis de Royan, qui eut lieu le 10.
Le 2 août précédent, on avait amené à Chartres le corps du vieux maréchal de Biron tué d'un coup de canon devant la ville d'Epernay : *On chanta le De profundis en faulx bourdon, puys partit le corps accompaigné de Mr de Sourdis, gouverneur de Chartres, et aultres avec luy.* (*Reg. du Clerc de l'œuvre.*)

[4] Jean d'Allonville, sieur de Réclainville, nommé par les réfugiés chartrains le 19 janvier 1593, fut admis dans les rangs de la noblesse dans la séance du 25 mai. (*Hist. des Etats généraux de 1593,* p. 607. — *Recueil des Monuments inédits.*)

de Pougny, d'O, de Biron et de Sourdis assistèrent à cette cérémonie qui ouvrit solennellement l'assemblée royale. Henri IV vint souvent prendre part aux travaux de ses conseillers ; il data de Chartres la fameuse déclaration du 29 janvier, pour le soutien de la loi salique ; il assista en même temps au mariage de Marguerite Hurault, veuve du marquis de Nesle et fille du Chancelier, avec Anne d'Anglure, sieur de Givry ; il était encore dans nos murs les 7 février [1] et 28 mars [2]. Au bout de quatre mois, on parvint à s'entendre avec les modérés du parti ligueur, et des conférences furent indiquées au village de Surènes pour le 29 avril. La réunion chartraine députa à Surènes l'archevêque de Bourges, les sieurs Pomponne de Bellièvre, Gaspard de Schomberg, Nicolas d'Angennes, de Chavigny, de Pontcarré, de Thou et le secrétaire-d'État Revol. Une messe du Saint-Esprit fut célébrée le 29 avril à la cathédrale, pour demander à Dieu *d'assister la congrégation de Surènes en son bon vouloir de la paix du royaume* [3], et des processions générales furent faites tous les dimanches jusqu'à la conversion du Roi [4].

Pendant que les chefs politiques du royaume avaient à Chartres leur quartier-général, l'édilité locale veillait avec zèle sur la santé des habitants et de leurs illustres hôtes ; on craignait, en effet, le retour de la peste, et on jugea nécessaire de remettre en vigueur les ordonnances de 1592 sur le nettoyage des rues et la propreté des maisons. L'exécution de ces mesures de police exigeait naturellement l'emploi de beaucoup d'eau, ce qui rendait le commerce des éviers très-

---

[1] 16 février. — 38 écus, pour prix de deux poinçons de vin dont on a fait présent au Roi et aux princes et seigneurs de sa suite lors de son dernier passage en cette ville. *(Reg. des Echevins.)*
Ib. — 4 écus aux huissiers du grand Conseil et du Conseil privé. *(Ib.)*

[2] 6 avril. — Paiement de 1,650 pains de munitions aux gens de guerre, passant ès-environs de la ville, lorsque le Roy y est venu le 28 mars dernier. *(Ib.)*

[3] Séance du 28 avril. *(Ib.)*

[4] On voit aussi que *le 5 juillet, fut faict procession pour la santé de Mr de Montpencier, lequel fut blessé devant Dreux. (Reg. du Clerc de l'œuvre.)*

lucratif ; eux seuls avaient le privilége de vendre l'eau de la fontaine Saint-André et ils faisaient payer très-chèrement leurs peines. Les échevins mirent un terme aux exigences abusives de ces artisans, en fixant le prix de chaque *harre* d'eau à quatre deniers dans la vallée et à six deniers sur la montagne (9 mars et 29 juin)[1]. Malgré les précautions, la peste reparut au mois de juillet ; elle fut très-intense en août et finit en octobre. Le quartier du marché au Blé eut principalement à souffrir du fléau (21 août-12 octobre)[2].

Cependant un grand événement venait de s'accomplir ; Henri IV avait abjuré l'hérésie de Calvin, à Saint-Denis, le 25 juillet, entre les mains des prélats catholiques de son parti, parmi lesquels figurait l'évêque de Thou. La nouvelle en fut accueillie à Chartres avec de grandes démonstrations de joie[3] et tempéra le chagrin qu'avait produit l'assiette récente d'une taxe de 5,500 écus pour partie de la solde de 50,000 hommes de pied[4]. Les résultats de cet acte furent immenses. Avant la fin de l'année, quelques villes des plus ligueuses, Meaux, Péronne, Orléans, Lyon, et quelques capitaines des plus ligueurs, Vitry, d'Estourmel, La Châtre, firent leur soumission. Mais ce n'était pas assez ; le Roi voulut frapper d'un dernier coup les esprits indécis en demandant à l'Église

---

[1] *Reg. des Echevins.*

[2] *Ib.;* 12 octobre. — Licenciement du sieur Chavari et de sa femme, préposés à Beaurepaire.

[3] *Le mardi au soir, 27 juillet, vindrent les nouvelles que le roy avoit effectué sa bonne volonté, et fut à la messe dedans l'esglise St Denis en France, là où assistèrent plusieurs évesques et aultres seigneurs, avec protestation de vivre et mourir en la religion catholicque, apostolicque et romaine.*

Et pour rendre grâces à Dieu, le lendemain, fut faict procession génralle au matin après la grand'messe à St Père ; et à l'issue et retour, fut chanté dedans l'esglise Te Deum laudamus, avec les chantres et orgues, et furent carillonnées toutes les cloches du clocher neuf au matin par les chantres. Et au soir furent faictz les feux de joye devant la porte Royalle ; devant lequel feu furent sonnées les cloches du clocher vieil Marie et Gabriel par les chantres, et durant lequel feu furent chantez par lesdits chantres plusieurs mottetz : et le pareil se feist par la ville. (Reg. du Clerc de l'œuvre ; Arch. départ.)

[4] *Reg. des Echevins ;* Séances des 22 et 27 juillet.

l'onction sainte. Reims, la ville du sacre, était encore occupée par les troupes de Mayenne; Henri choisit pour cette auguste cérémonie Chartres, la ville de son bon Conseil [1]. Le sacre fut fixé au 27 février 1594.

[1] Dans les derniers mois de 1593, Henri IV était venu faire ses dévotions à Notre-Dame de Chartres, pour prouver au peuple chartrain sa sincère conversion : *Le samedi, 2 octobre, environ cinq heures du soir, arriva en ceste ville le roy de France Henry de Bourbon IIII*^{e}*, lequel entra dedans l'esglise, et fut receu à la porte Royalle par M*^{r} *de Chartres en son pontificat et Messieurs de l'esglise revestuz de chappes de soye, et fut conduict jusques dedans le chœur, où il y avoit une oratoire pour le roy avec un ciel qui estoit pendu à la perche, auquel lieu feist sa dévotion, et fut chanté* Te Deum laudamus; *à l'issue duquel le roy s'en alla à l'évesché; et le lundy ensuyvant, le roy est parti de la ville. (Registre du Clerc de l'œuvre;* Arch. départ.)

CHAPITRE XXII.

DU SACRE DE HENRI IV AU RACHAT DU DUCHÉ DE CHARTRES PAR LOUIS XIII.

(1594-1623.)

Les religieux de Marmoutiers possédaient une fiole d'huile miraculeuse ; le Roi qui ne pouvait faire venir la Sainte-Ampoule de Reims, voulut être sacré avec l'huile de Marmoutiers. Cette relique arriva à Chartres le 19 février 1594, sur les trois heures de l'après-midi, portée par les frères Mathurin Giron, Jacques d'Huisseau et Isaïe Jaunay, religieux et officiers du couvent, et escortée par le sieur de Souvré, député du Roi, l'évêque d'Angers et un grand nombre de gentilshommes tourangeaux et manceaux, de présidents et de conseillers au Parlement, à la Cour des Aides et à la Chambre des Comptes de Tours. Mgr l'évêque de Chartres avait envoyé à leur rencontre le clergé de toutes les paroisses et de tous les couvents de la ville, auquel s'étaient adjoints Me Guy Robert, prévôt de Chartres, douze notables bourgeois avec des torches aux armes du Roi et de la ville, les échevins et une immense quantité d'habitants en habits de fête.

On porta processionnellement le reliquaire, à travers les rues tendues de tapisseries et au bruit de toutes les cloches, jusqu'à l'église de l'abbaye de Saint-Père, où il fut confié à la garde des frères Yves Gaudeau, prieur claustral, Mathurin de La Chaussée, François Rocu, Martin Caille et Jean Charbonnier, religieux.

Le dimanche 27, à sept heures du matin, la grande députation royale, composée des comtes de Cheverny, d'Halluin, de Lauzun et du baron de Termes, se présenta à l'abbaye de Saint-Père et pria le frère Giron et ses compagnons de porter l'huile sainte à Notre-Dame pour le sacre de Sa Majesté. Les religieux de Marmoutiers obtempérèrent à cette demande, non sans avoir requis les seigneurs députés, le lieutenant-général Chouayne, les conseillers au siége présidial et les membres du corps de ville de s'engager, sous serment, à leur restituer cette précieuse relique après la cérémonie. Cette garantie donnée, la procession se mit en chemin. Frère Giron, monté sur une haquenée blanche, portait la fiole sous un dais de damas blanc; les seigneurs *otagiers* venaient ensuite, puis les notables bourgeois et le peuple. Mgr de Thou les attendait à la porte royale; il prêta aux religieux étrangers un serment semblable à celui qui avait été exigé des seigneurs, et reçut l'Ampoule des mains de frère Giron [1]. Les cérémonies du sacre commencèrent alors.

Les évêques de Nantes et de Maillezais, représentant les évêques de Laon et de Beauvais, absents, étaient allés chercher le Roi à l'évêché. Sa Majesté avait revêtu pour la circonstance une chemise fendue devant et derrière, une camisole de satin cramoisi et une grande robe de toile d'argent; elle arriva à la cathédrale par la porte royale, précédée des archers du grand-prévôt de l'Hôtel, du clergé, des Suisses, des hérauts d'armes, des chevaliers du Saint-Esprit, des Écossais, des gardes-du-corps, et du maréchal de Matignon portant l'é-

---

[1] Les notaires Debunes et Sortès dressèrent, les 19 et 27 février, et 4 mars, procès-verbaux de la réception de la sainte fiole, de sa remise à l'évêque de Chartres, de sa restitution aux religieux de Marmoutiers après le sacre et de la décharge donnée par ces derniers aux religieux de Saint-Père. Ces actes, conservés dans l'étude de Me Isambert, ont été insérés par M. Doublet de Boisthibault dans l'*Annuaire du département* pour l'année 1827. Les Archives départementales ont acquis récemment une copie des *Cérémonies observées au sacre et couronnement du très chrestien roy Henry IIII*, imprimé *à Paris chez Jamet Mettayer, 1594*, manuscrit à la suite duquel se trouvent deux expéditions des procès-verbaux de réception de la Sainte-Ampoule, qui permettent de rectifier quelques fausses leçons données dans l'Annuaire de 1827.

pée de connétable. Après Henri marchaient le chancelier de Cheverny, le comte de Saint-Pol, grand-maître, le duc de Longueville, grand-chambellan, le sieur de Bellegarde, premier gentilhomme de la Chambre. A l'appel des douze pairs de France, le prince de Conti répondit pour le duc de Bourgogne; le comte de Soissons, pour le duc de Normandie; le duc de Montpensier, pour le duc d'Aquitaine; le duc de Luxembourg, pour le comte de Toulouse; le duc de Retz, pour le comte de Flandre; le duc de Ventadour, pour le comte de Champagne; l'évêque de Chartres, pour l'archevêque duc de Reims; l'évêque de Nantes, pour l'évêque duc de Laon; l'évêque de Digne, pour l'évêque duc de Langres; l'évêque de Maillezais, pour l'évêque comte de Beauvais; l'évêque d'Orléans, pour l'évêque comte de Châlons, et l'évêque d'Angers, pour l'évêque comte de Noyon. Le Roi marcha droit à l'autel; il y fit déposer pour offrande une châsse d'argent doré et vint ensuite occuper le fauteuil qui lui avait été préparé au bas des marches.

L'évêque de Chartres, après avoir tiré l'huile sainte du reliquaire, prit l'Évangile et invita Sa Majesté à prêter le serment du sacre. Alors Henri, debout, la main droite sur le livre saint, prononça les paroles suivantes : « Je vous promets
» et octroye (aux évêques) que je vous conserverai en vos pri-
» viléges canoniques, comme aussi vos églises, et que je vous
» donnerai de bonnes loix et vous feray justice et vous défen-
» derai, aidant Dieu par sa grâce, selon mon pouvoir, ainsi
» qu'un Roi en son royaume doit faire par droit et raison à
» l'endroit des évêques et de leurs églises.

» Je promets, au nom de Jésus-Christ, ces choses aux chré-
» tiens à moy sujets :

» Premièrement, je mettray peine que le peuple chrétien
» vive paisiblement avec l'Église de Dieu;

» Oultre, je tâcherai faire qu'en toutes vacations cessent
» rapines et toutes iniquités;

» Oultre, je commanderai qu'en tous jugements, l'équité
» et miséricorde ayent lieu, à celle fin que Dieu clément et
» miséricordieux fasse miséricorde à moy et à vous ;

» Oultre, je tâcherai à mon pouvoir, en bonne foy, de
» chasser de ma jurisdiction et terres de ma sujétion tous hé-
» réticques dénoncés par l'Église.

» Promettant, par serment, de garder tout ce qui a esté
» dit [1]. »

Aux yeux de la plupart des assistants, ce n'était pas la moins importante partie du cérémonial qui venait de s'accomplir.

Après le serment, l'évêque de Chartres, aidé par les pairs ecclésiastiques, fit à Henri les onctions saintes ; puis, il prit la couronne, la leva au-dessus de la tête du monarque, la donna à soutenir aux ducs et pairs, la bénit et la déposa sur le front royal. Sa Majesté fut ensuite conduite processionnellement au trône qui lui avait été dressé dans le jubé, en vue de tout le peuple ; le prélat officiant lui donna le baiser de paix et cria par trois fois : *Vive le Roi!* Les pairs en firent autant, les acclamations de la foule leur répondirent, et le *Te Deum*, entonné par la musique de la chapelle, retentit sous les voûtes de la vieille basilique.

Pendant la messe qui fut célébrée par l'évêque de Chartres, l'abbé de Sainte-Geneviève, diacre d'honneur, remit le livre des Évangiles à l'archevêque de Bourges, grand-aumônier, et ce prélat le fit baiser au Roi. Sa Majesté descendit du jubé pour aller à l'offrande, et lorsqu'elle eut baisé la paix, M. de

---

[1] Le *Registre des Echevins* contient, à la date du 16 mars, le procès-verbal suivant : « En l'assemblée générale où présidait M^{ire} François d'Escoubleau, chevalier, sieur de Sourdis, gouverneur et capitaine de la ville de Chartres, présens en leurs personnes les officiers du Roy, les échevins et les députés des paroisses, ont été présentés les articles de la promesse faite par le Roi aux églises de son royaume ès mains de Mr de Chartres, qui ont été lus et ordonné être insérés ès registres du greffe des affaires communes pour servir de mémoire à l'avenir..... (Suivent les articles.) Dont et de laquelle lecture et insertion a été ordonné être fait le présent acte, et ce fait ont lesdits articles été mis et serrés au Trésor et armoire de la Ville, aux fins que dessus. » (Arch. de la Mairie.)

Sourdis présenta le vin dans un vase d'or ciselé, M. de Souvré un pain d'argent, et M. d'Entraigues un pain d'or; le Roi portait alors sa couronne, son manteau, le sceptre et la main de Justice.

L'office achevé, les évêques et les seigneurs reconduisirent Henri à l'évêché. Le duc de Montbazon marchait le premier, avec la couronne sur un coussin de velours; M. d'O le suivait, avec le sceptre; puis M. de Roquelaure, avec la main de Justice. Le maréchal de Matignon se tenait à la droite du Roi, l'épée royale au poing.

Le banquet du sacre eut lieu dans la grande salle de l'évêché, où l'on avait disposé une estrade. Le Roi occupa seul la table du milieu; à sa droite et sur une autre table se placèrent les pairs ecclésiastiques, la table de gauche reçut les pairs laïcs, et, au bas de l'estrade, une autre table fut destinée aux ambassadeurs, au Chancelier, aux chevaliers de l'ordre et aux principaux officiers de la Couronne [1]. Le soir, le monarque fit les honneurs d'un autre banquet à sa sœur Catherine, aux princesses de Condé et de Conti, et aux duchesses de Nemours, de Rohan et de Retz.

Le lendemain, 28, Henri reçut le collier de l'ordre du Saint-Esprit des mains de l'évêque de Chartres, et il partit quatre jours après, non sans avoir promis à la ville de réduire sa garnison aux troupes de la citadelle [2].

---

[1] La ville fit les frais du linge pour le repas royal. La délibération du 16 mars mentionne la remise aux prêteurs des nappes et serviettes ouvrées fournies pour les banquets faits par le Roi le jour de son sacre. *(Reg. des Echevins.)*

[2] Consulter, sur le sacre de Henri IV, les *Mémoires de Cheverny*, la *Chronologie novenaire de Palma Cayet*, le *Journal de Lestoile* et les ouvrages suivants imprimés à Chartres en 1594, chez C. Cottereau, et à Paris chez Jamet Mettayer et P. L'Huillier : *L'ordre et les cérémonies du sacre et couronnement du tres-chrestien Roy de France et de Navarre Henry IIII;* — *Cérémonies observées au sacre et coronement du Tres-chrestien et Tres-valeureux Henry IIII..... Ensemble en la réception de l'ordre du St Esprit en léglise de Chartres, ès xxvii et xxviiie iours du mois de février M. D. XCIIII* (par l'évêque Nicolas de Thou); — *Epistre de Yves, évesque de Chartres, touchant le sacre des Roys de France.*

Le département des manuscrits de la Bibliothèque impériale conserve une pièce intitulée : *Cérémonies observées en la réception du collier de l'ordre militaire du*

Le sacre décida la reddition de Paris; elle eut lieu le 22 mars et fut célébrée à Chartres par un *Te Deum* et des feux de joie [1].

Après l'événement mémorable qui venait de se passer dans ses murs, notre ville n'eut plus à s'occuper que des affaires communales. Les habitants du quartier Saint-Michel, voisins de la citadelle, avaient seuls la charge du logement des gens de guerre; ils s'en plaignaient à juste titre, mais les capitaines, qui voulaient conserver leurs soldats à portée, n'écoutaient pas leurs doléances (5 avril) [2]. Dans le but de faire cesser cette vexation, la Chambre offrit 100 écus par mois, pour que les soldats se logeassent de gré à gré chez les bourgeois [3]. Cette délibération, approuvée par M. de Sourdis et expédiée à M. le Chancelier, fut sanctionnée par lettres-patentes de Sa Majesté, en date du 13 mai. Un petit don de 500 écus, pour trois mois de solde de la garnison, offert à propos par la ville, facilita cette convention [4].

Afin d'assurer l'exécution des ordonnances municipales mises en oubli, les échevins établirent en permanence une chambre de police chargée de la connaissance des délits et de l'application des peines. Il fut décidé, le 1er juin, que ce tribunal siégerait tous les mardis et qu'il serait composé du lieutenant-général, du lieutenant-particulier, du prévôt, des avocats et procureur du Roi, de trois échevins, dont un d'église, et des délégués des paroisses. On vit alors renaître une foule de réglements méconnus pendant les troubles.

---

benoist St Esprit par le très chrestien Roy Henry de Bourbon, quatriesme de ce nom, en l'église de Chartres, le 28 février 1594. (Cabinet généalogique; Boîtes du Saint-Esprit, mélanges 11.)

[1] *Livre de Bois de Saint-André*; Arch. départ — Le *Registre du Clerc de l'œuvre* mentionne également des *Te Deum*, le 3 avril, pour la réduction de Rouen, et, le 10 mai, pour celle de Toulouse.

[2] *Reg. des Echevins.*

[3] *Ib.;* Séance du 5 mai.

[4] *Ib.;* Séances des 10 et 17 mai. — Le clergé eut à payer pour sa part 168 écus 13 sous 4 deniers. (Séance du clergé du 27 mai; *Papiers du Chapitre.*)

Les jeux publics et les tripots furent interdits pendant la durée du service divin; on bannit de la ville les porcs et les pigeons et on contraignit les habitants à nettoyer le devant de leurs portes, *au moins une fois la semaine* [1].

La voirie attira aussi l'attention de nos édiles : dans le courant de novembre, on débarrassa la tour Sainte-Foy de la terrasse qui la reliait à l'église; les abords des tourelles Courte-pinte et du Fer-à-Cheval furent dégagés, et on remit en état de défense les corps-de-garde de la Prêcherie et des portes Drouaise et Imbout. L'année se termina par des réjouissances pour le salut du Roi échappé au poignard de Châtel [2].

Les ressources de la ville furent consacrées, en 1595, aux travaux du pavage. Mais ces ressources étaient devenues bien modiques par suite des guerres. On louait autrefois les tourelles et les places attenant aux fortifications; or, depuis le siége, les fermiers dépossédés ne payaient plus. Pour compenser ce déficit, l'assemblée fit arranger en boutiques un corps de logis dépendant de l'Hôtel-de-Ville et le loua trente livres tournois (4 octobre). On parvint, en même temps, à trouver un locataire pour la maison ruinée du Massacre [3].

L'hiver rigoureux de 1596 amena à Chartres des bandes affamées de *croquants* étrangers, qui menaçaient de dévorer toute la substance des pauvres urbains (25 avril). Cette affluence de visiteurs était à craindre sous un autre point de vue : la peste sévissait à Paris; elle se propageait dans les campagnes, et la malpropreté inhérente aux mendiants était un appel au fléau. Les chaleurs de l'été augmentèrent encore le danger; au mois de juillet, on dut prescrire au sieur Jean

---

[1] *Reg. des Echevins.*

[2] Le dernier décembre, *Te Deum*, procession générale et feu de joie à cette occasion. *(Livre de Bois de Saint-André;* Arch. départ.)
Le jésuite Guignard, natif de Chartres, régent au collége des Jésuites à Paris, fut pendu en Grève, le samedi 7 janvier 1595, pour complicité morale avec Châtel. *(Lestoile,* vol. 2, p. 254.)

[3] *Reg. des Echevins et Compte du Receveur.* (Arch. de la Mairie.)

Baudouin, messager ordinaire de Chartres à Paris, de décharger voyageurs et marchandises au village d'Archévillers pour y subir une sorte de quarantaine [1]. Les communications avec la capitale furent définitivement interrompues au mois d'août, par ordre de M. de Sourdis [2]. Grâce à ces précautions, la ville échappa, cette année, à l'horrible maladie, et Jean Baudouin put reprendre, au mois de novembre, ses voyages accoutumés [3].

En janvier 1597, les échevins reçurent la visite de M. Mathurin Tricquois, seigneur de La Caillaudière, commissaire ordinaire de l'artillerie; il était porteur de lettres du Roi, datées de Rouen le 4 décembre 1596, par lesquelles on imposait la ville à la fourniture de 8,000 livres de poudre ou au paiement de leur valeur, à raison de 10 sous pour livre. La Chambre objecta que non-seulement poudres et canons avaient été remis fidèlement aux gens de Sa Majesté et à M. de Sourdis après le siége, mais qu'on avait déjà versé au trésor 30,000 écus et 1,850 muids de blé. Cette excuse fut admise, et le commissaire royal, après différents messages en Cour, finit par se contenter de 900 écus, applicables, partie à l'entretien des gens de guerre de la garnison, partie à l'achat de 300 piques pour l'arsenal (4 mars) [4]. Au mois de juin, arriva le

---

[1] *Reg. des Echevins;* 25 et 30 avril et 30 juillet.

[2] *Ib.*; 20 août.

[3] *Ib.*; 19 novembre.
L'office de messager de Chartres à Paris était ordinairement donné à bail par la ville. Cependant une délibération du 26 novembre 1596 fait connaître que l'on conféra, par exception, l'office de messager à Claude Tennerie, au moyen de la résignation de Jean Baudouin, son beau-père. Ce nouveau titulaire prêta en séance le serment accoutumé. Mais, à la fin du bail de Baudouin, l'entreprise des coches de Chartres à Paris fut remise en adjudication, et Tennerie continua l'exploitation comme plus fort enchérisseur.
Quoiqu'il y eût un adjudicataire payant une somme annuelle à la caisse municipale, l'entreprise des coches n'était pas un monopole. Ainsi le sieur Chatelain, successeur de Tennerie, ayant défendu, le 2 janvier 1607, à tous autres possesseurs de voitures de transport des voyageurs à Paris, la ville se joignit aux messagers attaqués par lui, attendu que, de tout temps, les habitants avaient eu la liberté de se faire conduire par les voies qui leur convenaient le mieux. *(Reg. des Echevins.)*

[4] *Ib.*; 17 janvier et 4 mars.

sieur Collet, procureur du sieur Gratien Ravinet, capitaine du charroi du Roi, chargé, par lettres closes du 22 mai, de taxer la ville à la fourniture de 30 *chevaux rouillers* avec leurs harnais. Recherches faites, il ne se trouva dans Chartres et les faubourgs que les chevaux des coches de Paris et d'Orléans; force fut donc au collecteur de s'adresser ailleurs [1]. Si la communauté parvint à éviter ainsi les demandes des officiers royaux, quelques anciens ligueurs faillirent être moins heureux. On se rappelle que le procureur-général La Guesle avait été fait prisonnier dans le faubourg Saint-Maurice, en février 1589, au moment où Mayenne entrait dans Chartres; c'était le sieur des Ligneris, aidé de plusieurs bourgeois de son parti, qui avait fait le coup. La Guesle, qui s'était pourvu d'un arrêt contre les Chartrains soupçonnés d'avoir attenté à sa personne, allait faire pratiquer une saisie sur leurs biens, lorsque des Ligneris, royaliste depuis 1590, vint loyalement au secours de ses anciens compagnons et termina le procès en transigeant avec le demandeur [2].

Il était moins facile de se garantir de la peste deux années de suite. Dès le mois d'avril 1597, les villages voisins étaient attaqués, et on avait pris le parti de chasser de Chartres les mendiants [3], et de faire transporter les immondices à cent pas au moins des murailles. Malgré ces mesures, on constata, le 29 août, un cas de peste dans une maison de la rue de la Rôtisserie, près de la chapelle Saint-Eman [4]. Le *Sanitas* de Beaurepaire fut aussitôt ouvert, et le médecin des pestiférés reçut pour logement la maison des pauvres de la rue du Puits-du-Crochet [5]. La maladie fut si violente, au mois de septembre,

---

[1] *Reg. des Echevins;* 21 juin.

[2] *Ib.;* 14 avril et 10 mai.

[3] On créa, le 15 avril, deux inspecteurs de police chargés spécialement de chasser les vagabonds des murs. *(Reg. des Echevins.)*

[4] 29 août. — Défense aux habitants d'aller demain au village de Francourville, à l'assemblée de Saint-Fiacre, à cause de la peste. *(Ib.)*

[5] *Ib.;* 2 septembre.

qu'il fallut prescrire d'enterrer les morts pendant la nuit et défendre les inhumations dans les églises. Les malades étaient transportés à Beaurepaire et on internait à Rigeard ceux qui avaient eu quelque contact avec eux. On ordonna aux habitants du quartier de la porte Morard de faire leurs lessives dans le *Buot* dit *la Fosse-au-Muet*, et à ceux des autres quartiers, à la Barre-des-Prés, au-dessous du moulin du Saumon [1]. La contagion ayant gagné, au mois d'octobre, l'hôpital Saint-Julien, on fut obligé de nourrir les pauvres aveugles mis en charte privée. Il y avait alors jusqu'à vingt-quatre malades à la fois dans les loges de Beaurepaire [2]. Pourtant le fléau diminua d'intensité avec les premiers froids, et, le 23 décembre, on put permettre à Martin Prévost, chirurgien, et à Martin Trenet, prêtre, employés au *Sanitas*, d'aller *s'éventer* aux champs pendant trois semaines, puis de rentrer en ville [3].

On avait appris, au milieu des terreurs de la peste, la mort d'Alphonse d'Est, duc de Ferrare et de Chartres, décédé sans enfants le 27 octobre, et cet événement était passé inaperçu, car le prince n'avait jamais habité son duché chartrain. Sa succession fut dévolue, par arrêt du Parlement, à sa sœur M™ Anne d'Est, duchesse de Nemours, veuve en premières noces du duc de Guise.

Comme les dépenses occasionnées par la peste avaient épuisé toutes les ressources de la caisse du bureau des pauvres, on prit le parti de poursuivre à outrance les bourgeois en retard de payer la taxe, et le collecteur-général des aumônes reçut tout pouvoir à cet effet le 27 janvier 1598 [4]. Mais le meilleur

---

[1] *Reg. des Echevins;* 19 et 30 septembre-1er octobre.

[2] *Ib.;* 14 et 27 octobre.

[3] *Ib.*

[4] *Ib.* — La ville était d'autant plus embarrassée qu'elle se voyait sur le point d'être recherchée pour quelques dépenses dont la régularité ne paraissait pas prouvée à MM. de la Chambre des Comptes. On lit dans le *Registre des Echevins*, à la date du 28 avril 1598 : *Il sera fait présent d'une pièce de soie à Mr l'Auditeur des Comptes, afin qu'il soit plus enclin à rétablir les parties qui ont été tenues en souffrance sur le compte de Mr Trossard, naguères receveur des deniers communs.*

moyen d'augmenter les recettes était de diminuer le chiffre des dépenses ; or, parmi ces dernières, la plus insupportable sans contredit, parce qu'elle n'offrait aucun profit en compensation, était la solde des gens de guerre de la garnison. Le traité de Vervins ayant été signé avec les Espagnols le 2 mai, les échevins crurent le moment favorable pour se débarrasser de cette lourde taxe ; en conséquence, une députation fut expédiée au Roi, le 11 juillet, dans le but d'obtenir la réouverture de la porte Saint-Michel et la démolition de la citadelle [1]. Mais la requête portée au Conseil privé parut prématurée, et un arrêt du 1er août se borna à statuer sur les gages annuels de M. de Valliraut [2]. Malgré cette déconvenue, quatre échevins allèrent recommander, le 7 septembre, les intérêts de la ville au chancelier de Cheverny, gouverneur de la province, qui résidait alors à son château d'Eclimont [3]. Le 10 novembre, une nouvelle députation se rendit à la Cour ; les députés ne rapportèrent qu'un ordre de Sa Majesté de payer une forte somme à M. de Sourdis, sur les tailles de l'élection [4]. La Chambre ne se découragea cependant pas ; le 1er décembre, le lieutenant-général Chouayne, M. Lemaire, receveur des deniers communs, et un échevin ecclésiastique, furent encore solliciter le Roi et les gens de son Conseil qui, cette fois, laissèrent entrevoir, dans l'avenir, la possibilité d'obtenir la démolition désirée [5].

Pendant ces négociations, la peste avait fait sa réapparition ordinaire ; arrivée en septembre, elle durait encore en décembre, et ses ravages furent grands [6]. La mort frappa, le

---

[1] *Reg. des Echevins.*
[2] *Ib.;* Séance du 18 août.
[3] *Ib.*
[4] *Ib.;* 10 et 20 novembre.
[5] *Ib.*
[6] Le danger fit songer à Dieu. Par délibération du 1er décembre, la Chambre enjoignit aux trois crieurs publics de parcourir la nuit, deux fois par semaine, suivant les vieilles coutumes interrompues pendant les derniers troubles, les divers quartiers

5 novembre, au château de Villebon, près Palaiseau, l'évêque Nicolas de Thou, prélat dont le rôle politique n'avait pas laissé que d'être brillant et qui aimait et protégeait la ville [1]. Chartres retrouva heureusement un protecteur non moins puissant, dans son petit-neveu et successeur, Philippe Hurault, fils du chancelier de Cheverny. Ce nouvel évêque n'avait que 20 ans, et il ne prit possession qu'en août 1608; mais on n'attendit pas cette époque pour faire appel à son crédit. La Chambre envoya, le 6 avril 1599, quatre échevins à Éclimont pour le congratuler et le prier d'aider la ville à soutenir ses intérêts [2]. Il s'agissait non-seulement de l'affaire de la citadelle, mais encore de la conservation des priviléges et de la confirmation du don de trois sous neuf deniers par minot de sel vendu au grenier. Comme Rosny poursuivait alors sans relâche la réforme des abus, il y avait à craindre que cette dernière partie des demandes de la ville n'éprouvât quelque difficulté. Il en fut tout autrement, grâce à l'appui du Chancelier et de son fils; le grand ministre accueillit assez bien une députation d'échevins chartrains qui alla le saluer le 16 juillet [3]; il promit même la démolition de la citadelle pour le commencement de l'année 1600. Le lieutenant-général en apporta la nouvelle à la Chambre, le 31 août, ce qui lui valut une gratification de cent écus et *d'une soutane de damas* [4].

de la ville, en agitant leurs clochettes, et de heurter vers minuit les portes des habitants pour les émouvoir à prier pour les trépassés.
La peste cessa vers la mi-décembre; on congédia, le 16, le médecin, le prêtre et le sieur Lépine, *prévôt de santé de Chartres*. (*Reg. des Échevins.*)

[1] On conserve à la Bibliothèque communale, dans un volume composé de différentes pièces, plusieurs mandements de M. de Thou. L'un est intitulé *Excommunication des sorciers, noueurs d'éguillettes, accointements avec les malins esprits, 1585;* deux autres datés de 1589 ont pour objet la *Délivrance des Princes catholiques* et la *Reconnaissance pour Roi de Charles de Bourbon, suivant l'arrêt du Parlement du 8 octobre.* (*Catalogue des manuscrits de la Bibliot. de Chartres*, p. 129 et 130.)

[2] *Reg. des Échevins.*

[3] *Ib.*

[4] *Ib.*

Forts de cette parole, les échevins entrèrent en pourparlers avec M. de Valliraut, touchant la remise de la place et l'indemnité à donner aux gens de guerre. La promesse de Rosny ayant été ratifiée par lettres du Roi du 20 janvier 1600 [1], on arrêta le 9 février suivant le plan de la démolition. Cette opération fut confiée au sieur de La Borde, sergent-major du régiment de Valliraut, sous la surveillance de six notables ; on y employa vingt manœuvres par jour, et le déblai n'était pas encore terminé au mois d'avril. En considération de ses bons offices, les matériaux du principal corps de logis furent donnés à M. de Valliraut ; ce capitaine reçut, en outre, une somme de 1,610 écus, pour solde du logement, du chauffage et de l'éclairage de la garnison, suivant les termes de la capitulation de 1598 [2]. La suppression de la citadelle causa aux habitants une grande joie, parce qu'elle les exonérait d'une charge très-lourde ; mais la demande que fit le Roi d'un petit secours de 6,000 écus pour les frais de son futur mariage calma bientôt l'allégresse générale (juillet) [3].

Deux autres affaires, importantes à divers titres, furent activement suivies par MM. de la Chambre pendant l'année 1601. La première les concernait particulièrement. M. Marin Sablon, marchand bourgeois, à sa sortie de l'échevinage, en 1599, avait été élu président du tribunal consulaire par ses confrères les marchands. Or, un des priviléges des échevins sortants était précisément l'exemption, pendant deux années, de toutes charges publiques. Sablon déclina l'honneur qu'on

---

[1] La Chambre de ville avait envoyé en Cour MM. Martin et Moreau, échevins, pour hâter l'expédition des lettres. Ces députés ayant fait connaître le 12 janvier qu'il était nécessaire de financer en cette circonstance, le clergé s'assembla le 17 et fit offrir aux échevins, par MM. Yves Gaudeau, prieur claustral de Saint-Père, et Guillaume Deschamps, religieux de cette abbaye, la somme de 2,000 livres tournois, par forme de don gratuit et sans tirer à conséquence. *(Papiers du Chapitre;* Arch. départ.)

[2] *Reg. des Echevins;* Séances des 21 décembre 1599, 3, 9, 11, 22 février et 11 avril 1600.

[3] Lettres closes du 28 juillet, datées de Lyon. *(Reg. des Echevins;* Séance du 22 août.)

voulait lui faire; les marchands prétendirent le contraindre à accepter; de là instance devant le siége présidial, dans laquelle la ville prit parti pour le défendeur. Condamnés par sentence du bailli, les marchands en appelèrent au Grand-Conseil; mais ils perdirent de nouveau leur cause, et l'arrêt reconnut pleinement le droit des anciens échevins à un repos de deux ans [1]. La seconde affaire présentait un intérêt plus général. Rosny avait fait créer, par édit de 1599, un droit d'entrée qui nuisait beaucoup aux marchés; la ville l'avait pris à ferme, en 1600, moyennant 4,100 écus, et en avait confié la perception aux échevins Leloup et Haligre, avec injonction de l'adoucir le plus possible [2]. En 1601, le sieur Jérôme Rotrou se rendit fermier de l'imposition en enchérissant sur la ville. Cet individu avait promis à l'échevin Leloup de baisser le tarif, moyennant une récompense tirée des fonds de la caisse municipale; mais alléché par le gain, il ne voulut pas tenir sa parole, et il se mit à prélever le droit en question avec une âpreté qui finit par détourner les marchands du chemin de Chartres. On tenta vainement de s'entendre avec cet homme qui tint bon jusqu'à l'expiration de son année [3]. Alors la ville fit agir la protection de Mme de Nemours, duchesse de Chartres, et obtint, grâce à elle, la concession amiable de la ferme, pour trois ans, moyennant 3,500 écus de fermage seulement [4]. Cet adoucissement rendit la vie aux marchés.

Toutefois, le discrédit dans lequel était tombé le marché aux grains tenait aussi aux exactions des mesureurs. Non-seulement ces artisans exigeaient huit deniers, au lieu de quatre, pour le mesurage de chaque setier exposé sur le carreau, mais ils élevaient encore la prétention de faire payer le mesurage du blé vendu dans les greniers ou sur échantillon,

---

[1] *Reg. des Echevins;* 29 août 1600 et 8 mai 1601.
[2] *Ib.;* Séance du 14 décembre 1599.
[3] *Ib.;* 12 janvier et 5 juin 1601.
[4] *Ib.;* 18 décembre 1601.

quoique leur intervention n'eût pas été réclamée par les parties. Quelques bourgeois, soutenus par la ville, intentèrent aux mesureurs, en juillet 1601, un procès que ces derniers perdirent devant la Chambre de police, et une ordonnance municipale qui suivit le jugement, réduisit leur salaire à de plus justes proportions [1]. La Chambre, au mois d'août 1602, compléta ces réformes utiles, en réglant l'exercice du droit de havage qu'une vieille pancarte accordait à l'exécuteur des hautes-œuvres; elle fit vérifier et marquer sa cuillère et somma le titulaire, Jean Baudry, de cesser ses insolences envers les marchands [2].

Le vieux Cheverny étant mort le 30 juillet 1599, son gouvernement provincial fut divisé en deux. L'Orléanais eut un gouverneur dont le comte de Cheverny, fils aîné du chancelier et bailli de Chartres, fut nommé lieutenant-général, et M. de Sourdis, gouverneur particulier de la ville et lieutenant-général du Chartrain, administra les affaires du pays sans relever de personne. Ce dernier seigneur qui s'était rendu considérable par sa conduite pendant la Ligue, ne jouit pas longtemps de cette faveur; il mourut le mercredi 20 mars 1602. La ville fit célébrer un service solennel à son intention dans l'église Notre-Dame, et un religieux Cor-

---

[1] 24 juillet 1601. — Procès de Pierre Legay contre le mesureur Lusurier et consorts. (*Reg. des Échevins.*)

[2] La pancarte attribuait à l'exécuteur : 1° sur chaque charrette de bois à brûler, une bûche; 2° sur chaque charrette de javelle, une javelle; 3° sur chaque charrette de merrain, deux deniers; 4° sur chaque charrette de charniers, deux deniers; 5° sur chaque charrette de charbon, deux deniers; 6° sur chaque charrette d'écorce, deux deniers; 7° sur chaque charrette de tan battu, deux deniers; 8° sur chaque charrette de foin, deux deniers; 9° sur chaque charrette de paille, deux deniers; 10° sur chaque somme de charbon, un denier; 11° sur chaque somme de balais, un denier; 12° sur chaque somme de poires et pommes, deux deniers; 13° sur chaque somme de chanvre et lin, un denier; 14° sur chaque somme de menues denrées, un denier; 15° sur chaque setier de grain du marché, une cuillerée; 16° sur chaque mesure d'oignons, deux deniers; 17° sur chaque charretée de poteries de terre, deux deniers; 18° sur chaque charriot, quatre deniers. Les habitants de la ville et de la banlieue étaient exempts de ces redevances. (*Reg. des Échevins*; Séance du 30 août.)

Ce tarif fut révisé par sentences des 15 janvier et 9 juillet 1614. (*Ib.*; Séance du 15 novembre 1622.)

delier prononça son oraison funèbre (21 mai-2 juillet)[1]. On prit, en signe de deuil et jusqu'à la nomination d'un nouveau gouverneur, les mesures que commandait cet événement : les portes furent fermées et les ponts-levis levés à dix heures du soir ; on partagea les clefs entre les échevins de mois et le lieutenant-général, et on exerça une surveillance extraordinaire sur les cabarets et les hôtelleries[2]. Le Roi avait accordé la survivance du gouvernement de Chartres à M. de La Chapelle, fils de M. de Sourdis[3] ; mais ce jeune gentilhomme étant mort peu de temps après son père, sans s'être fait installer, la charge fut donnée, par provisions du 6 novembre, à M. Claude Gruel, seigneur de La Frette au Perche, chevalier de l'ordre et capitaine de 50 hommes d'armes des ordonnances. Ce seigneur prêta serment, le 22 février 1603, entre les mains du Chancelier, et il fut reçu dans son office, par le corps de ville, le 26 avril suivant. Il était qualifié dans ses lettres de *Capitaine et gouverneur de la ville de Chartres, lieutenant-général pour le Roi au gouvernement de ladite ville et du Pays-Chartrain*[4]. Pendant son séjour à Chartres, qu'il prolongea jusqu'à la fin de septembre, la ville mit à sa disposition l'hôtel des Gouverneurs, rue Saint-Jean (des Lices), du linge, de la vaisselle et deux pots de vin à chaque repas[5].

Le retour périodique de la peste avait déterminé la Chambre à établir un office de médecin du Bureau des Pauvres. On fit venir de Rennes, au mois de septembre 1602, pour remplir cette charge, M. Claude Bouteroue, praticien dis-

---

[1] 2 juillet. — Paiement de 8 écus pour les tentures de l'église Notre-Dame, pendant le service fait à l'intention de M. de Sourdis. — Gratification de 2 écus au Cordelier qui a prononcé l'oraison funèbre. *(Reg. des Echevins.)*

[2] *Ib.*; 20 juin.

[3] Virginal d'Escoubleau, sieur de La Chapelle.

[4] *Reg. des Echevins.*

[5] 22 avril. — Préparatifs pour la réception du Gouverneur. — 23 septembre. — M. de La Frette se plaint du mauvais état de la maison des gouverneurs ; décidé qu'il en sera référé au Chapitre parce que c'est un logis canonial. *(Ib.)*

tingué, originaire de Chartres [1]. De nouveaux réglements sur l'administration et la police du bureau, délibérés aux mois de mars et de novembre 1603, furent la suite de cette nomination, et les mesures prises à cet égard reçurent, au mois de décembre, la sanction de M. Scaron, conseiller au Parlement, commis sur le fait des hôpitaux et maladreries du royaume [2]. A la même époque, le Protestantisme, que les Chartrains redoutaient plus que la peste et dont toutes les tentatives avaient jusqu'alors été repoussées, parvint à jouir, dans la ville et la banlieue, de l'existence légale que lui assurait l'édit promulgué à Nantes en 1598. Les religionnaires obtinrent l'autorisation d'ouvrir un temple au hameau du Pont-Tranchefêtu, sur la route d'Illiers, et d'inhumer leurs morts dans un terrain situé au bout de la rue de la Bourdinière et attenant à l'ancien cimetière Sainte-Foy [3].

---

[1] *Reg. des Echevins*; Séance du 2 septembre. — [2] *Ib.*

[3] Les Archives de l'Hôtel-Dieu renferment une liasse de titres et papiers relatifs à l'administration de l'église réformée du Pont-Tranchefêtu, de 1624 à 1685, époque de la révocation de l'édit de Nantes. Les documents suivants, extraits de cette liasse, présentent de l'intérêt, en ce qu'ils font connaître les principales familles chartraines de la Religion, pendant cette période :

1624. — Testament de Pierre Rendu, au profit du ministre desservant l'église du Pont-Tranchefêtu.

1630. — Donation à l'église par Suzanne de Chartres, dame de Bois-Hinoust.

1631. — Donation à l'église par Paul de Chartres, écuyer, sieur du Plessis-Cherville, et dame Esther d'Argenson, sa femme.

1648. — Reconnaissance par le Consistoire de l'obligation qui incombe à l'église du Pont-Tranchefêtu, comme établissement de main-morte, de fournir homme vivant et mourant à M. Louis de Courcillon, sieur de Dangeau, seigneur du lieu. — Election de M. Pierre Le Maire, sieur de La Bénardière, au titre d'homme vivant et mourant, en remplacement de feu Me Jean Brun, procureur au bailliage; présents MM. Scalberge, docteur en médecine et ministre du culte réformé, de Tuillières, écuyer, sieur d'Argenson, d'Alvimare, Claude de Moustiers, de Dangeau, Cailleau, Neveu, Trouillard, Fresnot, Mahon.

1657. — Accord fait par les commissaires du synode de La Ferté-au-Col, entre le sieur Scalberge, ministre, et la congrégation protestante de Chartres, au sujet du paiement des honoraires du ministre; présents MM. Neveu, diacre, Gaillard, ancien, Sadier, secrétaire.

1671. — Remise des titres de l'église au sieur Scalberge fils, chargé du recouvrement des rentes et de la contribution des particuliers, aux lieu et place du sieur Le Maire, décédé, en présence des sieurs Pierre Augier, ministre à Favières, et Daniel du Camp, ministre à Laons.

La chaire du ministre était occupée en 1674 par le sieur Scalberge fils, docteur en médecine.

L'année 1604, inaugurée par une contribution de 5,024 livres, sous forme de subvention au Roi (11 février)[1], vit les échevins poursuivre avec persévérance l'œuvre de salubrité publique. Ils atteignirent en particulier les bouchers, qui continuaient à jeter leurs eaux sur le pavé des rues; comme le *Massacre* était entièrement ruiné, on leur désigna, pour enfouir leurs immondices, un endroit hors des murs, appelé la *Fosse-aux-Bretons* ou *Fosse-Boutin*, et on infligea des peines sévères aux contrevenants (17 août)[2]. Grâce à ces précautions, la ville fut préservée du fléau pendant quelques années, quoique les contrées voisines en ressentissent fréquemment les atteintes[3].

La reine Marie de Médicis voulait profiter de l'état sanitaire de la ville pour faire ses dévotions à l'autel de la Vierge-Noire; elle devait venir le jeudi 24 mars 1605, suivant des lettres du Roi. Comme il s'agissait d'une première visite, les échevins se proposèrent de déployer à cette occasion une pompe inusitée. A son arrivée à la porte Guillaume, Marie devait trouver, pour la recevoir, Messieurs de la Chambre accompagnés de toutes les autorités et corporations de la cité et escortés par les vidamiers et les clercs de la Bazoche en habits de gala. Après les discours officiels et les cadeaux d'usage, la Reine devait être conduite au palais épiscopal par les rues des Écuyers et des Changes tendues de tapisseries[4]. Sa Majesté ne vint pas, au grand désappointement des Chartrains.

Par suite des événements politiques, le collége de Pocquet

---

[1] *Reg. des Echevins.* — A force d'emprunter, la ville s'était tellement endettée que tout son revenu passait en paiement d'intérêts. La Chambre, pour sortir de cette position, obtint, le 26 juin 1604, un arrêt du Conseil autorisant la perception, au profit de la caisse municipale, d'une taxe de 22 sous 6 deniers sur chaque tonneau de vin entrant, et de 7 sous 6 deniers (indépendamment des anciens 5 sous), sur chaque minot de sel vendu au grenier. Le Roi confirma cet arrêt par lettres du 25 janvier 1607, vérifiées par les généraux des finances d'Orléans le 19 mars. (*Pancarte municipale*, vol. 2, p. 95; Arch. de la Mairie.)

[2] *Reg. des Echevins.*

[3] 5 septembre 1606. — La peste est à Paris, Blois et Châteaudun. — 24 avril 1607. — Ravages dans toutes les petites villes de la Beauce. (*Reg. des Echevins.*)

[4] *Ib.*; Séance du 21 mars 1605.

avait dépéri entre les mains du principal, Nicolas de Baste. Le rétablissement de l'ordre fit songer à relever les bonnes études à Chartres, et la grande réputation de pédagogie des Jésuites fit jeter les yeux sur eux pour accomplir cette mission. Par délibération du 20 mai 1605, les échevins chargèrent le procureur du Roi et le doyen du Chapitre d'inviter l'Evêque à s'intéresser à l'établissement de ces religieux. Le prélat prit si chaudement l'affaire à cœur, que, dès le 28 juin, il fit parvenir à la Chambre des lettres du Roi, portant l'autorisation désirée [1]. Des pourparlers furent aussitôt entamés avec le Père provincial par M. de La Pacaudière, échevin, au nom de la ville [2]; mais il résulta du relevé approximatif des dépenses, que l'installation des PP. coûterait environ 9,000 livres, et la misère des temps ne permettait guères de réunir une pareille somme (13 septembre) [3]. Abandonnée, pendant toute l'année 1606, au grand détriment des classes du collége, l'affaire se renoua, au commencement de 1607, dans des conditions qui paraissaient meilleures. Les Jésuites consentaient à se contenter de 3,000 livres, à prendre, jusqu'à concurrence de 2,000 livres, sur le bureau des Pauvres, et le surplus, sur les libéralités des particuliers et les revenus de la prébende préceptorale. Le chancelier de Bellièvre, quoique favorable à la congrégation, ne voulut pas approuver un traité qui entamait le patrimoine des pauvres. On fit en vain appel, au mois de mars, à la générosité des citoyens pour combler le déficit; cette tentative échoua, et, de guerre lasse, il fut interdit, à la requête du procureur du Roi, de parler davantage des religieux [4]. Pendant ces négociations, l'exercice du collége avait cessé si complétement, qu'on en était réduit à envoyer les

---

[1] *Reg. des Echevins.* — L'assemblée du clergé donna, le 4 juillet, son adhésion au projet de substituer les pères Jésuites aux régents du collége. *(Papiers du Chapitre;* Arch. départ.)

[2] *Reg. des Echevins;* Séance du 30 août.

[3] *Ib.*

[4] *Ib.;* 20 mars.

enfants étudier dans les petites villes voisines. La Chambre jugea, enfin, qu'il n'était plus possible de surseoir à la réorganisation des classes, et elle envoya à Paris, au mois de juin, quelques membres du Chapitre avec mission de faire choix d'un certain nombre de régents instruits; les gages de ces professeurs, évalués à 4 ou 500 livres par an, devaient être empruntés en partie sur la caisse du bureau des Pauvres, jusqu'à ce que l'affluence des élèves procurât des bénéfices à la maison [1]. Grâce au zèle que déployèrent les délégués, les études purent être reprises au mois d'octobre, malgré les clameurs des maîtres d'école, qui ne voulaient pas conduire leurs écoliers aux cours et dont on dut vaincre la résistance par la menace du procureur du Roi [2].

Mme la duchesse de Nemours et de Chartres étant morte au mois de mai 1607, la ville fit célébrer un service à sa mémoire dans la cathédrale [3]. Le duché fut attribué sans contestation à son fils Henri de Savoie, duc de Nemours.

En janvier 1608, malgré le froid extrêmement rigoureux qui régnait, le Roi fit faire à Chartres la montre de la compagnie des gendarmes Dauphin, dont M. de Souvré était lieutenant et M. d'Oinville maréchal-des-logis [4]. Les frais de séjour de cette compagnie restèrent à la charge des habitants, qui furent encore taxés, au mois de février, à la somme de 6,000 livres, pour leur part dans une taille exigée des villes de la généralité d'Orléans [5]. Une autre dépense imprévue

---

[1] *Reg. des Echevins;* 12 et 26 juin.

[2] *Ib.;* Séance du 3 octobre.

[3] Services faits à la cathédrale, aux frais de la ville, les jeudi 31 mai et vendredi 1er juin. *(Ib.)* — Les entrailles de cette princesse avaient été mises en terre, le vendredi 18 mai, dans le chœur de l'église des Augustins de Paris. *(Journal de Lestoile,* vol. 2, p. 425.)

[4] *Reg. des Echevins;* 4 et 9 janvier. — *Plusieurs personnes furent trouvées mortes de froid par les champs mesme, entre Chartres et Orléans. (Journal de Lestoile,* vol. 2, p. 446.)

[5] *Reg. des Echevins;* 26 février. — Un arrêt du Conseil, du 21 janvier 1610, réduisit cette somme à 5,000 livres, sur la représentation faite par les habitants de

greva, au mois de septembre, les finances municipales. La Reine avait dû venir en pélerinage à Notre-Dame le 25 mars; son voyage, remis au 7 septembre, pour la fête de la Nativité, et annoncé par le Roi aux échevins le 18 août [1], fut reculé jusqu'à la fin d'octobre. Comme Marie de Médicis n'avait pas encore été reçue en reine, la Chambre jugea convenable cette fois de dépasser en magnificence les plus belles fêtes données jusqu'alors aux souverains, à leur première entrée à Chartres. On fit construire des portiques et des théâtres ornés d'armoiries, de portraits, d'emblèmes et de devises [2]; un sculpteur et un peintre habiles [3] disposèrent une statue de femme qui jetait par les mamelles du lait et du vin; on acheta des *fruitiers* en argent pour contenir les confitures d'honneur [4]; les notables divisés en bannières, les compagnies de la milice, les vidamiers, les *Bazochiens* et les enfants du collége, tous habillés de neuf, devaient faire parade dans l'escorte de la Princesse; des harangues avaient été composées et apprises tout exprès pour la circonstance [5]. Ces pré-

---

leur pauvreté, de la ruine du pays et de la richesse du clergé. *(Pancarte municipale*, vol. 2, p. 81.)

[1] *Reg. des Echevins*; 24 août. — L'évêque Philippe Hurault fit son entrée officielle le 28 août, pour être en mesure de figurer à la réception de la Reine dans la place d'honneur que lui assignait sa dignité.

[2] 2 septembre. — Le peintre Questel se chargea de cette décoration, moyennant 600 livres tournois. *(Reg. des Echevins.)*

[3] Le peintre s'appelait Nicolas Pauvert et le sculpteur Barthélemy Phelippeau; la sculpture coûta 20 livres tournois et la peinture et la dorure 36 livres. *(Ib.)*

[4] 22 septembre. — On avait eu d'abord l'intention d'acheter *un vase et son bassin*, mais, de l'avis de l'Evêque et de M. de Montescot, on se décida pour des fruitiers, comme étant de meilleur goût. M. de Gyvès, échevin, fut chargé de l'acquisition.

[5] Les dispositions prises pour l'entrée de la Reine méritent d'être conservées dans leur entier :
10 octobre. — Les enfants du collége seront habillés de neuf pour l'entrée de la Reine.
13 octobre. — La Reine entrera par la porte Saint-Michel, et non par la porte Drouaise.
14 octobre. — Le jeune Florent de Ganneau, écolier de la première classe, sera chargé de débiter la harangue.
15 octobre. — M. de Limours, bailli, a promis 50 armes complètes pour la milice. — On retient le sieur Drouart, joueur de hautbois, pour jouer et avertir les joueurs des environs et faire des répétitions ensemble.

paratifs furent inutiles; la visite royale n'eut pas lieu. Le Roi en informa la ville, le 27 octobre, alors qu'on avait déjà fait pour 2,835 livres de dépenses en achats et main-d'œuvre [1].

La Reine passa par le Coudray à la fin de mars 1609, mais on se borna à tenir les chemins en état et à nettoyer les abords du village [2]. Cette année fut, d'ailleurs, si l'on peut s'exprimer ainsi, une année de nettoyage et d'apurement. Pendant les mois de mars et de mai, les échevins firent curer les rues et les fossés [3], et, au mois de septembre,

18 octobre. — Ordonnance générale : 1° M. Guichard, échevin, sera envoyé à la Cour avec lettres pour MM. de Châteauvieux, de Loménie et Phelippeaux; il reconnaîtra les chemins en allant et en donnera avis aux maréchaux-des-logis;

2° M. Esnault, échevin, aura charge de maréchal-des-logis de la Reine depuis Etampes jusqu'à Chartres;

3° Le Lieutenant-général, Mgr l'Evêque et MM. de Théré, Duval, Guichard et Martin, échevins, iront au-devant de Sa Majesté jusqu'à Ouarville;

4° L'infanterie de la ville, au nombre de huit compagnies, se rendra, sous les ordres du colonel et du sergent-major, devant le Gord;

5° On dressera à l'entrée de la ville un théâtre recouvert de tapis de Turquie, duquel on montera, au moyen de trois marches de quatre pouces chacune, sur un second théâtre où sera placée la chaire de la Reine surmontée d'un dais à queue traînante. Cette partie de la décoration sera confiée aux soins de MM. de Gyvès, Masson et Martin, assistés de 10 sergents. — Les rues par lesquelles passera le cortége seront tendues. — Il y aura un portique à la porte Saint-Michel et un autre à l'Etape-au-Vin; une couronne sera suspendue aux Quatre-Coins. — La fontaine ci-dessus ordonnée *(la femme jetant du lait et du vin par les mamelles)* sera placée devant l'hôtel-de-ville, et on bouchera la petite rue de la Poissonnerie afin de dissimuler *l'artifice* de la dite fontaine; pour ce faire on enlèvera le poteau et le mai des bazochiens. — Les enfants d'honneur sortiront de la cour de la Tour-le-Roi pour faire la révérence à la Reine. — Les cornets-à-bouquins et hautbois seront mis dans la chambre de MM. les Elus. — Il y aura un troisième portique rue des Changes et des armoiries dans le cloître. — Trois ou quatre trompettes, placés sur le ravelin de la porte Saint-Michel, sonneront à l'entrée de la Reine; on hissera du canon sur ledit ravelin pour les salves d'honneur. — Sur le théâtre de la Reine se trouveront tous les corps et communautés qui doivent faire harangue, savoir : M. de Chartres et tout son clergé; MM. du Présidial, accompagnés de six avocats et de six procureurs des plus anciens; MM. de la Chambre de ville avec le Président des consuls, les quatre consuls en charge et sept bourgeois; MM. de l'Election. — A la descente du théâtre, le dais sous lequel marchera Sa Majesté sera porté par les quatre plus anciens échevins. — On offrira à la Reine des confitures dans deux fruitiers fournis par le sieur Lahaye, orfèvre de Paris, et on présentera le vin d'honneur aux princes et seigneurs de la suite. *(Reg. des Echevins.)*

[1] 4 novembre. — On vendra les préparatifs, hormis les peintures; on paiera 30 livres à Jean Godier, pour 72 aunes de taffetas incarnat employé à doubler la couronne des Quatre-Coins, et 18 livres à Nicolas Arnoul et Pierre Piat, armuriers, pour six douzaines de hausse-cols destinés aux piquiers. *(Ib.)*

[2] *Ib.;* Séance du 23 mars 1609.

[3] 31 mars. — Ordre de déposer les immondices, savoir : pour les quartiers des

M. Mauclerc, ancien receveur-général du bureau des Pauvres, rendit le compte des recettes et dépenses effectuées pendant la peste, du 1er mai 1597 au 30 avril 1599. Le fléau avait coûté 3,601 livres tournois [1].

Une épouvantable nouvelle parvint à Chartres dans la journée du 15 mai 1610; Henri IV avait été assassiné, le 14, par Ravaillac. On se mit aussitôt en mesure de maintenir la ville sous l'obéissance du roi Louis XIII et de Marie de Médicis, sa mère. On partagea la garde des portes entre les magistrats les plus notables : celle des Épars échut au lieutenant-général Chouayne ; celle Châtelet, à M. Guérin, lieutenant particulier ; celle Drouaise, à M. Robert, conseiller au bailliage; celle Guillaume, à M. Charles Cheron, sieur de Saint-Cheron, conseiller-notaire et secrétaire du Roi; celle Morard, à M. Brizard, président en l'Élection, et celle Saint-Michel, à M. le prévôt Robert. En attendant que M. de La Frette, gouverneur, alors absent, pût venir donner ses ordres, on établit des corps-de-garde, on arma les murailles et on prescrivit aux habitants de préparer des poinçons devant leurs portes ; on agit, en un mot, comme si l'on se fût trouvé en présence de l'ennemi [2]. Le 17, les officiers et les membres du corps de ville prêtèrent serment entre les mains de M. de La Frette [3]; le 19, on reçut des lettres de la Reine-

Epars et Châtelet, dans la Fosse-aux-Bretons; pour le quartier Saint-Michel, dans le fossé du ravelin de la porte; pour le quartier Morard, près de la maison de Chabin, parcheminier; pour le quartier Guillaume, près de la maison du Lion-d'Or; pour le quartier Drouaise, *ès trois premières caves juxte Saint-Julien*.
19 mai. — Ordre de lever le lançoir de la Courtille pour nettoyer les fossés et éviter la perte totale du poisson à cause de la boue et du peu d'eau. *(Reg. des Echev.)*

[1] *Ib.;* Séance du 15 septembre. — L'année 1609 ne fut pas exempte de maladies contagieuses; si l'on en croit Lestoile (vol. 2, p. 529), il mourut à Chartres, au mois d'août, *sept à huit cents enfants* de la petite-vérole.

[2] *Reg. des Echevins;* Séance du 15 mai. — Un arrêt du Conseil du 18 février 1610 avait autorisé la ville à appliquer chaque année aux travaux de défense une somme de 2,000 livres, à prendre sur la recette de l'impôt établi en 1604. (Voir *suprà*, p. 369, note 1re.) — Les réparations à faire aux murailles étaient alors estimées à 39,978 livres. *(Pancarte municipale,* vol. 2, p. 95.)

[3] Prirent part à cette prestation de serment, MM. Chouayne, lieutenant-général, Michel Grenet, lieutenant criminel et capitaine du quartier des Épars, Etienne Gué-

régente, ordonnant de garder l'édit de pacification et de faire participer les réformés aux exercices et corvées de la milice bourgeoise; le 22, MM. Chouayne, lieutenant-général, et de Gyvès et Masson, échevins, députés par la Compagnie, furent admis à prononcer le serment solennel de fidélité entre les mains du Chancelier [1]. Le cœur de Henri IV, légué par testament aux Jésuites de La Flèche, arriva à Chartres le 31 au soir [2]; il fut reçu par le clergé, les échevins, le gouverneur et la noblesse du pays, et déposé dans l'église des Capucins, où il passa la nuit. Le lendemain, après les prières, le cortége reprit sa marche par la route de Nogent-le-Rotrou. On célébra, selon les intentions du jeune Roi, un service à Notre-Dame, pour le repos de l'âme du monarque défunt, le dimanche 20 juin et les lundi, mardi et mercredi suivants; la décoration du chœur, la chapelle ardente, les belles armoiries et l'oraison funèbre furent très-admirées [3].

Quoique la régente, rassurée sur la tranquillité du royaume, eût fait cesser les gardes dès le 15 juin, M. de La Frette ne crut pas devoir quitter son gouvernement dans ces circonstances; il s'établit dans la maison canoniale de la rue des Lices, que la ville louait, pour cet usage, de M. Girardot, chanoine et archidiacre de Dreux [4], et resta à Char-

rin, lieutenant particulier et capitaine du quartier Châtelet, Guy Robert, prévôt royal et capitaine du quartier Saint-Michel, Jean Fresnot, avocat du Roi, Jean Grenet, procureur du Roi; Louis Chicoineau, archidiacre de Dunois, et Gilbert Lorin, chanoine de Notre-Dame, échevins ecclésiastiques; Jean de Gyvès, Guillaume Masson, Paul Duval, Jean Edelin, Laurent Martin, Jacques Fresnot et Jean Troillard, échevins laïcs; Jacques Le Fachu, contrôleur des deniers communs; Charles Cheron, sieur de Saint-Cheron, conseiller-notaire et secrétaire du Roi et capitaine du quartier Guillaume, François Brizard, président en l'élection et capitaine du quartier Morard, Jean Robert, conseiller au bailliage et capitaine du quartier Drouaise. *(Pancarte municipale*, vol. 2, p. 91.)

[1] *Reg. des Echevins.*

[2] *Ib.*; Séance du 1er juin.

[3] 20 juin. — Chœur tendu de velours noir; quatre écussons portant les armoiries royales de chaque côté; deux écussons sur le maître-autel attachés à deux cierges; chapelle ardente, au milieu du chœur, garnie de dix douzaines de cierges et tendue de velours noir décoré de dix écussons. *(Ib.)*

[4] *Ib.*; 30 juin. — Il avait été question d'acheter une maison pour le Gouverneur,

tres pendant presque tout le reste de l'année. Mais, au mois d'avril 1611, comme il revenait d'un voyage dans ses terres, il trouva les portes fermées par ordre de Marie de Médicis. Il avait été entraîné, ainsi que le comte de Cheverny, gouverneur de la province, dans la disgrâce du duc de Sully [1]. Cependant il parvint à se justifier et rentra en charge le 18 juin, pour faire reprendre les gardes pendant la tenue de l'assemblée protestante de Saumur, qui ne laissait pas que d'inquiéter un peu le Gouvernement [2]. Le service de la milice cessa au mois d'août [3]; le Roi vint en pèlerinage le 11 septembre, et le reste de l'année se passa assez paisiblement pour les bourgeois.

Au mois de mars 1612, un démêlé assez grave s'éleva entre les échevins et M. de La Frette, au sujet de la possession des clefs de la ville. Le gouverneur voulait en être seul chargé pendant le temps de sa présence à Chartres ; messieurs de la Chambre prétendaient qu'ils avaient le droit d'en conserver une partie. C'était un contrôle dont la ville était jalouse, car elle ne se souciait pas d'être, par le fait de son gouverneur, à la merci du premier ambitieux venu. Le procès porté devant le Conseil durait encore au mois de novembre 1614 ; la ville excipait principalement de ce qui se passait à cet égard à Blois et à Orléans et d'un certificat par lequel M. de Cheverny, rentré en faveur, attestait qu'il s'était toujours contenté de moitié des clefs lorsqu'il était venu à Chartres en qualité de gouverneur de la province. Enfin, le 13 août 1615, une transaction fut réglée entre les parties par la médiation du maréchal de Souvré ; on convint que lorsque M. de La Frette serait à Chartres, la compagnie lui présenterait toutes les clefs et le prierait de se contenter de la moitié, ce qu'il accep-

---

et la Chambre avait décidé cette acquisition, d'accord avec le clergé, dans la séance du 4 juin ; mais il ne paraît pas que ce projet ait été réalisé. *(Papiers du Chapitre ; Arch. départ.)*

[1] Lettres de la Régente, du 29 mars. *(Reg. des Echevins.)*
[2] Lettre de la Régente du 18 juin et Séance du 17 juillet. *(Ib.)*
[3] Lettre de la Régente du 14 août. *(Ib.)*

terait. MM. Arnault et Haligre, conseillers au Grand-Conseil, ne furent pas étrangers à cet accord, qui sauvegardait l'intérêt de la ville tout en satisfaisant la susceptibilité du gouverneur [1].

La peste reparut dans la pays chartrain et le Perche pendant les années 1612 et 1613. Vendôme, Bellesme, Saint-Eliph, Bretoncelle et La Loupe, eurent beaucoup à souffrir; mais les mesures prises par les échevins de Chartres sauvèrent la ville de cette cruelle épidémie [2]. La salubrité de l'air y décida même, au mois de juin 1613, la tenue du chapitre provincial des Cordeliers. Cette réunion donna lieu à de belles cérémonies auxquelles vinrent s'ajouter encore les solennités de la réception que l'on fit à M. François de Gruel, sieur de Gerautrouze, survivancier de son père dans le gouvernement particulier de Chartres [3], et les honneurs que l'on rendit au Roi dans une visite qu'il fit à Notre-Dame le 12 août.

Malgré son système de concessions, la Régente ne pouvait parvenir à maintenir la concorde entre les princes. Condé, Nevers, Mayenne, Vendôme, Bouillon et Longueville, quittèrent brusquement Paris, à la fin de janvier 1614, et réunirent des forces en Champagne. M. de La Frette et les échevins furent avertis de cet événement par un message de la Reine, du 13 février [4]. Sa Majesté invitait fortement les habitants à se conserver dans l'obéissance du Roi, et elle ajoutait qu'elle espérait bientôt ramener les princes, avec lesquels le duc de Ventadour et le sieur de Boissise, conseiller d'État, devaient entrer en négociations. Cette levée de boucliers se termina, en effet, le 15 mai, par la paix de Sainte-Menehould, et les gardes cessèrent à Chartres à la fin du mois, en vertu d'un ordre de la Reine. Une des principales conditions du rap-

---

[1] *Reg. des Echevins;* 19 mars 1612, 29 septembre, 10 novembre et 9 décembre 1614, 13 août 1615.
[2] *Ib.;* Séances des 18 septembre 1612 et 10 juin 1613.
[3] *Ib.;* 10 juin.
[4] Lettres de la Régente de ce jour. *(Ib.)*

prochement des princes était la convocation des États-généraux. Des lettres closes, en date du 9 juin, enjoignirent aux gens de Chartres de députer dans les trois ordres des personnes notables pour représenter le bailliage. Les élections se firent au mois d'août, et les suffrages se fixèrent sur l'évêque Hurault de Cheverny, pour le clergé; Charles d'Angennes, marquis de Maintenon, pour la noblesse; Chouayne, lieutenant-général, et Jacques des Essarts, conseiller au bailliage, pour le Tiers-État [1].

Au lieu d'attendre l'ouverture des États, les princes compromirent leur cause par de nouvelles tentatives à main-armée. Cette fois, la Régente eut recours à la force; elle rassembla quelques troupes, fit partir le Roi avec elle le 5 juillet, et, dans une campagne de deux mois, pacifia les provinces de l'Ouest agitées par les rebelles. Louis XIII, qui allait atteindre sa majorité, voulut que son retour à Paris fût célébré par de grandes réjouissances. Le 30 juillet, les échevins reçurent la nouvelle du passage probable de Sa Majesté par la ville; le Roi et la Reine-mère arrivèrent, en effet, le 12 septembre, et la réception fut digne d'eux, car on brûla 460 livres de poudre à canon et on dépensa, pour les préparatifs et les cadeaux, 5,159 livres tournois [2].

[1] *Reg. des Echevins*
26 juin. — Commission du Bailli, transmettant à la Chambre les lettres closes du Roi et de la Régente.
29 juillet. — Délibération de la Chambre, portant qu'il y a lieu d'élire deux ou trois notables personnages du Tiers-Etat, lesquels se rendront le 11 août prochain à l'assemblée des Etats provinciaux du bailliage pour faire rapport des remontrances, plaintes et doléances résolues.
7 août. — Assemblée générale des paroisses dans laquelle on arrête les remontrances et on élit MM. Chouayne, Lemaire, Jean Lambert et Laurent Martin pour porter la parole aux Etats provinciaux.
11 août. — Etats provinciaux tenus à la Tour-le-Roi et élection des députés aux Etats généraux.
Une délibération du 1er décembre 1615 fait connaître que, sur la commission de M. le Bailli ou son lieutenant, commissaire du Roi en cette partie, les vacations de MM. Chouayne et des Essarts, députés du Tiers-Etat, furent fixées à 842 livres 5 sous 6 deniers.

[2] *Reg. des Echevins;* Séances des 30 juillet, 11, 16 et 17 septembre.
30 septembre. — Donné 25 livres à Jean Lamy, pauvre serger dont le mollet a

La Chambre renouvela, au commencement de 1615, les anciennes ordonnances de police sur la tenue des cabarets, tripots et jeux de paume et sur la voirie [1]; ce réveil administratif signalait l'entrée en fonctions de M. Etienne Simon, sieur de Villiers-le-Comte, qui venait de remplacer M. Chouayne, dans la lieutenance-générale du bailliage [2]; il était fait, d'ailleurs, pour donner une bonne idée de la ville au nouveau bailli, le jeune comte de Limours, fils de M. de Cheverny, dont les lettres datées du 2 avril furent enregistrées le 27 au greffe [3].

La Régente avait résolu d'exécuter un projet qui soulevait de profondes antipathies parmi les partisans de la politique de Henri IV : c'était le mariage du Roi avec Anne d'Autriche, infante d'Espagne, et celui de la princesse Elisabeth de France avec le prince des Asturies. Condé et les mécontents en prirent texte pour recommencer leurs menées ; la Cour persista et rassembla des troupes pour conduire le Roi en Guyenne. Le pays chartrain, chemin naturel de l'armée, fut bientôt envahi par des bandes de gendarmes maraudeurs ; ils se livrèrent à de tels désordres dans la banlieue, aux mois de juillet et d'août, que l'on fut obligé d'en écrire à M. des Fourneaux,

été emporté par une arquebuse qui a crevé en allant au-devant de Sa Majesté. — Donné 30 livres à un autre particulier, pour une jambe emportée d'un coup de canon à l'entrée du Roi. *(Reg. des Echevins.)*

21 octobre. — Six enseignes de taffetas qui ont servi à l'entrée de Leurs Majestés seront déposées en l'armoire neuve de la ville. *(Ib.)*

10 septembre 1619. — Payé à Marin Salmon, marchand de soie, la somme de 7 livres, pour sept quarts de taffetas blanc livrés au capitaine Champhol, lors de l'entrée du Roi en 1614, et employés à faire une écharpe. *(Ib.)*

[1] Ordonnance de police du 14 avril. *(Ib.)*

[2] Etienne Simon était fils du lieutenant-général Pierre Simon, décédé en 1587, et de Marie de Mineray. Cette dame, qui prolongea sa vie jusqu'au mois de novembre 1623, était petite-fille du lieutenant-général Christophe de Hérouard, fille du lieutenant-général de Mineray, veuve du lieutenant-général Pierre Simon et mère du lieutenant-général Etienne Simon. *(Ib.; Séance du 23 novembre 1623.)*

[3] Ce jeune homme remplaçait son oncle, Louis Hurault, comte de Limours, mort sans postérité. Ce dernier avait lui-même succédé à son frère, le comte de Cheverny, peu de temps après la mort du Chancelier, leur père.

On reconnut à cette occasion que le Bailli n'avait pas séance au Conseil de ville, le Lieutenant-général étant *maire perpétuel*. *(Ib).*

maréchal-général-des-logis¹, et de députer à la Reine les échevins Gobineau et Fresnot²; le départ de la Cour, qui eut lieu le 17 août, rendit le repos à la campagne.

Les gardes avaient été reprises dans la ville le 3 août, par ordre du Roi, et les échevins s'étaient entendus, à ce sujet, avec M. de Chantemesle, gentilhomme de M. de La Frette, alors absent³. Le Gouverneur revint au plus vîte pour presser les préparatifs de défense, car on se méfiait beaucoup de la noblesse huguenote des environs; on remit en vigueur les ordonnances relatives à la police des étrangers voyageurs et au guet des portes; chaque matin, avant de baisser les ponts-levis, on faisait sortir des arquebusiers par les guichets pour fouiller les faubourgs, et, pendant la journée, les gens du poste inspectaient les entrants et sondaient à coups de hallebarde les charrettes de foin et de paille; on établit des corps-de-garde supplémentaires sur la porte Imbout, la tour des Jacobins et la tour Saint-Père (août)⁴. Malgré cette surveillance, on eut la certitude que plusieurs individus suspects s'étaient introduits dans les murs le 7 septembre⁵; ce fut une raison de plus pour activer l'armement des bourgeois, et M. de La Frette fit délivrer à la milice, par M. de Baste, garde-magasin de l'arsenal, 1,688 livres de poudre à canon en caque⁶.

Le 3 octobre, un domestique du Gouverneur apporta nouvelle de l'armée du maréchal de Bois-Dauphin et de celle des princes dont il avait épié les mouvements⁷. Comme

---

¹ Hélie Fougeu, sieur des Fourneaux, maréchal-général-des-logis des camps et armées du Roi et commissaire ordinaire de ses guerres, tenait à Chartres par son mariage avec la fille de Me Jean Belouis, procureur au bailliage. Il avait été nommé échevin le 28 septembre 1614.

² *Reg. des Echevins;* 7 juillet et 1ᵉʳ août.

³ Lettres du Roi, du 30 juillet. *(Ib.)*

⁴ *Ib.;* 11, 13, 21 août et 12 septembre 1615.

⁵ *Ib.*

⁶ *Ib.;* 10 septembre.

⁷ 3 octobre. — Donné 30 livres au sieur Lagron, domestique de M. le Gouverneur, qui a été à l'armée de M. le Prince, pour découvrir ce qui s'y fait, et à l'armée de M. le maréchal de Bois-Dauphin, pour porter des lettres à M. des Cures. *(Ib.)*

la stratégie des généraux semblait avoir adopté pour théâtre les bassins de l'Oise, de la Somme et de la Haute-Seine, le pays chartrain paraissait peu menacé ; cependant un convoi de 6,000 livres de poudre, expédié de Tours, par ordre du Roi, arriva à Chartres le 6 octobre, ce qui fit croire à un danger prochain [1]. Cette crainte fut dissipée par le rapport que le sergent royal Mathurin Lallemand remit aux échevins le 7, et duquel il résultait que les armées ne tendaient pas à se rapprocher de la Beauce [2]. Mais, comme toujours dans les temps de guerre civile, la tranquillité fut de courte durée : le 24, des lettres de M. de Verdun, Premier-Président du Parlement de Paris, informèrent le Lieutenant-général que certains malintentionnés avaient conçu le projet de surprendre la ville en s'introduisant de nuit par les herses de la Courtille [3]. Cette nouvelle jeta l'alarme dans le Conseil ; on doubla aussitôt les postes, on tendit des chaînes dans la rivière pour renforcer les herses, et, comme il importait de nettoyer les environs, on leva, avec l'autorisation du Roi, trois compagnies de chevau-légers, sous le commandement de MM. de La Frette, de Limours et d'Amilly (26 octobre) [4]. D'autres lettres du premier-président, en date du 28 novembre, vinrent heureusement apaiser cette alerte, car elles annoncèrent le double mariage du Roi et de la Princesse sa sœur, événement qui fut solennisé par un *Te Deum* et par un feu de joie [5]. Le Gouverneur et les échevins ne se départirent cependant pas de leur prudence ; ainsi, la *loue* des domestiques qui se tenait dans le cloître

---

[1] *Reg. des Echevins.*
[2] *Ib.*
[3] 24 octobre. — Ordonné de payer à Robert Le Chericux, chevaucheur d'écurie du Roi, la somme de 12 livres, pour sa vacation d'avoir apporté lettres de M. le Premier-Président concernant la surprise de la ville. (*Ib.*)
3 novembre. — Ordonné de payer à Poulain, serrurier, 72 livres, pour avoir fourni de grosses chaînes destinées à fortifier les herses de la porte Morard sur la rivière, afin d'empêcher les bateaux d'approcher et *d'éviter aux surprises que l'on a eu advis devoir estre faites par lesdites herses.* (*Ib.*)
[4] *Ib.* — [5] *Ib.*

Notre-Dame le jour des Morts, et la foire Saint-André qui avait lieu d'ordinaire dans le cloître et le cimetière de cette paroisse, furent transportées cette année dans le faubourg Saint-Barthélemy (2 et 30 novembre)[1].

Les mariages étant consommés, les princes n'avaient plus qu'à prendre leurs sûretés contre la nouvelle politique; la Cour, de son côté, ne demandait pas mieux que de traiter avec eux. Des négociations furent entamées à la fin de décembre, et le Roi expédia aux parties belligérantes l'ordre de mettre bas les armes. Mais tous les chefs n'obéirent pas : le duc de Vendôme, qui tenait ses troupes dans le pays chartrain, méditait un coup contre la ville, où il avait des affidés. Le 18 janvier 1616, au soir, quelques gens de la populace, soulevés par le procureur Jacques Vieillard et conduits par deux savetiers nommés Prudhomme et Neveu, voulurent surprendre les corps-de-garde; la vigilance de la police déjoua cette tentative, et les meneurs furent emprisonnés[2]. Le lendemain 19, l'échevin Bachelier alla porter au duc des lettres de Sa Majesté, qui lui enjoignaient de faire retirer ses soldats de la banlieue[3]; mais le Prince s'excusa sur ce qu'il était peu maître des individus qui s'avouaient de lui. Il est vrai que la rigueur de la saison autorisait les gendarmes mal payés à séjourner dans un pays où ils pensaient mieux vivre qu'ailleurs. Les troupes royales, elles-mêmes, n'en agissaient pas autrement. La Beauce était pillée en même temps par les compagnies vendômoises de MM. d'Allègre, de Saint-Léger, de Saint-Denis, Meillant, de la Perine, de l'Estrée, de Cœuvres et du vidame de Chartres, et par les compagnies royalistes de MM. de Marillac, de Torigny, de Mesdames, de Maintenon et de Menou, sans compter les maraudeurs de profession (26 janvier)[4]. Malgré les trèves, cette déplorable situa-

---

[1] *Reg. des Echevins;* Séances des 29 octobre et 26 novembre.
[2] *Ib.* — [3] *Ib.* — [4] *Ib.*

tion se prolongea jusqu'à la paix de Loudun dont la Chambre fut informée le 4 mai [1]. Les bourgeois fatigués accueillirent cette nouvelle avec la plus grande joie, et, pour satisfaire l'impatience générale, le Gouverneur et les échevins durent procéder immédiatement au désarmement des murailles et au licenciement des trois compagnies de chevau-légers [2].

La paix ne plut pas autant aux gens de guerre, et la Cour dut indemniser plusieurs d'entre eux des occasions de fortune que la tranquillité publique leur enlevait. Un sieur Pierre Le Sage, seigneur de Chanteloup, parvint à obtenir de Sa Majesté la charge de sergent-major de Chartres; la Chambre, peu soucieuse d'entretenir ce nouvel officier, députa, le 11 juillet, M. Bachelier à Paris, pour faire des remontrances à la Chancellerie; en effet, la charge de sergent-major n'avait jamais existé à Chartres, et les sieurs de Cazault et de La Borde, les seuls qui l'eussent remplie, étaient sergents-majors des troupes de la garnison et non de la ville. Chanteloup produisit ses provisions le 23 septembre, mais on refusa de les enregistrer et les troubles du moment firent passer sur cette résistance [3].

La paix n'avait pas duré longtemps. M. le marquis d'Alluyes, fils du marquis de Sourdis, vint annoncer au corps de ville, le 2 septembre, l'arrestation du prince de Condé; les lettres que le Roi écrivait à cette occasion aux échevins, mandaient que le prince était retenu dans une salle du Louvre, *sans que pour ce on ait dessein de lui faire aucun mauvais traitement* [4]. Les gardes furent reprises aussitôt, puis abandonnées en vertu d'une lettre du Roi du 26 octobre annonçant la paix, et enfin rétablies le 8 décembre à la nouvelle

---

[1] *Reg. des Echevins;* 15 et 26 avril et 9 mai. — Ordonnances royales des 9 et 23 avril et 4 mai. *(Ib.)*

[2] *Ib.;* 9 mai.

[3] *Ib.*

[4] Lettre du Roi du 1er septembre. *(Ib.)*

des hostilités [1]. Comme les intelligences que les ennemis avaient dans la Beauce faisaient craindre une surprise, la Cour prescrivit l'armement complet des murailles. M. de La Braverie, lieutenant du grand-maître de l'artillerie, amena de l'arsenal de Verneuil, le 4 janvier 1617, trois pièces de gros calibre; la ville en possédait dix-neuf qui furent montées le 10; on fit en même temps la commande, par adjudication, de 2,200 boulets [2]. Des rassemblements suspects ayant eu lieu au mois d'avril, dans le Perche et près de Dreux, il fallut renvoyer à Verneuil les canons qui lui appartenaient [3]. Le pied de guerre fut maintenu jusqu'au meurtre du maréchal d'Ancre, époque de l'émancipation de Louis XIII. On reçut, le 15 mai, l'ordre de lever les gardes, et le pays put jouir enfin de quelques instants de repos [4].

Les affaires de la commune avaient été fort délaissées pendant les orages politiques; le calme permit aux échevins de s'en occuper. Ils transigèrent, le 3 avril 1618, avec les religieux Minimes qui voulaient absolument s'introduire dans la ville, et ils leur permirent de s'établir au bout de la rue de la Corroirie [5]. Les intérêts du commerce fixèrent en même temps l'attention de la Chambre. Nous avons dit qu'Henri III, lors de son séjour à Chartres au mois de mai 1588, avait créé une foire franche de huit jours; ce privilége, longtemps né-

[1] *Reg. des Echevins.*

[2] *Ib.;* 4, 10 et 24 janvier. — L'adjudication de la fourniture des boulets fut prononcée le 14 février, au profit de Jean Chevalier, maître fondeur.

[3] 4 avril. — Il sera payé à Catherin Leguay 18 livres 5 sous, pour avoir fait deux voyages, par le commandement de la ville, ès environs du Perche et de Dreux, afin de découvrir quels sont les gens de guerre qui s'y tiennent. *(Ib.)*
Le Roi, par lettres du 1er avril, avait prescrit de reconduire à Verneuil les trois pièces amenées par M. de La Braverie, et le sieur de Montgival, commissaire ordinaire de l'artillerie, avait été chargé de cette commission par le grand-maître. Le départ fut retardé par la crainte des gens de guerre qui rôdaient près de Verneuil. *(Ib.)*
Le Roi fit connaître, par lettres du 9 avril, qu'il avait sommé ces gens de guerre de déloger, sous peine d'être traités comme rebelles. *(Ib.)*

[4] *Ib.* — Lettres du Roi, en date du 10 mai.

[5] L'historique du couvent des Minimes est contenu dans le dernier chapitre de ce volume.

gligé à cause des troubles, fut confirmé par lettres du Roi du 13 mars 1618, et la publication de la patente eut lieu le 10 avril [1]. Chartres possédait une autre foire franche, dite de la Saint-Barthélemy; à la demande de M. de Cheverny et sur la sollicitation des échevins de Blois et de Beaugency, on décida, le 12 mai, que cette dernière foire serait remise à la Notre-Dame de septembre, pour ne pas nuire aux foires de ces deux villes qui se tenaient au mois d'août [2]. Pour donner plus d'éclat aux deux grandes foires de mai et de septembre, on ne crut pas pouvoir mieux faire que de forcer les marchands de la ville à y étaler, sous peine d'amende [3].

La tranquillité disparut avec l'année 1618. On sut, au mois de janvier 1619, que les protestants du midi remuaient, et dans la crainte que leurs co-religionnaires de la Beauce ne répondissent à cet appel en se jetant dans Chartres, on prescrivit aux portiers de fermer les portes et guichets à six heures du soir et de lever les ponts-levis chaque nuit [4]. En même temps, la milice religieuse de la ville s'augmenta de nouveaux membres. Les dames de l'ordre du Mont-Carmel, de la réforme de la mère Thérèse, furent admises provisoirement, en vertu d'une permission de l'Evêque du 2 janvier. Elles s'établirent d'abord dans une maison de la rue Saint-Pierre, puis, au bout de la rue des Vasseleurs, dans l'ancien hôtel des chevaliers de Malte [5]. Les armes temporelles et spirituelles

---

[1] Voir *suprà*, p. 293, note 1re.

[2] *Reg. des Echevins.* — Voir *suprà*, p. 295.

[3] La première foire de mai se tint en 1618. Le bourreau voulut percevoir le havage sur les grains et autres marchandises étalées, mais on s'y opposa, attendu que la foire était franche. (*Reg. des Echevins;* Séance du 12 mai.)
Les syndics des corporations étaient tenus de désigner les marchands qui devaient ouvrir à la foire. A la Notre-Dame de septembre 1618, figurèrent les drapiers, merciers, orfèvres, chapeliers et bonnetiers, cordonniers, cordiers, tourneurs, vanniers, savetiers, boulangers, fourbisseurs, parcheminiers, tanneurs, guêtriers, féronniers, pintiers, chaudronniers, sergers, selliers, bourreliers, œuvres blanches, corroyeurs. *(Ib.;* 27 août et 4 septembre.)

[4] *Ib.;* Séance du 10 janvier.

[5] Voir, au dernier chapitre de cette histoire, quelques détails sur le couvent des Carmélites.

étaient donc unies pour la défense de la cité contre les huguenots.

On redoubla de précautions au mois de février. La Reine-mère, enfermée au château de Blois depuis la mort du maréchal d'Ancre, s'évada dans la nuit du 22 au 23 ; le Roi le manda à la Chambre dès le 24 [1]. M. de La Frette, retenu près de Sa Majesté, envoya aussitôt un réglement sévère pour la police et le guet, avec injonction de le mettre à exécution [2]. La compagnie du Vidame et la milice bourgeoise reprirent leurs exercices, et les passages, c'est-à-dire les pillages des troupes recommencèrent bientôt à désoler le pays (mars, avril et mai) [3]. Le Roi s'était avancé vers la Touraine pour suivre de plus près les négociations entamées avec sa mère [4]; il dépêcha, le 15 mai, le sieur de L'Étourville aux échevins, pour leur recommander la plus grande vigilance, à cause de certains plans de surprise attribués aux rebelles [5]. Cette fois encore on en fut quitte pour la peur; la diplomatie aplanit les difficultés politiques, et Sa Majesté permit aux habitants, le 29 mai, de déposer les armes [6].

La peste remplaça la guerre dans le pays chartrain. Les villages de la banlieue furent très-maltraités, mais la ville se soumit à un isolement tellement complet, qu'elle réussit à se garantir du fléau (juillet, août et septembre) [7].

Le danger n'empêcha pas le Roi d'effectuer par la Beauce son retour de Touraine. M. de La Frette, gouverneur, et M.

---

[1] *Reg. des Echevins;* Séance du 26 février.

[2] *Ib.;* 1er mars.

[3] 16 avril. — Il sera écrit tant à M. de La Frette qu'à M. de Loménie, secrétaire des commandements, et à M. des Cures, conseiller au Conseil-d'Etat et privé et maréchal-général-des-logis des camps et armées du Roi, pour les prier de faire déloger les gens de guerre qui pillent et ruinent le plat-pays. (*Reg. des Echevins.*)

[4] 29 avril. — Le Roi doit, dit-on, passer ici en se rendant en Touraine; il sera écrit à ce sujet à M. Guichard, son premier valet de chambre, de présent à Saint-Germain-en-Laye. (*Ib.*)

[5] *Ib.;* Séance du 16 mai.

[6] *Ib.;* 2 juin.

[7] *Ib* ; 23 juillet, 27 août, 2 et 7 septembre.

des Fourneaux, maréchal-des-logis de la Cour, firent connaître aux échevins, le 12 septembre, la prochaine arrivée du monarque et de sa jeune épouse; Louis XIII, de son côté, demanda à sa bonne ville, par lettres du 20, une réception des plus simples [1]. Ce désir ne put être exaucé, car on avait déjà fait force préparatifs, et lors de l'entrée de Leurs Majestés, qui eut lieu par la porte Châtelet le jeudi 26, elles trouvèrent à leur rencontre les autorités et les corporations en habit de gala, reçurent des cadeaux de confitures et vin clairet, passèrent sous des arcs de triomphe décorés de leurs portraits, et suivirent jusqu'à l'évêché des rues tendues de tapisseries de haute lisse [2]. Le Roi et la Reine partirent le jeudi 3 octobre [3].

La Reine-mère et les princes ayant renoué leurs intrigues au printemps de 1620, il fallut reprendre le mousquet à Chartres. Les gardes, rétablies le 1er juillet par ordre du Roi et de M. de La Frette, ne cessèrent que le 8 septembre, après l'affaire des Ponts-de-Cé [4]. Pendant cette nouvelle lutte, le pays chartrain eut beaucoup à souffrir du passage des troupes royales, quoique M. des Fourneaux, ancien ami de la ville, fût chargé des logements depuis Étampes jusqu'en Normandie [5]. On dut même lancer les archers de la maréchaussée aux trousses des traîneurs et goujats de l'armée [6].

[1] *Reg. des Echevins;* Séance du 16 septembre.

[2] La Bibliothèque impériale possède une pièce intitulée : *La royale entrée du Roy et de la Reine en la ville de Chartres: avec les magnificences et cérémonies qui s'y sont observées le jeudy 26 septembre.* Paris, J. Chemin. 1619; in-8°. (Catalogue Lb36, n° 1,287, p. 498.)
Il paraît qu'une grande partie du temps que la Cour passa dans notre ville fut employé en cérémonies religieuses à l'occasion de la paix. Un opuscule in-8° de la Bibliothèque impériale (Catalogue Lb36, n° 1,286, p. 498) porte pour titre : *Les magnificences préparées en l'église Notre-Dame de Chartres, pour les dévotes actions de grâces du roi et de la reine sa mère, de leur heureuse entrevue et amiable réconciliation.*

[3] Un incendie dévora ce jour-là même une partie de la petite ville de Maintenon; le Roi qui avait été témoin de ce désastre, à son passage, fit estimer les pertes et chargea le Lieutenant-général du bailliage de distribuer 3,000 livres *au sol la livre* aux incendiés. (Lettre du 31 octobre. Recueil des *Lettres des Rois de France,* p. 221.)

[4] *Reg. des Echevins.*

[5] *Ib.;* 21 juillet. — [6] *Ib.;* 7 septembre.

L'évêque Philippe Hurault mourut le 27 mai de cette année, chez le comte de Cheverny, son frère, et le Roi donna le siége de Chartres à Léonor d'Estampes de Valançay, abbé de Bourgueil. Ce prélat était cousin de son prédécesseur, par Marie Hurault, sa bisaïeule; de plus, sa sœur avait épousé M. Brulard de Puisieux, fils du chancelier Brulard de Sillery. Chartres ne faisait donc que changer de protecteur. M. Noël, échevin, fut délégué par sa compagnie, le 1er décembre, pour aller saluer le nouvel évêque, qui fit son entrée solennelle le mardi 22 [1].

Les troubles recommencèrent à la fin de 1620, et le Roi annonça aux échevins, le 20 décembre, la tentative des huguenots du midi sur Navarreinx, et son intention d'en finir avec eux [2]. Pour faire de l'argent, le Grand-Conseil imagina de créer de nouveaux offices de magistrature et d'imposer une taxe sur certains établissements d'utilité publique. Les sieurs de La Chesnaye et de Rochebon, valets-de-chambre du Roi, proposèrent à Sa Majesté de fonder à Chartres une boucherie royale, dont les étaux auraient été accensés au profit du Trésor. Un trésorier de France, commissaire en cette partie, arriva le 24 mars 1621, pour exploiter cette idée; mais la Chambre résista fortement, en objectant que les besoins de la population n'exigeaient pas l'ouverture d'une nouvelle boucherie et que les trois boucheries existantes payaient un cens à l'Évêque et au duc de Chartres, engagiste du domaine. Toutefois, on ne put empêcher le commissaire de tenter, le 15 juin, une enquête *de commodo et incommodo*, et l'affaire aurait peut-être tourné contre les désirs de la ville, si la procédure n'eût atteint par ses longueurs l'époque où le Roi réunit à la couronne le duché de Chartres [3].

[1] *Reg. des Echevins.* — Lettre de l'Evêque aux Echevins, du 19 décembre.
[2] *Ib.*
[3] *Ib.*; Séances des 24 mai et 16 juin 1621.

Cependant la Cour s'avançait vers la Saintonge pour commencer la campagne. Avant de rejoindre l'armée, M. de La Frette donna des instructions aux échevins sur la police de la place. Le 2 juin, les principaux huguenots chartrains, au nombre de douze, furent désarmés [1]; le même jour, M. le comte de Limours, bailli, fit transporter à Chartres quinze petites pièces d'artillerie [2]; on établit, le 26, le service des corps-de-garde, et les compagnies de la milice se partagèrent les quartiers. On disait que les réformés de la Beauce et du Perche avaient établi leur quartier-général à Marchenoir et qu'ils se disposaient à marcher sur Chartres [3]. La Chambre reçut, le mercredi 30 juin, la nouvelle de la prise de Saint-Jean-d'Angély et fit chanter, à Notre-Dame, un *Te Deum* auquel assista M. de Cheverny, lieutenant-général de la province [4]. Cet avantage n'empêcha pas les pillages continuels des huguenots; la ville resta fermée comme en pleine guerre; la *loue* des moissonneurs dits *aouterons* eut lieu à Nicochet et au cimetière Saint-Barthélemy (27 juillet), et on mit sur pied toutes les forces militaires pour maintenir la tranquillité pendant les fêtes de la Notre-Dame de septembre et les exercices du Jubilé [5].

Le siége de Montauban, entrepris par le Roi après la reddition de Saint-Jean-d'Angély, fut très-meurtrier; grand nombre de gens de qualité y périrent, entre autres M. de La Frette, gouverneur particulier de la ville et l'un des lieutenants-généraux de la province. Sa Majesté conféra, par lettres-patentes du 7 septembre 1621, le gouvernement de Chartres à M. Charles de Gruel, sieur de La Frette, frère

---

[1] On remarquait parmi eux les sieurs Jacques Fresnot, Jean Brun et Neveu, procureurs; les autres appartenaient à la basse classe. *(Reg. des Echevins.)*

[2] Ces pièces, qui pesaient 1,425 livres, furent payées 500 livres tournois. *(Ib.)*

[3] *Ib.;* Séance du 26 juin.

[4] Feu de joie devant l'hôtel-de-ville, allumé par M. de Cheverny et le Lieutenant-général. *(Ib.)*

[5] *Ib.;* 27 juillet, 31 août, 6 et 24 septembre.

du défunt [1]. Le gouvernement du pays chartrain fut réuni, par lettres du même jour, à celui de l'Orléanais, du Vendômois et du Blésois, en faveur de François d'Orléans, comte de Saint-Pol; le comte de Cheverny conserva la charge de lieutenant-général au même gouvernement. Le Roi informa les échevins, par lettres du 10 septembre, de la nomination du comte de Saint-Pol, et, le 24 octobre, ce seigneur leur annonça son arrivée pour le 10 novembre. La Chambre lui dépêcha aussitôt MM. les échevins de Crécy et Taurin, porteurs des compliments de la compagnie [2].

Malgré les troubles, Chartres reçut, à la fin d'octobre, une visite royale; la Reine-mère vint faire ses dévotions à Notre-Dame le jour de la Toussaint. Cette princesse n'aimait cependant pas la prière au point de lui sacrifier son sommeil, car elle fit faire défense de battre du tambour et de sonner les cloches, à deux lieues à la ronde, depuis six heures du soir jusqu'à dix heures du matin, pendant le temps de son séjour [3]. M. de Saint-Pol fit son entrée le 12 novembre; il ajouta quelques articles au réglement du guet et prescrivit la fermeture de plusieurs portes [4]. Mais il se départit de cette sévérité le 8 janvier 1622, sur l'avis du retour du Roi de la campagne du Midi [5].

M. Charles de La Frette ne jouit pas longtemps de son gouvernement particulier de Chartres. Il mourut au commencement de cette année et fut remplacé, suivant lettres de commission du 21 janvier, par M. le comte de Cheverny,

---

[1] *Reg. des Echevins;* Séance du 5 novembre.

[2] *Ib.;* 29 octobre.

[3] *Ib.;* Séance du 31 octobre.

[4] *Ib.;* 15 novembre. — Le Roi, en son Conseil, avait décidé, le 12 août, que tous les habitants, privilégiés ou non, seraient tenus soit de monter la garde et faire le guet en personne, soit de se faire remplacer par des gens capables de porter les armes. M. de Saint-Pol mit cet arrêt à exécution le 14 novembre. (*Pancarte municipale,* vol. 2, p. 177; Arch. de la Mairie.)

[5] Lettres de M. de Saint-Pol, datées d'Orléans le 8 janvier (*Reg. des Echevins.*)

lieutenant-général de la province [1]. La Chambre fit saluer ce seigneur le 17 février [2].

Il paraît que les remuements des huguenots beaucerons avaient rendu les Chartrains suspects à la Cour. M. de Saint-Pol, instruit de ces méfiances, engagea les échevins à se justifier. Le Lieutenant-général, délégué par la Compagnie, se rendit à Paris au mois de mars et plaida si bien la cause de la ville, que le Roi, à son départ pour la guerre, fit assurer la Chambre qu'il n'avait plus aucun doute sur la fidélité des habitants [3]. On reçut, le 23 avril, des lettres de Louis XIII annonçant la victoire qu'il venait de remporter à Rié en Poitou, sur les rebelles protestants, commandés par Soubise; un *Te Deum* fut chanté à cette occasion [4]. On célébra de la même manière la nouvelle de la paix que le monarque accorda aux huguenots devant Montpellier, au mois d'octobre [5]. Les gardes, maintenues d'abord par M. de Saint-Pol, furent levées le 12 novembre, sur l'ordre du Roi [6]. La réclusion forcée des Chartrains eut au moins, cette année, le bon résultat de garantir la ville de la peste qui sévissait dans les environs (août, septembre et octobre) [7].

Par contrat du 26 août 1623, Louis XIII dégagea le duché de Chartres des mains du duc de Nemours, moyennant le remboursement de la somme de 250,000 écus d'or, stipulée en 1528. Les maisons d'Est et de Savoie avaient possédé ce domaine, comme engagistes, pendant 95 ans. Le Roi, duc

---

[1] Lettres-patentes datées de Blois le 21 janvier. *(Reg. des Echevins.)*

[2] *Ib.*

[3] Lettre de M. de Saint-Pol en date du 4 avril. *(Ib.)*

[4] Lettres du Roi, datées d'Apremont le 17 avril et adressées à M. de Cheverny. *(Ib.)*

[5] Lettres du Roi, datées du camp devant Montpellier le 19 octobre, reçues le 5 novembre. *(Ib.)*

[6] *Ib.*; 8, 10 et 11 novembre.

[7] La peste régnait à Rouen, Louviers et autres villes de Normandie. On défendit toute communication avec les pays infectés, et on prit toutes les mesures sanitaires suggérées par l'expérience. *(Ib.; 29 août, 4 octobre.)*

de Chartres, visita sa bonne ville le 31 octobre et assista, dans la cathédrale, aux offices de la Toussaint.

Ce chapitre serait incomplet s'il ne contenait quelques remarques sur la part que prirent les Chartrains aux travaux littéraires de la période des derniers Valois et du premier Bourbon. Théologie, jurisprudence, histoire, érudition, poésie, on peut dire qu'ils abordèrent tous les genres avec succès et quelquefois avec supériorité.

Frère Jacques Fourré, religieux jacobin, né à Mainvilliers, d'une famille obscure, vers 1516, devint, par son seul mérite, prédicateur de Charles IX et évêque de Châlon-sur-Saône; il mourut en 1578, laissant une grande réputation d'éloquence. La cause catholique romaine eut un vigoureux champion dans Claude de Sainctes, né à Chartres vers 1528. Religieux augustin, dès l'âge de douze ans, au couvent de Saint-Cheron, ce savant théologien prit le bonnet de docteur en 1555, figura au colloque de Poissy en 1561, fut envoyé au concile de Trente et obtint en 1575 l'évêché d'Evreux. Ses écrits, dirigés d'abord contre les Calvinistes, dégénérèrent pendant la Ligue en libelles politiques et lui attirèrent une série de disgrâces qui ne finit qu'avec sa mort, arrivée en prison, à Falaise, au mois d'octobre 1591 [1].

La rédaction des coutumes avait fourni, au XVIe siècle, un nouvel aliment à l'étude du droit; la coutume de Chartres trouva d'habiles commentateurs dans le barreau et la magistrature du pays. Gilles Tulloue, avocat et bailli de Gallardon, fit paraître sa glose latine en 1560, et Nicolas Frerot, autre bailli du même lieu, publia ses notes en 1604. Ces travaux sur un texte dont l'illustre du Moulin n'avait pas dédaigné de s'occuper, devaient être complétés, en 1630, par le pré-

---

[1] Le *Journal* (p. 179 et 208) parle très au long de Claude de Sainctes. Ce fameux docteur était fils d'un avocat qui avait une très-nombreuse famille. Après sa profession, il fut mis entre les mains de Me Mathieu Le Pelletier (cousin-germain du père de l'auteur du Journal), prêtre et pédagogue au collége de Boncourt à Paris, qui le dirigea dans les lettres et la théologie.

vôt Couart, jurisconsulte estimable, malgré sa prolixité et son luxe de citations.

Les travaux historiques sont représentés par un petit traité sur l'histoire de la cathédrale de Chartres, du chanoine Etienne Prévost [1]; un discours sur le règne de Charles IX, de la façon de Joachim Desportes (Paris, 1574) [2]; une histoire des règnes de Henri II, François II, Charles IX et Henri III, pastiche de La Popelinière, attribuée à Paul-Emile Piguerre (1581) [3]; les Recherches manuscrites de Duparc, sous-huissier du Chapitre (1578) [4]; la Parthénie de Rouilliard (1609) [5], et la petite Histoire latine de Chartres, donnée, en 1624, par le dunois Raoul Boutrais, avocat au Grand-Conseil [6].

Chartres dota le grand siècle de l'érudition de deux grécisants distingués : André Desfreux *(Frusius)* et Nicolas Goulu; le premier, professeur en Italie et en Sicile, mort à Rome en 1556; le second, professeur royal à l'Université de Paris en 1567.

---

[1] *Petit traicté composé par Estienne Preuost official de Chartres touchant la fondacion et érection de l'Eglise Nostre Dame et cité de Chartres. A Chartres, par la veuve Jehan Pisson libraire près le marché du Bled, 1558.* A la fin du volume on lit : *Nouuellement imprimé à Paris ce 24e de nouembre 1558.*

[2] Je cite cet ouvrage sur la foi de D. Liron, car, malgré toutes mes recherches, je n'ai pu parvenir à en découvrir un seul exemplaire.

[3] Bibliothèque impériale (La 21, n° 17). On trouve en tête de cet ouvrage très-volumineux un sonnet assez plat, signé *P. Emile de Piguerre, chartrain*. L'auteur du sonnet est-il bien l'auteur du livre ? c'est ce que pense Brunet dans son *Manuel;* en tous cas le mérite de l'écrivain n'est pas grand, car il n'a fait que copier presque d'un bout à l'autre l'histoire de La Popelinière.

[4] Bibliothèque communale et collection Lejeune. — Duparc a beaucoup servi aux historiens chartrains postérieurs qui ne l'ont jamais cité.

[5] *Parthénie ou Histoire de la très auguste et très devote église de Chartres...* etc., par Me Sébastian Rouilliard, de Melun, advocat en Parlement. Chez Rolin Thierry et Pierre Chevalier, libraires et imprimeurs jurez en l'Université de Paris. 1609. — Il est impossible de concevoir un ouvrage plus amphigourique que celui de cet avocat, qui composa en même style une histoire de Melun et un Recueil de Causes célèbres.

[6] Cet opuscule de 83 pages, dédié au garde-des-sceaux Etienne d'Aligre, est intitulé : *Urbis gentisque Carnutum historia..... Parisiis apud Joannem Bessin prope collegium remense, M. DC. XXIIII.* Il est terminé par une description en vers latins contenant l'éloge du lieutenant-général Chouayne, du Garde-des-sceaux et de plusieurs autres chartrains illustres.

Mais ce ne sont pas là toutes les richesses littéraires de notre cité. Les Chartrains de ce temps eurent, avant tout, la fibre poétique, et, sans nous arrêter aux versificateurs *par occasion*, tels que l'anonyme de 1532 [1], Boudin (1544) [2], Nicolas Goulet (1558) [3], Pierre Sorel (1566) [4], Grenet (1568) [5], Jacques Prévosteau (1571) [6], François et Florent Chouayne (1609-1611) [7], Hésard, Laigneau, Mussard (1611) [8], nous nous empresserons de rendre hommage aux deux grandes illustrations chartraines : Philippe Desportes et Mathurin Regnier.

L'abbé Philippe Desportes fut un poète de transition. Quoique rattaché par ses études, ses fréquentations, son pays même, à la génération des premiers poètes de la pléiade, il leur est supérieur par l'élégance, la pureté et l'harmonie du style. Il ne parla pas ce jargon composé de tous les patois et de toutes les langues, si cher à ses maîtres ; il écrivit presque français, en vers, et mérita le titre de précurseur de Malherbe. Mais il faut avouer que l'invention et la forme pittoresque de Ronsard lui firent défaut ; il ne sut pas se ga-

---

[1] Voir *suprà*, p. 171, note 2.

[2] Don Liron cite un ouvrage de Claude Boudin, chartrain, sur l'*Arrangement des vers*, imprimé en 1544, à Poitiers, chez les Marnef. Je n'ai pu me procurer cet ouvrage.

[3] Don Liron dit que Nicolas Goulet composa, entre autres pièces, une épigramme latine à l'occasion de la rédaction de la Coutume du Grand-Perche.

[4] Suivant D. Liron, Pierre Sorel a donné une traduction de quelques passages de l'Iliade et d'autres poésies imprimées à Paris, chez Gabriel Buon, en 1566. Cet ouvrage n'existe pas dans les bibliothèques de Paris. Sorel était échevin en 1555.

[5] Voir *suprà*, p. 243, note 4.

[6] L'ouvrage de Prévosteau, in-12 de 10 feuillets, sans pagination (Bibliot. imp.), est intitulé : *Description des appareils, arcs triumphaux, figures et portraictz dressez en lhoneur du Roy, au iour de son entrée en la ville de Paris, le sixième iour de mars M. D. LXXI*. C'est une ode de style *ultra-ronsardique*, dédiée à Charles Guillard, évêque de Chartres.

[7] On a, du lieutenant-général François Chouayne, un sonnet à la louange de Desportes, imprimé en tête des œuvres de ce poète (édition de Rouen, 1611, p. 13), et de Florent Chouayne, receveur en l'élection, un sonnet sur la *Parthénie* de Rouilliard (p. 6 de cet ouvrage).

[8] Une ode de Hésard et des sonnets de Laigneau et de Mussard sont imprimés au commencement de la *Parthénie*, p. 7 et 8.

rantir de l'afféterie italienne ; ses *Amours* empruntent leur grâce, un peu maniérée, aux femmes du Primatice ; sa muse chante éternellement l'air des bergers de l'Astrée ; son vers murmure et endort comme l'eau du Lignon..... Cependant, de tous les élégiaques de son époque, Desportes est le seul qui se lise encore avec plaisir. *Diane* et *Cléonice* renferment des strophes d'une délicatesse de pensée charmante, et si les imitations de l'Arioste et des Psaumes sont moins bien réussies, on doit reconnaître que certaines chansons et villanelles des *Amours d'Hippolyte* et des *Bergeries et masquarades*, ont un bonheur d'expression qui ferait envie à plus d'un auteur de nos jours[1]. Desportes mourut, plein de gloire et de richesse, en 1606, dans son abbaye de Bonport[2].

Neveu, mais non disciple de Desportes, quoiqu'il revendiquât bien haut cette parenté littéraire, Regnier, sans le savoir, porta un coup funeste à l'école de son oncle[3]. Son originalité, sa franchise d'allure, sa largeur de style, sa

---

[1] Parmi les plus jolies pièces de Desportes il faut citer la chanson : *O nuit, jalouse nuit, contre moi conjurée*, et la villanelle intitulée *Rosette*, dont le refrain : *Nous verrons, volage bergère, qui premier s'en repentira*, se répétait encore plus d'un siècle après la mort de l'auteur.

[2] Desportes était chanoine de la Sainte-Chapelle, abbé de Thiron, de Bonport, de Josaphat, des Vaux de Cernay et d'Aurillac. Claude Garnier et Colletet rapportent que Charles IX donna à ce poète 800 écus d'or, pour sa petite pièce sur *la Mort de Rodomont*, et Henri III, 10,000 écus d'argent comptant, pour quelques sonnets. Balzac, dans un de ses *Entretiens*, dit que la poésie acquit à Desportes *un loisir de 10,000 écus de rente*, mais que l'exemple de ce favori des muses est dangereux, et que ce loisir est un écueil contre lequel les espérances de dix mille poètes se sont brisées. On connaît ces vers de la satire IX de Regnier, dirigés contre Malherbe et ceux de son école :
> Je vay le grand chemin que mon oncle m'apprit,
> laissant là ces Docteurs que les Muses instruisent
> en des arts tout nouveaux ; et s'ils font, comme ils disent,
> de ses fautes un livre aussi gros que le sien,
> telles je les croirai quand ils auront du bien,
> et que leur belle muse, à mordre si cuisante,
> *leur don'ra, comme à luy, dix mil escus de rente.*

Voir ce que j'ai déjà dit de Desportes, p. 283, note 3, de ce volume.

[3] Regnier ne manque pas une occasion de témoigner son admiration pour Desportes; il le cite, notamment, comme un des maîtres de l'art, dans les satires III, IV et IX.

verve riche et mordante, firent justice des efforts pénibles, de l'érudition grotesque, de l'enflure et des jeux de mots des poètes en renom. On reconnut en lui un de ces génies qui planent au-dessus des orages littéraires de tous les siècles, un grand poète de la lignée de Clément Marot. Ses devanciers avaient cru s'approprier l'esprit des anciens, en habillant le français à la grecque et à la romaine; mais, en dépit de leurs prétentions pindariques, ils s'étaient rarement élevés au-dessus du lyrisme dégénéré des imitateurs de Pétrarque. Regnier fit le contraire : sous l'enveloppe gauloise il ressuscita Perse, Horace et Juvénal [1], et rendit à sa patrie cette belle poésie familière, satires et épitres, si négligée en France depuis Marot, et si admirée dans l'antiquité. On regrette que quelques pièces de ce grand écrivain se ressentent de la licence de ses mœurs et du sans-gêne de la langue comique de son temps.

Quoique satirique, Regnier était d'un caractère si doux qu'on l'appelait *le Bon*, et cette épithète fut accolée pendant plus d'un siècle à son nom [2]. Meilleur poète que son oncle, il eut cependant une bien moindre part aux faveurs de la fortune; il ne possédait que le petit prieuré de Bouzancourt, près Corbie, dont il avait été pourvu vers 1593, lors de son départ pour l'Italie à la suite du cardinal de Joyeuse, lorsqu'il reçut du roi Henri IV, en 1606, après la mort de Philippe Desportes, une pension de 2,000 livres sur l'abbaye des Vaux-de-Cernay; et ce ne fut que le 30 juillet 1609,

---

[1] On a souvent contesté à Regnier le mérite de l'invention. Notre poète a fait comme les grands génies, comme ont fait après lui Molière et La Fontaine, il a pris son bien où il l'a trouvé. Personne ne lui fera un crime d'avoir traduit dans ses satires VI et X quelques passages du Mauro et de Caporali, de s'être inspiré d'Ovide dans la satire VII et dans les élégies II et III, et d'avoir glissé quelques imitations d'Ovide et de Properce dans la fameuse satire XIII, son chef-d'œuvre. Il reste, d'ailleurs, dans l'œuvre de Regnier assez d'autres pièces réellement originales pour qu'on puisse l'absoudre de ses heureux plagiats.

[2] Regnier a dit dans sa troisième satire :

Et le surnom de *bon* me va-t-on reprochant,
D'autant que je n'ay pas l'esprit d'estre meschant.

qu'il entra en jouissance d'un canonicat à Notre-Dame de Chartres [1]. Regnier, né à Chartres, en la paroisse de Saint-Saturnin, le 21 décembre 1573, mourut à Rouen le 22 octobre 1613 [2].

[1] *Registre des professions de foi des chanoines;* Arch. départ.

[2] L'acte de baptême de Regnier est ainsi conçu : « Mathurin filz de Jaques Renier et de Symonne Desportes sa femme. Les parains honorables personnes Me Mathurin Troillart, proc^r. au siége présidial de Chartres et Jehan Poussin marchant. La maraine madame Marie Edeline veuve de Philippes Desportes, le XXIIe jour du moys de décembre. »

La biographie de Regnier, insérée dans le *Mercure de France* de février 1623, p. 252-260, et reproduite avec extension par le P. Nicéron dans le tome XI (p. 390) des *Mémoires pour servir à l'histoire des hommes illustres de la république des Lettres*, est assez exacte; elle a été rédigée en partie d'après les papiers-journaux de Jacques et d'Antoine Regnier, père et frère du poète.

L'auteur, pour justifier Regnier du reproche que lui adressaient ses envieux, d'être le fils d'un *tripotier*, dit et prouve que Jacques Regnier, père du satirique, *échevin en 1597*, appartenait à une bonne famille de marchands-bourgeois, et ajoute que ce Jacques Regnier, sans être pour cela un tripotier, avait, il est vrai, fait bâtir en 1573, *pour son plaisir*, sur la place des Halles, un tripot ou jeu de paume *avec les démolitions de la citadelle de Chartres qui lui avaient été abandonnées par le crédit de son beau-frère l'abbé Desportes*. Ce dernier renseignement paraît manquer d'exactitude, car la citadelle de Chartres ne fut construite qu'après le siége de 1591. On a quelquefois donné le nom de *citadelle* ou *arsenal* à la porte Saint-Michel, mais je n'ai trouvé nulle part qu'on ait démoli une portion quelconque de cette porte en 1573 ou antérieurement. Le tripot Regnier a bien plutôt été édifié avec des matériaux provenant des vieux bâtiments des Halles dont l'Evêque était propriétaire pour moitié, qui tombaient alors de vétusté et dont la démolition presque entière eut lieu en 1584. Ce tripot était probablement situé dans le jardin, du côté des murailles de la ville, car une délibération des échevins du 23 février 1590, *commet un canonnier au service de l'artillerie établie au tripot Regnier*. (Voir vol. 1er, p. 483.)

Jacques Regnier faisait déjà partie de l'échevinage en 1589. (Délibération des échevins du 20 mars 1589.)

CHAPITRE XXIII.

DU RACHAT DU DUCHÉ DE CHARTRES PAR LOUIS XIII, A LA CESSATION DES TROUBLES DE LA FRONDE.

(1624-1654.)

Les premiers jours de 1624 furent signalés par la révolution ministérielle qui, en décidant la disgrâce du chancelier Brulard de Sillery et de Brulard de Puisieux, beau-frère de l'évêque Léonor d'Estampes, éleva à la dignité de garde-des-sceaux, puis à celle de chancelier, le chartrain Etienne Haligre ou d'Aligre, conseiller au Grand-Conseil. Ce magistrat, connu dans son pays sous le nom de M. de Chonvillier, était fort estimé à Chartres, berceau de sa famille. La Chambre le fit complimenter, le 9 janvier, par MM. de Crécy et Nicole, échevins [1], et, le 10 février suivant, toute la compagnie assista, dans l'église Sainte-Foy, aux funérailles de Mme Haligre de Chonvillier, sa mère, veuve du greffier Raoul Haligre [2]. Ces marques de déférence plurent au Chancelier qui chercha à être agréable à la ville dans l'inutile tentative qu'elle fit au mois d'octobre pour rétablir la navigation de la rivière [3].

---

[1] *Reg. des Echevins.* — [2] *Ib.*

[3] *Ib.*; Séances des 14 et 19 octobre et 12 novembre. — Le Conseil royal avait donné commission, le 2 octobre, aux sieurs Mercier et Decaux, architectes ingénieurs, de visiter l'Eure de Chartres à Nogent-le-Roi et de dresser un procès-verbal de l'état des lieux.

La Chambre fut saisie à la même époque de l'examen d'une autre affaire industrielle et commerciale; c'était l'exploitation des tourbières des vallées de l'Eure, d'Auneau, de Gallardon, de Conie, etc., proposée par le sieur Charles de Lamberville, avocat en Parlement. Il ne fut pas donné suite à cette requête, parce que le demandeur voulait exploiter aux conditions accordées par le Roi pour les minières et dessèchements de marais et que l'on n'avait reçu à cet égard aucun commandement de Sa Majesté. (*Reg. des Echevins*; Séance du 7 juillet 1624.)

CHARTRES, D'APRÈS UNE GRAVURE DU XVIIe SIÈCLE.
TIRÉE DU CABINET DES ESTAMPES (Bibl. Impér.)

Cette année 1624 et celle qui la suivit furent marquées par de grandes calamités, comme la peste, la dyssenterie et la disette [1]; mais, malgré les inquiétudes causées par ces fléaux, quelques autres affaires furent menées à bonne fin en 1625. Le vieil hôtel du Vidame où les compagnons arbalétriers faisaient de toute ancienneté leurs exercices, avait été réuni, de l'agrément des échevins, aux jardins du palais épiscopal [2]. Des lettres-patentes du Roi, en date du mois d'avril 1623, ayant ratifié cet abandon, on chercha un emplacement convenable pour y transférer la compagnie dépossédée. La ville choisit une petite maison avec un jardin, hors la porte Châtelet, sur le chemin de Mainvilliers, et elle l'acheta, le 28 janvier 1625, de M. Claude Davignon, grenetier au grenier à sel [3]. Au mois d'avril suivant, une ordonnance prescrivit aux vidamiers le tir de l'arquebuse à mèche, et confirma les priviléges du Roi *de l'Oiseau* [4]. A la même époque, la Chambre s'occupa, suivant les intentions du cardinal de Richelieu, de la révision des statuts des corporations ouvriè-

---

[1] Le 17 février 1624, *temps fort variable par vent et neige, comme tout le long du jour ne fist que neiger, et les neiges devinrent si grandes que jamès homme ni femme, tant viel fut, ne les vist si grandes; et mesme à cause du temps, on trouvoit des hommes et des femmes morts qui venoient au marché.* — Le 7 octobre 1624, *les arbres comme poiriers, pruniers et autres estoient tellement floris qu'on pensoit estre au printemps; ce qui nous présageoit les malheurs qui devoient nous arriver en l'année 1625, sçavoir la peste, la dyssenterie et les vignes qui n'apportèrent rien, avec les blés qui estoient bien maigres.* (Reg. de l'état civil de Saint-Barthélemy; Arch. de la Mairie.)

[2] Cette réunion avait eu lieu par voie de cession du Vidame à l'Evêque, en vertu d'une transaction passée devant Cochin, tabellion en la juridiction temporelle de la Chambre épiscopale de Chartres, le 31 mai 1619. Le prélat se plaignait des jeux faits pendant les offices et prétendait que les flèches des archers arrivaient souvent jusque dans sa grand'salle. Il avait offert, en échange de l'hôtel du Vidame, un terrain joignant Saint-Père et les Cordeliers, mais il paraît que cette offre ne fut pas acceptée.

[3] Acte passé devant Me Yves Cornu, notaire royal à Chartres. Cette maison coûta 630 livres. *(Reg. des Echev.;* Séances du 17 déc. 1624 et des 8 et 29 avril 1625.)

[4] La Chambre décida, le 28 janvier 1653, que le Roi de l'Oiseau serait exempt des droits d'entrée de 12 poinçons de vin, du crû du pays, et qu'il toucherait chaque année, le 15 mai, la somme de 200 livres à la caisse de l'adjudicataire des fermes de la ville; il fut reconnu, en même temps, que la compagnie du Vidame avait droit à la somme annuelle de 13 livres pour l'entretien des buttes, à la charge de marcher pour le service public à toute réquisition.

res. Nous avons fait connaître, dans notre premier volume, les modifications introduites dans l'organisation des principaux métiers. On eut ensuite à examiner la requête des Dames de Sainte-Élisabeth ou Franciscaines, qui demandaient avec instance à s'établir dans une maison du haut de la rue Muret. On s'y opposa, sur le rapport de M. le conseiller Le Noir, ce quartier n'étant déjà que trop peuplé de gens de main-morte; et, comme les demanderesses avaient du crédit, on dépêcha en Cour, au mois de septembre, les échevins Gueau et Haligre, pour obtenir la ratification de cette délibération [1].

Les habitants de Chartres, même ecclésiastiques, n'étaient pas ultramontains. Ils suivaient en cela la bannière de leur évêque Léonor d'Estampes, rédacteur de la déclaration gallicane donnée par l'assemblée du clergé le 13 novembre 1625. Aussi, la Chambre s'efforçait-elle de résister aux entreprises que se permettaient de temps à autre certaines communautés religieuses, d'origine prétendue jésuitique. Elle ne réussissait pas toujours. Le 12 mai 1626, MM. Le Houic, archidiacre de Vendôme, et Thoret, chanoine, avertirent la Compagnie que des religieuses Ursulines venaient d'acheter, pour y fonder un établissement, l'hôtel de M. de Montescot, sieur de Baronville, rue de la Fromagerie; ils ajoutèrent que le Chapitre était contraire à ce dessein, parce qu'il reconnaissait que Chartres contenait déjà un très-grand nombre de couvents. De leur côté, les paroissiens de Saint-Michel protestaient contre cette fondation main-mortable dans leur paroisse déjà si pauvre et si petite. Le corps municipal n'eut garde d'être d'un autre avis; de concert avec l'Évêque, il s'opposa à la prétention des Ursulines, et son appel était déjà porté au Conseil, lorsque le Roi, qui passa par Chartres le 8 septembre, lui intima l'ordre de recevoir dans la ville ces nouvelles religieuses [2].

---

[1] *Reg. des Echevins.*

[2] *Ib.;* Séances des 12 et 19 mai, 8 et 28 septembre 1626. (Voir, sur le couvent des Ursulines, le dernier chapitre de cette histoire.)

Gaston, frère du Roi, qui épousa à Nantes, le 5 août 1626, la riche héritière de Montpensier, avait reçu de Louis XIII, quelques jours auparavant, en échange du duché d'Anjou, le comté de Blois et les duchés d'Orléans et de Chartres. Cet événement ne manquait pas d'intérêt pour le pays chartrain, qui se trouvait encore une fois séparé de la couronne; cependant, il fut peu remarqué dans la Beauce, dont les forces vitales luttaient cette année contre la famine [1], la peste [2], les voleurs [3] et une cruelle épizootie [4]. Le nouveau duc lui-même ne paraît pas avoir été très-pressé de prendre possession des villes de son apanage, car ses lettres ne furent publiées et enregistrées, à Chartres, que le 28 juin 1627. L'accomplissement de cette formalité, quoique tardif, donna lieu à des réjouissances publiques, et le Lieutenant-général, accompagné du doyen de Notre-Dame et des échevins Gueau, Haligre, de La Poustoire, Boileau et Beurier, alla présenter à Son Altesse Royale les compliments des Chartrains [5].

La peste, que l'on était parvenu à maintenir hors des murs depuis deux ans, éclata dans la ville au mois de septembre 1627 [6].

---

[1] *21 avril.* Grande cherté du blé. — *4 mai.* Désordres dans les marchés; accapareurs. On envoie prévenir le Chancelier que si l'enlèvement des blés continue, il n'y en aura plus à la Pentecôte. *(Reg. des Échevins.)*
22 décembre. Décidé que les échevins, pour porter remède à la cherté du pain, achèteront 100 muids de blé à constitution ou intérêt. *(Ib.)*

[2] *24 juillet.* Peste à Auneau, Prunay-sous-Ablis et lieux circonvoisins. — *5 septembre.* Peste à Rouen, Orléans et dans la haute Beauce. *(Ib.)*

[3] *22 décembre.* Rôdeurs de nuit, vols et pillages; ordonnances de police à ce sujet. *(Ib.)*

[4] *26 janvier 1627.* Épizootie régnant depuis quelque temps sur les moutons. — *Avril.* Achats d'avoine en Normandie, tous les chevaux de la Beauce mourant de faim. *(Ib.)*

[5] Lettre de Gaston, datée de Paris le 1er juin 1627, invitant le corps de ville à assister à la publication qui sera faite, en l'audience du siége de Chartres, de ses lettres-patentes d'apanage. *(Ib.)* — Séances des 27 et 29 juin. Réjouissances, tir de pièces d'artillerie et feux de joie à cette occasion. *(Ib.)*
On avait célébré, le 17, un service solennel pour le repos de l'âme de madame la duchesse d'Orléans, femme de Gaston, morte en couches au bout de dix mois de mariage. *(Ib.)*

[6] La peste sévissait, dès le mois de juillet, dans les villages situés entre Dreux et Chartres, particulièrement à Marville et au Péage. *(Ib., 23 juillet, 23 août.)* —

On ouvrit immédiatement le *Sanitas* de Beaurepaire [1], et les échevins résumèrent dans une espèce d'instruction les devoirs de tous les citoyens en cette grave circonstance : les PP. Capucins se chargeaient de l'administration des Sacrements ; les médecins ne pouvaient communiquer avec le chirurgien des pestiférés que de loin et au milieu de la place du Puits-du-Crochet; des remèdes internes étaient indiqués, de l'avis des médecins, et des topiques, de l'avis des chirurgiens; les bouchers ne pouvaient toucher les viandes qu'avec des cuillères et des fourchettes ; chaque maison pestiférée devait être fermée pendant quarante jours et désinfectée ensuite avec des parfums et senteurs ; il était prescrit d'entretenir de grands feux pendant la nuit; enfin, le costume traditionnel, la verge blanche et la sonnette étaient imposés aux employés du *Sanitas* [2]. La contagion fit de tels ravages à la fin de septembre que la plupart des gens riches émigrèrent. Les premiers froids rendirent la ville à la santé mais non au repos, car les affaires publiques avaient aussi leur maladie, et toute la France en souffrait.

Pour en finir avec les huguenots, Richelieu avait pris le parti d'assiéger La Rochelle, leur quartier-général. Les religionnaires de la Beauce tentèrent plusieurs fois, au commencement de l'hiver, de surprendre Chartres [3]. Dans la nuit du 5 novembre, notamment, un rassemblement armé rôda autour des murailles; mais le guet fit bonne garde. On reçut, le 7, une lettre du Roi datée du camp le 27 octobre et taxant

---

Le 5 septembre, on fit défense aux hôteliers de *l'Arbalette*, de *la Hallebarde*, de *l'Épée royale* et du *Sauvage*, de recevoir chez eux les gens d'Anet, Ablis, Evreux, La Ferté-Bernard, Bretoncelles, Houdan et Dourdan, sous peine de 20 livres d'amende. (*Reg. des Échevins.*)

[1] La peste éclata dans les premiers jours de septembre chez la veuve Garnier, demeurant près la croix aux Moines. On retint, pour soigner les pestiférés, le chirurgien Jean Dutertre, aux gages de 120 livres par mois et moyennant une gratification de 300 livres. L'apothicaire Jean Lubriac fut chargé de la fourniture des drogues. (*Ib.*; 12 et 19 septembre)

[2] *Ib.*; Séances des 21, 22, 24, 26 septembre, 6 et 7 octobre.

[3] *Ib.*; Séance du 5 novembre 1627.

la ville à la fourniture de 160 habits de bure et d'autant de paires de souliers pour les troupes. Cet ordre fut exécuté sur-le-champ, car le siége de la cité rebelle avait l'assentiment des Chartrains [1]. Aussi fut-ce avec joie que l'on chanta un *Te Deum*, à la fin de novembre, pour célébrer la victoire remportée dans l'île de Ré, par Schomberg et Toiras, sur les Anglais commandés par le duc de Buckingham [2].

Les alarmes se renouvelèrent au commencement de 1628. Le 4 janvier, on vit passer, la nuit, par les chemins du tour de ville, un grand nombre de gens de cheval que l'on ne put reconnaître [3]. En février, la Reine-mère fit recommander aux habitants de prendre des précautions, et M. de Cheverny, alors à Chartres, réorganisa la milice bourgeoise [4]. Dans la nuit du 4 au 5 mai, une sorte d'émeute dont le but ne fut pas clairement expliqué faillit compromettre la sûreté publique. Le sieur Edeline d'Emanville, lieutenant, de garde à la porte Saint-Michel, avait fait tirer ses arquebusiers à l'oiseau dans le fossé, de sorte que, malgré la consigne, le guichet était encore ouvert à huit heures du soir. M. Le Noir, lieutenant particulier, commandant de cette porte, apprenant ce qui se passait, prescrivit au portier de lui envoyer sur-le-champ les clefs; mais déjà les gens du poste, ayant à leur tête le Roi de l'oiseau, parcouraient les rues au son des fifres et des tam-

---

[1] Chaque habit composé d'un pourpoint, d'une jupe à longues basques et d'un haut et bas de chausses, revint à 4 livres 17 sous de façon. Chaque paire de souliers coûta 45 sous. *(Reg. des Echevins; Séance du 7 novembre.)*
On peut rapprocher cette fourniture de celle qui fut faite, en 1628, à la compagnie des gardes de M. le comte de Saint-Pol. (Lettre de ce seigneur, du 19 mai.) La ville donna six casaques écarlates de drap du sceau, ornées d'une croix de satin blanc brodée, doublées de serge jaune d'Amiens, galonnées d'or et de soie noire et garnies de boutons de fils d'or et de soie noire. Chaque habit revint à 41 livres, suivant le compte rendu par M. de Bracquemont de Feugerolles, échevin. *(Ib.)*

[2] *Ib.*; 28 novembre — Lettre du Roi à l'Evêque, en date du 8 novembre devant La Rochelle, pour demander des prières publiques. Autre du 9, pour annoncer le succès de l'expédition de Ré et inviter le prélat à faire chanter le *Te Deum* dans toutes les villes de son diocèse. *(Ib.)*

[3] *Ib.*

[4] Lettre de la Reine-mère, du 6 février 1628, adressée à M. de Cheverny. Autre du 9, adressée aux échevins. *(Ib.; Séance du 14.)*

bours et au bruit des décharges de mousqueterie. Le magistrat rencontra cette troupe dans la rue de la Clouterie et essaya vainement de la faire retourner au corps-de-garde; on l'injuria, des passants prirent son parti, une rixe s'en suivit, le tocsin sonna, et les citoyens paisibles réveillés en sursaut s'armèrent au plus vîte et coururent aux murailles. M. Le Noir, voulant à tout prix apaiser ce tumulte, réunit quelques bourgeois de bonne volonté avec lesquels il entreprit le tour des murs pour renvoyer les arrivants dans leurs maisons; lorsqu'il parvint au corps-de-garde de la porte Saint-Michel, le sieur Edeline le reçut fort mal et lui tint même fort longtemps la hallebarde sur la poitrine, sous prétexte qu'il ne lui donnait pas le mot d'ordre. L'escorte du lieutenant-particulier parvint à le dégager des mains de ce furieux, dont la conduite fut déférée à la justice le lendemain. On put enfin se reconnaître, et la tranquillité se rétablit lorsque l'on se fut assuré que les portes étaient bien fermées et que les huguenots n'étaient pas encore entrés dans la ville [1].

Les campagnes n'en étaient pas quittes pour la peur; amis et ennemis vivaient à leurs dépens. Elles eurent principalement à se plaindre du régiment de Courville qui occupait militairement tous les villages de la banlieue (18 mai) [2]. Cependant les mouvements des huguenots du pays ayant paru se ralentir au mois de juin, la Reine permit de lever les gardes [3].

Suivant l'ordinaire, avec la guerre vint la peste. Ce fléau, qui paraissait avoir redoublé d'intensité depuis quelques années dans les provinces d'entre Seine et Loire, sévit à Chartres depuis l'été de 1628 jusqu'au mois d'avril 1629 [4]. La santé publique fut meilleure pendant les mois de mai et de juin de

---

[1] *Reg. des Echevins.*
[2] *Ib.*
[3] Lettre de Marie de Médicis aux échevins, datée du Bois-le-Vicomte le 6 juin. *(Ib.)*
[4] Au mois d'octobre 1628, au plus fort de la peste, on eut avis que les protestants voulaient profiter de l'abandon de la ville par les habitants pour la surprendre. On sut que plusieurs suspects et un ministre étaient venus et avaient couché à Char-

cette dernière année, mais la maladie reprit au mois de juillet avec plus de violence que jamais et elle ne cessa que vers le mois de novembre. Cette crise fut terrible; les cimetières intérieurs et les églises étant bourrés de cadavres, la Chambre fit faire les inhumations dans les cimetières Saint-Barthélemy, Saint-Maurice, de l'Hôtel-Dieu, de Saint-Thomas et de la Madeleine Saint-Jean, *extra-muros* [1]; chaque nuit un charriot parcourait les rues lentement, recevait les corps des trépassés et les portait sans bruit et sans cérémonies à leur dernière demeure; la ville était glacée d'effroi [2]. On fit venir, au mois

tres dans le but probable de juger par eux-mêmes de la possibilité de l'entreprise. (*Reg. des Echevins;* 14 octobre.)

Jean Dutertre, médecin des pestiférés, étant mort, il fut remplacé le 2 novembre 1628 par Noël Lesmelin, chirurgien d'Orléans. On adjoignit à ce dernier Thomas Prin, dit Lacroix, chirurgien de Nonancourt.

19 janvier 1629. Ordonné de purifier les appartements avec des parfums composés par Bouteroue, médecin, Baudouin, chirurgien, et Lubriac, apothicaire. *(Ib.)*

La Reine-mère avait projeté de venir en pélerinage au commencement de mai et on avait fait faire provision de confitures à son intention. Mais il paraît que la peste mit obstacle à son projet. *(Ib.;* 11 mai.)

Le dimanche 28 mai, *procession à Notre-Dame de Josaphat, où on a porté la Sainte-Chasse et autres reliques, pour rendre grâces à Dieu d'avoir délivré la ville de Chartres de la peste qui avoit esté si grande que tous les habitants avoyent quitté leur ville, tellement que depuis la porte Guillaume jusqu'à Notre-Dame, il n'y avoit que sept ou huit maisons ouvertes.* (*Reg. de l'Etat civil de Saint-Barthélemy;* Arch. de la Mairie.)

Les gueux et mendiants de Chartres avaient choisi pour gîte de nuit, pendant la peste, la place de la Poissonnerie et ils en avaient fait une vraie cour des Miracles. Ils se servaient des étaux et des bancs des poissonniers en guise d'échelles pour, s'introduire dans les maisons et voler les bourgeois; ils barricadaient les petites ruelles qui conduisaient à la place et allumaient de grands feux au risque d'incendier la ville. On profita du moment de répit dont le fléau laissa jouir Chartres pour donner la chasse à ces hôtes dangereux. *(Reg. des Echevins;* Séance du 12 juin.)

[1] Le 26 août 1629, *à cause de la trop grande contagion qui estoit dans la ville, il fut ordonné que les corps qui décéderoient des paroisses Saint-André, Saint-Hilaire et Saint-Aignan seroient enterrés à Saint-Barthélemy; Saint-Martin et Sainte-Foy à Saint-Jean-en-Vallée; Saint-Michel et Saint-Saturnin au cimetière Saint-Thomas hors la porte des Espars.* (*Reg. de l'Etat civil de Saint-Barthélemy;* Arch. de la Mairie.)

[2] Le cimetière Saint-Nicolas, dépendant de l'église Saint-André, fut totalement rempli dans les derniers mois de 1628, *quoique l'on mit six à sept corps dans chaque fosse.* On affecta, alors, le cimetière Halle à l'inhumation des pestiférés, mais ce terrain, quoique beaucoup plus grand, dut être fermé comme insuffisant au mois d'août 1629. (Arch. de la Mairie; *Livre de Bois de Saint-André.* — Voir aussi le *Reg. des Echevins;* 31 août 1629.)

Les dépenses occasionnées par le fléau nécessitèrent, au mois de novembre 1628, l'assiette d'une taxe de 3,000 livres qui fut votée dans une assemblée générale préde juillet, un habile homme, natif de Rouen, appelé frère Abraham Longuet, religieux de la confrérie de la *Mort*, auquel on donna de gros appointements [1]; mais ses soins et ses drogues furent inutiles. On le remplaça par les chirurgiens Thomas Prin dit Lacroix et Gouget; le premier mourut, le second fut congédié parce qu'il battait les malades [2]. Au mois d'août 1629, tout le personnel médical de Chartres était représenté par l'apothicaire Chereau. Les choses ne pouvaient aller plus mal, lorsqu'au mois d'octobre la Chambre engagea, au prix de 4 livres par jour et de 75 livres de pension viagère, un cordelier nommé Jean de Beuffles qui avait fait merveille à Meaux pendant la peste. Ce religieux obtint un prompt succès; les malades qui suivaient ses ordonnances, imprimées en une pancarte aux frais de la ville, avaient grande chance de guérison, et, à la fin de novembre, on ne comptait guères plus au nombre des pestiférés que ceux qui s'obstinaient à consulter les charlatans [3].

Gaston, duc d'Orléans, vint visiter à l'improviste sa ville de Chartres le 1er mars 1630. Il arriva à dix heures du soir avec une suite de 50 chevaux. Le Lieutenant-général, le procureur du Roi et le corps de ville, prévenus à l'avance par un gentilhomme, s'étaient rendus à la porte Guillaume en habits de gala, pour haranguer le noble voyageur, mais S. A. R. les en dispensa parce que son cheval était ombrageux. Les magistrats prirent alors les devants avec une telle rapidité, en coupant par les *tertres*, que Gaston les trouva rangés sur le

---

sidée par le lieutenant-général Etienne Simon, en présence de MM. Couart, prévôt, Grenet, procureur du Roi, Pinguenet, Beurrier, du Charmoy, Robert, du Tronchay, échevins, Nicole, contrôleur des deniers communs, Robert, sous-doyen du Chapitre, Robert l'aîné et Blanchard, chanoines. La perception de cet impôt fut confiée aux échevins Beurrier, du Charmoy et Robert, et aux bourgeois Prévôt Sablon, Vincent Cornu, Pierre du Temple, Thomas Regnier, Macé Trossard, Jérôme Loiseau, François Percheron, Philippe Bouvart, Georges Pathie et Philibert Chanteloup. (Arch. de la Mairie; boîte des *Epidémies*.)

[1] *Reg. des Echevins*; Séances des 18, 21, 25 juillet, 10 et 17 août.
[2] *Ib.*; Séances des 4 et 7 septembre.
[3] *Ib.*; Séances des 4 octobre, 9 et 23 novembre 1629.

perron de l'hôtel de M. d'Aubermont, grand-chantre, où il devait loger. Le Prince reçut alors les compliments de la Compagnie, du Présidial, de l'Election et du Chapitre. Le lendemain, après avoir ouï la messe dans la chapelle des Cryptes, il prit le chemin d'Orléans [1].

Chartres eut à supporter cette année de fréquents passages de troupes destinées à l'armée d'Italie [2]. La peste reparut aussi, entretenue qu'elle était par ce courant de population militaire ; toutefois, elle fit beaucoup moins de ravages que dans les années précédentes [3]. En somme, le pays n'aurait pas été trop malheureux si la récolte avait répondu aux vœux des habitants ; on prévit une disette et on se hâta de faire des acquisitions de blé pour secourir la classe pauvre [4].

La maladie du Roi vint jeter la tristesse et l'inquiétude à Chartres comme dans tout le royaume [5]; la Chambre fit faire, le 8 octobre, des prières publiques par les ordres mendiants. Il plut à la Providence de déjouer une fois encore les plans des ambitieux ; en conservant les jours de Louis XIII, elle sauva le grand homme qui gouvernait sous son nom. Le duc d'Orléans, partisan de la cabale opposée à Richelieu, voyant le ministre plus affermi que jamais, voulut essayer de la révolte ; il quitta brusquement la Cour au mois de janvier 1631 et se rendit à Orléans dont il comptait faire sa place d'armes. Par ses ordres, les villes de son apanage expédièrent à Orléans des vivres et des provisions de guerre de toute nature. Chartres fournit 27 muids de blé, quantité considérable pour un temps de disette [6].

---

[1] *Reg. des Echevins;* Séances des 1er et 2 mars 1630.

[2] *Ib.*; 18 mai, 27 août.

[3] Il y eut quelques cas de peste depuis avril jusqu'à octobre. *(Ib.;* Séances des 9, 16 et 23 avril, 20 août et 8 octobre 1630.)

[4] *Ib.*; 27 août, 31 décembre 1630, 6 mai 1631.

[5] Louis avait une maladie de langueur. Si l'on en croit les *Archives curieuses* (2e série, t. V, p. 63), son premier médecin, le chartrain Bouvart, le fit saigner 47 fois et lui fit prendre 212 médecines et 215 remèdes *en un an*.

[6] *Reg. des Echevins;* Séances des 24 février et 11 mars 1631. — Lettres de Gaston aux Echevins, datées d'Orléans les 22 et 28 février. *(Ib.)*

Ces secours furent inutiles à Gaston qui, désespérant d'allumer la guerre civile avec chance de succès, passa en pays étranger.

Par lettres du 13 août, le Roi confia le gouvernement de l'Orléanais et du Chartrain, en l'absence de son frère, à M. le maréchal de Châtillon [1]. Ce seigneur prit possession de sa charge le 12 septembre; il fut reçu avec les plus grands honneurs par le corps municipal, et ne partit que le 16, après avoir mis ordre à la police de la cité [2].

L'autorité royale devait se montrer forte, car Gaston avait une nombreuse clientelle en Beauce; aussi les réglements de police et les mouvements de troupes se succédèrent-ils sans interruption à Chartres pendant les années 1631 et 1632 [3]. On ne réussit cependant pas à empêcher toute fermentation, et plus d'une fois les extravagances, pour ne pas dire les tentatives rebelles, de la noblesse campagnarde, effrayèrent les paisibles bourgeois.

L'échauffourée la plus sérieuse arriva dans la soirée du 30 au 31 août 1632. Quelques gentilshommes, conduits

---

[1] Gaspard III de Coligny.

[2] *Reg. des Echevins;* Séances des 4, 11 et 16 septembre.
M. de Châtillon informa les échevins de sa prochaine arrivée par lettre datée de Châtillon le 31 août.

[3] *24 mai 1631.* On apprend que le Roi veut envoyer des troupes dans les faubourgs de Chartres. On charge MM. Boileau, de Feugerolles et Grenet de s'en informer près de Mgr l'Evêque et de M. des Cures. (*Reg. des Echevins.* — Lettre du Roi aux échevins, datée de Paris le 16 mai; Arch. départ.)
28 mai. La compagnie de chevau-légers commandée par M. de Contenant vient, en effet, s'établir dans la ville. On écrit à Mgr et à M. de Cheverny, et le Lieutenant-général se rend à Fontainebleau pour obtenir décharge.
2 juin. Le Lieutenant-général mande qu'il a réussi dans sa mission. M. de Contenant vient rejoindre ses gens.
3 juin. Départ de la compagnie.
29 mars 1632. On apprend que des gendarmes approchent de la ville; on envoie au-devant d'eux, pour leur faire prendre une autre route.
15 avril. M. le marquis d'Alluyes, sur la demande de la ville, a réussi à faire éloigner les régiments du comte de Tessé et de MM. de Coursalle et de Charny.
15 mai. Fournitures de pain, de viande, de foin et d'avoine au régiment du marquis de La Boulaye, logé à Impeau et Champseru, savoir: *2,500 pains d'une livre chacun, dont 200 plus blancs pour les chefs, 10 poinçons de vin; 4 sols pour chacun soldat et aux officiers à proportion, suivant l'étape, pour la viande; pour 120 chevaux, 40 minots d'avoine à 4 picotins par cheval; 2,400 livres de foin à 20 livres par cheval.* (*Ib.*)

par le sieur de Villette, tombèrent à l'improviste sur l'échevin Vannier du Charmoy, pendant qu'il faisait sa ronde, et le laissèrent pour mort sur la place; mais, assaillis à leur tour par les gens du guet, ils furent obligés de se retirer et de se barricader dans l'évêché où le peuple ameuté les assiégea. Villette avait convoqué à l'avance un grand nombre de ses amis du dehors dont quelques-uns, arrivés dans la ville avant la fermeture des portes, réussirent au milieu du tumulte à rejoindre les assiégés. Les gentilshommes ainsi renforcés essayèrent en vain à plusieurs reprises de forcer la ligne des assiégeants, l'épée et le pistolet au poing; les arquebusiers de la milice les repoussèrent et formèrent autour du palais épiscopal un blocus rigoureux qui dura toute la nuit. Le jour venu, les échevins entamèrent des négociations, mais on ne put s'entendre; les Chartrains voulaient que Villette et ses compagnons se rendissent à discrétion, ces derniers prétendaient sortir sans conditions. MM. de la Chambre, répugnant à violer l'enceinte de l'évêché, invitèrent par écrit Mgr d'Estampes, alors absent, à faire livrer les coupables; ils adressèrent en même temps un exprès à M. de La Ville-aux-Clercs, secrétaire d'Etat, ayant la province dans son département, pour l'informer de ce qui se passait et lui demander des ordres. En attendant les réponses, le blocus continua étroitement. Le 1er septembre, les sieurs de La Papotière et de Beaulieu se présentèrent pour réclamer leurs fils et neveu qui, disaient-ils, avaient suivi Villette sans connaître ses projets; on leur interdit l'entrée de l'évêché. Le 2, arriva le sieur de Roncières, chargé par les familles des gentilshommes de composer avec les offensés; on disait que le sieur du Charmoy avait donné, de son lit, son adhésion à un arrangement amiable. Cette voie, qui évitait à l'affaire une tournure politique, allait probablement être adoptée, lorsque intervinrent deux gardes de Louis de Bourbon, comte de Soissons, porteurs d'une lettre de ce Prince, prescrivant de lui livrer immédiatement les coupables [1]. On s'exécuta avec empressement, car il était toujours dangereux pour les bourgeois de se mettre en lutte ouverte avec la noblesse du pays; toutefois, la Chambre fit escorter les prisonniers par l'échevin Estienne, auquel on donna mission de rendre compte au Prince de la tentative de Villette et de ses complices [2].

Sous l'administration de Richelieu, les affaires d'intérêt public, de quelque ordre qu'elles fussent, pouvaient être ajournées, mais elles n'étaient jamais complètement abandonnées. En exécution d'un arrêt du Conseil du 3 avril 1632, un règlement fut publié pour rendre la rivière d'Eure navigable depuis Chartres jusqu'à Nogent-le-Roi [3]. Le sieur Denis Poligny, bourgeois de Paris, et ses associés s'offrirent pour exécuter les travaux, à leurs frais, aux conditions du règlement qui accordait aux entrepreneurs une subvention, un péage et le droit d'établir des usines. Le Parlement prescrivit, le 11 mai, une enquête *de commodo et incommodo*, et l'assemblée générale des habitants, tenue en l'hôtel épiscopal le 15 juin, accepta la proposition de Poligny, sous la condition que la société ne pourrait construire sur la rivière que des moulins à tan et à foulon; la concession était accordée non-seulement pour la partie de la rivière comprise entre Chartres et Nogent-le-Roi, mais encore pour celle comprise entre Chartres et Pontgouin; MM. du Chapitre donnèrent, le 6 juillet, leur adhésion à ce projet, et la ville fit, aux mois de juillet et d'août, les fonds nécessaires pour commencer [4]. On ignore

---

[1] Lettre de Louis de Bourbon, comte de Soissons, datée de Paris le 1er septembre.

[2] *Reg. des Echevins;* 1er, 2 et 4 septembre 1632.

[3] *Recueil des Ordonn.* d'Isambert, vol. XVI, p. 369. — Il y avait eu déjà une espèce de reprise de cette affaire en 1627. La séance du 5 mars nous fait connaître que le sieur du Rocher de La Foucaudière, trésorier de France à Orléans, vint estimer le jardin de l'Evêque situé près de la porte Drouaise, dans le but d'y établir un port. (*Reg. des Echevins.*) D'après cette estimation, le Roi acheta de l'Evêque, le 19 août 1628, trois arpens quarante-et-une perches de terrain. (*Pièces recueillies par Pintard;* coll. Lejeune.)

[4] *Reg. des Echevins.*

quelle fatalité compromit une affaire qui paraissait si bien engagée ; toujours est-il que cette nouvelle tentative avorta comme les précédentes.

Peut-être la peste qui ravagea tout le pays au printemps de 1633 et qui pénétra à Chartres pendant l'été, nonobstant les précautions, fut-elle cause de cet abandon [1]. Il fallut, à la fin d'août, réinstaller le *Sanitas* de Beaurepaire et inhumer les morts pendant la nuit pour diminuer l'effroi qu'inspirait le fléau. Sauf quelques rares intervalles, cette épidémie dura presque une année entière, et la santé publique ne s'améliora réellement que vers l'automne de 1634. La ville venait de sortir de son long deuil lorsqu'elle reçut la visite de son prince apanagiste, Gaston, duc d'Orléans, rentré en France et en grâce après ses nombreuses révoltes. Le duc, parti de son château de Limours le samedi matin, 28 octobre, arriva sur les trois heures au gué de Oisême, où la noblesse du pays lui fit escorte ; il trouva à la banlieue les six compagnies bourgeoises en équipage *fort leste*, formant la haie depuis la maladrerie de Saint-Georges jusqu'à la porte Guillaume, et fut reçu par MM. de la Chambre et du Présidial, ayant à leur tête le lieutenant-général Simon, qui prononça *une très docte et très élégante harangue*. Le Prince logea à l'évêché, fit ses dévotions à Notre-Dame le lendemain dimanche et se mit en marche pour Orléans le lundi après la grand'messe [2].

Il paraît que depuis l'année 1631 il s'était propagé dans notre pays, quoique terre privilégiée du culte de Marie et des pompes extérieures de l'église, une hérésie de l'école mystique qui rejetait tout dogme, tout culte et tout ministre de la religion. Cette hérésie, appelée l'Illuminisme, venait d'Es-

---

[1] Il y avait déjà eu quelques cas de peste dans les faubourgs et dans la ville pendant l'été de 1632 ; mais la crise de 1633 rappela par sa violence celle de 1628-1629.

[2] La Bibliothèque impériale conserve une pièce *in-octavo*, imprimée à Paris chez P. Targa, 1634, dans laquelle est racontée la réception faite à Gaston dans les villes de Chartres et d'Orléans. (Catalogue, vol. 1er, Lb 36, n° 3,045, p. 598.)

pagne; elle avait pour principal propagateur à Chartres un ermite du bois de Lèves, se recrutait parmi la classe illettrée et le bas clergé et fit en Beauce et en Picardie des progrès tels qu'ils effrayèrent Richelieu [1]. Le Gouvernement ayant donné, en 1635, l'ordre d'extirper la secte, l'ermite fut arrêté et conduit à Paris où il abjura de gré ou de force; ses acolytes gardèrent le silence, et quelques années après il ne restait plus trace d'Illuminés à Chartres.

Richelieu avait compté sur la campagne de 1635 pour frapper la puissance espagnole dans les Flandres; le plan du ministre échoua par la lenteur du prince d'Orange et les fausses manœuvres des maréchaux de Brezé et de Châtillon. Ce dernier tomba dans une espèce de disgrâce et fut remplacé, le 11 octobre, dans le gouvernement de l'Orléanais et du pays chartrain, par Charles d'Escoubleau, marquis de Sourdis, fils de François de Sourdis, ancien gouverneur de la ville, et frère du belliqueux Henri de Sourdis, archevêque de Bordeaux, l'un des amiraux de Richelieu [2]. Le dévouement de ce seigneur et celui du comte de Cheverny, gouverneur particulier de la ville et lieutenant-général de la province, furent mis à l'épreuve en 1636, année de crainte et de terreur d'abord, puis d'enthousiasme patriotique. Les Hispano-impériaux, commandés par Piccolomini et Jean de Wert, entrèrent en Picardie au mois de juillet, s'emparèrent de plusieurs petites places et forcèrent le passage de la Somme, entre Brai et Corbie, le 2 août. Ils n'étaient qu'à trente lieues de Paris, et déjà la route de Chartres était couverte des carrosses, des coches et des

---

[1] Voir les *Archives curieuses de l'Histoire de France*, 2e série, t. IV, p. 293.

[2] Ce seigneur, qui fut pendant longues années gouverneur de l'Orléanais et du Chartrain, prenait les titres suivants : marquis de Sourdis et d'Alluyes, prince de Chabanais, comte de Carmaing, baron des baronnies d'Auneau, Moudoubleau, Saint-Félix, Montesquiou, Gaujac, seigneur de Jouy en Josas, Montrichard, Chissé, Montluc, Estillac, chevalier des ordres du Roi, conseiller en ses Conseils d'État et privé, capitaine de cent hommes d'armes, lieutenant-général des camps et armées de Sa Majesté, gouverneur et lieutenant-général de la ville et duché d'Orléans, ville et château d'Amboise, pays de Sologne, Blésois, Dunois, Chartrain et Vendômois

équipages de gens qui fuyaient la capitale [1], lorsque le génie de Richelieu, secondant l'énergie du Roi, recruta une armée dans le peuple de Paris et remplit la caisse de l'Etat avec les dons volontaires des villes, des corporations et des bourgeois. Chartres, taxé à la fourniture d'une compagnie de 500 hommes, en leva 200, tant dans la ville que dans les bourgs et villages de la contrée, et composa, le 22 août, avec MM. de Cheverny et de Brain, moyennant 12,600 livres, pour la levée, l'armement et les deniers d'entrée des 300 hommes restant à fournir. La fraction de compagnie mise effectivement sur pied fut dirigée sur Paris et de là sur Compiègne où elle rejoignit les troupes placées sous le commandement du duc d'Orléans et destinées au siége de Corbie [2]. La noblesse de l'arrière-ban du bailliage suivit aussi l'étendard de Gaston.

La ville, pour faire face à ces dépenses et aux prêts forcés exigés des villes et gros bourgs du royaume pendant ces années de guerre extérieure et d'organisation intérieure, emprunta à divers particuliers la somme de 20,250 livres en 1636, de 67,290 livres en 1637, de 27,300 livres en 1638, de 40,000 livres en 1639 et de 22,300 livres en 1640 [3]. La peste qui sévit avec violence en 1637 et 1638, et les garnisons dont les habitants eurent la charge pendant l'hiver de 1638 et le printemps de 1639 [4], contribuèrent aussi à déranger la fortune publique. Néanmoins la misère locale n'empêchait pas les Chartrains de prendre part aux joies de la France, et la naissance du dauphin, qui fut Louis XIV (5 septembre 1638),

---

[1] *Histoire de France*, par Henri Martin, tome XIII, p. 189.

[2] *Compte de Nicole, receveur des deniers communs*, 1636-1643 : Arch. de la Mairie.

[3] Voir l'*Arrest du Conseil d'Estat, portant liquidation des dettes et des charges ordinaires et extraordinaires de la ville de Chartres, du quatorzième janvier 1666*. Cette pièce, imprimée à Chartres par Estienne Massot, contient le détail de toutes les dettes et charges de la ville, de 1629 à 1650.

[4] On paya, en 1639, aux hôteliers et habitants des faubourgs, la somme de 2,382 l. 18 s., pour avoir logé et nourri gratuitement, pendant l'hiver de 1638 et le printemps de 1639, la compagnie de gendarmes du duc d'Orléans. (*Compte de Nicole*; Arch. de la Mairie.)

avait été saluée par la ville avec le plus grand enthousiasme [1]. La Chambre, obligée de remplir la caisse municipale, dut plaider, en 1638, contre le clergé, qui excipait de conventions antérieures pour se dispenser de payer l'impôt de 40 sous par queue de vin [2], et, en 1640, contre les survivanciers des offices domaniaux héréditaires qui se prétendaient exempts des taxes et impositions communales [3].

L'évêque Léonor d'Estampes de Valançay ayant été promu en 1641 à l'archevêché de Reims, le Roi donna le siége de Chartres à M. Jacques Lescot, docteur en Sorbonne et confesseur du cardinal de Richelieu. Cette dernière qualité, si elle contribua à sa nomination, ne hâta pas l'expédition de ses bulles, car la cour de Rome avait très-peu de sympathie pour les créatures du grand ministre, et l'évêché resta deux ans sans pasteur [4]. Le pays chartrain perdit à la fin de 1641 un de ses hôtes les plus illustres : le vieux Sully mourut le 22 décembre à son château de Villebon, près Courville, où il

---

[1] Mandement de Léonor d'Estampes en actions de grâces de la naissance du Dauphin. (Pièce du *Recueil de l'abbé Brillon*; Bibl. commun.; *Catalogue des manuscrits*, p. 129 et 130, n° 11-6.)

[2] Par transactions du 7 novembre 1607 et du 2 janvier 1619, la ville avait consenti à ce que le clergé pût faire entrer 800 poinçons de vin à raison de 5 et 12 sous par queue, au lieu de 30 sous payés par les autres habitants. Lorsque le droit d'entrée fut porté à 40 sous, le clergé prétendit qu'aux termes de sa loi particulière il ne devait que 30 sous par queue sur ce qui excédait 800 poinçons. Un arrêt du Conseil, en date du 21 octobre 1638, décida que dorénavant le clergé ne ferait entrer que 400 poinçons, pour lesquels il paierait 40 livres, et que tout ce qui excéderait ce nombre serait assujetti au droit de 40 sous par queue. Cet arrêt, très-mal reçu par les condamnés, fut confirmé par un autre arrêt du 22 décembre 1646, auquel le clergé n'eut pas plus d'égard; des procès-verbaux des 8 et 9 février 1647 font connaître que le Chapitre repoussa par la force, en se barricadant dans son cloître et en armant ses laquais et serviteurs, les huissiers qui venaient pratiquer des saisies sur ses biens par ordre de la ville. Ces voies de fait donnèrent lieu à une enquête à laquelle prirent part successivement MM. Boucherat et de Lamoignon, maîtres des requêtes de l'hôtel, et un nouvel arrêt du 15 juin 1647 confirma les précédentes décisions. Cependant la dispute ne fut définitivement apaisée que par une transaction passée devant Bouvart le 6 juin 1648. (*Pancarte municipale*, 2e vol.; Arch. de la Mairie.)

[3] Il y eut arrêt du Conseil, le 1er mars 1640, contre les survivanciers.

[4] L'évêque Lescot ne fit son entrée que le 31 décembre 1643. Le procès-verbal manuscrit de cette cérémonie est conservé à la Bibliothèque communale. (*Pièces recueillies par l'abbé Brillon*, catalogue imprimé, p. 129. n° 11-7.)

menait une vie princière. Richelieu ne lui survécut pas tout-à-fait un an; il termina ses jours le 4 décembre 1642 ; M. Lescot avait été l'un des témoins signataires du testament de cet homme d'Etat. Louis XIII suivit son ministre le 14 mai 1643, et la Reine-mère, régente pendant la minorité de Louis XIV, demanda, par lettres du 9 juin adressées à l'évêque nommé, des prières pour l'âme du roi défunt [1].

Le bailli de Chartres avait changé en 1632; M. Alexandre de Halluin, capitaine des gardes-du-corps du duc d'Orléans, avait remplacé dans cette dignité M. le comte de Limours. Cette mutation était par elle-même peu importante, malgré le titre de capitaine attaché à celui de bailli; car, au point de vue judiciaire, ce magistrat dont le nom figurait en tête des expéditions et grosses de tous les actes et jugements, n'avait pas même voix consultative au prétoire, et, comme capitaine, il n'avait aucune autorité sur les affaires militaires lorsque Chartres était pourvu d'un gouverneur particulier. Les ordres du Roi en matière militaire arrivaient aux échevins soit directement, soit par l'intermédiaire du prince apanagiste, du marquis de Sourdis, gouverneur de la province, ou du comte de Cheverny, gouverneur particulier. Ce fut Gaston qui se chargea, au mois de juillet 1643, de stimuler le zèle de la Chambre pour la prompte levée des soldats demandés à la ville dans le contingent de 500 hommes imposé à la généralité d'Orléans; cette troupe était destinée au ravitaillement de l'armée victorieuse à Rocroy, qui venait d'entreprendre le siége de Thionville [2].

Dans les circonstances où la Cour se trouvait, l'argent n'était pas moins nécessaire que les soldats. La Régente ne prit pas d'intermédiaire pour faire connaître, sous le nom du Roi, aux échevins de Chartres, le 20 septembre, l'établissement d'un

---

[1] Lettre originale, conservée aux Archives du département, fonds du Chapitre. (*Recueil des Lettres des Rois de France*, p. 264.)

[2] Lettre du duc d'Orléans aux échevins, datée de Paris le 15 juillet. (Arch. de la Mairie.)

nouveau droit sur les boissons¹. La ville continuait à s'endetter pour faire face à ses dépenses personnelles et aux exigences du Trésor public; elle avait emprunté 24,000 livres en 1641 et 8,600 livres en 1642; elle se greva encore de 24,300 livres en 1643²; sa situation financière ressemblait à celle de l'Etat; elle conduisait tout droit à la banqueroute. Au mois de juin 1644, le Contrôleur-général invita les habitants de Chartres à payer immédiatement la somme de 5,000 livres à titre de cadeau de joyeux avénement³. Il est vrai qu'en échange de son argent, la ville eut la satisfaction de chanter des *Te Deum* et de faire des feux de joie à l'occasion de la prise de Gravelines (6 août)⁴ et de celle de Philipsbourg, fruit de la sanglante bataille de Freybourg (27 septembre)⁵.

En 1645, nouvel impôt, nouvelles réjouissances. Une taille extraordinaire de 15,000 livres fut assise sur la ville dans le mois de février⁶ et les succès obtenus durant cette campagne par les armes royales en Catalogne et en Flandre, donnèrent lieu à de fréquentes manifestations de joie⁷.

---

¹ 20 sous par muid de vin, 10 sous par muid de gros et petit cidre et bière, et 5 sous par muid de poiré, au lieu du sou pour livre ci-devant révoqué.

² Arrêt du Conseil-d'Etat, de janvier 1666, cité plus haut.

³ *Reg. des Echevins*; Séance du 23 juin. — La ville obtint réduction à 4,000 livres et paya cette somme le 10 janvier 1645. *(Ib.)*

⁴ Lettre de M. de Sourdis aux échevins, datée d'Orléans le 2 août. *(Ib.)*
26 août. MM. Le Noir, lieutenant particulier, Baudouin et Nicole, échevins, sont envoyés à Paris pour féliciter M. le duc d'Orléans sur la prise de Gravelines. *(Ib.)*

⁵ *27 septembre*. L'Evêque annonce aux échevins la prise de Philipsbourg. *(Ib.)*
Il y eut cette année de grands passages de troupes:
9 juin. Deux compagnies du régiment suisse de Prareman. — *8 août*. La compagnie des gendarmes du duc d'Anjou. — *29 août*. Une compagnie du régiment de Saint-Simon. — *30 août*. Quatre compagnies du régiment d'infanterie du cardinal Mazarin. — *7 septembre*. 150 chevau-légers de la garde de la Reine. — *21 décembre*. La compagnie des gendarmes du cardinal Mazarin. — *26 décembre*. Une compagnie du régiment du Hâvre. — *27 décembre*. La compagnie des gardes du maréchal de La Meilleraie. — *30 décembre*. La compagnie des gardes du duc d'Enghien. *(Ib.)*

⁶ Comme la ville ne pouvait plus trouver de prêteurs, MM. Baudouin, Lebeau, Félibien, de Malsac et Thibault, échevins, empruntèrent en leur privé nom, 10,000 livres pour les besoins de la caisse municipale. *(Ib.;* Séances des 7 février et 27 avril.)

⁷ *Te Deum*: *19 juin*, pour la prise de Rose en Catalogne; *18 juillet*, pour la prise de La Mothe en Lorraine et la bataille gagnée à Llorens en Catalogne; *29 juil-*

M. de Halluin, bailli et capitaine, avait résigné, le 14 juin 1645, au profit de M. Louis d'Angennes, marquis de Maintenon. Le duc d'Orléans, qui aimait ce seigneur, obtint pour lui l'agrément du Roi, et ses provisions furent enregistrées au greffe de la Chambre le 11 juillet[1]. Un autre office, celui de gouverneur de la ville, devint vacant par la démission du comte de Cheverny; Gaston en fit pourvoir, le 15 octobre, M. le marquis Claude Gruel de La Frette, maréchal des camps et armées du Roi, son capitaine des gardes, déjà possesseur d'une des deux charges de lieutenant-général de la province. On accueillit cette nomination avec plaisir, et les compliments ne manquèrent pas au nouveau dignitaire lorsqu'il se présenta, au mois de janvier 1646, pour prendre possession du gouvernement, et, au mois de juin suivant, pour l'enregistrement de ses provisions de lieutenant-général[2]. M. de La Frette, dévoué par tradition de famille aux intérêts de la ville, lui rendit de bons offices dans la question toujours délicate des finances. On ne demandait rien moins cette année qu'une taxe sur les aisés, une somme de 22,000 livres sur les produits des octrois, un reliquat de 30,000 livres pour la subsistance des troupes en 1644 et 1645, et une autre somme de 20,000 livres pour le même objet en 1646. Ces énormes contributions fu-

---

let, pour la prise de Mardyck; *30 juillet*, pour l'accouchement de Madame, d'une fille; *26 août*, pour la prise de Bourbourg; *2 septembre*, pour la bataille de Nortlingen; *16 septembre*, pour la prise de Béthune.

Passages de troupes en 1646 :

22 avril. Huit compagnies du régiment de Persan. — *27 avril.* Neuf compagnies du régiment d'infanterie de Clausen. — *5, 6 et 21 mai.* Détachements des régiments du Hâvre, de S. A. R., de Mazarin, de Verinnes et d'Harcourt. — *17 juillet.* Trois compagnies du régiment de Palluau. — *13 septembre.* Deux compagnies du régiment de Praslin. — *14 décembre.* Régiment de cavalerie de Lafeuillade, composé d'un major, un aide-major, un aumônier, un commissaire des guerres, deux capitaines, six lieutenants, six cornettes, six maréchaux-des-logis et 222 cavaliers montés. — *16 décembre.* Quatre compagnies du régiment de cavalerie de Sceaux. *(Reg. des Echevins.)*

[1] Lettre du Roi, à cette occasion, en date du 21 juin. *(Ib.)*

[2] *Ib.*; Séances des 26 janvier et 5 juin 1646. — Le 25 juin, M. l'échevin Lebeau se rendit, par ordre de la Chambre, au château de La Frette, pour saluer Mme la Marquise et donner à M. le Gouverneur l'acte d'enregistrement de ses provisions. *(Ib.)*

rent le sujet de clameurs et de plaintes que le gouverneur sut apaiser au gré de la Chambre et à la satisfaction des habitants[1]. Aussi eut-on beaucoup d'égard à sa recommandation en faveur des religieuses Visitandines qui cherchaient à s'introduire dans Chartres et que l'on avait repoussées nonobstant le crédit dont elles jouissaient près de la Régente et de l'évêque Lescot[2].

Une autre mutation se produisit au mois d'août 1646 dans le personnel des hauts fonctionnaires chartrains. M. Etienne Simon, lieutenant-général du bailliage et président du corps municipal, mourut au mois d'août, au grand regret de ses administrés[3]. Il fut remplacé par M. Pierre Simon, son fils[4].

Chartres reçut, le 14 août 1647, la visite de son prince apanagiste. Gaston agréa les compliments et le vin de la ville,

---

[1] *Reg. des Echevins*; Séance du 20 novembre.

[2] *Ib.*; Séances des 15 et 22 janvier, et 5 avril 1647.
Ces religieuses avaient cherché à fonder un établissement à Chartres dès l'année 1636. Elles furent autorisées en 1646 par l'évêque Lescot et acceptées par la Chambre de ville en 1647; mais elles ne formèrent leur maison qu'en 1650.
Voir, sur le couvent des Visitandines, les renseignements contenus dans le dernier chapitre de cette histoire.

[3] Le lieutenant-général Etienne Simon fut inhumé le 31 août à Saint-Aignan. La Chambre assista en corps à ses funérailles. (*Reg. des Echevins*.)

[4] M. Pierre Simon ne fut nommé Lieutenant-général qu'au printemps de 1647; le lieutenant-particulier Le Noir fit l'intérim pendant la vacance d'emploi et reçut, à ce titre provisoire, les compliments et les cadeaux de la Chambre (six flambeaux de cire jaune de deux livres chacun et six boîtes de confitures sèches), lors de la visite du 1er janvier 1647. (*Ib.*)
Il n'y eut, en 1646, que deux *Te Deum*, l'un, en juillet, pour la prise de Courtray, l'autre, en octobre, pour la prise de Dunkerque. Mais les passages de troupes furent continuels, savoir : *14 janvier*. Cinq compagnies du régiment de Noirmoutiers. — *3 février*. 426 soldats d'infanterie italienne. — *15 février*. Régiment de cavalerie de Gêvres. — *2 mars*. Une compagnie du régiment de cavalerie de Beaujeu. — *8 mars*. Deux compagnies du régiment de Noirmoutiers. — *26 avril*. Régiment de Limousin. — *8 mai*. Recrues pour Navarre, infanterie. — *13 mai*. Six compagnies de Feuquières, cavalerie. — *15 et 21 mai*. Recrues d'Orléans, infanterie. — *2 juin*. Régiment d'infanterie de Gêvres : trente compagnies, 1 mestre-de-camp, 1 major, 1 commissaire des guerres, 10 capitaines, 21 lieutenants, 21 enseignes, 60 sergents, 543 soldats. — *12 juin*. Recrues d'Entraigues, infanterie — *6 juillet*. Troupe de gens de pied et de cheval français, allemands et autres, passant du service d'Angleterre à celui de France et commandés par le sieur de Chapdelaine. — *20 octobre*. 122 prisonniers espagnols retournant chez eux. — *10 décembre*. Quatre compagnies d'Esclainvillier, cavalerie. — *13 décembre*. Compagnie des gendarmes du duc d'Orléans. (*Ib.*)

fit ses dévotions à Notre-Dame et repartit[1]. Des pèlerins plus augustes encore arrivèrent le 24 mars 1648; le jeune Roi et la Reine, sa mère, se dérobant un instant aux orages de la vie politique, vinrent prier à l'autel de la Vierge-aux-Miracles[2]. Le courage d'Anne d'Autriche allait bientôt être mis à l'épreuve; la Fronde, née dans le Parlement, se manifestait déjà au dehors, malgré la victoire de Lens[3]; des bandes d'aventuriers, à l'affût des occasions de trouble, parcouraient les environs de Paris, et, vers la fin de l'année, leurs incursions poussées jusques aux portes de Chartres, forcèrent les échevins à prendre des mesures de précaution[4]. Le brusque départ de la Cour de Paris, dans la nuit du 5 au 6 janvier 1649, ne fit qu'empirer cette situation. M. de La Frette accourut, organisa les gardes, arma les bourgeois et remplit les vides qui existaient dans le cadre des officiers de la milice citoyenne[5]. Le 20 février, M. de Magny, nommé major, prêta serment entre les mains du gouverneur et prit le commandement supérieur des compagnies[6].

La Cour, dans le but d'effrayer le Parlement, avait convoqué les Etats-Généraux à Orléans pour le 15 mars[7]. Le 8 de ce mois, on procéda, en assemblée générale des paroisses, à l'élection des députés du Tiers, et MM. Florent Chouayne, ancien lieutenant particulier de l'Election, et Couart, prévôt, obtinrent la majorité des suffrages[8]. Mais le traité de Saint-

---

[1] *Reg. des Echevins;* Séances des 13 et 14 août.

[2] *Ib.;* Séances des 3 et 19 mars. — *Mémoires de madame de Motteville;* coll. Michaud, 2e série, tome X, p. 149.

[3] 31 août. *Te Deum* pour la victoire de Lens. (*Reg. des Echevins*)

[4] *Ib.;* Séance du 3 novembre. — M. de Collard fut chargé de nettoyer les environs.

[5] *Ib* ; Séances des 12, 13 et 25 janvier 1649.

[6] *Ib.*

[7] *Mandement du Roy pour la convocation des Estats généraux..... donné à Saint Germain en Laye le 23e janvier 1649.* Pièce, in-octavo, imprimée par Symphorian Cottereau, 1649.
Ce mandement fut lu et publié en jugement, en l'audience du bailliage et siége présidial, le 13 février, et crié dans les carrefours le 20 du même mois.

[8] Séance du 2 mars, dans laquelle on fixe le jour de l'assemblée générale. (*Reg. des Echevins.*)

Germain, qui fut connu à Chartres le 6 avril, fit ajourner indéfiniment cette réunion [1].

L'arrestation du prince de Condé, dont M. de Sourdis informa la Chambre le 22 janvier 1650 [2], fut le signal de nouveaux désordres dans le royaume. On avait d'autant plus lieu de craindre pour la tranquillité du pays chartrain, que la disette règnait dans les campagnes [3] et que le duc d'Orléans paraissait incliner pour le parti des princes. Les bourgeois furent sur pied toute l'année et l'autorité du Roi ne reçut aucune atteinte [4]. Toutefois, au commencement de janvier 1651, Gaston ayant expédié en Beauce sa compagnie des gardes [5], les choses auraient pu prendre une mauvaise tournure pour la Régente et Mazarin, s'il n'était arrivé presque en même temps, par ordre du Roi, dix compagnies du régiment de Navailles qui, cantonnées à Brou, Voves et Gallardon, tinrent les populations en respect [6]. Ces troupes furent relevées au mois de mai par le régiment étranger d'Esterazzy, les chevau-légers de la Reine et la compagnie d'infanterie du duc de Valois [7].

Malgré son habileté et le dévouement de quelques officiers de mérite, Mazarin avait dû céder devant la coalition des

---

[1] Ce fut M. de Fromont, secrétaire des commandements de S. A. R. le duc d'Orléans, qui annonça le traité de Saint-Germain à la Chambre de ville. On chanta un *Te Deum* et on fit un feu de joie le 8 avril. *(Reg. des Échevins.)*

[2] *Ib.*

[3] *Ib.;* Séance des 25 janvier et 8 mars 1650.

[4] Mesures de précautions prises particulièrement au mois de septembre. On cessa les gardes des portes au mois d'octobre. *(Ib.; 7 septembre, 2 octobre.)*
Le 18 août, on avait envoyé à Paris le Lieutenant-général et MM. Chevrier et de Colard, échevins, pour féliciter Mme la duchesse d'Orléans de la naissance du prince son fils, et on avait chanté un *Te Deum* à cette occasion. *(Ib.)*

[5] Cette compagnie, forte de 4 officiers, un maréchal-des-logis, 2 trompettes et 66 gendarmes, traversa Chartres le 3 janvier 1651 et fut tenir garnison à Bonneval. *(Ib.)*
Le même jour, 3 janvier, on chanta un *Te Deum* en réjouissance de la victoire de Rethel. *(Ib.)*

[6] Lettre du Roi du 19 décembre 1650; Séances des 5 janvier et 18 mars 1651. Le régiment de Navailles, divisé en trente compagnies, comptait 65 officiers, 56 sergents et 990 soldats. *(Ib.)*

[7] *Ib.;* Séances des 2, 25 et 31 mai.

parlementaires et des princes (février 1651); mais, quoique sorti du royaume, il dominait toujours dans les conseils de la couronne. Dès le mois de mars, la noblesse et le Parlement ne s'entendaient plus; pour les diviser encore davantage, Anne décida que les Etats-Généraux s'assembleraient à Tours le 8 septembre, jour de la majorité du Roi son fils.

Le 8 août, M. Simon, lieutenant-général, communiqua à la Chambre de ville un mandement du Roi pour l'élection des députés des trois ordres du bailliage de Chartres[1]. Une réunion préparatoire eut lieu le 13, et les candidats du Tiers-Etat désignés par les suffrages furent MM. Chouayne, déjà élu en 1649, Boileau, contrôleur au grenier à sel, Chevrier et Pastey, échevins[2]. On convoqua les trois ordres pour le jeudi 17 août, jour de funeste mémoire.

Les gentilshommes du bailliage, assemblés dès le matin de ce jour sous la présidence du marquis de Maintenon, bailli[3], décidèrent que, malgré les précédents de 1614 et de 1649, le Lieutenant-particulier[4] et le Lieutenant-criminel[5] n'auraient pas séance dans la réunion de leur ordre. Ils chargèrent MM. de Cherville et de Denonville de signifier cette résolution à ces deux magistrats et demandèrent l'adhésion du clergé et du corps de ville. Le clergé promit d'en délibérer; MM. de la Chambre répondirent que le Lieutenant-criminel étant échevin, ils devaient observer une neutralité complète; quant aux deux intéressés, ils manifestèrent l'intention formelle de soutenir leurs droits. Le lieutenant-général Simon, désirant prévenir des débats fâcheux, voulut faire remettre l'assemblée à quinzaine; mais les gentilshommes et les magistrats tinrent bon, et à deux heures de l'après-midi tout le monde se réunit

---

[1] *Reg. des Echevins.*

[2] *Ib.*

[3] La Chambre alla faire la révérence à M. le marquis de Maintenon et lui offrit une douzaine de bouteilles de vin. *(Ib.)*

[4] Jacques Gobineau.

[5] Jean Lebeau.

à la tour du Palais. La noblesse et le Bailli occupaient la salle d'audience ; le Lieutenant-général, le Lieutenant-particulier, le Lieutenant-criminel et les gens du Roi se tenaient dans la chambre du Conseil. Avant de tenter une réunion indispensable, car la noblesse ne pouvait opiner sans les gens du Roi, les gentilshommes députèrent de nouveau trois d'entre eux, MM. de Jonvilliers, de Denois et de Friaize, *cavaliers d'âge, de marque et de capacité,* pour engager le Lieutenant-particulier et le Lieutenant-criminel à se retirer. Cette démarche n'eut pas plus de succès que celle du matin. Un moment après, le Lieutenant-général, suivi des magistrats discutés et des gens du Roi, traversa le lieu où se trouvait la noblesse et invita les assistants à rejoindre les délégués du Clergé et du Tiers-État dans la grand'salle où l'on avait dressé une estrade. A peine les membres du bureau avaient-ils pris place que plusieurs gentilshommes, sans parlementer davantage, portèrent la main sur le Lieutenant-particulier et le Lieutenant-criminel et les jetèrent en bas de leurs siéges. Cette violence fut le signal d'une rixe sanglante. Les huissiers et les sergents, quelques membres du Tiers-État et des hommes du peuple, accourus au bruit, tirèrent la dague et l'épée contre les gentilshommes ; ceux-ci, plus experts dans le maniement des armes, les repoussèrent jusqu'au pied du grand escalier, fermèrent les portes et se barricadèrent à l'intérieur avec les bancs des avocats. Un sergent nommé Villars, frappé à mort dans la bagarre, était tombé sur les marches du perron. A la vue de son cadavre, cinq ou six de ses compagnons, blessés et couverts de sang, se répandirent dans tous les quartiers en poussant de telles clameurs qu'au bout d'un quart-d'heure 2,000 individus en armes encombrèrent la cour du palais. Le tocsin sonna, les portes de la ville furent fermées, le Vidame se réunit, l'émeute grossit, et les cris de vengeance partis de tous côtés apprirent à la noblesse quels dangers elle courait. M. Anne Grenet, procureur du Roi, essaya de sortir pour haranguer la foule, mais on le contraignit à rentrer en le couchant en joue. Cette tentative malheureuse n'effraya pas le Lieutenant-général et le Bailli qui, se fiant à la popularité dont ils jouissaient, descendirent résolument dans la cour; mais une fois engagés au milieu des assiégeants furieux, ces personnages, séparés, menacés, bousculés, parvinrent à grand'peine à gagner l'hôtel-de-ville. Ils y trouvèrent MM. de Colard et Chevrier, échevins, Le Maire, contrôleur des deniers communs, de Pardieu, procureur des habitants, et le greffier Martin, qui essayaient de réunir une compagnie de la milice. Personne ne répondait à leur appel, et le seul officier présent sur les lieux était le sieur Travers, avocat et lieutenant du quartier de la porte Morard, qui ne semblait pas animé de très-bonnes intentions pour la noblesse. Le Lieutenant-général, le Bailli et les deux échevins, réduits à leurs propres forces, se présentèrent en vain plusieurs fois au perron et aux fenêtres de l'hôtel pour haranguer la multitude et requérir l'assistance du Vidame; ils ne purent rien gagner. On eût dit que les bourgeois n'étaient pas fâchés de ce qui arrivait.

Cependant la position des assiégés devenait de plus en plus périlleuse. Les magistrats enfermés avec eux se hasardaient de temps à autre à mettre la tête aux issues et à pérorer avec leurs connaissances; on leur montrait pour toute réponse la pointe d'une hallebarde ou la mèche d'une arquebuse. Une partie des assaillants dressaient des échelles aux fenêtres, amoncelaient des barils pour mettre le feu, les plus acharnés se ruaient sur les portes. Après une vive résistance, la première porte de la tour céda; M. de Roncières, gouverneur de Toul, fut tué à cette attaque d'un coup de mousquet dans le ventre. La seconde porte ouvrant sur la grande salle fut ensuite emportée, et comme, au même moment, les gens du peuple, montés sur les échelles tiraient par les fenêtres et d'autres émeutiers par les trous des cloisons, plusieurs malheurs arrivèrent. M. du Mesnil-Berchères fut tué d'une mousquetade à la tête, M. de Valois percé d'un coup d'arquebuse; MM. de Jonvilliers, du Bouchet-Guyonnière et Lardé, lieutenant en l'Election, furent blessés de coups de feu. Les gentilshommes, chassés de la grand'salle, se réfugièrent dans la salle d'audience; mais, poursuivis de près par leurs ennemis, ils ne purent défendre la porte, qui céda au premier choc, et ils furent contraints à demander quartier. Ils auraient peut-être été tous massacrés, si le Bailli et le Lieutenant-général ne fussent arrivés sur le lieu du combat. Ces deux magistrats dont la voix était ordinairement écoutée, s'interposèrent entre les combattants avec tant de courage et d'autorité qu'ils obtinrent grâce de la vie pour les gentilshommes. Le peuple ne consentit cependant à évacuer les appartements qu'après avoir assisté à l'incarcération des vaincus. Le Lieutenant-général parvint à faire entrer à l'hôtel-de-ville quelques gentilshommes désarmés; les autres, brutalisés par les huissiers et les sergents, furent jetés dans les cachots de la tour. MM. de La Motte-Lemaire, de Senantes, de La Soublière et de Houville reçurent dans la cour de graves blessures. Le sieur de Bonneval, l'un des seigneurs les plus compromis, fut arraché par la populace des mains des sergents, foulé aux pieds et frappé de plusieurs coups de hallebarde; on eut beaucoup de peine à le soustraire à ses bourreaux. Dans la soirée, lorsque l'agitation diminua, on rendit la liberté aux prisonniers, à l'exception des sieurs de Bonneval et de Bréval, contre lesquels il y avait mandat d'arrêt, et du sieur de La Motte-Lemaire qui voulut rester avec M. de Bréval, son frère.

Cette affaire si fâcheuse ne pouvait en rester là. Le soir même chaque partie intéressée dressa à sa manière un procès-verbal des faits et gestes de la journée. Au dire du Lieutenant-général, la querelle ne s'envenima que par suite des violences de la noblesse; en ripostant, les habitants ne firent que venger leurs frères massacrés par les gentilshommes. Suivant le Bailli, le coup était monté depuis longtemps par les gens de robe; les portes de la ville étaient fermées avant que la dispute ne s'engageât, et dès le matin on disait presque publiquement qu'on saurait bien se défaire de la noblesse. Il y avait de part et d'autre une grande exagération. Néanmoins il était évident que les bourgeois s'étaient tenus à l'écart et que leur abstention pouvait passer pour une participation indirecte aux violences de la populace.

Le lendemain 18 août, les gentilshommes réunis à la campagne firent élection de M. le marquis de Maintenon, bailli, et de MM. de Cherville, de L'Etourville, de Villereau, de Senantes, de Méréglise, d'Ecurolles, de Moussaudière et de Denonville pour porter plainte au Roi. La Régente leur donna audience le 21, et le Conseil, saisi de leurs conclusions, délégua, pour en informer, M. Legras, maître des requêtes.

Pendant un mois la terreur régna dans la ville; on n'osait pas s'aventurer hors des murailles de peur de la noblesse, et les compagnies bourgeoises faisaient le guet comme en temps de guerre. On ne reprit un peu de repos qu'à partir du 19 septembre, jour auquel le sieur de Fort-Isle, assisté d'un autre gentilhomme, vint assurer la Chambre que les membres de son ordre, connaissant les instigateurs du désordre du 17 août, désiraient vivre en bonne intelligence avec le surplus des habitants [1]. M. de Sourdis, de son côté, fit ce qu'il put pour calmer les esprits. Il écrivit d'Orléans, le 13 octobre, que le Roi avait été parfaitement reçu à Bourges, mais que, pendant que Sa Majesté allait pacifier l'intérieur de la France, il fallait rester tranquille à Chartres; il défendait donc toute levée de gens de guerre et demandait qu'on fît partir pour Amboise le député du Tiers-Etat avec son ca-

---

[1] *Reg. des Echevins;* 12 et 19 septembre.

hier de remontrances[1]. L'enquête de M. Legras ne fut pas favorable à la ville ; nonobstant la défense et les démarches de la Chambre, trois arrêts du Conseil, en date des 13 février, 17 avril et 13 octobre 1653, fixèrent à la somme de 80,000 livres tournois l'indemnité à payer aux nobles du bailliage, et condamnèrent les habitants à faire célébrer pendant trois ans, en l'église Saint-Aignan, paroisse du Palais, un service solennel pour les trépassés[2].

La versatilité habituelle de Gaston l'avait jeté dans le parti du prince de Condé. Comme on craignait que les gentilshommes de la Beauce ne profitassent de cette nouvelle attitude du prince apanagiste pour essayer de surprendre Chartres, les échevins rétablirent les corps-de-garde au commencement de janvier 1652[3]. Le Roi les remercia de leur conduite le 30 du même mois et les invita à fermer leurs portes à tous soldats dépourvus d'ordres de la Cour[4]. D'après cette lettre on redoubla de surveillance[5], moins peut-être par fidélité pour la cause royale que par crainte des vexations des gens de guerre. M. de La Frette, créature de Gaston, n'aurait

---

[1] *Reg. des Echevins;* Séance du 15 octobre. — Néanmoins, comme l'enquête à laquelle se livrait M. Legras amenait en ville beaucoup de gentilshommes, on persista jusqu'au mois de décembre à monter les gardes et à faire le guet. *(Ib.;* Séance du 16 octobre.)

[2] Voir sur cette affaire la pièce intitulée : *Procez verbal contenant tout ce qui s'est faict et passé dans l'assemblée générale faicte à Chartres, etc.* Paris, de l'imprimerie de Mathieu Colombel, M. DC. LI.
Le Roi avait donné, au mois de juillet 1653, des lettres portant abolition de tout ce qui s'était passé à Chartres le 17 août 1651, à l'exception des meurtres commis ce jour-là. (Arch. imp.; section Administ.; *Reg. des Ordonn. du Parlement,* 3, M., f° 430.) Mais comme ces lettres rendaient la ville garante du paiement des 80,000 livres accordées à la noblesse, la Chambre député à Paris, le 17 juillet, M. Chevrier, échevin, pour faire opposition, entre les mains du Procureur-général, à leur entérinement en Parlement. *(Reg. des Echevins.)*
Par suite de cette opposition, l'affaire fut reprise par le Conseil-d'Etat et terminée par l'arrêt du 13 octobre, lequel condamna la ville à payer 15,000 livres immédiatement et décida que 65,000 livres seraient prélevées sur les tailles de la généralité

[3] *Reg. des Echevins;* Séances des 18 janvier et 12 février 1652.

[4] Lettre datée de Poitiers. *(Ib.)*

[5] 18 et 19 février. — Seize hommes à chaque poste, montant vingt-quatre heures. On observera le règlement du 21 août 1615 et l'ordonnance du comte de Saint-Pol de 1621. *(Ib.)*

sans doute pas été fâché de livrer Chartres aux partisans du prince de Condé; s'il tenta quelque chose, il ne put rien obtenir, car la Chambre, tiraillée entre le Roi et les mécontents, résolut de garder une exacte neutralité, se réservant d'agir suivant son intérêt et selon les circonstances.

Le chanoine de Pedoue, échevin ecclésiastique, fut envoyé, le 8 mars, près du duc d'Orléans, pour le prier de faire retirer certaines troupes qui s'étaient avancées jusqu'à Houdan [1]. On sut, deux jours après, par le Prince lui-même, que ces bandes appartenaient à l'armée des ducs de Beaufort et de Nemours, que l'on allait avoir toute cette armée sur les bras, et que le seul moyen d'éviter sa visite était de lui expédier au plus vite le pain dont elle manquait [2]. Il fallut s'exécuter; mais, pour tenir la balance égale entre les royalistes et les frondeurs, on fit défense au maréchal-des-logis du duc de Rohan, l'un des principaux seigneurs du parti des princes, d'enlever de la ville des mousquets, des bandouillères et des mèches qu'il venait d'acheter pour le compte de son maître [3]. On avait été forcé d'établir une taxe de 16,480 livres pour le prix des rations de pain à fournir aux troupes des princes; comme cette contribution extraordinaire n'était pas entièrement soldée le 18, les ducs de Beaufort et de Nemours menaçaient de faire ravager la banlieue par 200 chevaux [4]. Par bonheur pour la ville, M. de La Frette, arrivé sur ces entrefaites, fit prendre patience aux généraux et termina cette affaire à l'amiable. Le cardinal Mazarin, pensant qu'il trouverait bon accueil près des Chartrains dans un moment où ils venaient d'être pressurés par les frondeurs, invita la Chambre à recevoir une garnison royale. Mais les échevins n'aimaient pas mieux le Cardinal que les princes; ils refusèrent donc

---

[1] *Reg. des Echevins.*
[2] Séances des 10 et 11 mars. — Lettre de Gaston, datée de Paris le 8 mars. *(Ib.)*
[3] *Ib.*; Séance du 10 mars.
[4] *Ib.*; Séances des 14 et 18 mars.

avec tout le respect possible, ce qui donna lieu au duc d'Orléans, informé de ce refus par M. de La Frette, de remercier la ville de ses bons sentiments pour sa cause [1].

Chartres ne put cependant pas protéger longtemps son territoire. Le comte d'Orval et MM. de Rouvray et de Bréval, seigneurs attachés à la Cour, levèrent des compagnies de partisans qu'ils amenèrent dans les environs de la ville. Pour leur tenir tête, le duc d'Orléans fit loger dans les faubourgs, au mois d'avril, la compagnie de cavalerie du sieur de Châteauvert, en promettant de la retirer aussitôt que les adversaires licencieraient leurs gens [2]. Ce voisinage de soldats maraudeurs était vu de très-mauvais œil, d'autant plus que Mazarin, sous le couvert du Roi, avertit les échevins, le 24, que les princes rebelles songeaient à s'emparer de Chartres [3]. On renforça aussitôt les corps-de-garde et on envoya sonder MM. de Nemours et de Beaufort sur leurs intentions. Le duc de Beaufort répondit, le 26, que c'était une ruse de Mazarin et que les troupes confédérées ne se dirigeraient vers la Beauce que pour la protéger [4]. On crut cependant devoir remercier le Roi de son avertissement intéressé.

Sa Majesté fit connaître, le 5 mai, la victoire remportée par Turenne sur l'armée du prince de Condé, dans les faubourgs d'Etampes. Cette fois Mazarin, fort de ses avantages, ne se bornait pas à faire appel à la fidélité des habitants; la missive contenait l'ordre positif de renvoyer M. de La Frette et les partisans des princes [5] et de reconnaître pour gouver-

---

[1] Séance du 30 mars. — Lettre du duc d'Orléans, datée de Paris le 27 mars. (*Reg. des Echevins.*)

[2] *Ib.*; Séance du 25 avril.

[3] Lettre datée de Corbeil et reçue le 26 avril. (*Ib.*) — Lettre du maréchal du Plessis, du 24, dans le même but. (*Ib.*)

[4] Lettre datée de Paris. (*Ib.*)

[5] Séance du 6 mai. — Lettre du Roi, datée de Saint-Germain-en-Laye. (*Ib.*) — Autre lettre du 6 mai, écrite aux échevins, dans le même but, par le maréchal du Plessis. (*Ib.*)

neur le comte d'Orval [1]. Le gouverneur était présent à l'assemblée municipale lorsque le message royal arriva. Le cas devenait embarrassant; on biaisa, on se confondit en protestations, et l'on écrivit au maréchal du Plessis de faire trouver bon au Roi que cet ordre rigoureux ne fût pas exécuté. Ce refus des Chartrains leur valut plusieurs lettres de félicitation de Gaston et de son secrétaire Goulas (17 et 26 mai) [2]. Le 28 mai, Turenne invita la Chambre à envoyer à Dourdan, le 1er juin au plus tard, 30,000 rations de pain pour les troupes de Sa Majesté cantonnées près d'Etampes [3]. La lettre était courte mais impérative, et les échevins se pressèrent de telle sorte que dès le 31 l'illustre maréchal les remercia de leur zèle, en les prévenant qu'il faisait partir une escorte pour accompagner le convoi de vivres annoncé [4]. Cet acheminement forcé de la Chambre vers le parti du Roi fut encouragé par l'abbé de Droué, secrétaire intime du maréchal (9 juin) [5]. Quelques escarmouches dans lesquelles plusieurs cavaliers de la compagnie de Châteauvert reçurent des blessures, furent à peine remarquées [6], et les esprits conservèrent la même disposition politique jusqu'à la bataille de Charenton (2 juillet), dont le duc d'Orléans informa les échevins en termes qui pouvaient faire croire à une victoire complète des princes [7].

L'entrée des Espagnols en France servit mieux la faction des princes que ce succès douteux; elle suggéra à la Cour la

---

[1] François de Béthune, comte d'Orval, second fils de Sully.

[2] *Reg. des Echevins.*

[3] Lettre datée du camp d'Etampes. — Séance du 30 mai. *(Ib.)*

[4] Lettre datée du camp d'Etampes. *(Ib.)*

[5] Il paraît que Turenne, en transportant son camp d'Etampes à Etrichy, avait encore demandé aux Chartrains 12,000 rations de pain. Comme on s'était empressé de fournir ces vivres, l'abbé de Droué avait été chargé par le Maréchal de témoigner toute sa satisfaction aux échevins et de leur faire connaître que le duc de Lorraine avait offert sa médiation pour la paix. L'abbé ajouta à la lettre, pour son propre compte, de grandes protestations de zèle et d'amitié. (Arch. de la Mairie.)

[6] *Reg. des Echevins;* Séance du 22 juin.

[7] Lettre datée de Paris le 3 juillet. *(Ib.)*

pensée de se retirer en Normandie, et, le 17 juillet, un maréchal-des-logis du Roi vint annoncer au corps municipal l'arrivée prochaine du Grand-Conseil à Chartres. Les échevins députèrent leur collègue Chevrier à Mantes où se trouvait le Conseil, pour le dissuader de son projet [1]. D'un autre côté, le Parlement et Gaston ne manquèrent pas de prier les Chartrains de fermer leurs portes aux gens du Roi (19 juillet) [2]. On avait donc lieu d'être inquiet, lorsque Turenne, en retenant la Cour dans les environs de Paris, délivra la ville des craintes qu'elle concevait pour sa tranquillité.

L'habileté de Turenne faisait regagner du terrain à Mazarin. Le Cardinal porta un coup funeste au Parlement en ordonnant sa translation à Pontoise. Les conseillers fidèles installés dans cette ville rendirent contre leurs confrères de Paris un arrêt qui fut notifié aux échevins de Chartres le 13 août et qu'une lettre approbative du Roi suivit de près [3]. M. de Sourdis, dont la présence à Chartres coïncida avec cette lettre, n'était pas assez lié avec le parti rebelle, quoique officier du duc d'Orléans, pour développer les germes frondeurs semés dans la population par M. de La Frette [4]. Enfin, la rentrée du Roi à Paris, qui eut lieu le 21 octobre, termina cette querelle intestine d'intrigants et d'ambitieux. Condé persistant seul dans la révolte, continua à batailler, de concert avec les Espagnols, pendant l'année 1653 ; mais le pays chartrain, éloigné du théâtre des événements, fut délivré des troupes qui l'occupaient depuis un an. La compagnie de M. de Rouvray alla rejoindre, au mois de juin, le maréchal de La Ferté près de Vitry [5], et celle du marquis de Béthune sortit, au mois d'août, du château de Villebon pour se ranger

[1] *Reg. des Echevins.*
[2] *Ib.*
[3] *Ib.* — Lettre du Roi datée de Pontoise le 16 août.
[4] *Ib.*
[5] *Ib.*; Séance du 19 juin.

sous les étendards de M. de Turenne[1]. Le 23 décembre, on célébra par un *Te Deum* la pacification de la Champagne[2], et le sacre du Roi[3] donna lieu en juillet 1654 à des réjouissances qui furent renouvelées, au mois de septembre suivant, à l'occasion de la prise de Stenay et de la levée du siége d'Arras[4].

Chartres venait de faire usage pour la dernière fois, durant ces troubles, de l'espèce d'indépendance dont les discordes civiles avaient doté les villes de province. Vainqueur des factions, Louis XIV acheva l'œuvre ébauchée par Richelieu; il n'y eut plus en France d'autre maître que le Roi, et ce maître ne permettait ni les abstentions ni les résistances. Les événements dont nous aurons désormais à parler ne touchent donc que rarement à la politique.

---

[1] *Reg. des Echevins;* Séance du 23 août.
[2] Lettre du Roi au marquis de Sourdis, datée de Paris le 12 décembre. Lettre de Sourdis aux échevins, datée d'Orléans le 16. Lettre du duc d'Orléans aux échevins, datée de Blois le 18. (Arch. de la Mairie.)
[3] *Reg. des Echevins;* 4 juillet.
[4] *Ib.;* 2 septembre.

CHAPITRE XXIV.

DE LA CESSATION DES TROUBLES DE LA FRONDE, A LA MORT DE LOUIS XIV.

(1654-1715.)

Une nouvelle congrégation, dite des Filles de la Providence, approuvée par l'évêque Lescot le 22 décembre 1653, fut acceptée par l'assemblée générale des habitants le 9 décembre 1654. Ces religieuses, qui ne faisaient pas de vœux, se consacraient à l'éducation des orphelines ; elles s'établirent dans une maison de la rue Muret qui leur avait été donnée par le chanoine Pedoue [1]. M. Lescot favorisait beaucoup les établissements charitables ; il avait déjà fondé, en 1652, dans la paroisse Saint-André, une maison de refuge pour les petites orphelines [2], et il aidait de sa bourse et de sa protection toute particulière le bureau des Pauvres. Les grandes vertus de ce prélat l'avaient rendu populaire ; aussi sa mort, arrivée à Paris le 23 août 1656, causa-t-elle à Chartres d'unanimes regrets [3]. La reconnaissance vint s'ajouter à la douleur lorsque l'on apprit qu'il avait laissé au bureau des Pauvres ses meubles les plus précieux. Le Roi donna l'évêché de Chartres à M. Ferdinand de Neufville de Villeroi, évêque de

---

[1] Voir, sur l'établissement des Filles de la Providence, le dernier chapitre de cette histoire.

[2] Voir vol. 1er, p. 340.

[3] *17 et 23 août*. Prières et procession extraordinaire pour la santé de M. l'Evêque. — *25 août*. Mort dudit évêque. — *24 août*. Oraison funèbre et enterrement dudit évêque à Saint-Aignan. *(Reg. capitul.;* Arch. départ.)

Saint-Malo, qui fit son entrée le 2 décembre 1657. D'autres mutations se produisirent à la même époque parmi les fonctionnaires civils. Le jeune marquis de La Frette reçut, par provisions du 14 août 1656, le gouvernement de Chartres et la lieutenance-générale du pays chartrain, en remplacement de son père décédé [1]. En 1657, le bailliage passa entre les mains de M. Odet de Riants, marquis de Villeray, qui le conserva un an à peine et auquel succéda M. Louis-René Servin, comte de La Grève, conseiller au Parlement.

Les succès remportés par les armées du Roi, en Italie et dans les provinces du Nord, donnèrent lieu à des démonstrations de joie auxquelles Chartres ne resta pas étranger. On chanta des *Te Deum*, en 1655, pour la prise de Landrecy (13 juillet) [2]; en 1656, pour les prises de Valenza en Lombardie (16 septembre) et de La Capelle en Thiérache (27 septembre) [3]; en 1657, pour les prises de Montmédy [4] et de Saint-Venant (20 et 29 août), de Bourbourg et de Mardyck (3 octobre); en 1658, pour la victoire des Dunes (13 juin) [5], pour la capitulation de Dunkerque (23 juin) et pour les prises de Bergues, Furnes et Dixmude (1-4 juillet). Il est vrai que la maladie qui faillit enlever Louis XIV au mois de juillet 1658 changea momentanément les réjouissances en inquiétudes [6]. Dieu épargna à la France le plus grand des malheurs; le Roi revint à la santé [7], et le maréchal de Turenne fournit,

---

[1] Ces provisions, enregistrées en Parlement le 22 avril 1659, sont visées dans une délibération des Echevins du 19 novembre 1661.

[2] Le *Te Deum* eut lieu le 6 octobre. *(Reg. capit.;* Arch. départ.)

[3] Lettre de Gaston, du 5 octobre, annonçant les prises de *Valence sur le Pô* et de La Capelle. (Original; Arch. de la Mairie.)

[4] *Reg. capit.;* Arch. départ.

[5] Pendant que Turenne faisait triompher les armes du Roi en Flandre, les *sabotiers* de Sologne se révoltaient. On trouve dans les Registres capitulaires, à la date du 5 juin 1658, l'ordre donné aux guetteurs de faire le guet jour et nuit, *attendu les troubles en la Sologne dont les soldats font des courses jusqu'à trois lieues de la ville*.

[6] *8 juillet.* Prières publiques pour la santé du Roi. *(Reg. capit.;* Arch. départ.)

[7] *20 juillet.* Procession en actions de grâces de la guérison du Roi. *(Ib.)*

par les prises d'Audenarde, de Menin et d'Ypres (septembre), de nouveaux aliments à l'allégresse chartraine.

La guerre, même heureuse, coûte cher. Depuis 1654, la ville donnait chaque année au trésor royal 12,000 livres sur le produit de ses octrois, sans compter la somme ordinaire pour la *subsistance* des troupes [1]. Le secours en argent, demandé par l'entremise de M. de Sourdis, le 8 septembre 1659, parut moins lourd que les précédents, parce qu'il était destiné aux *nécessités* de la paix générale et du mariage projeté entre le Roi et l'infante Marie-Thérèse [2]. Le duc Gaston mourut à Blois le 2 février 1660 [3], pendant que la Cour gagnait les frontières d'Espagne pour les noces royales. Cette mort réunissait de nouveau le duché de Chartres à la couronne; mais, au mois de mars 1661, Louis le donna en apanage, ainsi que l'Orléanais, à son frère unique Philippe, à l'occasion du mariage de ce prince avec Henriette d'Angleterre [4]. Les lettres d'apanage ne furent reçues, publiées et enregistrées à Chartres que le 11 septembre [5].

---

[1] Arrêt du Conseil-d'État du 23 mars 1654, réduisant à 12,000 livres la somme de 24,000 livres demandée à la ville par le sieur François Ferrand, commis du porteur des quittances du sieur de La Bazinière, trésorier de l'Épargne, pour représenter la première moitié des octrois de Chartres retranchée chaque année au profit de S. M. Les échevins avaient été autorisés, par lettres-patentes des 21 décembre 1647, 17 juin 1651 et 14 avril 1661, à lever la moitié retranchée *par doublement*, c'est-à-dire à augmenter tous les octrois d'un tiers, de telle sorte que la part du Roi ne diminuât pas les revenus de la ville. Cet arrêt et ces lettres-patentes sont visés dans l'arrêt du 21 juillet 1663, dont il sera ci-après parlé.

[2] Lettre du marquis de Sourdis aux échevins. (Original; Arch. de la Mairie.)
Dimanche 22 février 1660. Chanté un *Te Deum Laudamus* pour la paix générale, et, le soir, fait un feu de joye devant la porte royale. *(Registre du Clerc de l'œuvre;* Arch. départ.)

[3] *Le lundi et mardi* ensuivant (23 et 24 février). Service *pour et à l'intention* de feu M. le duc d'Orléans. *(Ib).*

[4] *5 avril 1661.* Lettre de M. de Sourdis aux échevins, touchant le *salut* à faire à M. le duc d'Orléans et de Chartres. *(Reg. des Échevins.)*

[5] *9 septembre.* Lettre de M. le duc d'Orléans et de Chartres, frère unique du Roi, contenant ordre au corps de ville d'assister à la publication et à l'enregistrement de ses lettres d'apanage. — *12 septembre.* On donne au sieur Lambert, secrétaire des finances du duc d'Orléans, venu pour l'enregistrement des lettres d'apanage, une chaîne d'or et une *chemise de Notre-Dame* en toile d'or. — *13 septembre.* Te Deum chanté à trois heures, dans l'église Saint-Aignan, par ordre de l'Évêque, au sujet de l'enregistrement des lettres d'apanage. *(Ib.)*

La nouvelle de la naissance du Dauphin (1ᵉʳ novembre 1661), qui parvint officiellement à la Chambre le 6 novembre [1], fut suivie du bruit de la prochaine visite du Roi et des deux Reines au sanctuaire de la Vierge-Noire. Une lettre de l'Evêque, en date du 19, confirma ce bruit [2], et Louis XIV, sa mère et sa jeune épouse arrivèrent, en effet, dans nos murs le mercredi 7 décembre [3]. Quoique le monarque eût demandé une réception toute simple, les officiers et le corps de ville ne laissèrent pas échapper une si belle occasion de protester de leur dévouement et de leur respect pour la personne royale [4]. La Cour fit ses dévotions le 8, jour de la Con-

---

[1] *Dimanche 2 octobre.* Fait et commencé la procession pour la grossesse de la Reine.
Dimanche 6 novembre. A esté chanté le *Te Deum* pour la naissance de Mʳ le Dauphin, et le feu de joye fait devant la porte royale, allumé par Mʳ le Chantre à cause de l'absence de Mʳ le Doyen. *(Reg. du Clerc de l'œuvre; Arch. départ.)*

[2] On avait écrit, le 15 novembre, à l'Evêque, qui se trouvait alors en Cour à Fontainebleau, pour savoir si le Roi viendrait à Chartres. Le Prélat répondit le 19 que le voyage royal était décidé; mais que Sa Majesté désirait qu'on ne lui fît aucune entrée; que le Roi et les Reines partiraient le 1ᵉʳ décembre pour aller coucher à Villeroy; que le lendemain 2, Mˢʳ le Dauphin prendrait la route de Paris, et que Leurs Majestés iraient coucher à Dourdan pour se rendre le samedi 3 à Chartres. M. de Villeroy ajouta que la Cour ne serait *guères grosse* à Chartres et que l'escorte ne serait composée que des chevau-légers et des mousquetaires.
Malgré cette lettre, on commanda treize armoiries : quatre du Roi, quatre des Reines, quatre de la ville et une de M. de La Frette, gouverneur, pour être placées, savoir : trois à la porte Guillaume, trois à l'hôtel-de-ville, six à l'évêché, et celle de M. de La Frette à sa porte. (Séance du 22 novembre; *Reg. des Echevins.*)
24 novembre. On charge M. Thibault, échevin, d'acheter des confitures et du vin, de faire raccommoder les robes de MM. de la Chambre et de commander des armoiries *pour appliquer sur icelles robes.*
On sortira de l'arsenal 12 pièces de canon qui seront montées sur le rempart de la porte Saint-Michel et desquelles on tirera trois salves : la première, à l'entrée de Leurs Majestés; la seconde, pendant le trajet qu'elles feront dans la ville; la troisième, au moment de leur arrivée au Louvre (à l'évêché).
29 novembre. Arrivée des fourriers du Roi et du sieur de La Gaignerie, son maréchal-des-logis.
6 décembre. Ordre aux habitants de nettoyer les rues demain matin et d'éclairer, le soir, leurs maisons avec des chandelles placées à l'extérieur des fenêtres. *(Ib.)*

[3] *7 décembre.* Le Roi arrive à quatre heures du soir avec les deux Reines; le corps de ville l'attendait à la barrière, hors la porte Guillaume. Le Lieutenant-général fait le compliment *et présente les clefs* (cependant M. de La Frette, gouverneur, se trouvait alors à Chartres). Sa Majesté étant rendue à l'évêché, MM. les Echevins, conduits par M. Nicole, avocat des habitants, veulent faire la révérence aux illustres hôtes de la ville; le Roi les remet au lendemain matin. *(Ib.)*

[4] *8 décembre.* MM. de la ville, conduits par M. Nicole, sont présentés au Roi

ception, et repartit le lendemain [1]. M. le marquis de La Frette, qui venait de faire enregistrer ses provisions [2], remplit dans cette circonstance, pour la première et la dernière fois, les fonctions de gouverneur. Enveloppé dans une affaire de lèze-majesté, il fut condamné à mort par arrêt du Parlement du 24 avril 1662 [3]. Le Roi donna, le 7 octobre, sa charge de lieutenant-général au gouvernement de l'Orléanais et du Chartrain à M. le comte d'Orval, ancien compétiteur de M. de La Frette le père, pendant la Fronde [4].

par M. de La Frette; M. Nicole fait la harangue. On offre à S. M. deux grandes corbeilles de poires de bon chrétien et quatre douzaines de bouteilles de vin. La compagnie va ensuite saluer les deux Reines et leur offre des boîtes de confitures.
    9 décembre. MM. de la ville, conduits par M. Nicole, vont saluer et haranguer M. le prince de Condé et M. le duc d'Enghien. On fait présent de deux douzaines de bouteilles de vin à chacun de ces princes. *(Reg. des Échevins.)*

[1] *9 décembre.* La compagnie va saluer S. M. au moment où elle monte en carrosse pour retourner à Paris; M. Simon fait le compliment et l'assure du respect et de la fidélité de la ville.
    On a donné :
    1° Aux valets de pied de la Reine, 4 pistoles d'or. valant 44 livres;
    2° Aux grands valets de pied de la Reine, 3 pistoles d'or;
    3° Aux archers gardes de la porte du Roi, 2 pistoles d'or;
    4° Aux gardes-du-corps de la Reine, 2 pistoles d'or;
    5° Aux trompettes du Roi, 2 pistoles d'or;
    6° Aux suisses du Roi, 2 pistoles d'or;
    7° Aux suisses de la Reine-mère, : pistoles d'or;
    8° Aux valets de pied de la Reine-mère, 2 pistoles d'or;
    9° Au cocher du Roi, une pistole d'or;
    10° Aux postillons du Roi, une pistole d'or;
    11° Aux archers du Grand-Prévôt, une pistole d'or;
    12° Aux gardes écossaises, *pour la restitution des clefs*, 6 pistoles d'or, valant 66 livres. *(Ib.)*

[2] Les provisions de M. de La Frette furent enregistrées, à sa requête, le 21 novembre. Les échevins allèrent le saluer et le complimenter le 22; M. Nicole prononça la harangue. *(Ib.)*

[3] Arrêt rendu *par défaut* contre les deux frères La Frette et consorts, pour fait de duel. *(Reg. du Parlement;* Arch. impér.) Il s'agit du duel des La Frette, de Saint-Aignan et d'Argenlieu contre Chalais, Noirmoutier, d'Antin et Flamarens, que le président Hénault reporte faussement à l'année 1663.

[4] Lettre du Roi datée de Paris le 7 octobre et contre-signée *Guénégaud. (Reg. des Échevins.)* — Le comte d'Orval fit aussi connaître sa nomination aux échevins par lettre du 7 octobre; il leur témoigna son affection pour la ville en termes chaleureux et leur dit qu'il ne tarderait pas à venir les visiter. Son secrétaire présenta ses provisions, qui furent enregistrées le 10.
    M. d'Orval arriva, en effet, le 13 octobre. La Compagnie alla le saluer à l'auberge du Grand-Dauphin et lui offrit le vin de la ville. Le lendemain, Messieurs firent la révérence à Mme la comtesse d'Orval et lui donnèrent des boîtes de confitures. *(Ib.)*

Les récoltes de 1660 et de 1661 avaient été mauvaises ; la ville obérée ne put faire d'achats suffisants, et il en résulta une véritable disette pendant les premiers mois de 1662 [1]. Les vagabonds et les rôdeurs de nuit profitèrent, comme toujours, de cette calamité publique, et les vidamiers durent marcher contre eux au mois d'avril [2]. C'était en même temps une époque de crise pour les finances municipales : la ville avait à lutter contre un fermier des aides et octrois [3] qui refusait de se contenter des 12,000 livres payées chaque année, par transaction, depuis 1654. Les octrois et entrées, y compris le doublement et le droit de dixième sur le vin, produisaient environ 60,000 livres par an ; mais le dixième accordé aux habitants en 1403 et 1459 et confirmé en dernier lieu par

---

[1] *18 juin 1661.* Défense aux portiers de laisser sortir les accapareurs, qui enlèvent tout le blé des marchés.
Grande cherté du blé pendant les mois de décembre 1661, janvier, février, mars, avril et mai 1662.
24 avril 1662. Visite faite des greniers, on adresse un mémoire au Parlement touchant la misère du pays. *(Reg. des Echevins.)*

[2] *10 janvier 1662.* Ordonnance de police relative aux vagabonds, aux revendeurs, au nettoyage des rues et aux jeux de paume et de boule pendant les offices.
22 avril. Ordre aux compagnons du Vidame de marcher contre les rôdeurs de nuit. *(Ib.)*
Les agitateurs des campagnes n'étaient pas toujours des gens sans aveu. Il était resté en Beauce, comme dans beaucoup d'autres provinces, quelques gentillâtres, anciens frondeurs, auxquels le désordre plaisait et qui ne manquaient pas une occasion de vexer les pauvres gens. On accusait surtout certains nobles du Perche, confinés dans des châteaux, au milieu des bois, et dont la vie ressemblait beaucoup à celle d'une bande de brigands. Les frères Saint-Bonnet, de Blévy, se distinguèrent tellement par leurs crimes, que l'on fut obligé d'envoyer des troupes contre eux en 1665. L'un d'eux fut décapité à Orléans le 25 janvier 1666, et sa tête fut exposée, le 29, sur l'une des tours de la porte Guillaume de Chartres. *(Ib.)*
Une scène de meurtres et de violences eut lieu le 20 octobre 1669 dans l'église de la même paroisse de Blévy, entre plusieurs gentilshommes des environs, au sujet de droits honorifiques. Quatre d'entre eux furent tués et plusieurs autres blessés. Cette affaire se termina par un jugement du Présidial de Chartres, rendu le 16 janvier 1670, qui condamna les coupables, dont la plupart étaient contumaces, à la dégradation de la noblesse, à l'amende honorable et à être pendus sur la place des Halles ; de plus à 10,000 livres d'amende, dont 4,000 pour la réfection de la chambre du Conseil dudit Présidial, 2,500 pour le bureau des Pauvres de Chartres, 250 pour les pauvres de Blévy et 250 pour le pain des prisonniers. La sentence est signée Nicole, président, Gobineau, lieutenant-général criminel, Garnier, lieutenant-particulier, Recoquillé, Proust, Gallais, Estienne, Maubuisson, de Ganeau, Davignon, Leconte, Halgrain, Chaline, Genvret, du Temple et Garnier, conseillers, Mestivier, greffier. (Pièce in-8° de 8 pages, sans nom d'imprimeur.)

[3] Me Gabriel de Villars, *fermier-général des aydes de France, entrées de Paris et Rouen, moitié d'octrois des villes et communautés, et autres fermes et droits y joints.*

lettres-patentes du 28 décembre 1632, avait une destination spéciale ; quant aux droits d'entrée, ils étaient consacrés à l'acquit successif des dettes contractées par la ville pour le service de Sa Majesté. Nonobstant cette triste situation et la défense des échevins, le Conseil-d'État décida, le 21 juillet 1663, que, pour représenter la moitié des droits d'octroi attribuée au Roi et le droit de *subsistance* des troupes, il serait versé au fermier des aides, à compter du 1ᵉʳ octobre 1662, tous les droits d'entrée établis sur les marchandises, et évalués à la somme de 30,000 livres ; qu'au moyen de ce paiement, la ville serait déchargée à l'avenir de toute *subsistance*, et qu'elle ferait face à ses dettes et dépenses avec la recette du dixième sur le vin montant à 20,000 livres, et celles des abonnements pour droits d'entrée, consentis par diverses communautés ouvrières [1], revenant à 4,900 livres. On peut juger de l'émotion que causa cet arrêt, qui retranchait d'un seul coup le plus clair des revenus municipaux et semblait rendre impossible l'amortissement des emprunts.

Cet état de choses ne pouvait durer longtemps. La ville ayant demandé au Conseil-d'État de faire vérifier et liquider ses dettes ainsi que ses revenus, des commissaires furent députés par arrêts des 19 février, 6 mai et 5 août 1665, et un arrêt définitif, rendu sur leur procès-verbal le 14 janvier 1666, fixa le principal des dettes à 290,700 livres [2], les arrérages au 31 décembre 1665 à 85,781 livres, et le montant annuel des revenus patrimoniaux et d'octrois à 29,400 livres [3] ;

---

[1] Merciers, drapiers, lainiers, bouchers, charcuitiers, tanneurs, corroyeurs, marchands de saline et teinturiers. (*Pancarte municipale*, vol. 2, p. 187 ; Arch. de la Mairie.)

[2] Dettes contractées depuis 1629 jusqu'à 1650, inclusivement.

[3] Savoir : 1º le dixième et *doublement* ou tiers-en-sus du vin et autres breuvages vendus au détail, adjugés à Henri de Puyseux, à raison de 24,600 livres, par an . . . . 24,600 liv.
2º Les abonnements des communautés, montant, par an, à . . 4,200 »
3º Le droit de *barrage*, montant, par an, à . . . . 150 »
4º Les revenus patrimoniaux (cens, rentes, loyers de maisons, etc.). 450 »

Total . . . 29,400

disposa que, sur cette dernière somme, celle de 6,000 livres serait réservée pour les charges ordinaires [1] et extraordinaires [2] de la ville, que celle de 14,535 livres serait appliquée au paiement des intérêts au denier vingt du principal des dettes, et que celle de 8,865 livres restant serait employée à l'amor-

---

[1] Charges annuelles *ordinaires* :

1° Au sieur Simon, lieutenant-général, pour cens, rentes et droits d'indemnité.	9 liv. 10 s
2° Au Domaine, pour cens et rente	16 »
3° Aux Jacobins, pour messes.	25 »
4° Aux Cordeliers, pour messes	25 »
5° Pour les processions.	150 »
6° Gages du Lieutenant-général	20 »
7° Gages de l'avocat du Conseil du Roi	150 »
8° Gages des avocats du Parlement, procureurs et solliciteurs des affaires de la ville	220 »
9° Gages du greffier de la ville.	25 »
10° Gages du messager de la ville	16 »
11° Gages des serviteurs et portiers de la ville	60 »
12° Gages du paveur.	30 »
13° Pour les feux ordinaires.	15 »
14° Pour le loyer de la maison du gouverneur.	442 10
15° Pension annuelle du recteur du collége.	200 »
16° Pour les messes dites au collége	75 »
17° Pour la bougie de cire qui brûle toute l'année devant l'image de la Vierge, suivant le vœu de la ville	150 »
18° Pour les étrennes et présens ordinaires et accoutumés	400 »
19° Pour l'entretien de la butte des arquebusiers	13 »
20° Pour le Roi de l'oiseau.	200 »
Total.	2,242 »

[2] Charges annuelles *extraordinaires* :

1° Pour les réparations des murailles, ponts, portes, pavés, etc., et pour les salaires des ouvriers employés par la ville	2,200 liv. » s
2° Pour les frais des procès de la ville.	400 »
3° Pour les parties du greffier de la ville	100 »
4° Pour celles des fourriers de la ville.	20 »
5° Pour celles de la concierge de la maison de ville	40 »
6° Pour celles des serviteurs et portiers de la ville	115 »
7° Pour celles du messager de la ville.	16 »
8° Pour frais de voyages	600 »
9° Pour l'imprimeur de la ville.	10 »
10° Pour le trompette de la ville	12 »
11° Pour l'enregistrement des baux des octrois en la Cour des Aides ; tous les cinq ans, 500 livres, soit, par an.	100 »
12° Pour la reddition des comptes des deniers d'octrois et patrimoniaux en la Chambre des Comptes ; tous les cinq ans, 500 livres, soit, par an.	100 »
Total.	3,713 »

tissement des arrérages ; décida, enfin, qu'à l'avenir la ville ne pourrait contracter aucun emprunt sans la permission expresse du Roi.

Le duc Philippe, dont on entendait peu parler depuis l'enregistrement de ses lettres d'apanage, écrivit aux échevins, le 13 février 1663, en faveur des Capucins, qui voulaient quitter Saint-Lubin pour Saint-Martin-au-Val [1], et demanda à la Chambre, le 16 juillet 1664, des prières publiques et des actions de grâces pour remercier le ciel de lui avoir donné un fils [2]. On s'empressa d'obtempérer aux désirs du prince apanagiste. Il y eut en février 1665 des inondations qui causèrent de grands dégâts dans la basse ville et défoncèrent les chemins [3], ce qui n'empêcha pas Leurs Majestés de venir en pèlerinage à Chartres le jour de l'Annonciation [4]. La Reine-mère Anne d'Autriche, dont la grandeur s'était inclinée plus d'une fois devant la Vierge-aux-Miracles, mourut le 20 janvier 1666 ; les chartrains célébrèrent un service solennel à sa mémoire et s'abstinrent, par ordre, de toutes mascarades pendant le carnaval [5]. Les *Te Deum* et les réjouissances re-

---

[1] Voir, sur le couvent des Capucins, le dernier chapitre de cette histoire. — Lettre insérée dans le Recueil manuscrit de Janvier de Flainville. (Bibl. commun.)

[2] Lettre originale. (Arch. de la Mairie.)

[3] *18 février.* Ordre d'enlever les neiges des rues et de les porter dans les fossés de la ville, sous peine de 50 livres d'amende. *(Reg. des Echevins.)*
Les grandes eaux arrivèrent les 21 et 22 février ; elles s'élevèrent de huit ou neuf pieds au-dessus du pont de la porte Morard, enlevèrent le pont de la Courtille, ruinèrent le pont de la porte Guillaume et envahirent toutes les rues de la basse ville jusqu'à six et sept pieds de hauteur. (Continuation du *Journal de Jean Bouvart.)*
27 février. Constatation des dégâts. *(Reg. des Echevins.)*

[4] *24 mars.* Le Roi et la Reine arrivent sur les cinq heures du soir. La Compagnie les reçoit à la barrière de la porte Morard et M. Simon leur présente les clefs.
25 mars. MM. du corps de ville, conduits par M. Nicole, vont saluer le Roi à son lever et lui offrent deux grandes corbeilles de poires de bon chrétien et quatre douzaines de bouteilles de vin. Ils vont ensuite faire la révérence à la Reine, à laquelle ils offrent des boîtes de confiture ; puis à M. le duc d'Orléans et de Chartres, qui reçoit quatre douzaines de bouteilles de vin ; enfin à M. le prince de Condé, auquel on en donne deux douzaines.
26 mars. La Compagnie va saluer le Roi au moment de son départ, mais S. M. n'écoute pas la harangue. *(Ib.)*

[5] Lettre du duc d'Orléans, du 23 janvier 1666, annonçant officiellement la mort de la Reine-mère. — Services solennels à l'intention de cette Princesse, célébrés à

prirent en 1667, à l'occasion des heureux débuts de la guerre contre l'Espagne [1].

Nous n'aurions rien de plus à dire sur cette dernière année, si nous ne trouvions dans nos archives un document assez intéressant pour l'histoire municipale : c'est une sorte de procès-verbal des séances de la Chambre des 24, 25 et 27 septembre, dans lequel on fait connaître les usages en vigueur à cette époque lors de la nomination des échevins. Suivant cette pièce, les deux échevins sortants proposaient à leurs confrères quatre candidats et votaient pour deux; l'échevin chanoine opinait ensuite, puis les autres échevins par rang d'ancienneté. Après deux épreuves qui fixaient irrévocablement les choix, MM. du corps de ville se rendaient en robes à l'assemblée générale tenue dans la grande salle de la Tour-le-Roi; ils prenaient séance au barreau des avocats, à droite, et le greffier de la Chambre et le procureur des habitants occupaient le petit banc, au-dessous du Lieutenant-général. A cette assemblée se trouvaient les gens du Roi, les officiers du Présidial et les délégués de toutes les paroisses. L'élection avait lieu à la pluralité des suffrages; le résultat était fait par le greffier du Présidial, et le Lieutenant-général, maire perpétuel, proclamait les noms des nouveaux échevins. La Chambre n'obtenait pas toujours les nominations qu'elle désirait; ainsi, dans l'élection de 1667, le sieur Bouvart, l'un de ses candidats, fut supplanté par le sieur Styves, porté par les paroisses [2].

La conquête rapide de la Franche-Comté par le prince de

Notre-Dame le 11 et le 12 février. — Ordre de police, du 5 février, défendant toutes mascarades, sous peine de 200 livres d'amende. (Reg. des Echevins.)

[1] *11 septembre.* Te Deum et feu de joie pour la prise de Lille en Flandre. *(Ib.)*

[2] *Ib.* — Les nouveaux promus étaient tenus, à leur entrée en charge, de faire cadeau à chacun de leurs confrères d'un petit couteau à ressort. *(Ib.;* Séance du 28 septembre 1669.)

Je ne dois pas laisser passer un fait qui se rapporte à l'année 1667 et qui est intéressant pour l'histoire de la rôtisserie chartraine. Le 24 octobre, les échevins prescrivirent aux rôtisseurs d'expédier au Roi deux douzaines de *guignards* par semaine pendant tout l'hiver, et leur firent défense d'en vendre avant qu'il n'eût été pourvu à la provision de Sa Majesté. *(Ib.)*

Condé, au mois de février 1668, fut célébrée à Chartres, le 18 mars, par un *Te Deum* solennel [1]. On répéta l'hymne d'actions de grâces, au mois de juin, à l'occasion de la paix conclue avec l'Espagne à Aix-la-Chapelle [2]. La nouvelle de cette paix avait été donnée à MM. de la Chambre par M. le marquis d'Alluyes, nouveau gouverneur de la province. Fils de M. de Sourdis, et, par conséquent, connu dans le pays qu'il était appelé à administrer, ce personnage ne tarda pas à visiter Chartres. On le reçut en grande pompe, le 4 août, et la courtoisie chartraine n'eut garde d'oublier la marquise, qui accompagnait son époux [3]. Un *Te Deum* fut chanté, le 15 août, en réjouissance de l'accouchement de la Reine d'un prince qui reçut le nom de duc d'Anjou [4].

Les années 1669, 1670 et 1671 virent mettre en pratique dans notre ville la réforme commerciale et financière de Colbert; les métiers reçurent de nouveaux statuts à la fin de

---

[1] Après le *Te Deum* il devait y avoir un feu de joie, mais cette partie du programme faillit manquer par suite d'une dispute de prérogatives entre les échevins et le sieur Chaline, premier avocat du Roi. Le feu était ordinairement allumé par le lieutenant-général et le procureur du Roi; ce dernier magistrat étant absent, M. Chaline revendiqua l'honneur de le remplacer; la Chambre s'y opposa, en prouvant que, dans les cas semblables, le feu était allumé par le lieutenant-général et le plus ancien échevin, auxquels les portiers remettaient les torches. *(Reg. des Echevins.)*

[2] *Ib.* — Lettre de M. d'Alluyes du 11 juin. — Un grand nombre de soldats furent congédiés et passèrent par Chartres. Le bruit courut, au mois de juin, qu'ils promenaient avec eux des maladies contagieuses; on prescrivit une grande surveillance aux portes pour éviter le danger. (17 juin, 24 juillet; *Ib.*)

[3] Le marquis d'Alluyes fut reçu par le corps de ville et harangué par le Lieutenant-particulier, en l'absence du Lieutenant-général. On lui présenta les clefs sur un coussin de velours vert et on lui offrit deux douzaines de bouteilles de vin. On donna à la marquise deux douzaines de boîtes de confitures sèches. *(Ib.)*

Le Chapitre fut aussi très-révérencieux pour M. d'Alluyes. Il lui fit faire un compliment par MM. de La Rue et Fromont, chanoines, à l'hôtel où il était descendu, et le lendemain, 5 août, la Compagnie l'attendit, ainsi que la Marquise, à la porte royale, les conduisit au chœur, où deux coussins avaient été préparés, puis les reconduisit jusqu'à la porte, après la grand'messe. *(Livre de G. Bouvart, p. 897; Arch. départ.)*

[4] *Reg. des Echevins.* — On eut, dans la dernière moitié de l'année 1668, de grandes inquiétudes pour la santé publique, car la peste exerçait des ravages dans les environs de la ville. La foire de septembre n'eut pas lieu; on exigea des billets de santé de tous les habitants, et on recommanda l'emploi d'un certain vinaigre et des parfums du père Léon. (28 août, 3 et 4 septembre; *Ib.*)

Les craintes recommencèrent dans l'été de 1669; le fléau régnait à Dieppe, et on fit défense aux *chasse-marée* venant de Normandie, de traverser la ville. (25 juin; *Ib.*)

1669[1]; l'aune de Chartres fut étalonnée à celle de Paris en juin 1670[2], et, au mois d'avril 1671, on enjoignit aux tonneliers de *renforcer* leurs futailles jusqu'à la contenance de 205 pintes[3]. M. Marin, sieur de La Chataigneraie, intendant de la province, fit étudier, en même temps, par ordre du ministre, l'éternelle question de la navigation de la rivière[4].

On apprit officiellement, par une lettre de Monsieur, du 9 juillet 1670, la mort de Mme la duchesse d'Orléans. Le Lieutenant-général et les échevins Lebeau et Tulloue furent aussitôt députés pour porter au Prince les compliments de condoléance de l'assemblée[5]; un service à l'intention de la Princesse fut célébré les 1er et 2 octobre dans l'église des

---

[1] Les registres des échevins fournissent, sur les premiers mois de 1669, quelques faits qui méritent d'être rapportés. Le 19 avril, le délégué de M. de Louvois, grand-maître des courriers de France, passa bail, pour quatre ans, avec les sieurs Gilles Petit et Jacques Singlas, marchands, du droit de tenir des chevaux de poste à Chartres, Voves, Epernon, Illiers, Courville, Nogent-le-Roi, Maintenon, Auneau et Gallardon, moyennant 220 livres par an et *deux coqs d'Inde*. La journée de cheval était tarifée à 18 sous. (7 mai; *Reg. des Echevins.)*

On révisa, le 7 mai, le réglement des salaires des portefaix : 1 liard par minot pour décharger le blé dans les greniers ou sur la Halle, 12 deniers par minot de blé et 7 d. par minot d'avoine pour le transport dans les paroisses Saint-André et Saint-Hilaire; 8 d. par minot de blé et 5 d. par minot d'avoine, pour le transport dans les autres paroisses. On décida que la communauté des Portefaix serait composée de cent membres, et on enjoignit aux douze derniers maîtres reçus de se rendre, en cas d'incendie, à l'hôtel-de-ville pour porter les crochets sur les lieux. *(Ib.)*

Chaque année, le jour de l'octave de la Fête-Dieu, le corps municipal et le Présidial allaient à la procession et dînaient ensuite aux frais de la ville. Voici le menu du festin des échevins, en 1669 : deux potages de chacun six poulets farcis aux pois, une longe de veau en ragoût, une tourte de béatilles, une salade de concombres, quatre dindons, quatre poulets et quatre lapereaux rôtis, une fricassée de poulets, des artichauts frits, un plat de pois ou fèves, un gâteau façon de boulanger, deux plats de fraises, douze grands biscuits, deux angelots et un plat de crème.

Le dîner de MM. du Présidial était moins somptueux. Il se composait de deux potages de chacun trois poulets farcis aux pois, deux pâtés de godiveau, deux épaules de mouton rôties, deux fricassées de pieds de mouton, une douzaine de pains, six bouteilles de vin blanc et six de vin clairet. (24 juin; *Ib.)*

On s'occupa des statuts des corporations dans les séances des 17 et 20 décembre, d'après une lettre de Colbert du 21 novembre. *(Ib.)*

[2] *9 juin 1670.* Ordre de S. A. R., en conformité de l'édit du Roi du mois d'août 1669, portant que les aunes des villes de son apanage seront étalonnées à celles de de Paris, pour qu'il n'y ait plus de différence dans l'aunage des étoffes. *(Ib.)*

[3] On fait déposer à la Mairie, comme matrice, un baricot, mesure de la jauge des poinçons et pintes. *(Ib.; 27 avril 1671.)*

[4] *Ib.,* 3 mai 1670.

[5] *Ib.;* 3 et 11 juillet.

Cordeliers, et le père Amable, religieux du couvent, prononça l'oraison funèbre [1]. Les deuils de Cour ne durent guères : Philippe d'Orléans épousa, au mois de décembre 1671, la princesse Elisabeth de Bavière [2]; il eut, le 2 juin 1673, un fils qui ne vécut pas [3], et, le 30 juillet 1674, un autre fils qui reçut le titre de duc de Chartres [4]. Ces derniers événements, ainsi que les succès des troupes royales en Hollande et en Franche-Comté, entretinrent la ville de *Te Deum* et de feux de joie [5].

M. Nicolas Servin, comte de La Grève, conseiller à la Cour des Aides, qui avait remplacé son père en 1670 dans la charge de bailli, arriva, le 1er septembre 1674, avec mission de convoquer et d'envoyer à l'armée le ban et l'arrière-ban du bailliage [6]. Les nobles du Perche et du Maine traver-

---

[1] *1er octobre.* On ne fit pas le service à Notre-Dame, parce que le Chapitre ne voulut pas contribuer aux frais de luminaire, de tenture, etc. Les drapiers prêtèrent *gratis* 1,200 aunes de drap noir pour le service qui eut lieu dans l'église des Cordeliers. *(Reg. des Echevins.)*

[2] *24 décembre.* On députe à Paris MM. Garnier de Ligaudry et Lebeau, pour complimenter Madame au nom de la ville. *(Ib.)*

[3] Monsieur envoya porter à la ville la nouvelle de la naissance de son fils par M. de Boisfranc, secrétaire de ses commandements. On fit des réjouissances publiques à cette occasion les 7 et 8 juin 1673. *(Ib.)*

[4] *Dimanche 5 août 1674.* Une députation d'échevins est envoyée à Paris pour complimenter Madame sur son accouchement et sur l'honneur fait à la ville. *(Ib.)*

[5] M. d'Alluyes avait annoncé à MM. les échevins, le 21 avril 1672, la déclaration de guerre faite par le Roi à la Hollande. — On chanta, le 16 juin suivant, un *Te Deum* pour la prise de quatre villes hollandaises. Il y eut *Te Deum* et feu de joie, le 9 juillet 1673, pour la prise de Mastrick, dont Monsieur avait informé la ville le 11 juin, et mêmes réjouissances au mois d'août, pour les prises de Gray et de Dole. *(Ib.)* — La ville avait encore fait chanter un *Te Deum*, le 19 juin 1672, pour la naissance du duc d'Anjou. *(Ib.)*

[6] M. Servin était venu prendre possession de sa charge le 1er décembre 1670, et M. Nicole, avocat de la ville, avait été le saluer. Mais plusieurs échevins s'étaient abstenus, parce que le nouveau bailli n'avait pas informé la compagnie de son arrivée et qu'il ne s'était pas présenté à la Chambre après être descendu à la Tour-le-Roi. Lorsqu'il revint à Chartres le 1er septembre 1674 pour la convocation de la noblesse, les échevins, se souvenant de 1670, se dispensèrent de lui faire une visite de corps. *(Ib.)*

L'intendant de la généralité voulut, à la même époque, obliger les roturiers de Chartres à faire déclaration de fiefs pour entretenir des gens de guerre au service du Roi. On résista à cette demande et on excipa des priviléges de la ville sur les fiefs, le ban et l'arrière-ban, rappelés dans un arrêt du Conseil du 21 avril 1673. *(Ib.,* 21, 26 et 28 septembre. — *Pancarte municipale,* vol. 2; Arch. de la Mairie.)

sèrent la Beauce peu après, pour la même destination [1], et Chartres servit, à la fin de l'année, de quartier-général aux recrues du régiment d'Enghien, qui commirent toutes sortes de désordres dans la cité et dans la banlieue [2].

L'année 1675 fournit, comme les années précédentes, son contingent de victoires et, par suite, de réjouissances, pendant la belle saison [3]; les garnisons nombreuses et indisciplinées ne manquèrent pas, non plus, pendant l'automne et l'hiver [4]. Le cours de l'année 1676 présenta moins d'uni-

---

[1] *Reg. des Echevins;* 30 octobre.

[2] Quelques événements de l'année 1674 méritent d'être particulièrement notés.

Les échevins députèrent à Paris, le 15 janvier, MM. de Gaucau et Sedillot, pour saluer et complimenter le garde-des-sceaux d'Aligre au sujet de sa nomination à la dignité de Chancelier. *(Ib.)*

Au mois de juin, on découvrit dans les prés des Filles-Dieu une source minérale. La Chambre fit examiner cette source par MM. Le Facheu, Texier, Bance, Patin, Scalberge et Dauviller, médecins, lesquels déclarèrent, dans la séance du 2 août, que l'eau était *minérale, vitriolique, légère et salutaire en plusieurs maladies* et qu'il fallait en faire jouir le public. On défendit expressément de troubler la fontaine, et, le 30 octobre, on envoya à Paris cinq bouteilles d'eau pour la faire analyser par des chimistes. *(Ib.)*

Cette fontaine, à laquelle on avait fait un bassin en 1676 *(Ib.;* séance du 20 septembre), fut assez promptement délaissée, car nous voyons qu'en 1740 (6 avril) plusieurs habitants demandèrent à la Chambre qu'on la *rétablît;* le 21 août 1744, M. Mahon, docteur en médecine de la faculté de Reims, fit hommage à MM. de la ville d'une thèse intitulée : *Quibusnam morbis mederi possunt quæ prope Carnutum minerales scaturiunt aquæ. (Ib.)* Il ne paraît pas que la vertu des eaux des prés des Filles-Dieu ait été bien démontrée; elles sont aujourd'hui totalement inconnues.

La fin de l'année 1674 fut désastreuse pour les Chartrains. Il y eut, d'abord, un incendie au clocher neuf de la cathédrale, dans la nuit du 15 au 16 novembre, qui causa une grande frayeur à la population. Puis les excès des soldats du régiment d'Enghien firent de la ville un séjour des moins agréables. Ils dévastaient les villages voisins et les faubourgs, battaient les bourgeois et insultaient les femmes. M. Blanchard, échevin, entre autres, fut battu à outrance, en plein midi, par un soldat ivre, appelé La Fortune, de la compagnie de Brisay. Cette affaire fit du bruit; l'intendant d'Orléans intervint; mais les officiers obtinrent que La Fortune en serait quitte pour des excuses. On reçut pour l'armement du régiment, le 22 janvier 1675, 266 mousquets, 267 bandoullières garnies et 237 piques, qui furent mis dans l'arsenal. Enfin les dix-sept compagnies du régiment partirent pour Saint-Quentin le 15 avril, d'après les ordres du Roi communiqués à M. de Parigny, capitaine des grenadiers. *(Ib.;* 17 novembre 1674, 22 janvier, 9 et 16 avril 1675.)

[3] *30 juin.* Te Deum pour les prises de Dinant et la conquête du Limbourg. *(Ib.)*

[4] *10 novembre.* Le régiment de cavalerie de Biran prend ses quartiers à Illiers, Courville, Gallardon, Nogent-le-Roi, Toury et Dourdan. — Sept compagnies du régiment italien de Mazarini sont envoyées en garnison à Chartres, avec l'état-major composé de MM. Bardo-Bardi Magalotti, colonel, maréchal des camps et armées du Roi, de Ferrari, lieutenant-colonel, et de Villars, major. Six autres compagnies de ce régiment arrivent encore le 26, ce qui fait plus de 1,300 hommes. — *20 février 1676.* Le régiment de Mazarini partira le 1er mars pour Lille; il sera remplacé à

formité ; les bons et les mauvais jours s'y entremêlèrent d'une façon bizarre : on chanta un *Te Deum*, le 4 mai, pour la prise de Condé, et le 15 du même mois toutes les boutiques de la Foire brûlèrent [1] ; le 19, on célébra par un autre *Te Deum* la prise de Bouchain, et, le 28 juin, la ville perdit le lieutenant-général Simon, magistrat de grand mérite, président-né du corps municipal [2] ; la victoire navale remportée devant Palerme par Vivonne réunit les habitants à la cathédrale le 30 du même mois, et, le 19 juillet, il fallut vider l'arsenal et remettre au sieur Savary, commissaire délégué, toute l'artillerie chartraine, consistant en trente pièces de divers calibres [3].

M. Simon fut remplacé dans l'office de lieutenant-général et de maire perpétuel par M. Jacques Nicole, deuxième pré-

---

Chartres par la cornette des gendarmes du Roi, forte de plus de 400 maîtres. *(Reg. des Echevins.)*

[1] Il y eut pour plus de 20,000 écus de marchandises brûlées. *(Ib.; Séance du 17 mai.)*

[2] Le lieutenant-général Simon fut inhumé à Saint-Aignan le 29 juin ; tous les corps constitués de la ville assistèrent à ses obsèques. *(Ib.)*

[3] Le sieur d'Ollé, commissaire provincial de l'artillerie de France, délégué par le comte du Lude, grand-maître, avait procédé par ordre du Roi, le 8 mars 1671, à l'inventaire des pièces et équipages d'artillerie se trouvant dans les magasins de Chartres. Cet inventaire avait donné le résultat suivant :

1° Dans le parc et le magasin de la Tour-le-Roi, 31 pièces de canon de bronze, de divers calibres ; 14 arquebuses à croc, de bronze ; 6 arquebuses à croc, de fer ; 7 emboîtures de cuivre pour roues de canon ; 2 lanternes à pièces de 33 livres ; un petit baril rempli de chausse-trapes ;

2° Dans le magasin de la porte Saint-Michel, 34 barils de poudre, de 200 livres chacun ;

3° A Loëns, 25 barils de poudre, de 150 livres chacun ; 500 livres de plomb, en balles de mousquet et d'arquebuse ; 100 paquets de mèches ; 8 paires de traits à canon ; 2,389 boulets, depuis 33 livres jusqu'à une livre et demie.

Les échevins avaient pris charge de ces objets, s'engageant à en rendre toujours compte fidèle au Roi et à M. le Grand-Maître. *(Ib.)*

Le sieur Savary enleva, les 19 et 21 juillet, suivant l'ordre du Roi et du Grand-Maître du 1er avril 1676, 2 pièces de six livres de boulets, 6 pièces de deux livres et demie, 3 de une livre et demie, 5 de une livre, 4 d'une demi-livre, et 10 de un quart de livre, pour être voiturées dans l'arsenal de Paris. Ces pièces pesaient ensemble 14,978 livres. *(Ib.)*

La ville avait tellement horreur des garnisons de gens de guerre, qu'elle ne reculait pas, pour s'en exempter, devant les petits moyens de corruption fort en usage, d'ailleurs, à cette époque. Une délibération des échevins du 28 juillet 1676 fait connaître que l'on adressa en cadeau 20 *guignards* à M. Charpentier, premier commis de M. de Louvois, pour le porter à favoriser Chartres dans les passages de troupes. *(Ib.)* Ce présent fut renouvelé le 16 mai 1684. *(Ib.)*

sident au bailliage et siége présidial, qui assistait déjà aux séances du corps de ville, en vertu d'un arrêt du Conseil privé du 28 février 1669. Au moment où ce magistrat entrait en fonctions, le Conseil-d'État s'occupait de réorganiser l'échevinage chartrain. La difficulté de recruter un personnel convenable avait porté l'assemblée générale des habitants à demander au Roi la réduction du nombre des membres du corps municipal; on s'était déjà servi de ce motif plus ou moins plausible, en 1571, pour réduire les échevins laïcs de dix à huit. La requête de la ville ayant été admise par un arrêt du 24 juillet 1676, Sa Majesté chargea M. de Menars, maître des requêtes, de faire l'enquête sur les lieux. D'après l'avis favorable de ce commissaire, le Conseil rendit, le 18 juin 1677, un arrêt qui fixa, pour l'avenir, à six seulement, le nombre des échevins, dont deux, au moins, pris du corps des officiers civils ou judiciaires et le surplus du commerce ou de la bourgeoisie; maintint le lieutenant-général du bailliage dans la présidence de toutes les assemblées, soit particulières, soit générales, et, en son absence, le lieutenant-particulier; confia, selon l'usage, le ministère public au procureur du Roi et, en cas d'absence, à un avocat du Roi; autorisa le Chapitre à assister par députés aux assemblées, sans pouvoir y donner avis ou s'immiscer dans les affaires concernant les logements et subsistance des gens de guerre; décida que le prévôt assisterait aux assemblées publiques et particulières de police et que le procureur du Roi en la prévôté y requérerait; fit défense aux procureur, avocat, greffier de la ville et aux contrôleur et receveur des deniers communs et des rentes communes de prendre connaissance des logements de gens de guerre, et donna tout pouvoir à la Chambre de nommer, changer ou révoquer ces derniers officiers [1]. On verra que

---

[1] Archives impériales; section admin., E, 1,788. — Cet arrêt a été imprimé et se trouve dans la collection Marchand communiquée par M. E. Bellier de la Chavignerie.

cette petite révolution aristocratique n'empêcha pas toujours les nominations plébéiennes.

Chartres prit part aux transports d'allégresse que firent éclater dans toute la France les prises de Fribourg en Brisgau (16 novembre 1677), de Gand (11 mars 1678), d'Ypres (25 mars), et la glorieuse paix de Nimègue (11 août). Mais bientôt des calamités locales changèrent la joie en tristesse : un orage épouvantable creva sur la ville le 22 juillet 1679, la rivière déborda et les quartiers bas furent horriblement ravagés [1] ; un autre fléau non moins redoutable, la sécheresse, se produisit en 1681 ; il ne tomba pas une goutte d'eau depuis le mois de février jusqu'à la fin de juin. On fit, le 18 juin, une procession générale à Josaphat, avec la Sainte-Châsse, pour obtenir de la pluie [2], mais Dieu n'exauça les prières des Chartrains que dans les derniers jours du mois. Cependant la récolte fut meilleure qu'on ne s'y attendait.

Le Roi et la Reine vinrent en pèlerinage à la Vierge des cryptes le 21 septembre 1682, à l'occasion de la naissance du duc de Bourgogne, premier né du Dauphin; ils ne repartirent que le 24 [3]. Ce fut la dernière fois que Marie-Thérèse d'Autriche visita le sanctuaire de Chartres; elle mourut le 30 juillet 1683 [4].

La Chambre décida, en 1683, que le marché au Blé, qui s'étendait, par la rue du Vieux-Marché, jusqu'à l'église Saint-Saturnin, serait circonscrit à l'avenir dans le carreau des Halles; elle transporta, vers la même époque, le marché aux chevaux, de la place des Lices, derrière l'Évêché, dans la

---

[1] *Hist. de Chartres*, par Chevard, vol. 2, p. 520.

[2] Voir 1er volume de cette histoire, p. 550; Appendices. — Il y eut aussi une grande sécheresse pendant l'été de 1684. Savart, historien de Saint-Maurice, dit que les religieux de Josaphat portèrent processionnellement, le 10 juillet, la châsse de saint Théodore à l'église Saint-Maurice, en passant par les prés, pour demander au ciel une pluie bienfaisante.

[3] *Hist. de Chartres*, par Chevard, vol. 2, p. 521.

[4] La ville fit célébrer, le 11 août, un service pour le repos de l'âme de la Reine. (*Reg. des Echevins.*)

partie occidentale de la place des Halles[1]. Un certain Jacques Aubert, fermier du domaine du duc d'Orléans, avait proposé, en 1682, au Conseil de ce Prince, de construire à ses frais, moyennant une concession de droits pour un temps déterminé, une boucherie centrale dans un coin de la place des Halles, du côté de la rue aux Anes. Il disait, au soutien de sa requête, que les soixante bouchers de Chartres étalaient dans des maisons particulières qu'ils louaient fort cher et qu'en réalité c'étaient les propriétaires de ces maisons qui bénéficiaient des droits du Prince. On n'eut pas de peine à faire justice de cet argument singulier et à démontrer qu'au point de vue de la commodité et de la salubrité, les trois boucheries existantes étaient bien préférables à l'établissement unique proposé dans un but intéressé par le fermier du Domaine (28 novembre 1684)[2]. Le Conseil de S. A. R. n'insista pas, mais comme on voulait augmenter les revenus domaniaux de l'apanage, on souleva en 1685 une nouvelle chicane. Les conseillers du Prince prétendirent que l'apanagiste avait la directe des fossés, fortifications, talus, glacis et du château de l'ancien Massacre; les échevins répondirent que cette directe leur avait toujours appartenu, attendu que la ville ne possédait ces biens ni à titre d'inféodation ou d'accensement ni comme emphytéote. On transigea par un arrêt du Conseil ducal du 20 mars 1685, qui admit la ville à donner aveu et dénombrement, foi, hommage et cheval de service au duc d'Orléans et à fournir homme vivant et mourant à trente livres de rachat[3].

---

[1] Histoire manuscrite ayant appartenu à Marie-Saint-Ursin. (Bibl. communale.) — En 1699, le marché au charbon, qui se tenait au cloître, fut également transporté dans la place des Halles. *(Reg. des Echevins;* 25 août.) — Le 22 septembre de la même année, sur la réquisition du procureur du Roi, il fut décidé que le marché aux légumes et celui de la volaille, situés l'un dans la rue aux Aigneaux (Serpente), l'autre dans celle de la Fromagerie ou des Ursulines (de la Mairie), se feraient à l'avenir dans le lieu du Vieux-Marché-au-Blé. *(Ib.)*

[2] *Ib.*

[3] *Ib.*; Séance du 16 avril 1685. — M. Charles Nicole, fils du Lieutenant-général, fut présenté au duc d'Orléans, comme homme vivant et mourant de la ville.
Le papier terrier de l'apanage du duc ayant été dressé en vertu de lettres-patentes

Les immenses travaux entrepris par Louis XIV pour conduire dans les bassins de Versailles l'eau de la rivière d'Eure amenèrent le monarque à Chartres le 4 septembre 1685 [1]. Il fut reçu à la porte Drouaise par la Chambre et par M. le comte de Châtillon, gouverneur, qui lui présenta les clefs. Le lendemain, le Roi examina les travaux jusqu'à Pontgouin et il repartit pour Versailles le 6, après avoir fait ses dévotions à Notre-Dame.

On vit, en 1686, lors des assemblées préparatoires pour le choix des candidats à l'échevinage, combien les élections populaires sont difficiles à diriger. Malgré les précautions prises en 1677, une cabale, organisée par des meneurs de la basse classe et dirigée contre la magistrature, donna un nombre considérable de voix au sieur Claude Cheron, commis à la re-

---

du 20 février 1676 et d'un arrêt du Conseil du 9 août 1682, la ville y fit comprendre au mois d'août 1685, son aveu et dénombrement pour les places, fossés, fortifications, etc., ainsi que ses droits d'usage et de pâture sur les prés *l'Evêque* et *des Reculés*, constatés par la transaction du 2 octobre 1446. *(Reg. des Echevins;* Séance du 7 août.)

[1] *14 août.* Ordonnance de police pour l'entrée du Roi. Rues nettoyées, boutiques fermées; le soir, lanternes aux fenêtres du second étage de chaque maison. *(Ib.)*
4 septembre. Arrivée du Roi, sur les quatre heures du soir. Il se rend au Louvre (l'évêché) où il est complimenté par le corps de ville. Compliments adressés également au Dauphin et à la Dauphine, à Monsieur et à Madame, à Mes de Conti et de La Roche-sur-Yon, à M. le Duc et à Mme la Duchesse, à M. le duc du Maine, à M. le comte de Toulouse et à Mlle de Blois.
Le départ du Roi eut lieu, non par la porte des Epars, mais par celle Châtelet, parce qu'une de ses voitures avait été brisée au carrefour Sainte-Foy. *(Ib.)* Cet accident fut cause que les échevins prirent, le 11 septembre, un arrêté de police par lequel il fut défendu à tous les propriétaires de maisons de construire des auvents élevés à moins de dix pieds au-dessus du sol et ayant plus de deux pieds et demi de châssis en largeur. *(Ib.)*
Le voisinage des troupes qui travaillaient à l'aqueduc de Maintenon, sous le commandement du marquis d'Uxelles, lieutenant-général des armées de S. M., était loin de plaire à la ville. On craignit, au mois d'octobre, d'avoir à loger une partie de cette armée pendant l'hiver, indépendamment des trois ou quatre bataillons de la garnison ordinaire. La Chambre envoya le Lieutenant-général et M. de Milleville vers le marquis d'Uxelles pour le prier d'exempter Chartres de cette charge. Au mois de juin 1686, on fut obligé de sévir contre les boulangers qui, sous prétexte que le camp de Maintenon leur enlevait beaucoup de farines, n'approvisionnaient plus suffisamment leurs boutiques. Le 24 juillet, on fit défense aux cabaretiers et aubergistes de recevoir chez eux les soldats déserteurs des travaux de la rivière. Des maladies contagieuses s'étant déclarées dans le camp de Maintenon pendant les premières chaleurs de 1687, la ville fut transformée en hôpital pour les officiers malades. *(Ib.)*

cette des décimes, homme d'une naissance obscure et dont les antécédents s'accordaient peu avec une dignité municipale. Il y eut protestation de tous les corps constitués de la ville et requête présentée à S. A. R. par le Lieutenant-général, Maire perpétuel, pour obtenir que Cheron ne fût pas nommé. Le Prince accueillit ce désir, et il appela à l'échevinage, au mois de janvier 1687, MM. Claude Halgrain, conseiller au bailliage, et Alexandre Pintard, greffier du grenier à sel, qui avaient également réuni la majorité des suffrages [1].

Le Roi vint à Maintenon au mois d'avril 1687 [2]; la compagnie alla le saluer, et Louis honora Chartres de sa présence le lundi 20; il entendit la messe dans la chapelle des cryptes et il repartit aussitôt après [3].

Les créations d'offices, imaginées par le contrôleur-général Pontchartrain à la fin de 1689, affectèrent vivement les libertés et les finances municipales. Les charges de greffier et de procureur de la ville furent les premières que l'on mit à l'encan. M. le marquis de Creil, intendant de la généralité, fit comprendre aux échevins qu'il était de leur intérêt d'enchérir, surtout pour l'office de greffier, fonction qui initiait le titulaire à tous les secrets de la compagnie; ils s'exécutèrent, et un arrêt du Conseil-d'État, du 21 novembre 1690, fixa la finance à payer à la somme de 20,000 livres [4]. Ce fut bien autre chose en 1692; un édit du mois d'août créa des maires et des assesseurs de maires en titre d'office. Cette disposition frappait

---

[1] *Reg. des Echevins;* Séances des 28 septembre 1686 et 16 janvier 1687. — Les marchands commencèrent alors les sourdes menées qui devaient leur réussir peu après; ils sollicitèrent et obtinrent le 30 août 1688 un arrêt du Conseil, qui décida que sur les six échevins deux au moins seraient choisis parmi eux. (Arch. impér., section Administ., E, 1,845 et 3,374, f° 294.)

[2] Le Roi venait d'être fort malade d'une fistule, pour la guérison de laquelle il avait subi une opération douloureuse. Le rétablissement de la santé du monarque fut célébré à Chartres, le 19 janvier 1687, par un *Te Deum* en l'église des Cordeliers et des feux de joie. (*Ib.*)

[3] Les échevins, conduits par le Lieutenant-général, avaient été saluer le Roi à Maintenon le 19 avril et lui avaient offert quatre douzaines de bouteilles de vin. (*Ib.*)

[4] *Ib.;* Séances des 26 août et 17 octobre 1690.

surtout le lieutenant-général Nicole, jusqu'alors maire perpétuel. La Chambre laissa des particuliers acheter les charges d'assesseurs [1], mais quand il s'agit de la mairie, elle décida qu'elle enchérirait au nom de la ville, et elle chargea le Lieutenant-général de traiter directement l'affaire avec le Contrôleur-général. Ce magistrat fit connaître, dans la séance du 10 février 1693, qu'il avait offert 20,000 livres et qu'on paraissait assez disposé à les accepter lorsque le sieur Vintant, marchand, s'était présenté et avait enchéri jusqu'à 35,000 livres, au nom

---

[1] Les acquéreurs de ces offices, au nombre de huit, furent les sieurs Pierre de Beaulieu, marchand tanneur et ancien juge consul, Paul Goussard, notaire royal, Léonard de Braquemont sieur de Feugerolles, Edme Juteau, bonnetier, Michel Duhan, bourgeois, Eloi Fournier, avocat, Jean Girard, avocat, et Michel Tribalet, marchand. On fixa la finance à 3,000 livres par office. *(Reg. des Echevins.)* — Un arrêt du Conseil, du 16 juin 1693, décida que la moitié des échevins serait prise parmi les assesseurs, et que ces derniers auraient rang, séance et voix délibérative dans les assemblées générales et particulières avant le Procureur du Roi. *(Ib.;* Séances du 22 juin 1693 et du 26 septembre 1694.)

D'autres Chartrains furent pourvus à la même époque d'offices nouveaux créés par le Roi ou le duc d'Orléans pour se procurer de l'argent :

2 décembre 1692. Charge de vérificateur et rapporteur des défauts aux quatre mairies royales de Chartres, en faveur de Pierre Bignon;

Même date. Charge de capitaine des guides du duc d'Orléans, au profit de Jean Champion;

10 janvier 1693. Charge d'écuyer-cavalcadour de la duchesse d'Orléans, au profit de Théodore Lorin, sieur de Bussé;

Même date. Charge de greffier, garde et conservateur des registres de baptêmes, mariages et sépultures, au profit de Pierre Mahon;

Même date. Charge semblable, au profit de Claude Bance;

10 février. Charge de gouverneur des pages de la duchesse de Chartres, au profit de Michel Baude;

Même date. Charge d'essayeur des ouvrages d'étain de la ville et faubourgs, au profit d'Elie Jacquelin;

13 mars. Charge de commissaire particulier aux revues des gens de guerre, au profit de Michel Auvray;

21 mars. Commission délivrée à Pierre Romeray, marchand, rue de la Clouterie, dépositaire de François Damaine, bourgeois de Paris, seul privilégié dans les terres du Roi, pour la vente des *thés, cafés, chocolats, vanille et cacao*;

22 juin. Charge d'expert-priseur arpenteur-juré de Chartres, au profit de Pierre Salmon. *(Ib.)*

Un édit de mars 1694 créa, moyennant finances, des offices de major, capitaines et lieutenants des compagnies bourgeoises. L'office de major fut accordé à M. Jean de Gyvès (Séance du 31 mai 1695); les capitaines furent MM. François Janvier, Philippe Tochon, Jacques Pastey, Alexandre Olivier, Nicolas Lebeau, Marin Tabourier (12 octobre 1694), Jean Lebeau (19 octobre), Jacques Vallou (20 juin 1695); les sieurs Charles Mallet, Marin Girard (1er octobre 1694), Simon Tochon, Denis Boutroue, Toussaint Boudon, Barthélemy Billette, Etienne Sénéchau, Pierre Compaignon et Etienne Barrier acquirent les offices de lieutenant. (12 octobre et 19 novembre 1694, 23 janvier 1695; *Ib.)*

du corps des marchands de Chartres. Cette communication donna lieu à une discussion confuse dans le sein de l'échevinage, les uns demandant une assemblée générale, les autres voulant que l'on offrît la même somme que les marchands, et les assesseurs tâchant de dissuader de pousser plus loin l'enchère; on ne conclut donc à rien. Enfin, le 21 mars, M. Gilles Camiaille, marchand, ancien juge consul et échevin, se présenta à la Chambre, qui était présidée par M. Le Féron, conseiller en l'élection, doyen des échevins, et requit l'enregistrement des provisions de *Conseiller du Roi, Maire de la ville de Chartres*, à lui délivrées le 7 mars, moyennant quittance d'une finance de 35,000 livres, empruntée et fournie par la communauté des marchands. L'enregistrement eut lieu sur la réquisition de M. Beurrier, procureur du Roi, et M. Camiaille entra immédiatement en fonctions [1]. L'or du commerce avait brusquement changé un état de choses durant depuis la fin du XIII° siècle.

---

[1] *Reg. des Echevins;* Séances des 2 septembre 1692, 10 février et 21 mars 1693. — Le nouvel échevinage ne voulut plus admettre d'échevins ecclésiastiques, mais le Chapitre en appela au Conseil, et un arrêt du 25 mai 1694 le maintint dans le droit d'envoyer à la Chambre deux chanoines échevins, droit dont il jouissait depuis 1491. (Arch. impér.; sect. Admin., E, 1882. — *Reg. des Echevins;* Séance du 23 novembre 1694.)

Les agitations et révolutions municipales n'empêchèrent pas la ville de prendre part avec le reste de la France aux succès de nos armes. Il y eut, le 10 octobre 1690, feu de joie pour la victoire remportée à Staffarde par Catinat; le 25 avril 1691, *Te Deum* pour la prise de Mons; le 13 juillet 1692, *Te Deum* pour la prise de Namur. *(Reg. des Echevins.)*

La ville envoya une députation à Paris, le 21 février 1692, pour féliciter M. le duc de Chartres et M°lle de Blois sur leur mariage. M. Robert, grand-archidiacre de Chartres, porta la parole. *(Ib. et Mercure galant,* février 1692, p. 343.)

On chanta des *Te Deum,* le 2 juin 1693, pour la prise d'Heidelberg par le duc de Lorges; le 22 juin, pour la prise de Rose en Catalogne; le 14 août, pour la victoire de Nerwinde, remportée par le maréchal de Luxembourg; le 27 octobre, pour la prise de Charleroy. *(Reg. des Echevins.)*

La Cathédrale, où avaient lieu ces cérémonies d'apparat, venait d'être dépouillée d'un de ses plus précieux ornements d'orfèvrerie : un mauvais sujet de Chartres nommé Duhan, tenant à une famille de haute bourgeoisie, avait volé, dans la nuit du 25 juillet 1690, la magnifique lampe *d'or fin ciselé, pesant 23 marcs, avec dôme enrichi de peintures et de dorures,* offerte en 1620 par Marie de Médicis, en témoignage de sa dévotion pour la Vierge-aux-Miracles. Ce vol, qui causa une profonde indignation dans la ville, donna lieu à un procès criminel dont tous les incidents ont été rapportés dans le *Magasin pittoresque,* année 1853, p. 142, 161 et 170.

Nous devons mentionner d'autres mutations survenues pendant ces dernières années dans les rangs des hauts fonctionnaires chartrains. M. le chevalier du Liscoët, capitaine-colonel des Cent-Suisses de la garde du corps de Monsieur, fut nommé, le 28 avril 1686, gouverneur de Chartres, en remplacement de M. le comte de Châtillon [1]. Depuis la paix intérieure c'était une charge absolument sans fonctions et qui ne donnait au titulaire que le droit de présenter les clefs au Roi, lors de ses entrées, et de toucher 400 livres par an, sur la caisse municipale, pour indemnité de logements [2]. M. l'évêque de Neufville de Villeroi mourut à Paris le 8 janvier 1690, à l'âge de quatre-vingt-deux ans; il fut inhumé dans la chapelle du séminaire qu'il avait fait construire au Grand-Beaulieu [3]. Ce prélat, qui laissa des regrets dans le diocèse, eut pour successeur le directeur et le conseiller de Mme de Maintenon, M. Paul Godet des Marais, l'un des docteurs les plus estimés de l'église gallicane. Il ne fit son entrée que le 16 septembre 1692, l'expédition de ses bulles ayant été retardée par suite des difficultés survenues entre la France et la cour de Rome [4].

[1] *Reg. des Echevins;* Séance du 9 septembre 1687.

[2] Il m'a été communiqué un certificat daté de Paris le 2 mai 1689 et signé Liscoët, par lequel ce seigneur déclare qu'en sa qualité de gouverneur de Chartres il lui est attribué par les états du Roi la somme de 400 livres pour son logement en ladite ville.
En effet, une délibération de la Chambre, du 10 février 1693, constate le paiement fait à M. du Liscoët de la somme de 2,000 livres pour cinq années de loyer de son logement. *(Reg. des Echevins.)*

[3] On trouve à la page 1,525 du 164e tome de l'*Ordre du Saint-Esprit* (cabinet généalog.; Bibl. impér.) un dessin au lavis du mausolée érigé dans l'église du séminaire à M. de Neufville de Villeroi, et une copie de l'épitaphe sur marbre noir et blanc qui était attachée au mur du chœur.
On a de M. de Neufville un *Réglement pour son diocèse*, imprimé en 1660. *(Recueil de l'abbé Brillon;* catalogue des Mss. de la Bibl. commun., p. 130, 11-8.)

[4] L'entrée de M. Godet des Marais fut très-solennelle. M. Noël, avocat de la ville, qui fit la harangue, n'oublia pas de parler de la direction donnée à la maison de Saint-Cyr par le sage prélat, *assisté en cette œuvre par une pieuse dame beaucoup plus illustre encore par elle-même que par son élévation. (Reg. des Echevins.)*
Les poëtes chartrains célébrèrent à l'envi la venue de l'évêque Godet des Marais. Le marchand Claude Savart, probablement l'auteur de l'histoire de Saint-Maurice, fit imprimer chez Claude Peigné une pièce de vers latins intitulée : *Illustrissimo ecclesiæ principi Paulo de Godet des Marais, episcopatum Carnotensem solem-*

Le nouvel évêque se fit bientôt connaître par ses vertus; sa charité sans bornes, pendant la disette et les maladies contagieuses qui désolèrent le pays en 1693 et 1694, lui gagna tous les cœurs [1], et pourtant ses revenus allaient être largement diminués par la création de l'évêché de Blois au préjudice de celui de Chartres (1695-1697) [2]. En 1695 le bailli changea; M. Servin, qui ne venait même pas à Chartres pour les convocations de l'arrière-ban [3], fut remplacé, suivant lettres de

niter ingredienti Epithalamium. 1692. On lit, à la fin de cette pièce, l'anagramme suivant, de la façon d'Eustache Peny, élève de philosophie :
Paulus Godetus.
Ego pulsu datus.
Non hominis pulsu, sed pulsu numinis adsum;
Ecce datus cunctis et data cuncta mihi.
(Collection Marchand; communiquée par M. Bellier de la Chavignerie.)

[1] Procession générale à Josaphat, le mercredi 7 juillet 1693, pour la famine, la guerre et la peste. (Voir la *Petite histoire de l'Eglise de Chartres*, p. 178.) — Il semble résulter d'une délibération du 28 juin 1694 qu'il y eut une autre procession générale le 7 juillet de cette année. Le *pourpre* fit de grands ravages dans la population en 1694. *(Reg. des Echevins;* Séances des 28 juillet 1693, 6 mai, 6, 9 et 28 juin 1694.)

[2] On donna à Blois les archidiaconés de Blois et de Vendôme et 54 paroisses de l'archidiaconé de Dunois. En compensation, on unit à l'évêché de Chartres l'abbaye de Joyenval, au val de Gally.

[3] L'arrière-ban était convoqué presque tous les ans depuis la guerre. Voici la liste des gentilshommes du bailliage, ajournés au 8 mai 1691, par le marquis de Creil, intendant d'Orléans, pour servir pendant la campagne :

Gentilshommes qui serviront en chef.
MM. de Bruct de la Chesnaye, de Cosne de Rouvray, de Saint-Vincent, de la Noix des Châteliers, de Gravelle d'Arpentigny, Martel de Chambine, de Reviers des Hayes, le comte de Vassé-Eguilly, de la Prière, de Dessus-le-Pont de Boisgarenne, du Doigt de la Poirière, Bailleul de Perray, de Durcet de Tansonville, Feydeau de Rouville, Serizy de Cernay, de Baigneaux de la Mairie de Dangers, de Bouglainval-Sailly, de Houville, de Prunelay, Devoré de la Raguainière, Brissonnet d'Essay, Le Mairat de Guibert, Bauchard de Mormoulin, Sailly de Breval, Sailly d'Aumeaux, Le Bouleur des Brots, de Bellouis de Donnemain, de Beaumais de Chavannes, de Caruel de Meray, de Vassé de Valière, de Loubert du Sauce, de la Ferrière de la Boulaye, Rohard de la Goguerie, Contet de Mandeville, de Pronsac de la Hulière, de Saint-Paul de Masle, de Guérard de Maindreville, de Méréglise.

Gentilshommes qui feront à deux un cavalier.
MM. de Chartrain de la Soublière, Le Forestier de Douvre, de Comargon de Pré, Le Lieur de Poyers, de Tuillière de la Chapelle, de Cafardel de Sery, de Chalet, Giraudeau de la Noue, de Neveu du Boulay, Maigret de la Haye, Fremont de la Merveillère, Piguerre de la Motte-Loinville, Boiscler de la Mezaudière, de Bellesaises-Bois-Saint-Amant, Loubert de Nantilly, Serizy de la Varenne, Philemain de Laubinette, de Beaumaître de la Ferette, Dautin de Saint-Illier, de Feugerolles, de Bellesaises de la Monnerie, de la Motte-Saint-Loup, Le Bouleur de Malnos, Imbert

commission du 28 mars, par M. Joseph-Jean-Baptiste Fleuriau, seigneur d'Armenonville, Gas et autres lieux, Conseiller-d'État et Intendant des finances. Ce personnage présenta ses lettres à la Chambre, le 6 avril [1] ; il rendit aux échevins de très-bons

de Saint-Arnoul des Bois, de Taragon de Chatonville, de Chartres du Bourgneuf, de Chartres de Belsard, de Tuillière de la Guimonière, de Dannes de Tessonville, Léger de la Coudrelle, des Mazis de Neufbois, Pellerin du Mousseau, des Essarts du Buisson-Maisonneuve, de Grenet du Cormier, de Courcelles de Beaulieu, du Doigt de la Rifaudière, du Buisson du Tortoy, Le Barbier de Bezus, de Vassé, clerc tonsuré, du Mouchet de la Mouchetière, de Vannier de Pré-Saint-Evroult, Egrot de Villemoret, dame Souché, veuve Duchamps de Cremainville, du Val du Bourg, de Vion de Presle, Laurent des Autels du Bouchet, de Lancé de la Morlière, de Phelines de Carcassonne, de l'Estang, d'Arlange de Villarceaux, d'Escrones de Buttac, de Sacre de la Roulière, de Bongrain de Mondonville, de Lorville d'Ermenonville, de Villiers du Plessis, Rolant le Pelletier, Marivas de Clercy, Moucheron de la Chevalerie, Léger de la Noue-Boizard, des Guets de Chevrigny, de la Garenne de Saint-Vincent, du Buat de Flacourt, Evrard de Heurteloup, Le Verrier de Guainville, des Mazis de Nuisement, de Fonteny de Menainville, de Beaufils de Valainville, Le Fèvre-Bricqueville, dame Bregent, veuve du Fresne, de Brossard de Montanbœuf, de Théais des Maignères, de Marigny, de la Mire de Semerviller, de Sabrevois de Sermonville.

(Petite pièce imprimée; collection Marchand.)

[1] La séance d'enregistrement des provisions de M. d'Armenonville à la Chambre de ville donna lieu à un fâcheux conflit. Le maire Camiaille avait cédé la place d'honneur au Bailli et allait s'asseoir à côté de lui lorsque le lieutenant-général Nicole prit cette place. Camiaille se fâcha, Nicole excipa d'un arrêt du Parlement qui lui donnait la préséance après le Bailli; le Maire répondit que le Bailli n'avait pas lui-même séance à la Chambre et que l'on n'agissait en cette occasion que par pure courtoisie. M. d'Armenonville coupa court en demandant l'enregistrement de ses lettres, ce qui lui fut accordé. Cependant le Maire ne s'en tint pas là ; dès le 15 avril il entama des poursuites devant le Parlement, contre le Lieutenant-général; le 18, M. d'Armenonville notifia son intervention en faveur de son lieutenant, et l'instance suivit son cours.

Le 28, le Bailli dénonça à la Chambre une ordonnance par laquelle il faisait défense, en sa qualité de capitaine de Chartres, aux officiers du Vidame, d'assembler leur compagnie et de faire battre la caisse, pour quoique ce fût, sans son ordre exprès ou celui de son lieutenant-général. On riposta par une ordonnance portant injonction aux vidamiers d'obéir à la ville, selon le droit immémorial, et de venir, le premier dimanche de mai, prendre le Maire à l'hôtel commun pour le conduire en cérémonie au lieu où se tire l'oiseau, sous peine de 100 livres d'amende. Les vidamiers se conformèrent aux ordres des échevins. Cette nouvelle querelle fut apaisée par une transaction que la Chambre proposa le 26 juillet et que le Bailli accepta définitivement le 12 juillet 1712, d'après laquelle on admettait que le commandement des vidamiers appartenait de droit à M. d'Armenonville, *capitaine*, pendant sa présence à Chartres, mais qu'en son absence, ce commandement revenait de droit à la ville chargée de la police, à l'exclusion du Lieutenant-général, simple lieutenant du Bailli et non du capitaine.

On tâcha d'arranger l'affaire du Maire et du Lieutenant-général au mois de novembre 1695, et on envoya à ce sujet une députation à M. le Bailli, qui se trouvait alors à sa terre d'Armenonville *(Reg. des Echevins);* mais on ne réussit pas, et le procès ne fut terminé que par un arrêt du 14 juillet, qui donna gain de cause au Lieutenant-général et condamna la ville aux dépens envers ce magistrat, lequel en fit remise le 13 janvier 1699. *(Ib.)*

offices et acheta en 1702, de M. le chevalier du Liscoët, le gouvernement particulier de la ville, ce qui lui fit prendre le titre de *Grand-Bailli, Gouverneur et Capitaine de Chartres*[1].

Cependant l'administration de M. Camiaille n'avait pas tardé à soulever des plaintes[2]; il eut bientôt pour adversaires ses confrères les marchands eux-mêmes, qui le forcèrent à résigner ses fonctions et traitèrent de la place de maire, au mois de mars 1696, avec le lieutenant-général Nicole. La rentrée de ce magistrat à la Chambre, qui eut lieu le 23 mars, fut accueillie avec une vive satisfaction[3]. Au mois de juin 1698, M. Nicole, voulant consacrer tous ses moments aux affaires de la ville, résigna la lieutenance-générale du bailliage, au profit de M. Charles Nicole, son fils, et conserva la mairie[4].

[1] *Reg. des Echevins;* Séances des 5 décembre 1702 et 2 janvier 1703.

M. d'Armenonville s'entremit avec zèle dans plusieurs affaires concernant la ville, notamment dans celles des francs-fiefs et des taxes. Pour reconnaître ses services, la Chambre décida, le 8 novembre 1707, qu'elle ferait faire son portrait par le peintre Rigault, pour la salle des séances. *(Ib.)*

Il serait intéressant de rechercher si ce portrait, commandé à un grand artiste, a été exécuté et en quelles mains il se trouve aujourd'hui.

[2] M. Camiaille avait pourtant montré beaucoup d'activité et de dévouement pour les intérêts de la ville, au début de sa mairie; grâce à ses sollicitations et à la protection de Mme de Maintenon et de MM. de Pontchartrain et d'Armenonville, on avait obtenu que le droit dû pour les francs-fiefs (les anciens priviléges de la ville à cet égard avaient été mis à néant) fût réduit à 30,000 livres; d'un autre côté, d'excellentes ordonnances de police concernant les marchés et les boulangers étaient sorties du Conseil de ville aux mois de juillet et d'octobre 1693. La première querelle qui divisa le Maire et l'échevinage eut lieu à l'occasion des présents de vin du jour de l'an; M. Camiaille voulait que l'on supprimât ces cadeaux, les échevins se récrièrent; on alla aux voix malgré le Maire, et l'unanimité fut pour le maintien de ce vieil usage. (16 janvier 1694.) Les échevins accusèrent ensuite le Maire de commettre des exactions, en matière de billets de logement, de concert avec le sieur Auvray, commissaire aux revues; l'intendant d'Orléans fut obligé d'intervenir et de régler les tours de logements entre les non-privilégiés (20 mars et 25 avril 1694). En même temps, les assesseurs se plaignirent de ce que Camiaille ne prenait pas leurs avis, faisait tout à sa tête en consultant seulement quelques marchands, et soutenait le sieur Auvray dans ses manœuvres déloyales. *(Ib.)* Les choses allèrent si loin que les échevins, sachant que quelques *quidams* excitaient contre eux le peuple à cause de leur opposition au Maire, portèrent plainte au lieutenant-criminel. (6 mai 1694; *Ib.)*

[3] Les provisions de M. Nicole, délivrées par le duc d'Orléans, étaient datées du 17 mars 1696. *(Ib.;* Séances des 22 et 23 mars.) — Par décision de la Chambre du 5 juin, le lieutenant-particulier Letellier fut réintégré dans le droit de séance et dans la présidence de la Compagnie, en cas d'absence du lieutenant-général. *(Ib.)*

[4] Les provisions de M. Charles Nicole étaient datées du 18 juin. Ce magistrat fut maintenu au corps de ville, les lieutenants-généraux en ayant toujours fait partie,

Le duc Philippe, frère du Roi et apanagiste du duché de Chartres, étant mort le 9 juin 1701, le corps municipal députa M. le Maire à Paris pour saluer le nouveau duc d'Orléans. Ce Prince reçut très-bien les compliments de la ville et promit que son fils aîné prendrait le nom de duc de Chartres[1], promesse qui fut réalisée au mois d'août 1703[2].

On revint en 1704 au projet de la navigation de la rivière, et, cette fois avec toutes les apparences de succès, car l'affaire était en bonnes mains. En effet, le Roi accorda, au mois de novembre, à Mme la marquise de Maintenon l'autorisation de canaliser l'Eure depuis Chartres jusqu'au Pont-de-l'Arche, *ensemble les affluents et ruisseaux, y compris les canaux ci-devant faits par Sa Majesté.* Les travaux commencèrent au printemps de 1705; le 17 août, M. le maire Nicole alla en grande cérémonie poser la première pierre du nouveau port, et, le 9 novembre, ce magistrat put faire examiner à M. le bailli d'Armenonville les gros ouvrages de maçonnerie et les écluses déjà terminés. Cependant l'entreprise eut le sort des précédentes et il n'en fut bientôt plus question[3].

---

au dire des échevins. *(Reg. des Echevins.)* D'ailleurs, M. Charles Nicole acquit en 1702 la charge de lieutenant de maire, ce qui lui donnait naturellement séance. *(Ib.;* 12 septembre 1702.)

[1] *Ib.;* Séances des 26 juillet et 22 août 1701.

[2] *Te Deum* et feu de joie à cette occasion. *(Ib.:* Séances des 11 et 19 août.)
On avait eu pendant ces dernières années plusieurs autres occasions de chanter des *Te Deum*, savoir: le 16 septembre 1696, pour la paix avec le duc de Savoie; le 10 juin 1697, pour la prise d'Ath; le 25 août, pour la prise de Barcelonne; les 24 novembre 1697 et 9 janvier 1698, pour la paix; le 9 septembre 1702, pour la prise de Luzara et la victoire remportée en Italie par le roi d'Espagne; le 25 mars 1703, pour la prise du fort de Kehl.
La ville rendit encore au ciel de solennelles actions de grâce le 5 juillet 1704, à l'occasion de la naissance du duc de Bourgogne. *(Ib.)*

[3] *Ib.;* Séances des 8 avril et 23 décembre 1704, 15 et 17 août et 9 novembre 1705. — Le 17 août, M. Nicole, maire, assisté de MM. Beurrier, procureur du Roi, Libour, garde-scel, Texier, échevin, et Foisy, greffier de la ville, se rendit au lieu où se construisait le port destiné à la retraite et décharge des bateaux, hors la porte Drouaise, et y posa la première pierre sous laquelle furent enfermés plusieurs jetons d'argent et autre métal aux armes de M. d'Armenonville, gouverneur, et dudit sieur maire. M. Bouvart, receveur des deniers communs, donna une gratification de 20 livres aux ouvriers. *(Ib.)*

Les créations d'offices municipaux, moyen financier assez misérable, continuèrent pendant les premières années du XVIIIe siècle, si funestes à la fortune de la France et à la gloire de Louis XIV. Trois charges d'échevins héréditaires furent instituées en 1704; le sieur Gilles Camiaille, ancien maire, en acheta une [1]. Bientôt après on créa un *Maire alternatif* et un *Lieutenant de maire;* M. Noël fut pourvu de la première de ces charges (1708) [2]; l'autre eut pour titulaire M. Robert Gouault (1708) [3]. M. Nicole n'en resta pas moins *maire perpétuel* et il exerça cette importante fonction à l'entière satisfaction des habitants jusqu'au mois de mars 1711, époque de sa résignation au profit de M. Nicole du Plessis, son second fils [4].

Les malheurs et les deuils particuliers à la ville correspondirent à ceux de la France durant cette dernière et bien triste période du règne du grand Roi. Les gelées de mai 1708 endommagèrent les vignes, et la rigueur de l'hiver de 1709 [5] jeta la misère dans la population. Le bureau des Pauvres eut près de 5,000 personnes à secourir. L'évêque Godet des Marais, dont les aumônes n'avaient pas fait défaut aux malheureux

---

[1] *Reg. des Echevins;* juillet 1704.
[2] *Ib.;* 8 mai 1708.
[3] *Ib.;* septembre 1708.
[4] Le lieutenant-général Charles Nicole, fils aîné du Maire, était mort le 25 février 1711; cette perte influa probablement sur la décision de son père, qui résigna immédiatement ses fonctions municipales. M. Nicole du Plessis fut installé le 3 mars. *(Ib.)*
[5] Il y avait déjà eu de très-fortes gelées en 1684 et 1698; pendant cette dernière année le vin vieux de 1697 valut à Saint-Père 62 livres la rondelle, soit 248 livres la queue; le vin nouveau se vendait 50 ou 60 écus la queue et le cidre 40 livres le poinçon. En 1708, la gelée de mai fit le plus grand mal aux bourgeons des vignes. Le vin valut 25 et 28 écus le poinçon, le cidre 20 et 30 livres. A la Saint-Martin d'hiver la pinte de vin coûta 6 sous, en avril 1709, 8 sous, et 12, 16 et 18 sous jusqu'aux vendanges. L'hiver de 1709 fut le plus rude que l'on eût vu de mémoire d'homme. La gelée commença le lendemain des Rois et ne finit que le 25 janvier. A Illiers, le blé de semence se vendit 48 livres le setier et le pain de neuf livres 30 sous. Presque tous les arbres fruitiers moururent. La vigne fut tellement endommagée qu'on parlait de la couper au pied. En 1710, la récolte en vins fut médiocre, mais on vendit au cloître une très-grande quantité de raisins en grappes dont les habitants faisaient des rapées. La queue de vin nouveau se vendit 200 livres, soit 50 livres la rondelle. (Continuation du *Journal de Jean Bouvart;* collect. Marchand.)

en cette triste circonstance, mourut le 26 septembre 1709 [1]; il fut remplacé par son coadjuteur et neveu, M. Charles-François de Monthiers de Mérinville, qui fit son entrée le 2 juin 1710 [2]. Ce nouveau prélat, héritier des vertus de son illustre prédécesseur, trouva bientôt l'occasion de manifester sa charité, car la rivière déborda le 17 février 1711, se répandit dans toutes les rues de la basse ville et dévasta les prairies de la vallée [3]. Le 25 du même mois, M. le lieutenant-général Charles Nicole, *homme vivant et mourant de la ville*, mourut [4]; sa charge passa à M. Etienne Nicole, son fils. Le vieux lieutenant-général honoraire et ex-maire perpétuel, Jacques Nicole, ne survécut pas longtemps à l'aîné de ses enfants; il succomba le 7 janvier 1713, emportant les regrets de ses anciens administrés [5]. Enfin, la mort alla encore frapper cette honorable famille, le 21 mars 1714, dans la personne du

---

[1] M. Godet des Marais mourut d'un ulcère aux poumons pour lequel il était traité par M. Claude Bouvart, docteur en médecine, fils du rédacteur de la continuation du journal de Jean Bouvart.
Ce prélat fut extrêmement regretté dans son diocèse. Il introduisit à Chartres les dames de l'Union Saint-Chaumont, pour la conversion des protestants.
Plusieurs mandements de M. Godet des Marais sont très-remarquables. On cite, en particulier, celui qu'il fit en 1703 contre l'écrit janséniste intitulé *Cas de conscience*. Un autre de ses mandements, daté de 1697, supprime un grand nombre de fêtes chômées, qui enlevaient une partie de l'année à l'agriculture. (Chartres, chez Peigné.) Ces pièces, très-rares maintenant, font partie de la collection Marchand.

[2] M. de Mérinville prit possession à l'aigle du chœur le 24 avril 1710, en vertu des bulles du pape, et fut sacré par M. de Noailles, archevêque de Paris, le 26 mai suivant.
On fit sur son nom l'anagramme suivant :
Charles-François de Monthiers de Mérinville;
Je ferai des merveilles, chacun me louera.
(*Journal de Bouvart;* continuation.)

[3] *Ib.* — La misère fut très-grande pendant l'été, et, pour y remédier, on fit une *loterie* de 20,000 billets à 10 sous, composée de 250 lots, savoir : 450 pièces de serge et 800 aunes de toile tissées par les pauvres. Cette loterie, qui était la seconde imaginée par le bureau, fut tirée à l'évêché le 6 juillet. (Chapitre, *Miscellanea;* Bureau des Pauvres, n° 8, B, 4; Arch. départ.)
Il y eut le 6 octobre un tremblement de terre dont on sentit les secousses en quelques maisons de la ville; les guetteurs crurent que le clocher neuf allait tomber. (*Journal de Bouvart.*)

[4] Voir la note 4 de la page 459 ci-dessus. — M. Nicole du Plessis, maire, fut présenté au duc d'Orléans comme homme vivant et mourant en remplacement de son frère. (*Ib.*; 25 avril 1713.)

[5] La Chambre alla en corps à son convoi le 9 janvier. (*Reg. des Echevins.*)

nouveau lieutenant-général, M. Etienne Nicole [1]. Ce magistrat eut pour successeur dans ses fonctions judiciaires M. Nicole du Plessis, qui reprit le titre traditionnel de *Lieutenant-général* et *Maire perpétuel.*

On vivait dans une ère de douleur, et les événements publics fournissaient à la ville plus d'occasions de réciter des prières funèbres que de chanter des *Te Deum*. Louis XIV n'eut pas seulement à déplorer les défaites des armées françaises ; il vit mourir, le 14 avril 1711, Monseigneur le Grand-Dauphin [2] ; le 12 février 1712, la charmante duchesse de Bourgogne, nouvelle Dauphine ; le 18 du même mois, le duc de Bourgogne, Dauphin, l'élève chéri de Fénélon [3] ; le 8 mars, le jeune duc de Bretagne, l'aîné des enfants du duc de Bourgogne. Le duc de Berri, second des fils de Monseigneur, succomba aussi, au mois d'avril 1714 [4].

Cependant, la naissance du duc d'Anjou, troisième fils du duc de Bourgogne (février 1710) [5], la victoire de Denain qui sauva la France (24 juillet 1712) [6], le traité de paix signé à Utrech, le 11 avril 1713, entre la France, l'Angleterre, la Hollande, la Prusse, le Portugal et la Savoie [7], la prise de Landau (20 août), l'entrée solennelle de M. Fleuriau de Morville, Grand-Bailli par résignation de son père (3 septembre) [8], la prise de Fribourg (16 novembre), et enfin la

---

[1] La Chambre alla à son convoi le 23 mars 1714, mais *sans tirer à conséquence,* le sieur Etienne Nicole ne tenant pas à la mairie. *(Reg. des Echevins.)*

[2] *5 mai.* Service funèbre pour le Grand-Dauphin. *(Ib.)*

[3] *20 février.* Service semblable pour le duc de Bourgogne. *(Ib.)*

[4] Cette mort empêcha le *Te Deum* projeté le 5 mai à l'occasion de la publication de la paix avec l'Empereur. *(Ib.)*

[5] *25 février.* Te Deum pour la naissance de M. le duc d'Anjou. *(Ib.)*

[6] *14 août.* Te Deum et grandes réjouissances pour la victoire de Denain. *(Ib.)*

[7] *6 juin.* Te Deum pour la paix. *(Ib.)*

[8] M. Charles-Jean-Baptiste Fleuriau, seigneur de Morville, Procureur-général au Grand-Conseil, ayant fait connaître son arrivée et celle de son père pour le 3 septembre, les communautés, la maréchaussée, le Vidame, allèrent au-devant d'eux jusqu'à Coltainville. Les échevins, conduits par M. Noël, maire alternatif, les reçurent à la porte Saint-Michel, et, après les compliments d'usage, ils les accompagnèrent

paix conclue entre la France et l'Autriche (7 mars 1714)¹, firent un peu diversion à la tristesse que les malheurs de la famille royale causaient aux Chartrains.

Louis XIV, en mourant le 1ᵉʳ septembre 1715², emporta la consolation de laisser le royaume sinon prospère, du moins en repos du côté de l'extérieur. Le nouveau Roi était un enfant de cinq ans; le duc d'Orléans, nommé seulement chef du Conseil de régence par le testament du feu Roi, fut investi de l'autorité la plus absolue par le Parlement. Le corps municipal députa à ce prince, le 10 septembre, MM. Nicole du Plessis, maire, Recoquillé, lieutenant de maire, Noël, maire alternatif, et Beurrier, procureur du Roi, pour le complimenter au nom des fidèles habitants de la seconde ville de son apanage³.

Chartres fournit plus d'une œuvre remarquable à la littérature du grand siècle. Cependant la poésie n'entre que pour une très-faible part dans les productions des compatriotes et successeurs de Regnier; mais ils s'illustrèrent dans la théologie, la morale, l'histoire, la philologie et l'esthétique.

Nous n'avons à citer en poésie que les traductions de l'*érotique* président Claude Nicole (1693)⁴. Nous n'appellerons

---

jusqu'à l'évêché, où leur gîte était préparé. Le lendemain ces Messieurs entendirent le *Te Deum* qui fut chanté pour la prise de Landau, allumèrent le feu de joie et remontèrent en carrosse pour retourner à Armenonville. Il y avait à cette réception plus de 500 hommes sous les armes, avec piques, hallebardes et épées. *(Reg. des Echevins* et continuation du *Journal de Bouvart.)*

¹ *20 avril, 21 mai et 25 septembre 1714*. Publication de la paix, *Te Deum* et feu de joie. *(Reg. des Echevins.)*

² Services à la Cathédrale pour Louis XIV, les 24, 25 et 26 novembre 1715; M. de Mérinville officia et l'oraison funèbre fut prononcée par M. Gontier, théologal. *(Ib.* et *Catal. de la Bibl. impér.*, vol. 2, p. 319, n° 4,471.)

³ Le sieur Espitalier, chartrain, fit imprimer, en 1716, chez Nicolazzo, une pièce intitulée : *Le parfait et souverain régent, ou les sublimes et excellentes qualités de S. A. R. Mgr le duc d'Orléans.* (Bibl. impér.; *Catal.*, vol. 2, p. 327, n° 74.)

⁴ Claude Nicole de Bainville, président en l'élection de Chartres, oncle du célèbre théologien Pierre Nicole et parent des lieutenants-généraux de ce nom, naquit à Chartres en 1616 (il fut baptisé à Sainte-Foy le 9 octobre) et mourut dans la même ville le 22 novembre 1686. Il donna au public deux volumes de traductions ou d'imitations des *Amours d'Adonis* du cavalier Marin, de la *Proserpine* de Claudien, des érotiques et des satiriques latins, du quatrième livre de l'Énéide, et des psaumes de

l'attention du lecteur ni sur les *Questions pratiques et canoniques* du doyen Nicolas-André Félibien (1680-1711)[1], ni sur les écrits théologiques du chanoine Félibien (1673-1716)[2], dont quelques-uns firent du bruit, ni sur les remarques et descriptions artistiques de Jean-François Félibien, moins célèbre par son mérite que par son nom (1687-1733)[3]. Nous mentionnerons en passant les travaux sur l'histoire de la ville, de Notre-Dame et des monastères de Chartres, accomplis avec plus ou moins de bonheur par Pintard[4],

---

David. Une des rares pièces originales sorties de sa plume est intitulée *le Parc de Rambouillet, caprice,* et contient un éloge pompeux de M. de Montausier et de la *divine Julie d'Angennes.* (Paris, de Sercy, 1693 et Cl. Prud'homme, 1705.) Le président Nicole écrivait avec une grande facilité, mais son vers est languissant, peu harmonieux et dépourvu de trait. Ce poète magistrat demeurait à Chartres dans une maison qui avait une sortie sur la petite rue de la Bourdinière. (Voir volume Ier, page 243, note 1.)

[1] *Questions pratiques et canoniques sur les cinq livres des Décrétales de Grégoire IX,* ouvrage manuscrit, en six volumes, conservé à la bibliothèque communale. Nicolas-André Félibien, fils aîné d'André Félibien, dont il sera bientôt parlé, fut doyen du Chapitre. Il mourut le 16 septembre 1711.

[2] Jacques Félibien, frère d'André, chanoine et archidiacre de Vendôme en l'église de Chartres, né à Chartres et baptisé à Saint-Maurice le 26 avril 1637, mort le 23 novembre 1716, fit paraître divers ouvrages de critique religieuse, dont l'un, intitulé *Pentateuchus historicus* (1703-1704), fut supprimé par arrêt du Conseil, parce qu'il avait été imprimé avec la seule permission de l'évêque de Chartres et sans privilége du Roi.

M. Émile Bellier de la Chavignerie vient de faire paraître (1856. Garnier à Chartres) une intéressante étude bibliographique sur *le Pentateuchus* de Jacques Félibien.

[3] Jean-François Félibien, fils d'André et son successeur dans ses places, né à Chartres vers 1664 et mort à Paris en 1733, composa divers ouvrages d'architecture et de biographie artistique peu estimés aujourd'hui. (Voir le *Mercure de France* du mois d'août 1733, p. 1,848.)

[4] Alexandre Pintard (plus correctement Pintart), ancien échevin, greffier du grenier à sel et percepteur des revenus des maladreries et léproseries du diocèse, a composé une *Histoire chronologique de Chartres,* depuis les temps les plus reculés jusqu'en 1700, dans laquelle il a très-souvent mis à contribution les ouvrages de Roulliard, de Duparc et de Souchet, mais qui contient quelques parties originales et assez bien étudiées, entre autres celle relative aux Monnaies. Cette histoire est inédite; le manuscrit autographe appartient à la bibliothèque de Chartres; il en existe plusieurs copies, dont l'une se trouve à la bibliothèque de l'Arsenal. M. Lejeune possède un recueil d'extraits de chartes et titres divers, fait par Pintard comme travail préparatoire. Le style de cet auteur est lourd et terne; comme ses devanciers, il accorde une très-large place à l'histoire ecclésiastique et s'occupe peu de l'histoire communale.

Chevard, qui cependant cite à tout propos l'histoire chronologique, a fait de Pintard un chanoine. (Voir l'*Histoire de Chartres*, par Chevard, vol. 1er, p. 223 et 458, vol. 2, p. 129, 240, 362, 379, 390 et 480.)

Chaline [1], Sablon [2], Jacques Anquetin [3], fr. Etienne Gaultier [4], fr. Nicolas Lefebvre [5], dom Fabien Buttreux [6], dom Bernard Aubert [7] et Claude Savart [8] (deuxième moitié du XVIIe siècle), et nous nous arrêterons un instant aux ouvrages des cinq écrivains chartrains les plus distingués de cette époque : Souchet, Thiers, André et Michel Félibien et Pierre Nicole.

Jean-Baptiste Souchet, docteur en Sorbonne et chanoine

---

[1] Charles Chaline, premier avocat du Roi au Présidial, a écrit, dans les premières années du XVIIIe siècle, une *Histoire de Chartres*, inédite, qu'il a divisée en deux parties : *Chartres payenne* et *Chartres chrétienne*. Cet historien a puisé aux mêmes sources que le précédent; il n'a rien tiré de son propre fonds, mais on doit reconnaître qu'il ne manque pas absolument de critique et que son style est assez correct. Les copies de l'ouvrage de Chaline sont rares.
Charles Chaline était probablement le fils d'un autre Charles Chaline, élu en l'élection en 1609, échevin en 1619, avocat du Roi en 1631, lequel prononça, à l'audience du bailliage du 30 octobre 1640, un *panégyrique de Chartres* qui fut imprimé à Paris, chez la veuve de Guillaume Pelé, 1642, in-4°. *(Bibliot. chartraine* de Dom Liron, avec notes de l'abbé Brillon; Bibliot. communale. — Voir aussi les séances de la Chambre des 28 novembre 1609, 13 octobre 1619 et 24 mai 1631.)

[2] On a de Vincent Sablon, chartrain, qui vivait dans la seconde moitié du XVIIe siècle, une *Histoire de l'auguste et vénérable Eglise de Chartres*, imprimée chez Etienne Massot, réimprimée chez sa veuve en 1696, in-18, puis chez Nicolazzo, 1715, in-12. C'est un abrégé de la *Parthénie* de Roulliard.

[3] Jacques Anquetin, notaire apostolique et procureur en Cour épiscopale, nommé greffier de la ville en 1667, fit paraître en 1681, chez la veuve Cottereau, une pièce intitulée : *La Beausse desséchée, ou Discours sur la procession générale faite à Chartres le 18 juin 1681*.

[4] *Martyrologium conventus Carnutensis fratrum minorum*..... per fratrem Stephanum Gaultier, conventus filium et quondam fratrem gardianum. Parisiis apud Sebastianum Martin, 1655, petit in-8°.

[5] *Prædicator Carnutensis, sive institutio conventus Carnutensis Fratrum Prædicatorum*, auctore Nicolas Le Febvre doct. theolog. et relig. conv. Carn. ejusdem ordinis. Carnuti, Peigné, 1637, in-8°.

[6] *Histoire du monastère de Josaphat-lès-Chartres*, par dom Fabien Buttreux, 1668; un vol. grand in-folio, manuscrit inédit de la Bibl. communale. Cet ouvrage renferme des renseignements assez curieux sur le couvent.

[7] *Véritable inventaire de l'histoire de la royale abbaye de Saint-Père en vallée de Chartres*, par dom Bernard Aubert, prêtre religieux et supérieur de ladite abbaye, 1672, petit in-folio, manuscrit inédit. Ce livre a été utile à dom Muley et à M. Guérard. (Voir Prolégomènes du *Cartulaire de Saint-Père de Chartres*, 1er vol.; Recueil des documents inédits.)

[8] Le sieur Claude Savart, ancien juge consul et marguillier de Saint-Maurice, composa une *Histoire de l'Eglise collégiale et parochialle de Sainct-Maurice-lès-Chartres*, 1671, manuscrit inédit, petit in-4°, qui appartient à la Bibl. communale. C'est un recueil de fables grossières entremêlées de quelques renseignements curieux, que l'abbé Brillon a dépouillé avec sa sagacité ordinaire.

de Notre-Dame, né à Chartres le 3 janvier 1588 et mort dans cette ville le 8 avril 1654 [1], donna en 1647 une édition des œuvres d'Yves, évêque de Chartres (Paris, Laurent Cottereau, in-fol.) et, en 1649, une édition de la vie du bienheureux Bernard, fondateur et premier abbé de Thiron, par Geoffroy Le Gros (Paris, J. Billaine, in-4°). Il laissa en manuscrit une *Histoire de la Ville et de l'Eglise de Chartres* [2] qui dénote un immense savoir et un jugement généralement très-droit. Souchet connaissait à fond les archives du Chapitre et des couvents de Chartres; aussi l'histoire ecclésiastique est-elle la partie la plus complète et la plus satisfaisante de son ouvrage; quoique chanoine très-zélé, il n'accepte pas sans discussion toutes les traditions rapportées dans les anciennes chroniques de l'église [3]; il aime volontiers à s'appuyer de preuves, on

---

[1] Le testament olographe de Souchet, daté du 21 août 1651, fait connaître que cet écrivain avait alors 63 ans 7 mois et 18 jours, ce qui reporte sa naissance au 3 janvier 1588. Il était fils de Jean Souchet et de Marie Hersent, qui demeuraient sur la paroisse de Saint-Michel. D'après ce testament, déposé chez Contet, notaire et secrétaire du Chapitre, et dont j'ai sous les yeux une copie imprimée, la famille de Souchet habitait Chartres depuis trois siècles et avait sa sépulture dans la nef de Sainte-Foy, en avant du dernier degré du jubé; c'est aussi en cet endroit que le testateur exprima le désir d'être inhumé. Souchet institua l'Hôtel-Dieu son légataire universel, à la charge de deux services perpétuels pour les âmes d'Edmond Rivière et de son neveu Jacques Chasles, ses bienfaiteurs; ce legs comprit notamment des terres à Maindreville; il laissa un souvenir à toutes les paroisses de la ville, au Chapitre de Saint-André, dont il avait fait partie, à l'église de Morancez et à celle d'Abondant, dont il avait été curé, aux abbayes des Hautes-Bruyères et de Belhomer, au monastère du Paradis, diocèse de Condom, en mémoire des bienfaits qu'il en avait reçus pendant qu'il étudiait à Agen et à Toulouse. Il fit don à la bibliothèque du Chapitre de tous les manuscrits lui appartenant et particulièrement des *Observations de Jean de Hesdin sur l'Epitre à Titus* (*Catalogue* des mss. de la Bibliot. communale, n° 425); il partagea le surplus de ses livres entre les Jacobins, les Minimes, les Capucins et les religieux de Josaphat. Ses exécuteurs testamentaires furent le chanoine Bonaventure Oudineau et le bourgeois Claude Rousset.

[2] Le manuscrit autographe de Souchet appartient à la Bibliothèque communale. Il en existe quelques copies, abrégées pour la plupart, dont l'une se trouve à la Bibliothèque impériale.

L'ouvrage de Souchet a été réduit en 1701 par le chanoine Etienne (manuscrit de la Bibliot. commun.) et donné par extrait, avec des corrections et annotations, vers la même époque, par M. Mareschaux, doyen du Chapitre. (Ib.)

[3] Ainsi, Souchet repousse la tradition qui fait les évêques comtes-propriétaires de Chartres antérieurement au XIe siècle. S'il n'admet pas l'incendie de 1194, fait dont la découverte est due en grande partie à une science qui n'existait pas encore de son temps, à l'archéologie, le savant chanoine reconnaît que le passage du *Poëme des Miracles* relatif à l'incendie de 1020, dont l'interpolation a été démontrée dernière-

peut même lui faire quelquefois le reproche d'abuser de son érudition. Ce qui concerne la ville laisse à désirer : Souchet a fait usage des documents qu'il a rencontrés dans les archives ecclésiastiques et peut-être dans le volumineux recueil inédit de Laisné, prieur de Mondonville [1], mais il ne paraît pas avoir étudié avec le même soin les registres et papiers de l'échevinage, véritables sources de l'histoire communale.

Souchet a été mis à contribution par les historiens postérieurs, depuis Pintard jusqu'à Chevard ; presque tout ce qu'ils ont de bon lui appartient en propre.

Jean-Baptiste Thiers, savant bachelier de Sorbonne, naquit à Chartres au mois de novembre 1636 [2]. Professeur de seconde au collége du Plessis à l'âge de 22 ans, curé de Champrond-en-Gâtine en 1666, puis de Vibraye, au diocèse du Mans, en 1692, il s'occupa toute sa vie d'études théologiques, principalement au point de vue de la discipline. Son esprit caustique et original lui suscita plusieurs querelles et le porta à traiter des sujets bizarres dans lesquels il sut tourner contre ses adversaires toutes les ressources d'une verve intarissable, d'une grande érudition et d'une dialectique consommée. On remarque parmi ses nombreux écrits un Traité très-estimé de l'exposition du Saint-Sacrement de l'Autel (Paris, J. Dupuis, 1673), l'oraison funèbre de Louise de Thou, abbesse des Clairets (Paris, Coignard, 1671), un traité sur le droit

---

ment, renferme une erreur, attendu qu'il n'y avait pas de légat du nom de Mélior en 1020, et que ce légat ne vint en France que sous Philippe-Auguste.

[1] Ce recueil, en douze volumes, d'une écriture généralement fine, serrée et difficile à lire, appartient à la Bibliothèque impériale. Il contient une immense quantité d'extraits de titres concernant des établissements publics et des familles de Chartres et des environs, les généalogies d'un grand nombre de gentilshommes et de bourgeois de la province, et des copies d'actes intéressant le pays ou ses habitants. J'ai compulsé entièrement ce recueil, qui doit être consulté par tous ceux qui s'occupent de l'histoire de la Beauce, de l'Orléanais et du Blésois.

[2] Voici l'acte de baptême de Thiers, tel qu'il se trouve dans les registres de la paroisse Saint-Saturnin : *Jehan, fils d'hon. homme Jehan Thiers, m*^e *hostellier et de Catherine Trescaille, baptisé le 11 novembre 1636. Le parain m*^e *Pierre Trescaille marchand, la marraine Elisabeth le Bouc, fille de m*^e *Noël le Bouc, m*^e *boulanger.*

qu'ont les curés de porter l'étole lors de la visite des archidiacres, et un pamphlet intitulé la Sauce-Robert, ouvrages qu'il composa à l'occasion de sa dispute avec le grand-archidiacre Robert, une savante dissertation sur les porches des églises (Orléans, Hottot, 1679), écrite contre quelques chanoines de Chartres, un traité très-curieux des superstitions selon l'Écriture-Sainte (1679), un autre sur les jeux et divertissements permis aux chrétiens (1686), et enfin sa fameuse Histoire des Perruques (1690), ouvrage dont le titre est très-connu, que peu de personnes lisent et qui n'est pas le meilleur de l'auteur.

Thiers, qui avait été obligé de quitter le diocèse de Chartres par suite de ses polémiques religieuses, mourut dans sa cure de Vibraye le 27 février 1703. Le musée de la ville de Chartres possède le portrait de ce spirituel théologien.

André Félibien, seigneur des Avaux et de Javercy, né à Chartres au mois de mai 1619 et mort à Paris le 11 juin 1695, fut un des créateurs de l'esthétique. Il contracta le goût des beaux-arts en Italie, où il accompagna, en 1647, M. de Fontenay-Mareuil, ambassadeur à Rome; il se lia de la plus tendre amitié avec le Poussin, profita des conseils et des excellentes observations de ce grand homme, et revint en France avec un riche bagage de connaissances artistiques. Son mérite et ses écrits lui valurent la charge d'historiographe du Roi, de ses bâtiments, arts et manufactures; il fut aussi l'un des membres fondateurs de l'Académie des Inscriptions et Belles-Lettres et secrétaire de l'Académie d'Architecture. On doit à Félibien des Avaux une description sommaire du château de Versailles (Paris, 1674), une autre description des tableaux, statues et bustes des maisons royales (Paris, 1677), un traité de l'origine de la peinture (1660), les conférences de l'Académie de Peinture (1669), et les Principes de l'Architecture, de la Peinture et de la Sculpture (1676-1690). Mais le plus connu et le meilleur des ouvrages de cet auteur est celui qui porte pour titre *Entretiens sur les vies et ouvrages des plus excellents peintres anciens et modernes* (Paris, 1666, in-4°, Trévoux, 1725, in-12, 6 volumes). Ce livre est encore consulté avec fruit aujourd'hui ; il témoigne du goût de l'écrivain, de son amour pour les saines doctrines et de la rectitude de son jugement. Félibien dont l'esprit était tourné vers les études sérieuses, traduisit plusieurs traités religieux et quelques vies de saints [1].

Le second fils d'André Félibien, nommé Michel, religieux bénédictin, né à Chartres en septembre 1664 [2], mort en 1719, fut un critique éclairé et un historien méthodique et consciencieux. Ses principaux titres littéraires sont l'histoire de l'abbaye royale de Saint-Denis (1706, in-fol.) et l'histoire de la ville de Paris, qui lui fut demandée par M. Bignon, prévôt des marchands. Cet ouvrage, que dom Félibien laissa imparfait, fut terminé par dom Lobineau (1755, 5 vol. in-fol.); il renferme d'excellentes parties, et il est indispensable à ceux qui veulent écrire sur le même sujet.

Cette liste des écrivains chartrains du siècle de Louis XIV

---

[1] Il n'est pas question de la famille Félibien à Chartres avant le XVIIe siècle. Le seul de ce nom qui ait occupé dans cette ville une position administrative, est Pierre, probablement le père d'André, nommé échevin le 31 mai 1644. André était fils de Pierre Félibien, bourgeois de Chartres, et de dame Anne Le Courvoysier, qui demeuraient dans la paroisse de Saint-Maurice (à défaut de l'acte de baptême d'André qui n'a pu être donné, le registre de 1619 manquant, voir celui de son frère Jacques, en date du 26 avril 1637. *Reg. de l'Etat civil*; Arch. de la Mairie); il épousa Marguerite Le Maire, d'une famille de la plus ancienne bourgeoisie chartraine. Ses fils suivirent leur père à Paris; Anne, sa fille aînée, fut mariée en 1698 à M. Joachim de Bruct, seigneur de La Chesnaye, commandant en chef de la noblesse de l'arrière-ban du bailliage. La branche de Bruct, issue de Joachim de Bruct et d'Anne Félibien, s'est éteinte à Chartres, le 22 mai 1842, en la personne de leur arrière petite-fille, Mme Denise-Charlotte-Adélaïde de Bruct, veuve de M. le vicomte de Reviers. (Voir sur André Félibien, le *Mercure galant* de juillet 1695, et sur la famille Félibien, le *Mercure de France* d'août 1733, p. 1,848.)

[2] Michel Félibien est né en 1664, et non en 1666, comme l'indiquent ses biographies. Voici son acte de baptême tiré des registres de l'église Saint-Saturnin (Arch. de la Mairie): *Le dimanche, quatorziesme du moys de septembre 1664, a esté baptisé Michel, né du mariage de noble homme Me André Félibien, secrétaire du Roy, et damoiselle Marguerite Le Maire. Son parain a esté noble homme Michel Piat, conseiller et esleu en la ville de Chartres, et sa maraine a esté madamoiselle Marie Bouvart, femme de noble homme Me Nicolas Milleville, de la paroisse de Saint Michel, bourgeoys de Chartres. Signé Piat, Marie Bouvart, Maire.*

est dignement close par le célèbre moraliste et théologien Pierre Nicole, né à Chartres en octobre 1625 et mort à Paris le 16 novembre 1695. Cet homme illustre était fils de Jean Nicole, juge et chambrier de l'Evêque ; il appartenait à cette famille Nicole qui, depuis le XV° siècle, grandissait dans les fonctions municipales et judiciaires et dont plusieurs membres venaient de parvenir au rang le plus élevé de la bourgeoisie de la ville [1]. Lié avec les solitaires de Port-Royal, il passa une partie de sa jeunesse à enseigner la philosophie aux élèves de cette savante maison ; il eut pour disciples Boileau et Racine.

---

[1] La famille Nicole tenait déjà, au XV° siècle, un certain rang dans la bourgeoisie. Jean Nicole figura au nombre des notables délégués par les paroisses à une assemblée générale tenue le 13 juin 1452. Un autre Jean Nicole, licencié ès-lois et avocat au bailliage, fut procureur des habitants en 1496 et comparut comme député du Tiers-Etat, le 19 octobre 1508, dans le procès-verbal de la rédaction de la coutume de Chartres.

Au XVI° siècle, plusieurs membres de cette famille remplirent les charges d'échevin, de procureur des habitants, d'avocat de la ville, de conseiller au bailliage, etc. L'un d'eux, avocat de la ville, fut exempté, en mai 1558, de la cotisation des gens de guerre, *attendu les preuves et vérification de sa noblesse*.

Nous avons vu qu'au XVII° siècle les Nicole arrivèrent à la présidence de l'Election, du Bailliage et de la Chambre de ville ; le père de Pierre fut nommé échevin le 4 novembre 1631.

Pierre Nicole fut baptisé dans l'église Saint-Martin-le-Viandier ; l'acte qui le constate est ainsi conçu : *Le lundi treiziesme octobre 1625, a esté baptizé Pierre Nicolle, filz d'honorable homme Jehan Nicolle, chambrier de Monseigneur de Chartres, et Louyse Contant, ses père et mère. Le parain honorable homme Yves Porcher, procureur fiscal d'Alluye, et dame Marie Nicolle, femme de Monsieur le Maire, advocat au siège présidial et baillif de Messieurs de Saint Père en Vallée. Signé Porcher, Marie Nicole, Cerceau.* (Reg. de l'état civil de Saint-Martin-le-Viandier ; Arch. de la Mairie.)

Le testament olographe de Nicole, daté du 28 novembre 1691, fait connaître qu'il avait donné à l'hôtel-Dieu de Chartres une partie de ses biens et notamment un jardin aux Barbous (Bas-Bourgs) dont il s'était réservé l'usufruit. Il laissa, par codicille olographe du 20 avril 1694, le capital de quelques rentes au bureau des Pauvres, et légua, par testament passé devant Savigny, notaire à Paris, le 12 novembre 1695, une pension viagère de 200 livres au sieur Bellier, fils de son cousin-germain Il n'est pas question, dans les testaments de Nicole, de la fameuse caisse janséniste connue sous le nom de *Boîte à Perrette*, et qui, transmise de fidéi-commis en fidéi-commis, donna lieu en 1778 à un curieux procès à propos du testament de M. Rouillé des Filletières.

Une famille du pays chartrain peut revendiquer l'honneur de la parenté avec Nicole. Jean-Baptiste Bellier, sieur des Creunes, de Brulon et de la Chesnaye, chef de la panneterie de la Reine-mère, mort en 1649, avait épousé en secondes noces Jeanne Nicole, propre tante du célèbre théologien. Leur fils, Jean-Baptiste Bellier, survivancier de son père, mort en 1685, était le trisaïeul de M. François-Jean-Baptiste Bellier de la Chavignerie, aujourd'hui vice-président du Tribunal civil de Chartres. (Pièces et titres communiqués par M. Emile Bellier de la Chavignerie.)

Les querelles soulevées dans le monde catholique par l'examen des *cinq propositions* jetèrent Nicole dans le parti militant dont le grand Arnauld était le chef ; au point de vue moral, la sévérité des Jansénistes convenait à son caractère, au point de vue doctrinal, il niait l'hérésie reprochée à ses amis par ceux qu'il appelait *les casuistes relâchés*. De 1660 à 1676, il composa, seul ou avec Arnauld, plusieurs écrits remarquables pour la défense de ses opinions religieuses et contre le protestantisme ; son excellent traité de la *Perpétuité de la foi de l'église catholique touchant l'Eucharistie*, dirigé contre le ministre Claude, date de cette époque. Nicole mit le sceau à sa renommée philosophique par la publication de ses *Essais de morale et Institutions théologiques*, recueil de petits traités dont le plus estimé est celui intitulé *des Moyens de conserver la paix avec les hommes*. Sur la fin de sa vie, il prit part aux polémiques du Quiétisme, et il se rangea du côté de Bossuet.

Les principales qualités qui distinguent Nicole sont la méthode, une dialectique serrée, un jugement droit et l'élévation des pensées. Son style est peut-être un peu sec, mais il a beaucoup de clarté. Malheureusement, sauf quelques pages des Essais de Morale devenues classiques, les écrits de cet auteur, si justement appréciés de son temps, ne se lisent plus guère aujourd'hui, parce que, composés pour la plupart à l'occasion de querelles fugitives, ils n'empruntent pas à leur sujet le caractère de pérennité qui assure aux productions des grands écrivains la curiosité et l'intérêt des lecteurs d'une autre époque.

Pour achever cette rapide revue des œuvres de l'intelligence dont les Chartrains dotèrent le grand siècle, nous dirons quelques mots de leurs travaux artistiques. De 1600 à 1730, la gravure, à l'exclusion des autres arts, trouva à Chartres des adeptes très-fervents sinon toujours très-habiles ; les jeunes artistes chartrains furent probablement entraînés dans cette voie par leur compatriote François Langlois, dit Ciartes, graveur et éditeur célèbre du règne de Louis XIII.

On connaît de Pierre Sablon, né à Chartres en 1584, une copie de l'estampe de Lucas de Leyde représentant Lamech et Caïn (1602), son portrait de profil et celui de Rabelais.

Jacques Belly, né à Chartres vers 1603, élève de Vouet, passa la plus grande partie de sa vie en Italie où il grava la galerie Farnèse d'Annibal et d'Augustin Carrache. Plusieurs de ses planches portent la date de 1641.

Benoist Thiboust, autre chartrain, né en 1660, vécut également en Italie. Son meilleur ouvrage est une Adoration des Mages, d'après Le Poussin.

Nous placerons, bien au-dessous de ces artistes et seulement pour compléter la liste, Louis Radepont (Ludovicus Radepont Carnutœus), orfèvre, qui grava en 1703, pour l'édition du *Pentateuchus* de Jacques Félibien, cinq planches assez faibles, cinq lettres capitales et une belle carte de la Terre-Sainte, dédiée à Paul Godet des Marais, évêque de Chartres; Joseph Mutan, qui grava une vue de Chartres en 1714, et N. Le Roux, auteur d'une estampe de la Vierge-Noire et d'une vue de la ville, éditée par L. Mocquet en 1724 [1].

---

[1] On peut consulter sur ces artistes le *Peintre-Graveur* de Robert-Dumesnil (1842) et la *Topographie d'Eure-et-Loir* conservée au cabinet des Estampes de la Bibliothèque impériale.

CHAPITRE XXV.

DE LA MORT DE LOUIS XIV, A LA RÉVOLUTION DE 1848.

(1715-1848.)

Un édit du mois de juillet 1717 ayant supprimé les maires, lieutenants de maires, échevins et officiers municipaux en titre d'office, et rétabli les baillis, sénéchaux et autres juges dans tous les droits dont ils jouissaient avant l'édit d'août 1692 [1], M. le lieutenant-général Nicole du Plessis, déjà maire en titre d'office, rentra, par le seul privilége de sa charge judiciaire, en possession de la mairie perpétuelle. Ce magistrat se fit installer, en cette qualité, au bureau de la Chambre de ville, le 24 janvier 1718 [2], nonobstant les clameurs et les pétitions de la communauté des marchands, qui voulait un maire électif [3]. Les échevins furent élus selon les anciens usages, sauf approbation du duc d'Orléans.

La nouvelle administration, devançant les projets du Gouvernement, s'occupa, au mois d'août 1718, de chercher un emplacement convenable pour la construction d'une caserne ; mais elle n'y put parvenir [4], et l'on fut obligé cette

---

[1] *Reg. des Echevins;* Séances des 17 septembre et 4 décembre 1717.

[2] Messieurs de la compagnie allèrent le saluer après la séance, lui offrirent douze bouteilles de vin et présentèrent six boîtes de confitures à Mme la Lieutenante-générale. *(Ib.)*

[3] *Ib.;* Séances des 17 juillet 1716 et 31 août 1717. — Les principaux chefs de l'opposition étaient les marchands Sémen l'aîné, Etienne Senechau, Chabert et Charles Faucheux. Il y avait eu arrêt du Conseil royal en faveur du Lieutenant-général, le 18 juin 1717, et le Conseil du duc d'Orléans s'était prononcé dans le même sens le 30 décembre suivant. *(Ib.;* Séance du 6 décembre 1718.)

[4] *1er août 1718.* Le Lieutenant-général dresse un procès-verbal constatant qu'il s'est rendu, avec trois échevins délégués, chez les Cordeliers, pour examiner s'il ne

fois encore de loger dans quelques maisons vides le régiment de Saint-Simon, envoyé en garnison au mois de septembre [1]. Ce fut un triste surcroît de population, car les soldats commirent toutes sortes de désordres dans la ville et de violences sur les habitants [2]. La guerre contre l'Espagne, dont la publication eut lieu à Chartres le 14 janvier 1719, fit partir le régiment, au contentement général, et procura aux Chartrains le plaisir de chanter un *Te Deum*, le 9 juillet, pour la prise de Fontarabie, et un autre, le 18 septembre, pour la prise de Saint-Sébastien [3]. Le rétablissement de la santé du Roi (10 août 1721), le sacre de ce monarque (25 octobre 1722), la cessation de la peste en Provence (21 février 1723), fournirent de nouvelles occasions de réjouissances à Chartres [4] ; mais l'horrible incendie qui détruisit complètement la ville de Châteaudun le 28 juin 1723, et la grande sécheresse qui désola cette même année toutes les campagnes de la Beauce, tempérèrent bientôt la joie publique [5].

serait pas possible d'édifier une caserne sur le terrain de l'ancienne citadelle, et que ces religieux *les ont très-mal reçus et mis à la porte. (Reg. des Echevins.)*

[1] *13 septembre 1718.* Le régiment de Saint-Simon sera logé au Plat-d'Etain et au Grand-Cerf, rue des Epars, au Cygne et dans une maison voisine, rue du Cul-Salé, au Bardé, rue du Cheval-Blanc, à l'hôtel des Carneaux, rue Sainte-Même, à la salle Saint-Cheron, près la porte Guillaume, et dans quelques autres maisons vacantes. On tâchera de loger 150 soldats dans la maison de la porte Cendreuse occupée par les sœurs de l'Union-Saint-Chaumont, non autorisées; ces religieuses se retireront pendant ce temps dans la chapelle Saint-Vincent. *(Ib.)*

[2] *21 octobre 1718.* Plainte devant le Lieutenant-criminel contre le régiment de Saint-Simon, à raison de l'assassinat des frères Tavanne, vignerons au Bourg-Neuf, commis par deux soldats.
29 octobre 1718. Plainte contre deux soldats du même régiment, qui ont voulu rançonner M. Tronçon, procureur, l'ont battu et lui ont enlevé son manchon.

[3] *Reg. des Echevins.* — Le régiment Royal-Marine était en garnison à Chartres au mois de mai 1721 et occupait les maisons qui avaient déjà servi au régiment de Saint-Simon. *(Ib.)*

[4] Le *Te Deum* pour le sacre n'eut lieu que le 22 novembre. *(Ib.)*
Le premier bataillon du régiment de Diesbach-Suisse, fort de 600 hommes, était alors en garnison à Chartres.

[5] *14 juillet 1725.* Attendu la sécheresse et les incendies fréquents, et surtout en raison de cette circonstance que l'on a trouvé dans des caves des paquets de pétards et d'artifices, il sera fait chaque nuit une patrouille par douze bourgeois désignés à tour de rôle. *(Ib.)*

Le cardinal Dubois, nommé premier ministre le 22 août 1722, avait inauguré son ministère par le rétablissement des charges municipales en titre d'office. La Chambre décida, dans sa séance du 26 octobre 1723, qu'elle solliciterait du Roi un arrêt portant réunion de ces charges au corps de ville, moyennant finance, afin d'empêcher des particuliers de les acheter [1]. On convint, dans une seconde assemblée tenue le 22 novembre, que si la réunion des charges était obtenue, on ferait pourvoir MM. Nicole et Noël des deux offices de maire perpétuel et de maire alternatif, pour en jouir leur vie durant, après quoi la mairie serait élective [2]. Mais il se manifesta une si vive opposition à ce projet dans l'assemblée générale des paroisses du 2 décembre que l'on n'y donna plus suite [3]. Les places du corps de ville furent donc adjugées au plus fort enchérisseur, et M. Etienne-Miles Noël, seigneur de Chenonville et de Baigneaux, acquéreur des deux offices de maire perpétuel et de maire alternatif, fit enregistrer ses provisions au bureau de la Chambre le 4 janvier 1724 [4]. Le Conseil municipal se trouva alors composé d'un maire, de trois lieutenants de maire [5], de huit échevins [6], de cinq assesseurs [7], d'un procureur [8] et d'un avocat du Roi [9], tous institués en titre d'offices. Mais un édit du mois de juillet 1724 supprima cette administration à peine organisée. Cependant on ne fit tout d'abord de nouvelles élections que pour les candidats à la mairie; le duc d'Orléans maintint provisoirement les

---

[1] *Reg. des Echevins.*

[2] *Ib.* — [3] *Ib.* — [4] *Ib.*

[5] MM. de Milleville, conseiller au Présidial, Davignon, ancien procureur du Roi en la prévôté, et Bouvart, receveur des tailles. *(Ib.;* Séance du 30 décembre 1723.)

[6] MM. Jean Duhan, avocat, Louis Morin, avocat, Vaillant, marchand, Sochon, procureur, Dollu, procureur, Pierre Delavollée, notaire, Etienne Sénéchau, marchand, Martin Jourdan, marchand. *(Ib.)*

[7] MM. Louis et Jacques Huchedé, Constantin Petit, Jacques Barré, Claude Sochon. *(Ib.)*

[8] M. Charles Martin, déjà procureur du Roi en la prévôté. *(Ib.)*

[9] M. Miles Brouilhet de la Carrière. *(Ib.)*

autres officiers municipaux et continua dans les fonctions de maire M. Noël, qui se trouvait au nombre des trois citoyens désignés par les suffrages [1]. Ce magistrat tint la mairie jusqu'à son décès, qui arriva le 1er septembre 1726 [2]; après lui, M. Bouvart, lieutenant de maire, reçut la présidence de la Chambre de ville.

Philippe, duc d'Orléans, régent du royaume et apanagiste du duché de Chartres, étant mort d'une attaque d'apoplexie le 2 décembre 1723, MM. Nicole, lieutenant-général, et Duhan, échevin, députés par le Présidial et le Corps de ville, se transportèrent à Paris, le 7, pour saluer Mme la duchesse et complimenter le nouveau duc d'Orléans, seigneur du pays chartrain [3]. Ce devoir accompli, les échevins, pour satisfaire aux ordres du Roi et de l'intendant, songèrent sérieusement à l'affaire des casernes; ils pensèrent que le local le plus convenable pour un établissement de cette espèce était le jeu de paume ou tripot du Maine, rue de Chinche, et ils l'achetèrent dans ce but au mois de février 1724 [4]. Messieurs de la Chambre approuvèrent ensuite (5 avril) les statuts proposés par les délégués de la Jeunesse de Chartres, pour l'institution d'une compagnie d'arquebusiers, dite de l'Oiseau-Royal, destinée à remplacer l'ancienne compagnie du Vidame, tombée en discrédit par l'indigence et la condition peu relevée de ses membres [5].

---

[1] *Reg. des Echevins;* Séances des 20, 26 et 29 décembre 1724. — Lettre de M. d'Argenson, chancelier du duc d'Orléans, du 17 décembre 1724. *(Ib.)*

[2] *2 septembre 1726.* La Compagnie va au convoi de M. Noël, maire, qui se fait en l'église Saint-Hilaire.

[3] *Reg. des Echevins.*

[4] Ordonnance du Roi, du 25 septembre 1719, concernant les casernes qui doivent être construites dans les vingt généralités du royaume. L'état qui suit cette ordonnance fixe trois casernes à Chartres, une à Auneau, une à Illiers et une à Courville. (Chartres, imprimerie de Claude Peigné, M. DCC. XIX.)
28 février 1723. La ville offre aux héritiers Brillon 8,400 livres, pour prix du tripot du Maine, sauf ratification par le Conseil royal.
La vente a lieu par acte passé devant Simon et Leredde, notaires à Chartres, le 17 février 1724. *(Reg. des Echevins.)*

[5] Les statuts, proposés à la Chambre de ville par les sieurs François Juteau, Pierre Bureau, Jacques Huchedé et Pierre Masson, députés de la jeunesse de Char-

On fit de grandes réjouissances, le 27 mai 1725, à l'occasion de la naissance du duc de Chartres, fils du jeune duc

tres, et adoptés dans la séance du 5 avril, furent envoyés à M. le Garde-des-sceaux et à M. de Maurepas, ministre et secrétaire-d'Etat, à l'effet d'obtenir des lettres-patentes du Roi. On n'attendit pas longtemps, car des lettres, datées de Versailles au mois d'avril, permirent aux exposants de former une nouvelle compagnie, sous le titre de *Chevaliers de l'Oiseau-Royal*, composée d'un capitaine, d'un lieutenant, d'un sous-lieutenant, d'un enseigne, d'un guidon, de deux sergents et de quarante chevaliers, laquelle jouirait des droits, privilèges et avantages octroyés jadis à la compagnie supprimée.

Les statuts, en 29 articles et 16 articles supplémentaires, contiennent, notamment, les dispositions suivantes :

1° La Compagnie de l'Oiseau-Royal est subordonnée au gouverneur de la ville, et, en son absence, aux Maire et échevins ;

2° Le capitaine et le lieutenant sont nommés par le Gouverneur, et, en cas de vacance du gouvernement, par les maire et échevins ; les cinq autres places d'officiers seront occupées à tour de rôle, pendant trois ans, par les cinq plus anciens chevaliers ;

3° Les chevaliers auront au moins dix-huit ans, pratiqueront la religion catholique, apostolique et romaine, et appartiendront aux classes élevées et aisées de la société, comme officiers royaux, barreau, bourgeoisie et commerce ; ils prêteront serment de fidélité au Roi ;

4° Le droit d'entrée est de 50 livres payables à la bourse commune ;

5° Chaque chevalier aura un fusil de quatre pieds et demi à cinq pieds, non rayé ni carabiné, une épée, un habit gris de fer, bordé d'un galon d'argent, doublé de rouge et garni de boutons d'argent, des bas rouges, un chapeau bordé d'un galon d'argent ;

6° Le premier dimanche de mai il y aura grand'messe à laquelle tous les chevaliers assisteront, sous peine de 3 livres d'amende ; puis, à trois heures et demie de l'après-midi, tir de l'oiseau à l'hôtel des chevaliers, sous même peine par chaque défaillant ;

7° De quatre dimanches l'un, il sera tiré un prix d'une valeur de 10 livres au moins ;

8° L'oiseau sera placé à une hauteur de 100 pieds et de la grosseur ordinaire. Le jeu sera commencé par le gouverneur, ou en son absence par le maire. Chaque chevalier ne pourra tirer qu'à balle seule ;

9° Celui qui aura abattu l'oiseau jurera qu'il a tiré de beau jeu. Il sera proclamé Roi de l'oiseau et tenu de fournir à la compagnie, l'année suivante, un nouvel oiseau ;

10° Celui qui jurera le nom de Dieu, de la Vierge ou des Saints paiera 3 livres à la boîte commune ; celui qui insultera un de ses camarades paiera pour la première fois 20 sous à la boîte et sera chassé en cas de récidive ;

11° Il y aura un trésorier de la boîte commune et un secrétaire qui tiendra le registre des délibérations de la compagnie ;

12° Lorsque la compagnie montera à cheval le guidon précèdera l'enseigne ; à pied, l'enseigne précèdera le guidon ;

13° *Le drapeau de ladite compagnie sera composé d'une croix blanche portant en cœur les armes de ladite compagnie avec cette devise : Pro Rege et pro Patria reviresco. La croix cantonnée, au premier de bleu, avec les armes de Sa Majesté ; au deuxième de rouge, avec les armes de S. A. R. Mgr le duc d'Orléans et de Chartres ; au troisième de tanné, avec les armes de Mgr le garde des sceaux, gouverneur de Chartres ; et au quatrième de pourpre, avec les armes de la ville.* (Pièce imprimée chez Nicolas Besnard, rue des Trois-Maillets, au Soleil-d'Or, 1731.)

Ces statuts furent enregistrés au greffe de la Chambre de ville le 29 juillet 1724, et les chevaliers furent mis, le même jour, en possession et jouissance de la maison *située hors la porte Châtelet et faisant face au cours Philippe. (Reg. des Echev.)*

d'Orléans[1]. La joie des Chartrains se manifesta encore au mois de septembre, lors du mariage du Roi avec la princesse Marie Leczinska, fille de Stanislas, ex-roi de Pologne (15 août)[2], et, au mois de septembre 1729, lors de la naissance du Dauphin (4 septembre)[3]. Il nous reste à mentionner, pour l'histoire municipale de ces années, l'opposition que la ville fit, au mois de novembre 1725, à l'introduction des Frères de la doctrine chrétienne[4], et, au mois d'avril 1727, à l'établissement des *Sœurs sabotières de Saint-Maurice*[5]; les échevins avaient coutume de s'opposer et de protester lorsqu'il s'agissait de la fondation ou de l'introduction à Chartres d'une nouvelle communauté religieuse, mais ils finissaient toujours par céder. Un service fut célébré, le 14 août 1726, pour Mme la duchesse d'Orléans, décédée en couches, à l'âge de vingt-deux ans[6]. La mort de M. d'Armenonville, ancien garde-des-sceaux et ancien gouverneur de Chartres, donna également lieu, le 9 décembre 1728, à une autre cérémonie funèbre[7]. Le gouvernement, la capitainerie et le bailliage étaient passés, depuis 1725, à son fils M. le comte de Morville, ancien ministre des affaires étrangères[8]. Ce seigneur, dont la ville avait eu souvent à se louer, mourut aussi le 3 février 1732[9], et fut remplacé dans ses titres chartrains par M. le marquis d'Armenonville, son fils, qui fit enregistrer ses

---

[1] *Reg. des Echevins.*

[2] *Ib.*

[3] *12 septembre 1729; Ib.* Il fut tiré à cette occasion un superbe feu d'artifice.

[4] *5 novembre 1725.* Lettre du duc d'Orléans, approuvant cette résistance. *(Ib.)*

[5] *2 avril 1727; Ib.* — Voir, sur les Dames de Saint-Maurice, aujourd'hui Dames de Saint-Paul, le dernier chapitre de cette histoire.

[6] *Ib.*

[7] Ce service fut célébré à Saint-Martin-le-Viandier.

[8] M. de Morville ne vint se faire installer que le 8 octobre 1729; la Chambre de ville alla le complimenter à son entrée, lui présenta les clefs dans un bassin d'argent, et lui offrit une douzaine de bouteilles de vin et à Mme la Comtesse six boîtes de confitures. *(Reg. des Echevins.)*

[9] *14 février 1732.* La ville fait célébrer à Saint-Martin-le-Viandier un service solennel pour M. le comte de Morville. *(Ib.)*

provisions de gouverneur au bureau de la Chambre le 24 mai [1], afin de remplir son office lors de la prochaine entrée de la Reine.

Sa Majesté vint en pélerinage à Notre-Dame de Chartres, le 27 mai. On avait fait de grands préparatifs pour la recevoir ; on avait réglé avec un soin tout particulier le cortége composé des bourgeois en beaux habits avec cocarde au chapeau, de soixante jeunes gens de famille, en habits uniformes, de la compagnie de l'Oiseau-Royal, des gardes du gouverneur, du corps de ville, de toutes les autorités civiles et judiciaires et de toutes les communautés formant la haie ; mais la pluie, qui ne cessa de tomber, troubla un peu la cérémonie. Néanmoins Marie Leczinska trouva, à la porte Drouaise, M. le Gouverneur qui lui présenta les clefs, écouta la harangue que M. Bouvart, lieutenant de maire, lui fit, à genoux, en tête du corps de ville, et fut conduite à l'évêché sous un dais porté par quatre échevins [2]. La Reine partit le 29, après avoir laissé à Mgr de Mérinville 7,200 livres pour les pauvres [3].

Une affaire dix fois reprise et dix fois abandonnée, occupa le Conseil municipal en 1734. Un édit du mois de février 1717 avait prononcé la réunion au domaine de *l'usage* de la rivière depuis Chartres jusqu'au Pont-de-l'Arche, concédé par Louis XIV à Mme de Maintenon [4]. Il n'y avait donc plus d'espoir de voir reprendre le projet de navigation, lorsque Mme la princesse de la Roche-sur-Yon, propriétaire de la

---

[1] *Reg. des Echevins.*

[2] La Reine était accompagnée de Mlle de Clermont, surintendante de sa maison, de la duchesse de Mazarin, sa première dame d'honneur, du marquis de Nangis, son chevalier d'honneur, et du comte de Tessé, son premier écuyer. *(Ib.)*

[3] *Ib.*

[4] Le 14 juin 1725, conformément aux arrêts du Conseil des 14 et 19 juillet 1722 et 13 mai 1724, les commissaires généraux députés par le Roi vendirent, par adjudication, à Jean André des Pommerais, bourgeois de Paris, moyennant une rente de 210 livres au Domaine et le sou pour livre du principal de ladite rente, à titre d'engagement et à faculté de rachat perpétuel, les bordages de la rivière d'Eure depuis Chartres jusqu'à Nogent-le-Roi. (Arch. impér., carton 204, série Q, section Domaniale.)

terre de Senonches, voulant faciliter l'exploitation de ses forêts, proposa de rendre l'Eure flottable depuis sa source jusqu'à Chartres. La Chambre de ville, saisie de l'examen de ce projet, au mois de novembre 1734, émit un avis des plus favorables qu'elle renouvela le 16 mars 1735. Les procès-verbaux des ingénieurs reconnaissaient que les travaux étaient d'une exécution facile, et les paroisses intéressées donnaient à l'opération une adhésion unanime ; mais les seigneurs riverains, et en particulier les hoirs du président d'Aligre pour la terre de la Rivière, le duc de Sully, pour le marquisat de Courville, le sieur Tubœuf, conseiller au Parlement, pour la châtellenie de Ver et Morancez, et la dame Auvray, pour la châtellenie de Gourdez, firent opposition, en se fondant sur ce que le flottage les empêcherait de vendre leurs bois plus rapprochés de Chartres. Ils disaient aussi que la rivière était leur propriété, attendu que, dans la partie comprise entre sa source et la ville, elle ne pouvait porter bateaux *de son fonds, sans artifices et ouvrages de mains,* suivant le vœu de l'ordonnance des eaux et forêts du mois d'août 1669 [1]. Il paraît que ces moyens furent admis, car on n'entendit plus parler du flottage, nonobstant les efforts de la Princesse et du corps municipal chartrain [2].

Ce n'était pas la première fois que l'intérêt général était sacrifié à l'intérêt particulier. En établissant le flottage du Favril à Chartres et la navigation de Chartres au Pont-de-l'Arche, on aurait procuré des droits importants au trésor, mais on préférait combler le déficit annuel au moyen d'expédients qui n'avaient pas même pour eux le prétexte du bien public. Un édit du mois de novembre 1733 avait encore créé

---

[1] *Titres et papiers concernant la navigation de l'Eure ;* Archives départem. — Séances des 26 novembre 1734 et 16 mars 1735. *(Reg. des Echevins.)*

[2] On trouve sur le registre des Echevins, à la date du 1er mars 1734, une mention assez singulière : *Passage du prince du Mont-Liban, près Jérusalem, se rendant en Italie avec passeport signé Louis et Chauvelin ; on lui donne 40 livres de gratification et 4 chevaux pour aller à Châteaudun.*

des charges municipales en titre d'office. Cette fois, on pensa que la réunion de ces charges à la Chambre de ville serait avantageuse, et, grâce à l'appui du duc d'Orléans, on obtint, le 18 octobre 1735, un arrêt du Conseil qui la prononça moyennant une finance de 90,000 livres [1]. Pour réaliser cette somme énorme, on contracta un emprunt remboursable par annuités, on doubla les droits sur la boucherie et on constitua des rentes sur l'hôtel-de-ville [2]. Le Conseil du duc d'Orléans rédigea, le 16 décembre, pour l'organisation de l'échevinage et les élections, un réglement dont la Chambre eut connaissance le 11 janvier 1736, et qui renfermait, entre autres, les dispositions suivantes : 1° A l'avenir, le corps de ville sera composé d'un maire, de six échevins, de deux chanoines, députés par le clergé, d'un procureur du Roi et d'un greffier; 2° le maire sera éligible tous les trois ans et nommé par S. A. R. sur la présentation de trois candidats; 3° chaque année, Monseigneur choisira deux échevins sur une liste de six candidats élus à la pluralité des suffrages; 4° Monseigneur se réserve la nomination du procureur du Roi, du greffier, du receveur et du contrôleur des deniers communs; 5° toutes les assemblées générales se tiendront à l'hôtel-de-ville; les élections se feront au mois de janvier, et les officiers élus et choisis par le duc d'Orléans entreront en charge le 1er février; 6° le maire et le procureur du Roi prêteront serment entre les mains de S. A. R. ou de son chancelier, et les échevins, le greffier, le receveur et le contrôleur entre les mains du maire. Transitoirement, le duc d'Orléans confia pour trois ans les fonctions de maire à M. Jean-Robert Bouvart, qui présidait le corps de ville depuis douze ans, conserva comme échevins MM. Brochand, Sochon fils et Barré, nomma procureur du Roi en l'hôtel-de-ville M. Martin, procureur du Roi en l'é-

---

[1] Anciennes archives du Palais-Royal, reg. 1,211; Parties casuelles des offices, p. 315.

[2] *Reg. des Echevins;* Séance du 9 novembre 1735.

lection, et continua le sieur Foisy dans l'office de greffier, le sieur Valmale dans celui de receveur des deniers communs, et le sieur Dubois dans celui de contrôleur. Il fut convenu que l'élection de deux échevins, pour compléter le nombre fixé par le règlement, aurait lieu au mois de janvier 1736 [1]. L'assemblée générale se tint, en effet, le 22 janvier, et MM. Mathieu de la Malmaison, conseiller au Présidial, et Ollivier, avocat, qui avaient réuni le plus grand nombre de voix, furent nommés échevins par le Prince [2].

Cette administration, semblable à l'ancienne quant au personnel, quoique différente dans son institution, inaugura son entrée en fonctions par la fondation d'une nouvelle caserne pour la cavalerie, celle du Tripot ayant été jugée insuffisante. La ville choisit dans ce but, au mois d'avril 1736, l'emplacement de plusieurs maisons situées sur le quai de la Tannerie, entre le pont des Minimes et le chevet de l'église Saint-André [3]. Le 3 juillet suivant, Messieurs de la Chambre reçurent avec les plus grands honneurs M. le marquis d'Armenonville, gouverneur, qui venait se faire installer au Présidial en qualité de Grand-Bailli. Les métiers, au nombre de 42, représentés par 234 individus délégués, accompagnèrent le corps de ville à cette cérémonie [4]. Le 17 novembre 1738,

---

[1] *Reg. des Echevins.* — Pièce imprimée chez Nicolas Besnard, Imprimeur du Roi, de la Ville et de la Police, rue des Trois-Maillets, au Soleil-d'Or. 1742.

[2] *Ib.*; Séance du 1er février. — Des lettres-patentes, du 24 juillet 1735, enregistrées en Parlement le 31 août suivant, avaient également réglementé le mode d'élection, le nombre et le temps d'exercice des juges-consuls de Chartres. (*Ordonn.*, 6, z, f° 356; Arch. impér.)

[3] Ces maisons, qui appartenaient en majeure partie au sieur Alexandre de Beaulieu, marchand-bourgeois et ancien échevin, furent achetées, le 26 avril 1736, moyennant la somme de 6,500 livres, pour laquelle la ville constitua au vendeur une rente de 325 livres et exempta du logement des gens de guerre Pierre de Beaulieu, son fils, et Louis Ollivier, son gendre.
Les frais d'appropriation à l'usage de caserne, exécutés en 1738, 1739 et 1740, s'élevèrent à 48,961 liv. 5 s. 9 d. (Boîte des *Casernes*; Arch. de la Mairie. — *Reg. des Echevins*; Séance du 26 avril 1736.)

[4] M. d'Armenonville fit son entrée, vers six heures du soir, par la porte Châtelet. Il était vêtu d'*un habit écarlate à brandebourgs de dentelles d'or.* (*Ib.*) Le Maire le harangua et lui présenta les clefs sur un plat d'argent; il prit gîte à l'évêché et

Messieurs terminèrent, par une transaction avec le Présidial, une querelle qui les divisait depuis longues années au sujet des assemblées générales de police. Il fut convenu que ces assemblées se tiendraient à l'hôtel-de-ville, et qu'elles seraient composées des maire et échevins, sous la présidence du lieutenant-général du bailliage, avec l'assistance du lieutenant-général de police en exercice et des présidents, lieutenants, procureurs et avocats du Roi au Présidial et à la Prévôté [1]. Une grande ordonnance de police, donnée le 29 décembre, apprit aux Chartrains que ce tribunal fonctionnait [2].

Les élections pour un maire eurent lieu au mois de janvier 1739, et M. Bouvart, ayant obtenu le premier rang parmi les candidats désignés par les suffrages, fut continué, pour trois ans encore, par M. le duc d'Orléans, dans la première magistrature municipale [3].

La récolte de 1738 avait été très-mauvaise; une disette affreuse désola le pays Chartrain et le Perche, en 1739. La charité publique, excitée par l'exemple de Mgr de Mérinville, vint largement au secours des malheureux, et M. le duc d'Orléans fit faire des distributions de pain aux pauvres, depuis le mois de mai jusqu'à la moisson [4]. Ce fléau n'empêcha cependant pas la ville de se réjouir de la cessation d'un autre fléau, la guerre; la joie publique se manifesta, le 14 juin,

---

reçut les salutations du Chapitre, du Présidial, de l'Election, de la Prévôté et de la Noblesse. Le lendemain, 4 juillet, à midi, il donna à dîner à la Noblesse, au Clergé, aux officiers de l'Election et de la Prévôté et aux Echevins. Le soir, il retint à souper MM. du Bailliage et Siége Présidial. Le 5, il fut installé comme grand-bailli à l'audience du Présidial; les députés de toutes les communautés et les Maire et échevins, avec les drapeaux de la ville, formaient la haie sur son passage. (*Notes historiques trouvées dans les papiers du notaire Letellier.*)

[1] *Reg. des Echevins.*

[2] *Ib.* Cette ordonnance signée Nicole, lieutenant-général, Pierre de Villemain, lieutenant-général de police, Martin, procureur du Roi de la police, a été imprimée chez N. Besnard, imprimeur du Roi, de la Ville et de la Police. 1764.

Il y eut une autre ordonnance de police, le 17 janvier 1739, relativement à la voirie, aux jeux des enfants, aux ventes pendant l'office divin, etc. *(Ib.)*

[3] *Ib.*

[4] *Ib.*; Séance du 7 mai.

par un *Te Deum*, un feu d'artifice et de magnifiques illuminations avec transparents, devises et emblêmes [1]. La récolte fut encore mauvaise en 1740, et les rigueurs de l'hiver ajoutèrent à la misère de la basse classe [2]. Mgr de Mérinville convoqua à l'évêché, le 8 février, la Chambre de ville et les notables habitants, pour aviser au moyen de soulager les pauvres. On décida qu'il serait alloué à chaque invalide une livre de pain par jour et à chaque enfant une demi-livre, et que le clergé contribuerait pour un tiers dans la dépense. Il fallait la somme de 1,030 livres par semaine [3].

Le résultat des élections de janvier 1742 et le choix du duc d'Orléans portèrent à la mairie M. Michel Davignon, premier-président du Présidial [4]. Peu de temps après (mars), M. le marquis d'Armenonville mourut, et les charges de grand-bailli, gouverneur et capitaine de Chartres passèrent à son neveu, M. le comte de Surgères, de la maison de La Rochefoucauld [5].

Il arriva peu d'événements remarquables pour la ville pendant la première période de l'administration de M. Davignon. Nous n'avons à citer qu'une levée de 200 hommes de milice imposée aux mois de novembre [6] et de décembre 1742, un *Te Deum* chanté le 18 décembre 1743, à l'occasion du mariage du duc de Chartres avec la princesse Louise-Henriette de

---

[1] Le feu d'artifice représentait *le Temple de la paix*. (*Reg. des Echevins*, et *Notes du notaire Letellier.*)

[2] Les campagnes furent ravagées par des bandes de loups; l'un de ces animaux, d'une taille énorme, fit plusieurs victimes dans la paroisse de Gasville. Le Grand-Louvetier et la louveterie du Roi arrivèrent à Chartres le 9 mars et exécutèrent des battues qui eurent un plein succès. (*Reg. des Echevins.*)

[3] *Ib.* — Dans la séance du 26 février on établit des receveurs pour la recette des cotisations des pauvres. (*Ib.*)

[4] *Ib.*; 1er février 1742.

[5] Alexandre-Nicolas de La Rochefoucauld, comte puis marquis de Surgères, lieutenant-général des armées du Roi. — La ville fit célébrer, le 23 mars, à Saint-Martin-le-Viandier, un service solennel pour M. d'Armenonville. (*Ib.*)

[6] *21 novembre*. L'intendant avait d'abord demandé 300 hommes; puis il se réduisit à 200; on trouva encore ce chiffre exagéré et on recourut à l'Evêque pour obtenir diminution. Le 2 janvier 1743 il fallut emprunter 6,000 livres pour habiller les miliciens. (*Ib.*)

Bourbon-Conti[1], un autre *Te Deum*, chanté le 25 mai 1744, à la nouvelle de la prise du comté de Nice[2], les réjouissances faites, le 9 et le 10 septembre de la même année, pour le rétablissement du Roi[3], et l'enregistrement, accompli au greffe le 2 du même mois, des provisions de lieutenant-général du bailliage délivrées à Marc-Antoine Nicole du Plessis, sur la résignation de son père[4].

M. Davignon, désigné de nouveau par les suffrages de ses concitoyens, fut continué, en janvier 1745, dans la charge de maire[5]. On célébra par un *Te Deum*, le 30 mai, la grande victoire de Fontenoy[6], et la ville reçut, le 21 mars 1746, 2,700 prisonniers de guerre faits à Bruxelles[7]. Mais un malheur local suivit de près les manifestations de la joie publique : le père des pauvres, le saint évêque de Chartres, Mgr de Mérinville, mourut le 10 mai. Il est impossible de décrire la consternation de la population, qui avait eu pendant trente-sept ans le spectacle des éminentes vertus de son premier pasteur ; on lui fit de magnifiques obsèques au séminaire du Grand-Beaulieu[8]. Le Roi donna l'évêché vacant à M. Pierre-Augustin-Bernardin de Rosset de Fleury, neveu du cardinal

[1] *Reg. des Echevins.* — [2] *Ib.*

[3] *Ib.* Entre autres réjouissances, on jeta des *échaudés* au peuple.

[4] *Ib.*

[5] 30 janvier 1745. *(Ib.)*

[6] *Ib.* — Messieurs de ville avaient l'habitude, lorsqu'ils sortaient pour un *Te Deum* ou un feu de joie, de se faire précéder par des joueurs de violon. Le personnel de cette musique, reconstitué au mois d'août 1744, se composait des sieurs Michel Dumont, Paul Septier, Simon Creusas et Martin Robert, tous maîtres de danse. Au mois d'août 1745, on remplaça les violons par des hautbois marqués aux armes de la ville, attendu qu'il paraissait plus convenable que, dans les cérémonies, les ménétriers jouassent du hautbois *pour accompagner les tambours.* (*Ib.*)

[7] *Notes du notaire Letellier.*

[8] 15 mai 1746. Procès-verbal de l'inhumation de M. de Mérinville. (*Reg. des Echev.*) — Ce prélat fut un des plus vertueux évêques qui aient occupé la chaire de Chartres ; le peuple, à sa mort, se disputa des lambeaux de ses vêtements comme s'il eût été canonisé ; une foule immense accourue de tous les coins du diocèse vint pleurer sur son cercueil, et, malgré l'égoïsme de notre siècle, son souvenir est encore vivace aujourd'hui dans quelques familles de l'ancienne bourgeoisie.

M. de Mérinville fit bâtir à ses frais une aile du grand-séminaire de Beaulieu et le séminaire Saint-Charles, rue du Marché-à-la-Filasse.

de ce nom, et ce prélat, qui prit possession le 5 décembre [1], se montra bientôt digne de son vénérable prédécesseur.

La mairie de M. Michel Davignon cessa au mois de janvier 1749, mais cette charge ne sortit pas de sa famille. Les suffrages portèrent en tête de la liste des candidats M. Claude Davignon, ancien procureur du Roi de l'Election, et le duc d'Orléans confirma le choix populaire [2]. Il paraît qu'à partir de cette époque le réglement du 16 décembre 1735 reçut quelques modifications, car M. Claude Davignon fut continué dans ses fonctions au mois de mars 1751 [3], au mois de juillet 1753 [4], et au mois d'avril 1757 [5].

La paix générale, signée à Aix-la-Chapelle le 18 octobre 1748, donna lieu, aux mois de février et de mars 1749, à de brillantes fêtes, dans lesquelles les édiles chartrains dépassèrent tout ce qui avait été fait en pareille occasion [6]. La naissance du duc de Bourgogne, fils du Dauphin (13 septembre 1751), fut encore le signal de réjouissances. A cette occasion, la ville, suivant les intentions du Roi, employa une partie de la somme destinée aux plaisirs publics à doter huit jeunes filles pauvres [7].

---

[1] *Reg. des Echevins.*
[2] 1er février 1749; *Ib.*
[3] 13 mars 1751; *Ib.*
[4] 16 juillet 1753; *Ib.*
[5] 28 avril 1757; *Ib.*
[6] La publication était faite par les clercs de la Basoche à cheval. L'un d'eux habillé en héraut, avec une couronne sur la tête, criait la paix par les carrefours; les autres portaient des drapeaux. On ne fut pas satisfait de la manière dont ces jeunes gens s'acquittèrent de leur mission en 1749, et on consigna sur les registres l'expression du mécontentement de la ville. (18 février 1749; *Ib.*)
Un feu d'artifice en réjouissance de la paix fut tiré sur la place des Halles le 10 mars. *(Ib.)*
Des prisonniers du pays de Waldeck, détenus à Chartres depuis trois ans, étaient partis pour la Hollande le 22 janvier. *(Notes du notaire Letellier.)*
[7] Lettre du duc d'Antin, du 20 septembre 1751. — La ville dépensa 4,154 livres en fêtes et dota les huit pauvres filles de 100 écus chacune; leur mariage se fit à Saint-Aignan, avec la plus grande pompe, le 23 novembre. *(Reg. des Echevins.)*
Je ne puis passer sous silence le *Jubilé* qui fut prêché à Chartres par le père Bridaine, dans les mois d'octobre et de novembre 1751. Les sermons du fameux missionnaire attirèrent à Notre-Dame une foule immense, avide de recueillir cette parole entraînante dans sa rudesse et sa franchise plébéiennes. Le 21 novembre, jour de la clôture, il y eut une immense procession et une plantation de croix au cimetière

Le duc d'Orléans mourut à l'abbaye de Sainte-Geneviève, le 4 février 1752; on célébra, le 23, un service solennel à la mémoire de ce Prince, et on envoya complimenter le duc de Chartres, son fils et son successeur dans son titre et son apanage [1].

Quelques affaires intéressantes pour la ville se traitèrent aussi pendant ces années. C'est à l'administration de M. Bouvart et de MM. Davignon que Chartres doit l'organisation d'une compagnie de pompiers. Au mois de décembre 1740, on fit construire deux pompes à incendie, l'une à Paris, l'autre à Rouen [2], et on forma à la manœuvre des incendies une escouade de seize ouvriers. Le salaire des pompiers fut fixé, le 14 juillet 1743, à 30 sous par jour de travail [3]. Le 20 février 1754, on décida que, pour se faire reconnaître dans les incendies, les pompiers porteraient un bonnet *de coureur*, en drap bleu, garni d'un bord d'or faux avec une frange pareille, et sur la face duquel une fleur-de-lys en cuivre doré serait attachée [4].

Le collége de Pocquet, cette belle œuvre de la bourgeoisie chartraine, ne cessait d'être l'objet de la sollicitude de la Chambre; or, sa prospérité était parvenue à un degré tel qu'en 1743 la seule classe de rhétorique possédait 92 élèves [5]. Les professeurs avaient toujours été des gens distingués; on citait parmi eux les sieurs Beaurain, Bernouville, Hardi, Gombault, Huchet et Danchet, l'auteur dramatique [6]. Chaque année, la distribution des prix était précédée par des exercices et des représentations de pièces de théâtre, dans lesquels on appré-

---

Saint-Thomas, hors la porte des Epars. La croix en fer, avec ornements dorés, pesant environ 600 livres, fut portée par 40 jeunes gens, pieds nuds; on compta à la procession 1,180 jeunes filles voilées et couronnées de fleurs; les hommes, les femmes, les garçons, Messieurs de la Ville, du Présidial et de l'Election venaient ensuite; Monseigneur, crossé et mitré, et le clergé fermaient la marche. *(Notes du notaire Letellier.)*

[1] *Reg. des Echevins.*
[2] 11 décembre. *(Ib.)*
[3] *Ib.* — [4] *Ib.*
[5] 30 octobre. *(Ib.)*
[6] *Ib.*; Séance du 13 août 1755.

ciait l'intelligence des élèves et le zèle des maîtres. En douze ans cette splendeur s'évanouit, et, en 1755, au lieu de 60 ou 80 élèves par classe, il y en avait à peine 15 ou 16. On attribuait cette décadence à la mauvaise gestion du principal, Michel Perrineau, qui, après avoir bien administré pendant quatorze ans, était accusé de négliger complètement ses devoirs et de s'attribuer les revenus de la prébende préceptorale, du prieuré de Saint-Michel et autres attachés à la principalité, sans souci du besoin des classes et du bien-être des régents. Il y eut des plaintes très-vives contre ce fonctionnaire au mois d'août 1755, et le corps municipal, pour lui témoigner son mécontentement, refusa d'assister à la distribution des prix [1]. Mgr de Fleury et le Chapitre usèrent aussi de leur droit de remontrance, comme administrateurs-nés du collége. On remarqua une légère amélioration pendant les années suivantes, mais les bonnes études et par suite les bons élèves ne reparurent que sous la principalité de M. Berthinot, qui remplaça M. Perrineau le 4 octobre 1760 [2].

M. le Dauphin et Mme la Dauphine honorèrent Chartres de leur présence le 19 juin 1756. Ils avaient été précédés par

---

[1] *Reg. des Echevins;* Séances des 12 et 13 août 1755.
Les principaux habitants adressèrent à l'Evêque, au Chapitre et au Corps de ville, une requête dont la minute fut déposée chez Me Champion, notaire, le 6 août 1755, et dans laquelle on opposait l'état florissant du collège pendant la principalité de MM. des Ligneris et Dugué à la chute qu'il avait éprouvée sous M. Perrineau; on s'y plaignait surtout de la diminution sensible du nombre des étudiants, de la désertion du pensionnat, du défaut d'ordre et d'instruction, de l'arbitraire des jours de congé, de la décadence des études, de la dissipation des écoliers et du découragement des maîtres. Cette requête portait les signatures de MM. Sochon du Brosseron, président au Présidial; Bouvart, assesseur criminel; Grandet, Thorin, Dutemple, Feuillet, conseillers; Garnier, procureur du Roi; Le Maire, avocat du Roi; Clavier, greffier; Leroux jeune, président des consuls; Belesme, Lefebvre, Vintant, Vabois fils, conseillers; Touraille, Juteau, Duhan, Huchedé, Rousseau, Levassor, Gougis, anciens présidents; Triballet, commissaire des guerres; Chancerel et Levée, élus; Compaignon de Marchéville, médecin du Roi; Mahon, docteur en médecine; Pétion, maire de Loëns; Romier, Touraille, Guerton, Janvier de Flainville, Pétion, avocats, etc. (Voir la brochure intitulée *Projet concernant le collége royal de Chartres*, etc. Imprimerie de Fr. Le Tellier, imprimeur du Roi, de la ville et du Chapitre, 1784.)

[2] *Reg. des Echevins.* — M. François Berthinot était prêtre du diocèse de Dijon et bachelier en théologie.

M. le comte de Surgères, qui fit enregistrer au greffe de la Chambre, le 17, ses provisions de gouverneur [1]. La réception fut splendide, et Monseigneur, en partant le 21, en témoigna son contentement [2]. Les dépenses faites en cette circonstance, quoique plus considérables que celles habituelles en pareil cas, n'étaient rien auprès de la charge qui greva au mois de septembre la caisse municipale. Trois divisions du régiment étranger de Fischer, fortes de 4,000 hommes, vinrent tenir garnison à Chartres; les deux casernes ne suffisant pas, on fut obligé de mettre beaucoup de soldats dans les greniers de Loëns et dans les maisons vacantes; on logea les officiers chez les bourgeois [3]. Deux divisions partirent au mois d'octobre, mais la troisième resta jusqu'au mois d'avril 1757 [4].

La ville, émue d'indignation, comme toute la France, à la nouvelle de la tentative régicide de Damiens, au mois de

---

[1] Le corps municipal alla recevoir M. de Surgères à la porte Saint-Michel. *(Reg. des Echevins.)*

[2] Le Dauphin et la Dauphine arrivèrent sur les trois heures et demie à la porte Châtelet, dans un carrosse à huit chevaux. Ils trouvèrent à leur rencontre toutes les communautés et corporations en habits de gala, les clercs de la Basoche portant les drapeaux, l'Oiseau-Royal et une compagnie de 100 jeunes gens de la bourgeoisie formant la haie. Le Maire, un genou en terre, harangua LL. AA. RR. au coin de la rue de la Visitation, et M. de Surgères leur présenta les clefs sur un plat d'argent. Messieurs de la Chambre se présentèrent à l'évêché dès que Mgr et Mme la Dauphine y furent entrés; ils complimentèrent une seconde fois les illustres visiteurs et offrirent au prince quatre douzaines de bouteilles de vin et à la princesse quatre douzaines de boîtes de confitures. Quatre échevins allèrent ensuite saluer Mme la duchesse de Brancas, dame d'honneur, M. le marquis de Sassenage, chevalier d'honneur, et M. le comte de Mailly, premier écuyer.
Le Dauphin et la Dauphine furent entendre le salut à Notre-Dame après vêpres; tout le clergé, l'évêque, crossé et mitré, en tête, les accompagna de l'évêché à la cathédrale et les reconduisit de même. Le soir il y eut une magnifique illumination dans le jardin épiscopal. Le lendemain, les princes allèrent visiter le couvent des Carmélites; toutes les rues, de l'évêché à ce couvent, étaient tendues de tapisseries de haute-lice.
Leurs Altesses royales repartirent le 21, à neuf heures du matin; toutes les corporations et communautés en armes étaient rangées dans la cour de l'évêché. Le Prince manifesta plusieurs fois son contentement par des signes de tête et de main. *(Récit inséré dans le Reg. des Echevins. — Voir aussi les Notes historiques trouvées parmi les minutes du notaire Letellier, aujourd'hui étude de Me Moulin.)*

[3] 4 septembre 1756. *(Reg. des Echevins.)* — Le régiment arriva le 9 septembre. *(Notes du notaire Letellier.)*

[4] 20 octobre. *(Reg. des Echevins.)* — 14 avril. Départ du régiment de Fischer pour Alençon. *(Notes du notaire Letellier.)*

janvier 1757, fit célébrer une neuvaine à l'autel de la Vierge-Noire pour la prompte guérison du Roi¹. Les heureux débuts de la campagne d'Allemagne comblèrent bientôt de joie le royaume ; à Chartres on chanta un *Te Deum* le 21 août à l'occasion de la prise de la ville de Hamelen en Westphalie². Mais la funeste journée de Rosbach (5 novembre) changea pour longtemps cette joie en tristesse. Un malheur local vint peu après ajouter sa fâcheuse réalité aux inquiétudes jetées dans les esprits par les événements politiques ; soixante maisons du quartier de Nicochet, à l'extrémité du Grand-Faubourg, brûlèrent dans la nuit du 26 au 27 mai 1758³.

M. le duc d'Orléans avait décidé, au mois de février 1754, que les élections du maire et des échevins se feraient dorénavant au mois de mai, au lieu du mois de janvier⁴. Les élections de mai 1758 portèrent à la mairie M. Garnier de Marigny, procureur du Roi au bailliage, et ce choix fut ratifié par le prince apanagiste⁵.

Les années 1759 et 1760 favorisèrent peu la ville. Mme la duchesse d'Orléans mourut le 9 février 1759 et la Chambre fit célébrer un service solennel à son intention⁶. Les nécessités de la guerre forcèrent le Roi à établir divers impôts temporaires. Chartres fut taxé, par une déclaration du 3 janvier, mise à exécution le 1ᵉʳ mars, à la somme de 20,000 livres, à titre de don gratuit, ce qui fit augmenter les droits d'octrois sur les boissons et le bois, ainsi que le droit de pied-fourché⁷.

---

¹ *Reg. des Echevins.* — ² *Ib.*

³ *Notes du notaire Letellier.* — Les maisons de cette partie du faubourg furent reconstruites à l'aide des libéralités de M. de Fleury.
 Au mois d'octobre 1758, on chanta un *Te Deum*, d'après un mandement de l'Évêque, à l'occasion des succès remportés par les troupes royales en Hesse, au Canada et en Bretagne.

⁴ 19 février 1754. *(Reg. des Echevins.)*

⁵ Ce magistrat fut installé le 13 juin. *(Ib.)*

⁶ *Ib.*

⁷ *Ib.;* Séance du 1ᵉʳ mars. — La perception, qui donnait environ 1,500 livres par mois, fut confiée à M. Asselin, directeur des Aides. *(Ib.)*

Au mois de février 1760, le Roi ajouta un sou pour livre à tous les droits perçus à quelque titre que ce fût pendant dix ans [1]. Le 22 mars suivant, la Chambre reçut communication de l'arrêt du Conseil du 24 décembre 1759, portant que les communautés qui avaient acquis des offices municipaux en 1733 et qui voudraient se dispenser de fournir homme vivant et mourant, seraient tenues de payer dans les six mois une finance réglée proportionnellement à leurs achats [2]. Le 27 août, l'Intendant d'Orléans fit remettre aux échevins de Chartres le rôle de l'imposition dite de l'*Industrie*, inventée depuis peu, et celui de l'abonnement annuel des francs-fiefs [3]. Enfin, la ville dut encore verser sur les recettes des octrois, en 1760, une somme de 20,000 livres, comme don gratuit [4], et le Chapitre envoya presque tous les joyaux de Notre-Dame à la Monnaie contre des récépissés portant intérêt au denier 20 [5].

M. de Surgères étant mort au mois de mai 1760, le gouvernement, la capitainerie et le titre de grand-bailli passèrent au comte de Surgères, son fils, qui en avait la survivance [6]. Le maire de Chartres devait changer au commencement de 1761, mais M. Garnier de Marigny fut continué pour trois ans encore dans cette charge qu'il remplissait à l'entière satisfaction de ses administrés [7].

Il fut question pour la première fois, en 1761, de transporter le collège, de la maison de Chinche, dans celle des filles de la Providence, rue Muret. M. l'Évêque était l'instigateur de cette mesure qui, proposée à la Chambre dans la séance

---

[1] *Reg. des Echevins;* Séance du 18 mars.

[2] *Ib.* — Moyennant cette finance, l'arrêt du Conseil du 18 octobre 1735 portant réunion des charges à l'hôtel-de-ville, fut confirmé par lettres-patentes du 9 juin 1762. *(Mémorial,* six derniers mois de 1762, f° 206; Arch. imp., sect. Domaniale.)

[3] *Reg. des Echevins.*

[4] 18 février 1760. *(Ib.)*

[5] Papiers du Chapitre, *Inventaire*, p. 124; Arch. départ.

[6] *12 mai.* Service pour M. de Surgères. *(Reg. des Echevins.)*

[7] 29 avril 1761. *(Ib.)*

du 7 octobre, fut repoussée à cause du mauvais état des finances de la ville et des grandes dépenses que cette translation occasionnerait. M. de Fleury, soutenu par M. de Cypière, intendant de la généralité d'Orléans, revint à la charge le 17 octobre, et cette fois le corps municipal donna un avis favorable, parce que la maison des filles de la Providence et les travaux d'appropriation ne devaient coûter que 12,000 livres. L'acquisition eut lieu immédiatement ; cependant les lettres-patentes, obtenues pour la sanctionner, au mois d'août 1762, ne furent enregistrées que le 13 août 1763 ; la translation eut lieu immédiatement après, par les soins du bureau d'administration du collége créé en vertu de l'édit du mois de février précédent [1].

La paix générale, signée à Paris le 10 février 1763, fut publiée à Chartres le 9 juillet avec une grande solennité [2].

Le résultat des élections de mai 1763 maintint encore M. Garnier de Marigny dans les fonctions de maire [3] ; mais cette fois la séance de ce magistrat ne fut pas de longue durée, car un édit du même mois vint modifier de nouveau l'organisation des administrations municipales. D'après cet édit, le

---

[1] Voir délibérations des 7 et 17 octobre 1761 et 9 mars 1762. *(Reg. des Echev.)*
Les bâtiments de Pocquet étaient, il est vrai, en mauvais état, mais ceux des filles de la Providence ne valaient pas mieux. Si l'on en croit le *Projet* de 1784 et la délibération des administrateurs qui l'adopta, le nouveau local du collége ne présentait *qu'un assemblage incohérent de bâtiments d'étages inégaux, construits en bois, et tombant de vétusté, des escaliers impraticables et dangereux, une chapelle dans laquelle il n'a pas été possible de procurer aux écoliers externes une entrée par la cour intérieure, des classes trop étroites, malsaines, humides, d'une excessive chaleur en été, d'un froid glacial en hyver, des galetas pour servir de dortoirs aux pensionnaires en petit nombre entassés pendant la journée dans une petite chambre où ils étudient.* (Projet concernant le collége royal de Chartres. Brochure imprimée chez F. Le Tellier, 1784.)
M. de Fleury avait depuis longtemps le désir de procurer à son palais épiscopal une vue plus belle et plus étendue ; la cession de l'ancienne maison de Chinche à l'évêché permettait au prélat d'exécuter son projet. Tel fut le vrai motif de la translation du collége.

[2] *Reg. des Echevins.* — Les clercs de la Basoche qui servaient de hérauts et de porte-drapeau, étaient vêtus à *la Romaine*, d'après des dessins exécutés par M. Berthinot, principal du collége.

[3] 19 mai. *(Ib.)*

corps de ville dut être composé d'un maire, de quatre échevins, de six conseillers de ville et d'une assemblée permanente de quatorze notables. Les notables, nommés par l'assemblée générale des habitants, formaient eux-mêmes un conseil d'électeurs, qui était présidé par le Lieutenant-général du bailliage, et qui choisissait les candidats à proposer au duc d'Orléans pour les diverses fonctions municipales. Les élections se firent dans le mois d'avril 1766 pour les notables [1], et dans les mois de juin et de juillet pour le maire, les échevins [2] et les conseillers [3]; M. des Ligneris, gentilhomme, l'un des candidats présentés pour les fonctions de maire, fut choisi par M. le duc d'Orléans et installé, en cette qualité, le 23 juin 1766 [4].

Des malheurs publics et particuliers assombrirent les années 1766, 1767 et 1768. La mort du Dauphin, arrivée le 20 décembre 1765, causa d'universels regrets, auxquels Chartres s'associa par un service funèbre qui fut célébré le 17 janvier 1766 [5]. Un an après, la Dauphine suivit son époux dans la tombe [6]. Cette pieuse princesse laissa à la ville de Chartres un souvenir touchant de son passage sur la terre; M. de Fleury

---

[1] 28 avril. *(Reg. des Echevins.)* — Les notables, élus par l'assemblée générale des habitants, furent MM. Billette, chanoine, Lesage, curé de Saint-Hilaire, de Villeneuve, gentilhomme, Lecureau, lieutenant-criminel, Meslier, officier du grenier à sel, Foreau de Trisay, ancien notaire, Billard, bourgeois, Foreau, avocat, Legrand, procureur, Bardet, maître en chirurgie, Lefèvre, marchand de toile, Levassor, drapier, Blin, expert-juré, Charpentier, peigneur de laine.

[2] 23 juin. *(Ib.)* — Les échevins furent MM. de Villereau, Sochon du Brosseron, président au Présidial, Bruant-Huchedé, bonnetier, et Breton.

[3] 22 juillet. *(Ib.)* — Les conseillers furent MM. Parent, premier président du Présidial, de Paris, conseiller d'honneur du Bailliage, Touraille, avocat, Bruant l'aîné, président au Grenier à sel, Gougis l'aîné et Billart, bourgeois.

[4] Les concurrents de M. des Ligneris étaient MM. Nicole, lieutenant-général du Bailliage, et Parent, premier président du Présidial. Chacun d'eux avait obtenu 13 voix.
Après la séance d'installation, le maire fut reconduit à son hôtel par le corps de ville, précédé des tambours et violons; M. de Villereau, premier échevin, le harangua et lui offrit douze bouteilles de vin au nom de la ville. *(Ib.)*

[5] *Ib.*

[6] *15 avril 1767.* Service pour le repos de l'âme de Mᵐᵉ la Dauphine. *(Ib.)*

manda à MM. du Chapitre, le 21 mars 1767, que Mme la Dauphine avait légué son anneau nuptial à la sainte châsse de Notre-Dame [1]. L'assemblée des notables, présidée par M. Louis-Jean-Baptiste Asselin qui venait de succéder, par voie de résignation, à M. Nicole dans la lieutenance-générale, eut à s'occuper, le 5 janvier 1768, des moyens de prévenir une émeute rendue probable par la cherté du pain [2]. On fut sur le qui-vive pendant ce rude hiver, et il fallut faire de grands sacrifices pour soulager les pauvres. Marie Lecsinska, la reine bien-aimée, mourut le 24 juin 1768; un service pour le repos de son âme eut lieu à Chartres le 20 octobre [3].

La séance de quatre ans de M. des Ligneris étant expirée au mois de juin 1770, on procéda à de nouvelles élections qui appelèrent à la première magistrature de la ville M. Marie-Vincent-Jacques Parent, premier-président du Présidial [4]. Mais rien n'était mobile à cette époque comme les organisations municipales; un édit du mois de novembre 1771 créa, moyennant finance, une nouvelle série d'officiers sous les noms connus de maire, lieutenants de maires, assesseurs, échevins, etc. La ville fit des démarches pour obtenir, à prix débattu, la réunion de ces charges au corps municipal, et elle l'obtint par arrêt du Conseil-d'État du 16 mars 1773. Un arrêt du 13 avril suivant, conséquence du premier, décida qu'à l'avenir le corps de ville de Chartres serait composé d'un maire, d'un lieutenant de maire, de quatre échevins, de quatre assesseurs, d'un syndic-receveur et d'un secrétaire-greffier; détermina le nombre, par corporations et par paroisses, des membres formant l'assemblée générale des habi-

---

[1] Séance du 21 mars; *Reg. capit.*

[2] La gelée rendit le blé cher et les farines rares. Il n'y avait par jour, chez les vingt-six boulangers de Chartres, que trois muids de farine, au lieu de huit nécessaires à l'approvisionnement des habitants. *(Reg. des Echevins.)*

[3] *Ib.* — On ressentit, le 1er décembre 1769, entre cinq et six heures du soir, deux secousses de tremblement de terre. *(Notes du notaire Letellier.)*

[4] 2 juin 1770. *(Reg. des Echevins.)*

tants; continua transitoirement M. Parent dans les fonctions de maire pour trois ans; nomma, pour deux ans, à la charge de lieutenant de maire, M. Forcau, premier échevin; choisit pour échevins MM. Billard et Levassor qui l'étaient déjà et MM. de Bruct de la Chesnaye et Pétion, anciens conseillers de ville; donna les charges d'assesseurs à MM. Le Tellier, Huchedé, Chancerel et Clavier, autres conseillers, et maintint le sieur Clavier dans l'office de syndic-receveur et le sieur Foisy dans celui de secrétaire-greffier[1]. Ce réglement, qui contenait, en outre, des instructions sur les élections, fut enregistré au bailliage le 21 mai 1773[2].

Il ne se passa rien de remarquable durant la mairie de M. Parent[3], sinon quelques réjouissances ou deuils officiels à l'occasion de la naissance du duc de Valois, fils du duc de Chartres (octobre 1773)[4], de la mort de Louis XV (10 mai 1774)[5] et du sacre de Louis XVI (11 juin 1775)[6]. A l'expiration de la période de trois ans, les suffrages et l'assentiment du duc d'Orléans portèrent à la présidence du corps muni-

---

[1] Cet arrêt a été imprimé chez F. Le Tellier fils, imprimeur de la ville, rue des Trois-Maillets, 1773. Il se trouve en original aux Archives impériales. (Section Admin., E, 3,461.)

[2] *Reg. des Echevins.*

[3] Au mois de juillet 1772, le sieur Hoyau, ancien cartier-imagier, commença la construction d'une salle de spectacle sur un terrain situé derrière le Grand-Four, en face de l'église Saint-Saturnin. *(Notes du notaire Letellier.)* On joua dans cette salle, pour la première et la dernière fois, le dimanche 4 mars 1780, une comédie-parade intitulée *la Nuit de Janot ou le Triomphe de mon frère.* L'auteur, qui garda l'anonyme, avait imité deux pièces de Dorvigny: *Janot ou tout ce qui reluit n'est pas or,* et *les Battus paieront l'amende.*

[4] *9 octobre 1773.* M. Pitoin, intendant des finances du duc d'Orléans, informe la ville de l'heureux accouchement de la duchesse de Chartres.
31 octobre. Te Deum, à cette occasion, dans l'église des Cordeliers; distribution de pain aux pauvres, décharges d'artillerie et illuminations.
20 novembre MM. Pétion et Chancerel, échevins, sont envoyés à Paris pour complimenter Mme la duchesse de Chartres. *(Reg. des Echevins.)*

[5] *3 mai 1774.* Ouverture des prières des Quarante-Heures, à Saint-Martin-le-Viandier, pour le rétablissement de la santé du Roi.
13 mai. Réception d'une lettre de Louis XVI, en date du 11 mai, annonçant la mort de Louis XV. *(Ib.)*

[6] *25 juin 1775. Te Deum* et illuminations pour le sacre du Roi.
Il y avait alors en garnison un escadron de 100 hommes du régiment des carabiniers de Monsieur. *(Ib.)*

cipal M. Louis-François, marquis des Ligneris, seigneur de Méréglise, et l'installation de ce nouveau maire eut lieu dans la séance du 3 juin 1776 [1].

Un meurtre accompagné de circonstances horribles jeta Chartres dans la terreur en 1777; le chanoine Petey, grand-pénitencier, fut assassiné avec sa servante, dans sa maison du cloître, le 16 avril. Toutes les recherches de la police restèrent infructueuses, et l'impunité enhardit tellement les rôdeurs de nuit que l'on dut prendre des mesures de sûreté extraordinaires. On organisa en juillet une forte patrouille [2], et on pria le prince de Montbarrey, ministre de la guerre, d'envoyer à Chartres un détachement de trente ou quarante hommes. Il n'en fallut pas moins pour rassurer les esprits [3]. L'arrivée du régiment des dragons de la Reine, le 24 février 1778, et les abondantes aumônes de l'Évêque pendant les rigueurs de l'hiver, achevèrent de dissiper les inquiétudes des bourgeois peureux [4].

Lors du renouvellement triennal des officiers municipaux, au mois de mars 1779, le duc d'Orléans avait choisi pour maire M. de Paris, conseiller d'honneur du bailliage; mais ce personnage ayant fait agréer ses excuses au Prince, M. le marquis des Ligneris fut continué dans ses fonctions jusqu'à nouvel ordre [5]. Ce fut ce magistrat qui reçut, le 8 août 1780, à la tête du corps de ville, Mgr Jean-Baptiste-Joseph de Lubersac, ancien évêque de Tréguier, successeur de M. de

---

[1] *Reg. des Échevins.*

[2] Un sergent-major, trois sergents, trois caporaux et vingt-quatre hommes. (3 juillet 1777; *Ib.*)

[3] 8 juillet 1777. *(Ib.)*

[4] M. de Cypière, intendant d'Orléans, mit à la disposition de la ville une somme de 2,000 livres pour les ateliers de charité. (28 février 1778; *Ib.*) — M. de Fleury fit prévenir le maire, le 11 avril, qu'un *inconnu* lui avait fait remettre huit sacs de 1,200 livres et un sac de 101 liv., pour les donner *en pur don* à la ville, à la condition par celle-ci d'employer cet argent aux choses les plus utiles aux habitants, et que, pour lui, il inclinait *pour la conduite des eaux de la fontaine de Luisant à Chartres*. MM. Bellier-Duchesnay et Juteau furent aussitôt députés pour remercier l'Évêque. *(Ib.)*

[5] Assemblée générale du 31 mars et séance du 12 mai 1779. *(Ib.)*

Fleury dans la chaire épiscopale chartraine [1]. La mort de M. des Ligneris fit cesser bientôt le provisoire ; les élections portèrent en tête de la liste des candidats M. Bellier-Duchesnay ; le duc d'Orléans ratifia ce choix le 18 décembre, et le nouveau maire fut installé dans la séance du 22 [2].

La charge de maire était moins que jamais une sinécure, car on remarquait déjà dans le corps social une sorte d'ébranlement et de décomposition qui se traduisait par des actes de brigandages contre les personnes et les propriétés. Nous trouvons, à la date du 21 août 1781, un arrêté pris en assemblée générale, qui prescrit au corps municipal de se concerter avec le Présidial sur les moyens à prendre pour assurer le repos public, *vu les assassinats et désordres qui se commettent journellement dans la ville* [3]. On ne négligeait pas pour cela les occasions de réjouissances populaires ; la naissance du premier Dauphin (22 octobre 1781) [4] et les succès

[1] M. de Fleury mourut subitement à Paris le 13 janvier 1780. Il avait été grand-aumônier de la reine Marie Leczinska.
C'était un vertueux pontife, extrêmement charitable, et qui employait le crédit que lui donnait son nom à faire le plus de bien possible ; il fut très-regretté. Malheureusement ce fut sous son épiscopat, et un peu à son instigation, que s'accomplirent les mutilations du chœur de Notre-Dame. La faute en était moins à lui qu'à son siècle.
M. de Lubersac fut reçu par le corps de ville avec les plus grands honneurs ; on tira l'artillerie, Messieurs allèrent, drapeaux en tête, le complimenter aux Capucins de Saint-Martin-au-Val ; il trouva à la porte Saint-Michel une salle en bois de sapin garnie de tapisserie de haute-lice dans laquelle il se revêtit de ses habits pontificaux, et il fit son entrée au milieu de toutes les autorités, escorté par les compagnies bourgeoises. (*Reg. des Echevins;* Séance du 25 juillet 1780 ; Programme.)

[2] *Ib.*

[3] *Reg. des assemblées générales;* Arch. de la Mairie.

[4] Un *Te Deum* fut chanté à Notre-Dame le 28 octobre, mais les grandes réjouissances furent remises au 14 novembre. M. Bellier-Duchesnay, maire, et MM. les échevins et conseillers en confièrent l'organisation à MM. Juteau, Janvier de Flainville, du Temple de Rougemont, Bonnet et Petit. Le 14 novembre, toutes les autorités, escortées par les compagnies bourgeoises, se rendirent à l'église de l'abbaye de Saint-Père et entendirent une grand'messe qui fut terminée par le chant *Exaudiat*. L'église était tendue de tapisseries et plusieurs devises ingénieuses rappelaient aux assistants l'événement du jour ; on lisait, au-dessus de la porte d'entrée, ce distique latin :

Cresce puer ; crescant, optato in limine vitæ,
Borbonida Austriacis lilia juncta rosis.

Il y eut le soir de splendides illuminations à l'hôtel-de-ville, avec force transparents, devises et allégories. La pluie vint malheureusement empêcher le feu d'artifice. On essaya de le tirer le 19, mais l'eau avait tellement imprégné les pièces

des armes françaises en Amérique et sur mer (fin de 1781)[1], donnèrent lieu à de brillantes fêtes. Il se manifestait aussi dès cette époque un besoin d'améliorations qui se prenait à tout : on fit, en mai 1783, des cours publics *de boulangerie*[2]; l'Évêque s'occupa, au mois de juillet, de la police des cimetières intérieurs et y interdit toutes les inhumations dans un délai de six mois[3]; au mois de novembre, le corps municipal adopta le projet du sieur Bouvet le jeune, marchand de soie, tendant à l'établissement d'une magnanerie dans le pays[4]; au mois de juin 1784, la réforme du collège, que l'on désirait livrer aux religieux bénédictins de la congrégation de Saint-Maur, mit en lutte le corps de ville et le conseil d'administration[5]. Ces études plaisaient à l'esprit investigateur de M. Bellier-Duchesnay, dont la mairie dura quatre années entières. Ce magistrat distingué fut remplacé, le 12 décembre 1784, par M. Triballet du Gord, lieutenant de maire, ancien commissaire-ordonnateur des guerres.

Nous mentionnerons pour mémoire, car de plus grandes choses vont fixer notre attention, le *Te Deum* chanté le 10 avril 1785 pour la naissance du duc de Normandie, second fils du Roi, et le service célébré au mois de novembre 1785 pour le duc d'Orléans, mort le 18, au château de Sainte-Assises[7].

---

qu'il fallut y renoncer. (Voir le compte-rendu de ces fêtes, inséré par M. E. Bellier de la Chavignerie dans le *Journal de Chartres*, nos des 4 et 7 janvier 1855, et l'assemblée générale du 27 octobre 1781 ; *Reg. des Echevins*.)

[1] *Ib.*; Séance du 6 décembre 1781.

[2] *Ib.*; Séance du 19 mars 1783.

[3] *Ib.*; Séance du 16 juillet 1783. — Cependant ces cimetières ne furent définitivement supprimés que par ordonnance de M. Asselin, lieutenant-général, du 12 juin 1786.

[4] *Ib.*; Séance du 19 novembre 1786.

[5] Voir le *Projet concernant le collège royal de Chartres*, approuvé par MM. Asselin, Billard, Drappier, Triballet du Gord, Parent, Brochard du Fresne, administrateurs, le 29 mai 1784. (Brochure petit in-4o, de 40 pages, imprimée chez Le Tellier, 1784.)

[6] *Reg. des Echevins*; Séance du 8 avril.

[7] *24 novembre*. Le service eut lieu aux Cordeliers. *(Ib.)*

Si l'assemblée des notables, tenue au mois de février 1787, fut stérile dans ses résultats généraux, elle provoqua du moins un grand progrès dans l'administration locale, en conseillant au Roi la création des assemblées provinciales pour les pays privés d'Etats provinciaux. D'après ce système, qui rappelle jusqu'à un certain point le mécanisme de nos conseils municipaux, d'arrondissements et généraux, la généralité d'Orléans fut dotée d'assemblées municipales, de département et provinciale, *élémentaires les unes des autres*. La première séance de l'assemblée provinciale de l'Orléanais s'ouvrit le 6 septembre 1787, sous la présidence de M. le duc de Luxembourg; les députés chartrains choisis par le Roi étaient, pour le clergé, Mgr de Lubersac, pour la noblesse, M. Barillon de Morangis, conseiller d'honneur au Parlement, et pour le tiers-état, MM. Grandet de la Villette et de la Mustière. L'assemblée se complétant par elle-même, fit, à la pluralité des suffrages, choix de divers membres parmi lesquels l'élection de Chartres fournit, pour le clergé, M. l'abbé de Thorigné, sous-doyen du Chapitre, pour la noblesse, M. le marquis de Fains, et pour le tiers-état, MM. Triballet du Gord, maire, et Bouvet, négociant. Dans la séance du 12 septembre, l'assemblée régla les travaux de la commission dite *intermédiaire*, c'est-à-dire fonctionnant dans les intervalles des sessions, et dans la séance du 13 elle nomma, suivant son droit, la moitié des membres devant faire partie des assemblées de départements. Les abbés Sieyes et Thierry, pour le clergé, le marquis de Fains et le comte de Blainville, pour la noblesse, et MM. Asselin, lieutenant-général du bailliage, Grandet de la Villette, secrétaire du Roi, Bouvet, négociant à Chartres, et Lelong, fermier à Bailleau, réunirent les voix pour l'élection de Chartres [1].

---

[1] *Procès-verbal des séances de l'assemblée provinciale de l'Orléanois, tenue à Orléans le 6 septembre 1787.* A Orléans, de l'imprimerie de Couret de Villeneuve, imprimeur du Roi et de l'Assemblée provinciale de l'Orléanois. M. DCC. LXXXVII.

Mais il fallait quelque chose de plus à des esprits avides de nouveautés : depuis un an on parlait de la nécessité d'assembler les États-généraux pour porter remède aux maux du royaume. L'édit qui prescrivit cette convocation fut enregistré au Parlement le 27 septembre 1788. A Chartres, comme ailleurs, on fit des remontrances, on formula des vœux, au sujet du mode de représentation du Tiers dans les États; une délibération de l'assemblée générale du 4 septembre, provoquée par un placet des avocats et forte de l'adhésion des corporations et compagnies de la ville, demanda que le nombre des représentants du Tiers fût au moins égal à celui des députés du Clergé et de la Noblesse [1], ce qui eut lieu. L'assemblée générale adopta, le 3 janvier 1789, un mémoire dans lequel on démontrait que la Beauce devait avoir des États provinciaux particuliers, les intérêts de cette province étant tout-à-fait étrangers à ceux de l'Orléanais [2]; on pria M. le

---

[1] Cette délibération fut signée par MM. Triballet du Gord, maire, Parent, lieutenant de maire, Le Tellier, Pétey de la Charmois, de Milleville de Boutonvilliers, Grandet de la Villette, Langlois, du Temple, Vallet de Lubriat, Pierre de Borville, Pétion de la Bâte, Delacroix, Asselin, lieutenant-général, et Foisy, greffier; MM. Duplessix du Colombier et Doullay, notables du Chapitre, et Maillard, notable des curés, refusèrent de s'associer à cet acte.

Le lendemain, 5 décembre, donnèrent leur adhésion MM. Regnard, religieux de Josaphat, Vangeois, prêtre, Lefebvre, chevalier de Saint-Louis, Beaulieu de Chavannes, président au grenier à sel, Guillard, secrétaire de l'évêché, Barré, bourgeois, Philippes, commensal de la maison du Roi, et les doyens et syndics des perruquiers, tapissiers, selliers-bourreliers, charrons, maréchaux, serruriers, taillandiers, bouchers, charcutiers, aubergistes, menuisiers, tonneliers, tourneurs, charpentiers, rôtisseurs-traiteurs et pâtissiers. (Petit in-12, de 32 pages, intitulé *Vœu du Tiers-État de la ville de Chartres sur sa représentation aux États-généraux*. Chartres, de l'imprimerie de Fr. Le Tellier, imprimeur du Roi et de la ville. 1788.)

[2] Ce mémoire, longuement motivé, fut approuvé par toutes les communautés ouvrières; par les marchands *(Bouvet-Jourdan, juge, Coubré, lieutenant, Juteau, consul)*; les notaires et procureurs; les chirurgiens *(Fauger, Deschamps, Puech, Callary, Montestruc et Compain)*; les commensaux de la maison du Roi, gens de finances, docteurs en médecine et citoyens vivant noblement *(Brochard, Bouvart, Lesage, Duguet, Le Blanc de Boisricheux, Le Blanc de Neauville, Dubois du Perray, Le Blanc, Mahon, Bouvet de Bronville, Guiard des Granges, Menard, Juteau, Judel, Daguet, Romier, Dufresnay de Senainville, Vallet de Mollainville, Barré, Foreau Saint-Loup, Vallou, Servant, Huart de Lamarre)*; les avocats *(Janvier de Flainville, Le Tellier, Pierre de Borville, Pillan, Pétion de la Bâte, Horeau, Hue de Bois-Barreau, Courtier de la Barrerie, Hue de Lorville, Marchand, Doublet de Boisthibault, Hérisson fils, Levassort, Pétion de Villeneuve,*

vicomte de La Rochefoucauld et son fils, le duc de Doudeauville, grand-bailli et gouverneur de Chartres [1], de solliciter à ce sujet M. Necker ; mais on échoua sur ce point. Un autre vœu, formulé au moment même de la nomination des députés, reçut un meilleur accueil ; les officiers municipaux demandèrent et obtinrent que le bailliage de Chartres et celui de Châteauneuf eussent chacun une députation distincte [2].

Cependant le jour des élections arriva ; l'assemblée des électeurs tint séance les 16, 17, 18, 19, 20 et 21 mars [3], et

Durand); le grenier à sel (Beaulieu-Chavannes, président, Meslier, grenetier, Brochard d'Auferville, contrôleur, Desmousseaux, conseiller); l'Election (Masson, président, Pétey, Pellerin, Chancerel, Brulard, Huc, Meunier de Fonteny, Marceau de la Fosse, Paillart du Tertre, élus); le Bailliage (Asselin, lieutenant-général, Dattin de Lancey, lieutenant-criminel, Parent, lieutenant-civil, Bouvart, lieutenant-particulier, assesseur criminel, du Temple de Rougemont, Jolly des Hayes, Dattin de Gerainville, Coubré, Vallet de Lubriat, Dumoutier de Dondainville, Foreau, conseillers, du Temple, avocat du Roi, Clavier, greffier en chef); la Noblesse et les officiers militaires (comte de Courtarvel, Lenoir de Jouy, de Saint-Denis, marquis de Montigny, de Sabrevois, de Languedouc d'Archambault, vicomte de Cambis, chevalier de Courtarvel-Pezé, comte d'Hozier, du Doyer du Chaulnoix, Lecuyer de la Papotière, comte de Gogué de Moussonvilliers, de Lestang de Viantais, des Haulles, Brouilhet de la Carrière, de Caqueray, de Pâris, Sochon de Laubespine, de Montmireau, Brochard, Brochard du Fresne, Renouard de Saint-Loup, Midy, conseiller à la cour des Aides, de Beaurepaire, Rouxel de Saint-Rémy, de Gaussinte, Arlault d'Affonville, Grandet de la Villette, Lefebvre, chevalier de Saint-Louis, Touraille, Le Chapelier de la Varenne, Foreau de Trizay, Coubré, de Prat, d'Avignon, des Corchais, de Milleville de Boutonvilliers, Clavier d'Ombrelle, du Temple de Rougemont, Vallou de Boisroger, Sochon de Soustour, de Pâris de Boisrouvray); les couvents et les curés; le Chapitre de Notre-Dame (de la Rue, doyen, de Brassac, chantre, Maubuisson et Verchère, chanoines.) (Brochure grand in-8°, de 20 pages, avec carte; de l'imprimerie de Fr. Le Tellier, imprimeur du Roi et de la ville, rue des Trois-Maillets. M. DCC. LXXXIX.)

[1] *2 février 1789.* M. le duc de Doudeauville assure M. le Maire qu'il s'occupera de ce mémoire.
11 février. Le comte de la Rochefaucauld fait connaître à M. Triballet du Gord qu'il a parlé de l'affaire à M. Necker, mais que ce ministre lui a répondu qu'il n'y avait rien à demander avant l'ouverture des Etats-généraux. *(Lettres originales ;* Arch. de la Mairie.)
Le duc de Doudeauville (Ambroise-Polycarpe de la Rochefoucauld), nouveau grand-bailli et gouverneur, fit son entrée, le 11 mars 1789, par la porte Saint-Michel. Toutes les communautés et le corps de ville allèrent le recevoir et le complimenter. *(Reg. des délibérat. de la communauté des drapiers ;* Arch. de la Mairie.)

[2] Mémoire du 13 février 1789, accueilli par le règlement royal du 19 février. (Arch. de la Mairie.)

[3] La première séance eut lieu le 16 mars, dans l'église des Cordeliers, sous la présidence de M. le duc de Doudeauville, grand-bailli, et en présence de MM. Louis-Jean-Baptiste Asselin, lieutenant-général, et Charles-Philippe du Temple, avocat du

les suffrages désignèrent, dans l'ordre du Clergé, pour la députation, Mgr de Lubersac, et, pour la suppléance, M. Claude-Adrien Jumentier, curé de Saint-Hilaire; dans celui de la Noblesse, pour la députation, M. Charles-Philippe Simon de Montboissier-Beaufort-Canillac, baron de Montboissier, et, pour la suppléance, M. Antoine-Omer Tallon, marquis du Boullay-Thierry; et, dans celui du Tiers-Etat, pour la députation, MM. Jérôme Pétion de Villeneuve, avocat, et Pierre-Etienne-Nicolas Bouvet, marchand et grand-juge consul, et, pour la suppléance, MM. Michel-Claude Horeau, avocat, et Louis Letellier, avocat, échevin.

Nous avons sous les yeux une copie des *plaintes et remontrances* du Tiers-Etat [1]. L'analyse que nous allons donner de cette pièce fera connaître l'esprit qui animait ses auteurs et la part qu'ils prirent au grand mouvement social de 1789 :

Chapitre Ier. — *Organisation des Etats-généraux.* — Vote par tête et non par ordre; — représentation du Tiers-Etat double en nombre de celle des deux autres ordres.

Chapitre II. — *Constitution.* — Participation du Roi et de la Nation à la rédaction des lois; — possibilité par ces deux pouvoirs de proposer la loi; mais défense au Roi, une fois la loi proposée, de s'opposer à la volonté de la Nation; — défense aux cours de justice de s'immiscer dans l'exercice du pouvoir législatif; — pouvoir exécutif confié au Roi; — assemblée des Etats-généraux, tous les cinq ans au moins, et vote des subsides pour cinq ans; — commission intermédiaire de surveillance, composée de quarante membres des Etats et fonctionnant dans l'intervalle des sessions; — traités de paix, de guerre et de commerce conclus avec le concours

---

Roi; Me Pierre-Marin Clavier, greffier en chef du bailliage, tenant la plume. *(Procès-verbal des séances des électeurs du Bailliage de Chartres;* Arch. impér.)

[1] Il avait d'abord été convenu que le Cahier des Plaintes serait rédigé en commun par les trois ordres; mais les commissaires choisis pour ce travail n'ayant pu s'entendre, chaque ordre rédigea son cahier séparément. *(Procès-verbal;* Arch. imp.)

simultané du Roi et des Etats-généraux ; — responsabilité des ministres, qui rendront chaque année leurs comptes soit aux Etats, soit à la commission intermédiaire ; — inviolabilité des députés ; — lettres de cachet subordonnées à l'avis des proches parents de l'inculpé ; — abolition des lettres de grâce ; — liberté de la presse, à la condition que les écrits seront revêtus des signatures de l'auteur et de l'imprimeur.

Chapitre III. — *Administration.* — Etats provinciaux dans chaque province, et en particulier en Beauce, chargés de l'assiette et de la perception des impôts, de l'entretien des routes, etc.

Chapitre IV. — *Impôts.* — Rôle unique pour la taille et la capitation ; — cadastre de chaque province ; — paiement des impôts par tous les citoyens, sans distinction d'ordre ; — abolition des loteries.

Chapitre V. — *Travaux publics.* — Répartition entre les citoyens de tous les ordres de prestations en argent représentatives de la corvée ; — direction des postes, messageries, étapes et logements de gens de guerre attribuée aux Etats provinciaux ; — abolition du privilége exclusif des messageries ; — augmentation de la maréchaussée ; — nouveau régime pour les haras.

Chapitre VI. — *Agriculture.* — Réduction des exploitations à deux charrues de labour, les grandes exploitations diminuant la population, augmentant la classe indigente, produisant la disette des bestiaux et le manque d'engrais ; — défense de détruire les bâtiments ruraux et modération d'imposition en faveur des propriétaires de corps de ferme.

Chapitre VII. — *Charges nuisibles à l'agriculture.* — Conversion des droits fonciers et seigneuriaux en rentes foncières essentiellement rachetables, sauf un léger cens pour marquer la directe ; — milice au sort supprimée comme un des fléaux de la campagne ; y substituer les soldats paroissiaux fournis aux dépens des arrondissements fixés par les Etats provinciaux, et ce, par feux, sans aucune distinction; — proportion plus égale entre le produit des biens-fonds et l'intérêt légal de l'argent; — autorisation de prêt à intérêt et à temps.

Chapitre VIII. — *Commerce.* — Liberté du commerce, abolition des priviléges et des jurandes; — uniformité des poids et mesures; — suppression des droits de barrage, barrière, havage, vingtième d'industrie, du poids-le-Roi, des droits sur les cuirs, des marques sur les métaux autres que l'or et l'argent, des droits d'aides et entrées ou répartition plus équitable entre les villes du royaume; — établissement de voies de communication tant par eau que par terre, jonction du Loir à l'Eure et navigation de Chartres à Pont-de-l'Arche.

Chapitre IX. — *Subsides et droits onéreux.* — Abolition des priviléges de certaines provinces en matière d'impôt; — abolition du droit de franc-fief; — droit sur le sel perçu dans les marais salans; abolition des greniers et du monopole du Gouvernement pour la vente; — réduction du droit sur le tabac; combinaison de l'intérêt du Gouvernement avec la liberté de culture appartenant à tous les citoyens; — suppression des droits de contrôle; création d'un droit de vérification modique et *uniforme* pour assurer la date des actes autres que les sous-seings privés, lesquels ont date certaine par le fait de leur production en justice; — réduction des droits d'insinuation à un droit *uniforme* et modéré, *sans avoir égard à la nature ou à l'importance des actes translatifs de propriété;* suppression de ce droit pour les successions collatérales, *le mort saisissant le vif;* — faculté aux notaires d'énoncer dans leurs actes des sous-seings privés sans être obligés de les faire contrôler, pourvu qu'ils ne les annexent point à leurs minutes; suppression du droit de sceau et des huit sous pour livre sur les sentences et autres expéditions des greffiers; — défense absolue aux commis de faire des recherches dans les études de notaires et dans les greffes, ces dépôts renfermant les secrets des familles.

Chapitre X. — *Clergé.* — Provisions papales supprimées; bulles délivrées aux évêques par le métropolitain et au métropolitain par les évêques assemblés; — revenus des curés, portés à 1,200 livres dans les campagnes, à 1,500 livres dans les bourgs, et à 2,000 livres dans les villes de troisième ordre; — caisse diocésaine, formée avec la moitié de la taxe ordinairement envoyée à Rome pour l'impétration des provisions ecclésiastiques et avec les revenus des dîmes des gens de main-morte, et servant à payer les honoraires des curés et vicaires, à payer les grosses réparations des églises et à soulager les prêtres infirmes; — suppression des maisons religieuses peu nombreuses.

Chapitre XI. — *Noblesse.* — Plus de noblesse à prix d'argent; — la noblesse pourra exercer toutes les professions sans déroger.

Chapitre XII. — *Tiers-Etat.* — Toutes les places ecclésiastiques, militaires et civiles seront accessibles au Tiers-Etat.

Chapitre XIII. — *Législation civile.* — Abrogation des coutumes, établissement d'un code national; — plus de droit d'aînesse et de masculinité; — plus de retraits lignager et féodal.

Chapitre XIV. — *Procédure civile.* — Application du code prussien à la procédure française; — diminution des frais; — la justice rendue gratuitement.

Chapitre XV. — *Législation criminelle.* — Etablissement d'un code pénal; — la peine de mort ne sera prononcée que contre les assassins, les incendiaires et les empoisonneurs.

Chapitre XVI. — *Procédure criminelle.* — Suppression des droits de *committimus*; — prévôtés royales ayant un arrondissement de 4 à 5 lieues et jugeant souverainement jusqu'à la concurrence de 20 livres; — il n'y aura plus que deux degrés de juridiction; — présidiaux jugeant souverainement jusqu'à 6,000 livres; — nos députés demanderont le ressort direct des cinq baronnies du Perche-Gouet au bailliage de Chartres et celui du bailliage de Dreux au Présidial; — une cour souveraine dans le ressort de chaque Etat provincial.

Chapitre XVII. — *Juridiction consulaire.* — Consuls jugeant jusqu'à 6,000 livres; — connaissance des faillites renvoyée aux juges-consuls; — que tous les effets de commerce et lettres de change aient une échéance uniforme dans le royaume; — les souscripteurs et endosseurs devront joindre à leurs signatures la désignation de leurs domiciles; — billets et effets de commerce, de marchand à marchand ou autrement, exempts du contrôle.

Chapitre XVIII. — *Officiers de justice.* — Nombre des officiers de justice réduit; vénalité des offices supprimée; les juges appointés par le Gouvernement; — procureurs de Chartres réduits à seize au lieu de trente-deux; — suppression des notaires apostoliques, tabellions seigneuriaux, experts-jurés, huissiers-priseurs.

Chapitre XIX. — *Commissaires à terrier.* — Modération des droits attribués à ces commissaires.

Chapitre XX. — *Finances.* — Examen par les députés des revenus annuels de l'Etat, des frais de perception, des dépenses annuelles, ordinaires et extraordinaires, des dettes; — consolidation de la dette nationale; — fixation des dépenses de chaque ministère; — pour combler le déficit, on rentrera dans les domaines aliénés par des engagements nuisibles à l'Etat, et on fera résoudre les acquisitions et échanges domaniaux, dans lesquels il existe d'énormes lésions; — suppression des charges de gouverneurs et commandants en chef des provinces; — diminution du nombre des employés et officiers civils et militaires; — retranchement des grâces et pensions non justifiées par services, diminution de celles qui sont excessives; — laisser certains bénéfices vacants pour en appliquer le revenu au soulagement de l'Etat; — apanages des princes déterminés par les Etats provinciaux.

L'expérience n'a pas ratifié toutes les réformes sollicitées par les Chartrains. Les unes, en effet, dépassaient le but, les autres ne l'atteignaient pas. Refuser au monarque le droit de *veto* une fois la loi proposée et proclamer la volonté nationale supérieure à la volonté royale, c'était détruire l'équilibre des pouvoirs, principe organique de la monarchie constitutionnelle; donner à la Couronne la mission de faire exécuter les arrêts de la justice et lui enlever le droit de grâce, c'était transformer le Roi en bourreau; se passer des bulles papales pour la collation des dignités ecclésiastiques, c'était rompre à tout jamais avec Rome, et précipiter dans le schisme l'Église gallicane; ce fut, au reste, ce que fit la fameuse constitution civile du clergé, en 1790. D'un autre côté, comment allier ces doctrines radicales avec le maintien du cens féodal sur les terres, *pour conserver les marques de la directe*, avec les qualifications de *seigneurs* et de *vassaux*, avec les lettres de cachet, quelque mitigé qu'en soit l'usage? comment, lorsque l'on admet en principe que chaque citoyen doit participer à l'impôt en raison de ses facultés, demander que les droits de contrôle, d'insinuation et de centième denier soient réduits à un droit modique *uniforme, sans avoir égard à la nature ou à l'importance des actes?* Après tout, on doit reconnaître que, malgré ce mélange d'idées contradictoires, beaucoup d'articles du cahier des plaintes et remontrances chartraines sont devenus des axiomes du droit constitutionnel appliqué en France pendant trente-trois ans.

Le tribunal de police générale jugea aux symptômes d'agitation qui se manifestaient, que les circonstances appelaient toute son attention sur l'approvisionnement du marché au blé; il décida, le 6 avril 1789, que personne ne pourrait vendre de grains ailleurs que sur le carreau des Halles; que la vente de l'orge n'aurait plus lieu avant celle du blé, et que, de onze heures à midi, l'entrée du marché du blé-méteil et de l'orge, nourriture des pauvres, serait interdite aux meuniers et aux marchands.¹. Un comité de surveillance et de subsistance fut institué pour l'exécution de cet arrêté; mais les événements prouvèrent l'insuffisance de ces mesures contre les passions de la multitude. Une émeute violente éclata au mois d'août, sous prétexte de la rareté et de la cherté des grains; la populace se rua sur la maison de M. Cugnot, directeur des Aides, cloître Saint-Martin, la saccagea entièrement, et brûla sur la place des Épars les registres des commis. D'autres maisons étaient désignées à la fureur des émeutiers, et il fallut que la garde nationale, organisée depuis le mois de juillet, usât de la force pour rétablir l'ordre. Pour surcroît de misères, la récolte manqua dans une grande partie de la France, le blé enchérit, et le comité, pour éviter la disette jusqu'à la moisson de 1790, décréta, le 5 octobre 1789, que chaque citoyen conserverait dans ses greniers, jusqu'à la Saint-Barthélemy, un muid de blé au moins, et que le commerce serait libre, à la condition par chaque marchand de conserver également dans ses greniers de la ville un ou deux muids pour les vendre lorsqu'il en serait requis par l'autorité. Le comité saisit cette occasion pour rendre hommage aux services de la garde nationale².

Un décret de l'Assemblée nationale, du 15 janvier 1790, fit de Chartres le chef-lieu du département d'Eure-et-Loir, lui donna une administration départementale et lui conserva son évêché; il ne lui manquait plus qu'un tribunal d'appel. En reconnaissance de ces bienfaits et en raison des besoins de la patrie, le Comité, sur la motion d'un de ses membres,

---

[1] Cette ordonnance est signée Asselin, lieutenant-général du bailliage, Jacques Vallet, lieutenant-général de police en exercice, Dattin de Lancey, lieutenant-général criminel, Parent, lieutenant particulier civil, Bouvart père, lieutenant particulier assesseur criminel, du Temple, procureur du Roi, Duplessix du Colombier et Doullay, députés du Chapitre, Triballet du Gord, maire, Le Tellier, Pétey de la Charmois, de Milleville de Boutonvilliers, échevins, Grandet de la Villette, Langlois, Pétion de la Bâte, conseillers-assesseurs. (Brochure de 4 pages; Chartres, chez Fr. Le Tellier, imprimeur du Roi et de la ville.)

[2] Décret rendu sous la présidence de M. Asselin, signé Lion, secrétaire. (Brochure de 4 pages; id.)

adopta à l'unanimité, le 18 janvier, un décret portant que les habitants de Chartres offriraient à l'assemblée nationale un *don patriotique*, en farine, pour conserver le numéraire dans la province [1].

L'assemblée des citoyens actifs, électeurs et éligibles, des onzes paroisses de la ville et de la banlieue, nomma les membres de la nouvelle municipalité qui devait comprendre un maire, onze officiers municipaux, vingt-quatre notables, un procureur de la commune et un substitut [2]. M. Asselin, lieutenant-général du bailliage, fut élu maire; mais ce magistrat, appelé peu de temps après à la présidence du département, eut pour successeur à la mairie, M. Janvier de Flainville [3]. La présidence du district échut à M. Jolly-Deshayes, conseiller au Présidial [4].

[1] Décret adopté à l'unanimité, sur la motion de M. Denis, garde national de la compagnie de Caqueray. (Brochure de 7 pages; chez Fr. Le Tellier.)

[2] Suivant le recensement fait au commencement de 1790, il y avait à Chartres 1,451 citoyens actifs. La municipalité que l'assemblée générale des électeurs nomma au mois de mai, fut ainsi composée : maire, M. Asselin; municipaux : MM. Janvier de Flainville, avocat, Jacques Montéage, ancien marchand, Jumentier, curé de Saint-Hilaire, Aillet, greffier de la maréchaussée, Boisseau, notaire, Sochon de Laubespine, bourgeois, Guillaume Doyen, géographe, Montéage-Levassor, négociant, Tabourier, curé de Saint-Martin., Coubré Saint-Loup, secrétaire du Roi, vicomte de Cambis; notables : MM. Badollier, aubergiste, Fouré, bourgeois, Brazon, cordonnier, Chevard, notaire, Chasles, menuisier, Beaumont, bourgeois, Delacroix aîné, procureur, Jouvet, épicier, Chartier, marchand, Doublet, vigneron, Bouin, procureur, Chambrette, sculpteur, Guillard, procureur, Denis, bourgeois, Doullay, tanneur, de Milleville de Boutonvilliers, chevalier de Saint-Louis, Bajat, menuisier, Aubert, perruquier, Levassor-Paly, bourgeois; procureur de la commune, M. Courtier de la Barrerie, avocat; substitut, M. Lesage, procureur.

Le Chapitre de Notre-Dame, moins trois membres, avait été exclu de l'assemblée générale des électeurs, sur la motion de l'avocat Courtier de la Barrerie, pour avoir dénoncé à MM. de Lubersac et Texier, députés du clergé à l'Assemblée nationale, les *principes scandaleux* professés par l'abbé Sieyès, chancelier et vicaire-général, dans son livre intitulé : *Projet d'un décret provisoire sur le Clergé*, avoir conjuré l'Evêque de retirer sa confiance à cet ecclésiastique, et s'être permis de protester contre les délibérations de l'Assemblée nationale des 10 août, 2 novembre 1789 et 14 avril 1790, sur la suppression des biens du clergé.

[3] Lorsque M. Janvier de Flainville devint maire, le sieur Badollier passa municipal et les sieurs Chartier et Bonvallet disparurent de la liste des notables; M. Lesage fut procureur de la Commune, M. Guillard, substitut, M. Hoyau Saint-Aubin, secrétaire-greffier, M. Lesage-Didier, secrétaire-adjoint, et M. Meslier, trésorier.

Le conseil du département eut trente-quatre membres, indépendamment du président et du greffier. M. Horeau, avocat, fut le seul membre de ce conseil demeurant à Chartres; on confia la charge de secrétaire-greffier à M. Barré, procureur.

[4] Parmi les quatorze membres du conseil du district, les seuls demeurant à Char-

L'administration publique était ainsi composée lorsque la garde nationale eut la pensée de convoquer, à Chartres, une fédération des gardes nationales des villes et départements voisins [1]; 75 municipalités répondirent à cet appel; elles envoyèrent 1,293 députés représentant 37,202 soldats-citoyens.

La présidence de l'Assemblée fédérative fut dévolue, à l'unanimité, à M. Triballet du Gord, ancien maire et commandant de la garde nationale de Chartres, et la séance solennelle de prestation de serment à la Constitution se tint, le 9 juin 1790, au *camp des Grands-Prés*. On avait dressé au milieu de la prairie un autel à quatre faces, sur lequel M. le Prieur de Saint-Père, aumônier de la garde nationale, célébra la messe; puis M. Triballet du Gord, prononça la formule du serment, et l'armée fédérative défila au pied de l'autel, en mêlant les mots : *Je le jure* aux cris de *Vive la nation! vive notre bon Roi* [2]*!* On sait à quoi aboutit cet enthousiasme très-sincère et partagé, à peu d'exceptions près, par tous les citoyens; dès ce moment, malgré les illusions des constitutionnels, la royauté n'existait plus.

M. de Lubersac, n'ayant pas voulu prêter le serment prescrit par la Constitution civile du clergé [3], fut considéré comme démissionnaire, et l'assemblée des électeurs départementaux, à laquelle l'élection des évêques avait été remise par décret de

---

tres ou banlieue étaient, outre le président, MM. Poulin de Fleins, ancien correcteur des Comptes, Chartier-Lebouc, négociant, Etienne Jumentier, bourgeois, Levassor, avocat, Courtier de la Barrerie, avocat, procureur-syndic, et Paillart du Tertre, secrétaire.

[1] Les commissaires nommés par l'état-major de la garde nationale pour l'organisation de cette fête, furent MM. Doublet de Boisthibault, avocat, Badollier, teinturier, Butant, contrôleur des Domaines, Foreau-Trizay, correcteur des Comptes, Peluche, notaire, et Dufresnay de Senainville, greffier du Point-d'Honneur. (Voir la brochure intitulée : *Procès-verbal de la fédération faite à Chartres le 9 juin 1790*. 39 pages d'impression de l'imprimerie de Fr. Le Tellier.)

[2] Une députation de six membres, présidée par M. Robillard de Morsan, l'un des représentants de la garde nationale de Chartres, fut chargée d'aller présenter à l'Assemblée nationale et au Roi le procès-verbal des séances.

[3] On avait signifié aux chanoines de Notre-Dame, le 23 octobre 1790, en vertu du décret de l'Assemblée nationale du 12 juillet précédent, sanctionné par le Roi le 24 août, d'avoir à cesser leurs fonctions et de ne plus porter l'aumusse.

l'Assemblée nationale du 13 février 1791, nomma à la place du prélat *réfractaire*, M. Nicolas Bonnet, docteur en théologie, curé de la paroisse de Saint-Michel de Chartres. C'était un respectable ecclésiastique qui avait donné, pendant quarante-deux ans, l'exemple de toutes les vertus chrétiennes et qui n'accepta le siége épiscopal qu'à la condition expresse de *le rendre à celui qui l'avait abandonné, lorsqu'il jugerait à propos de venir le reprendre* [1]. On avait *constitué* la religion comme la monarchie ; on avait tué l'une comme l'autre.

Les clubs avaient pris possession de Chartres comme des autres villes. Cependant la députation du département à l'Assemblée législative ne fut pas complètement le résultat de leur pression (août 1791); les noms de MM. Amy, de Janville; Bellier-Duchesnay, de Chartres; Boucher, de Bonneval; Claye, de Bû; Delacroix, d'Anet; Giroux, de Nogent-le-Rotrou; Lefebvre, de Nogent-le-Rotrou; Léopold de Stabenrath, de La Ferté-Vidame; Tillionbois de Valleuil, de Brezolles, sortirent de l'urne électorale [2]; plusieurs de ces membres professaient des sentiments modérés pour l'époque. Le patriotisme héroïque était, en revanche, dans le cœur de notre jeunesse; Eure-et-Loir fournit, au mois de novembre, plusieurs bataillons de volontaires, et Chartres dota la France du chevaleresque Marceau [3].

Au premier bruit de la sanglante journée du 10 août 1792, la Commune et le Département avaient envoyé aux renseignements MM. Lesage, Durand et Segogne. Ces députés revinrent le 12; ils n'avaient pas été jusqu'à Paris, mais les administrateurs de Versailles, bien informés par le chartrain Pétion,

---

[1] Histoire de Chevard, vol. 2, p. 550.

[2] MM. Boucher, Claye, Delacroix, Lefebvre, Léopold de Stabenrath et Tillionbois de Valleuil étaient membres du Conseil du département.

[3] François-Séverin Marceau-Desgraviers, né à Chartres le 1er mars 1769, d'une famille bourgeoise, s'engagea à l'âge de seize ans. Il avait déjà servi plusieurs années et il était rentré à Chartres lorsque la Révolution éclata. Il partit comme capitaine dans le 1er bataillon d'Eure-et-Loir à la fin de 1791.

devenu maire de la capitale, s'étaient empressés de les instruire de la *nouvelle conspiration tramée par la cour contre le peuple*. On prit une attitude expectante, comme le recommandait le *bien-aimé* Pétion, et on jura d'exécuter les lois de l'Assemblée législative et d'attendre avec confiance l'ouverture de la *Convention nationale* [1]. Les députés à cette célèbre assemblée furent nommés le 2 septembre; l'esprit public avait marché à pas de géant et les choix se ressentirent de l'effervescence démocratique de l'époque. Ceux de ces députés qui appartiennent à Chartres par leurs familles et leurs antécédents, sont MM. Chasles, Lesage, Brissot de Warville, et Pétion de Villeneuve [2]. On connaît leurs votes.

Les troubles dans les marchés prirent un caractère sérieux à la fin de 1792. Des rassemblements formés sur les confins du Perche, se mirent à parcourir le département dans le mois de novembre, en exigeant des municipalités la taxe des grains. L'un d'eux, après avoir opéré le 21 à Brou, se présenta, le 24, à Chartres, où la bonne contenance des autorités l'empêcha d'entrer. Les insurgés se portèrent, le 27, sur Châteauneuf, qu'ils taxèrent, et le 29, au marché de Courville. Lecointe-Puyravaux, Maure et Biroteau, députés à la Convention, qui se trouvaient sur les lieux, voulurent résister aux prétentions de la foule; mais, insultés, frappés et menacés de mort par les paysans furieux, ces législateurs fourvoyés, qui, se fiant sur leur force morale, avaient refusé le secours de la garde nationale chartraine, furent obligés de signer et de publier eux-mêmes la taxe. Le rassemblement, devenu formidable, se présenta de nouveau devant Chartres, le 30 au matin. Le maire, Chevard, avait pris d'excellentes dispositions, et lorsque l'avant-garde de l'émeute déboucha du Grand-Faubourg sur

---

[1] *Extrait de la séance du Conseil général permanent, du dimanche 12 août 1792, l'an quatrième de la Liberté.* (Imprimé de 8 pages, chez F. Labalte, libraire-imprimeur de l'Évêché et du département d'Eure-et-Loir.)

[2] Les autres députés d'Eure-et-Loir furent MM. Bourgeois, Delacroix, Fremenger, Giroust et Loiseau. On nomma suppléants MM. Maras et Lonqueue.

la place des Épars, elle trouva, rangés en bataille, la garde nationale et ses canonniers, mèche allumée, deux escadrons des dragons de la République et un fort détachement de la légion germanique. Sommés de se rendre, les insurgés voulurent rétrograder, mais une partie de la cavalerie les ayant tournés, ils ne purent sortir du faubourg et furent contraints de venir déposer leurs armes au milieu de la place, sous les yeux de toutes les autorités de la ville [1].

L'affreux régime de la Terreur pesa bientôt sur notre pays... Nous ne parlerons pas des pillages à main armée, de la disette au milieu de l'abondance, de la loi du maximum détournant les cultivateurs du chemin de nos marchés, des échos de la chouannerie, retentissant jusqu'aux portes de Chartres, du couvent des Carmélites transformé en prison et regorgeant de suspects ; nous nous tairons sur les profanations de nos églises, sur l'inauguration du culte de la déesse *Raison* dans le temple de Marie [2], sur cette fête civique où une *montagne* symbolique prit la place de l'autel de Notre-Dame ; où la chaire de vérité devint tour à tour la tribune des démagogues et l'orchestre des ménétriers ; où les dalles de la grande nef furent ébranlées par les danses patrioti-

---

[1] Histoire de Chevard, vol. 2, p. 556 et suiv.

[2] La cathédrale fut convertie en temple de la Raison, le 15 novembre 1793, sur la proposition de Guillard, procureur de la commune. On inaugura le nouveau temple, le 29 du même mois, par une cérémonie civique. Les marbres du chœur furent recouverts d'écriteaux contenant des maximes républicaines ; au milieu du sanctuaire s'élevait une montagne de 27 pieds de hauteur au sommet de laquelle était la statue de la Raison, appuyée contre un chêne sur la plus haute branche duquel perchait un coq tenant dans son bec un ruban tricolore. Après le discours d'apparat prononcé par un administrateur de la commune, on joua un drame mêlé de musique, intitulé *la Raison victorieuse du Fanatisme*; les personnages étaient *la Surveillance*, en robe blanche parsemée d'yeux, *le Fanatisme*, revêtu d'habits sacerdotaux, *Voltaire* et *Rousseau*, acolytes de la Surveillance. Le dialogue engagé entre les acteurs, ne tarda pas à devenir animé ; la Philosophie réduisit bientôt à néant les arguments du Fanatisme qui, se voyant vaincu, se précipita, l'injure à la bouche, sur la Surveillance. Mais le cri *aux armes* se fit entendre, la République, sous la figure d'une femme vêtue d'une robe tricolore, sortit d'une caverne, terrassa le Fanatisme, le perça d'un dard, brisa les autels, foula les croix aux pieds, etc. Puis un mécanisme en forme de nuage remonta la République au haut de la Montagne, près de la statue de la Raison. Un discours du conventionnel Thirion termina la séance.

ques¹; nous détournerons les yeux de cette scène impie où la statue de la *Vierge-Noire*, relique vénérée de nos pères, arrachée violemment de son pilier et brisée sur le pavé, fut brûlée dans un horrible feu de joie²; nous tairons les noms de ces iconoclastes qui voulaient abattre l'admirable basilique et ne reculèrent devant ce stupide sacrilége que parce qu'ils craignirent, dit-on, d'ensevelir la ville sous les décombres³... Et cependant, hâtons-nous de le proclamer, ces orgies de la folie humaine ne furent pas mêlées de sang, et Chartres passa les mauvais jours de la Terreur plus tranquillement que beaucoup d'autres villes de France.

La Révolution, *qui dévore ses enfants, comme Saturne*, envoya devant le tribunal criminel d'Eure-et-Loir plus d'un dieu tombé de son piédestal. Après la journée du 4 prairial an III (23 mai 1795), Pache, maire de Paris, Audouin, son gendre, Bouchotte, ex-ministre de la guerre, Daubigny, son adjoint, Clémence, marchand, Héron, Hassenfratz, employés et membres du Comité de sûreté générale, comparurent à la barre chartraine⁴. Le fameux général Rossignol, accusé d'ineptie et de trahison dans la guerre de la Vendée, fut traduit devant les mêmes juges, le 2 brumaire an IV (24 octobre 1795)⁵.

Quoique ces procès amenassent à Chartres quelques troupes de renfort, les émeutes à l'occasion des grains n'en continuaient pas moins. Une des plus violentes venait d'éclater le 1ᵉʳ jour complémentaire an III (17 septembre 1795). Un rassemblement immense de paysans, de vagabonds et de femmes furibondes, profitant de l'éparpillement des soldats dans la

---

¹ Le 28 avril 1794, un bal fut donné dans le temple de la Raison à l'occasion de l'inauguration des bustes des hommes célèbres dans le lieu des séances de la Société populaire. Les musiciens étaient dans la chaire.

² Voir vol. 1ᵉʳ, p. 224 et 542.

³ Il est juste de dire que le conventionnel Sergent, artiste de mérite, s'opposa de toutes ses forces à ce projet insensé.

⁴ *Moniteur* du 10 prairial an III, n° 250, p. 1,009, et du 10 vendémiaire an IV, n° 10, p. 38.

⁵ *Moniteur* du 12 brumaire an IV, n° 42, p. 166.

campagne, se rua dans la ville, les armes à la main, menaça de mort les autorités rassemblées à la Commune sous la présidence de Tellier, député à la Convention, et contraignit ce représentant du peuple à signer, comme l'avaient fait ses collègues à Courville, en 1792, un arrêté taxant la livre de pain à trois sous. Tellier, navré de douleur et d'indignation, se brûla la cervelle dans la nuit du même jour, après avoir rapporté l'arrêté qui lui avait été extorqué par la violence [1].

Le calme commença à renaître sous le Directoire; cependant, au mois de thermidor an V, la commune de Chartres fut taxée d'incivisme, et Delarue, député aux Cinq-Cents, dans un rapport fait au nom du comité des inspecteurs de la salle, accusa les Chartrains d'avoir fourni des armes et des munitions à 500 brigands, *pour opprimer la liberté du Corps législatif*. L'administration municipale, requise de s'expliquer par le commissaire du Directoire, repoussa vivement cette accusation dans une déclaration lue à la séance du 19 thermidor [2]. La vérité était que les enfants de Chartres combattaient pour la République à l'intérieur et à l'extérieur, et que Marceau venait de tomber à Altenkirken, sous une balle autrichienne [3].

Les discordes politiques engendrent toujours les attentats

---

[1] Il n'y avait à Chartres, pour toute force armée, que 7 vétérans et 70 hommes de cavalerie; le reste de la garnison avait été disséminé dans la vallée pour défendre les moulins menacés par les insurgés. Tellier fut protégé le mieux possible par les généraux Romanet et Thuring, l'adjudant-général Lacroix, les municipaux et les membres du Directoire du département. Voir, dans le *Moniteur* du 6e jour complémentaire an III (n° 366, p. 1,472), le rapport du Directoire du département signé Jolly, vice-président, Georges, procureur-général-syndic, Villette, Lesage, Jouveaux, Lambert, Bachelot, Joliet, Breton, membres, Barré, secrétaire-général.

[2] *Moniteur* du 22 thermidor an V, n° 322, p. 1,286. — Les députés d'Eure-et-Loir au Conseil des Cinq-Cents étaient MM. Giroust, Godard, Guillard, Laboulaye, Lesage et Maras, et, au Conseil des Anciens, MM. Barreau, Bourgeois, Dussieux, Judel, Latache et Paillart.

[3] Marceau, l'une des gloires les plus pures de la République, fut tué le 3e jour complémentaire an IV, à l'âge de 27 ans. Jourdan, ami et compagnon d'armes de ce jeune héros, prononça son éloge dans la séance du 4 fructidor an V et demanda une pension pour sa mère. (*Moniteur* du 8 fructidor, n° 338, p. 1,351.) Sur le rapport de Porte, le Conseil des Cinq-Cents, dans la séance du 2e jour complémentaire an V, accorda une pension de 2,000 livres à cette dame. (*Moniteur* du 3e jour complémentaire an V, n° 363, p. 1,464.)

contre les personnes et les biens. Une association formidable de malfaiteurs s'était formée dans les bois de Boisseaux, de Sainte-Escobille et d'Orgères, mal famés depuis longtemps; divisée en escouades disciplinées comme des troupes régulières, affiliée à tous les repris de justice, à tous les mauvais sujets du pays, elle répandait l'effroi dans les campagnes de la Beauce par l'audace, le nombre et la nature de ses crimes. Plusieurs fois ces brigands avaient *chauffé* des fermiers, assassiné des voyageurs, pillé des voitures publiques, incendié des habitations dans la banlieue de Chartres [1]. Pendant toute la période orageuse de la Révolution, ils exercèrent impunément leur détestable industrie; mais lorsqu'un gouvernement régulier sortit enfin du chaos révolutionnaire, le cri public parvint jusqu'au Directoire, et des ordres furent donnés pour la destruction de *la bande d'Orgères*. L'honneur de la réussite, qui exigea autant de courage que d'adresse, revint au citoyen Fougeron, juge-de-paix d'Orgères, et au maréchal-des-logis Vasseur, commandant la brigade de gendarmerie de Janville. Trahis par un des leurs, les scélérats furent presque tous arrêtés dans leurs repaires et conduits dans les prisons de Chartres. L'instruction dura dix-huit mois [2], et ce ne fut que le 19 vendémiaire an VIII que le jury d'accusation d'Eure-et-Loir eut connaissance régulière de l'affaire; les jurés déclarèrent qu'il y avait lieu de poursuivre contre 182 prévenus présents et 133 contumaces. Les débats, ouverts le 27 ventôse [3], se terminèrent le 9 thermidor par une série de con-

---

[1] Un des crimes les plus horribles de cette bande, et celui qui inspira le plus de terreur aux habitants de Chartres, fut l'assassinat du citoyen Horeau, ancien magistrat, et de son épouse, demeurant à Lèves, commis, dans la nuit du 17 au 18 floréal an III, par le *Beau-François* et quatre autres scélérats, de complicité avec le jardinier Pelletier et sa femme.

[2] Sur la requête de M. Poullin de Fleins, alors commissaire du Directoire exécutif près le tribunal de police correctionnelle, le tribunal de Cassation ordonna que l'instruction serait faite par un membre du tribunal civil, de concert avec le directeur du jury de l'arrondissement de Chartres (jugement du 21 floréal an VI). L'instruction fut conduite par M. Paillart, juge au tribunal civil.

[3] Les débats furent dirigés par M. Liendon, président du tribunal criminel.

damnations; 23 individus, condamnés à la peine de mort, furent exécutés à Chartres le 12 vendémiaire an IX ; le reste alla peupler les bagnes et les prisons.

L'ordre rétabli dans toute la France par la main puissante du Premier-Consul, se maintint à Chartres pendant l'Empire, la Restauration et la Monarchie de juillet. Notre ville, essentiellement amie du repos, ne participa, en aucune façon, aux brusques révolutions qui renversèrent ces gouvernements. Elle accueillit avec les mêmes sentiments de joie et de respect Napoléon et Marie-Louise (mai 1811), le duc et la duchesse d'Angoulême (décembre 1823), le duc et la duchesse d'Orléans (août 1839)[1].

Nous n'avons l'intention de raconter ici ni les divisions passagères du Conseil municipal, ni les querelles d'opinions qui, sous le régime constitutionnel, prirent pour champ de bataille le terrain des élections aux assemblées législatives[2]. Qu'il nous suffise de dire que les intérêts administratifs du département et de la ville furent presque toujours remis en bonnes mains. On n'a pas oublié les longs exercices et les utiles travaux de M. le baron Delaître, premier préfet d'Eure-et-Loir, et de M. le baron de Giresse-Labeyrie, préfet sous

[1] Chartres fut aussi traversé le 20 septembre 1808, par Napoléon ; en février 1814, par Marie-Louise, le roi de Rome et le roi Joseph ; par le duc d'Angoulême, le 22 juillet 1814 ; par la duchesse d'Angoulême, le 27 février 1815 ; par la duchesse de Berry, en 1827 et 1829, et par la même princesse, le roi et la reine de Naples, au mois d'avril 1830. Mais ces passages ne furent pas officiels.

[2] Voici les noms des députés d'Eure-et-Loir sous l'Empire, la Restauration et le gouvernement de Juillet : 1807, Etienne Jumentier, Roquain de Vienne ; 1812, Cugnot d'Aubigny, Guillier de Souancé ; mai 1815, baron Delaître, Jumentier, baron Desmousseaux, Busson et Pinceloup de Morissure ; Delacroix-Frainville et Rifaut, suppléants ; août 1815, chevalier Billard, comte de Colbert, Dupont d'Englesqueville, comte Durand de Pisieux ; 1816, comte de Courtarvel, Jacques Caquet ; 1819, Busson, Delacroix-Frainville ; 1820, Jacques Caquet, comte de Courtarvel ; 1824, Simonneau, comte Dubouexic de Pinieux, vicomte de Courtarvel, Le Chapelier de Grandmaison ; 1827, du Temple de Chevrigny, comte de Pinieux, Busson, Firmin Didot ; juin 1830, du Temple de Chevrigny, Texier de Courville, Busson, Firmin Didot ; octobre 1830, Isambert ; de 1831 à 1848, Adelphe Chasles ; de 1831 à 1837, Raimbert-Sévin ; de 1831 à 1836, Firmin Didot ; de 1831 à 1834, Texier de Courville ; de 1834 à 1837, Langlois d'Amilly ; 1836, Barre ; de 1837 à 1848, Raimbault ; de 1837 à 1848, baron Desmousseaux de Givré ; de 1837 à 1842, de Salvandy ; de 1842 à 1848, général Subervic.

la Restauration; le dévouement et le zèle dont fit preuve M. Gabriel Delessert, préfet en 1836, lors de l'incendie de la cathédrale [1], sont encore présents à tous les esprits [2]. Parmi les dignes magistrats que le choix du monarque et les suffrages de leurs concitoyens placèrent, depuis la Révolution jusqu'en 1848, à la tête du corps municipal [3], nous citerons M. Billard aîné, le plus populaire et le plus respecté des maires de Chartres, et M. Adelphe Chasles, promoteur d'importantes améliorations locales et créateur de plusieurs établissements charitables [4].

Le concordat de 1802 n'avait pas rendu à Chartres son siége épiscopal; le concordat de 1817 répara cette omission; mais l'exécution fut retardée par diverses circonstances, et Mgr de Latil, premier évêque nommé, ne prit possession que le 8 novembre 1821. A ce prélat, promu à l'archevêché de Reims le 15 avril 1824, succéda Mgr Clausel de Montals [5],

---

[1] On peut consulter, pour l'incendie du 4 juin 1836, l'ouvrage de M. Lejeune intitulé *Les Sinistres de la Cathédrale de Chartres.*

[2] Préfets d'Eure-et-Loir depuis la création jusqu'en 1848 :
Baron Delaitre, 23 ventôse an VIII; baron Rouillé d'Orfeuil, 13 janvier 1814; baron Rolland de Villarceaux, 6 avril 1815; baron de Roujoux, 17 mai 1815; comte de Breteuil, 12 juillet 1815; baron de Giresse-Labeyrie, 27 juin 1823; Langlois d'Amilly, 5 août 1830; vicomte de Rigny, 6 septembre 1830; Pompéi, 22 juillet 1833; Delessert, 21 septembre 1834; vicomte de Saint-Aignan, 21 octobre 1836; baron de Villeneuve, 24 juillet 1837; baron de Jessaint, 6 janvier 1843; de Mentque, 1er décembre 1847.

[3] Voici la liste des maires de Chartres, de 1791 à 1848 :
Chevard, 20 novembre 1791; Jolly-Deshayes, 4 décembre 1792; Judel, 19 frimaire an II; Sémen (provisoire), 4 brumaire an III; administration municipale sans maire, du 15 brumaire an IV au 16 floréal an VIII; Chevard, 6 fructidor an VIII; Billard aîné, 16 août 1802; Lion, 19 mai 1815; Billard aîné, 31 juillet 1815; Billard Saint-Laumer, 15 septembre 1815; Billard aîné, 18 octobre 1819; Ad. Chasles, 27 août 1830; Durand, 2 février 1848.

[4] D'autres raconteront avec plus de détails les événements qui se sont passés à Chartres de 1800 à 1848; ils donneront l'histoire des clubs de 1848 et diront avec quel sentiment sympathique les Chartrains, amis de l'ordre, saluèrent l'aurore du second empire. Pour moi l'histoire de notre ville se termine avec le XVIIIe siècle.

[5] Mgr Claude-Hippolyte-Clausel de Montals, né au château de Coussergues, diocèse de Rodez, le 5 avril 1769, fut sacré évêque de Chartres le 22 août 1824 et installé le 22 septembre suivant. Parvenu à une grande vieillesse et atteint de cécité, il résigna, en janvier 1853, ses fonctions épiscopales à Mgr Regnault, son coadjuteur, et mourut à Chartres le 4 janvier 1857.

l'un des plus éminents et des plus vertueux pasteurs dont puisse s'honorer l'Église de France. Pendant vingt-cinq ans toutes les questions religieuses et sociales, nées des passions du moment, furent traitées par l'évêque de Chartres avec l'autorité que donnent la science du philosophe, le talent de l'écrivain et la conviction du ministre de Dieu; on attendait, on consultait, on discutait son opinion; ses mandements agissaient avec puissance sur l'esprit public, et ses adversaires, eux-mêmes, rendaient hommage à l'indépendance de son caractère et à la pureté de ses intentions. La mort récente de ce grand évêque a fait éclater plus vivement encore les sentiments de vénération et d'amour dont ses anciens diocésains étaient pénétrés pour sa personne.

Les chartrains des XVIIIe et XIXe siècles sont restés fidèles aux traditions de leurs ancêtres. Ils ont fourni à la France des auteurs dramatiques, des historiens, des jurisconsultes, des philologues; ils ont aussi cultivé avec succès les arts et les sciences naturelles et mathématiques.

L'Embarras des Richesses, et surtout *l'Ecole des Bourgeois*, pièces du chartrain Soulas d'Allainval [1], écrites en 1725 et 1728, ne seraient pas indignes de Molière. On doit à Dudoyer de Gastel [2] *le Vindicatif* (1774), pièce qui se sou-

---

[1] Léonor-Jean-Christine Soulas d'Allainval, né à Chartres au commencement du XVIIIe siècle, mourut à l'Hôtel-Dieu de Paris le 2 mai 1753. Sa famille, ainsi qu'il le déclare dans la préface de *l'Embarras des richesses* (édition de 1726), était protégée par M. Fleuriau d'Armenonville, gouverneur et grand-bailli, ce qui ne l'empêcha pas de tomber dans une profonde misère. Il donna au Théâtre-Français, *la Fausse Comtesse* (1726), *l'Ecole des Bourgeois* (1728) qui eut un succès prodigieux, *les Réjouissances publiques ou le Gratis* (1729) et *le Mari curieux* (1731); aux Italiens, *l'Embarras des richesses* (1725), *Cahin-caha ou le Tour de Carnaval* (1726) et *l'Hiver* (1732), et, à l'Opéra-Comique, *la Fée Marotte* (1734).
Contraint par le besoin de se jeter dans la littérature de bas étage, d'Allainval écrivit en 1732-33 ses *Ana ou Bigarrures calotines*, et, en 1745, l'*Almanach astronomique* et les *Anecdotes de Russie sous Pierre Ier*. On lui doit aussi une édition augmentée de *la Connaissance de la Mythologie*, du P. Rigord (1743) et une édition des *Lettres du cardinal Mazarin* (1745).

[2] Gérard Dudoyer de Gastel, d'une famille noble du pays chartrain, naquit au petit château de Vauventriers, près Chartres, le 29 avril 1732, et mourut à Paris le 18 avril 1798. La passion qu'il éprouva pour Mlle Doligny, célèbre actrice du Théâtre-Français, qui devint sa femme, décida de son goût pour la littérature drama-

tint longtemps au répertoire. Guillard [1] se fit un nom dans le drame lyrique et fut digne d'écrire les poèmes illustrés par la musique de Gluck, de Salieri, de Sacchini et de Lesueur. Nous n'avons pas besoin de rappeler les titres nombreux de Collin d'Harleville [2] à l'estime de la postérité; le Vieux Célibataire (1792), suffit à sa gloire. De nos jours, les applaudissements ne manquent pas aux œuvres mélodramatiques de M. Ferdinand Dugué [3].

Nous citerons, pour leurs travaux historiques, tous spéciaux au pays chartrain, le bénédictin D. Liron [4], auteur de la *Bibliothèque Chartraine* (1719), ouvrage biographique et bibliographique assez complet sur les anciens littérateurs de la

---

tique. Outre le *Vindicatif*, drame en cinq actes et en vers libres, Dudoyer donna *Laurette* (1768), comédie en un acte et en prose, et *Adélaïde, ou l'Antipathie pour l'Amour*, comédie en deux actes et en vers, qui eut du succès.

Une notice nécrologique sur Dudoyer, écrite par son ami P.-Fr. Aubin, a été insérée dans le *Moniteur* du 9 floréal an VI.

[1] Nicolas-François Guillard, né à Chartres le 16 janvier 1752, mort à Paris en 1814, composa les paroles d'*Iphigénie en Tauride* (1779), opéra qui eut le plus grand succès; d'*Émile*, d'*Electre* (1782), de *Chimène*, de *Dardanus*, des *Horaces*, d'*Œdipe à Colone*, son chef-d'œuvre, de *la Mort d'Adam* et d'*Elfrida*. Il avait pour amis particuliers Favart, Boufflers et l'abbé de Voisenon.

[2] Jean-François Collin d'Harleville, naquit à Maintenon le 30 mai 1755, mais il fut élevé à Chartres et il habita autant qu'il le put sa petite maison d'Harleville, commune de Mévoisins. Parmi les nombreuses pièces de ce charmant auteur citerons *l'Inconstant* (1786), *l'Optimiste* (1788), *le Vieux Célibataire* (1792), *les Châteaux en Espagne* (1803), *Monsieur de Crac dans son petit castel* (1803). Collin, qui mourut à Paris le 24 février 1806, était d'un commerce des plus agréables; il aimait par dessus tout la campagne, les joies de la famille et les épanchements de l'amitié; sa liaison avec Andrieux dura autant que sa vie. La maison de Collin à Mévoisins appartient aujourd'hui à Mme Le Moine, sa nièce.

On a donné le nom de *Collin d'Harleville* à la rue de Chartres dans laquelle est située la préfecture.

[3] M. Ferdinand-Adrien-Joseph Dugué, né à Chartres le 18 février 1816, a débuté en 1834 par un roman intitulé *la Semaine de Pâques, histoire chartraine*. Il a publié ensuite un volume de poésies; puis il a fait représenter, à l'Odéon, *les Pharaons*, tragédie en cinq actes et en vers, et *France de Simiers*, drame en cinq actes et en vers; au Théâtre-Français, *le Béarnais*, drame en cinq actes et en vers, et *Mathurin Régnier*, comédie en trois actes et en vers; à la Porte-Saint-Martin, *Salvator Rosa*, drame en cinq actes et en prose; et à l'Ambigu, *la Prière des Naufragés* et *le Juif de Venise*, drames en cinq actes et en prose.

M. Dugué occupe un rang distingué parmi les auteurs dramatiques de nos jours.

[4] Dom Jean Liron, bénédictin, né à Chartres en 1665 et mort au Mans en 1748, a donné, indépendamment de la *Bibliothèque chartraine*, un recueil estimé, en 4 vol. in-12, intitulé *Singularités historiques et littéraires* (1734-1740).

province; les chanoines Estienne, Mareschaux et Brillon [1], le dernier surtout qui laissa une quantité considérable de Mémoires, de notes, d'analyses sur des points inconnus ou mal éclaircis de l'histoire civile et ecclésiastique de Chartres; l'avocat Janvier de Flainville, caustique et infatigable écrivain dont les recherches sont consignées dans treize énormes volumes manuscrits appartenant à la bibliothèque communale [2]; Doyen [3], Chevard [4], Bouvet [5], et M. Ozeray [6], nos devanciers dans la tâche difficile que nous avons entreprise; Hérisson [7], auquel la Biographie Michaud est redevable de quelques bons articles sur des chartrains célèbres, et qui ajouta plusieurs appendices à l'histoire de la cité des Carnutes, de M. Ozeray; Périer de Trémémont [8], auteur d'une histoire *généalogique et armoriale chartraine*, manuscrite; MM. Lejeune [9] et Doublet

---

[1] Ces trois chanoines, auxquels il faut joindre leur confrère Le Tunais, écrivaient au commencement du dernier siècle.

[2] Voir *infrà*, une note sur Janvier de Flainville.

[3] Doyen, qui prenait le titre de géographe, est mort en 1790. Son ouvrage, intitulé *Histoire de la ville de Chartres, du pays Chartrain et de la Beauce*, a paru, en deux vol. in-8°, en 1786.

[4] Chevard est mort le 9 mai 1826. Son ouvrage, intitulé *Histoire de Chartres et de l'ancien pays Chartrain*, a été publié, en deux vol. in-8°, en l'an X.

[5] Bouvet-Jourdan est mort le 30 janvier 1826. Son ouvrage est manuscrit; il forme un in-folio de 443 pages et a été écrit en 1801. Il est intitulé : *Recherches sur la ville de Chartres et du pays Chartrain*.

[6] M. Ozeray, né à Chartres, mais habitant la Belgique depuis longues années, a publié en 1836 une *Histoire générale, civile et religieuse de la cité des Carnutes et du pays Chartrain vulgairement appelé la Beauce* (2 vol. in-8°).

[7] Charles-Claude-François Hérisson, juge au tribunal civil de Chartres, né en cette ville le 26 octobre 1762, mort le 27 juillet 1840, avait beaucoup étudié l'histoire chartraine. Les dissertations qu'il a jointes à l'histoire d'Ozeray, quoique renfermant plusieurs erreurs, sont intéressantes; quelques-unes contiennent des documents jusqu'alors inédits. Il a fait imprimer un *Éloge de Bossuet* (1811) couronné par l'Athénée de Niort, une *Notice historique sur saint Piat* (1816), une *Notice sur l'Aganon-Vetus*, cartulaire du XIe siècle (1836); on lui doit aussi la réimpression de plusieurs pièces rares.

[8] M. Périer de Trémémont, ancien conseiller-référendaire à la Cour des Comptes, né à Chartres le 13 mars 1766, mort à Fontenay-aux-Roses le 15 février 1856, a laissé à M. Roux, officier de l'Université, demeurant à Chartres, un volumineux ouvrage manuscrit contenant les généalogies de 92 familles chartraines. J'ignore la valeur scientifique de ce travail dont l'existence vient de m'être révélée.

[9] M. Honoré-Félix-André Lejeune, né à Bonneval le 28 avril 1771, membre correspondant du ministère de l'Instruction publique pour les travaux historiques et

de Boisthibault [1], dont les écrits ont remporté plus d'une palme académique; enfin M. E. Lefèvre [2], auteur de travaux estimables sur la topographie du département [3].

de la Société des Antiquaires de France, a donné en 1833 une *Notice historique sur la fondation de la Maladrerie ou Léproserie du Grand-Beaulieu* et en 1836 un mémoire sur *les Sinistres de la Cathédrale de Chartres*. Plusieurs écrits de ce modeste savant ont été insérés dans les Mémoires de la Société des Antiquaires. Il a obtenu deux mentions honorables au concours des Antiquités de la France, en 1849 (Académie des Inscriptions et Belles-Lettres), et il conserve en portefeuille de nombreuses études sur l'église Notre-Dame, la ville et l'abbaye de Bonneval, le vidamé de Chartres, etc., etc.

Cet antiquaire possède une bibliothèque très-riche en manuscrits et imprimés, relatifs à l'histoire du pays.

[1] M. François-Jules Doublet de Boisthibault, né à Chartres le 13 février 1800, membre correspondant du ministère de l'Instruction publique pour les travaux historiques et de la Société des Antiquaires de France, est auteur d'un grand nombre d'ouvrages de littérature, d'économie politique et d'archéologie, dont quelques-uns ont été mentionnés honorablement ou couronnés par l'Institut de France ou les sociétés savantes des départements, et parmi lesquels nous citerons une *Notice sur la vie et les écrits de F. Doublet, docteur-régent et professeur de la Faculté de Médecine de Paris* (1826), un *Essai historique sur la vie et les ouvrages du duc de la Rochefoucauld-Liancourt* (1829), des mémoires sur *l'Abolition de la peine de mort* (1836), *la Mendicité et le Vagabondage* (1839), *l'Agiotage* (1840), *l'Administration des secours aux classes nécessiteuses* (1843), *le Régime cellulaire et les Maisons de corrections* (1846), un *Mémoire sur le tombeau de saint Calétric* (1844), *l'Iconographie du pays Chartrain* (1845), un *Essai historique sur l'abbaye de Thiron* (1848), une *Monographie de la Crypte de la Cathédrale de Chartres* (1849), un *Mémoire historique sur l'ancienne église collégiale et paroissiale de Saint-André de Chartres* (1847).

[2] M. E. Lefèvre, membre correspondant du ministère de l'Instruction publique pour les travaux historiques, publie depuis plusieurs années l'*Annuaire du département* et sait donner de l'intérêt à cet ouvrage par les notices qu'il y insère sur les institutions et établissements publics, la statistique et la topographie départementales.

[3] Mentionnons encore M. Gilbert, aujourd'hui membre de l'Institut *(Description historique de l'Eglise cathédrale de Chartres,* 1824); Mgr Pic, évêque de Poitiers *(Notice historique concernant la sonnerie ancienne et moderne de l'église cathédrale de Chartres,* 1840-1841; préparation du texte de la grande *Monographie* de la Cathédrale publiée par le Gouvernement); M. de Santeul, ancien secrétaire-général de la Préfecture *(Le Trésor de Notre-Dame de Chartres,* 1841); M. Benoît, ancien juge-suppléant *(Dissertations sur les nécrologes de Notre-Dame, sur l'incendie de 1194 et autres sinistres, sur les anciennes mesures d'Eure-et-Loir,* 1843); M. Didron *(Iconographie de la Cathédrale de Chartres,* 1839); M. Rossard de Mianville père, ancien procureur du Roi (collaboration au *Catalogue des manuscrits de la Bibliothèque de Chartres,* 1840); M. l'abbé Bulteau *(Description de la Cathédrale de Chartres,* 1850); M. Merlet, archiviste du département *(Lettres des Rois de France, des Reines, des Princes et hauts personnages, adressées aux Echevins et commune de Chartres,* 1855, et de nombreux articles d'érudition sur des documents chartrains, dans la *Bibliothèque de l'Ecole des Chartes* et *l'Atheneum).* Plusieurs d'entre eux sont étrangers à notre ville, mais tous ont travaillé pour elle avec conscience et talent.

S'il m'était permis de devancer le temps, je joindrais à ces noms ceux de MM. Paul Durand, archéologue du plus grand mérite et auquel on ne saurait reprocher qu'une excessive modestie, Emile Bellier de la Chavignerie, qui prépare de sérieux

L'érudition est représentée par Dussaulx [1], le traducteur de Juvénal; Bellier-Duchesnay [2], l'éditeur de *la Bibliothèque des Dames* et des soixante-six premiers volumes de la *Collection des Mémoires relatifs à l'Histoire de France*; Gratet-Duplessis [3], l'ingénieux bibliophile; M. Charpentier [4], philologue et latiniste distingué; E. Greslou [5], dont les lettres latines

travaux biographiques et bibliographiques sur le pays chartrain, et Lecocq, déjà connu par quelques essais historiques pleins d'intérêt.

[1] Jean Dussaulx, petit-neveu du célèbre Nicole, né à Chartres le 28 décembre 1728, mort à Paris le 16 mars 1799, a écrit un grand nombre d'ouvrages dont les plus estimés sont des *Lettres sur la passion du jeu dans les différents siècles* (1775) et une *Traduction de Juvénal* (1779). Dussaulx, qui fut longtemps au service militaire, consacrait aux lettres tous ses moments de liberté. La Révolution le jeta dans la politique; il fit partie de la Convention, siégea constamment parmi les modérés et fit preuve de courage en plus d'une circonstance.
Cet estimable écrivain avait été admis en 1776 à l'Académie des Inscriptions et Belles-Lettres; à la création de l'Institut, il fut nommé membre de la classe de Littérature et de Beaux-Arts, section des Langues anciennes.

[2] Alexandre-Claude Bellier-Duchesnay, dont j'ai déjà eu occasion de parler plus d'une fois, naquit à Chartres en 1739 et mourut dans cette ville en 1810.

[3] Pierre-Alexandre Gratet-Duplessis, né à Janville le 16 décembre 1792, mort à Paris le 21 mai 1853, appartient à Chartres par la famille à laquelle il s'est allié et par plusieurs de ses publications. Ce modeste érudit donna, entre autres ouvrages, un *Essai historique sur les établissements littéraires de la ville de Douai* (1842), une *Bibliographie parémiologique* (1847), la *Fleur des Proverbes français* (1851) et une *Petite Encyclopédie des Proverbes français*, sous le pseudonyme de Hilaire-le-Gai (1852). Il fut un des rédacteurs du *Bulletin du Bibliophile*, fit imprimer ou réimprimer à Paris et à Chartres plusieurs pièces rares et prépara une bonne édition des *Maximes de La Rochefoucauld*. L'édition du *Poëme des Miracles de Notre-Dame de Chartres*, achevée en 1855, est due à ses soins.
Gratet-Duplessis occupa successivement les emplois de Proviseur du collége d'Angers, d'Inspecteur de l'académie de Caen et de Recteur des académies de Douai et de Lyon.

[4] M. Jean-Pierre Charpentier, né à Saint-Prest le 20 juin 1797, traversa tous les grades du professorat universitaire, occupa la chaire de rhétorique à Louis-le-Grand et à Saint-Louis, suppléa pendant dix ans M. Leclerc dans la chaire d'éloquence latine à la Faculté des Lettres et exerça longtemps les fonctions d'Inspecteur de l'Académie de Paris. Il est aujourd'hui en retraite.
Ce littérateur émérite a donné des *Etudes morales et historiques sur la Littérature romaine* (1829), un *Essai sur l'histoire littéraire du Moyen-Age* (1833), un *Tableau historique de la Littérature française aux XVe et XVIe siècles* (1835), *Tertullien et Apulée* (1839), une *Histoire de la renaissance des Lettres en Europe au XVe siècle* (1843), des *Etudes sur les Pères de l'Eglise* (1853). Il a dirigé la publication des classiques latins de Panckoucke, intitulée *Nova scriptorum latinorum bibliotheca* (1833-1838), et il a traduit, dans la *Bibliothèque latine-française* du même éditeur, les *Bucoliques* et les *Géorgiques* de Virgile et les *Traités des Lois et de l'Invention* de Cicéron; ce dernier ouvrage en collaboration avec E. Greslou.

[5] Charles-Eugène Greslou, né à Chartres le 20 avril 1805 et mort dans la même ville le 22 septembre 1839, promettait de devenir un des latinistes les plus distin-

déplorent la fin prématurée; M. Philarète Chasles [1], l'un des plus féconds publicistes de notre époque.

Du barreau chartrain sortirent plusieurs personnages remarquables : Guéau de Reversaux [2], les frères de Gennes [3], Janvier de Flainville [4] se firent un nom par leur science profonde et leur éloquence. Quoique plus connus comme hommes politiques, Brissot [5] et Pétion [6] ne laissèrent pas que d'acquérir de la réputation comme jurisconsultes, moralistes et économistes, le premier, par la publication de plusieurs Traités sur les lois criminelles (1780-1781), de considérations sur les sciences,

gués de notre époque. Il a traduit, pour la Bibliothèque latine-française de Panckoucke, les *Tragédies de Sénèque*, les livres 4 et 5 de *Lucain* et le Traité de l'*Invention* de Cicéron, ce dernier ouvrage en collaboration avec M. Charpentier. On lui doit aussi plusieurs articles dans le Journal général de l'Instruction publique.

[1] M. Victor-Euphémion-Philarète Chasles est né à Mainvilliers le 8 octobre 1799. On lui doit une série d'*Etudes* sur l'Angleterre, l'Allemagne, l'Espagne, le XVIe siècle en France, le Moyen-Age et l'Antiquité, formant onze volumes; un ouvrage intitulé *Caractères et Paysages* et une traduction des œuvres de Jean-Paul Richter. M. Chasles, auquel on ne saurait contester une place éminente parmi les critiques littéraires, est professeur de littérature étrangère au collége de France et l'un des conservateurs de la bibliothèque Mazarine.

[2] Jacques-Etienne Guéau de Reversaux, né à Chartres en 1706, mort à Paris en 1753, fut un des avocats les plus célèbres du Parlement de Paris. Il a écrit beaucoup de mémoires judiciaires remarquables par la logique et la force des arguments.

[3] Pierre et Gabriel de Gennes, nés à Chartres au commencement du XVIIIe siècle, se firent une grande réputation à Paris comme avocats consultants. On cite les mémoires que Pierre écrivit pour La Bourdonnaye et pour Dupleix, gouverneur des Indes. Pierre mourut à Paris le 5 juillet 1759; j'ignore la date de la mort de Gabriel.

[4] Jean-François-Augustin Janvier de Flainville, né à Chartres le 5 août 1717, mort dans la même ville le 5 septembre 1790, exerça très-longtemps avec beaucoup de distinction la profession d'avocat au Présidial de Chartres. On a de lui quelques brochures et pamphlets littéraires et un grand nombre de mémoires judiciaires écrits avec verve et causticité. J'ai dit plus haut qu'il s'était beaucoup occupé de l'histoire chartraine. Janvier de Flainville eut à soutenir, en 1762, un procès assez scandaleux contre sa mère; son esprit mordant lui fit beaucoup d'ennemis, mais on rendit toujours justice à son mérite, et ses concitoyens le portèrent au premier rang des honneurs municipaux.

[5] Jean-Pierre Brissot, était né à Chartres le 14 janvier 1754; son père exerçait le métier de pâtissier. Comme il avait été élevé au hameau de Ouarville, il en prit le nom qu'il transforma plus tard en celui de Warville. On sait que, chef du parti modéré de la Convention, il périt sur l'échafaud, le 31 octobre 1793, avec vingt-et-un de ses collègues.

[6] Jérôme Pétion, avocat au Présidial, était né à Chartres, le 2 janvier 1756, d'une famille honorablement connue dans la robe. Son rôle politique est étranger à cette histoire. On sait que, forcé de fuir la proscription, il périt misérablement, au mois de juillet 1793, dans les environs de Bordeaux.

les arts et la politique en Angleterre (1784), d'un Mémoire sur les noirs de l'Amérique Septentrionale, d'un ouvrage intitulé *De la France et des Etats-Unis* (1787), et d'un discours sur la rareté du numéraire (1790); le second, par des études sur les lois civiles en France, sur l'infanticide et sur le mariage. Delacroix-Frainville devint l'un des meilleurs avocats consultants du barreau de Paris [1]; Chauveau-Lagarde [2] illustra sa carrière par la défense de Marie-Antoinette. Nous devons à M. Isambert [3], aujourd'hui conseiller à la Cour de Cassation, un recueil estimé des anciennes lois françaises, et une bonne traduction de Procope.

[1] Joseph Delacroix-Frainville, né à Chartres le 27 janvier 1749, mort à Paris le 28 décembre 1831, doit surtout sa grande réputation à ses profondes connaissances en droit coutumier. Il fut bâtonnier de l'ordre des avocats de Paris.

[2] Claude-François Chauveau-Lagarde, né à Chartres le 21 janvier 1756 et mort à Paris le 29 février 1841, se fit un nom célèbre comme *défenseur officieux* pendant la Révolution. Il défendit, en 1793, le général Miranda, Brissot, Charlotte Corday, l'infortunée reine Marie-Antoinette, et, en 1797, l'abbé Brottier. En 1826 il prononça un plaidoyer remarquable pour Bissette, Fabien et Volny, hommes de couleur, condamnés injustement à la Martinique.
Chauveau-Lagarde fut nommé conseiller à la Cour de Cassation le 17 mai 1828; c'était la récompense un peu tardive de son dévouement à la famille royale.

[3] M. François-André Isambert, né à Aunay-sous-Auneau, le 30 novembre 1792, d'une famille de la Beauce chartraine, a longtemps exercé la profession d'avocat-consultant à Paris; il fait partie de la Cour de Cassation depuis le 27 août 1830. Voici la liste des ouvrages de ce savant jurisconsulte qui est en même temps un érudit distingué : *Notice sur les lois maritimes des Rhodiens* (1820), *Mémoire sur les procès religieux* (1826), *Mémoires pour les hommes de couleur* (1826 à 1830), *Recueil critique des lois et ordonnances, sous la Restauration* (1814 à 1827), *Dissertation sur les lois des Barbares*, en tête de la traduction Peyré (1825), *Dissertation sur la loi salique*, servant de préface aux huit premiers volumes des anciennes lois françaises (1820), *Recueil général des anciennes lois françaises*, de 420 à 1789, seul et en collaboration avec MM. Jourdan, Decrusy et Taillandier (30 vol.; 1820 à 1830), *Pandectes françaises*, lois de 1789 et 1790 (1830 à 1832), *Traité de la Voierie* (1825), Introduction aux *Annales Politiques et Diplomatiques* (1826), *Mémoires et Consultations* dans les procès de MM. de Montlosier, du général Berton, du colonel Caron, des sergents de La Rochelle (Restauration), *Appel comme d'abus* pour l'abbé Chasles, curé de Notre-Dame de Chartres (1822), *Mémoire sur la rivière d'Eure* (1822), Cartes de l'*Atlas de géographie ancienne*, publié par Gail (1812 à 1820), *La mer de Thibériade*, cartes et dissertations (Bulletin de la Société de Géographie, 1854), *Anecdota* de Procope, texte et traduction française, avec la géographie du VIe siècle et la révision de la numismatique ancienne d'après la découverte de la livre de Justinien (1856), *Histoire de Justinien*, avec cartes de son empire et de la Dardanie, tableaux numismatiques et d'économie politique (1856).

M. Isambert publiera sans doute prochainement une traduction de Flavien-Josèphe,

Deux familles chartraines, les Gendron [1] et les Bouvart [2], produisirent au siècle dernier de grands médecins. Les docteurs Doublet [3] et Mahon [4] se firent aussi une juste réputation dans les sciences médicales.

qu'il a en portefeuille et que le succès de la traduction de Procope fait vivement désirer.

[1] La famille Gendron, qu'une alliance a rattachée de nos jours à la ville de Chartres, était originaire de Voves. Elle produisit dans les siècles passés un grand nombre d'habiles médecins parmi lesquels on remarque l'abbé Gendron, médecin de Catherine de Médicis, et Claude Gendron-Deshayes, médecin de Monsieur, frère de Louis XIV et du duc d'Orléans, régent, qui mourut à Paris le 3 septembre 1750.

Une branche de cette famille, établie dans le Maine et la Touraine, a continué l'illustration de ses pères. M. Pierre-André Gendron, arrière-neveu de Gendron-Deshayes, membre de l'Académie de Médecine, exerça longtemps avec la plus grande distinction à Vendôme, où il mourut le 17 avril 1814, victime de son dévouement pour les prisonniers malades du typhus. Trois de ses fils, tous trois membres de l'Académie de Médecine, ont hérité de la réputation paternelle. L'aîné, médecin à Vendôme, mort le 13 novembre 1854, a publié des mémoires sur les fièvres typhoïdes et la dyssenterie; le second, médecin à Château-du-Loir, a écrit un grand nombre d'ouvrages estimés sur les matières médicales et en dernier lieu sur l'action fébrifuge de l'Alkekenge ou Coqueret des vignes; le troisième, médecin à Château-Renaud, s'est surtout fait connaître par des travaux intéressants sur l'emploi du nitrate d'argent dans les affections croupales.

[2] Le membre le plus illustre de cette famille de médecins et de magistrats fut Michel-Philippe, fils de Claude, né à Chartres le 11 janvier 1717, mort à Paris le 18 janvier 1787. Reçu docteur en 1730, il exerça quelques années dans sa ville natale et il y soutint une thèse publique en 1732; puis il s'établit à Paris, où il acquit promptement une grande réputation. Il fut nommé professeur de médecine au collège de France en 1747 et devint médecin de l'hôpital de la Charité et des Enfants-Trouvés; mais, accablé de travail, il se démit de ces places en 1756. On prétend qu'il refusa la charge de premier médecin du Roi qui lui aurait été offerte après la mort de Senac; il n'en fut pas moins estimé de Louis XV, qui l'annoblit en 1768 et lui donna l'année suivante le cordon de Saint-Michel. On a de Bouvart un assez grand nombre d'ouvrages de médecine dont les plus importants sont ceux intitulés *Consultations contre la légitimité des naissances prétendues tardives* (1764), *de Dignitate medicinæ* (1747), *de Experientiæ et studii necessitate in medicina* (1747).

Son père Claude avait été aussi un très-habile praticien, et un de ses parents, Bouvart (Jacques-Etienne-Robert), sieur de la Prévallée, exerça longtemps à Chartres, comme médecin de la ville, dans la dernière moitié du siècle dernier. Il est probable que Charles Bouvart, premier médecin de Louis XIII, appartenait à la même famille, quoique né à Montoire, près Vendôme.

[3] François Doublet, membre de la Société royale de Médecine, né à Chartres le 30 juillet 1751, mort à Paris le 18 prairial an IV, s'occupa surtout de la fièvre puerpérale et fit paraître divers mémoires remarquables sur cette maladie.

[4] Pierre-Jean Mahon, membre de la Société royale de Médecine, né à Chartres en 1715, mort en cette ville le 26 prairial an VII, exerça pendant longues années avec distinction. Nous avons dit plus haut qu'il soutint une thèse sur les vertus curatives des eaux minérales de Chartres; il composa divers autres ouvrages parmi lesquels on remarque un *Avis aux Riches sur la manière dont ils se doivent conduire dans leurs maladies*.

Dans les arts, nous citerons le graveur Sergent [1], qui, malheureusement, devint homme politique.

Nous ne saurions mieux terminer cette appréciation succincte des titres de nos compatriotes à la reconnaissance de la postérité, qu'en parlant avec l'admiration qu'ils méritent des magnifiques travaux de M. Michel Chasles [2], membre de l'Institut, l'un des plus grands géomètres de notre époque. Ce savant, dont les découvertes remontent à 1812, alors qu'il entrait à l'École Polytechnique, est parvenu à traiter toutes les questions de géométrie pure par une méthode uniforme et générale, fondée sur l'algorithme des signes et la considération des expressions imaginaires. M. Chasles a rendu ainsi un immense service à la science : car si, depuis Descartes, l'analyse a pu résoudre certaines questions de géométrie d'une manière gé-

---

[1] Antoine-François Sergent, né à Chartres le 9 octobre 1751, mort à Nice le 24 juillet 1847, fut incontestablement le graveur le plus habile de l'époque révolutionnaire. Ses ouvrages à l'*aqua-tinte* et *en couleur* sont quelquefois médiocres, mais ses *eaux-fortes*, composées avec infiniment d'esprit, accusent une pointe fine et légère, et ses *burins* sont corrects et harmonieux. On peut citer de cet artiste le *Christ en croix*, *la Vierge* et *la Trinité*, en collaboration avec Biosse, pour le missel de Chartres; quatre *vues de la cathédrale*, pour le bréviaire du diocèse (1783); une *vue de l'abside de l'église Saint-André*; *la foire des Barricades sur la place des Epars de Chartres*; les vues des *châteaux et principales habitations de Paris et environs*; une suite de *portraits de personnages célèbres* (1787-1789); les *Tableaux des Révolutions de Paris depuis 1789*; le portrait en pied du général Marceau, en couleur et en noir; les *Funérailles de Marceau*, aqua-tinte; le *Tableau de l'Univers et des connaissances humaines* (1802); le *portrait d'Emira Marceau*, sa femme.

Sergent avait épousé Marie Marceau-Desgraviers, sœur du général Marceau, plus connue sous le nom d'Emira. On peut consulter, quant à la vie politique de Sergent, une *Notice biographique* publiée en 1848 par M. Noël Parfait.

[2] M. Michel Chasles est né à Epernon le 15 novembre 1793, mais sa famille a toujours habité Chartres, et nous pouvons à bon droit le réclamer comme chartrain. Indépendamment d'un grand nombre de mémoires insérés dans tous les journaux et recueils de mathématiques, M. Chasles a publié en 1837 un *Aperçu historique sur l'origine et le développement des méthodes en géométrie*, et en 1852, son *Traité de géométrie supérieure*, dont il promet une suite. Il a pris part à la rédaction du catalogue de la Bibliothèque communale (1840) et il a enrichi de notes très-curieuses plusieurs articles dont l'objet se rattache à ses études favorites. On lui doit aussi une *Histoire de l'Arithmétique* (1843) dans laquelle il établit, contrairement à l'opinion commune, l'origine pythagoricienne de notre système de numération; nous croyons que les manuscrits de Boèce et de Gerbert, de notre bibliothèque, n'ont pas été inutiles à l'auteur pour sa démonstration.

M. Chasles est depuis 1846 professeur de géométrie supérieure à la Faculté des sciences; il appartient à l'Académie des sciences comme membre titulaire depuis 1851.

nérale, les méthodes de la géométrie proprement dite n'avaient pas fait un pas depuis les grands travaux des mathématiciens de l'antiquité; chaque cas particulier d'une même question avait toujours sa formule spéciale; chacun d'eux était toujours soumis à une discussion distincte. Aujourd'hui, grâce aux découvertes de M. Chasles, dont le beau livre de *la Géométrie supérieure* offre le résumé fidèle, la géométrie pure peut résoudre les problèmes d'une façon tout aussi générale que l'analyse cartésienne. M. Chasles s'est beaucoup occupé de l'histoire des mathématiques, et il a fait preuve dans cette tâche difficile d'une grande pénétration d'esprit et d'une érudition profonde.

L'aptitude des Chartrains pour les travaux de l'intelligence ne s'est donc pas encore démentie, et nous espérons que les efforts de la Société Archéologique, nouvellement fondée, tendront à la diriger de plus en plus vers les études sérieuses qui seules procurent des succès durables.

CHAPITRE XXVI.

ÉTABLISSEMENTS RELIGIEUX CRÉÉS DEPUIS LE XIVe SIÈCLE [1] ET STATISTIQUE CHARTRAINE.

§ 1er. — ÉTABLISSEMENTS RELIGIEUX.

1° *Capucins.*

L'évêque Nicolas de Thou, ayant consenti, le 13 septembre 1585, sur la demande du Provincial des Capucins en France, à l'établissement d'une maison de cet ordre à Chartres, Claude de Lorraine, abbé de Saint-Père, abandonna aux nouveaux religieux l'ancienne abbaye de Saint-Lubin-des-Vignes, annexée à son monastère, à titre de prieuré, depuis le XIe siècle. Le corps municipal autorisa immédiatement des quêtes dans toute la ville pour aider ces *laboureurs en la vigne de Dieu*, à construire des bâtiments claustraux [2]. Il paraît, toutefois, que les aumônes ne furent pas très-abondantes, car la pose de la première pierre de la nouvelle église, par M. de Thou, n'eut lieu que le 7 avril 1588 [3].

Protégés par le cardinal de Joyeuse, les capucins de Saint-Lubin reçurent plusieurs fois la visite de Henri III et des seigneurs de sa cour. Henri IV plaça son quartier-général dans leur couvent, lors du siége de 1591.

---

[1] La première partie de ce chapitre est le complément du chapitre X (premier volume de cette histoire). Quant aux établissements civils créés depuis le XIVe siècle, tels que le Bureau des pauvres et le Collège, il en a été trop longuement et trop souvent parlé dans le récit pour qu'il soit besoin de leur consacrer des monographies.

[2] *Reg. des Échevins;* Séance du 1er octobre 1585.

[3] *Livre de bois de Saint-André;* Arch. départ.

Le chancelier Séguier, qui aimait les capucins, acheta pour eux, le 20 mars 1663, l'église et le couvent Saint-Martin-au-Val, possédé depuis le XII⁰ siècle par les moines de Marmou-tiers et réuni à la mense conventuelle de Bonne-Nouvelle-d'Orléans [1]. Les religieux se retirèrent dans cette maison, beaucoup plus vaste que Saint-Lubin, et l'occupèrent jusqu'à la Révolution.

Lors de la visite des officiers municipaux, les 23 avril et 17 mai 1790, la communauté ne se composait que de cinq religieux profès, y compris fr. Nicolas de Paris, gardien. Quatre religieux manifestèrent l'intention de se séculariser; le gardien demanda à être attaché à l'hôpital général, en qualité d'aumônier [2]. Les quêtes annuelles, évaluées à 5,600 livres, suffisaient à peine aux dépenses de la maison.

Peu de temps après la suppression des Jacobins, on installa l'hospice des vieillards et des orphelins dans la maison de Saint-Martin-au-Val.

2° *Minimes.*

Les Minimes durent leur établissement de Chartres au chanoine Yves Le Breton, qui leur donna, en 1615, un terrain dans le faubourg de la porte Guillaume [3]. Mais les échevins, tout en accordant à cette nouvelle congrégation l'autorisation d'habiter la ville, lui fit défense de construire dans l'emplacement choisi, à cause du danger que présentaient en temps de guerre les édifices considérables des faubourgs, dont les ennemis pouvaient se servir pour leurs approches. Les Minimes cherchèrent donc une habitation *intra muros*, et, au bout de trois ans, ils traitèrent avec les Dames

---

[1] Le duc d'Orléans écrivit aux échevins en faveur des Capucins, à l'occasion de cette translation. (Lettre du 13 février 1663; *Recueil des Lettres des Rois*, p. 301.)
[2] Procès-verbal de la visite des officiers municipaux à Saint-Martin-au-Val. (Arch. de la Mairie.)
[3] *Reg. des Echevins;* délibération du 5 juin 1615. — Voir *suprà*, p. 384.

de l'Eau de leur maison, située dans la rue de la Corroirie, en face du pont des Arches; le corps municipal leur octroya son agrément le 3 avril 1618 [1]. Ils augmentèrent beaucoup les bâtiments claustraux, et la ville leur céda, le 11 février 1620, un petit carré du jardin du collège de Poquet qui touchait à leur dortoir [2]. L'évêque Léonor d'Estampes dédia leur chapelle le 12 juin 1628.

Les Minimes de Chartres ne firent jamais grand bruit. En 1790, lors de la fermeture des maisons religieuses, les officiers municipaux ne trouvèrent au couvent que deux religieux qui avaient pour tout revenu 700 livres en argent et soixante-onze setiers, un minot de blé [3]. Il ne reste plus aujourd'hui du couvent des Minimes que la porte d'entrée.

3° *Carmélites.*

Les Dames du Mont-Carmel, protégées par la reine-mère Marie de Médicis, par Mlle de Longueville et par M. de Marillac, depuis garde-des-sceaux, parurent pour la première fois à Chartres au commencement de 1619 [4]. Le 2 janvier, l'évêque Philippe Hurault les fit examiner par MM. Robert Bouette, doyen du Chapitre, et Claude Lebel, docteur en théologie et chanoine, et les admit à construire un couvent soumis aux règles et observances de celui du faubourg Saint-Jacques, hors et près les murs de Paris [5]. Le corps municipal ayant donné son adhésion à leur introduction le 15 avril 1619, la nouvelle congrégation, qui avait fait disposer pour son usage l'ancienne maison de *l'Huis-de-Fer*, située dans la rue Saint-

---

[1] *Reg. des Echevins.* — Il y avait eu procès entre la Ville et les Minimes, qui voulaient absolument s'établir sur le terrain du faubourg Guillaume.
[2] *Ib.*
[3] Procès-verbal des officiers municipaux, du 23 avril 1790. (Arch. de la Mairie.)
[4] Voir *suprà*, p. 385.
[5] *Papiers des Carmélites.* (Arch. départ.)

Pierre, au bas du tertre de l'Etape-au-Vin, prit possession le 18 juin 1620, et promit, entre les mains de MM. Bouette, doyen, Grenet, archidiacre de Pinserais, et Lenoir, chanoine, vicaires-généraux députés par le Chapitre, le siége vacant, de se soumettre à l'obédience et juridiction des évêques de Chartres [1].

Les Carmélites ne restèrent pas longtemps dans leur couvent de la rue Saint-Pierre, qui était incommode [2]; elles s'établirent, à la fin de 1620, dans quelques maisons que leur céda le Chapitre, au bout de la rue *des Vasseleurs* (des Lisses). Mais, à peine installées, elles faillirent se brouiller avec l'Evêque. Il paraît que la difficulté venait de ce que, dans une visite du doyen Bouette, la prieure, sœur Geneviève de Saint-Bernard [3], n'avait pas voulu faire lever les voiles à ses religieuses. Mgr Léonor d'Estampes, dont M. Bouette était le délégué, prit la chose fort à cœur et déclara aux religieuses que, si elles continuaient à méconnaître les droits de l'ordinaire, il ferait venir d'autres Carmélites de Bordeaux, à leur place. Cette affaire, qui enfin s'apaisa, occupa pendant l'année 1622 les conseillers de l'Ordre et, en particulier, M. André du Val, docteur et professeur du Roi en Sorbonne, et le père de Berulle [4]. Le couvent de Chartres fut approuvé, avec quarante-deux autres, par lettres-patentes du Roi, de septembre 1631, enregistrées en Parlement le 8 octobre suivant [5].

Vers 1656, les Carmélites agrandirent leur couvent au moyen d'un échange qu'elles firent avec les chevaliers de

---

[1] *Papiers des Carmélites.* (Arch. départ.)

[2] On dit que la reine Marie de Médicis appelait ce couvent *la ratière de l'ordre.*

[3] Sœur Geneviève de Saint-Bernard, première prieure du couvent de Chartres, était la troisième fille de Mme Accarie, née Barbe Avrillot, femme d'un maître des Comptes et fondatrice de l'ordre en France, qui mourut à Pontoise en 1618 et fut béatifiée en 1791, sous le nom de la *bienheureuse Marie-de-l'Incarnation.* (Voir les *Chroniques de l'ordre des Carmélites*, tome Ier, p. 179 et *passim;* Troyes, imprim. d'Anner-André, 1846.)

[4] *Papiers des Carmélites.* (Arch. départ.)

[5] *Ib.*

Malte, possesseurs du terrain qui les séparait des Jacobins. On y commença, en 1660, la construction des lieux réguliers et d'une grande chapelle, qui fut dédiée, le 11 octobre 1668, par M. l'évêque de Neufville de Villeroi.

C'est tout ce que nous savons de l'ancien couvent des Carmélites, qui était encore en pleine prospérité en 1790. En effet, les officiers municipaux constatèrent, dans leur procès-verbal du 21 juin, que les religieuses étaient au nombre de vingt-cinq, non compris les converses, et que les revenus annuels atteignaient 12,000 livres [1].

Après les tourmentes révolutionnaires, l'Ordre du Mont-Carmel réunit ses filles dispersées. Un petit noyau de Carmélites parvint d'abord à se former dans l'ancien couvent des Dames de la Visitation, rue du Grand-Beauvais; puis, la communauté, devenue plus nombreuse, fit bâtir au lieu dit *le Pélican*, dans le faubourg Saint-Jean, avec l'aide de quelques personnes charitables, un vaste monastère où elle s'est transportée en 1836.

4° *Ursulines.*

Les religieuses Ursulines de la maison de Paris, introduites à Chartres, par ordre exprès du Roi, au mois de septembre 1626, s'installèrent dans le grand hôtel de la famille de Montescot, rue de la Fromagerie, qu'elles avaient acheté, par acte du 6 octobre 1625, de M. Jacques de Montescot, écuyer, demeurant à Paris [2].

La communauté des Ursulines ne paraît pas avoir prospéré à Chartres; elle fut supprimée par un décret de M. de Fleury, en date du 29 décembre 1759, approuvé par lettres-patentes du 24 juin 1760. Un arrêt du Parlement du 4 mai 1761 réunit les biens du couvent de Chartres à ceux des Filles-Dieu,

---

[1] Arch. départ.
[2] Voir *suprà*, p. 400.

des Carmélites et des Filles de la Providence; ces dernières furent mises en possession de l'hôtel Montescot.

5° *Visitandines.*

Les échevins, qui trouvaient que la ville était déjà trop remplie de gens de main-morte, s'opposèrent longtemps à l'admission des Filles de Saint-François de Sales. Elles avaient fait une tentative infructueuse en 1636, et ce ne fut qu'en 1647, que, fortes de la protection de la Régente et de l'autorisation de l'évêque Lescot, elles parvinrent à obtenir l'agrément du corps municipal; l'intervention de M. de La Frette, gouverneur, ne leur fut pas inutile en cette occasion [1].

Les Visitandines eurent encore des difficultés à vaincre pour trouver une habitation. Le prieur de Sainte-Foy, on ne sait par quel motif, n'en voulait pas dans sa paroisse et tâchait de traverser les acquisitions qu'elles projetaient. Il fallut que l'Évêque et quelques personnages puissants prissent leur cause en main pour déjouer ces obstacles. Enfin, par acte du 26 mars 1650, les *Filles de la Visitation*, représentées par Me Jean Petit, avocat en Parlement, et M. Blaise Leferon, grand-vicaire de l'Évêque, achetèrent des religieux de Saint-Jean deux maisons contiguës, rue du Cheval-Blanc, l'une connue sous le nom de *Four-Saint-Jean*, et l'autre ayant pour enseigne *la Levrière* ou *Levrette* [2]. Ce fut là que s'établit la congrégation. En avril 1670, elle ajouta à son couvent la maison dite de *l'Angelot*, faisant le coin des rues du Cheval-Blanc et de Beauvais, vis-à-vis l'auberge du *Bardé* [3].

Lorsque la Révolution surprit les Visitandines, elles étaient au nombre de trente-neuf, et les revenus de la maison consis-

---

[1] Voir *suprà*, p. 418.
[2] *Papiers des Visitandines;* Arch. départ.
[3] *Ib.*

taient en trente-neuf muids de blé et 9,500 livres en argent [1]. Rentrées à Chartres après les orages politiques [2], ces saintes filles ont fixé leur demeure dans une maison de la rue de la Barre-des-Prés, hors la porte Drouaise.

5° *Filles de la Providence.*

Vers 1643, M. François de Pedoue [3], chanoine et pénitencier de Chartres, forma une congrégation de filles dévotes qui se donna pour mission de retirer les prostituées de la débauche. Reconnaissant, au bout de quelques années, que leurs efforts étaient inutiles, ces filles résolurent de se livrer à l'éducation de petites orphelines de la ville et des faubourgs, de l'âge de sept à huit ans, pour les préserver du vice. Leur projet fut approuvé par l'évêque Jacques Lescot, qui les institua, par lettres du 22 décembre 1653, sous le nom de *Filles de la Providence*, obtint des lettres-patentes de confirmation royale au mois de janvier 1654, et régla, le 22 avril suivant, les statuts de la communauté, à laquelle il fut interdit de faire des vœux, sous peine de voir ses biens dévolus à l'Hôtel-Dieu. Le corps de ville, les délégués des paroisses et les magistrats du Présidial, convoqués en assemblée générale les 9 décembre 1654 et 18 mars 1655, donnèrent leur assentiment à cette nouvelle fondation, sous la condition expresse que les biens des Filles de la Providence feraient retour à l'Hôtel-Dieu, dans le cas où la communauté viendrait à se dissoudre pour quelque cause

---

[1] Procès-verbal des officiers municipaux, des 21 et 22 juin 1790. (Arch. de la Mairie.)

[2] Les Visitandines de Chartres se reformèrent en 1806 dans une maison de la rue Muret ; elles habitèrent vers 1810 une autre maison, rue Avedam, et allèrent occuper leur couvent actuel le 24 juin 1834.

[3] François de Pedoue, homme de beaucoup d'esprit et appartenant à une famille distinguée, avait donné d'abord dans des écarts déplorables ; ses ouvrages libres et mordants lui avaient attiré en 1626 la censure ecclésiastique et des haines redoutables. Revenu au sentiment de ses devoirs, il expia par une vie mortifiée et consacrée au bien, les égarements de sa jeunesse.

que ce fût. Les lettres-patentes de 1654 furent enregistrées en Parlement le 27 juillet 1656, avec cette restriction expresse [1].

Les Filles de la Providence s'établirent d'abord dans deux maisons de la rue Muret, que le chanoine de Pedoue leur avait données [2]. Elles possédaient *déjà 20,000 livres en maisons, 8,000 livres en meubles, 1,500 livres de rente en fond et 800 livres par chacun an de pension viagère*. En 1656 elles étaient seize, avaient complété leurs bâtiments réguliers et bâti une belle église, grâce aux nouvelles libéralités de leur premier fondateur. Après la mort du chanoine, M. Gaston de Pedoue, son frère, gentilhomme ordinaire de la chambre du Roi, capitaine de cinquante hommes d'armes, maréchal des camps et armées et chevalier de l'ordre, le remplaça dans son rôle de protecteur des Filles de la Providence. Ce seigneur leur légua, par testament et codicille des 28 octobre et 29 novembre 1670, 6,000 livres pour la fondation d'un titre de chapelain, et pareille somme pour l'éducation de sa fille naturelle [3].

En 1761, les Filles de la Providence, qui avaient vendu leur maison du Muret à la ville pour y placer le collége, allèrent occuper l'ancien couvent des Ursulines, rue de la Fromagerie. Avant de quitter leur première demeure, elles obtinrent la permission d'exhumer le corps du chanoine de Pedoue qui reposait dans leur église, et le firent transporter dans le sanctuaire de l'église des Ursulines. Cette translation eut lieu le 29 août, par les soins du curé de Saint-André, en présence du chanoine Berthinot, principal du collége.

---

[1] Un petit recueil de 15 pages, in-8º, imprimé chez André Nicolazo, contient le décret épiscopal de 1653, les lettres-patentes de janvier 1654, le consentement des habitants de décembre 1654, l'avis de MM. du Présidial de mars 1655, et l'arrêt d'homologation de juillet 1656. — Voir *suprà*, p. 432.
On peut aussi consulter, relativement à la communauté des Filles de la Providence, le violent factum de Me Janvier de Flainville, dans le procès pendant devant le Parlement entre le sieur Duhan de Beauchesne et sœur Anne Duhan, religieuse de la Providence, sa sœur. (Paris, Cellot, 1766; 36 pages grand in-4º.)

[2] Donation du 16 février 1656; *Titres des Filles de la Providence;* Arch. dép.

[3] *Titres des Filles de la Providence;* Arch. départ.

Lors de la visite des officiers municipaux, en date du 17 mars 1791 [1], il y avait à la Providence dix-neuf sœurs, dont la supérieure était dame Marguerite Saché. Les revenus fonciers de la maison s'élevaient à 6,880 livres. Les sœurs, accusées depuis longtemps de donner à leurs élèves des principes inconstitutionnels, ne voulurent pas prêter le serment exigé, par l'Assemblée nationale, des instituteurs de l'instruction publique. Leur école fut fermée par arrêtés du directoire du département des 11 mai 1791, 31 janvier et 4 juillet 1792. Les commissaires du conseil général de la commune firent transférer au bureau des pauvres ou hôpital général de Saint-Brice les vingt orphelines élevées par la communauté, et un jugement du tribunal du district, rendu le 15 septembre 1792, à la requête des administrateurs du bureau des pauvres, prononça la réunion définitive des biens des Filles de la Providence à l'hôpital général, en vertu de la clause de reversion insérée dans l'arrêt du Parlement du 27 juillet 1656. Par bail du 6 novembre 1792, le bureau des pauvres loua à la ville le couvent des Filles de la Providence, pour en faire la maison commune [2].

Les *Dames* de la Providence, que Chartres a revues depuis cinquante ans, occupent l'ancien prieuré de Saint-Etienne au cloître (couvent de Saint-Jean), où elles tiennent un pensionnat [3].

6° *Grand séminaire de Beaulieu.*

Le grand séminaire du diocèse de Chartres, installé, en 1659, dans l'ancienne maladrerie de la Madeleine du Grand-Beaulieu, comme nous l'avons dit dans notre premier vo-

---

[1] Arch. de la Mairie.

[2] Pièces concernant les Filles de la Providence (Arch. départ.) et Titres des hospices réunis de Chartres.

[3] En 1800, quelques Filles de la Providence de l'ancien couvent se réunirent dans une maison de la rue de la Bourdinière. Elles obtinrent la reconnaissance de leur congrégation par décret impérial du 24 juillet 1806, et allèrent occuper les bâtiments de Saint-Jean, au cloître.

lume [1], faillit voir promptement compromettre son repos. Les chevaliers du Mont-Carmel et de Saint-Lazare-de-Jérusalem, auxquels Louis XIV avait donné, par édit de décembre 1672, les biens de toutes les anciennes maladreries et léproseries du royaume, intentèrent un procès à M. Jacques Vuanet, supérieur du séminaire, et à l'évêque de Neufville de Villeroi, à fin de dépossession. Un arrêt de la chambre royale, du 22 septembre 1676, déclara les chevaliers recevables dans leurs demandes; mais, en considération du fait accompli dès l'année 1659, il maintint l'Evêque et le Supérieur dans leur jouissance, à la charge de servir aux chevaliers la moitié des revenus de l'ancien prieuré. Les défendeurs épuisèrent vainement toutes les voies d'appel; une transaction, en date du 7 octobre 1681, conclue entre les commandeurs et chevaliers composant le conseil de l'Ordre et M. Jean-François de Brizay, grand-vicaire de l'Evêque, prononça, pour tout adoucissement, le partage des biens immeubles en deux lots égaux, dont l'un fut attribué à messieurs de Saint-Lazare.

Les choses demeurèrent en cet état jusqu'à ce que l'évêque Godet des Marais, profitant de l'édit du mois de mars et de la déclaration du 15 avril 1693, qui revenaient sur la donation faite à Saint-Lazare, obtint, le 17 novembre de la même année, un arrêt du Conseil-d'Etat en vertu duquel le séminaire fut renvoyé en pleine et entière possession du Grand-Beaulieu, nonobstant la transaction de 1681, à la charge de payer chaque année au receveur du bureau des pauvres de Chartres la somme de 900 livres, conformément à un arrêt du Parlement du 1er février 1570 et en conséquence d'un édit de 1561 sur le réglement des hôpitaux du royaume [2]. Le séminaire resta en paisible possession du Grand-Beaulieu jusqu'à la Révolution.

Les bâtiments furent reconstruits et considérablement aug-

---

[1] Pages 364 et 365.
[2] Les détails qui précèdent sont relatés dans l'arrêt du 17 novembre 1693.

mentés sous l'épiscopat de MM. de Villeroi et de Mérinville; la chapelle, objet des soins particuliers de ces prélats, devint le lieu de la sépulture des évêques de Villeroi, des Marais, de Mérinville et de Fleury. Les Lazaristes, prêtres de la congrégation de la Mission de France, eurent la direction de cette maison depuis 1690 jusqu'en 1790.

7° *Sœurs de Saint-Maurice, aujourd'hui Sœurs de Saint-Paul.*

On rapporte au célèbre Nicole le premier projet de fondation d'une société de maîtresses d'école pour les pauvres de Chartres. Par acte passé devant Guillard, notaire à Chartres, le 16 mars 1692, il consacra 4,000 livres, quelques terres et une maison à Alluyes, *pour établir à Chartres une communauté de régentes pour l'instruction des pauvres.* Ces filles, réunies d'abord dans la paroisse de Levéville-la-Chenard par Mlle Tilly d'Allaines, furent établies dans une petite maison du faubourg Saint-Maurice par les soins de l'évêque Godet des Marais. Elles eurent pour premiers directeurs MM. Maréchaux et de Truchis, chanoines de Notre-Dame. Leurs écoles ne tardèrent pas à être fréquentées par les enfants du peuple qui leur avaient donné le nom de *Sabotières* ou *Sœurs Sabottes*, parce qu'elles demeuraient dans une maison qui avait eu pour enseigne *un sabot*. En 1713, elles retirèrent de la mendicité plus de quatre-vingts jeunes filles, et elles étaient déjà vingt-six maîtresses en 1717. Elles enseignaient la lecture, l'écriture, les travaux d'aiguille et le tricotage. Les revenus de la communauté s'accrurent promptement; si l'on en croit le factum adressé contre elles au Roi par les échevins, en 1739, au lieu d'une simple maison de vigneron qu'elles possédaient en 1705, leur fortune était évaluée à 50,000 livres en métairies, et elles faisaient construire un bâtiment qui devait coûter 60,000 livres.

Les Filles de Saint-Maurice, quoique vouées à l'éducation des pauvres, sollicitèrent en vain pendant longues années des lettres-patentes du Roi, portant reconnaissance et approbation de leur communauté. Nous avons vu combien le corps municipal était antipathique aux nouvelles fondations; aux motifs mis ordinairement en avant pour écarter les gens de de main-morte d'une ville où les corporations privilégiées étaient déjà trop nombreuses, on ajoutait, comme grief dominant, les travaux de tricotage auxquels les Filles de Saint-Maurice se livraient. Ces religieuses avaient eu à soutenir un long procès contre les maîtres chaussetiers et bonnetiers qui prétendaient leur interdire le droit de confectionner et de vendre des bas, et qui avaient fait opérer des saisies dans leur maison les 30 octobre 1713 et 15 mai 1716. Les échevins s'emparèrent de cette circonstance pour donner un avis défavorable, en 1717 et en 1727, aux placets qu'elles avaient présentés au Roi dans le but d'être reconnues sous le nom de *Filles de Saint-Paul;* ils les desservirent également lorsqu'elles voulurent recourir, en 1737, à la protection du duc d'Orléans. La tentative qu'elles renouvelèrent pour la troisième fois en 1739 provoqua de la part des échevins une violente opposition manifestée dans un mémoire au Roi, où rien ne fut oublié pour rendre les demanderesses odieuses. Elles s'étaient vouées, dès cette époque, au soulagement des malades; l'offre qu'elles firent de desservir les hôpitaux des colonies, où plusieurs d'entre elles s'étaient rendues depuis 1727, plaida leur cause auprès du gouvernement, et les lettres-patentes, sollicitées avec tant d'ardeur, leur furent enfin octroyées [1].

---

[1] La plupart des faits qui précèdent sont puisés dans le Mémoire pour les Maîtresses d'école du faubourg Saint-Maurice, contre les Chaussetiers et Bonnetiers (1717); dans la réponse des Bonnetiers aux Sabotières (1717); et dans les Placets des Echevins et des Marchands, au Roi, contre les Sabotières ou Filles de Saint-Maurice (1739). (Pièces imprimées chez A. Nicolazo et N. Besnard, à Chartres. — Voir aussi la délibération du 2 avril 1727; *Reg. des Echevins.*)

Les Filles de Saint-Maurice, devenues Sœurs de Saint-Paul, demeurèrent paisiblement dans leur couvent de Saint-Maurice jusqu'à la Révolution. Lorsque les officiers municipaux firent le recensement des établissements d'instruction, le 1ᵉʳ mars 1792, les sœurs étaient encore au nombre de cinquante [1].

L'association des Dames de Saint-Paul a été rétablie à Chartres après les troubles politiques [2], mais les religieuses ne sont pas rentrées dans leur ancienne maison de Saint-Maurice; elles occupent maintenant l'ancien monastère des Jacobins, dont les bâtiments ont été relevés et agrandis. C'est de cette maison-mère que les héroïques Filles de Saint-Paul vont porter jusqu'aux extrémités du monde les trésors de leur charité.

8° *Filles de Saint-Chaumont.*

L'évêque Godet des Marais introduisit, à Chartres, dans les dernières années du XVIIᵉ siècle, des Filles de l'Union Saint-Chaumont, congrégation formée pour la conversion des protestants. Ces religieuses occupèrent la maison de la Croix-de-Beaulieu, appartenant au grand séminaire. Comme elles ne trouvèrent pas l'occasion de travailler à leur œuvre, car Chartres ne renfermait pas une seule famille protestante, elles ouvrirent une école pour les filles d'artisans. Leur institut n'ayant pas été reconnu par la ville, on ne se faisait pas faute de les déloger lorsqu'il survenait une garnison trop nombreuse pour les casernes; elles se retiraient alors dans l'ancien prieuré de Saint-Vincent [3].

Les Filles de l'Union, dispersées à l'époque de la Révolution, n'ont plus reparu à Chartres.

---

[1] Arch. de la Mairie. — L'inventaire du mobilier de la maison eut lieu le 14 septembre 1792.

[2] Elles revinrent en 1803, en vertu d'un arrêté du premier Consul, confirmé en 1811 par un décret impérial.

[3] Voir la délibération du 13 septembre 1718; *Reg. des Echevins.*

9° *Frères de la Doctrine chrétienne, dits Frères Scolars.*

C'est encore à M. Godet des Marais que Chartres doit les frères de l'Institut du vénérable abbé de La Salle. Selon l'habitude, on ne les accueillit pas sans résistance, et les registres des échevins font connaître que leur établissement, qui remontait à l'année 1700, n'était pas encore accepté en droit par l'autorité municipale en 1725 [1]. Ils habitaient l'ancienne maison de *l'Huis-de-Fer*, rue Saint-Pierre, où ils sont encore. Cependant leurs écoles finirent par devenir populaires, et jusqu'à la Révolution les enfants de Chartres eurent pour premiers maîtres les bons frères *Colas*.

Les Frères de la Doctrine chrétienne subirent en 1792 le sort des instituteurs religieux ; mais on se hâta de les rappeler en 1800, et leur maison est aujourd'hui plus prospère que jamais.

10° *Séminaire de Saint-Charles.*

M. de Mérinville, évêque de Chartres, fit construire vers 1735 le séminaire dit de Saint-Charles, sur l'emplacement de l'ancien Four-l'Evêque, au Marché-à-la-Filasse. Il y installa son petit séminaire. Cet établissement, agrandi et doté par M. de Fleury, avait été confié, de même que le grand séminaire, à l'habile direction des prêtres de la mission de France. On y plaça pendant la Révolution la gendarmerie et le tribunal civil.

Lors du rétablissement de l'évêché de Chartres, la maison de Saint-Charles devint le grand séminaire. Cependant le tribunal n'évacua la partie qu'il occupait qu'en 1841, après la construction du nouveau Palais-de-Justice.

---

[1] *Reg. des Echevins;* 5 novembre 1725.

§ 2. — STATISTIQUE CHARTRAINE.

Chartres, chef-lieu du département d'Eure-et-Loir, résidence du Préfet, siége du Conseil de Préfecture, du Conseil général et du Conseil de l'arrondissement, contient, avec ses annexes [1], une population de 18,234 habitants [2]. La commune est administrée par un maire nommé par l'Empereur, deux adjoints et un Conseil municipal composé de vingt-six membres. Un commissaire et trois agents spéciaux sont préposés à l'exécution des lois et réglements de police.

Un nombreux clergé satisfait aux besoins religieux. Sans parler du Prélat qui dirige le diocèse, de ses grands vicaires, du Chapitre de sa cathédrale et des chapelains et aumôniers attachés aux couvents et hospices, Chartres possède deux curés de première classe, pour les paroisses de Notre-Dame et de Saint-Pierre, et un desservant pour la paroisse de Saint-Aignan; sept vicaires aident ces pasteurs dans l'accomplissement du service paroissial, et plusieurs prêtres habitués fréquentent chaque église. Le petit séminaire de Saint-Cheron et le grand séminaire de Saint-Charles préparent les jeunes lévites aux ordres sacrés. Il existe dans la ville et banlieue sept communautés religieuses de femmes : les sœurs hospitalières de Saint-Paul, les Carmélites, les Dames de la Visitation, les Filles de la Providence, les Sœurs de Bon-Secours [3],

---

[1] Annexes de Chartres : CANTON NORD : *La Banlieue*, 8 habitants; *Bel-Air*, 5 id.; *Le Bois-de-la-Poterie*, 6 id.; *La Croix-Jumelin*, 32 id.; *La Croix-Thibault*, 4 id.; *La Crosnière*, 3 id.; *Rigeard*, 3 id.; *Villemaigre*, 6 id.; *Les Saumons*, 3 id. CANTON SUD : *Beaulieu*, 196 habitants; *Les Chaises*, 30 id.; *La Croix-des-Vieux-Capucins*, 6 id.; *Le Gaillon*, 7 id.; *Le Gord*, 16 id.; *Launay*, 22 id.; *Le Petit-Archevilliers*, 6 id.; *Le Puits-Drouet*, 105 id.

[2] En 1855, il est né dans la commune 234 garçons et 244 filles. — Le nombre des décès a été de 268 hommes et 282 femmes.

[3] Les Sœurs de Bon-Secours, connues sous le nom de *Sœurs gardes-malades de Saint-Rémy d'Auneau*, sont établies depuis peu d'années dans une grande maison du faubourg Saint-Maurice. Elles soignent les pauvres et les malades à domicile, la nuit comme le jour, et portent des secours dans la ville et dans la campagne.

les Petites-Sœurs des pauvres [1] et les Dames des Sacrés-Cœurs [2]. Les Sœurs de Saint-Vincent de Paul sont chargées du service de l'Hôtel-Dieu. Les Frères de la Doctrine chrétienne représentent seuls les congrégations d'hommes.

Chartres est le siége de la Cour d'assises du département [3], qui connaît des affaires criminelles. Les affaires civiles et correctionnelles sont jugées par un tribunal civil [4], divisé en deux chambres et composé d'un président, d'un vice-président, d'un juge d'instruction, de six juges et de trois suppléants; le parquet est tenu par un procureur impérial et deux substituts. Il existe, pour les affaires commerciales, un tribunal consulaire [5], composé d'un président, de quatre juges et de quatre suppléants, choisis à l'élection parmi les notables commerçants. Les affaires de simple police sont portées devant deux justices-de-paix, ayant chacune un juge et deux suppléants [6]. Un comité de quatre jurisconsultes donne son avis sur les transactions sur procès proposées par les communes et les hospices, et un bureau de cinq membres examine les demandes faites par les indigents qui veulent recourir à l'assistance judiciaire. La procédure est préparée par six avoués; chaque tribunal a son greffe; huit huissiers sont commis à l'exécution des mandats de la justice, et deux commissaires-

---

[1] Les Petites-Sœurs des Pauvres, ces admirables filles qui se dévouent à nourrir et héberger les pauvres, mendier pour eux le pain de chaque jour, être, en un mot, leurs humbles servantes et ne vivre que de leurs restes, ont établi une maison à Chartres en 1853. Elles demeurent rue de la Tannerie, près de l'impasse aux Cornus.

[2] Les Dames des Sacrés-Cœurs de Jésus et Marie, connues sous le nom de *Dames-Blanches*, ont fondé, en 1837, dans l'ancien couvent des sœurs de Saint-Paul, au faubourg Saint-Maurice, un pensionnat qui est devenu très-prospère.

[3] On sait que les assises se tiennent quatre fois par an, sous la présidence d'un conseiller à la Cour impériale de Paris. La cour d'assises est établie dans l'ancienne église du couvent des Carmélites, rue Sainte-Thérèse, à proximité de la prison et du tribunal civil.

[4] Le tribunal civil occupe depuis 1841 le nouveau palais-de-justice construit au bout de la rue Saint-Jacques. L'édifice n'a rien de remarquable.

[5] Le tribunal de commerce est situé sur la butte Saint-Michel, à peu de distance de la rue Regnier.

[6] Les audiences des justices-de-paix se tiennent au rez-de-chaussée d'une maison attenante à l'hôtel-de-ville.

priseurs font les ventes publiques de meubles. Huit notaires domiciliés dans la ville prêtent aux citoyens leur utile ministère.

La maison d'arrêt et de justice [1], administrée par une commission dite *des Prisons*, est située à proximité de la Cour d'assises et du Palais-de-Justice.

Chartres est la résidence du Général de brigade commandant la huitième subdivision de la première division militaire, et du Colonel commandant la deuxième légion de gendarmerie ; il s'y trouve de plus une sous-intendance militaire, un dépôt de recrutement et un bureau du génie. Indépendamment de l'état-major de la compagnie de gendarmerie départementale, la ville possède une lieutenance composée de deux brigades à cheval et d'une brigade à pied, formant un effectif de 16 gendarmes [2]. La garnison habituelle consiste en quatre escadrons, l'état-major et le dépôt d'un régiment de cavalerie, d'une force numérique de 40 officiers, 900 hommes et 600 chevaux [3].

Le département des Finances est représenté à Chartres par un certain nombre d'agents de tous les grades, dont voici les principaux : un Receveur-Général, un Payeur et un Percepteur [4], pour le service spécial du Trésor ; un Directeur de l'Enregistrement et des Domaines, ayant sous ses ordres un Inspecteur, un Vérificateur, un Conservateur des hypothèques et deux Receveurs [5] ; un Directeur des Contributions directes

---

[1] La prison occupe les anciens bâtiments et lieux réguliers du couvent des Carmélites.

[2] La gendarmerie départementale occupe une vaste maison de la place des Epars, qui était autrefois l'auberge des *Trois-Mages*.

[3] La caserne dite du *Tripot* a été aliénée par la ville en 1838; celle dite *de Saint-André* a été supprimée en 1848 et démolie en 1850. Toute la garnison est casernée aujourd'hui dans l'ancien couvent de Saint-Père, auquel on a ajouté de très-vastes bâtiments.

[4] Les rôles de toutes natures de la perception de Chartres se sont élevés, en 1855, à la somme de 302,370 fr. 27 c.

[5] Les bureaux de l'Enregistrement et des Domaines de Chartres ont produit au Trésor, en 1855, 808,274 fr. 27 c.

secondé par un Inspecteur, un Contrôleur-principal et trois Contrôleurs ; un Directeur des Contributions indirectes auquel sont subordonnés un Inspecteur, un Receveur-principal-Entreposeur, un Contrôleur-premier-commis et un Contrôleur de ville [1] ; enfin, un Inspecteur et un Directeur-comptable des Postes [2]. Un Chef de station des lignes télégraphiques électriques est en résidence à Chartres depuis le 1er octobre 1852. La ville fait surveiller ses octrois [3] par un Préposé en chef, afferme les droits de place des foires et marchés [4], et a pour trésorier un Receveur municipal.

L'ingénieur en chef des Ponts-et-Chaussées, chargé du service du département, et l'ingénieur ordinaire, chargé du service de l'arrondissement de l'Est, résident à Chartres ; mais la principale route impériale est beaucoup moins fréquentée depuis que la ligne de fer de l'Ouest traverse le département dans sa plus grande largeur. Une station de cette ligne, établie à Chartres [5], est administrée par un chef et deux sous-chefs de gare, un chef de section, pour la voie et la traction, et un chef des ateliers. L'ingénieur en chef des Ponts-et-Chaussées est en même temps agent-voyer supérieur, pour le service des chemins vicinaux du département ; l'inspection de ces chemins, pour

---

[1] L'impôt des contributions indirectes a produit au Trésor, en 1855, pour la ville de Chartres, 400,000 fr., environ.

[2] La Direction des Postes de Chartres, en ce qui concerne la commune, a produit au Trésor, en 1855, 220,753 fr. 62 c.

[3] Les octrois de Chartres ont produit à la caisse municipale, en 1855, 102,253 fr. 84 c.

[4] Les droits de place ont produit à la caisse municipale, en 1855, 49,668 fr. 23 c. — Les autres revenus municipaux, non compris les octrois, *(centimes additionnels, amendes, locations de maisons et biens communaux, abattoirs, concessions dans les cimetières, concessions d'eau, rétributions collégiales, centimes pour l'instruction primaire et les chemins vicinaux, etc.)* se sont élevés à la somme de 85,373 fr. 16 c.

[5] La gare est construite hors de la ville, à gauche du faubourg Saint-Jean, sur l'emplacement des jardins de la place du Vidame et sur le ravin comblé des Vauroux. L'édifice, précédé d'un avant-corps ou portique surmonté d'un fronton, ne manque pas d'élégance. Une cour fermée de grilles le sépare d'une place en hémicycle, d'où rayonnent les rues nouvelles de Jean-de-Beauce, Félibien et Nicole.
On peut consulter sur la gare de Chartres la brochure de M. Moutié, intitulée *Notice sur la station de Chartres* (Garnier, 1851).

l'arrondissement de l'Est, appartient à l'ingénieur ordinaire, et les travaux qui s'exécutent dans les huit cantons de l'arrondissement sont surveillés par six agents-voyers cantonaux demeurant à Chartres. La ville a un architecte-voyer particulier pour les travaux de la voirie communale. Chartres est aussi le chef-lieu d'un sous-arrondissement minéralogique dont le service est dirigé par un ingénieur ordinaire des Mines.

Les ressources pour l'instruction ne laissent rien à désirer à Chartres, siége du conseil départemental de l'instruction publique et résidence d'un inspecteur d'académie. Le collége communal [1], dans lequel existent tous les cours de l'instruction secondaire, soutient dignement l'antique renommée du collége de Pocquet. Quatre institutions, y compris le petit séminaire de Saint-Cheron, sont également ouvertes aux élèves qui veulent faire des études de latinité. L'instruction primaire, surveillée par un inspecteur, compte de nombreux établissements. Nous citerons, pour les garçons, l'école normale primaire, qui fournit au département d'excellents instituteurs [2], un pensionnat libre, une école mutuelle et l'école des Frères de la doctrine chrétienne; pour les filles, l'école normale primaire des élèves institutrices [3], et sept pensions.

Chartres possède une Bibliothèque riche de 30,000 volumes imprimés et de 800 manuscrits. Elle fut formée à la fin du siècle dernier par MM. Bellier-Duchesnay, l'abbé Jumentier, Datin de Lancey et Bouvet-Jourdan, qui puisèrent dans un énorme monceau de livres provenant des corporations reli-

---

[1] Un décret du 1er septembre 1804 donna le couvent des Cordeliers à la ville pour y placer l'école secondaire; l'ouverture des classes eut lieu dans cette maison le 23 du même mois. Depuis cette époque le collége est en possession de ce beau local.

[2] L'école normale, créée en vertu de la loi de 1833, est établie dans la maison dite de *Nicochet*, à l'extrémité du Grand-Faubourg; les cours réguliers ont été ouverts au mois de septembre 1834. Cet utile établissement doit en grande partie sa prospérité à l'habile direction de M. Person, officier de l'instruction publique, qui l'administre depuis vingt ans.

[3] Ce cours, ouvert le 12 octobre 1840, est annexé à la pension de Mlle Eudoxie Girard, cloître Notre-Dame.

gieuses et empilés dans le chœur et les latéraux de la cathédrale. La Bibliothèque, ouverte trois fois par semaine au public, est administrée gratuitement par dix conservateurs.

Nous ne pouvons oublier de signaler aux érudits les archives départementales, qui renferment des cartulaires importants et dont les innombrables pièces sont maintenant classées avec un ordre parfait, grâce aux soins de l'habile et savant fonctionnaire chargé de ce travail [1]. Les archives de la mairie et celles de l'Hôtel-Dieu, offrent aussi beaucoup d'intérêt au point de vue de l'histoire locale.

Les amis des arts et des sciences trouvent dans les collections du Musée quelques morceaux dignes d'attirer leur attention. On y remarque une suite minéralogique et ornithologique assez complète, un médailler qui contient plusieurs monnaies chartraines, les trophées de Philippe-le-Bel et de Charles-le-Bel, et le magnifique tableau de Bouchot, représentant *les funérailles de Marceau* [2]. On espère que la So-

---

[1] Les archives d'Eure-et-Loir, comptées parmi les plus riches de France, comprennent tous les titres de l'ancien Chapitre Notre-Dame et des nombreuses et célèbres abbayes du diocèse de Chartres. Elles possèdent également un grand nombre de titres de famille saisis dans les châteaux, lors de la Révolution de 1792. La collection des plans terriers du département est la plus complète peut-être qu'on puisse rencontrer, et les quelques lacunes qu'on y remarque tendent tous les jours à se combler. On a, relativement, très-peu de pertes à déplorer : un petit nombre seulement de documents a été détruit ; et avec ce qui est conservé encore aujourd'hui, il est facile de reconstituer l'histoire complète de tous les grands établissements religieux qui ont joué un si grand rôle dans la ville de Chartres.

[2] Les collections occupent une partie du premier étage de l'Hôtel-de-Ville. On peut ranger parmi les curiosités du musée chartrain les quatre tapisseries de haute-lice qui décorent la chambre des séances du Conseil municipal. Ces tapisseries datent de la première moitié du XVIe siècle. L'une d'elles représente un château qui a beaucoup d'analogie avec celui de Châteaudun ; un seigneur à cheval est sur le premier plan. On voit, dans la seconde, une église aux clochers aigus, et, sur le devant, des piqueurs conduisant des limiers et portant des épieux. Le sujet de la troisième est une halte sur la lisière d'une forêt ; de nombreux serviteurs font rôtir d'énormes quartiers de sanglier, et les chasseurs arrivent pour prendre place au festin. Enfin, l'artiste a peint, dans la quatrième, une table splendidement servie à laquelle les chasseurs vont s'asseoir ; des serviteurs apportent les mets et font rafraîchir les flacons dans un ruisseau. Le dessin et la composition de ces tableaux sont très-remarquables ; les couleurs ont encore beaucoup d'éclat et l'exécution rappelle celle des célèbres fabriques de Flandre et d'Artois. Transportées du château d'Anet au dépôt national de Chartres pendant la Révolution, ces tapisseries ont été données à la ville, le 10 novembre 1815, par Mme la duchesse douairière d'Orléans, fille du duc de Penthièvre. Des tapisseries, qui paraissent avoir été faites sur les mêmes cartons, mais qui sont mieux conservées, existent au château de Pau, où elles occupent six panneaux.

ciété Archéologique d'Eure-et-Loir, dont la fondation est toute récente, enrichira le Musée des débris de sculpture et d'antiquités de toutes sortes que ses recherches ne peuvent manquer de découvrir dans le département [1].

Qu'il nous soit permis de rappeler ici le souvenir de la Société Philharmonique qu'une inexplicable fatalité a tuée trop tôt pour l'éducation musicale de la population.

Les établissements charitables de Chartres sont administrés par une commission dite *des Hospices réunis*. Nous avons donné dans notre premier volume l'historique de l'Hôtel-Dieu et de l'hospice des aveugles de Saint-Julien et Saint-Gatien. L'Hôtel-Dieu occupe encore aujourd'hui son antique maison du cloître, mais il doit être transporté prochainement au bout de la rue du Pavé-de-Bonneval; l'hospice des aveugles est annexé, comme nous l'avons dit, à la maison des vieillards ou *Bons-Hommes* de Saint-Brice. Ce dernier hôpital, qui était établi, avant la Révolution, dans l'ancienne aumône Saint-André, a été transporté, en 1791, dans le couvent des capucins de Saint-Martin-au-Val, faubourg de Saint-Brice; les orphelines, confiées jusque là aux soins des Filles de la Providence, suivirent les vieillards et les orphelins dans leur nouvelle demeure. Ce vaste hospice contient donc quatre catégories d'habitants répartis auparavant dans quatre maisons différentes. Le même personnel médical donne ses soins à l'Hôtel-Dieu et à l'hospice de Saint-Brice.

Il existe dans l'ancienne abbaye de Josaphat, commune de Lèves, un hospice dont profitent les incurables et les pauvres infirmes de la ville et qui est divisé en deux sections : *l'hôpital Marie-Thérèse*, du nom de Madame la Dauphine, créé en 1818 pour les incurables du département, et *l'asile d'Aligre*, fondé en 1828 par le marquis et la marquise d'Aligre pour les infirmes. Cet hospice est administré par une commission par-

---

[1] Plusieurs salles de la maison de la Justice-de-paix, attenante à l'Hôtel-de-Ville, ont été mises à la disposition de la Société Archéologique.

ticulière, et sa dotation est tout-à-fait distincte des biens appartenant aux hospices réunis de Chartres.

Les œuvres laïques, ces monuments de charité qui honorent notre siècle, ne font pas défaut à Chartres. Nous citerons en particulier les œuvres de *Saint-Vincent-de-Paul*, de la *Société paternelle d'Eure-et-Loir*, de la *Charité maternelle* et des *Jeunes Économes*, qui mettent les personnes les plus considérables de la société en rapport journalier avec la classe pauvre. Une salle d'asile et des ouvroirs sont ouverts à l'enfance, et une caisse d'épargne, administrée par un conseil de directeurs, permet aux ouvriers de déposer en lieu sûr leurs économies et d'en tirer intérêt.

Chartres, capitale de la Beauce, c'est-à-dire d'un pays agricole par excellence, possède une Chambre consultative d'agriculture et un Comice, qui s'efforcent de vulgariser les bonnes méthodes de culture, donnent des primes d'encouragement et dressent les statistiques agricoles.

Tous les cultivateurs beaucerons connaissent et fréquentent les foires *des Barricades* (11 mai, pendant dix jours), *aux Laines* (30 juin, 19 juillet), *des Landis* (tous les jeudis de juillet), de *Saint-Barthélemy* (24 août, trois jours), de *Notre-Dame de septembre* (8 septembre, dix jours), de *Saint-André* (30 novembre, un jour), dans lesquelles on fait un grand commerce de chevaux de race percheronne, de moutons, de laines et de bêtes à cornes. Indépendamment de ces foires, il se tient à Chartres quatre marchés par semaine, les mardi, jeudi, vendredi et samedi; celui du samedi était autrefois un des plus considérables de France, pour les grains. On vend maintenant la plus grande partie des céréales sur échantillon; mais il s'en décharge encore une notable quantité sur le carreau des Halles [1].

---

[1] On a vanté souvent et à juste titre la bonne administration du marché aux grains de Chartres. Les mesurages se font séance tenante et les prix sont toujours payés comptant. Les intermédiaires entre le vendeur et l'acheteur, sont des femmes dites *Leveuses* qui, moyennant une légère rétribution, surveillent le mesurage, reçoivent le prix et en comptent au vendeur à la fin de la journée. Une fois déposé sur la

L'horticulture est la sœur de l'agriculture; à l'instar de plusieurs villes de l'ouest de Paris, la nôtre se distingue par son goût pour l'horticulture. Il s'est formé depuis quelques années une société d'amateurs qui propage le goût de la culture des jardins et dont les succès sont attestés par d'intéressantes expositions annuelles.

Chartres n'est pas une ville industrielle, et sauf une fonderie dont la spécialité se rattache pour ainsi dire à l'agriculture, puisqu'elle fabrique des turbines pour les moulins, sauf encore quelques ateliers de bonneterie et de lavage de laine, quelques moulins [1] et quelques tanneries, il n'y existe réellement qu'un commerce de détail que les besoins toujours plus impérieux de la vie rendent prospère.

Disons, en terminant, que les Chartrains n'ont aucun goût pour les spéculations hasardeuses. Une sage économie maintient et accroît, dans la plupart des familles de la bourgeoisie, l'aisance léguée par de laborieux ancêtres; mais cette administration traditionnelle de la fortune est loin d'exclure l'amour du confortable, et, ce qui vaut mieux encore, le sentiment et l'exercice de la charité.

---

place, le grain est confié aux leveuses et le cultivateur n'a plus à s'en occuper que pour venir toucher l'argent de la vente. Les leveuses sont au nombre de 60, divisées en 12 sociétés responsables de leurs erreurs; ces sociétés portent les noms de *Beaudouines, Berlines, Bezardes, Boutris, Brulardes, Deniaudes, Grâces-de-Dieu, Jattières, Lutonnes, Menuisières, Mulottes* et *Roses*. La probité des leveuses est proverbiale.

[1] Voici les noms des moulins de la commune de Chartres : 1° sur le bras qui traverse la ville, les moulins de Saint-Père, Roger, Tomblaine, du Chaume, des Cinq-Ruelles, Cochefilet, du Pont-des-Sept-Arches; 2° sur les vieux fossés, les moulins Allabre, à Tan, et Bras-de-Fer; 3° dans les Petits-Prés, les moulins des Filles-Dieu, du Chevecier et des Graviers; 4° à la Barre-des-Prés, les moulins de la Barre et des Saumons.

Il existe de grandes usines dans la vallée de l'Eure en descendant vers Maintenon.

ÉPILOGUE.

Dans la préface de cet ouvrage, j'ai exposé mon sentiment sur la manière d'écrire l'histoire locale; j'ai dit quels écarts le monographe devait éviter et quelle route il devait suivre; j'ai critiqué la forme adoptée par quelques-uns de nos historiens et j'ai déclaré que j'avais fait, non pas mieux, mais autrement; j'ai indiqué les sources auxquelles j'avais puisé, et j'ai proposé pour modèles les travaux de cette jeune et vaillante École des Chartes qui continue avec autant de zèle que de talent la tradition littéraire des Bénédictins. Mes lecteurs peuvent juger maintenant si je suis resté fidèle à mon programme. Du moins, ils ne mettront pas en doute ma bonne volonté, mes efforts continus et, j'ose l'espérer, la conscience de mes recherches et l'impartialité de mes appréciations.

En prenant congé d'un public ami, il me reste à exprimer ma reconnaissance aux personnes qui ont bien voulu m'aider de leurs communications et de leurs conseils.

Aussitôt que j'en ai fait la demande, M. de Jessaint, alors préfet, et M. Durand, adjoint au maire, m'ont accordé avec une bienveillance parfaite l'entrée des archives du département, de la mairie et de l'hôtel-Dieu.

Mes recherches à la Bibliothèque communale ont été facilitées par les bons offices de M. le vicomte de Castillon-Saint-Victor, de Mgr Pie et de M. Lejeune, alors conservateurs de cet établissement. Les deux premiers ne m'ont refusé ni leurs précieux conseils ni leurs encouragements ; le troisième m'a ouvert son cabinet avec un empressement qu'on ne rencontre pas toujours chez un antiquaire ; il a secondé mon travail par tous les moyens en son pouvoir et il a fourni trois appendices intéressants à mon premier volume.

Mon ami M. Félix Bourquelot, professeur à l'Ecole des Chartes, et ancien collaborateur d'Augustin Thierry pour l'histoire du Tiers-Etat, m'a aidé à résoudre plusieurs difficultés historiques et m'a fait part de tout ce qu'il avait recueilli sur le pays chartrain dans les archives de l'Empire et dans celles, moins connues, de la maison d'Orléans.

M. de Boisvillette, Ingénieur en chef des Ponts-et-Chaussées et Président de la Société Archéologique, m'a donné, sur la géologie du territoire de Chartres, des renseignements que j'ai utilisés dans le premier chapitre de cette histoire.

Je devais à M. Marchand père, de regrettable mémoire, la communication d'un curieux manuscrit de famille. Son petit-fils, M. Emile Bellier de la Chavignerie, employé à la Bibliothèque Impériale, a mis à ma disposition un volumineux recueil formé par son aïeul et composé de factums, mémoires judiciaires, arrêts, opuscules politiques et autres pièces rares des trois derniers siècles, ayant trait, pour la plupart, au pays chartrain.

Grâce à l'obligeante coopération de M. Luc. Merlet, ancien élève de l'Ecole des Chartes et Archiviste du département d'Eure-et-Loir, j'ai pu combler quelques lacunes, éclaircir quelques points obscurs et compléter un grand nombre de notes. Cet érudit a bien voulu en outre, (et ce n'est pas le moindre de ses titres à ma gratitude) se charger de la révision des épreuves du second volume.

Ferai-je mention des mille petits services qui m'ont été rendus et dont mon éloignement des lieux doublait le prix ; des témoignages d'approbation et des marques non équivoques de sympathie qui me sont arrivées après chaque livraison? Mon remerciement s'adresserait alors à tout ce que j'ai laissé d'amis à Chartres, car tous ont cherché directement ou indirectement à favoriser mon entreprise.

Merci encore aux souscripteurs de l'Histoire de Chartres pour la confiance qu'ils m'ont gratuitement accordée. Merci surtout aux Chartrains; ils ont compris que, citoyen adoptif de Chartres, je travaillais pour la ville commune, pour celle que leurs pères appelaient la Patrie Chartraine, *Patria Carnotensis!*

SCEAUX DE LA CHATELLENIE ET DE DIVERS ÉTABLISSEMENTS RELIGIEUX

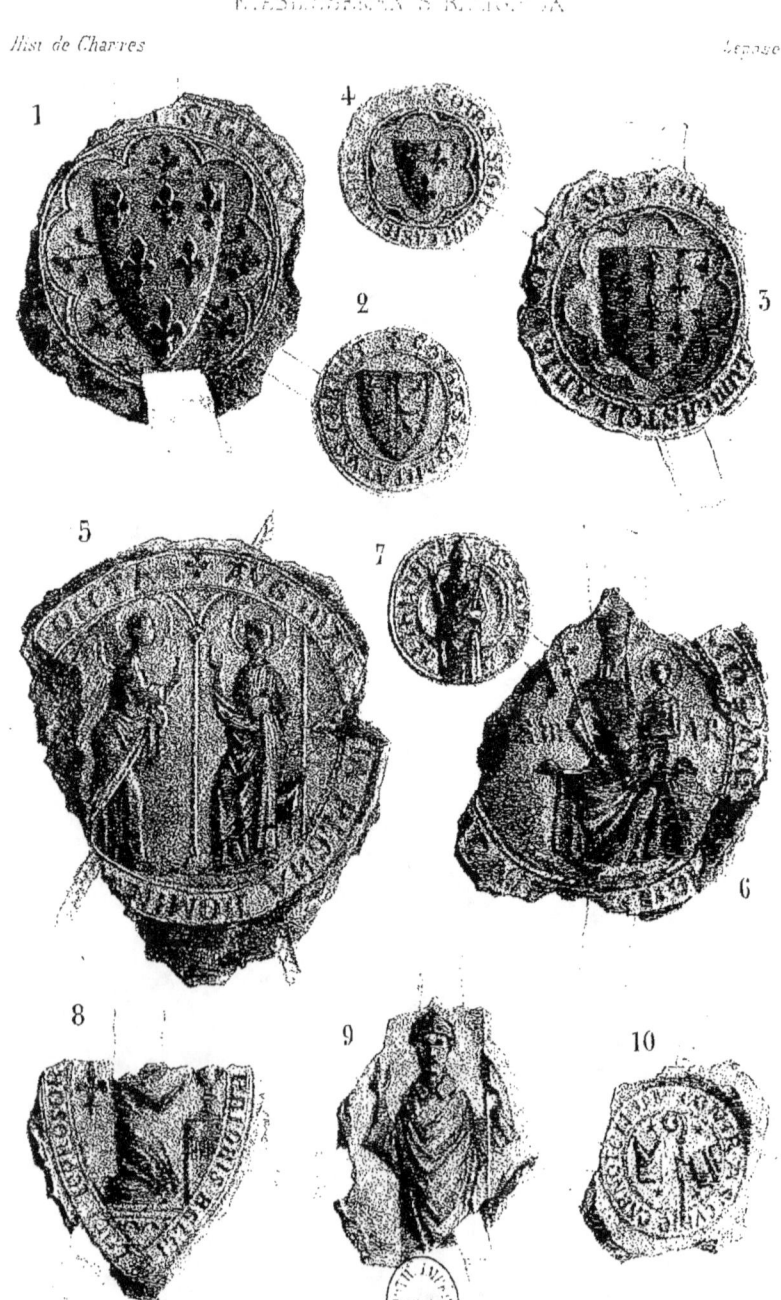

Hist. de Chartres
Schultz, Lith.

1. Scel aux causes de la Châtellenie de Chartres (1290)
2. Contre-Scel id. avec les armes de France et de Castille
3. Scel aux causes de la Châtellenie de Chartres (1452)
4. Contre-Scel id.
5. Contre-Scel du Chapitre de N.D. (la Salutation Angélique) (1807)
6. Scel de l'Aumône de Notre-Dame (XIIIe s.) 1457
7. Contre-Scel
8. Scel du Prieuré du Grand-Beaulieu 1207
9. Scel aux causes de la Commanderie 1347
10. Contre-Scel id.

APPENDICES.

APPENDICE N° 1.

COMPTES DES RECETTES ET DÉPENSES DE LA VILLE POUR L'ANNÉE 1358-1359 *(nouv. st.)*.

C'est le compte Guillaume de la Veste commis par nobles, saiges, révérens et discrètes personnes monsieur Guillaume le Vidame, chevalier, capitaine de Chartres et du pais d'environ, monsieur Pierre de Bouviller, chevalier, baillif dudit lieu, messeigneurs les vicaires de révérent père en Dieu monseigneur l'évesque de Chartres et messeigneurs le doien et chapitre de l'esglise de Chartres, à recevoir les deniers du subside ou aide ordenez et acordez par tous les habitanz de la ville et banleue de Chartres, et du consentement de messeigneurs dessus diz estre levez, du 20e jour de janvier l'an 1357 jusques à un an acompli, sus toutes manières de personnes, de quelques estats ou condicion que il soient, selon la forme et manière contenues en une commission donnée et faicte sur ce, scellée des seaulx de messeigneurs dessus diz, dont la teneur s'en suit :

Guillaume, Vidame de Chartres, chevalier, capitaine dudit lieu, Pierre de Bouviller, chevalier du roy nostre sire, baillif de Chartres, les vicaires de révérent père en Dieu monseigneur l'évesque de Chartres, le doien et chapitre de ladicte ville, à nostre bien amé Guillaume de la Veste, salut : Comme pour enforcer la forteresse de ladicte ville, qui est la tuicion et sauveté de tous les gens et biens de ladicte ville et des pais d'environ, et où toutes gens pour eulx et leurs biens peuvent avoir refuge, soient encore à faire plusieurs réparacions nécessaires pour ladicte forteresse mectre en bonne seurté et défense, et pour le bien commun faire aict esté ordené et accordé de toutes les personnes demorans et habitans en ladicte ville et banleue, soict gens d'esglise, nobles, bourgois et autres, un subside à estre levé et exigé en ladicte ville et banleue, à lever du 20e jour de janvier darrenier passé jusques au terme d'un an ensuivant terminé et accompli, sur toutes manières des personnes, de quelque estat ou condicion que il soient, pour tourner et convertir és dictes réparacions : c'est à savoir que touz ceulx qui aucuns vins ou grains auront en la dicte ville et banleue paieront pour chacun tonnel de vin 3 s et pour chacun muy deux soulz tournois, au dessus d'un muy et au dessouz au feur et à la value, selon la quantité, sauve que au dessouz d'un muict rien ne sera payé ; et paieront et s'aquiteront dès maintenant touz ceulx qui aucuns vins ou grains ont en ladicte ville et banleue ; et touz ceulx qui y feront venir seront tenuz de eulx acquitter sitout comme lesdiz vins ou grains y seront venuz ou entrez. Et de toutes autres marchandises ou danrées quiconques vendues dans ladicte ville ou banleue, li vendeur paiera 6 ^d pour livre au dessus et dessouz, à la value et selon ce que contenu est en certaine commission sur ce faicte ; laquelle a esté baillée à noz bien amez maistre Pierre de Capes, souz-chantre de l'esglise de Chartres, monsieur Jehan le Vigneron, prestre scelleur dudict révérent père en Dieu, Jehan Lambert et Guillaume Sequart, bourgois de ladicte ville, esleuz par les habitans de ladicte ville et commis par nous, à leurs requestes, avec nostre consentement, à cuillir, lever et exploiter ou faire cuillir, lever et exploiter par autres leurs commis et depputez ledict subside et de contraindre touz ceulx qui aucune chouse en devront. Et vous, tant par nous lesdiz esleuz comme par lesdiz habitanz, aiez esté esleu pour recevoir les deniers dudict subside, en la forme et manière, sur les personnes et des sommes qui baillées vous seront par lesdicts esleuz souz leurs seaulx, pour ce est-il que nous, conjointement et chacun de nous pour tant comme il li touche et peut appartenir, vous mandons et commettons par ces présentes que touz les deniers dudict subside, selon la forme et manière que lesdiz esleuz vous bailleront, vous recevez, et escrivez en vostre papier les noms des personnes, les monnoies et le jour que vous les receviez, et iceulx deniers baillez et distribuez par lettres et mandemens desdiz esleuz ou de deux du moins, dont il y aiet l'un de l'estat de clergié et l'autre des bourgois, pour mectre et convertir és réparacions et nécessités de ladicte ville et ne ailleurs ; sauve que lesdiz bourgois, sans appeller l'estat du clergié, pour plusieurs nécessités, mandemens du roy nostre sire et autres choses nécessaires pour ladicte ville, pourront prendre et distribuer des deniers de ladicte recepte jusques à la somme de quatre cenz livres tournois, lesquelles nous voulons que vous leurs baillez ou à qui il manderont par lettres scellées de leurs seaulx, et tout ce que baillé aurez tant pour lesdictes réparacions et nécessités, commes desdictes 400 livres, en rapportant lettres de mandement desdiz esleuz, selon ce que à chacun appartindra, et quittance de ce que payé aurez, vous sera aloé en voz comptes et rabatu de vostre recepte. De ce faire nous vous donnons pouair, auctorité et mandement, mandons et commandons à touz noz justiciables et subjicz, prions et requerrons touz autres que en ce faisant vous obéissent et entendent diligemment et vous donnent et prestent confort et aide se mestier en ait et se il en sont requis. Et pour plus diligemment entendre et vaquer à ladicte recepte, nous, par le commun accort et consentement desdiz esleuz et habitans et de la plus saine partie, nous avons ordené et taxé, ordenons et taxons que vous aurez et prendrez par vostre main des deniers de ladicte recepte cent livres tournois une foiz tant seulement avecques le proufit des quictances et de voz leaulx despenses, mises et escriptures par voz comptes et escrips qui sur ce pourront estre faictes ; lesquelles mises et despenses nous voulons estre taxées par lesdiz esleuz ; lesquelles cent livres et mises dessus dictes nous voulons estre aloez en voz comptes et rabatu en vostre recepte. Et ne est pas nostre entente que nous ne autres vous damandoient autre monnoie ne advaluement au feur du marc d'argent que celle qui escripte sera en vostre papier et que vous aurez receue ; auquel papier nous voulons que ceulx qui seront ordenez pour ouïr voz comptes adjustent plaine foy avec vostre serement. Donné à Chartres, c'est à savoir nous bailli souz le scel de la dicte baillie, nous vidame souz nostre propre scel, nous vicaires sous le scel de la court dudict monseigneur l'évesque, et nous doien et chapitre de nostre scel, l'an de grâce 1357, le 6ᵉ jour de février.

Recette des commis pour les esleuz à recevoir le subside des blés et vins passanz par les portes.

1º De Jehan Rousseau, commis par lesdiz esleuz à recevoir ledict subside des blés et vins passanz par la porte Guillaume, sur ce qu'il a receue depuis le 2ᵉ jour de février l'an 1357 jusques au 14ᵉ jour avril ensuivant . . . . 74 ˡ 6 ᵈ.

Item de Jehan Lepotier, commis par lesdiz esleuz à recevoir lesdiz subsides des vins et blés passanz par la porte des Esparres, sur ce qu'il a receue depuis le 2ᵉ jour de février l'an 1357 jusques au 12ᵉ jour de may ensuivant, par plusieurs parties . . . . 40 ˡ 7 ˢ.

Item de Jaquet de Champrond, commis par lesdiz esleuz à recevoir ledict subside des vins et blés passanz par la porte Droaise, sur ce que il a receue du 2ᵉ jour de février dessus dict jusques au 5ᵉ jour de may ensuivant par plusieurs parties . . . . 16 ˡ 13 ˢ.

Somme de la recepte des commis aux portes 131 ˡ 6 ᵈ.

Autres receptes des commis par les paroisses de la ville de Chartres à cuillir le dict subside des blés et vins estans és hostieux.

1º De Pierre d'Estampes, commis par les esleuz à recevoir ledict subside des vins et blés estans ou claustre et chiez messeigneurs de l'esglise, qui se montent en somme par le compte que ledict Pierre a fait à messeigneurs les esleuz 123 ˡ 11 ˢ 6 ᵈ, receuz par ledict Guillaume par les parties qui s'ensuient, c'est assavoir le 9ᵉ jour de mars l'an 1357 en *vaillans* 18 ᵈ pièce 44 ˢ, en *deniers de 3* ᵈ 7 ˢ 6 ᵈ, en *parisis petitz* 10 ˢ, en *compaignons* 15 ᵈ pièce 8 ˡ, en *gros* 2 ˢ 6 ᵈ pièce et en *coronnes* 10 ᵈ pièce 40 ˢ, 3 *doubles d'or* chacun 60 ˢ valans 9 ˡ, 3 *fleurences veille* pour 30 ˢ pièce valans 4 ˡ 10 ˢ, 3 *escuz de Jehan* pour 4 ˡ 4 ˢ, deux *moutons* 4 ˡ 8 ˢ, une *chaière* 42 ˢ 6 ᵈ, 2 *escuz de Philippe* pour 68 ˢ, un *cambray* 21 ˢ un *gros* et 2 *tarcoes* pour 5 ˢ, et 20 ˡ baillées par lui à Martin de Lespinette. — Somme pour toutes ces parties . . . . 62 ˡ.

Item ycelui, le 26ᵉ jour de mai, 61 ˡ 11 ˢ 6 ᵈ, paiez par li en plusieurs mises, contenues en un rolle ouquel le mandement de messeigneurs les esleuz donné le jour dessusdit est contenu.

Somme de la recepte dudict Pierre, comme dessus, 123 ˡ 11 ˢ 6 ᵈ.

Autres receptes des commis par les paroisses de la ville de Chartres à cuillir ledict subside des blés et vins estanz en leurs hostieux.

1º De Jehan Durand et Gilot Dorée, commis par lesdiz esleuz à cuillir et recevoir ledit subside en la paroisse Sᵗ Michiel, qui est charchée à valoir par le rapport et par le compte que lesdiz commis ont fait aux esleuz 46 ˡ 30 ˢ 10 ᵈ; receuz par ledit Guillaume par les parties qui ensuient; c'est assavoir, le 16ᵉ jour de février . . . . 15 ˡ 16 ᵈ.
Item d'iceli, le 1ᵉʳ jour de mars. . . . . . . 18 ˡ 11 ˢ.
Item d'iceli, le 9ᵉ jour dudit mois . . . . . . 7 ˡ 11 ˢ.
Item d'iceli, le 21ᵉ jour dudit mois . . . . . 16 ˡ 7 ˢ 6 ᵈ.

Somme de la recepte 46 ˡ 30 ˢ 10 ᵈ.

De Colin Boisseau, Colin le Savetier et Robert le Gastellier, commis par les esleuz à cuillir et recevoir ledit subside en la paroisse Sᵗᵉ Foy, qui est charchée à valoir par le rapport et par le compte que lesdiz commis ont fait aux esleuz 130 ˡ 14 ˢ 7 ᵈ; receu de ce par ledit Guillaume les par-

ties qui s'ensuient; c'est assavoir, le 12ᵉ jour de février, en plusieurs
monnoies . . . . 100ˡ.
Item d'iceulx, le 1ᵉʳ mars ensuivant, en plusieurs mon-
noies . . . . 11ˡ 12ˢ.
Item d'iceulx, le 9ᵉ jour dudit moys . . . . . . 110ˢ 6ᵈ.
Item d'iceulx, le 9ᵉ jour de may. . . . . 32ˢ 6ᵈ.
Item d'iceulx, le 9ᵉ jour de juing, pour Jacquet de Mélins. 70ˢ.
Item pour Hamon Frigain. . . . . 8ˡ 9ˢ 7ᵈ.

Somme de la recepte 130ˡ 14ˢ 7ᵈ.

De Jehan Maugis et Colin le Chaucier, commis par les esleuz à cuillir et recevoir ledict subside en la paroisse de Sᵗ Martin le Viendier, qui est charchée à valoir par le rapport et par le compte que lesdiz commis ont fait aux esleuz 86ˡ 7ˢ; receu de ce par ledict Guillaume les parties qui ensuient; c'est assavoir, le 16ᵉ jour de février, en plusieurs monnoies . . . . 41ˡ.
Item d'iceulx, le 23ᵉ jour dudit moys, en plusieurs mon-
noies. . . . . 8ˡ 6ˢ.
Item d'iceulx, le 1ᵉʳ jour de mars ensuivant . . . . 110ˢ.
Item d'iceulx, pour Berthaut Aladent . . . . . 13ˡ 2ˢ.
Item d'iceulx, pour Thevenin le Potier. . . . . 30ˢ.
Item d'iceulx . . . . 6ˡ 10ˢ.

Somme de la recepte 80ˡ 18ˢ.

Reste que il doivent 109ˢ.

De Jehan le Cordier et Estienne Bonhomme, commis par les esleuz à cuillir et recevoir ledict subside en la paroisse Sᵗ Aignan, qui est charchée par le rapport et compte desdiz commis fait aux esleuz 139ˡ 12ˢ; receue de ce par ledict Guillaume les parties qui ensuient; c'est assavoir, le 25ᵉ jour de février, en monnoie baillée par lui à Regnaud de Bourch. 22ˡ.
Item d'iceulx, le 6ᵉ jour de mars, tant en plusieurs monnoies baillées par li audit Guillaume comme en 4ˡ baillées à Robin Quarré . 16ˡ 15ˢ.
Item d'iceulx, le 25ᵉ jour dessus dit, en monnoie baillée à Martin de Lespinete. . . . . 18ˡ.
Item d'iceulx, le 13ᵉ jour de mars ensuivant . . . . 11ˡ.
Item d'iceulx, le 14ᵉ jour dudit mois, tant en plusieurs monnoies baillées à eulx comme pour le subside dudit Guillaume et de son frère. 40ˡ 12ᵈ.
Item d'iceulx, le 20ᵉ jour de mars . . . . 7ˡ.
Item d'iceulx, le 23ᵉ jour du dit moys . . . . . . 4ˡ.
Item paié par le dit Jehan. . . . . 21ˡ 4ˢ.

Somme de la recepte 139ˡ 12ˢ.

De Roulet Fortain, Richard Hervaut et Thomas de Gourdées, commis par les esleuz à cuillir et recevoir ledict subside en la paroisse Sᵗ André, qui est charchée à valoir par le rapport et compte desdiz commis fait aux esleuz 169ˡ 14ˢ 8ᵈ; receu de ce par ledict Guillaume les parties qui ensuient; c'est assavoir le 1ᵉʳ jour de mars l'an 57, en plusieurs monnoies . . . . 62ˡ.
Item d'iceulx, le 7ᵉ jour dudit moys, en plusieurs mon-
noies. . . . . 42ˡ 15ˢ 6ᵈ.
Item d'iceulx, le 10ᵉ jour dudit moys . . . . . . 15ˡ 12ᵈ.
Item le 15ᵉ jour dudit moys . . . . 13ˡ 18ᵈ.
Item d'iceulx, le 23ᵉ jour dudit moys . . . . . . 10ˡ 13ˢ 4ᵈ.
Item, le 8ᵉ jour d'avril ensuivant, d'iceux. . . . . 4ˡ 15ˢ.
Item d'iceulx, par Jehan Legros, pour maistre Macé, le 20ᵉ jour de juing, l'an 58 en parisis. . . . . 100ˢ.
Item pour Pierre de Lucé. . . . . 6ˡ 30ˢ.

Item, pour Pierre d'Estampes . . . . 66 s.
         Somme de la recepte 163 l 16 d.
         Reste que il doivent 6 l 13 s 4 d.

De Gringoire des Poulies, le maistre des bouchers, et Henri Chevreau, commis par les esleuz à cuillir et recevoir ledit subside en la paroisse saint Hillaire, qui est charchée à valoir par le rapport et compte fait par lesdiz commis aux esleuz 176 l 17 s 3 d; receu de ce par ledit Guillaume les parties qui ensuient, c'est assavoir, le 27e jour de février l'an 1357. . . . . 103 l 3 s.
Item d'iceli . . . . 30 l 12 s 6 d.
Item d'iceli, le 22e jour de mars ensuivant . . . 26 l.
Item, pour Benard Coichet . . . . 33 s.
Item, le 28e jour de janvier l'an 58 . . . . . . 10 l 7 s.
         Somme de la recepte 171 l 15 s 6 d.
         Reste que il doivent 101 s 9 d.

De Gilot Jaquelin et Thibaut Jeulain, commis par les esleuz à cuillir et recevoir ledit subside dans la paroisse de St Cernin, qui est charchée à valoir par le rapport et compte que lesdiz commis ont fait aux esleuz 131 l 8 s 8 d; receu de ce par ledit Guillaume les parties qui s'ensuient, c'est assavoir, le 1er jour de mars l'an 57, en plusieurs et diverses monnoies . . . . 33 l.
Item d'iceulx, le 7e jour de mars, pour Vincent le Huchié et Gilon Crochon. . . . . 50 s 6 d.
Item, le 17e jour de mars, par li payé à Henriet Alixandre, receveur de Chartres pour li bans de la halle aux feupiers . . . 30 l.
Item d'iceulx, le 19e jour dudit moys, en plusieurs monnoies . . . . 13 l 10 s.
Item d'iceulx, pour Jacqueniart de Templeure, le 21e jour d'avril . . . . 13 l 11 s 2 d.
Item d'iceulx, pour ledit Jacquiart, le 12e jour de may, un *Philippe*, un *Jehan*, et un *gros* pour . . . . 70 s.
Item d'iceulx, par la main de Mr Jehan le Vigneron, pour Jehan Chauvel et sa dame, en *escuz* pour 30 s pièce . . . . . . 19 l 8 s.
         Somme de la recepte 115 l 9 s 8 d.
         Reste que il doivent 116 l 19 s.

De Jehan Leclerc et Colin Lavallée, commis par les esleuz à cuillir et recevoir ledit subside en la paroisse de St Jehan et de St Morise, qui sont charchées à valoir par le rapport et compte desdiz commis que il ont fait aux esleuz 18 l 14 s; receu par ledit Guillaume par les parties qui s'ensuient; c'est assavoir, le 16e jour de février, en plusieurs monnoies. 11 l.
Item d'iceulx, le 26e jour du dit moys. . . . . 110 s.
Item d'iceulx, le 6e jour de mars . . . . 18 s.
Item, le 14e jour dudit moys. . . . . 26 s.
         Somme de la recepte 18 l 14 s.

De Girart Coichet et Colin le Saintier, commis par les esleuz à recevoir et cuillir l'argent de plusieurs parmi la ville de Chartres qui n'estoient pas contenuz és rolle des paroisses et qui avoient fait venir à la ville blés et vins puis la première cherche; lesquielx blés et vins se montent par le rapport et compte que lesdiz Girart et Colin ont fait aux esleuz 65 l 3 s; receu par ledit Guillaume les parties qui s'ensuient, c'est assavoir . . . . 42 l 18 s.
Item d'iceulx, le 3e jour de juing ensuivant . . . . . 115 s.

Item, le 9ᵉ jour dudit moys . . . . 8 ˡ 14 ˢ.
Item, le 23ᵉ jour dudit moys . . . . 4 ˡ 13 ˢ.
Item, pour Bertaut Aladent. . . . . 63 ˢ.

Somme de la recepte faicte desdiz Girart et Colin 65 ˡ 3 ˢ.

De Perrot Courgis, commis par les esleuz à recevoir l'argent des grains venduz ou marchié, le 2ᵉ jour de mars . . . . 11 ˢ.
Item, le 14ᵉ jour d'avril . . . . 7 ˢ.

Somme 18 ˢ.

De Jacquiart de Templeure, commis par les esleuz à recevoir plusieurs deniers qui estoient deuz par la ville de plusieurs vins venduz qui ne se estoient pas acquittez à la porte, le 9ᵉ jour de février, en plusieurs monnoies. . . . . 8 ˡ.

Somme pour soy 8 ˡ.

Somme de la valeur de toutes les questes faictes par lesdiz commis tant aux portes comme par les paroisses 1229 ˡ 12 ᵈ.

Somme de la recepte faicte sur ce 1116 ˡ 16 ˢ 11 ᵈ.

Somme du rest 33 ˡ 4 ˢ 1 ᵈ.

Autre recepte des vins yssus hors des portes.

De Colin de Bétaincourt, pour un tonnel de vin mené hors pour la rançon de son frère, le 28ᵉ jour de juing, deux escuz ou pris de. 60 ˢ.
Item de Jehan Culdée et Jehan Petit Tournegui, pour 2 tonneaux de vin envoiez hors pour la rançon de Gilot Hugot, le 14ᵉ jour de juillet, pour 2 escuz . . . . 60 ˢ.
Item de Perrot Fournigaut, pour un tonnel de vin mené hors pour la rançon de Jacquet Fournigot son père, le 4ᵉ jour de juillet, 2 escuz pour . . . . 60 ˢ.
Item de Denis Berthaut, pour un tonnel de vin mené à Courville, le 8ᵉ jour de juillet, 2 escuz ou pris de. . . . . 60 ˢ.
Item de Macé le Trehet de Ver, pour 3 bariz de vin mené hors pour unes noces, le 8ᵉ jour de juillet . . . . 5 ˢ.
Item de la mère Gilot Biron, pour un tonnel de vin pour la rançon dudit Gilot, par la main de Gilles Sequart, ledit jour. . . . 30 ˢ.
Item de Noel de Pontgoing, pour un tonnel de vin achaté de Guillaume Margouse pour mener à Pontgoing, le darnier jour de juillet, un escu pour . . . . 30 ˢ.
Item de Julien Hellin, pour deux tonneaux de vin achatez de Pierre de la Poste pour mener à Corville, le 1ᵉʳ jour d'aoust, 2 escuz pour. 60 ˢ.
Item de Robin de Achun, pour 30 poz de vin menez à Pontgoing, le 2ᵉ jour d'aoust . . . . 5 ˢ.
Item de Lorenz le Closier, pour un tonnel de vin mené au Châteauneuf pour la rançon de sonz filz, le 2ᵉ jour d'aoust, un escu pour . 35 ˢ.
Item de Gilot Méresse et de Jehan Beaudouin, pour 2 tonneaux de vin menez à Espernon pour la rançon de la paroisse de Maintenon, le 4ᵉ jour d'aoust, 2 escuz pour . . . . 70 ˢ.
Item de la Béraude de Senonches, pour un tonnel de vin mené à Senonches, le 11ᵉ jour d'aoust, un escu pour . . . . 35 ˢ.
Item de Jehan Qua, pour 25 poz de vin menez à Sᵗ Vincent, ledit jour. 5 ˢ.
Item de Robin d'Achun, pour 30 poz de vin, menez à Pontgoing, ledit jour. 5 ˢ.
Item d'iceli, pour 30 poz de vin menez à Pontgoing, le 18ᵉ jour d'aoust. . . . . 5 ˢ.

Item d'iceli, pour 30 poz de vin menez à Pontgoing, le 21ᵉ jour d'aoust. 5 s.
Item de Laurenz le Closier, pour un tonnel de vin mené au Chateauneuf, pour la rançon de son filz, le 21ᵉ jour d'aoust, pour un escu. 35 s.
Item de M. Michiel le Pelletier, pour 4 tonneaux de vin menez à Corville, le 30ᵉ jour d'aoust, pour quatre escuz. . . . . . 8 l.
Item de Paquière la Viendière, pour 40 poz de vin menez à la Louppe, ledit jour . . . . 6 s.

Somme de cette recepte 36 l. 11 s.

Autre recepte puis que la monnoie fut criée, qui fut criée le 4ᵉ jour de septembre.

De Souplise Bernier, pour un tonnel de vin, mené à Courville, le 11ᵉ jour de septembre, un escu pour. . . . . 20 s.
Item, le 24ᵉ jour de novembre, de Gilot Nollet, pour un tonnel de vin mené à Sᵗ Aubin, un escu pour . . . . 25 s.

Somme 45 s.

Autre recepte d'une taille ordené à estre levée par les paroisses, pour cause du versouer de porte Aimbout, par plusieurs collecteurs commis par messeigneurs le baillif de Chartres et les esleuz, la semaine de Sᵗ Martin d'esté l'an 1358.

1° De Jehan Leclerc, commis par mesdiz seigneurs à cuillir et recevoir la taille en la paroisse de Sᵗ Jehan en Valée, qui fut imposée à six escuz; et par compte fait par ledit commis avecques les 6 esleuz le 7ᵉ jour de novembre, receu par ledit Guillaume, par les parties qui s'ensuient, c'est assavoir : le 20ᵉ jour de juillet, en *blans de 15 d.* et en plusieurs menues monnoies. . . . . 7 l. 2 s. 6 d.
Item, le 24ᵉ jour dudit moys . . . . 37 s. 6 d.

Somme de ceste recepte 9 l.

De Jehan Barbou, commis par mesdiz seigneurs à lever et recevoir ladite taille en la paroisse Sᵗ Martin le Viendier, qui fut imposée à valoir 40 escuz pièce pour 30 s. valant 60 l.; et pour compte fait par ledit Jehan avecques les 6 esleuz le 7ᵉ jour de novembre dessus dit, receu de ce par ledit Guillaume les parties qui ensuient, c'est assavoir : le 8ᵉ jour de juillet, en *deniers de 15 d. à la fleur de liz* 12 l., en *deniers de 3 d.* 100 s., en *parisis* 75 s., en *deniers noirs de 2 d.* 25 s., et 6 *escuz de Jehan* pour 30 s. pièce, pour tout ce . . . . 31 l.
Item d'iceli, le 21ᵉ jour dudit moys, en *blans de 15 d.* . . 19 l.

Somme de cette recepte 50 l.

Et ainsit devroit ledit Jehan 10 l.

De Jacquet le Cordier et Jehan Poilcquoc, commis par mesdiz seigneurs à lever et recevoir ladite taille en la paroisse Sᵗ Aignan, qui fut imposée à valoir 60 escuz ou pris de 90 l.; et par compte fait par lesdiz commis avecque les 6 esleuz le 7ᵉ jour de novembre dessusdit, receu de ce par ledit Guillaume les parties qui ensuient, c'est assavoir : le 12ᵉ jour de juillet, 47 l. baillées par eux à Girart Bernart.
Item, baillé par eux à Jehan le Cordier, par plusieurs foiz. 31 l. 4 s. 4 d.

Somme de cette recepte 78 l. 4 s. 4 d.

Et ainsi devroient 11 l. 15 s. 8 d.

De Macot Mignot et Jehan Fion, commis par mesdiz seigneurs à lever et à recevoir ladite taille en la paroisse Sᵗ Michiel, qui fut imposée à va-

loir 15 escuz 30 s pièce valans 22 l 10 s; et pour compte fait par lesdiz commis avecques les esleuz, receu par ledit Guillaume les parties qui ensuient, c'est assavoir : 9 escuz, baillés à Girart Bernart pour . . 13 l 10 s.
Item, le 19e jour de juillet, en *blans de 15* d . . . . . 6 l.
Item, ledit jour, en *parisis petiz* . . . . 60 s.

    Somme de ceste recepte 22 l 10 s.

De Jehan le Haranger et Estienne Larconneur, commis par mesdiz seigneurs à lever et recevoir ladite taille en la paroisse St Cernin, qui est imposée à valoir 60 escuz 30 s pièce valent 90 l; et pour compte fait par lesdiz commis avecques les esleuz, receu de ce par ledict Guillaume par les parties qui ensuient, c'est assavoir : le 5e jour de juillet, 16 l 17 s 6 d paiez par eux à Benoist Poytevin.
Item, le 8e jour dudict moys, paié par eulx audict Benoist. 14 l 17 s 6 d.
Item, le 14e jour dudict moys, paié par eulx audict Benoit. 15 l 12 s 6 d.
Item, le 19e jour dudict moys, en *blans de 15* d . . . 6 l 12 s 6 d.
Item, le 11e jour d'aoust, paié par eulx à Benoit Poytevin. 110 s.
Item, pour la Chauvelle, 2 escuz ou pris de . . . . 60 s.
Item, le 26e jour de janvier l'an 58 . . . . . . 9 l.

    Somme de la recepte 71 l 10 s.
    Reste que il doivent 18 l 10 s.

De Roulet Fortin et Roulet Tymer, commis par mesdiz seigneurs à lever et recevoir ladicte taille en la paroisse St André, qui est imposée à valoir 91 escuz 30 s pièce valent 136 l 10 s; et par compte fait par lesdiz commis avecques les esleuz, receu de ce par ledict Guillaume les parties qui ensuient, c'est assavoir : le 10e jour de juillet, en plusieurs et diverses monnoies . . . . 36 l 7 s.
Item, paié par lesdiz commis à Girart Bernard. . . . 12 l.
Item, paié par eulx à Benoit Poytevin . . . . . 16 l.
Item, par eulx à Jehan le Gros . . . . 38 l 12 s 6 d.
Item, paié par eulx à frère Philippe Chemin . . . . 110 s.
Item, le 20e jour de juillet, en *blans de 15* d . . . . 40 s.
Item, le darnier jour d'aoust, en *blans de 15* d et un *escu*. 4 l.

    Somme de ceste recepte 114 l 9 s 6 d.
    Et ainsi devroient lesdiz commis 22 l 6 d.

De Hemery Chevreau et Jehan des Poulies, commis par mesdiz seigneurs à lever et recevoir ladicte taille en la paroisse de St Hillaire, qui est imposée à valoir 70 escuz 30 s pièce valent 105 l; et par compte fait par lesdiz commis ovecques les esleuz, receu de ce par ledict Guillaume les parties qui ensuient, c'est assavoir : 22 escuz baillez par eulx à Girart Bernart, pour ce . . . . 33 l.
Item, le 10e jour de juillet, en *blans de 15* d 19 l 10 s et 7 *escuz* pour 10 l 10 s pour ce . . . . 30 l.
Item, le 20e jour de juillet, en plusieurs monnoies . . 19 l 10 s.
Item, paié par eulx à Thomas Columbeau . . . . 16 l.
Item, le 17e jour d'aoust, en *blans de 15* d . . . . 40 s.

    Somme de ceste recepte 100 l 10 s.
    Et ainssi devroient les commis 4 l 10 s.

De Gilot Lambert, commis par mesdiz seigneurs à lever et recevoir ladicte taille en la paroisse Ste Foy, qui est imposée à valoir 59 escuz et demi 30 s pièce valent 89 l 5 s; et par compte fait par ledict Gille avecques les esleuz au gouvernement de la ville, paié de ce par ledict Gille aux ouvriers de la ville en comptant . . . . 79 l 4 s 6 d.

Somme de ceste recepte 79 ¹ 1 ˢ 6 ᵈ.
Et ainsi devroit ledict Lambert 10 ¹ 3 ˢ 6 ᵈ.

De Roulet le Cordier, commis par mesdiz seigneurs à lever et recevoir ladicte taille en la paroisse St Morise, qui est imposée à valoir 6 escuz 30 ˢ pièce valent 9 ¹; et par le compte fait par ledict commis o mes seigneurs les esleuz, receu de ce par ledict Guillaume les parties qui ensuient, c'est assavoir : le 26e jour de juillet en *blans de 15* ᵈ.   8 ¹ 10 ˢ.
Item, le 24e jour d'aoust, en *blans de 15* ᵈ . . . . . 10 ˢ.
Somme de ceste recepte 9 ¹.
Somme de la valeur de ceste taille 407 escuz et demi 30 ˢ pièce valent 611 ¹ 5 ˢ.
Somme de la recepte faite sur ce 534 ¹ 5 ˢ 4 ᵈ.
Somme du reste deu par les commis 76 ¹ 19 ˢ 8 ᵈ.

Autre recepte.

De Guillaume d'Alonne et Gervèse Alez, le 1er jour de mars l'an 57, du résidu qui leur estoit demoré de certaine somme d'argent qui baillée leur avoit esté pour faire le pont et autres nécessités à porte Guillaume, pour ce résidu . . . . 20 ˢ.
Somme pour soy 20 ˢ.

Autre recepte de messeigneurs de l'esglise de Chartres.

De Mr Estienne Barbe, chanoine de l'esglise de Chartres, ou nom et pour mesdiz seigneurs, par certaine composicion et ordenance faicte entre eulx et messeigneurs les bourgois et habitanz de la ville, le 24e jour de mars, 20 *escuz de Philippe* 30 ˢ pièce, valent . . . 30 ¹.
Item 9 *escuz de Philippe pour* 35 ˢ pièce, valent . . . 15 ¹ 15 ˢ.
Item 12 *moutons d'or pour* 45 ˢ pièce, valent . . . 27 ¹.
Item 5 *fleurins de Cambray pour* 22 ˢ 6 ᵈ pièce, valent . 1 ¹ 12 ˢ 6 ᵈ.
Item en *deniers de 15* ᵈ *à la fleur de liz* . . . . . 32 ˢ 6 ᵈ.
Somme de ceste recepte 80 ¹.

Autre recepte de messeigneurs de l'esglise, monseigneur l'esvèque de Chartres, messeigneurs les abbez et prieurs de la banleue et aultres gens d'Esglise demorans en la ville de Chartres.

Du prévoust de St Jehan en Valée et du prieur de St Remy de Brou, ordenez et establiz par messeigneurs d'esglize à cuillir et recevoir les deniers que mesdiz seigneurs ont accordez à l'aide des repparacions de la ville, le 11e jour d'avril . . . . 20 ¹ 19 ˢ 2 ᵈ.
Item, le 9e jour de mai ensuivant. . . . . . . 20 ¹ 5 ˢ.
Item, par le prévoust de St Jehan . . . . 18 ¹.
Item, le 9e jour de juing . . . . 10 ¹ 16 ˢ.
Item, le 4e jour de juillet, par le cellerier de St Père, 8 escuz pour . . . . 12 ¹.
Somme de ceste recepte 82 ¹ 2 ᵈ.

Autre recepte du barrage puis my-avril de l'an 57.

De Jehan Poilcquot, fermier du barrage, sur ce que il peut devoir de my-avril et my-may, le 20e jour de may, baillé par li à Girard Bernard pour paier les ouvriers de son astelier . . . . . . 26 ¹ 7 ˢ 10 ᵈ.
Item d'iceli, le 27e jour de juing, pour demi-may et demi-juing . . . . 26 ¹ 7 ˢ 10 ᵈ.

Item d'iceli, le 28ᵉ jour de juillet, pour demi-juing et demi-juillet, baillé par li à Girart Bernart . . . . 26 ˡ 7 ˢ 10 ᵈ.
Item d'iceli, le 24ᵉ jour d'aoust, pour demi-aoust et demi-juillet, baillé par li à Jehan le Cordier. . . . . 26 ˡ 7 ˢ 10 ᵈ.
Item d'iceli, pour demi-aoust et 4 jourz en septembre, auquel 4ᵉ jour la monnoië cheist et fut criée à Chartres, pour ce, le 1ᵉʳ jour d'octobre receu . . . . 13 ˡ 14 ˢ 4 ᵈ.
   Somme de ceste recepte de la monnoië courant jusques au 4ᵉ jour de septembre 119 ˡ 5 ˢ 8 ᵈ.

Item, le 1ᵉʳ jour d'octobre dessus dit, d'iceli, pour 11 jourz à compter du 5ᵉ jour de septembre que la monnoie nouvelle commença à avoir cours jusques à my-septembre, pour ce, en monnoie nouvelle . 9 ˡ 13 ˢ 10 ᵈ.
Item dudict Poilcquot, le 20ᵉ jour d'octobre, pour my-septembre et my-octobre, en *compaignons de 15* ᵈ pièce . . . . . 26 ˡ 7 ˢ 10 ᵈ.
Item d'iceli, pour my-octobre et my-novembre, le 17ᵉ jour de novembre 26 ˡ 7 ˢ 10 ᵈ, paiez par li aulx gouverneurs des fossés.
Item, pour my-novembre et my-décembre, d'iceli, le 29ᵉ jour de décembre . . . . 26 ˡ 7 ˢ 10 ᵈ.
   Somme de ceste recepte à la monnoie qui a couru depuis le 4ᵉ jour de septembre jusques au 29ᵉ jour de décembre 88 ˡ 17 ˢ.
   Somme des deux parties de la recepte du barrage 211 ˡ 3 ˢ 8 ᵈ.

De Jehan Louste, prévoust de Courbeville, en déduction de 20 ˡ pour amende que il devoit à la ville, le 18ᵉ jour de may. . . 11 ˡ 7 ˢ 6 ᵈ.
De Pierre Bellier, pour l'exploit des deffauz des foussés, le 19ᵉ jour de may. . . . . 4 ˡ 8 ˢ.
Item, le 4ᵉ jour de juillet. . . . . 10 ˡ.
Item, le 16ᵉ jour dudict moys . . . . 103 ˢ.
Item, le 4ᵉ jour d'aoust, baillé à Benoist Poistevin . . 60 ˢ.
   Somme de ces parties 22 ˡ 11 ˢ.

Autre recepte des imposicions de 6 ᵈ pour livre ordenées à estre cuillies et levées sur toutes manières de personnes, dou 20ᵉ jour de janvier l'an 1357 jusques au 20ᵉ jour de janvier l'an 1358, pour convertir és repparacions de ladicte ville de Chartres et és nécessités d'icelle: lesquelles imposicions Berthaut Aladent et Pierre de Lure, bourgois de Chartres, commissaires ad ce, ont vendues et affermées à plusieurs personnes, desquielx les noms et surnoms et les sommes particulières des marchiez ensuivent, et lesquelles ont esté baillées audict Guillaume pour ycelles cuillir et recevoir.

De Jehan Barbou et Martin de Lespinette, pour l'imposicion du boais, à eulx vendu et affermée comme au plus offranz pour la somme de 320 ˡ pour tout l'an, vault par moys 26 ˡ 13 ˢ 4 ᵈ; receu de ce par ledict Guillaume, le 20ᵉ jour de février, pour le 1ᵉʳ moys . . . . . 26 ˡ 13 ˢ 4 ᵈ.
Item, le 24ᵉ jour de mars ensuivant, pour le 2ᵉ moys, paié par eulx aux ouvriers des foussés Sᵗ Père . . . . 26 ˡ 13 ˢ 4 ᵈ.
Item, le 22ᵉ jour d'avril, pour le 3ᵉ moys. . . . . 26 ˡ 13 ˢ 4 ᵈ.
Item, le 22ᵉ jour de may ensuivant, pour le 4ᵉ moys . 26 ˡ 13 ˢ 4 ᵈ.
Item, le 27ᵉ jour de juing, pour le 5ᵉ moys . . . 26 ˡ 13 ˢ 4 ᵈ.
Item, le 25ᵉ jour de juillet, pour le 6ᵉ moys . . . 26 ˡ 13 ˢ 4 ᵈ.
Item, le 25ᵉ jour d'aoust, pour le 7ᵉ moys qui eschut le 20ᵉ jour dudict moys . . . . 26 ˡ 13 ˢ 4 ᵈ.
Item d'iceulx, le 26ᵉ jour de septembre, pour 15 jours à compter du 21ᵉ jour d'aoust jusques au 4ᵉ jour de septembre que la monnoie fust criée à Chartres et que elle eust nouvel cours, pour ce . 13 ˡ 6 ˢ 8 ᵈ.
   Somme de ceste recepte à la monnoie courant jusques au 4ᵉ jour de septembre dessus dict que la monnoie chut et eust nouvel cours 200 ˡ.

Item receu d'iceulx, pour les autres 15 jours de l'uitiesme moys, le 26ᵉ jour de septembre dessus dict, à la monnoie courant de nouvel   13 ˡ 6 ˢ 8 ᵈ.
Item d'iceulx, le 23ᵉ jour d'octobre, pour le 9ᵉ moys, en *compaignons de 15* ᵈ pièce . . . .   26 ˡ 13 ˢ 4 ᵈ.
Item d'iceulx, le 27ᵉ jour de novembre, pour le 10ᵉ moys, paié par li aulx ouvriers et au capitaine . . . .   26 ˡ 13 ˢ 4 ᵈ.
Item d'iceulx, le 26ᵉ jour de décembre, pour le 11ᵉ moys, par eulx paié aulx ouvriers . . . .   26 ˡ 13 ˢ 4 ᵈ.

Somme de ceste recepte à la monnoie qui a couru depuis le 4ᵉ jour de septembre jusques au 20ᵉ jour de janvier que les imposicions cessèrent pour la ville 93 ˡ 6 ˢ 8 ᵈ.

Somme des deux parties ensemble 213 ˡ 6 ˢ 8 ᵈ.

Reste que il doivent 26 ˡ 13 ˢ 4 ᵈ.

De Jehan de Saint Lafrère et Christian Pille, pour l'imposicion de la halle au fer, à eulx vendue et affermée par lesdiz commissaires comme au plus offranz pour la somme de 70 ˡ pour tout l'an, vault par moys 116 ˢ 8 ᵈ; receu de ce par ledict Guillaume, le 27ᵉ jour de février l'an 1357, pour le 1ᵉʳ moys qui eschut le 20ᵉ jour dudict moys. . . .   116 ˢ 8 ᵈ.
Item d'iceulx, le 22ᵉ jour de mars, pour le 2ᵉ moys . .   116 ˢ 8 ᵈ.
Item d'iceulx, le 22ᵉ jour d'avril, pour le 3ᵉ moys . .   116 ˢ 8 ᵈ.
Item d'iceulx, le 24ᵉ jour de may, pour le 4ᵉ moys . .   116 ˢ 8 ᵈ.
Item, le 20ᵉ jour de juing, pour le 5ᵉ moys . . .   116 ˢ 8 ᵈ.
Item, le 22ᵉ jour de juillet, pour le 6ᵉ moys . . .   116 ˢ 8 ᵈ.
Item, le 23ᵉ jour d'aoust, pour le 7ᵉ moys. . . .   116 ˢ 8 ᵈ.
Item, le 22ᵉ jour de septembre, pour la moitié de l'uitiesme moys que la monnoie chut et eust nouvel cours et fust criée à Chartres le 4ᵉ jour dudict moys de septembre, pour ce . . . . . .   58 ˢ 4 ᵈ.

Somme de ceste recepte à la monnoie qui a couru jusques au 4ᵉ jour de septembre enclos 43 ˡ 15 ˢ.

Item d'iceulx, pour les autres 15 jours de l'uitiesme moys à monnoie nouvelle, le 22ᵉ jour de septembre dessus dict . . . .   58 ˢ 4 ᵈ.
Item d'iceulx, le 23ᵉ jour d'octobre, pour le 9ᵉ moys .   116 ˢ 8 ᵈ.
Item d'iceulx, le 25ᵉ jour de novembre, pour le 10ᵉ moys.   116 ˢ 8 ᵈ.
Item d'iceulx, pour le 11ᵉ moys, le 28ᵉ jour de décembre.   116 ˢ 8 ᵈ.
Item d'iceulx, pour le 12ᵉ moys, le 22ᵉ jour de janvier.   116 ˢ 8 ᵈ.

Somme de ceste recepte à la monnoie qui a couru depuis le 4ᵉ jour de septembre jusques au 22ᵉ jour de janvier 26 ˡ 5 ˢ.

Somme des deux parties ensemble 70 ˡ.

De Pierre d'Ardelu et Jehan Moreau, pour l'imposicion de sel et de l'uile, à eux vendue et affermée par lesdiz commissaires comme au plus offranz pour la somme de 80 ˡ pour tout l'an, vault par moys 6 ˡ 13 ˢ 4 ᵈ; receu de ce par ledict Guillaume, le 23ᵉ jour de février, pour le 1ᵉʳ moys . . . .   6 ˡ 13 ˢ 4 ᵈ.
Item d'iceulx, le 22ᵉ jour de mars, pour le 2ᵉ moys. .   6 ˡ 13 ˢ 4 ᵈ.
Item, le 28ᵉ jour d'avril, pour le 3ᵉ moys . . . .   6 ˡ 13 ˢ 4 ᵈ.
Item, le 23ᵉ jour de may, pour le 4ᵉ moys. . . . .   6 ˡ 13 ˢ 4 ᵈ.
Item, le 22ᵉ jour de juing, pour le 5ᵉ moys . . .   6 ˡ 13 ˢ 4 ᵈ.
Item, le 22ᵉ jour de juillet, pour le 6ᵉ moys . . .   6 ˡ 13 ˢ 4 ᵈ.
Item, le 23ᵉ jour d'aoust, pour le 7ᵉ moys. . . .   6 ˡ 13 ˢ 4 ᵈ.
Item d'iceulx, pour la moitié de l'uitiesme moys. . .   66 ˢ 8 ᵈ.

Somme de ceste recepte à la monnoie qui a couru jusques au 4ᵉ jour de septembre enclos 50 ˡ.

Item receu d'iceulx, pour l'autre moitié de l'uitiesme moys, à monnoie nouvelle . . . . 66 s 8 d.
Item, le 21e jour d'octobre, pour le 9e moys . . . 6 l 13 s 4 d.
Item, le 21e jour de novembre, pour le 10e moys . . 6 l 13 s 4 d.
Item, le 24e jour de décembre, pour le 11e moys. . . 6 l 13 s 4 d.
Item d'iceulx, pour le 12e moys, le 21e jour de janvier. 6 l 13 s 4 d.
Somme de ceste recepte à la monnoie qui a couru depuis le 4e jour de septembre jusques au 21e jour de janvier 30 l.
Somme des 2 parties ensemble 80 l.

De Pierre le Cion, pour l'imposicion du bestail et boucherie, à li vendue et affermée par les esleuz comme au plus offrant et dernier enchérisseur pour la somme de 460 l pour tout l'an, vault par moys 37 l 10 s ; receu de ce par ledict Guillaume, le 26e jour de février, sus le 1er moys qui est eschu le 20e jour dudict moys . . . . 37 l 10 s.
Item d'iceli, sus le 2e moys, le 26e jour de mars, en plusieurs et diverses monnoies . . . . 37 l 10 s.
Item d'iceli, sus le 3e moys, enchéri par li sur li mesme de 50 l pour les 10 moys à venir, et ainsi valut chacun des 10 moys à venir 42 l 10 s, receu de ce par ledict Guillaume, pour ledict 3e moys, le 25e jour d'avril . . . . 42 l 10 s.
Item de Jacques Bellecherre, sus le 4e moys, enchéri le 23e jour de may sus ledict Perrot le Cion de 250 l pour 9 moys, et ainsi vault chacun desditz 9 moys 70 l 5 s 6 d 3 p ; receu de ce par ledict Guillaume, le 9e jour de juing, en plusieurs et diverses monnoies . . . 70 l 5 s 6 d 3 p.
Item d'iceli, sus le 5e moys qui escheut le 20e jour de juing, receu le 3e jour de juillet . . . . 70 l 5 s 6 d 3 p.
Item, sus le 6e moys qui escheut le 20e jour de juillet, receu le 4e jour d'aoust . . . . 70 l 5 s 6 d 3 p.
Item, sus le 7e moys qui escheut le 20e jour dudict moys d'aoust, receu le darrenier jour dudict moys . . . . 70 l 5 s 6 d 3 p.
Item d'iceli, le 3e jour d'octobre, pour la moitié de l'uitiesme moys qui escheut le 4e jour de septembre . . . . 35 l 2 s 9 d picte et demie.
Somme de ceste recepte à la monnoie qui a couru jusques au 4e jour de septembre que la monnoie fut criée à Chartres 433 l 15 s.

De Jehan le Moigne et Audin Chartin, pour l'imposicion de la grant halle, à eux vendue et affermée par les commissaires comme à plus offranz pour la somme de 520 l pour tout l'an, vault par moys 43 l 6 s 8 d ; receu de ce par ledict Guillaume, le 4e jour de mars, pour le 1er moys qui escheut le 20e jour de février. . . . . 43 l 6 s 8 d.
Item, le 22e jour de mars, pour le 2e moys . . . . 43 l 6 s 8 d.
Item, le 24e jour d'avril, pour le 3e moys. . . . . 43 l 6 s 8 d.
Item, le 29e jour de may, pour le 4e moys . . . . 43 l 6 s 8 d.
Item, le 17e jour de juing, pour le 5e moys . . . . 43 l 6 s 8 d.
Item d'iceulx, le 1er jour de juillet, pour le 6e moys presté par eux. . . . . 43 l 6 s 8 d.
Item, le 21e jour d'aoust, pour le 7e moys. . . . . 43 l 6 s 8 d.
Item d'iceulx, le 25e jour de septembre, pour la moitié du 8e moys. . . . . 21 l 13 s 4 d.
Somme de ceste recepte de la monnoie qui a couru jusques au 4e jour de septembre enclos que la monnoie cheust et fust criée à Chartres 325 l.

Item, receu d'iceulx, pour l'autre moitié du 8e moys, le 25e jour de septembre, à monnoie nouvelle. . . . . . . 21 l 13 s 4 d.
Item, le 23e jour d'octobre, pour le 9e moys . . . . 43 l 6 s 8 d.
Item, le 21e de novembre, pour le 10e moys . . . . 43 l 6 s 8 d.

Item, le 24ᵉ jour de décembre, pour le 11ᵉ moys. . . 43ˡ 6ˢ 8ᵈ.
Item, le 24ᵉ jour de janvier, pour le 12ᵉ moys . . . 43ˡ 6ˢ 8ᵈ.
Somme de ceste recepte à la monnoie qui a couru puis le 4ᵉ jour de septembre jusques au 24ᵉ jour de janvier 195 ˡ.

Somme des 2 receptes ensemble 520 ˡ.

De Jehan Perdriau, pour l'imposicion des coustes, coussins et telles menues, à li vendue et affermée par les commissaires comme le plus offrant pour la somme de 22 ˡ pour tout l'an, vault par chacun moys 36 ˢ 8 ᵈ; receu de ce par ledict Guillaume, le 27ᵉ jour de février, pour le 1ᵉʳ moys qui escheut le 20ᵉ jour dudict moys . . . . . . 36 ˢ 8 ᵈ.
Item de li, le 21ᵉ jour de mars, pour le 2ᵉ moys. . . 36 ˢ 8 ᵈ.
Item, le 24ᵉ jour d'avril, pour le 3ᵉ moys . . . . 36 ˢ 8 ᵈ.
Item, le 19ᵉ jour de may, pour le 4ᵉ moys. . . . 36 ˢ 8 ᵈ.
Item, le 22ᵉ jour de juing, pour le 5ᵉ moys . . . 36 ˢ 8 ᵈ.
Item, le 21ᵉ jour de juillet, pour le 6ᵉ moys . . . 36 ˢ 8 ᵈ.
Item, le 21ᵉ jour d'aoust, pour le 7ᵉ moys. . . . 36 ˢ 8 ᵈ.
Item d'iceli, pour la moitié du 8ᵉ moys, le 20ᵉ jour de septembre . . . . 18 ˢ 4 ᵈ.
Somme de la recepte dudict Perdriau de la monnoie qui a couru jusques au 4ᵉ jour de septembre que la monnoie fust criée à Chartres 13 ˡ 15 ˢ.

Item, receu dudit Jehan pour l'autre moitié du 8ᵉ moys, le 20ᵉ jour de septembre, à monnoie nouvelle. . . . . 18 ˢ 4 ᵈ.
Item d'iceli, au 28ᵉ jour d'octobre, pour le 9ᵉ moys . . 36 ˢ 8 ᵈ.
Item, le 22ᵉ jour de novembre, pour le 10ᵉ moys. . . 36 ˢ 8 ᵈ.
Item, le 25ᵉ jour de décembre, pour le 11ᵉ moys. . . 36 ˢ 8 ᵈ.
Item, le 21ᵉ jour de janvier, pour le 12ᵉ moys . . . 36 ˢ 8 ᵈ.
Somme de ceste recepte à la monnoie qui a couru depuis le 4ᵉ jour de septembre jusques au 21ᵉ jour de janvier 8 ˡ 5 ˢ.

Somme des deux receptes ensemble 22 ˡ.

De Saincot l'Orfèvre, pour l'imposicion des scelliers et armeuriers et lormiers, à li vendue et affermée par lesdiz commissaires comme au plus offrant pour la somme de 22 ˡ pour tout l'an, vault par moys 36 ˢ 8 ᵈ; receu de ce par ledict Guillaume, le 26ᵉ jour de février, pour le 1ᵉʳ moys . . . . 36 ˢ 8 ᵈ.
Item de li, le 26ᵉ jour de mars, pour le 2ᵉ moys. . . 36 ˢ 8 ᵈ.
Item, le 28ᵉ jour d'avril, pour le 3ᵉ moys . . . . 36 ˢ 8 ᵈ.
Item, le 27ᵉ jour de may, pour le 4ᵉ moys. . . . 36 ˢ 8 ᵈ.
Item, le 27ᵉ jour de juing, pour le 5ᵉ moys . . . 36 ˢ 8 ᵈ.
Item, le 28ᵉ jour de juillet, pour le 6ᵉ moys . . . 36 ˢ 8 ᵈ.
Item, le 27ᵉ jour d'aoust, pour le 7ᵉ moys. . . . 36 ˢ 8 ᵈ.
Item de li, pour la moitié du 8ᵉ moys . . . . . 18 ˢ 4 ᵈ.
Somme de ceste recepte à la monnoie courant jusques au 4ᵉ jour de septembre 13 ˡ 15 ˢ.

Item receu dudict Saincot, le 29ᵉ jour d'octobre, pour la moitié du 8ᵉ moys . . . . 18 ˢ 4 ᵈ.
Item de li, le 25ᵉ jour de novembre, pour le 9ᵉ moys . 36 ˢ 8 ᵈ.
Item de li, pour le 10ᵉ, 11ᵉ et 12ᵉ moys, le 25ᵉ jour de janvier . . . . 110 ˢ.
Somme de ceste recepte à la monnoie qui a couru puis le 4ᵉ jour de septembre jusques au 25ᵉ jour de janvier 8 ˡ 5 ˢ.

Somme des deux receptes ensemble 22 ˡ.

De Estienne Raveneau, pour l'imposicion du poais du roy, à li vendue et affermée par les commissaires pour la somme de deux cents livres pour tout l'an, vault par moys 16ˡ 13ˢ 4ᵈ; receu de ce par ledict Guillaume, pour le 1ᵉʳ moys, le 26ᵉ jour de février . . . . . 16ˡ 13ˢ 4ᵈ.
Item d'iceli, le 22ᵉ jour de mars, pour le 2ᵉ moys . . 16ˡ 13ˢ 4ᵈ.
Item, le 24ᵉ jour d'avril, pour le 3ᵉ moys . . . . 16ˡ 13ˢ 4ᵈ.
Item, le 25ᵉ jour de may, pour le 4ᵉ moys. . . . . 16ˡ 13ˢ 4ᵈ.
Item, le 20ᵉ jour de juing, pour le 5ᵉ moys . . . . 16ˡ 13ˢ 4ᵈ.
Item, le 22ᵉ jour de juillet, pour le 6ᵉ moys . . . . 16ˡ 13ˢ 4ᵈ.
Item, le 23ᵉ jour d'aoust, pour le 7ᵉ moys. . . . . 16ˡ 13ˢ 4ᵈ.
Item, pour la moitié du 8ᵉ moys, le 23ᵉ jour de septembre. 8ˡ 6ˢ 8ᵈ.

Somme de ceste recepte à la monnoie courant jusques au 4ᵉ jour de septembre enclos 125ˡ.

Item receu dudict Raveneau, pour l'autre moitié du 8ᵉ moys qui escheut le 20ᵉ jour de septembre, receu le 23ᵉ jour dessus dict moys. 8ˡ 6ˢ 8ᵈ.
Item, le 25ᵉ jour d'octobre, pour le 9ᵉ moys . . . . 16ˡ 13ˢ 4ᵈ.
Item, le 25ᵉ jour de novembre, pour le 10ᵉ moys. . . 16ˡ 13ˢ 4ᵈ.
Item, le 25ᵉ jour de décembre, pour le 11ᵉ moys. . . 16ˡ 13ˢ 4ᵈ.
Item, le 26ᵉ jour de janvier, pour le 12ᵉ moys . . . 16ˡ 13ˢ 4ᵈ.

Somme de ceste recepte à la monnoie qui a couru depuis le 4ᵉ jour de septembre jusques au 26ᵉ jour de janvier 75ˡ.

Somme des 2 receptes ensemble 200ˡ.

De Jehan le Moigne et Perrot Bérard et Audin Chartin, pour l'imposicion de la petite halle, à eux vendue et affermée par les commissaires comme aux plus offranz pour la somme de 195ˡ pour tout l'an, vault par moys 16ˡ 5ˢ; receu de ce par ledict Guillaume, le 4ᵉ jour de mars, pour le 1ᵉʳ moys . . . . 16ˡ 5ˢ.
Item d'iceulx, le 22ᵉ jour de mars, pour le 2ᵉ moys. . 16ˡ 5ˢ.
Item, le 24ᵉ jour d'avril, pour le 3ᵉ moys. . . . . 16ˡ 5ˢ.
Item, le 24ᵉ jour de may, pour le 4ᵉ moys. . . . . 16ˡ 5ˢ.
Item, le 17ᵉ jour de juing, pour le 5ᵉ moys . . . . 16ˡ 5ˢ.
Item d'iceulx, le 1ᵉʳ de juillet, pour le 6ᵉ moys venant et escheant le 20ᵉ jour dudict moys. . . . . 16ˡ 5ˢ.
Item, le 21ᵉ jour d'aoust, pour le 7ᵉ moys . . . . 16ˡ 5ˢ.
Item, le 25ᵉ jour de septembre, pour la moitié du 8ᵉ moys. 8ˡ 2ˢ 6ᵈ.

Somme de ceste recepte faicte à la monnoie courant jusques au 4ᵉ jour de septembre 121ˡ 17ˢ 6ᵈ.

Item receu d'iceulx, le 25ᵉ jour de septembre dessus dict, pour l'autre moitié du 8ᵉ moys . . . . 8ˡ 2ˢ 6ᵈ.
Item, le 23ᵉ jour d'octobre, pour le 9ᵉ moys . . . . 16ˡ 5ˢ.
Item, le 21ᵉ jour de novembre, pour le 10ᵉ moys . . 16ˡ 5ˢ.
Item, le 28ᵉ jour de décembre, pour le 11ᵉ moys . . 16ˡ 5ˢ.
Item, le 23ᵉ jour de janvier, pour le 12ᵉ moys . . . 16ˡ 5ˢ.

Somme de ceste recepte à la monnoie qui a couru à Chartres puis le 4ᵉ jour de septembre jusques au 23ᵉ jour de janvier 73ˡ 2ˢ 6ᵈ.

Somme des 2 receptes ensemble 195ˡ.

De Jehan de la Noe et Guillaume Gillebert, pour l'imposicion des cordouaniers, à eux vendue et affermée par les commissaires comme à plus offranz pour la somme de 50ˡ pour tout l'an, vault par moys 4ˡ 3ˢ 4ᵈ; receu de ce par ledict Guillaume, le 4ᵉ jour de mars, pour le 1ᵉʳ moys . . . . 4ˡ 3ˢ 4ᵈ.
Item d'iceulx, le 27ᵉ jour de mars, pour le 2ᵉ moys . . 4ˡ 3ˢ 4ᵈ.
Item, le 22ᵉ jour d'avril, pour le 3ᵉ moys . . . . . 4ˡ 3ˢ 4ᵈ.

Item, le 26ᵉ jour de mai, pour le 4ᵉ moys . . . . . 4 ˡ 3 ˢ 4 ᵈ.
Item, le 24ᵉ jour de juing, pour le 5ᵉ moys. . . . . 4 ˡ 3 ˢ 4 ᵈ.
Item, le 24ᵉ jour de juillet, pour le 6ᵉ moys . . . . 4 ˡ 3 ˢ 4 ᵈ.
Item, le 26ᵉ jour d'aoust, pour le 7ᵉ moys . . . . . 4 ˡ 3 ˢ 4 ᵈ.
Item d'iceulx, pour la moitié du 8ᵉ moys, le 8ᵉ jour d'octobre. . . . . 41 ˢ 8 ᵈ.

Somme de ceste recepte à la monnoie courant jusques au 4ᵉ jour de septembre enclos 31 ˡ 5 ˢ.

Item receu des 2 susdiz Jehan et Guillaume, le 8ᵉ jour d'octobre dessus dit, pour l'autre moitié du 8ᵉ moys . . . . . 41 ˢ 8 ᵈ.
Item, le 28ᵉ jour d'octobre, pour le 9ᵉ moys . . . 4 ˡ 3 ˢ 4 ᵈ.
Item, le 23ᵉ jour de novembre, pour le 10ᵉ moys . . 4 ˡ 3 ˢ 4 ᵈ.
Item, le 24ᵉ jour de décembre, pour le 11ᵉ moys. . . 4 ˡ 3 ˢ 4 ᵈ.
Item, le 23ᵉ jour de janvier, pour le 12ᵉ moys . . . 4 ˡ 3 ˢ 4 ᵈ.

Somme de ceste recepte à la monnoie qui a couru depuis le 4ᵉ jour de septembre jusques au 23ᵉ jour de janvier 18 ˡ 15 ˢ.

Somme des 2 receptes ensemble 50 ˡ.

De Morise de Vimoy, pour l'imposicion de la laine, à li venduë et affermée par les commissaires comme au plus offrant pour la somme de 60 ˡ pour tout l'an; vault par moys 100 ˢ; receu de ce par ledict Guillaume, le 25ᵉ jour de février, pour le 1ᵉʳ moys. . . . . . . 100 ˢ.
Item d'iceli, le 23ᵉ jour de mars, pour le 2ᵉ moys . . . 100 ˢ.
Item, le 18ᵉ jour d'avril, pour le 3ᵉ moys . . . . . 100 ˢ.
Item, le 23ᵉ jour de may, pour le 4ᵉ moys . . . . . 100 ˢ.
Item, le 26ᵉ jour de juing, pour le 5ᵉ moys. . . . . 100 ˢ.
Item, le 22ᵉ jour de juillet, pour le 6ᵉ moys. . . . . 100 ˢ.
Item, le 27ᵉ jour d'aoust, pour le 7ᵉ moys . . . . . 100 ˢ.
Item d'iceli, pour la moitié du 8ᵉ moys, le 24ᵉ jour de septembre . . . . 50 ˢ.

Somme de ceste recepte à la monnoie qui a couru jusques au 4ᵉ de septembre que la monnoie cheust à Chartres 37 ˡ 10 ˢ.

Item, receu dudict Morise, pour l'autre moitié du 8ᵉ moys, à la monnoie nouvelle, le 24ᵉ jour de septembre. . . . . . 50 ˢ.
Item d'iceli, le 22ᵉ jour d'octobre, pour le 9ᵉ moys. . . 100 ˢ.
Item, le 24ᵉ jour de novembre, pour le 10ᵉ moys . . . 100 ˢ.
Item, le 26ᵉ jour de décembre, pour le 11ᵉ moys . . . 100 ˢ.
Item, le 27ᵉ jour de janvier, pour le 12ᵉ moys . . . . 100 ˢ.

Somme de ceste recepte à la monnoie qui a couru depuis le 4ᵉ jour de septembre jusques au 27ᵉ jour de janvier 22 ˡ 10 ˢ.

Somme des 2 receptes ensemble 60 ˡ.

De Martin de Lespinète, pour l'imposicion de la mercerie, à li vendue et affermée par les commissaires comme au plus offrant pour la somme de 55 ˡ pour tout l'an, vault par moys 4 ˡ 11 ˢ 8 ᵈ; receu de ce par ledict Guillaume, pour le 1ᵉʳ moys, le 24ᵉ jour de février. . . 4 ˡ 11 ˢ 8 ᵈ.
Item de li, le 26ᵉ jour de mars, pour le 2ᵉ moys. . . . 4 ˡ 11 ˢ 8 ᵈ.
Item, le 21ᵉ jour d'avril, pour le 3ᵉ moys . . . . . 4 ˡ 11 ˢ 8 ᵈ.
Item, le 23ᵉ jour de may, pour le 4ᵉ moys. . . . . 4 ˡ 11 ˢ 8 ᵈ.
Item, le 18ᵉ jour de juing, pour le 5ᵉ moys . . . . 4 ˡ 11 ˢ 8 ᵈ.
Item, le 22ᵉ jour de juillet, pour le 6ᵉ moys. . . . . 4 ˡ 11 ˢ 8 ᵈ.
Item, le 25ᵉ jour d'aoust, pour le 7ᵉ moys . . . . . 4 ˡ 11 ˢ 8 ᵈ.
Item d'iceli, pour la moitié du 8ᵉ moys, le 26ᵉ jour de septembre . . . . 45 ˢ 10 ᵈ.

Somme de ceste recepte à la monnoie qui a couru jusques au 4ᵉ jour de septembre 34ˡ 7ˢ 6ᵈ.

Item receu dudict Martin, pour l'autre moitié du 8ᵉ moys, à monnoie nouvelle, le 26ᵉ jour de septembre. 45ˢ 10ᵈ
 Item, le 23ᵉ jour d'octobre, pour le 9ᵉ moys . . . 4ˡ 11ˢ 8ᵈ
 Item, le 25ᵉ jour de novembre, pour le 10ᵉ moys. . . 4ˡ 11ˢ 8ᵈ
 Item, le 26ᵉ jour de décembre, pour le 11ᵉ moys. . . 4ˡ 11ˢ 8ᵈ
 Item d'iceli, le 28ᵉ jour de janvier, pour le 12ᵉ moys . 4ˡ 11ˢ 8ᵈ
Somme de ceste recepte à la monnoie qui a couru puis le 4ᵉ jour de septembre jusques au 28ᵉ jour de janvier 20ˡ 12ˢ 6ᵈ.
Somme des 2 receptes ensemble 55ˡ.

De Thevenin le Potier, Martin Chifleaux, Estienne de Chateaudun et Hugues le Grand, pour l'imposicion de touz poissons, à eux vendue et affermée par les commissaires comme au plus offranz pour la somme de 160ˡ pour tout l'an, vault par moys 13ˡ 6ˢ 8ᵈ; receu de ce par ledict Guillaume, le 22ᵉ jour de février, pour le 1ᵉʳ moys . . 13ˡ 6ˢ 8ᵈ
Item d'iceulx, le 24ᵉ jour de mars, pour le 2ᵉ moys . . 13ˡ 6ˢ 8ᵈ
Item, le 28ᵉ jour d'avril, pour le 3ᵉ moys. . . . 13ˡ 6ˢ 8ᵈ
Item, le 26ᵉ jour de may, pour le 4ᵉ moys . . . 13ˡ 6ˢ 8ᵈ
Item receu desdiz Estienne et Thevenin, le 24ᵉ jour de juing, pour le 5ᵉ moys 13ˡ 6ˢ 8ᵈ
Item, le 29ᵉ jour de juillet, pour le 6ᵉ moys. . . . 13ˡ 6ˢ 8ᵈ
Item, le 26ᵉ jour d'aoust, pour le 7ᵉ moys 13ˡ 6ˢ 8ᵈ
Item d'iceulx, le 24ᵉ jour de septembre, pour la moitié du 8ᵉ moys 6ˡ 13ˢ 4ᵈ
Somme de ceste recepte à la monnoie courant jusques au 4ᵉ jour de septembre que la monnoie fust criée à Chartres 100ˡ.

Item receu d'iceulx, pour l'autre moitié du 8ᵉ mois, le 24ᵉ jour de septembre, en monnoie nouvelle. 6ˡ 13ˢ 4ᵈ
Item, le 3ᵉ jour de novembre, pour le 9ᵉ moys . . . 13ˡ 6ˢ 8ᵈ
Item, le 24ᵉ jour de novembre, pour le 10ᵉ moys . . 13ˡ 6ˢ 8ᵈ
Item, le 25ᵉ jour de décembre, pour le 11ᵉ moys . . 13ˡ 6ˢ 8ᵈ
Item, le 26ᵉ jour de janvier, pour le 12ᵉ moys . . . 13ˡ 6ˢ 8ᵈ
Somme de ceste recepte à la monnoie qui a couru depuis le 4ᵉ jour de septembre jusques au 26ᵉ jour de janvier 60ˡ.
Somme des 2 receptes ensemble 160ˡ.

De Jehan le Macon, Perrot Belon et Perrot de Gaigni, pour l'imposicion de la pelleterie, à eux vendue et affermée par les commissaires comme aux plus offranz pour la somme de 50ˡ pour tout l'an, vault par moys 4ˡ 3ˢ 4ᵈ; receu de ce par ledict Guillaume, le 1ᵉʳ jour de mars, pour le 1ᵉʳ moys 4ˡ 3ˢ 4ᵈ
Item d'iceulx, le 23ᵉ jour dudict moys de mars, pour le 2ᵉ moys. 4ˡ 3ˢ 4ᵈ
Item, le 23ᵉ jour d'avril, pour le 3ᵉ moys. 4ˡ 3ˢ 4ᵈ
Item, le 24ᵉ jour de may, pour le 4ᵉ moys. 4ˡ 3ˢ 4ᵈ
Item, le 21ᵉ jour de juing, pour le 5ᵉ moys 4ˡ 3ˢ 4ᵈ
Item, le 25ᵉ jour de juillet, pour le 6ᵉ moys. . . . 4ˡ 3ˢ 4ᵈ
Item, le 28ᵉ jour d'aoust, pour le 7ᵉ moys. 4ˡ 3ˢ 4ᵈ
Item d'iceulx, pour la moitié du 8ᵉ moys, le 24ᵉ jour de septembre 41ˢ 8ᵈ
Somme de ceste recepte à la monnoie qui a couru jusques au 4ᵉ jour de septembre 31ˡ 5ˢ.

Item receu de eux, pour l'autre moitié du 8e moys, le 24e jour de septembre dessus dict . . . . 4 l 8 s 8 d.
  Item, le 12e jour de novembre, pour le 9e moys . . . 4 l 3 s 4 d.
  Item d'iceulx, le 22e jour dudit moys, pour le 10e moys. 4 l 3 s 4 d.
  Item, le 25e jour de décembre, pour le 11e moys. . . 4 l 3 s 4 d.
  Item, le 25e jour de janvier, pour le 12e moys . . . 4 l 3 s 4 d.
Somme de ceste recepte à la monnoie qui a couru depuis le 4e jour de septembre jusques au 25e jour de janvier 18 l 15 s.

Somme des 2 receptes ensemble 50 l.

De Jehan de Templeure, Jehan Germain et Perot Germain, pour l'imposicion des cuirs tannez et à tanner, à eux vendue et affermée par les commissaires comme à plus offranz pour la somme de 250 l pour tout l'an, vault par moys 20 l 16 s 8 d; receu de ce par ledict Guillaume, le 4e jour de mars, pour le premier moys qui escheut le 28e jour de février. . . . . 20 l 16 s 8 d.
  Item, le 28e jour dudict moys, pour le 2e moys . . . 20 l 16 s 8 d.
  Item, le 1er jour de may, pour le 3e moys. . . . . . 20 l 16 s 8 d.
  Item, le 24e jour dudict moys, pour le 4e moys . . . 20 l 16 s 8 d.
  Item, le 26e jour de juing, pour le 5e moys . . . . 20 l 16 s 8 d.
  Item, le 28e jour de juillet, pour le 6e moys . . . . 20 l 16 s 8 d.
  Item dudit Jehan de Templeure, le 27e jour d'aoust, pour le 7e moys . . . . 20 l 16 s 8 d.
  Item d'iceulx, pour la moitié du 8e moys, le 27e jour de septembre. . . . . 10 l 8 s 4 d.
Somme de ceste recepte à la monnoie qui a couru jusques au 4e jour de septembre 156 l 5 s.

  Item d'iceulx, pour l'autre moitié du 8e moys, le 27e jour de septembre . . . . 10 l 8 s 4 d.
  Item, le 14e jour de novembre, pour le 9e moys . . . 20 l 16 s 8 d.
  Item, le darrenier jour de novembre, pour le 10e moys. 20 l 16 s 8 d.
  Item d'iceulx, le 22e jour de janvier, pour le 11e moys . 20 l 16 s 8 d.
Somme de ceste recepte de la monnoie courant puis le 4e jour de septembre 72 l 18 s 4 d.

Somme des 2 parties ensemble 229 l 3 s 4 d.

Reste que il doivent 20 l 16 s 8 d.

De Jacques de Luisant et Colin de Vienne, pour l'imposicion de la poulaillerie, à eux vendue et affermée par les commissaires comme aux plus offranz pour la somme de 75 l pour tout l'an, vault par moys 6 l 5 s; receu de ce par ledict Guillaume, le 25e jour de février, pour le 1er moys . . . . 6 l 5 s.
  Item, le 21e jour de mars, pour le 2e moys . . . . 6 l 5 s.
  Item, le 18e jour d'avril, pour le 3e moys. . . . . . 6 l 5 s.
  Item, le 27e jour de may, pour le 4e moys. . . . . . 6 l 5 s.
  Item, le 22e jour de juing, pour le 5e moys . . . . 6 l 5 s.
  Item, le 22e jour de juillet, pour le 6e moys . . . . 6 l 5 s.
  Item, le 23e jour d'aoust, pour le 7e moys. . . . . 6 l 5 s.
  Item, le 23e jour de septembre, pour la moitié du 8e moys 62 s 6 d.
Somme de ceste recepte à la monnoie qui a couru jusques au 4e jour de septembre que la monnoie chut et fut criée à Chartres 46 l 17 s 6 d.

  Item receu d'iceulx, pour l'autre moitié du 8e moys, le 23e jour de septembre . . . . 62 s 6 d.
  Item, le 26e jour d'octobre, pour le 9e moys . . . . 6 l 5 s.

Item, le 21e jour de novembre, pour le 10e moys. . . 6 l 5 s.
Item, le 23e jour de décembre, pour le 11e moys. . . 6 l 5 s.
Item, le 21e jour de janvier, pour le 12e moys . . . 6 l 5 s.
Somme de ceste recepte à la monnoie qui a couru depuis le 4e jour de septembre jusques au 21e jour de janvier 28 l 2 s 6 d.
Somme des 2 receptes ensemble 75 l.

De Guillot Berthelot, pour l'imposicion des corvaisiers, à li vendue et affermée par les commissaires comme à plus offrant pour la somme de 80 l pour tout l'an, vault par moys 6 l 13 s 4 d; receu par ledict Guillaume, le 27e jour de février, pour le 1er moys . . . . . . 6 l 13 s 4 d.
Item d'iceli, le 22e jour de mars, pour le 2e moys . . 6 l 13 s 4 d.
Item, le 28e jour d'avril, pour le 3e moys . . . . 6 l 13 s 4 d.
Item, le 23e jour de may, pour le 4e moys. . . . 6 l 13 s 4 d.
Item, le 4e jour de juillet, pour le 5e moys . . . . 6 l 13 s 4 d.
Item, le 24e jour dudict moys de juillet, pour le 6e moys. 6 l 13 s 4 d.
Item, le 2e jour de septembre, pour le 7e moys . . . 6 l 13 s 4 d.
Item de li, le 4e jour d'octobre, pour la moitié du 8e moys. 66 s 7 d.
Somme de ceste recepte à monnoie courant jusques au 4e jour de septembre 50 l.

Item receu d'iceli, pour l'autre moitié du 8e moys, le 4e jour d'octobre. . . . . 66 s 8 d.
Item, le 6e jour de novembre, pour le 9e moys . . 6 l 13 s 4 d.
Item, le darrenier jour de novembre, pour le 10e moys. 6 l 13 s 4 d.
Item, le 26e jour de janvier, pour les 11e et 12e moys . 13 l 6 s 8 d.
Somme de ceste recepte à la monnoie qui a couru depuis le 4e jour de septembre jusques au 26e jour de janvier 30 l.
Somme des 2 receptes ensemble 80 l.

De Massé Cassegrain, pour l'imposicion des gans de laine, à li vendue et affermée par les commissaires comme à plus offrant pour la somme de 40 l pour tout l'an, vault par moys 66 s 8 d; receu de ce par ledict Guillaume, le 6e jour de mars, pour le 1er moys. . . . 66 s 8 d.
Item d'iceli, le 21e jour dudict moys, pour le 2e moys . 66 s 8 d.
Item, le 29e jour d'avril, pour le 3e moys . . . . 66 s 8 d.
Item, le 22e jour de may, pour le 4e moys. . . . . 66 s 8 d.
Item, le 25e jour de juing, pour le 5e moys . . . . 66 s 8 d.
Item, le 20e jour de juillet, pour le 6e moys . . . . 66 s 8 d.
Item, le 20e jour d'aoust, pour le 7e moys. . . . . 66 s 8 d.
Item, le 23e jour de septembre, de li, pour la moitié du 8e moys. . . . . 33 s 4 d.
Somme de ceste recepte à monnoie courant jusques au 4e jour de septembre 25 l.

Item receu de li, le 23e jour de septembre dessus dict, pour l'autre moitié du 8e moys. . . . . 33 s 4 d.
Item, le 24e jour d'octobre, pour le 9e moys . . . . 66 s 8 d.
Item, le 22e jour de novembre, pour le 10e moys. . . 66 s 8 d.
Item, le 28e jour de décembre, pour le 11e moys. . . 66 s 8 d.
Item, le 24e jour de janvier, pour le 12e moys . . . 66 s 8 d.
Somme de ceste recepte à la monnoie qui a couru depuis le 4e jour de septembre jusques au 24e jour de janvier 15 l.
Somme des 2 receptes ensemble 40 l.

De Guillaume Le Breton et Loys Lenglois, pour l'imposicion de la feuperie, à eux vendue et affermée par les commissaires comme aux plus

offranz pour la somme de 70 l pour tout l'an, vault par moys 116 s 8 d ; receu par ledict Guillaume, le 25e jour de février, pour le premier moys . . . . 116 s 8 d.
Item, le 22e jour de mars, pour le 2e moys . . . 116 s 8 d.
Item, le 22e jour d'avril, pour le 3e moys . . . . 116 s 8 d.
Item, le 23e jour de may, pour le 4e moys. . . . . 116 s 8 d.
Item, le 22e jour de juing, pour le 5e moys . . . 116 s 8 d.
Item, le 22e jour de juillet, pour le 6e moys . . . 116 s 8 d.
Item, le 21e jour d'aoust, pour le 7e moys. . . . 116 s 8 d.
Item d'iceulx, le 1er jour d'octobre, pour la moitié du 8e moys . . . . 58 s 4 d.

Somme de ceste recepte à la monnoie courant jusques au 4e jour de septembre 43 l 15 s.

Item receu d'eulx, le 1er jour d'octobre dessus dict, pour l'autre moitié du 8e moys. . . . . 58 s 4 d.
Item, le 21e jour de novembre, pour le 9e moys . . . 116 s 8 d.
Item, le 25e jour dudict moys, pour le 10e moys . . . 116 s 8 d.
Item, le 28e jour de décembre, pour le 11e moys . . 116 s 8 d.
Item, le 21e jour de janvier, pour le 12e moys . . . 116 s 8 d.

Somme de ceste recepte à la monnoie courant depuis le 4e jour de septembre jusques au 21e jour de janvier 26 l 5 s.

Somme des 2 receptes ensemble 70 l.

De Estienne de Chateaudun, pour l'imposicion des cordes et cordiers, à li vendue et affermée par les commissaires comme à plus offrant pour la somme de 40 l pour tout l'an, vault par moys 56 s 8 d ; receu de ce par ledict Guillaume, le 10e jour de mars, pour le 1er moys . 56 s 8 d.
Item d'iceli, le 24e jour dudict moys, pour le 2e moys . 56 s 8 d.
Item, le 28e jour d'avril, pour le 3e moys . . . . 56 s 8 d.
Item, le 28e jour de may, pour le 4e moys. . . . . 56 s 8 d.
Item, le 28e jour de juing, pour le 5e moys . . . . 56 s 8 d.
Item, le 29e juillet, pour le 6e moys. . . . . . 56 s 8 d.
Item, le 29e jour d'aoust, pour le 7e moys. . . . 56 s 8 d.
Item d'iceli, le 1er jour d'octobre, pour la moitié du 8e moys . . . . 33 s 4 d.

Somme de ceste recepte à la monnoie jusques au 4e jour de septembre 25 l.

Item receu de li, le 1er jour d'octobre dessus dict, pour l'autre moitié du 8e moys. . . . . 33 s 4 d.
Item, le 25e jour de novembre, pour le 9e moys . . . 56 s 8 d.
Item, le 6e jour de décembre, pour le 10e moys . . . 56 s 8 d.
Item, le 26e jour de janvier, pour le 11e et 12e moys . . 6 l 13 s 4 d.

Somme de ceste recepte à la monnoie qui a couru depuis le 4e jour de septembre jusques au 26e jour de janvier 15 l.

Somme des 2 receptes ensemble 41 l.

De Jehan Latitelle et Jehan d'Auneel, pour l'imposition des chevaux, à eux vendue et affermée par les commissaires comme à plus offranz pour la somme de 65 l pour tout l'an, vault par moys 108 s 4 d ; receu par ledict Guillaume, le darrenier jour de février, pour le 1er moys . 108 s 4 d.
Item d'iceulx, le 24e jour de mars, pour le 2e moys . . 108 s 4 d.
Item, le 3e jour de may, pour le 3e moys . . . . . 108 s 4 d.
Item, le 24e jour dudict moys, pour le 4e moys . . . 108 s 4 d.
Item, le 24e jour de juing, pour le 5e moys. . . . . 108 s 4 d.
Item, le 28e jour de juillet, pour le 6e moys . . . . 108 s 4 d.

Item, le 22ᵉ jour d'aoust, pour le 7ᵉ moys . . . . . . 108 ˢ 4 ᵈ.
Item d'iceulx, le 24ᵉ jour de septembre, pour la moitié du 8ᵉ moys . . . . 54 ˢ 2 ᵈ.

Somme de ceste recepte à la monnoie courant jusques au 4ᵉ jour de septembre 40 ˡ 13 ˢ.

Item receu d'iceulx, le 24ᵉ jour de septembre dessus dict, pour l'autre moitié du 8ᵉ moys . . . . 54 ˢ 2 ᵈ.
Item, pour le 9ᵉ moys, le 3ᵉ jour de novembre . . . 108 ˢ 4 ᵈ.
Item, pour le 10ᵉ moys, le 3ᵉ jour de décembre . . . 108 ˢ 4 ᵈ.
Item d'iceulx, pour le 11ᵉ et 12ᵉ moys, le 28ᵉ jour de janvier . . . . 10 ˡ 16 ˢ 8 ᵈ.

Somme de ceste recepte à la monnoie qui a couru depuis le 4ᵉ jour de septembre jusques au 28ᵉ jour de janvier 24 ˡ 7 ˢ.

Somme des 2 receptes ensemble 65 ˡ.

De Colin le Beau, pour l'imposicion des boulengers et pasticiers, à li vendue et affermée par les commissaires comme aux plus offranz pour la somme de 120 ˡ pour tout l'an, vault par moys 10 ˡ ; receu par ledict Guillaume, le darrenier jour de février, pour le 1ᵉʳ moys . . 10 ˡ.
Item d'iceli, pour le 2ᵉ moys, le 21ᵉ jour de mars. . . 10 ˡ.
Item de li, pour le 3ᵉ moys, le 17ᵉ jour d'avril. . . . 10 ˡ.
Item d'iceli, pour le 4ᵉ moys, le 21ᵉ jour de may . . . 10 ˡ.
Item, le 24ᵉ jour de juing, pour le 5ᵉ moys. . . . . 10 ˡ.
Item dudict Colin le Beau, le 17ᵉ jour de juillet, pour le 6ᵉ moys . . . . 10 ˡ.
Item d'iceli, pour le 7ᵉ moys, le 23 d'aoust. . . . . 10 ˡ.
Item d'iceli, pour la moitié du 8ᵉ moys, le 28ᵉ jour de septembre . . . . 100 ˢ.

Somme de la recepte à la monnoie courant jusques au 4ᵉ jour de septembre que la monnoie fust criée à Chartres 75 ˡ.

Item receu dudict Colin, le 28ᵉ jour de septembre dessus dict, pour l'autre moitié du 8ᵉ moys, à monnoie nouvelle . . . . 100 ˢ.
Item, pour le 9ᵉ moys, le 22ᵉ jour de novembre . . . 10 ˡ.
Item, pour le 10ᵉ moys, le 22ᵉ jour de novembre dessus dict . . . . 10 ˡ.
Item, pour le 11ᵉ moys, le 22ᵉ jour de décembre . . . 10 ˡ.
Item, pour le 12ᵉ moys, le 29ᵉ jour de janvier. . . . 10 ˡ.

Somme de ceste recepte à la monnoie qui a couru depuis le 4ᵉ jour de septembre jusques au 29ᵉ jour de janvier 45 ˡ.

Somme de ces 2 parties ensemble 120 ˡ.

De Jehan Anhemme et Jehan Allart, pour l'imposicion de terre cuite et crue, à eux vendue et affermée par les commissaires comme aux plus offranz pour la somme de 35 ˡ pour tout l'an, vault par moys 58 ˢ 4 ᵈ ; receu de ce par ledict Guillaume, le 5ᵉ jour de mars, pour le 1ᵉʳ moys qui escheut le 20 février. . . . . 58 ˢ 4 ᵈ.
Item d'iceulx, pour le 2ᵉ moys, le 28ᵉ jour de mars . . 58 ˢ 4 ᵈ.
Item de eulx, pour le 3ᵉ moys, le 25ᵉ jour d'avril. . . 58 ˢ 4 ᵈ.
Item, le 24ᵉ jour de may, pour le 4ᵉ moys . . . . . 58 ˢ 4 ᵈ.
Item, le 28ᵉ jour de juing, pour le 5ᵉ moys. . . . . 58 ˢ 4 ᵈ.
Item, le 26ᵉ jour de juillet, pour le 6ᵉ moys . . . . 58 ˢ 4 ᵈ.
Item, le 25ᵉ jour d'aoust, pour le 7ᵉ moys . . . . . 58 ˢ 4 ᵈ.
Item, le 24ᵉ jour de septembre, pour la moitié du 8ᵉ moys. 29 ˢ 2 ᵈ.

Somme de ceste recepte à la monnoie courant jusques au 4ᵉ jour de septembre que la monnoie fust criée à Chartres 21 ˡ 17 ˢ 6 ᵈ.

Item receu d'iceulx, le 24ᵉ jour de septembre dessus dict, pour l'autre moitié du 8ᵉ moys. . . . . 29 s 2 d.
Item, le 22ᵉ jour de novembre, pour le 9ᵉ moys . . . 58 s 4 d.
Item, le 22ᵉ jour dessus dict, pour le 10ᵉ moys . . . 58 s 4 d.
Item, pour le 11ᵉ moys, le darrenier jour de décembre. 58 s 4 d.
Item, le 30ᵉ jour de janvier, pour le 12ᵉ moys . . . 58 s 4 d.
Somme de ceste recepte à la monnoie qui a couru depuis le 4ᵉ jour de septembre jusques au 30ᵉ jour de janvier 13 l 2 s 6 d.
Somme des 2 parties ensemble 35 l.

De Jehan Anhemme et Audin le Chaucier, pour l'imposicion des chauciers, à eux vendue et affermée par les commissaires comme à plus offranz pour la somme de 25 l pour tout l'an, vault par moys 41 s 8 d; receu par ledict Guillaume, le 24ᵉ jour de février, pour le 1ᵉʳ moys. 41 s 8 d.
Item d'iceulx, le 24ᵉ jour de mars, pour le 2ᵉ moys. . 41 s 8 d.
Item, le 29ᵉ jour d'avril, pour le 3ᵉ moys. . . . . 41 s 8 d.
Item, le 27ᵉ jour de may, pour le 4ᵉ moys. . . . . 41 s 8 d.
Item, le 26ᵉ jour de juing, pour le 5ᵉ moys . . . . 41 s 8 d.
Item, le 27ᵉ jour de juillet, pour le 6ᵉ moys . . . . 41 s 8 d.
Item, le 28ᵉ jour d'aoust, pour le 7ᵉ moys. . . . . 41 s 8 d,
Item, le 5ᵉ jour d'octobre, pour la moitié du 8ᵉ moys . 20 s 10 d.
Somme de ceste recepte jusques au 4ᵉ jour de septembre que la monnoie fust criée à Chartres 15 l 12 s 6 d.

Item receu d'iceulx, le 5ᵉ jour d'octobre, pour l'autre moitié du 8ᵉ moys qui escheut le 20ᵉ jour de septembre . . . . . 20 s 10 d.
Item, le 3ᵉ jour de novembre, pour le 9ᵉ moys . . . 41 s 8 d.
Item, le darrenier jour de novembre, pour le 10ᵉ moys. 41 s 8 d.
Item, le 28ᵉ jour de décembre, pour le 11ᵉ moys. . . 41 s 8 d.
Item, le darrenier jour de janvier, pour le 12ᵉ moys. . 41 s 8 d.
Somme de ceste recepte à la monnoie qui a couru depuis le 4ᵉ jour de septembre jusques au darrenier jour de janvier 9 l 7 s 6 d.
Somme des 2 parties ensemble 25 l.

De Jehan Alard, pour l'imposicion du foing, à li vendue et affermée par les commissaires comme à plus offrant pour la somme de 20 l pour tout l'an, vault par moys 33 s 4 d; receu par ledict Guillaume, le 29ᵉ jour d'avril, pour le 1ᵉʳ, 2ᵉ et 3ᵉ moys. . . . . 100 s.
Item d'iceli, le 28ᵉ jour de juillet, pour le 4ᵉ, 5ᵉ et 6ᵉ moys, c'est assavoir may, juing et juillet. . . . . 100 s.
Item, le darrenier jour d'aoust, pour le 7ᵉ moys. . . 33 s 4 d.
Item de li, le 26ᵉ jour de septembre, pour la moitié du 8ᵉ moys. . . . . 16 s 8 d.
Somme de ceste recepte à la monnoie courant jusques au 4ᵉ jour de septembre que la mennoie fust criée à Chartres 12 l 10 s.
Reste que il doit 7 l 10 s.

De Perrot le Deschargeur, autrement Plastrier, pour l'imposicion de la cervoise, à li vendue et affermée par les commissaires pour la somme de 110 s pour tout l'an, vault par moys 9 s 2 d; receu par ledict Guillaume, le 28ᵉ jour de may, pour février, mars, avril et may . . 36 s 8 d.
Item, le 28ᵉ jour de septembre, pour juing, juillet, aoust et 4ᵉ jour en septembre que la monnoie cheut à Chartres . . . . . 22 s 1 d.
Somme de ceste recepte à la monnoie courant jusques au 4ᵉ jour de septembre 58 s 9 d.

Item de li, sus ce que il poet devoir pour le temps de l'imposicion durant . . . . 31 s 3 d.
Item de luy, le 3ᵉ jour de février, pour le résidu que il devoit . . . . 20 s.

Somme des 2 receptes ensemble 110 s.

De Gillebert le Verrier et Colin Moignet, pour l'imposicion des voirres, hanaps, chardons, meules et bourre, à eulx vendue et affermée par les commissaires comme à plus offranz pour la somme de 12 l pour tout l'an, vault par moys 20 s ; receu par ledict Guillaume, le premier jour de mars . . . . 20 s.
Item d'iceulx, le 22ᵉ jour de mars, pour le 2ᵉ moys. . . 20 s.
Item, le 24ᵉ jour d'avril, pour le 3ᵉ moys . . . . . 20 s.
Item, le 24ᵉ jour de may, pour le 4ᵉ moys. . . . . 20 s.
Item, le 26ᵉ jour de juing, pour le 5ᵉ moys . . . . 20 s.
Item, le 20ᵉ jour de juillet, pour le 6ᵉ moys . . . 20 s.
Item, le 26ᵉ jour d'aoust, pour le 7ᵉ moys. . . . . 20 s.
Item, le 26ᵉ jour de septembre, pour la moitié du 8ᵉ moys. 10 s.

Somme de ceste recepte à la monnoie courant jusques au 4ᵉ jour de septembre 7 l 10 s.

Item d'iceulx receu, le 26ᵉ jour de septembre dessus dict, pour l'autre moitié du 8ᵉ moys. . . . . 10 s.
Item, le 28ᵉ jour d'octobre, pour le 9ᵉ moys . . . . 20 s.
Item, le 24ᵉ jour de novembre, pour le 10ᵉ moys. . . 20 s.
Item, le 26ᵉ jour de décembre, pour le 11ᵉ moys. . . 20 s.
Item, le 24ᵉ jour de janvier, pour le 12ᵉ moys . . . 20 s.

Somme de ceste recepte à la monnoie qui a couru puis le 4ᵉ jour de septembre jusques au 24ᵉ jour de janvier 4 l 10 s.

Somme de ces parties ensemble 12 l.

De Pierre le Plastrier et Jehan d'Auncel, fermiers de l'imposicion de la batterie, à eux vendue et affermée par les commissaires comme aux plus offranz pour la somme de 9 l, pour tout l'an, vault par moys 15 s ; receu par ledict Guillaume, le 1ᵉʳ jour de mars. . . . . . 15 s.
Item d'iceulx, pour 4 moys ensuivans, le 28ᵉ jour de juing. 60 s.
Item d'iceulx, pour 2 moys ensuivans, le darrenier jour d'aoust . . . . 30 s.
Item d'iceulx, le 26ᵉ jour de septembre, pour la moitié du 8ᵉ moys. . . . . 7 s 6 d.

Somme de ceste recepte à la monnoie courant jusques au 4ᵉ jour de septembre 112 s 6 d.

Item d'iceulx, le 26ᵉ jour de septembre dessus dict, pour l'autre moitié du 8ᵉ moys. . . . . 7 s 6 d.
Item d'iceulx, le 29ᵉ jour de novembre, pour le 9ᵉ et 10ᵉ moys . . . . 30 s.
Item d'iceulx, le 28ᵉ jour de janvier, pour le 11ᵉ et 12ᵉ moys . . . . 30 s.

Somme de ceste recepte à la monnoie qui a couru puis le 4ᵉ jour de septembre jusques au 28ᵉ jour de janvier 67 s 6 d.

Somme des 2 parties ensemble 9 l.

De Perrot le Plastrier, pour l'imposicion des eschardes, à li vendue et affermée comme au plus offrant par les commissaires pour la somme de 30 s pour tout l'an, vault par moys 2 s 6 d ; receu par ledict Guillaume, le

26ᵉ jour de septembre, pour 7 moys et demi, pour chascun moys 2ˢ 6ᵈ valens . . . . 18ˢ 9ᵈ.

Somme de ceste recepte à la monnoie courant jusques au 4ᵉ jour de septembre 18ˢ 9ᵈ.

Item d'iceli, pour les 4 moys et demi, le 26ᵉ jour de janvier . . . . 11ˢ 3ᵈ.

Somme des 2 parties 30ˢ.

De Jehan Germain, pour l'imposicion de la teinturerie, à li vendue et affermée par les commissaires comme à plus offrant pour la somme de 16ˡ pour tout l'an, vault par moys 26ˢ 8ᵈ; receu par ledict Guillaume, le 5ᵉ jour de mars, pour le 1ᵉʳ moys . . . . 26ˢ 8ᵈ.
Item de li, le 22ᵉ jour dudict moys, pour le 2ᵉ moys . . 26ˢ 8ᵈ.
Item, le darrenier jour d'avril, pour le 3ᵉ moys . . . 26ˢ 8ᵈ.
Item, le 28ᵉ jour de may, pour le 4ᵉ moys . . . . . 26ˢ 8ᵈ.
Item, le 26ᵉ jour de juing, pour le 5ᵉ moys. . . . . 26ˢ 8ᵈ.
Item, le 29ᵉ jour de juillet, pour le 6ᵉ moys . . . 26ˢ 8ᵈ.
Item, le 28ᵉ jour d'aoust, pour le 7ᵉ moys . . . . . 26ˢ 8ᵈ.
Item, le 24ᵉ jour de septembre, pour la moitié du 8ᵉ moys. 13ˢ 4ᵈ.

Somme de ceste recepte à la monnoie courant jusques au 4ᵉ jour de septembre que la monnoie cheust et fust criée à Chartres 10ˡ.

Item receu d'iceli, le 24ᵉ jour de septembre dessus dict, pour l'autre moitié du 8ᵉ moys . . . . 13ˢ 4ᵈ.
Item, le 22ᵉ jour d'octobre, pour le 9ᵉ moys . . . 26ˢ 8ᵈ.
Item, le 26ᵉ jour de novembre, pour le 10ᵉ moys. . 26ˢ 8ᵈ.
Item, le 26ᵉ jour de janvier, pour le 11ᵉ et 12ᵉ moys. . 53ˢ 4ᵈ.

Somme de ceste recepte à la monnoie qui a couru puis le 4ᵉ jour de septembre jusques au 26ᵉ jour de janvier 6ˡ.

Somme des 2 parties ensemble 16ˡ.

Autre recepte des vins et blés que Berthaut Aladent tient.

De Berthaut Aladent, pour l'imposicion des vins et blés qui entrèrent par les portes et qui seront revanduz à la ville depuis le 9ᵉ jour de juing jusques au 20ᵉ jour de janvier, comme au plus offrant pour la somme de 1100ˡ, vault par moys 137ˡ 10ˢ; receu de ce par ledict Guillaume, en plusieurs et diverses monnoies et plusieurs paiemenz faiz aux ouvriers, aux gouverneurs qui gouvernent les ouvriers et à maistre Jehan Noël, commissaire, pour 40 escuz que il avoit; pour 3 moys 25 jours à compter du jour de la prise jusques au 4ᵉ jour de septembre que la monnoie cheut et fust criée à Chartres . . . . 527ˡ 1ˢ 8ᵈ.
Item, le darrenier jour de septembre, sus le 4ᵉ moys, 14 escuz ou pris de . . . . 21ˡ.
Item, le 14ᵉ jour d'octobre, pour le 5ᵉ moys . . . . 137ˡ 10ˢ.
Item, le 11ᵉ jour de novembre, sus le 6ᵉ moys . . . 130ˡ.
Item, le 10ᵉ jour de décembre, sus ce que il devoit du 6ᵉ et sus le 7ᵉ moys . . . . 121ˡ 18ˢ 4ᵈ.
Item, pour la Chauvelle . . . . 13ˡ 10ˢ.
Item, pour 16 tonneaux de vin que ledict Guillaume a euz que il n'a pas acquitez . . . . 48ˢ.

Somme de ceste recepte puis le 4ᵉ jour de septembre 426ˡ 6ˢ 4ᵈ.

Somme des deux parties 953ˡ 8ˢ.

Reste que il doit 146ˡ 12ˢ.

TOME II.   37

La valeur de toutes les imposicions de la ville pour tout l'an vault 4705 ˡ 10 ˢ.

Autre recepte.

De Thevot Richier, pour la roe du moulin à chevaux, le samedi après la Saint-André, 12 *escuz*, ou pris de 27 ˢ 6 ᵈ pièce valent . 16 ˡ 10 ˢ.
De Macé Bichot, pour le louer du moulin à chevaux de Saint-Père, pour le terme de Noël . . . . 8 ˡ.
De Racinel de Nogent-le-Rotrou, pour les draps que il passa à la porte des Esparres sanz passe porte . . . . 14 ˡ.

Somme de ces 3 parties 38 ˡ 10 ˢ.
Somme de toutes receptes ci-dessus nommées 6630 ˡ 13 ˢ 4 ᵈ.

Somme de ce qui reste à paier, si comme il appert par les parties dessus et si comme il est contenu en un rolle que ledict Guillaume a baillé par devers les esleuz de la ville ouquel sont contenuz les noms et surnoms de ceulx qui doivent et les sommes qui sont deues 438 ˡ 17 ˢ 10 ᵈ.
Somme tant des receptes que de restes 7069 ˡ 11 ˢ 2 ᵈ.

Despense faicte de la recepte dessus dicte pour les réparacions et nécessités de la ville de Chartres, par lettres et mandemens desdiz esleuz scellées de leurs seaulx, depuis le 20ᵉ jour de janvier l'an 1357 jusques au darrenier jour de janvier l'an 1358.

1º Le 6ᵉ jour de février l'an 1357 :

A Thomas le Menieur, pour 12 piz touz neufs achatez de li. 6 ˡ.
Item à Guillot le Charron, pour emmancher lesdiz piz . . 5 ˢ.
A Girard Coichet, pour achater parchemin, achaté par li du commandement de messeigneurs les esleuz . . . . . . 18 ˢ.
Audict Girard, pour un papier achaté pour enregistrer les faiz de la ville. . . . . 30 ˢ.
A Gilles Lambert, pour 6 moutons d'or à li baillez pour faire les despens de li et de Hamon Frigain pour aler à Paris faire marchié de 50 arbalestriers et parler à M. le Duc de plusieurs besoignes que la ville avoit à faire, pour ce . . . . 13 ˡ 10 ˢ.

Item, le 9ᵉ jour de février :

A Jehan le Perrier, pour faire chair les murs de la meson Jeannot de Bissay . . . . 30 ˢ.

Item, le 11ᵉ jour de février :

A Pierre de Meleun, pour paier les ouvriers ouvrans és fossez de darrière les Jacobins, la semaine d'après la Chandeleur, par mandement de mesdiz seigneurs et quittances dudict Pierre donnée ledict jour. . . . . 12 ˡ 5 ˢ 3 ᵈ.
A Martin de Lespinète, pour les ouvriers ouvranz aus foussés d'outre la rivière et la porte Sᵗ Michiel, la semaine d'avant la Purification de Notre Dame et celle d'après. . . . . 28 ˡ 5 ˢ 7 ᵈ.

Item, le 17ᵉ jour de février :

A Pierre de Meleun, pour les ouvriers ouvrans darrière les Jacobins, la semaine des Cendres . . . . 30 ˡ 14 ˢ 6 ᵈ.

Item, le 18ᵉ jour de février :

A Martin de Lespinète, pour les ouvriers ouvrans à la porte Sᵗ Michiel, la semaine des Cendres . . . . 43ˡ 9ˢ 4ᵈ.
A Saincot l'Orfèvre et Jehan le Saige, pour faire faire 18 eschelles pour la ville . . . . 20ˡ 16ˢ 8ᵈ.

Item, le 19ᵉ jour de février :

A Berthot Jehan, pour faire faire manteaux à mine et pour appareiller certains canons et manteaux . . . . 14ˡ 4ˢ 9ᵈ.

Item, le 22ᵉ jour de février :

A Jehan Champrond, pour plusieurs pièces de merrain achatées de li par les esleuz pour le versouer de la porte Aimbout et de porte Guillaume . . . . 13ˡ.
A Yvon du Boais, pour merrain achaté de li pour lesdiz versouers . . . . 22ˡ 10ˢ.
A Perrine de Bourch, pour merrain achaté de elle pour lesdiz versouers . . . . 22ˡ.
A Jehan le Perrier, pour oster les ladaires des foussés de porte Guillaume et de la porte au Corneus et pour dépecier veille maçonnerie des viez ponz cheuz . . . . 18ˡ.
A Robin Guérineau, pour prendre l'eaue et faire les chaucées pour faire lesdiz versouers. . . . . 15ˡ 5ˢ.

Item, le 24ᵉ jour de février :

A Martin de Lespinète, pour les ouvriers ouvrans aus foussés de la porte Sᵗ Michiel, la semaine après les Brandons, et pour plusieurs mises contenues ou mandement de messeigneurs les esleuz donné ledict jour. . . . . 31ˡ 9ˢ 5ᵈ.
A maistre Guillaume Lefebvre du cloistre, pour le rest qui li estoit deu des canons que il a livrez à la ville et pour ferreure d'espingalles, artillerie et martinez, et par compte fait ledict jour à mesdiz seigneurs . . . . 12ˡ 10ˢ.
A Mondonville, pour faire le guet du clochier pour li et ses compaignons . . . . 7ˡ.

Item, le 25ᵉ jour de février :

A Pierre de Meleun, pour les ouvriers ouvrans és foussés darrière les Jacobins, la semaine après les Brandons. . . . . . 25ˡ 9ˢ.

Item, le darrenier jour de février :

A Pierre Avelot, pour plusieurs mises faictes par li pour la ville, contenues en un rolle, ouquel le mandement de messeigneurs les esleuz donné le jour dessus dict est annexé . . . . 8ˡ 6ˢ 6ᵈ.
A Jehan le Perrier, pour le résidu de 40ˡ en quoy l'on avoit marchandé à li pour abatre le chastel de Lèves, la Forte-Maison et la Roche feu Chaut Mortel . . . . 7ˡ 10ˢ.

Somme dudict moys de février : 351ˡ 9ˢ.

Le 1ᵉʳ jour du moys de mars ensuivant :

A Girard Besnard, pour plusieurs mises faictes par li, contenues en un rolle ouquel le mandement de messeigneurs les esleuz est contenu donné ledict jour . . . . 6ˡ 3ˢ.
A Girard Coichet, pour le parfait de plusieurs mises faictes par li contenues en un rolle ouquel le commandement des esleuz donné ledict jour est contenu. . . . . 77ˢ 4ᵈ.

Item, le 2ᵉ jour de mars :

A Marquetin de Luques et Bertran Gaste, pour 85 escuz d'or sur ce qui pourra leur estre deu pour leurs gaiges de 53 paies des brigans qui devoient servir la ville par un moys, par mandement de mesdiz seigneurs donné ledict jour et par quittance de la Tour, donné le 23ᵉ jour de mars . . . . 165ˡ 12ˢ 6ᵈ.
A Symon de l'Aubespine, pour le rest qui li estoit deu de plusieurs mises faictes par li, contenues en un rolle ouquel le mandement des esleuz est contenu, donné le 2ᵉ jour du moys dessus dict.   8ˡ 18ˢ 6ᵈ.

Item, le 3ᵉ jour de mars :

A Girart Coichet, pour une charreté de boais à ardoir en la chambre où messeigneurs les esleuz assamblent . . . . 22ˢ.
A Berthaut Aladent, pour le rest qui li étoit deu de 70ˡ paiez par li à monsieur le Baillif . . . . 13ˡ 5ˢ 5ᵈ ob.
A Gervese Alles, pour maistre Symon le Charpentier, maistre Jehan de Paris, maistre Richard et plusieurs autres charpentiers en leur compaignie à faire les versouers. . . . . 26ˡ.

Item, le 4ᵉ jour de mars :

A Martin de Lespinète, pour les ouvriers ouvrans és foussés d'entre la porte Sᵗ Michiel et la porte Barbou, la deuxième semaine de Karesme, et pour plusieurs artilleries appareiller . . . . 57ˡ 7ᵈ.
A Pierre de Meleun, pour les ouvriers ouvrans és foussés de darrière les Jacobins, ladicte semaine . . . . 40ˡ 10ˢ 10ᵈ.

Item, le 7ᵉ jour de mars :

A Robin Quarré, pour plusieurs guérites faictes par li du commandement Symon de l'Aubespine . . . . 4ˡ.
Item audict Robin, pour 3 planches et demie pour les versouers . . . . 65ˢ.
A Yvon du Boais, pour planches et merrain acheté de li pour les versouers . . . . 50ˢ.
A Vincent le Huchier, pour mairrain achaté de li pour lesdiz versouers . . . . 11ˡ 5ˢ.
A Regnault de Bourch, pour merrain achaté de li pour lesdiz versouers . . . . 45ˡ.
A Gilot Croichon, pour planches et merrain achatez de li par messeigneurs les esleuz ledict jour . . . . 20ˡ.

Item, le 9ᵉ jour dudict moys :

A Bernart Girart, pour appareiller plusieurs guérites à la porte au Corneur et pour appareiller une bretaiche à la porte du Barbou.   9ˡ 7ˢ.
A Guillaume d'Alonne, pour plusieurs mises faictes par li pour les versouers, lesquelles mises sont contenues en un rolle ouquel le mendement de messeigneurs les esleuz est contenu . . . . 22ˡ.
A Pierre de Meleun, pour les ouvriers ouvrans és foussés de darrière les Jacobins, la semaine après Oculi mei. . . . . . 63ˡ 18ˢ 8ᵈ.

Item, le 11ᵉ jour dudict moys :

A Martin de Lespinète, pour les ouvriers ouvrans és foussés darrière Sᵗ Père et pour deniers paiez à Sansonnet pour appareiller l'artillerie, la semaine après Oculi. . . . . 67ˡ 16ˢ 5ᵈ.
A maistre Jehan de Paris, pour ses gaiges du temps passé jusques au jour dessus dict . . . . 16ˡ.

Item, le 17e jour de mars :

A Guillaume d'Alonne et Gervese Ales, pour paier les charpentiers et autres mises pour les versouers, la semaine après Letare.   11 ¹.

A Pierre de Meleun, pour les ouvriers ouvrans és foussés darrière les Jacobins, la semaine après Letare. . . . . . .   30 ¹ 10 ˢ 6 ᵈ.

A Regnaut de Bourch, pour merrain achaté de li par les esleuz pour les versouers . . . .   7 ¹ 10 ˢ.

A Jehan le Perrier, pour abatre l'hostel M. Guillaume Morhier. . . . .   100 ˢ.

A Henriet Alixandre, receveur de Chartres pour le temps, pour le boais de la halle aux feulpiers achaté de li par les esleuz. . .   30 ¹.

A Gilot le Descharcheur, pour traire des foussés de porte Guillaume plusieurs ladaires. . . . .   30 ˢ.

A Jehan Leclerc, pour paier les maçons ouvrans à porte Guillaume, la semaine où l'on chante Letare Jerusalem. . . . .   11 ¹ 4 ˢ 7 ᵈ.

Item, le 28e jour dudit moys de mars :

A Jehan Rousseau, pour une charretée de boais ront à faire chevilles aux versouers et pour terre douce. . . . . . .   40 ˢ 6 ᵈ.

A Guillaume Malatrait, pour despiècer et mettre hors l'arche de porte Morard . . . .   7 ¹.

Item, le 20e jour de mars :

A Martin de Lespinète, pour les ouvriers ouvrans és foussés du Barbou et pour deniers baillez à Sansonnet l'artilleur . . . .   27 ¹ 13 ˢ 2 ᵈ.

Item, le 24e jour du moys de mars :

A Marquetin de Lucques et Bertran Gaste, pour le parfait du paiement de 53 paies de brigans qui ont servi en la ville de Chartres, pour 186 escuz et un quart d'escu d'or. . . . .   246 ¹ 15 ˢ 7 ᵈ ob.

Item, le 26e jour de mars :

A Gervese Ales, pour paier les charpentiers qui font les versouers, la semaine après Judica me . . . .   12 ¹ 14 ˢ.

A Bernart Girart, pour les ouvriers ouvrans és foussés d'entre porte Guillaume et porte Morart et pour les maçons ouvrans à la porte au Corneur, la semaine devant Pasques Fleuries . . . . .   17 ¹ 17 ᵈ.

Item, le darrenier jour de mars :

A Pierre de Meleun, pour les ouvriers ouvrans derrière les Jacobins és foussés, la semaine Peuneuse . . . .   23 ¹ 12 ˢ.

A Bernart Girart, pour les ouvriers ouvrans és foussés de porte Guillaume et de la porte au Corneur, ladicte semaine . . .   12 ¹ 6 ˢ 11 ᵈ.

A Girart Coichet, pour acheter parchemin. . . . .   10 ˢ.

Somme des mises faictes ledict moys de mars 1357 :   966 ¹ 9 ˢ 2 ᵈ.

Item, le 4e jour d'avril ensuivant :

A Jehan de Doyais, sus la somme de 60 ¹ parisis promise à M. le Vidame par M. le Doien et par les bourgois . . . .   4 ¹ 10 ˢ.

Item, le 8e jour d'avril :

A Pierre de Meleun, pour les ouvriers ouvrans és foussés darrière les Jacobins, la semaine des foires des Pasques l'an 1358 . .   17 ¹ 7 ˢ.

A Bernart Girart, pour les ouvriers ouvrans és foussés de la porte au Corneur, la semaine d'après Pasques. . . . . .   11 ³ ˢ 8 ᵈ.

A Jaquemart d'Avelinnes, pour appareiller le pont de la Lestunière, la la semaine d'après Pasques. . . . .   72 ˢ.

Item, le 9ᵉ jour d'avril :

A Martin de Lespinète, pour les ouvriers ouvrans és foussés de Sᵗ Michiel, la semaine Peuneuse et la semaine des foires des Pasques . . . . 27ˡ 2ˢ 9ᵈ.

Item, le 14ᵉ jour dudict moys d'avril :

A Martin de Lespinète, pour les ouvriers ouvrans és foussés de Sᵗ Michiel, la semaine d'après les foires des Pasques . . . 29ˡ 9ˢ 3ᵈ.
A Bernart Girart, pour les ouvriers ouvrans és foussés de porte Aimbout, et pour plusieurs mises faictes par li, contenues en un rolle ouquel le mandement des esleuz est contenu, donné ledict jour . 19ˡ 7ˢ 8ᵈ.
A Pierre de Meleun, pour les ouvriers ouvrans darrière les Jacobins, la semaine après Quasimodo . . . . 31ˡ 19ˢ 6ᵈ.

Item, le 21ᵉ jour d'avril :

A Guillaume le Vidame, capitaine de Chartres, pour le rest qui li étoit deu de 60ˡ parisis qui promises li furent par Mʳ le Doien en Karesme darrenier passé . . . . 70ˡ 10ˢ.
A Pierre de Meleun, pour les ouvriers ouvrans darrière les Jacobins, la semaine après Nuntia Domini . . . . 26ˡ 18ᵈ.
A Martin de Lespinète, pour les ouvriers ouvrans és foussés de Saint Michiel, la dicte semaine. . . . . 31ˡ 15ˢ 8ᵈ.
A Perrot Pilate et Gilot de Pontaise, pour les ouvriers ouvrans és foussés de porte Droaise, la dicte semaine. . . . . . . 67ˢ.
A Girart Coichet, pour ses gaiges de 3 moys que il a servi. 10ˡ.

Item, le 22ᵉ jour d'avril :

A Robin de Lectre et Jehan Lescrivau, pour les ouvriers ouvrans à la porte des Esparres, la semaine après Nuntia Domini . . 11ˡ 13ˢ 6ᵈ.
A Bernart Girart, pour les ouvriers ouvrans à la porte Aimbout, la semaine devant la Sᵗ Georges . . . . 27ˡ 18ˢ 9ᵈ.

Item, le 24ᵉ jour dudict moys d'avril :

A Jehan le Perrier, pour ce que il deut abatre l'ostel Mʳ Jehan de Cloie du commandement Mʳ le Vidame . . . . 100ˢ.

Item, le 28ᵉ jour d'avril :

A Pierre de Meleun, pour les ouvriers ouvrans és foussés de la porte de Valée, la semaine après Jubilate . . . . . . 13ˡ 10ˢ 6ᵈ.
A Bernart Girart, pour les ouvriers ouvrans à la porte Aimbout et à la porte de Launay, la semaine de la Sᵗ Marc évangéliste. . 19ˡ 9ˢ 9ᵈ.
A Martin de Lespinète, pour les ouvriers ouvrans és foussés Sᵗ Michiel, la semaine où fust la Sᵗ Georges . . . . 10ˡ 17ˢ.
A Yvonnet Tercian, pour porter unes lettres du capitaine à Galardon à Mʳ Aubert de Launère. . . . . 5ˢ.
A Jehan le Chapelier, pour 6 sextiers de cyment. . . 25ˢ.

Item, le 29ᵉ jour d'avril :

A Robin de Lectre, pour les ouvriers ouvrans à la porte des Esparres, la semaine après Jubilate . . . . 10ˡ 8ˢ.

Somme de la mise faicte au moys d'avril : 388ˡ 3ˢ 6ᵈ.

Le 1ᵉʳ jour de may :

A Benoit Poytevin, pour paier charbon et pour paine à faire un fourneau de chaux pour la ville. . . . . 15ˡ.

Item, le 5e jour de may :

A Bernart Girart, pour les ouvriers ouvrans à la chaucée de la porte de Launay et pour la chaucée de la porte Aimbout, la semaine de St Jaque et St Philippe. . . . . 26 l 6 s 3 d.

A Martin de Lespinète, pour les ouvriers ouvrans és foussés de la porte St Michiel et pour appareiller l'espingalle de la porte des Esparres, la semaine après Jubilate . . . . 6 l 15 s 8 d.

A Jehan Eliot et Naudin Maugars, pour les ouvriers ouvrans és foussés de la porte Droaise, la semaine après Nuntia, la semaine après Jubilate et la semaine après Cantate. . . . . 6 l 12 s 6 d.

A Jehan Saince, pour 2 chaables à la porte coulice de la porte des Esparres . . . . 100 s.

A Pierre de Meleun, pour les ouvriers ouvrans à la porte de Valée és foussés, la semaine après Cantate . . . . 8 l 16 s 6 d.

A Robin de Lectre, pour les ouvriers ouvrans és foussés de la porte des Esparres, la semaine dessus dicte. . . . . . 6 l 9 s 6 d.

Item, le 12e jour de may :

A Pierre de Meleun, pour les ouvriers ouvrans és foussés de la porte de Valée, la semaine de l'Ascension . . . . 9 l 4 s 6 d.

A Robin de Lectre, pour les ouvriers ouvrans és foussés de la porte des Esparres, la semaine après Vocem jocunditatis. . . 7 l 6 s 6 d.

A Henri l'Oste, pour plusieurs mises faictes par li au talu de la porte de Valée . . . . 10 l 9 s 2 d.

A Jehan Eliot et Naudin Maugars, pour les ouvriers des foussés de porte Droaise, la semaine après Vocem jocunditatis. . . 43 s.

A Bernart Girart, pour les ouvriers des foussés de la porte Aimbout et pour les maçons, la semaine de l'Ascension . . . 21 l 11 s 5 d.

A Martin de Lespinète, pour les ouvriers des foussés de St Michiel, la semaine où fust l'Ascension. . . . . 4 l 5 s 4 d.

Item, le samedi veille de Penthecoste, 19e jour de may :

A Pierre de Meleun, pour les ouvriers des foussés de la porte de Valée, la semaine avant Penthecoste . . . . 10 l 18 s 6 d.

A Henri l'Oste, pour mises faicte par li pour le talu de la porte de Valée, la semaine après l'Ascension . . . . 4 l 6 s 3 d.

A Bernart Girart, pour les ouvriers maçons et plusieurs mises faictes par li à porte Aimbout, la semaine de Penthecoste . . 15 l 8 s 6 d.

A Robin de Lectre, pour les ouvriers des foussés de la porte des Esparres, la semaine après l'Ascension . . . . . . 7 l 9 s 8 d.

A Jehan Eliot, pour les ouvriers ouvrans en la taillie de la porte Droaise, la semaine avant Penthecoste . . . . . . 10 l 16 s 6 d.

A Jehan Mesnagier et Benoit Poytevin, pour le parfait de 20 l 16 s 8 d que il avoient mis pour faire chaux, la 1re semaine de may . 116 s 8 d.

A Jehan le Chartilleur, pour les ouvriers ouvrans aux murs d'oultre la porte St Michiel et la porte des Esparres, la semaine que l'on chanta en sainte esglise Vocem jocunditatis . . . . 6 l 19 s 1 d.

A Martin de Lespinète, pour les ouvriers ouvrans és foussés de St Michiel, la semaine d'après l'Ascension . . . . . . 51 s 8 d.

Item, le samedi après Penthecoste, 25e jour de may :

A Martin de Lespinète, pour les ouvriers des foussés de la porte St Michiel, la semaine après Penthecoste . . . . . . 10 l 17 s 6 d.

A Jehan Mesnagier, pour un fourneau de chaux . . . 10 l 6 s 6 d.

A Robin de Lectre, pour les ouvriers des foussés de la porte des Esparres, la semaine après Penthecoste. . . . . . . 7 l 15 s 10 d.

A Pierre de Meleun, pour les ouvriers des foussés de la porte de Valée, la semaine après Penthecoste . . . . 6ˡ 8ˢ 6ᵈ.
A Jehan Eliot, pour les ouvriers de l'atelier de porte Droaise, ladicte semaine après Penthecoste . . . . 6ˡ 9ˢ.
A Bernart Girart, pour les ouvriers ouvrans à la porte Aimbout, ladicte semaine . . . . 32ˡ 5ˢ 10ᵈ.
A Jehan le Gros, pour plusieurs mises faictes par li à porte Droaise . . . . 8ˡ 14ˢ 6ᵈ.
A Pierre d'Estampes, pour appareiller les guérites pour faire quatre bretèches et pour merrain . . . . 70ˡ 4ˢ 6ᵈ.

Item, le mardi avant la Feste Dieu, 28ᵉ jour de may :
A Guillaume Lenglois, pour faire appareiller les carneaux, les liceis et les guérites d'entre les Jacobins et porte Droaise. . . . 10ˡ 2ˢ.
Somme des mises faictes oudict moys de may : 392ˡ 18ˢ 2ᵈ.

Item, le 2ᵉ jour de juing :
A Pierre de Meleun, pour les ouvriers ouvrans és foussés de la porte de Valée, la semaine de la Feste-Dieu . . . . . 7ˡ 8ˢ 6ᵈ.
A Robin de Lectre, pour les ouvriers des foussés de la porte des Esparres, la semaine après la Trinité . . . . . . 6ˡ 5ˢ 6ᵈ.
A Bernart Girart, pour plusieurs mises faictes par li pour le dos d'asne, la semaine de la Feste Dieu . . . . 50ˡ 7ˢ 4ᵈ.
A Jehan Eliot, pour les ouvriers ouvrans és foussés de Sᵗᵉ Foy, la semaine après la feste de la Trinité . . . . 4ˡ 14ˢ.
A Jacquet de Molins, pour appareiller le coroncîz de la porte des Esparres . . . . 7ˡ 5ˢ.
A Martin de Lespinète, pour les ouvriers des foussés saint Michiel, la semaine où fust la Feste-Dieu . . . . 52ˢ 6ᵈ.
A Jehan Mesnagier, pour faire faire un fourneau de chaux. 11ˡ 15ˢ.
A Benoît Poytevin, pour faire appareiller plusieurs guérites de sa connestablie. . . . . 4ˡ 2ˢ.
A Jehan le Gros, pour faire faire la maison dessus porte Droaise, la semaine de la Feste Dieu. . . . . 13ˡ 12ˢ 6ᵈ.
A Jacquet Brazart, pour saier onze toisses de carreaux . 36ˢ 6ᵈ.
A Pierre d'Estampes, pour appareiller sus les carneaux d'entre la porte de Valée et des Jacobins . . . . 10ˡ 10ˢ 4ᵈ.
A Jehan Coulandon, pour sept toises de pierre à faire chaux 4ˡ 5ˢ 7ᵈ.
A Jehan le Perrier, pour resparer le fondement de porte Guillaume . . . . 6ˡ.
A Jacquet de Molin, pour paier Jehan Richart de la maçonnerie que il a faicte entre la porte Sᵗ Michiel et la porte des Esparres . 13ˡ 5ˢ.

Item, le 9ᵉ jour de juing :
A maistre Nicole de Choué, pour faire appareiller plusieurs guérites entre la porte Droaise et porte Aimbout . . . . . 43ˢ 9ᵈ.
A Jehan le Gros et Thomas la Mort, pour faire faire la maison dessus porte Droaise, la semaine avant saint Barnabé . . . 17ˡ 18ˢ.
A Bernart Girart, pour plusieurs mises faictes par li pour le dos d'asne, la semaine après la Feste Dieu . . . . . . 68ˡ 20ˢ.
A Colin le Saintier, pour plusieurs mises faictes par li pour le talu de la porte de Valée . . . . 8ˡ 14ˢ.
A Martin de Lespinète, pour les ouvriers des foussés sainte Foy, la semaine avant la saint Barnabé . . . . 68ˢ 6ᵈ.
A Jehan Eliot, pour payer les ouvriers de son astelier, la semaine après la Feste Dieu . . . . 6ˡ 8ˢ.

A Robin de Lectre, pour les ouvriers des foussés de la porte des Esparres, la première semaine de juing . . . . 8ˡ 10 ˢ.
A Pierre de Meleun, pour les ouvriers des foussés de Valée, la semaine après la Feste Dieu . . . . 7ˡ 12 ˢ.
A Jehan le Chartilleur, pour ouvriers ouvrans aux murs d'entre la porte saint Michiel et celle des Esparres, la première semaine de juing. . . . . 42 ˢ.
Aux religieux de Sᵗ Jehan en Valée, pour six tombes prises et prisées par le maistre des maçons . . . . 10ˡ 16 ˢ.
Pour faire appareiller les carneaux, guérites et liceiz d'entre les Jacobins et porte Droaise . . . . 15ˡ 10 ˢ 10 ᵈ.

Item, le 12ᵉ jour de juing :

A Michel le Huchier et Jacquet Brazart, pour saier douze toises de planches. . . . . 42 ˢ.

Item, le 15ᵉ jour de juing :

A l'évesque de Ruxion, pour sa despense en allant à Paris et revenant pour parler à M. le Duc pour plusieurs besoignes que la ville avoit à faire . . . . 27 ˡ.

Item, le 16ᵉ jour de juing :

A Pierre de Meleun, pour les ouvriers des foussés de la porte de Valée, la semaine où fust la saint Barnabé. . . . . 9ˡ 18 ˢ.
A Bernart Girart, pour plusieurs mises faictes par li, en ladicte semaine, pour le dos d'asne . . . . 62ˡ 4 ᵈ.
A Jehan le Gros, pour plusieurs mises faictes par li, en ladicte semaine, pour la maison dessus la porte Droaise . . . 34ˡ 7 ˢ 6 ᵈ.
A Jehan Eliot, pour les ouvriers ouvrans en la tranchée du pont Braz-de-fer, la semaine après saint Barnabé. . . . . . 6ˡ 12 ˢ.
A Robin de Lectre, pour les ouvriers des foussés de la porte des Esparres, ladicte semaine . . . . 6 ˡ.
A Martin de Lespinète, pour les ouvriers des foussés sainte Foy, en la semaine où fust saint Barnabé . . . . 64 ˢ 6 ᵈ.
A Jehan Mesnagier, pour faire faire un fourneau de chaux. 12ˡ 8 ˢ 6 ᵈ.
A Jacquet Brazart, pour saier 6 toises de planches . . 21 ˢ.
A Berthaut Prévousteau, pour paier plusieurs ouvriers qui ont abatuz plusieurs arbres és forsbours. . . . . 17ˡ 18 ˢ.
A Jehan le Perrier, pour la tierce partie de la somme que il doit avoir d'abattre la maison Jehan de Bissay . . . . 6 ˡ.

Item, le 21ᵉ jour de juing :

A Jehan Mesnagier, pour faire faire un fourneau de chaux, la semaine où fust Sᵗ Gervèse et Sᵗ Prothaise . . . . 15ˡ 11 ˢ.

Item, le 22ᵉ jour de juing :

Au vallet Mʳ le Doien, pour porter certaines lettres à Mʳ le Duc . . . . 60 ˢ.

Item, le 23ᵉ jour de juing :

A Henri l'Oste, pour plusieurs mises faictes par li pour le talu de la porte de Valée, la semaine de la Sᵗ Barnabé . . . . . 8ˡ 3 ˢ 4 ᵈ.
A Pierre de Meleun, pour les ouvriers des foussés de la porte de Valée, la semaine devant la Sᵗ Jehan . . . . 9ˡ 11 ˢ 3 ᵈ.
A Robin de Lectre, pour les ouvriers des foussés de la porte des Esparres, la semaine où fust la Sᵗ Gervèse . . . . . 6ˡ 4 ˢ.

A Jehan le Cordier, pour plusieurs mises faictes par li à la porte S¹ Michiel, la semaine devant la S¹ Jehan . . . . 4 ¹ 5 ˢ.
A Bernart Girart, pour plusieurs mises faictes par li pour le dos d'asne, la semaine où fust la S¹ Gervèse. . . . . 71 ¹ 18 ˢ.
A Jehan Eliot, pour les ouvriers de la tranchée du pont Braz-de-fer, la semaine d'avant la S¹ Jehan . . . . 7 ¹ 7 ˢ 9 ᵈ.
A Jehan le Gros, pour plusieurs mises faictes pour la maison de porte Droaise, ladicte semaine . . . . 30 ¹ 11 ˢ.
A Georget, le filz maistre Richart, pour appareiller l'espingalle de porte Droaise . . . . 6 ¹ 2 ˢ 2 ᵈ.
A Jehan le Perrier, pour le parfait de ce que il devoit avoir pour abatre la maison Jehan de Bisay et la maison Beguin . . . . 12 ¹.
A Martin de Lespinète, pour les ouvriers ouvrans és foussés de la Lestunière, la semaine où fust S¹ Gervèse. . . . . . 54 ˢ.

Item, le 27ᵉ jour de juing :

A Robin Guérineau, pour plusieurs murs que il a abatuz és forsbours. . . . . 110 ˢ.

Item, le darrenier jour de juing :

A Jehan le Gastellier, pour appareiller les liceiz devant la porte Guillaume et porte Morard, la semaine devant la S¹ Jehan . . 6 ¹ 7 ˢ.
A Bernart Girart, pour plusieurs mises faictes par li pour le dos d'asne, la semaine après la S¹ Jehan. . . . . 66 ¹ 17 ˢ 4 ᵈ.
A Robin de Lectre, pour les ouvriers des foussés de la porte des Esparres, ladicte semaine . . . . 106 ˢ 6 ᵈ.
A Martin de Lespinète, pour les ouvriers des foussés S¹ᵉ Foy, ladicte semaine . . . . 46 ˢ 6 ᵈ.
A Jehan Eliot, pour les ouvriers de son astellier ouvrans audict lieu, ladicte semaine. . . . . 4 ¹ 6 ˢ.
A Pierre de Meleun, pour les ouvriers des foussés de la porte de Valée, en ladicte semaine. . . . . 6 ¹ 13 ˢ.
A Jehan Mesnagier, pour faire faire un fourneau de chaux, en ladicte semaine. . . . . 16 ¹ 17 ˢ 6 ᵈ.
A Jehan le Cordier, pour plusieurs mises faictes par li à la porte S¹ Michiel, en ladicte semaine . . . . 10 ¹ 15 ˢ.
A Jehan le Gros, pour plusieurs mises faictes par li à la porte Droaise, en la dicte semaine. . . . . 8 ¹ 18 ᵈ.

Somme des mises faictes audict moys : 794 ¹ 11 ˢ 6 ᵈ.

Item, le 7ᵉ jour de juillet :

A Bernart Girart, pour plusieurs mises faictes par li pour le dos d'asne, la semaine où fust la S¹ Martin d'esté . . . . . . 86 ¹ 8 ᵈ.
A Robin de Lectre, pour les ouvriers des foussés de la porte des Esparres, la semaine après S¹ Pierre et S¹ Paul . . . . 116 ˢ.
A Jehan Eliot, pour les ouvriers de son astellier, la semaine après la S¹ Martin d'esté. . . . . 7 ¹ 6 ˢ.
A Pierre de Meleun, pour les ouvriers des foussés de Chastelet, la semaine où fust la S¹ Martin d'esté . . . . 6 ¹ 8 ˢ.
A Martin de Lespinète, pour les ouvriers de la porte S¹ Michiel, ladicte semaine. . . . . 68 ˢ 6 ᵈ.
A Jehan Mesnagier, pour faire faire un fourneau de chaux. 14 ¹ 17 ˢ 6 ᵈ.
A Jehan le Cordier, pour plusieurs mises faictes par li à la porte S¹ Michiel, la semaine où fust la S¹ Martin . . . . . . 56 ˢ 10 ᵈ.
A Jehan le Perrier, pour plusieurs journées qui deues li estoient, comme contenu est en une cédule parmi laquelle le mandement de messeigneurs les esleuz est annexé . . . . 4 ¹ 16 ˢ 6 ᵈ.

Item, le 14e jour de juillet :

A Bernart Girart, pour plusieurs mises faictes par li pour le dos d'asne, la semaine après la St Martin d'esté . . . . 97^l 11^s 10^d.

A Jehan le Cordier, pour chercher et mener le merrain de la halle aux feupiers à St Michiel . . . . 22^s 6^d.

A Pierre de Meleun, pour les ouvriers des foussés de la porte St Michiel, la semaine de la Translation St Benoit . . . . . . 7^l   12^d.

A Robin de Lectre, pour les ouvriers des foussés de la porte des Esparres, la semaine après la St Martin d'esté . . . . 6^l 9^s 6^d.

A Jehan Eliot, pour les ouvriers des foussés Ste Foy, la semaine où fust St Benoit . . . . 6^l 12^s 6^d.

A Martin de Lespinète, pour les ouvriers des foussés porte Aimbout, ladicte semaine. . . . . 23^l 4^s 9^d.

A Jehan Mesnagier, pour faire un fourneau de chaux, la deuxième semaine de juillet . . . . 15^l 12^s 6^d.

A Jehan le Perrier, pour plusieurs journées que il a faictes pour abatre les murs des Estuves et de la granche de l'Aumosne. . . 4^l 3^s.

A Jehan Coulandon, pour le tiers d'un monceau de pierre à faire chaux. . . . . 36^s 8^d.

Item, le 21e jour de juillet :

A Pierre de Meleun, pour les ouvriers des foussés de Chastelet, la semaine avant Saint Ernoul. . . . . 100^s.

A Bernart Girart, pour les espinseurs, maçons et autres mises à la porte Aimbout, ladicte semaine . . . . 95^l 13^s 8^d.

A Robin de Lectre, pour les ouvriers des foussés de la porte des Esparres, la semaine avant la Magdelaine. . . . . . 6^l 7^s.

A Jehan Eliot, pour les ouvriers ouvrans és foussés du dos d'asne, ladicte semaine . . . . 112^s.

A Martin de Lespinète, pour les ouvriers des foussés Ste Foy, la semaine où fust St Ernoul . . . . 29^s 4^d.

A Jehan Mesnagier, pour faire un fourneau de chaux, la semaine avant la Magdelaine . . . . 22^l 10^s.

A Jehan le Cordier, pour 220 arrestiers achatez par li pour la porte St Michiel . . . . 4^l 10^s.

A Jehan le Chartilleur, pour plusieurs mises faictes par li pour les murs d'entre la porte St Michiel et la porte des Esparres, en la semaine de la St Jehan Baptiste . . . . 58^s.

A Thomas Columbeau, pour certaine quantité de pierre de taille achatée de li pour le versouer. . . . . 20^l.

A Jacquemart d'Avelinnes, pour faire appareiller l'espingalle de porte Guillaume . . . . 4^l 12^s 6^d.

A Jehan de Galardon, pour 4 ouvriers que il a mis du commandement du capitaine pour curer le foussé de la Lestunière . . . 24^s.

Item, le 27e jour de juillet :

A M^r l'esvesque de Ruxion, pour ses despens d'aler, demorer et retourner devers M^r le Duc pour plusieurs besoignes touchans la ville. 30^l.

Item, le 28e jour de juillet :

A Bernart Girart, pour plusieurs mises faictes par li pour le dos d'asne, la semaine où fust St Jacques et St Christofle. . . . 52^l   8^d.

A Robin de Lectre, pour les ouvriers des foussés de la porte des Esparres, la semaine où fust la Sainte Anne. . . . . . 6^l 5^s.

A Jehan Eliot, pour les ouvriers des foussés Ste Foy, la semaine après la Magdelaine . . . . 105^s 6^d.

A Pierre de Meleun, pour les ouvriers des foussés de Chastelet, la semaine de Ste Anne. . . . . 74 s.
A Martin de Lespinète, pour les ouvriers des foussés Ste Foy, la semaine de la Magdeleine . . . . 39 s.
A Jehan le Cordier, pour treulle et arrestiers pour la porte St Michiel, la semaine de St Jacques et St Christofle . . . . . 43 l 2 s 4 d.

Somme des mises faictes oudict moys de juillet : 607 l 3 s 1 d.

Le 4e jour du moys d'aoust :

A Jehan le Cordier, pour 3 milliers de treulle achatée pour la porte St Michiel et autres faictes par li, la semaine de la St Pierre d'aoust 11 l 10 s.
A Bernart Girart, pour plusieurs mises faictes par li pour le dos d'asne, la semaine où fust St Estienne . . . . 36 l 15 s.
A Robin de Lectre, pour les ouvriers des foussés des Esparres, la semaine de la St Pierre d'aoust. . . . . 7 l 17 s.
A Jehan Eliot, pour les ouvriers de la tranchée de porte Guillaume, ladicte semaine. . . . . 118 s.
A Martin de Lespinète, pour les ouvriers des foussés Ste Foy, la semaine où fust la St Estienne d'aoust . . . . 54 s 6 d.
A Pierre de Meleun, pour paier les ouvriers, en la semaine où fust la St Pierre. . . . . 71 s 6 d.
A frère Pierre Chemin, pour sa despense d'aler par devers Mr Fouques de Laval porter lettres de par la ville . . . . . 36 s.

Item, le 11e jour d'aoust :

A Jehan le Cordier, pour plusieurs mises faictes par li à la porte St Michiel, la semaine où fust la St Lorenz . . . . . . 7 l.
A Robin de Lectre, pour les ouvriers des foussés des Esparres, la semaine après la St Pierre . . . . 113 s 6 d.
A Bernart Girart, pour plusieurs mises faictes par li pour le dos d'asne, la semaine où fust la St Lorenz . . . . 14 l 11 s.
A Jehan Eliot, pour les ouvriers de la tranchée de porte Guillaume, ladicte semaine. . . . . 7 l 18 d.
A Pierre de Meleun, pour les ouvriers des foussés de la porte de Valée, ladicte semaine. . . . . 73 s.
A Jacquet Lefebvre, pour les ouvriers de la tranchée de Foillet, ladicte semaine . . . . 53 s.
A Henri l'Oste, pour plusieurs mises faictes par li pour la porte de Valée, depuis la St Jehan jusques à le 11e jour d'aoust dessus dict. 115 s 6 d.
A frère Philippe Chemin, pour sa despense en alant porter lettres à Mr Fouques de Laval, pour la ville. . . . . 110 s.
A Mr l'abbé de St Cheron, pour 14 tombes prisées par le maistre des maçons, pour le versouer . . . . 29 l 5 s.
A Jehan Mesnagier, pour faire un fourneau de chaux, la première semaine d'aoust . . . . 13 l 19 s.
A Jehan Rousseau, chandellier, pour ses gaiges de 4 moiz que il a receu à porte Guillaume. . . . . 6 l.
A Girart Coichet, pour ses gaiges de 3 moys passez, finissanz le 20e jour de juillet. . . . . 10 l.

Item, le 18e jour d'aoust :

A Jehan Eliot, pour les ouvriers de la tranchée de porte Droaise, la semaine où fust la Nostre Dame mi-aoust . . . . . 115 s 1 d.
A Jacques le Fèvre et Martin de Lespinète, pour abatre les murs d'entre la porte des Esparres et la porte de Chastelet et pour mettre une table à la barrière des Esparres et pour ferreures, la semaine où fust la mi-aoust. . . . . 107 s 6 d.

A Pierre de Meleun, pour les ouvriers des foussés de la porte de Valée, ladicte semaine . . . . 4 ᶦ 8 ˢ.
A Robin de Lectre, pour les ouvriers des foussés des Esparres, ladicte
semaine . . . . 6 ᶦ.
A Bernart Girart, pour les maçons ouvriers et pour autres mises pour
le versouer ou dos d'asne, ladicte semaine . . . . 43 ᶦ 2 ˢ 4 ᵈ.
A Estienne du Moulin, pour plusieurs réparacions faictes par li pour
porte Morart, le lundi devant la S ᵗ Lorenz. . . . . 18 ˢ 6 ᵈ.
Au prieur des Jacobins et frère Philippe Chemin, pour deux voies que
il ont faictes pour porter lettres à M ʳ Fouques de Laval. . 10 ᶦ.
A Regnaut Bourgoing, pour porter unes lettres de Gallardon que M ʳ
Jehan Lestandart envoia à la ville . . . . 10 ˢ.
Au clerc de l'Escripture du chapitre, pour une main de papier à faire
lettres closes pour la ville . . . . 8 ˢ.
A Thomas Jarri, pour plusieurs murailles que il a abatues autour de
la ville . . . . 4 ᶦ.

Item, le 20ᵉ jour d'aoust :
A M ʳ Geuffroy de Loerville, pour un moulin à chevaux . 48 ᶦ.

Item, le 25ᵉ jour d'aoust :
A Pierre de Meleun, pour les ouvriers des foussés de Chastelet, la se-
maine où fust la S ᵗ Barthélemy . . . . 6 ᶦ 15 ˢ 6 ᵈ.
A Robin de Lectre, pour les ouvriers des foussés des Esparres, la se-
maine après la mi-aoust . . . . 6 ᶦ 7 ˢ 6 ᵈ.
A Bernart Girart, pour plusieurs mises faictes pour le dos d'asne, la-
dicte semaine . . . . 37 ᶦ 12 ᵈ.
A Jehan Eliot, pour les ouvriers de la tranchée de porte Droaise, la
semaine où fust S ᵗ Barthélemy . . . . 4 ᶦ 3 ˢ.
A Jehan le Gros, pour faire appareiller la herce de porte Droaise, la
semaine après la mi-aoust . . . . 28 ᶦ 2 ˢ 4 ᵈ.
A Jehan le Cordier, pour la porte S ᵗ Michiel, la semaine où fust la S ᵗ
Louis. . . . . 14 ᶦ 14 ˢ 6 ᵈ.
A Jacquet le Fèvre, pour paier les ouvriers, la semaine où fust la S ᵗ
Barthélemy. . . . . 23 ˢ 6 ᵈ.
A Jehan Mesnagier, pour faire un fourneau de chaux, la-
dicte semaine . . . . 14 ᶦ 15 ˢ 7 ᵈ.
A M ʳ l'évesque de Ruce, pour deux paires de lettres impétrées devers
M ʳ le Duc pour la ville. . . . . 20 ᶦ.
Somme des mises faictes audict moys d'aoust : 435 ᶦ 3 ˢ.

Le 1ᵉʳ jour de septembre :
A Robin de Lectre, pour les ouvriers des foussés des Esparres, la se-
maine où fust la Décollacion de S ᵗ Jehan . . . . . 6 ᶦ 3 ˢ 6 ᵈ.
A Girart Bernart, pour les mises faictes par li pour le dos d'asne, la
semaine où fust S ᵗ Gille et S ᵗ Lou . . . . 30 ᶦ 11 ˢ 8 ᵈ.
A Jehan Eliot, pour les ouvriers de la tranchée de porte Droaise, la-
dicte semaine . . . . 4 ᶦ 15 ˢ 6 ᵈ.
A Pierre de Meleun, pour les ouvriers ouvrans és foussés de Chastelet,
ladicte semaine. . . . . 105 ˢ 6 ᵈ.
A Jacquet Le Fèvre, pour les ouvriers ouvrans és foussés de Chastelet,
en celle semaine . . . . 65 ˢ.
A Girart Coichet, pour acheter du parchemin . . . . 25 ˢ.
A Jehan le Gros, pour plusieurs mises faictes par li pour la porte Dro-
aise, en ladicte semaine . . . . 8 ᶦ 9 ˢ 4 ᵈ.
A Jehan Trouble et Jehan des Chesnes, pour plusieurs mises faictes

par yceulx pour appareiller les murs d'entre la porte des Esparres et la bretaiche qui est devant l'esglise Ste Foy . . . . . . 19 l 3 s 3 d.

Item, le 3e jour de septembre :

A un vallet, qui porta lettres à M. le Duc . . . 20 s.

Item, le samedi, 8e jour de septembre :

A Pierre de Meleun, pour les ouvriers des foussés de Chastelet, la semaine de la feste Nostre Dame de septembre . . . . 6 l 8 s.

A Jehan Eliot, pour les ouvriers de la tranchée de porte Droaise, la semaine après St Gille et St Lou. . . . . 53 s 6 d.

A Bernart Girart, pour plusieurs mises faictes par li pour le dos d'asne, la semaine où fust la Nostre Dame de septembre. . . . 46 l 7 s 2 d.

A Jehan le Gros, pour plusieurs mises faictes par li à la porte Droaise, ladicte semaine. . . . . 25 l 8 s.

A Robin de Lectre, pour les ouvriers des foussés des Esparres, en ladicte semaine . . . . 7 l 12 s.

A Jehan le Fèvre, pour les ouvriers des foussés de Chastelet . . . . 107 s.

A Jehan Trouble et Jehan des Chesnes, pour plusieurs mises faictes par eux d'entre la porte des Esparres et la bretaiche de Ste Foy. 72 s.

A Jehan de Lespine, messagier de M. le duc de Normandie. 4 l.

A maistre Jehan Guignart, pour sa poine de faire le talu de St Jehan en Valée. 18 l.

Item, le 15e jour de septembre :

A Jehan Mesnagier et Benoit Poitevin, pour faire un fourneau de chaux, la semaine après Nostre Dame de septembre . . . . 16 l 8 s 6 d.

A Henri l'Oste, pour plusieurs mises faictes par li pour le talu de la porte de Valée, la semaine après la mi-aoust. . . . . 102 s 9 d.

A Jehan le Gros, pour plusieurs mises faictes par li à la porte Droaise, la semaine où fust la St Lubin . . . . 9 l 6 s.

A Robin de Lectre, pour les ouvriers des foussés des Esparres, la semaine après la Notre Dame de septembre . . . . . 109 s.

A Pierre de Meleun, pour les ouvriers des foussés de Chastelet, la semaine après l'Exaltation Ste Crois . . . . . . 6 l 3 s 6 d.

A Jehan Eliot, pour les ouvriers de la tranchée de porte Droaise, la semaine après la Nostre Dame de septembre. . . . . 68 s.

A Jehan des Chesnes, pour plusieurs mises faictes par li és murs d'entre la porte des Esparres et Ste Foy, ladicte semaine. . . 78 s.

A Jehan le Perrier, pour abattre les murs de la maison feu Guillaume Jourdain à Mainvillier. . . . . 40 s.

Item, le 22e jour de septembre :

A Jehan Eliot, pour les ouvriers des foussés de porte Droaise, en la semaine de la St Macé. . . . . 60 s 9 d.

A Pierre de Meleun, pour les ouvriers des foussés de Chastelet, ladicte semaine . . . . 70 s.

A Robin de Lectre, pour les ouvriers ouvrans audict lieu, ladicte semaine . . . . 27 s 6 d.

A Jacquet le Fèvre, pour les ouvriers ouvrans audict lieu, ladicte semaine . . . . 70 s.

A maistre Jehan Noel, pour le parfait de plusieurs mises faictes par li en la garde de la porte des Esparres . . . . . 8 l 12 s 2 d.

Item, le 29e jour de septembre :

A Berthot Prévousteau, pour ses despens à li et à Symon l'Estandart pour aler parler à M^r le Duc pour la ville, 30 escuz pour . 60 l.

Item, le darrenier jour de septembre :

A Jehan Colrouge, pour 20 *escuz de Philippe* que il presta au commencement du faict de ceste année . . . . 50 l.

A Pierre de Meleun, pour les ouvriers des foussés de St Jehan en Valée, la semaine de la St Macé. . . . . 110 s 6 d.

A Berthaut Aladent, pour 40 escuz que il bailla à maistre Jehan Noel et maistre Gille Chrétien pour faire leurs despens en alant et revenant parler à M. le Duc pour plusieurs besoignes touchans la ville pour le fait des Bretons. . . . . 80 l.

Audict Berthaut, pour 40 escuz que il presta au commencement du fait de la ville pour ceste année . . . . 80 l.

A Estienne Perrier, pour la despense que il fit ovec M^r le capitaine quant il furent par devers M^r le Régent impétrer que il fust capitaine de Chartres et du pays Chartrain . . . . 13 l.

A Robin de Lectre, pour les ouvriers des foussés des Esparres, la semaine où fust St Michiel . . . . 4 l 17 s 6 d.

A Jehan Eliot, pour les ouvriers des foussés de porte Droaise, ladicte semaine . . . . 4 l 2 s.

A Jacquet le Fèvre, pour les ouvriers des foussés de Chastelet, ladicte semaine . . . . 67 s 6 d.

Item, pour les gaiges dudict Guillaume, pour un moys et demi finissanz le 4e jour de septembre . . . . 62 l 6 s 8 d.

Somme des mises faictes audict moys : 634 l 6 s.

Somme des mises faictes à la monnoie courant des le 20e jour de janvier jusques au 4e jour de septembre en suivant : 4570 l 3 s 5 d.

Autre mise pour dons et présens et messaiges pour la ville, paiez du commandement Jehan Lambert et Gille Sequart, esleuz par la ville au gouvernement d'icelle et par mandement scellé de leurs seaux.

Le 20e jour de février l'an 1357 :

A Jehan Barbou et Berthot Prevousteau, pour un présent fait à Mr Regnaut de Goillons chevalier, et pour despense faicte par ledict chevalier en l'oustel dudict Berthot. . . . . 20 l 15 s 8 d.

A Saincot l'Orfèvre, pour vin présenté par la ville à M^r le bailli de Chartres le jour de ses noces. . . . . 50 s.

Item, le 1er jour de mars :

A Girart Coichet, pour vin présenté à Mr Maupin de Mairolles, chevalier. . . . . 17 s.

Item, le 4e jour de mars :

A un vallet, qui apporta lettres à la ville de part le Prévoust des marchanz. . . . . 32 s.

Item, le 7e jour dudict moys de mars :

A Girart Coichet, pour un présent fait par la ville au sire d'Aubigni . . . . 66 s.

Item, le 25e jour d'avril :

A Agnès, feme Richart, pour don faict à Denise, fille Jehan Lorence, pouvre fille, pour soy faire guérir d'une plaie que elle a en la teste d'une saiète par cas d'aventure . . . . 20 s.

Item, le lundi après Penthecouste :

Au vallet mestre Erart de Dyci, qui apporta lettres à la ville. 6 l.

Item, le 22ᵉ jour d'aoust :

A Jehan Rivier, messagier des bourgois d'Orleiens, qui aporta lettres à la ville de part lesdits bourgois . . . . 20ˢ.

Item, le 28ᵉ jour de septembre :

A un vallet de Mʳ le Duc, qui aporta certaines lettres à la ville de par mondict seigneur . . . . 10ˢ.

Item, le 22ᵉ jour de septembre :

A Girart Coichet, pour faire un soupper donné de par la ville à Mʳ Guy le Baveux et à plusieurs chevaliers en sa compaignie . . 13ˡ.

Item, le darrenier jour de septembre :

A Berthaut Aladent, pour vingt escuz que il paia pour deux tonneaux de vin présentés au Baillif . . . . 40ˡ.

Somme de ces parties : 90ˡ 10ˢ 8ᵈ.

Sommes des mises faictes en la monnoie courant dès le 20ᵉ jour de janvier jusques au 4ᵉ jour de septembre ensuivant : 4707ˡ 18ˢ.

Autres mises pour les nécessités de ville de Chartres paiées à la monnoie courant depuis le 4ᵉ jour de septembre que la monnoie fust criée à Chartres.

1º Le 6ᵉ jour d'octobre :

A Robin de Lectre, pour les ouvriers ouvrans és foussés des Esparres, la semaine de la Sᵗ Remy . . . . 66ˢ 8ᵈ.
A Jacquet le Fèvre, pour les ouvriers des foussés de Chastelet, la semaine où fust la Sᵗᵉ Foy . . . . 58ˢ 9ᵈ.
A Pierre de Meleun, pour les ouvriers des foussés de Valée, la semaine de la Sᵗ Remy . . . . 4ˡ 8ˢ 6ᵈ.
A Jehan Eliot, pour les ouvriers des foussés de porte Droaise 58ˢ.
A Pierre d'Estampes, pour bailler au fèvre du cloistre sus ce que il doit avoir de faire plusieurs clefs et serreures pour les portes de la ville . . . . 6ˡ.
A Henriot le Breton, tavernier, pour porter unes lettres au capitaine de par la ville . . . . 25ˢ.

Item, le 3ᵉ jour d'octobre :

A Berthot Prévousteau, pour ce que il avoit plus despensé que il n'avoit receu quant il fust à Paris en la compaignie de Guillaume Lenglois et Thevenin le Potier, oultre 30 escuz qui li furent baillées. 16ˡ 5ˢ.
A Guillaume Lenglois de Courville, pour la despence de Symon l'Estandart et de li à aler à Paris devers Mʳ le Duc pour plusieurs besoignes touchans la ville . . . . 30ˡ.
A Jacquet le Fèvre, pour les ouvriers de son astelier, la semaine d'après la Sᵗ Remy . . . . 66ˢ.
A Robin de Lectre, pour les ouvriers des foussés de Chastelet, ladicte semaine . . . . 4ˡ 7ˢ 6ᵈ.
A Pierre de Meleun, pour les ouvriers des foussés de Valée, la semaine de la Sᵗ Denis . . . . 4ˡ 5ˢ.
A Jehan Eliot, pour les ouvriers de la porte Droaise, ladicte semaine . . . . 4ˡ 19ˢ.
A maistre Pierre Saiget et maistre Hugues Raboynel, pour faire appareiller le coronez de la porte de Valée, ladicte semaine de la Saint Denis . . . . 24ˡ.
A Jehan des Chesnes, pour plusieurs mises faictes par li pour les murs d'entre la porte des Esparres et Sᵗᵉ Foy . . . . . 29ˢ 8ᵈ.

Au fèvre du cloaistre, pour le parfait de 12 l. que il devoit avoir pour faire plusieurs clefs et serreures. . . . . 6 l.
A Bernart Girart, pour plusieurs mises faictes par li à porte Aimbout, la semaine de la St Denis. . . . . 8 l.

Item, le 20e jour d'octoubre :

A Girart Coichet, pour une charretée de buch à appareiller le pont de la Lestunière . . . . 20 s.
A Robin de Lectre, pour les ouvriers de son astelier, la semaine où fust la St Luc . . . . 70 s.
A Pierre de Meleun, pour les ouvriers de Chatelet, ladicte semaine. . . . . 73 s 6 d.
A Jacquet le Fèvre, pour les ouvriers de son astelier, en ladicte semaine . . . . 72 s 4 d.
A Bernart Girart, pour les ouvriers de porte Aimboust, ladicte semaine. . . . . 29 l 12 s 6 d.
Au prieur de Brou et au prieur de Josaphat, pour Mr l'évesque de Chartres, en déduction de ce que la ville li devoit, vingt-quatre escuz pour . . . . 24 l.
A maistre Pierre Saiget et à maistre Hugues Raboynel, pour plusieurs mises faictes par eux à la porte de Valée . . . . . 104 s.

Item, le 27e jour d'octoubre :

A Robin de Lectre, pour les ouvriers de son astelier, la semaine avant la St Symon. . . . . 4 l 14 s.
A Jehan Eliot, pour les ouvriers de son astelier, la semaine après la St Luc . . . . 100 s.
A Pierre de Meleun, pour les ouvriers de la porte de Chastelet, la semaine du Sauve. . . . . 76 s 6 d.
A Jacquet le Fèvre, pour les ouvriers de son astelier, la semaine avant la St Symon. . . . . 73 s.
A Bernart Girart, pour plusieurs mises faictes par li à la porte Aimboust, la semaine d'avant la Touzsainz. . . . . . 18 l 16 s 5 d.
A maistre Hugues Raboynel, la semaine où fust le Sauve, pour la porte de Valée . . . . 6 l 5 s.
A Girart Coichet, pour ses gaiges desserviz moitié à fleble et moitié à fort monnoie. . . . . 7 l 10 s.
Somme des mises faictes audict moys d'octobre : 247 l 11 s 5 d.

Item, le 3e jour de novembre :

A Pierre de Meleun, pour les ouvriers de Chastelet, la semaine de la Touzsains . . . . 63 s.
A Robin de Lectre, pour les ouvriers de son astelier, la semaine de la Touzsains . . . . 56 s.
A Jehan Eliot, pour les ouvriers de son astelier, ladicte semaine . . . . 4 l 3 s.
A Jacquet le Fèvre, pour les ouvriers de son astelier, ladicte semaine. . . . . 57 s 8 d.
A Guillaume Lenglois, pour ce que il a plus despencé que il n'a receut quant il fust à Paris à Symon Lestandart . . . . . 9 l 10 s.

Item, le 10e jour de novembre :

A Jacquet le Fèvre, pour les ouvriers des foussés de St Michiel, la semaine de la Touzsains. . . . . 73 s.
A Pierre de Meleun, pour les ouvriers de Chastelet, la semaine d'avant la St Martin d'yver. . . . . 4 l 9 s.

A Jehan Eliot, pour les ouvriers de son astelier, ladicte
semaine . . . . 102 s 6 d.
A Robin de Lectre, pour les ouvriers de son astelier, la semaine après
la Touzsains. . . . . 103 s 6 d.
A Guillaume Mergouse, pour plusieurs maçonnières faictes à la porte
de Valée, la semaine après la Touzsains . . . . 19 l 2 s 6 d.
A maistre Estienne de la Houssaie, pour plusieurs mises faictes par li,
en l'uys de la Lestunière . . . . 12 s.

Item, le 17e jour de novembre :

A maistre Hugues Raboynel, pour plusieurs mises faictes par li à la
porte de Valée . . . . 12 l 5 s.
A Berthot Prévousteau, pour plusieurs mises faictes par li à la porte
Droaise . . . . 4 l 14 s 3 d.
A Robin de Lectre, pour les ouvriers des foussés de St Michiel, la se-
maine après la St Martin d'yver . . . . 114 s.
A Jacquet le Fèvre, pour les ouvriers des foussés St Michiel, la semaine
après la St Martin d'yver . . . . 4 l 5 s 6 d.
A Perrot de Meleun, pour les ouvriers de Chastelet, la semaine devant
dicte . . . . 4 l 17 s.
A Jehan Eliot, pour les ouvriers de son astelier, ladicte
semaine . . . . 4 l 6 s.
A Guillaume Mergouse, pour plusieurs réparacions faictes par li à la
porte de Valée, ladicte semaine . . . . 12 l 12 s.

Item, le 22e jour de novembre :

Au maistre des maçons, pour li et 12 compaignons en sa compaignie,
pour abatre la forteresse de Sours . . . . 6 l.

Item, le 24e jour de novembre :

A Robin de Lectre, pour les ouvriers de son astelier, la semaine où
fust la St Climent . . . . 105 s.
A Jacquet le Fèvre, pour les ouvriers de son astelier, ladicte se-
maine . . . . 4 l 2 s.
A Pierre de Meleun, pour les ouvriers des foussés de la porte Chastelet,
ladicte semaine. . . . . 107 s 6 d.
A Jehan Eliot, pour les ouvriers de son astelier, la semaine devant la
St André. . . . . 6 l 12 d.
Audict Eliot, pour faire appareiller la barrière de porte
Droaise . . . . 4 l 15 s.

Somme des mises faictes audict moys de novembre : 141 l 16 s 5 d.

Le 1er jour de décembre :

A Robin de Lectre, pour les ouvriers de son astelier, la semaine où
fust la St André. . . . . 6 l 10 d.
A Jacquet le Fèvre, pour les ouvriers de son astelier, en ladicte semaine. . . . . 7 l 4 s 10 d.
A Jehan Eliot, pour les ouvriers de son astelier, ladicte
semaine . . . . 75 s 3 d.
A Pierre de Meleun, pour les ouvriers des foussés de Chastelet, ladicte
semaine . . . . 4 l 6 s.

Item, le 8e jour de décembre :

A Robin de Lectre, pour les ouvriers des foussés St Michiel, la semaine
après la St André . . . . 100 s.
A Jacquet le Fèvre, pour les ouvriers ouvrans audict lieu, ladicte semaine. . . . . 4 l 14 s.

A Jehan Eliot, pour les ouvriers de son astelier, ladicte
semaine . . . . 4 l 16 s 9 d.
A Pierre de Meleun, pour les ouvriers de la porte Chastelet, la semaine
de la St Nicholas . . . . 4 l 16 s.
A sire Jehan Chauvel, pour 28 escuz en déduccion de ce que la ville
li doit pour artillerie achatée de li, pour chacun escuz, 28 s, pour
ce. . . . . 39 l 4 s.
A Jehan le Cordier, pour le prest que il fist à la ville au commancement
de ceste année . . . . 37 l 10 s.
A Pierre d'Estampe, pour plusieurs guérites et pour fers et pour clou
accoutré lesdictes guérites . . . . 75 s 6 d.

Item, le 15e jour de décembre :

A Robin de Lectre, pour les ouvriers des foussés St Michiel, la semaine
de Ste Luce . . . . 100 s.
A Jacquet le Fèvre, pour les ouvriers ouvrans audict lieu, en ladicte
semaine. . . . . 72 s.
A Pierre de Meleun, pour les ouvriers des foussés de Chastelet, ladicte
semaine. . . . . 6 l 6 s 2 d.
A Jehan Eliot, pour les ouvriers des foussés de porte Droaise, ladicte
semaine . . . . 6 l 8 s 9 d.
A Jehan le Cordier, pour plusieurs mises faictes par li à la porte St Michiel, ladicte semaine. . . . . 71 s.
A Jehan Quetier, pour merrain du sien par Berthot Prévousteau, pour
la porte Droaise . . . . 9 l 7 s 6 d.

Item, le 22e jour de décembre :

A Pierre de Lure, pour 14 *escuz de Jehan*, 6 *Philippes*, 4 *Cambraies* et
5 *sols* que il presta au commancement du fait. . . . 33 l 5 s.
A Jehan le Cordier, pour plusieurs mises faictes par li à la porte St Michiel, la semaine devant Noel . . . . 22 s 3 d.
A Jacquet le Fèvre, pour les ouvriers de son astelier, la semaine après
la Ste Luce . . . . 79 s.
A Robin de Lectre, pour les ouvriers des foussés St Michiel, ladicte semaine . . . . 116 s.
A Jehan Eliot, pour les ouvriers de la porte Droaise, la semaine où
fust la St Thomas apoustre . . . . 4 l 5 s 3 d.
A Pierre de Meleun, pour les ouvriers des foussés de Chastelet, ladicte
semaine . . . . 108 s.

Item, le 23e jour de décembre :

A Gilot Loyseux, *alias* le Grand, et Jehannot Bellechère, filz feu Macot
Bellechère, pour eux consentir que Perrot le Tron et Michiel d'Anjehan
fussent receuz à enchérer l'imposicion du bestail, de tournois à parisis,
pour ce . . . . 60 l.

Item, le 29e jour dudit moys :

A mestrese Agnès la Boucheronne, pour 40 pièces de merrain achatées
d'ele par les bourgois pour porte Guillaume . . . . 11 l.
A Girart Coichet, pour achater du parchemin . . . 25 s.
Somme des mises faictes oudict moys de décembre : 279 l 19 s 1 d.

Item, le 4e jour de janvier :

A Regnaut Redel, pour le prest que il fist à ce fait, au commancement
en l'an 57, en plusieurs mises faictes par li . . . . . 18 l 2 s.

Item, le 5e jour de janvier :

A Pierre de Meleun, pour les ouvriers ouvrans és foussés de Chastelet,
la semaine de la Circoncision . . . . 6 l 5 s.

A Pierre Sequart, pour argent que il paia pour le capitaine quant il fist abatre la forteresse de Sours, 4 escuz ou pris de. . . . 6 ¹.

A M. Jehan de Dreus, *alias* de Havesis, pour plusieurs mesaiges que il a faiz pour la ville à Paris à Mᵣ Geuffroy le Boutellier, 4 *moutons d'or* ou pris de . . . . 9 ¹.

A Robin de Lectre, pour les ouvriers ouvrans les foussés de Chastellet, la semaine où fust la Circoncision Nostre Seigneur . . 22 ¹ 12 ˢ 10 ᵈ.

Item, le samedi 11ᵉ jour de janvier :

Au geolier de la Tour, pour pain que il a administré à un prisonnier qui a lonc temps esté lessé à exécuter, à la requeste de Mᵣ Fouques de Laval, et depuis est mort en prison, par ordenance des esleuz et mandement. 20 ˢ.

A Jacquet le Fèvre et Robin de Lectre, pour les ouvriers ouvrans aux foussés de Chastelet, aux murs de porte Guillaume et à la chaucée de Launay, la semaine d'après la Thiphanie . . . . . 12 ¹ 13 ˢ 5 ᵈ.

A Jehan Eliot, la semaine où fust la Thiphanie . . 115 ˢ 11 ᵈ.

A Pierre Brisebart, pour charpenter la meson que l'on a ordené à faire sus porte Guillaume . . . . 100 ˢ.

Item, le 19ᵉ jour de janvier :

A Jacquet le Fèvre et Robin de Lectre, pour les ouvriers ouvrans aux foussés, la semaine après la Sᵗ Hillaire. . . . . . . 35 ¹ 14 ˢ.

A Girart Coichet, pour ses gaiges de trois moys . . . 10 ¹.

Au maistre des maçons, pour li et les ouvriers qui li aidèrent à aflebeer l'esglise de Sᵗ Maurice. . . . . 15 ¹.

A sire Jehan Chauvel, pour 700 et demie d'artillerie que il vendit piéça à la ville, 10 escuz et demi ou pris de. . . . . . . 15 ¹ 15 ˢ.

Item, le 21ᵉ jour de janvier devant dict :

A Mᵣ Jehan le Vigneron, procureur de sire Jehan Chauvel, pour 13 millions d'artillerie qu'il a vendus à la ville, et laquelle artillerie il doit livrer à présent à Martin de Lespinète pour la ville, 147 escuz et demi ou pris de . . . . 221 ¹ 5 ˢ.

Item, le 27ᵉ jour de janvier :

A Jehan le Perrier, pour li et les ouvriers qui li ont aidé à aflebeer l'esglise de Sᵗ Jehan et les greniers de Sᵗ Julien . . . . . 8 ¹ 5 ˢ.

Item, pour les gaiges dudict Guillaume, depuis le 4ᵉ jour de septembre jusques au 20ᵉ jour de janvier . . . . 37 ¹ 10 ˢ.

Item, pour 30 ¹ forte monnoie courant le 10ᵉ jour de janvier l'an 57 que ledict Guillaume presta à maistre Jehan Noel pour la ville . 37 ¹ 10 ˢ.

Item, pour deux mémoriaux du lieutenant du bailli quant la ville fust assemblée pour savoir se le capitaine seroit paié de l'argent de la ville . . . . 20 ˢ.

Item, pour papier au lonc de l'an pour faire les mises et les receptes de la ville . . . . 10 ˢ.

Item, pour parchemin, papiers et poine des clers pour faire et doubler deux fois cest présent compte

Item à Mʳ Jehan Lestandart, chevalier receu par la ville à 18 paies qui valent pour moys 270 escuz, paié par ledict Guillaume par mandement de Gile Sequart et Jehan Lambert, le moys d'octobre à compter du 3ᵉ jour d'iceli moys jusques au 2ᵉ jour de novembre, sur ce par quittance de li donnée le 13ᵉ jour de novembre . . . . 270 ¹.

Item à icely, pour le moys de novembre, à compter du 2ᵉ jour de ce moys jusques au 2ᵉ jour de décembre, par quittance donnée le 15ᵉ jour de novembre . . . . 270 ¹.

Item à icely, pour ses gaiges du 2ᵉ jour de décembre jusques au 20ᵉ jour de janvier, par quittance donnée le 10 janvier . . . 300 l.

Somme des mises de cest moys de janvier en comptant l'artillerie Jehan Chauvel : 1342 l 8 s 6 d.

Item ledict Guillaume a paié à Jehan le Perrier, le 26ᵉ jour de janvier, pour aflebeer l'esglise de Sᵗ Morise et les greniers de Sᵗ Julians 8 l 5 s.

Item, le 4ᵉ jour de février, à maistre Jehan Noel, à Guillaume Lenglois et à Berthot Jehan, pour aler à Paris en la compaignie à l'évesque de Rucion pour parler à Mʳ le Duc de plusieurs besoignes pour la ville 60 escuz ou pris de . . . . 90 l.

Item, pour deniers comptez et non receuz . . . . 438 l 17 s 10 d.

Somme : 537 l 2 s 10 d.

Somme de toutes ces mises cidevant escrites, compté ensemble 438 l 17 s 10 d que ledict Guillaume baille en debtes et compté l'artillerie qui n'est paié : 7257 l 11 s.

Déduicte de la somme de 7257 l 11 s ci-dessus nommez 221 l 5 s pour 13 milliers d'artillerie qui sont comptez et ne sont pas paiez, ledict Guillaume n'auroit paié en mises et debtes que 7036 l 6 s, et la valeur des aides, subsides, imposicions et tailles ordenées à estre levez du 20ᵉ jour de janvier ensuivant, ovecques la recepte du barraige pour 8 moys se montent en somme toute, si comme il appert par les parties particulières devant escrites, 7069 l 11 s 2 d ; et ainssi devroit ledict Guillaume à la ville pour plus receu que paié . . . . 33 l 6 s 2 d.

Recepte d'une taille ordenée par messeigneurs les esleuz et par tous les habitans de la ville à estre levée par toutes les paroisses et sur toutes les personnes pour paier les gens d'armes, estans souz le commandement de maistre Jehan Lestandart, chevalier, capitaine de Chartres, ou moys d'aoust et de septembre l'an 1358.

1º De Gillot Dubois, commis à cuillir et lever la taillée en la paroisse Sᵗ Martin le Viendier, qui est charchée à valoir par le rapport et compte dudict commis faict à messeigneurs les esleuz au gouvernement de la ville 78 escuz et demi ; receu de ce par ledict Guillaume en plusieurs parties . . . . 78 escuz et demi.

De Gilot Cousin et Robin Berbot, commis à cuillir et lever ladicte taillée en la paroisse Sᵗ Hillaire, qui est charchée à valoir par le rapport et compte desdiz commis fait aux esleuz 133 escuz et demi ; receu de ce par ledict Guillaume par plusieurs parties. . . . . 133 escuz.

Reste : demi escu.

De Jacquet de Champrond et Jehan le Cousturier, commis à lever et explecter ladicte taillée en la paroisse Sᵗ André, qui est charchée à valoir par le rapport et compte desdiz commis fait aux esleuz 161 escuz ; receu de ce par ledict par plusieurs parties. . . . . 159 escuz et demi.

Reste que il doivent : un escu et demi.

De Robert le Cordier et Jehan Lubin, commis à cuillir, lever et explecter ladicte taillée en la paroisse Sᵗ Aignan, qui est charchée à valoir par le rapport et compte fait par lesdiz commis aux esleuz 130 escuz trois quars et demi quart ; receu de ce par ledict Guillaume par plusieurs parties, en comptant 3 escuz pour la part dudit Guillaume. 125 escuz demi quart.

Reste que il doivent : 5 escuz 3 quars.

De Climent Leselanque et Thevenin Pasquier, commis à cuillir, lever et explecter ladicte taillée en la paroisse St Cernin, qui est charchée à valoir par le rapport et compte fait par lesdiz commis aux esleuz 105 escuz et demi; receu de ce par ledict Guillaume par plusieurs parties . . . . 96 escuz trois quars.

Reste que il doivent: 8 escuz 3 quars.

De Giles Lambert, commis à lever et explecter ladicte taillée en la paroisse Ste Foy, qui est charchée à valoir par le rapport et compte fait par ledict commis à messeigneurs les esleuz 98 escuz et demi; receu de ce par ledict Guillaume par plusieurs parties . . 95 escuz trois quars.

Reste que il doit: 2 escuz 3 quars.

De Colin Jambot et Macot Mignot, commis à lever la taillée en la paroisse St Michiel, qui est charchée à valoir par le rapport et compte que lesdiz commis ont fait aux esleux 43 escuz trois quars d'un escu; receu par ledict Guillaume par plusieurs parties . . 43 escuz trois quars.

De Jehan le Clerc, commis à lever et explecter la taillée en la paroisse de St Jehan en Vallée, qui est charchée à valoir pour le rapport et compte fait par ledict commis aux esleuz 12 escuz; receu de ce par ledict Guillaume par plusieurs parties . . . . 12 escuz.

De Jehan de Cereville, commis à lever et explecter ladite taillée en la paroisse St Morise, qui est charché à valoir par le compte et rapport fait par ledict commis aux esleuz 14 escuz; receu de ce par ledict Guillaume par plusieurs parties . . . . 12 escuz et demi.

Reste que il doit : 1 escuz et demi.

De Mr Garnier Ladoubeur, prestre, ou nom et pour messeigneurs de l'esglise de Chartres, pour aide faite par eux à paier lesdictes gens d'armes . . . . 250 escuz.

Du prieur de St Remy et du prieur de Josaphat, commis à cuillir et lever des genz d'esglise, c'est assavoir M^r l'évesque de Chartres, messeigneurs les abbéz, prieurs et autres genz d'esglise demoranz à Chartres, la taillie pour paier lesdites genz d'armes, qui est charchée à valoir par leur accort et volonté 150 escuz; receu par plusieurs parties. 130 escuz et demi.

Reste que il doivent: 19 escuz et demi.

Somme de la valeur de ladicte taillie: 1174 escuz demi quart.

Somme de la recepte de ladicte taillie: 1133 escuz 3 quars et demi quart.

Somme du rest qui est à paier : 40 escuz un quart.

Despense faicte de ladicte recepte à paier lesdictes gens d'armes du commandement de honorables et saiges personnes Mr Regnaut Saiget, arcediacre de Vendousme et chanoine de Chartres, et Giles Sequart, bourgois de Chartres, commis et ordenez à ce par touz les habitanz de la ville de Chartres par lettres et mandemens scellés de leurs seaulx.

Le 2e jour de septembre :

A Hulequin de Trait, pour li et plusieurs hommes d'armes et archiers, desquielx les noms et surnoms sont contenuz ou mandement de mesdiz seigneurs, pour leurs gaiges déserviz et à déservir du 19e jour d'aoust jusques au 17e jour de septembre enclos. . . . 247 escuz et demi.

Item, ledict jour :

A Hanequin Rifflart, pour les gaiges de li et Adam de Licembourne, déserviz et à déservir du 24e jour d'aoust jusques au 17e jour de septembre enclos. . . . . 36 escuz et demi.

Item, ledict jour :

A Mr Guillaume d'Yonviller, pour les gaiges de li, Gilot le Maire, Jehan de Villeofflain et Perrot d'Aunay, déserviz et à déservir du 19e jour d'aoust jusques au 17e jour de septembre enclos . . . . . . 75 escuz.

Item, dudict jour :

A Guillaume de Villiers, pour les gaiges de li, Macot de St Ernoul, Jehan de Neviende, Symonet de Dancour, Denis Bardilly, Perrinet l'archier et Eliot de Charmay, du 26e jour d'aoust au 17e jour de septembre enclos . . . . 69 escuz.

Item, ledict jour :

A Guichart de Montigny, pour les gaiges de li et de Symon de Langres en sa compaignie, déserviz et à déservir du 19e jour d'aoust jusques au 17e jour de septembre . . . . 29 escuz et demi.

Item, le 4e jour de septembre :

A Thomas d'Alonne, pour les gaiges de li et Huet d'Alonne, déserviz et à déservir du 28e jour d'aoust jusques au 17e jour de septembre . . . . 21 escuz.

Item, ledict jour :

A Estienne le Moigne, pour les gaiges de li et Guillaume de Bouleston, déserviz et à déservir le 1er jour de septembre jusques au 17e jour dudict moys enclos. . . . . 17 escuz.

Item, le 9e jour de septembre :

A Mr Jehan Lestandart, chevalier, capitaine de Chartres, pour les gaiges de li et de plusieurs escuiers et archiers en sa compaignie, desquielx les noms et surnoms sont contenuz ou mandement de mesdiz seigneurs donné le jour dessus dict, déserviz et à déservir du 19e jour d'aoust jusques au 17e jour de septembre enclos . . . . . . 262 escuz.

Somme de la despense pour les genz d'armes du 19e jour d'aoust jusques au 17e jour de septembre : 757 escuz et demi.

Autre dépense pour lesdictes gens d'armes du 18e jour de septembre jusques au 2e jour d'octobre.

A Mr Guillaume d'Yonviller, pour les gaiges de li, Gilot le Maire, Jehan de Villeofflain et Perot d'Aunay, déserviz et à déservir du 18e jour de septembre jusques au 2e jour d'octobre enclos . . 37 escuz et demi.

A Huillequin de Trait, pour li et plusieurs hommes d'armes en sa compaignie, dont les noms et surnoms sont contenuz ou mandement de messeigneurs, déserviz et à déservir du 18e jour de septembre jusques au 2e jour d'octobre. . . . . 98 escuz et demi.

A Thomas d'Alonne, pour les gaiges de li et Huet d'Alonne, déserviz et à déservir du 18e jour de septembre jusques au 2e jour d'octobre 15 escuz.

A Guichart de Montigny, pour ses gaiges du 18e jour de septembre jusques au 2e jour d'octobre . . . . 7 escuz et demi.

A Guillaume de Villiers, pour les gaiges de li, Maçot de St Ernoul, Perrinet l'archier, Eliot du Charmoy et Denis Bardilli, déserviz et à déservir du 18e jour de septembre jusques au 2e jour d'octobre. 30 escuz.

A Estienne le Moigne, pour Guillaume l'archier, Guillaume de Balleston, pour les gaiges dudict archier du 17e jour de septembre jusques au 2e jour d'octobre . . . . 4 escuz un quart.

Item audict Estienne, pour les gaiges de li et Guillaume de Balleston, déserviz et à déservir du 18e jour de septembre jusques au 2e jour d'octobre . . . . 15 escuz d'or.

A Hannequin Rifflart, pour les gaiges de li et de Adam de Licembourne et Simonet de Dencourt, déserviz et à déservir du 18e jour de septembre jusques au 2e jour d'octobre . . . . 22 escuz et demi.

A Mr Jehan Lestandart, chevalier et capitaine de Chartres, pour li et plusieurs hommes d'armes et archiers en sa compaignie, dont les noms et surnoms sont contenuz ou mandement de messeigneurs, déserviz et à déservir du 18e jour de septembre jusques au 2e jour d'octobre . . . . 142 escuz et demi.

A Ernoul de Redin, pour ses gaiges du 18e jour de septembre jusques au 2e jour d'octobre . . . . 7 escuz et demi.

A Benoît l'archier, de la compaignie Hullequin de Trait, pour ses gaiges du 18e jour de septembre jusques au 2e jour d'octobre. 3 escuz 3 quars.

Somme de ceste mise darrenière pour les genz d'armes : 383 escuz.

Somme toute de ces parties pour les genz d'armes : 1140 escuz et demi.

Et la recepte de la taillie pour les gens d'armes ne se montent que 1133 escuz trois quars et demi quart ; et ainssi serait deu audit receveur 6 escuz un quart et demi qui valent 9 l 11 s 3 d, et il devait si comme il appert par dessus : 33 l 6 s 1 d : déduction faicte, ledit receveur doit à la ville 23 l 14 s 10 d, par compte final fait ovecques saiges et discrètes personnes maistre Estienne de la Houssaie, Jehan Coulrouge, Jehan Barbout, Jehan le Cordier, Pierre d'Estampes, Jehan Petit, Jehan, escleuz pour la ville et commis à la requeste de la ville à ce par saige et discrète personne Guillaume Juré, lieutenant de noble homme et saige Mr Pierre de Bouviller, chevalier du roy nostre sire et son bailli à Chartres.

Et fust fait ce compte l'an de grâce 1358, le mercredi après la Purification Nostre Dame, en la présence de honnestes et discrètes personnes Mr Pierre de Cappes, souz-chantre et chanoine en l'esglise Nostre Dame de Chartres, Mr Hervé de Chartres, chancellier et chanoine en ladicte esglise, conseiller du roy nostre sire, Mr Regnaut Saiget, arcediacre de Vendousme et chanoine en ladicte esglise, Mr Jacques de Montmorancy, le prieur de St Remy de Brou, Jehan Lambert, Jehan le Gros et plusieurs autres bourgois de Chartres.

Et la relacion des commis fust faicte devant Monsieur le bailli, en la présence de Monsieur Guillaume le Vidame, capitaine de la ville de Chartres, la commune de ladicte ville ensemblée pour ce devant Monsieur...... .... le 8e jour de février l'an 1358.

APPENDICE N° 2.

LISTE DES NOTABLES QUI PRIRENT PART A L'ÉLECTION DES DÉPUTÉS DU BAILLIAGE DE CHARTRES AUX ÉTATS-GÉNÉRAUX DE 1468.

Au procès-verbal, rapporté le 20 mars 1468 par Marc Godefroy, clerc tabellion juré et garde-des-sceaux de la châtellenie, au nom de M^{ire} Jehan de Rochechouart, Ecuyer, Seigneur d'Yvry et de Saint-Georges d'Espérance, Conseiller et Chambellan du Roi, Bailli et Capitaine de Chartres, figurèrent en leurs personnes :

1° Vénérables et discrettes personnes

Macé Levreau, \
Jacques Alaire, } chanoines de Notre-Dame.

2° Honorables hommes et sages

Mathurin Bouffineau, procureur du Roi.
Jehan de Montescot, \
N. Lemarié, } licenciés ès-lois.

3° Nobles hommes

Hercule Broisset, \
Jehan Poulin, } écuyers.

4° Honorables hommes

Gilles Levasseur.
Jehan Haudry.
Guillaume Pasteau.
Jehan Guiet.
Michau Jouet.
Jehan le Jolis.
Jehan Plume.
Jehan Durand.
Jehan Troillart.
Jacques Lemoyne.
Michelot Thomas.
Denis le Houic.
Emery Piguerre.
Jehan des Freux.
Michel Cadou.
Colin Durand.
Jehan Abraham.
Pierre Cadou.
Pierre Macé.
Pierre Gilon.

Gilot Legendre.
Jehan Doulcet.
Phlippot Baudet.
Guillaume de Lascenterie.
Jehan Mordant.
Jehan Guiart.
Jehan Audoulcet.
Guillaume Dupont.
Robin Primay.
Mathery de Villemain.
Michau Arnoul, dit Lucas.
Gilles Halier.
Michau Harier.
Martin Cochonnet.
Gilot Martin.
Jehan de Neufville.
Martin Simon.
Jehan Joubert.
Simon le Guérou.
Thomas Quatrenvaux.

Pierre le Guérou.
Simon Raoul.
Jehan Surgeau.
Jehan Lebel.
Aubin Viole.
Jehan Levasseur.
Phlippot le Maignen.
Jehan Trubert.
Michau Breton.
Jehan Delorme.
Guillaume Gautereau.
Guillaume Perdriau.
Jehan Poulin l'aîné.
Thevenin Vovelles.
Thomas Moreau.
André du Boys.
Robin le Percheron.
Michau Baudet.
Mathery le Maye.
Richard Picart.
Jehan le Chevrier.
André le Royer.
Michau de Corbiers.
Jehan Couldray.
Jehan du Boys.
Robin Brebion.
Christian le Jumentier.
Martin Glatigny.
Jehan Pourfichet.
Jehan Canesson.
Guion Moriel.
Guiot Benoist.
Jehan Mesnaiger.
Robin Guinebourc.
Colin des Essarts.
Thomas Fresnaye.

Jehan Prévost.
Guillemin Halier.
Jehan Briette.
Mainfray Ales.
Phlippot Blanchard.
Jehan Claron.
Colin Duhan.
Girard de Vaucemin.
Simon Perrin.
Jehan Chabot.
Robert Ansoult.
Geffroy Lencre.
Guillemin Vallée.
Guillaume Belain.
Thomas de la Chapelle.
Michau Cabanne.
Mathery Perreaux.
Jehan de Bloys.
Jehan Godefroy.
Etienne Blanchet.
Jacquet Duvergier.
Loys le Barrier.
Michau Barbereau.
Mathery Salmon.
Gieffroy de la Berge.
Phlippot Perreaux.
Jehan Boudon.
Jehan Lesueur.
Colas Darroudet.
Perrin Vinaigre.
Jehan Arrenault.
Colin Susanne.
Jehan Roillon.
Perrin Roillon.
Michau Noyer.

Les susdits convoqués, ainsi que 50 à 60 autres, sous la présidence de M⁰ Michel Grenet, licencié ès-lois et lieutenant-général du Bailliage, suivant cri public fait par Colas Darroudet, crieur public.

(Archives impériales, section hist., série F, carton 963.)

APPENDICE N° 3.

PRIX DU PAIN ET DES MARCHANDISES AUX XVIᵉ ET XVIIᵉ SIÈCLES.

1° *Taxe du pain.*

			livres	sous	deniers
1503.	— Pain	blanc de 14 onces . . .	»	»	2
1521 (mars).	—	de 4 livres 3/4	»	»	12
— (juin).	—	de 3 livres	»	»	12
— (juillet).	—	de 8 onces	»	»	3
— (septembre).	—	blanc de 10 onces . . .	»	»	2
1523 (juin).	—	blanc de 14 onces . . .	»	»	2
—	—	froid et rassis de 9 livres .	»	»	12
1524 (janvier).	—	de 4 livres 4 onces . . .	»	»	12
—	—	de 7 onces	»	»	2
— (mars).	—	de 3 livres 1/2	»	»	12
— (juillet).	—	de 3 livres 2 onces . .	»	»	12
1525 (février).	—	de 2 livres 10 onces . .	»	»	12
— (avril).	—	blanc de 7 onces . .	»	»	3
— (juin).	—	de 5 livres 1/2	»	»	12
— (décembre).	—	de 7 livres	»	»	12
1526 (avril).	—	froid et rassis de 8 livres .	»	»	12
— (mai).	—	— de 9 livres .	»	»	12
— (juin).	—	de 14 onces	»	»	2
— (août).	—	de 12 onces	»	»	2
— (décembre).	—	de 12 onces	»	»	2
1527 (août).	—	de 4 livres 1/2	»	»	12
— (septembre).	—	de 4 livres	»	»	12
1528 (décembre).	—	de 8 onces	»	»	3
1529 (avril).	—	blanc de 7 onces . . .	»	»	3
1530 (juillet).	—	blanc de 4 livres . . .	»	»	12
1531 (février).	—	de 9 onces	»	»	3
1532 (février).	—	de 10 onces	»	»	2
1537 (octobre).	—	de 3 quarterons	»	»	2
1555 (mars).	—	blanc de 4 liv. 1 quarteron.	»	2	»
—	—	blanc de 7 onces [1] . .	»	»	3
1563 (juillet).	—	blanc de 3 onces 2 gros .	»	»	3
—	—	de terceau de 3 livres 1/2 .	»	2	»
1581 (mai).	—	de fleur de froment de 12 onces	»	»	6
—	—	de terceau de 9 livres 1/2 .	»	3	3

[1] *20 mars 1555.* — Le bon blé froment coûte 55 sous le setier, pour la cuisson duquel setier les boulangers prennent 5 sous; partant le pain blanc de bonne blancheur de trois deniers tournois pièce pèsera 7 onces. *(Reg. des Echevins.)*

(De 1582 à 1612 la taxe du pain n'est pas indiquée; elle se déduisait du prix du setier de blé, distraction faite du salaire des boulangers pour la cuisson).

		livres	sous	deniers
1583 (juin).	— Le setier de blé froment, mesure de Chartres	6	5	»
1584 (mai).	—	5	10	»
— (aoust).	—	4	5	»
1585 (janvier).	—	4	5	»
— (juin).	—	4	»	»
1588 (mars).	—	4	2	6
1591 [1].				
1596 (octobre).	—	8	»	»
1598 (janvier).	—	9	»	»
— (novembre).	—	6	»	»
1600 (janvier).	—	4	5	»
—	— de blé méteil	3	5	»
1602 (aoust).	— de blé froment	4	»	»
—	— de blé méteil	3	5	»
— (octobre).	— de blé froment	4	5	»
—	— de blé méteil	3	15	»
1603 (octobre).	— de blé froment	5	5	»
1604 (février).	— de blé froment	5	»	»
— (juin).	—	4	5	»
1606 (octobre).	—	5	5	»
— (novembre).	—	5	»	»
1608 (avril).	—	7	»	»
— (décembre).	—	7	10	»
1609 (avril).	—	6	10	»
1610 (septembre).	—	5	»	»

(Continuation de la taxe du pain) [2].

		livres	sous	deniers
1612 (octobre).	— Pain de fleur de 12 onces	»	»	9
1617 (juin).	—	»	»	9
—	— de soi de 6 livres	»	3	9
1620 (février).	— de fleur de 12 onces	»	»	8
—	— de soi de 6 livres	»	3	8
1621 (novembre).	— de fleur de 12 onces	»	»	12
—	— de soi de 6 livres	»	4	10
1626 (janvier).	— de fleur de 12 onces	»	»	13
—	— de terceau de 9 livres	»	5	4
— (avril).	— de fleur de 12 onces	»	»	16
—	— de terceau de 9 livres	»	6	8
— (mai).	— de fleur de 12 onces	»	»	20
—	— de terceau de 9 livres	»	7	8
— (juillet).	— de fleur de 12 onces	»	»	21
— (décembre).	—	»	»	18
1627 (juin).	—	»	»	15

[1] *7 avril 1591.* — Le dernier essai fait du blé du pays chartrain démontre que le setier, mesure de Chartres, revient à la quantité de 200 pains de munition, pain de soi entre bis et blanc, de 12 onces pièce, cuit, froid et rassis du jour au lendemain. (*Reg. des Echevins.*)

[2] Voir le *prix du setier de bled froment*, depuis 1539 jusqu'en 1786, dans l'*Histoire de Chartres* de Doyen (vol. 2, p. 375). Toutes les estimations que je donne sont tirées des délibérations des Echevins; j'ignore où Doyen a puisé les siennes.

		livres	sous	deniers
1627 (juin).	Pain de terceau de 9 livres . .	»	5	9
1629 (janvier).	— de fleur de 12 onces . .	»	»	12
—	— de soi de 6 livres . . .	»	3	8
1630 (août).	— de fleur de 12 onces . .	»	»	15
—	— de terceau de 9 livres 1/2 .	»	5	6
—	— de soi de 6 livres . . .	»	5	4
— (septembre).	— de fleur de 12 onces . .	»	»	15
—	— de terceau de 9 livres 1/2 .	»	5	9
—	— de soi de 6 livres . . .	»	5	4
— (octobre).	— de fleur de 12 onces . .	»	»	16
—	— de terceau de 9 livres 1/2 .	»	6	6
—	— de soi de 6 livres . . .	»	6	»
— (novembre).	— de fleur de 12 onces . .	»	»	20
—	— de terceau de 9 livres 1/2 .	»	8	6
—	— de soi de 6 livres . . .	»	7	4
1631 (février).	— de fleur de 12 onces . .	»	2	»
—	— de terceau de 9 livres 1/2 .	»	9	»
—	— de soi de 6 livres . . .	»	8	8
— (mars).	— de fleur de 12 onces . .	»	1	10
—	— de terceau de 9 livres 1/2 .	»	8	10
—	— de soi de 6 livres . . .	»	8	4
— (avril).	— de fleur de 12 onces . .	»	2	»
—	— de terceau de 9 livres 1/2 .	»	9	6
—	— de soi de 6 livres . . .	»	9	»
— (juin).	— de fleur de 12 onces . .	»	1	10
—	— de terceau de 9 livres 1/2 .	»	8	6
—	— de soi de 6 livres . . .	»	8	»
— (juillet).	— de fleur de 12 onces . .	»	1	10
—	— de terceau de 9 livres 1/2 .	»	8	»
—	— de soi de 6 livres . . .	»	7	4
— (août).	— de fleur de 12 onces . .	»	1	6
—	— de terceau de 9 livres 1/2 .	»	8	6
—	— de soi de 6 livres . . .	»	8	»
— (septembre).	— de fleur de 12 onces . .	»	1	4
—	— de terceau de 9 livres 1/2 .	»	5	8
—	— de soi de 6 livres . . .	»	5	4
1632 (mars).	— de fleur de 12 onces . .	»	1	2
—	— de terceau de 9 livres 1/2 .	»	4	8
—	— de soi de 6 livres . . .	»	4	4
— (décembre).	— de fleur de 12 onces . .	»	1	4
—	— de terceau de 9 livres 1/2 .	»	5	3
—	— de soi de 6 livres . . .	»	5	»
1633 (juin).	— de fleur de 12 onces . .	»	1	3
—	— de terceau de 9 livres 1/2 .	»	5	5
—	— de soi de 6 livres . . .	»	5	»
1644 (mai).	— de fleur de 12 onces . .	»	1	6
—	— de soi de 9 livres . . .	»	11	»
—	— de soi de 6 livres . . .	»	7	4
— (juin).	— de fleur de 12 onces . .	»	»	20
—	— de soi de 9 livres . . .	»	12	6
—	— de soi de 6 livres . . .	»	8	4
— (septembre).	— de fleur de 12 onces . .	»	1	4
—	— de soi de 9 livres . . .	»	10	6
—	— de soi de 6 livres . . .	»	7	»
1646 (mai).	— de fleur de 12 onces . .	»	1	»
—	— de soi de 9 livres . . .	»	6	4

		livres	sous	deniers
1646 (mai).	Pain de soi de 6 livres . . .	»	4	3
1647 (juin).	— de fleur de 12 onces . . .	»	1	1
—	— de soi de 9 livres . . .	»	7	»
—	— de soi de 6 livres . . .	»	4	8
1649 (mai).	de fleur de 12 onces . . .	»	1	8
—	— de soi de 9 livres . . .	»	11	»
—	— de soi de 6 livres . . .	»	6	8
1650 (février).	— blanc de 12 onces . . .	»	2	4
—	— de soi de 9 livres . . .	»	17	»
—	— de soi de 6 livres . . .	»	11	4
—	— commun de 9 livres . . .	»	14	»
—	— commun de 6 livres . . .	»	9	4
— (juin).	— blanc de 12 onces . . .	»	2	8
—	— de soi de 9 livres . . .	»	20	»
—	— de soi de 6 livres . . .	»	13	4
—	— commun de 9 livres . . .	»	16	»
—	— commun de 6 livres . . .	»	10	»
— (juillet).	— blanc de 12 onces . . .	»	3	»
—	— de soi de 9 livres . . .	»	25	»
—	— de soi de 6 livres . . .	»	16	»
—	— commun de 9 livres . . .	»	22	»
—	— commun de 6 livres . . .	»	14	8
— (novembre).	— blanc de 12 onces . . .	»	1	8
—	— de soi de 9 livres . . .	»	10	»
—	— de soi de 6 livres . . .	»	6	8
1651 (juillet).	— blanc de 12 onces . . .	»	1	10
—	— de soi de 9 livres . . .	»	11	»
—	— de soi de 6 livres . . .	»	7	4
—	— commun de 9 livres . . .	»	8	»
—	— commun de 6 livres . . .	»	5	4
— (août).	— blanc de 12 onces . . .	»	2	4
—	— de soi de 9 livres . . .	»	15	»
—	— de soi de 6 livres . . .	»	10	»
—	— commun de 9 livres . . .	»	12	»
—	— commun de 6 livres . . .	»	8	»
— (novembre).	— blanc de 12 onces . . .	»	2	6
—	— de soi de 9 livres . . .	»	17	»
—	— de soi de 6 livres . . .	»	11	4
—	— commun de 9 livres . . .	»	12	»
—	— commun de 6 livres . . .	»	8	»
1652 (janvier).	— blanc de 12 onces . . .	»	2	6
—	— de soi de 9 livres . . .	»	18	»
—	— de soi de 6 livres . . .	»	12	»
—	— commun de 9 livres . . .	»	14	»
—	— commun de 6 livres . . .	»	9	8
— (juillet).	— blanc de 12 onces . . .	»	2	4
—	— de soi de 9 livres . . .	»	14	»
—	— de soi de 6 livres . . .	»	9	»
—	— commun de 9 livres . . .	»	12	»
—	— commun de 6 livres . . .	»	8	»
1653 (août).	— blanc de 12 onces . . .	»	1	4
—	— de soi de 9 livres . . .	»	7	6
—	— de soi de 6 livres . . .	»	5	»
1654 (mai).	— blanc de 12 onces . . .	»	1	1
—	— de soi de 9 livres . . .	»	5	9
—	— de soi de 6 livres . . .	»	3	6

607

			livres	sous	deniers
1661 (mai).	Pain	blanc de 12 onces . . .	»	2	6
—	—	jaunet de 9 livres . . .	»	14	»
—	—	de blé méteil de 9 livres .	»	12	»
— (juin).	—	blanc de 12 onces . . .	»	2	2
—	—	jaunet de 9 livres . . .	»	15	»
—	—	de blé méteil de 9 livres .	»	13	»
— (décembre).	—	blanc de 12 onces . . .	»	3	»
—	—	jaunet de 9 livres . . .	»	21	»
—	—	jaunet de 6 livres . . .	»	14	»
—	—	de blé méteil de 9 livres .	»	18	»
—	—	de blé méteil de 6 livres .	»	12	»
1662 (janvier).	—	blanc de 12 onces . . .	»	2	10
—	—	jaunet de 9 livres . . .	»	20	»
—	—	jaunet de 6 livres . . .	»	13	4
—	—	de blé méteil de 9 livres .	»	18	»
—	—	de blé méteil de 6 livres .	»	12	»
— (août).	—	blanc de 12 onces . . .	»	2	6
—	—	jaunet de 9 livres . . .	»	17	»
—	—	de blé méteil de 9 livres .	»	14	»
— (octobre).	—	blanc de 12 onces . . .	»	2	4
—	—	bisette de 12 onces. . .	»	1	6
—	—	jaunet de 9 livres . . .	»	14	»
—	—	de blé méteil de 9 livres .	»	12	»
1664 (décembre).	—	blanc de 12 onces . . .	»	1	6
—	—	jaunet de 7 livres . . .	»	6	6
—	—	de soi de 9 livres . . .	»	5	»
1665 (mars).	—	blanc de 12 onces . . .	»	1	8
—	—	jaunet de 9 livres . . .	»	7	6
—	—	de soi de 9 livres . . .	»	5	»
1667 (décembre).	—	blanc de 12 onces . . .	»	1	3
—	—	jaunet de 9 livres . . .	»	6	»
—	—	de soi de 9 livres . . .	»	5	»
1670 (novembre).	—	blanc de 12 onces . . .	»	»	11
—	—	bisette de 12 onces. . .	»	»	6
—	—	jaunet de 9 livres . . .	»	5	6
—	—	de soi de 9 livres . . .	»	4	»
1673 (février).	—	blanc de 12 onces . . .	»	»	10
—	—	bisette de 12 onces. . .	»	»	5
—	—	jaunet de 9 livres . . .	»	5	»
—	—	de soi de 9 livres . . .	»	3	10
1674 (novembre).	—	blanc de 12 onces . . .	»	1	3
—	—	bisette de 12 onces. . .	»	»	10
—	—	jaunet de 9 livres . . .	»	8	3
—	—	jaunet de 6 livres . . .	»	5	8
—	—	de soi de 9 livres . . .	»	7	6
—	—	de soi de 6 livres . . .	»	4	10
1675 (mars)	—	blanc de 12 onces . . .	»	1	3
—	—	bisette de 12 onces. . .	»	»	10
—	—	jaunet de 9 livres . . .	»	9	6
—	—	jaunet de 6 livres . . .	»	6	4
—	—	de soi de 9 livres . . .	»	7	6
—	—	de soi de 6 livres . . .	»	5	»

2° Prix de diverses marchandises.

		livres	sous	deniers
1503. —	Un cent de pavés	»	16	»
—	Une clef creuse pour la serrure d'une tourelle	3	3	8
1504. —	Le pot de vin de première qualité	»	2	»
—	— de deuxième qualité	»	»	12
1506. —	Une livre de beurre	»	»	5
1521. —	Une torche de cire de deux livres	»	16	»
1561. —	Une livre de fer	»	2	»
—	Une pelle de bois	»	»	18
—	Une pinte de vin clairet	»	2	»
1562. —	Un écheveau d'or de masse	»	50	»
—	Une aune de velours violet de Gênes	9	10	»
—	Une aune de taffetas rouge	»	30	»
—	Une aune de côte violette	»	2	»
—	Une livre de dragées musquées	»	30	»
—	Une livre de grosses dragées	»	2	»
—	Une livre de *gironflat, orangeat et canelat*	»	20	»
1566. —	Une marche de pierre	»	6	»
—	Un setier de chaux	»	16	»
—	Un setier de ciment	»	6	»
—	Un cent de lattes	»	4	»
—	Un mille de clous à lattes	»	10	»
—	Un tombereau de cailloux	»	8	»
—	Un cent de briques et tuiles	»	5	»
—	Un cent de bardeaux	»	6	»
1568. —	Une livre de cire	»	13	6
1608. —	Un minot d'avoine	»	7	6
—	Une gerbe de paille	»	»	6
—	Un quintal de foin de 104 livres	»	25	»
1614. —	Une livre de lard	»	7	»
—	Une livre de chandelles	»	6	»
1676. —	Une livre de viande (veau et mouton)	»	3	»
—	Une pinte de vin	»	5	»
—	Une livre de beurre frais	»	6	»
—	Un minot d'avoine	»	13	6
—	Une livre de foin	»	»	4
—	Une botte de paille	»	1	6

APPENDICE N° 4.

ORDONNANCE DE POLICE DU 13 JUIN 1524.

On fait sçavoir à tous qu'après qu'on a esté averti des meurtres, homicides, voyes de fait, mutilations, blessures, manœuvres, insolences, ports d'armes, assemblées illicites, séditions, monopoles, convention de peuple, insultes et autres crimes et délits qui se font et commettent chacun jour en cette ville et fauxbourgs de Chartres, au moyen de ce que plusieurs, eux disans aventuriers et gens de guerre, et autres, s'efforcent et se sont efforcés, contre les ordonnances, de porter par la ville et fauxbourgs, poignards, courtes dagues, épées, rappières, estocz, verdrins, piques, javelines, hallebardes, voulges, arbalestres, arcs, couleuvrines, haquebuzes, halletretz, cuirasses, brigandines et autres armures et bâtons invasibles, au grand scandale, vitupère et contempnement du roi, de justice et de la chose publique... Est deffendu à toutes personnes quelsconques, de quelque état et condition qu'ils soyent, soit qu'ils ayent aveu ou non, de ne porter et tirer d'aucune couleuvrines, hacquebutes et autres bâtons à feu, de jour que de nuit, tant en cette ville que banlieue, sur peine d'estre pendus et étranglés.

Deffenses à toutes personnes quelconques de porter, de jour et de nuit, aucuns bâtons, épées, poignards, dagues, rappières, estocs, etc....., sur peine de punition corporelle et confiscation desdites armes, fors et excepté les personnes privilégiées, gentilshommes et gens des ordonnances du Roi qui ont droit par leur état et offices.

Et pour que personne ne puisse s'excuser sous couleur d'ignorance, est enjoint à tous hôtelliers qui logent ou qui retirent gens en leurs maisons, à tous les habitans de la ville et fauxbourgs d'advertir leurs hôtes et serviteurs de la présente ordonnance, sur peine d'amende arbitraire et de s'en prendre à eux, et de fermer à clef les lieux où ils mettent leurs bois et foins.

Deffenses à tous hôtelliers, taverniers et autres vivandiers de souffrir gens en leurs maisons, en assiette, boire ne manger, s'ils ne sont logés céans et couchans, sur peine d'amende arbitraire.

On deffend à tous habitans de la ville et fauxbourgs de recevoir, recéler et retirer aucuns des délinquans, ains qu'ils aient à les révéler à justice et de les faire prendre et constituer prisonniers en la tour du Roi à Chartres ou autres prisons, sur peine d'estre pendus et étranglés.

Item et pour ce que les prises sont fort difficiles à cause des grandes assemblées de délinquans, on permet à toutes personnes quelsconques d'estre les plus forts et de se jetter sur iceux et les constituer prisonniers sans qu'ils soient tenus à décret de justice.

Enjoint aux examinateurs et sergens royaux du baillage de faire, après l'emprisonnement, chacun en leur quartier, diligence d'informer incontinent, soit qu'il y ait complaignant ou non, sur peine d'amende arbitraire.

Enjoint à tous maraux, vagabonds, oisifs, gens de néans sans aveu ni mestier et qui n'ont maistres, aussi à tous Kaimans et bélitres qui se retirent en cette ville et fauxbourgs de vuider ladicte ville et fauxbourgs d'huy, sur peine de punition corporelle, et de s'assembler en se retirant plus de quatre, sur peine de la hart.

Enjoint à tous exovillés et bannis hors cette ville ou le royaume, de vuider la ville et fauxbourgs d'huy, sur peine d'estre pendus et étranglés.

Enjoint à tous marchans, gens de mestier, bourgeois et autres, de quelque état qu'ils soient, de se retirer par la ville et fauxbourgs depuis neuf heures du soir frappées ne devant cinq heures du matin, sur peine d'amende arbitraire et de tenir prison.

Enjoint aux arbalétriers de donner confort et aide à M. le bailly ou son lieutenant, à prendre ou faire prendre lesdits délinquans, et de tenir leurs arbalétres et bâtons prêts et en ordre.

Enjoint aux sergens royaux du baillage de prendre au corps, royaument et de fait, tous ceux qu'ils trouveront portants armures et bâtons, excepté les personnes privilégiées, et de les mener en la tour du Roi pour y ester à drois, sans qu'ils soient tenus d'avoir commission ou décret de juge pour le faire.

Ordonné que lesdits bâtons ou armures, qui seront trouvés sur lesdits délinquans, seront mis en la main du Roi par les sergens et confisqués en main de justice, etc.

Défendu auxdits sergens de communiquer, fréquenter, boire et manger avec lesdits délinquans, sur peine de privation de leurs offices et d'amende arbitraire.

Défendu à toutes personnes quelsconques de jouer publiquement aux dez, cartes, quilles et autres jeux prohibés, sur peine de punition corporelle et d'amende arbitraire.

Enjoint à ceux qui ont puitz et citernes en leurs maisons, pour obvier aux inconvénients advenus en plusieurs villes de ce royaume, mesmement en la ville de Troyes, d'avoir un plein traversain tonneau d'eau à son huys et tenus clos de nuit des auvans et soupirails des caves et celiers de la ville et fauxbourgs, comme aussi de faire boucher de terre les entredeux de maisons pour obvier aux dangers des boutefeux sur peine de l'amende.

Enjoint à tous les habitans de cette ville et fauxbourgs de mettre, de quatre maisons en quatre maisons, une lanterne à leurs fenestres, où il y aura une chandelle allumée qui ardera toute la nuit, et qu'elle soit pendue à une perche ou corde au travers de la rue à l'endroit du ruisseau, afin qu'on puisse voir plus clairement si il y a quelques délinquans cachés sous les auvans, sur peine d'amende arbitraire.

Enjoint à ceux qui ont pris et emporté des échelles et crochets de fer appartenans à la ville de les remettre et raporter, sur peine d'amende arbitraire et d'estre punis corporellement.

Enjoint à tous hôtelliers et taverniers de la ville et fauxbourgs de ne donner à aucunes personnes plus de deux repas sans les connoitre et sans les révéler à la justice.

Enjoint aussi à iceux hôtelliers et taverniers d'enfermer leurs hôtes, incontinent après neuf heures du soir sonnées, en leurs chambres.

Comme MM. les bailly de Chartres, lieutenans, gens du Roi et échevins ont avisé qu'on fasse garde aux portes de la ville, il y aura à chacune d'icelle chaque jour quatre hommes qui s'enquerront aux voyageurs passans et autres gens inconnus, qui ils sont, d'où ils viennent, où ils vont loger, dont ils feront registre; et au cas de refus, lesdits gardiens les amèneront ou feront amener sans commission dans les prisons de la tour du Roi et feront commandement aux voisins ou autres de leur donner confort et aide en cas qu'ils ne seroient pas assés forts; lesquels seront tenus d'obéir sur peine de prison et d'amende arbitraire.

Et afin que nul n'en puisse prétendre cause d'ignorance, il est ordonné que cette présente ordonnance sera publiée à son de trompe par les carrefours de la ville de Chartres et que le double sera attaché à chaque coin de rue et aux portes des hôtelleries.

Fait à Chartres, le 13 juin 1524.

Signé : LEMAÇON.

APPENDICE N° 5.

LISTE DES COMTES, DUCS, VICOMTES, VIDAMES, BAILLIS, CAPITAINES, GOUVERNEURS, LIEUTENANTS-GÉNÉRAUX, PRÉVÔTS, PROCUREURS DU ROI, MAIRES, ÉCHEVINS, ETC., JUSQU'EN 1789 [1].

§ 1ᵉʳ. — COMTES.

C. 920. — Thibault I, le Tricheur.
977. — Eudes I.
995. — Thibault II.
1003. — Eudes II.
1037. — Thibault III.
1089. — Etienne-Henri, croisé.
1102. — Thibault IV.
1151. — Thibault V, croisé.
1191. — Louis, croisé.
1205. — Thibault VI.
1218. — Isabelle, femme de Jean de Montmirail, seigneur d'Oisy.
1248. — Mahaud, veuve de Richard, vicomte de Beaumont.
1256. — Jean de Châtillon.
1279. — Jeanne, femme de Pierre de France [2].
 (1286. — Première réunion du domaine de Chartres à la couronne.)
1293. — Charles de Valois, frère de Philippe-le-Bel.
1325. — Philippe de Valois.
 (1328. — Deuxième réunion du domaine de Chartres à la couronne.)

§ 2. — DUCS.

1528. — Renée de France, femme d'Hercule d'Est, duc de Ferrare.
1575. — Alphonse d'Est, duc de Ferrare.
1591. — Anne d'Est, femme de Jacques de Savoie, duc de Nemours.
1607. — Henri de Savoie, duc de Nemours.
 (1623. — Troisième réunion du domaine de Chartres à la couronne.)
1626. — Gaston de France, frère de Louis XIII.
 (1660. — Quatrième réunion du domaine de Chartres à la couronne.)

---

[1] Je répéterai ici ce que j'ai dit dans la note première de la page 437 du premier volume : je ne prétends pas que toutes ces listes soient complètes; mais j'affirme que les noms que je donne existent, avec les qualifications qui leur sont attribuées, dans les documents authentiques que j'ai examinés.
J'indiquerai au surplus les différences qui existent entre ces listes et celles de Pintard et de Doyen.

[2] Le comté de Chartres avait été donné à Jeanne dès l'année 1263, lors de ses fiançailles avec Pierre de France, troisième fils de saint Louis, mais Jean de Châtillon en conserva le gouvernement jusqu'à sa mort.

1661. — Philippe I de France, frère de Louis XIV.
1701. — Philippe II, duc d'Orléans, régent.
1723. — Louis, duc d'Orléans.
1752. — Louis-Philippe, duc d'Orléans.
1785. — Louis-Philippe-Joseph, duc d'Orléans.

§ 3. — Vicomtes, seigneurs du Puiset.

C. 939. — Gauzfrid [1].
C. 997-1003. — Hugues I, fils de Gauzfrid.
1036-1046. — Gilduin, époux d'Emeline.
1046. — Harduin, fils de Gilduin, époux d'Elisabeth.
1048-1060. — Ebrard I, fils de Gilduin.
1060. — Ebrard II, fils d'Ebrard I.
1073-1096. — Hugues II, fils d'Ebrard I, époux d'Adelidis ou Alix de Rochefort.
1096-1098. — Ebrard III, croisé, fils de Hugues II.
1098-1106. — Hugues III, croisé, fils de Hugues II.
1108-1133. — Hugues IV, croisé, fils d'Ebrard III, époux d'Agnès.
1133-118.. — Ebrard IV, fils de Hugues IV [2].
118.-1220. — Milon, comte de Bar-sur-Seine, croisé, petit-fils d'Ebrard IV, époux d'Hélisende [3].
1220. — Gaucher de Bar, croisé, fils de Milon.
1233. — Simon de Rochefort, croisé, neveu de Gaucher.
1240-1253. — Guy de Rochefort, évêque de Langres, fils de Simon [4].
1271. — Jean de Rochefort, trésorier de Langres [5].
1282. — Gautier ou Gaucher de Rochefort [6].
1299-1316. — Pierre de Rochefort, archidiacre de Langres et chanoine de Chartres.

§ 4. — Vidames.

C. 930. — Giroard.
1024-1037. — Renaud, époux de Oda [7].

---

[1] Charte de Hugues-le-Grand au profit de Saint-Julien de Tours (D. Bouquet, vol. 9, p. 728). Ce Gauzfrid, qui était également vicomte de Châteaudun, ne figure pas dans les listes de Pintard et de Doyen.

[2] Pintard place, entre Ebrard et Milon, Jean (1197), Henri, fils d'Ebrard, Hugues, fils de Henri, et Galeran ou Valeran, frère de Henri.
J'ai trouvé un Henri du Puiset ou de Ludon (1181-1190), un Hugues et un Galeran du Puiset (1140-11..), ces deux derniers fils d'Ebrard IV; mais ces personnages, morts probablement du vivant d'Ebrard, ne sont pas qualifiés vicomtes.

[3] Milon appelle Ebrard IV son *avus bonæ memoriæ* dans un titre de Beaulieu, de 1210.
Ce vicomte fit de Gourdez son principal manoir et fonda le prieuré de Sainte-Croix dans la chapelle de son château.

[4] Guy de Rochefort ne figure pas dans la liste de Doyen. Il est question de lui comme évêque de Langres et vicomte de Chartres dans plusieurs actes de 1251 et 1253 concernant les lépreux de Beaulieu. Il avait pour frères Jean, archidiacre de Bar, et Gaucher, qualifiés seigneurs du Puiset dans un acte de janvier 1253.

[5] Ce Jean, frère de Guy, est qualifié vicomte de Chartres dans un titre de l'abbaye de l'Eau du mois de janvier 1271. Il a été omis par Pintard et par Doyen.

[6] Gautier ou Gaucher de Rochefort, qui était le frère ou le neveu de Guy, ne figure pas dans les listes de Pintard et de Doyen. La qualité de vicomte de Chartres lui est attribuée dans un titre de Saint-Cheron, de 1282.

[7] Souchet, Pintard et Doyen placent, entre Giroard et Renaud, Archambauld, fils

1048-1068. — Hugues I, fils de Renaud.
C. 1070. — Albert, fils de Hugues I.
1079-1088. — Guerry, fils de Hugues I, époux d'Hélisende [1].
1089-1100. — Hugues II, fils de Guerry [2].
C. 1114-1130. — Guillaume I, de Ferrières, époux d'Elisabeth, fille de Guerry [3].
C. 1130-117.. — Ernaud ou Renaud, fils de Guillaume I.
1170-1180. — Guillaume II, de Ferrières, fis de Guillaume I, époux de Marguerite [4].
1180-1202. — Guillaume III, de Ferrières, fils de Guillaume II, époux de Mabile.
1220-124.. — Gaufrid de Freteval et Meslay, époux d'Hélisende dite de Freneuse, fille de Guillaume de Tachainville [5].
1240. — Guillaume IV, de Meslay, fils de Gaufrid, époux de Jeanne de Bérou [6].
1252-1291. — Mathieu, de Meslay, fils de Gaufrid [7].
1314. — Guillaume V, de Meslay, fils de Guillaume IV, époux de Marguerite de Bruyères.

de Giroard et époux d'Hildeberge ou Hilburge. Ils font de Renaud le petit-fils d'Archambauld.

Suivant ces auteurs, Renaud aurait eu pour fils aîné Nivelon, souche des seigneurs de Freteval et Meslay; le fils de ce dernier aurait été Albert, et le fils d'Albert, Nivelon II, lequel aurait eu pour fils Hugues I. Ils donnent le titre de vidame à Nivelon I, Albert et Nivelon II.

Les seigneurs de Freteval sont, en effet, issus de la maison des anciens vidames, mais je n'ai jamais vu qu'ils aient pris le titre de vidame avant le mariage de Gaufrid de Meslay avec Hélisende de Freneuse (1220).

[1] La vidamesse Hélisende apporta à son mari de grands biens situés à Tréon. Après la mort de Guerry, elle épousa Barthélemy Boël ou Bodel, qui prit le titre de vidame et qui était frère de Foucher Boël ou Bodel, le héros du siège d'Antioche. Elle eut de ce second mariage Girard Boël. *(Titres de Saint-Père.)*

[2] Etienne, second fils de Guerry et d'Hélisende, et frère de Hugues II et d'Elisabeth, qui fut abbé de Saint-Jean, puis patriarche de Jérusalem (1120), est appelé quelquefois vidame. *(Titres de Saint-Jean et de Saint-Père.)*

Doyen fait à tort d'Etienne un fils de Hugues II.

[3] Guillaume porta dans la famille des vidames le domaine de la Ferté.

[4] Les enfants de Guillaume II, à savoir: Guillaume qui suit, Jean, Robert et Hélisende, femme de Guillaume de Tachainville, portèrent le titre de vidame ou vidamesse.

[5] Gaufrid, issu d'une branche de la maison des anciens vidames, prit de son chef le titre de vidame. Sa femme Hélisende avait hérité du titre de vidamesse à la mort de sa mère Hélisende, fille de Guillaume II et femme de Guillaume de Tachainville.

Le titre de vidame était également porté par Hugues de Meslay, frère de Gaufrid et celui de vidamesse par leur nièce Marguerite, fille d'Ursion de Meslay et femme de Garin de Friaize.

Hugues, petit-fils de Hugues de Meslay, prenait le titre de vidame en 1308-1312, et la même qualification était donnée en 1301-1327 à Robert de Meslay, dont je ne puis établir avec certitude la filiation.

[6] Les trois fils de Mathieu: Robert, Guillaume et Guy, portaient en 1291 le titre de vidames. *(Titres de Josaphat;* juin 1291.)

Il paraît qu'à cette époque le titre de vidame était pris par tous les membres de la famille de Meslay.

[7] Guillaume IV avait d'abord joui seul du vidamé, mais ayant suivi saint Louis à sa seconde croisade, Mathieu, son frère, profita de son absence pour se faire envoyer en possession du vidamé. Au retour de Guillaume, les deux frères firent une transaction par laquelle ils se partagèrent l'héritage de leur père. — Guillaume IV est l'auteur des chansons, connues sous le nom du *Vidame de Chartres*, et publiées récemment par M. Aubry. (Voir à ce sujet une notice de M. Merlet: *Guillaume de Meslay, véritable auteur des Chansons du Vidame de Chartres.*)

1367-1393. — Guillaume VI, de Meslay, fils de Guillaume V, époux d'Isabelle d'Estouteville.
C. 1374. — Robert de Vendôme, époux de Jeanne de Meslay, sœur de Guillaume VI [1].
1407. — Charles de Vendôme, époux de Jeanne d'Angennes.
1434-1469. — Jean I, de Vendôme, époux de Catherine de Thouars.
1469-1485. — Jean II, de Vendôme, époux de Jeanne de Brezé.
1485-1507. — Jacques de Vendôme, époux de Louise Mallet de Graville.
1507-1526. — Louis de Vendôme, époux d'Hélène Gouffier.
1526-1560. — François de Vendôme, époux de Jeanne d'Estissac.
1560. — Jean de Ferrières, sieur de Maligny, neveu de François de Vendôme, par Louise de Vendôme, sa mère.
(Pour la première fois en 1560, pendant quelques mois, et pour la seconde fois de 1566 à 1584.)
1560-1602. — Beraude de Ferrières, sœur de Jean de Ferrières, et femme de Jean de la Fin, sieur de Beauvoir.
(Pour la première fois de 1560 à 1566 [2] et pour la seconde fois de 1584 à 1602.)
1602-1631. — Préjan de la Fin, fils de Jean de la Fin et de Beraude.
1632-1693. — Claude de Rouvroy, duc de Saint-Simon-Vermandois, acquéreur de la terre de la Ferté-Vidame et du vidamé de Chartres.
1693-1755. — Louis de Rouvroy, duc de Saint-Simon-Vermandois, fils de Claude.
1755-1766. — Charles-Maurice Grimaldi, comte de Valentinois, époux de dame Marie-Christine-Chrétienne de Rouvroy-Saint-Simon-Vermandois, petite-fille de Louis.
1766-1789. — Jean-Joseph de Laborde, acquéreur de la terre de la Ferté-Vidame et du vidamé de Chartres [3].

§ 5. — BAILLIS.

1214. — Odon Bechart.
1215. — Hugues Saugier.
1252. — Gaufrid Rahier.
1265. — Isambert de Saint-Dié.
1265. — Jean des Moulins [4].

---

[1] Guillaume de Meslay, sixième du nom, figure encore comme vidame dans un aveu fait à l'évêque le 28 juin 1393. (Arch. Evêq., liasse S, n° 31; Arch. départem.)
Voir sur les vidames de la maison de Vendôme le recueil des *Lettres des Rois de France*, p. 110, note première; Orléans, 1855.

[2] Cependant Beraude de Ferrières figure comme vidamesse de Chartres dans le rôle des nobles du ban et de l'arrière-ban convoqué à la Tour le Roi le 1er octobre 1568. L'article qui la concerne est ainsi conçu : *Vidame de Chartres. Dame Beraude de Ferrières, héritière soubs bénéfice d'inventaire de feu messire François de Vendosme, chevalier, vidame de Chartres, baron de Meslay et de Tréon, seigneur de la Ferté-Ernault, Beaussart, Marolles et de Meisières près Dreux.* (Recueil de Laisné, vol. 5, p. 603; Bibl. imp.)
Cette mention ferait supposer que Jean de Ferrières n'avait pas encore repris le vidamé en 1568.

[3] M. de Laborde, en vendant la terre de La Ferté à M. le duc de Penthièvre, le 4 janvier 1784, se réserva le vidamé de Chartres.

[4] Au lieu de Odon Bechart, Hugues Saugier, Gaufrid Rahier et Jean des Moulins, on trouve dans Pintard et Doyen les noms de Hugues-Sans-Avoir (1210), Guillaume de

1267. — Guillaume Manier [1].
1268. — Jean le Burelier [2].
1278. — Guillaume de Saint-Mesmin ou Maximin.
1279. — Martin le Borgne ou le Boringue [3].
1283. — James Maigret [4].
1284. — Guillaume de Saint-Saufleu.
1286. — Renaud de Montdidier ou de Novion [5].
1296. — Michel de Bray.
1300. — Renaud de Bennes [6].
1306. — Guillaume des Moulins [7].
1308. — Pierre Honoré.
1311. — Sance de Blois ou de la Fontaine.
1315. — Robert Gouceaume [8].
1319. — Thibault Ogier ou Oger de Villeneuve-l'Archevêque [9].
1323. — Robert Bretel.
1333. — Nicolas Trouillart.
1335. — Henri de Gyvès.
1338. — Noël Guespin [10].
1338. — Vincent Michiel ou Michau [11].
1346. — Jousselin de Pertuis [12].
1348. — Joachim Dupont [13].
1350. — Jean le Bascle de Meudon.
1354. — Jean Bigot, dit le Barbe [14].
1358. — Pierre de Bouviller [15].

Fonte ou Fontis (1220), Regnault de Méréville (1220), Oger ou Orgerius (1243), et Jean de Sours (1251).
De plus, ces auteurs placent Isambert de Saint-Dié qu'ils appellent Isambert de Dié ou Dye, après Guillaume Manier.

[1] Odon Bechart, Hugues Saugier, Gaufrid Rahier, Jean des Moulins et Guillaume Manier portèrent le titre de châtelain.

[2] Jean le Burelier est appelé Jean Bertier par Pintard.

[3] Ce personnage était en même temps bailli d'Alençon.

[4] Appelé Jamet dit Minguet par Pintard et Doyen.

[5] Appelé Robert Mauguier par Pintard et Doyen.

[6] Omis par Pintard.

[7] Doyen place un Thibault Ogier (1302) avant Guillaume des Moulins.

[8] Entre Sance de Blois et Robert Gouceaume, qu'il appelle Goulleaume, Doyen place Guillaume de Sans-Avoir (1314), Gaultier de Saint-Amour (1314) et Sance de la Fontaine (1315). Pintard, qui mentionne Guillaume de Sans-Avoir et Sance de la Fontaine, ne parle ni de Gaultier de Saint-Amour ni de Robert Gouceaume.

[9] Pintard et Doyen indiquent un Guillaume ou Girard de la Villeneuve (1319) avant Thibault Ogier; Doyen fait suivre ce dernier d'un Guillaume Ogier (1326) qui n'est pas mentionné par Pintard.

[10] Omis par Pintard.

[11] Doyen place un Jean du Bois (1337) entre Noël Guespin et Vincent Michel; et Pintard, qui ne parle pas de Jean du Bois, place un Macé Guespin (1338) après Vincent Michel.

[12] Omis par Doyen.

[13] Omis par Pintard.

[14] Après Joachim Dupont viennent, dans Doyen, Jean Bascle (1350), Jean Bigot (1351) et Jean le Barbe de Meudon (1357). Pintard ne mentionne que Jean Bascle qu'il appelle Jean Baile.

[15] Pintard fait précéder Pierre de Bouviller de Guillaume Morhier (1359) et Doyen y ajoute Thévin le Moine, châtelain du châtel de Chartres et sergent d'armes du Roi (1359).

1363. — Pierre de la Lande, chevalier.
1364. — Mathieu des Quesnes, chevalier [1].
1368. — Denis Prévosteau [2].
1376. — Jean Noël [3].
1380. — Jacques d'Ableiges [4].
1380. — Jean Richete [5].
1381. — Pierre de Negron, chevalier.
1387. — Guillaume de Chastaing, conseiller du Roi.
1389. — Guillaume Mauvinet, chevalier [6].
1393. — Pierre Trousseau, sire de Chasteaux, chambellan du Roi.
1399. — Guillaume de Tignonville, conseiller et chambellan du Roi.
1400. — Robert Lemaître, écuyer d'écurie du Roi.
1401. — Guillaume de Douxménil [7], écuyer, échanson du Roi.
1413. — Simon de Morainville, écuyer.
1416. — Simon de Dreux [8], chevalier, seigneur de Beaussart, conseiller et maître d'hôtel du Roi.
1417. — Gilles de Chonvilliers ou d'Eschevillier, seigneur d'Aunay-la-Rivière et de Ver-le-Grand, écuyer d'écurie de la Reine.
1418. — Guillaume de Pourbail [9], conseiller du Roy.
1418. — Etienne de Prez [10], écuyer, échanson du Roi et écuyer du duc de Bourgogne.
1421. — Gilles de Clamecy [11], chevalier, conseiller du Roi.
1423. — Huc de Prez, écuyer.
1430. — Jean le Baveux, écuyer, conseiller du Roi.
1430. — Gilles de Laubespine, conseiller du Roi.
1432. — Thibault d'Armignac [12], dit de Termes, écuyer d'écurie du Roi.
1458. — Florent d'Illiers, chevalier, conseiller et chambellan du Roi.
1461. — François de Surième, dit l'Aragonais, chevalier, conseiller, chambellan et maître d'hôtel du Roi.
1462. — Jean de Rochechouart, seigneur d'Yvry et de Saint-Georges-d'Espérance, conseiller et chambellan du Roi.
1468. — Guillaume de Courcillon, seigneur de Moléans et de Tillay, conseiller et chambellan du Roi.
1480. — Geoffroy de Courcillon, chevalier.
1481. — Hervé de Chahannay [13], écuyer, seigneur de Cheronne, capitaine de 200 archers de la garde, conseiller et chambellan du Roi.

[1] Avant Mathieu des Quesnes Pintard et Doyen placent Etienne Jaret ou Garet (1362).

[2] Pintard place Jean Bigot avant Denis Prévosteau.

[3] Avant Jean Noël, Pintard et Doyen placent Guy de Beaumont (1370) et Vincent Michel (1377).

[4] Regnault le Coutelier (1379) est placé par Pintard et Doyen avant Jacques d'Ableiges.

[5] Reporté après les deux suivants par Pintard et Doyen.

[6] Dit Mamunet par Doyen.

[7] Précédé par Geoffroy de Courcillon (1405) sur les listes de Pintard et Doyen.

[8] Doyen place Gilles de Gauville (1416) avant Simon de Dreux.

[9] Pintard et Doyen placent Thierry le Roy, licencié ès-lois (1417), avant Guillaume de Pourbail.

[10] Au lieu de Etienne de Prez on trouve dans Doyen Gilles de Chevilliers (1420) et Nicolas Surcau (1421).

[11] Après Gilles de Clamecy Pintard place Guillaume de Lambry (1422).

[12] Pintard et Doyen coupent en deux la séance de Thibault d'Armignac et donnent Philippe de Florigny comme bailli en 1444.

[13] Appelé Hugues Chahavard par Pintard.

1483. — Jean de Coingham, chevalier, capitaine des Ecossais de la garde, conseiller et chambellan du Roi.
1495. — Rigault d'Oureille, chevalier, seigneur de Villeneuve, conseiller et maître d'hôtel ordinaire du Roi.
1505. — Jean Berziau, écuyer, seigneur de Courtenval, conseiller, notaire et secrétaire du Roi.
1518. — Jacques Acarie, seigneur de Noisement, conseiller et maître d'hôtel ordinaire du Roi.
1523. — Gilles Acarie, seigneur d'Esteauces ou d'Estauville, conseiller du Roi.
1539. — Jean Larchevesque, chevalier, baron de Soubise, conseiller et gentilhomme de la chambre du Roi.
1544. — Michel de Champrond, chevalier, seigneur et baron de Croissy, La Bourdinière, Montarville, Flacourt, etc., conseiller du Roi.
1568. — Michel Leclerc, écuyer, seigneur de Maisons, maître d'hôtel ordinaire de Mme Renée.
1579. — René de la Ferrière, chevalier, seigneur de Saint-Maurice-de-Gallou, conseiller du Roi.
1593. — Henri Hurault, comte de Chiverny, baron de Gallardon.
1608. — Louis Hurault, comte de Limours, seigneur du Tremblay-le-Vicomte et de Montrichard, gentilhomme ordinaire de la chambre du Roi.
1615. — Hurault, comte de Limours.
1632. — Alexandre de Halluin, chevalier, seigneur d'Ouailly, capitaine des gardes du corps de Monsieur, frère du Roi.
1645. — Louis d'Angennes, marquis de Maintenon.
1657. — Odet de Riants, marquis de Villeray.
1658. — Louis-René Servin, comte de la Grève, seigneur de St-Baumer, conseiller au Parlement de Paris.
1670. — Nicolas Servin, comte de la Grève, conseiller à la Cour des Aides.
1695. — Joseph-Jean-Baptiste Fleuriau, seigneur d'Armenonville, Gas, Houx, Hanches, etc.
1725. — Charles-Jean-Baptiste Fleuriau, comte de Morville.
1732. — Charles Fleuriau, marquis d'Armenonville.
1742. — Alexandre-Nicolas de La Rochefoucauld, marquis de Surgères.
1760. — De La Rochefoucauld, comte de Surgères.
17... — Vicomte de La Rochefoucauld.
1789. — Ambroise-Polycarpe de La Rochefoucauld, duc de Doudeauville.

§ 6. — Capitaines particuliers de la ville [1].

1358. — Guillaume de Meslay.	1396. — Robert, sire de Mondoucet.
— Jean de l'Estendart.	1417. — Renaud Sequart.
1370. — Guy de Beaumont.	1419. — Jean Bretel.
1376. — Jacques Chauvel.	1432. — Girard de la Villeneuve.
1380. — Philippe de Chartres [2].	1449. — Le sire de Culant [3].

---

[1] A défaut d'officier pourvu spécialement de la capitainerie, le titre de Capitaine était porté par le Bailli.
Aux XVIe et XVIIe siècles, les Gouverneurs particuliers remplirent les fonctions attribuées aux anciens capitaines.

[2] Jean Sequart et Simon La Grappe, bourgeois de Chartres, étaient Lieutenants du capitaine, en 1382 et 1388; Gilot Boulay en 1393; Jacques Lambert en 1396.

[3] Le sire de Culant avait pour lieutenants les bourgeois Gilles Sequart et Jean Poulain.

§ 7. — Gouverneurs particuliers de la ville.

1562. — Pierre Levavasseur, seigneur d'Eguilly (1re fois).
1566. — Adrien de Gallot, seigneur de Fontaine-la-Guyon et de Marville-les-Bois.
1568. — Antoine de Linières, seigneur de Blainville.
1568 (juillet). — M. d'Eguilly (2e fois).
1575. — Jean, baron de Vassé.
1579. — François-Réné d'Escoubleau, seigneur de Sourdis (1re fois).
1589. — Jean d'Allonville, seigneur de Réclainville (pour la Ligue).
1589 (octobre). — Georges Babou, sieur de la Bourdaisière (pour la Ligue).
1591. — M. de Sourdis (2e fois).
1602. — Virginal d'Escoubleau, sieur de la Chapelle.
1602. — Claude de Gruel, sieur de la Frette.
1613. — François de Gruel, sieur de Gerautrouze (survivancier).
1621. — Charles de Gruel, sieur de la Grette.
1622. — Henri Hurault, comte de Cheverny.
1645. — Claude de Gruel, marquis de la Frette.
1656. — N. de Gruel, marquis de la Frette.
1662. — François de Béthune, comte d'Orval.
1670. — Alexis-Henri, comte de Châtillon.
1686-1702. — René, chevalier du Liscoët [1].

§ 8. — Lieutenants-généraux du Bailliage.

1310. — Jean d'Ivry.
1315. — Hémeric Galopin.
1329. — Robert Fournigaut [2].
1355. — Jean du Bois.
1358. — Guillaume Jure [3].
1358. — Barthélemy Prévosteau.
1364. — Denis Prévosteau [4].
1380. — Jean Acarie [5].
1386. — Pierre Gamain.
1390. — Gilbert Hochecorne.
1401. — Nicolas Sureau [6].
1404. — Jean Langlois [7].
1412. — Jean le Bourelier (1re fois) [8].
1421. — Jean Mauterne.
1424. — Jean Grenet [9].
1430. — Jean le Bourelier (2e fois).
1430. — Jean le Houic.
1432. — Jean de Montescot (1re fois) [10].
1458. — Pierre Chevalier.
1461. — Jean de Montescot (2e fois).

---

[1] Le gouvernement particulier fut acheté en 1702 par M. Joseph-Jean-Baptiste Fleuriau d'Armenonville, Bailli, qui prit et transmit à ses successeurs, jusqu'à la Révolution, les titres de *Grand-Bailli*, *Capitaine et Gouverneur de Chartres*.

[2] Pintard remplace Jean d'Ivry, Hémeric Galopin et Robert Fournigaut par Nicolas Trouillard (1334), Macé Guespin (1336), Gilles Couet (1345), et Denis Prévosteau (1348).

[3] Omis par Pintard.

[4] Pintard fait suivre Denis Prévosteau de Simon Grappe.

[5] Jean d'Ivry, Hémeric Galopin, Robert Fournigaut, Jean du Bois, et Jean Acarie, portèrent le titre de *Vice-Bailli*, qui signifiait alors *Lieutenant général du Bailli*, et sous lequel on désigna plus tard un officier de maréchaussée.

[6] Omis par Pintard.

[7] Pintard place entre Gilbert Hochecorne et Jean Langlois, Pierre Germain (1394), Guillaume de Feuillet (1395), Pierre d'Estampes (1398), et Nicolas Lefebvre (1399). — Il fait suivre Jean Langlois de Jean Grivet (1404).

[8] Pintard fait suivre Jean le Bourelier de Guillaume de Laubespine.

[9] Omis par Pintard, qui met à la place Nicolas Sureau (1421).

[10] Pintard fait suivre Jean de Montescot de Robert Poignant (1457).

1462. — Michel Grenet.
1471. — Jean Baudry.
1501. — Jean de Marnac.
1505. — Jean Berziau [1].
1520. — Barthélemy Séguier [2].
1524. — Christophe de Hérouard.
1565. — Jean de Mineray.
1577. — Pierre Simon.
1587. — François Chouayne.
1615. — Etienne Simon.
1646. — Pierre Simon.
1676. — Jacques Nicole.
1698. — Charles Nicole.
1711. — Etienne Nicole.
1714. — Jacques-Marc-Antoine Nicole du Plessis.
1744. — Marc-Antoine Nicole du Plessis.
1767-1789. — Louis-Jean-Baptiste Asselin.

§ 9. — Prévots [3].

C. 980. — Ardouin.
A. 986-1036. — Haudry.
1083. — Guillaume.
1089-1101. — Etienne.
1103. — Chotard.
C. 1120. — Guillaume de Celles.
1138. — Hubert Leroux.
1147. — Robert.
1148. — Clément.
1150-1191. — Vincent.
1150-1191. — Robert Tirée ou Tirel.
1176. — Gaufrid Labelle.
C. 1192. — Gilon Colrouge.
1197. — Michel.
C. 1240. — Pierre Bernard.
C. 1250. — Etienne de Saint-Martin.
C. 1260. — Henri Guidon.
1274. — Simon Floret.
1278. — Jean le Burelier.
1286. — Jean Coirouge.
1292. — Hervé Giroust.
1294. — Robert de Yenville.
1298. — Jean Vendomeau.
1299. — Renaud de Bennes.
1301. — Robert de Neufville.
1303. — Guillaume de Montdidier.
1306. — Girard de Dourdan.
1309. — Hémeric Galopin.
1311. — Denis Galopin.
1312. — Etienne Colrouge.
1315. — Gaufrid dit Malet.
1317. — Jean Galle.
1319. — Simon dit Druet (1re fois).
1323. — Etienne ou Robert de Châteaudun.
1325. — Jean d'Yvry.
1325. — Guillaume de Douxchamps.
1326. — Simon dit Druet (2e fois).
1328. — Pierre Jure.
1343. — Hémeric Courrat.
1347. — Guillaume de Pertuis.
1353. — Barthélemy Prévosteau.
1364. — Jean de Guingamp.
1373. — Denis Champigneau.
1377. — Pierre Germain.
1394. — Simon de Laubespine.
1397. — Jean Chartier.
1410. — Guillaume Pateau.
1426. — Jacques Jacquelin.
1428. — Richard Lestiroult.
1440. — Pierre de Crouy.
1452. — Robert Racine.
1458. — Jacques Fauveau.
1460. — Regnault Lemesle.
1471. — Regnault Mignard.
1493. — Regnault de Gyvès.

[1] Pintard donne Jean Berziau (1507), et Jean Marnac (1508); puis il place Michel Michon (1514), et Michel Gastreau (1514).

[2] Pintard fait suivre Barthélemy Séguier de François Arrou (1522).

[3] Jusqu'au XVIe siècle, la Prévôté fut affermée, de deux ans en deux ans, au plus offrant et dernier enchérisseur. Il y eut donc un nombre très-considérable de Prévôts, et il n'est pas étonnant qu'on ne puisse en dresser une liste complète.
Je comblerai quelques lacunes en signalant les différences qui existent entre la liste de Pintard et la mienne :
On trouve dans Pintard les noms de Aldéric (1120), Bérenger (1135), Hugues (1140), Ansold Arouasse (1168), Guy (1196), Gauthier et Paulin (1221), Geoffroy Souboulin (1268), Robert Maugier (1291), Jean Galopin (sans date), Gilles Lambert (1260), Gilles Boileau (1389), Etienne Colrouge (1390), Guillaume Lusurier (1402), Robert Prévosteau (1409), Etienne Boulier (1411), Perin Cousin (1416), Robert Bonice (1423), Jean Chenevix (1428), Jean Minard (1464), Jean Berziau (1517), Philippe Isambert (1532).
En revanche, ma liste contient des noms que l'on ne rencontre pas dans Pintard.

1524. — Pierre de Gyvès.
1527. — Jean Nicole (par intérim).
1540. — François Arroust
1547. — Jacques de Craffort.
1555. — Nicole Le Rousse.
1589. — Guy Robert.
1615. — Gilles Guérin.

1622. — Jean Couart.
1649. — Léonor-Jean Couart.
1695. — Claude Gobineau.
1697. — Vincent Thorin.
1738-1749. — Jean-François-Gabriel Thorin [1].

§ 10. — Procureurs du Roi.

1383. — Jean Langlois [2].
1408. — Jean de Montescot [3].
1440. — Jean ou Robert Bonice.
1446. — Antoine de Gyvès [4].
1471. — Mathurin Bouffineau.
1489. — Guillaume Bouffineau [5].
1502. — Claude de Champrond [5].
1510. — Pierre Sachet.
1517. — Jean Plumé.
1526. — Guillaume Piguerre.
1556. — Jean Couldrier [5].

1562. — Pierre Simon.
1568. — Claude Trouillard.
1578. — Nicole Goulet.
1598. — Jacques le Vieillard [5].
1598. — Jean Grenet.
1628. — Michel Grenet.
1650. — Anne Grenet [6].
1693. — Etienne Beurrier.
1700. — Etienne Beurrier fils.
1746. — Louis Garnier de Marigny.
1789. — N. du Temple.

§ 11. — Maires [7].

1589. — Jean du Ru } pour la Ligue.
1590 — Claude Suireau
1693. — Gilles Camiaille.
1696. — Jacques Nicole [8].
1711. — Jacques-Marc-Antoine Nicole du Plessis [9].
1723. — Etienne Miles Noël [10].

---

[1] La Prévôté fut réunie au Bailliage par un édit de mars 1749.

[2] Pintard fait précéder Jean Langlois de Jean Bonlieu (1343). — En 1393, Jean Chantaut, et en 1395, Jean le Noir étaient lieutenants de Jean Langlois, procureur du Roi.

[3] Pintard place après Jean Langlois Simon Lemaire (1417), et Jean Lemaire (1422).

[4] Pintard place après Antoine de Gyvès Jean de Montescot (1452), et Michel de Champrond (1468).

[5] Omis par Pintard.

[6] Pintard place entre Anne Grenet et Etienne Beurrier un autre Grenet dont il n'indique pas le prénom.

[7] Les Lieutenants généraux du Bailliage furent en possession de la présidence du corps de ville, comme *Maires perpétuels*, depuis la création de l'échevinage jusqu'en 1693, sauf une lacune de deux ans pendant la Ligue.

[8] On créa en 1708 une charge de *Maire alternatif* et une charge de *Lieutenant de Maire*; la première fut achetée par M. Etienne-Miles Noël, et la seconde par M. Robert Gouault.

[9] Une charge de Lieutenant de Maire était occupée en 1715 par M. Recoquillé. Les charges de Maire en titre d'office ayant été supprimées par l'édit de juillet 1717, M. Nicole du Plessis continua à présider le corps de ville par le seul fait de sa qualité de Lieutenant général du Bailliage.

[10] M. Noël se rendit acquéreur des deux charges de Maire perpétuel et de Maire alternatif, qu'il réunit en sa personne.
La nouvelle administration fut composée, indépendamment du Maire et de huit échevins (voir le § 12), de MM. de Milleville, Davignon et Bouvart, Lieutenants de Maire ; Louis et Jacques Huchedé, Constantin Petit ; Jacques Barré, Claude Sochon, assesseurs ; Charles Martin, procureur du Roi, et Miles Brouillet de la Carrière, avocat du Roi.

1736. — Jean-Robert Bouvart [1].
1742. — Michel Davignon.
1749. — Claude Davignon.
1758. — Louis Garnier de Marigny.
1766. — Louis-François, marquis des Ligneris [2] (pour la 1re fois).
1770. — Marie-Vincent-Jacques Parent [3].
1776. — M. des Ligneris [4] (pour la 2e fois).
1780. — Alexandre-Claude Bellier-Duchesnay [5].
1784. — Louis-Jacques Triballet du Gord [6].

§ 12. — ÉCHEVINS [7].

1358. —	Etienne de la Houssaye.	1381. —	Drouet de Croy.
—	Jean Colrouge.	1382. —	Pierre Germain.
—	Jean Barbou.	1383. —	Pierre de la Cour.
—	Jean le Cordier.	—	Jacques Chauvel.
—	Pierre d'Estampes.	—	Robert Guillaume.
—	Jean Petit.	—	Guillaume Barbou.
—	Jean Lambert.	—	Jean de Paris.
—	Gilles Sequart.	—	Jean le Houic.
—	Pierre de Capes, chanoine.	1384. —	Jean du Pont.
—	Regnault Saiget, id.	—	Jean Daniau.
1377. —	Guillaume Macéas.	1385. —	Pierre Gabille.
—	Grégoire Chantaut, chan.	—	Nicolas Lefebvre.
1380. —	Jean Sequart.	1386. —	Jean de Chavernay.
—	Jacques Lefebvre.	—	Guyot le Grand.
—	Nicolas du Géric.	—	Philippe de la Porte.
—	Jean de la Porte.	1388. —	Denis Appermant.
—	André de Croy.	—	Barthélemy Bruyant.
—	Pierre le Saulnier.	1389. —	Jean Michon.
—	Pierre le Houic.	1393. —	Colin le Chaussier.
—	Pierre de Chastaing.	—	Robin Renoult.

[1] M. Bouvart présidait le corps de ville, en qualité de Lieutenant de Maire, depuis le décès de M. Noël, arrivé le 1er septembre 1726.

[2] L'administration de 1766 comprit, outre un Maire et quatre échevins (voir le § 12), six conseillers de ville, qui furent MM. Parent, de Paris, Touraille, Bruant l'aîné, Gougis l'aîné et Billard, et quatorze notables, qui furent MM. Billette et Lesage, ecclésiastiques, de Villeneuve, Lecureau, Meslier, Foreau de Trizay, Billard, Foreau, Legrand, Bardet, Lefèvre, Levassor, Blin et Charpentier.

[3] L'administration municipale reçut encore des modifications en 1773 ; elle se composa d'un Maire, d'un Lieutenant de Maire, qui fut M. Foreau, de quatre échevins (voir le § 12), et de quatre assesseurs, qui furent MM. Le Tellier, Huchedé, Chancerel et Clavier.

[4] M. de Pâris avait été élu Maire en 1779, mais sur son refus d'accepter cette fonction, M. des Ligneris fut maintenu dans la mairie par le duc d'Orléans.

[5] Pendant la mairie de M. Bellier-Duchesnay, M. Triballet du Gord remplit les fonctions de Lieutenant de Mairie.

[6] En 1788-1789, la mairie se composait, indépendamment du Maire et de trois échevins (voir le § 12), d'un Lieutenant de Maire, qui était M. Parent, et de trois conseillers-assesseurs, qui étaient MM. Grandet de la Villette, Langlois et Pétion de la Bâte.

[7] Ce que j'ai dit dans la note 1re de la page 611 ci-dessus est surtout applicable à cette liste. Toutefois, malgré ses lacunes, je pense qu'elle peut suffire à faire connaître les principales familles de la bourgeoisie chartraine.
Aux XVIIe et XVIIIe siècles, il était de règle que chaque élection annuelle fît entrer à l'échevinage un magistrat ou un avocat et un ou plusieurs bourgeois. Le présidial, l'élection, le grenier à sel, la prévôté et le barreau fournissaient les échevins de robe.

1396. — Simon de Laubépine.
— Philippe Perrier.
— Jean Roulant, chanoine.
1419. — Michel de Champrond.
— Jean Lemoine.
— Jean le Houic.
— Jean Pichot.
— Perrin Cousin.
— Gilot Navarin.
— Jean Baudry.
1437. — Jean Grenet.
— Jean Perrier.
1446. — Jean Michon.
— Etienne Lemesle.
— Philippe Clément.
— Jean Gibault.
— Guiot Prévost.
— Jean Plumé.
— Jean Poignant.
— Perrin de la Louvière.
— Colin des Moulins.
— Vincent Troillart.
1450. — Guillaume de Beaumont, chanoine.
— Jean Quatregrains, id.
1470. — Jean de Champrond.
— Antoine de Nevers.
— Jacques Thomas.
— Nicolas des Moulins.
— Jean Poulain.
— Gilles Levasseur.
— Michel Jouet.
— Philippe Coudray.
— Gilles Mahon.
1473. — Guillemin Haligre.
1497. — Bellanger de Gueniers.
1500. — Guillaume Germain.
— Etienne Delacroix.
1503. — Fouquet Cheron.
— Guillaume Haligre, grenetier
1504. — Michel Chantault, conseiller
— Guillaume Lemoine.
1506. — François Bouffineau.
— Jean Plumé, chanoine.
— Antoine Lebeau.
1507. — Martin Pineau.
1508. — Philippe Bichot.
— Mathurin Plumé.
— Guillaume Courtin.
1520. — N. Le Maréchal.
1524. — Jean Piedefer, chanoine.
— Charles le Maçon.
1525. — Louis le Riche.
— Philippe Lebeau.
— Robert Raoulin, chanoine.
— Jacques de Moyenville, id.
— Jean Lambert.

1525. — Jean Duval.
— Georges Brebion.
— Philippe Isambert.
— Jacques Blanchard.
— Jean Mauvoisin.
1526. — Jean Boscher, chanoine.
— Esprit Pateau.
— René Piguerre.
— Claude Grenet.
1528. — Etienne Haligre.
— Hugues Denise, chanoine.
1529. — Vincent Gallois.
— Raoulet le Noir.
1536. — Robert Tardiveau.
— Jacques du Ru.
1537. — Etienne de Beauce.
1538. — Jean Rebours.
— N. Beurrier.
1539. — N. de Glatigny.
— Jean Bourguigneau, chan.
1542. — Antoine Souchet.
1543. — François du Marchais.
— N. Nicole.
1544. — Jean de Bourdeaux.
— N. de Dinan.
— Girard Edeline.
1546. — Cheron Abraham.
— Jacques le Jumentier.
1547. — N. le Guérou.
1549. — Pierre le Noir.
1550. — Hubert Guillard.
1552. — Nicolas Mauclerc.
— Philippe Desportes.
— Jean Couldrier.
— N. Planchette.
— N. Regnier.
— Jean Robert.
1555. — Florent Havardin.
— Claude le Maréchal.
— Jean Sorel.
— Jean le Noir.
— Claude Edeline.
— Raoulet Desfruz.
— Nicolas Mauzaize.
— Nicolas Richard.
— Guillaume d'Aubermont, chanoine.
— Jean de la Croix, id.
1558. — Michel Tardiveau, id.
— N. Loupereau, id.
1559. — Louis Brebion.
— Claude Bouteroue.
— Jean Beurrier l'aîné.
1560. — Claude Quedarne.
— Wastin Drouin.
— Jean de Gauville.
1561. — Gilles Etienne.

- 1561. — Jacques de Dinan.
- 1562. — N. Lancement.
- — Pierre Langlois.
- — Adam Dubois.
- 1563. — N. Parmentier, chanoine.
- 1564. — Macé Trossart.
- — Jean Moreau.
- 1566. — Cheron Desportes.
- — Marin Compaignon.
- 1567. — Jean Lemonnier, chanoine.
- — Pierre de Fontaines, id.
- — Claude Haligre.
- 1568. — Michel de Baigneaux.
- — Jean Pocquet.
- — Thomas Gervaise.
- — Hercule Jouet.
- — Louis Huvé.
- — N. Savart.
- — N. Desmarais.
- — N. Rossignol.
- — Ignace Olive.
- 1569. — Macé Cochard, chanoine.
- — Jean Bodin, id.
- — André Durand.
- 1572. — Jean Poussin.
- 1574. — Jean Lambert.
- 1578. — Pierre Lebeau.
- — Aignan Plumé.
- — Jean Famin.
- — Michel Prévost.
- 1579. — Michel Bouteroue.
- 1580. — Jean Haligre.
- — N. Guillemin.
- — N. de Glatigny.
- — N. Boileau.
- — N. de la Borde.
- 1582. — Gilles Bellanger.
- 1584. — Jean Compaignon.
- — Jean Chevalier.
- — Jean du Ru.
- — N. Alard.
- — N. Lefebvre.
- — Jérôme Trossart.
- 1587. — Zacharie du Ru.
- — Gervais Lenoir.
- — Laurent de Pardieu.
- 1588. — N. Robine.
- — François le Tunais.
- — N. Laigny.
- 1589. — Jacques de Lépine.
- — Jacques Regnier.
- — Martin Baucher.
- — Pierre Bouteroue.
- — Mathurin Brebion.
- — Michel Bachelier.
- — Hercule Broisset.
- 1590. — Claude Dutemple.
- 1591. — N. Fournier.
- — Louis Cochin.
- — Guy Trouillart.
- — René Grenet.
- 1593. — Jérôme le Beau, chanoine.
- 1594. — Cantien Carte.
- 1597. — François Lambert.
- 1598. — Jacques Lemaire.
- — Jacques Duchesnay.
- — Marin Sablon.
- — Claude Nicole.
- — Jean Haligre.
- — Jean Blanchard.
- — Gilbert Lorin, chanoine.
- 1600. — Michel Guyart.
- — Pierre Leloup.
- — Mathurin Moreau.
- — Girard Martin.
- — Louis Lemaire.
- — Florent Laisné.
- — Fleury d'Aubermont, chanoine.
- — Claude Couart, id.
- 1605. — N. de la Pacaudière.
- 1606. — Jean de Gyvès.
- — Guillaume Masson.
- 1607. — Jean Lambert.
- — Paul Duval.
- — Jean Edeline.
- — N. Beurrier.
- — N. Mauclerc.
- 1608. — N. Guichard.
- — Pierre de Thères.
- — N. Esnault.
- 1609. — Jacques Fresnot.
- — Laurent Martin.
- — Jean Troillart.
- 1610. — Gilbert Lorin, chanoine.
- — Louis Chicoineau, id.
- 1614. — Hélie Fougeu, s^r des Fourneaux.
- — Crépin Leclerc.
- 1615. — Michel de Ganeau.
- — Jacques Gobineau.
- — Etienne Héry.
- — Mathurin Tulloue.
- — Thomas Regnier.
- 1616. — Alexandre Bellier, s^r du Plessis.
- — Claude Suireau.
- — Pierre Halgrain.
- — N. Bachelier.
- 1617. — Pierre Dutemple.
- — Germain Fresnot.
- 1618. — Miles Noël.
- — Noël Mauvoisin.
- 1619. — Charles Chaline.

1619. — André Courvoisier.
1620. — Jacques des Essarts.
— N. Mauger de Crécy.
— Thomas Lefebvre.
— Vincent Thorin.
1623. — Jean Guéau.
— Claude Haligre.
— Louis de la Poustoire.
— Claude Edeline.
1627. — N. Vannier du Chermoy.
— Mathurin Boileau.
— Pierre de Bracquemont, s^r de Feugerolles.
1628. — Jean Robert.
— N. du Tronchay.
— N. Pinguenet.
1630. — Simon Lemoine.
— Guillaume Etienne.
1631. — Gilles Lebeau.
— Michel Beurrier.
— Jean Nicole.
1632. — N. Bouteroue.
— N. Trossart.
1644. — Mathurin le Beau.
— Pierre Félibien.
— N. Lemaire, chanoine.
— N. de Vaubesnard, id.
— N. Lambert.
1645. — N. Garnier.
— N. Nicole.
— N. Baudouin.
— N. Pintard.
— N. Davignon.
— N. Boutard.
— N. de Malsac.
— N. Thibault.
— N. Lemaire le jeune.
— N. Sedillot.
1650. — N. Pastey.
— N. de Colard.
— N. Delorme.
— N. le Beau.
— N. Martin.
1651. — N. Chevrier.
— N. Fournier.
— N. Recoquillé.
— N. Bruant.
1652. — N. de Geminy, chanoine.
— N. de Pedoue, id.
1661. — Hugues d'Haligre.
— N. Thibault.
— N. Proust.
— Laurent Duhan.
— N. Nicole.
1662. — François Sochon.
— Jacques Gallais.
— Nicolas Doulay.

1662. — Miles Lemaire.
— Jean Gallais.
— Philippe le Féron.
— N. Dieuxit.
— Raoul de Pardieu.
1665. — François Janvier.
— Etienne Beurrier.
1666. — Gilles Etienne.
— Etienne Guéau.
— Charles Martin.
— Cosme Feré.
1667. — Pierre Le Tunais.
— Michel Fouet.
1668. — Philippe le Beau.
— Florent Tulloue.
1669. — Mathurin Maubuisson.
— Mathurin Garnier de Ligaudry.
— N. de Fromont.
1670. — Jacques Germont.
— Jean Corbeil.
1673. — N. de Ganeau.
— Michel Piat.
— Jacques Styves.
1674. — N. Blanchard.
1684. — Jean d'Aligre.
— N. Mauger de Crécy.
— N. Mestivier.
— N. Duhan.
— N. Lecomte.
— N. Perrier.
— Jacques de Milleville.
— N. Etienne.
1686. — N. Desengins.
1687. — Claude Halgrain.
— Alexandre Pintard.
1690. — Claude Nicole de Bainville.
— N. Delacroix.
— Philippe Bouvart.
— N. de Cœurs.
— N. Genvret.
— N. Le Feron.
— Gilles Camiaille.
— Denis Tavernier.
1693. — N. de Beaulieu.
— N. Styves.
1694. — N. Levacher.
— Pierre Gengé.
1695. — N. Garnier de Sainville.
— N. Janson.
— N. Juteau.
— Charles du Temple.
— N. Chaudru.
1696. — N. Goussard.
— N. Lhomme.
1697. — N. Bracquemont de Feugerolles.

1697. — N. Levacher aîné.
1698. — N. Corbeil.
— N. Petit.
1699. — N. Duhan.
— N. Salmon.
1700. — N. Pintard.
— N. Fougerange.
1702. — N. Grenet de Farville.
— N. Lainé.
— N. Fournier.
— Michel Bourayne.
1704. — Gilles Camiaille.
— N. Lemierre.
— N. Champrozé.
1705. — N. Texier.
1710. — Michel Auvray.
1712. — N. Brochard.
— N. Lainé.
1713. — Claude d'Aligre.
— Denis Tavernier.
1714. — Pierre Delavollée.
— Antoine Oudart.
1715. — N. de Trémont.
— N. Dussaulx.
— N. Pavyc.
1717. — Michel Davignon.
— Loup Petey.
— Georges Juteau.
1718. — N. Perrier.
— N. Ollivier.
1719. — N. Leroux.
— N. Buchot.
1720. — Miles Brouilhet de la Carrière.
— Jacques Huchedé.
— N. Bance.
1721. — N. Dussaulx.
— N. Brochand.
— Alexandre de Beaulieu.
1722. — N. Camiaille.
— N. Gaudin.
1723. — Jean Duhan de Mézières.
— Louis Morin.
— N. Vaillant.
— N. Sochon.
— N. Dollu.
— Pierre Delavollée.
— Etienne Sénéchaux.
— Martin Jourdan.
1729. — Bouvet de Guignonville.
1730. — Antoine Billard.
1735. — Claude Sochon fils.
— Jacques Barré.
1736. — Mathieu de la Malmaison.
— Louis Ollivier.
1737. — N. Juteau.
— N. Salmon.

1738. — N. Levacher.
— N. Touraille.
1739. — N. Chaline.
— N. Chantier.
1740. — N. Grenet de Farville.
— N. Juteau.
1741. — N. Parent.
— N. de Beaulieu.
1742. — Mathieu Le Tellier.
— N. Romier.
1743. — N. Pipereau.
— N. Janvier.
1744. — N. Beaupère.
— N. Cornu.
1745. — N. Bouvet de Bronville.
— N. Garnier de Ligaudry.
1746. — N. Lainé de Vauvert.
— N. Leroux.
1747. — N. Gilette.
— N. Fétis.
1749. — N. Brouilhet de la Carrière.
— N. Pétion le jeune.
— N. Poullin de Dannemarche.
— Martin Aillet.
1750. — N. Levacher.
— N. Paris.
— N. Garnier de Toutchailloust.
1751. — N. Garnier des Roches.
— N. Petey.
1752. — N. Edeline.
— Pierre Mahon.
1753. — N. Garnier de Chamblay.
— N. Levacher.
1754. — N. Grandet.
— N. Foreau.
1755. — Louis Boileau.
— Nicolas Mallet.
1756. — N. Guyard des Granges.
— N. Leroux le jeune.
1758. — N. du Temple.
— N. Lecomte.
1759. — N. Marie.
— N. Rousseau.
1760. — N. Doléans.
— N. Bouvet.
1762. — N. Feuillet de Marchéville.
— N. Horeau.
1763. — N. Grandet.
— Mathurin Duverger.
1764. — N. Clavier.
— N. Duhan de Beauchesne.
1765. — N. Bouvart.
— N. Barbier.
1766. — N. de Villereau.
— N. Sochon du Brosseron.
— N. Bruant-Huchedé.

TOME II. 40

1766. — N. Breton.
1768. — Marie-Vincent-Jacques Parent.
— N. de Pâris.
1769. — N. Gougis.
— Pierre Bruant.
1770. — N. Foreau.
— N. Billard.
1771. — N. Grandet.
— N. Levassor.
1773. — N. Pétion.
— N. de Bruet de la Chesnaye.
1778. — Alexandre-Claude Bellier-Duchesnay.
— N. Juteau.
1781. — N. Janvier de Flainville.

1781. — N. Boileau.
— N. du Temple de Rougemont.
— N. Bonnet.
— N. Petit.
1783. — N. Brochard-Dufresne.
— Louis-Jacques Triballet du Gord.
1784. — N. Billard, chanoine.
— N Drappier.
1786. — N. Huttin-Duval.
— N. Montéage-Levassor.
1788. — Louis Le Tellier.
— N. Pétey de la Charmois.
— Jean-François de Milleville de Boutonvilliers.

§ 13. — TABELLIONS ET CLERCS-JURÉS DE LA CHATELLENIE, JUSQU'EN 1550.

1284. — Henri Le Clerc.
1293. — Nicolas Vassal.
— Jean de Porte-Neuve.
1301. — Jacques Minier.
1303. — Jean de Montigny.
1306. — Robert Toustain ou du Moulin-Neuf.
1310. — Jean de Montgison.
— Jean Sale.
— Guillaume Desplombs.
1328. — Guillaume Darçais.
1335. — Jean Gohier.
— Philippe Muayde.
1344. — Etienne Berthe.
1346. — Jean Bonlieu.
1352. — Gilles Lambert.
1363. — Jacques Labagoulesme.
1365. — Denis Prévosteau.
1367. — Guillaume Laverde.
1368. — Pierre Quatresols.
1370. — Pierre Le Cordier.
1372. — Nicolas de Laubespine.
1374. — Barthélemy Bruyant.
1375. — Guillaume de Jouy.
1377. — Jean Papin.
1380. — Nicolas de Guingamp.
1383. — Gilot Boulay.
1388. — Girard Coichet.
1389. — Jean Baudry.
1393. — Guillemin de Jouy.

1395. — Jean Barague.
1401. — Jean Le Breton.
1414. — Laurent Cornière.
1421. — Etienne Levasseur.
1427. — Gilles Péan.
1430. — Jean Macé.
1432. — Jean Noleau.
1446. — Pierre Gilon.
1459. — Macé Godefroy.
1471. — Jean Delacroix.
1473. — Louis Regnault.
1475. — Etienne de Bourges.
1479. — Pierre de la Chapelle.
1481. — N. La Troyne.
1482. — Robert Arachepel.
1486. — Etienne Badoux.
1490. — Jean Le Maçon.
1494. — Jacques Pigon.
1495. — Michel Hésard.
1500. — Jean Lesueur.
1505. — Hector Pinson.
1506. — Jean Duverger.
1508. — Guyon Legrand.
1512. — Etienne de Beaulieu.
1512. — Jean le Picard.
1527. — Jean de Pardieu.
1527. — Pierre Comble.
1541 — N. Bourgeois.
1544. — Guillaume Court.
1550. — Gabriel Delaunay.

§ 14. — GREFFIERS DE LA VILLE.

1500. — Guillaume Courtin.
1503. — Jean le Maçon.
1525. — Jean Audry.

1538. — Jean de Pardieu.
1542. — Charles le Maçon.
1554. — Laurent Martin.

1591. — Claude Martin.
1595. — Jacques Gouin.
1644. — Pierre Martin.
1667. — Jacques Anquetin.

1680. — Constantin Cirasse.
1694. — Mathurin Foisy.
1741. — Sébastien-Alexandre Foisy.
1757 à 1789. — Louis-Jacques Foisy.

§ 15. — Directeurs des Ecoles et Principaux du Collége de Pocquet [1].

1536. — Jean Hervé.
1538. — Jean Leloup.
1565. — Guillaume Malherbault [2].
1572. — N. Lefebvre.
1580. — Thomas Greizet.
1587. — Nicolas de Baste.
1606. — N. Chandelier.
1607. — N. Vassort.
1608. — Nicolas Janvier.

1618. — Michel Martin.
1622. — Mein Andrieux.
1650. — Louis de la Rue.
1687. — Simon Cordier.
1703. — Vincent Chavanne.
1704. — Philippe des Ligneris.
1728. — Jean Dugué.
1730. — Michel Perrineau.
1760. — François Berthinot.

[1] La direction des écoles de la ville, puis du collège Pocquet, fut toujours confiée à des ecclésiastiques.

[2] Ce principal fut le premier qui jouit de la prébende dite *préceptorale*, en l'église de Chartres.

FIN DU TOME DEUXIÈME ET DERNIER.

TABLE

DES CHAPITRES ET APPENDICES

CONTENUS DANS LE SECOND VOLUME.

	Pages.
CHAPITRE XIV. — De Philippe de Valois au traité de Brétigny. — *Anglais et Navarrais (1328-1360)*	1
— XV. — Du traité de Brétigny à la paix de Chartres. — Pacification de la Beauce. — Etats-généraux à Chartres. — Orléanais et Bourguignons *(1360-1409)*	25
— XVI. — De la paix de Chartres à la prise de la ville par les Français *(1409-1432)*	61
— XVII. — De la prise de la ville par les Français à l'incendie du clocher de plomb de la cathédrale *(1432-1506)*	85
— XVIII. — De l'incendie du clocher de plomb de la cathédrale à l'érection du domaine de Chartres en duché *(1506-1528)*	144
— XIX. — De l'érection du domaine de Chartres en duché au siége de la ville par le prince de Condé *(1528-1568)*	165
— XX. — Du siége de la ville par le prince de Condé au siége mis par Henri IV *(1568-1591)*	233
— XXI. — Du siége mis par Henri IV devant Chartres au sacre de ce monarque *(1591-1594)*	315
— XXII. — Du sacre de Henri IV au rachat du duché de Chartres par Louis XIII *(1594-1623)*	352
— XXIII. — Du rachat du duché de Chartres par Louis XIII à la cessation des troubles de la Fronde *(1623-1654)*	398

Chapitre XXIV.	— De la cessation des troubles de la Fronde à la mort de Louis XIV *(1654-1715)*. . . .	432
— XXV.	— De la mort de Louis XIV à la révolution de 1848 *(1715-1848)*	472
— XXVI.	— Établissements religieux créés depuis le XIVᵉ siècle :	
	§ 1ᵉʳ. — Capucins	528
	§ 2. — Minimes	529
	§ 3. — Carmélites	530
	§ 4. — Ursulines	532
	§ 5. — Visitandines	533
	§ 5 *bis*. — Filles de la Providence.	534
	§ 6. — Grand Séminaire de Beaulieu. . . .	536
	§ 7. — Sœurs de Saint-Maurice, aujourd'hui Sœurs de Saint-Paul	538
	§ 8. — Filles de Saint-Chaumont. . . .	540
	§ 9. — Frères de la Doctrine chrétienne . . .	541
	§ 10. — Séminaire de Saint-Charles	541
	Statistique chartraine	542
Appendice Nº 1.	— Compte des recettes et dépenses de la ville pour l'année 1358-1359	555
— Nº 2.	— Liste des notables qui prirent part à l'élection des Députés du Bailliage de Chartres aux États-Généraux de 1468	601
— Nº 3.	— Prix du pain et des marchandises aux XVIᵉ et XVIIᵉ siècles.	603
— Nº 4.	— Ordonnance de police du 13 juin 1524 . . .	609
— Nº 5.	— Liste des Comtes, Ducs, Vidames, Baillis, Capitaines, Gouverneurs, Lieutenants-Généraux, Prévôts, Procureurs du Roi, Maires, Echevins, etc., jusqu'en 1789.	611

FIN DE LA TABLE.

TABLE DES MATIÈRES

CONTENUES DANS LES DEUX VOLUMES.

A.

ABATTOIR. Voir *Massacre*.
ABBAYES. Voir *Couvents*.
ABEILARD, docteur. I, 53, 101.
ABLEIGES (Jacques d'), bailli. II, 38, 52.
ABONVILLE (vicarie d'). I, 67. — (Liberté accordée aux hommes d'). I, 154, 155.
ABRAHAM (Thierry). II, 196, 241.
ACARIE (Famille). II, 38, 52, 59, 153, 157, 160, 173, 177, 299.
ACRE (Prise d'). I, 115.
ADÈLE, comtesse. I, 70, 77 à 81, 83, 106, 112, 115, 116, 124, 130, 267, 270, 277. — reine. I, 102.
ADELMANN, écolâtre. I, 51, 52, 57.
ADMINISTRATION civile de Chartres. vol. I, p. 93. — royale en Beauce. I, 94. — municipale. II, 17, 18, 151, 188, 472, 474, 480, 491, 493. Voir *Charges municipales, Corps de ville, Echevins, Maires*.
AFFILIATIONS de couvents. Voir *Association*.
AFFRANCHISSEMENTS de serfs. Voir *Serfs*.
AGANON, évêque. I, 38, 44, 267.
AGNEAU PASCAL mangé le Jeudi-Saint. I, 550.
AGOBERT, évêque. I, 53, 60.
AGRICULTURE (Progrès de l'). I, 39, 143, 181, 376; II, 32, 549. — (Malheurs de l'). II, 22, 63, 73.
AIDES. Voir *Elus, Impôts*.
AIGNAN, saint. I, 19.
AIGNAN (Eglise Saint-). I, 2, 3, 230 à 232.
AIGNELINS. Voir *Arçonneurs, Draps, Laine*.
AIGUILLON (Famille d'). I, 62, 79, 94, 100.
AIMERY, évêque. I, 35, 38.
AJUST des poids et mesures. I, 505.
ALBÉRIC-LE-CORNU, évêque. I, 136, 153, 299.
ALBIGEOIS (Croisade contre les). I, 125, 132, 133.
ALIÉNOR, d'Aquitaine. I, 96, 103. — d'Autriche. II, 171.

ALIGRE. Voir *Haligre*.
ALIX, comtesse. I, 62. — vicomtesse. I, 76. — duchesse de Bretagne. I, 133, 206.
ALLAINES (Village d'). I, 55.
ALLELUIA FOUETTÉ. I, 550.
ALLONNES (Eudes d'). I, 95, 113.
ALLONVILLE (Famille d'). I, 114; II, 86, 114, 149, 280. Voir *Létourville, Réclainville*.
ALLUYES (Village et château d'). I, 9, 22, 123; II, 110, 129. — (Famille d'). I, 44, 46, 51, 59, 79, 113, 114, 444.
ALVEUS, abbé de Saint-Père. I, 38, 276.
AMBOISE (Sulpice d'). I, 130, 137.
AMES (Pèsement des). I, 207.
AMENDE honorable. I, 127, 136, 145, 169. — de châtel. I, 159.
AMILLY (Village d'). I, 32, 123, 178, 337, 487. — (Prébende d'). I, 119.
AMY (Guillaume), évêque. II, 10.
ANDRÉ (Eglise Saint-). I, 1, 2, 87, 233 à 241. — (Foire Saint-). Voir *Foire*.
ANCENNES (Famille d'). I, 250, 251; II, 42, 102, 176, 270, 293, 378, 417.
ANGERANT (Jean d'), évêque. II, 25.
ANGOISSOLES. Voir *Société*.
ANGLAIS. II, 22, 72, 74, 76. Voir *Guerre*.
ANNE (Le chef de sainte). I, 124. — de Bretagne. I, 201; II, 138, 142.
ANQUETIN (Jacques). II, 464.
ANTIOCHE (Siège d'). I, 74, 75.
APER, abbé de Saint-Cheron. I, 282.
APOTRES (Premiers) du pays chartrain. I, 19, 20, 21.
APOTHICAIRES. I, 213, 518.
APPELS. Voir *Bailliage, Chapitre, Evêque, Justice*.
APPRENTIS. I, 382, 386, 387.
APPRENTISSAGE. I, 382, 385, 387; II, 230.
AQUEDUCS. I, 32.
AQUART (Clos). I, 488.
ARBALÉTRIERS (Compagnie des). Voir *Arquebusiers, Oiseau-Royal, Vidamiers*.

ARCHERS à la solde de la ville. Voir *Hommes d'armes*.
ARCHIVES du département. II, 547. — de la Mairie. I, 324. — du Chapitre. I, 211.
ARÇONNEURS. I, 129, 190, 389.
ARCY (Guérin d'), évêque. II, 36.
ARDELAY (le baron d'). II, 234, 235, 242, 243.
ARDELU (Eglise d'). I, 88.
ARDOUIN, évêque. I, 42, 43, 267. — chevalier. I, 44 à 46.
ARESVARD (Famille). I, 172, 180.
ARGENT (Commerce de l'). I, 194. Voir *Banquiers, Change, Changeurs*.
ARGENTERIE de Chartres. I, 151, 343, 345.
ARGENTIER de Chartres. I, 140; II, 11, 12.
ARMAGNACS. II, 57, 62, 67 à 69, 73. Voir *Guerre*.
ARMENONVILLE (Famille d'). Voir *Fleuriau*.
ARMIGNAC (Thibault d'), bailli. II, 83, 105.
ARMOIRIES de Chartres. I, 410.
ARMURIERS. I, 217, 399.
ARNOULT-DES-BOIS (Eglise de Saint-). I, 92. — (Terre de Saint-). I, 107.
ARNULF, abbé de Saint-Père. I, 57, 58.
ARQUEBUSIERS. II, 475, 476. Voir *Oiseau-Royal, Vidamiers*.
ARRALD, évêque. I, 71.
ARROUST (François). II, 150.
ARSENAL. Voir *Citadelle*.
ARTILLERIE chartraine. II, 19, 20, 28, 64, 155, 159, 161, 173, 179, 180, 181, 208, 215, 223, 227, 253, 309, 317, 384, 446.
ARTISANS. I, 65.
ARTS (Beaux), à Chartres. I, 157; II, 162, 470, 471, 526, 547. — (Société des). I, 243.
ASILE — d'Aligre, à Josaphat. II, 548. — (Salle d'). II, 549. — (Lieux d'). Voir *Lieux*.
ASSELIN (Louis-Jean-Baptiste), lieutenant-général du bailliage. I, 474; II, 493; 497 à 500, 507, 508.
ASSEMBLÉES générales des habitants. I, 323; II, 14, 17, 101, 195, 269, 293, 296, 298, 300, 432, 441, 493. — provinciales. Voir *Etats* provinciaux. — municipales. II, 14. Voir *Corps de ville* et *Echevins*.
ASSISES du Comte. I, 94. — du Roi. I, 166. Voir *Justice*.
ASSISTANCE judiciaire. II, 543.
ASSOCIATION (Puissance de l'esprit d'). I, 39, 40. — de monastère à monastère. I, 61, 131.
ATELIERS de charité. II, 495.
AUBERMONT (Guillaume d'). I, 288; II, 195, 256, 272, 407.
AUBERT (D. Bernard). I, 21, 272; II, 464.
AUBIGNY (Pierre d'). II, 7.
AUDIENCE du Comte. I, 322. Voir *Assises, Justice*.
AUGUSTIN (Ordre de Saint-), à Chartres. I, 277, 279, 282
AUMÔNE Notre-Dame. Voir *Hôtel-Dieu*.
AUMÔNES des paroisses. Voir *Hôtel-Dieu*. — (Taxe des). II, 361.
AUNAY (Village d'). I, 303. — (Famille d'). I, 107, 180, 303.
AUNE de Chartres. II, 443.
AUNEAU (Bourg et château d'). II, 35, 55, 123, 289, 320, 401. — (Famille d'). I, 100, 105, 123.
AUVERS (Prévôté d'). I, 119, 120.
AUVRAY (Famille). I, 340; II, 324, 337, 452, 457.
AVENTIN, évêque. I, 19, 21.
AVENTURIERS (Ravages des). II. 41, 42, 44, 49, 51, 57, 63, 88.
AVESGAUD, chevalier. I, 44. — évêque du Mans. I, 55.
AVESNES (Gauthier d'). I, 130, 133, 141.
AVEUGLES (Hôpital royal des). I, 154, 164, 343 à 356; II, 15, 548.
AVIGNON (Famille d'). I, 259, 312; II, 399, 437, 474, 485, 500.
AVOCATS — de Chartres, en réputation. II, 27. — (Confrérie des). I, 254.
AVOUÉS du Chapitre. I, 117, 118, 126, 145, 148, 149, 170, 172.
AVOUERIE. Voir *Avoués*.
AYZAC (Mme d'). I, 205.

B.

BABOU DE LA BOURDAISIÈRE (Georges), gouverneur de Chartres. II, 306, 306, 310 à 312, 315, 316, 318, 319, 322, 327, 329, 330, 333.
BACHELIER (Cardin). II, 196. — (Michel). II, 301, 313, 340, 382, 383.
BADIÈRE (Guillaume). II, 73.
BAIGNEAUX (Jean de). II, 245, 246. — (Michel de). I, 521. — de la mairie de Dangers. II, 455. — d'Orvilliers. I, 332.
BAILLEAU-L'ÉVÊQUE (Village de). I, 265, 554.
BAILLIAGE (Plaids du). I, 254. — (Augmentation du ressort du). II, 26, 27. — Perd des appels. II, 31, 123. — démembré par l'érection de celui de Blois. II, 139.
BAILLIF (Etienne le), abbé de Saint-Père. I, 272, 276.
BAILLIS (Justice des). I, 194. — (Logement des). I, 323. — président le corps de ville. II, 8. — d'origine beauceronne. II, 8, 12. — jurisconsultes ou de robe longue; chevaliers ou de robe courte. II, 27. — (Changements fréquents de). II, 13, 41, 58. — gouverneurs et capitaines de Chartres en temps de paix. II, 275.

— n'ont qu'un titre honorifique. II, 127, 415. — n'ont pas séance au Conseil de ville. II, 379. — de Saint-Père. I, 276. — (Liste des). II, 614.

BAITAGE. Voir *Barrage* et *Pié-fourché*.

BAN (Pouvoir administratif et exécutif appelé). I, 58. — (Coutume fiscale appelée). I, 66, 112, 148. — de Pâques et de Pentecôte. I, 108, 115, 116, 506. — et arrière-ban. I, 160; II, 15, 130, 138, 173, 209, 249, 413, 444, 455.

BANAGE. Voir *Ban*.

BANLIEUE (Droit de). I, 79. — (Maladrerie de Saint-Georges de la). Voir *Maladrerie*.

BANNIÈRE de Notre-Dame. I, 409.

BANQUIERS. I, 401 à 403.

BANVIN (Droit de). Voir *Ban*, *Coutume fiscale*.

BAPTÊME par immersion. I, 262.

BAR (Miles de), vicomte. I, 113, 120, 123.

BARAT (Famille). I, 157. — (Jean et Simon). I, 303.

BARBE (Etienne le), chanoine. II, 14. — (Jean Bigot, dit le). Voir *Bigot*.

BARBOU (Famille). I, 79, 145, 156, 180, 195, 348, 355. — (Bertaud). I, 345, 383. — (Catherine). I, 355. — (Etienne). I, 345, 346. — (Foulques). I, 140. — (Gilles). I, 391. — (Guillaume). I, 246; II, 43, 46. — (Jean). I, 351, 355; II, 17. — (Perrot). II, 10. — (Renaud). I, 140, 152, 154, 159, 164, 165, 343, 345, 355. — (Simon). I, 391.

BARMAINVILLE (Village de). I, 58.

BARRAGE (Droit de). II, 95, 126, 138, 177, 189, 438.

BARRE-DES-PRÉS. I, 193, 263, 281, 336, 489.

BARRÉ (Jacques). II, 474, 480. — (N.). II, 499, 508, 514.

BARRIER (Etienne). II, 452. — (Guillot le). II, 101. — (Louis le). II, 101.

BARTHÉLEMY (Eglise Saint-). I, 265 à 266. — (Nuit de la Saint-). II, 257 à 259. — (Foire de Saint-). II, 295, 385, 549.

BAS-BOURGS (Les). I, 193, 490.

BASCLE DE MEUDON (Jean le), bailli. II, 43.

BASOCHE (Bourg de la). I, 129.

BASTE (Jeanne de). I, 463. — (Nicolas de). II, 370.

BATAILLE — d'Alesia. I, 14. — de Châlons. I, 20. — de Pontlevoy. I, 51. — de Bar. I, 58. — de Bléré. I, 59. — de Fréteval. I, 122. — des Harengs. II, 80. — de Patay. II, 80, 81. — de Dreux. II, 216. — de Saint-Denis. II, 232. — d'Auneau. II, 289. — d'Ivry. II, 310.

BAUDEMONT (André de), grand-maître de la maison du comte. I, 82, 88, 94.

BAUDRY (François), chanoine. I, 211. — (Jean), lieutenant-général. I, 398; II, 73, 119, 122, 124, 134, 136, 137.

BAYEUX (Guy le), capitaine. II, 21, 39, 41. — (Jean le), bailli. II, 77, 79, 81.

BEAUCE (Aspect de la). I, 1. — (Vers d'Augustin Costé et d'Andrieux sur la). I, 1. — grenier de Paris. I, 5. — (Etymologie du mot). I, 405.

BEAUCE (Jean Texier, dit de). Voir *Texier*.

BEAUCOUCHE (Jean de). II, 210, 214. — (Pierre). II, 150.

BEAULIEU (Fondation du Grand-). I, 60. — (Maladrerie du Grand-). I, 356. — (Maison de refuge du Grand-). I, 357. — (Revenu du Grand-). I, 357. — (Chevauchée au Grand-). I, 361. — (Prieur du Grand-). I, 329. — (Petit-). I, 266.

BEAULIEU (Alexandre de). II, 481. — (Pierre de). II, 452. — (Robert de). I, 93. — de Chavannes. II, 499, 500.

BEAUMONT (Guy de). II, 32.

BEAUREPAIRE (Maison et jardin de). I, 193, 336, 489. — (Sanitas de). II, 212, 277, 402, 411. Voir *Peste*.

BEAUSSART (Simon de Dreux, sire de), bailli. II, 51, 68, 69.

BEAUVILLIERS (Jodoin de). I, 114.

BEAUVOIR (Famille de). I, 74, 79, 94, 114, 131, 312. — (Bourg de). I, 64, 187.

BEAUX-ARTS. Voir *Arts*.

BECHARD (Famille). I, 86, 131, 157.

BECKET (Thomas), archevêque de Cantorbéry. I, 109, 109.

BÈGUE de Villaines (le), capitaine. II, 28, 39, 49, 55.

BÉGUINES. I, 151, 153, 301.

BELLES-LETTRES. Voir *Lettres*.

BELLIER (Famille). I, 182. — Duchesnay. II, 495 à 497, 510, 522. — des Creunes. II, 469. — de la Chavignerie. II, 469, 521.

BELOUIS (Jean). II, 380. — de Donnemain. II, 455.

BÉNÉFICES (Concessions à titre de). I, 39, 45, 55.

BENNES (Renaud de), bailli. I, 166, 167, 171.

BENOIT (M.). I, 120.

BERANGER, hérétique. I, 52.

BERCHÈRES (Village de). I, 116, 144, 149, 166, 170, 554. — (Exploitations de). I, 5, 198. — (Hugues de). I, 88. — (Mathieu de). I, 114.

BERNARD (Famille de). I, 172. — abbé de Thiron. I, 93, 115. — de Chartres. I, 158. — écolâtre. I, 52. — (Pierre), prévôt. I, 138. — (Saint), abbé de Clairvaux. I, 97, 99, 100. — doyen. I, 105.

BÉROU (Famille de). I, 73, 120, 218, 336, 357, 444.

BERTHE, comtesse, puis reine. I, 46, 47, 50. — duchesse de Bretagne. I, 59, 61, 195, 332. — (Escalier de la reine). I, 2, 467.

BERTRADE, reine. I, 71, 73.

BERZIAU (Jean), lieutenant-général. I, 470. — bailli. II, 142, 146, 147, 150.

BESCHEBIEN (Pierre), évêque. I, 262, 284, 287, 325, 361; II, 94, 96, 105.

BETHAIRE (Saint), évêque. I, 23, 224.
BEURIER (Famille). I, 388; II, 97, 301, 401. 406, 453, 458, 462.
BÉVILLE (Village de). I, 264. — (Famille de). 1, 79, 146.
BIBLIOTHÈQUE — communale. I, 3; II, 546.
— de Josaphat. I, 293. — de Saint-Père. I, 98. — de Jean de Salisbury. I, 110. — de Saint-Jean-en-Vallée. I, 145.
BICHOT (Famille). II, 97, 147, 150, 229.
BIENQUICTANCES (Deniers d'entrée dits). I, 382. Voir *Entrée*.
BIÈRES (Droit sur les boissons appelées). I, 506.
BIGOT (Jean), bailli. II, 13. — (N.). II, 282.
BILLARD (Famille). I, 355; II, 492, 494, 497, 517.
BILLETTE (Pancarte de la). I, 501. Voir *Coutumes* grosses et menues.
BLANCHARD (Chapelle de St-). I; 253, 254.
BLANCHE de Castille. I, 133, 141, 214, 254.
BLANCHES (Dames-). II, 543.
BLANVILLE (Village de). I, 337.
BLÉ (Beauté du). I, 5. — (Prix du). I, 560; II, 11, 22, 29, 32, 155, 168, 169, 459.
BLÉS (Quartier des Petits-). I, 487.
BLESSÉS pendant les siéges. II, 240, 337.
BLÉVY (Village de). II, 437.
BODEL. Voir *Boël*.
BOEL (Famille). I, 74, 79, 84, 88, 113, 189.
— (Four). I, 189, 373, 374, 480; II, 4.
BŒUF (Hugues). I, 88.
BOHÉMOND de Tarente. I, 81.
BOILEAU (Famille). I, 179, 297; II, 150, 278, 337, 401, 408, 421.
BOINVILLE (Village de). II, 133.
BOIS (Marchands de). Voir *Marchands*.
BOISGILOUD (Philippe de), évêque. I, 557; II, 69, 72, 73.
BOISVILLE (Village de). I, 155.
BONNET (Nicolas), évêque constitutionnel. I, 541; II, 510.
BONNETERIE. I, 389.
BONNETIERS. I, 216.
BONNEVAL (Ville et abbaye de). I, 34, 97, 98, 114, 161, 189, 255; II, 16, 63, 262, 276, 284, 299, 302, 308, 340.
BON-SECOURS (Sœurs de). II, 542.
BORDEAUX (Pierre de), archidiacre. I, 140, 158. — (N. de). II, 206.
BORGNE (Martin le), bailli. I, 150, 151. — (Le) de Montdoucet. II, 53.
BOUCHERIE I, 65, 327. — (Etaux de la). I, 189, 327. — royale de Bourg. I, 114, 190, 328, 337, 357. — de Forboyau. I, 188, 337. — de Porte-Neuve. I, 188, 337, 357. — (Abolition de la communauté de la). II, 69. — (Rétablissement de la communauté de la). II, 78. — royale, ne peut s'établir. II, 388, 449.
BOUCHERS. I, 216, 219, 390, 512; II, 64, 69, 154, 369.
BOUFFINEAU (François). II, 150. — (Girard). II, 317. — (Guillaume). II, 81,

100, 104, 131, 147, 150. — (Jean). II, 317. — (Mathurin). II, 122.
BOUGLAINVAL (N. de). II, 217, 455. — (Village de). I, 179.
BOULANGERIE (Cours public de). II, 497.
BOULANGERS. I, 189, 220, 369, 509. Voir *Talemeliers*.
BOULE (Jeu de). I, 342.
BOURDEILLES (Jean de). Voir *Ardelay* (baron d').
BOURGEOIS. I, 117, 118, 119, 159, 161, 190. — aptes au service militaire. II, 92. — (Désarmement des). II, 222. — de la rivière de Chartres. I, 379.
BOURGEOISIE. I, 145, 154, 155, 195. — (Liste de la). I, 437.
BOURGUIGNONS. II, 64, 70, 73, 74, 77.
BOURQUELOT (Félix). I, 123.
BOURSAULT (Pierre). I, 100, 156.
BOURSE. Voir *Perrée*.
BOURSIERS du collége de Navarre. I, 281.
BOUTEROUE. Voir *Boutroue*.
BOUTRAIS (Raoul). II, 393.
BOUTROUE (Famille). II, 290, 301, 317, 367, 452.
BOUVART (Famille). I, 182. — (Claude). I, 557; II, 460, 525. — (Jacques-Etienne-Robert). II, 525. — (Jean). I, 278. — (Laurent). I, 510. — (Marie). II, 468. — (Michel-Philippe). II, 525. — (Philippe). II, 406. — (N.). I, 310, 317, 320. 342, 485; II, 441, 474, 475, 482, 486, 499, 500, 507.
BOUVET (N.). II, 497 à 501. — de Bronville. II, 499. — de Guignonville. I, 317. — Jourdan. I, 32, 389; II, 499, 520. — Mézières. II, 95.
BOUVILLE (Village de). I, 107. — (Famille de). I, 366, 474. Voir *Bouviller*.
BOUVILLER (Pierre de), bailli. II, 17, 18, 555.
BRABANÇONS. I, 109, 110.
BRACQUEMONT DE FEUGEROLLES (N. de). II, 403, 408, 452.
BRAICHE (Michel de). I, 347; II, 15.
BRAIES (Miles de). I, 73, 78.
BRAY (Michel de), bailli. I, 162.
BRÉMION (Famille). I, 490; II, 196, 240, 242, 290, 299, 301, 336.
BRETEL (Robert), bailli. I, 177; II, 3 à 5.
BRÉTIGNY (Traité de). II, 24. — (Village de). I, 111.
BRETON (Robert-le-), évêque. I, 104, 105. — (Famille). I, 118, 172, 174, 415; II, 20, 101, 242, 246, 317, 492.
BRETONS à Chartres. I, 194, 464.
BREZÉ (Jacques de). II, 123, 125, 130, 131. — (Louis de). II, 131. — (Pierre de). II, 100, 102, 103, 107, 109, 110, 122.
BREZOLLES (Bourg de). II, 28. — (Famille de). I, 61, 66, 107, 446. Voir *Châteauneuf*.
BRICHANTEAU (Fief de). II, 80. — (Famille de). II, 80.

BRIGANDS d'Orgères. I, 323 ; II, 515.
BRIGANS à la solde de la ville. II, 19. Voir *Hommes d'armes*.
BRILLON (Abbé), chanoine. I, 21, 339 ; II, 520.
BRISAY (N. de). I, 285.
BRISSONNET (N.). II, 208. — d'Essay. II, 455.
BRISSOT de Warville (Jean-Pierre). II, 511, 523.
BROCHAND (N.). II, 480.
BROCHARD — du Fresne. II, 497, 499, 500. — d'Auferville. II, 500.
BROISSET (Hercule). II, 418.
BROUILLIET DE LA CARRIÈRE (Miles). II, 474, 500.
BROU (Bourg de). II, 129.
BROUTESAULE (Hugues). I, 69. — (Famille). I, 79.
BRUANT. II, 492.
BRUET DE LA CHESNAYE (Joachim de). I, 420 ; II, 453, 468. — (N. de). II, 494.

BRULART (N.). I, 182.
BRUNEL (Eudes). I, 100.
BRUSLART (Adam). I, 100, 156.
BRUYÈRES (Thomas de). I, 135. Voir *Léves*.
BUDGET de Chartres [1358-1359]. II, 17, 555. — [XVIe siècle]. II, 177. — [1665]. II, 439. Voir *Comptes municipaux*.
BUFFETERIE. I, 190. — (Grande). I, 328. — (Petite). I, 328. — du Chastelet. I, 328, 347.
BUFFETIERS. I, 511.
BULLES concernant le Chapitre. I, 543, 544.
BULLOU (Maison de). I, 445.
BULTEAU (Abbé). I, 198.
BURCKARD, évêque. I, 29, 31.
BUREAU DE LA RIVIÈRE (N.). II, 35, 37, 55.
BUREAU DES PAUVRES. I, 338, 339 ; II, 194, 197, 361, 432.
BURELIER (Jean). I, 149, 157.
BUTTES. Voir *Promenades*. — du Vidame. Voir *Vidame*.
BUTTREUX (Dom Fabien). II, 464.

C.

CABARETIERS (Réglements pour les). I, 511 ; II, 198.
CABARETS (Ordonnance sur les). II, 379. Voir *Police*.
CADOU (Famille). I, 232 ; II, 97, 101, 103, 117, 119, 122, 131.
CAILLEAU (Famille). II, 308, 319, 368.
CALDERON (Jean de). II, 211, 228, 245.
CALÉTRIC, évêque. I, 21, 22, 211, 258.
CALVINISTES à Chartres. II, 193. Voir *Hérétiques*, *Huguenots*.
CAMBIS (Vicomte de). II, 500, 508.
CAMIAILLE (Michel). I, 386. — (Gilles). II, 453, 456, 457, 459.
CANALISATION de l'Eure. II, 458.
CANARD. Voir *Chesnard*.
CANNES (Nicolas de), archidiacre. I, 138.
CAPACITÉ (Mesures de). I, 368.
CAPET. Voir *Hugues*.
CAPITAINES-GOUVERNEURS. I, 266 ; II, 32, 45. — (Liste des). II, 617.
CAPITATION. Voir *Taille*.
CAPITULATION. II, 334.
CAPUCINS. I, 254, 268, 271 ; II, 528.
CARDEURS. I, 129, 148, 379.
CARLOMAN. I, 28, 33.
CARMÉLITES. I, 294, 300, 488 ; II, 385, 530, 533.
CARNUTES. I, 7. — (Etymologie du nom). I, 8. — voués au sacerdoce druidique. I, 9. — luttent contre les Romains. I, 10 à 16. — considérés comme alliés des Romains. I, 16. — (Chemins romains du pays des). I, 17.
CARRIÈRES (Jean des). I, 171.
CARTE (Cantien). I, 515 ; II, 301.
CARTIER (M.). I, 130, 184, 406, 407, 409, 410, 420.

CASERNES. I, 2 ; II, 472, 475, 481, 544.
CATHERINE — de Clermont. I, 116, 124, 125, 130. — de Courtenai. I, 163, 170. — de Médicis. II, 201, 202, 249, 264.
CAUCHON (Pierre), évêque de Beauvais. II, 81.
CELLES (Guillaume de), prévôt. I, 93. — (Pierre de), évêque. I, 112, 113.
CENDRE pour le foulage. I, 129, 148, 378, 381.
CENS FÉODAL. I, 43, 123, 192.
CÉRÉMONIES BIZARRES. I, 545.
CERVOISE (Boisson appelée). I, 512.
CÉSAR. I, 7 à 15.
CHABIN (Famille). I, 311, 394.
CHABANNAY (Hervé de), bailli. II, 127.
CHAILLOU (Famille). I, 100, 107, 140, 156, 297 ; II, 210, 273.
CHALET (Dlle de). II, 193. — (N. de) II, 455.
CHALINE (Famille). I, 235. — (Charles). II, 442, 464. — (N.). II, 442.
CHAMBELLAN du Comte. I, 46.
CHAMBRE — de ville (Remontrances de la). II, 265. — (Lettre de Henri III à MM. de la). II, 278. Voir *Corps de ville*. — de police. II, 357. — des guetteurs. II, 201. — des sonneurs. I, 201.
CHAMBRIER. Dignité du Chapitre. I, 139, 174.
CHAMPHOL (Village de). I, 67, 124, 193, 271.
CHAMPROND (Etienne de). II, 150. — (Jean de). II, 118. — (Michel de). I, 242, 329, 474 ; II, 73, 122, 131, 147, 180. — (Philippe de). II, 83. — (N. de), chanoine. II, 82.
CHANCELIER. Dignité du Chapitre. I, 51, 182.

CHANCELLERIE (Clos de la). I, 487.
CHANCEREL (N.). II, 487, 494, 500.
CHANGE. I, 134.
CHANGEURS. I. 157, 188, 213, 217, 219, 220, 330, 401 à 403.
CHANOINES — de Notre-Dame. I, 87, 141, 168, 180, 181; II, 9. — (Réception des). I, 545. — (Priviléges des). I, 543. — clercs de Saint-Père. I, 38. — de Saint-Jean-en-Vallée. I, 58, 87, 279, 280. — de Saint-André. I, 87, 240. — de Saint-Vincent-des-Bois. I, 93. — de Saint-Maurice. I, 264. — de Saint-Nicolas. I, 258. — de Saint-Piat. I, 211. — de Saint-Aignan. I, 232.
CHANTAULT (Grégoire). I, 337, 464; II, 36. — (Michel). II, 150, 159.
CHANTELOUP (Aimery de). I, 69.
CHANTRE. Dignité du Chapitre. I, 139.
CHANVRES (Commerce des). I, 378.
CHAPELLERIE. Voir *Feutrerie* et *Feutriers*.
CHAPELLES dans la ville et la banlieue : Saint-Blanchard. I, 253. — Saint-Eman. I, 254. — Saint-Étienne-au-cloître. I, 255. — Saint-Fiacre et Saint-Pantaléon. I, 257. — Saint-Serge et Saint-Bacche ou Saint-Nicolas. I, 258. — Saint-Vincent. I, 88, 259. — au cloître. I, 259. — Notre-Dame de la Brèche. I, 2; II, 244.
CHAPITRE — de Notre-Dame. I, 123, 124. — quitte la ville. I, 168. — (Juridiction temporelle du). I, 188, 367, 371. — (Querelles entre le Comte ou le Roi et le). I, 79, 117, 118, 126, 128, 138, 139, 145, 149, 152, 165, 167, 174, 177, 181; II, 6, 8. Voir *Convention*. — (Querelles entre l'Évêque et le). I, 168, 175, 177; II, 112. Voir *Convention*. — (Fiefs du). I, 493. — (Avoués du). Voir *Avoués*. — (Archives du). Voir *Archives*. — (Dignitaires du). I, 87, 226. — (Secrétariat du). I, 258. Voir *Chanoines*.
CHAPPES (Pierre de), évêque. II, 2. — souschantre. II, 10, 17, 18.
CHARDONNEAU (Giles). I, 336. — (Jean). I, 519. — (Marie). I, 336.
CHARDONNEL (Frère Renaud). I, 140. — (Gaufrid). I, 213.
CHARCUTIERS. I, 216.
CHARDONS (Commerce des). I, 378.
CHARGES — municipales. II, 451, 457, 459, 472, 474, 480, 491, 493. Voir *Administration, Corps de ville, Echevins*. — imposées à la ville. Voir *Budgets, Comptes, Dettes, Emprunts, Finances*.
CHARITÉ (Etablissements de). II, 548. Voir *Aumônes, Hôpital, Hospices, Hôtel-Dieu*. — (Œuvres de). II, 169. — (Exercice de la). II, 194. — (Confrérie pour l'ensevelissement des morts, dite de la) I, 263. — (Ateliers de). Voir *Ateliers*.
CHARLEMAGNE. I, 28, 29.
CHARLES — Martel. I, 27, 28. — le Chauve. I, 29 à 31, 33, 34, 406. — le Gros.

I, 34. — le Simple. I, 35, 37. — le Bel. I, 184, 528. — de Valois. I, 153, 159, 163, 171, 172, 183, 184, 288, 329, 345, 346, 358, 411 à 413, 415 à 419. — cinq. II, 27, 30, 31, 34, 35, 40. — six. I, 338, 348, 351; II, 41, 46, 48, 49, 54, 57 à 61, 64, 69, 75. — sept. I, 338; II, 71, 85, 93, 99, 106. — huit. I, 338; II, 127, 129, 137. — neuf. I, 353; II, 205, 208, 212, 218, 226, 248, 249, 253, 258, 259, 261. — le Mauvais. II, 14 à 17, 21, 27. — duc d'Orléans. I, 292.
CHARNIERS. I, 192.
CHARPENTIER (Guillaume). I, 153. — (Jean). II, 207. — (Louis). II, 186, 204, 256. — (Raoul). II, 270, 293, 343. — de Saint-Prest. II, 522.
CHARPENTIERS. I, 213, 214. — de l'Evêque, I, 493.
CHARRONS. I, 212, 214.
CHARTIER (Jean). II, 317. — Leboucq. II, 508, 509.
CHARTRAINS — amis du confortable. I, 4; II, 550. — en Sicile. I, 68. — (Esprit des) [XIe siècle]. I, 71. — (Esprit des) [XIXe siècle]. II, 550. — se battent contre les Orléanais. I, 24. — repoussent les Nordmans. I, 34, 36. — retranchés dans le Puiset. I, 85. — bâtissent la cathédrale. I, 99. — vont se battre contre les routiers. II, 51. — s'emparent de Gallardon. II, 94. — obtiennent la *navigation* de la rivière. II, 95. — en procès avec l'Évêque au sujet du paccage des Grands-Prés. II, 96, 97. — battus par les gens de Nogent-le-Roi [1459]. II, 120, 131. — assiégent Nogent-le-Roi [1590]. II, 310. Voir *Chartres*.
CHARTRES — (Panorama de). I, 1, 2, 3, 4. — type de la ville Moyen-Age. I, 4. — (Productions du territoire de). I, 4. — (Minéralogie et géologie du territoire de). I, 5. — image de Jérusalem. I, 6. — sous la domination romaine. I, 7 à 19. — converti au Christianisme. I, 20. — appartient à Clodomir. I, 21. — appartient à Hildebert. I, 21. — appartient à Haribert. I, 22. — appartient à Gontran. I, 24. — appartient à Théoderic. I, 25. — (Ecoles épiscopales de). I, 27. — (Incendie de) [742]. I, 28. — (*Missi dominici* à). I, 29. — (Plaids général à) [849]. I, 31. — pillé par les Nordmans [858]. I, 32. — sauvé par Robert-le-Fort [865]. I, 33. — (Plaids général à) [867]. I, 33. — (Corps de saints transportés à) [895]. I, 35. — (Rollon assiège) [911]. I, 35, 36. — (Comté de). I, 41. — pris par les Nordmans et les Danois [962]. I, 42. — (Topographie de) [XIe siècle]. I, 62 à 65. — (Régime féodal à). I, 78, 79. — (Mariage de Bohémond de Tarente célébré à). I, 81. — (Reliques transportées à). I, 84. — (Administration civile de)

[XIIe siècle]. I, 93. — (Saint Bernard à). I, 97. — fréquenté par Thibault V. I, 104. — embelli par Pierre de Celles. I, 112. — (Incendie de) [1194]. I, 120. — (Croisade prêchée à). I, 122. — douaire de la comtesse Catherine. I, 125. — (Tumulte à) [1210]. I, 126, 127. — (Commerce et industrie de). I, 129, 376 à 404, 509 à 522. — (Le comte de Champagne vend au Roi la suzeraineté du comté de) [1234]. I, 134. — (Incendie de) [1262]. I, 145. — vendu à Philippe-le-Bel [1286]. I, 152. — donné à Charles de Valois [1293]. I, 153. — (Etat des personnes à) [XIIIe siècle]. I, 156. — (Beaux-arts et belles-lettres à) [XIIIe siècle]. I, 157, 158. — (Charte communale de) [1296]. I, 159. — réuni à la Couronne). I, 184. — (Tableau de) [XIVe siècle]. I, 185 à 195. — (Etablissements religieux de) [XIVe siècle]. I, 196 à 307. — (Etablissements civils de) [XIVe siècle]. I, 308 à 375. — ville de *Loi*. I, 378. — (Monnaie de). I, 405 à 420. — (Catalogue des évêques de). I, 422. — (Bourgeoisie de). I, 437. — (Topographie de). I, 461. — visité par Philippe de Valois. II, 2, 3, 7, 8, 12. — a des baillis du pays. II, 8, 12. — visité par le roi Jean. II, 12, 15. — (Confiscations à). II, 13, 15, 35, 61, 64, 340, 344. — fidèle au roi Jean. II, 14. — se met en défense contre les coureurs de tous les partis. II, 17, 19, 21, 32, 37, 39 à 45, 50, 58. — menacé par Charles-le-Mauvais. II, 21. — (Comptes des recettes et dépenses de) [1358-1359]. II, 17 à 19, 555 à 600. — (Traité de Bretigny près) [1360]. II, 23, 24. — contribue à la rançon du roi Jean. II, 26. — (Philippe, duc de Bourgogne, à). II, 27, 28. — (Etats-généraux de 1367 tenus à). II, 29, 30. — Compagnie du Vidame établie à). Voir *Vidame* et *Vidamiers*. — (Tumulte à) [1374]. II, 32 à 34. — (Le corps de du Guesclin traverse). II, 38. — (Etats provinciaux à) [1381]. II, 43. — (Charles VI à). II, 46, 49, 52, 54, 55, 60. — (Isabeau de Bavière à). II, 49, 52, 60, 70. — (Peste à). Voir *Peste*. — (Routiers combattus par les habitants de). II, 51. — (Pierre de Craon traverse) [1392]. II, 53. — (Paix de) [1409]. II, 59, 60. — quartier-général des Orléanais [1410]. II, 61, 62. — penche pour les Bourguignons [1411]. II, 64. — (Armée convoquée à) [1412]. II, 65. — (Le comte de Vendôme vient en procession à) [1413]. II, 66, 67. — (Les Armagnacs prennent le dessus à) [1413]. II, 67, 68. — pris par les Bourguignons [1417]. II, 69, 70. — assiégé par le dauphin [1421]. II, 74, 75. — donné en nantissement au comte de Vendôme [1425]. II, 77. — pris par le Dunois et Florent d'Illiers [1432]. II, 81 à 83. — (Lettres de rémission données par Charles VII aux habitants de) [1432]. II, 85. — (Les Anglais tentent de reprendre) [1433]. II, 86, 87. — place d'armes des Français. II, 87, 88. — (Charles VII à). II, 93, 94, 99. — (Concile tenu à) [1450]. II, 99, 100. — (Louis XI à). II, 108, 109, 111, 115, 116, 123, 124, 126, 127. — (Liste des notables de) [1468]. II, 601, 602. — déclaré *bonne ville* par Louis XI. II, 125, 126. — engagé à Louis de Joyeuse [1479]. II, 126, 127. — fidèle à Charles VIII [1484]. II, 129. — (Dégradation du prêtre Rabier à). II, 132 à 134. — (Anne de Bretagne traverse). II, 138, 139, 142, 143. — (Louis XII à). II, 140. — (Incendie du clocher de plomb de la cathédrale de) [1506]. II, 144, 145. — (*Mystère* célébré à) [1507]. II, 147. — (Rédaction de la Coutume de) [1508]. II, 148, 149, 150. — (François Ier à) [1518]. II, 153. — mis en état de défense [1523-1525]. II, 155 à 157, 159. — (Grande ordonnance pour la police de) [1524]. II, 157, 609, 610. — érigé en duché pour Renée de France et Hercule d'Est [1528]. II, 161, 165 à 167. — (Belles-lettres et beaux-arts à) [XVe et XVIe siècles]. II, 162 à 164. — (Etats provinciaux à) [1529]. II, 168. — (Famine à) [1530-1531]. II, 168, 169. — (Dégradation du prêtre Lecocq à). II, 169, 170. — (La reine Aliénor fait son entrée à) [1532]. II, 171. — (Collège établi à). Voir *Collège*. — (Budget de). [1539]. II, 177. — (Inventaire de l'artillerie de) [1545]. II, 181. — (Entrée de Marie Stuart à) [1548]. II, 186. — (Obligations des échevins de). II, 151, 187 à 189, 254, 364, 365, 441, 447. — (Henri II à). II, 190, 191, 198. — (Etablissement du siége présidial de) [1552]. II, 192. — (Calvinisme à). II, 193, 194, 203, 206 à 208, 222, 368. — (Création du bureau des pauvres à). Voir *Bureau*. — en état de défense [1557]. II, 199. — (Expulsion des Huguenots de) [1562]. II, 210. — (Le prince de Condé fait sommer) [1562]. II, 216. — (Catherine de Médicis et Charles IX à) [1563]. II, 218. — (Les échevins demandent un maire pour). II, 219. — désarmé. II, 221. — visité par Mme Renée qui y fait tenir un prêche [1566]. II, 226. — (Etablissement du Tribunal consulaire à) [1566]. Voir *Consuls*. — (Tumulte à) [1567]. II, 227. — (Préparatifs de guerre à) [1567]. II, 229, 230, 232. — (Siége de) [1568]. II, 233 à 243. — (Etat des dépenses faites pendant le siége de). II, 244 à 246. — (Mesures de police et préparatifs de guerre à). II, 249. — désarmé [1570]. II, 253. — (L'évêque Guillard forcé de quitter) [1572]. II, 261. — (Mort de Mme Renée, duchesse de) [1575]. II, 263. — quartier-général du duc de Nevers [1575]. II, 264. — (L'Union est acceptée à) [1577]. II, 270. — (Henri III à). II, 274, 276, 279 à 283, 286, 291, 294. — (Procession des habitants de Dreux à). II, 282. — assiégé par les Reîtres [1587]. II, 289. — (Forçats turcs à). II, 294. — (Mayenne est reçu dans) [1589]. II, 296. — (Royalistes chassés de). II, 299, 300, 303. — ville ligueuse [1589]. II, 305. — (Siége de) [1591]. II, 315 à 337. — (Office de l'ordre du Saint-Esprit à) [1593]. II, 348. — (Sacre de Henri IV à) [1594]. II, 352 à 357. — (Mesures de police prises à) [1594]. II, 357. — (Mort d'Alphonse d'Est, duc de) [1597]. II, 361. — (Démolition de la citadelle de) [1600]. II, 362 à 364. — (Mort d'Anne d'Est, duchesse de Nemours et de) [1607]. II, 371. — (Le cœur de Henri IV traverse) [1610]. II, 375. — (Louis XIII à). II, 378, 387, 392. — (Préparatifs de défense et désordres à). II, 380 à 382, 385. — dégagé des mains de Henri de Savoie, duc de Nemours [1623]. II, 391. — (Belles-lettres à) [XVIe et XVIIe siècles]. II, 392 à 397. — donné à Gaston, frère de Louis XIII [1626]. II, 401. — (Emeute à) [1628]. II, 403, 404. — (Emeute à) [1632]. II, 408 à 410. — pendant la Fronde. II, 420 et suivantes. — (Emeute à) [1650]. II, 421 à 425. — (Mort de Gaston, duc de) [1660]. II, 434. — (Etat des charges annuelles de) [1666]. II, 438, 439. — (Réforme commerciale et financière à) [1669-1671]. II, 442, 443. — (Louis XIV à). II, 448, 450. — (Offices municipaux achetés par des marchands de). II, 453. — (Mort de Philippe, duc de) [1701]. II, 458. — (Belles-lettres à) [XVIIe et XVIIIe siècles]. II, 462 à 470. — (Beaux-arts à) [XVIIe et XVIIIe siècles]. II, 470, 471. — (Organisation du corps de ville de) [1736]. II, 480, 481. — (Disette à) [1739]. II, 482, 483. — (Etablissement d'une compagnie de pompiers à) [1740]. II, 486. — (Organisation du corps de ville de) [1765]. II, 491, 492. — Autre organisation [1773]. II, 493, 494. — Elections pour les Etats-Généraux [1789]. II, 500. — (Analyse du cahier des remontrances du Tiers-Etat de). II, 501 à 505. — (Emeute à) [1789]. II, 507. — (Fédération à) [1790]. II, 509. — (Troubles à) [1792]. II, 511. — (La Terreur à) [1793-1794]. II, 512, 513. — (Emeute à) [1795]. II, 513, 514. — (Bande d'Orgères jugée à) [an IX]. II, 515, 516. — (Sciences, Belles-lettres, Beaux-arts à) [XVIIIe et XIXe siècles]. II, 518 à 527. — Etablissements religieux créés depuis le XIVe siècle. II, 528 à 541. — (Statistique de) [1836]. II, 542 à 550. — (Liste des Comtes, Ducs, Vidames, Baillis, Capitaines, Gouverneurs, Lieutenants-généraux, Prévôts, Procureurs du Roi, Maires, Echevins, etc., de) [jusqu'en 1789]. II, 611 à 627.

CHARTRES (Maison de). I, 445. — (Bernard de). I, 138. — (Guillaume de). I, 106, 139. — (Guy de). I, 114. — (Hector de). II, 68, 71. — (Herbert de). I, 59. — (Hervé de). II, 17. — (Mathieu de). II, 162. — (Philibert de). I, 73. — (Philippe de). II, 41, 45, 162. — (Regnault de). II, 89. — (Robert de). I, 132. — (N. de), de Belsard. II, 456. — (N. de), du Bourgneuf. II, 456.

CHASLES (Adelphe). II, 517. — (Jacques). II, 517. — (Michel). II, 526. — (Philarète). II, 523. — (René). II, 246. — (N.). II, 508, 511.

CHASSE au loup, en Beauce. II, 483.

CHASSE — de la sainte Chemise. I, 36, 224, 291, 400. — (Processions de la Sainte-). I, 550.

CHASTAING (Guillaume de), bailli. II, 38, 52.

CHATAINCOURT (Village de). I, 357.

CHATEAU — des Comtes. I, 2, 43, 150, 185, 322 à 324. — (Vieux). I, 316; II, 154.

CHATEAUDUN (Ville de). I, 24, 47; II, 75.

CHATEAU-LUISANT (Aimery de), évêque. I, 211; II, 6, 10.

CHATEAUNEUF (Bourg de). I, 265, II, 345. — (Maison de). I, 79, 446. — (Guazon de). I, 61. — (Gervais de). I, 69, 107, 123. — (Hervé de). I, 123. — (Hugues de). I, 93.

CHATELAIN de Chartres. I, 140.

CHATELET (Bourg et faubourg du). I, 187, 227, 241, 309. Voir Faubourg.

CHATILLON (Jean de), comte. I, 141, 146, 147, 219, 299, 305, 381.

CHATRE (N. de la). II, 305.

CHAUDRONNIERS. I, 398.

CHAUFFOURS (Etienne de). I, 537. — (Cure de). I, 334. — (Mairie de). I, 336. — (Justice de). I, 336.

CHAUMONT (Filles de l'Union Saint-), pour la conversion des protestants. II, 540.

CHAUSSÉE (Charles de la). II, 301. — (Jacques de la). II, 101, 107. — (Mathurin de la). II, 301.

CHAUSSETIERS. I, 231.

CHAUVEAU (Jean). II, 15. — Lagarde. II, 524.

CHAUVEL (Gilles). I, 175. — (Guillaume). I, 153. — (Jacques). II, 35. — (Jean) II, 20.

CHAUVET (Michel). II, 303.

CHAVANNES (Village de). I, 263.

CHAVERNAY (Colin et Hugues de). I, 140. — (Nicolas de). I, 151.

CHEFDEVILLE (Colin). II, 101.

CHEMIN DE FER. I, 4, 11, 545.

CHEMINS — romains du pays des Carnutes. I, 17. — principaux aboutissant à Chartres. I, 64. — grands, pierrés entre Chartres et Blois. II, 124. — vicinaux. II, 543.
CHEMISE (Sainte-) — (Châsse de la). Voir *Châsse*. — de la Vierge, arborée par l'évêque Gancelme sur la porte Neuve [911]. I, 36, 37. — sauvée lors de l'incendie de 1194. I, 121.
CHENARD. Voir *Chesnard*.
CHENEVIX (Pierre le). II, 150.
CHERON (Saint-). — (Apostolat de). I, 19, 20, 214, 282, 285. (Couvent de). I, 282 à 289. — (Pélerinage à). I, 282. — (Election de sépulture à). I, 282, 283. — (Ruines successives de). I, 283, 284. — (Fontaine de). I, 284, 285. — (Reliques de). I, 285. — (Réformes à). I, 286, 287. — (Possessions de). I, 288. — (Revenus de) [1790]. I, 288, 289. — (Maire de). I, 495.
CHERON (Famille). I, 79. — (Charles). II, 307, 374. — (Claude). II, 450. — (Foulques). II, 141. — dit Violette. I, 519.
CHERVILLE (N. de). II, 424, 425.
CHESNARD (Hubert). I, 148. — (Philippe). I, 107. — (Renaud) de Louville. I, 123.
CHESNEAU (Jean). II, 210, 317. — (Pierre). II, 300.
CHESNEL (Jean). II, 299, 301.
CHEVALIER de la ville. II, 37.
CHEVALIER (Jean). I, 521. — (Pierre). II, 105.
CHEVALIERS — se font moines. I, 69. — ès-lois. I, 141, 164. — du Temple. I, 93, 135, 173, 293, 298. — de l'hôpital Saint-Jean de Jérusalem. I, 173, 192, 293. — de Saint-Lazare et du Mont-Carmel. I, 366. — de Rhodes. I, 293. — de Malte. I, 173, 293; II, 532. — de l'Oiseau-Royal. Voir *Oiseau-Royal*.
CHEVARD, historien. I, 182; II, 508, 511, 520.
CHEVAUCHÉE — (Droit de). I, 159. — des enfants de chœur à Josaphat. I, 291. — des chantres et enfants de chœur au Grand-Beaulieu. I, 361.
CHEVECIER — du chapitre de Notre-Dame. I, 181. — du chapitre de Saint-Maurice. I, 264.
CHEVERNY. Voir *Hurault*.
CHEVRIER (N.). II, 421, 423, 430.
CHINCHE (Tripot de). Voir *Tripot*.
CHOLET (Famille). I, 157, 281. — (Gilles). II, 51, 229. — (Guillaume). I, 403. — (Jean), cardinal. I, 152. — (Yon). II, 51, 229.
CHONVILLIERS (Gilles de), bailli. I, 557; II, 69.
CHOTARD, prévôt. I, 79.
CHOUART (Pierre). I, 276.
CHOUAYNE (François). I, 489, 515; II, 289, 301, 311, 362, 374, 378. — (Florent). II, 394, 419.

CHRISTIANISME à Chartres. I, 19, 20.
CHRONIQUE (Vieille) de l'église de Chartres. I, 19, 57.
CHUISNES (Village de). I, 17. — (Prieuré de). II, 52.
CIMETIÈRES — Saint-Cheron. I, 282. — Saint-Jérôme. I, 211. — Saint-Aignan. I, 232. — Saint-André : grand cimetière, cimetière des Excommuniés, cimetière des Innocents. I, 238, 239. — Halle. I, 239. — Sainte-Foy. I, 242. — des Protestants. I, 243. — des Enfants. I, 244. — Saint-Hilaire, dit *de la Mort*. I, 245. — des Pestiférés. I, 245. — Saint-Thomas. I, 250, 251. — de l'Hôtel-Dieu. II, 319. — (Police des). II, 497.
CINQ-SEMAINES (Droit des), à Courville. I, 123.
CIRE (Commerce de la). I, 378.
CIRERIE. I, 66.
CIRIERS. I, 522.
CITADELLE de Chartres. I, 249, 321; II, 339, 348, 362 à 364.
CITEAUX (Maisons des religieux de), à Chartres. I, 192, 465.
CLAMECY (Gilles de). II, 75.
CLARON (Thibault). I, 92, 94.
CLASSES (Serfs profitant de la création des). I, 65.
CLAVIER (Pierre-Marin). II, 487, 494, 500, 501. — d'Ombrelles (N.). II, 500.
CLAUSEL DE MONTALS, évêque. I, 36; II, 517.
CLAYE (N.). II, 510.
CLEFS de la ville (Distribution des). II, 221, 224, 225, 340, 367, 376.
CLÉMENCE, comtesse. I, 130.
CLÉMENT, prévôt. I, 93, 100. — (Henri). I, 215.
CLERCS — chanoines de Saint-Père. I, 38. — du Comte. I, 140. — jurés. I, 164. — de Loëns. I, 369. — de la Basoche. II, 186.
CLERGÉ de Chartres. II, 542.
CLERGIE (Privilège de). I, 128, 138, 180.
CLÉVILLIERS (Village de). I, 154.
CLICTOU (Josse). I, 236; II, 162.
CLOCHES (Fondeurs de). I, 399, 400. — (Sonnerie des) de Notre-Dame. I, 204, 400. — de Saint-André. I, 400. — (Plainte sur la sonnerie des). I, 287. — (Rachat des) [siège de 1591]. II, 340.
CLODOMIR. I, 21.
CLOITRE (Description du). I, 3, 186 à 188, 471 à 474. — (clôture du). I, 139, 142, 171, 181. — (Police du). I, 172, 175; II, 7, 58. — (Liberté du). I, 73, 76, 80, 116, 117, 128, 138. — (Querelles au sujet du). I, 73, 76, 116, 119, 126, 128, 138; II, 112. — (Justice du). I, 165, 170, 175. — lieu d'asile. I, 170.
CLOS — de la Chancellerie. I, 487. — l'Évêque. I, 65, 193, 489. — de Feuillet. I, 192, 487. — de Saint-Jean. I, 278. —

Sigismond. I, 269. — Notre-Dame. I, 192, 487. — Aquart ou Isaquart. I, 488. — Chanteloup. I, 488.
CLOSIER de l'Evêque. I, 494.
CLOTHER. I, 21, 26.
CLOUTIERS. I, 398.
CLOVIS. I, 20.
CLOYES (Bourg de). II, 16.
CLUNY (Ordre de). I, 266.
COCHARD (Macé). I, 297. — chanoine. II, 273, 312. — (Jean). II, 230.
COCHES (Entreprise des). II, 359.
COCHIN (Famille). I, 182. — (Gilles). II, 150. — (Jacques). II, 339.
CŒURS (Dames des Sacrés-). II, 543.
COICHET (Girard). II, 50.
COIN-DU-MUR (Robert du). I, 227, 263.
COINGHAN (Jean de), bailli. II, 134.
COINTET (Famille). I, 157. — (Geoffroy). I, 118.
COLIBERTS. I, 66.
COLIGNY (Amiral de). II, 258.
COLLÉGE — des prêtres gaulois. I, 8. — communal [1534]. II, 174, 179, 223, 224. — royal de Chartres, chez Pocquet [1572]. I, 229; II, 255, 256, 370, 371, 486, 487, 490, 491, 497. — communal actuel. I, 2, 298; II, 546. — de Bourgogne, à Paris, appartenant au couvent de Saint-Jean. I, 281. — (Liste des Principaux du). II, 627.
COLLIN D'HARLEVILLE. I, 1; II, 519.
COLROUGE (Famille). I, 156, 172, 180. — (Etienne). I, 171, 537. — (Gilbert). I, 140. — (Gilon). I, 117. — (Gilot). I, 145. — (Guy). I, 276. — (Jean). I, 152, 170, 391; II, 17. — (Renaud). I, 145.
COMMARGON (Nabourg de). II, 149. — (N. de). II, 455.
COMMERCE. I, 39, 65, 117, 129, 132, 147, 148, 157, 187, 190, 194, 325 à 332, 376 à 404, 509 à 522, 560 à 564; II, 11, 95, 117, 140, 176, 184, 226, 292, 293, 295, 384.
COMMUNAUTÉS (Métiers en). Voir aux noms des divers métiers. — (Patriotisme des). II, 159. — religieuses. II, 542. — de paysans. I, 84. Voir *Corporations*.
COMMUNES (Origine des). I, 84. — (Chartres dépourvu de) [a. XIII° siècle]. I, 93. — (Erection de la) [1296]. I, 159, 160. — de Châteaudun. I, 114. Voir aussi aux mots *Chambre*, *Charges municipales*, *Corps de ville*, *Echevins*.
COMPAGNIES — bourgeoises. Voir *Arquebusiers*, *Oiseau-Royal*, *Vidamiers*. — (Ravages des grandes). II, 7, 15, 16, 26, 29.
COMPAGNON (N.). II, 256.
COMPAGNONS — du Vidame. Voir *Arquebusiers*, *Oiseau-Royal*, *Vidamiers*. — des métiers. I, 382, 386.
COMPAIGNON — de Marchéville (N.). II, 487. — (Marin). I, 297; II, 245. — (Pierre). II, 252.

COMPOSITION. Voir *Convention*.
COMPTES — des recettes et dépenses de la ville [1358]. II, 17, 555. — municipaux (Tenue des). II, 177, 188. Voir *Budget*. — (Chambre des) du Chapitre. I, 227.
COMTE — (Premier) de Chartres. I, 41. — (Territoire du). I, 45. — (Officiers du). I, 43, 44, 79, 94. — (Conseil du). I, 45, 46. — (Menues coutumes appartenant au). I, 501. — (Querelles entre le Chapitre et le). Voir *Chapitre*, *Convention*. — (Querelles entre l'Evêque et le). Voir *Convention*, *Evêque*. — (Liste des). II, 611.
COMTÉ de Chartres. Voir *Chartres*. — perd de son importance [1019]. I, 51.
CONCILE. II, 56, 99, 100, 343.
CONDÉ (Prince de). I, 261; II, 201 à 203, 205, 216 à 218, 221, 236, 251.
CONDONNÉS. Voir *Frères*.
CONETODUN, chef carnute. I, 12.
CONFISCATIONS. II, 13, 35, 54, 64, 307, 313.
CONFRÉRIE — ou maison de fraternité à Saint-Hilaire. I, 93. — des procureurs et sergents à Saint-Blanchard. I, 254. — des notaires à Saint-Blanchard. I, 254. — des avocats à Saint-Blanchard. I, 254. — de la Passion en l'église Saint-Etienne. I, 256. — de la Passion, joue des mystères à Chartres. II, 133, 147. — de Saint-Nicolas ou *des Bourgeois*. I, 258. — de la Charité, à Saint-Lazare de Lèves. I, 263. — du Saint-Sacrement ou des Apôtres, à Saint-Maurice. I, 264. — de Notre-Dame-de-Liesse, à Saint-Maurice, I, 264. — de la Croix, fondée par les compagnons du vidame, dans l'église des Cordeliers. I, 295. — des *Condonnés* de l'Hôtel-Dieu. I, 334. — pour l'administration du Grand-Beaulieu. I, 357. — de Saint-Crespin et Saint-Crespinien. I, 396.
CONGRÉGATION. Voir *Communautés*, *Confrérie*, *Couvents*.
CONSEILLERS — du Comte. I, 46. — de l'Evêque. I, 46.
CONSULS (Etablissement des) [1566]. II, 226. — (Règlement du Tribunal des) [1735]. II, 481.
CONTET (Robert). II, 317. — de Mandeville (N.). II, 455.
CONTRAT (Coutume du) de la ville. I, 159.
CONTRIBUTIONS. Voir *Emprunts*, *Impositions*, *Impôts*, *Taille*, *Taxes*.
CONVENTION [1271] sur les *Avoués*. I, 148. — [1294] entre le Comte et le Chapitre. I, 165. — [1306] entre le Comte et le Chapitre. I, 170, 529; II, 3, 4. — [1312] entre le Comte et l'Evêque. I, 170, 537. — [1329] entre le Comte et le Chapitre. II, 3. — [1330] entre le Chapitre et le comte de Blois. II, 5. — [1330] entre le Chapitre et le roi de Navarre. II, 4.
CONVERS (Pierre). I, 174.

Corancez (Village de). I, 9.
Corbeil (Famille de). I, 311.
Cordeliers. Voir *Frères* mineurs.
Cordiers. I, 263.
Cordonniers. I, 189, 214 à 216, 345, 390 à 396, 471. — en cordouan. I, 189. — en gros cuir. I, 190.
Cordouaniers. Voir *Cordonniers*.
Cornu (Yves). II, 399. — (Vincent). II, 406.
Corporations. I, 65, 66, 194. Voir aux noms des divers métiers. — (Réforme des). II, 399, 442, 443. Voir *Communautés*.
Corps de ville. I, 159; II, 8, 139, 140, 141, 151, 183, 187 à 189, 203, 209, 219, 254, 298, 340, 364, 365, 441, 447, 453, 474, 480, 481, 491 à 494, 508.
Corroirie (Maison de la). I, 191, 332.
Corroyeurs. I, 65, 157, 190, 217, 390, 392.
Corvées. I, 66.
Costé (Augustin). I, 1.
Cottereau (Jean). II, 100. — (Martin). II, 303. — (Noël). II, 317. — (Symphorien). II, 196. — (de la Croix-). II, 316.
Cotuat, chef carnute. I, 21.
Couart — prévôt. II, 393, 406, 419. — (Simon). II, 246. — (N.). I, 510.
Coubré (N.). II, 499, 500. — Saint-Loup (N.). II, 508.
Coudray (Village du). I, 269, 337; II, 239.
Couldrier (Jean). II, 205.
Coulombs (Abbaye de). II, 130, 131.
Cour-Richeux (La). I, 188.
Courcillon (Guillaume de). II, 124. Voir *Dangeau*.
Couronne (La). I, 313. Voir *Faubourg*.
Courrat (Héméric). II, 10. — (Jean). II, 10.
Cours — Philippe. I, 312. — (Nouveau). I, 314. Voir *Promenades*.
Courtarvel (Comte de). II, 500. — (Chevalier de) Pezé. II, 500.
Courtier (Pierre). I, 235; II, 162. — de la Barrerie (N.). II, 499, 508.
Courtille (La). I, 309, 310.
Courtin (Geneviève). I, 239, 241, 247. — (Guillaume). II, 147, 150. — (Jean). II, 32.
Courtois (Charles). I, 355.
Courville (Bourg de). I, 82; II, 79, 123. — (Prieuré de Saint-Nicolas de). I, 88, 268, 281, 304. — (Maison de). I, 446. — (Foulques de), I, 82. — (Yves de). I, 61, 81, 94. Voir *Vieuxpont*.
Courvoisiers. I, 390, 391, 505.
Cousin (Famille). I, 241. — (Gilot). II, 39. (Perin). II, 73.
Coutes (Guillaume de). I, 123, 180. — (Jeanne de). II, 106.
Coutumes — du contrat de la ville. I, 159. — de Chartres et du Perche-Gouët. II, 148. — de Chartres commentées. I, 392.

— accordées aux paysans sur les revenus. I, 66. — fiscales. I, 60, 66, 94, 147, 159, 171, 381. — (Grosses). I, 164, 501, 504. — (Menues). I, 164, 178, 326, 377, 381, 497, 501. — appartenant au Doyen. I, 507. — appartenant au Vidame. I, 178. — des métiers. I, 380 à 404.
Couturiers. I, 519.
Couvents (Prospérité des) [fin du XIIIe siècle]. I, 153. — (Associations de). Voir *Association*. — de la ville et de la banlieue : Saint-Père-en-Vallée (Bénédictins). I, 271 à 277. — Saint-Jean-en-Vallée (Augustins). I, 277 à 282. — Saint-Cheron (Augustins). I, 282 à 289. — Josaphat (Bénédictins). I, 289 à 293. — Cordeliers. I, 294 à 298. — Jacobins. I, 298 à 301. — Béguines. I, 301, 302. — Filles-Dieu (Augustines). I, 302 à 304. — L'Eau (Cisterciennes). I, 304 à 307. — Capucins. II, 528. — Minimes. II, 529, 530. — Carmélites. II, 530 à 532. — Ursulines. II, 532. — Visitandines. II, 533. — Filles de la Providence. II, 534 à 536. — Sœurs de Saint-Paul, autrefois de Saint-Maurice ou Sabottes. II, 538 à 540. — Filles de Saint-Chaumont. II, 540.
Craie marneuse (Exploitation de la). I, 5.
Craon (Pierre de). II, 53.
Craton (Eudes et Raimbaud). I, 75.
Crécy (N. de). II, 390, 398.
Crespin (Renaud). I, 113, 114.
Creusas (Simon). II, 484.
Crieurs de vin. I, 181.
Croisades. I, 68, 69, 73, 74, 77, 81, 99, 100, 113, 122, 133, 138, 148, 172; II, 7, 56.
Croisés — chartrains. I, 6, 73, 74, 81, 99, 100, 113, 114, 123 à 125, 132, 133, 138, 148, 437 à 460. — (Juridiction sur les biens des). I, 82.
Croix — aux Ardilliers. I, 489. — de Beaulieu. I, 254, 308, 357. — des Carrefours. I, 192. — Jumelin. I, 147, 488. — de Saint-Maurice. I, 262. — aux Moines de Thiron. I, 92, 190. — Thibault. I, 147, 337, 489; II, 133.
Croix (Jean de la). II, 195. Voir *Delacroix*. — (Cottereau de la). Voir *Cottereau*.
Crosse émaillée de Ragenfroy. I, 400.
Croton (Raimbaud). I, 75.
Crouy (Drouet de). II, 42. — (Jean de). II, 149. — (Michel de). I, 332; II, 97, 102, 117, 128. — (Pierre de). II, 97.
Croy (André de). II, 38.
Cryptes de Notre-Dame (Description des). I, 223 à 226. — (Hôpital des saints Lieux-Forts, dans les). I, 225, 226.
Cuirs. — (Cordonniers en gros.) I, 190. — (Vente des). I, 326, 378, 391 à 396. Voir *Halles*. — (Prud'homme visiteur de). I, 392. — (Jurés-vendeurs de). I, 393. — (Inspecteurs des). I, 393.

Cuisine — du Comte. I, 115. — de Saint-Père. I, 346.

Cuisinier de l'Evêque. I, 228. — fieffé de Saint-Père. I, 496.

Cypierre (N. de). II, 221, 223, 225.

D.

Dammarie (Village de). I, 67, 337.
Danchet (N.). II, 486.
Dangeau (N. de). II, 160. — (Louis de Courcillon, sr de). II, 368. Voir *Courcillon*.
Danois. Voir *Nordmans*.
Dattin de Lancey (N.). II, 500, 507.
Davignon. Voir *Avignon*.
Dégradation d'un prêtre. II, 132 à 134, 169, 170.
Delacroix (Etienne). II, 131, 147, 160. — Frainville. II, 524. — (N.). II, 499, 508, 510. — Cottereau. Voir *Cottereau*.
Delaître, baron. II, 516.
Delavollée (Pierre). II, 474.
Delessert (Gabriel). II, 517.
Deniers — chartrains. I, 406, 409, 411, 417, 418. — d'entrée (métiers). Voir *Bienquietances, Entrée*.
Denis (Famille). I, 182. — (Pierre). II, 317. — (N.). II, 508.
Denise (Hugues). II, 167.
Denonville (Guillaume de). I, 132. — (Charles Haimard de). I, 276. — (N. de). II, 425.
Denrées (Prix des). I, 563 ; II, 459, 608. — (Vente des menues). I, 326.
Dépenses — de la ville [1358]. II, 17, 555. — [XVIe siècle]. II, 178. — du siège de 1568. II, 244 à 246. — du siège de 1591. II, 337.
Deprez (Etienne), bailli. Voir *Prez*.
Députés — aux Etats-généraux. Voir *Etats*. — à l'Assemblée législative. II, 510. — à la Convention. II, 511. — aux Cinq-Cents et aux Anciens. II, 514. — aux Chambres. II, 516.
Dés (Fabricants de). I, 518. — (Jeu de) chez le chambrier. I, 549.
Desfreux (N.), prêtre. II, 224. — (André). II, 393. — (Gervais). II, 101. — (Jean). II, 103. — (Raoullet). II, 195.
Des Mazis (Jean). I, 355. Voir *Mazis*.
Desmousseaux (N.). II, 500.
Desportes (Philippe). II, 283, 284, 289, 394, 395.
Dettes de la ville. II, 438.
Devoirs des compagnons et apprentis. I, 382, 387.
Dicy (Erard de). I, 221, 472. — (Pierre de). I, 345.
Dié (Isambert de Saint-), bailli. I, 146.
Dîmes inféodées. I, 43, 110.
Dinan (N. de). II, 212.
Disette. II, 144, 155, 168, 287, 399, 401, 437, 459, 482.

Dixième sur le vin (Droit du). Voir *Impositions, Octrois*.
Doctrine chrétienne (Frères de la). Voir *Frères*.
Dolmens de Grogneul et de Saint-Maur. II, 9.
Domaine de Chartres (Charges du). I, 503. — (Revenus du). I, 504. — (Receveur du). Voir *Argentier, Chartres*.
Domesticité. (Offices fieffés de la). I, 496.
Domination romaine. I, 16 à 20.
Donations (Style des) [XIe siècle]. I, 523. — [XIIIe siècle]. I, 524. — multipliées aux couvents [c. 1000]. I, 46.
Dondainville (Village de). I, 232.
Doublet (N.). I, 386, 519 ; II, 508, 525. — de Boisthibault. II, 499, 509, 521.
Doudeauville (Duc de). II, 500.
Doullay (N.). II, 499, 507, 508.
Dourdan (Isabelle de). I, 107. — (Girard de). I, 169. — (Prieuré de Saint-Germain de). I, 288.
Douxmenil (Guillaume de), bailli. II, 58, 67.
Doyen du Chapitre (Droits et coutumes appartenant au). I, 507 à 509.
Doyen, historien. II, 508, 520.
Dragon porté aux Complies de Pâques. I, 549.
Draperie (Métier de la). I, 129, 379 à 389 II, 72, 143. Voir *Draps*.
Drapiers (Corporation des). I, 129, 148, 157, 190, 213, 214, 217, 231, 320, 379 à 389, 501.
Drappier (Pierre). II, 222, 308, 497.
Draps (Fabrication des). I, 129, 132, 148, 380 à 389 ; II, 143. — (Foulage des). I, 129, 336. — (Vente des). I, 326, 378, 498, 502, 505, 508. — (Moison des). I, 380. — (Marque de fabrique des). I, 384.
Dreux (Ville de). I, 9 ; II, 76.
Dreux (Simon de). Voir *Beaussart*.
Droits — domaniaux. I, 332. Voir *Coutumes, Domaine*. — fiscaux. Voir *Cens, Coutumes, Fiscaux, Impôts, Taille*.
Drouais (Jean le). I, 224, 488.
Druet (Simon), prévôt. I, 177, 391.
Druides. I, 9, 19.
Druidiques (Monuments) du pays chartrain. I, 9.
Druidisme. I, 8, 9, 16.
Dubois (Guillaume). II, 44. — (Jean). II, 121. — (Simon). II, 229. — (Gilles). II, 271. — (N.). II, 239, 240, 481. — Nattier. I, 264. — du Perray. II, 499.
Duché de Chartres. Voir *Chartres*.
Ducs. (Liste des). II, 611.

TOME II. 42

Dudoyer — du Chaulnoix. II, 500. — de Gastel. II, 518.
Dufresnay de Senainville. (N.). II, 499, 509.
Dugué (Jean). II, 101, 487. — (Ferdinand). II, 519.
Duhan (N.). II, 453, 487. — (Etienne). II, 335. — (Jean). II, 474, 475. — (Michel). I, 240; II, 452. — (Pierre). II, 301. — de Beauchesne. II, 535. — de Mézières. I, 317.
Dumoustier (N.). I, 486; II, 240.
Dumoutier de Dondainville. II, 500.
Duparc (L'huissier). I, 186, 312; II, 393.
Duplessis. Voir *Gratet*.
Duplessix du Colombier. II, 499, 507.
Dupont (Joachim), bailli. II, 13.
Durand, échanson. I, 62. — (N.). II, 500, 510. — (André). I, 297, 521. — (Colin). II, 101. — (Guillaume). I, 449. — (Paul). II, 521. — (Robin). II, 101.
Dussaulx (Jean). II, 522.

E.

Eau (Abbaye de l'). I, 132. — (Description de l'abbaye de l'). I, 304 à 307.
Eaux minérales de Chartres. II, 445.
Ebles du Puits, évêque. I, 216.
Ebrard, vicomte. Voir *Puiset*.
Echanson du Comte. I, 62.
Echevinage. Voir *Corps de ville, Echevins*.
Echevins. I, 161, 297; II, 38, 56, 73, 90, 97, 118, 138, 141 à 143, 150, 151, 171, 174, 188, 196, 205, 219, 223, 225, 254, 279, 298, 301, 310, 345, 357, 364, 370, 376, 384, 441, 447, 450, 459, 472, 474, 477, 480, 482, 492, 493. — (Liste des). II, 621.
Ecluses de l'Eure. II, 106, 123, 136, 137, 140, 141, 175, 184.
Ecolatre. I, 51. Voir *Chancelier*.
Ecoles — de Fulbert. I, 52, 53. — ecclésiastiques ou épiscopales. I, 27, 39, 90, 157, 158; II, 161. Voir *Séminaires*. — au XIVe siècle. I, 182. — de théologie, chez les Cordeliers. I, 294. — au XVIe siècle. II, 174, 371. — normales primaires. II, 546. — mutuelles. II, 546. — des Frères de la Doctrine chrétienne. II, 546.
Ecritoires (Greffes du bailliage dits). I, 322. — ou Secrétariat de l'évêché. I, 258.
Ecurolles (N. d'). II, 425.
Edelin (N.). II, 375.
Edeline (N.). II, 195, 243, 283, 405.
Education (Maisons d'). I, 286, 287, 304; II, 546.
Eglises — de Chartres : Notre-Dame. I, 196 à 226. — Saint-Pierre. I, 2, 274. — Saint-Aignan. I, 230 à 232. — Saint-André. I, 233 à 241. — Sainte-Foy. I, 241 à 243. — Saint-Hilaire. I, 244 à 246. — Saint-Martin-le-Viandier. I, 246 à 248. — Saint-Michel. I, 248 à 250. — Saint-Saturnin. I, 250 à 253. — de la banlieue : Saint-Maurice. I, 260 à 265. — Saint-Barthélemy. I, 265, 266. — Saint-Cheron. I, 266. — Saint-Brice. I, 267 à 269. — de la Madeleine Saint-Jean. I, 271, 279.
Eguilly (Pierre Le Vavasseur, s^{gr} d'). I, 313; II, 160, 209, 217, 221, 265. Voir *Vassé*.
Eliot. I, 172, 537; II, 35.
Elisabeth, vidamesse. I, 88.
Elus sur le fait des Aides. II, 148.
Emailleurs. I, 400.
Eman (Saint-). I, 21. — (Chapelle Saint-). I, 254, 255.
Emaux de Saint-Père. I, 275.
Embarcadère du chemin de fer. Voir *Chemin de fer*.
Emmeline, vicomtesse. I, 60.
Empeigne (Droit d'). I, 507.
Emprainville (Village d'). I, 267.
Emprunts — faits à la ville par le roi. II, 125, 140, 154, 173, 181, 286. — faits à des particuliers par la ville. II, 413, 480.
Enceintes de la ville. Voir *Fortifications*.
Enfer (Jardin et maison de l'). I, 193, 336, 489.
Entrée (Droit de joyeuse) (Hôtel-Dieu). I, 337. — (Droits d'). Voir *Octrois*. — (Deniers d') (métiers). I, 382, 386, 387, 395, 397, 513, 519. — de Charles VI, à Chartres [1383]. II, 46. — d'Isabeau de Bavière [1386]. II, 48, 49, 71. — d'Anne de Bretagne [1498]. II, 138. — de Louis XII [1502]. II, 140. — de François Ier [1518]. II, 153, 154. — de l'évêque Louis Guillard [1525]. II, 159. — d'Aliénor d'Autriche [1532]. II, 171. — de Marie Stuart. [1548]. II, 186. — de Henri II et de Catherine de Médicis. II, 190, 191. — de Charles IX [1562]. II, 212. — de Mme Renée, duchesse de Chartres [1566]. II, 226. — de Louise de Lorraine [1577]. II, 272. — de Henri IV [1591]. II, 336. — de Louis XIII [1619]. II, 387. — de Gaston, duc d'Orléans et de Chartres [1630]. II, 406. — de Louis XIV [1661]. II, 435. — de Marie Leczinska [1732]. II, 478. — du Dauphin et de la Dauphine [1756]. II, 487, 488. — de Napoléon Ier, de Marie-Louise, du duc et de la duchesse d'Angoulême et autres princes [1808-1848]. II, 516. — des Evêques. I, 557.
Epars. Voir *Faubourg, Portes*.
Epernon (Bourg d'). I, 123.
Eperonniers. I, 398, 399.
Epiciers. I, 213, 517.

EPINGLIERS. I, 398.
EPITAPHE — de Calétric. I, 22. — de Gaucelme et de Ragenfroy. I, 39. — de Thibault II. I, 49. — satyrique du prince de Condé. II, 251. — satyrique de Coligny. II, 258. — du sieur de Montescot. I, 249.
EPIZOOTIE. II, 401.
ERMENONVILLE (Village d'). I, 144, 232.
ERNAUD, viguier. I, 69. Voir la Ferté.
EROUVILLE (Gaufrid d'). I, 113, 114.
ESCARCHELEUX. Voir Société.
ESCHEVILLIER (Gilles d'). Voir Chonvilliers.
ESCOMBART (Jean). II, 117.
ESCORPAIN (Village d'). I, 357.
ESCOUBLEAU. Voir Sourdis.
ESCUAGE. Droit féodal. I, 104, 105, 111.
ESSARTS (N. des). II, 378, 456.
EST (Alphonse d'), duc. II, 263, 361. — (Anne d'), duchesse. II, 361, 371. — (Hercules d'). I, 420; II, 165.
ESTAMPES de Valençay (Léonor d'), évêque. I, 228, 280, 286, 291; II, 388, 398, 414.
ESTANDART (Jean de l'). II, 20. — (Simon de l'). II, 51.
ESTHÉTIQUE. II, 467 à 470.
ESTIENNE (N.). II, 212, 437, 520.
ESTRIVART (Denis). I, 324.
ETAPE au vin. Voir Buffeterie.
ÉTAT des personnes, au XIe siècle. I, 62, 65 à 69. Voir Avoués, Bourgeois, Justice, Commune, Convention, Hôtes, Serfs.
ÉTATS — généraux. II, 14 à 16, 29, 32, 116, 128, 204, 293, 378, 419, 421, 499. — particuliers du bailliage ou provinciaux. I, 323; II, 43, 148, 168, 204, 270, 378, 498.
ETHÈRE, évêque. I, 21.
ETIENNE — Henri, comte. I, 62, 70, 73 à 75, 77, 78, 277. — abbé de Saint-Jean. I, 74. — (Gilles). II, 188. — viguier. I, 46. — comte de Paris, missus dominicus. I, 29.
ETIENNE (Prieuré de Saint-) au cloître. I, 255 à 257.
ETUDES. I, 183; II, 256. Voir Collège, Ecoles, Education.
ETUVES. I, 191, 264, 337, 461.
EUDES — Ier, comte. I, 44, 47. — II, comte. I, 50. — évêque. I, 264. — roi. I, 34.
EURE (Vallée de l'). I, 1. — (Ville basse arrosée par un bras de l'). I, 2. Voir Canalisation, Ecluses, Flottage, Inondation, Navigation.
EVÊCHÉ (Description de l'). I, 3, 187, 227 à 230. — (Pillage de l'), à la mort des évêques. I, 77. — de Blois formé aux dépens de celui de Chartres. II, 455. — (Fiefs de l'). I, 156, 493.
EVÊQUES (Liste des). I, 19, 422 à 431. — Ont-ils été comtes-propriétaires? I, 24; II, 465. — (Conseillers des) [fin du Xe siècle]. I, 46. — (Querelles entre le Comte et l'). I, 73, 76, 77, 79, 80, 168. — (Querelles entre le Chapitre et l'). Voir Chapitre. — (Spirituel de l'). I, 555. — (Temporel de l'). I, 65, 554. — (Revenus de l'). I, 554. — (Coutumes appartenant à l'). I, 497. — (Maison de plaisance des). I, 131. — (Première entrée des). I, 268, 557, 559. — (Serment des). I, 323.
EVIERS. Porteurs d'eau. II, 156, 181, 349.
EXACTION. Mauvaise coutume féodale. I, 66, 67.
EXCOMMUNICATION. I, 55, 71, 73, 76, 80, 96, 97, 126, 139, 141, 148, 150, 152, 167, 168, 179; II, 4, 5, 112.
EXÉCUTEUR des hautes-œuvres. (Havage perçu par l'). II, 366.

F.

FABRICANTS. Voir Bourgeois de la rivière, Commerce, Draperie, Draps.
FABRIQUE. Voir Draperie, Draps.
FAINS (Marquis de). II, 498.
FAITAGE. (Droit de). I, 132.
FAMIN (N.). II, 273.
FAMINE. I, 60. Voir Disette.
FANTOMES-BLANCS (Procession des). I, 291, 550.
FARDULPHE, abbé de Saint-Denis, missus dominicus. I, 29.
FAUBOURG — des Epars ou Grand-Faubourg. I, 241, 294, 298, 487. — de la porte Châtelet, dit aussi Mahé. I, 194, 242, 313, 488. — Saint-Jean ou de la Couronne. I, 241, 488. — Saint-Maurice. I, 488. — de la Barre-des-Prés. Voir ce nom. — des Filles-Dieu ou de Reculet. I, 302, 489. — Guillaume ou du Pont-d'Inde. I, 490. — de la Grappe ou du Puits-de-la-Chaîne. I, 193, 490. — des Bas-Bourgs. I, 490. — Saint-Michel. I, 309. — Saint-Martin. I, 192. — Saint-Brice. I, 192, 267, 268; II, 232. — de la Porte-Drouaise. I, 260, 264. — Morard. I, 265.
FAUX-SAUNIERS (Poursuites contre les). II, 201.
FÉDÉRATION à Chartres. II, 509.
FÉLIBIEN (N.). II, 416. — (André). I, 420; II, 467. — (Anne). I, 420; II, 468. — (Jacques). II, 463. — (Jean-François). II, 463. — (Michel). II, 468. — (Nicolas-André). I, 420; II, 463. — (Pierre). II, 468.
FÉODALITÉ. I, 44, 46, 59, 62, 65, 78, 79, 94.
FÉODAUX (Devoirs). I, 97, 179.

Feré (N.). I, 388.
Feron (Famille le). I, 156. — (N. le). II, 453.
Ferrières (Guillaume de), vidame. I, 88, 191, 317.
Fers (Commerce des). I, 378.
Ferté (Maison de la). I, 447. — (Ernaud de la). I, 111. — (Guillaume de la). I, 74. — (Hugues de la). I, 135, 136, 298, 299, 447. — (Sanction de la). I, 94. — (Famille bourgeoise de la). I, 172. — (Simon de la). I, 475.
Fêtes (Mandement sur les). II, 460. — des Fous. I, 548. — des Innocents. I, 548. — (Quatre) de la Vierge. I, 187.
Feugerais (Wastin des). II, 149.
Feugerolles. Voir *Bracquemont*.
Feuillet (Famille). I, 480. — (N. de). II, 51. — (N.). II, 487.
Feutrerie. I, 66. — (Commerce de la). I, 378.
Feutriers. I, 129, 190, 216, 379, 389.
Fèvres et Maignans. I, 398, 505.
Feydeau de Rouville. II, 455.
Fiacre (Chapelle Saint-). I, 257.
Fidèles du Comte. I, 46, 51, 58, 94.
Fiefs (Concessions à titre de). I, 39, 68. — de l'évêché. I, 156, 493. — (Offices de la domesticité devenus des). I, 156. — (Francs-). II, 444, 490.
Fileurs. I, 386.
Filles-Dieu. (Couvent des). I, 135, 153, 302 à 304, 329. — (Faubourg des). Voir *Faubourg*.
Filles de la Providence. (Couvent des). II, 432, 490.
Finances — de la ville. II, 438. Voir *Budget, Comptes, Dettes, Emprunts*. — (Organisation des) à Chartres. II, 544.
Fiscaux (Droits). I, 60, 66, 191. Voir *Cens, Coutumes, Impôts, Taille*.
Flamenc (Jean le). I, 344; II, 44, 53, 54.
Flans de Chartres. I, 419.
Flaud (Famille). I, 79, 157.
Flavigny (Etienne de). II, 42, 45.
Fleuriau — d'Armenonville. II, 456, 457, 477, 481, 483. — de Morville. I, 391; II, 461, 477.
Fleury (Augustin-Bernardin de Rosset de Rocozel de), évêque. I, 229; II, 485, 495, 496.
Floquet (Simon). II, 240, 242.
Flottage de l'Eure [1734]. II, 478, 479.
Foire — des Infirmes ou de Saint-Simon-Saint-Jude. I, 60, 105, 378. — de Saint-Père. I, 147, 276, 378. — de Brie et de Champagne. I, 401. — des quatre fêtes de Notre-Dame. I, 378. — de Saint-André. I, 238, 378; II, 549. — des Barricades. II, 292, 384, 385, 446, 549. — de Saint-Barthélemy. II, 151, 295, 385, 549. — des Landis. II, 549. — aux Laines. II, 549. — de septembre. II, 385. — (Le cloître de Notre-Dame, premier champ de). I, 377.

Foisy (Famille). II, 458, 481, 494, 499.
Fondeurs de cloches. Voir *Cloches*.
Fontaine-la-Guyon (Village de). I, 32. — (Adrien de Gallot, seigneur de). II, 209, 228.
Fontaine (Sance de la), bailli. I, 170.
Fontaines : — Saint-André. I, 237. — Bouillant. I, 154. — Saint-Cheron. I, 284. — Drouaise. I, 315. — Sainte-Même. I, 284.
Fontenay-sur-Eure (Village de). I, 44, 119, 123, 337.
Fonteny de Menainville (N.). II, 456.
Foreau (N.). I, 493; II, 492, 494, 500. — Saint-Loup. II, 499. — de Trizay. II, 492, 500, 509.
Forgerons. I, 190, 213, 398.
Forte-Maison (Lieu dit la). II, 11, 19, 54, 579.
Fortifications. I, 2, 3, 32, 62 à 64, 112, 188, 192, 308 à 321; II, 20, 45, 50, 58, 68, 78, 143, 159, 179, 199, 223, 227, 249, 262, 266, 277, 285, 298, 299, 309.
Fossés de la ville : — de Barbou ou Bas-Bourgs. I, 310. — (Vieux). I, 310, 311. — neufs. I, 310; II, 19. — dits le Couasnon et le Petit-Buot. I, 311. — Sainte-Foy. I, 312.
Foucher — de Chartres. I, 74, 276. — abbé de Saint-Lubin. I, 46. — *de corona*. II, 8.
Fouet (N.). I, 388.
Fougeu. Voir *Fourneaux*.
Foulerie. I, 331, 382, 505. — (Maison de la). I, 491.
Foulons I, 65, 190. — (Moulins à). I, 148, 381, 383.
Four — Boël ou Boyau. I, 189, 250, 327; II, 4. — banal. I, 192. — Saint-Jean. I, 281. — (Grand). I, 250. — Saint-Maurice. I, 147. — du Vidame. I, 190.
Fourbisseurs. I, 248, 398, 399.
Fourches patibulaires. I, 171, 188, 192, 370, 489.
Fourneaux (Hélie Fougeu, s^r des). II, 379, 380, 387.
Fournier (Famille). I, 182. — (Eloi). II, 452. — (Etienne). II, 196. — (Toussaint). II, 317.
Fournigault (Jacques). I, 338; II, 22, 101. — (Robert). I, 184; II, 4.
Fourré (fr. Jacques). II, 392. — (fr. Jean). II, 149. — (N.). II, 508.
Fourreurs. Voir *Pelletiers*.
Fous (Fête des). Voir *Fêtes*.
Foy (Eglise Sainte-). I, 241 à 243.
Franchise. (Lieux de). I, 170, 239, 299; II, 33, 113.
Franciscaines. II, 400.
François — premier. I, 333; II, 153, 159, 161. — deux. II, 201, 205.
Fraslon (N.). I, 108, 305, 306.
Fraternité (Maison de). I, 93. Voir *Confrérie*.

FRÉNÉTIQUES ou épileptiques, au tombeau de saint Blaise. I, 261, 262.
FRÈRES — condonnés de l'Hôtel-Dieu. I, 334, 335. — de la Doctrine chrétienne. II, 477, 541. — Ladres du Grand-Beaulieu. I, 361. Voir *Beaulieu*, *Maladrerie*. — Mineurs ou Cordeliers. I, 3, 134, 153, 192, 254, 294 à 296, 298, 340 ; II, 377. — Prêcheurs ou Jacobins. I, 134, 143, 153, 192, 298 à 301.
FREROT (Nicolas). II, 392.
FRESNAY (Village de). I, 144, 149, 554; II, 29.
FRESNOT (Jacques). II, 389. — (Jean). I, 515. — (Nicolas). II, 301. — (N.). II, 368, 380.
FRETEVAL (Foucher). I, 60, 62, 64, 270, 308. — (Nivelon). I, 60, 62, 64, 74, 270, 308. — (Payen). I, 270. — (Ursion). I, 105, 108, 357.
FRETIGNY (Jean de), évêque. II, 72, 73, 75, 77, 84.
FRETTE (Armes de la famille Gruel de la). I, 215. — (Charles Gruel de la). II, 389, 390. — (Claude Gruel de la). II, 367, 374 à 377, 380, 381, 386, 387. — (Claude Gruel, marquis de la). II, 417, 419, 426 à 428, 430, 533. — (Robert Gruel de la). I, 114, 115. — (N. Gruel, marquis de la). II, 433, 436.
FRIAIZE (Maison de). I, 447. — (N. de). II, 422. — (Garin de). I, 123, 132. — (Gauthier de). I, 104 à 107, 357. — (Jean de). I, 123, 124.
FRIPIERS. I, 396.
FROMENT de la Beauce. Voir *Blé*, *Grains*.
FRONDE (Troubles de la). II, 419. — (Conduite des Chartrains pendant la). II, 428.
FROTBOLD, évêque. I, 32.
FULBERT, évêque. I, 49, 51 à 57, 196, 223.

G.

GABELLE. Voir *Sel*.
GAGES — des fonctionnaires. II, 36, 169, 178, 192, 439. — des gens de service. I, 563.
GAGNAGE (Droit de). I, 133.
GAGNERIE (N. de la). II, 312, 316, 326, 329, 335.
GAIDON (Henri), prévôt. I, 243.
GALLANDE (Jean de), évêque. I, 165, 168, 173, 295, 346, 358, 402, 415.
GALLARDON (Bourg de). I, 16; II, 94. — (Maison de). I, 448. — (Adam de). I, 135, 234, 302. — (Albert de). I, 58. — (Gaufrid de). I, 234. — (Guy de). I, 82. — (Hervé de). I, 62, 94, 118, 136. — (Hugues de). I, 107. — (Michel de). I, 143. — (Raoul de). I, 106. — (Robert de). I, 88, 107.
GALOPIN (Hémeric). I, 170, 171, 391, 537.
GANCELME, évêque. I, 35, 39, 291.
GANEAU (Pierre de). II, 301, 372, 437, 443.
GANTIERS. I, 396.
GARDAIS (Village de). I, 88.
GARDE — scel. I, 164. — civique. II, 207, 213, 228, 386, 389, 411, 419. Voir *Vidamiers*, *Oiseau-Royal*, *Arquebusiers*. — nationale rétablit l'ordre [1789]. II, 507. — nationale (Fédération de la) [1790]. II, 509.
GARDIENS — du cloître. I, 172; II, 7. — des foires. I, 401.
GARE du chemin de fer. Voir *Chemin de fer*.
GARNAY (Prieuré de). I, 281.
GARNIER (N.). II, 437, 487. — chambellan. I, 108. — de Marigny. II, 489 à 491. — de Ligaudry. II, 444.
GARNISON — à Chartres. II, 87, 110, 173, 181, 182, 191, 202, 209, 229, 233, 307, 316, 338, 413. — (Exemption de) accordée à Chartres. II, 129, 138.
GAS (Village de). I, 293.
GASVILLE (Village de). I, 337.
GATELLES (Village de). I, 337.
GATIEN (Hôpital royal des aveugles de Saint-Julien et Saint-). Voir *Aveugles* et *Hôpital*.
GAUDAINE (Prieuré de la). I, 288.
GAUDEAU (Yves). II, 301, 312.
GAUDICHEAU (Mathieu). I, 166.
GAUSSINTE (N. de). II, 500.
GAUTIER — évêque. I, 131, 133, 135, 262, 298, 299, 365. — (Jean). I, 386. — (Martin). II, 86. — Sans-Avoir. I, 74.
GAUTRUCHE (Famille). I, 182.
GAUVILLE (Jean de). I, 363 ; II, 149, 176, 289.
GAUZBERT, évêque. I, 27.
GAUZFRID — vicomte. I, 44, 51. — le Noir. I, 69.
GENABE, ville des Carnutes. I, 13.
GENDARMERIE. II, 541, 544.
GENDRON (Famille). II, 525.
GENNES (Pierre et Gabriel de). II, 523.
GENS — d'armes (Dépense pour les). II, 20, 181, 418, 598. — de guerre (Violence des). II, 41, 42, 44, 49, 57, 63, 76, 92, 93, 158, 181, 379, 445, 473. — de service (Gages des). I, 563.
GEOFFROY — premier, évêque. I, 70, 71. — deux, de Lèves, évêque. I, 82, 90 à 92, 96, 99, 101. — vicomte de Châteaudun. I, 82, 93, 100.
GÉOLOGIE du territoire de Chartres. Voir *Chartres*.
GEORGES (Maladrerie de Saint-). Voir *Maladrerie*.
GÉRIC (Nicolas du). II, 38.

GERMAIN (Pierre). II, 36, 38, 45.
GERMIGNONVILLE (Village de). I, 155.
GERVAISE (Famille). I, 29, 329; II, 101.
GIBAULT (Jean). II, 97, 101, 103, 104.
GIGNONVILLE (Village de). I, 264.
GILDUIN, vicomte. I, 51.
GILON (Pierre). II, 96, 104.
GIRARD — abbé. I, 290. — (Jean et Marin). II, 452. — (Richard). I, 334. — sénéchal. I, 79. — (Thomas). I. 386.
GIRAULT de la Pallière. Voir Pallière.
GIRESSE-LABEYRIE (Baron de). II, 516.
GIROUDET (Terre de). I, 277.
GIROUST (Hervé). I, 157. — (N.). II, 511, 514.
GISLEBERT, évêque. I, 35, 38.
GITE et Past (Droit de). I, 76, 98, 141, 144; II, 113.
GOBINEAU (Jacques). II, 421. — (Michel). II, 301, 303. — (N.). II, 380, 437.
GODARD (Famille). I, 182. — (N.). II, 514.
GODEFROY — grand-maître. I, 79. — (Macé). II, 101, 103, 115. — (Mathurin). II, 149.
GODET des Marais, évêque. I, 229, 258, 259, 279, 287, 334; II, 454, 460.
GOET (Guillaume). I, 82, 105.
GOGUÉ de Moussonvilliers (Comte de). II, 500.
GOINDREVILLE (Chapelle de). I, 271. — (Guillaume de). I, 144.
GOSLIN de Lèves, évêque. I, 101, 104, 241, 286, 289. 290.
GOTHIQUE (Monuments de l'art), à Chartres. Voir Ogival.
GOUAULT (Robert). II, 459.
GOUGES (Martin), évêque. I, 228; II, 60, 61, 65, 67, 68, 72.
GOUGIS (N.). II, 487, 492.
GOULET (Jacques). II, 311. — (Nicole). II, 256, 273, 313, 394.
GOULU (Nicolas). II, 393.
GOURDEZ (Château, chapelle et moulins de). I, 114, 253, 271; II, 13.
GOUSSARD (Jean). II, 150. — (Paul). II, 452.
GOUSSU (Etienne). II, 319, 324, 337.
GOUVERNEURS — ou procureurs aux négoces. I, 160. — de Chartres. I, 266, 275, 323; II, 454. Voir Echevins. — (Liste des). II, 618.
GRAINS (Marché aux). Voir Marché. — (Mesureurs de). Voir Mesureurs. — (Havage des). Voir Havage. — (Emeutes pour les). II, 507, 511, 513.
GRAMONT (N. de). II, 316.
GRANDET, de la Villette. II, 487, 498 à 500, 507.
GRAND-MAÎTRE — de la maison du Comte. I, 79, 82, 94, 124, 125. — de la maison du Roi. I, 103, 104.
GRAONS (Geoffroy). I, 118.
GRAPPE (Faubourg de la). Voir Faubourg. — (Simon la). II, 48, 51.

GRATET-DUPLESSIS. II, 522.
GRAULF, abbé. I, 39.
GRAVELLE — d'Arpentigny. II, 455. — (Pierre). II, 150.
GRAVEURS chartrains. II, 470, 471, 526.
GREFFIERS. Voir Corps de ville. — (Liste des). II, 626.
GRENET (Famille). I, 74, 79, 157, 182, 481. — (N.). I, 521; II, 394, 406, 408. — (Anne). II, 422. — (Claude). II, 195. — (Etienne). I, 413. — (Jean). I, 338, 351, 515; II, 77, 78, 84, 97, 100, 101, 119, 150, 299. — (Michel). II, 108, 122, 374, 375. — (René). I, 515. — du Cormier (de). II, 456.
GRENETIER. Voir Sel.
GRENIERS — du Chapitre. Voir Loëns. — à sel. Voir Sel.
GRESLOU (Eugène). II, 522.
GRÈVE (Louis-René Servin, comte de la). II, 433. — (Nicolas Servin, comte de la). II, 444, 455.
GREZ (Henri de), évêque. I, 137, 299. — (Etienne de). I, 137, 158.
GROGNEUL (Dolmen de). I, 9.
GROS de la Prévôté. I, 504.
GRUEL. Voir la Frette.
GUÉAU (N.). I, 388, 400, 401. — (Etienne). I, 248. — (Jacques). I, 521. — de Reversaux. II, 523.
GUÈDE pour la teinture. I, 148, 378, 381.
GUÉRIN (N.). II, 374. — (Jean). II, 101. — d'Arcy, évêque. I, 299.
GUERRE — des Carnutes contre les Romains. Voir Carnutes. — de Sigebert contre Chilpéric. I, 22, 23. — des Chartrains contre les Orléanais. Voir Chartrains. — de Théoderic contre Clother. I, 25. — de Hunald contre Pépin et Carloman. I, 28. — des Nordmans et des Danois contre les Francs. I, 31 à 37. — de Thibault-le-Tricheur contre Richard de Normandie. I, 42. — de Eudes Ier contre Richard II. I, 45. — de Eudes II contre les fidèles du roi Robert. I, 50. — de Eudes II contre Foulques-Nerra, comte d'Anjou. I, 51. — du vicomte Gauzfrid contre Fulbert. I, 54 à 56. — de Eudes II contre le roi Henri Ier. I, 57. — de Eudes II contre Gothelon. I, 58. — de Thibault III contre Geoffroy Martel, comte d'Anjou. I, 59, 60. — de Thibault III contre Guillaume, duc de Normandie. I, 61. — du Puiset. I, 72 à 95. — de Yves de Courville contre Rotrou du Perche. I, 82. — de Thibault IV contre Louis-le-Jeune. I, 97. — de Charles-le-Mauvais et des Anglais. II, 14 à 25, 27 à 29, 32, 37, 39, 40. — des Anglais, des Bourguignons et des Armagnacs. II, 59 à 98. — de religion. II, 201 à 402. — de la Fronde. II, 420.
GUERRY, vidame. I, 62.
GUERTON (N.). II, 487.

GUESCLIN (Bertrand du). II, 37, 38.
GUESPIN (Macé). I, 175. — (Mathieu). I, 140.
GUET à Chartres. II, 90, 92, 137, 140, 148, 155, 156, 173, 180, 207, 208, 210, 221, 234, 262, 390.
GUÉTRIERS. I, 396.
GUETTE de la tour de Chartres. II, 66, 148.
GUETTEURS (Chambre des). I, 201.
GUILLARD (Louis), évêque. I, 303, 362, 416; II, 159, 169, 193. — (Charles), évêque. II, 230, 261. — (Nicolas). II, 270, 519. — (N.). II, 508, 512, 514.
GUILLAUME — aux Blanches-Mains, évêque. I, 105, 106, 108, 115, 119, 260, 290, 357. — doyen. I, 126. — prévôt. I, 62. — abbé de Thiron. I, 93. — vidame. I, 123. — de Paris. I, 156. — de Tyr. I, 113.
GUINGAMP (Nicolas de). II, 39.
GUISE (Duc de). II, 294.
GUTRUAT, chef carnute. I, 15.
GYVÈS (N. de). II, 372, 375. — (Antoine de). II, 97. — (Geneviève de) I, 304. — (Henri de). II, 8. — (Jean de). II, 452. — (Pierre de). II, 170. — (Regnault de). I, 296; II, 131, 147, 150.

H.

HACQUEBUTIERS chartrains. II, 160, 251.
HACQUIN (Etienne). II, 195, 210.
HALAGE (Chemin de). Voir *Navigation*.
HALGRAIN (N.). II, 437.
HALIER (Jean). II, 97, 101. — (Martin). II, 97.
HALIGRE (Famille). I, 195, 241, 371, 465, 475, 476. — (N.). II, 278, 365, 377, 400, 401. — (Claude). II, 128. — (Etienne). II, 398, 445. — (Girard). II, 128. — (Guillaume). II, 97, 150. — (Guillemin). II, 97. — (Jean). I, 515; II, 97, 128, 147, 150. — (Michelle). II, 255. — (Raoul). II, 247, 301, 314, 398.
HALLE (Famille). I, 239. (Jean). I, 519. — (Michel). II, 337.
HALLES — I, 3, 189, 190, 325 à 332; II, 56. — aux boulangers. I, 329. — aux cuirs. I, 337. — aux fripiers. I, 337. — aux merciers. I, 188, 329. — au pain. I, 189, 329, 337. — aux souliers. I, 329, 394. — aux draps. I, 326. — des menues denrées. I, 326. — au vin. Voir *Buffeterie*. — au poisson. Voir *Poissonnerie*.
HALLUIN (Alexandre de). II, 415, 447.
HANCHES (Eglise de). I, 88.
HANTERIE. I, 190.
HARDUIN, vicomte. I, 60.
HARDY (Jean). II, 116, 150, 486.
HARENC (Adam). I, 94.
HARIBERT. I, 22.
HARIER (Gilles). I, 175.
HARVILLE (Esprit de). I, 473; II, 149, 313. Voir *Palaiseau*.
HASTING. I, 32.
HAUDRY (Famille). I, 156. — prévôt. I, 46. — (Jean). I, 140, 143. — (Nicolas). I, 158.
HAULLES (Des). I, 407; II, 500.
HAVAGE — du poisson. I, 228. — des grains. I, 507; II, 366, 385.
HAVARD (Guillaume). II, 101.
HAVARDIN (Florent). II, 195, 196. — (Laurent). II, 175, 344.
HAZON (Famille). I, 182.

HÉLIE, évêque. I, 29.
HÉLISENDE, vidamesse. I, 74, 78, 88, 92, 97.
HENRI — premier. I, 56, 59, 61, 66. — deux. II, 183, 190, 197, 200. — trois. II, 263, 264, 268, 271, 275, 278, 282, 284 à 286, 288, 291, 294, 295, 301. — quatre. I, 261; II, 310, 313, 317, 336 à 338, 350, 354, 356, 374. — sénéchal. I, 62.
HÉRÉTIQUES — d'Orléans. I, 56. — protestants, à Chartres. II, 160, 193, 203, 206 à 208, 210, 222, 226, 228, 229, 249, 252, 261, 272, 276, 368, 389, 391. — *Illuminés*. II, 411.
HÉRISSON (N.). I, 312; II, 499, 520.
HÉRITAGE (Serfs possédant le droit d'). Voir *Serfs*.
HÉROUARD (Christophe de). I, 286, 348; II, 167, 190, 223, 313.
HERVÉ (N.). II, 174.
HÉSART (Michel). II, 150, 394.
HÉZARD (N.). I, 386; II, 240.
HILAIRE (Eglise Saint-). I, 244 à 246.
HILDEBERT. I, 21, 24.
HISTOIRE (Chartrains qui ont écrit sur l'). II, 393, 463, 464, 520.
HOCHECORNE (Gilbert). II, 36.
HOMME-BLANC (Procession du bon). I, 550.
HOMMES — (Bons). I, 340; II, 548. — d'armes à la solde de la ville. II, 19, 20, 37, 48, 53, 54, 158. Voir *Gens* d'armes, *Brigans*. — d'armes de l'évêque Hélie. I, 30, 33. — d'armes de l'évêque Gancelme. I, 36. — liges. I, 45, 102. — de corps du comte. I, 46. — de corps de l'église. I, 107, 112, 166. — de corps de Saint-Père. I, 123.
HÔPITAL — (Chevaliers de l'). Voir *Chevaliers*. — des malades. Voir *Hôtel-Dieu*. — royal des six-vingts aveugles. I, 154, 343; II, 548. — des lépreux du Grand-Beaulieu. Voir *Beaulieu, Maladrerie*. — ou Maladrerie de Saint-Georges de la banlieue. Voir *Maladrerie*. — Marie-Thérèse, à Josaphat. II, 548. — d'Aligre, à Josaphat. II, 548. — des vieil-

lards ou *Bons-Hommes*, à Saint-Brice. II, 548. — des orphelines. Voir *Orphelines*. — des orphelins. Voir *Orphelins*. — des Saints-Lieux-Forts. Voir *Notre-Dame*. — des Petits-Pauvres ou pauvres malades. I, 245. — des pestiférés. II, 155, 277, 360.
HOREAU (N.). II, 499, 501, 508.
HOSPICES (Concessions à titre d'). I, 39. — réunies de Chartres. II, 518.
HOSPITALIERS. Voir *Chevaliers*.
HOST (Droit d'). I, 159.
HÔTEL — de ville. I, 3, 324, 325 ; II, 36. — de la Préfecture. I, 3. — Béguin. II, 19. — Guillaume Morhier. II, 19, 581. — Hubert Leroux. I, 373. — Mallet. I, 373. — d'O. I, 476. — Jean de Cloie. II, 19, 582. — Jean de Bissay. II, 19. — de Lèves. I, 373. — de Montescot. I, 325 ; II, 307, 400. Voir *Hôtel-de-ville*. — des Trois-Rois. I, 325. — de la Truiequi-file. I, 328. — du Saumon. I, 328. — du Vidame. I, 187, 188, 191, 229, 373 ; II, 399. — Saint-Christophe. I, 191. — de l'Ecu-de-Bretagne. I, 337. — de la Monnaie. I, 373. — des Gouverneurs. II, 367. — du Cœur-Joyeux. I, 328. — du Court-Bâton. I, 307. — des Courtins. I, 475. — du Cygne. I, 189. — de Feuillet. I, 189. Voir la *Topographie*, vol. Ier, p. 461 à 490.
HÔTEL-DIEU — ou *Aumône* Notre-Dame. I, 3, 332 à 388 ; II, 548. — ou *Petites-Aumônes* des paroisses (Saint-Aignan, Saint-Hilaire, Saint-André, Saint-Michel, Saint-Saturnin, de la Madeleine-St-Jean-en-Vallée, Saint-Maurice. I, 338 à 343.
HÔTES. I, 66, 98, 113, 114, 136, 138, 139, 150, 336 ; II, 3, 4.
HOTOT (Philippe). II, 164.
HOUIC (N. le). II, 38, 73, 77, 81, 305.
HOUVILLE (Village de). I, 264. — (Thibault de). I, 113 ; II, 424, 455.
HOYAU (N.). I, 182, 386 ; II, 39, 494, 508.
HOZIER (Comte d'). II, 500.
HUART de Lamarre. II, 499.
HUCHEDÉ (N.). I, 248 ; II, 474, 475, 487, 492, 494.
HUCHERIE (La). I, 190.
HUE (N.). I, 182 ; II, 499, 500. — de Boisbarreau. II, 499. — de Lorville. II, 499.
HUGUENOTS. I, 279, 283, 303, 306. Voir *Hérétiques* protestants à Chartres.
HUGUENOTTE (Pièce d'artillerie nommée la). II, 236.
HUILE — sainte de Marmoutiers. II, 352. Voir *Sacre*. — (Impositions sur l'). II, 563.
HUNALD. I, 28.
HURAULT de Chiverny (N.). II, 268. — chancelier. II, 283, 291, 328, 333, 336, 338, 342, 348, 349, 354, 357, 363, 366. — comte. II, 353, 366, 376, 385. — comte de Limours. II, 372, 379, 381. — (Jean). II, 245. — (Nicolas). I, 338. — (Philippe), évêque. I, 273, 376 ; II, 363, 378, 388.
HURÉ (Renaud). I, 131, 157.
HUVÉ (Famille). I, 4 ; II, 63, 73, 85, 222, 233, 245.

I.

ILLIERS (Bourg et château d'). I, 54. — (Maison d'). I, 448. — (N.). II, 51, 313. — (Charles d'). II, 128. — (Florent d'). II, 99, 105, 106. — (Gaufrid d'). I, 136, 179, 219, 221. — (Guillaume d'). I, 219, 221. — (Ingelger d'). I, 59. — (Louis d'). II, 149. — (Miles d'). I, 299 ; II, 105, 112 à 115, 133 à 135. — (René d'), évêque. I, 284, 287, 295 ; II, 134, 146. — (René d'), chanoine. II, 130. — (Yves d'). I, 113.
ILLUMINÉS à Chartres. Voir *Hérétiques*.
IMPASSE — des Cornus. I, 466. — des Herses. I, 471. — Montpensier. I, 467. — de la Moutonnerie. I, 463. — des Poulies. I, 384.
IMPOSITIONS temporaires établies sur les habitants, avec l'autorisation du Roi, pour les dépenses extraordinaires de la ville. II, 18, 19, 35, 58, 68, 79, 95, 96, 103, 106, 109, 117, 126, 130, 138, 175, 196, 249.
IMPÔTS payés au Roi par la ville. II, 14, 43, 91, 125, 138, 151, 154, 156, 164, 167, 173, 178, 179, 181, 184, 187, 191, 197, 200, 212, 230, 252, 253, 266, 271, 339, 350, 369, 413, 416, 417, 426, 427, 434, 489, 494.
IMPRIMERIE à Chartres [1482], II, 162.
IMPRIMEURS — à Chartres. II, 164. — (Corporation des). I, 248.
INCENDIES — de Chartres. I, 28, 42, 57, 95, 127, 145. — de Notre-Dame. I, 28, 32, 54, 57, 120, 197, 201 ; II, 144, 517.
INDUSTRIE. I, 39, 129, 157, 376 à 404. — (Imposition dite de l'). II, 490.
INGRÉ (Prévôté d'). I, 119, 120.
INHUMATION (Dispute au sujet d'une) [XIVe siècle]. I, 251.
INNOCENTS (Fête des). Voir *Fêtes*.
INONDATIONS. II, 10, 29, 198, 275, 440, 448.
INSTRUCTION (Établissements d'). Voir *Education*.
INTERDIT sur la ville. I, 80, 109, 118, 126, 139, 141, 145, 148, 150, 151, 166, 168.
ISABELLE, comtesse. I, 131, 137, 219, 365.
ISAMBERT — de Saint-Dié, bailli. I, 243, 329. — (N.). II, 524.

J.

JACOBINS. Voir *Frères prêcheurs*.
JACQUEVILLE (Hélion de). II, 64, 66, 70, 71.
JACQUIN (Jean). II, 149.
JANVIER (N.). I, 388; II, 150, 452. — de Flainville. II, 487, 496, 499, 507, 520, 523, 535.
JANVILLE (Bourg de). II, 7.
JEAN-EN-VALLÉE (Saint-) — (Couvent de). I, 277 à 282. — (Fondation de). I, 58. — (Donation du bourg Muret à). I, 58. — (Réforme de) [1099]. I, 87. — (Possessions de). I, 88. — (Description de). I, 277 à 282.
JEAN — de Salisbury. Voir *Salisbury*. — de Beauce. Voir *Texier*. — le Sourd. I, 53, 61, 65. — de Châtillon. Voir *Châtillon*. — de Montmirail. Voir *Montmirail*. — Ier, roi. I, 334, 338, 347, 349, 351; II, 14, 26.
JEANNE — comtesse. I, 146, 152, 153, 302, 357, 366. — d'Arc. II, 80, 81.
JESSIA (Jean de). I, 173.
JETONS municipaux. I, 420.
JOIGNY (Robert de), évêque. I, 174.
JOLIS (Jean), II, 115.
JOLLY des Hayes. II, 500, 508.
JONVILLIERS (N. de). II, 422, 424.
JOSAPHAT (Couvent de). I, 92, 107, 111. — (Description de). I, 289 à 293.
JOUET (Famille). II, 73, 82, 104, 118.
JOURDAN (N.). I, 241; II, 474.

JUBÉ de Notre-Dame. I, 31, 90, 209.
JUBERT de Bouville. I, 366. Voir *Bouville*.
JUBILÉ de 1751. II, 485.
JUDEL (N.). II, 514.
JUDICIAIRE (Style) [XIVe siècle]. I, 525.
JUGES-CONSULS. Voir *Consuls*.
JUGLET (N.). II, 217.
JUIFS. I, 191, 194, 401, 468, 471.
JULIEN (Hôpital royal des six-vingts aveugles de Saint-). Voir *Aveugles*, *Hôpital*.
JUMEAU (Guillaume). I, 257.
JUMENTIER (Famille). I, 519; II, 501, 508, 509.
JURE (N.). II, 3, 17.
JURÉS des métiers. I, 380 à 401.
JURISPRUDENCE (Chartrains qui ont écrit sur la). I, 158; II, 392, 523, 524.
JUSTICE — du Comte. I, 93, 94, 164, 323. — royale. II, 6, 26, 27. — épiscopale. I, 227, 555; II, 7. — du Vidame, sur la monnaie. I, 171, 415, 416. — du Chapitre. I, 170, 529, 544; II, 5, 15, 29. Voir *Convention*. — de Saint-Père. I, 147, 276. — de Saint-Jean. I, 58, 111, 147, 281. — de l'Hôtel-Dieu. I, 337. — dite *Vicarie* ou *Viguerie*. I, 67, 88. — (Organisation de la) [1552]. II, 192. — (Réorganisation de la) [1591]. II, 340. — des Frères Prêcheurs. I, 143.
JUTEAU (Famille). I, 232; II, 452, 475, 487, 495, 496, 499.

L.

LACOURT (Pierre de). II, 48, 50.
LADÈRES (Grès durs appelés). I, 5.
LAIGNEAU (N.). II, 394.
LAINE (Laveurs de). I, 190, 219, 220, 379. — (Commerce de la). I, 129, 132, 378.
LAMBERT (Famille). I, 182. — chevalier. I, 46. — du Château. I, 166. — (Etienne). I, 140. — (Guillaume). II, 150. — (Jaquet). II, 46, 48, 53, 54. — (Jean). I, 297; II, 17, 18, 270, 378. — (Pierre). II, 196, 241. — (Renaud). I, 415.
LAMPE des Malades ou des Poissonniers, à l'Hôtel-Dieu. I, 106, 333.
LAMPROIE (La). I, 549.
LANCEMENT (N.). II, 212.
LANDRY — abbé de Saint-Père. I, 255, 310. — le Large. I, 59.
LANGLOIS (N.). II, 499, 507. — (François). II, 471. — (Jean). II, 36, 59. — (Pierre). II, 301.
LANGUEDOUE (Guillaume de). II, 86, 500.
LAPOUSTOIRE (N.). I, 312, 487; II, 401. — (Macé). II, 300. — (Martin). I, 297. — (Pierre). II, 149, 150, 195.

LARCHEVESQUE (Jean). II, 177.
LARDÉ (N.). II, 424.
LASNIER (Hubert). I, 92.
LATIL (Jean-Baptiste de), évêque. I, 230; II, 517.
LATROYNE (Michel). II, 150. — (Pierre). II, 36. — (Thevenin). II, 73.
LAUBESPINE (Gilles de). II, 77, 81, 83, 84, 86. — (Jean de). I, 338; II, 58, 83. — (Simon de). I, 370, 476, 479; II, 34. — (Sochon de). II, 500, 508.
LAVEURS de laine. I, 148, 190, 386.
LEBEAU (N.). II, 273, 311, 416, 417, 443, 444. — (Antoine). II, 150. — (Guillaume). II, 97. — (Jean). II, 452. — (Madeleine). I, 325. — (Nicolas). II, 452. — (Perrin). I, 239. — (Phlippot). II, 101.
LEBLANC (N.). II, 313. — de Boisricheux. II, 499. — de Neauville. II, 499.
LEBOUCQ (N.). I, 389; II, 466, 509.
LE BRETON (Robert). Voir *Breton*.
LECENSE (Famille). I, 232.
LECHAPELIER de la Varenne. II, 500.
LECLERC (N.). II, 298. — (Michel). II, 225.

TOME II. 43

Lecocq (M.). II, 523.
Lecureau (N.). II, 492.
Lecuyer (Michel). II, 246. — de la Papotière. II, 500.
Ledoys (Pierre). II, 141, 147, 150.
Le Fachu (Jean). I, 338; II, 194. — (Jacques) II, 375. — (N.). II, 445.
Lefebvre (N.). II, 487, 499, 500, 510. — (Jacques). II, 36. — (Jean) ou Fabri, évêque. II, 38, 39, 52. — (Martin). II, 101. — (Nicolas). II, 464. — (Phlippot). II, 101. — (Pierre). II, 85.
Leferon. Voir *Feron*.
Lefèvre (N.). II, 492. — (M. E.). I, 446. II, 521. — (Guillaume). II, 19. — (Nicole). II, 301. — (Simon). II, 240. — Bricqueville. II, 456.
Légende du prêtre Sigismond. I, 45.
Léger — de la Coudrelle. II, 456. — (Rémi). II, 313. — (Lambert). II, 317.
Légistes. Voir *Chevaliers-ès-lois*.
Legrand (N.). II, 337, 492. — (Jean). II, 39.
Lejeune (M.). I, 362, 527, 565; II, 520.
Lelong (N.). II, 498.
Leloup (N.). II, 365. — (Claude). II, 317. — (Jean). II, 174. — (Payen). I, 74.
Le Maçon (Charles). II, 179. Voir *Maçon* (Le).
Lemaire (N.). II, 293, 362, 378, 423, 487. — (François). II, 301. — (Jacques). II, 515. — (Jean). I, 315. — (Marguerite). II, 468. — (Pierre). II, 229, 307, 368.
Lemaitre (Robert). II, 58.
Le Marchant (Jean). I, 158.
Le Maye (Simon), évêque. I, 211.
Lemelle (Etienne). II, 97, 101, 103.
Lemoine (Guillaume). II, 147. — (Jean). II, 36, 73, 131. — (Pierre). II, 47.
Lenoir (N.). II, 195, 256, 287, 305, 337, 403, 416. — de Jouy. II, 500.
Lépine (Renaud de). I, 140.
Leporc (Thomas). II, 115, 120.
Lèpre. Voir *Maladrerie*.
Lépreux. Voir *Maladrerie*.
Léproserie. Voir *Maladrerie*.
Lérable (Pierre de). II, 38.
Le Rousse, prévôt. II, 193, 273, 313.
Le Roux (N.). I, 182; II, 471, 487. — (Etienne). II, 100. — (Hubert). I, 79, 93. — (Jean). I, 149.
Leroy (Mathurin). II, 298, 300, 301.
Lesage (N.). II, 492, 499, 508, 510, 511, 514.
Lescot (Jacques), évêque. I, 232, 340; II, 414, 432.
Lesmelin (Louis). II, 301.
Lesourd (Jean dit). Voir *Jean*.
L'Estang (N. de). II, 456. — (de) de Viantais. II, 500.
Lesueur (Jean). II, 81, 83, 97, 150.
Letellier (N.). II, 457, 494, 499. — (Gilles). II, 101. — (Louis). I, 371; II, 501, 507.

Létourville (Louis de Hallot, s^r de). II, 306. — (N. de). II, 425.
Lettres — (Belles), à Chartres. I, 37, 39, 51 à 53, 70, 157; II, 161, 162, 462, 518. — de grâce données aux Chartrains [1432]. II, 85. — données à Jean Dubois [1474]. II, 121.
Leudgarde, comtesse. I, 44.
Levainville (Village de). I, 355.
Levassor (N.). II, 487, 492, 494, 499, 509. — Palv. II, 508.
Lèves (Maison de). I, 79, 193, 449. — (Geoffroy de), évêque. Voir *Geoffroy*. — (Geoffroy de), chevalier. I, 88, 118. — (Goslin de), évêque. Voir *Goslin*. — (Goslin de). I, 59, 67, 74, 82, 92, 94, 133, 302. — (Hugues de). I, 88. — (Jean de). I, 303, 472.. — (Milon de). I, 292. — (Thomas de), dit de Bruyères. I, 292, 302.
Lèves (Village et château de). I, 36, 263, 264, 292; II, 19, 236, 579.
Levesqueau (Famille). I, 182.
Leveuses de cul de sac. II, 549.
Levéville (Amaury de). I, 94, 95. — (Maison de). I, 449.
Levéville (Village et château de). I, 264; II, 219.
Libraires. I, 248.
Librairie du Chapitre. I, 227, 473.
Lices. I, 188.
Lieutenance-générale du bailliage. II, 127. Voir *Lieutenant-général*.
Lieutenant — général du bailliage (Office de). II, 31, 58, 108, 127, 141, 192, 254, 447, 618. — criminel. II, 192, 194. — de robe-courte. II, 194. — du prévôt des maréchaux. II, 192, 194. — particulier. II, 192. — de maire. II, 459.
Lieux d'asile : cloître Notre-Dame. Voir *Cloître*. — Cloître Saint-André. I, 239. — Cimetière Saint-André. II, 113. — Cimetière du couvent des Jacobins. II, 33.
Lieux-Forts (Hôpital des Saints-), à la cathédrale. Voir *Notre-Dame*. — (Dames des Saints-). I, 329, 461.
Ligneris (N. des). I, 310, 320 ; II, 487, 492. — (Louis). II, 495. — (Théodore). II, 280, 297.
Ligue — du bien public. II, 110. — à Chartres. II, 284, 295, 298 à 301, 303 à 338.
Linage (Droit de). I, 132.
Lingers. I, 396.
Linières (Antoine de). I, 353; II, 234, 239 à 241.
Lion (N.). II, 507.
Liron (Dom Jean). II, 519.
Liscoët (Le chevalier du). II, 454, 457.
Littérateurs chartrains. I, 158 ; II, 162, 392 à 397, 462 à 470, 518 à 527.
Liturgie (Révision de la). II, 31.
Livre (Premier) imprimé à Chartres. II, 163.
Livres chartrains. I, 412, 413, 417.

LOENS — greniers du Chapitre. I, 172, 188, 367, 565. — (Mesures de). I, 368. — (Blé de). I, 368, 560. — (Clercs de). I, 369. — (Mairie du Chapitre ou de). Voir *Maire*. — chef-lieu de la justice du Chapitre. I, 188.
LOI (Chartres, ville de), I, 378.
LOMBARD (Pierre). I, 158.
LOMBARDS. Marchands et banquiers. I, 194, 401.
LONGUEVILLE (N. de). II, 335.
LORFÈVRE (Jean). II, 30.
LORIN (Gilbert). II, 341, 375. — de Bussé (Théodore). II, 452.
LORMAYE (Village de). II, 131.
LORMIERS. Voir *Selliers*.
LORVILLE d'Ermenonville (de). II, 456.
LOTHER. I, 29.
LOUIS — comte. I, 116, 124, 253, 357. — le Débonnaire. I, 29, 332. — d'Outre-Mer. I, 42. — le Gros. I, 83, 85. — le Jeune. I, 96. — huit. I, 133. — (Saint). I, 133, 145, 148, 222. — le Hutin. I, 173. — onze. I, 316, 329, 338; II, 108 à 110, 114, 117, 123, 126, 127. — douze. I, 338, 348. — treize. II, 387. — quatorze. I, 354; II, 435, 448, 450, 451. — quinze. I, 338; II, 478. — dauphin. II, 487.
LOUPE (Bourg de la). II, 79.
LOUPEREAU (N.), chanoine. I, 258.
LOUPPE (Vincent de la). II, 195.
LOUPS (Bandes de), dans les campagnes [1740]. II, 483.
LOUVIÈRE (Perrin de la). II, 97, 101.
LOUVILLE (Canard ou Chesnard de). Voir *Chesnard*.
LOUVILLE (Village de). I, 357.
LOUVILLIERS (Village de). I, 123.
LUBERSAC (Jean-Bapt.-Joseph de), évêque. I, 541; II, 495, 496, 498, 501, 508, 509.
LUBIN (Petit couvent de Saint-). I, 45. — (Prieuré de Saint-). I, 269 à 271.
LUBIN (Saint). I, 21, 213, 224, 269.
LUCÉ (Église et village de). I, 65, 88, 192, 271, 337.
LUDON (Henri de). I, 113, 114.
LUISANT (Église et village de). I, 37, 65, 192, 267; II, 239.

M.

MACÉ ou Mathieu, évêque. I, 137.
MACÉAS (Anne). II, 214. — (Guillaume). II, 36.
MAÇON (Jean le). I, 399; II, 101.
MAÇONS. I, 214, 215, 520.
MADELEINE — du Grand-Beaulieu. Voir *Beaulieu*. — du Petit-Beaulieu. Voir *Beaulieu*. — au faubourg Saint-Jean. Voir *Saint-Jean*.
MAGENARD, abbé de Saint-Père. I, 48.
MAGNANERIE [1783]. II, 497.
MAHAUD, comtesse. I, 130, 137, 366.
MAHÉ (Bourg). Voir *Faubourg*.
MAHON (N.). II, 368, 487. — (Gilot). I, 329, 330; II, 118. — (Pierre). II, 452, 525.
MAIGNANS et Fèvres. I, 398, 505.
MAILLES chartraines. I, 417.
MAINTENON (Jean de). II, 51. Voir *Angennes*.
MAINTENON (Bourg de). II, 387, 450.
MAINVILLIERS (Village et prieuré de). I, 65, 124, 194, 244, 264, 271; II, 19, 236, 239, 590.
MAIRE (Les échevins demandent un). II, 204, 219, 269, 305. — en titre d'office. II, 452, 457. — alternatif. II, 459, 474. — perpétuel. II, 474. — (Lieutenant de). II, 459. — supprimé. II, 472. — (Liste des). II, 517, 620. — de Loëns ou du Chapitre. I, 145, 170, 370. — de Saint-Père. I, 68. — ruraux. I, 68, 156, 496. — de Saint-Cheron. I, 495. — de Sandarville. I, 138.
MAIRESSE de la Chancellerie. I, 166.
MAIRIE — au Moyen-Age. I, 68, 156. — de Chartres. Voir *Hôtel de ville*, *Maire*. — (Archives de la). I, 324. — du Châtelet. I, 506. — (Quatre), royales du Coudray, de Sours, de Fresnay et de Béville. I, 507. — de Mainvilliers. I, 147.
MAISONS — canoniales. I, 186 à 188. — (Règlement sur la propreté des). II, 349. — sculptées. I, 3, 4, 373, 374. — de refuge, dites *salles*. Voir *Salles*. — romanes et ogivales. I, 373 à 375.
MAITRE (Grand-). Voir *Grand-Maître*.
MAITRES — des métiers. Voir *Maîtrises*, *Métiers*, *Jurés*, *Commerce*. — de l'œuvre de Notre-Dame. I, 171. — de l'Hôtel-Dieu. I, 334. — du Grand-Beaulieu. I, 359.
MAITRISES des fèvres et maignans, des maréchaux, des sueurs et courvoisiers, des cordouanniers, des pelletiers, des bouchers. I, 505. Voir aux noms des *Métiers*.
MALADIES épidémiques. I, 60; II, 49, 50, 374, 455. Voir *Peste*, *Maladrerie*.
MALADRERIE (Lépreux chartrains des). I, 100, 194, 267, 268, 356 à 367. — ou Léproserie de la Madeleine du Grand-Beaulieu. I, 100, 104, 107, 111, 114, 116, 123, 141, 153, 193, 356 à 367. — ou Léproserie de Saint-Georges de la banlieue. I, 135, 141, 153, 365 à 367.
MALETOTE. I, 132, 134, 381.
MALHERBAULT (Guillaume). II, 224.
MALLET (Charles). II, 452. — (René). I, 247.
MALSAC (N. de). II, 416.
MANIER (Guillaume). I, 157.

MANTARVILLE (Brenage de). I, 83, 88.
MANUTENTION des vivres de la guerre. I, 372.
MAQUEREL (Renaud). Voir *Tronchay*.
MARAS (N.). II, 514.
MARCEAU — Desgraviers (Le général). II, 510, 514. — (Statue de). I, 4. — (Les funérailles de). II, 547. — de la Fosse. II, 500.
MARCHAIS (Antoine du). II, 307.
MARCHAND (Jean Le). Voir *Lemarchant*. — (N.). I, 278, 316, 329, 503; II, 499. — (François). I, 275; II, 162.
MARCHANDISES (Prix des). I, 563, 564; II, 608. — transportées par la navigation. II, 95, 104, 117.
MARCHANDS — venant aux foires. I, 187; II, 385. — des Halles. I, 190. — de bois merrain. I, 189. — de bois en gros. I, 190. — (Charte de la *Perrée* aux). I, 379. — (Règlements concernant le commerce et les). I, 379 à 404. — de cuirs. I, 391. — fréquentant la rivière. II, 103, 117. — achètent la charge de maire. II, 453. — revendent la charge de maire. II, 457.
MARCHÉ — aux chevaux. I, 4, 188, 227, 312, 475; II, 448. — couvert. I, 191. — à la filasse. I, 227, 330, 475. — aux herbes. I, 187. — des Pierres. I, 190, 325. — aux pourceaux. I, 192, 312. — du vin. I, 190. — à la volaille. I, 483; II, 449. — au blé. II, 448. — aux légumes. II, 449. — du bétail à pié rond et fourché. Voir *Halles*.
MARCILLE (M. Camille). I, 356.
MARCK (Erard de la), évêque. I, 277; II, 146.
MARÉCHAL (Fief du) de l'évêque. I, 495.
MARÉCHAUX. I, 213, 398, 505.
MARESCHAUX (N.). II, 465, 520.
MARGUERITE — comtesse de Blois. I, 130. — vidamesse. I, 132.
MARIAGE — de Bohémond de Tarente et de Constance. I, 81. — de Jean de Montfort et de Marguerite de Flandre. II, 3. — de Jean III, duc de Bretagne et de Jeanne de Savoie. II, 3.
MARNAC (Jean de). II, 140.
MAROLLES (Foulques de). I, 105 à 107, 357. — (Maupin de). II, 21.
MARQUE de fabrique pour les draps. I, 384, 388.
MARTIN-AU-VAL — (Abbaye de Saint-). I, 43, 65, 93. — (Prieuré de Saint-). I, 267 à 269.
MARTIN-LE-VIANDIER (Eglise Saint-). I, 246 à 269.
MARTIN (N.). I, 388; II, 364, 379. — (Charles). II, 474, 480, 482. — (François). II, 317. — (Jean). II, 150. — (Laurent). II, 375, 378. — (Simon). II, 240. — le Blanc, évêque. I, 19, 267. — chapelain. I, 346. — de Tours (Saint-). I, 19, 267.

MASCLARY (M. de). I, 486.
MASSACRE ou *Abattoir*. I, 316; II, 154, 189, 347, 869.
MASSON (N.). I, 355; II, 373, 375, 500. — (Michel). II, 147. — (Pierre). II, 475.
MATHIEU, évêque. Voir *Macé*. — vidame. I, 143. — d'Arras. II, 162. — de la Malmaison. II, 481. — de Paris. II, 32.
MATHILDE, comtesse. I, 100, 137, 144, 147, 201.
MAUBUISSON (N.). II, 437, 500.
MAUCLERC (Pierre), duc de Bretagne. I, 133.
MAUGARS (Ivonnet). II, 135, 136. — (Guillaume). II, 87.
MAUGUIN (Jean). II, 240, 242.
MAUNOURY (Famille). I, 79, 157.
MAURICE (Saint-), église. I, 260 à 265. — (Curés de). I, 346. — (Sœurs de), aujourd'hui de Saint-Paul. II, 477, 538, 540.
MAUTERNE (Jean). II, 75. — (Michel). I, 475; II, 149, 152.
MAUTROU (Lieu dit). I, 192, 416.
MAUVINET (Guillaume). I, 383; II, 52.
MAUVOISIN (Hugues). I, 84. — (Manassès). I, 120.
MAUZAIZE (Nicolas). II, 195.
MAZIS (Jean des). I, 355; II, 77, 79, 90. — de Neufbois. II, 456. — (Robinette). I, 355.
MÉDECINS — ecclésiastiques. I, 53, 158. — des pauvres. II, 367. — des pestiférés. Voir *Peste*. — chartrains au XVIIIe siècle. II, 525.
MÉGISSERIE. I, 191, 332, 471. — de Saint-Père. I, 320.
MÉGISSIERS. I, 191, 217, 390, 394.
MELIOR, cardinal. I, 119 à 121.
MENDIANTS (Police des). II, 405.
MÉNÉTRIERS. II, 168, 484.
MENOU (François de). I, 473. — (Gervais de). I, 114. — (Simon de). I, 148.
MERCIERS. I, 517.
MÉRÉGLISE (N. de). II, 425, 455.
MÉRINVILLE (Charles de Monthiers de), évêque. II, 460, 483, 484.
MERLET (M. Luc.). II, 521, 552.
MERRAIN (Marchands de bois). Voir *Marchands*.
MESLAY (Maison de). I, 187. — (N. de). I, 415, 416. — (Foucher de). I, 105. — (Gaufrid de). I, 133. — (Germond de). I, 69. — (Girard de). I, 105. — (Hugues de). I, 133. — (Jean de). I, 180. — (Philippe de). I, 104, 105. — (Ursion de). I, 91, 122.
MESLAY (Village, château et fiefs de). I, 554.
MESLIER (N.). II, 492, 500, 508.
MESME (N. de Sainte-). I, 284.
MESSAGE, rente féodale. I, 159.
MESSAGER de Chartres à Paris. II, 359.
MESURES — agraires. I, 137, 563. — de Loëns, pour les grains. Voir *Loëns*. — de capacité. I, 560; II, 143.

MESUREURS. II, 365.
MÉTIERS — [a. XIe siècle]. I, 63. — au XIIe siècle. I, 358. — au XIIIe siècle. I, 157, 212, 378. Voir au nom de chaque métier. — (Réforme des). II, 400, 442. — de la Queue de Regnard. I, 396. Voir *Pelletiers*. — de la rivière. I, 147, 190, 379. Voir *Texiers, Drapiers, Sergers, Cardeurs, Feutriers, Teinturiers*.
MÉTIVIER (Jean). I, 329. — (Pierre). II, 150.
MEUNIER (Guillaume). I, 134. — de Fonteny. II, 500.
MÉZANGE (Prévôté de). I, 119.
MÉZIÈRES-EN-DROUAIS (Village de). II, 104.
MICHEL (Eglise de Saint-). I, 248 à 250.
MICHIEL (Vincent), bailli. II, 8, 10.
MICHON (Jean). I, 288; II, 97. — (Michel). II, 124, 147, 150.
MIDY (N.). II, 500.
MIGNIÈRES (Dame de). I, 401.
MIGNIÈRES (Village de). I, 111, 360.
MILICE bourgeoise. Voir *Vidamiers, Oiseau-Royal, Arquebusiers, Arbalétriers, Garde* civique.
MILLEVILLE (Jacques de). I, 479; II, 317, 468, 474. — (de) de Boutonvilliers. II, 499, 500, 507, 508.
MINAGE, droit fiscal. I, 147.
MINCY (Pierre de), évêque. I, 144, 149, 227, 232, 239, 299.
MINERAI DE FER, limonite. I, 5, 398, 399.
MINÉRALOGIE du territoire de Chartres. Voir *Chartres*.
MINERAY (Jean de). I, 297, 348, 511; II, 167, 225, 249.
MINEURS ou Cordeliers. Voir *Frères mineurs*.
MINIÈRES (Guillaume de). I, 148.
MINIMES. I, 254, 461; II, 384, 529.
MIRACLES de la Vierge. I, 120, 121.
MISSI-DOMINICI. I, 29, 31.
MITTAINVILLIERS (Village de). I, 123.
MOISON des draps de Chartres. I, 380, 384.
MONASTÈRES. Voir *Couvents*.
MONDONVILLE (Eglise de). I, 88, 144, 232, 233, 337.
MONNAIE — de Chartres. I, 65, 189, 405 à 420. — époques gauloise et romaine. I, 405. — mérovingienne. I, 405, 406. — carlovingienne. I, 406, 407. — capétienne-baronale. I, 407, 408, 411. — capétienne-épiscopale. I, 408. — aux XIe, XIIe, XIIIe, XIVe siècles. I, 412, 413. — (Type de la). I, 408 à 411. — (Valeur de la). I, 417. — (Altération de la). I, 163, 416 à 420; II, 13. — (Garde des coings de la). I, 415. — (Fief de la). I, 415. — (Justice de la). I, 415, 416.
MONNAYAGE. I, 171, 183. Voir *Monnaie*.
MONNAYEURS. I, 65, 171, 189, 192, 213, 219, 220, 411. Voir *Monnaie*.
MONTAIGU (Jean de), évêque. I, 216; II, 60, 63, 68.

MONTAUDOUIN (Denis de). I, 275; II, 162. — (Jean de). II, 149.
MONTBOISSIER (Baron de). II, 501.
MONTDIDIER (Renaud de) ou de Novion. I, 152. — (Guillaume de). I, 167, 169, 171.
MONTÉAGE (Jacques). II, 508.
MONTÉE (Deniers dits). I, 382.
MONTESCOT (N. de). I, 249; II, 108, 290, 297, 344. — (Claude de). I, 482, 486. — (Jacques de). I, 482. — (Jean de). I, 478, 482, 519; II, 84, 96, 98, 106, 118, 122, 131, 167, 210, 214. — (Hôtel de). Voir *Hôtel*.
MONTFORT (Amaury de). I, 95, 220. — (Simon de). I, 123, 125, 357.
MONTGISON (Jean de). I, 170.
MONTIGNY (Jean de). I, 164. — (Guichart de). II, 20. — (Marquis de). II, 500.
MONTIGNY (Village de). II, 129.
MONTMIRAIL (Guillaume de). I, 401. — (Jean de), comte. I, 132 à 134, 218, 380. — (Renaud de). I, 114.
MONTMIRAU (Jean). I, 386.
MONTROND (N. de). II, 225.
MONUMENTS druidiques. I, 9.
MORAINVILLIER (Simon de). II, 67.
MORANCEZ (Eglise et village de). I, 9, 32, 88, 256.
MORARD (Famille de la Porte-). Voir *Porte-Morard*. — (Faubourg). Voir *Faubourg*.
MOREAU (N.). II, 250, 364. — (Jaquet). II, 101. — (Jean). I, 297, 521.
MORHIER (Guillaume). II, 19, 32. — (Jean). II, 111, 119, 123. — (Simon). II, 76, 80, 89.
MORVILLE (de). Voir *Fleuriau*.
MOSAÏQUE. I, 324.
MOUÇON (Renaud de), évêque. I, 113, 115, 121, 125, 131, 227, 258, 264. — (Milon de). I, 113.
MOULIN (Jean du). I, 329. — (Regnault du). I, 236.
MOULIN-NEUF (Jean du). I, 251. — (Robert du). I, 169.
MOULINS (Colin des). II, 97, 101. — (Guillaume des). I, 168. — (Jacques des). I, 355. — (Jean des). I, 146, 348, 355. — (Laurent des). II, 162. — (Martin des). I, 355. — (Maurice des). I, 151. — (Nicolas des). I, 355. — (Renaud des). I, 464. — (Robert des). II, 171, 537.
MOULINS — dans la ville et dans la banlieue : I, 191. — Allabre. I, 311. — des Cinq-Ruelles. I, 314. — de Fourmelly. I, 107. — de Gourdez. I, 114, 253. — Pasteau. I, 314; II, 97. — aux Péans. II, 97. — Lohu. I, 313. — de Subculet. II, 97.
MOUSSEAUX (Terre des). I, 88.
MOUSSU (Gervais). II, 301, 312.
MOUTIERS (Hugues de). I, 114; II, 368.
MOUTONNIÈRE (Quartier). I, 233.
MURAILLES. I, 393. — de la ville. Voir *For-*

654

tifications. — des maisons voisines de l'*Étroit-Degré*. I, 3.
Muret (Pierre et Gilet du). I, 174.
Muret (Bourg). I, 58, 63, 111, 147, 192, 233, 264, 309.
Murgers (Débris de silex appelés). I, 5.
Musée. II, 347.
Musique de la ville. II, 168, 484.
Mussart (N.). I, 239; II, 150, 394.
Mystères. II, 133, 147, 171.

N.

Naufrage de la Blanche-Nef. I, 91.
Navarin (Gilot). II, 73.
Navigation de l'Eure. I, 313; II, 95, 97, 98, 100 à 103, 107, 109, 117 à 119, 123, 130, 132, 135, 140, 174 à 176, 184, 227, 270, 398, 410, 443, 458.
Négoces (Procureurs aux). II, 151.
Négron (Pierre de). II, 42, 44, 47.
Nemours (Duc de). Voir *Savoie*.
Néron (Métairie de). I, 28.
Neufville (de) de Villeroi. Voir *Villeroi*.
Neuvy (Village de). I, 293.
Neveu (N.). II, 368, 389. — (Claude). II, 246. — (Etienne). I, 391. — du Boulay. II, 455.
Nicochet (Quartier et maison de). I, 192, 336; II, 489.
Nicolas (Chapelle Saint-), au cloître. I, 258.
Nicole (Famille). I, 371. — (N.). I, 171, 313; II, 406, 416, 435, 437, 440, 456 à 459, 475, 482, 492, 493. — (Charles). II, 449, 457. — (Claude). I, 515; II, 462. — du Plessis. II, 459, 460, 462, 484. — (Etienne). II, 460, 461. — (Jacques). II, 446. — (Jeanne). II, 469. — (Jean). II, 355, 420; II, 101, 136, 150, 195, 469. — (Marie). II, 469. — (Michel). II, 301. — (Pierre). I, 297, 490; II, 462, 469, 470.
Nivelon. I, 59, 60. Voir *Fréteval*. — (Pasquier). I, 166, 167.
Noblesse (Liste de la) [XIe, XIIe, XIIIe, XIVe siècle]. I, 444 à 460.
Noel (N.). II, 283, 388, 454, 459, 461, 462. — (Etienne Miles). II, 474, 475. — (Jean). II, 35, 290. — (Pierre). I, 400; II, 229.
Nogent-le-Roi (Bourg de). II, 79. — (Habitants de). I, 217; II, 121.
Nominaux (Secte des), à Chartres. I, 53.
Nordmans. I, 30, 31. — (Prise de Chartres par les) [858]. I, 32. — repoussés par Robert-le-Fort [865]. I, 33. — repoussés par les Chartrains [886]. I, 84. — forcés de lever le siège de Chartres. I, 35, 36.
Notables. Voir *Maires*, *Echevins*, *Corps de ville*. — (Liste des) [Etats-généraux de 1468]. II, 601.
Notaires (Confrérie des). I, 254. — de l'évêque. I, 555.
Notre-Dame — de Chartres (Aspect extérieur de). I, 1, 185. — au XIe siècle. I, 65. — (Construction des massifs des clochers de) [1145]. I, 99. — (Description de). I, 196 à 226. — (Clochers de). I, 199, 200. — (Sonnerie de). I, 201. — (Façades et portiques de). I, 65, 202 à 208. — (Aspect intérieur de). I, 208. — (Tour du chœur de). I, 209. — (Chapelles de). I, 210, 211. — (Verrières de). I, 212 à 223. — (Crypte de). I, 223. — (Chapelle de *Notre-Dame-soubs-terre*, dans la crypte de). I, 223. — (Châsse de la Sainte-Chemise à). I, 224. — (Hôpital des *Saints-Lieux-Forts*, dans la crypte de). I, 225. — (Chapitre et clergé de). I, 226. — (Vierges miraculeuses de). I, 210, 540 à 542. Voir *Pèlerinage*. — (Usages et cérémonies bizarres à). I, 545, 546, 548 à 550. — (Processions de la Sainte-Châsse de). I, 550 à 553. — (Incendies de). Voir *Incendies*. — (Possessions de) [Xe siècle]. I, 65. — (Dédicace de). I, 144. — (Fondation faite à), par Philippe de Valois. II, 2. — (Id.), par Louis XI. II, 126. — de la Brèche (Chapelle de). I, 2. — de la porte Drouaise. I, 315. — des Neiges. I, 216.
Novion (Renaud de). Voir *Montdidier*.

O.

O (Charles d'). I, 297.
Obit de Philippe-Auguste. I, 491, 492.
Oboles chartraines. I, 411, 412.
Octrois. II, 417, 434, 437, 489.
Œuvre — de Notre-Dame. II, 71. — de Saint-André. I, 340.
Offertes de la Purification et de l'Assomption. I, 549.
Official — de l'Evêque. I, 176. — de l'Aumône. I, 337.
Officialité diocésaine. I, 82, 179.
Officiers du Comte. I, 43, 44, 58, 62, 76, 79, 94.
Oger (Thibault), bailli. I, 175.
Ogival (Monuments de style), à Chartres. I, 2, 3, 374, 375.

OINVILLE (Huc d'). II, 51.
OINVILLE (Village d'). I, 5, 398; II, 133.
OISEAU (Roi de l'). II, 399, 403, 476. Voir *Vidamiers.* — Royal (Chevaliers de l') [1724]. II, 475, 476. Voir *Vidamiers.*
OISY (Jean de Montmirail, seigneur d'), comte. Voir *Montmirail.*
OLIVE (Ignace). II, 205, 243, 246, 270.
OLIVIER (Alexandre). II, 452, 481.
OPINIONS des historiens sur Thibault-le-Tricheur. I, 432 à 436.
ORDRE. Voir *Couvents, Chevaliers.*
ORFÈVRERIE (Ouvrages d'). I, 400.
ORFÈVRES. I, 65, 248, 400, 401.
ORGUES — de Notre-Dame. I, 221. — du couvent des Cordeliers. I, 297.
ORPHELINES (Maison pour l'éducation des). II, 432, 534, 536, 548.
ORPHELINS (Hospice des petits). I, 340; II, 529.
ORROUER (Robert d'). I, 100. — (Geoffroy d'). I, 100.
ORROUER (Village d'). I, 92.
ORVAL (Comte d'). II, 436.
OUARVILLE (Hugues d'). I, 100, 105. — (Renaud d'). I, 100, 105, 107, 123. — (Maison d'). I, 281, 450.
OUARVILLE (Village d'). I, 173.
OUBLIEURS. Voir *Talemeliers.*
OUERRAY (Chapelle d'). I, 271.
OUREILLE (Rigault d'), bailli. II, 137.
OZERAY (M.). II, 520.

P.

PACCAGE des Grands-Prés. II, 96, 97.
PAILLART (N.). II, 514, 515. — du Tertre. II, 500.
PAIN — de Chapitre. I, 240; II, 35. — (Prix du). II, 459, 603.
PAIX de Brétigny. II, 23, 24.
PALAIS — épiscopal. Voir *Evêché.* — des Comtes. Voir *Château.* — de Justice. I, 3; II, 543, 544.
PALAISEAU (Claude de Harville, sʳ de). II, 307, 312, 344. — (Esprit de Harville, sʳ de). Voir *Harville.*
PALLIÈRE (Géraud ou Girault de la). II, 76, 79, 89.
PANCARTE — de la ville. I, 159, 161, 163; II, 93. — de la Billette. I, 501. — du havage, à l'exécuteur des hautes-œuvres. Voir *Havage.*
PANTHOISON (Clément et Guyard de). I, 132. Voir Abbaye de l'*Eau.*
PAPIN (Jean). II, 36, 37.
PAPINEAU (Saturnin). II, 222.
PAPPOLUS, évêque. I, 24.
PARADIS (Jardin du). I, 281, 490.
PARCHEMINIERS. I, 311, 390, 394.
PARDIEU (N. de). II, 256, 270.
PARENT (Marie). I, 320; II, 492 à 494, 497, 499, 500, 507.
PARIS (N. de). II, 495, 500. — de Boisrouvray. II, 500.
PARLEMENT ou Conseil du Comte. I, 46.
PASSAGE (Droit de). II, 109.
PAST et gîte (Droit de). I, 76, 98, 141, 144; II, 113.
PASTÉ (Jean), évêque. II, 2, 6. — (N.). II, 299, 335.
PASTEAU (Claude). II, 313. — (Esprit). I, 314; II, 150, 160.
PASTEY (N.). II, 301, 421. — (Jacques). II, 452.
PATÉ (Jean). I, 177. — (Louis). I, 472. — (Thomas). I, 472 — évêque. Voir *Pasté.*
PATEAU (Guillaume). II, 97, 101.
PATHE (Georges). II, 406.
PATIN (Louis). I, 263; II, 445.
PATIS (Jean des). II, 97, 104, 339.
PATISSIERS. I, 221, 509, 510.
PAUL (Sœurs de Saint-). I, 301; II, 477, 538, 540.
PAUL, moine. I, 29.
PAUME (Jeu de). I, 314, 342, 485; II, 475.
PAUVRES (Bureau des). I, 338, 339; II, 194, 197, 367, 368, 432, 459. — (Loterie pour les). II, 460. — (Secours aux). II, 483. — (Petites-Sœurs des). II, 543.
PAVAGE. I, 112; II, 50, 52, 56, 143, 358.
PAYSANS. I, 66. — (Communautés de). I, 84. — hôtes [XIIᵉ siècle]. I, 336.
PÉAGE — droit féodal. I, 91. — de l'Eure. II, 132, 136, 176.
PÉAGE (Village du). II, 401.
PÊCHE des fossés. II, 116.
PÉDOUE (Franç. de). II, 427, 432, 534, 535.
PEIGNEURS de laine. I, 129, 148.
PEINTRES-VERRIERS. II, 162.
PEINTURES murales. I, 236.
PÈLERINAGE — de Notre-Dame de Chartres. I, 39, 148, 224, 291, 376; II, 2, 12, 24, 42, 46 à 48, 52, 55, 66, 108, 110, 124, 126, 127, 194, 274, 276, 279, 281, 283, 286, 376, 390, 419, 435, 451. — de Notre-Dame de la Brèche. II, 244, 250. — de Saint-Cheron. I, 282.
PÈLERINS. I, 187, 257, 276, 376.
PÉLICAN (Lieu dit le). II, 532.
PELLERIN (N.). II, 500. — du Mousseau. II, 456.
PELLETERIE. I, 66, 115. — (Commerce de la). I, 378, 396 à 398.
PELLETIER (Jean le). II, 101, 103, 107.
PELLETIERS. I, 157, 189, 213, 214, 217, 220, 248, 396 à 398.
PELUCHE (N.). II, 509.
PÉNITENTS gris. I, 255.
PERCHE (La) de Notre-Dame. I, 550.
PÈRE (Couvent de Saint-) — (Fondation du).

I, 21. — pillé par l'évêque Hélie. I, 29, 30. — refuge des lettres romaines. I, 37. — (Restauration du) [860]. I, 38. — (Id.) [930]. I, 38. — (Id.) [949-954]. I, 38, 39. — affranchi de la justice du Comte [985]. I, 47. — (Histoire de Magenard, abbé de Saint-) [1001]. I, 47 à 50. — (Ecole de médecine au). I, 53. — en querelle avec l'évêque Théoderic [c. 1040]. I, 57. — (Possessions du) [Xe siècle]. I, 65. — (Description du). I, 271 à 277. — en procès avec Miles d'Illiers. II, 113.
PERRÉE (Maison de la). I, 129, 137, 191, 330, 331. — (Charte de la). I, 379.
PERRINEAU (Michel). II, 487.
PERSON (M.). II, 546.
PERTUIS (Joucelin de). II, 13.
PERUCHÉ (Simon de), évêque. I, 150, 152, 334.
PESAGE (Droit de haut) ou foulerie. I, 129, 330, 505.
PESCHERAY (N. de). II, 320, 322, 337.
PESÉE. Voir *Perrée*.
PESTE. II, 11, 49, 50, 56, 62, 63, 89, 92, 124, 139, 144, 155, 161, 170, 172, 182, 183, 212, 222, 276, 280, 307, 347, 350, 360, 362, 377, 386, 401, 404, 411, 413. — (Mesures de salubrité contre la). II, 183, 212, 222, 277, 347, 402, 405.
PÉTEY (Benoit). II, 32, 493, 500. — de la Charmois. II, 499, 507. — de Villeneuve. II, 499, 501.
PETIT (N.). I, 241, 263; II, 17, 103, 150, 443, 474, 496.
PHILIPPE — premier. I, 72. — Auguste. I, 107, 110, 115. — le Hardi. I, 148. — le Bel. I, 152, 165, 167, 169. — le Long. I, 183. — de Valois. I, 184; II, 2, 7. — de Boulogne. I, 218. — d'Evreux, roi de Navarre. II, 4.
PICHARD (Gaufrid). I, 157; II, 97, 101, 337.
PICHE (Famille). I, 182.
PICHON (N.). II, 240, 242, 313, 337.
PICHOT (Jean). II, 73.
PIÉ-FOURCHÉ (Droit de). Voir *Barrage, Impôts, Marchés*.
PIERRE, s^r de Villemain. II, 482.
PIERRE (Eglise Saint-), ancien couvent de Saint-Père. I, 2, 273 à 275. Voir Couvent de Saint-*Père*.
PIERRE-COUPE (Fief de). II, 129.
PIERRES sur lesquelles se paient les cens. I, 192.
PIGEART (Jean). I, 472; II, 149, 319.
PIGUERRE (Guillaume). II, 167, 196. — (Hémery). II, 97, 101. — (Paul-Emile). II, 393. — de la Motte-Loinville. II, 455.
PILLAU (N.). II, 499.
PINAIGRIER (Nicolas et Robert). I, 231, 244, 274; II, 162.
PINEAU (Martin). II, 150.
PINELLIÈRE (N. de la). II, 337.
PINTARD (Alexandre). I, 366; II, 301, 463.

PIPEREAU (Michel). II, 246.
PLACES publiques de la ville : des Epars. I, 312. — Billard. I, 3. — Marceau. I, 3, 250. — de la Poissonnerie. I, 477. — de l'Etape-au-Vin. I, 482. — des Lices. II, 448. — des Halles. I, 3; II, 56. — Saint-Martin. I, 248. — Saint-Pierre. I, 470.
PLAIDS — royal à Chartres. Voir *Chartres*. — du bailliage. I, 254.
PLANCY (Raoul de). I, 105, 108.
PLANTAGENET (Geoffroy). I, 96. — (Henri). I, 103, 108.
PLUME ou PLUMÉ (Antoine). II, 147. — (Jean). I, 286, 352; II, 97. — (Mathurin). II, 149, 150. — (Pierre). I, 276; II, 162, 163.
POCQUET (Jean). II, 255.
POÉSIE (Travaux de). I, 120, 121; II, 394, 462, 519.
POÈTES chartrains. I, 53, 120, 158; II, 162, 394, 462, 519.
POIDS du Roi. I, 330, 505. — (Ajust des). Voir *Ajust*.
POIGNANT (Jean). II, 92. — (Robert). I, 557; II, 100, 101.
POISSON (Ordonnance sur la vente du). II, 152. — (Droit de vente sur la). I, 506.
POISSONNERIE (Place, étaux, échoppes de la). I, 3, 328, 337, 477, 517.
POISSONNIERS. I, 106, 189, 228, 328, 516.
POISVILLIERS (Village de). I, 9.
POLICE (Règlements de). II, 152, 155, 157, 183, 189, 198, 224, 229, 260, 314, 343, 358, 367, 379, 380, 450, 609. — (Assemblées générales de). II, 482, 506. — (Officiers de). II, 193, 360. — (Chambre de). II, 357.
POLITIQUES de Chartres. II, 297, 300.
POLLOIS (Le chevalier). II, 242, 245.
POLUCHE (N.). I, 258. — (Jean). I, 287.
POMPIERS (Compagnie de) [1740]. II, 486.
PONTAGE (Droit de). II, 101, 119, 132.
PONTGOUIN (Village et château de). I, 88, 131, 149, 554; II, 37.
PONTS dans la ville et la banlieue : des Arches. I, 337. — de la Courtille. I, 319; II, 440. — Saint-Hilaire. I, 310. — d'Inde ou Ledine. I, 490; II, 56. — aux Malades. II, 246. — Saint-Martin-au-Val. I, 490. — des Minimes. I, 305. — de Ponceaux. I, 305. — Taillehart. I, 64. — Tranchefètu. I, 243; II, 368. — qui tremble. I, 319. — de la Porte-Guillaume. II, 440. — de la Lestunière. II, 584.
PORTEFAIX. I, 217; II, 344, 443.
PORTEJOIE (Jean). II, 240.
PORTE-MORARD (Aganon de la). I, 74. — (Chotard de la). I, 79. — (Henri de la). I, 74. — (Philippe de la). I, 140. — (Yves de la). I, 74. Voir *Portes*.
PORTES — à bateaux. Voir *Navigation, Ecluses*. — de la ville : I, 4, 64, 192. — Aimbout. II, 579, 582, 583. — Cendreuse. I, 3. — Châtelet. I, 187, 313. —

des Corneurs, au Corneur ou des Cornus. I, 191, 234, 317; II, 580, 581. — Drouaise. 1, 2, 3, 309, 311, 315; II, 582, 583. — des Epars. I, 3, 311, 312; II, 582, 583. — Évière. I, 64, 188, 308. — ou poterne Foucher-Nivelon. 1, 190, 308. — Sainte-Foy. I, 3. — Gillard. I, 191. — Guillaume. I, 2, 311, 317; II, 579, 580. — Imbout. I, 64, 309, 317. — Saint-Jean. 1, 2, 64, 309, 314. — de Launay. I, 319; II, 583. — des Lices. I, 227. — Saint-Michel. I, 2, 64, 192, 309, 311, 320; II, 232, 578 à 580, 582, 583. — Morard. I, 193, 309, 319; II, 581. — Neuve. I, 64, 308, 327. — Percheronne. I, 64, 187, 309. — Tireveau. I, 64, 309, 318. — de Vallée. II, 582, 583.

PORTEURS D'EAU. I, 217. Voir *Eviers*.
PORTIER de l'Evêque (Fief du). I, 228, 493.
POSTE aux chevaux. II, 443.
POTENTIEN (Saint). I, 19, 214.
POTERIE (Quartier de la). I, 190.
POTIERS de terre et d'étain. II, 521.
POUDRE (Magasins à). I, 314, 323. — (Moulins à). I, 313. — (Voûte aux). I, 324.
POULAIN (Jean). II, 97, 100, 101, 108.
POULIES pour les draps. I, 320, 384.
POULIN de Fleins. I, 292; II, 509, 515.
POURBAIL (Guillaume de). II, 70.
POUSSEMOTTE (Jean). II, 303, 310, 346.
PRATIQUE (Style de) [XIIIe siècle]. I, 524.
PRÉBENDES — de Notre-Dame données au monastère de St-Père [954]. I, 39. — administrées par les prévôts. I, 87. — de Notre-Dame donnée à St-Jean-en-Vallée [1099]. I, 87. — préceptorale. II, 223, 224.
PRÉBENDIERS, chanoines. I, 181.
PRÊCHE protestant. II, 206, 207, 226, 338.
PRÊCHEURS ou Jacobins. Voir *Frères prêcheurs*.
PRÉFECTURE (Hôtel de la). I, 3. — (Conseil de). II, 542.
PRÉFETS — de Chartres. I, 79. Voir *Prévôts*. — d'Eure-et-Loir. II, 517.
PRÉS — l'Evêque. I, 193; II, 96. — (Grands et petits). I, 65. — de Reculet. I, 65; II, 96. — (Paccage des). Voir *Paccage*.
PRÉSIDIAL (Siège). II, 192.
PRÊTRE (Dégradation d'un). Voir *Dégradation*.
PRÊTS. Voir *Emprunts*.
PRÉVOST (Etienne). II, 97, 101, 103, 200, 270, 361, 393.
PRÉVOSTEAU (N.). I, 351, 392, 483; II, 13, 27, 31, 394.
PRÉVÔTÉ — de Chartres. I, 506; II, 619. — du Chapitre. Voir *Prévôts*. — (Gros de la). I, 504; II, 126.
PRÉVÔTS — du Comte. I, 46, 58, 79, 138, 139. — de la ville. I, 93, 149, 194; II, 141, 447. — (Liste des). II, 619. — du Chapitre. I, 87, 119, 120.
PREZ (Etienne de). II, 71, 72. — (Hue de). II, 78, 79, 84.

PRINCIPAUX du Collége. Voir *Collége*.
PRISCUS. I, 19.
PRISONS : I, 30; II, 544. — de l'Evêque. I, 189. — du Comte. I, 322. — des officiers de l'église. I, 211.
PRIX — du blé. Voir *Blé*. — du pain. Voir *Pain*. — des marchandises. Voir *Marchandises, Denrées*.
PROCÈS — entre le Comte et le Chapitre. Voir *Chapitre*. — entre le Comte et l'Evêque. Voir *Evêque*. — entre le Chapitre et l'Evêque. Voir *Chapitre*. — entre les Six-Vingts aveugles de Chartres et les Quinze-Vingts aveugles de Paris. I, 352. — du sire de Morhier contre les sergents du Roi. II, 33. — entre la ville et les riverains de l'Eure, pour la navigation. Voir *Navigation*. — entre Miles d'Illiers et Saint-Père. II, 113. — entre le Lieutenant-général et le Prévôt. II, 141. — entre la ville et la duchesse d'Alençon. II, 141. — entre la ville et Saint-Père. II, 141.
PROCESSIONS — à Orléans [c. 1029]. I, 55. — pour la paix. II, 63, 66, 152, 153, 168. — annuelles [1538]. I, 546, 547. — de la Sainte-Châsse. I, 550 à 553. — (Réglement pour les). II, 93. — des habitants de Dreux à Chartres. II, 281. — de Notre-Dame de la Brèche. II, 244.
PROCUREURS — et Sergents. Voir *Confrérie*. — aux causes ou aux négoces de la ville. I, 160; II, 151. — du Roi. II, 254, 620.
PROMENADES — de la ville. I, 2. — des Charbonniers. I, 278. — ou butte Saint-Michel. I, 321. — ou buttes du Vidame. Voir *Vidame*. — Voir *Cours*.
PROMOTUS, évêque. I, 24.
PROTESTANTS. — Voir *Hérétiques, Prêche*. — (Cimetière des). I, 243; II, 272, 368. — (Temple des). II, 368. — (Communauté des). II, 368. — (Filles de Saint-Chaumont, pour la conversion des). II, 540.
PROUST (N.). I, 258; II, 437.
PROVIDENCE — (Filles de la). II, 490, 533, 534, 536. — (Aspect du couvent de la). 1, 2.
PRUD'HOMME, visiteur de cuirs. I, 392, 393.
PRULLAY (Raouland de). II, 149.
PRUNAY (Guillaume de). I, 148.
PRUNELAY (N. de). II, 455.
PRUNELÉ (Guillaume de). I, 114; II, 88.
PUISET (Bouchard du). I, 95. — (Ebrard du). I, 61, 73, 75, 93, 107, 332, 357. — (Guy du). I, 84. — (Hugues du). I, 67, 72, 83, 93. — (Simon du). I, 259.
PUITS (Ebles du). II, 36.
PUITS dans la ville et banlieue : de la Chaîne. I, 193. — du Crochet. I, 244. — des Saints-Forts. I, 19. — d'Or. I, 319. — de l'Ours. I, 4.
PUITS-DROUET (Hameau du). I, 265.

TOME II. 44

Q.

QUAI. Voir *Navigation*.
QUATRE-COINS (Maison des). I, 189, 330.
QUATREGRAINS (Jean). II, 85, 100.
QUATRENVAULT (N.). I, 241. — (Jaquet). II, 101.
QUATRESOLS (Famille). I, 182. — (Pierre). I, 251.

QUEDARNE (N.). II, 212, 299. — (Nicolas). II, 301. — (Claude). II, 335, 337.
QUESNES (Mathieu des). I, 392; II, 27.
QUEUE-DE-REGNARD (Métier de la). I, 396 à 398. Voir *Pelletiers*.
QUIRINUS. I, 19, 214.

R.

RABIER (Jean). I, 236; II, 132 à 134.
RADEPONT (Girard de). II, 325, 337. — (Louis). II, 471.
RAGENFROY, évêque. I, 38, 63.
RAHER (Gaufrid). I, 140, 157.
RAISON (Temple de la). II, 512.
RAMBOUILLET (Gauthier de). I, 113, 114. Voir *Angennes*.
RANÇON — du roi Jean. II, 26. — d'Olivier du Guesclin. II, 45. — des enfants de François Ier. II, 167.
RECETTES (Compte des) [1358]. II, 17, 555.
RECEVEUR — du Domaine. Voir *Argentier*.
— municipal ou des deniers communs. II, 36, 188, 279, 481.
RÉCLAINVILLE (Jean d'Allonville, sgr de). I, 315; II, 280, 290, 295, 301, 348. — (Le cadet de). II, 337. Voir *Allonville*.
RÉCLUSES. I, 192.
RECOQUILLÉ (N.). II, 437, 462.
RECULET (Faubourg de) ou des Filles-Dieu. Voir *Faubourg*.
RÉFORME religieuse. Voir *Hérétiques*, *Protestants*.
REFUGE (Maison de). I, 191, 292, 305. Voir *Salles*.
RÉGALE. I, 101, 137, 150; II, 6, 7, 25, 61, 73.
REGNIER (Antoine). I, 483; II, 397. — (Jacques). I, 483; II, 283, 299, 324, 397. — (Mathurin). II, 283, 395 à 397.
RELIQUES des églises et couvents de Chartres. I, 109, 122, 124, 224, 225, 236, 261 à 263, 285, 290, 291; II, 132, 133.
RÉMISSION. Voir *Lettres* de grâce.
REMONTRANCES (Cahier des), du Tiers-Etat. II, 501.
RENAISSANCE (Monuments de la), à Chartres. I, 2, 4; II, 162.
RENAUD, vidame. I, 58. — (N.). I, 175.
RENÉE de France, duchesse. I, 316; II, 165, 226, 231, 247, 263.
RENOUARD (N.). I, 234. — (Guillaume). II, 149. — (Hector). II, 119. — de Saint-Loup. I, 355; II, 500.
REPENTIGNY (Village de). I, 147.
RESCONVILLER (Mascelin de). I, 93.

RESSORT. Voir *Bailliage*, *Justice*, *Chapitre*, *Evêque*.
REVENDEURS (Réglement pour les). II, 143.
REVENUS de la ville [XVIe siècle]. II, 177. [XVIIe siècle]. II, 438, 439.
REVERSEAUX (Guéau de). Voir *Guéau*.
REVIERS (N. de). I, 276. — des Hayes (de). II, 435. — (Vicomte de). II, 468.
RÉVOLUTION (Chartres pendant la). II, 498.
RIANTS (Odet de), marquis de Villeray. II, 433.
RIBOULT. I, 61.
RICHETE (Jean). II, 41.
RICOUL (Jacques), évêque co-adjuteur. I, 284, 285, 288; II, 147.
RIVIÈRE (Métier de la). I, 65, 147, 190, 379. Voir *Drapiers*, *Draperie*, *Draps*, *Laine*, *Laveurs*, *Cardeurs*, *Peigneurs*, *Texiers*, *Teinturiers*, *Arçonneurs*, *Feutriers*.
ROBERT, roi. I, 50. — évêque. I, 70. — le Breton, évêque. Voir *Breton*. — vidame. I, 123.
ROCHECHOUART (Jean de). II, 108, 117.
ROCHEFOUCAULD (Vicomte de la). II, 500. Voir *Surgères*, *Doudeauville*.
RODOLPHE, évêque. I, 51.
ROI de l'Oiseau. Voir *Oiseau*.
ROMAINS luttent contre les Carnutes. I, 7 à 16. — (Les Gaules sous la domination des). I, 16 à 20.
ROMAN (Monuments de style), à Chartres. I, 2, 373 à 375.
ROMIER (N.). I, 519; II, 487, 499.
ROSCELIN, hérétique. I, 71.
ROSSART (Charles). II, 246. — de Mianville. I, 34, 120, 433; II, 521.
ROTAGE, droit féodal. I, 147.
RÔTISSEURS. II, 441.
ROTROU. I, 46, 73. — (Jérôme). II, 303, 365. — (Thomas). II, 150.
ROUGEOREILLE (Pierre). II, 150.
ROUILLIARD (Sébastien). II, 393.
RU (N. du). II, 240, 305, 312. — (Claude du). II, 301. — (Jean du). II, 293, 300. — (Zacharie du). II, 256.
RUE (N. de la). II, 442, 500.

Ruelles : de Cîteaux. I, 465. — des Oiseaux. I, 462. — des Trois-Moulins. I, 462. — du Tripôt. I, 462. Voir la *Topographie*, vol. Ier, p. 461.
Rues de la ville : de l'Aue-Rez. I, 470. — du Cheval-Blanc. I, 3, 187, 188, 308, 474. — de Cîteaux. I, 465. — du Chien-Vert. I, 3. — de Chies-Chinche. I, 188. — de Chuisnes. I, 4, 399, 479. — du Cloître. I, 237. — de la Clouterie. I, 4, 398. — Collin-d'Harleville. I, 3, 484. — de la Corroierie. I, 2, 190, 191, 461 ; II, 384. — Coupe-Barbe. I, 2, 190, 471. — de la Croix-aux-Moines. I, 190. — du Cul-Salé. I, 327. — du Cygne. I, 251, 327, 374, 480. — aux Ecuyers. I, 2, 190, 337, 466. — de l'Epervier. I, 4 482 ; II, 50. — d'Escoussoupe. I, 191, 462. — de l'Etroit-Degré. I, 3. — Evière. I, 187. — de la Feutrerie. I, 190. — du For-Boyau. I, 327 ; II, 53. — de la Foulerie. I, 2, 191. — de la Fromagerie. II, 307, 400. — du Frou. I, 2. — des Fumiers. I, 64. — (Grande). I, 189, 243. — du Grand-Cerf. I, 4. — des Grenets. I, 3, 481. — de la Grenouillère. I, 471. — aux Juifs. I, 2, 190, 191. — au Lait. I, 187, 476. — des Lices. I, 41, 300, 309 ; II, 367. — au Ligneau. I, 187. — au Lin. I, 483. — de Loens. II, 53. — de la Mairie. I, 482. — Marceau. I, 3. — du Marché-à-la-Filasse. I, 3. — du Marché-au-Merrain. I, 305, 336. — du Massacre. I, 2. — de la Monnaie. I, 3, 189 ; II, 50. — Moutonnière. I, 188, 463. — du Muret. I, 2, 188, 465 ; II, 432. — de l'Orme-Pasteau. I, 314. — de l'Ortie. I, 485. — Percheronne. I, 309. — du Petit-Cygne. II, 50. — de la Petite-Cordonnerie. I, 329. — de la Petite-Rivière. II, 50. — de la Pie. I, 3. — du Pilori. I, 483. — Planche-aux-Carpes. I, 2, 190, 314. — de la Poêle-Percée. I, 482. — du Pont-Saint-Hilaire. I, 2. — de la Porte-Cendreuse. I, 3 ; II, 50. — de la Porte-Drouaise. II, 53. — de la Porte-Guillaume. I, 2. — de la Porte-Morard. I, 2. — de la Porte-Neuve. I, 187, 188. — de la Poulaillerie. II, 50. — des Prêtres. I, 245. — du Puits-d'Or. I, 319. — du Puits-du-Crochet. I, 244. — du Puits-de-l'Ours. I, 4. — de la Queue-de-Regnard. I, 189. — de la Rôtisserie. I, 255. — Saint-André. I, 2, 191, 254. — Saint-Eman. I, 253, 308. — Saint-Hilaire. I, 340. — Saint-Jacques. I, 466. — Saint-Jean. II, 367. — Sainte-Même. I, 4, 187, 243, 284, 480 ; II, 146. — Saint-Michel. I, 3. — Saint-Père. I, 190 ; II, 50. — Saint-Pierre. I, 2, 470 ; II, 385. — Serpente. I, 187, 473, 476. — du Soleil-d'Or. I, 397, 480. — des Sueurs. I, 190. — de la Tannerie. I, 2, 191, 466. — Tirevcau. I, 319. — Sainte-Thérèse. I, 300. — de la Tonnellerie. I, 3. — des Trois-Maillets. I, 189, 478. — des Vasseleurs. I, 233, 266, 300 ; II, 385. — Vidée. I, 342. — du Vieux-Marché-aux-Chevaux. I, 330. — du Vieux-Marché-au-Blé. I, 4, 483. — des Vieux-Rapporteurs. I, 4. Voir la *Topographie*, vol. Ier, p. 461. — (Curage et police des). II, 143, 183, 190, 349. — (Pavage des). Voir *Pavage*.

S.

Sablon (Marin). I, 515 ; II, 364. — (Pierre). II, 471. — (Prévot). II, 406. — (Vincent). II, 464.
Sabottes (Sœurs de Saint-Paul, appelées autrefois sœurs de Saint-Maurice ou). II, 538. Voir *Paul* (Saint).
Sabrevois (Jean de). II, 130. — (N. de). II, 500. — (de) de Sermouville. II, 456.
Sachet (Pierre). II, 147, 150.
Sacre de Henri IV. II, 352 à 357.
Sacrés-Cœurs (Dames des). II, 543.
Sainctes (Claude de). I, 288 ; II, 392.
Saint-Martin (Etienne de). I, 138, 140.
Salaires (Réglement des). II, 344.
Salel (Hugues). I, 288.
Salisbury (Jean de), évêque. I, 108, 109.
Salle — de refuge. I, 191, 288, 461, 462, 466, 469. — de spectacle. I, 3, 243. — d'asile. II, 549.
Salmon (Marin). II, 379. — (Pierre). II, 452.
Sance — de la Fontaine. I, 170, 346, 391. — de la Porte. I, 391.

Sandarville (Guillaume de). I, 148. — (Maison de). I, 138, 139. — (Maires de). I, 138, 139.
Sans-Avoir (Gautier). I, 74.
Sansgualo, sénéchal. I, 59.
Santeul (M. de). I, 371.
Santin (Saint). I, 19.
Saturnin (Eglise de Saint-). I, 250 à 253.
Saugier (Hugues). I, 128, 157.
Saumeray (Village de). I, 9.
Sauvegarde. I, 338, 354, 545 ; II, 41, 124, 230, 232.
Savart (Claude). I, 21, 260 ; II, 454, 464.
Savoie (Henri de), duc de Nemours et de Chartres. II, 374, 391.
Scalberge (N.). II, 368, 445.
Scandinaves (Invasion des). I, 50.
Sciences à Chartres. I, 39, 157 ; II, 526, 527.
Sculpteurs sur bois. II, 162.
Sculpture. Voir *Maisons sculptées*.
Sèche-Côte (Village de). I, 346.
Sédillot (N.). II, 445.

Séguier (Barthélemy). II, 154. — chancelier. I, 268.
Sel (Grenier à). I, 342. — (Droit sur le). I, 506.
Sellerie (Quartier de la). I, 63.
Selliers-Lormiers. I, 189, 217, 399.
Séminaires. I, 3. — (Grand) de Beaulieu. I, 364, 365; II, 536. — de Saint-Charles. II, 541. — de Saint-Cheron. I, 289; II, 546.
Senantes (Village de). I, 9.
Sénéchal du Comte. I, 58, 62, 79, 94.
Sénéchaux (N.). I, 182, 317; II, 452, 472, 474.
Senonches (Pierre de). I, 167, 169, 250, 251. Voir Angennes.
Sépultures (Dispute au sujet des) [XIVe siècle]. I, 251.
Sequance (N.). I, 176, 337.
Sequart (Famille). I, 172. — (Gilles). II, 18, 20, 97. — (Jean). II, 38, 43, 46, 51. — (Regnault. I, 557; II, 69.
Seresville (Village de). I, 65, 264, 337; II, 86.
Serfs (Condition des). I, 65 à 68, 91, 107, 109, 128. — (Affranchissement de). I, 39, 68, 109, 128, 149, 155, 182.
Serge (Chapelle Saint-), au cloître. I, 258.
Sergenterie, office féodal. I, 156.
Sergent-Major à Chartres. II, 383.
Sergent-Marceau. I, 275; II, 513, 526.
Sergents — du Comte. I, 62. — ès-lois. I, 194.
Sergers. I, 157, 190, 379, 386.
Serges (Commerce des). I, 378 à 389; II, 227. — beiges. I, 381, 386.
Serment — du roi Henri IV, à son sacre. II, 354. — des évêques. Voir Evêques. — des baillis. II, 3, 6.
Serruriers. I, 398.
Servage. I, 39, 66 à 68, 155, 376.
Servant (N.). II, 499.
Servin. Voir Grève.
Sièges de Chartres — par Théoderic [600]. I, 25, 26. — par Hunald [742]. I, 28. — par les Nordmans [858]. I, 32. — Id. [911]. I, 35, 36. — Id. [962]. I, 42. — par le prince de Condé [1568]. II, 233 à 244. — par Henri IV [1591]. II, 315 à 337.
Siéyès, abbé. II, 498, 508.
Sigebert. I, 22.
Sigismond — prêtre. I, 45. — (Clos). I, 45, 269.
Simon (N.). I, 325, 388 ; II, 436, 440. —

(Barthélemy). I, 288. — (Etienne). II, 379, 406. — (Michau). II, 101. — (Pierre). I, 297, 348, 501 ; II, 167, 379, 418, 446.
Sochon — du Brosseron. II, 474, 480, 487, 492. — de Soustour. II, 500. — de Laubespine. II, 500, 508.
Société — chartraine au XIe siècle. I, 62, 69, 71. — des Angoissoles. I, 402. — des Arts. II, 243. — des Escarcheleux. I, 402. — Philharmonique. II, 548. — Archéologique. II, 527, 548.
Sœurs — grises. I, 335. — converses. Voir Filles-Dieu. — hospitalières de Saint-Paul. Voir Paul. — de Saint-Vincent-de-Paul. I, 338. — condamnées de l'Hôtel-Dieu. I, 334, 359.
Soldats (Nourriture des). II, 215, 216.
Solemnis (Saint). évêque. I, 20, 21.
Soline (Sainte). I, 275.
Sonnerie de Notre-Dame. Voir Notre-Dame.
Sorel (Jean). II, 195, 394.
Souchet (Antoine). II, 179, 465.
Soulaires (Village de). II, 270.
Soulas d'Allainval (L'abbé). II, 518.
Sourdis (N. d'Escoubleau de), marquis d'Alluyes. II, 442. — (Charles d'Escoubleau, marquis de). II, 412, 420, 425, 430, 431. — (François d'Escoubleau, seigneur de). II, 275, 278, 288, 296, 299, 317, 338, 340, 342, 346, 349, 359, 362, 366. — (Virginal d'Escoubleau de), seigneur de la Chapelle. II, 367.
Sours (Village de). I, 116, 173, 179 ; II, 19, 23.
Sous chartrains. I, 412, 413.
Sous-Doyen du Chapitre (Cour du). I, 146.
Stabenrath (Léopold de). II, 510.
Statistique chartraine. II, 542.
Statuaire de Notre-Dame. I, 197.
Statue de Marceau. I, 4.
Statuts des métiers. Voir Coutume, Métiers, Commerce.
Stuart (Marie), reine. II, 186.
Styves (N.). II, 441.
Subsides. Voir Impositions, Impôts, Taxe, Taille.
Sueurs. Voir Cordonniers.
Suireau (Claude). II, 304, 312, 317. — (L.). II, 236. — (Nicolas). II, 59, 299.
Sulpice d'Amboise. I, 130.
Surgères (Comte de) La Rochefoucault. II, 483, 488, 490.
Suriène (François de). II, 99, 106.

T.

Tabellions-Jurés. I, 162, 164 ; II, 626.
Tables des changeurs. I, 403.
Taille. I, 94, 124, 155, 159, 160, 182 ; II, 19, 20, 73, 416, 597.
Tailleurs — d'habits. I, 519. — de pierres. I, 214, 215.

Talemeliers-Oublieurs. I, 221.
Tallon (Marquis du Boullay-Thierry). II, 501.
Tan (Moulin à). I, 393.
Tannerie. I, 390.
Tanneurs. I, 157, 191, 215, 390 à 394.
Tapisseries à Chartres. II, 547.

TARAGON (de) de Chatonville. I, 436.
TARDAIS (Gislebert de). I, 113, 114.
TARDIVEAU (N.). II, 212. — (Colin) I, 519.
TASGET, roi des Carnutes. I, 10, 405.
TAVERNIERS. I, 100, 213, 217, 511.
TAXE sur le clergé de Chartres. II, 9, 10, 26, 167.
TEINTURERIE (Imposition de la). II, 577.
TEINTURIERS. I, 63, 148, 190, 219, 220, 379.
TEMPLE (Ordre du). I, 93. Voir *Chevaliers*.
— des Protestants. Voir *Protestants*.
TEMPLE (N. du). II, 299, 437, 487, 499, 500, 507. — (M. du). I, 114. — (Pierre du). II, 406. — (du) de Rougemont. II, 496, 500.
TEMPLIERS. Voir *Chevaliers*.
TENANCIERS. I, 323.
TERCEAU (Droit de). I, 111, 134.
TERMES. Voir *Armignac*.
TERRAIL (Jacques de). II, 169.
TERREUR (Chartres pendant la). II, 512.
TERTRES ou ruelles à degrés dans la ville. I, 3. — Janvier. I, 477. — Saint-Nicolas. I, 463. — aux Rats. I, 477. Voir la *Topographie*, vol. Ier, p. 461.
TESSONVILLE (Etienne de). I, 178. — (Village de). I, 264.
TESTU (L'abbé). I, 287, 288.
TEXIER (Jean) dit de Beauce. I, 202, 209, 235, 236, 472 ; II, 145, 162. — (Jean). II, 317. — (Julien). II, 317, 337. — (N.). II, 445, 458, 508.
TEXIERS. I, 129, 148, 157, 190, 237, 379.
THÉATRE. Voir *Salle*.
THÉODORIC. — I, 25. — évêque. I, 57.
THÉOLOGIE (Ecole de). I, 294.
THÉOLOGIENS chartrains. II, 162, 392, 464 à 467.
THÉRÉ (de). II, 373.
THEUVY (Prieuré de). I, 281.
THIBAULT — le Tricheur. I, 34, 41, 185. — deux. I, 47, 49. — trois. I, 59, 332, 356, 357. — quatre. I, 78, 82, 83, 90, 94, 96, 97, 102, 268, 357, 358. — cinq, le Bon. I, 103, 104, 106, 111 à 116, 254, 309, 338, 357. — six. I, 125, 129, 215, 299, 379, 381, 389. — (N.). I, 519 ; II, 416, 435.
THIERRY. I, 49, 180, 216. — abbé. II, 498.
THIERS (L'abbé). II, 464, 466.
THIMERT (Forêt de). I, 79.
THIRON (Abbaye de). I, 87, 92, 96, 115.
THIVARS (Village de). I, 45, 144, 267.
THOMAS (Jacques). II, 139. — (Jean). I, 297. — de Cantorbéry. Voir *Becket*.
THORIGNÉ (L'abbé de). II, 498.
THOU (Nicolas de), évêque. I, 263, 416 ; II, 256, 363.
TIERS-ETAT (Remontrances du). II, 501. Voir *Etats* généraux.
TIGNONVILLE (Guillaume de). II, 57, 58.
TILLIONBOIS de Valleuil. II, 510.
TIREL (Robert), prévôt. I, 117.
TIRETAINES (Commerce des). I, 382, 386.

TISSERANDS. I, 214, 217, 237.
TISSEURS. Voir *Texiers*.
TOCHON (N.). II, 452.
TOCSIN. I, 202.
TOILES (Commerce des). I, 378.
TONDEURS. I, 386.
TONLIEU, coutume fiscale. I, 66, 71, 105, 117, 129, 134, 135, 141, 147.
TONNELIERS. I, 190, 213, 214.
TOUR de Chartres. I, 43. Voir *Château*.
TOURAILLE (N.). II, 487, 492, 500.
TOURNEURS. I, 221.
TOURS et Tourelles : Gaillard. I, 321. — des Grandes-Herses. I, 316. — (Grosse) de Chartres. I, 323. — de Launay. I, 319. — de Léthinière. I, 316. — Saint-Michel. I, 249. — Painchaud. I, 211. — Nivelon. I, 472. — Courte-Pinte. I, 112, 312 ; II, 143, 358. Voir *Fortifications*.
TRAITÉ. Voir *Convention*. — de Brétigny. II, 23, 24.
TRANCRAINVILLE (Village de). I, 149.
TRANSLATION de corps de saints. I, 34, 35, 84, 122.
TRAVERS (N.). II, 423.
TRAVERS (Droit de). II, 102, 119, 132.
TREMBLAY (Prieuré du). I, 281. — (Vicomte du). II, 68.
TREMBLEMENT de terre. II, 274, 460.
TRÉMEMONT (Périer de). II, 520.
TRÉON (Village de). I, 123. — (Philippe de). I, 100.
TRÉSOR de Notre-Dame. I, 224, 225.
TRÊVE de Dieu. I, 73, 76, 82.
TRIBALLET (N.). II, 452, 487. — du Gord. II, 497 à 499, 507, 509.
TRIBUNAL du Comte. I, 45.
TRIBUNAUX à Chartres. II, 192, 543.
TRIEN, chartrain. I, 405.
TRIPOT — de Charlemagne. I, 342. — de Chinche. I, 229 ; II, 255. — Regnier. II, 397.
TRIPTYQUE émaillé, à Notre-Dame. I, 400.
TRONCHAY (Damien du). I, 515. — (Renaud du) dit Maquerel. I, 136. — (N. du). II, 406.
TRONSON (N.). I, 312, 386 ; II, 473.
TROPHÉE — de Philippe-le-Bel. I, 165, 527. — de Charles-le-Bel. I, 184, 528. — de Philippe de Valois. II, 2.
TROSSART (Macé). I, 237, 520, 521 ; II, 241, 245, 250, 290, 403.
TROUILLARD (N.). II, 368. — (Claude). II, 243, 245, 246, 299. — (Guy). I, 515 ; II, 301. — (Nicolas). II, 6, 8.
TROULLARD (Jehan). I, 394.
TROUSSEAU (Pierre), sr de Chasteaulx. I, 519 ; II, 56.
TULLOUE (N.). II, 443. — (Gilles). II, 392.
TUNAIS (N. le). I, 388 ; II, 290, 299, 500. — (François le). I, 355. — (Guillaume le). I, 355. — (Jean le). I, 355. — (Michel le). I, 355. — (Pierre le). I, 355.
TUNIQUE de la Vierge. Voir *Chemise*.
TYPOGRAPHIE. Voir *Imprimerie*.

U.

UMPEAU (Village d'). I, 357.
UNION ou Ligue, à Chartres. Voir *Ligue*.

URSULINES. II, 400, 532.

V.

VAGABONDS. II, 150, 153, 157, 286, 360.
VALLET (Famille). I, 182. — (Etienne). II, 245. — (Gervaise). II, 169. — (Nicolas). II, 240. — de Lubriat. I, 393; II, 499, 500. — de Mollainville. II, 499.
VALLIRAUX (N. de). I, 483; II, 362.
VALLOU (N.). II, 452, 499. — de Boisroger. II, 500.
VALOIS (Le comte Charles de). Voir *Charles*.
VANNIERS. I, 246.
VASSAL (Nicolas). I, 162.
VASSAUX. I, 66.
VASSÉ (Jean, baron de). II, 253, 266, 268, 456. — d'Eguilly (Comte de). II, 453. — de Valière (de). II, 453.
VASSELAGE. I, 39, 155, 376.
VASSOR (Gilles). II, 317.
VAUGRIGNEUSE (Guy de). I, 113.
VAUX (N. de). II, 337.
VAUX-ROUX (Chemin des). I, 487. — (Lieu des). I, 147. — (Torrent des). I, 265.
VAVASSEUR (Pierre Le). Voir *Eguilly*.
VENDOMEAU (Jean et Gilot). I, 208.
VER (Raoul de). I, 107.—(Edeline de). I, 132.
VER (Village et château de). I, 9, 32, 304; II, 46.
VERRIÈRES — de Notre-Dame. I, 212 à 223. — de Saint-Aignan. I, 231. — de Saint-André. I, 235. — de Saint-Nicolas. I, 237. — de Saint-Michel. I, 249. — de Saint-Pierre. I, 274.
VESTE (Guillaume de la). II, 17, 18, 555.
VICARIE, office féodal ou exaction fiscale. I, 67.
VICOMTÉ. I, 506.
VICOMTES. I, 44. — lieutenants du Comte. I, 59. — (Puissance des). I, 62, 79. — (Prétentions des). I, 82, 98. — (Guerre des), contre l'Evêque, le Comte, le Roi. I, 72 à 95. — (Liste des). II, 612.
VIDAME (Compagnie du). Voir *Vidamiers*. — (Buttes des archers du). I, 312; II, 90, 185.
VIDAMES de Chartres. I, 44, 142, 171, 281; II, 30. — (Hôtel des). I, 187; II, 399. — (Liste des). II, 612.

VIDAMESSE. I, 78, 143.
VIDAMIERS (Compagnie des), ou du Vidame. II, 30, 90, 91, 185, 199, 200, 210, 386, 437, 456. — (Roi des), ou Arbalétriers. II, 185.
VIELLARD (Jacques le). I, 515; II, 382.
VIERGE (Autel dressé par les Druides à la). I, 19. — (Ambassade de Priscus à la). I, 19. — (Tunique de la Sainte). I, 36. Voir *Tunique*. — Noire. II, 513. — aux Miracles. II, 453, 540.
VIEUXPONT (Famille de). I, 446. — (Guillaume de). I, 107. — (Jean de). I, 179. — (Robert de). I, 123.
VIGNERONS. I, 213.
VIGNOBLE de Chartres. I, 4, 45, 190, 511.
VIGUERIE — office féodal ou exaction fiscale. I, 66, 67, 156. — du Vidame. I, 139.
VIGUIER du Comte. I, 46.
VILLEBON (Château de). II, 414.
VILLEMAIN. Voir *Pierre*.
VILLEMEUX (Bourg de). I, 26.
VILLÈNE (Famille). I, 156.
VILLERAY. Voir *Riants*.
VILLEREAU (N. de). II, 425, 492.
VILLEROI (Ferdinand de Neufville de), évêque. I, 228, 240, 253, 287, 290, 364; II, 432, 435, 454.
VILLICUS, évêque. I, 19.
VILLIERS (Christophe de). I, 473. — (Guillaume de). II, 20. — du Plessis. II, 456.
VIN — de Pâques. I, 246. — de la ville. I, 5. — de Loëns. I, 371. — (Etape-au-). Voir *Buffeterie*. — du Chapitre. II, 35.
VINCENT (Chapelle de Saint-). I, 259.
VINTANT (N.). II, 452, 487.
VISITANDINES. II, 418, 533.
VITRAUX. Voir *Verrières*.
VOIRIE (Travaux de). I, 112; II, 124, 145, 170, 358, 369, 373, 379, 482. — (Droit de). I, 123. — Ponts-et-chaussées et chemins vicinaux. II, 545.
VOVELLES (Germain). II, 313.
VULPHALD, abbé, puis évêque. I, 39, 42.

Y.

YENVILLE (Guillaume d'). II, 20. — (Robert d'). I, 162, 243.
YÈVRES (Village d'). II, 16.
YMONVILLE (Village d'). I, 67, 149.

YVES, évêque. I, 71, 72, 77 à 80, 86, 88, 241, 266, 359.
YVOY (Hugues d'). I, 136.
YVRY (Village d'). II, 76, 137.

ERRATA.

PREMIER VOLUME.

Page 20, note 1re, après les mots : *Sulpice Sévère*, dial., ajoutez : 2, chap. 5, et...
— 22, ligne 5, au lieu de : 577, lisez : 567.
— 24, ligne 18, au lieu de : (573), lisez : (575).
— 28, ligne 26, lisez : Carloman ajoute à ce *dernier* don ; et ligne 28, au lieu de : 794, lisez : 774.
— 61, ligne 16, au lieu de : Guillaume, lisez : Thibault ; et, ligne 17, au lieu de : Thibault, lisez : Guillaume.
— 73, ligne 8, au lieu de : 1096, lisez : 1095.
— 91, ligne 19, au lieu de : Rouen, lisez : Harfleur ; et, ligne 20, au lieu de : 1119, lisez : 1120.
— 99, ligne 27, au lieu de : le jour de la Nativité 1145, lisez : le jour de Pâques 1146.
— 107, ligne 18, après : (1168), ajoutez : et (1170).
— 110, ligne 5, au lieu de : octobre, lisez : novembre.
— 114, note 3, ligne 2, au lieu de : Saint-Louis, lisez : le comte Louis.
— 120, note 2, ligne 9, au lieu de : la date du 5, lisez : la date du jour.
— 129, ligne 20, au lieu de : juillet, lisez : janvier.
— 131, note 1re, ligne 9, au lieu de Marigny, lisez : Morigny.
— 137, note 2, ligne 1re, après : Donation au couvent de Saint-Cheron par la comtesse Isabelle, ajoutez : de 20 sous chartrains, à prendre chaque année, le jour de son anniversaire, sur le tonlieu de Chartres, pour la pitance du couvent, à la condition d'admettre un pauvre à la table des religieux. (Arch. départ.; *Titres de Saint-Cheron*. Charte de mai 1235, vidimée par le notaire Fraslon le 6 septembre 1631). Autre donation à ce couvent par la même princesse. . . . .
— 138, lignes 13 et 14, supprimez les mots : et le vidame Guillaume, et lisez : périt, au lieu de : périrent.
— 150, note 1re, ligne 17, après : *immunitatem*, ajoutez : *et libertatem*.
— 152, ligne 12, au lieu de : Guillaume Durand, lisez : Renaud.
— 158, ligne 21, au lieu de : *Mathieu*, lisez : *Guillaume*.
— 170, note 1re, ligne 1re, au lieu de : la traduction, lisez : la copie.
— 174, ligne 22, au lieu de : Pierre et Gilet du Muret, lisez : Pierre et Gilet du Coin du Mur.
— 181, ligne 19, après : jouant au palet, ajoutez : *vel mingentes in claustro*.
— 183, note 1re, lignes 1re et 4, au lieu de : 1314, lisez : 1315.
— 184, ligne 19, après : 1327, ajoutez : (vieux style).
— 230, § 3, no 1er, ligne 7, au lieu de : 1625, lisez : 1622.
— 232, note 2, ligne 1re, au lieu de : 1762, lisez : 1757 ; et ligne 7, au lieu de : 1762, lisez : 1761.
— 247, note 2, ligne 2, au lieu de : *Guichard*, lisez : *Guignard*.
— 291, ligne 14, au lieu de : 1622, lisez : 1638.
— 292, note 1re, ligne 5, après : et entre autres, ajoutez : par Hervé de Gallardon (Reconnaissance de 1162, en présence de l'évêque Robert) et...
— 293, note 1re, ligne 5, après : (1578), ajoutez : Philippe Desportes (1582).
— 295, note 4, ligne 1re, au lieu de : 1505 : lisez : 1502.
— 311, note, ligne 9 et 10, au lieu de : des communes, lisez : communaux.
— 337, note 1re, ligne 7, ajoutez : ce puits fut creusé devant l'église de l'Aumône, à une place où se trouvait auparavant un grand orme. (Reg. capitul.; Séance du samedi avant la Saint-Martin 1299).
— 353, ligne 3, au lieu de : la Butoire-les-Senlis, lisez : la Victoire-les-Senlis.
— 483, no 59, ligne 1re, au lieu de : au commencement, lisez : à la fin.

SECOND VOLUME.

Page 19, note 2, ligne 2, au lieu de : CLXV, lisez : XCXV.
— 42, note 3, ligne 3, après les mots : X sous, ajoutez : *à Drouet de Croui, pour un disner qui fut faict en son hostel pour ledit Messire Estienne de Flavigny, IV livres.*
— 45, ligne 21, au lieu de : 29, lisez : 27 ; note 3, ligne 3, au lieu de : *pour Ypocras, III livres,* lisez : *pour Ypocras, II livres* ; note 4, ligne 8, après : *et deus* (1383), ajoutez : *C francs.*
— 54, note 3, ligne 2, après : Sarthe, ajoutez : canton de La Ferté-Bernard.
— 65, ligne 18, au lieu de : dix mille, lisez : huit mille.
— 74, ligne 6, au lieu de : décembre, lisez : septembre.
— 106, ligne 4, et note 1re : Florent d'Illiers se retira de la scène politique à la mort de Charles VII, mais il prolongea sa vie jusqu'en 1475. L'évêque Miles d'Illiers, son frère, présida à ses obsèques, le vendredi, 11 août de cette même année, et inhuma son corps dans l'église d'Illiers, devant l'autel de la Vierge et près du tombeau de Jeanne de Coutes, sa femme. (Procès-verbal tiré d'un registre des actes de Miles d'Illiers, de Pâques 1475 au 18 décembre 1484. — *Mémoires de Laisné*, Prieur de Mondonville, vol. 1er, fo 34, vo ; Bib. Imp.)
Denis Godefroy, auteur des *Mémoires de Florent d'Illiers*, s'est trompé et a trompé Moréri et les autres biographes, en fixant à l'année 1461 la mort du vaillant capitaine beauceron.
— 108, ligne 7, au lieu d'Ivry, lisez d'Ivoy.
— 112, note 1re, ligne 8, après les mots : *Pancarte municipale*, ajoutez : vol. 1er.
— 127, note 1re, après : note A, lisez : 568.
— 129, ligne 20, au lieu de : Charles VII, lisez : Charles VIII.
— 131, note 3, au lieu de : 15 décembre, lisez : 5 décembre.
— 167, note 1re, ligne 3, au lieu de : Mimeray, lisez : Mineray.
— 173, ligne 24, au lieu de : 31 juillet, lisez : 30 juillet.
— 174, ligne 12, au lieu de : Muret, lisez : Saint-Pierre.
— 176, ligne 3, au lieu de : 22 mai, lisez : 20 mai.
— 194, note 1re, ajoutez : séance du 21 juillet.
— 196, note 2, ajoutez : aux termes d'une ordonnance du 16 mars 1557, rappelée dans un arrêté du Bureau du 16 octobre 1617, les pauvres de Chartres devaient porter *en lieu apparent sur leurs habits une croix cousue, mi-partie de rouge et de bleu*, sous peine d'être rayés du rôle des distributions.
— 253, note 4, au lieu de : 23 décembre, lisez : 26 novembre.
— 293, note 1re, ligne 5, au lieu de : 23 mars, lisez : 29 mars ; et, note 2, ligne 2, au lieu de : vol. 2, lisez : vol. 1er.
— 295, ligne 21, au lieu de : 23 décembre, lisez : 23 et 24 décembre.
— 458, note 3, ligne 1re, après : décembre 1704, ajoutez : 3 février.
— 475, note 4, ligne 3, après les mots : une à Illiers, ajoutez : une à Voves.
— 480, ligne 21, après les mots : assemblées générales, lisez : et particulières ; ligne 24, au lieu de : entre les mains de S. A. R. ou de son chancelier, lisez : à S. A. R., entre les mains de son chancelier ; ligne 30, après le nom : Brochand, ajoutez : Sénéchaux.
— 494, note 4, ligne 5, au lieu de : MM. Pétion et Chancerel, échevins, lisez : M. Pétion, échevin, et M. Chancerel, assesseur.
— 495, note 4, ligne 4, au lieu de : 101 liv., lisez : 201 liv.
— 497, note 4, au lieu de : 1786, lisez : 1783.
— 515, lignes 24 et 25, au lieu de : 182 et 133, lisez : 82 et 32.
— 516, ligne 10, au lieu de : (mai 1811), lisez : (2 juin 1811).
— 524, note 3, M. Isambert est décédé le 13 avril 1857, pendant l'impression de ce volume.
— 627, 2e colonne, ligne 41, au lieu de : 1730, lisez : 1743.

FIN.

www.ingramcontent.com/pod-product-compliance
Lightning Source LLC
Chambersburg PA
CBHW050103230426
43664CB00010B/1423